Alberto Manelli, Roberta Pace

FINANZA DI IMPRESA

Analisi e metodi

isedi

isedi

www.utetuniversita.it

1ª edizione: ottobre 2009
Printed in Italy

Stampa: Stampatre - Torino

Ristampe:	2 3	4 5	6 7	8 9
Anno:	2020	2021	2022	2023

Indice

Introduzione

Tra le varie discipline che si propongono di tracciare le linee guida da seguire nella gestione d'impresa, la finanza può essere sicuramente inserita tra quelle più «dinamiche», ovvero maggiormente coinvolte nei processi di innovazione che oramai da molti anni interessano il sistema economico globale. Nonostante i continui mutamenti che introducono di volta in volta nuovi contenuti in termini di strumenti finanziari, metodologie di analisi della struttura patrimoniale, contributi empirici sulle modalità di gestione dei rischi e così via, la finanza aziendale mantiene comunque radici ben salde in alcuni fondamentali principi e costrutti teorici che, ideati nel passato, hanno rappresentato e continuano a costituire le basi concettuali della disciplina.

Il presente lavoro si propone pertanto di affrontare una disamina completa di tutte le tematiche e gli aspetti inerenti la finanza d'impresa, delineando un percorso nel quale si integrano e completano a vicenda tradizione e innovazione e che si muove lungo un'unica direzione, ovvero seguendo un «filo rosso» rintracciabile dietro ogni argomento oggetto di indagine: la ricerca del valore. Partendo dal presupposto indiscusso in base al quale l'obiettivo che l'impresa deve perseguire, ovvero la finalità ultima da raggiungere attraverso l'operato dell'intera organizzazione, è rappresentato dall'accrescimento del valore nel tempo, tutti i temi discussi sono interpretati nel tentativo di analizzare problematiche e fornire soluzioni per indirizzare l'azione del management – ed in particolare del management finanziario – verso la realizzazione di tale finalità ultima. Da qui il titolo, forse un po' ambizioso, di *Finanza di impresa. Analisi e metodi*.

In quest'ottica, il volume si apre proprio con la definizione del significato da attribuire all'obiettivo della creazione di valore, nonché degli approcci teorici impiegati per la sua formalizzazione. Nello specifico, si intende delineare il ruolo attribuito alla finanza d'azienda quale strumento al servizio dell'accrescimento del valore dell'organizzazione.

Il secondo capitolo entra invece nel merito del principale oggetto di studio della finanza, ovvero la struttura finanziaria: si parte pertanto dalla definizione della stessa, per poi passare all'analisi delle condizioni necessarie a garantirne l'equilibrio nel tempo, nonché all'esposizione degli strumenti di indagine per verificare la presenza o meno di tale equilibrio (analisi per margini, per indici e per flussi di fondi).

Il capitolo successivo affronta un altro tema centrale della finanza aziendale e propedeutico per la comprensione delle dinamiche finanziarie d'impresa e per l'applicazione dei vari meccanismi di analisi predisposti dalla teoria e dalla pratica: il rendimento delle attività finanziarie, il rischio delle stesse e le relazioni rintracciabili tra tali concetti. Attraverso una puntuale illustrazione della Moderna Teoria di Portafoglio, si giunge alla esposizione di importanti concetti che troveranno ambito di intervento in molteplici temi inerenti le procedure di valutazione: il costo del capitale azionario (definito attraverso il *Capital Asset Pricing Model*) ed il costo medio ponderato del capitale.

Il quarto capitolo si propone di rispondere ad uno degli interrogativi che da anni affliggono gli studiosi di materie finanziarie, ovvero la presenza o meno di una relazione tra il grado di indebitamento dell'impresa e la capacità della stessa di creare valore. La ricerca della struttura finanziaria ottimale passa inevitabilmente attraverso l'analisi del celeberrimo lavoro proposto da Modigliani e Miller, per poi passare ai contributi più recenti sul tema, quali la teoria del *trade off*, oppure la teoria dell'ordine di scelta (*pecking order*). L'esame delle possibili variazioni che possono interessare la struttura finanziaria ed in particolare il grado di indebitamento è poi svolta attraverso lo studio della manovra della leva finanziaria e del grado di leva operativa.

Il capitalo cinque concentra l'attenzione sull'unica fonte di finanziamento interna a disposizione dell'impresa, ovvero l'autofinanziamento, sottolineando le importanti implicazioni di ordine finanziario conseguenti le decisioni in merito alla destinazione dell'utile d'esercizio. Di qui la necessità di integrare lo studio dell'autofinanziamento con il complesso problema della politica dei dividendi, declinato attraverso l'esposizione delle numerose teorie proposte dalla dottrina nel corso degli anni.

Si passa così ad approfondire, nel capitolo sesto, un altro tema «tradizionale» della finanza, ovvero le procedure di valutazione per la formazione del capitale investito, con particolare riferimento alle tecniche di *capital budgeting*: si tratta di individuare i criteri da seguire per la selezione degli investimenti, al fine di individuare quelli capaci di garantire un maggiore contributo alla crescita di valore nel tempo.

Nei capitoli sette e otto, invece, si passa dall'esame della struttura dell'attivo patrimoniale (formazione del capitale investito) all'esposizione delle principali fonti di finanziamento a disposizione dell'impresa per la copertura del fabbisogno finanziario generato dalla gestione. In primo luogo, è affrontato il tema del capitale di pieno rischio, con l'approfondimento di tutte le implicazioni di ordine finanziario conseguenti la scelta di finanziarsi tramite capitale proprio e riservando una attenzione adeguata agli effetti prodotti dalla riforma del diritto societario sui titoli azionari. Il capitolo ottavo è incentrato sulle molteplici forme di indebitamento, operando una fondamentale distinzione tra debiti contratti con il vincolo di medio lungo termine (prestiti obbligazionari, mutui, *leasing*, *project financing* ecc.) e debiti a breve scadenza, quali ad esempio le aperture di credito, lo sconto di effetti commerciali, le anticipazioni garantite e così via. Ovviamente, non si ha la pretesa della esaustività, stante le innumerevoli soluzioni poste dalla continua e già citata innovazione finanziaria, ma si tratta di una esposizione sicuramente in grado di illustrare gli strumenti di finanziamento più significativi per le imprese.

Il capitolo nove affronta uno dei temi che negli ultimi anni, a causa delle dinamiche e delle turbolenze ambientali, ha suscitato maggiore interesse da parte degli studiosi e degli esperti, ovvero il problema della gestione dei rischi. In tale contesto si procede con una puntuale definizione delle differenti tipologie di rischio potenzialmente gravanti sull'attività d'impresa, per poi passare alle strategie di copertura (*hedging*) degli stessi, riservando particolare attenzione agli strumenti finanziari derivati.

Nel capitolo dieci si assume un'ottica di osservazione più ampia, indagando l'impresa come una componente del complesso sistema finanziario e dunque concentrando l'attenzione sulle dinamiche dei mercati. In tale prospettiva, si passano in rassegna le principali teorie e i più importanti contributi empirici prodotti dalla letteratura in merito al discusso tema dell'efficienza dei mercati, con particolare riferimento al concetto di efficienza informativa, ma non trascurando anche altri importanti filoni di studio, come ad esempio il *random walk* o la recente finanza comportamentale. In un secondo momento, l'attenzione è rivolta ai criteri di valutazione impiegati dagli investitori nell'approccio al mercato, riservando ampio spazio alla trattazione del ruolo svolto dall'analisi tecnica.

L'undicesimo capitolo si occupa della valutazione delle aziende in funzionamento, operando una rassegna completa e dettagliata dei principali criteri di analisi volti alla determinazione del capitale economico dell'organizzazione e predisposti dalla dottrina e dalla prassi. Nello specifico, sono proposte le metodologie di valutazione assolute, operate sia nell'ottica dell'impresa, sia nella prospettiva dei potenziali investitori, nonché le modalità di valutazione relative, ovvero i multipli, particolarmente impiegati nella pratica professionale. Il capitolo, inoltre, affronta il tema degli intangibili, proponendo altresì un modello econometrico in grado di evidenziare una relazione tra gli stessi *intangibles* e la capacità dell'impresa di generare reddito e contribuire alla formazione dell'avviamento.

Il capitolo dodici concentra l'attenzione sul duplice problema della gestione e della diffusione del valore, proponendo una serie di strumenti di indagine in grado di consentire all'impresa di accrescere il proprio valore, nonché di comunicarlo in maniera efficace al mercato di riferimento.

Infine, il libro si chiude con un tema speciale di finanza aziendale, ovvero la finanza straordinaria, rappresentata da operazioni quali la fusione, la scissione, la trasformazione e lo scorporo. In particolare, tali procedure sono esaminate, sempre nel rispetto del filo conduttore che guida l'intero lavoro, ponendo l'accento sulla loro valenza strategica, ovvero sulla capacità di creare nuovo valore.

A.M., R.P.

Finanza di impresa

Capitolo 1

Il valore come sintesi degli obiettivi aziendali

di Alberto Manelli

SOMMARIO: 1.1 Evoluzione e contenuti della funzione finanziaria d'azienda – 1.2 La creazione di valore come obiettivo dell'impresa – 1.3 I modelli teorici di riferimento nell'approccio al valore

1.1 Evoluzione e contenuti della funzione finanziaria d'azienda

Gli studi sulle «questioni» finanziarie sono essenzialmente riconducibili a tre principali aree di interesse: i mercati, gli intermediari finanziari e la finanza aziendale. Si tratta, come è evidente, di discipline che presentano forti livelli di interconnessione e, in alcuni casi, di vera e propria sovrapposizione in termini di argomenti e strumenti di analisi impiegati e che hanno altresì in comune una origine piuttosto recente – rispetto ad altri filoni dell'economia aziendale –, ma anche una storia segnata da continue modifiche ed evoluzioni che procedono di pari passo rispetto ai cambiamenti riscontrati nello scenario macroeconomico di riferimento.

Il presente volume si propone di approfondire in maniera specifica il tema della finanza d'azienda, disciplina che trova la sua ragione d'essere nell'esigenza di gestire i flussi finanziari generati dall'attività imprenditoriale seguendo principi di efficacia e di efficienza. La necessità di creare e alimentare una disciplina autonoma, specificamente dedicata all'analisi delle dinamiche finanziarie che coinvolgono l'azienda, nasce negli Stati Uniti intorno al 1920 in seguito al repentino sviluppo dei mercati finanziari innescato da una consistente ondata di quotazioni sui mercati ufficiali e dalla realizzazione di importanti operazioni di finanza straordinaria (in particolare fusioni). L'affermazione dei mercati finanziari quali luoghi di scambio di attività emesse dalle società quotate ha inevitabilmente condizionato, modificandolo, l'approccio delle aziende verso le problematiche finanziarie espresse dalla gestione[1]. Si assiste pertanto ad una repentina evoluzione quantitativa e qualitativa sia del fabbisogno finanziario emergente dai processi produttivi, sia delle modalità di copertura dello stesso: di qui l'urgenza di dotare l'organizzazione aziendale di una funzione espressamente dedicata alla comprensione ed alla risoluzione delle nuove problematiche di

[1] Van Horne J.C., *Teoria* e *tecnica della finanza aziendale*, Il Mulino, Bologna 1984, pp. 15-16.

ordine finanziario. L'organigramma aziendale viene pertanto arricchito con l'introduzione di una nuova figura, ovvero il management finanziario[2], destinato a svolgere in maniera professionale compiti precedentemente affidati in via residuale ai responsabili dell'area amministrativo-contabile che li eseguivano seguendo schemi e regole d'azione prestabilite e formalizzate[3]. L'importanza della finanza aziendale è stata poi consolidata per effetto del crollo del sistema finanziario statunitense avvenuto nel 1929, ponendo in evidenza il ruolo strategico attribuito alla funzione finanziaria[4] nella gestione della crisi in atto.

Tale innovazione, resasi necessaria in virtù del passaggio da uno scenario stabile a un contesto dinamico e turbolento, ha contribuito ad alimentare il dibattito sui temi della finanza aziendale e a fornire risposte adeguate alle problematiche di volta in volta espresse dalla gestione d'impresa[5]. Il mondo della teoria finanziaria è stato protagonista nel corso degli anni di una profonda evoluzione, segnata da alcuni passaggi fondamentali, come l'elaborazione di nuovi modelli di riferimento (teoria del portafoglio, *capital asset pricing model, arbitrage pricing theory*), la creazione di strumenti finanziari sempre più sofisticati (contratti derivati, tipologie specifiche di azioni e obbligazioni, fondi comuni di investimento), la nascita di nuovi mercati, canali e figure professionali di intermediazione.

Con riferimento al contesto italiano, la nascita e l'affermazione della finanza aziendale quale disciplina autonoma e di una specifica funzione finanziaria nell'ambito dell'organizzazione aziendale hanno fatto registrare un sensibile ritardo rispetto ai tempi illustrati per il caso statunitense, ritardo imputabile a diverse cause: la scarsa rilevanza, tuttora riscontrabile, dei mercati finanziari e delle imprese quotate; un tessuto economico fondato su imprese di piccole e medie dimensioni; sostanziale coincidenza tra proprietà e controllo; spiccato orientamento agli intermediari piuttosto che ai mercati; forte intervento dello Stato nella regolamentazione del sistema economico e spesso anche nella gestione diretta di alcune importanti realtà imprenditoriali[6]. Si tratta delle principali motivazioni che hanno rallentato il processo evolutivo della finanza d'azienda e l'«attecchimento» della funzione finanziaria all'interno dell'organigramma: in altri termini, i problemi di ordine finanziario venivano interpretati e risolti soltanto sotto il profilo operativo, ovvero limitando l'approccio al mondo finanziario alla contrattazione dei debiti con gli istituti di credito per consentire il corretto svolgimento del ciclo produttivo.

La profonda crisi che ha coinvolto il mondo economico negli anni Settanta e le conseguenze che ne sono derivate soprattutto in termini di crescita del livello di rischio sistemico e di scarsità di risorse finanziarie, hanno posto le imprese, soprattutto

[2] Con tale espressione ci si intende riferire genericamente a tutti i soggetti che, all'interno dell'organizzazione aziendale, assumono la responsabilità della gestione delle risorse finanziarie.

[3] Dallocchio M., 1995, *Finanza d'azienda. Analisi e valutazioni per le decisioni d'impresa*, Egea, Milano 1995, p. 6.

[4] Brugger G., *La Funzione finanziaria nell'impresa*, Franco Angeli, Milano 1979, p. 16.

[5] Renzi A., *Criteri di analisi finanziaria nell'economia d'impresa. Flussi finanziari, mercato e valore*, Giappichelli, Torino 2005, p. 5.

[6] Pochetti G., *Finanza aziendale. 1. Le funzioni finanziarie d'impresa*, UTET, Torino 2001, pp. 8-9.

quelle di maggiori dimensioni, di fronte alla necessità di modificare e innovare sensibilmente l'approccio alle dinamiche finanziarie. Le direttrici lungo le quali l'impresa avrebbe dovuto (il condizionale è d'obbligo, considerando l'elevato numero di aziende che non ha voluto o potuto implementare tali modifiche) costruire un nuovo modo di pensare la finanza sono riconducibili essenzialmente ai seguenti aspetti:

- inserimento nell'organigramma aziendale di una specifica funzione finanziaria, dotata dei requisiti professionali e del *know how* necessario per affrontare tutte le problematiche legate alla gestione dei flussi;
- ampliamento delle competenze di natura finanziaria, andando oltre l'ambito puramente operativo e consentendo all'area finanza di partecipare alla formazione delle decisioni strategiche dell'impresa. In altri termini, è stato necessario affrontare il passaggio da una finanza puramente «operativa» a una finanza dotata di «contenuti strategici»[7].

È stata acquisita la consapevolezza che la finanza non è fatta soltanto della ricerca di risorse presso le banche a costi sostenibili e, soprattutto, che i riflessi finanziari di tutti i fatti di gestione non si esauriscono nell'acquisizione di capitali dall'esterno, ma presentano origini e manifestazioni molto più complesse e articolate, degne di essere valutate e approfondite al fine di garantire il raggiungimento di condizioni di equilibrio economico-finanziario. Soltanto un approccio consapevole, professionale e orientato a gestire le dinamiche finanziarie in una prospettiva strategica consente alle imprese di affrontare le nuove sfide della complessità: la globalizzazione in atto, l'elevato grado di competizione sia a livello interno, sia in ambito internazionale (si pensi, a titolo di esempio, all'«invasione» dei prodotti provenienti dall'est asiatico), i progressi fatti registrare dall'*information technology* e il ruolo di primo piano assunto dalla comunicazione economico-finanziaria, la riduzione della vita utile degli investimenti, il tentativo di offrire nuovi impulsi all'ampliamento dei mercati borsistici, la creazione di strumenti finanziari sempre più sofisticati e personalizzati, l'aumento dei rischi, con particolare riferimento alle oscillazioni dei tassi di interesse.

Gli studi di finanza aziendale permettono alle aziende, o meglio al management finanziario, di avere a disposizione le conoscenze teoriche e i modelli di riferimento per la risoluzione delle problematiche inerenti la gestione dei flussi di finanziamento e di investimento, influenzando le competenze della funzione finanziaria la cui esperienza diretta riesce a sua volta a offrire utili spunti di riflessione per la realizzazione di elaborazioni teoriche.

Una volta chiarito il contenuto strategico che deve essere riconosciuto all'area finanza all'interno dell'organizzazione aziendale, occorre procedere alla definizione del ruolo e dei compiti da affidare alla funzione finanziaria. In primo luogo è importante sottolineare come l'esigenza di dedicare risorse e competenze alla risoluzione

[7] Colombi F., *Finanza condizionata e teoria del valore. Volume I. Del merito e del metodo*, Aracne, Roma 2003, p. 21.

delle problematiche di ordine finanziario dovrebbe essere avvertita e opportunamente affrontata da tutte le imprese, a prescindere dalle dimensioni e dall'attività svolta. L'osservazione della realtà, però, mostra una situazione che, con specifico riferimento al contesto italiano, appare ancora lontana dal raggiungimento di una piena affermazione della funzione finanziaria all'interno dell'organigramma aziendale. Le cause sono riconducibili in parte a una eredità culturale ancora presente nel nostro tessuto imprenditoriale, contrassegnata da una scarsa rilevanza delle questioni finanziarie e consolidata nel corso degli anni per effetto di tutte le argomentazioni riportate in precedenza; dall'altra, la presenza preponderante sul territorio di aziende di piccole e medie dimensioni pone importanti limiti sia in termini di acquisizione delle competenze professionali richieste dall'adozione di una specifica funzione finanziaria, sia sotto il profilo della disponibilità di risorse da destinare a tale scopo.

In effetti, è facile notare come la presenza di una adeguata «area finanza» sia riscontrabile soprattutto all'interno delle imprese di maggiori dimensioni, dotate delle caratteristiche strutturali e dei capitali finanziari e intellettuali indispensabili per garantire un corretto monitoraggio delle dinamiche finanziarie espresse dalla gestione.

Laddove presente, l'area finanza svolge una serie di attività aventi contenuti sia operativi, sia strategici che possono essere sintetizzati nel modo seguente:

- *programmazione e pianificazione finanziaria*. Una accorta gestione imprenditoriale impone la progettazione dei flussi finanziari generati dalle operazioni di gestione, sia nel breve termine, attraverso il budget, principale strumento di programmazione economico-finanziaria, sia in un'ottica di lungo periodo inserendo nella pianificazione le scelte strategiche compiute dall'impresa. Il monitoraggio degli accadimenti aziendali e l'analisi degli eventuali scostamenti tra quanto previsto e quanto effettivamente realizzato sono possibili mediante l'impiego dei meccanismi di *reporting*[8];
- *acquisizione dei capitali*. Il management finanziario è chiamato a valutare tutte le alternative possibili per la raccolta di risorse, sia a titolo di capitale proprio, sia nella forma contrattuale del debito. La scelta è compiuta principalmente sulla base dei vincoli giuridici, del costo associato al finanziamento e delle caratteristiche dello stesso in termini di durata e facilità di acquisizione. Il tema sarà approfondito in seguito;
- *valutazione degli investimenti*. L'impiego delle risorse acquisite deve avvenire nel rispetto di importanti postulati di ordine economico-finanziario, al fine di individuare la composizione degli investimenti in grado di accrescere nella maggiore mi-

[8] Per un approfondimento dei temi di programmazione, pianificazione e controllo di gestione si vedano Amigoni F. (a cura di), *Misurazioni d'azienda: programmazione e controllo*, Giuffrè, Milano 1995; Marchi L., *I sistemi informativi aziendali*, Giuffrè, Milano 1993; Brusa L., *Condizioni di efficacia del controllo di gestione*, in AA.VV., *Scritti di economia aziendale per Egidio Giannessi*, Pacini, Pisa 1987; Terzani S., *Lineamenti di programmazione e controllo*, Cedam, Padova 1999; Barbato M., *Il controllo di gestione in un'ottica strategica*, UTET, Torino 1991; Bocchino U., *Controllo di gestione e budget*, Giuffrè, Milano 1994.

sura possibile il *valore* dell'impresa[9]. In tale prospettiva, la funzione finanziaria si avvale dell'ausilio delle tecniche di *capital budgeting*, di seguito analizzate;
- *gestione della liquidità*. Uno dei principali compiti assegnati al management finanziario consiste nell'assicurare all'impresa, in ogni momento, la capacità di far fronte tempestivamente, economicamente e nel rispetto dei principi di corretto funzionamento del ciclo produttivo, agli impegni di pagamento. Anche il tema della liquidità e della gestione della tesoreria costituirà l'oggetto di una specifica trattazione;
- *gestione dei crediti e del capitale circolante*. Si tratta di offrire un concreto supporto allo svolgimento del ciclo produttivo e distributivo dell'impresa, con particolare riferimento alla definizione dei tempi di riscossione dei crediti dalla clientela – da valutare anche rispetto ai tempi di dilazione concessi dai fornitori –, nonché all'analisi delle modalità e dei costi di gestione delle scorte di materie, prodotti e semilavorati;
- *operazioni di finanza straordinaria*[10]. La predisposizione e la realizzazione di operazioni quali fusioni, scissioni, scorpori o acquisizioni impongono attenti e continui studi e monitoraggi da parte dell'area finanza, chiamata in tali ipotesi a esprimere pienamente la sua valenza strategica.

Ciascuno dei compiti appena descritti è svolto dalla funzione finanziaria in costante collaborazione con le altre aree funzionali dell'impresa[11]. Ad esempio, appare evidente come la gestione dei crediti e la conseguente determinazione dei tempi di dilazione concessi ai clienti non possa avvenire senza valutare opportunamente le richieste, spesso contrastanti, dell'area commerciale. Si rende pertanto necessario mediare tra opposte esigenze: da un lato, l'area finanza spinge per ridurre le scadenze dei crediti al fine di monetizzare quanto prima possibile i ricavi di vendita e disporre delle relative risorse finanziarie; dall'altro, la funzione commerciale che viceversa interpreta la concessione di lunghi tempi di dilazione come una politica di promozione delle vendite[12].

Anche la selezione degli investimenti, altro importante compito affidato al management finanziario, non può avvenire esclusivamente sulla base di considerazioni di ordine economico-finanziario, ma nel rispetto delle caratteristiche del ciclo produttivo e dunque in accordo con l'area della produzione. Quest'ultima funzione risulta altresì protagonista nella valutazione delle risorse da destinare all'acquisto di materie prime e in generale di tutti i fattori della produzione. Rientra in tale logica anche il problema della definizione del lotto minimo di scorte da detenere in magazzino, da valutare sia in termini di quantità, sia e soprattutto, sotto il profilo dei costi impliciti ed espliciti connessi al loro mantenimento[13].

[9] Il concetto di «valore» dell'impresa sarà definito tra breve e costituirà il filo conduttore dell'intero volume.

[10] Manelli A., *Finanza aziendale. 3. Finanza straordinaria*, UTET, Torino 1999.

[11] Colombi, *Finanza condizionata*, cit., p. 23.

[12] Merlani C., *Il Credito mercantile*, Giuffrè, Milano 1956, pp. 22-23.

[13] Van Horne, *Teoria* e *tecnica della finanza aziendale*, cit., pp. 599 e ss.

Risulta pertanto evidente come lo svolgimento delle attività attribuite alla funzione finanziaria, oltre a richiedere specifiche competenze ed elevati livelli di professionalità, postulano altresì la predisposizione di un efficace sistema di comunicazione e relazioni tra le varie aree in cui è suddivisa l'organizzazione aziendale. In particolare, i principi che devono ispirare il *modus operandi* dell'impresa sono sintetizzabili nelle seguenti espressioni: decentramento funzionale, necessario in considerazione dell'elevato grado di specializzazione associato a ciascuna area funzionale; accentramento decisionale, indispensabile per garantire la necessaria rapidità nei processi decisionali[14].

1.2 La creazione di valore come obiettivo dell'impresa

I compiti assegnati alla funzione finanziaria e precedentemente accennati devono ovviamente essere coerenti con le linee guida dettate e perseguite dal management. Appare dunque indispensabile individuare gli obiettivi alla base dell'attività imprenditoriale per poi tradurli in aspetti operativi da affidare a ciascuna area funzionale dell'azienda. Le domande fondamentali che si pongono a questo punto sono le seguenti: qual è, o quale dovrebbe essere, la finalità ultima di una impresa? Esiste una funzione obiettivo unificatrice, oppure è necessario porsi di fronte a una serie di sub-obiettivi da raggiungere?

Si tratta di interrogativi che per lungo tempo hanno «tormentato» gli studiosi di economia aziendale e in particolare di finanza, alla costante ricerca di un obiettivo da considerare valido in senso assoluto, ovvero a prescindere da considerazioni e vincoli inerenti la dimensione, la struttura organizzativa, gli assetti di *corporate governance* o il settore economico di appartenenza di una azienda. Per offrire una risposta corretta al problema appena posto, sembra però opportuno, a parere di chi scrive, formulare la domanda adottando una diversa ottica di osservazione: in altri termini, anziché ricercare in maniera astratta un obiettivo da porre a baluardo dell'agire dell'organizzazione, appare più logico chiedersi quali sono le azioni che l'impresa deve compiere per poter sopravvivere, affermarsi nel mercato e crescere nel tempo.

La risposta a questa domanda appare sicuramente più semplice e immediata rispetto alle precedenti: l'impresa risulta vincente se e nella misura in cui riesce a creare «qualcosa» che abbia *valore* per tutti i suoi interlocutori (*stakeholder*). Ciò si verifica quando, ad esempio, l'azienda è capace di remunerare adeguatamente i suoi dipendenti, i quali pertanto sono consapevoli di svolgere una attività cui viene implicitamente associato un valore corretto; oppure, quando gli azionisti percepiscono un dividendo e/o un *capital gain* tali da compensare il rischio assunto in virtù dell'investimento realizzato nel capitale proprio dell'impresa; o ancora, quando i clienti giudicano corretto il prezzo del bene acquistato in funzione del valore ad esso associato. Soltanto laddove l'impresa con il suo agire e il suo divenire risulti in grado di soddisfare le aspettative di tutti i soggetti a vario titolo interessati alle sue dinamiche, allora avrà

[14] Ferrero G., *Finanza aziendale*, Giuffrè, Milano 1981, p. 12.

posto le basi per il suo successo, ovvero, impiegando una terminologia più appropriata e consona a un trattato di finanza aziendale, potrà affermare di aver *creato nuovo valore*[15].

Ed è proprio da tali considerazioni che occorre partire per costruire una funzione obiettivo dell'impresa unanimemente accettata e condivisa. Pertanto, se è vero che la vita dell'impresa dipende dalla sua capacità di generare nuovo valore, allora ne consegue che l'obiettivo di fondo del suo agire, la meta verso la quale devono essere rivolti tutti gli sforzi dell'organizzazione, deve necessariamente essere la creazione di valore[16].

La dottrina appare pressoché concorde nel far assurgere a funzione obiettivo di tutte le realtà imprenditoriali la creazione di nuovo valore e sembra così essere riuscita nell'intento di individuare e proporre una logica strategica e operativa in grado di guidare le scelte del management. In realtà, sembra opportuno chiarire che il tema del valore e della sua massimizzazione come finalità ultima dell'azienda non è affatto recente: a ben vedere, infatti, si tratta di un approccio alle dinamiche aziendali da sempre ritenuto concettualmente valido e quasi scontato, ma che fino ad alcuni anni fa risultava ancora privo di una formalizzazione teorica e di un valido supporto strumentale, condizioni che ne hanno ritardato la diffusione presso le aziende a vantaggio di obiettivi «surrogati» destinati ben presto a evidenziare tutte le loro debolezze.

Occorre però segnalare che, se da un lato i riferimenti ai concetti di «valore del capitale» erano già ben presenti e focalizzati nella letteratura economico-aziendale della fine del 1800 (il principale riferimento è agli studi di Irwing Fisher[17] prima e di Gino Zappa[18] poi), dall'altro, le logiche e la pratica gestionale delle imprese erano sempre più orientate verso il perseguimento di un'altra finalità, più semplice e di immediata percezione e valutazione: la massimizzazione del profitto, che per molto tempo ha distolto l'interesse degli imprenditori dalla vera essenza e dalla stessa ragione d'essere del fenomeno azienda.

Concettualmente, l'adozione del profitto come obiettivo ultimo della gestione imprenditoriale trova giustificazione nella volontà di soddisfare in primo luogo – e a volte anche in via esclusiva – gli azionisti, ovvero la categoria di *stakeholder* maggiormente esposta al rischio d'impresa e, dunque, in base a tale logica, meritevole di una maggiore tutela che a sua volta si concretizza in una maggiore remunerazione. È evidente, però, come un approccio fondato su tali basi, se è in grado di premiare le aspettative dell'azionista nel breve termine, a lungo andare può creare danni irreparabili all'intera organizzazione, e quindi anche agli stessi azionisti: in effetti, la spasmodica ricerca dell'utile aziendale e l'eccessiva distribuzione di dividendi possono minacciare le potenzialità di crescita prima e di sopravvivenza poi dell'azienda, ponendo a rischio la sua stessa esistenza.

[15] Donna G., *La creazione di valore nella gestione dell'impresa*, Carocci, Roma 1999, p. 25.

[16] Tra breve sarà chiarito il significato da attribuire al concetto di «valore».

[17] Fisher I., *La natura del capitale e del reddito*, UTET, Torino 1932. Si tratta della traduzione della versione originale dell'opera del 1896, *Appreciation and Interest*, Macmillan, New York.

[18] Zappa G., *Il reddito d'impresa*, Giuffrè, Milano 1937.

Una gestione orientata al raggiungimento del profitto è chiamata inevitabilmente a scontrarsi con una serie di limiti che ne minano la validità e che sono così sintetizzabili:

- l'adozione di una logica imprenditoriale fondata sul breve termine, in contrapposizione con la natura stessa dell'impresa, definita «un istituto economico destinato a perdurare nel tempo»[19]. Appare infatti evidente come un risultato d'esercizio positivo non può, di per sé, essere il segnale di un andamento favorevole dell'impresa, così come, al contrario, il conseguimento di una perdita non implica la formulazione di un giudizio negativo sulle dinamiche aziendali;
- gli aspetti della pianificazione e della programmazione assumono pertanto un significato del tutto marginale, in quanto il management è concentrato sulla realizzazione di risultati immediati;
- l'assenza – nelle valutazioni che assumono il reddito e la sua massimizzazione come la finalità principale dell'azienda – di qualsiasi riferimento al concetto di «rischio», fattore che, come meglio si vedrà in seguito, riveste un ruolo essenziale nelle analisi finanziarie;
- la scarsa rilevanza attribuita agli *stakeholder* dell'impresa diversi dagli azionisti, aspetto che si pone chiaramente in antitesi rispetto a quanto affermato in precedenza in merito ai requisiti necessari per garantire il successo dell'organizzazione.

L'evoluzione degli studi di finanza aziendale, le innovazioni intervenute nel sistema economico e sociale e nei modelli di business delle aziende hanno progressivamente fatto emergere l'insufficienza e l'inadeguatezza della massimizzazione del profitto a rivestire il ruolo di obiettivo unico cui indirizzare tutte le attività aziendali.

Gli sforzi degli studiosi e degli «addetti ai lavori» si sono pertanto concentrati su un obiettivo, la creazione di valore del capitale appunto, divenuto oramai largamente condiviso e diffuso a livello internazionale, pur con le dovute modifiche rese necessarie per adattare il principio base alle caratteristiche strutturali dei diversi sistemi economici[20].

Le motivazioni alla base di un simile successo nato e cresciuto a partire dagli anni Ottanta sono diverse[21]. In primo luogo, si tratta di un obiettivo razionale, in quanto coerente con la logica di crescita e sviluppo di lungo periodo che dovrebbe presidiare tutte le scelte dell'impresa. Inoltre, la creazione di nuovo valore appare una finalità stimolante per tutti i soggetti coinvolti nella gestione dell'impresa, spinti a perseguire strade nuove e opportunità potenzialmente in grado di contribuire alla crescita del capitale d'impresa. Altro aspetto degno di interesse è la facile misurabilità dell'obiettivo in parola, stante la disponibilità di modelli e strumenti all'uopo predisposti dalla dottrina e dalla pratica professionale.

[19] Zappa G., *Le produzioni nell'economia delle imprese*, tomo II, Giuffrè, Milano 1957, p. 37.

[20] Nel prossimo paragrafo saranno esaminati i principali modelli di riferimento per l'applicazione dell'obiettivo di creazione del valore nel contesto anglosassone e nel contesto dell'Europa continentale.

[21] Guatri L., *La teoria di creazione del valore. Una via europea*, Egea, Milano 1991, pp. 25 e ss.

Uno specifico approfondimento merita un ulteriore requisito associato all'obiettivo della creazione di valore, ovvero la sua *larga accettazione* da parte di tutti i soggetti coinvolti nell'organizzazione, dai dipendenti, ai manager, agli azionisti. Tale affermazione è direttamente riconducibile al principio di razionalità appena enunciato, in quanto una gestione dell'impresa orientata al lungo periodo e finalizzata alla crescita del valore del capitale presuppone necessariamente una politica volta alla ritenzione degli utili conseguiti e al loro reinvestimento all'interno dell'azienda[22]. In altri termini, gli *stakeholder* – si tratta dunque di un discorso generico che non riguarda soltanto gli azionisti – tendono a preferire la crescita del valore del capitale nel tempo, e quindi la potenziale realizzazione di consistenti *capital gain*, a fronte della distribuzione di dividendi. Attenzione, però, perché la validità di tale assunto è subordinata al verificarsi di una specifica condizione: la convenienza a reinvestire gli utili nell'impresa si realizza soltanto quando il capitale investito garantisce un congruo rendimento, tale cioè da consentire appunto la generazione di maggior valore azionario[23].

Se dunque risulta evidente la rilevanza e l'imprescindibilità della creazione di valore del capitale come funzione obiettivo dell'impresa, occorre comprendere *come* la funzione finanziaria possa contribuire ad assolvere questo importante compito: si tratta, cioè, di spostare l'attenzione da valutazioni strategiche ad aspetti eminentemente operativi. Tale passaggio merita però una doverosa puntualizzazione: l'adozione di un approccio fondato sul valore implica la presa di coscienza da parte del management finanziario dell'acquisizione di un ruolo diverso e se si vuole più maturo dell'intera gestione finanziaria dell'impresa. In effetti, in un'ottica tradizionale – ancora fortemente radicata – l'azienda è concepita esclusivamente come un soggetto richiedente strumenti e risorse finanziarie e, conseguentemente, la principale funzione dell'area finanza consiste nella ricerca di soluzioni di finanziamento in grado di minimizzare il costo dello stesso. Operando nella logica propria della creazione del valore, l'impresa non assume più soltanto il ruolo di acquirente di risorse, ma anche di venditore, nei confronti dei mercati finanziari, di propri strumenti (azioni e obbligazioni). Ne consegue una funzione finanziaria concentrata non soltanto sull'individuazione di fonti a basso costo, ma anche e soprattutto sulla massimizzazione del valore dei titoli posti sul mercato[24].

A ben vedere, infatti, molte delle problematiche che da sempre affliggono le imprese ed in particolare quelle italiane, sono riconducibili proprio a una visione parziale delle competenze da attribuire alla funzione finanziaria. La scarsa attenzione da sempre mostrata al capitale proprio, alla sua valutazione e interpretazione come strumento di scambio sui mercati, costituisce sicuramente una concausa – insieme ad altri fattori strutturali e congiunturali in precedenza citati – dell'eccessivo indebitamen-

[22] Guatri L., 1990, *Strategie d'impresa e massimizzazione del valore azionario*, «Finanza Marketing e Produzione», 4, pp. 13-14.

[23] Le argomentazioni appena riportate rientrano nelle importanti decisioni che prendono il nome di «politica dei dividendi», cui si accennerà tra breve e che costituiranno l'oggetto di una specifica trattazione.

[24] Dallocchio M., Salvi A., *Finanza d'azienda*, II edizione, Egea, Milano 2005, p. 12.

to a breve termine e della conclamata e persistente preferenza accordata alle politiche di indebitamento rispetto all'acquisizione di capitale di pieno rischio.

Compiuta questa importante precisazione, occorre ricondurre l'attenzione sulle modalità attraverso le quali l'impresa in generale e il management finanziario in particolare, sono in grado di perseguire l'obiettivo della creazione di valore. Come illustrato in figura 1.1, i principi guida da seguire sono i seguenti:

- *politiche di investimento*, finalizzate alla ricerca di modalità di impiego delle risorse in grado di assicurare un rendimento minimo in linea con la redditività degli investimenti già in essere e, comunque, superiore rispetto al costo dei finanziamenti necessari per acquisire le relative risorse. In particolare, il rendimento atteso deve essere determinato sulla base dell'attualizzazione dei flussi di cassa – positivi e negativi – generati dai progetti di investimento selezionati;
- *politiche di finanziamento*, che si sostanziano in primo luogo nella definizione di una proporzione ottimale tra fonti prese a prestito e capitale proprio (si tratta, cioè, di costruire la struttura finanziaria migliore per l'impresa): la scelta è funzione delle caratteristiche degli investimenti da finanziare nonché del costo delle fonti. In un secondo momento, il management finanziario, preso atto delle decisioni formulate nella fase precedente, individua le forme tecniche e gli strumenti di finanziamento ritenuti maggiormente compatibili con il fabbisogno emergente dalla gestione;
- *politica dei dividendi*. Rientrano in quest'ambito le decisioni inerenti la remunerazione da assegnare agli azionisti, in termini di quantità e di forme tecniche, dopo avere opportunamente soddisfatto le aspettative degli altri *stakeholder*. Nello specifico, occorre definire la quota di utili da distribuire e, conseguentemente, anche la quota di utili da destinare all'autofinanziamento dell'attività aziendale.

Fig. 1.1 Le linee guida della funzione finanziaria
Fonte: adattato da DAMODARAN A., *Finanza aziendale*, Apogeo, Milano 2001, p. 2.

A ben vedere, si tratta dei tre pilastri sui quali si fonda l'intera finanza aziendale: pertanto, il loro approfondimento costituirà l'oggetto specifico del presente volume.

A questo punto della trattazione, si rende necessario operare alcune puntualizzazioni in merito al concetto cui deve essere ispirata l'intera gestione dell'impresa, ovvero la massimizzazione del valore del capitale. In particolare, si intendono affrontare due specifici aspetti direttamente connessi al tema del valore:

- il rapporto tra creazione di valore, aspettative degli azionisti e decisioni di investimento;
- il rapporto tra creazione di valore e meccanismi di *corporate governance.*

1.2.1 Il teorema della separazione di Fisher

Nel proporre la creazione di valore come obiettivo principale da collocare al centro delle logiche decisionali e dei meccanismi operativi dell'impresa, è stato più volte sottolineato come la realizzazione di tale scopo sia perfettamente compatibile con le aspettative di tutti gli *stakeholder* che fanno capo all'azienda, con particolare riferimento alla figura degli azionisti. La giustificazione economico-finanziaria alla base di tale affermazione individua nella crescita dell'entità del capitale un elemento gradito ai proprietari dell'organizzazione, i quali pertanto sono spinti ad appoggiare le scelte finalizzate proprio alla massimizzazione del valore azionario.

Le argomentazioni appena riportate, pur se concettualmente valide, trascurano un aspetto molto importante, ovvero le diverse aspettative che possono legittimamente far capo ai molteplici azionisti di una società. Occorre cioè domandarsi in che modo una gestione orientata alla creazione di nuovo valore possa soddisfare pienamente e allo stesso modo soggetti che presentano inevitabilmente funzioni di utilità diverse gli uni dagli altri e che pertanto possono esprimere preferenze differenti per quanto concerne la crescita del capitale e la distribuzione degli utili[25].

La risposta a tale quesito è rintracciabile nella definizione e nell'analisi del teorema della separazione di Fisher[26]. Partendo da un assunto fondamentale, ovvero la presenza di un mercato perfetto nel quale i tassi attivi ottenuti dagli investimenti, equivalgono ai tassi passivi corrisposti sui prestiti – entrambi corrispondenti a un tasso puro di mercato, ovvero privo di rischio o *risk free* –, Fisher ha dimostrato come sia possibile separare le decisioni di investimento adottate dal management dalle preferenze manifestate dai singoli azionisti. Inoltre, l'autore individua altre condizioni da porre alla base della costruzione del modello: presenza di operatori razionali (fattore direttamente collegato al requisito di perfezione dei mercati), assenza di rischio e dunque certezza delle variabili di riferimento, utilizzo del valore finanziario del tempo (aspetto di particolare rilevanza soprattutto in considerazione della fase storica nel quale è stato definito il modello).

[25] Copeland T.E., Weston J.F., *Teoria della Finanza e Politiche d'Impresa*, Egea, Milano 1994, pp. 26-27.
[26] Fisher I., *The Theory of Interest*, Macmillan, New York 1930.

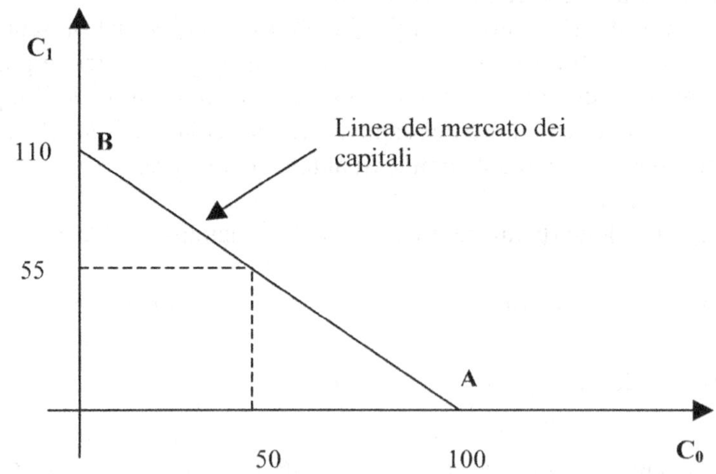

Fig. 1.2 La linea del mercato dei capitali

La costruzione del modello si avvale di un piano cartesiano i cui assi rappresentano rispettivamente il consumo attuale (C_0, che nel caso specifico dell'azionista corrisponde alla ricchezza immediata, ovvero ai dividendi) e il consumo futuro (C_1, e cioè il *capital gain*). Sul piano è possibile rappresentare in primo luogo il vincolo di bilancio (W_1W_0), ovvero la funzione che Fisher definisce come la «linea del mercato dei capitali» rappresentativa della ricchezza spendibile dall'individuo nel tempo 0 e nel tempo 1. Appare interessante sottolineare come i soggetti presenti sul mercato conoscano e impieghino il concetto di valore finanziario del tempo[27], spostandosi lungo la linea del mercato dei capitali: avendo a disposizione un certo reddito complessivo, essi possono decidere di consumarlo interamente nel presente (anno 0), oppure destinarlo totalmente o parzialmente all'anno successivo. In quest'ultima ipotesi, ovviamente, entra in gioco il valore finanziario del tempo e dunque le risorse eventualmente accantonate per essere disponibili nell'anno successivo sono capitalizzate ad un tasso che corrisponde all'interesse puro di mercato, ovvero al tasso *risk free* (r_f). Le argomentazioni proposte appaiono più chiare se rappresentate attraverso un esempio grafico (Fig. 1.2). Si ipotizza che un individuo abbia un reddito complessivamente disponibile (tra l'anno 0 e l'anno 1) di 100 euro: se decide di consumare tutta la sua ricchezza nell'anno 0, si posizionerà sul punto A della linea del mercato dei capitali, non destinando alcunché al consumo futuro; viceversa, se decide di rinviare tutto il

[27] In estrema sintesi, il concetto di valore finanziario del tempo deriva dal fatto che, in un'ottica puramente finanziaria, un euro di capitale avuto oggi ha un valore superiore rispetto a un euro di capitale avuto domani: tale assunto trova giustificazione nel fatto che la disponibilità di un euro oggi offre la possibilità al suo titolare di investirlo immediatamente affinché possa produrre interessi. Il tema sarà approfondito nella sezione dedicata alle scelte di capital budgeting.

reddito all'anno 1, si troverà nel punto B, ma con un reddito maggiorato dell'entità del tasso di interesse applicato per tenere conto del valore finanziario del tempo (nell'esempio proposto il tasso *risk free* è pari al 10%). Si possono altresì verificare situazioni intermedie nelle quali il soggetto decide di consumare oggi soltanto una porzione del proprio reddito, rinviando al futuro la parte rimanente.

Adottando una logica puramente finanziaria, scegliere di rinunciare ad una parte del consumo attuale equivale a dare in prestito risorse (strategia di *lending*), mentre rinunciare ad una porzione di consumo futuro equivale a prendere in prestito risorse (strategia di *borrowing*).

L'elemento di maggiore rilevanza connesso a quanto finora affermato è sintetizzabile nella possibilità, offerta ad ogni individuo che si trovi ad agire nel contesto delineato, di muoversi lungo la linea del mercato dei capitali prendendo o concedendo risorse in prestito ad un unico tasso *risk free*. Tale tasso contribuisce a determinare il fattore di interesse, ovvero la pendenza della linea del mercato dei capitali, data da $q = -(1 + r_f)$.

La scelta finale del soggetto, ovvero la combinazione tra consumo attuale e consumo futuro, dipende dalle sue preferenze personali, espresse graficamente dalle curve di indifferenza (Fig. 1.3).

La pendenza delle curve di indifferenza, data da $q_p = -(1 + r_p)$, indica il fattore di preferenza temporale, cioè il fattore marginale di sostituzione tra il consumo presente e il consumo futuro. Il tasso di interesse così ottenuto rappresenta un tasso di preferenza soggettivo, ovvero il costo al quale un individuo sarebbe disposto a prendere o dare in prestito risorse, a prescindere dall'entità del tasso puro di mercato. Se ad esempio un soggetto manifesta un bisogno urgente di risorse, potrà accettare di corrispondere un tasso più elevato rispetto a quello vigente sul mercato pur di ottenere i capitali desiderati.

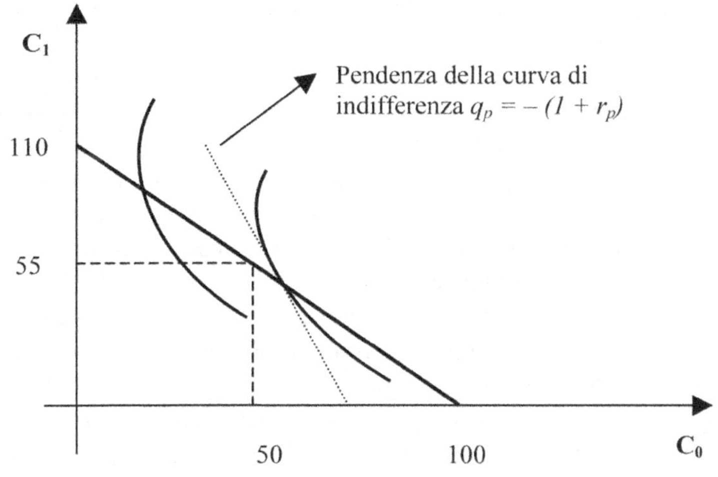

Fig. 1.3 Strategie di «lending» e «borrowing»

Ne consegue che:

- se $q > q_p$, la pendenza della linea del mercato dei capitali è maggiore rispetto al fattore di preferenza temporale ed è preferibile prendere risorse in prestito (attività di *borrowing*). Infatti, al verificarsi di tale circostanza $r_f < r_p$ e dunque il soggetto potrà ottenere capitali sostenendo un costo – pari ovviamente all'unico tasso *risk free* presente sul mercato e quindi r_f – inferiore rispetto a quello che sarebbe disposto a pagare;
- se $q < q_p$, la pendenza della linea del mercato dei capitali è minore rispetto al fattore di preferenza temporale ed è preferibile concedere risorse in prestito (attività di *lending*). In questo caso, infatti, il tasso puro di mercato (r_f) è superiore al tasso di preferenza temporale (r_p) e l'individuo privilegia la concessione di prestiti, incassando un tasso maggiore rispetto al tasso espressione delle proprie preferenze personali;
- se $q = q_p$, le pendenze si equivalgono, determinando altresì una eguaglianza dei tassi di interesse ($r_f = r_p$). Viene meno la convenienza a prendere o dare in prestito risorse e, dal punto di vista grafico, si verifica la tangenza tra la curva di indifferenza e la linea del mercato dei capitali.

Nell'elaborazione del suo modello, Fisher compie un ulteriore, fondamentale, passo avanti, nel tentativo di integrare i concetti appena esposti in merito alla linea del mercato dei capitali con le decisioni di investimento e di produzione adottate dalle imprese. A tal fine si inserisce nella costruzione teorica anche la curva di trasformazione o delle possibilità produttive che indica la quantità massima di un bene che l'impresa può realizzare per ogni quantità dell'altro, ovvero le diverse combinazioni a disposizione dell'impresa per ottenere reddito, a prescindere dal ricorso al mercato dei capitali. Le imprese, così come i singoli individui, hanno pertanto la possibilità di muoversi sia lungo la linea del mercato dei capitali (attraverso attività di *lending* o *borrowing*), sia lungo la linea delle opportunità produttive.

Il punto di tangenza tra il vincolo di bilancio e la curva di trasformazione (punto H con coordinate P_1P_0) rappresenta un punto di ottimo, ovvero la decisione di investimento/produzione in grado di massimizzare la ricchezza degli azionisti (W_0), punto indipendente dalle preferenze soggettive dei singoli azionisti. Il raggiungimento del livello di ottimo è subordinato all'adozione da parte del management di una politica finalizzata a creare valore o, in altri termini, a impiegare risorse in tutti quei progetti che offrono una remunerazione maggiore rispetto al tasso di rendimento del mercato (che, in un mercato perfetto, è unico)[28]: tale strategia di comportamento è sempre la stessa, a prescindere dalle preferenze individuali dei singoli azionisti schematizzate attraverso ipotetiche curve di utilità (Fig. 1.4).

Ma perché, nonostante la separazione tra politiche di investimento e aspettative degli azionisti, questi ultimi sono sempre e comunque soddisfatti, appoggiando il management nell'adozione dei principi che ispirano la creazione di valore? La risposta a questa domanda va rintracciata nelle ipotesi alla base della definizione del teorema della separazione e in particolare nella presenza di tassi attivi uguali ai tassi passivi.

[28] Copeland, Weston, *Teoria della Finanza*, cit., p. 27.

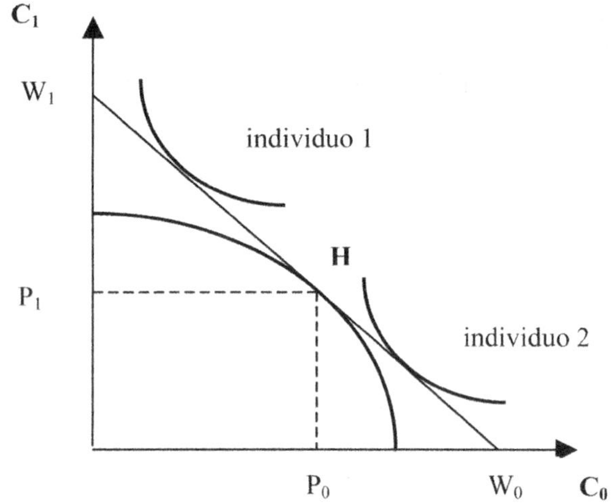

Fig. 1.4 Il teorema della separazione di Fisher

In effetti, tale circostanza permette agli azionisti che ricevono un dividendo superiore rispetto a quello atteso, di entrare nel mercato e dare in prestito le risorse ricevute in eccesso; viceversa, i soggetti che preferiscono una maggiore quantità di consumo attuale (dividendi), fermo restando il punto di ottimo realizzato dall'impresa in un'ottica di creazione del valore, possono rivolgersi al mercato e prendere a prestito risorse. Le posizioni dei singoli individui sono perfettamente compensate dalla presenza di tassi attivi coincidenti con i tassi passivi: ne deriva che le preferenze individuali espresse dai singoli azionisti assumono rilevanza esclusivamente in sede di definizione delle scelte di consumo e non interferiscono sulle decisioni di investimento che invece spettano al management.

Inoltre, occorre sottolineare che le affermazioni appena riportate risultano valide al verificarsi della seguente relazione:

$$W_0 = C_0 + \frac{C_1}{1+r} \qquad [1]$$

Ciò significa che la massimizzazione del valore per l'impresa e i suoi azionisti corrisponde alla massimizzazione del valore attuale del loro consumo nell'arco di una vita.

1.2.2 Valore e sistemi di «corporate governance»: i costi di agenzia

Un altro interrogativo che si pone nell'approccio alla massimizzazione del valore riguarda la verifica di un eventuale legame o condizionamento prodotto sull'obiettivo in parola dal modello di *corporate governance* adottato dalle imprese. Si intendono cioè individuare i punti di forza e di debolezza dei diversi sistemi di governo delle aziende, rispetto all'adozione di una logica ispirata alla generazione di valore azionario[29].

In tale prospettiva, i principali modelli di riferimento sono i seguenti:

1. modello a proprietà chiusa;
2. modello a proprietà ristretta;
3. modello a proprietà diffusa.

Il modello a proprietà chiusa è tipicamente riscontrabile nel sistema economico italiano, caratterizzato da un numero preminente di imprese la cui proprietà è racchiusa nelle mani di pochi azionisti, spesso riconducibili a un'unica famiglia di origine[30]. Si tratta di una soluzione adottata soprattutto nelle imprese di piccole e medie dimensioni, ma che nel nostro Paese risulta presente anche nelle aziende più grandi e importanti: a ben vedere, tale circostanza ha da sempre costituito uno dei limiti strutturali in grado di frenare il percorso di quotazione delle imprese nei mercati ufficiali.

In termini di *corporate governance*, il modello in parola si distingue per una sostanziale coincidenza tra i concetti di proprietà e controllo, circostanza che può favorire, sotto certi aspetti, il successo di un approccio orientato alla creazione di valore. In primo luogo, è indiscutibile una completa identificazione tra impresa e proprietario, elemento che garantisce un favorevole ritorno di immagine e che è risultato determinante per il successo del *made in Italy* nel mondo. In secondo luogo, la presenza della figura di proprietario-manager che gestisce l'impresa nel proprio interesse, coincidente con quello dell'intera organizzazione, assicura, almeno in linea teorica, il perseguimento di strategie di lungo respiro, caratteristica perfettamente coerente con la finalità di creazione di valore. Infine, è possibile riscontrare una certa rapidità del processo decisionale e dunque una maggiore capacità di adattamento ai mutamenti e agli impulsi provenienti dall'esterno.

A fronte di questi evidenti vantaggi, è però doveroso segnalare anche la presenza di importanti limiti e ostacoli ad una corretta applicazione della creazione di valore. Il modello a proprietà chiusa, infatti, è spesso costretto ad affrontare problematiche di ordine finanziario, stante la scarsa apertura verso altri potenziali soci con le conseguenze che ne derivano in termini di: scarso livello di capitalizzazione; eccessivo ricorso all'indebitamento, soprattutto a breve termine; elevato costo dei finanziamenti; crescita del grado di rischiosità associato all'azienda. A ciò si aggiungono, a volte, anche problematiche di ordine culturale, stante la forte resistenza opposta dai vertici

[29] Rigamonti S., *Nuove quotazioni alla borsa italiana. Separazione tra proprietà e controllo ed evoluzione della struttura proprietaria*, Franco Angeli, Milano 2005; Guatri L., Vicari S., *Sistemi d'impresa e capitalismi a confronto. Creazione di valore in diversi contesti*, Egea, Milano 1994.

[30] Melis A., *Corporate governance. Un'analisi empirica della realtà italiana in un'ottica europea*, Giappichelli, Torino 1999.

aziendali nei confronti dei cambiamenti e la bassa propensione a ricorrere all'istituto della delega.

Il modello a proprietà ristretta è facilmente rintracciabile nelle imprese di grandi dimensioni tedesche e giapponesi e costituisce una sorta di evoluzione del modello a proprietà chiusa appena citato. Esso infatti prevede la presenza di un azionariato di controllo stabile, spesso riconducibile anche a istituti di credito e investitori istituzionali, e di numerosi piccoli azionisti che si dividono la quota di minoranza della società. È proprio nella stabilità che va rintracciato il principale punto di forza delle imprese che adottano tale meccanismo di governo, aspetto fortemente premiato dal mercato e in generale da tutti i potenziali finanziatori. Inoltre, la presenza spesso riscontrata di investitori istituzionali all'interno del gruppo di controllo è giudicata sinonimo di correttezza gestionale e di una visione strategica orientata al lungo periodo.

Nonostante tali vantaggi costituiscano la base ideale per far attecchire una logica ispirata alla creazione del valore, occorre registrare una sorta di percorso involutivo segnato da molte delle imprese a proprietà ristretta nel corso degli ultimi anni. La causa principale di tali insuccessi va rintracciata soprattutto nei bassi livelli di redditività conseguiti e in una eccessiva concentrazione verso obiettivi di crescita dimensionale.

Infine, il modello a proprietà diffusa, tipico dei paesi anglosassoni, è contraddistinto da un numero molto elevato di azionisti, ciascuno dei quali possiede quote di capitale insufficienti a garantire il controllo della società: in altri termini, si manifesta appieno il fenomeno della perfetta separazione tra proprietà e controllo. Il meccanismo in parola ha portato alla costituzione delle cosiddette *public company*, dove la gestione dell'impresa è necessariamente affidata a manager professionisti.

In un'ottica di creazione del valore, tale sistema di governo assicura la facile reperibilità di capitali, sia a titolo di debito, sia con il vincolo di pieno rischio: ciò a sua volta permette la selezione delle alternative di investimento maggiormente profittevoli, nonché la possibilità di ridurre il costo dei finanziamenti. Di non poco conto è inoltre il livello di competenza e professionalità del management, destinato a porsi in contrasto con i limiti culturali prima enunciati a proposito dei modelli a proprietà chiusa.

Anche il modello delle *public company* non è però esente da limiti direttamente riconducibili al principio di separazione tra proprietà e controllo e sintetizzabili nel cosiddetto problema di «agenzia»[31]. Il legame che si instaura tra azionisti e manager può in effetti essere inquadrato nel tipico rapporto tra «principale» (azionista) che delega la tutela dei propri interessi – nel caso specifico la gestione dell'impresa e la crescita del capitale azionario – a un altro soggetto che prende il nome di «agente» (ovvero il manager). Questo schema di riferimento può creare problematiche anche di ingenti proporzioni laddove il manager non agisca nel pieno interesse del suo principa-

[31] Il problema dei costi di agenzia si può rinvenire sia nei rapporti tra azionisti e manager (ed è questa la fattispecie analizzata nel presente scritto), ma anche tra finanziatori esterni e manager. Ne consegue l'esistenza di costi di agenzia del capitale proprio e costi di agenzia del debito. Cucculelli M., *Costi di agenzia del debito, investimenti e crescita dell'impresa. Modelli teorici ed evidenze empiriche*, Clua, Ancona 2003, p. 22.

le, ma ponga in essere una serie di comportamenti finalizzati a soddisfare la propria funzione di utilità e a massimizzare i benefici che può trarre dalla posizione rivestita nell'ambito dei meccanismi di governo dell'impresa[32]. Tale circostanza si verifica soprattutto nell'ipotesi in cui la remunerazione del manager sia agganciata al risultato di periodo realizzato dall'impresa: il rischio consiste nell'adottare un orizzonte temporale di breve periodo – finalizzato appunto alla massimizzazione del profitto – con tutti i limiti che ne conseguono.

Ne derivano situazioni conflittuali tra azionisti e management che inevitabilmente conducono alla nascita dei cosiddetti «costi di agenzia»: si tratta di tutti quegli oneri che gli azionisti-principali sono costretti ad accollarsi per monitorare costantemente l'operato dei manager-agenti e garantire che la gestione aziendale sia improntata su principi di efficienza e nel rispetto degli interessi di tutta la compagine azionaria.

La soluzione a tale problema e dunque il completo abbattimento dei costi di agenzia si potrebbe avere nell'ipotesi, certamente poco realistica, in cui i manager fossero remunerati esclusivamente con azioni della società: in tal caso, le loro funzioni di utilità andrebbero a coincidere con quelle degli altri azionisti e gli stessi agenti sarebbero incentivati ad attuare le politiche necessarie per incrementare il valore del capitale. Occorre però considerare che il management percepisce anche forme alternative di remunerazione di natura non pecuniaria: egli pertanto avrà sempre e comunque la propensione ad agire, almeno in parte, per accrescere i propri benefici, imponendo pertanto la necessità di compiere controlli da parte degli azionisti e limitare il grado di discrezionalità degli agenti.

1.3 I modelli teorici di riferimento nell'approccio al valore

Il tema del valore e del suo ruolo nell'ambito della gestione operativa e strategica delle imprese vanta, come si è già avuto modo di osservare, origini remote: basti pensare che è possibile far risalire il concetto di «valore del capitale» agli studi di Fisher datati 1896 mentre, con riferimento al contesto italiano, significativo appare il contributo di Gino Zappa nella definizione di «capitale economico».

Occorre però attendere molti anni prima di riuscire a costruire riferimenti teorici sistematici e organizzati in tema di creazione di valore del capitale azionario. Tale esigenza è nata e si è concretizzata innanzitutto negli Stati Uniti sotto la spinta di una serie di concause che hanno progressivamente fatto emergere l'insufficienza e l'inadeguatezza di obiettivi alternativi – in primo luogo il profitto – ad assurgere a fattore guida delle scelte dell'organizzazione.

[32] Salvi A., *Contratti finanziari e corporate governance*, Egea, Milano 2001, p. 26. Per un approfondimento si vedano anche Jensen M., Meckling W., *Theory of the Firm: Managerial Behaviour, Agency Cost and Ownership Structure*, «Journal of Financial Economics», ottobre 1976, pp. 305 e ss.; Williamson O.E., *The Economics of Discretionary Behavior: Managerial Objectives in a Theory of the Firm*, Prentice-Hall, Englewood Cliffs 1964.

In effetti, la complessità ambientale che ha contraddistinto tutti i paesi occidentali a partire dal 1970 ha messo seriamente in discussione i tradizionali modelli di riferimento dell'attività imprenditoriale. Le aziende, costrette sempre di più dagli eventi a divenire sistemi «aperti»[33] che vivono grazie al continuo scambio con altri soggetti e altre economie, si sono trovate a dover fare i conti con le istanze, sempre più specifiche e pressanti, di una serie di portatori di interessi (*stakeholder*). In particolare, gli *stakeholder* sono riconducibili a due fattispecie di sotto-sistemi ambientali:

- il mercato dei capitali, cui afferiscono gli azionisti e i creditori;
- il sistema competitivo, nel quale emergono le richieste di clienti, fornitori, e dipendenti.

All'azienda spetta il non facile compito di soddisfare le aspettative e gli interessi di ogni singolo soggetto, cercando di mediare tra esigenze spesso in contrasto tra loro[34]. La soluzione a tale problematica consiste nell'adozione di un approccio alla gestione imprenditoriale in grado di realizzare una corretta integrazione tra le strategie finanziarie e le strategie competitive, evitando il sorgere di conflitti destinati a ripercuotersi sul grado di efficacia e di efficienza dell'attività svolta.

Oltre alla conclamata necessità di ricercare un equilibrio sostenibile nel tempo tra sistema competitivo e mercato dei capitali, le imprese statunitensi, soprattutto quelle di maggiori dimensioni, si sono trovate a fronteggiare altri importanti cambiamenti, quali[35]:

- la presa di coscienza dell'inadeguatezza delle tradizionali misure contabili (l'utile, l'utile per azione, il ROI e così via) a esprimere il reale valore del capitale d'impresa;
- il rischio sempre maggiore di subire scalate ostili e la conseguente necessità di individuare sistemi di protezione del capitale;
- la presenza di conflitti tra azionisti e management, con la nascita di costi di agenzia;
- il ruolo spesso rilevante degli investitori istituzionali all'interno della compagine azionaria, il cui obiettivo principale consiste proprio nella crescita di valore del capitale acquisito.

Sono proprio queste le motivazioni che hanno condotto i manager delle principali aziende statunitensi ad adottare e a portare al successo, nel decennio 1980-1990, lo *Shareholder Value Approach* (di seguito SVA): non si tratta semplicemente di un modello teorico, ma di una vera e propria tecnica di gestione strategica dell'impresa finalizzata alla crescita del capitale azionario.

Il primo e più significativo aspetto connesso all'approccio in parola è rappresentato dalla tipologia di valore del capitale cui si fa riferimento: l'impiego dello SVA è in-

[33] Bertini U., *Il sistema d'azienda - schema di analisi*, Giappichelli, Torino 1990, pp. 28 e ss.

[34] Rappaport A., *La strategia del valore*, Franco Angeli, Milano 1986, p. 25.

[35] Amaduzzi A., *Obiettivi e valore dell'impresa: misure di performance. Considerazioni teoriche e modelli operativi*, Il Sole 24 Ore Libri, Milano 2000, p. 4.

fatti finalizzato alla massimizzazione del *valore di mercato* dei titoli, ovvero della quotazione registrata dal mercato per effetto dell'incontro tra domanda e offerta. La giustificazione sottostante la scelta di tale parametro come obiettivo da massimizzare va rintracciata fondamentalmente nelle caratteristiche strutturali e nel percorso evolutivo segnato dal sistema economico-finanziario statunitense, le cui caratteristiche possono essere riassunte nei seguenti aspetti: elevato numero di imprese quotate, presenza di intensi scambi di pacchetti azionari, significativo livello di efficienza dei mercati[36], rilevante numero di aziende costituite nella forma di *public company*.

Ne deriva la forte capacità segnaletica delle quotazioni borsistiche, quali veicoli informativi in grado di sintetizzare il reale valore delle società emittenti.

Adottare una logica d'azione finalizzata ad accrescere costantemente il valore di mercato delle azioni consente alle imprese di tutelarsi contro il pericolo rappresentato dalle scalate ostili (*takeover*). Generalmente, le società quotate risultano facile preda di tentativi di scalate nel momento in cui sono sottovalutate, ovvero quando il prezzo delle azioni è inferiore rispetto alle reali potenzialità dell'impresa, attirando l'attenzione dei cosiddetti *riders*. Ne deriva che la concentrazione di tutti gli sforzi del management verso la crescita delle quotazioni riduce il gap tra valore effettivo della società e valore percepito dal mercato, consentendo una valutazione corretta dei titoli azionari e limitando di conseguenza il pericolo delle scalate[37].

Il ruolo assunto dal valore di mercato all'interno dello SVA pone al centro della teoria in parola la figura dell'azionista, le cui esigenze in termini di remunerazione devono essere attentamente valutate dal management: in effetti, la soddisfazione degli interessi degli azionisti – che si traduce in consistenti capital gain e congrui livelli di dividendi – costituisce la base di partenza per mantenere e conquistare la fiducia degli azionisti, principali finanziatori dell'attività imprenditoriale.

Sotto il profilo puramente gestionale, tale affermazione impone ai vertici aziendali di improntare il processo decisionale sulle medesime regole di valutazione adottate dagli azionisti: in altre parole, la selezione delle alternative di investimento deve essere realizzata assumendo una logica finanziaria, ovvero in termini di flussi di cassa generati dagli stessi investimenti.

La stessa impresa è concepita come un investimento e pertanto la sua valutazione deve essere compiuta con l'ausilio di metodologie finanziarie, al fine di determinare l'entità dei flussi di cassa generati dalla gestione, tenuto conto del rischio sostenuto[38].

Inoltre, tornando a una delle motivazioni che hanno determinato il successo e la diffusione dello SVA, si evidenzia la capacità mostrata dall'approccio in parola di riuscire nell'intento di integrare opportunamente le istanze provenienti dagli operatori del mercato dei capitali con quelle presentate dagli esponenti del sistema competitivo. Per comprendere appieno la logica sottostante tale affermazione occorre com-

[36] Il tema dell'efficienza dei mercati costituirà l'oggetto di uno specifico approfondimento.

[37] Copeland T., Koller T., Murrin J., *Il valore dell'impresa*, Sole 24 Ore Libri, Milano 1991, pp. 6-7; Ceccarelli P., Piraccini M., *Strategie di creazione del valore*, «L'impresa», 51, 1988, p. 91.

[38] Macrì D.M., *Imprese e dinamiche del valore: un metodo per decidere*, «Economia e Management», 15, 1990, p. 56.

piere un passo indietro indagando sulla natura della remunerazione attribuita agli azionisti: il dividendo, infatti, costituisce una forma di remunerazione a carattere «residuale», in quanto distribuito ai detentori dei titoli azionari soltanto dopo aver provveduto alla copertura di tutti gli altri costi. Ne deriva che, se una gestione orientata ai principi dello SVA e quindi focalizzata sulla figura degli azionisti, è in grado di erogare a questi ultimi quote di utili consistenti, automaticamente sarà stata capace di soddisfare gli interessi di tutti gli altri *stakeholder* dell'impresa: avrà cioè corrisposto salari e stipendi ai dipendenti, pagato gli oneri finanziari ai creditori, versato le imposte all'Erario e così via[39].

Infine, l'adozione dello SVA può contribuire a ridurre i conflitti tra azionisti e manager e i relativi costi di agenzia, laddove si abbandoni la prassi, spesso impiegata nelle grandi aziende, di agganciare la remunerazione dei manager ai risultati di breve periodo, a favore della definizione di un legame tra remunerazione e valore del capitale azionario creato.

Il fondamentale ruolo attribuito allo SVA è stato successivamente consolidato e perfezionato con la strutturazione di un vero a proprio processo manageriale finalizzato alla creazione di valore azionario in un'ottica di lungo periodo: il *Value-Based Management*. I contenuti di tale approccio costituiranno l'oggetto di una specifica trattazione.

L'innegabile contenuto innovativo dello SVA, dimostrato dal successo fatto registrare nel corso di un solo decennio negli Stati Uniti, ha spinto diversi autori a verificarne le possibilità di implementazione anche nei paesi dell'Europa continentale. L'esigenza di definire anche nello scenario macroeconomico europeo un modello alternativo rispetto a quelli tradizionalmente impiegati, trova origine e giustificazione in alcuni aspetti di criticità fatti registrare da molte imprese: la presa di coscienza dell'inadeguatezza delle misure di valutazione di natura contabile (aspetto già menzionato tra le cause che hanno condotto alla nascita dello SVA); il forte impulso fatto registrare dai mercati borsistici, pur lontani dai livelli di efficienza dei paesi anglosassoni; il tentativo di aprire il capitale azionario, soprattutto delle grandi imprese, a soggetti esterni rispetto al gruppo di comando, con particolare riferimento agli investitori istituzionali; l'ondata di privatizzazioni avvenuta nel corso degli anni Novanta.

Nonostante l'esigenza di rinnovamento avvertita da più parti, è subito apparsa evidente l'impossibilità di applicare in maniera pedissequa lo SVA alle realtà imprenditoriali europee, stante le considerevoli diversità rintracciabili sia a livello culturale, sia sotto il profilo dell'assetto e dei meccanismi operativi del circuito produttivo e dei mercati finanziari.

Si è reso pertanto necessario avviare un processo di adattamento di alcuni aspetti della teoria statunitense, per renderla compatibile e dunque attuabile anche in ambito europeo[40]. Il principale promotore di tale iniziativa è stato Luigi Guatri al quale si de-

[39] Demattè C., *Teoria del valore: serve davvero per guidare meglio le imprese?*, «Economia e Management», 2, 1997, p. 10.

[40] Zullo R., *Alcuni prodromi della teoria di creazione del valore nella letteratura economica classica*, «Finanza Marketing e Produzione», 1, 1995, pp. 145 e ss.

ve la costruzione di un impianto teorico che, partendo dalle fondamenta dello SVA, lo ha reso intelligibile e funzionale anche in contesti economici diversi rispetto a quello di origine: si tratta della *Teoria di Creazione del Valore*.

La filosofia alla base dei due approcci rimane immutata: l'azione del management e di tutti i membri dell'organizzazione deve essere costantemente rivolta alla crescita di valore del capitale. L'elemento destinato a caratterizzare la teoria di creazione del valore e a distinguerla dall'approccio statunitense è rappresentato dalla tipologia di valore del capitale cui si fa riferimento: non più la massimizzazione del valore di mercato, ma la massimizzazione del valore del capitale economico.

La motivazione sottostante tale scelta va rintracciata nella scarsa rilevanza tuttora rivestita dai mercati finanziari europei e italiani in particolare, con tutte le conseguenze che ne derivano in termini di esiguo numero di imprese quotate, bassi livelli di efficienza e formazione di prezzi non significativi, ovvero non rappresentativi del reale valore della società emittente. Tutti questi fattori rendono pressoché inattuabile nello scenario italiano il principio della massimizzazione del valore di mercato, o comunque ne limitano le possibilità di applicazione a un numero talmente ridotto di imprese (ovviamente le sole imprese quotate) da risultare praticamente irrilevante in una prospettiva macroeconomia: il valore di mercato rischia cioè di divenire una misura falsata e non attendibile del reale valore del complesso aziendale. Il concetto di capitale economico, invece, introdotto negli studi economico-aziendali ad opera di Gino Zappa che lo definisce come «un valore unico, risultante dalla capitalizzazione dei redditi futuri»[41], appartiene a tutte le tipologie di aziende, a prescindere dalla dimensione, dai rapporti con i mercati e dal modello di *corporate governance* adottato.

Ne consegue che, in base all'impostazione proposta da Guatri, creare valore significa «accrescere la dimensione del capitale economico, cioè in breve il valore dell'impresa intesa come investimento»[42].

La preferenza accordata al concetto di capitale economico deve altresì essere attribuita anche alla sua maggiore stabilità, soprattutto in periodi di crisi o di turbolenza del sistema economico, rispetto al valore di mercato, molto più sensibile e suscettibile di alterazioni anche consistenti alle quali però non corrisponde un effettivo mutamento delle condizioni di economicità dell'impresa emittente.

A ben vedere, però, gli obiettivi di massimizzazione delle configurazioni di capitale adottate nelle due impostazioni teoriche, pur essendo differenti in quanto a natura e contenuti, non possono essere ritenuti contrastanti o mutulamente escludenti. In effetti, secondo lo stesso Guatri, il percorso ideale da seguire in una prospettiva di creazione del valore si articola nelle seguenti fasi:

- in primo luogo, l'accrescimento del capitale economico, postulato essenziale per qualsiasi tipologia di impresa, quotata e non;

[41] Zappa, *Le produzioni nell'economia*, cit., p. 81.
[42] Guatri, *Strategie d'impresa*, cit., p. 6.

- in un secondo tempo, si passa alla crescita del valore di mercato, momento successivo e soltanto eventuale, sebbene largamente auspicabile.

Affinché l'intero ciclo sia portato a compimento è necessario che le informazioni in merito alla crescita del capitale economico siano prontamente assorbite dal mercato e che questo, attraverso i meccanismi di formazione dei prezzi, sia in grado di inglobarle nelle quotazioni borsistiche. La capacità del mercato di recepire correttamente le informazioni provenienti dalle imprese e di impiegarle correttamente nella definizione dei prezzi è funzione del livello di efficienza dei mercati stessi. Si tratta, in altri termini, del problema della diffusione del valore che, come risulta evidente, affligge soltanto le imprese ispirate a una logica di creazione del valore secondo l'impostazione europea. In base alle considerazioni svolte è possibile pertanto individuare una relazione di dipendenza tra valore del capitale economico e valore di mercato del capitale: il primo, da considerarsi grandezza originaria sulle cui fondamenta viene poi determinato il prezzo delle azioni[43].

Così come avviene per lo SVA, anche la teoria di creazione del valore si pone come un approccio di tipo gestionale, fornendo strumenti e linee guida per indirizzare il management verso la massimizzazione del capitale economico. Periodicamente, però, l'azione svolta deve essere sottoposta a verifica al fine di individuare i risultati raggiunti e gli eventuali scostamenti rispetto alle previsioni. L'esigenza di concentrare l'attenzione sul controllo del valore deriva soprattutto dall'assenza, nella logica alla base della Teoria di Creazione del Valore, di un meccanismo automatico di controllo, quale può essere il prezzo di mercato.

Infine, per quanto concerne i criteri di valutazione da impiegare nella stima del capitale economico, è possibile fare riferimento in via principale ai criteri fondati sui flussi (reddito o *cash flow*). Nonostante una preferenza accordata dal Guatri per i metodi reddituali, negli ultimi anni si assiste ad una generalizzata crescita di consensi attorno ai metodi che prevedono l'attualizzazione dei flussi (redditizio finanziari): le motivazioni alla base di tale preferenza saranno approfondite in sede di analisi dei singoli approcci alla valutazione delle aziende.

Per riassumere quanto fin qui esposto e rendere più agevole il confronto tra le teorie di riferimento citate, appare utile analizzare la tabella 1.1.

Tab. 1.1 SVA e TCV a confronto

	SVA	TCV
Valore da massimizzare	Valore di mercato	Capitale economico
Approccio alla teoria	Gestionale	Gestionale con verifiche periodiche
Metodo di valutazione	Metodi finanziari	Metodi basati su flussi (reddituali o finanziari)

43 Donna, *La creazione di valore*, cit., p. 36.

Capitolo 2

La struttura finanziaria

di Roberta Pace

SOMMARIO: 2.1 Natura e configurazioni del fabbisogno finanziario – 2.2 La struttura finanziaria: caratteri, presupposti e condizioni di equilibrio – 2.3 Il bilancio come strumento principale per l'analisi finanziaria – 2.4 La riclassificazione dello stato patrimoniale – 2.5 La riclassificazione del conto economico – 2.6 I margini finanziari – 2.7 L'analisi per indici – 2.8 L'analisi per flussi

SEZIONE I

Fabbisogno e struttura finanziaria

2.1 Natura e configurazioni del fabbisogno finanziario

Dopo aver illustrato gli obiettivi e i principi guida che dovrebbero ispirare l'azione delle imprese in un'ottica di medio-lungo termine, si rende necessario entrare nella «quotidianità» della gestione, realizzando una disamina completa delle dinamiche finanziarie alla base del suo funzionamento, nonché delle regole di condotta e degli strumenti di analisi indispensabili per garantire un equilibrio sostenibile nel tempo.

Lo svolgimento dell'attività aziendale richiede la predisposizione da parte del soggetto economico di una serie di investimenti finalizzati ad avviare il ciclo produttivo e a generare, conseguentemente, flussi finanziari in entrata e in uscita[1]. Il primo concetto da chiarire nel momento in cui si intende indagare sulle «questioni» finanziarie d'impresa è rappresentato dal fabbisogno finanziario, definito, in prima istanza, come l'insieme delle risorse necessarie per acquisire tutti i fattori della produzione (immobilizzazioni, personale, materie prime ecc.) che, in un dato momento, consentono il corretto andamento della gestione. In tale accezione, il fabbi-

[1] Facchinetti I., *Analisi dei flussi finanziari*, Il Sole 24 Ore-Pirola, Milano 1997, p. 14.

sogno coincide proprio con il totale degli impieghi risultante dall'attivo dello stato patrimoniale[2].

Nello specifico, il fabbisogno finanziario è costituito dalla somma algebrica degli investimenti in essere in un dato istante, ovvero:

- le disponibilità liquide immediate (denaro contante, depositi bancari e postali, valori bollati, titoli facilmente liquidabili);
- le disponibilità liquide differite (crediti verso i clienti, ratei attivi);
- le scorte di magazzino (materie, semilavorati, prodotti finiti, merci e risconti);
- le immobilizzazioni nette (materiali, immateriali e finanziarie).

In particolare, le disponibilità liquide immediate, le disponibilità liquide differite e le rimanenze danno origine al cosiddetto *capitale circolante lordo*.

L'ammontare complessivo delle immobilizzazioni nette e del capitale circolante lordo rappresenta il totale delle attività da finanziare e, dunque, il fabbisogno, la cui entità è destinata a mutare nel tempo per effetto degli accadimenti aziendali, delle politiche gestionali intraprese, del dimensionamento della capacità produttiva, delle esigenze poste dall'andamento delle variabili aziendali, nonché per il verificarsi di condizionamenti esterni[3]. Il problema della determinazione del fabbisogno finanziario appare dunque rilevante sia sotto il profilo quantitativo – e in questo senso tale grandezza è funzione diretta degli investimenti in essere –, sia dal punto di vista temporale, ovvero in relazione al momento di rilevazione dello stesso[4].

Un aspetto strettamente collegato a quest'ultima considerazione, riguarda la definizione della durata del fabbisogno. A tal proposito è importante precisare che tutti gli investimenti compiuti dall'impresa necessitano di un tempo più o meno lungo – variabile a seconda del ciclo produttivo e delle caratteristiche del mercato di riferimento – per ritornare in forma liquida, ovvero per essere utilizzati e/o disinvestiti e fornire alla gestione risorse monetarie in entrata. In linea generale, pertanto, i deflussi connessi con le operazioni di impiego precedono il manifestarsi delle entrate, facendo emergere di conseguenza un fabbisogno, la cui durata corrisponde al periodo di tempo intercorrente tra l'investimento e il disinvestimento[5].

Le argomentazioni finora riportate si riferiscono al cosiddetto *fabbisogno finanziario lordo* che costituisce la configurazione più significativa di fabbisogno, ai fini delle analisi finanziarie e dell'impostazione che si intende dare al presente volume. Ad essa, però, si affiancano altre nozioni di fabbisogno finanziario, rispettivamente denominate netta e globale. In particolare, il *fabbisogno finanziario netto* è rappresenta-

[2] In realtà, come si vedrà meglio in seguito, le analisi di natura finanziaria prendono avvio dalla riclassificazione, in chiave finanziaria appunto, delle voci che compongono lo stato patrimoniale, arrivando così alla costruzione della «struttura finanziaria».

[3] Giannessi E., *L'equazione del fabbisogno di finanziamento nelle aziende di produzione e le possibili vie della sua soluzione*, Giuffrè, Milano 1982.

[4] Argenziano R., *Il finanziamento delle imprese industriali*, Giuffrè, Milano 1963, p. 98.

[5] Incollingo A., *Il fabbisogno finanziario dell'impresa. Aspetti quantitativi e di politica aziendale*, Giuffrè, Milano 1996, p. 50.

to dalla parte di fabbisogno che non trova copertura nella capacità dell'impresa di generare risorse attraverso la produzione di utili da destinare al finanziamento degli investimenti (politica di autofinanziamento[6]).

La comprensione del concetto di *fabbisogno finanziario globale*, invece, richiede il compimento di una opportuna distinzione dei flussi finanziari connessi con le operazioni di gestione, a seconda della loro origine. Si possono pertanto manifestare flussi di origine patrimoniale, connessi con le movimentazioni subite dalle diverse componenti del capitale investito (impieghi), oppure flussi di origine economica, derivanti dal sorgere di costi di esercizio (impieghi di natura economica) e di ricavi di esercizio (fonti di natura economica), afferenti sia alla gestione tipica dell'impresa, sia alla gestione extra-caratteristica.

Con riferimento a tale classificazione, emerge la presenza, accanto a un fabbisogno emergente dai flussi di origine patrimoniale generati dagli investimenti e rappresentativo delle risorse necessarie al loro finanziamento (fabbisogno lordo), un fabbisogno comprendente sia quello emergente dai flussi di origine patrimoniale, sia quello emergente dai flussi di origine economica, ovvero dai costi (*fabbisogno finanziario globale*).

È dunque possibile individuare alcune semplici relazioni algebriche tra le varie configurazioni di fabbisogno appena illustrate:

- *fabbisogno finanziario lordo* = impieghi patrimoniali
- *fabbisogno finanziario netto* = impieghi patrimoniali – autofinanziamento
- *fabbisogno finanziario globale* = impieghi patrimoniali + impieghi economici

pertanto:

- *fabbisogno finanziario lordo* = fabbisogno finanziario globale – impieghi economici
- *fabbisogno finanziario netto* = fabbisogno finanziario lordo – autofinanziamento
- *fabbisogno finanziario globale* = fabbisogno finanziario lordo + impieghi economici

Concentrando l'attenzione sul solo fabbisogno finanziario lordo, è importante distinguerne le varie componenti, la cui natura è funzione delle caratteristiche delle diverse tipologie di impieghi della struttura patrimoniale. Adottando tale ottica di osservazione, è possibile individuare:

1. un *fabbisogno finanziario consolidato o durevole*, connesso agli impieghi in capitale immobilizzato, quali impianti, macchinari, fabbricati, terreni, brevetti, partecipazioni e così via. L'entità del fabbisogno durevole è funzione diretta della tipologia di produzione realizzata dall'impresa, della quantità di beni prodotta, del rapporto tra costi fissi e costi variabili, del grado di innovazione tecnologica associato

[6] Il tema dell'autofinanziamento costituirà l'oggetto di una specifica trattazione. In questa sede appare opportuno semplicemente chiarire la sua natura di flusso endogeno generato per effetto della gestione e reinvestito nel processo produttivo.

all'attività produttiva, nonché della dimensione delle vendite. Si tratta di impieghi durevolmente vincolati all'attività aziendale (beni a fecondità ripetuta), destinati a partecipare a più cicli produttivi e pertanto difficilmente suscettibili di riduzione o aumento nel breve periodo;
2. un *fabbisogno finanziario corrente o a breve*, emergente da investimenti realizzati in attività caratterizzate da un tempo breve di realizzo, quali i crediti verso i clienti, i ratei attivi e le scorte di magazzino. In particolare, l'ammontare dei crediti è correlata alla politica commerciale adottata dall'impresa e alla congiuntura economica in atto[7]. Il fabbisogno connesso con investimenti in scorte, invece, può essere scisso in una componente variabile, ed in una quota fissa (lotto minimo economico-tecnico)[8], il cui mantenimento nella disponibilità aziendale si rende necessario al fine di non recare pregiudizio al ciclo produttivo (con riferimento alle rimanenze di materie prime e semilavorati) e al processo di vendita (è il caso delle scorte di merci e prodotti);
3. un *fabbisogno finanziario per elasticità di cassa*, associato a impieghi in denaro contante, depositi bancari, valori bollati e rappresentativo della porzione di fabbisogno soggetta a maggiore movimentazione e direttamente correlata con la gestione della tesoreria. Ovviamente, la somma tra il fabbisogno finanziario corrente e il fabbisogno finanziario per elasticità di cassa costituisce il fabbisogno finanziario generato dal capitale circolante lordo.

Le caratteristiche delle differenti aree del fabbisogno finanziario così individuate e il loro grado di variabilità nel breve periodo possono essere sintetizzate nel grafico di figura 2.1.

L'analisi condotta finora ha consentito di porre in evidenza la natura del fabbisogno finanziario, nonché le sue caratteristiche in termini di durata e grado di rigidità/flessibilità: una volta chiariti questi concetti occorre compiere un passo avanti per verificare in che modo il fabbisogno espresso dalla gestione deve trovare opportuna copertura. Il problema che si pone a tal proposito riguarda pertanto la scelta delle fonti di finanziamento necessarie per realizzare tutti gli investimenti richiesti dalla struttura patrimoniale. Ovviamente, anche in questo caso l'attenzione sarà concentrata esclusivamente sulla configurazione lorda di fabbisogno finanziario, in quanto il fabbisogno generato da impieghi di origine economica (ovvero i costi) è destinato a trovare copertura nel conseguimento dei ricavi d'esercizio.

In linea del tutto generale, le fonti di finanziamento accessibili ad una impresa sono riconducibili alle seguenti categorie, ciascuna delle quali costituirà l'oggetto di uno specifico approfondimento nei successivi capitoli:

[7] Monti E., *Manuale di finanza per l'impresa. Teoria e pratica*, Isedi, Torino 2009, p. 36.

[8] Il tema della gestione delle scorte e del lotto minimo economico-tecnico costituirà l'oggetto di uno specifico approfondimento. In questa sede è sufficiente ricordare che la sua determinazione deve necessariamente contemperare sia le esigenze produttive e distributive dell'impresa, sia ragioni di ordine economico relative al costo di acquisizione e mantenimento del magazzino.

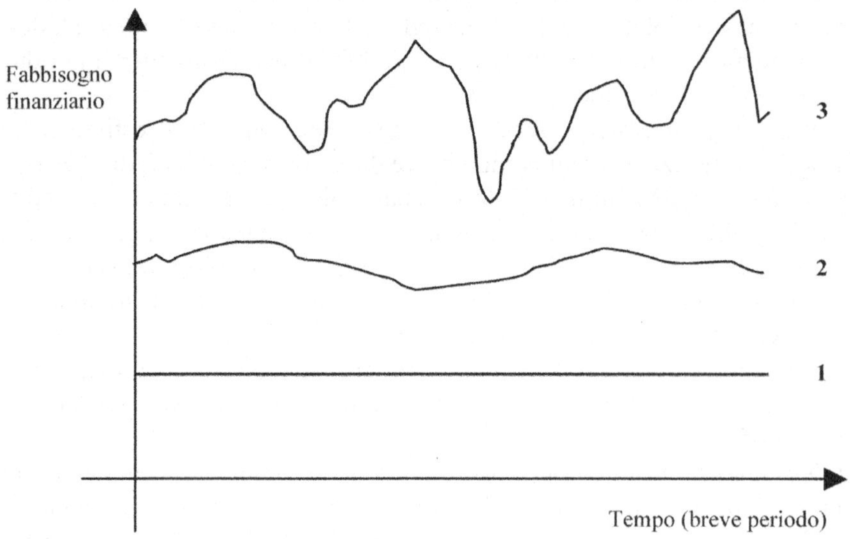

Fig. 2.1 Il fabbisogno finanziario

- autofinanziamento;
- capitale proprio;
- capitale di credito.

L'autofinanziamento rappresenta la sola fonte di finanziamento di origine interna, ovvero derivante dalla capacità dell'impresa di generare autonomamente risorse da impiegare nella copertura di una parte del fabbisogno. Si tratta, in primo luogo, degli utili prodotti dall'attività aziendale, non distribuiti agli azionisti – o comunque ai proprietari dell'organizzazione –, ma reinvestiti nell'impresa (capitale autogenerato)[9]; inoltre, l'autofinanziamento si compone dei costi di esercizio che non hanno manifestazione monetaria, ovvero le quote di ammortamento e gli accantonamenti (capitale rigenerato).

L'ammontare dell'autofinanziamento risulta pertanto strettamente connesso con la redditività dell'impresa e di conseguenza con la sua variabilità: ne deriva, da un lato, la scarsa prevedibilità di tale flusso endogeno di finanziamento, dall'altro, la sua insufficienza a garantire costantemente la copertura degli impieghi, soprattutto adottando una concezione dell'impresa come istituto destinato a crescere e svilupparsi.

[9] Il tema dell'autofinanziamento inteso come capacità dell'impresa di risparmiare utili e reinvestirli è strettamente connesso con la *politica dei dividendi*, ovvero l'insieme delle decisioni inerenti la ripartizione degli utili tra azionisti e attività aziendale.

Da tali considerazioni emerge con evidenza la necessità di integrare le fonti interne di finanziamento con fonti esterne, ovvero provenienti da soggetti diversi rispetto all'azienda. In questa categoria è possibile ricomprendere anche il capitale proprio, costituito da capitale sociale e riserve, in quanto rappresentativo di risorse messe a disposizione dai soci dell'organizzazione, ovvero da soggetti diversi dall'impresa, anche se legati ad essa da legami di proprietà e/o controllo. Esso si configura come una fonte di finanziamento stabile e durevolmente vincolata all'impresa, rappresentando in tale senso la fonte consolidata per eccellenza.

Il capitale proprio costituisce il cosiddetto capitale di pieno rischio in quanto la sua acquisizione da parte dei soci espone gli stessi al rischio d'impresa, correlando la remunerazione (ovvero i dividendi) all'andamento economico della gestione[10]; inoltre, in caso di liquidazione della società, subordina il rimborso delle quote all'estinzione dei debiti in essere.

Infine, il capitale di credito può essere scisso in due parti, individuate valutando la durata del debito contratto:

- debiti a breve termine (o fonti elastiche), la cui scadenza non supera i diciotto mesi. Rientrano in questa categoria i debiti verso fornitori (cosiddette passività spontanee, perché non derivanti da appositi contratti, ma sorte in seguito e per effetto di un accordo di fornitura sottostante), i debiti verso le banche, le quote di mutuo scadenti nel corso dell'esercizio e così via;
- debiti a medio lungo termine, contratti con un vincolo di durata superiore ai diciotto mesi e pertanto destinati a permanere durevolmente nella disponibilità dell'impresa. Appartengono a tale categoria i mutui, i prestiti obbligazionari, i fondi per rischi e oneri ecc.

Occorre inoltre precisare che la distinzione tra debiti a breve e debiti a medio lungo termine e dunque la definizione del loro grado di elasticità/rigidità, non è compiuta soltanto con riferimento alla data di scadenza degli stessi e dunque alla loro durata, ma anche ai tempi di acquisizione delle fonti. A ben vedere, infatti, le procedure previste per la contrazione di un mutuo (istruttoria di fido, analisi economico-finanziaria dell'impresa, tempi tecnici di erogazione delle risorse) o per l'emissione di un prestito obbligazionario (dalla presentazione del prospetto informativo, alla procedura di quotazione), appaiono decisamente più lunghe e complesse rispetto, ad esempio, alla concessione di una dilazione di pagamento eseguita da un fornitore per agevolare il pagamento da parte dell'impresa.

[10] Le azioni sono tipicamente e tradizionalmente titoli a reddito variabile, stante la mutevole entità dei redditi di volta in volta realizzati dall'impresa e dunque dei dividendi distribuiti. Nella realtà, però, tale requisito di aleatorietà appare decisamente attenuato sia dal perseguimento da parte di molte imprese di una politica dei dividendi tesa alla stabilizzazione degli stessi nel tempo, al fine di fornire una immagine di solidità ai mercati; sia per effetto della normativa che, in seguito alla riforma del diritto societario, ha posto a disposizione delle aziende strumenti finanziari flessibili e personalizzati e, dunque, anche la possibilità di emettere azioni con caratteristiche diverse da quelle ordinarie in termini di remunerazione e modalità di rimborso.

A conclusione di questa breve disamina delle fonti di finanziamento sembra opportuno precisare che la scelta tra le differenti forme di copertura del fabbisogno finanziario espresso dalla gestione risulta sensibilmente condizionata dalla tipologia di impresa (individuale o collettiva) e dalla forma giuridica adottata. A titolo di esempio, si consideri che una azienda gestita dal suo unico proprietario potrà contare soltanto sul patrimonio di quest'ultimo e sulla possibilità di contrarre debiti con gli istituti di credito; viceversa, le società, e in particolare le società per azioni, hanno a disposizione molteplici strumenti finanziari accessibili attraverso il ricorso al mercato (in particolare, azioni e obbligazioni).

2.2 La struttura finanziaria: caratteri, presupposti e condizioni di equilibrio

Le argomentazioni proposte finora risultano propedeutiche per la trattazione di uno dei temi centrali nella finanza aziendale, ovvero la struttura finanziaria. Con tale concetto si fa riferimento all'insieme coordinato degli impieghi e delle fonti di finanziamento in essere in un dato momento nella disponibilità dell'impresa. Indicando con:

DLI = disponibilità liquide immediate
DLD = disponibilità liquide differite
RIM = scorte di magazzino
CCL = capitale circolante lordo = DLI + DLD + RIM
IMN = immobilizzazioni nette
PB = debiti a breve termine o passività correnti
PML = debiti a medio lungo termine
PN = patrimonio netto o capitale proprio

la struttura finanziaria risulta dalla seguente uguaglianza, sempre rispettata per effetto delle dinamiche economico-finanziarie della gestione aziendale:

$$DLI + DLD + RIM + IMN = PB + PML + PN$$

Quanto espresso in forma algebrica equivale ad affermare che il complesso degli investimenti realizzati dall'impresa per consentire lo svolgimento dell'attività istituzionale e rappresentativi dell'intero fabbisogno finanziario lordo, deve necessariamente corrispondere – in termini quantitativi – al totale delle fonti di finanziamento acquisite nelle varie forme in precedenza elencate. Parlare di struttura finanziaria dell'impresa equivale pertanto ad affrontare il tema del *binomio fonti-impieghi*, indagando la composizione dello stesso e verificando l'esistenza delle condizioni in grado di garantire l'equilibrio finanziario dell'azienda. La struttura finanziaria così proposta può essere rappresentata graficamente come nella tabella 2.2.

Le dimensioni e la composizione del binomio fonti-impieghi variano in funzione delle caratteristiche dell'impresa, della sua attività e del ciclo produttivo posto in es-

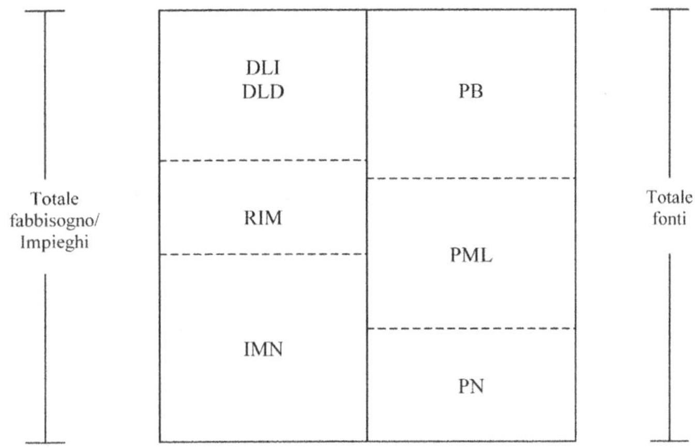

Fig. 2.2 La struttura finanziaria

sere. In effetti, è possibile individuare una serie di fattori determinanti la struttura finanziaria, destinati a condizionarsi a vicenda sia sotto il profilo quantitativo, sia dal punto di vista qualitativo.

Dalle considerazioni svolte finora emerge con evidenza che il principale aspetto da considerare è il fabbisogno finanziario lordo dell'impresa, la cui entità risulta funzione diretta dell'attività svolta, nonché delle strategie adottate in merito al volume degli investimenti e alla loro onerosità.

Un ulteriore presupposto della struttura finanziaria è sicuramente la dimensione aziendale, considerata sia sotto l'aspetto fisico (localizzazione, eventuale partecipazione in settori operativi diversi ecc.), sia sotto l'aspetto economico-patrimoniale (volume e valore della produzione realizzata, quantità di mano d'opera impiegata ecc.). Sono varie le implicazioni che la dimensione aziendale ha sulla struttura finanziaria dell'impresa. In primo luogo, come evidenziato nel precedente paragrafo, la dimensione rende possibile o esclude il ricorso a quelle forme di finanziamento che richiedono un supporto patrimoniale e la presentazione di garanzie reali (come nel caso di mutui a medio o lungo termine), oppure che richiedono l'adozione di una specifica forma giuridica. Inoltre, la dimensione influisce sull'eventuale – e quasi sempre auspicabile – quotazione dei titoli presso la Borsa valori, agevolando l'accesso agli strumenti finanziari posti a disposizione dai mercati.

Tra i fattori determinanti la struttura finanziaria è possibile annoverare anche la durata del ciclo produttivo. In presenza di un processo produttivo articolato e proiettato nel tempo, l'ottenimento del prodotto è altrettanto differito rispetto alla formazione dei costi: ne deriva che la realizzazione dei flussi finanziari generati dai ricavi presenta ritmi temporali non coordinati – e di fatto fortemente ritardati – rispetto ai deflussi imposti dai costi del processo produttivo, determinando la nascita di un temporaneo sostegno finanziario.

Anche l'assetto dell'azionariato e, in particolare, la proprietà dei pacchetti azionari di controllo può influire sulle dinamiche del binomio fonti-impieghi. In tale ottica appare rilevante la presenza tra gli azionisti dell'impresa di *holding* o di *merchant bank* oppure di gruppi di elevata capacità tecnica e finanziaria, presupposto in grado di facilitare il ricorso a particolari fonti esterne e anche l'ottenimento di condizioni economiche più vantaggiose.

Un ultimo aspetto da considerare nell'analisi della struttura finanziaria è rappresentato dal settore economico di appartenenza dell'impresa. Si pensi alle aziende di assicurazione che, in relazione al loro specifico ciclo produttivo, acquisiscono i flussi dei ricavi (premi di assicurazione) in tempi largamente anticipati rispetto ai deflussi (liquidazione sinistri). Ma anche nelle imprese industriali e commerciali è facile constatare una varietà di comportamenti che implicano la formazione di modelli di struttura finanziaria molto diversi: l'eventuale stagionalità della produzione che comporta, in particolari periodi dell'anno, la concentrazione dei flussi finanziari con la conseguente necessità di ricorrere a specifiche fonti di finanziamento; oppure la produzione su commessa, che richiede coperture finanziarie definite in funzione del grado di svolgimento dei lavori.

È dunque possibile affermare che ogni tipo di azienda, in relazione ai suoi specifici caratteri e a quelli del settore di appartenenza, sarà portata ad acquisire una struttura finanziaria personalizzata, anche per effetto della diversa professionalità e del diverso indirizzo operativo del suo management finanziario.

Si è già avuto modo di sottolineare il ruolo strategico assunto dalla struttura finanziaria nell'ambito degli studi di finanza aziendale: in effetti, una attenta analisi del binomio fonti-impieghi, compiuta con adeguati strumenti di indagine, consente di verificare se la gestione dell'impresa è improntata su principi che garantiscono il mantenimento di un corretto equilibrio economico-finanziario. La realizzazione di tale equilibrio va ricercata nella capacità di «comporre» la situazione patrimoniale rispettando una giusta proporzione quantitativa e qualitativa tra le singole poste: in altri termini, è necessario assicurare costantemente un elevato grado di compatibilità tra le varie forme di investimento e le differenti tipologie di fonti acquisite per il loro finanziamento.

In linea del tutto generale e rinviando al proseguo della trattazione l'approfondimento di ciascun punto, tale obiettivo può essere perseguito rispettando le seguenti regole di condotta:

- corretta corrispondenza temporale tra impieghi e fonti, scegliendo fonti di finanziamento a breve termine per la copertura del fabbisogno corrente e fonti di finanziamento consolidate per la copertura di impieghi durevoli;
- adeguato livello di liquidità, consentendo all'impresa di fronteggiare, in ogni momento e senza pregiudicare l'economicità della gestione e il corretto svolgimento delle funzioni aziendali, qualsiasi impegno di pagamento;
- massimo livello di redditività, nel tentativo di assicurare ai detentori di capitale proprio remunerazioni adeguate alle loro aspettative, accrescere l'attrattività dei titoli azionari e gestire al meglio la politica di indebitamento[11].

[11] Si tratta del noto meccanismo della manovra della leva finanziaria, affrontata in sede di trattazione della politica dei dividendi.

SEZIONE II

L'analisi della struttura finanziaria: logiche e strumenti

2.3 Il bilancio come strumento principale per l'analisi finanziaria

Il bilancio d'esercizio costituisce la principale fonte informativa per comprendere le dinamiche economico-finanziarie dell'impresa e, attraverso l'attenta lettura dei principali documenti che lo costituiscono (conto economico e stato patrimoniale), è possibile verificare, da un lato, la composizione del capitale e, dall'altro, il processo di formazione del reddito. In effetti, l'obiettivo del bilancio, redatto seguendo i principi stabiliti dal decreto legislativo 127/91, consiste proprio nell'illustrare queste due grandezze, capitale e reddito appunto, tra loro strettamente correlate: il risultato economico dell'esercizio (il reddito) si pone come l'incremento (o il decremento) subito dal capitale per effetto della gestione.

I principali prospetti rappresentativi del bilancio d'esercizio sono:

- lo stato patrimoniale, nel quale trova evidenza il capitale investito, composto dal complesso delle attività (investimenti) e dal totale delle fonti di copertura, ovvero i debiti (passività) e il capitale netto. Si tratta, pertanto, di grandezze stock in grado di esporre in maniera sintetica l'entità del patrimonio aziendale;
- il conto economico, espressione del percorso di formazione del reddito, ottenuto dal confronto tra ricavi di esercizio e costi di esercizio. Se tale confronto dà esito positivo, si è in presenza di un utile, destinato ad accrescere l'entità del patrimonio netto; laddove invece i costi fossero superiori ai ricavi, l'azienda incorrerebbe in una perdita da portare a decremento del capitale proprio;
- la nota integrativa, che si pone come documento esplicativo dei fatti di gestione che hanno originato il capitale e il reddito evidenziati nei precedenti prospetti. In essa sono illustrate nel dettaglio le singole poste, la loro origine, gli accadimenti aziendali che ne hanno determinato la movimentazione, nonché i criteri di valutazione seguiti per la loro iscrizione in bilancio;
- la relazione sulla gestione che, a norma dell'art. 2428 del codice civile, deve essere redatta dagli amministratori della società per illustrare l'andamento generale dell'impresa, specificando i risultati conseguiti nei diversi settori di attività.

Il contenuto del bilancio presenta una forte e indiscussa valenza informativa sia per la stessa impresa, sia per i diversi portatori di interessi esterni all'organizzazione (*stakeholder*), ma comunque a vario titolo interessati a conoscerne le dinamiche economico-finanziarie. Per quanto concerne l'utilità del bilancio d'esercizio come fonte interna di conoscenza, esso si pone come principale strumento a disposizione del management per l'applicazione dei principi e delle procedure del controllo di gestione:

analisi dei costi, valutazione degli investimenti, predisposizione di piani e programmi aziendali, *reporting* e analisi degli scostamenti ecc.

La pubblicazione del bilancio rende possibile il suo impiego anche per valutazioni compiute da altri soggetti, quali: gli istituti finanziatori, interessati a determinare la solidità patrimoniale e la capacità creditizia dell'azienda in un'ottica di concessione di finanziamenti; l'Erario, la cui finalità consiste nel definire il reddito da sottoporre a tassazione; i dipendenti, il cui futuro professionale è strettamente collegato con le performance aziendali e le prospettive di crescita future; gli investitori, attuali e potenziali, attratti da impieghi remunerativi e con un grado di rischiosità compatibile con le loro aspettative.

La fondamentale funzione informativa svolta dal bilancio d'esercizio impone agli amministratori di redigere i documenti che lo compongono evidenziando la reale entità del patrimonio e del reddito associati alla gestione, ovvero, come sottolineato dall'art. 2423 del codice civile, offrendo una rappresentazione «veritiera e corretta» della situazione economica, finanziaria e patrimoniale dell'impresa[12]. Tale presupposto risulta indispensabile per poter garantire a tutti i soggetti in precedenza citati – interni o esterni all'organizzazione – di compiere valutazioni attendibili, impiegando come punto di partenza proprio il bilancio.

L'insieme delle procedure e delle metodologie di indagine finalizzate alla conoscenza delle performance aziendali prende il nome di «analisi di bilancio» e, in base alle esigenze conoscitive che di volta in volta si presentano, può assumere la forma di:

- analisi per margini;
- analisi per indici;
- analisi per flussi di fondi.

L'impiego di ciascuna tecnica di valutazione necessita però della disponibilità di dati e informazioni attendibili e, soprattutto, omogenee sotto il profilo economico e finanziario. Ne deriva l'esigenza di sottoporre ad accurata elaborazione il contenuto del bilancio d'esercizio redatto secondo la normativa civilistica, al fine di renderlo compatibile con le esigenze conoscitive dell'analista, agevolando pertanto il confronto tra le varie poste. Tale procedura prende il nome di riclassificazione del bilancio e riguarda sia lo stato patrimoniale, sia il conto economico.

2.4 La riclassificazione dello stato patrimoniale

Come evidenziato in precedenza, lo stato patrimoniale accoglie il complesso delle attività a disposizione dell'impresa in un dato momento, nonché l'insieme delle fonti di finanziamento acquisite per garantirne la copertura. Sotto il profilo formale, lo stato

[12] Ferrero G., *I complementari principi della «chiarezza», della «veridicità» e della «correttezza» nella redazione del bilancio d'esercizio*, Giuffrè, Milano 1991; Terzani S., *Il «nuovo» bilancio di esercizio secondo il decreto legislativo 9 aprile 1991, n. 127*, «Studi e Informazioni, Rivista trimestrale della Banca Toscana», 4, 1991.

Attività	Passività
A. Crediti vs soci per versamenti ancora dovuti	**A.** Patrimonio netto
B. Immobilizzazioni	**B.** Fondi per rischi e oneri
I. Immobilizzazioni immateriali	**C.** Trattamento di fine rapporto lavoro subordinato
II. Immobilizzazioni materiali	**D.** Debiti
III. Immobilizzazioni finanziarie	**E.** Ratei e risconti
C. Attivo circolante	
I. Rimanenze	
II. Crediti	
III. Attività finanziarie che non costituiscono immobilizzazioni	
IV. Disponibilità liquide	
D. Ratei e risconti	

Fig. 2.3 Lo stato patrimoniale civilistico

patrimoniale si presenta come un documento redatto a sezioni divise e contrapposte, il cui contenuto è sintetizzato nella figura 2.3 (artt. 2424 e 2424-bis del codice civile).

È possibile individuare due principali metodologie di riclassificazione dello stato patrimoniale, da scegliere in funzione delle esigenze informative poste dal processo di valutazione:

1. criterio finanziario;
2. criterio della pertinenza gestionale.

2.4.1 La riclassificazione dello stato patrimoniale secondo il criterio finanziario

Lo studio dello stato patrimoniale compiuto con il ricorso alla metodologia finanziaria, senza dubbio il più impiegato dagli analisti, è finalizzato a interpretare il patrimonio aziendale come un complesso di investimenti in attesa di realizzazione e di fonti di finanziamento in attesa di estinzione. Adottando tale logica operativa, gli impieghi sono «riordinati» seguendo il cosiddetto criterio della liquidità, ovvero in base alla loro attitudine a tornare in forma liquida: si parlerà pertanto di attività correnti, con riferimento a quegli investimenti che possono essere liquidati in tempi brevi (nel corso dell'esercizio successivo), senza recare pregiudizio al corretto svolgimento dell'attività aziendale; rientrano invece nella categoria delle attività immobilizzate (o capitale fisso), quelle poste che necessitano di tempi più lunghi per essere smobilizzate e sono pertanto destinate a permanere stabilmente nella disponibilità dell'impresa. In tal senso, è interessante notare come alcune voci inserite tra l'attivo circolante nel bilancio civilistico, impiegando l'approccio finanziario debbano figurare tra le attività immobilizzate e viceversa. A titolo di esempio, si consideri un credito concesso a un cliente e avente scadenza superiore all'esercizio successivo: in base a quanto previsto dal codice civile tale posta appartiene all'area «crediti» dell'attivo circolante, mentre nell'ottica del criterio finanziario di riclassificazione deve essere inserito tra le immobilizzazioni finanziarie.

Per quanto riguarda invece le poste del passivo, l'approccio finanziario prevede la loro iscrizione tra le fonti in funzione del grado di esigibilità delle stesse, ovvero in base al tempo previsto per il loro rimborso (criterio della esigibilità): si avranno dunque passività correnti, comprendenti debiti da rimborsare entro l'esercizio successivo; passività consolidate, rappresentative di debiti con scadenza superiore all'esercizio; capitale netto, costituito da capitale sociale, riserve e risultato d'esercizio. A questo proposito, occorre osservare come l'utile conseguito vada inserito tra le voci del netto soltanto per la quota reinvestita nell'impresa e rappresentativa di una fonte endogena di finanziamento: la parte residua, da destinare agli azionisti e la cui entità è definita su proposta dell'assemblea già in sede di approvazione del bilancio, va iscritta tra le passività correnti. Allo stesso modo, anche le rate di un eventuale mutuo o le quote di un prestito obbligazionario da rimborsare nel corso del periodo amministrativo successivo, devono trovare accoglimento tra le passività correnti[13]. Inoltre, qualora l'impresa sia a conoscenza, alla data di redazione del bilancio, della cessazione del rapporto di lavoro di uno o più dipendenti nell'anno successivo, dovrà inserire le quote di trattamento di fine rapporto ad essi spettanti tra le passività correnti, in quanto somme rappresentative di un debito verso i dipendenti da rimborsare entro l'anno.

Lo stato patrimoniale riclassificato mediante l'utilizzo del criterio della liquidità e della esigibilità, porta alla costruzione del prospetto fonti-impieghi e dunque alla definizione della struttura finanziaria, nel senso sopra delineato (Fig. 2.4).

Impieghi	Fonti
Attività correnti	**Passività correnti**
• Liquidità immediate	
• Liquidità differite	**Passività consolidate**
• Rimanenze	
	Capitale netto
Attività immobilizzate	
• Immobilizzazioni materiali	
• Immobilizzazioni immateriali	
• Immobilizzazioni finanziarie	

Fig. 2.4 Lo stato patrimoniale riclassificato secondo il criterio finanziario

[13] Giunta F., *L'impiego dei nuovi schemi di bilancio di derivazione comunitaria per le analisi economico-finanziarie d'impresa*, Cedam, Padova 1992, p. 13.

L'adozione della logica finanziaria per eseguire la riclassificazione dello stato patrimoniale consente di omogeneizzare sotto il profilo temporale le attività e le passività, agevolando così lo svolgimento delle analisi di bilancio fondate sulla comparazione delle diverse poste[14].

Non mancano, però, alcuni aspetti di criticità legati all'impiego di tale approccio, come ad esempio l'inserimento tra le rimanenze di magazzino di tutte le scorte presenti in impresa, comprese le cosiddette giacenze minime che, essendo destinate a permanere costantemente nella disponibilità dell'azienda per non pregiudicare il ciclo produttivo e/o distributivo, costituiscono in realtà immobilizzazioni. Il tema sarà ripreso e approfondito in sede di trattazione dei margini finanziari.

Inoltre, occorre considerare che tra le passività correnti elaborate secondo il criterio della esigibilità vengono inclusi tutti i debiti con scadenza inferiore ai dodici mesi, a prescindere dalla loro natura: sono cioè iscritti nella medesima macroclasse sia i debiti contratti per l'acquisizione di fattori di esercizio (ad esempio i debiti verso fornitori per l'acquisto di materie prime), sia i debiti di finanziamento in scadenza contratti con istituti di credito.

2.4.2 La riclassificazione dello stato patrimoniale secondo il criterio della pertinenza gestionale

Il criterio della pertinenza gestionale, detto anche «funzionale», è stato introdotto nella pratica professionale nel tentativo di superare i limiti riconducibili a una lettura dello stato patrimoniale operata in chiave esclusivamente finanziaria. Si abbandona, pertanto, una logica di riclassificazione fondata sul fattore temporale (breve periodo o lungo periodo), per adottare una interpretazione delle poste patrimoniali in grado di associare ciascuna voce dell'attivo e del passivo all'area gestionale di riferimento.

Emerge pertanto fin da queste prime considerazioni un indiscutibile aspetto positivo legato all'impiego di una riclassificazione operata in chiave funzionale: è possibile creare un legame diretto tra lo stato patrimoniale e il conto economico, le cui voci, come noto, sono esposte proprio in base all'appartenenza alle diverse aree di gestione.

L'implementazione del criterio-guida in parola presuppone pertanto la preventiva identificazione delle differenti aree gestionali nelle quali è possibile ricondurre i singoli investimenti e finanziamenti. In estrema sintesi, le principali macroclassi di riferimento sono le seguenti:

- *area operativa*, composta da tutte le attività svolte per assicurare il compimento del ciclo operativo dell'impresa (acquisto dei fattori di produzione, trasformazione[15] e

[14] Terzani S., *Le comparazioni di bilancio*, Cedam, Padova 1978.

[15] Il concetto di «trasformazione» non deve essere interpretato in senso esclusivamente materiale, ovvero soltanto come trasformazione fisica delle materie prime in prodotti finiti, ma anche in termini economici e cioè come processo capace di rendere i beni e i servizi disponibili per i clienti nel luogo e nel momento in cui essi ne avvertono il bisogno.

vendita). Se l'impresa oggetto di analisi è un calzaturificio, devono essere annoverate nell'area operativa tutte le attività che concorrono a realizzare scarpe;

- *area accessoria*, inerente le operazioni compiute *a latere* dell'attività caratteristica e complementari rispetto ad essa. Si pensi, a titolo di esempio, alla gestione di immobili civili non destinati alla produzione;
- *area finanziaria*, relativa all'insieme delle operazioni necessarie per approvvigionarsi di fonti di finanziamento (gestione finanziaria passiva), oppure per impiegare risorse finanziarie temporaneamente in eccesso (gestione finanziaria attiva).

Il fulcro della gestione aziendale è pertanto rintracciabile all'interno dell'area operativa che, ai fini della presente indagine, merita un ulteriore approfondimento. È infatti possibile scindere l'area operativa nelle sue dimensioni:

- *dimensione corrente*, composta dalle ordinarie e quotidiane operazioni di gestione del ciclo operativo;
- *dimensione strutturale*, ad «uso e consumo» della dimensione corrente, originata dagli interventi volti ad acquisire, mantenere e dismettere l'apparato produttivo dell'impresa (impianti, macchinari, immobili industriali, brevetti e così via).

Applicando questa interpretazione alla struttura patrimoniale dell'impresa, occorre procedere con l'inserimento delle singole poste dell'attivo e del passivo nelle diverse aree gestionali individuate. Per quanto concerne le attività patrimoniali, la loro riclassificazione viene realizzata considerando gli investimenti operativi e distinguendoli da quelli accessori e finanziari. Una volta definiti gli investimenti operativi, si rende necessario operare una ulteriore scissione tra quelle afferenti la dimensione corrente e quelli relativi alla gestione strutturale: nella prima categoria si ricomprendono le scorte di magazzino e i crediti verso i clienti; tra gli investimenti strutturali della gestione operativa vanno invece annoverati gli immobili industriali, i brevetti, i marchi, gli impianti e i macchinari.

A questo punto della trattazione appare doveroso sottolineare alcuni aspetti relativi all'impiego del criterio funzionale di riclassificazione dello stato patrimoniale, in modo da evidenziare la diversa logica interpretativa rispetto a una logica puramente finanziaria. Il primo chiarimento riguarda i crediti verso i clienti che, come evidenziato, sono inseriti tra gli investimenti della gestione operativa di natura corrente, a prescindere dalla loro durata e dunque per il loro intero ammontare: ne sono esclusi, invece, i crediti, anche se a breve termine, eventualmente concessi in seguito a operazioni finanziarie non riconducibili al ciclo operativo[16].

Un'altra problematica da affrontare riguarda la collocazione della «cassa» nell'ambito della struttura patrimoniale in via di costruzione. Si tratta di una posta dell'attivo movimentata da operazioni di varia natura, sia originate dall'area operativa, sia inerenti le

[16] Giunta, *L'impiego dei nuovi schemi di bilancio*, cit., p. 18.

aree accessoria e finanziaria: adottando la logica alla base del criterio funzionale si renderebbe dunque necessario operare una distinzione all'interno della posta contabile in oggetto, inserendo tra gli investimenti dell'area operativa soltanto quella quota della cassa effettivamente riconducibile a tale settore della gestione. Una simile soluzione, per quanto corretta sotto il profilo concettuale, risulta decisamente complessa dal punto di vista concreto, stante la difficoltà oggettiva di scindere la cassa nelle sue differenti determinanti. Per evitare il sorgere di eccessive complicazioni, la prassi suole collocare la cassa, per il suo intero ammontare, tra gli investimenti di natura finanziaria.

Passando alla riclassificazione delle poste del passivo patrimoniale, occorre operare una distinzione tra le diverse tipologie di fonti di finanziamento, a seconda dell'area gestionale cui appartengono:

- finanziamenti connessi alla gestione operativa;
- finanziamenti negoziati sui mercati;
- capitale netto.

Rientrano nella prima categoria tutti i debiti sorti per effetto dello svolgimento del ciclo operativo e dunque in seguito all'acquisizione dei fattori produttivi e al conseguente ottenimento di una dilazione nelle condizioni di pagamento. Proprio in virtù di questa loro caratteristica, si parla comunemente di passività «spontanee», ovvero sorte come naturale conseguenza dell'attività caratteristica posta in essere dall'impresa. Ovviamente, a seconda della tipologia di fattore produttivo acquisito, nascono:

- finanziamenti spontanei legati alla dimensione corrente dell'area operativa, quali in primo luogo i debiti di funzionamento contratti con i fornitori di materie prime, semilavorati e servizi, i fondi rischi su crediti, i fondi oscillazioni cambi. La prassi è solita far rientrare in tale aggregato anche il fondo trattamento fine rapporto, in quanto posta rappresentativa di un debito maturato nei confronti dei lavoratori, da considerarsi come un fattore della produzione necessario allo svolgimento della gestione operativa[17];
- finanziamenti spontanei connessi alla dimensione strutturale dell'area operativa, come ad esempio le dilazioni di pagamento ottenute dai fornitori di impianti e macchinari.

Anche con riferimento a tale aggregato, si sottolinea l'assoluta irrilevanza, ai fini della riclassificazione, della durata della dilazione di pagamento concessa all'impresa.

[17] Appare necessario segnalare l'esistenza di altre interpretazioni in merito alla destinazione del fondo trattamento fine rapporto: in primo luogo, la posizione di chi ritiene il lavoro un elemento costitutivo della «struttura» aziendale (alla stregua di impianti e macchinari), con la conseguente esclusione del TFR tra i finanziamenti legati alla dimensione corrente del ciclo operativo; inoltre, alcuni operano una lettura del fondo in parola in chiave strettamente finanziaria, considerando il debito verso i lavoratori semplicemente come una fonte di finanziamento sulla quale gravano oneri finanziari rappresentati dalle indicizzazioni previste dalla legge.

Attività	Passività
Attività operative legate alla gestione corrente • Cassa, nei limiti del volano necessario allo svolgersi delle operazioni della gestione corrente • Crediti commerciali verso clienti • Crediti commerciali verso società controllate e collegate • Scorte di magazzino • Anticipi a fornitori per acquisto di materie prime • Ratei e risconti attivi afferenti operazioni legate alla gestione corrente	**Passività legate alla gestione corrente** • Debiti verso fornitori materie • Debiti commerciali verso società controllate e collegate • Ratei e risconti passivi afferenti operazioni legate alla gestione corrente • Anticipi da clienti • Fondi rischi afferenti alla gestione corrente • Fondo imposte • Fondo trattamento fine rapporto
Attività operative estranee alla gestione corrente • Immobili, impianti, macchinari • Anticipi a fornitori per acquisto cespiti • Brevetti, marchi	**Passività estranee alla gestione corrente** • Debiti verso banche • Debiti verso fornitori impianti • Debiti a medio/lungo termine • Debiti finanziari verso società controllate e collegate
Attività della gestione accessoria **Attività della gestione finanziaria**	**Patrimonio netto** • Capitale sociale • Riserve • Utile (perdita) d'esercizio

Fig. 2.5 Lo stato patrimoniale riclassificato secondo il criterio della pertinenza gestionale
Fonte: adattato da Tami A., *Analisi di bilancio*, Buffetti, Roma 1990, p. 66.

Nell'ambito dei finanziamenti negoziati sui mercati devono essere ricondotti tutti i debiti – a prescindere dalla loro scadenza – contratti con istituti di credito oppure assunti attraverso il ricorso a prestiti obbligazionari.

Infine, il capitale netto accoglie tutte le poste contabili relative alla formazione del patrimonio netto dell'impresa, ovvero capitale sociale, riserve e risultato d'esercizio (Fig. 2.5).

L'utilità del modello di riclassificazione proposto sarà evidente nel proseguo della trattazione, laddove sarà affrontato il tema dell'analisi di bilancio per margini e, soprattutto, la costruzione di uno dei parametri di misurazione del valore creato dall'impresa, ovvero l'*economic value added* (EVA).

2.5 La riclassificazione del conto economico

La funzione informativa affidata al conto economico consiste nel mostrare il risultato reddituale ottenuto per effetto della gestione, nonché il processo di formazione dello stesso. L'analisi del suo contenuto è finalizzata a verificare l'esistenza di condizioni di equilibrio economico e dunque la capacità dell'organizzazione di offrire una adeguata remunerazione a tutti i fattori impiegati nella produzione.

In tale prospettiva, appare importante indagare qual è il contributo offerto da ciascuna area della gestione alla determinazione del reddito netto realizzato, rendendo necessaria la costruzione di un conto economico in grado di associare a ciascuna zona della gestione il risultato economico prodotto: ovviamente, la frazione di reddito destinata ad assumere una valenza informativa specifica e insostituibile è senz'altro rappresentata dal risultato economico prodotto dalle sole operazioni caratteristiche.

Tali considerazioni richiamano i concetti già esposti in precedenza in merito alla ideale suddivisione dell'attività aziendale nelle differenti aree della gestione. Con riferimento a ciascuna di esse è possibile individuare una configurazione di reddito:

- reddito operativo-caratteristico, generato dalle operazioni tipiche della gestione, ovvero dai costi e dai ricavi afferenti il ciclo acquisto-trasformazione-vendita;
- reddito della gestione non caratteristica;
- reddito della gestione finanziaria, ottenuto dalla contrapposizione di costi e ricavi finanziari;
- reddito della gestione straordinaria, determinato dalla contrapposizione di oneri e proventi straordinari;
- reddito netto, quale configurazione ultima di risultato economico, ottenuto dalla somma algebrica di tutte le voci di costo e ricavo comunque generati dalla gestione.

Anche per il conto economico la dottrina e la prassi mettono a disposizione diversi criteri di riclassificazione. In questa sede, si ritiene opportuno concentrare l'attenzione su quelli maggiormente impiegati e dotati di una più elevata valenza informativa ai fini dell'analisi di bilancio:

1. il criterio funzionale, o a ricavi e costi del venduto;
2. il criterio del valore aggiunto.

2.5.1 La riclassificazione del conto economico secondo il criterio funzionale

Il primo criterio di riclassificazione proposto per il conto economico impiega la medesima logica interpretativa già discussa in sede di esposizione del modello della pertinenza gestionale: anche in questo caso la collocazione delle singole voci di costo e di ricavo viene effettuata considerando l'area gestionale nella quale essi si sono manifestati.

Si tratta di un modello di analisi facilmente impiegabile per valutazioni compiute internamente all'impresa e particolarmente adatto alle aziende industriali. L'obiettivo principale consiste nel determinare risultati reddituali intermedi in grado di evidenziare il contributo offerto da ciascuna area della gestione alla formazione del risultato economico. Lo schema di riferimento del modello in parola è rappresentato nella figura 2.6.

Fatturato
- Costo del venduto:
  + rimanenze iniziali
  + acquisti materie e semilavorati
  + energia
  + costo del lavoro
  + ammortamenti industriali
  + canoni di leasing per beni industriali
  + altri costi industriali
  - rimanenze finali

= **Risultato lordo industriale**
- Costi commerciali e distributivi
- Costi amministrativi generali

= **Reddito operativo**
- Oneri finanziari
+ Proventi finanziari
+ Proventi delle gestioni accessorie
- Costi delle gestioni accessorie

= **Risultato di competenza**
± Componenti straordinari di reddito

= **Reddito ante imposte**
- Imposte dell'esercizio

= **Reddito netto**

Fig. 2.6 Il conto economico riclassificato secondo il criterio a ricavi e costi del venduto

È importante soffermare l'attenzione sul reddito operativo, in quanto la sopravvivenza dell'azienda e la sua stessa ragione d'essere dipendono dalla capacità di generare un risultato positivo svolgendo le operazioni che compongono la gestione caratteristica.

2.5.2 La riclassificazione del conto economico secondo il criterio del valore aggiunto

Uno schema di riclassificazione del conto economico frequentemente impiegato nella pratica professionale e soprattutto dagli analisti esterni, è rappresentato dal criterio finalizzato a porre in evidenza il valore aggiunto creato attraverso l'attività d'impresa. Si tratta, in altri termini, di misurare l'entità del valore che l'azienda, attraverso il processo di trasformazione posto in essere dal ciclo operativo, è in grado di aggiungere alle materie prime e agli altri fattori produttivi acquisiti dall'esterno (Fig. 2.7).

Il valore aggiunto, oltre ad assumere il significato prima proposto, costituisce altresì la grandezza nella quale devono trovare opportuna capienza le remunerazioni di tutti i fattori impiegati nella produzione: il lavoro, il fisco, il capitale di credito attraverso gli oneri finanziari, gli investimenti durevoli attraverso le quote di ammortamento e così via.

Accanto al valore aggiunto, il criterio di riclassificazione in parola consente di costruire altri importanti risultati intermedi, dotati di una specifica valenza informativa.

Fatturato
± Variazione delle scorte di prodotti finiti e semilavorati
\+ Lavori in economia

= **Produzione dell'esercizio**
\- Acquisti di materie e semilavorati
\- Spese per prestazione di servizi
± Variazione delle scorte di materie prime

= ***Valore aggiunto***
\- Costo del personale

= **Margine operativo lordo (MOL)**
\- Ammortamenti
\- Accantonamenti

= **Reddito operativo o Margine operativo netto (MON)**
± Proventi e oneri finanziari

= **Reddito corrente**
± Componenti straordinari di reddito

= **Reddito ante imposte**
\- Imposte dell'esercizio

= **Reddito netto**

Fig. 2.7 Il conto economico riclassificato secondo il criterio del valore aggiunto

Sottraendo dal valore aggiunto il costo sostenuto per il personale, si ottiene il margine operativo lordo (definito anche EBITDA, *earning before interest taxes depreciation and amortization*), grandezza in grado di esprimere una misura di reddito al lordo degli ammortamenti, quote di costo che non hanno manifestazione monetaria e che presentano un indiscutibile grado di discrezionalità: in tale ottica, il MOL non risente delle politiche di bilancio attuate dagli amministratori per influire sulla misura del reddito.

2.6 I margini finanziari

Il procedimento di riclassificazione del bilancio eseguito seguendo le metodologie appena illustrate risulta propedeutico per consentire la realizzazione di una corretta e proficua analisi dei dati economico-finanziari. Come già evidenziato in precedenza, la prima tipologia di indagine si sostanzia nella costruzione di margini finanziari, ottenuti dal confronto tra diverse poste dello stato patrimoniale riclassificato, ovvero della struttura finanziaria.

I margini finanziari oggetto di studio sono i seguenti:

1. capitale circolante netto (CCN);
2. margine di tesoreria (MT);
3. margine di struttura (MS);

4. capitale circolante netto commerciale o operativo (CCNC);
5. capitale operativo investito netto (COIN);
6. capitale investito netto (CIN);
7. posizione finanziaria netta (PFN).

Appare appena il caso di sottolineare che, mentre la determinazione del capitale circolante netto, del margine di tesoreria e del margine di struttura richiedono una classificazione dello stato patrimoniale operata secondo il criterio finanziario, la costruzione dei rimanenti margini si avvale di un approccio alla riclassificazione del bilancio operato in ottica funzionale (criterio della pertinenza gestionale).

Il capitale circolante netto è ottenuto dalla differenza tra il capitale circolante lordo, espressione degli impieghi destinati a tornare in forma liquida nel breve periodo, e i debiti da rimborsare entro l'esercizio successivo. Impiegando gli stessi simboli già visti in precedenza, si ottiene la seguente relazione:

$$CCN = CCL - PB \qquad [1]$$

Esplicitando le diverse componenti del capitale circolante lordo, la [1] diventa:

$$CCN = DLI + DLD + RIM - PB \qquad [2]$$

In alternativa è possibile addivenire alla costruzione del capitale circolante netto operando un confronto tra le rimanenti voci della struttura finanziaria, ovvero:

$$CCN = (PN + PML) - IMN \qquad [3]$$

Concentrando l'attenzione sulla formulazione [2], si sottolinea la valenza informativa del margine in parola: esso infatti è impiegato dagli analisti per formulare giudizi in merito al rispetto di una delle condizioni fondamentali volte ad assicurare l'equilibrio della struttura finanziaria, ovvero la corretta corrispondenza temporale tra fonti e impieghi. Come noto, in base a tale principio, è necessario garantire la copertura di investimenti correnti con fonti di finanziamento a breve termine e investimenti durevoli con fonti consolidate.

Applicando questa regola generale al margine in esame, la capacità della struttura finanziaria di assicurare un buon equilibrio temporale tra le poste patrimoniali è segnalata dalla presenza di un valore positivo del capitale circolante netto. Ciò equivale ad affermare che il complesso degli impieghi a breve termine non può trovare completa copertura nelle fonti elastiche, ma, almeno in parte, deve essere finanziato con il ricorso a passività consolidate. La spiegazione economico-aziendale sottostante tale affermazione – soltanto in apparenza in contraddizione con quanto espresso in precedenza in merito al principio della corretta corrispondenza temporale tra fonti e impieghi – deve essere rintracciata nella composizione del capitale circolante lordo. All'interno di tale aggregato sono infatti presenti le scorte di magazzino che, pur rappresentando una posta contabile destinata a tornare in forma liquida nel breve periodo – e dunque correttamente inserita tra le attività correnti secondo una logica finanziaria –, in realtà, almeno in parte, sono espressione di un fabbisogno consolidato, necessitando pertanto di una copertura realizzata con fonti a media-lunga scadenza. In effetti, le regole di buona amministrazione impongono all'impresa di mantenere all'interno del magazzino un quantitativo minimo di scorte di materie e prodotti al fine di non pregiudicare il corretto svolgimento dei processi di produzione e vendita (cosiddetto «lotto minimo economico»[18]).

Ne consegue che l'equilibrio temporale della struttura finanziaria si ottiene in corrispondenza di un capitale circolante netto positivo e, più in particolare, pari indicativamente all'ammontare delle scorte di magazzino (ovviamente nell'ipotesi in cui queste ultime corrispondano al «lotto minimo economico»). In tal modo le fonti elastiche assicurano la copertura alle disponibilità liquide immediate e differite, rendendo necessario il ricorso a fonti consolidate per la quota di rimanenze destinata a permanere stabilmente in magazzino.

La presenza di un capitale circolante netto associato a valori eccessivamente elevati, ovvero al di sopra del quantitativo di scorte minime tecniche, segnala la tendenza a un sovraimpiego delle fonti consolidate, portate a copertura anche di una parte degli investimenti liquidi. Viceversa, un CCN negativo esprime una eccessiva presenza di debiti a breve scadenza i quali, pertanto, vanno a finanziare anche gli investimenti durevoli, denotando un evidente squilibrio finanziario della gestione, squilibrio riscontrabile nell'ipotesi in cui arrivando a scadenza una parte dei debiti a breve, l'azienda non disponga della liquidità necessaria per rimborsare i debiti stessi.

Il margine di tesoreria appare strettamente collegato al capitale circolante netto, sia sul piano della derivazione algebrica, sia in termini di contenuto informativo. Esso può essere determinato nel modo seguente:

$$MT = DLI + DLD - PB \qquad [4]$$

Tale margine opera un confronto tra le componenti liquide, immediate e differite, del capitale circolante lordo, con i debiti a breve scadenza. È evidente la stretta relazione con il capitale circolante netto, dal quale il margine di tesoreria differisce per l'entità delle scorte di magazzino: si tratta, pertanto, di un margine depurato della componente consolidata dell'attivo corrente e dunque rappresentativo della posizione di liquidità dell'impresa. Il margine di tesoreria può essere quindi calcolato anche nel modo seguente:

$$MT = CCN - RIM \qquad [5]$$

In effetti, la costruzione del margine di tesoreria è finalizzata a verificare un'altra importante condizione di equilibrio della struttura finanziaria, ovvero la capacità della stessa di fronteggiare tempestivamente gli impegni di pagamento. In tale prospettiva e ricordando quanto affermato in precedenza, un giudizio positivo sulla posizione di liquidità dell'impresa è associato a un valore del margine di tesoreria prossimo allo zero. Al contrario, un margine di tesoreria sensibilmente positivo denota una situazio-

[18] Il tema sarà adeguatamente approfondito in seguito.

ne di inefficienza in quanto il management ha scelto di investire una parte significativa delle risorse in liquidità, sottraendola agli investimenti nelle attività aziendali, che per definizione devono risultare più redditizie rispetto agli impieghi monetari. Se così non fosse, infatti, verrebbe meno la ragione stessa dell'attività industriale e l'imprenditore dovrebbe optare per lo svolgimento di attività finanziarie. Inoltre, essendo il margine di tesoreria una frazione del capitale circolante netto, non potranno mai essere verificate contemporaneamente le seguenti relazioni:

$$CCN < 0 \text{ e } MT > 0$$

Al contrario, la determinazione di un capitale circolante netto positivo e di un margine di tesoreria negativo è sintomatica di una eccessiva presenza di scorte all'interno della struttura finanziaria dell'impresa.

Anche il margine di struttura viene calcolato impiegando una riclassificazione dello stato patrimoniale in chiave finanziaria e si ottiene come differenza tra il patrimonio netto e le immobilizzazioni nette:

$$MS = PN - IMN \qquad [6]$$

Tale margine esprime la capacità dell'impresa di coprire il fabbisogno consolidato espresso dalla gestione e rappresentato dalle immobilizzazioni nette con fonti altrettanto consolidate, costituite dal patrimonio netto. In altri termini, il margine di struttura offre informazioni in merito al grado di capitalizzazione dell'impresa, ovvero della propensione dell'azienda a finanziare gli impieghi fissi evitando il ricorso all'indebitamento e dunque utilizzando il solo capitale apportato dai soci.

La presenza di un margine di struttura positivo segnala un buon livello di capitalizzazione dell'organizzazione e dunque la sua capacità di fronteggiare gli investimenti durevoli con il solo patrimonio netto. Occorre però precisare che, anche laddove il margine avesse un valore negativo, non si assisterebbe automaticamente a una situazione di crisi finanziaria dell'impresa: si rende però necessario verificare che la quota di immobilizzazioni nette che non trova copertura nel patrimonio netto, sia finanziata da debiti a media lunga scadenza, nel rispetto delle condizioni di equilibrio del binomio fonti-impieghi.

Adottando una logica di riclassificazione dello stato patrimoniale fondata sul criterio della pertinenza gestionale, è possibile addivenire alla costruzione di altri importanti margini da impiegare nell'analisi della situazione finanziaria dell'impresa. Innanzitutto, volendo compiere un parallelo con il capitale circolante netto già definito, è possibile introdurre il concetto di capitale circolante netto commerciale, calcolato come differenza tra le attività e le passività correnti: è ovvio che in questa ipotesi il termine «corrente» acquista un significato puramente funzionale che prescinde pertanto dalla distinzione tra breve e lungo periodo. Algebricamente il capitale circolante netto commerciale si può esprimere nel modo seguente:

$$CCNC = AC - PC \qquad [7]$$

AC = attività operative legate alla gestione corrente, quali in primo luogo crediti verso clienti (indipendentemente dalla scadenza) e scorte;

PC = passività legate alla gestione corrente, come ad esempio i debiti verso i fornitori (e in generale tutte le passività spontanee) e il trattamento di fine rapporto[19].

La presenza di un CCNC positivo – circostanza frequentemente riscontrata soprattutto nelle imprese industriali, dove il peso dei crediti e delle scorte tende ad essere superiore rispetto all'entità dei debiti di fornitura e del TFR – sta a indicare la formazione di un fabbisogno la cui copertura deve avvenire attraverso il ricorso a debiti finanziari oppure al patrimonio netto. Ponendosi in tale ottica di osservazione, la gestione finanziaria dell'impresa dovrebbe essere rivolta al contenimento delle dimensioni del capitale circolante netto commerciale, in quanto si tratta di una grandezza destinata ad assorbire liquidità senza generare rendimenti espliciti, ma richiedendo al tempo stesso l'acquisizione di fonti di finanziamento con un costo determinato: un margine positivo, inoltre, sottrae risorse da investimenti diversi che invece risultano potenzialmente idonei a produrre nuova ricchezza.

Sempre nell'ambito della riclassificazione dello stato patrimoniale secondo il criterio della pertinenza gestionale, è possibile addivenire alla costruzione del capitale operativo investito netto (COIN) seguendo la seguente logica:

$$COIN = IC_o + IS_o - P_s \qquad [8]$$

IC_o = investimenti correnti legati al ciclo operativo (crediti e scorte);
IS_o = investimenti strutturali legati al ciclo operativo (impianti e macchinari);
P_s = passività spontanee totali.

Tale margine esprime l'ammontare complessivo del fabbisogno emergente dal ciclo operativo, al netto delle passività originate in maniera spontanea.

Il capitale investito netto (CIN) si ottiene partendo proprio dal COIN e aggiungendo gli investimenti relativi all'area accessoria e finanziaria. Tale margine pertanto ingloba, dal lato dell'attivo, la totalità degli investimenti, dai quali sottrae le passività spontanee.

$$CIN = COIN + Ia + If \qquad [9]$$

oppure:

$$CIN = IC_o + IS_o + Ia + If - P_s = K - P_s \qquad [10]$$

dove Ia e If rappresentano gli investimenti accessori e finanziari.

Il CIN rappresenta l'ammontare del fabbisogno complessivo della gestione, al netto delle fonti costituite in maniera spontanea. Si tratta di un margine che assume una

[19] Per una analisi più dettagliata delle voci che compongono le attività e le passività correnti secondo una logica funzionale, si rinvia alla figura 2.5.

particolare rilevanza nell'ambito della costruzione dell'*Economic Value Added* (EVA), un indicatore di performance preposto a misurare la capacità dell'impresa di creare valore. Il tema sarà ripreso nel capitolo 11.

L'ultimo margine oggetto del presente studio è costituito dalla posizione finanziaria netta (PFN), ottenuto come differenza tra il totale dei debiti finanziari (dunque espressamente negoziati con gli intermediari finanziari e creditizi e contrassegnati da una scadenza a breve e a medio-lungo termine) e le attività di natura finanziaria (depositi bancari, titoli, cassa, crediti finanziari).

$$PFN = DF - AF \qquad [11]$$

DF = debiti finanziari
AF = attività finanziarie

Si tratta di un margine destinato a fornire utili informazioni in merito alla situazione debitoria dell'impresa e alla sua solvibilità. In particolare, la PFN offre la misura dei debiti finanziari per i quali non è attualmente disponibile una immediata copertura ottenuta dalla liquidazione delle attività finanziarie.

2.7 L'analisi per indici

Gli indici di bilancio si ottengono attraverso la costruzione di rapporti tra grandezze rilevate dal conto economico e dallo stato patrimoniale, opportunamente riclassificati seconde le regole già esposte. È opportuno sottolineare fin da ora la possibilità di comporre innumerevoli indicatori della situazione patrimoniale, finanziaria e reddituale dell'impresa, ciascuno dotato di una valenza informativa più o meno rilevante, a seconda delle esigenze conoscitive dell'analista e della disponibilità quali-quantitativa di dati di bilancio.

L'attendibilità segnaletica del sistema di quozienti di volta in volta predisposto è funzione diretta della capacità di chi compie l'indagine di operare una scelta adeguata degli indicatori e di realizzare opportuni confronti tra i risultati di volta in volta conseguiti. Tali confronti devono essere compiuti[20]:

- all'interno dello stesso paniere di indici, considerando ognuno di essi come un elemento da incastrare con gli altri per la formulazione di giudizi complessivi in merito all'andamento della gestione;
- nel tempo, ovvero ponendo a confronto gli indici calcolati per la stessa azienda e riferiti a diversi periodi amministrativi. Ciò si rende necessario per verificare l'evoluzione delle condizioni di operatività dell'impresa;

[20] Pavarani E., *L'equilibrio finanziario. Criteri e metodologie nella logica di Basilea 2*, McGraw-Hill, Milano 2006, p. 124.

- nello spazio, evidenziando differenze e similitudini con il medesimo sistema di indicatori costruito e applicato ad aziende considerate omogenee sotto il profilo dimensionale, del settore economico di appartenenza, dell'entità del fatturato, del numero di dipendenti e così via.

Al fine di garantire una maggiore semplicità nella predisposizione degli indicatori e soprattutto nella interpretazione degli stessi, è possibile raggrupparli in specifiche categorie, ciascuna associata ad un aspetto della gestione da approfondire:

1. liquidità e disponibilità;
2. indebitamento e solidità patrimoniale;
3. durata e *turnover*;
4. redditività;
5. sviluppo.

2.7.1 Gli indici di liquidità e disponibilità

Il primo aspetto da indagare attraverso la definizione dei quozienti di bilancio riguarda la capacità dell'organizzazione di far fronte tempestivamente agli impegni di pagamento, nonché la presenza di una adeguata corrispondenza temporale tra gli investimenti e la durata delle fonti di finanziamento. In altri termini, si tratta della medesima finalità conoscitiva adottata in sede di calcolo del margine di tesoreria e del capitale circolante netto e consiste nel verificare l'esistenza delle condizioni che assicurano un corretto equilibrio della struttura finanziaria.

L'indice di liquidità primaria o *quick ratio*, si ottiene confrontando il complesso delle disponibilità liquide immediate e differite con il totale dei debiti a breve termine[21]. Algebricamente:

$$\frac{DLI + DLD}{PB} \qquad [12]$$

L'indicatore esprime la capacità dell'impresa di coprire con le fonti di finanziamento elastiche la parte di fabbisogno corrente espressa dalla gestione, ovvero, adottando un'altra ottica di osservazione, consente di indagare la propensione dell'azienda a far fronte agli impegni di pagamento a breve scadenza impiegando la porzione liquida o prontamente liquidabile del capitale circolante lordo. Ne consegue che, in condizioni di equilibrio, il valore dell'indicatore dovrebbe avvicinarsi all'unità.

Il quoziente corrispondente al capitale circolante netto e che offre le medesime informazioni in merito alla situazione finanziaria dell'impresa prende il nome di indice di disponibilità o *current ratio*, dato dal rapporto tra le attività correnti componenti il capitale circolante lordo e le passività a breve scadenza:

[21] Massari M., *Gli strumenti per le analisi finanziarie* in *Trattato di Finanza aziendale*, a cura di G. Pivato, Franco Angeli, Milano 1983, p. 399.

$$\frac{CCL}{PB} = \frac{DLI + DLD + RIM}{PB} \qquad [13]$$

Il *current ratio*, che dovrebbe assumere valori tendenzialmente maggiori di uno, offre una misura attendibile della propensione mostrata dall'impresa a finanziare con fonti elastiche gli impieghi a breve.

2.7.2 Gli indici di indebitamento e solidità patrimoniale

L'analisi della struttura finanziaria non può prescindere dalla verifica della situazione debitoria dell'impresa, uno degli elementi più importanti da sottoporre ad accurata indagine al fine di formulare un giudizio di merito sulla gestione delle risorse finanziarie da parte del management.

Uno degli indicatori maggiormente impiegati nella valutazione del grado di indebitamento è il cosiddetto grado di leva (o *leverage*) ottenuto dal confronto tra il totale del capitale investito (K) e il patrimonio netto dell'azienda:

$$\frac{K}{PN} \geq 1 \qquad [14]$$

Considerando che il patrimonio netto costituisce una parte del capitale complessivamente investito, l'indicatore in parola non può assumere valori inferiori all'unità. Esso può, in linea teorica, essere pari a uno nell'ipotesi di assoluta assenza di indebitamento, circostanza difficilmente riscontrabile nella realtà, ad eccezione del momento di costituzione dell'impresa, quando il capitale iniziale è rappresentato dai soli conferimenti eseguiti dai soci.

Esistono altre varianti nel calcolo del rapporto di indebitamento, costruite nel modo seguente:

$$\frac{K - PN}{PN} \geq 0 \qquad [15]$$

$$\frac{K - PN}{K} \leq 1 \qquad [16]$$

La [15] opera un confronto tra il totale dell'indebitamento e il patrimonio netto ed esprime la proporzione con cui si presenta il debito nel confronti del capitale di pertinenza dei soci. Un valore elevato dell'indicatore è il sintomo di una presenza preponderante di capitale di debito rispetto al capitale proprio: in tale ottica, il quoziente può offrire informazioni anche in merito al livello di capitalizzazione dell'impresa.

L'ultima formulazione è ottenuta dal rapporto tra l'ammontare dei debiti e il capitale investito ed esprime il peso del capitale preso a prestito sul totale delle fonti. Si tratta, pertanto, di un quoziente di composizione del passivo in grado di valutare l'autonomia finanziaria dell'impresa che diminuisce al crescere del rapporto e dunque dell'incidenza dei debiti.

La verifica della solidità patrimoniale dell'impresa può essere realizzata attraverso l'impiego dell'indice di copertura delle immobilizzazioni, ottenuto dal confronto tra l'attivo immobilizzato e il totale delle passività acquisite con il vincolo di lunga durata, ovvero debiti a medio-lungo termine e capitale proprio. Algebricamente:

$$\frac{IMN}{PML + PN} \qquad [17]$$

Tale quoziente permette di formulare giudizi i merito alla corretta corrispondenza temporale tra fonti e impieghi[22], ovvero alla capacità dell'impresa di finanziare l'acquisizione di attività immobilizzate con il ricorso a fonti di finanziamento destinate a rimanere a lungo termine a disposizione dell'organizzazione.

È possibile, altresì, accertare in quale misura le immobilizzazioni sono coperte con il ricorso al solo capitale proprio, attraverso la definizione dell'indice di autocopertura delle immobilizzazioni, equivalente, sotto il profilo informativo, al margine di struttura visto in precedenza. In formula:

$$\frac{PN}{IMN} \qquad [18]$$

Esso offre indicazioni in merito alla capacità dell'impresa di provvedere, attraverso il ricorso al solo patrimonio netto, al finanziamento del capitale permanentemente investito. Un giudizio in merito all'equilibrio della struttura finanziaria deve necessariamente passare attraverso l'analisi congiunta degli ultimi due indicatori, al fine di verificare se l'eventuale quota di immobilizzazioni che non trova copertura nel capitale netto è finanziata dai debiti consolidati oppure dalle fonti a breve termine.

2.7.3 Gli indici di durata e di turnover

Utili indicazioni in merito al raggiungimento di obiettivi di efficacia ed efficienza nella gestione d'impresa possono provenire dalla costruzione di indicatori in grado di esprimere il tempo medio nell'incasso dei crediti e nel pagamento dei debiti, nonché la giacenza del magazzino.

In particolare, il tempo medio di incasso dei crediti si determina confrontando

[22] A ben vedere, infatti, le voci che compongono questo indicatore sono le medesime utilizzate nella costruzione del capitale circolante netto.

l'ammontare complessivo dei crediti vantati verso i clienti con il fatturato espresso in termini giornalieri:

$$\frac{\textit{Crediti}}{\textit{Fatturato} / 365} \qquad [19]$$

Il risultato rappresenta il tempo necessario, in media, affinché le vendite vengano monetizzate attraverso il pagamento dei crediti da parte della clientela. È opportuno precisare che i valori inseriti nell'indicatore devono essere opportunamente corretti, in quanto, mentre i crediti risultano al lordo dell'imposta sul valore aggiunto, il fatturato è rilevato al netto d'IVA: al fine di rendere omogenee le grandezze oggetto del confronto, si rende necessario scorporare l'imposta dai crediti, oppure inglobare l'imposta nel fatturato.

Un valore dell'indice in parola eccessivamente elevato può essere il sintomo di difficoltà nella gestione dei rapporti con la clientela, sintetizzabili in una scarsa forza contrattuale nei loro confronti, oppure può segnalare difficoltà finanziarie degli stessi clienti, tale da accrescere il numero e l'entità dei crediti inesigibili.

Al fine di definire una corretta politica commerciale, il tempo medio di giacenza dei crediti deve essere analizzato sia rispetto al medesimo indicatore calcolato con riferimento ad altre aziende appartenenti al medesimo settore economico, sia in relazione al tempo medio di giacenza dei debiti, determinato come segue:

$$\frac{\textit{Fornitori}}{\textit{Acquisti} / 365} \qquad [20]$$

Si tratta di un indicatore finalizzato a determinare il tempo medio intercorrente tra l'acquisto dei fattori produttivi e il loro pagamento. Un elevato livello dell'indicatore segnala la capacità dell'impresa di negoziare con i fornitori condizioni vantaggiose in termini di finanziamento del fabbisogno emergente dalla gestione corrente. Anche con riferimento a tale quoziente, si rende necessario provvedere alla omogeneizzazione delle voci poste a confronto in termini di imposta sul valore aggiunto.

Dal confronto tra i due ultimi indici, ai fini di una corretta gestione finanziaria, deve risultare che la durata media dei crediti deve essere inferiore alla durata media dei debiti, affinché con gli incassi dei primi si possa far fronte al pagamento dei secondi.

È possibile determinare il tempo medio di giacenza anche con riferimento a un'altra componente del capitale circolante lordo, ovvero le scorte. Un primo indicatore può essere calcolato nel modo seguente:

$$\frac{\textit{Rimanenze}}{\textit{Acquisti} / 365} \qquad [21]$$

In termini generali, una crescita del tempo medio di giacenza delle scorte implica un rallentamento del ciclo di produzione e/o distribuzione, con una conseguente crescita del fabbisogno finanziario espresso dalla componente più consolidata del circolante. Al fine di ottenere informazioni più dettagliate e di confrontare dati quanto più possibile omogenei, si rende però necessario considerare separatamente le diverse tipologie di rimanenze e procedere alla costruzione di altrettanti quozienti:

$$\frac{Materie}{Acquisti / 365} \quad [22]$$

$$\frac{Semilavorati}{CV / 365} \quad [23]$$

$$\frac{\mathrm{Pr}\,odotti}{CV / 365} \quad [24]$$

dove CV rappresenta il costo del venduto e assume il significato espresso in sede di riclassificazione del conto economico (vedi Fig. 2.6).

Informazioni utili in merito alle dinamiche della struttura finanziaria possono essere offerte anche dalla lettura degli indici di *turnover*, finalizzati a esprimere il numero di volte in cui una componente o la totalità del capitale investito tornano in forma liquida attraverso la vendita per realizzare il volume di fatturato raggiunto dall'azienda. L'indice di rotazione del capitale investito si ottiene dal rapporto tra il fatturato e il totale degli investimenti:

$$\frac{Fatturato}{K} \quad [25]$$

Impiegando la medesima logica per le diverse porzioni del capitale investito, è possibile costruire diversi indici di turnover:

- indice di rotazione dei crediti:

$$\frac{Fatturato}{Crediti} \quad [26]$$

- indice di rotazione del magazzino:

$$\frac{Fatturato}{Rimanenze} \quad [27]$$

- indice di rotazione delle immobilizzazioni:

$$\frac{Fatturato}{Immobilizzazioni} \qquad [28]$$

Dalla lettura degli indici di *turnover* appare evidente come un giudizio positivo sia associato alle imprese in grado di realizzare un maggior livello di fatturato a parità di capitale investito, oppure, il che è esattamente lo stesso, alle imprese che ottengono un fatturato corrispondente a quello dei concorrenti, ma impiegando meno capitale investito.

2.7.4 Gli indici di redditività

La capacità dell'impresa di produrre reddito e remunerare adeguatamente i fattori della produzione deve essere valutata sulla base degli indici di redditività, definiti dal confronto tra grandezze economiche – ovvero le diverse configurazioni di reddito che è possibile derivare dalle procedure di riclassificazione – e grandezze di natura patrimoniale.

L'analisi prende avvio dalla costruzione dell'indice di redditività del capitale proprio, il ROE (*return on equity*), ottenuto dal rapporto tra il reddito netto e il capitale proprio. In simboli:

$$\frac{RN}{PN} \qquad [29]$$

Esso esprime il grado di redditività del patrimonio netto, ovvero la capacità dell'azienda di raggiungere risultati economici in grado di garantire una congrua remunerazione ai proprietari dell'organizzazione, ovvero i soci. Si tratta di un fondamentale parametro per l'analisi del livello di attrattività di un investimento in capitale di rischio, destinato pertanto ad essere confrontato con gli altri indici ROE espressi dalla gestione di imprese simili[23]. L'indicatore in parola offre una misura della redditività netta dell'impresa, ovvero dell'ultima configurazione di reddito rintracciabile nel bilancio d'esercizio, a prescindere dalla metodologia di riclassificazione adottata.

Una misura della redditività dell'intero capitale investito nell'impresa, sia a titolo di capitale di pieno rischio, sia a titolo di capitale di credito, è offerta dal ROI (*return on investment*), dato dal rapporto tra il reddito operativo e il totale del capitale investito:

$$\frac{RO}{K} \qquad [30]$$

[23] L'impiego del termine «simile» sta a indicare la necessità di restringere il confronto ad aziende dotate della stesse caratteristiche in termini di dimensioni, di settore economico di appartenenza, di processo produttivo e, soprattutto, di livello di rischiosità.

A sua volta, il ROI può essere scomposto nelle sue determinanti, evidenziando altri due importanti indicatori: il ROS (*return on sales*), in grado di esprimere il tasso di redditività delle vendite, e l'indice di rotazione del capitale investito, già descritto in precedenza. Contrariamente a quanto accade con il ROE, nel ROI la configurazione di reddito adottata è il reddito operativo, ovvero quello risultante dalla sola gestione caratteristica, escludendo l'impatto determinato sulla redditività dalle gestioni accessorie, extra-caratteristiche, finanziarie e fiscali. Algebricamente, si procede moltiplicando e dividendo il ROI per l'ammontare del fatturato:

$$ROI = \frac{RO}{Fatturato} x \frac{Fatturato}{K} = ROS\ x\ Turnover\ capitale\ investito \qquad [31]$$

Infine, è possibile annoverare tra gli indici di redditività, anche il ROD (*return on debt*) che definisce il livello di onerosità del capitale preso a prestito:

$$\frac{OF}{D} \qquad [32]$$

dove OF rappresenta il totale degli oneri finanziari, mentre D individua il totale dei debiti contratti dall'impresa, sia a breve termine, sia a media-lunga scadenza.

Nel proseguo della trattazione saranno approfonditi i legami esistenti tra la redditività del capitale proprio (ROE), la redditività del capitale investito (ROI) e il grado di onerosità dei debiti (ROD), attraverso la definizione e la costruzione della manovra della leva finanziaria.

2.7.5 Gli indici di sviluppo

L'ultima categoria di indicatori oggetto della presente rassegna, intende focalizzare l'attenzione sulla capacità dell'impresa di accrescere la propria capacità produttiva attraverso il solo ricorso alle fonti interne di finanziamento. In particolare, si intende verificare il contributo offerto dalle quote di ammortamento all'acquisizione di nuove immobilizzazioni. Il relativo indicatore può essere espresso nel modo seguente:

$$\frac{Ammortamenti}{\Delta\ Immobilizzazioni} \qquad [33]$$

e sta ad indicare quanta parte dei nuovi investimenti realizzati in capitale fisso è stata finanziata attraverso la politica di ammortamento, finalizzata a imputare al conto economico costi cui però non corrispondono uscite monetarie.

Allo stesso modo, è possibile conoscere il contributo offerto dall'autofinanziamento, ovvero dall'entità degli utili non distribuiti e risparmiati, alla realizzazione di politiche espansive seguite dall'impresa. In tale ipotesi, l'indicatore può essere costruito nel modo seguente:

$$\frac{\textit{Autofinanziamento}}{\Delta\ \textit{Immobilizzazioni}} \qquad [34]$$

L'autofinanziamento inserito in tale formulazione può essere rappresentato sia dai soli utili non distribuiti ai soci, sia dalla somma tra gli utili risparmiati e le quote di costo non monetarie contabilizzate nell'esercizio e costituite da ammortamenti e accantonamenti[24].

2.8 L'analisi per flussi

Gli strumenti di indagine finora proposti, ovvero i margini e il sistema degli indicatori, pur fornendo utili e insostituibili informazioni in merito alla situazione economica, patrimoniale e finanziaria dell'impresa, presentano un evidente limite sintetizzabile nella staticità delle analisi e nella loro incapacità di rappresentare e controllare l'andamento della gestione finanziaria nel tempo. Lo studio della dinamica finanziaria è affidato alla cosiddetta «analisi per flussi» in grado di evidenziare contemporaneamente diversi aspetti del problema[25]:

- le cause sottostanti le movimentazioni dei valori finanziari attivati dall'attività aziendale;
- l'entità e la destinazione delle risorse finanziarie complessivamente movimentate;
- il contributo di ciascuna area della gestione alla generazione o all'assorbimento di flussi di cassa.

La capacità segnaletica e il rilevante contenuto informativo dell'analisi per flussi risultano irrinunciabili sia nelle valutazioni compiute internamente all'azienda, sia nelle elaborazioni eventualmente svolte da soggetti esterni. Sotto il primo profilo, emerge con tutta evidenza l'importanza di una indagine finalizzata a verificare e monitorare costantemente l'andamento della situazione finanziaria dell'impresa, soprattutto per evitare il sorgere di tensioni di liquidità e le conseguenti possibili crisi finanziarie ed economiche. L'esame dei flussi finanziari costituisce inoltre il fulcro del complesso sistema di elaborazioni poste in essere da soggetti terzi rispetto all'impresa e in particolare da potenziali e attuali finanziatori, al fine di valutare il grado di solvibilità dell'organizzazione e definire il merito creditizio della stessa.

[24] Nel primo caso di parla di autofinanziamento in senso stretto, mentre nella seconda ipotesi si determina l'autofinanziamento netto residuale allargato. Il tema costituirà oggetto di specifica trattazione.

[25] Metallo G., *Finanza sistemica per l'impresa*, Giappichelli, Torino 2002, p. 83.

Prima di passare alla disamina dei principi guida da seguire nell'attuazione dell'analisi per flussi, sembra opportuno soffermarsi brevemente su alcuni aspetti terminologici da chiarire al fine di agevolare la comprensione degli argomenti che si andranno a illustrare. In primo luogo, occorre puntualizzare la differenza, seppur intuitiva, tra il concetto di «fondo» e quello di «flusso»: il «fondo» fa riferimento al valore attribuito in un dato istante a un elemento della struttura patrimoniale (*stock*), quale ad esempio la consistenza di cassa, l'ammontare delle immobilizzazioni materiali, il livello di rimanenze di magazzino e così via; il «flusso», invece, rappresenta la movimentazione, in aumento o in diminuzione, subita dalla grandezza *stock* nell'intervallo temporale considerato. La tipologia di analisi in parola intende studiare le cause, l'entità e la direzione delle variazioni finanziarie che interessano le poste di bilancio.

Particolarmente rilevante ai fini della piena comprensione dello studio della dinamica finanziaria è la distinzione tra il binomio ricavi-costi, con particolare riferimento ai ricavi e ai costi di natura monetaria, e il binomio entrate-uscite. I ricavi e i costi acquistano rilevanza sotto il profilo economico, in quanto rappresentano rispettivamente componenti positive e negative di reddito[26]: i primi sorgono nel momento della cessione a terze economie dei beni/servizi realizzati dall'impresa, mentre i secondi sono contabilizzati per effetto della acquisizione dei fattori necessari allo svolgimento dell'attività istituzionale. Dal confronto tra i ricavi e i costi di esercizio emerge, come noto, il reddito generato dalle operazioni di gestione. All'interno dell'ampia e generica categoria di ricavi e costi è possibile scindere le componenti economiche di natura monetaria, ovvero quelle destinate ad avere manifestazione finanziaria, trasformandosi in risorse liquide, e le componenti non monetarie che al contrario non sono destinate a tradursi in forma liquida. Possono essere collocate nell'ambito dei costi non monetari gli ammortamenti, gli accantonamenti a fondi, le minusvalenze; tra i ricavi non monetari è invece possibile annoverare le plusvalenze derivanti da cessioni di immobilizzazioni. I concetti di ricavi e costi monetari non vanno però confusi con quelli di entrate e uscite: è infatti possibile che un costo, pur essendo classificato come monetario, non abbia dato origine ad alcuna variazione monetaria durante il periodo considerato ai fini dell'analisi. Le entrate e le uscite si riferiscono invece alle effettive movimentazioni di moneta che hanno avuto luogo nell'arco di tempo preso come riferimento e dunque rappresentano i fenomeni maggiormente rilevanti in un'ottica di osservazione della dinamica finanziaria dell'impresa. A titolo puramente esemplificativo, si considerino i costi sostenuti per l'acquisto di materie prime: pur essendo costi di natura monetaria, la loro concreta manifestazione – ovvero l'uscita ad essi correlata – può aver luogo in tempi più o meno lunghi, in funzione delle politiche di finanziamento concesse dai fornitori e dunque, in un intervallo di tempo ben definito, potrebbero risultare irrilevanti se si adottasse un'ottica di osservazione esclusivamente finanziaria.

Dopo aver compiuto queste importanti precisazioni, è possibile procedere nell'esposizione dell'analisi per flussi a partire dagli strumenti necessari per la sua corretta realizzazione: l'indagine della dinamica finanziaria si fonda sullo studio di due situa-

[26] Amodeo D., *Ragioneria generale delle imprese*, Giannini, Napoli 1992, p. 181.

zioni patrimoniali consecutive, del conto economico relativo all'anno più recente, nonché della nota integrativa. Ovviamente, come già ampiamente riferito in sede di esposizione delle analisi per margini e per indici, anche in questo caso il bilancio deve essere sottoposto a una preventiva procedura di riclassificazione, seguendo le modalità e i criteri già esposti in precedenza[27].

Il documento in grado di rappresentare i risultati emersi dall'analisi per flussi prende il nome di rendiconto finanziario ed espone le operazioni di gestione che nel periodo oggetto di osservazione hanno determinato un assorbimento di risorse finanziarie (impieghi), contrapposte alle operazioni che invece hanno generato l'afflusso di nuove risorse (fonti). In estrema sintesi, le voci accolte nel rendiconto possono essere rappresentate come in figura 2.8.

La sezione degli impieghi accoglie pertanto gli aumenti degli investimenti, la cui realizzazione richiede la disponibilità e dunque l'assorbimento di risorse finanziarie: ovviamente, si tratta sia di investimenti in capitale circolante, sia di investimenti strutturali in immobilizzazioni. Inoltre, nella medesima sezione sono rintracciabili anche le eventuali variazioni negative delle fonti di finanziamento, da interpretare come una diminuzione delle risorse a disposizione dell'organizzazione.

Viceversa, tra le fonti sono annoverate le riduzioni degli investimenti e gli aumenti dei finanziamenti, entrambe variazioni rappresentative di un maggiore afflusso di risorse. Ovviamente, le singole voci degli impieghi e delle fonti possono trovare collocazione in ognuna delle due sezioni a seconda del segno algebrico associato alla loro variazione.

A questo punto della trattazione occorre entrare nel merito della logica sottostante la costruzione del rendiconto finanziario, logica sostanzialmente differente rispetto a quella da adottare nella redazione del bilancio d'esercizio, circostanza che rende pertanto necessario procedere ad alcune rettifiche sulle voci dello stato patrimoniale e del conto economico. In effetti, l'inserimento dei costi e dei ricavi nel conto economico avviene nel rispetto del principio della competenza (logica contabile), ovvero tenendo in considerazione la pertinenza della voce di bilancio rispetto al periodo di tempo considerato: si pensi, ad esempio, all'acquisizione di un impianto destinato a partecipare al ciclo produttivo per più esercizi amministrativi, il cui costo, interamente attribuito

Impieghi	**Fonti**
Δ^+ Impieghi	Δ^- Impieghi
Δ^- Fonti	Δ^+ Fonti

Fig. 2.8 Schema sintetico di rendiconto finanziario

[27] Con particolare riferimento alla riclassificazione dello stato patrimoniale, in genere, ai fini dell'analisi per flussi, si preferisce seguire il criterio della pertinenza gestionale, in quanto permette di suddividere gli investimenti e i finanziamenti in funzione delle aree gestionali di riferimento, circostanza che, come sarà evidente in seguito, agevola la determinazione del contributo di ciascuna area alla generazione o all'assorbimento dei flussi finanziari. Ciò non toglie, comunque, la correttezza di una eventuale riclassificazione eseguita adottando il criterio finanziario.

all'attivo dello stato patrimoniale, sotto il profilo reddituale deve essere ripartito su un arco di tempo corrispondente alla sua vita utile attraverso l'imputazione delle relative quote di ammortamento, a prescindere dall'effettivo pagamento del bene.

Lo studio della dinamica finanziaria dell'impresa impone però di abbandonare la logica puramente contabile per passare a una logica finanziaria (o monetaria) che considera rilevanti ai fini dell'analisi soltanto quelle operazioni di gestione che determinano variazioni in aumento o in diminuzione delle risorse monetarie (ovvero le entrate e le uscite), a prescindere dalla competenza economica delle stesse. Riprendendo l'esempio appena esposto, l'ottica finanziaria suggerisce di escludere dalle voci finanziariamente significative le quote di ammortamento, in quanto costi non aventi natura monetaria: l'operazione di acquisto dell'immobilizzazione contribuisce alla formazione dei flussi di cassa soltanto nel momento in cui avviene l'effettivo esborso monetario richiesto per il suo pagamento e per il suo intero importo. Lo sfasamento temporale tra il ciclo reddituale e quello monetario, alla base delle differenze riscontrabili tra bilancio d'esercizio e rendiconto finanziario, può essere rappresentato graficamente come in figura 2.9.

Occorre inoltre considerare che nella ordinaria gestione dell'impresa possono verificarsi entrate e uscite monetarie – e dunque accrescimenti o decrementi dei flussi di cassa – cui non corrisponde il sorgere di ricavi e costi in quanto si tratta di operazioni destinate a produrre esclusivamente effetti di natura finanziaria, come ad esempio gli aumenti di capitale sociale a pagamento.

Per garantire un'analisi più dettagliata ed efficace della dinamica finanziaria è opportuno verificare l'area di provenienza dei flussi in entrata e in uscita che interessano lo svolgimento della gestione. Nello specifico, le movimentazioni di risorse monetarie possono essere ricondotte:

- alla gestione reddituale, ovvero all'insieme di operazioni che determinano la formazione del risultato economico di periodo;
- alla gestione del capitale d'esercizio che fa riferimento alle movimentazioni degli elementi del capitale circolante netto;

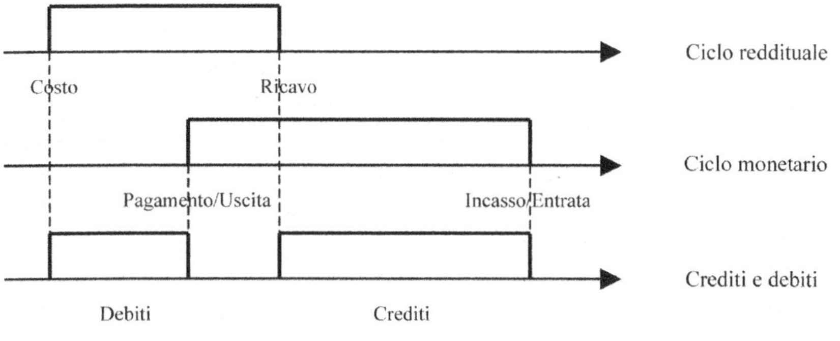

Fig. 2.9 Ciclo reddituale e monetario
Fonte: adattato da Pavarani E., *L'equilibrio finanziario. Criteri e metodologie nella logica di Basilea 2*, McGraw-Hill, Milano 2006, p. 201.

- alla gestione di investimenti e disinvestimenti, relativa ad acquisizioni e cessioni di beni strumentali e in generale di immobilizzazioni;
- alla gestione di finanziamenti e rimborsi, attinente le operazioni volte al reperimento di fonti di finanziamento e al rimborso delle stesse;
- alla gestione delle remunerazioni finanziarie, concernenti il pagamento di dividendi e oneri finanziari eseguito rispettivamente a favore dei soci e dei creditori.

La rilevanza e il contributo offerto da ciascuna area alla formazione delle risorse monetarie dipende dalla fattispecie di flussi che l'analista intende indagare e dunque dalla tipologia di rendiconto da costruire. È infatti possibile addivenire alla realizzazione di diversi rendiconti finanziari, tra i quali spiccano e sono dunque meritevoli di adeguato approfondimento[28]:

1. il rendiconto finanziario dei flussi di capitale circolante netto (*working capital statement*);
2. il rendiconto finanziario dei flussi di cassa (*cash flow statement*).

2.8.1 Il rendiconto finanziario dei flussi di capitale circolante netto

Nella precedente trattazione è emersa con evidenza l'importanza del capitale circolante netto, inteso come il margine finanziario ottenuto dalla differenza tra l'attivo corrente e le passività a breve scadenza, per la verifica delle condizioni di equilibrio della struttura finanziaria, con particolare riferimento alla corretta corrispondenza temporale tra fonti e impieghi. Tale grandezza può costituire l'oggetto di ulteriori approfondimenti al fine di concentrare l'attenzione sulle variazioni intervenute nelle sue componenti e sulle cause che le hanno originate.

Il primo passo da compiere nella redazione del rendiconto finanziario in oggetto consiste nell'operare un confronto tra l'entità del capitale circolante netto calcolato con riferimento a due esercizi consecutivi: le variazioni saranno determinate sia rispetto a ciascuna voce del CCN (disponibilità liquide immediate, disponibilità liquide differite, rimanenze e passività correnti), sia con riferimento all'ammontare complessivo del margine.

Il secondo problema da affrontare riguarda la verifica delle modifiche intervenute in capo al capitale circolante per effetto delle dinamiche reddituali, ovvero per il susseguirsi di ricavi e costi d'esercizio. A tal fine, occorre innanzitutto ribadire che non tutte le componenti del reddito assumono rilevanza sotto il profilo finanziario, rendendo pertanto necessario addivenire a una configurazione «finanziaria» dei costi e dei ricavi, separando quelli aventi natura monetaria da quelli non monetari. Adottando una logica operativa di tipo «monetario» o «finanziario», il capitale circolante netto generato dalla gestione reddituale si può ottenere seguendo due distinti procedimenti:

[28] Per un approfondimento dell'analisi per flussi si rinvia a Ferrero G., Dezzani F., Pisoni P., Puddu L., *Le analisi di Bilancio*, Giuffré, Milano 1994.

- il primo, diretto, prevede il confronto tra ricavi monetari e costi monetari;
- il secondo, indiretto, parte invece dalla determinazione del reddito netto d'esercizio così come appare in bilancio, dal quale si sottraggono i costi non monetari e si aggiungono i ricavi non monetari.

Il risultato emergente da tale operazione, ovvero il flusso di CCN della gestione reddituale, coincide con la reale entità della variazione subita dal CCN soltanto laddove si escludessero le altre aree di attività in cui è suddivisa la gestione aziendale. Occorre pertanto procedere ad una ulteriore operazione consistente nel misurare gli effetti prodotti sul capitale circolante netto dalle operazioni di investimento/disinvestimento, di rimborso e accensione dei prestiti, di pagamento di dividendi e oneri finanziari[29].

Un esempio concreto di redazione del rendiconto finanziario delle variazioni di capitale circolante netto è riportato di seguito.

I bilanci dell'impresa industriale «Omega SpA», opportunamente riclassificati[30], presentano i seguenti valori (espressi in migliaia di euro), indicati nell'esempio 2.1.

Esempio 2.1 La costruzione del rendiconto finanziario delle variazioni di flussi di capitale circolante netto

Stato patrimoniale					
Impieghi	**N**	**N+1**	**Fonti**	**N**	**N+1**
Attivo corrente			**Passività correnti**		
Liquidità immediate			Debiti v. fornitori	146.000	222.000
Denaro in cassa	12.000	8.000	Debiti tributari	64.000	98.000
Totale	**12.000**	**8.000**	Ratei passivi	16.000	12.000
Liquidità differite			Banche c/c passivi	396.000	564.000
Crediti v. clienti	536.000	848.000	Altri debiti	40.000	8.000
Crediti diversi	32.000	20.000	Utile da distribuire	24.000	30.000
Ratei attivi	28.000	32.000	Debiti per TFR	20.000	20.000
Totale	**596.000**	**900.000**	Rimborso mutuo passivo	10.000	10.000
Rimanenze					
Prodotti finiti	364.000	508.000	Totale passività correnti	**716.000**	**964.000**
Totale	**364.000**	**508.000**			
			Passività consolidate		
Totale attivo corrente	**972.000**	**1.416.000**	Debiti per TFR	236.000	308.000
			Mutui passivi	240.000	300.000
Attivo immobiliz.					
Immo. materiali			Tot. passività consolidate	**476.000**	**608.000**
Fabbricati industriali	364.000	316.000			
Impianti e macchin.	320.000	460.000	**Capitale proprio**		
Totale	**684.000**	**776.000**	Capitale sociale	240.000	280.000
Immobi. Finanziarie			Riserva legale	120.000	180.000

[29] Ovviamente, i nuovi investimenti assorbono risorse e dunque saranno inserite con segno negativo, al contrario dei disinvestimenti che immettono nuove risorse nella gestione. I nuovi finanziamenti sono inseriti con segno positivo nel rendiconto, mentre i rimborsi assorbono flussi monetari. Infine, il pagamento di oneri finanziari e di dividendi comporta un esborso finanziario.

[30] In particolare, i prospetti degli stati patrimoniali sono stati riclassificati con il criterio finanziario, mentre le voci del conto economico sono state riclassificate seguendo il modello del valore aggiunto.

segue **Esempio 2.1**

Stato patrimoniale					
Impieghi	**N**	**N+1**	**Fonti**	**N**	**N+1**
Partecipazioni	40.000	16.000	Riserva straordinaria	72.000	84.000
Totale	**40.000**	**16.000**	Utile da accantonare	72.000	92.000
Tot. attivo immobilizzato	**724.000**	**792.000**	Totale capitale proprio	**504.000**	**636.000**
Capitale investito	**1.696.000**	**2.208.000**	**Totale fonti**	**1.696.000**	**2.208.000**

Conto economico		
	N	**N+1**
Ricavi netti di vendita	2.020.000	2.044.000
Variazione rimanenze prodotti finiti	108.000	144.000
Valore della produzione	**2.128.000**	**2.188.000**
- Costi per materie	808.000	830.000
- Costi per servizi	240.000	200.000
Valore aggiunto	**1.080.000**	**1.158.000**
- Costo del personale	712.000	766.000
Margine operativo lordo	**368.000**	**392.000**
- Ammortamento	60.000	84.000
Reddito operativo caratteristico	**308.000**	**308.000**
Saldo proventi e oneri da investimenti in partecipazioni	- 10.000	- 3.000
Reddito operativo globale	**298.000**	**305.000**
- Oneri finanziari	145.000	124.000
Reddito ordinario o corrente	**153.000**	**181.000**
Gestione straordinaria	- 8.000	6.000
Risultato ante imposte	**145.000**	**187.000**
- Imposte su reddito d'esercizio	49.000	65.000
Utile netto d'esercizio	**96.000**	**122.000**

Inoltre, si consideri che le informazioni deducibili dalla lettura della nota integrativa e rilevanti ai fini del rendiconto finanziario sono le seguenti:

- nel corso dell'anno N+1 è stato corrisposto il TFR per un importo pari a 20.000 euro. Si prevede un esborso dello stesso ammontare anche per l'anno successivo;
- è stato acceso un nuovo mutuo per una somma pari a 70.000 euro;
- una quota delle partecipazioni iscritte in bilancio tra le immobilizzazioni finanziarie è stata venduta a un prezzo di 21.000 euro (corrispondente al costo di acquisto). Le restanti partecipazioni hanno subito una svalutazione per 3.000 euro;
- la voce «impianti e macchinari» ha subito le seguenti movimentazioni:
  - vendita di un impianto del costo storico di 48.000 euro, ammortizzato per 40.000 euro, al prezzo di 14.000 euro;
  - acquisto di un nuovo impianto al prezzo di 184.000 euro.

Il percorso da seguire per la costruzione del rendiconto finanziario dei flussi di CCN prende avvio dalla determinazione delle variazioni intervenute in capo a tale margine:

Variazione dei flussi di CCN

Elementi patrimoniali	N	N+1	Variazione
Liquidità immediate	12.000	8.000	- 4.000
Liquidità differite	596.000	900.000	304.000
Disponibilità finanziarie	364.000	508.000	144.000
Totale attività correnti	972.000	1.416.000	444.000
Totale passività correnti	716.000	964.000	248.000
Variazione Capitale circolante netto	**256.000**	**452.000**	**196.000**

Il passaggio successivo prevede invece il calcolo del capitale circolante netto generato dalla gestione reddituale. A tal fine, è possibile, come noto, impiegare sia il metodo diretto, sia il metodo indiretto: per maggiore completezza e chiarezza, si procede pertanto alla preventiva distinzione delle componenti monetarie e non monetarie del reddito, per poi giungere all'impiego di entrambe le metodologie proposte.

Riclassificazione finanziaria del conto economico

Costi monetari		Ricavi monetari	
Costi per materie	830.000	Ricavi di vendita	2.044.000
Costi per servizi	200.000		
Costi personale (al netto quota TFR)	674.000		
Variazione rimanenze	- 144.000		
Imposte	65.000		
Oneri finanziari	124.000		
Totale	**1.749.000**	**Totale**	**2.044.000**
Costi non monetari		**Ricavi non monetari**	
TFR esercizio	92.000	Plusvalenze	6.000
Ammortamenti	84.000		
Svalutazione partecipazioni	3.000		
Totale	**189.000**	**Totale**	**2.050.000**
Totale costi	**1.928.000**		
Utile d'esercizio	122.000		
Totale a pareggio	**2.050.000**	**Totale ricavi**	**2.050.000**

1) Metodo diretto

Ricavi monetari	2.044.000
- costi monetari	1.749.000
CCN generato dalla gestione reddituale	**295.000**

2) Metodo indiretto

Utile d'esercizio	122.000
+ ammortamento	84.000
+ accantonamento TFR	92.000
+ svalutazione partecipazioni	3.000
- plusvalenza	- 6.000
CCN generato dalla gestione reddituale	**295.000**

Infine, si passa alla concreta elaborazione del rendiconto finanziario, introducendo anche le variazioni prodotte sul capitale circolante netto dalle altre aree della gestione.

Il rendiconto finanziario delle variazioni di capitale circolante netto

Fonti		**Impieghi**	
CCN gestione reddituale	295.000	*Aumenti capitale immobilizzato*:	
		- Acquisto impianti	184.000
Riduzione capitale immobilizzato:			
- Dismissione impianti	14.000	*Diminuzione passività consolidate*:	
- Dismissione partecipazioni	21.000	- Rimborso mutuo	10.000
		- Utilizzo TFR	20.000
Aumenti passività consolidate:			
- Nuovo mutuo	70.000	*Diminuzione capitale proprio:*	
		- Pagamento dividendi	24.000
Aumento capitale proprio		- Aumento dividendi	6.000
- Aumento capitale sociale	40.000		
		Totale impieghi	**244.000**
Totale fonti	**440.000**	Aumento di CCN	196.000
		Totale a pareggio	**440.000**

Il procedimento esposto consente di ottenere informazioni dettagliate in merito a una grandezza di grande rilevanza nella contabilità aziendale, quale è appunto il capitale circolante netto. In particolare, l'analisi così impostata consente di verificare la variazione intervenuta nell'ammontare del capitale circolante netto durante il periodo sottoposto a indagine, ma soprattutto permette di evidenziare la natura e l'entità dei flussi finanziari che hanno determinato tale variazione. Le informazioni così ottenute possono essere impiegate per comprendere se le modifiche rilevate nell'andamento del CCN sono compatibili con una situazione di equilibrio, nonché su quali poste contabili – e dunque su quali aspetti della gestione – intervenire per modificare la dinamica in atto.

In generale, un aumento del capitale circolante prodotto ad esempio da una crescita delle vendite (e dunque delle relative dilazioni di pagamento concesse ai clienti) e delle scorte, produce una contrazione della liquidità all'interno dell'azienda, generando un aumento del fabbisogno finanziario. Viceversa, una riduzione degli investimenti in capitale circolante «libera» liquidità.

2.8.2 Il rendiconto finanziario dei flussi di cassa

Il secondo aspetto da indagare attraverso la costruzione di un rendiconto finanziario è la liquidità aziendale, intesa come le disponibilità monetarie (depositi bancari, postali e valori in cassa, al netto di eventuali conti correnti passivi) prontamente disponibili per soddisfare le esigenze di pagamento poste dallo svolgimento della gestione. Anche in questo caso, come nel precedente, il fulcro del problema consiste nel verificare l'andamento nel tempo delle risorse liquide, le loro movimentazioni e le cause che ne sono all'origine. Ovviamente, operando il passaggio dal capitale circolante netto ai flussi di cassa in senso stretto, si riduce l'ambito di operatività in quanto i valori oggetto di studio rappresentano soltanto una delle componenti del CCN. La logica da seguire nello studio e nell'interpretazione dei flussi è sempre la stessa, cambia soltanto l'oggetto di riferimento: si tratta, cioè, di verificare l'impatto prodotto sulla liquidità dalle diverse aree nelle quali si articola la vita aziendale.

Replicando il medesimo percorso operativo descritto per i flussi di capitale circolante netto, anche in questo caso il punto di partenza è costituito dalla determinazione delle variazioni subite dalla liquidità nell'esercizio in corso (Fig. 2.9).

Il passo successivo consiste nel calcolo del flusso di cassa generato dalla gestione reddituale: ciò impone ancora una volta la distinzione tra costi e ricavi monetari e non monetari, riproponendo pertanto lo stesso meccanismo già visto in precedenza. In questo caso, però, occorre considerare che il flusso di risorse ottenuto aggiungendo dal reddito netto i costi non monetari e sottraendo i ricavi non monetari potrebbe trovare impiego in operazioni riconducibili alla gestione del capitale circolante netto che però non sono attinenti alla liquidità intesa in senso stretto: concessione o riscossione di crediti, pagamento o ottenimento di debiti commerciali, investimenti o disinvestimenti in rimanenze. Ne consegue la necessità di rettificare il flusso ottenuto in funzione delle voci relative al capitale circolante netto, consentendo così di far emergere dall'analisi soltanto il flusso di cassa effettivamente riconducibile alla liquidità netta. In estrema sintesi, è possibile seguire lo schema di figura 2.10.

Infine, il rendiconto finanziario si costruisce introducendo nel prospetto fonti/impieghi tutte le variazioni intervenute nella liquidità aziendale per effetto delle altre aree gestionali (Fig. 2.11).

Anche in questo caso l'analisi per flussi consente di ottenere utili informazioni in merito alla situazione di liquidità dell'impresa. Il rendiconto finanziario dei flussi di cassa, in particolare, può trovare impiego nella verifica delle condizioni di liquidità dell'impresa e del suo grado di solvibilità: in questi termini, si tratta di una indagine particolarmente adatta al monitoraggio della capacità dell'organizzazione di soddisfare gli impegni di pagamento assunti, evidenziando altresì eventuali aspetti critici della gestione in quanto distorsivi dell'equilibrio di cassa dell'impresa. È possibile, ad esempio, che dalla redazione del rendiconto emerga la formazione di un flusso di cassa positivo, circostanza che, a un primo livello di analisi, potrebbe essere interpretata come garanzia di equilibrio: prima di formulare giudizi favorevoli in merito al grado di solvibilità dell'impresa, occorre però valutare la provenienza di tale liquidità. Essa infatti potrebbe essere determinata, non da una corretta gestione della teso-

Elementi della liquidità	**N**	**N+1**	**Variazione**
A) Liquidità immediate	A_N	A_{N+1}	$\Delta A = (A_{N+1} - A_N)$
B) Banche c/c passivi	B_N	B_{N+1}	$\Delta B = (B_{N+1} - B_N)$
Disponibilità liquida netta (A – B)			$\Delta A - \Delta B$

Fig. 2.9 Variazione della liquidità netta

Reddito netto
+ Costi non monetari
- Ricavi non monetari
- Utilizzo fondi
- Aumento liquidità differite (crediti)
+ Diminuzione liquidità differite
- Aumento rimanenze
+ Diminuzione rimanenze
+ Aumento debiti commerciali
- Diminuzione debiti commerciali
+ Aumento altri debiti commerciali
- Diminuzione altri debiti commerciali

Liquidità generata o assorbita dalla gestione reddituale

Fig. 2.10 Il flusso di cassa generato dalla gestione reddituale

Fonti	**Impieghi**
Flusso di cassa gestione reddituale (se si tratta di liquidità generata)	Flusso di cassa gestione reddituale (se si tratta di liquidità assorbita)
Riduzione capitale immobilizzato	Aumenti capitale immobilizzato
Aumenti passività consolidate	Diminuzione passività consolidate
Aumento capitale proprio	Diminuzione capitale proprio
Totale fonti	**Totale impieghi**

Fig. 2.11 Schema di sintesi del rendiconto finanziario dei flussi di cassa

reria, quanto piuttosto da politiche di disinvestimento intraprese nell'esercizio e che possono pertanto falsare il risultato ottenuto.

In linea generale, il flusso di cassa prodotto dalla gestione dovrebbe presentare segno positivo ed essere originato da operazioni corrette sotto il profilo del binomio liquidità-redditività: liquidità ottenuta da politiche di disinvestimento, oppure assorbita da eccessivi ampliamenti del capitale circolante, o ancora erosa dall'eccessivo peso degli oneri finanziari, pone di fronte ad una situazione non sostenibile, in una prospettiva di medio termine, dall'impresa.

In considerazione della quantità e della rilevanza delle informazioni generate dal rendiconto finanziario dei flussi di cassa, la sua redazione è spesso posta in essere non soltanto dalla stessa impresa per finalità conoscitive interne in una logica di controllo di gestione, ma anche e soprattutto per soddisfare il fabbisogno informativo di attuali e potenziali finanziatori, primi fra tutti gli istituti bancari, interessati allo studio della dinamica dei flussi di cassa e al livello di solvibilità dell'impresa.

Capitolo 3

Rendimento, rischio e costo del capitale

di Alberto Manelli

3.1 Introduzione

Uno dei temi centrali della finanza aziendale, la cui corretta esposizione e comprensione risultano indispensabili ai fini di un'analisi esaustiva delle dinamiche gestionali di una impresa, è rappresentato dal «rischio» associato all'intera organizzazione e, conseguentemente, ai titoli rappresentativi del capitale sociale dell'organizzazione stessa, ovvero le azioni.

Il concetto di rischio, rintracciabile seppur in misura e caratteri differenti in ogni tipologia di investimento, risulta indissolubilmente legato a quello di «rendimento» attraverso una relazione di tipo diretto: il risparmiatore richiede una remunerazione tanto maggiore, quanto più elevato appare il grado di rischiosità dell'attività finanziaria in cui ha deciso di impiegare le proprie risorse. Le scelte di investimento elaborate dai risparmiatori non possono pertanto concentrarsi esclusivamente sull'aspetto della redditività attesa, ma dovranno necessariamente ponderare anche il livello di rischiosità del titolo o del portafoglio nell'intento di massimizzare il primo e/o minimizzare il secondo[1].

Lo studio del rendimento e del rischio necessita pertanto di un adeguato approfondimento, a partire dalla loro definizione in relazione ad un'unica attività finanziaria, passando per la costruzione di un intero portafoglio di titoli – con tutte le implicazioni che ne derivano e che saranno esaminate con il ricorso alla moderna teoria di portafoglio –, fino ad arrivare al loro impiego nell'ambito della determinazione del costo del capitale.

[1] Manelli A., *Finanza aziendale. L'efficienza dei mercati. Analisi fondamentale e analisi tecnica*, Clua, Ancona 2003, p. 108.

Quest'ultimo costituisce un fondamentale elemento di analisi, soprattutto in una prospettiva di valutazione di singoli progetti di investimento, di attività finanziarie e dell'intero complesso aziendale: si tratta di temi che verranno approfonditi nel prosieguo della trattazione.

3.2 Il rendimento di un titolo azionario

Il primo parametro da valutare nella selezione di un investimento e nella scelta tra investimenti alternativi è rappresentato dal rendimento, ovvero dalla variazione di ricchezza che si produce per effetto dell'impiego di capitale in una data attività finanziaria, dal momento dell'acquisizione fino alla sua cessione. Occorre cioè applicare la regola generale che governa qualsiasi decisione di investimento, in base alla quale la risoluzione ad attuare o meno un progetto deve essere adottata in considerazione dei flussi di cassa, sia in entrata sia in uscita, prodotti dal progetto stesso[2].

Concentrando l'attenzione sui titoli azionari, la variazione di ricchezza generata per effetto della loro detenzione è fondamentalmente riconducibile a due fattori rappresentativi della remunerazione complessiva:

1. il dividendo;
2. il *capital gain*.

Il dividendo costituisce una forma di remunerazione «ordinaria» in quanto erogata dalla società emittente periodicamente (con una frequenza generalmente annuale) in funzione del risultato economico prodotto dalla gestione. Si tratta cioè di una quota degli utili eventualmente conseguiti che l'azienda decide di destinare ai soci al fine di soddisfare le loro aspettative in termini di rendimento e remunerare così la scelta di investimento compiuta. La misura dei dividendi distribuiti è variabile sia in considerazione dell'entità degli utili netti emersi in bilancio, sia per effetto della *politica dei dividendi* perseguita dall'impresa: con tale espressione si fa riferimento al complesso di decisioni adottate dall'azienda al fine di contemperare opportunamente sia le esigenze di remunerazione espresse dai soci, sia le esigenze di finanziamento – o meglio, di autofinanziamento – proprie dell'organizzazione da realizzare attraverso la ritenzione (e dunque la mancata distribuzione) degli utili. La politica dei dividendi rappresenta una delle principali leve su cui agire nella costruzione di una accorta gestione finanziaria dell'azienda: per tale motivo e stante le notevoli implicazioni conseguenti la scelta tra dividendi e autofinanziamento, l'argomento sarà ripreso e approfondito in seguito.

[2] Si tratta, come sarà evidente in seguito, della regola generale da applicare a qualsiasi decisione di *capital budgeting*, così come nella valutazione di interi complessi aziendali.

Dal punto di vista algebrico, la remunerazione assegnata ai soci sotto forma di dividendo può essere espressa in termini percentuali rispetto al prezzo pagato per l'acquisizione delle azioni attraverso il calcolo del *dividend yield*:

$$I = \frac{D_{0-t}}{P_0} \qquad [1]$$

dove

$D_{0\text{-}t}$ = flussi di dividendi percepiti dall'azionista nel periodo *0-t*;

P_0 = prezzo del titolo al momento dell'acquisto.

La seconda componente della remunerazione associata a un titolo azionario presenta una natura integrativa rispetto al dividendo e si ottiene dalla contrapposizione tra il prezzo di vendita del titolo al termine del periodo di detenzione e il prezzo di acquisto dello stesso. La differenza così ottenuta, se positiva, dà luogo alla formazione del *capital gain*, ovvero del guadagno in conto capitale rappresentato dall'apprezzamento subìto dal titolo nell'arco di tempo considerato. Anche in questo caso l'entità di tale forma di remunerazione appare decisamente variabile in funzione di molteplici fattori, quali ad esempio la durata di detenzione dell'attività finanziaria, la quotazione o meno del titolo, l'andamento dei prezzi di mercato e il livello di efficienza delle piazze borsistiche: in ogni caso, si tratta della parte del rendimento complessivo spesso più consistente e ambita[3].

Ovviamente, dal confronto tra il prezzo di vendita e il prezzo di acquisto può emergere anche un valore negativo, evidenziando così la formazione di una perdita in conto capitale e dunque di un decremento del valore del titolo azionario.

La misura del *capital gain* può essere definita sia in termini assoluti, come semplice differenza tra prezzo di vendita e prezzo di acquisto:

$$CG = P_t - P_0 \qquad [2]$$

oppure in termini percentuali mediante la definizione del seguente rapporto:

$$CG = \frac{P_t - P_0}{P_0} \qquad [3]$$

È dunque possibile determinare la remunerazione complessiva associata a un investimento in titoli azionari, sommando semplicemente le componenti esaminate finora, dividendi e *capital gain*:

[3] Floreali A., *La remunerazione e il rischio dei finanziamenti offerti alle imprese*, «Manuale di finanza aziendale», a cura di Cattaneo M., Il Mulino, Bologna 1999, pp. 86-87.

$$r_t = \frac{D + (P_t - P_0)}{P_0} \quad [4]$$

con r_t corrispondente al rendimento globale del periodo di riferimento.

La formulazione appena riportata si riferisce a un unico periodo di detenzione del titolo: il passaggio ad una logica multiperiodale richiede semplicemente l'applicazione di una media aritmetica tra i diversi rendimenti ottenuti nel corso dell'intero orizzonte di valutazione.

$$\hat{r} = \frac{r_0 + r_1 + \ldots + r_n}{n} = \frac{1}{n}\sum_{i=1}^{n} r_i \quad [5]$$

dove $\hat{r}$ indica la media dei rendimenti globali conseguiti ed n rappresenta il numero complessivo delle osservazioni, ovvero il numero di periodi considerati.

La [5] offre importanti informazioni in merito alle *performance* fatte registrare dal titolo, consentendo all'investitore di determinare la variazione di ricchezza prodotta per effetto dell'acquisto del titolo, ma anche al potenziale investitore di valutare se il rendimento offerto da una data attività finanziaria risulti o meno in linea con le sue aspettative in termini di remunerazione. Il principale limite associato a una impostazione di questo tipo è invece riconducibile alla impossibilità di compiere analisi prospettiche sul futuro andamento della redditività connessa al titolo: in altri termini, si tratta di una misurazione operata *ex-post*, ovvero su dati passati e capace pertanto di fornire elementi di indagine riferiti esclusivamente alle serie storiche di prezzi e dividendi conseguiti.

Un simile approccio non è in grado di supportare appieno il percorso di valutazione seguito da un ipotetico investitore che, al fine di rendere le sue scelte quanto più possibile ponderate e attendibili, non può basarsi soltanto su dati passati, ma deve necessariamente adottare una logica prospettica in grado di fornire elementi di indagine per la definizione del futuro andamento del titolo. Si rende pertanto utile affiancare ad una analisi storica, una valutazione *ex-ante* capace di definire i flussi di cassa attesi dall'investimento (siano essi rappresentati dai dividendi o dal *capital gain*), determinando così il potenziale andamento della redditività futura dell'azione.

A tal fine occorre introdurre nel calcolo il concetto statistico di valore atteso, partendo dalla conoscenza di ipotetici livelli di rendimento e costruendo una serie di scenari, ciascuno dei quali associato a una determinata probabilità di realizzazione, da ponderare con lo stesso rendimento. Algebricamente, si ottiene la seguente relazione:

$$E(r) = \sum_{i=1}^{n} p_i r_i \quad [6]$$

dove $E(r)$ costituisce il valore atteso del rendimento, mentre p_i rappresenta la probabilità che si verifichi lo scenario i-esimo.

Esempio 3.1 Il rendimento atteso di un titolo azionario

Prezzo al tempo t = 0	Prezzo finale t = 1	Rendimento	Probabilità
1.000	1.200	20%	20%
1.000	1.100	10%	30%
1.000	900	- 10%	25%
1.000	1.150	15%	25%

Per comprendere meglio le dinamiche inerenti il calcolo del rendimento *ex-ante* appare utile proporre un esempio numerico. Si consideri un titolo azionario valutato al tempo $t = 0$ che presenta gli scenari in termini di rendimento e probabilità di realizzazione per il periodo $t = 1$ indicati nell'esempio 3.1.

Il calcolo del rendimento medio atteso del titolo per l'anno 1 sarà il seguente:

$$E(r) = (0{,}2)(20\%) + (0{,}3)(10\%) + (0{,}25)(-10\%) + (0{,}25)(15\%) = 8{,}25\%$$

Appare del tutto evidente come una impostazione di questo tipo implichi la presenza di un certo grado di aleatorietà sia nella stima dei rendimenti futuri, sia nell'attribuzione del livello di probabilità a ciascuna possibile ipotesi.

Sotto il profilo strettamente statistico, sembra appena il caso di sottolineare che in genere la teoria tende a ricondurre a una distribuzione di tipo normale (la cosiddetta campana di Gauss) l'andamento dei rendimenti associati ai titoli azionari. L'eventuale conferma di una simile ipotesi, spesso riscontrata nella realtà anche se solo in via di approssimazione, determina la possibilità di impiego nello studio del rendimento prima e del rischio poi delle regole di comportamento di una distribuzione di questo tipo. Nello specifico, l'impiego di concetti quali media e varianza (come si vedrà tra breve) risulta pertanto sufficiente per la definizione della probabilità associata a ciascun punto della distribuzione.

La normale, però, si caratterizza per il requisito della assoluta simmetria dei rendimenti rispetto alla media, condizione questa difficilmente applicabile all'ipotesi di investimento in titoli azionari: in effetti, l'acquisto di una azione può dare luogo a rendimenti potenzialmente illimitati (il rendimento tende a $+\infty$), mentre la massima perdita corrisponde all'ammontare del capitale investito (il rendimento non può quindi tendere a $-\infty$, ma presenta un limite ben definito dal prezzo di acquisto del titolo). La soluzione a tale problema può essere rappresentata dall'impiego dei rendimenti logaritmici caratterizzati da asimmetria a destra, condizione che permette di rispettare il vincolo di perdita limitata del capitale[4] (Fig. 3.1).

Inoltre, non di rado l'osservazione della realtà smentisce l'esistenza di una distribuzione normale dei rendimenti dei titoli azionari, rendendo più complesso lo studio e le stime sul futuro andamento delle variabili.

[4] Caparrelli F., *Economia del mercato mobiliare*, McGraw-Hill, Milano 2004, pp. 227-28.

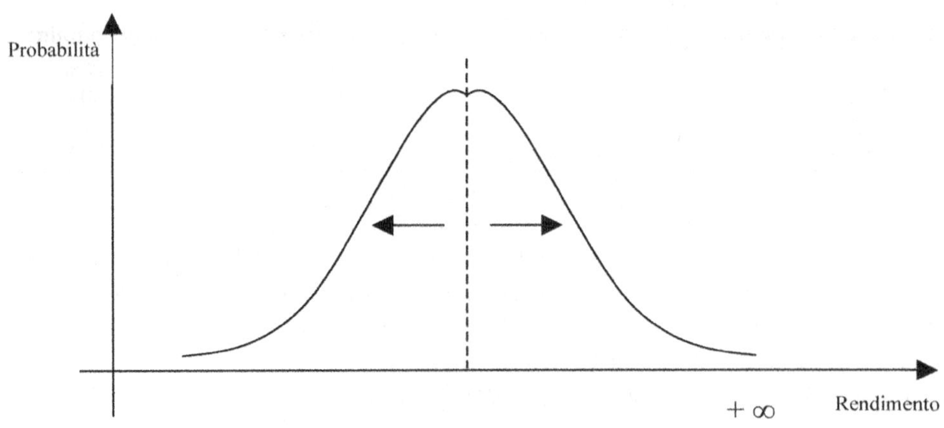

Fig. 3.1 La distribuzione normale dei rendimenti

3.3 Il rischio di un titolo azionario

Il secondo, fondamentale, elemento da valutare nella scelta tra diverse alternative di investimento è senz'altro rappresentato dal rischio che, seppur con intensità variabile, caratterizza ogni tipologia di attività finanziaria. Ne deriva la necessità di affiancare ad analisi inerenti il rendimento – passato o prospettico – di un titolo, anche attente considerazioni in merito al livello di rischiosità ad esso associato: il solo rendimento può costituire un parametro sufficiente esclusivamente per la valutazione di attività «prive di rischio», ovvero per quelle forme di impiego in cui sia il valore del capitale al termine dell'investimento, sia la misura della redditività risultano certi e determinabili fin dal principio.

Partendo da tali considerazioni risulta possibile addivenire ad una definizione, in termini finanziari, del concetto di rischio, inteso come variabilità dei rendimenti effettivi rispetto ai rendimenti attesi[5]: si tratta, pertanto, di una nozione di rischio «simmetrico» dotato sia di una valenza negativa (probabilità che il rendimento effettivo sia minore di quello atteso), sia di un rilievo positivo (in caso di rendimento effettivo superiore a quello atteso). Se ad esempio un investitore decide di acquistare azioni della società «Alfa», è consapevole della aleatorietà connessa alla misura dei dividendi che saranno erogati in futuro. Egli comunque formula delle aspettative e prevede che il titolo garantirà a fine esercizio un rendimento pari al 7%: in sede di distribuzione dei dividendi, è possibile che si verifichi l'ipotesi elaborata dall'investitore e che pertanto il rendimento effettivo e quello atteso coincidano, ma è altresì possibile che il rendimento reale sia pari soltanto al 5% (rischio negativo), oppure che risulti superiore alle previsioni, posizionandosi al 10% (rischio positivo).

[5] Cherubini U., Della Lunga G., *Il rischio finanziario*, McGraw-Hill, Milano 2001.

Il rischio può avere diverse determinanti, alcune delle quali possono manifestarsi contemporaneamente, accrescendo l'incertezza sulla misura dei rendimenti attesi. Le principali tipologie di rischio possono essere sinteticamente descritte nel modo seguente:

- *rischio di insolvenza*, legato sia al mancato adempimento di un creditore, sia alle difficoltà di far fronte al rimborso di un debito;
- *rischio di tasso di interesse*, dovuto alle oscillazioni registrate dai tassi di interesse, con conseguenti ripercussioni sulla redditività degli investimenti, sul valore del capitale investito e sul costo del debito;
- *rischio di tasso di cambio*, riscontrabile in ipotesi di investimenti e/o rapporti commerciali regolati in valuta estera;
- *rischio di liquidità*, consistente nella impossibilità o semplicemente nella difficoltà di smobilizzare un investimento in attività finanziarie a causa, in genere, dell'esistenza di un mercato secondario poco efficiente;
- *rischio di inflazione*, in grado di determinare, in periodi contrassegnati da evidenti turbolenze, anche sensibili differenze tra il tasso di rendimento nominale e quello reale. Si pensi agli effetti indotti sui prezzi e sui tassi di interesse dallo *shock* petrolifero manifestatosi nei primi anni Settanta;
- *rischio legale*, riconducibile alla possibilità di modifica della normativa in essere inerente le attività finanziarie e le modalità di contrattazione delle stesse;
- *rischio sistematico*, relativo all'andamento dell'economia nel suo complesso e al verificarsi di fasi di crescita del mercato, alternate a fasi di depressione che coinvolgono tutti gli operatori del sistema economico (si pensi, a titolo di esempio, all'aumento del prezzo del petrolio).

Esistono diversi strumenti e forme contrattuali che la pratica professionale e l'ingegneria finanziaria hanno ideato per offrire all'investitore utili armi di difesa contro la crescente incertezza e variabilità dei mercati finanziari: la rilevanza di tali argomenti ha indotto chi scrive a dedicare un'apposita sezione del presente lavoro proprio alla trattazione delle modalità di copertura dai rischi[6].

In linea del tutto generale, le tipologie di investimento verso le quali può indirizzarsi un potenziale investitore si distinguono in attività prive di rischio e attività rischiose. Sono riconducibili alla prima categoria tutte le attività che garantiscono un rendimento determinato e la certezza della restituzione del capitale impiegato: si tratta, in sostanza, dei titoli di Stato. Tutte le altre tipologie di strumenti finanziari possono essere classificate tra le attività rischiose.

A questo punto della trattazione si rende però necessario operare un approfondimento in merito ai titoli di Stato e al ruolo da essi giocato nell'ambito del nostro sistema economico. Il primo chiarimento da compiere riguarda il fatto che l'assenza di rischio deve essere valutata con riferimento ad alcuni parametri. In effetti, risulta evidente il diverso livello di rischio associato a titoli di Stato emessi da paesi politica-

[6] A tal proposito si veda il capitolo 9.

mente ed economicamente sviluppati (come sono, in generale, i paesi occidentali), rispetto a quelli emessi da paesi caratterizzati da situazioni instabili che non garantiscono né il livello di remunerazione atteso, né tantomeno il rimborso del capitale investito: soltanto i primi possono dunque essere effettivamente definiti titoli privi di rischio e ad essi si farà implicito riferimento nel corso della presente trattazione. Inoltre, appare utile sottolineare come la mancanza – o per meglio dire la scarsa rilevanza – del fattore rischio si riferisce esclusivamente al rendimento espresso in termini nominali e non anche al rendimento reale, comunque soggetto alla variabilità dei prezzi e dunque all'effetto dell'inflazione[7].

Le caratteristiche dei titoli di Stato emessi negli anni dal Governo italiano hanno però innescato alcune dinamiche ed effetti collaterali distorsivi destinati a ripercuotersi sui meccanismi di funzionamento dei mercati finanziari. Per comprendere appieno tali affermazioni occorre partire dalla semplice osservazione dei fattori che determinano il rendimento di una generica attività finanziaria. In particolare, la redditività di un titolo è:

- funzione diretta del rischio associato al titolo. Maggiore è il livello di rischiosità che l'investitore decide di accollarsi, maggiore sarà la remunerazione richiesta per affrontare la variabilità dei rendimenti. Nell'ipotesi di una attività priva di rischio, come appunto i titoli di Stato, non dovrebbe essere presente alcuna forma di remunerazione legata al rischio;
- funzione inversa rispetto al grado di liquidità. Maggiore è la facilità con cui il titolo può essere ceduto sul mercato, minore sarà la remunerazione attesa per il risparmiatore. Sotto questo profilo, i titoli di Stato presentano una elevata liquidità in quanto, siano essi a breve termine come i BOT o a media-lunga scadenza come i BTP, sono negoziabili e smobilizzabili con estrema facilità presso i mercati finanziari.

Traendo le dovute conclusioni dalle considerazioni appena svolte, emerge con evidenza come una attività finanziaria caratterizzata da un rischio pressoché nullo e, contemporaneamente, dotata di un massimo grado di liquidabilità, *dovrebbe* presentare un rendimento praticamente uguale a zero. La realtà, però, mostra una situazione ben diversa, contrassegnata dall'emissione di titoli di Stato con la promessa di rendimenti elevati che non trovavano giustificazione nella necessità di remunerare il rischio, ma semplicemente nella volontà di attrarre l'attenzione dei risparmiatori verso strumenti finalizzati alla copertura del debito pubblico. L'elevata appetibilità dei titoli di Stato ha indotto le banche a praticare a loro volta tassi di interesse sui depositi, sui prestiti e sulle emissioni obbligazionarie non competitivi, innescando un meccanismo a catena di ascesa dei tassi e conseguentemente degli oneri finanziari che ha fortemente penalizzato il sistema economico, finanziario e produttivo del Paese.

[7] Guatri L., *Il valore delle aziende: introduzione alle teorie e alla pratica dei Paesi avanzati*, «Finanza Marketing e Produzione», 2, 1994, p. 72.

La principale conseguenza generata da un circuito finanziario alterato e distorto dalla eccessiva presenza e dall'eccessivo rendimento offerto dai titoli di Stato è riconducibile alla sottrazione di risorse da investimenti potenzialmente idonei a creare valore e ricchezza, tipicamente rappresentati dal sostegno alle imprese, per destinarle verso impieghi certamente non produttivi, quali la copertura del disavanzo dello Stato e il pagamento degli interessi sui titoli del debito pubblico.

Soltanto negli ultimi anni si sta assistendo a una inversione di tendenza attraverso una serie di innovazioni strutturali e legislative potenzialmente in grado di ricondurre il mondo finanziario verso una situazione di maggiore equilibrio: la contrazione dell'indebitamento pubblico (imposta soprattutto a livello sovranazionale per consentire il rispetto delle condizioni volute dal «sistema euro»), la conseguente riduzione degli interessi, la maggiore propensione delle imprese verso forme di finanziamento alternative rispetto a quelle offerte dal circuito bancario, l'affermazione dei mercati finanziari, sono soltanto alcuni dei segnali di cambiamento, che però non sono riusciti a rimuovere del tutto quegli ostacoli, prevalentemente di origine culturale, ereditati dal passato e ancora fortemente radicati.

Riportando l'attenzione sul tema del rischio, appare necessario introdurre gli strumenti necessari alla sua corretta determinazione: a tal proposito, la definizione stessa del fenomeno, inteso come variabilità dei rendimenti effettivi rispetto a quelli attesi, conduce a impiegare nel calcolo il concetto statistico di varianza, definita come la misura della dispersione di una variabile rispetto alla sua media[8]. Nell'ambito di una distribuzione di tipo normale la varianza esprime la probabilità che il rendimento si discosti dal valore medio: ne deriva che maggiore è il valore della varianza, maggiore sarà il grado di variabilità dei rendimenti e maggiore, di conseguenza, sarà il rischio associato al titolo oggetto di studio.

La costruzione algebrica della varianza parte dal confronto tra il rendimento effettivo e il rendimento medio secondo la seguente relazione[9]:

$$\sigma^2 = \frac{1}{n-1}\sum_{i=1}^{n}\left(r_i - \hat{r}_i\right)^2 \qquad [7]$$

dove σ^2 è il simbolo comunemente impiegato per la rappresentazione della varianza ed n costituisce il numero delle osservazioni rilevate.

Generalmente, però, si preferisce fare ricorso al concetto di deviazione standard, ottenuta dalla radice quadrata della varianza, in quanto espressa nella medesima

[8] Mood A.M., Graybill F.A., Boes D.C., *Introduzione alla statistica*, McGraw-Hill, Milano 1993, p. 77.

[9] Fuller R.J., Farrell J.L., *Analisi degli investimenti finanziari*, McGraw-Hill, Milano 1993, p. 51: «Quando le osservazioni, in questo caso i rendimenti, sono ritenute un campione della popolazione totale delle osservazioni, dividendo per $n - 1$ si ottiene una stima non distorta della vera varianza e deviazione standard della popolazione. [...] Se le osservazioni rappresentano l'intera popolazione, la somma dei quadrati degli scarti viene divisa per n».

unità di misura della variabile considerata nel calcolo, ovvero il rendimento. Si avrà pertanto:

$$\sigma = \sqrt{\sigma^2} = \sqrt{\frac{1}{n-1}\sum_{i=1}^{n}\left(r_i - \hat{r}_i\right)^2} \qquad [8]$$

Anche in questo caso, come è avvenuto per il rendimento, le formulazioni presentate si riferiscono a valutazioni compiute *ex-post*, ovvero facendo ricorso a valori storici. Il passaggio a una logica di tipo prospettico impone dunque di introdurre nel calcolo anche una serie di scenari futuri, nonché la probabilità di accadimento di ciascuno di essi:

$$\sigma_i^2 = \sum_{i=1}^{n} p_i\left[r_i - E(r)\right]^2 \qquad [9]$$

$$\sigma_i = \sqrt{\sum_{i=1}^{n} p_i\left[r_i - E(r)\right]^2} \qquad [10]$$

A margine delle considerazioni svolte in merito al rendimento e al rischio associati a una determinata attività finanziaria, appare utile chiarire che un investitore dotato di razionalità agisce seguendo una logica volta a massimizzare il rendimento, dato un certo livello di rischio, oppure a minimizzare il rischio, data una certa misura di rendimento. La «quantità» di aleatorietà e incertezza che ogni soggetto sarà disposto a sostenere dipende, invece, dal personale livello di avversione al rischio: ovviamente, il rendimento atteso sarà destinato ad aumentare proprio in funzione della crescita del grado di rischio prescelto.

In linea generale, è dunque possibile affermare che il rendimento richiesto da un investitore che sceglie di impiegare il proprio capitale nell'acquisto di attività finanziarie rischiose si può suddividere idealmente in due componenti:

- una prima componente finalizzata a remunerare semplicemente la momentanea indisponibilità di risorse ed equivalente al livello di rendimento offerto da investimenti privi di rischio (tasso *risk free*, corrispondente in sostanza al compenso che ci si attende di ricevere per la rinuncia alla liquidità);
- una seconda componente rivolta invece alla remunerazione del rischio assunto per effetto dell'investimento. Si tratta, in sostanza, del cosiddetto «premio per il rischio».

Tali argomentazioni saranno riprese e approfondite tra breve.

3.4 La costruzione di un portafoglio: rendimento e rischio

I concetti esposti finora trovano applicazione nell'ipotesi di acquisto di una sola attività finanziaria da parte dell'investitore. Nella realtà, però, è facile osservare come generalmente i risparmiatori preferiscano evitare di concentrare tutte le risorse disponibili in un unico titolo, seguendo la scelta della costruzione di un portafoglio più o meno numeroso. Ai fini del processo di valutazione, si rende pertanto necessario integrare le considerazioni svolte in merito al rendimento e al rischio di una singola attività, con opportune argomentazioni in grado di consentire l'analisi di un portafoglio nel suo complesso. L'obiettivo consiste nel verificare e quantificare la possibilità offerta all'investitore di impiegare in maniera più efficiente le proprie risorse, realizzando un portafoglio in grado di minimizzare il rischio complessivo dell'investimento o di massimizzare il rendimento atteso: si tratta, pertanto, di esporre le considerazioni alla base della Teoria di Portafoglio elaborata da Markowitz[10].

Il primo passo da compiere in questa direzione prevede l'accertamento delle modalità di ripartizione della ricchezza all'interno del portafoglio tra le varie attività che lo costituiscono: si tratta cioè di definire il «peso» che, in termini di valore, è assunto da ogni titolo. Indicando con:

w_1 la quota di ricchezza impiegata nell'attività 1
w_2 la quota di ricchezza impiegata nell'attività 2
...
w_n la quota di ricchezza impiegata nell'attività n

deve essere verificata la seguente relazione:

$$w_1 + w_2 + \ldots + w_n = 1 \qquad [11]$$

Tale espressione individua un vincolo da rispettare costantemente in un'ottica di analisi di portafoglio: non è possibile investire meno risorse rispetto a quelle disponibili (non può cioè verificarsi $\sum_{i=1}^{n} w_i < 1$), così come non è possibile investire più di quanto risulta disponibile (è quindi esclusa la possibilità di prendere risorse a prestito, ovvero $\sum_{i=1}^{n} w_i > 1$)[11].

Ovviamente, la porzione di capitale incorporata in ciascun titolo si calcola come rapporto tra il valore di mercato del singolo titolo (vm_i) rispetto al valore di mercato

[10] Markowitz H., *Portfolio Selection*, «Journal of Finance», 7, marzo 1952, pp. 77 e ss.; Markowitz H., 1959, *Portfolio Selection: Efficient Diversification of Investments*, Wiley, New York.
[11] Caparrelli, *Economia del mercato mobiliare*, cit., p. 240.

dell'intero portafoglio (*vp*, corrispondente al totale dell'investimento realizzato). In simboli:

$$w_i = \frac{vm_i}{vp} \qquad [12]$$

Compiuta questa premessa, si può procedere con la definizione e la conseguente determinazione del rendimento di un portafoglio di attività. Esso si esprime come la media ponderata (rispetto ai «pesi» appena individuati) dei rendimenti dei singoli titoli che compongono il portafoglio:

$$r_p = \sum_{i=1}^{n} r_i w_i \qquad [13]$$

per valori determinati ex post

$$\bar{r}_p = E(r_p) = \sum_{i=1}^{n} E(r_i) w_i \qquad [14]$$

per valori determinati ex ante (con $\bar{r}$ che, per semplicità, rappresenta il valore medio atteso del rendimento).

Ben più complesso e ricco di problematiche si presenta invece il calcolo del rischio di un intero portafoglio: in questo caso, infatti, non appare sufficiente procedere a una semplice media dei rischi dei singoli titoli, ma occorre introdurre alcuni fondamentali concetti riconducibili alla Moderna Teoria di Portafoglio[12].

In effetti, la variabilità complessiva dei rendimenti di un portafoglio risulta funzione sia del rischio di ogni titolo acquisito, sia delle eventuali correlazioni e interdipendenze rintracciabili tra i rendimenti delle singole attività: tutto ciò si può esprimere in termini statistici attraverso il ricorso al concetto di «covarianza», intesa come strumento di misurazione delle relazioni esistenti tra i livelli di rendimento di due attività finanziarie. Considerando un portafoglio composto da due titoli, il rischio del portafoglio si ottiene nel modo seguente:

$$\sigma_p^2 = E\left(r_p - \bar{r}_p\right) = E\left[\left(w_1 r_1 + w_2 r_2\right) - \left(w_1 \bar{r}_1 + w_2 \bar{r}_2\right)\right]^2 =$$
$$= E\left[w_1\left(r_1 - \bar{r}_1\right) + w_2\left(r_2 - \bar{r}_2\right)\right]^2$$

si tratta del quadrato di un binomio, da risolvere nel modo seguente[13]:

[12] Colombi F., *Finanza condizionata e teoria del valore. Volume 2. Rischio e opportunità di investimento*, Aracne, Roma 2003, pp. 179-80.

[13] Si ricorda che il quadrato di un binomio corrisponde al quadrato del primo termine + il quadrato del secondo termine ± il doppio prodotto del primo per il secondo:

$$\sigma_p^2 = E\left[w_1^2\left(r_1 - \bar{r}_1\right)^2 + w_2^2\left(r_2 - \bar{r}_2\right)^2 + 2w_1w_2\left(r_1 - \bar{r}_1\right)\left(r - \bar{r}_2\right)\right] \qquad [15]$$

Applicando la proprietà in base alla quale il valore atteso di una somma di variabili corrisponde alla somma dei valori attesi delle singole variabili, si ottiene:

$$\sigma_p^2 = w_1^2 E\left[\left(r_1 - \bar{r}_1\right)^2\right] + w_2^2 E\left[\left(r_2 - \bar{r}_2\right)^2\right] + 2w_1w_2 E\left[\left(r_1 - \bar{r}_1\right)\left(r_2 - \bar{r}_2\right)\right] \qquad [16]$$

Tale relazione pone in evidenza la varianza del titolo 1 $\left(w_1^2 E\left[\left(r_1 - \bar{r}_1\right)^2\right]\right)$, la varianza del titolo 2 $\left(w_2^2 E\left[\left(r_2 - \bar{r}_2\right)^2\right]\right)$, sommandole a un terzo elemento costituito dal valore atteso del prodotto di due scarti, rappresentativo proprio della covarianza, indicata con il simbolo σ_{12}. La [16] può quindi essere riscritta, per semplicità, nel modo seguente:

$$\sigma_p^2 = w_1^2\sigma_1^2 + w_2^2\sigma_2^2 + 2w_1w_2\sigma_{12} \qquad [17]$$

La covarianza può assumere sia valori positivi, sia valori negativi: si ha un valore positivo quando i rendimenti dei due titoli si muovono nella stessa direzione, ovvero mostrano entrambi rendimenti effettivi superiori o inferiori a quelli attesi; al contrario, la covarianza presenta valori negativi allorché i rendimenti dei due titoli presentano andamenti opposti (il primo ha un rendimento effettivo superiore a quello medio e il secondo un rendimento effettivo inferiore a quello medio, o viceversa)[14]. Oltre al segno della covarianza risulta importante anche la sua dimensione, definita dall'ampiezza degli scarti dei rendimenti effettivi rispetto a quelli medi attesi.

È però possibile operare una standardizzazione della covarianza al fine di ottenere un indicatore capace di assumere valori all'interno di un intervallo ben definito: dividendo la covarianza per il prodotto tra le singole deviazioni standard dei due titoli componenti il portafoglio si ottiene il coefficiente di correlazione (ρ):

$$\rho_{12} = \frac{\sigma_{12}}{\sigma_1\sigma_2} \qquad [18]$$

con $-1 \leq \rho \leq +1$

[14] Monti E., Onado M., *Il mercato monetario e finanziario in Italia*, Il Mulino, Bologna 1989, p. 98.

La covarianza può dunque essere espressa algebricamente in funzione del coefficiente di correlazione:

$$\sigma_{12} = \rho_{12}\sigma_1\sigma_2 \qquad [19]$$

La formula della varianza diventa pertanto:

$$\sigma_p^2 = w_1^2\sigma_1^2 + w_2^2\sigma_2^2 + 2w_1w_2\rho_{12}\sigma_1\sigma_2 \qquad [20]$$

La conoscenza del coefficiente di correlazione consente di compiere importanti considerazioni in merito alla rischiosità del portafoglio, introducendo il concetto fondamentale di «diversificazione del portafoglio»:

a) se $\rho = +1$, significa che i rendimenti dei titoli detenuti in portafoglio si muovono nella stessa direzione (risultando cioè o entrambi superiori o entrambi inferiori ai valori medi attesi). In questo caso l'inserimento dei titoli in portafoglio non produce alcun vantaggio in termini di diversificazione in quanto il rischio del portafoglio risulta perfettamente corrispondente alla media ponderata dei rischi delle singole attività che lo compongono;
b) se $\rho = 0$ significa che la covarianza è nulla e pertanto non è possibile rintracciare alcuna correlazione tra i due titoli, ma si assiste comunque alla formazione di un portafoglio con rischiosità inferiore rispetto alla media ponderata dei rischi dei singoli titoli;
c) se $\rho = -1$ i titoli seguono andamenti opposti, offrendo la possibilità all'investitore di sfruttare al massimo il principio della diversificazione di portafoglio attraverso il meccanismo della perfetta correlazione negativa. Infatti, la combinazione di due titoli rischiosi caratterizzati da rendimenti che mostrano comportamenti divergenti, consente al risparmiatore di *annullare il rischio* complessivo del portafoglio, *senza intaccare, però, il livello di rendimento atteso*;
d) se $0 < \rho < +1$ si realizza una correlazione positiva, anche se non perfetta. L'osservazione della realtà conduce ad affermare che si tratta dell'ipotesi maggiormente ricorrente e che consente comunque di addivenire alla costruzione di un portafoglio con un livello di rischiosità inferiore rispetto al caso di perfetta correlazione positiva;
e) se $-1 < \rho < 0$, pur non esprimendo una completa correlazione negativa e, conseguentemente, non consentendo di sfruttare al massimo l'effetto della diversificazione, si ha comunque la possibilità di ridurre sensibilmente il livello di rischio del portafoglio (effetto sicuramente maggiore rispetto al caso precedente).

Dalle considerazioni svolte emerge con evidenza come il principio della diversificazione consista nella capacità di comporre un portafoglio inserendo al suo interno titoli negativamente correlati, al fine di annullare o quantomeno ridurre il rischio complessivo, senza che ciò influisca sull'ammontare del rendimento atteso (Fig. 3.2).

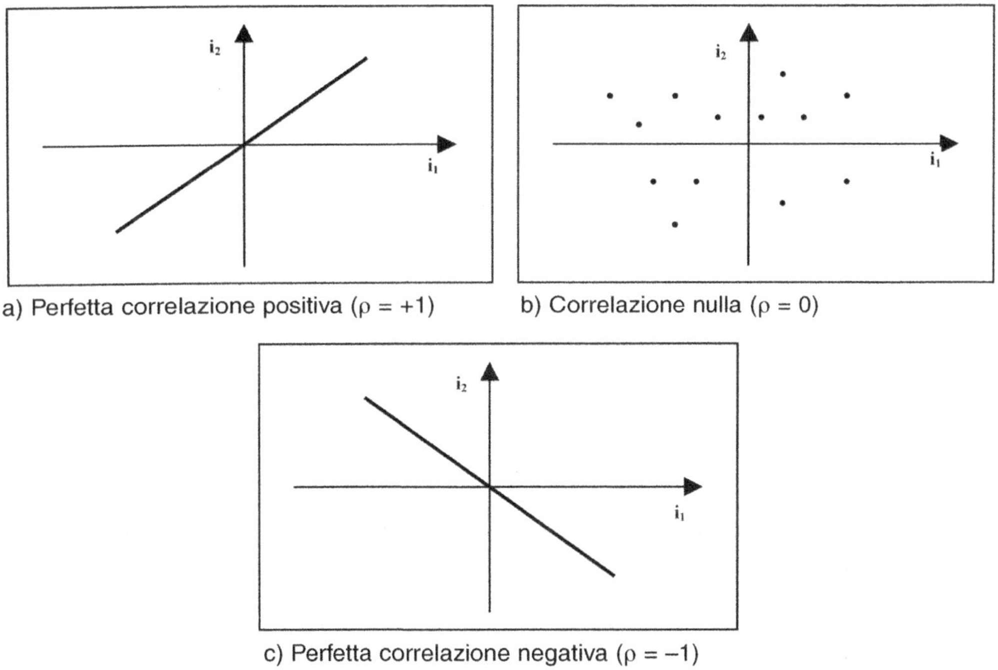

Fig. 3.2 La correlazione tra i rendimenti di due titoli detenuti in un portafoglio

Nonostante gli evidenti vantaggi derivanti dall'attivazione del meccanismo di diversificazione del portafoglio, occorre compiere alcune considerazioni in merito alla sua effettiva efficacia. In primo luogo, l'osservazione della realtà ha permesso di rilevare che la riduzione del rischio complessivo non continua all'infinito all'aumentare delle attività finanziarie inseriti in portafoglio, ma presenta un limite corrispondente a circa dieci-quindici titoli.

Considerando inoltre i costi legati alle commissioni di acquisto dei titoli, un inserimento eccessivo potrebbe vanificare i benefici connessi alla diversificazione, rendendo eccessivamente onerosa la costruzione del portafoglio. Inoltre, risulta di fondamentale importanza chiarire che non tutto il rischio associato a una attività finanziaria può ridursi o essere annullato per effetto della diversificazione, ma soltanto quella porzione definita, appunto, diversificabile. In effetti, il rischio gravante sui titoli prescelti per la definizione del portafoglio può essere scomposto in due classi:

- *rischio diversificabile*, ovvero eliminabile per effetto di una corretta composizione del portafoglio, attuata seguendo le regole dettate dalla Moderna Teoria di Portafoglio appena illustrate. Si tratta del rischio riconducibile a fattori di rischio cosiddetti «specifici», ovvero attribuibili in maniera diretta e univoca al singolo titolo;
- *rischio sistematico*, o non diversificabile, che invece costituisce lo «zoccolo duro» del rischio in quanto destinato a gravare sull'investitore, a prescindere dalle scelte

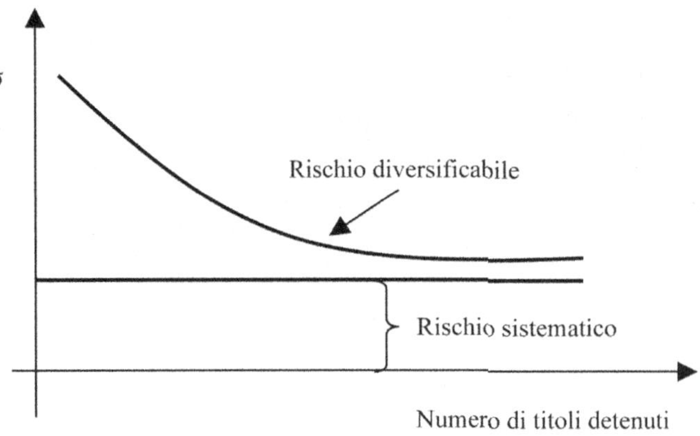

Fig. 3.3 Rischio diversificabile e rischio sistematico

compiute. Esso fa riferimento a fattori di rischiosità generici, comuni a tutti i titoli e come tali non eliminabili: si pensi, a titolo di esempio, al prezzo del petrolio, alle variazioni dei tassi di interesse e così via.

È possibile rappresentare graficamente gli effetti prodotti sul livello di rischio, diversificabile e sistematico, da una corretta diversificazione del portafoglio (Fig. 3.3). Gli effetti della diversificazione possono essere rappresentati anche come indicato in figura 3.4.

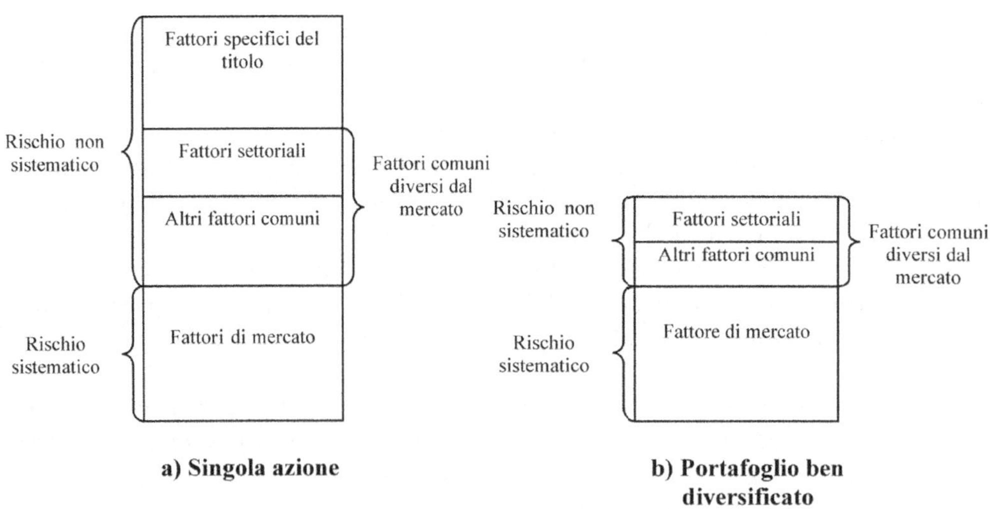

Fig. 3.4 Effetti della diversificazione di portafoglio
Fonte: Fuller, Farrell, *Analisi degli investimenti finanziari*, cit., p. 325

3.5 La frontiera efficiente

Dopo aver esposto i principi alla base della costruzione di un portafoglio di titoli, nonché i meccanismi e i vantaggi risultanti da una efficace politica di diversificazione, occorre procedere a esaminare con un maggiore livello di dettaglio sia le dinamiche del coefficiente di correlazione, sia la relazione rischio-rendimento rintracciabile tra i titoli prescelti.

Dato un piano cartesiano i cui assi rappresentano rispettivamente il rendimento e la deviazione standard di attività finanziarie[15], ogni titolo presente sul mercato si posizionerà sul piano in funzione delle sue caratteristiche in termini di rischio e rendimento. Limitando l'analisi ai soli due titoli selezionati per costituire il portafoglio (titolo 1 e titolo 2), è possibile rintracciare una serie di combinazioni tra di essi, variabili a seconda del peso percentuale assunto da ciascuno (e definito da w) (Fig. 3.5).

Ovviamente, non si può stabilire a priori quale sia la soluzione più giusta e conveniente per l'investitore, il quale procederà nella definizione del portafoglio in funzione della propria personale avversione al rischio: la scelta sarà pertanto orientata verso una prevalenza del titolo 1 se il risparmiatore è disposto ad accollarsi un maggior quantitativo di rischio, mentre sarà indirizzata verso il titolo 2 laddove il risparmiatore desideri rivolgersi verso forme di impiego più sicure. Le situazioni estreme sono caratterizzate dall'acquisto della sola attività 1 ($w_1 = 1; w_2 = 0$), oppure dall'acquisto della sola attività 2 ($w_1 = 0; w_2 = 1$): tra tali estremi sono però rintracciabili molteplici soluzioni che si muovono tra i due punti indicati disegnan-

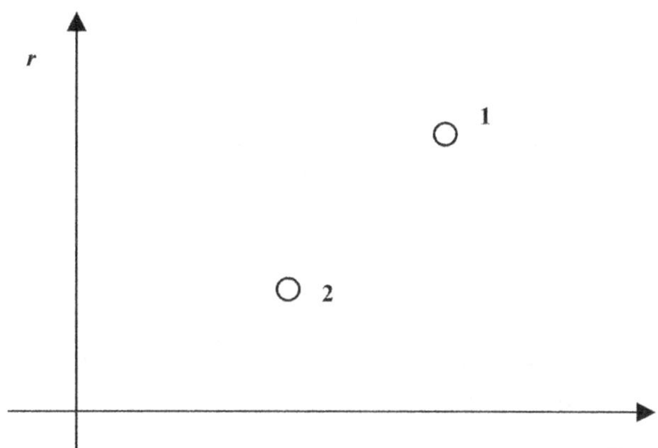

Fig. 3.5 La relazione rischio-rendimento tra due titoli

[15] Si preferisce considerare la deviazione standard in luogo della varianza, in quanto la prima presenta la medesima unità di misura del rendimento.

do una linea il cui andamento dipende dal grado di correlazione esistente tra i titoli, ovvero da ρ.

In linea generale, le funzioni di rischio e di rendimento associate a un portafoglio composto in varie percentuali dai due titoli selezionati, ipotizzando che la quota di capitale impiegata nel titolo 1 sia pari a w_1 e che, di conseguenza, la quota di capitale investita nel titolo 2 corrisponda a w_2, si possono esprimere nel modo seguente:

$$\bar{r}_p = w_1\bar{r}_1 + w_2\bar{r}_2 \qquad [21]$$

$$\sigma_p = \sqrt{w_1^2\sigma_1^2 + w_2^2\sigma_2^2 + 2w_1w_2\rho_{12}\sigma_1\sigma_2} \qquad [22]$$

Studiando il segno e la misura del coefficiente di correlazione, è possibile individuare diverse ipotesi di comportamento della funzione che lega tra di loro i due titoli[16].

1ª ipotesi, ρ = +1

Nell'ipotesi di perfetta correlazione positiva tra i rendimenti dei due titoli si evidenzia la formazione di una linea retta tra il titolo 1 e il titolo 2. Tale affermazione trova giustificazione nella presenza di una funzione del rendimento e di una funzione del rischio, entrambe caratterizzate da un andamento di tipo lineare, come emerge dall'analisi delle seguenti relazioni:

$$\bar{r}_p = w_1\bar{r}_1 + w_2\bar{r}_2 \qquad [23]$$

$$\sigma_p = \left[\left(w_1\sigma_1 + w_2\sigma_2\right)^2\right]^{\frac{1}{2}} = w_1\sigma_1 + w_2\sigma_2 \qquad [24]$$

Come già emerso in precedenza, allorché i rendimenti dei titoli mostrano un andamento perfettamente coincidente, il rischio del portafoglio equivale alla media ponderata dei rischi delle singole attività che lo compongono, stante l'irrilevanza del coefficiente di correlazione e dunque l'impossibilità di operare una qualsiasi forma di diversificazione.

[16] Castellani G., De Felice M., Morioni F., *Manuale di finanza. II. Teoria del portafoglio e mercato azionario*, Il Mulino, Bologna 2005, p. 170.

2ª ipotesi, ρ = 0

In questo caso la correlazione tra i rendimenti è nulla e le varie combinazioni possibili tra titolo 1 e titolo 2 non giacciono più su un segmento, ma su una curva: il suo andamento quadratico e non lineare dipende dalla funzione della deviazione standard che infatti assume il seguente valore:

$$\sigma_p = \sqrt{(w_1\sigma_1)^2 + (w_2\sigma_2)^2} \qquad [25]$$

La convessità della curva consente alle nuove combinazioni dei due titoli di posizionarsi tutte su livelli superiori rispetto al segmento individuato nell'ipotesi di perfetta correlazione positiva. Ciò equivale ad affermare che in questo caso il portafoglio risulta più conveniente, in quanto beneficia dell'effetto favorevole della diversificazione e dunque della riduzione del rischio.

3ª ipotesi, ρ = –1

Si tratta, come noto, della fattispecie più favorevole per l'investitore, ma anche di quella più difficilmente rinvenibile nella realtà. I titoli hanno una perfetta correlazione negativa, rendendo massimo l'effetto della diversificazione: ciò consente di annullare il rischio – almeno nella sua componente diversificabile – mantenendo invariato il livello di rendimento atteso. Graficamente, la funzione che esprime le varie combinazioni dei titoli selezionati assume la forma di una spezzata che interseca l'asse delle ordinate nel punto in cui il rischio si elimina. La spiegazione deve essere rintracciata ancora una volta nell'espressione algebrica del rischio che diventa:

$$\sigma_p = \sqrt{w_1^2\sigma_1^2 + w_2^2\sigma_2^2 - 2w_1w_2\rho_{12}\sigma_1\sigma_2} \qquad [26]$$

Tale espressione, avendo due radici – positiva e negativa – presenta due soluzioni, ciascuna delle quali disegna un segmento della funzione.

$$\sigma_p = \pm(w_1\sigma_1 - w_2\sigma_2) \qquad [27]$$

4ª ipotesi, 0 < ρ < + 1

In questo caso si ripropone una curva quale funzione in grado di porre in relazione il titolo 1 con il titolo 2, ma il suo andamento presenta una minore convessità rispetto all'ipotesi di correlazione nulla: in altri termini, si verifica una riduzione del rischio determinata dal meccanismo della diversificazione, ma tale effetto risulta piuttosto attenuato.

5ª ipotesi, – 1 < ρ < 0

Se il coefficiente di correlazione presenta valori negativi, pur non riuscendo a ottenere il massimo beneficio in termini di riduzione del rischio, comunque l'effetto diversificazione è evidente, come mostra l'andamento della curva rappresentativa delle possibili combinazioni tra le due attività che formano il portafoglio: essa appare dotata di una maggiore convessità rispetto all'ipotesi $\rho = 0$.

Le considerazioni svolte finora possono essere efficacemente sintetizzate in un grafico dove sono riportate le diverse tipologie di funzioni capaci di legare tra loro i titoli selezionati, rendendo evidenti i benefici – più o meno consistenti a seconda del valore assunto dal coefficiente di correlazione – risultanti dalla costruzione di un portafoglio diversificato (Fig. 3.6).

L'osservazione della figura 3.6 consente di affermare che tanto minore è il grado di correlazione esistente tra due titoli, tanto maggiore risulta l'inclinazione della curva e tanto più incisivo è l'effetto diversificazione.

Le argomentazioni proposte finora hanno permesso di rilevare il ruolo del coefficiente di correlazione nell'ambito della definizione di un portafoglio, consentendo così di disegnare, per ogni valore assunto da ρ, tutte le combinazioni possibili di titoli. A questo punto della trattazione si rende però necessario compiere un passo avanti, spostando l'attenzione dai portafogli *possibili* a quelli *efficienti*[17]: se infatti è lecito affermare che tutti i portafogli efficienti sono possibili, può non essere corretto dichiarare il contrario.

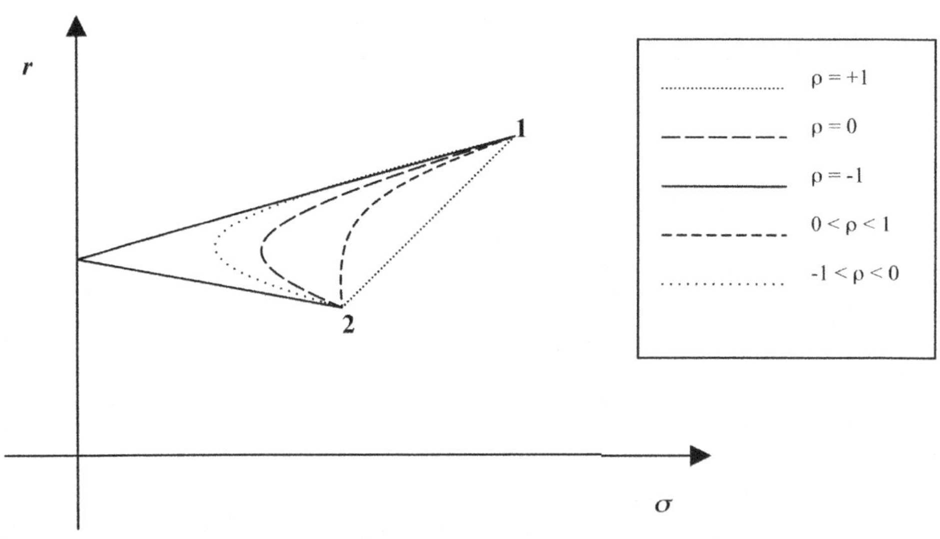

Fig. 3.6 Coefficiente di correlazione ed effetto diversificazione

[17] Fanni M., *Manuale di finanza dell'impresa*, Giuffrè, Milano 2000, p. 699.

Il primo aspetto da chiarire riguarda pertanto la definizione di «portafoglio efficiente» che implica il concetto di «dominanza»: un portafoglio è efficiente quando non è possibile individuare nel piano cartesiano che pone in relazione rischio e rendimento, un portafoglio che presenti condizioni più favorevoli. In altri termini, un portafoglio è efficiente quando non è dominato da altre combinazioni di titoli. Occorre partire dal presupposto che un investitore avverso al rischio tende costantemente a orientare le proprie scelte verso investimenti che:

- a parità di rischio offrono un rendimento maggiore;
- a parità di rendimento presentano un rischio minore.

Per comprendere appieno quanto appena affermato appare utile verificare il rispetto del principio di dominanza attraverso l'analisi della figura 3.7.

La curva che collega il titolo 1 al titolo 2 rappresenta tutti i possibili portafogli costituiti dalle molteplici combinazioni delle due attività, dato un certo coefficiente di correlazione. Se si considera il punto 3, appare evidente come esso non possa rappresentare un portafoglio efficiente nel senso sopra descritto: infatti, a parità di livello di rischio (σ) è possibile rintracciare sulla curva un portafoglio capace di offrire un rendimento più elevato (punto 4), portafoglio che si può dunque definire dominante rispetto al punto 3. Nel grafico è inoltre possibile rilevare la presenza di un punto contrassegnato dal simbolo ⊗ e corrispondente al portafoglio a varianza minima (VM): esso corrisponde al portafoglio selezionato dall'investitore più avverso al rischio e, contemporaneamente, consente di dividere in due parti la curva che collega i due titoli (Fig. 3.7).

La parte inferiore della curva è costituita da portafogli possibili, ma non efficienti, in quanto caratterizzati da un profilo rischio-rendimento non appetibile per l'investitore razionale; la parte superiore, invece, racchiude tutti i portafogli efficienti, ovvero

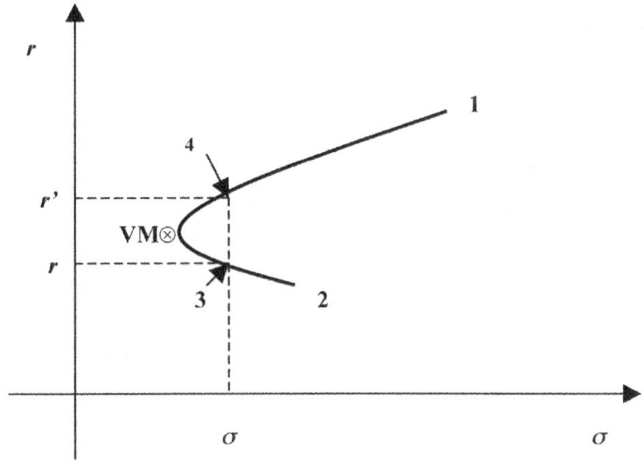

Fig. 3.7 La formazione di portafogli efficienti

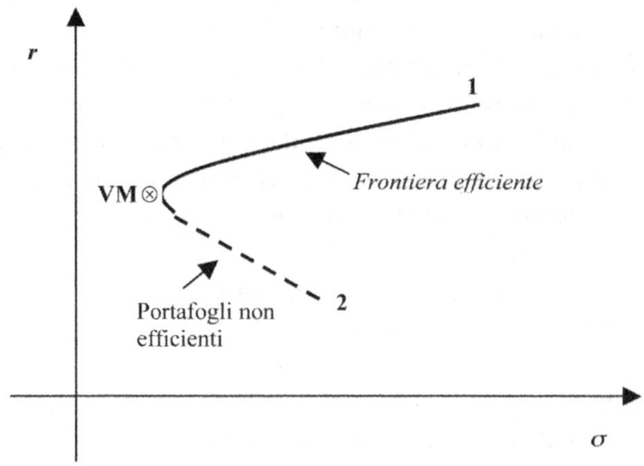

Fig. 3.8 La frontiera efficiente

dominanti e quindi dotati di combinazioni rischio-rendimento più favorevoli. Quest'ultimo tratto costituisce la cosiddetta *frontiera efficiente* (Fig. 3.8).

Ne consegue che la frontiera efficiente consente di collegare il portafoglio dotato del massimo rendimento (punto 1) con il portafoglio caratterizzato dal minimo rischio (VM).

3.5.1 L'introduzione di una attività priva di rischio: il portafoglio di mercato

La frontiera efficiente, costruita seguendo i principi e le logiche finanziarie precedentemente esposte, consente di individuare i portafogli migliori in termini di combinazione rischio-rendimento, composti da due titoli, entrambi contrassegnati da un certo livello di rischiosità. Ne consegue che la curva disegnata in figura 3.8 offre la possibilità di determinare i portafogli efficienti composti da sole attività rischiose.

Introducendo nel modello attività prive di rischio – che, come ampiamente ribadito, sono rappresentate da titoli di Stato –, si rende necessario definire nuove condizioni di equilibrio che consentano di creare portafogli efficienti costituiti da tutte le tipologie di titoli, rischiosi e non. La presenza nel mercato di un titolo privo di rischio implica altresì la rimozione di una delle ipotesi alla base delle considerazioni svolte finora, ovvero la necessità di impiegare per intero il capitale disponibile, senza possibilità di prendere e dare in prestito denaro (doveva quindi essere verificata l'equazione $\sum_{i=1}^{n} w_i = 1$). Il tasso di rendimento di una attività *risk free* rappresenta infatti il tasso di interesse puro di mercato e cioè il tasso ottenuto da chi investe concedendo un prestito (*lending*) e il tasso pagato da chi si indebita ottenendo un prestito (*borrowing*). Nella teoria di portafoglio entrambi questi tassi sono considerati privi di rischio ed

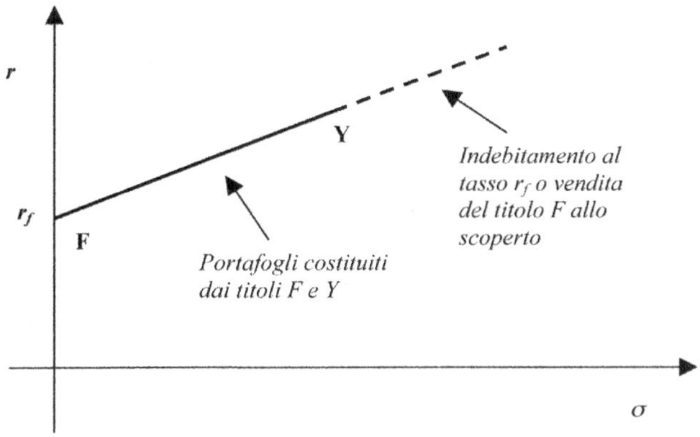

Fig. 3.9 Combinazioni possibili tra un titolo rischioso ed un titolo risk free

equivalenti (parità tra tassi attivi e tassi passivi) ipotesi che, evidentemente, rappresentano una forzatura del normale meccanismo di funzionamento dei mercati.

Considerando, ad esempio, la scelta tra due attività, un titolo privo di rischio (F) con rendimento r_f, e un titolo rischioso (Y), la relazione in termini di rischio-rendimento che si determina può essere rappresentata graficamente come nella figura 3.9.

Se ci si posiziona sul punto Y significa che l'investitore intende impiegare l'intero capitale nell'acquisto del solo titolo rischioso. Se, invece, sceglie un punto tra il titolo F e il titolo Y, allora otterrà una combinazione tra le due attività e la quota di capitale impiegata nel titolo *risk free* sarà «prestata» all'emittente del titolo stesso. Infine, la scelta di andare oltre il punto Y corrisponde alla volontà di investire una quantità di capitale maggiore rispetto a quella detenuta, attraverso il meccanismo di indebitamento.

A questo punto è possibile verificare cosa accade cercando una soluzione di investimento ottimale tra un portafoglio efficiente composto da sole attività rischiose e una singola attività priva di rischio. Modificate le ipotesi di partenza nel senso sopra descritto, occorre addivenire alla costruzione di una nuova frontiera, diversa dalla precedente sia nella forma, sia nei principi di selezione dei portafogli efficienti.

Dal punto di vista algebrico, il rendimento ottenuto dalla detenzione di una attività *risk free* (F) e di un portafoglio rischioso A si determina, come sempre, calcolando la media ponderata delle singole componenti del nuovo portafoglio[18]. Ipotizzando che w_a rappresenta la quota di capitale investita nell'attività rischiosa A, allora la porzione di capitale impiegata nell'attività priva di rischio può essere espressa come $(1 - w_a)$.

$$\bar{r}_p = \left(1 - w_a\right) r_f + w_a \bar{r}_a \qquad [28]$$

[18] Si noti come nella formulazione del rendimento atteso del nuovo portafoglio, il rendimento associato all'attività priva di rischio è un rendimento certo, in quanto non soggetto ad alcuna variabilità.

Anche per il rischio di portafoglio si può partire dalla formulazione già nota:

$$\sigma_p = \sqrt{(1-w_a)^2 \sigma_f^2 + w_a^2 \sigma_a^2 + 2(1-w_a) w_a \ \rho_{fa} \ \sigma_f \ \sigma_a} \qquad [29]$$

A tal proposito si segnala innanzitutto che, per definizione, i titoli *risk free* hanno varianza pari a zero, rendendo nullo anche l'effetto covarianza con il portafoglio di attività rischiose. Ne consegue che il rischio complessivo del nuovo portafoglio è riconducibile al rischio ponderato del solo portafoglio di attività rischiose. L'equazione [29] diventa pertanto:

$$\sigma_p = w_a \sigma_a \qquad [30]$$

da cui deriva che:

$$w_a = \frac{\sigma_p}{\sigma_a} \qquad [31]$$

Sostituendo tale relazione nella funzione del rendimento di portafoglio, si avrà:

$$\bar{r}_p = \left(1 - \frac{\sigma_p}{\sigma_a}\right) r_f + \frac{\sigma_p}{\sigma_a} \bar{r}_a = r_f + \frac{\bar{r}_a - r_f}{\sigma_a} \sigma_p \qquad [32]$$

Si tratta dell'equazione di una retta che ha l'intercetta nell'asse delle ordinate corrispondente al rendimento di attività prive di rischio (r_f) e presenta una inclinazione positiva – in quanto all'aumentare del rischio si assiste a una crescita del rendimento – pari a:

$$\frac{\bar{r}_a - r_f}{\sigma_a} \qquad [33]$$

Tale coefficiente angolare offre una misura del premio (o prezzo) per il rischio, ovvero di quanto aumenta il rendimento atteso all'aumentare di una unità di rischio. L'argomento sarà approfondito tra breve.

L'investitore si trova di fronte a diverse possibilità di combinazione dell'attività priva di rischio con differenti portafogli di titoli rischiosi, determinando la formazione di differenti rette. Tra queste è possibile individuare la combinazione ottimale, ovvero quella più efficiente, rintracciabile nella retta tangente alla frontiera efficiente (Fig. 3.10).

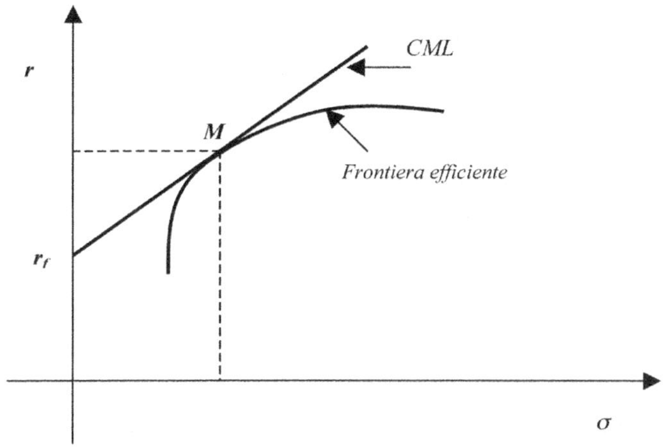

Fig. 3.10 Frontiera efficiente e «capital market line»

La retta che ha come intercetta con l'asse delle ordinate il tasso di rendimento di attività prive di rischio ed è tangente alla frontiera efficiente prende il nome di *capital market line* (CML): essa può essere definita come la frontiera efficiente lineare determinata in ipotesi di presenza di attività rischiose e di un titolo privo di rischio.

Il punto di tangenza tra la frontiera efficiente delle sole attività rischiose e la frontiera efficiente delle attività rischiose e non (CML, appunto) rappresenta il *portafoglio di mercato* (*M*).

L'equazione della CML può essere derivata sostituendo semplicemente il generico titolo A riportato nell'esempio precedente, con il portafoglio di mercato M. La relazione [32] diventa pertanto:

$$\bar{r}_p = r_f + \frac{\bar{r}_m - r_f}{\sigma_m}\sigma_p \qquad [34]$$

Il risultato è costituito da una retta formata dalla somma di due diverse componenti: il rendimento per attività prive di rischio, rappresentativo della remunerazione richiesta per la momentanea mancanza di liquidità; il premio per il rischio, a sua volta determinato dal coefficiente angolare riportato nella [33], ponderato per la quantità di rischio dell'intero portafoglio.

Introducendo nel modello l'ipotesi di aspettative omogenee, in base alla quale tutti gli operatori presenti sul mercato hanno a disposizione le medesime informazioni che vengono interpretate in modo uniforme attraverso l'elaborazione delle stesse valutazioni in merito alla misura del rendimento atteso e del rischio, allora si può affermare che esiste una sola frontiera efficiente, una sola *capital market line* e, di conseguenza, un solo portafoglio di mercato valido per tutti gli investitori, a prescindere dalle loro preferenze. Queste ultime entrano in gioco soltanto in un momento successivo, ovvero per definire la porzione di portafoglio costituita da *M* e la porzione del portafoglio costituita dall'attività priva di rischio. Ne consegue che tutti gli investitori possiedono il portafoglio di mercato *M*, anche se in quantità variabili in funzione delle scelte operate in termini di avversione al rischio.

Seguendo questo approccio, le decisioni di investimento avvengono in due momenti distinti, ma consecutivi, sulla base cioè del cosiddetto teorema o principio di separazione (*two-fund separation* di Tobin):

- nella prima fase si ricerca il portafoglio di mercato, inteso come portafoglio ottimale derivante dalla combinazione tra attività rischiose e attività prive di rischio;
- nella seconda fase ci si sposta sulla CML individuando la combinazione «attività priva di rischio-portafoglio di mercato» ritenuta migliore per il singolo investitore e soprattutto adeguata alla sua percezione del rischio. Si sceglie, cioè, se dare risorse in prestito o indebitarsi.

Tutti gli operatori detengono il portafoglio di mercato, variando semplicemente le proporzioni di attività di *lending* e *borrowing* all'interno dello stesso, proporzioni definite sulla base del grado di avversione al rischio di ciascun individuo.

Il portafoglio di mercato è composto da tutte le attività rischiose presenti in un dato momento sul mercato: ne consegue che, nella prassi, si è soliti identificare tale portafoglio con gli indici di mercato più significativi, ovvero rappresentativi dei titoli azionari di maggiore capitalizzazione, in grado di costituire una buona approssimazione del portafoglio ottimale definito dalla teoria di Markowitz (ad esempio l'indice S&P Mib, l'indice Comit e così via).

Dalle considerazioni esposte finora è possibile trarre le seguenti conclusioni:

- se l'investitore investe la totalità delle sue risorse in titoli rischiosi, sceglierà il portafoglio di mercato *M*;
- se decide di non investire tutte le risorse in attività rischiose sarà collocato sul segmento della CML posto a sinistra del portafoglio di mercato (retta che va da r_f a *M*). In tal caso si assisterà alla formazione di un portafoglio di prestito (*lending*) in quanto una porzione del capitale dell'investitore risulta appunto «prestata» al soggetto emittente del titolo privo di rischio;
- se, infine, l'investitore decide di prendere in prestito risorse al fine di effettuare vendite allo scoperto, può emettere un debito al tasso *risk free* (si ricorda la condizione di parità tra tassi attivi e passivi) e allocare tutto il capitale a sua disposizione in attività rischiose, determinando la formazione di un portafoglio di debito (*borrowing*) collocato sempre sulla CML, ma a destra del portafoglio di mercato. In questo caso si assiste a una crescita del rischio di investimento e, conseguentemente, del rendimento atteso.

3.5.2 La relazione rischio-rendimento in un portafoglio composto da più titoli

Le considerazioni svolte finora sono state impostate sull'ipotesi di presenza, all'interno del portafoglio, di due soli titoli rischiosi. È però possibile estendere i principi della diversificazione del portafoglio anche al caso in cui ci si trovi di fronte a un numero superiore di attività finanziarie.

Se, ad esempio, il portafoglio risulta composto da tre attività rischiose, il suo rendimento sarà calcolato, come sempre, dalla media ponderata dei rendimenti dei singoli titoli, ovvero:

$$\bar{r}_p = E(r_p) = E[w_1 r_1 + w_2 r_2 + w_3 r_3] \quad [35]$$

relazione che equivale alla seguente:

$$\bar{r}_p = E(r_p) = w_1\bar{r}_1 + w_2\bar{r}_2 + w_3\bar{r}_3 = \sum_{t=1}^{3} w_t \bar{r}_t \quad [36]$$

Passando al calcolo del rischio di portafoglio, occorre definire il valore atteso della somma degli scarti dalla media, al quadrato[19]:

$$\begin{aligned}
\sigma_p^2 &= E\left[(w_1 r_1 + w_2 r_2 + w_3 r_3) - (w_1\bar{r}_1 + w_2\bar{r}_2 + w_3\bar{r}_3)\right]^2 = \\
&= E\left[w_1(r_1 - \bar{r}_1) + w_2(r_2 - \bar{r}_2) + w_3(r_3 - \bar{r}_3)\right]^2 = \\
&= E\left[w_1^2(r_1 - \bar{r}_1)^2 + w_2^2(r_2 - \bar{r}_2)^2 + w_3^2(r_3 - \bar{r}_3)^2\right] + 2w_1w_2(r_1 - \bar{r}_1)(r_2 - \bar{r}_2) + \quad [37] \\
&+2w_1w_3(r_1 - \bar{r}_1)(r_3 - \bar{r}_3) + 2w_2w_3(r_2 - \bar{r}_2)(r_3 - \bar{r}_3) = \\
&= w_1^2\sigma_1^2 + w_2^2\sigma_2^2 + w_3^2\sigma_3^2 + 2w_1w_2\sigma_{1,2} + 2w_1w_3\sigma_{1,3} + 2w_2w_3\sigma_{2,3}
\end{aligned}$$

In sostanza, il rischio del portafoglio è espresso dalla somma ponderata della varianza e della covarianza:

$$\sigma_p^2 = \sum_{t=1}^{3}\sum_{j=1}^{3} w_t w_j \sigma_{t,j} \quad [38]$$

[19] Copeland, Weston, *Teoria della finanza*, cit., p. 243.

Volendo compiere un ulteriore passo avanti e inglobare nel portafoglio un numero non definito (pari ad N) di titoli, allora la determinazione del rendimento e del rischio di portafoglio deve essere affrontata attraverso il ricorso al calcolo matriciale.

$$\bar{r}_p = \left[\bar{r}_1, \bar{r}_2, \ldots, \bar{r}_N\right] \begin{bmatrix} w_1 \\ w_2 \end{bmatrix} \qquad [39]$$

$$\sigma_p^2 = \left[w_1, w_2, \ldots w_N\right] \begin{bmatrix} \sigma_{11} & \sigma_{12} & \ldots & \sigma_{1N} \\ \sigma_{21} & \sigma_{22} & \ldots & \sigma_{2N} \\ \ldots & \ldots & \ldots & \ldots \\ \sigma_{N1} & \sigma_{N2} & \ldots & \sigma_{NN} \end{bmatrix} \begin{bmatrix} w_1 \\ w_2 \\ \ldots \\ w_N \end{bmatrix} \qquad [40]$$

Per approfondimenti sulle modalità di calcolo, si rinvia allo studio di elementi di algebra matriciale.

3.6 Il «Capital Asset Pricing Model»

L'impianto concettuale costruito dalla teoria di portafoglio grazie ai contributi di Markowitz e Tobin costituisce tuttora un valido modello di riferimento per la comprensione dei meccanismi del mercato finanziario, nonostante le restrizioni e le ipotesi di partenza poste alla base della sua pratica applicazione. La logica sottostante tale modello e le conclusioni raggiunte con la sua puntuale esposizione hanno costituito il punto di partenza per gli studi di altri autori, con particolare riferimento a Sharpe e Treynor, sfociati nell'elaborazione del *capital asset pricing model* (CAPM)[20].

Esso si pone pertanto come la naturale evoluzione della teoria di portafoglio, adottandone implicitamente tutte le condizioni e operando all'interno del «mondo» di Markowitz e Tobin. Il suo obiettivo consiste nel definire la relazione tra rischio e rendimento di una attività finanziaria, anche se l'investitore decide di operare al di fuori del portafoglio di mercato. Più in particolare, il CAPM intende stabilire la misura del prezzo di una singola attività rischiosa (titolo azionario), esprimendolo in funzione del grado di rischio della stessa attività e del grado di correlazione con il rischio del portafoglio di mercato.

Le ipotesi alla base del funzionamento del CAPM sono in larga parte riconducibili alle condizioni di operatività previste nella teoria di portafoglio e possono essere così sintetizzate:

[20] Sharpe W.F., *Capital Asset Pricing: A Theory of Market Equilibrium under Conditions of Risk*, «Journal of Finance», settembre 1964; Treynor J., *Toward a Theory of the Market Value of Risky Assets*, 1961, dattiloscritto.

- esistenza di un mercato efficiente caratterizzato dalla completa divisibilità delle attività finanziarie;
- assenza di imposte e costi di transazione;
- presenza di investitori razionali, dotati di aspettative omogenee e avversi al rischio i quali tendono a massimizzare la loro utilità che a sua volta risulta correlata al rendimento e al rischio;
- possibilità di concedere e ottenere prestiti a un unico tasso di interesse, rappresentato dal tasso *risk free*;
- presenza di un unico orizzonte temporale, valido per tutti gli operatori;
- rispetto del principio del *two-fund separation* di Tobin.

Accettando questa impostazione, appare evidente come un investitore razionale che agisce in un mercato efficiente tende a diversificare il proprio portafoglio riducendo – o addirittura cercando di annullare – il rischio. Una simile prospettiva ripropone la rilevanza della distinzione, già ampiamente discussa in precedenza, tra le due componenti del rischio, diversificabile e sistematico. Operando in un'ottica di diversificazione, ne consegue che l'unica porzione di rischio da considerare nella costruzione del modello in parola è il rischio sistematico, il quale costituirà il solo parametro da porre in relazione con il rendimento.

La derivazione algebrica del CAPM può prendere avvio dalla nota relazione della *capital market line*, rappresentativa della relazione tra rischio e rendimento in una situazione contrassegnata da equilibrio ed efficienza:

$$\bar{r}_p = r_f + \frac{\bar{r}_m - r_f}{\sigma_m}\sigma_p \qquad [41]$$

Nel *capital asset pricing model* ci si propone di definire il prezzo di un titolo azionario qualsiasi (titolo *i-esimo*): a tal fine occorre sostituire nella relazione precedente il generico portafoglio p con il titolo i e verificare come varia la rischiosità, e conseguentemente il rendimento, di tale titolo rispetto al portafoglio di mercato M. In altri termini, per conoscere e valutare il rischio sistematico associato a una singola attività, si rende necessario determinare la correlazione tra tale attività e il portafoglio di mercato rappresentativo di tutti i titoli negoziati sul mercato. Algebricamente, il rischio sistematico del titolo i si può quantificare come prodotto tra il coefficiente di correlazione tra lo stesso titolo e il portafoglio di mercato (ρ_{im}) e il rischio totale (diversificabile e non) associato al titolo i (σ_i):

$$\text{rischio sistematico del titolo } i = \sigma_i \rho_{im} \qquad [42]$$

Operando le dovute sostituzioni nella espressione [41], ovvero passando da un generico portafoglio, a un titolo specifico, si ha:

$$\bar{r}_i = r_f + \frac{\bar{r}_m - r_f}{\sigma_m}\left(\sigma_i \rho_{im}\right) \qquad [43]$$

Inoltre, come noto, il coefficiente di correlazione può essere espresso dal rapporto tra la covarianza calcolata tra il portafoglio di mercato e il titolo *i*, e il prodotto tra le singole deviazioni standard:

$$\rho_{im} = \frac{\sigma_{im}}{\sigma_i \sigma_m} \qquad [44]$$

Compiendo una ulteriore sostituzione, si ha:

$$\bar{r}_i = r_f + \frac{\bar{r}_m - r_f}{\sigma_m}\left(\frac{\sigma_i \sigma_{im}}{\sigma_i \sigma_m}\right) = r_f + \frac{\bar{r}_m - r_f}{\sigma_m}\left(\frac{\sigma_{im}}{\sigma_m}\right) \qquad [45]$$

Nella relazione così ottenuta è possibile individuare alcune componenti fondamentali, quali[21]:

$$\frac{\bar{r}_m - r_f}{\sigma_m} = \text{prezzo di mercato del rischio} \qquad [46]$$

$$\frac{\sigma_{im}}{\sigma_m} = \text{quantità di rischio} \qquad [47]$$

La relazione contenuta nella [45] può essere altresì rappresentata come:

$$\bar{r}_i = r_f + \frac{\bar{r}_m - r_f}{\sigma_m}\left(\frac{\sigma_{im}}{\sigma_m}\right) = r_f + \left[\bar{r}_m - r_f\right]\left(\frac{\sigma_{im}}{\sigma_m^2}\right) \qquad [48]$$

Infine, il rapporto tra la covarianza σ_{im} e la varianza del portafoglio di mercato è convenzionalmente definito dal coefficiente beta (β), il quale offre una puntuale misura del rischio sistematico di una generica attività *i*.

[21] Fanni, *Manuale di finanza dell'impresa*, cit., p. 753.

$$\beta_i = \frac{\sigma_{im}}{\sigma_m^2} \qquad [49]$$

da cui deriva:

$$\bar{r}_i = r_f + \left[\bar{r}_m - r_f\right]\beta_i \qquad [50]$$

La relazione così definita rappresenta pertanto il rendimento atteso, nell'ottica dell'azionista, nonché il costo del capitale azionario nell'ottica dell'impresa emittente. Esso risulta determinato da due componenti[22]:

- una remunerazione richiesta per la momentanea indisponibilità delle risorse investite, ovvero dal prezzo della liquidità, individuato con il tasso di rendimento di attività *risk free*;
- un premio per il rischio, volto a remunerare la quantità di rischio che l'investitore decide di accollarsi. Tale fattore è funzione lineare del coefficiente beta, nonché della differenza tra il rendimento medio atteso del portafoglio di mercato e il rendimento garantito da attività prive di rischio. È importante sottolineare che il premio per il rischio inglobato nel modello in parola rappresenta la remunerazione per il rischio complessivo dell'impresa, ovvero sia il rischio finanziario, sia il rischio operativo. Il rischio operativo è misurato dalla variabilità del *free cash flow*[23], mentre il rischio finanziario è dovuto alla presenza di indebitamento, circostanza che accentua la variabilità del *free cash flow*.

Graficamente, la formulazione del CAPM rappresenta una retta che però, al contrario di quanto avviene per la *capital market line*, non costituisce una frontiera, ma esprime semplicemente la relazione tra rischio e rendimento per un qualsiasi titolo o portafoglio[24]: tale retta prende il nome di *security market line* (SML) (Fig. 3.11).

La *security market line* svolge una importante funzione, in quanto consente di individuare i titoli eventualmente sottovalutati o sopravvalutati dal mercato, ovvero quei titoli per i quali non esiste, in un dato momento, una situazione di equilibrio tra il rendimento e il rischio. In effetti, sulla base di quanto teorizzato nel *capital asset pricing model*, soltanto le attività finanziarie posizionate sulla SML sono correttamente valutate e dunque in equilibrio. Se, ad esempio, si considera il titolo *W*, risulta evidente che si tratta di una attività sopravvalutata in quanto, a parità di rischio, è possibile individuare un'altra attività posizionata sulla SML, ma caratterizzata da un rendimento

[22] Caprio L., *Il Capital Asset Pricing Model*, in M. Cattaneo (a cura di), *Manuale di finanza aziendale*, Il Mulino, Bologna 1999, p. 263.

[23] Il *free cash flow* è il flusso di cassa della gestione operativa, ovvero al lordo degli effetti prodotti dalla gestione finanziaria.

[24] Caparrelli, *Economie del mercato mobiliare*, cit., p. 269.

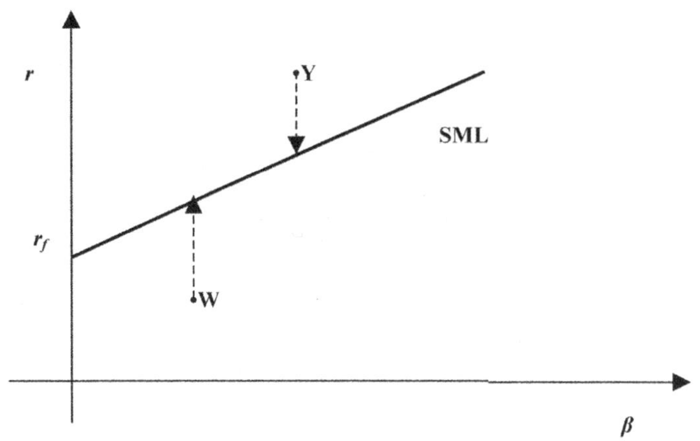

Fig. 3.11 La «security market line»

maggiore: si innesca pertanto un meccanismo di vendita del titolo *W* che determina una diminuzione del prezzo e un conseguente aumento della redditività, fino a quando il titolo non arriva a stabilizzarsi sulla retta, mostrando il raggiungimento di una situazione di equilibrio in termini di relazione rischio-rendimento. Ovviamente, un titolo collocato al di sopra della retta (ad esempio *Y*), per le motivazioni opposte, risulta sottovalutato dal mercato: si determina una ondata di acquisti che fa aumentare il prezzo e ridurre il rendimento, fino a collocarsi sulla *security market line*.

Appare interessante sottolineare la possibilità che si verifichino due ipotesi particolari:

1) se la covarianza tra il portafoglio di mercato *M* e il titolo *i* è nulla, allora il rendimento atteso del titolo *i* corrisponde al rendimento dell'attività priva di rischio, mancando qualsiasi effetto di correlazione;
2) se il coefficiente di correlazione $\rho_{im} = 1$, si realizza una coincidenza tra la *security market line* e la *capital market line*.

Al centro del CAPM e della SML c'è sicuramente la misura del rischio sistematico, ovvero il beta del titolo che merita pertanto un adeguato approfondimento. In primo luogo, partendo dalla costruzione del coefficiente in parola, inteso come rapporto tra la covarianza tra titolo *i* con il portafoglio di mercato e la varianza del portafoglio di mercato, si rende opportuno verificare il significato che esso assume al variare del risultato emergente dal calcolo del beta:

- se $\beta = 1$, allora la rischiosità del titolo *i* appare in linea con il rischio del portafoglio di mercato;
- se $\beta < 1$, il singolo titolo presenta un livello di rischiosità inferiore rispetto al portafoglio di mercato, determinando la contrazione del premio per il rischio;

- se $\beta > 1$, il rischio del titolo i risulta superiore a quello espresso dal portafoglio di mercato, provocando una crescita del rendimento atteso dall'investimento.

Ovviamente, il beta del portafoglio di mercato è sempre pari ad 1.

Ma quali sono le determinanti del coefficiente beta e come avviene la sua concreta misurazione? La prima domanda trova una risposta in una serie di fattori destinati a incidere in maniera più o meno rilevante sul livello di rischiosità del titolo e, di conseguenza, sul valore assunto da beta. Essi sono:

- il settore economico di appartenenza della società emittente il titolo[25]. Se si tratta di un settore tendenzialmente stabile, maturo e non sottoposto a forti oscillazioni, il beta del titolo risulterà contenuto; se, al contrario, si opera in un contesto dinamico e turbolento, il grado di rischiosità dell'impresa tenderà ad aumentare in funzione della variabilità dei risultati ottenuti dalla gestione;
- il grado di leva operativa. Il concetto sarà approfondito in seguito, ma per ora è sufficiente chiarire che con tale espressione ci si riferisce alla scelta compiuta dal management in termini di composizione della struttura dei costi, ovvero di suddivisione degli stessi tra costi fissi e costi variabili. Nell'ipotesi di una elevata incidenza dei costi fissi sui costi totali si assiste a una crescita del grado di rigidità dell'organizzazione cui corrisponde un maggior livello di variabilità della redditività operativa e, conseguentemente, un rischio più elevato associato all'impresa;
- il grado di *leverage* dell'impresa. Si tratta, come noto, del livello di indebitamento che, in un dato istante, caratterizza la struttura finanziaria di una impresa. La forte propensione a ricorrere al debito per far fronte al fabbisogno emergente dalla gestione comporta una crescita degli oneri finanziari associati all'indebitamento e dunque l'aumento del rischio economico e finanziario dell'azienda. In tali circostanze si assisterà ad una tendenza al rialzo del coefficiente beta.

La questione relativa all'indebitamento e agli effetti da esso prodotti sul livello di rendimento atteso, merita un ulteriore approfondimento. È infatti possibile affermare che la relazione ottenuta con il ricorso al *capital asset pricing model* fa riferimento a una impresa indebitata, stante l'impossibilità di scindere i rendimenti delle azioni in funzione della composizione della struttura finanziaria. Indicando con β_L il beta di una impresa indebitata (*levered*), l'espressione del CAPM diventa:

$$\bar{r}_i = r_f + \left[\bar{r}_m - r_f\right]\beta_L \qquad [51]$$

A questo punto si può ipotizzare che il tasso di rendimento corrisposto sui debiti sia privo di rischio (condizione già presente nella teoria di portafoglio): ne consegue che il beta dei debiti è nullo e che, pertanto, i creditori della società non si accollano alcun rischio inerente le scelte di indebitamento. Il maggiore grado di rischio associa-

[25] Damodaran A., *Manuale di valutazione finanziaria*, McGraw-Hill, Milano 1996, pp. 32-33.

to a una impresa indebitata grava interamente sugli azionisti, determinando così una crescita del beta *levered* (β_L).

Considerando una struttura finanziaria composta da attività (*asset*) finanziate sia dai debiti, sia dal capitale proprio (attività = debiti + capitale proprio), il beta di un simile portafoglio è definito dalla media dei beta dei singoli componenti, ponderati per il peso che i debiti e il capitale proprio assumono rispettivamente all'interno della struttura finanziaria:

$$\beta_A = \beta_D \frac{D}{D+PN} + \beta_N \frac{PN}{D+PN} \qquad [52]$$

dove:

β_A = beta degli asset,
β_D = beta dei debiti,
β_{PN} = beta del capitale proprio.

Avendo però supposto la nullità del beta connesso al debito, la relazione precedente diventa:

$$\beta_A = \beta_{PN} \frac{PN}{D+PN} \qquad [53]$$

Dall'analisi di tale equazione emerge con evidenza che, in caso di assenza di indebitamento (impresa *unlevered* con beta *unlevered,* β_U), ovvero con D = 0, allora il beta delle attività coincide esattamente con il beta del capitale proprio ($\beta_A = \beta_{PN}$). Compiendo un ulteriore passo avanti è possibile affermare che il beta di una impresa *unlevered* (β_U) corrisponde al beta delle *asset* β_A.

Se, invece, l'impresa decide di ricorrere all'indebitamento, il beta delle attività risulta inferiore rispetto al beta del capitale proprio ($\beta_A < \beta_{PN}$), per effetto della riduzione del peso percentuale rivestito da quest'ultima fonte di finanziamento sul complesso della struttura finanziaria. Ciò equivale ad affermare che, in presenza di indebitamento, il rischio associato al capitale proprio tende ad aumentare in quanto, come chiarito in precedenza, sono soltanto gli azionisti ad accollarsi il rischio del debito.

L'equazione [53] può essere riscritta per determinare il beta del capitale proprio:

$$\beta_{PN} = \beta_A \frac{D+PN}{PN} \qquad [54]$$

In questo modo si pone in evidenza il rapporto già noto come grado di *leverage*, ovvero:

$$\frac{D+PN}{PN} = \frac{K}{PN} \qquad [55]$$

dal quale si evince in maniera più chiara che un eventuale incremento nel livello dei debiti amplifica il rischio associato alle attività, causando una crescita del rischio del capitale proprio.

Le considerazioni svolte finora hanno implicitamente considerato una situazione caratterizzata dall'assenza di imposizione fiscale. Inserendo anche tale elemento nell'analisi in parola, occorre valutare l'effetto positivo prodotto dalla deducibilità fiscale degli oneri finanziari. Data una aliquota di imposta pari a t, si avrà:

$$\beta_{PN} = \beta_A \frac{(1-t)D + PN}{PN} \qquad [56]$$

che diventa:

$$\beta_{PN} = \beta_A \left[1 + (1-t)\frac{D}{PN}\right] \qquad [57]$$

A questo punto, sapendo che il beta del capitale proprio corrisponde al beta dell'impresa indebitata (β_L) e che il beta delle attività corrisponde al beta dell'impresa priva di indebitamento (β_U), si può scrivere:

$$\beta_L = \beta_U \left[1 + (1-t)\frac{D}{PN}\right] \qquad [58]$$

da cui è possibile determinare anche il beta dell'impresa non indebitata:

$$\beta_U = \beta_L \left[\frac{PN}{(1-t)D + PN}\right] \qquad [59]$$

Tali passaggi algebrici hanno pertanto consentito di verificare la misura del beta, sia nell'ipotesi di una impresa indebitata, sia nell'ipotesi di una impresa finanziata con il ricorso al solo capitale di pieno rischio.

La distinzione tra beta *levered* e beta *unlevered* permette inoltre di scindere il premio per il rischio – componente fondamentale del CAPM e rappresentativa, come già sottolineato, del rischio complessivo dell'impresa – nelle sue determinanti, ovvero il rischio operativo e il rischio finanziario. Ciò è possibile partendo dal presupposto che l'impresa non indebitata presenta soltanto un rischio operativo, mentre sull'impresa indebitata grava sia un rischio operativo, sia un rischio finanziario. Inoltre, conoscendo l'entità del rischio totale, misurato dal beta *levered*, nonché l'entità del rischio operativo, misurato dal beta *unlevered*, appare agevole definire il rischio finanziario come semplice differenza tra le due grandezze. In particolare il premio per il rischio totale è misurato da:

$$\left(\bar{r}_m - r_f\right)\beta_L \qquad [60]$$

mentre il premio per il rischio operativo si ottiene come:

$$\left(\bar{r}_m - r_f\right)\beta_U \qquad [61]$$

Ne deriva che la relazione fondamentale del CAPM può essere espressa come:

$$\bar{r}_i = r_f + \left(\bar{r}_m - r_f\right)\beta_U + \left(\bar{r}_m - r_f\right)\left(\beta_L - \beta_u\right) \qquad [62]$$

dove:

$$\left(\bar{r}_m - r_f\right)\left(\beta_L - \beta_u\right) = \text{premio per il rischio finanziario} \qquad [63]$$

L'ultima problematica da affrontare in relazione al coefficiente beta concerne la sua pratica misurazione. In termini molto generali, è possibile fare riferimento a tre diversi approcci:

1) *metodo fondato sui dati storici*. Si tratta di realizzare una regressione dei rendimenti passati registrati da un titolo azionario in un certo periodo, rispetto a quelli evidenziati dai titoli componenti il portafoglio di mercato. Le serie storiche dei rendimenti sono acquisite attraverso il ricorso a valori di mercato;
2) *metodo fondato sulle variabili aziendali*. Seguendo questa impostazione, il beta è derivato dall'analisi interna dell'impresa e dei fattori precedentemente indicati come determinanti della rischiosità aziendale (settore di appartenenza, grado di leva operativa e livello di indebitamento);
3) *metodo fondato sui dati contabili*. Il beta del titolo si misura in funzione della variabilità degli utili conseguiti dall'impresa, posti in relazione con gli utili aggregati riconducibili al mercato.

3.7 L'«Arbitrage Pricing Theory»

Gli studi condotti sul *capital asset pricing model*, iniziati nei primi anni Sessanta, sono stati nel tempo sottoposti a molteplici verifiche empiriche che ne hanno rilevato le potenzialità applicative, gli indiscutibili punti di forza, ma anche gli evidenti limiti. Una delle accuse più significative è stata elaborata da Richard Roll, il quale, pur accettando la correttezza concettuale del modello, ha criticato la possibilità di una sua concreta attuazione, stante le difficoltà insite nella definizione di un portafoglio di mercato dotato di tutte le caratteristiche sancite da Sharpe.

Anche nella costruzione teorica del modello è però possibile individuare un aspetto critico riconducibile alla presenza di un solo fattore di rischiosità – ovvero il rischio sistematico rilevato in funzione del portafoglio di mercato – assunto come valore di riferimento per la determinazione del rendimento atteso di un titolo azionario. In tale prospettiva, il CAPM si pone pertanto come un modello «univariato» che, se da un lato, presenta una indubbia semplicità concettuale, dall'altro sembra trascurare completamente gli altri, numerosi, fattori potenzialmente in grado di influire sulla misura del rischio e conseguentemente del rendimento.

La presa di coscienza di tale limite e la volontà di superarlo hanno indotto diversi autori a elaborare modelli alternativi. Il tentativo che ha ottenuto più successo è sicuramente quello portato avanti da Stephen Ross che, nel 1976, ha proposto l'*Arbitrage Pricing Theory* (APT)[26]. In sintesi, il modello in parola si propone di ampliare la varietà di fattori di rischio da cui far dipendere l'entità del rendimento atteso: si assume, cioè, che il risparmiatore richieda una adeguata remunerazione per ciascun elemento, oltre il rischio di mercato, in grado di influire sul rischio sistematico. Ne consegue che il rischio di mercato costituisce non più l'unico, ma soltanto uno dei molteplici fattori da impiegare nell'analisi, rendendo così il *capital asset pricing model* un caso particolare dell'APT.

Nel definire il modello, Ross non ha individuato in maniera specifica e vincolante i fattori di rischio da inserire nel calcolo, ma il loro numero e la loro natura può variare a seconda della tipologia di titolo azionario da valutare. Alcuni esempi di fattori di rischio possono essere[27]:

- variazione del tasso di inflazione effettivo rispetto a quello programmato;
- variazione della produzione industriale, sintetizzabile, ad esempio, nell'andamento del prodotto interno lordo (PIL);
- variazione del premio per il rischio di fallimento, da misurare come differenza tra il rendimento atteso di un titolo con elevato *rating*, rispetto al rendimento atteso di un titolo con basso *rating*;
- oscillazione dei tassi di interesse.

Generalizzando, il modello in parola in presenza di k fattori di rischio può essere espresso dalla seguente relazione:

$$\bar{r}_i = r_f + \left(\bar{r}_1 - r_f\right)\beta_1 + \left(\bar{r}_2 - r_f\right)\beta_2 + \ldots + \left(\bar{r}_k - r_f\right)\beta_k \qquad [64]$$

[26] Ross S.A., *The Arbitrage Pricing Theory of Capital Asset Pricing*, «Journal of Economics Theory», dicembre 1976, pp. 343-62.

[27] Chen N., Roll R., Ross S.A., *Economic Forces and the Stock Market*, «Journal of Business», luglio 1986.

Anche in questo caso il rendimento atteso di un titolo rischioso è definito attraverso una funzione lineare di due componenti: il rendimento di attività prive di rischio e il rendimento richiesto dal risparmiatore per assumersi il rischio derivante dall'investimento. Quest'ultimo, però, risulta determinato in funzione di diverse variabili, ponderando il premio per il rischio associato a ciascun fattore per il beta relativo al fattore stesso, capace di misurare la sensibilità del titolo all'elemento di rischiosità considerato.

In linea del tutto teorica, la stima del rendimento atteso calcolata con il ricorso all'*Arbitrage Pricing Theory* appare senz'altro più corretta, puntuale e corrispondente alla realtà rispetto ai risultati ottenuti adottando il *capital asset pricing model*, proprio per la capacità del modello elaborato da Ross di costruire una relazione algebrica in grado di individuare e quantificare tutte le componenti del rischio che influiscono sulla misura del rendimento. A fronte di tale vantaggio, appaiono però evidenti le difficoltà applicative dell'APT: dalla scelta del numero e della tipologia dei singoli fattori di rischio ritenuti adeguati alla valutazione – non definiti nell'impianto teorico del modello, come invece accade per il portafoglio di mercato nel CAPM –, fino a giungere al processo per la loro determinazione[28].

Ne deriva che, nonostante la sua indiscussa validità concettuale e la supposta superiorità rispetto al CAPM[29], le applicazioni dell'*Arbitrage Pricing Theory* non hanno condotto a risultati attendibili.

3.8 Il modello di Fama e French

Nell'intento di superare il principale limite attribuito al CAPM, ovvero la presenza di un unico fattore (rappresentato da β) destinato a spiegare la dinamica dei rendimenti dei titoli azionari, Fama e French, negli anni Novanta, hanno predisposto un modello alternativo in grado di prevedere l'incidenza sul rendimento di tre fattori[30]. Nello specifico, gli autori, partendo proprio dall'architettura del CAPM, hanno introdotto, oltre al coefficiente di rischiosità sistematica, altri due fattori destinati a condizionare la misura del rendimento di un titolo azionario:

- la dimensione dell'impresa, la cui misura è offerta dal livello di capitalizzazione della stessa;
- il rischio finanziario dell'impresa, calcolato facendo riferimento al rapporto tra valore contabile (*book value*, BV) e prezzo del titolo (P).

[28] Ross S.A., Westerfield R.W., Jaffe J.F., *Fondamenti di finanza aziendale*, Il Mulino, Bologna 2005, p. 393.

[29] Copeland, Weston, *Teoria della finanza*, cit., p. 314.

[30] Fama E.F., French K.R., *The Cross Section of Expected Stock Returns*, «Journal of Finance», 47, 1992, pp. 427 e ss.; Fama E.F., French K.R., *Multifactor Explanation of Asset Pricing Anomalies*, «Journal of Finance», 51, 1996, pp. 55 e ss.

La *ratio* seguita nella scelta di tali fattori deve essere individuata nel maggior rischio – e dunque nel più elevato costo connesso alla raccolta di capitali – associato a imprese di minori dimensioni e a quelle contrassegnate da maggiori livelli di rischiosità finanziaria. Con particolare riferimento a quest'ultima variabile, si segnala che le imprese dotate di capitalizzazione (espressa dal prezzo di mercato *P*) maggiore rispetto al valore del patrimonio netto contabile, ovvero le imprese con un rapporto *BV/P* inferiore all'unità, sono soggette a un rischio finanziario inferiore se poste a confronto con imprese nelle quali il livello di capitalizzazione è minore rispetto al patrimonio netto contabile (*BV/P* maggiore dell'unità).

La rappresentazione algebrica del modello di Fama e French è la seguente:

$$\bar{r}_i - r_f = \left[\bar{r}_m - r_f\right]\beta_i + SMB \cdot s_i + HML \cdot h_i \qquad [65]$$

da cui

$$\bar{r}_i = r_f + \left[\bar{r}_m - r_f\right]\beta_i + SMB \cdot s_i + HML \cdot h_i \qquad [66]$$

dove:

SMB = extrarendimento dovuto alla variabile dimensionale. Si calcola come media della differenza tra il rendimento dei titoli con minore capitalizzazione e il rendimento dei titoli con maggiore capitalizzazione. Da qui l'impiego dell'acronimo SMB, rappresentativo di *small minus big*, ovvero piccolo meno grande;

HML = extrarendimento dovuto al rischio finanziario. Si calcola come media della differenza tra il rendimento dei titoli con elevato rapporto *BV/P* e titoli con basso rapporto *BV/P*. Da qui l'impiego dell'acronimo *HML*, rappresentativo di *high minus low*, ovvero alto meno basso;

β_i, s_i, h_i = coefficienti di elasticità. In particolare, s_i e h_i si ottengono attraverso la costruzione di sei portafogli titoli ottenuti partendo dall'intero universo delle società quotate e operando tutti gli incroci possibili (sei, appunto) con i fattori «dimensione» e «rischio finanziario» aggiunti rispetto al beta. Il totale delle società quotate è stato suddiviso in due sottoinsiemi relativi alla variabile dimensionale (società con capitalizzazione superiore e inferiore rispetto al livello di capitalizzazione mediano); per quanto concerne invece la variabile connessa al rischio finanziario, l'universo delle società quotate è stato suddiviso in tre classi: *high book-to-market*, *low book-to-market* e *medium book-to-market*.

Appare importante sottolineare che i fattori di rischiosità aggiunti nel modello da Fama e French sono espressi in termini percentuali. Essi assumono valori positivi qualora siano riferiti a imprese di piccole dimensioni e caratterizzate da un alto rapporto *BV/P*: in tale ipotesi, si assiste pertanto alla formazione di un rendimento maggiore richiesto da un ipotetico investitore per l'acquisto di titoli azionari della società. Viceversa, nelle condizioni opposte i fattori in parola assumono segno negativo, riducendo la misura del rendimento atteso.

3.9 Il costo medio ponderato del capitale

In sede di esposizione del *capital asset pricing model* l'obiettivo annunciato e perseguito consisteva nel definire, attraverso lo studio e la misurazione delle sue componenti, il rendimento medio atteso che un ipotetico investitore si aspetta di ricevere in seguito all'acquisizione di un titolo azionario. Rimanendo immutate le considerazioni precedentemente svolte, si rende però opportuno, soprattutto per mantenere un certo livello di coerenza rispetto all'oggetto del presente volume, modificare l'ottica di osservazione, indagando il fenomeno nella prospettiva dell'impresa quale soggetto emittente i titoli azionari. Adottando questa impostazione, appare evidente come ciò che il risparmiatore interpreta in termini di adeguato compenso per l'impiego di risorse realizzato, dal punto di vista dell'azienda si trasforma nel costo da sostenere per acquisire quelle stesse risorse.

La logica conseguenza è sintetizzabile nel fatto che la relazione derivata dal CAPM esprime altresì il costo del capitale proprio, ovvero la remunerazione assicurata agli azionisti per mantenere l'appetibilità dei titoli e garantire al tempo stesso la solidità del patrimonio aziendale. Interpretando quindi il rendimento atteso come costo del capitale azionario (indicato con k_s), la funzione del CAPM si può esprimere nel modo seguente:

$$k_{s,i} = r_f + \left[\bar{r}_m - r_f\right]\beta_i \qquad [67]$$

A margine delle considerazioni svolte finora si rende necessario sottolineare come il costo del capitale azionario rappresenta sempre e comunque, nell'ottica dell'investitore, un «costo opportunità». Ciò significa che l'investitore tende a definire il rendimento che si attende di ricevere dall'impresa, in funzione della remunerazione che potrebbe ottenere scegliendo investimenti alternativi, caratterizzati da un pari livello di rischiosità.

Occorre però sottolineare che, come noto, il fabbisogno espresso dalla gestione aziendale non trova copertura esclusivamente nel capitale apportato dai soci, ma è finanziato anche dalle risorse autogenerate dall'organizzazione e rese disponibili attraverso il reinvestimento degli utili conseguiti, nonché dal ricorso all'indebitamento, sia esso a breve o a medio-lungo termine. Rimandando al proseguo della trattazione gli approfondimenti in merito al tema dell'autofinanziamento, si rende necessario concentrare l'attenzione sul costo sostenuto da una impresa indebitata.

Il primo elemento da valutare è senz'altro il costo del debito (k_D) in essere in un dato momento all'interno dell'impresa. L'approccio più semplice da seguire consiste nel calcolare l'onerosità media dell'indebitamento espressa dal rapporto tra gli oneri finanziari e i debiti mediamente presenti in bilancio nel periodo considerato: si tratta, come è evidente, della formulazione già impiegata nel capitolo precedente per esprimere l'indicatore ROD (*return on debt*):

$$ROD = \frac{OF}{D} \quad [68]$$

Nella stima del costo associato all'indebitamento occorre però includere anche l'effetto prodotto dalla deducibilità degli oneri finanziari, modificando il rapporto precedente come segue:

$$k_D = (1-t)\frac{OF}{D} \quad [69]$$

dove t rappresenta l'aliquota fiscale.

Tale impostazione, pur ricorrendo con molta frequenza nella pratica professionale stante la semplicità di calcolo ad essa associata, presenta un evidente limite riconducibile all'impiego di dati contabili.

Tra le possibili alternative a disposizione dell'impresa nella stima del costo del debito è possibile citare il ricorso al tasso di rendimento corrisposto dall'azienda sul prestito obbligazionario emesso: è evidente come questa strada sia percorribile soltanto da quelle aziende che si sono rese protagoniste dell'emissione di un prestito obbligazionario che assume un peso preponderante all'interno della struttura finanziaria[31].

Un'altra soluzione fa riferimento alle imprese dotate di un giudizio di *rating* assegnato da apposite agenzie: in tale ipotesi, il costo del capitale di debito corrisponde al rendimento a scadenza che il mercato associa a quella determinata classe di *rating*. In assenza di un giudizio di *rating* formalmente attribuito, la stessa impresa può procedere alla determinazione di un giudizio potenziale che, pur non avendo alcuna valenza ufficiale, può fungere da parametro guida per la ricerca del rendimento a scadenza da impiegare nella definizione del costo del debito.

Compiendo un ulteriore passo avanti, una volta definito il costo derivante dall'indebitamento (seguendo le procedure appena esposte) e il costo del capitale acquisito a titolo di pieno rischio (dato dal CAPM), è possibile addivenire alla costruzione di una relazione algebrica in grado di calcolare il costo complessivo del capitale. Si tratta, in sostanza, di sommare il costo del debito con il costo del capitale azionario, entrambi adeguatamente ponderati per il peso che le singole componenti rivestono all'interno della struttura finanziaria. Il risultato costituisce il costo medio ponderato del capitale, noto anche come *weighted average cost of capital* (*wacc*).

Dato il peso del capitale di debito nel complesso delle fonti di finanziamento:

$$\frac{D}{D+PN} \quad [70]$$

[31] Damodaran A., *Valutazione delle aziende*, Apogeo, Milano 2002, p. 78.

e il peso del capitale proprio sul totale delle fonti:

$$\frac{PN}{D+PN} \qquad [71]$$

il costo medio ponderato del capitale si ottiene dalla seguente relazione:

$$wacc = k_D \frac{D}{D+PN} + k_s \frac{PN}{D+PN} \qquad [72]$$

La misura di tale parametro rappresenta, sotto il profilo finanziario, il rendimento minimo che l'impresa deve garantire a tutti i soggetti che a vario titolo contribuiscono al finanziamento dell'attività, ovvero azionisti e creditori: adottando un'ottica di osservazione interna all'azienda, il tasso di interesse in parola si configura altresì come il rendimento minimo da realizzare attraverso gli investimenti posti in essere.

Capitolo 4

La ricerca della struttura finanziaria ottimale

di Roberta Pace

SOMMARIO: 4.1 La scelta delle fonti di finanziamento: debito e capitale proprio – 4.2 La ricerca di una struttura finanziaria ottimale: la teoria di Modigliani e Miller – 4.3 La teoria di Modigliani-Miller in presenza di imposte societarie – 4.4 La teoria dell'ordine di scelta e le sue configurazioni – 4.5 Le variazioni della struttura finanziaria: leva finanziaria e leva operativa

4.1 La scelta delle fonti di finanziamento: debito e capitale proprio

Un'attenta analisi della struttura finanziaria d'impresa impone di selezionare le fonti di finanziamento necessarie allo svolgimento della gestione in funzione delle caratteristiche quali-quantitative del fabbisogno finanziario emergente dall'attività posta in essere. In termini del tutto generali e ribadendo concetti già ampiamente esposti in precedenza, il fabbisogno generato da impieghi di natura corrente deve trovare copertura in fonti elastiche, mentre il fabbisogno consolidato, espresso dagli impieghi immobilizzati, necessita di forme di copertura altrettanto consolidate[1]. Ne deriva che la scelta inerente le fonti di finanziamento deve essere successiva e coerente rispetto alle decisioni di investimento intraprese.

Gli studi sulla finanza d'azienda e l'inarrestabile processo di innovazione finanziaria attivato ormai da alcuni anni, pongono a disposizione delle imprese innumerevoli strumenti e forme contrattuali attraverso le quali poter operare con successo una adeguata raccolta dei capitali indispensabili alla realizzazione del processo produttivo-distributivo. Nonostante la presenza di un'offerta qualificata e sempre più specializzata di prodotti finanziari, a ben vedere le soluzioni proposte sono tutte più o meno direttamente riconducibili a tre tipologie fondamentali di forme di finanziamento:

1. l'autofinanziamento;
2. il capitale proprio;
3. il debito.

[1] Si rimanda a quanto esposto nel capitolo 2.

L'autofinanziamento rappresenta l'unica fonte interna di copertura del fabbisogno, in quanto costituita e alimentata in funzione degli utili conseguiti, ma non distribuiti agli azionisti sotto forma di dividendi o di altri strumenti alternativi di remunerazione degli azionisti. Ne consegue che la sua entità è totalmente dipendente dal rischio d'impresa, nonché dalle valutazioni dei dirigenti in merito alla politica dei dividendi da attuare: le caratteristiche di tale forma di finanziamento e i risvolti finanziari ad essa connessi saranno oggetto di un approfondimento nel prosieguo della trattazione. In questa sede è sufficiente accennare alla pratica impossibilità per l'impresa di far fronte al proprio fabbisogno appoggiandosi soltanto sull'autofinanziamento, pena la sua stessa capacità di sopravvivenza e di sviluppo.

L'attenzione è dunque concentrata, almeno per il momento, sulle fonti esterne di finanziamento, ovvero il capitale proprio e l'indebitamento. Il problema che si pone a questo proposito e al quale si tenterà di offrire una risposta esauriente nelle presente sezione consiste nel verificare la possibilità di addivenire alla costruzione di una struttura finanziaria fondata su una proporzione «ottimale» tra mezzi propri e debiti, in grado cioè di massimizzare il valore dell'impresa consentendole di operare in condizioni di efficienza e accettando adeguati livelli di rischio. Prima di procedere in questa direzione occorre però comprendere appieno alcune caratteristiche specifiche riconducibili alle due fattispecie di risorse in parola, compiendo un'analisi parallela indispensabile per individuarne gli aspetti comuni e le principali differenze. Si tratta di un percorso di valutazione al centro di molti importanti studi realizzati nel corso degli ultimi decenni, i quali hanno trovato la loro massima espressione nella teoria elaborata da Modigliani e Miller a partire dal 1958, tuttora considerata una «pietra miliare» nel mondo della finanza aziendale.

Il capitale proprio costituisce una fonte di finanziamento consolidata, in quanto destinata a permanere all'interno della struttura finanziaria per tutta la vita dell'impresa che, per definizione, è un istituto economico finalizzato a durare nel tempo e dunque privo di una scadenza. In estrema sintesi[2], è possibile affermare che i sottoscrittori o gli acquirenti dei titoli rappresentativi del capitale sociale, ovvero le azioni, diventano soci della società e possono vantare su di essa diritti amministrativi e patrimoniali. Sotto il primo profilo, l'azionista ha la possibilità di intervenire nelle assemblee sociali, partecipando alla formazione delle decisioni aziendali e alla formazione delle scelte strategiche e operative[3]. Per quanto concerne invece i diritti patrimoniali, il primo e più immediato riferimento è rappresentato dal diritto al dividendo, ovvero una quota parte degli utili eventualmente realizzati dall'impresa: ne consegue che sia l'entità dei dividendi, sia la loro stessa esistenza è condizionata dall'andamento eco-

[2] Le considerazioni svolte in questa sede sono, per necessità espositive, molto sintetiche e finalizzate esclusivamente a rappresentare i tratti essenziali dei finanziamenti ottenuti a titolo di capitale proprio o a titolo di capitale di debito. L'approfondimento di tutti i risvolti inerenti tali forme di finanziamento è rimandato al prosieguo della trattazione.

[3] Ovviamente, si tratta di una affermazione riferita a una tipologia «standard» di titolo azionario, stante la possibilità offerta dal codice civile e sensibilmente ampliata dalla riforma del diritto societario di emettere azioni con diritto di voto limitato o addirittura prive della possibilità di intervenire nelle assemblee sociali.

nomico della gestione – ovvero dalla capacità di generare utili –, nonché dalle scelte intraprese in termini di politiche distributive delle risorse. Il rendimento connesso ai titoli azionari costituisce pertanto una forma di remunerazione con carattere residuale – in quanto disponibile per i soci soltanto dopo aver assolto a tutti gli obblighi verso gli altri creditori – e del tutto eventuale allorché definita in funzione dei risultati conseguiti e delle strategie finanziarie adottate dal management. Nella prospettiva appena delineata, è lecito definire il capitale proprio come capitale di «pieno rischio», in quanto la remunerazione ordinaria (dividendo) connessa a tale investimento è completamente soggetta al rischio d'impresa, così come accade per la conservazione del capitale: in effetti, in ipotesi di liquidazione della società, il rimborso del capitale di proprietà dei soci è subordinato al pagamento degli altri debiti sociali.

L'alternativa al ricorso al capitale proprio è rappresentata dalla contrazione di debiti nei confronti di terzi soggetti che, nella fattispecie, assumono la qualifica di creditori della società: essi, pertanto, non possono vantare alcun diritto di ingerenza sulle decisioni adottate in merito alla gestione dell'azienda[4]. Il debito ha una durata variabile a seconda della tipologia di contratto alla quale si fa ricorso: si passa pertanto dai debiti sorti per effetto di accordi di fornitura (debiti di funzionamento) con scadenza a breve termine (ad esempio tre o quattro mesi), fino ad arrivare ai mutui o ai prestiti obbligazionari contrassegnati da una durata medio-lunga, comunque superiore all'esercizio (debiti di finanziamento). In ogni caso, contrariamente a quanto affermato con riferimento al capitale proprio, è sempre prevista una scadenza entro la quale dover far fronte al rimborso del capitale prestato[5]. I creditori, inoltre, possono contare sulla presenza di un flusso di cassa periodico costituito dagli interessi che gravano sul conto economico dell'impresa debitrice, a prescindere dall'andamento economico della sua gestione[6]. A rendere meno rischiosa la sottoscrizione di una quota del debito dell'impresa rispetto alla sottoscrizione di quote del capitale sociale vi è la priorità nel rimborso delle risorse prestate in ipotesi di liquidazione della società: con riferimento a questo aspetto si parla pertanto di capitale acquisito con il vincolo di rischio limitato.

È dunque possibile, ai fini di una maggiore chiarezza espositiva, riassumere e schematizzare gli elementi di differenziazione rintracciabili, in linea generale, tra il capitale proprio e l'indebitamento[7] (Tab. 4.1).

[4] Tale principio, valido in termini generali, subisce alcune deroghe in ipotesi espressamente previste dal legislatore di seguito esaminate.

[5] Vi sono alcune eccezioni a questa regola di carattere generale, basti pensare alle obbligazioni convertibili in azioni.

[6] Anche in questo caso le affermazioni riportate si riferiscono a un debito generico, ferma restando la possibilità di emettere, ad esempio, prestiti obbligazionari il cui rendimento è agganciato al risultato economico conseguito dalla gestione e dunque, almeno in parte, soggetto al pieno rischio d'impresa. La presenza di interessi passivi da corrispondere ai creditori è prevista per qualunque tipologia di indebitamento, anche se non esplicitamente espressi nel contratto: è il caso degli interessi impliciti inglobati all'interno di un debito di fornitura e rappresentati, nella sostanza, dalla maggiorazione applicata dal fornitore sul prezzo di vendita rispetto ai pagamenti in contanti.

[7] Damodaran, *Valutazione delle aziende*, cit., pp. 275-276.

Tab. 4.1 Capitale proprio e debito a confronto

	Capitale proprio	Debito
Effetti sulla gestione	Possibilità di partecipare alla formazione della volontà sociale in proporzione alle quote/azioni possedute	Nessuna partecipazione alla formazione della volontà sociale
Durata	Non prevista	Breve o medio-lunga
Flussi di cassa	Dividendi	Interessi passivi
Caratteri dei flussi di cassa	Legati all'andamento economico della gestione	Indipendenti dall'andamento economico della gestione
Rimborso del capitale	Solo in caso di liquidazione Postergato rispetto ai debiti	A scadenza Priorità rispetto al capitale proprio

Per concludere questa breve disamina delle principali caratteristiche associate alle due modalità di raccolta del capitale in esame, occorre ricordare un aspetto destinato ad assumere una fondamentale rilevanza ai fini del confronto tra capitale proprio e indebitamento, ovvero la normativa fiscale. Senza addentrarsi nell'esposizione della disciplina dettata per la tassazione dei dividendi e degli interessi corrisposti ai creditori sociali, è importante sottolineare come, generalmente, sia previsto un trattamento tributario differente per le due tipologie di remunerazioni che l'impresa deve erogare rispettivamente agli azionisti e ai creditori, determinando effetti diversi in termini di convenienza nel ricorso al capitale proprio piuttosto che al capitale di debito.

4.1.1 Costi e benefici connessi all'indebitamento

Nell'ambito delle decisioni inerenti la costruzione di una struttura finanziaria in grado di rispondere al meglio alle esigenze delle imprese, sembra opportuno approfondire alcuni aspetti destinati ad assumere un ruolo di rilievo nella scelta tra capitale netto e ricorso al debito. In effetti, nel processo di valutazione tra le due alternative, il management deve analizzare attentamente tutti i vantaggi e gli svantaggi che, sotto il profilo economico e finanziario, possono essere prodotti attraverso la contrazione di debiti.

In primo luogo, si rende necessario analizzare nel dettaglio i costi associati all'indebitamento. Ovviamente, i costi che interessano in questa sede vanno al di là delle voci di costo «vive» direttamente ed espressamente riconducibili al debito e come tali perfettamente note all'impresa nel momento del ricorso a tale forma di finanziamento: gli interessi passivi, i costi di emissione, le commissioni degli istituti di credito e degli intermediari in generale, i costi di collocamento dei prestiti obbligazionari, l'eventuale disaggio di emissione (sempre riferito ai prestiti obbligazionari), i costi di carattere amministrativo e così via. L'obiettivo che ci si pone nel presente scritto consiste invece nell'affrontare i costi che possono eventualmente presentarsi in seguito all'indebitamento e che spesso non vengono adeguatamente considerati dal management in quanto non suscettibili di una immediata valutazione monetaria. Tali costi sono classificabili nel modo seguente:

1. costi di fallimento;
2. costi di agenzia tra azionisti e obbligazionisti;
3. rigidità della struttura finanziaria.

I costi di fallimento

Il ricorso all'indebitamento, a prescindere dalla forma contrattuale prescelta, fa sorgere in capo all'impresa l'obbligo di fronteggiare gli impegni assunti con i finanziatori attraverso il puntuale pagamento degli interessi e delle quote di capitale nelle scadenze predeterminate. Il mancato rispetto degli accordi intercorsi per il servizio del debito, legittima i creditori a intraprendere azioni legali e pone l'impresa di fronte a problematiche finanziarie che, se non adeguatamente controllate e risolte, possono condurre a una situazione di dissesto destinata a sfociare nell'adozione delle procedure fallimentari. Tale situazione può essere originata da una crisi di liquidità che rende difficoltoso e/o eccessivamente oneroso il reperimento delle risorse monetarie necessarie a garantire l'adempimento degli obblighi contrattuali: il protrarsi di una simile circostanza può innescare un circolo vizioso nel quale l'impresa assiste a una progressiva perdita di fiducia da parte di attuali e potenziali finanziatori (riduzione del merito creditizio), non riesce a ottenere ulteriori capitali se non a costi molto elevati e accresce i suoi problemi di solvibilità. Contrariamente a quanto accade con gli azionisti che, pur auspicando di ricevere congrui dividendi, non possono vantare alcun diritto sugli utili, le aspettative dei creditori sociali devono essere soddisfatte, pena la stessa sopravvivenza dell'impresa.

La probabilità di incorrere in crisi finanziarie, o addirittura in procedure concorsuali, aumenta all'aumentare del ricorso al debito (in quanto crescono gli obblighi contrattuali nei confronti dei creditori) e diminuisce all'aumentare dei flussi di cassa operativi generati dallo svolgimento della gestione. Nello specifico, i fattori che determinano la probabilità di imbattersi in un dissesto finanziario sono:

- il rapporto tra flussi di cassa operativi e flussi di cassa destinati al pagamento degli interessi e al rimborso del capitale ottenuto a titolo di debito. L'aumento di tale indicatore evidenzia un miglioramento della situazione di solvibilità dell'impresa, mentre una sua riduzione segnala una possibile crisi di liquidità e dunque un pericolo per l'equilibrio economico-finanziario dell'impresa;
- variabilità dei flussi di cassa operativi. È evidente che se una impresa è in grado di generare flussi di cassa stabili nel tempo, gode di maggior fiducia da parte dei finanziatori ed è in grado di far fronte più facilmente agli impegni di pagamento, riducendo la possibilità di incorrere in dissesti finanziari.

I costi di fallimento possono essere classificati in due categorie:

a) i *costi diretti di fallimento*, riconducibili alle spese, soprattutto di natura legale e amministrativa, da sostenere nell'ipotesi in cui si giunga ad affrontare una procedura concorsuale. Si tratta della fattispecie di costi più facilmente individuabile e misurabile, ma sicuramente quella meno rilevante sotto il profilo gestionale;

b) i *costi indiretti di fallimento* sono sostanzialmente generati dal deterioramento dei rapporti tra l'impresa e i suoi interlocutori. In particolare, si assiste a una riduzione dei contatti con gli attuali e i potenziali finanziatori dell'impresa, causata da una diminuzione dei flussi di cassa disponibili per far fronte al servizio del debito e a un contestuale progressivo abbassamento del merito creditizio vantato dall'impresa[8]. Tali considerazioni non riguardano soltanto i contatti con gli istituti di credito o i mercati finanziari, ma anche le relazioni instaurate con i fornitori di materie prime o merci. Inoltre, si rischia di perdere alcuni clienti se, come spesso accade alle aziende che attraversano periodi segnati da tensioni di liquidità, si decide di tagliare costi connessi alla cura della clientela, ai servizi e all'assistenza post-vendita.

La presenza di tali costi, che incombono sulla struttura finanziaria dell'azienda e che aumentano in funzione dei nuovi debiti contratti, è destinata a incidere anche sul valore stesso dell'impresa, riducendone l'entità.

A margine delle considerazioni appena svolte, appare importante sottolineare come i costi analizzati in questa sezione gravano sulla gestione delle imprese anche se non si giunge a una procedura fallimentare, ma ci si imbatte in una forte crisi comunque sanabile: ecco perché sarebbe più corretto parlare di costi del dissesto finanziario piuttosto che di costi di fallimento.

I costi di agenzia tra azionisti e obbligazionisti

Nel corso della precedente trattazione si è già avuto modo di affrontare il tema dei costi di agenzia con particolare riferimento alla loro principale forma di manifestazione, ovvero il contrasto tra azionisti e management[9]. Esistono però anche altre fattispecie di costi di agenzia e tra queste, nell'ambito delle argomentazioni proposte nel presente scritto, occorre approfondire il tema del conflitto tra azionisti e creditori della società (genericamente identificati nella figura degli obbligazionisti).

È infatti possibile che gli azionisti, in quanto titolari del potere di controllo e di orientamento delle scelte strategiche e operative della società, possano sfruttare tale privilegio per «sottrarre» una porzione di ricchezza agli obbligazionisti. L'obiettivo può essere realizzato attraverso l'adozione di una serie di politiche in grado di danneggiare la posizione dei creditori sociali e destinate pertanto a ridurre il valore dell'impresa al crescere dell'esposizione debitoria della stessa.

Innanzitutto, le imprese che versano in uno stato di crisi della liquidità possono essere indotte a implementare determinate politiche di investimento finalizzate esclusivamente ad accrescere il rischio associato all'attività aziendale: gli azionisti, cioè, non avendo più nulla da perdere, decidono di imbarcarsi in progetti particolarmente rischiosi con la speranza di riuscire ad accrescere il valore dell'azienda. L'eventuale

[8] Dallocchio, Salvi, *Finanza d'azienda*, cit., p. 447.
[9] Cfr. capitolo 1.

successo riscontrato in virtù di tali scelte – tradotto in termini di valore – sarà di esclusiva pertinenza degli azionisti, in quanto gli obbligazionisti saranno remunerati indipendentemente dall'esito dell'operazione (se gli interessi da corrispondere agli obbligazionisti ammontano a 100, tale importo risulta invariato a prescindere dal risultato prodotto dall'investimento). Su di essi, pertanto, grava soltanto il maggiore rischio che, per effetto dell'investimento intrapreso, è associato all'azienda (*risk shifting*): tale incremento del livello di rischiosità si riflette sui tassi di attualizzazione, contribuendo a ridurre il valore attuale delle obbligazioni in loro possesso. Tutto ciò si traduce nella sottrazione di parte del valore spettante ai creditori sociali a favore degli azionisti che dunque potrebbero godere di un doppio vantaggio: il maggior valore creato con l'adozione di un progetto particolarmente rischioso e la porzione di valore di debito «persa» dagli obbligazionisti.

Un altro possibile comportamento lesivo degli interessi dei creditori sociali può essere attuato dagli azionisti incrementando il grado di *leverage* dell'impresa attraverso la contrazione di nuovi debiti ottenuti fornendo in garanzia beni di proprietà dell'impresa al fine di negoziare un costo del finanziamento inferiore. In tale circostanza i nuovi creditori avranno il diritto di precedenza su quelli preesistenti i quali subiranno un danno in quanto costretti a concorrere con un numero superiore di creditori su un patrimonio ridotto.

Infine, il conflitto di interessi tra azionisti e obbligazionisti può essere alimentato attraverso scelte particolari adottate in sede di definizione della politica dei dividendi. I soci, infatti, trovandosi in condizioni di tensione finanziaria potrebbero privilegiare la distribuzione di risorse monetarie eseguita attraverso l'erogazione di dividendi o mediante il ricorso a operazioni di riacquisto di azioni proprie, rispetto alla destinazione della liquidità al pagamento degli interessi e al rimborso dei debiti (circostanza preferita dagli obbligazionisti).

In realtà gli obbligazionisti potrebbero tutelare la loro posizione attraverso l'inserimento, in sede di sottoscrizione del debito, di clausole finalizzate a limitare comportamenti lesivi dei propri diritti eventualmente posti in essere dagli azionisti, oppure, prevedendo una crescita del livello di rischiosità dell'azienda, potrebbero richiedere tassi di interesse più elevati sul finanziamento.

Rigidità della struttura finanziaria

L'eccessivo ricorso all'indebitamento per far fronte alla copertura del fabbisogno finanziario espresso dalla gestione può determinare, come ulteriore effetto collaterale rispetto a quelli già esaminati, la perdita di un certo livello di flessibilità finanziaria. In effetti, una gestione improntata sulla necessità di mantenere e alimentare condizioni di equilibrio economico e finanziario, presuppone la capacità dell'azienda di poter in ogni momento accettare progetti di investimento in grado di creare valore: sfruttando per intero tutte le potenzialità di indebitamento o andando addirittura oltre questo limite, si rischia di dover rinunciare a profittevoli opportunità di crescita stante la mancanza dei capitali necessari per il finanziamento.

Dopo aver esposto le principali tipologie di costi associati all'indebitamento, occorre però valutare attentamente anche il rovescio della medaglia, ovvero gli innegabili benefici che la contrazione di nuovi debiti fa sorgere in capo all'impresa. Anche in questo caso, la trattazione appare più semplice e chiara proponendo una classificazione:

1. benefici fiscali;
2. controllo del management.

I benefici fiscali

Il primo e più importante vantaggio connesso con l'indebitamento è sicuramente rappresentato dalla deducibilità fiscale degli oneri finanziari pagati sul debito stesso. Per comprendere appieno il significato e la portata di tale beneficio, soprattutto in un'ottica di confronto con il ricorso al capitale proprio, occorre compiere un passo indietro e citare alcuni aspetti della normativa tributaria. Nel nostro Paese, così come avviene nella maggioranza dei sistemi economici occidentali, il legislatore ha scelto di riservare un trattamento fiscale diverso – in capo alla società – per gli interessi corrisposti sul debito e i dividendi: mentre i primi sono totalmente deducibili dal reddito imponibile, i secondi sono calcolati sul reddito netto, ovvero su una configurazione di reddito già decurtata delle imposte.

Ne consegue che, in termini del tutto generali, un aumento dell'indebitamento produce una crescita degli oneri finanziari destinati ad abbattere il reddito imponibile, determinando un vantaggio fiscale; viceversa, le imposte che la società deve versare all'erario sono completamente indipendenti dalle scelte compiute in termini di distribuzione dei dividendi, in quanto un loro aumento o una loro riduzione non modifica la posizione tributaria dell'impresa.

Dalle considerazioni esposte appare del tutto evidente che il vantaggio fiscale del debito aumenta al crescere dell'aliquota di imposta applicata alla società in oggetto. Riprendendo concetti già espressi nel corso della precedente trattazione, è possibile quantificare il beneficio fiscale del debito nel modo seguente[10]:

$$k_D = (1-t)\frac{OF}{D} \qquad [1]$$

dove:

k_D = costo del capitale di debito
OF = oneri finanziari corrisposti sul debito
t = aliquota d'imposta.

[10] Si veda, in proposito, quanto esposto nel capitolo 3 del presente scritto in merito alla determinazione del costo medio ponderato del capitale (*WACC*).

Il controllo del management

Il ricorso al debito, con il conseguente incremento degli oneri finanziari da pagare, può rappresentare una soluzione efficace per consentire agli azionisti di monitorare il comportamento del management e limitare la sua libertà di azione. Alla base di una simile affermazione vi sono i concetti, già noti, dei costi di agenzia del capitale proprio originati in ipotesi di separazione tra proprietà (azionisti) e controllo (management) dell'impresa, destinati a manifestarsi in termini di interessi diversi da tutelare tra le due categorie di soggetti[11]. I costi derivanti da tale conflitto e gravanti sugli azionisti possono essere ricondotti ai seguenti:

- mancata massimizzazione del capitale economico della società;
- costi di controllo dell'attività svolta dal management.

Ed è proprio nell'ambito di quest'ultima categoria (costi di controllo) che si inserisce il discorso relativo ai benefici derivanti dalla contrazione dei debiti. Infatti, secondo alcuni autori, la discrezionalità del management può essere sensibilmente attenuata riducendo i flussi di cassa liberamente disponibili e dunque distogliendo tali risorse da impieghi voluti dal management, ma potenzialmente idonei a fomentare il conflitto con gli azionisti. Tra le diverse modalità individuate dalla dottrina per diminuire il *free cash flow* si annoverano: la distribuzione dei dividendi, il riacquisto di azioni proprie e, appunto, il ricorso all'indebitamento che vincola parte della liquidità al pagamento degli interessi[12].

4.2 La ricerca di una struttura finanziaria ottimale: la teoria di Modigliani e Miller

L'interrogativo che si pone a questo punto della trattazione e che per molti anni ha rappresentato il fulcro di numerosi studi accademici, può essere sintetizzato nel modo seguente: qual è il rapporto di indebitamento ideale per una impresa e secondo quale proporzione devono partecipare al finanziamento dell'attività aziendale il debito e il capitale proprio? In altri termini, esiste una struttura finanziaria ottimale, in grado di massimizzare il valore dell'azienda?

La risposta a tali quesiti presuppone la verifica di un ulteriore aspetto del problema, ovvero l'idoneità o meno delle scelte di finanziamento a influire sulla misura del valore dell'impresa. Seguendo un approccio ritenuto efficace da molti autori, è possibile immaginare il complesso delle fonti di finanziamento di una azienda come una torta, suddivisa in sezioni, ognuna rappresentativa del capitale apportato da un determinato finanziatore: per semplificare, si ipotizza la sola presenza di capitale proprio (ovvero azioni) e debito (obbligazioni o titoli di debito equivalenti).

[11] Jensen M.C., Meckling W.H., *Theory of the Firm: Managerial Behaviour, Agency Costs, and Ownership Structure*, «Journal of Financial Economics», 31, 976, pp. 305-60.

[12] Jensen M.C., *Agency Costs of Free Cash Flow, Corporate Finance and Takeovers*, «American Economic Review», 76, 2, 1986, pp. 323-29.

Dato che il valore degli investimenti, o meglio il valore dell'impresa, è ottenuto come somma tra il valore del capitale proprio e il valore del debito, occorre cercare di capire se una modifica nei rapporti di partecipazione delle singole fonti di finanziamento al complesso del capitale possa determinare variazioni nel valore dell'intera organizzazione. In simboli:

$$V = PN + D \qquad [2]$$

dove:

V = valore di mercato degli investimenti, ovvero valore di mercato dell'azienda;
PN = valore di mercato delle azioni;
D = valore di mercato del debito.

Ne deriva che il valore dell'*equity* si ottiene, per differenza, confrontando il valore dell'impresa con il valore del debito:

$$PN = V - D \qquad [3]$$

L'obiettivo del management consiste nella massimizzazione del valore dell'impresa (V) e quindi, sulla base delle argomentazioni appena esposte, bisogna cercare di capire se esiste un rapporto di indebitamento ottimale e, in tal caso, definirlo con esattezza.

Su questo tema si sono alternate nel tempo varie posizioni sostenute da altrettanti autori, ma la teoria che ha da sempre rappresentato e tuttora rappresenta il punto di riferimento fondamentale e imprescindibile negli studi sulla struttura finanziaria è senz'altro la teoria di Modigliani e Miller, la cui prima formulazione risale al 1958[13]. Appare dunque opportuno operare una disamina completa dell'impostazione di tale teoria e delle conclusioni cui sono pervenuti gli autori, per poi giungere al confronto del cosiddetto «mondo alla Modigliani-Miller» (MM) con il mondo reale. In questa prospettiva, si rende necessario in primo luogo illustrare le ipotesi semplificatrici poste alla base del funzionamento e della validità del modello, ipotesi da più parti considerate eccessivamente restrittive e dunque rappresentative di un contesto irreale e difficilmente riproducibile nella realtà. Nonostante ciò e per motivazioni che saranno più chiare nel prosieguo della trattazione, la presenza di condizioni restrittive non appare sufficiente per sminuire l'importanza della teoria e il ruolo da essa assunto nell'ambito degli studi di finanza aziendale.

4.2.1 La teoria di Modigliani-Miller in assenza di imposte

La prima impostazione del modello è stata costruita assumendo come riferimento un sistema economico praticamente «perfetto» caratterizzato dalla presenza di alcune fondamentali ipotesi di partenza sintetizzabili nei seguenti punti:

[13] Modigliani F., Miller M.H., *The Cost of Capital Corporation Finance and The Theory of Investment*, «American Economic Review», 48, 1958, pp. 261-77.

a) i mercati finanziari sono efficienti sotto il profilo informativo. Pertanto, i prezzi che si formano sul mercato azionario sono perfetti veicoli informativi in grado di scontare tutte le informazioni relative ai titoli quotati e alle rispettive società emittenti. Inoltre, le informazioni sono disponibili gratuitamente per tutti gli operatori e non sussistono, di conseguenza, asimmetrie informative;
b) non sono presenti costi di fallimento;
c) non sono presenti costi di transazione;
d) le imprese provvedono alla copertura del fabbisogno finanziario ricorrendo soltanto all'emissione di titoli azionari e di titoli obbligazionari;
e) la politica di investimento seguita dall'impresa non subisce variazioni;
f) i titoli obbligazionari sono emessi al tasso di interesse *risk free* (si tratta, cioè, di un debito privo di rischio, proprio in virtù della già citata assenza di costi di fallimento);
g) il rendimento del capitale proprio è soggetto a rischio. Si tratta di un elemento fondamentale in quanto introduce il concetto di incertezza nel modello[14];
h) il costo dell'intero capitale acquisito (capitale proprio e capitale di debito) è misurato dal costo medio ponderato del capitale;
i) non sussistono costi di agenzia del capitale proprio, in quanto il management agisce nell'interesse esclusivo degli azionisti;
j) l'impresa è in grado di generare *free cash flow* all'infinito;
k) non ci sono imposte, né a livello societario (*corporate tax*), né a livello personale (*personal tax*).

Quest'ultima ipotesi, giudicata fondamentale per giustificare le conclusioni raggiunte dagli autori, in un momento successivo viene rimossa, modificando di conseguenza anche i risultati teorici ottenuti.

Tra le molteplici innovazioni introdotte con il modello in parola, un cenno particolare merita la presenza del concetto di rischio e dunque di incertezza, in precedenza del tutto assenti nei paradigmi e nei costrutti teorici[15]. Si riconosce l'esistenza, nella gestione delle imprese, sia del rischio operativo, connaturato allo svolgimento di una qualsiasi attività economica, sia del rischio finanziario, determinato dalla presenza degli interessi passivi corrisposti sul debito e destinato a incidere sulla variabilità – e dunque sulla rischiosità – dei flussi di cassa prodotti dall'alternarsi di entrate e uscite monetarie. Se ci si trovasse in presenza di condizioni di certezza, con flussi di cassa non aleatori, sarebbe del tutto indifferente distinguere le fonti di finanziamento in capitale di debito e capitale proprio in quanto il loro costo sarebbe del tutto equivalente. In un contesto di incertezza, quale è appunto quello considerato da MM, emerge la necessità di contemperare, accanto a un tasso *risk free* associato al debito, anche un costo del capitale proprio e un costo del capitale complessivamente raccolto, come si evince con chiarezza dai precedenti punti g) e h).

[14] Come si ricorda, il modello di Fisher sulla separazione tra decisioni del management e preferenze degli azionisti opera in contesti certi, ovvero in assenza del rischio.

[15] Si pensi, ad esempio, alla teoria della separazione di Fisher, rappresentativa di un contesto privo di rischio.

Sulla base di tale impostazione, Modigliani e Miller hanno verificato la possibilità di una variazione di valore dell'azienda determinata esclusivamente da una modifica nella composizione delle fonti di finanziamento. L'analisi svolta ha condotto gli autori a formulare una risposta negativa a tale quesito, risposta argomentata e sintetizzata in quella che poi è passata alla storia come la *I proposizione di Modigliani e Miller in assenza di imposte*: il valore di una azienda è definito unicamente dagli impieghi realizzati al suo interno, ovvero dalle scelte compiute in termini di investimenti e non è affatto influenzato dalle politiche di finanziamento adottate. In altri termini, a prescindere da come sia suddivisa la torta rappresentativa del valore di una impresa, l'ammontare di V non cambia se non per effetto di modifiche quali-quantitative intervenute tra le attività, stante l'assoluta irrilevanza delle proporzioni con cui partecipano mezzi propri e debiti[16].

Ne consegue che il valore di una impresa priva di debito (*unlevered*, V_U) è uguale al valore di una impresa indebitata (*levered*, V_L):

$$V_U = V_L \qquad [4]$$

Per cercare di comprendere le conclusioni appena esposte, appare indispensabile ripercorrere il ragionamento seguito dagli autori, considerando due ipotetiche imprese, una priva di debito e la seconda indebitata, in grado di produrre il medesimo reddito operativo: si tratta, pertanto, di imprese dotate delle stesse caratteristiche e potenzialità produttive, ma che si differenziano esclusivamente in funzione della struttura finanziaria adottata. Il valore di mercato di tali aziende coincide, per la prima, con il valore del capitale proprio, mentre per la seconda si ottiene, sulla base delle considerazioni prima esposte, dalla somma tra il valore del capitale proprio e il valore dei debiti. In simboli:

$$V_U = PN_U \qquad [5]$$

$$V_L = PN_L + D_L \qquad [6]$$

In un simile contesto che, come si ricorda, si inserisce all'interno delle condizioni precedentemente declinate, è possibile prevedere l'esistenza di un investitore, chiamato a scegliere tra l'impiego di capitale nell'impresa priva di debito e nell'impresa indebitata. Ovviamente, la verifica della convenienza dell'alternativa più profittevole deve necessariamente passare attraverso il confronto delle due diverse ipotesi, sia sotto il profilo dell'investimento richiesto, sia in termini di rendimento ottenuto.

In tale prospettiva, l'investitore può raggiungere il suo obiettivo attraverso quattro distinte strategie: *a)* l'acquisto di una quota di capitale dell'impresa non indebitata; *b)* l'acquisto di una quota del capitale proprio e di una quota del debito dell'impresa indebitata; *c)* l'acquisto di una quota di capitale dell'impresa indebitata; *d)* l'acquisto di

[16] Brealy R.A., Myers S.C., Allen F., Sandri S., *Principi di finanza aziendale*, McGraw-Hill, Milano 2007, quinta edizione, p. 437.

una quota del capitale dell'impresa non indebitata attraverso il ricorso all'indebitamento personale. Le prime due strategie si contraddistinguono per una bassa propensione al rischio del potenziale investitore, mentre le altre appaiono maggiormente adatte a soddisfare le aspettative di soggetti con una maggiore propensione al rischio.

Con riferimento alla prima strategia, si ipotizzi l'acquisto da parte dell'investitore del 10% della società priva di debito: ciò comporta un investimento complessivo pari al 10% del valore dell'impresa ($0{,}1V_U$) – che in questo caso corrisponde perfettamente al valore del capitale azionario PN_U – e un rendimento atteso espresso dai dividendi percepiti pari al 10% dell'utile realizzato ($0{,}1UO$). In effetti, l'intero reddito operativo realizzato attraverso la gestione è destinato alla remunerazione dei soci attraverso il pagamento di dividendi monetari, stante l'assenza di oneri finanziari sui debiti: non è pertanto previsto il reinvestimento degli utili in azienda.

Il perseguimento della seconda strategia presuppone l'acquisto del 10% del capitale proprio dell'impresa indebitata e del 10% del capitale di debito della stessa azienda, per un investimento complessivo pari a $0{,}1(PN_L + D_L)$, ovvero $0{,}1\ V_L$. Il rendimento ottenuto è composto da due parti: i dividendi generati dalla gestione $0{,}1(UO - OF)$ e gli oneri finanziari pagati dall'impresa e percepiti dall'investitore ($0{,}1OF$). L'effetto netto in termini di rendimento è pertanto pari a $0{,}1UO$.

I risultati ottenuti dall'impiego delle due strategie finora esaminate appaiono più chiari e facilmente individuabili se confrontati in uno schema riassuntivo (Tab. 4.2).

Si nota come il rendimento offerto dalle prime due strategie analizzate è perfettamente identico e rappresentato da $0{,}1UO$: ciò implica, necessariamente, l'uguaglianza tra il valore dell'impresa priva di debito e il valore dell'impresa indebitata, ovvero $V_U = V_L$. Se questa condizione non fosse rispettata e cioè se all'impresa *levered* fosse associato un valore maggiore per effetto del maggior rischio insito nel ricorso al debito[17], nessun investitore acquisterebbe quote di tale azienda, potendo ottenere lo stesso rendimento investendo nel capitale dell'impresa priva di debito. In questo modo, però, aumenterebbe la domanda di titoli della società *unlevered*, provocando una crescita del valore della stessa, e una contestuale riduzione del valore della società *levered*: tale meccanismo è destinato a perdurare fino al raggiungimento di un nuovo equilibrio rappresentato dalla parità dei due valori.

Nel caso in cui l'investitore abbia una maggiore propensione al rischio e preferisca indirizzare i propri risparmi verso il capitale azionario della società indebitata (strate-

Tab. 4.2 Strategia *a* e strategia *b* a confronto

	Investimento	Rendimento
Strategia a	$0{,}1V_U$	$0{,}1UO$
Strategia b	$0{,}1(PN_L + D_L) = 0{,}1\ V_L$	$0{,}1(UO - OF)$ (dividendi) $+\ 0{,}1OF$ (interessi) $0{,}1UO$ (risultato netto)

[17] Nonostante l'assenza di costi di fallimento, l'investimento nell'impresa indebitata appare più rischioso per effetto dell'obbligo posto a carico della società di far fronte al servizio del debito, indipendentemente dal risultato economico conseguito.

gia *c*) alle stesse condizioni appena viste, dovrà sostenere un investimento iniziale pari a 0,1 PN_L – che corrisponde a $0{,}1(V_L - D_L)$ – per ottenere un rendimento che, al lordo degli interessi da corrispondere sul debito emesso (OF), sia pari all'utile operativo dell'impresa *unlevered* (UO) e che pertanto può essere calcolato nella misura di $0{,}1(UO - OF)$.

L'ultima alternativa può essere inquadrata tra le operazioni di arbitraggio e consiste nel riprodurre, a titolo personale, una situazione di indebitamento, acquistando successivamente, con il capitale ottenuto in prestito, una quota del capitale dell'impresa *unlevered*. Si tratta di una strategia potenzialmente perseguibile dai soggetti comunque favorevoli ad accollarsi una certa porzione di rischio, pur scegliendo di investire in imprese non indebitate. In questo caso, il costo dell'investimento è ottenuto considerando un esborso effettivo pari al 10% del valore dell'impresa priva di debito, al netto delle risorse ottenute con il ricorso al prestito personale, ovvero $0{,}1(V_U - D_L)$; il rendimento, invece, è costituito dai dividendi erogati dall'impresa non indebitata ($0{,}1UO$), al netto degli interessi che l'investitore deve corrispondere a fronte del suo personale indebitamento ($0{,}1OF$) e quindi $0{,}1(UO - OF)$.

Anche confrontando queste ultime strategie, attuate nell'ipotesi in cui l'investitore sia propenso ad affrontare un certo livello di rischio, si perviene a una situazione di assoluta indifferenza, come emerge chiaramente dallo schema di sintesi proposto (Tab. 4.3).

Appare del tutto evidente come le due strategie siano in grado di garantire il medesimo livello di rendimento e che pertanto, per effetto di quanto già affermato in precedenza, anche il costo dell'investimento deve essere lo stesso: l'uguaglianza tra il valore della strategia *c*, dato da $0{,}1(V_L - D_L)$, e il valore della strategia *d*, dato da $0{,}1(V_U - D_L)$, si ottiene solo se $V_U = V_L$.

Le medesime considerazioni finora esposte possono essere ulteriormente chiarite riportando un esempio numerico. Si consideri una impresa dotata di un capitale investito pari a 300.000 euro e in grado di generare un reddito operativo costante di 100.000 euro: l'obiettivo consiste nel mostrare l'andamento delle remunerazioni corrisposte dalla società agli apportatori di capitale (sia a titolo di pieno rischio, sia a titolo di debito) ipotizzando una modifica del rapporto di indebitamento (costo del debito pari al 10%). Ovviamente, valgono le medesime assunzioni introdotte dalla teoria di Modigliani e Miller, con particolare riferimento alla mancanza di imposte (pertanto il reddito ante imposte coincide con il reddito netto) e dei costi di fallimento. Inoltre, il reddito netto conseguito viene interamente erogato ai soci sotto forma di dividendi, senza operare alcuna ritenzione di risorse a titolo di autofinanziamento e si ipotizza l'assenza di componenti di reddito straordinarie (Tab. 4.4).

Tab. 4.3 Strategia *c* e strategia *d* a confronto

	Investimento	**Rendimento**
Strategia c	$0{,}1PN_L = 0{,}1(V_L - D_L)$	$0{,}1(UO - OF)$
Strategia d	$0{,}1(V_U - D_L)$	$0{,}1(UO - OF)$

Tab. 4.4 Un esempio

	Livello di indebitamento		
	0% **D = 0**	**25%** **D = 75.000**	**50%** **D = 150.000**
Reddito operativo	100.000	100.000	100.000
Oneri finanziari	—	7.500	15.000
Reddito netto	*100.000*	*92.500*	*85.000*
Dividendi	100.000	92.500	85.000
Totale remunerazioni per azionisti e creditori	**100.000**	**100.000**	**100.000**

È facile constatare che il flusso complessivamente distribuito dalla società ai suoi finanziatori rimane invariato a prescindere dalle decisioni adottate in merito alla composizione delle fonti di finanziamento.

È possibile offrire una spiegazione alternativa e di più immediata comprensione della prima proposizione di Modigliani e Miller in assenza di imposte. Nel declinare le ipotesi alla base della teoria è stata sottolineata la capacità dell'impresa di generare all'infinito *free cash flow* (FCF): la presenza di una simile condizione consente di addivenire alla determinazione del valore dell'impresa semplicemente attraverso il ricorso alla logica della rendita perpetua, ovvero attualizzando il *free cash flow* a un tasso rappresentativo del costo medio ponderato del capitale (γ)[18]. In simboli:

$$V = \frac{FCF}{\gamma} \qquad [7]$$

Il *cash flow* impiegato nella costruzione della formula è al lordo degli interessi da corrispondere ai creditori sociali e pertanto la sua misura è indipendente dalla gestione finanziaria e dunque dagli effetti prodotti dall'indebitamento sulla struttura dei finanziamenti. Ne consegue che il valore dell'impresa è lo stesso sia per l'impresa indebitata, sia per l'impresa non indebitata, a prescindere dall'entità del debito e dalla composizione delle fonti[19].

Dalla [7] deriva inoltre la quantificazione del costo medio ponderato del capitale, pari a:

$$\gamma = \frac{FCF}{V} \qquad [8]$$

[18] Il tema sarà ripreso e approfondito in sede di esposizione dei criteri di valutazione delle aziende in funzionamento (capitolo 11).

[19] Fanni M., *Manuale di finanza dell'impresa*, Giuffrè, Milano 2000, pp. 338-339.

Il tasso così definito mostra un valore costante, indipendente cioè dal livello di indebitamento e quantitativamente corrispondente al *wacc*. Tale coincidenza sussiste, però, soltanto in assenza di imposte: sul tema si tornerà tra breve.

In conclusione, gli autori affermano che il valore di una impresa priva di debito deve essere perfettamente coincidente con il valore di una impresa indebitata. Tale risultato è supportato dalle condizioni precedentemente esaminate, tra cui quella che prevede l'esistenza di un solo tasso *risk free*: fino a quando gli operatori presenti sul mercato sono in grado di dare e prendere a prestito risorse allo stesso tasso di interesse, possono, attraverso il ricorso a strategie di arbitraggio, neutralizzare qualsiasi variazione intervenuta nella composizione delle fonti di finanziamento attuata dall'impresa.

In altri termini, il valore dell'impresa dato da $V = PN + D$ rimane costante a prescindere dalla composizione della struttura dei finanziamenti. Se ad esempio il valore di mercato dell'impresa è pari a 100, ottenuto dalla somma tra un patrimonio netto di 60 e debiti per 40, la precedente relazione può essere scritta come $100 = 60 + 40$. Qualora l'impresa decidesse di accrescere il livello di indebitamento, portando ad esempio l'indebitamento a un valore di 50, per mantenere invariato il valore V dovrebbe necessariamente ridurre il livello di capitale proprio: in tal caso, l'impresa potrà impiegare le risorse ottenute a titolo di indebitamento per rimborsare quote di capitale sociale mediante un riacquisto di azioni proprie. Viceversa, se il management decidesse di aumentare il capitale proprio, le risorse apportate dai soci sarebbero destinate al rimborso del debito.

È possibile rappresentare graficamente quanto finora affermato con l'ausilio di un piano cartesiano i cui assi costituiscano rispettivamente il valore dell'impresa e il rapporto di indebitamento (Fig. 4.1).

Ne consegue che le scelte inerenti le proporzioni con cui il capitale proprio e il capitale di debito partecipano alla copertura del fabbisogno finanziario risultano asso-

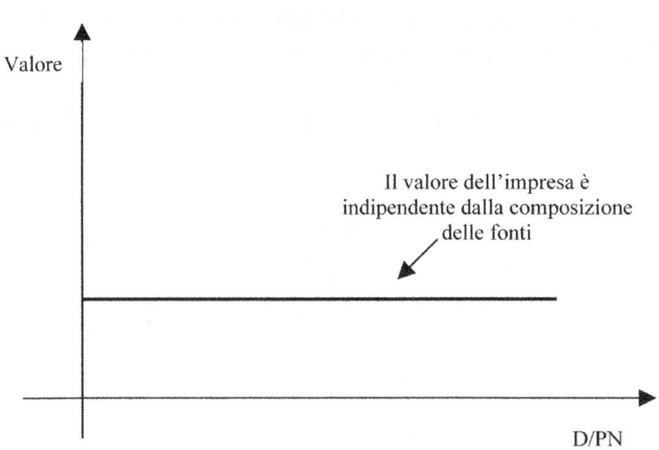

Fig. 4.1 La prima proposizione di Modigliani e Miller in assenza di imposte

lutamente irrilevanti ai fini del valore dell'impresa: non importa come vengono suddivise le fette della torta, in quanto il suo valore è sempre lo stesso.

Lo studio compiuto da Modigliani e Miller non si esaurisce nell'accertamento dell'irrilevanza delle decisioni di finanziamento sul valore d'azienda, ma prosegue mantenendo costanti le ipotesi di partenza precedentemente esposte e dunque sempre ignorando qualsiasi forma di imposizione fiscale. La *II proposizione di Modigliani e Miller in assenza di imposte* sposta l'attenzione dal valore dell'impresa al rendimento atteso per effetto di un investimento in titoli azionari, confrontando tale parametro riferito a una società priva di debito con quello presente in una società che sfrutta il ricorso al *leverage*. Nello specifico, gli autori sottolineano come l'impiego di risorse nel capitale azionario di una impresa indebitata presupponga l'esistenza di un maggiore livello di rischio per gli azionisti, rischio finanziario derivante dalla necessità di fronteggiare comunque, ovvero a prescindere dall'andamento economico della gestione, il pagamento degli oneri finanziari a favore dei creditori. In tale prospettiva, il rischio deve essere interpretato come variabilità dei rendimenti, la quale risulta maggiore al crescere del grado di indebitamento[20]. Pertanto, ogni componente della relazione che individua il valore dell'impresa, ovvero $V = PN + D$, presenta un rendimento atteso differente: è stato già affermato che il rendimento connesso al debito è pari al tasso *risk free* e che il rendimento associato al valore complessivo dell'impresa (V) si calcola facendo riferimento al costo medio ponderato del capitale. Rimane pertanto da determinare il livello del rendimento atteso del capitale azionario.

Partendo da tali presupposti, l'enunciato della II proposizione può essere così riassunto: il rendimento atteso del capitale azionario è funzione diretta del livello di indebitamento assunto dall'impresa, stante il maggior rischio finanziario che ne consegue. In particolare, tale rendimento risulta direttamente correlato alla differenza tra il rendimento atteso di un portafoglio (nel caso specifico, l'impresa) composto da diversi titoli (azioni e obbligazioni) e il rendimento atteso connesso all'indebitamento. Per comprendere appieno tali concetti occorre considerare che il costo medio ponderato rappresentativo dell'onerosità di una impresa finanziata sia con il debito, sia con il capitale proprio, si ottiene nel modo seguente:

$$\gamma = k_D \frac{D}{D+PN} + k_s \frac{PN}{D+PN} \qquad [9]$$

Appare importante sottolineare come nella presente formulazione il costo del capitale di debito non figura al netto dell'aliquota d'imposta, proprio in considerazione della mancanza di pressione fiscale ipotizzata dagli autori del modello. Attraverso semplici passaggi algebrici e soprattutto ricordando che in assenza di imposizione fiscale – e solo in questa ipotesi – il costo medio ponderato del capitale impiega-

[20] Si ricorda, infatti, che tra le ipotesi poste alla base del funzionamento del modello in esame vi è l'assenza di costi di fallimento: occorre quindi escludere dal concetto di rischio qui analizzato la probabilità di incorrere in una situazione di dissesto finanziario.

to da Modigliani e Miller (γ) nella loro teoria equivale al *wacc*, è possibile giungere alla derivazione di k_S, parametro rappresentativo del rendimento del capitale azionario:

$$k_S = \gamma + \frac{D}{PN}(\gamma - k_D) \qquad [10]$$

avendo posto γ = *wacc*, è possibile scrivere:

$$k_S = wacc + \frac{D}{PN}(wacc - k_D) \qquad [11]$$

Si evidenzia pertanto il legame di proporzionalità esistente tra il rendimento del capitale proprio e il grado di *leverage*: il costo del capitale azionario è pari al rendimento delle *asset* aziendali, maggiorato in proporzione al grado di indebitamento assunto. Appare appena il caso di sottolineare che in una impresa *unlevered* il rendimento dell'intero portafoglio è esattamente coincidente con il rendimento del capitale azionario ($\gamma = wacc = k_S$).

Da tutte le considerazioni svolte finora e integrando le conclusioni raggiunte con la I e la II proposizione, emerge che il valore dell'impresa non è influenzato dall'eventuale ricorso al debito, mentre il rendimento del capitale azionario aumenta al crescere del grado di *leverage*. Ne consegue che gli azionisti potrebbero preferire un maggiore indebitamento al fine di ottenere un rendimento più elevato: tale maggiore rendimento è però compensato dall'aumento del rischio, inteso in termini di variabilità dei rendimenti stessi. In altri termini, se l'impresa si indebita l'azionista potrà avere un rendimento più elevato solo in ipotesi di andamento positivo della gestione, mentre esso si contrae sensibilmente in periodi contrassegnati da risultati negativi.

Un ulteriore corollario al modello in esame è rappresentato dalla invariabilità del costo medio ponderato del capitale rispetto alle variazioni del livello di indebitamento, circostanza perfettamente deducibile dalla relazione [8] laddove non emerga alcun legame tra le due grandezze.

Il grafico di figura 4.2 propone una rappresentazione dell'andamento dei diversi tassi di rendimento analizzati in questo contesto. Si evidenzia come il rendimento associato al capitale azionario abbia un andamento crescente in modo lineare al crescere del *leverage*. Ciò fino a quando il debito non presenta connotati di rischiosità: nel momento in cui il ricorso al debito comporta un aumento della variabilità dei rendimenti, la crescita di k_S rallenta.

Il costo/rendimento del capitale di debito presenta un andamento costante nel primo tratto, ovvero fino a quando non è presente il rischio, per poi aumentare per effetto delle richieste presentate dai finanziatori, disposti a concedere risorse solo a un prezzo più elevato. Il costo medio ponderato del capitale, invece, mostra un andamento costante e quindi indipendente dal rischio e dal livello di indebitamento.

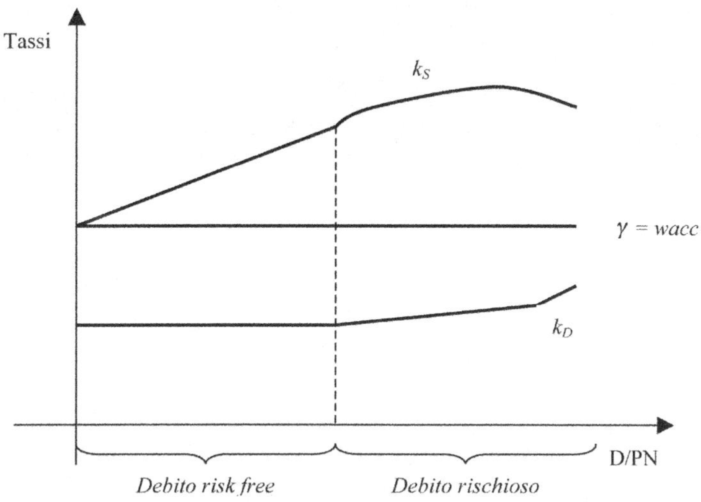

Fig. 4.2 Tassi di rendimento e grado di indebitamento
Fonte: adattato da Brealy R.A., Myers S.C., Allen F., Sandri S., 2007, op. cit., p. 446.

4.3 La teoria di Modigliani-Miller in presenza di imposte societarie

In seguito alla diffusione delle prime conclusioni raggiunte da Modigliani e Miller attraverso i loro studi sulla struttura finanziaria, si susseguirono numerose critiche rivolte all'impostazione iniziale del lavoro con particolare riferimento alle eccessive semplificazioni introdotte nel modello, come l'assenza di imposizione fiscale e dei costi di fallimento. Gli stessi autori, pertanto, in un momento successivo hanno rivisto le condizioni di validità della teoria compiendo un passo avanti estremamente significativo, ovvero rimuovendo l'ipotesi di mancanza di tasse: si passa così alla teoria di Modigliani e Miller in presenza di imposte societarie (ovvero di *corporate tax*), anch'essa costituita da due diverse proposizioni.

L'introduzione del sistema impositivo modifica sensibilmente sia i presupposti, sia i risultati del modello, capovolgendo le conclusioni raggiunte dagli autori: si passa cioè da una condizione di uguaglianza tra il valore dell'impresa priva di debito e il valore dell'impresa indebitata – condizione che postula l'indifferenza rispetto alle scelte di finanziamento –, a un maggior valore associato all'impresa *levered*, determinato proprio dagli effetti prodotti dalla variabile fiscale.

Per comprendere appieno tali concetti, si può riproporre di nuovo l'esempio della torta suddivisa tra i vari soggetti coinvolti nelle dinamiche aziendali: l'entrata in gioco del fisco aumenta il numero dei «pretendenti» ai flussi di cassa dell'impresa, in quanto la ricchezza prodotta dalla gestione deve essere divisa tra azionisti (sotto forma di dividendi), creditori (tramite gli oneri finanziari) e Stato (la cui remunerazione è rappresentata dalle imposte calcolate sul reddito) (Fig. 4.3).

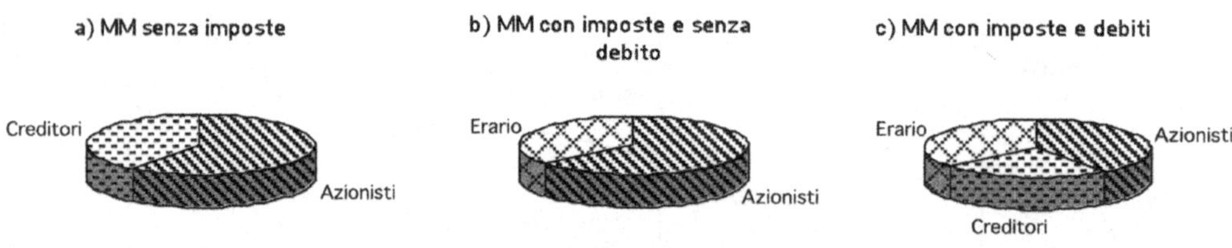

Fig. 4.3 La suddivisione della torta

Contrariamente a quanto avveniva nella prima formulazione del modello, laddove l'inserimento dei debiti nella struttura finanziaria non determinava alcuna variazione nell'entità del valore della società, in questa circostanza l'alterazione dei rapporti tra le singole fonti comporta inevitabilmente una modifica anche in termini di valore. La chiave di lettura che consente di capire appieno il perché di una simile affermazione è sintetizzabile nel meccanismo di deducibilità fiscale degli oneri finanziari, ovvero nel cosiddetto «effetto paratasse»: le imposte da corrispondere allo Stato sono infatti calcolate su una configurazione del reddito al netto degli interessi passivi, contrariamente a quanto accade per i dividendi definiti sulla base del reddito netto.

L'obiettivo degli azionisti consiste nel cercare di ridurre il più possibile la quota di ricchezza da destinare all'Erario sotto forma di imposte e tale finalità è raggiungibile attraverso una crescita del livello di indebitamento e dei relativi oneri finanziari: ciò comprime il reddito ante-imposte, sottraendo risorse allo Stato. Il risultato finale è rappresentato da una spiccata propensione mostrata dagli azionisti nei confronti dell'indebitamento che, stante le condizioni di operatività del modello e soprattutto in considerazione della mancanza di costi di fallimento, potrebbe teoricamente essere spinto fino a coprire per intero il fabbisogno generato dalla gestione (Fig. 4.4).

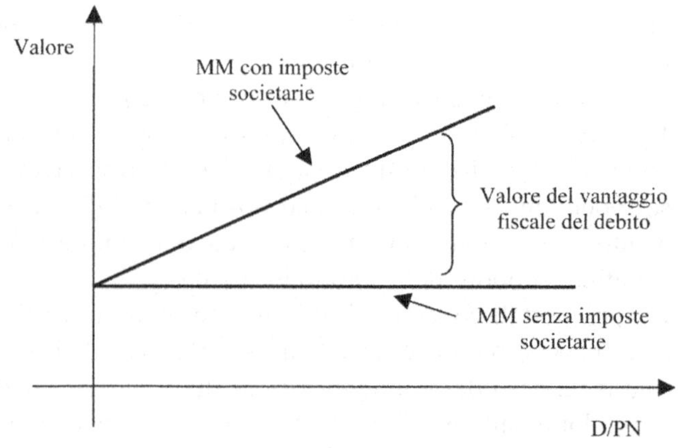

Fig. 4.4 La prima proposizione di Modigliani e Miller in presenza di imposte

Tab. 4.5 Un esempio

	Livello di indebitamento		
	0% D = 0	**25% D = 75.000**	**50% D = 150.000**
Reddito operativo	100.000	100.000	100.000
Oneri finanziari	—	7.500	15.000
Reddito ante-imposte	*100.000*	*92.500*	*85.000*
Imposte (36%)	36.000	33.300	30.600
Reddito netto	*64.000*	*59.200*	*54.400*
Dividendi	64.000	59.200	54.400
Totale remunerazioni per azionisti e creditori	**64.000**	**66.700**	**69.400**

Anche in questo caso è possibile proporre un semplice esempio in grado di evidenziare la formazione del vantaggio fiscale connesso all'indebitamento, utilizzando i medesimi dati inseriti in tabella 4.4 e aggiungendo una aliquota d'imposta pari al 36% (ovviamente la presenza delle imposte societarie fa emergere una differenza tra reddito ante-imposte e reddito netto) (Tab. 4.5).

È facile notare come ad una crescita del rapporto di indebitamento corrisponda un aumento dei flussi da destinare alla remunerazione di azionisti e creditori. Tali considerazioni consentono di giungere alla elaborazione della *I proposizione di Modigliani e Miller in presenza di imposte*: il valore di una impresa indebitata è maggiore rispetto al valore di una impresa non indebitata ($V_U < V_L$), stante il vantaggio fiscale ottenuto dalla deducibilità degli oneri finanziari.

A questo punto, occorre pertanto calcolare il vantaggio fiscale del debito, al fine di offrire una misura algebrica del divario che, in termini di valore, è rintracciabile tra le aziende *levered* e le aziende *unlevered*. Intuitivamente, il beneficio in parola è definito in funzione dell'aliquota d'imposta vigente sulle società e dell'ammontare degli oneri finanziari corrisposti sul debito:

beneficio fiscale del debito = aliquota di imposta (t) x oneri finanziari (OF) [12]

L'azionista si aspetta che tale vantaggio sia costante nel corso degli anni, rendendo necessario procedere con l'attualizzazione dello stesso a un tasso che, come appare del tutto logico ed evidente, è pari al tasso di interesse corrisposto sul debito (k_D). Sapendo che:

$$OF = D\,x\,k_D \qquad [13]$$

il valore attuale del vantaggio fiscale può essere espresso nel modo seguente:

$$VA_{BF} = \frac{t \cdot k_D \cdot D}{k_D} = tD \qquad [14]$$

La I proposizione di Modigliani e Miller in presenza di imposte afferma che il valore dell'impresa *levered* è ottenuto dal valore dell'impresa *unlevered* sommato al vantaggio fiscale del debito e può essere pertanto espressa nel modo seguente:

$$V_L = V_U + VA_{BF} = V_U + tD \qquad [15]$$

Calcolando il valore dell'impresa come valore attuale dei flussi di cassa che l'impresa è in grado di generare all'infinito, si ottiene[21]:

$$V_L = \frac{(1-t)FCF}{\gamma} + tD \qquad [16]$$

Contrariamente a quanto emerso nello studio della prima proposizione in assenza di imposte, laddove veniva affermata l'invarianza del valore dell'impresa a prescindere dal livello di *leverage*, nell'ipotesi in esame si registra una differenza tra V_L e V_U proprio per effetto dei benefici fiscali connessi al debito. La presenza del debito nella struttura finanziaria determina pertanto una modifica del valore complessivo dell'impresa e delle sue componenti (valore del debito e valore del capitale azionario). Se il management decide di aumentare il capitale proprio, il valore di *PN* subisce variazioni di segno contrastante: da un lato cresce in seguito all'emissione di nuove azioni (per un importo corrispondente al debito rimborsato), dall'altro si riduce per il venir meno di una parte del vantaggio fiscale del debito. Viceversa, preferendo incrementare il ricorso al debito, il valore del capitale azionario (*PN*) diminuisce per un importo corrispondente proprio alla crescita del debito – impiegato per il riacquisto delle azioni proprie –, ma allo stesso tempo è destinato ad aumentare per effetto della presenza del vantaggio fiscale del debito[22].

Anche con riferimento a questa versione del modello di Modigliani e Miller comprendente le imposte, gli autori hanno compiuto un ulteriore passo avanti, presentando importanti conclusioni anche sotto il profilo del rendimento. La logica in realtà rimane sostanzialmente invariata rispetto alla II proposizione in assenza di imposte, consentendo di addivenire alla *II proposizione di Modigliani e Miller in presenza di imposte societarie* semplicemente introducendo nella formulazione già vista (vedi formula [10]) l'effetto prodotto dalla variabile fiscale:

$$k_S = \gamma + \frac{D}{PN}(\gamma - k_D)(1-t) \qquad [17]$$

A questo punto occorre però compiere una doverosa puntualizzazione. Nell'esporre la teoria in assenza di imposizione fiscale è stata affermata l'uguaglianza tra il *wacc* e

[21] Si ricorda che il free cash flow è definito al netto degli oneri fiscali e al lordo della gestione finanziaria.
[22] Fanni, *Manuale di finanza dell'impresa*, cit., p. 398.

il costo medio ponderato impiegato dagli autori nel modello (γ). In presenza di imposte, invece, viene meno tale uguaglianza in quanto, mentre il valore di γ continua ad essere indipendente dal rapporto di *leverage*, il *wacc* diminuisce al crescere dell'incidenza del debito, a causa dell'impatto positivo che le imposte determinano sul valore dell'impresa indebitata. In altri termini, il *wacc*, in presenza di imposte, è dato da:

$$wacc = \frac{(1-t)FCF}{V_L} \qquad [18]$$

Esiste però una relazione tra il *wacc* e il tasso γ. Partendo infatti dalla formulazione del *wacc* definita nel capitolo precedente, ovvero:

$$wacc = (1-t)k_D \frac{D}{D+PN} + k_s \frac{PN}{D+PN} \qquad [19]$$

e sostituendo a k_S la relazione proposta da Modigliani e Miller, ovvero:

$$k_S = \gamma + \frac{D}{PN}(\gamma - k_D)(1-t)$$

si ottiene:

$$\begin{aligned} wacc &= (1-t)k_D \frac{D}{D+PN} + \left[\gamma + \frac{D}{PN}(\gamma - k_D)(1-t)\right]\frac{PN}{D+PN} = \\ &= (1-t)k_D \frac{D}{D+PN} + \gamma\frac{PN}{D+PN} + (1-t)\gamma\frac{D}{PN}\frac{PN}{D+PN} - (1-t)k_D\frac{D}{PN}\frac{PN}{d+PN} = \\ &= (1-t)k_D \frac{D}{D+PN} + \gamma\left(\frac{PN}{D+PN} + \frac{D}{D+PN}\right) - \gamma\cdot t\frac{D}{D+PN} - (1-t)k_D\frac{D}{D+PN} \end{aligned}$$

da cui deriva

$$wacc = \gamma\left(1 - t\frac{D}{D+PN}\right) \qquad [20]$$

L'andamento dei tassi di interesse rispetto al rapporto di indebitamento è illustrato nella figura 4.4.

Sulla base di questa nuova impostazione, all'aumentare del ricorso al debito si assiste a una crescita del costo del capitale azionario, stante il maggior livello di rischiosità aziendale, nonché a una contrazione del *wacc*. Così come avviene nel modello ideato

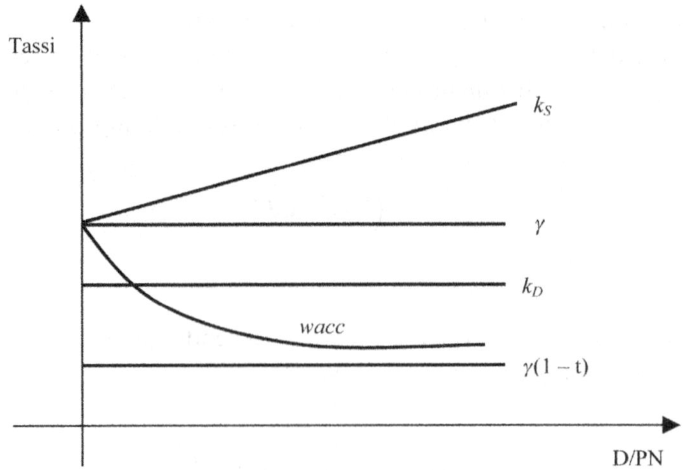

Fig. 4.4 Tassi di rendimento e grado di indebitamento in un mondo con imposte
Fonte: adattato da Fanni, cit., p. 400.

in assenza di imposte, anche in questo caso il costo del debito risulta costante in quanto gli oneri finanziari rimangono invariati a prescindere dal livello di indebitamento.

4.3.1 Le imposte personali

Le argomentazioni proposte da Modigliani e Miller nella seconda versione del loro modello riguardano la presenza, nel sistema impresa, delle sole imposte societarie (*corporate tax*), ovvero di quelle gravanti esclusivamente sulla società: le valutazioni che ne conseguono, effettuate anche in termini di convenienza per l'investitore, non contemplano in alcun modo le imposte personali (*personal tax*), il cui pagamento è posto a carico dei soggetti percettori dei flussi di cassa erogati dall'impresa (azionisti e obbligazionisti). Introducendo nel modello la variabile inerente le imposte personali, l'impresa, in un'ottica di soddisfazione delle aspettative dei suoi *stakeholder*, deve addivenire alla costruzione di una struttura finanziaria in grado di minimizzare tutte le imposte, anche quelle di natura personale, ovvero di massimizzare il valore dell'impresa al netto delle imposte.

Al fine di comprendere meglio le considerazioni appena esposte, appare opportuno affrontare il problema in termini del tutto generici: gli interessi percepiti dagli obbligazionisti sono dedotti dal reddito operativo al lordo delle *corporate tax* e subiscono successivamente una tassazione in capo al soggetto percettore pari a t_{pd} (aliquota delle imposte personali sugli interessi); i dividendi e il *capital gain*, remunerazioni offerte agli azionisti, sono calcolate a partire dal reddito netto e successivamente tassate in capo al percettore con una aliquota di imposta pari a t_{ps}. Tale discorso può essere semplificato e schematizzato nella tabella 4.6.

È dunque possibile ridefinire il vantaggio fiscale connesso al ricorso all'indebitamento, introducendo i concetti appena esposti:

Tab. 4.6 Imposte personali su azionisti e obbligazionisti

	Remunerazione per gli obbligazionisti	Remunerazione per gli azionisti
Configurazione di reddito di partenza	Reddito operativo UO	Reddito netto UO(1 – *t*)*
Ipotizzando un UO unitario	1	(1 – *t*)
Imposta personale	t_{pd}	$t_{ps}(1-t)$
Reddito al netto di tutte le imposte	$(1-t_{pd})$	$(1-t)-t_{ps}(1-t)=$ $=(1-t_{ps})(1-t)$

* *t* rappresenta l'aliquota di imposta societaria.

$$VA_{BF}=\left[1-\frac{(1-t)(1-t_{ps})}{(1-t_{pd})}\right]D \quad [21]$$

Anche le valutazioni in merito alla convenienza a indebitarsi devono essere riviste alla luce di quanto finora affermato: la crescita del grado di *leverage* appare conveniente soltanto se il denominatore del rapporto risulta superiore rispetto al numeratore; in caso contrario non sussiste un vantaggio fiscale del debito.

Se le imposte personali gravanti sia sugli obbligazionisti, sia sugli azionisti, sono equivalenti, condizione rintracciabile in molti sistemi tributari, allora si ricade automaticamente nell'ambito di applicazione del modello di Modigliani e Miller, a nulla rilevando le imposte personali. Infatti:

$$VA_{BF}=tD \quad [22]$$

4.3.2 L'introduzione dei costi di fallimento e la teoria del trade-off

Le conclusioni raggiunte da Modigliani e Miller dopo aver introdotto nel loro modello le imposte societarie conducono il lettore a ritenere che il vantaggio derivante dallo scudo fiscale possa produrre effetti illimitati, indirizzando gli azionisti verso la costruzione di una struttura finanziaria costituita in via pressoché esclusiva dai debiti. Nella realtà, però, se è indiscutibile l'esistenza di un beneficio associato alla deducibilità degli oneri finanziari che consente di accrescere il valore dell'impresa indebitata, è altrettanto vero che esiste un limite al vantaggio del ricorso al debito, rappresentato dai costi generati dal dissesto finanziario.

Si tratta di un aspetto esplicitamente escluso dalla teoria in esame, ma che occorre attentamente considerare al fine di rendere il modello stesso più coerente con le dinamiche del mondo reale. In effetti, come già ampiamente chiarito in precedenza, la crescita del livello di indebitamento espone l'azienda al rischio di non riuscire a far fronte correttamente e tempestivamente al pagamento degli interessi e al rimborso del capitale prestato: l'impresa può incorrere pertanto in crisi di liquidità, di entità e durata più o meno rilevante, fino a giungere addirittura a dissesti finanziari che aprono le porte alle procedure concorsuali. In entrambe le ipotesi possono verificarsi quei costi di fallimento precedentemente individuati, con particolare riferimento a quelli di natura indiretta.

I costi di fallimento sono destinati a incidere negativamente sul valore dell'impresa indebitata, in quanto la probabilità di dover affrontare una situazione di dissesto finanziario cresce in maniera più che proporzionale rispetto all'aumento del grado di *leverage*. Ne consegue un valore dell'impresa indebitata pari a:

$$V_L = V_U + VA_{BF} - VA_{CD} \qquad [23]$$

dove VA_{CD} = valore attuale dei costi del dissesto finanziario, determinato come prodotto tra i costi del dissesto finanziario (CD) – le cui componenti sono state precedentemente individuate e descritte – e la probabilità che essi si verifichino (p) (Fig. 4.5).

L'aumento del valore attuale dei costi del dissesto, se condotto agli eccessi, può progressivamente erodere il vantaggio offerto dalla deducibilità fiscale degli oneri finanziari, fino ad annullarlo e condurre a una contrazione del valore dell'impresa.

Sulla base di tali considerazioni è dunque possibile affermare che esiste una struttura finanziaria ottimale, rintracciabile in corrispondenza di un livello di indebitamento tale da consentire di sfruttare al massimo il vantaggio connesso alla deducibilità degli interessi passivi e tenendo adeguatamente sotto controllo i costi del dissesto. Si tratta delle conclusioni ottenute dai sostenitori della cosiddetta teoria del *trade-off* che, graficamente, colloca il grado di indebitamento ottimale nel punto di massimo della funzione che rappresenta il valore dell'impresa in presenza di imposte e di costi di fallimento (D/PN*)[23]. In corrispondenza di tale punto il valore dell'impresa risulta

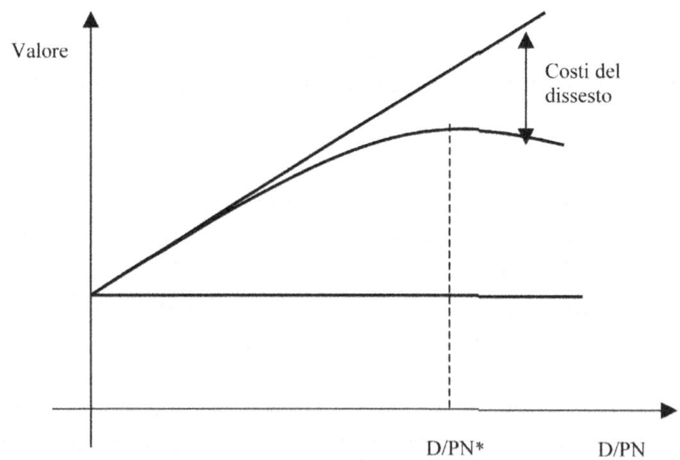

Fig. 4.5 Valore dell'impresa in presenza dei costi di fallimento

[23] Miglietta N., *La struttura finanziaria obiettivo nel sistema impresa*, Giappichelli, Milano 2004, p. 42.

massimizzato: esso è però differente a seconda della tipologia di impresa considerata, ovvero in funzione del grado di rischio associato alla stessa.

Nonostante sia possibile individuare una struttura finanziaria ottimale, l'evidenza empirica mostra la presenza di imprese il cui livello di indebitamento si discosta da quello in grado di massimizzare il valore dell'azienda: ci si può trovare di fronte a imprese sottoindebitate o, come più spesso avviene, a imprese sovraindebitate. Volendo approfondire tale discorso, risulta senz'altro più agevole comprendere e legittimare sotto il profilo economico-aziendale la prima scelta. La scelta di limitare il ricorso al debito al di sotto della soglia indicata dal modello del *trade-off* può scaturire dalla volontà di contenere l'ammontare degli oneri finanziari al fine di conservare un certo grado di elasticità finanziaria, «conservando» la possibilità di accrescere, in caso di bisogno, i debiti. Inoltre, il perseguimento di una simile strategia può risultare vincente in un'ottica di mantenimento di un elevato *rating*, indicatore sintetico in grado di esprimere il merito creditizio associato a una data azienda[24].

Sicuramente più rischiosa e difficilmente giustificabile in termini gestionali appare la scelta compiuta da quelle imprese che decidono di aumentare il livello di indebitamento al di sopra della soglia considerata ottimale. Ne deriva una crescita dei costi di fallimento, una riduzione dell'accreditamento presso gli intermediari, un innalzamento degli oneri finanziari, una maggiore presenza di vincoli posti dai finanziatori, un decremento della redditività aziendale. Si tratta di una situazione spesso riscontrabile nel panorama economico-aziendale italiano, caratterizzato da livelli di capitalizzazione cronicamente bassi e da un ricorso al sistema bancario decisamente eccessivo.

4.4 La teoria dell'ordine di scelta e le sue configurazioni[25]

4.4.1 Il contenuto originario della teoria del PO e la «teoria del PO allargato»

La teoria del *pecking order* (PO) si deve sostanzialmente a un lavoro di Myers del 1984[26] il quale si ispirò ad alcuni saggi precedentemente pubblicati e in particolare a un *paper* di Myers e Majluf del 1984[27]. È interessante notare che l'ipotesi alla base della teoria originaria di Myers e Majluf prevede l'esistenza di mercati finanziari per-

[24] Sulle problematiche inerenti la determinazione del rating si vedano: Bonifazi A., Troie G., *Basilea 2. Leve di governo del rating bancario*, Ipsoa, Milano 2007; De Laurentis G., Saita F., Sironi A., *Rating Interni e controllo del rischio di credito. Esperienze, problemi, soluzioni*, Bancaria, Roma 2004; Cantino V., *Valore d'impresa e merito creditizio*, Giuffrè, Milano 2002.

[25] Il presente paragrafo è a cura del dott. Oscar Domenichelli, ricercatore di Finanza aziendale presso la Facoltà di Economia dell'Università Politecnica delle Marche.

[26] Myers S.C., *The Capital Structure Puzzle*, «Journal of Finance», 39, luglio 1984, pp. 575-92.

[27] In dettaglio, si tratta dei seguenti lavori: Jensen M.C., Meckling W.H., *Theory of the Firm: Managerial Behavior, Agency Costs and Ownership Structure*, «Journal of Financial Management», 3, 1976, pp. 305-60, sulla teoria dell'agenzia; Ross S.A., *The Determination of Financial Structure: The Incentive-Signalling Approach*, «The Bell Journal of Economics», 8, 1977, pp. 23-40; Myers S.C., Majluf N.S., *Corporate Financing and Investment Decisions when Firms Have Information That Investors Do Not Have*, «Journal of Financial Economics», 13, 1984, pp. 187-221, sulla teoria dell'effetto di segnalazione.

fetti, eccetto che per una circostanza, che però costituisce un elemento fondamentale ai fini dell'elaborazione dell'apparato concettuale del PO: i potenziali investitori, esterni alla compagine societaria, siano essi possibili azionisti o creditori, non dispongono di tutte le informazioni riguardanti la situazione attuale e prospettica dell'impresa (problema di selezione avversa); situazione di cui invece sono consapevoli gli attuali azionisti e i manager dell'impresa, i quali si presuppone agiscano nell'interesse degli attuali soci (assenza di conflitti di agenzia).
Conseguentemente, i potenziali investitori non conoscono il reale valore degli investimenti in essere o delle nuove opportunità di sviluppo e ciò li pone nell'impossibilità di calcolare correttamente il reale valore dei titoli già in circolazione o che la società emetterà per finanziare nuovi investimenti: se, per esempio, un'impresa annuncia un'emissione di azioni per finanziare nuovi progetti di investimento a un prezzo molto basso, ci può essere un trasferimento di valore dai vecchi ai nuovi azionisti; mentre, se le nuove azioni sono offerte a un prezzo molto alto, il trasferimento di ricchezza si realizza dai nuovi ai vecchi azionisti[28]. Quanto appena affermato può essere chiarito con i seguenti esempi.

- *Esempio 1* - Un'impresa sia valutata dal mercato 50 euro, pari al prodotto del numero di azioni in circolazione (10) per la loro quotazione unitaria (5 euro). All'epoca della valutazione, il mercato non possiede informazioni positive sugli utili futuri dell'azienda, che farebbero salire il valore di mercato del capitale di pieno rischio al suo valore effettivo di 80 euro. Pertanto, il valore effettivo di ogni azione sarebbe pari a 80/10 = 8 euro. Quindi le azioni sono attualmente sottovalutate dal mercato. Si ipotizzi poi che, alla medesima epoca, per finanziare nuovi progetti di investimento sia richiesto ai nuovi azionisti un apporto di 50 euro che si traduce, ai valori di mercato, nell'assegnazione di 10 nuove azioni del valore appunto di 5 euro. Se successivamente, una volta note le informazioni, il mercato rivedesse verso l'alto la stima del valore dell'*equity* dell'azienda a 130 euro, il valore unitario delle azioni salirebbe a 130/20 = 6,5 euro. Come si vede, poiché il valore effettivo di ogni azione prima dell'aumento dell'*equity* era di 8 euro, mentre ai nuovi azionisti è stato chiesto di apportare 5 euro per ogni nuova azione sottoscritta, vi è stato un trasferimento di ricchezza dai vecchi ai nuovi azionisti pari a 8 – 6,5 = 6,5 – 5 = 1,5 euro.
- *Esempio 2* - Un'impresa sia valutata dal mercato 50 euro, pari al prodotto del numero di azioni in circolazione (10) per la loro quotazione unitaria (5 euro). All'epoca della valutazione, il mercato non possiede informazioni negative riguardanti gli utili futuri della società, che farebbero scendere il valore di mercato del capitale di pieno rischio al suo valore effettivo di 30 euro. Pertanto, il valore effettivo di ogni azione sarebbe pari a 30/10 = 3 euro. Quindi le azioni sono attualmente sopravalutate dal mercato. Si ipotizzi poi che, alla medesima epoca, per finanziare nuovi progetti di investimento sia richiesto ai nuovi azionisti un apporto di 50 euro che si

[28] Myers S.C., *Capital structure*, «Journal of Economic Perspective», 15, primavera 2001, p. 91.

traduce, ai valori di mercato, nell'assegnazione di 10 nuove azioni del valore appunto di 5 euro. Se successivamente, una volta note le notizie, il mercato rivedesse verso il basso la stima del valore dell'*equity* dell'azienda a 80 euro il valore unitario delle azioni scenderebbe a 80/20 = 4 euro. Come si vede, poiché il valore effettivo di ogni azione prima dell'aumento dell'*equity* era di 3 euro, mentre ai nuovi azionisti è stato chiesto di apportare 5 euro per ogni nuova azione sottoscritta, vi è stato un trasferimento di ricchezza dai nuovi ai vecchi azionisti pari a 5 – 4 = 4 – 3 = 1 euro.

Quindi, questa asimmetria informativa tra i manager e i vecchi azionisti, da un lato, e i potenziali nuovi azionisti, dall'altro, scoraggia l'emissione di nuovo *equity*, perché essa segnala probabilmente al mercato che le azioni sono sopravalutate e quindi un tentativo di impoverire i nuovi azionisti a vantaggio dei vecchi; pertanto, le imprese non sono in grado di offrire azioni al prezzo corrente di mercato, poiché esso subisce una contrazione, talvolta molto consistente; ciò causa una perdita in capo ai vecchi azionisti, alla quale si somma, a parità di capitale sociale da raccogliere, una diluizione del controllo della società a favore degli azionisti entranti.

La conseguenza finale di quanto appena detto è che se per coprire nuovo fabbisogno occorre reperire capitale esterno, le imprese utilizzano in primo luogo il debito, poi forme ibride di debito ed *equity* e infine capitale proprio. Più specificatamente, Myers[29] individua il seguente ordine gerarchico di preferenze, che costituisce poi l'essenza del funzionamento del PO:

1. le imprese preferiscono il finanziamento interno;
2. esse adattano il rapporto di distribuzione degli utili alle loro opportunità di investimento, evitando contemporaneamente brusche variazioni dei dividendi;
3. questa rigidità nella politica di distribuzione degli utili implica che i flussi di cassa generati internamente siano superiori o inferiori alle necessità di investimento. Se essi sono superiori, l'impresa rimborsa il debito o investe in titoli negoziabili; se essi sono inferiori l'impresa utilizza prima la sua liquidità o vende i suoi titoli negoziabili;
4. se è richiesto finanziamento esterno, le imprese emettono i titoli più sicuri. Si inizia pertanto con il debito, poi forse proseguono con forme ibride di titoli come le obbligazioni convertibili e poi con l'*equity*, come ultima soluzione.

In effetti, secondo Bianco[30], le asimmetrie informative del PO comportano la richiesta, da parte dei finanziatori esterni, di un premio per il rischio per il finanziamento anche di imprese di relativa buona qualità, allo scopo di compensare possibili perdite su imprese di cattiva qualità. Questo premio può far sì che il costo dell'*equity*

[29] Myers, *Capital structure*, cit., p. 589.

[30] Bianco M., *Vincoli finanziari e scelte reali delle imprese italiane: gli effetti di una relazione stabile con una banca*, in Angeloni I., Conti V., Passacantando F. (a cura di), «Le banche e il finanziamento delle imprese», Il Mulino, Bologna 1997, pp. 26-27.

esterno superi il costo opportunità sui profitti trattenuti. Le asimmetrie informative sul debito possono provocare simili effetti e quindi incrementare il costo del capitale a rischio limitato o un suo razionamento. In altri termini, il costo dell'autofinanziamento può risultare inferiore a quello del debito che, a sua volta, è meno costoso del capitale proprio esterno.

Fin qui si sono delineati i presupposti e gli aspetti essenziali del funzionamento della teoria del PO. Tuttavia, come accennato in precedenza, questa teoria evidenzia talvolta dei limiti, in termini di sequenza gerarchica e/o di simultanea presenza di altre possibili spiegazioni teoriche della struttura finanziaria, così come mostrato dai contradditori risultati sperimentali di alcuni recenti lavori.

Ciò può essere provocato da certe caratteristiche attribuibili al modello del PO originario. Esso, innanzitutto, viene di solito utilizzato per descrivere la politica finanziaria di generiche imprese quotate, senza quindi tenere in considerazione, per esempio, le dimensioni aziendali o il contenuto tecnologico delle produzioni o la fase del ciclo di vita. Inoltre, la teoria originaria del PO sembra applicarsi a mercati finanziari molto efficienti, come quello degli Stati Uniti, dove peraltro le azioni vengono emesse simultaneamente a favore di tutti i potenziali investitori (*firm commitment underwritings*) e non, come invece avviene, soprattutto nei paesi diversi da quelli anglosassoni, ricorrendo al diritto di opzione a favore degli attuali azionisti, i quali, in questo modo, hanno la priorità nell'acquisto di nuove azioni (*rights issues*)[31]. Infine, nel «mondo» di Myers e Mjluf sembra esserci spazio solo per l'offerta al mercato di azioni e obbligazioni, senza particolare attenzione per altre forme di finanziamento come, per esempio, il prestito bancario, nelle sue diverse forme e durate, il *leasing*, il debito commerciale ecc.

Queste «imperfezioni» del modello tradizionale del PO, ne pregiudicano il suo potere esplicativo. Si tratta allora di riuscire a rendere più flessibile il modello del PO originario, definendo il nuovo concetto di PO «allargato» o di «teoria del PO allargato». Essa si fonda sull'effetto di cinque specifici fattori: 1) le nuove tecnologie; 2) le piccole e medie dimensioni delle imprese; 3) i mercati finanziari dei paesi più sviluppati; 4) le economie dei paesi in fase di transizione; e 5) il ciclo di vita dell'impresa innovativa. Questi fattori producono asimmetrie informative e, conseguentemente, a seconda dei casi: a) non confutano l'originaria sequenza del PO (autofinanziamento, titoli di debito, titoli ibridi di debito ed *equity* e infine azioni); b) cambiano la gerarchia tradizionale o il contenuto dell'ordine di scelta; c) permettono la compresenza di una qualche forma di sequenza gerarchica, assieme ad altri filoni dottrinali della struttura finanziaria. Questa nuova versione del PO consente di spiegare molto meglio i comportamenti finanziari adottati dalle imprese a livello internazionale ed empiricamente osservati.

[31] Si veda in proposito Sànchez-Vidal J., Martìn-Ugedo J. F., *Financing Preference of Spanish Firms: Evidence on the Pecking Order Theory*, «Review of Quantitative Finance and Accounting», 25, 2005, pp. 343-44.

È utile infine puntualizzare che, nell'ambito della «teoria del PO allargato», le asimmetrie informative si riferiscono alla minore conoscenza, in ordine alle attività e opportunità di crescita dell'azienda, che hanno i diversi soggetti esterni, di volta in volta indicati, rispetto agli attuali manager e soci dell'impresa, ovvero genericamente rispetto all'impresa stessa. I costi di tali asimmetrie informative vengono sostenuti dagli attuali soci e costituiscono il premio, richiesto dai soggetti esterni, per il rischio di investire in aziende di cui essi ritengono di non disporre di tutte le informazioni rilevanti; questi costi riducono la ricchezza degli attuali soci. Qui di seguito verranno proposti i più recenti contributi della letteratura, che permettono di delineare la «teoria allargata del PO» o «teoria del PO allargato».

4.4.2 I principali contenuti della «teoria del PO allargato»

Un primo caso in cui la teoria originaria del PO mostra poca capacità esplicativa della struttura finanziaria è quello delle imprese che utilizzano tecnologie avanzate, soprattutto per quanto riguarda il primo stadio della loro crescita[32]. Come osservato da Hogan e Hutson[33], per esse sono considerevoli le asimmetrie informative soprattutto con le banche, mentre risultano irrilevanti le asimmetrie informative tra le medesime imprese e quelle di *venture capital*, grazie alla specializzazione di queste ultime e al loro coinvolgimento nel progetto finanziato. Sostanzialmente, le aziende utilizzatrici di nuove tecnologie se da un lato mostrano una generale predilezione per la fonte interna di finanziamento rispetto a quelle esterne[34], dall'altro, quando vengono richieste fonti esterne, esse preferiscono, nel primo periodo del loro sviluppo, l'*equity*, proveniente dalle imprese di *venture capital*, al debito. La sequenza gerarchica per le imprese del campo delle nuove tecnologie è pertanto la seguente: autofinanziamento, *equity* e debito.

Come sottolineato da diversi autori, la rilevanza internazionale dell'ordine di scelta per le piccole e medie imprese è ormai da tempo ben documentata[35], soprattutto

[32] Si leggano al riguardo: Brewer E., Genay H., Jackson W.E., Worthington P.R., *The securities issues decisions: evidence from small business investment companies*, working paper, Federal Reserve Bank of Chicago 1997; Hyytinen A., Pajarinen M., *Financing of Technology Intensive Small Business: Some Evidence from the ICT Industry*, «The Research Institute of the Finnish Economy», discussion paper, 813, 2002.

[33] Hogan T., Hutson E., *Capital Structure in New Technology-Based Firms: Evidence from the Irish Software Sector*, «Global Finance Journal», 15, 2005, pp. 369-87.

[34] Si consultino sul tema: Dahlstrand A.L., Cetindamar D., *The Dynamics of Innovation Financing in Sweden*, «Venture Capital», 2, 2000, pp. 203-21; Giudici G., Paleari S., *The Provision of Finance to Innovation: A Survey Conducted Among Italian Technology-Based Small Firms*, «Journal of Small Business Economics», 14, 2000, pp. 37-53; Hyytinen, Pajarinen, cit.

[35] Sono in proposito interessanti i lavori di: Hall G.C., Hutchinson P.J., Michaelas N., *Determinants of the capital structure of European SMEs*, «Journal of Business Finance & Accounting», 31, 2004, pp. 711-28; Ang J.S., *Small Business Uniqueness and the Theory of Financial Management*, «Journal of Small Business Finance», 1, 1991, pp. 1-13; Holmes S., Kent P., *An empirical analysis of the Financial Structure of Small and Large Australian Manufacturing Enterprises*, «Journal of Small Business Finance», 1, 1991, pp. 141-54; Cosh A., Hughes A., *Size, Financial Structure and Profitability*, in Hughes A., Storey D.J., «Finance and the small firm», Routledge, Londra 1994.

quando ci si riferisce genericamente alle fonti di debito e non specificatamente alle obbligazioni e si considera un concetto ampio di fonte interna, cioè comprendente, oltre all'autofinanziamento, gli apporti personali, di *equity* o di debito, dell'imprenditore o dei soci[36].

L'importanza di una sequenza gerarchica, nella politica di finanziamento delle piccole e medie imprese, è tale per tre principali ragioni che verranno a breve discusse.

Occorre premettere che il PO sembrerebbe difficilmente applicabile alle piccole e medie imprese appartenenti a paesi non anglosassoni, nei quali il principale metodo di emissione di azioni è quello del diritto di opzione (*rights offerings*) e non quello dell'offerta al pubblico indifferenziato dei potenziali investitori (*firm commitment underwritings*), come negli Stati Uniti. In effetti, poiché i vecchi azionisti, esercitando il diritto di opzione, possono acquisire prioritariamente nuove azioni al fine di mantenere immutata la loro quota di proprietà aziendale, questo minimizza la possibilità di trasferimento di ricchezza tra azionisti, potendoci essere evidentemente coincidenza tra vecchi e nuovi *shareholder*; conseguentemente, l'affermazione di Myers and Majluf, per la quale l'emissione di *equity* è in fondo all'ordine di scelta di finanziamento di investimenti addizionali, appare debole in quei mercati finanziari in cui l'offerta di azioni con diritto di opzione costituisce il metodo prevalente.

Ciononostante, l'effetto della presenza del diritto di opzione sembra essere compensato da un importante elemento: il cosiddetto *finance gap*, vale a dire la limitazione all'accesso alle fonti di finanziamento esterne, sofferta dalle piccole e medie imprese. Il *finance gap* è a sua volta costituito da due componenti: il *supply gap*, riguardante la mancanza di fondi o un più elevato costo di acquisizione dei finanziamenti per le piccole e medie imprese, che sono percepite come relativamente rischiose; e il *knowledge gap*, concernente la limitata consapevolezza di tutte le opportunità e caratteristiche delle fonti esterne di finanziamento. Quindi, questo *finance gap* finisce per limitare il capitale reperito a quello interno e, se necessario, al prestito bancario multiplo, soprattutto di breve termine, e al credito di fornitura; tutto ciò rende possibile un ordine di scelta molto simile a quello di Myers e Majluf[37].

Inoltre, l'utilizzo nelle piccole e medie imprese di un ordine di scelta è dovuto, per un verso, all'armonia di interessi tra gli attuali azionisti e i manager (*insider*), visto che spesso si tratta delle stesse persone, soprattutto nelle aziende di più ridotte dimensioni, o comunque il management è facilmente controllabile e a costi ridotti dai soci (contrariamente a quanto avviene nelle imprese a proprietà diffusa, dove ogni azionista ha la percezione di contare poco nelle scelte aziendali ed è portato a delegare ad altri azionisti il controllo dell'operato dei manager; così facendo si alimentano però i costi di agenzia relativi al minore valore creato dai manager, che sono infatti più liberi di investire in progetti a VAN negativo per il soddisfacimento dei loro personali interessi); per l'altro verso, esiste un'alta asimmetria informativa tra gli *insider* e i po-

[36] Lopez-Garzia J., Aybar-Arias C., *An Empirical Approach to the Financial Behaviour of Small and Medium Sized Companies*, «Small Business Economics», 14, 2000, pp. 55-63.

[37] Sànchez-Vidal, Martìn-Ugedo, cit., pp. 343-344.

tenziali investitori esterni (*outsider*), anche tenuto conto che spesso si tratta di imprese non quotate: in effetti, queste imprese non sono soggette agli obblighi di informativa nei confronti del mercato finanziario e perciò esse possono rilasciare minori informazioni, talvolta anche di dubbia qualità perché non facilmente verificabili[38].

Infine, numerosi studi hanno mostrato come i proprietari-manager delle piccole e medie imprese siano fortemente avversi all'abbandono, ancorché parziale, del controllo delle proprie imprese, che si realizza quando entrano nella compagine sociale nuovi proprietari[39]; si noti poi che questo problema sussiste anche nel caso di emissioni azionarie con diritto di opzione, se gli attuali azionisti non possiedono abbastanza danaro per acquistare i nuovi titoli che consentirebbero loro di mantenere la quota di controllo. Il risultato finale è che comunque gli attuali azionisti non sono inclini a incrementare l'*equity*.

L'effetto congiunto delle motivazioni appena discusse giustifica la sequenza: fonte interna (comprendente, come già indicato, autofinanziamento e capitale proprio o di debito apportato dall'imprenditore o dai soci), debito soprattutto di fornitura e bancario multiplo e, infine, *equity* esterno all'attuale compagine societaria. Peraltro, non si escludono comportamenti finanziari in linea con altre teorie della *capital structure*, così come da tempo evidenziato per l'Italia.

I mercati finanziari dei paesi più sviluppati dovrebbero essere notevolmente efficienti e quindi più trasparenti e pertanto la sequenza gerarchica dovrebbe essere più difficilmente applicabile. Tuttavia, gli esiti delle ricerche empiriche non sempre sono concordanti, avvalorando in taluni casi le potenzialità esplicative del PO originario e in altri apparendo più deboli sotto questo profilo[40].

Relativamente alle economie dei paesi in fase di transizione, i più recenti lavori permettono una distinzione tra la realtà cinese, in forte evoluzione, e quella dei paesi dell'Europa centrale e orientale.

In Cina, essenzialmente, non sono presenti asimmetrie informative tra vecchi e nuovi azionisti, per la spesso sostanziale coincidenza tra vecchia e nuova proprietà azionaria (lo Stato) e perché il mercato azionario ha raggiunto un certo livello di sviluppo.

[38] Watson R., Wilson N., *Small and Medium Size Enterprise Financing: A Note on Some of the Empirical Implications of a Pecking Order*, «Journal of Business Finance & Accounting», 29, 2002, pp. 557-78.

[39] Si consideri tra gli altri: Hamilton R.T., Fox M.A., *The Financing Preferences of Small Firm Owners*, «International Journal of Entrepreneurial Behaviour & Research», 4, 1998, pp. 239-48; Cressy R., Olofsson C., *The Financial Conditions for Swedish SMEs: Survey and Research Agenda*, «Small Business Economics», 9, 1997, pp. 179-94; Jordan J., Lowe J., Taylor P., *Strategy and Financial Policy in UK Small Firms*, «Journal of Business Finance & Accounting», 25, 1998, pp. 1-27.

[40] Al riguardo, sono di particolare interesse i lavori di: Aggarwal R., Zong S., *The Cash Flow-Investment Relationship: International Evidence of Limited Access to External Finance*, «Journal of Multinational Financial Management», n. 16, 2006, pp. 89-104; De Haan L., Hinloopen J., *Preference hierarchies for internal finance, bank loans, bond, and share issues: evidence for Dutch firms*, «Journal of Empirical Finance», 10, 2003, pp. 661-81; Gaud P., Jani E., Hoesli M., Bender A., *The Capital Structure of Swiss Companies: An Empirical Analysis Using Dynamic Panel Data*, «European Financial Management», 11, 2005, pp. 51-69; Gaud P., Hoesli M., Bender A., *Deb-equity Choice in Europe*, «International Review of Financial Analysis», 16, 2007, pp. 201-22.

Trova quindi giustificazione la sequenza gerarchica: profitti trattenuti, *equity* e debito[41]. Nei paesi dell'Europa centrale e orientale il mercato obbligazionario è ancora in fase di crescita, mentre le banche offrono soprattutto prestiti a breve termine. I costi informativi dell'*equity* sono pertanto «percepiti» come contenuti, in relazione all'esigenza di finanziare il fabbisogno consolidato delle imprese. L'ordine gerarchico è: utili risparmiati, *equity* e debito bancario e obbligazionario[42].
Per quanto riguarda il tema del ciclo di vita dell'impresa innovativa, si evidenzia come l'ordine di scelta del capitale sia influenzato dal peso delle asimmetrie informative, emergenti in ogni fase del ciclo di vita. Essenzialmente l'impresa si rivolge al mercato finanziario quando le altre fonti (interna, il capitale proprio personale e familiare, l'indebitamento bancario e di fornitura e il *venture capital*) sono insufficienti a finanziare il crescente fabbisogno finanziario[43].

4.4.3 PO e imprese italiane: una breve analisi

L'applicabilità del PO è studiata da molti anni anche in relazione all'Italia. Sinteticamente, le imprese italiane, che nella grande maggioranza dei casi sono di piccole e medie dimensioni, sono caratterizzate: dalla talvolta elevata quota di utili trattenuti da parte delle aziende più profittevoli e dal notevole impegno di capitale proprio (in senso lato) investito, per quanto limitato rispetto all'indebitamento, come esito del forte *committment* e identificazione nei confronti dell'impresa spesso a carattere personalistico o familiare; dal tradizionale orientamento verso il debito bancario multiplo a breve (di solito come conseguenza della contenuta offerta di garanzie reali e/o personali e della consistente presenza delle banche nel sistema finanziario italiano, nonché della scarsa conoscenza delle diverse forme di finanziamento disponibili); e dall'avversione per la diluizione del controllo. Esse inoltre sono soggette a un regime fiscale che favorisce l'indebitamento penalizzando quindi l'acquisizione di *equity*, e subiscono, nel loro auspicabile percorso di sviluppo, gli effetti negativi dei mercati finanziari italiani ancora deboli e quindi inefficienti che, solo a partire dalla fine degli anni Novanta del secolo scorso, hanno conosciuto una crescita quantitativa e qualitativa, sia pure parziale.

Gli effetti delle caratteristiche intrinseche e del contesto operativo delle imprese italiane sulla politica di finanziamento di queste ultime sono stati studiati alcuni anni fa dalla Bontempi[44]; l'autrice ha indicato la presenza di una particolare tipologia di

[41] Chen J.J., *Determinants of Capital Structure of Chinese-listed Companies*, «Journal of Business Research», 57, 2004, pp. 1341-51; Chen J., Strange R., *The Determinants of Capital Structure: Evidence from Chinese Listed Companies*, «Economic Change and Restructuring», 38, 2005, pp. 11-35.

[42] Delcoure N., *The Determinants of Capital Structure in Transitional Economies*, «International Review of Economics and Finance», 16, 2007, pp. 400-15.

[43] Damodaran A., 2006, *Financing Choices Across the Life Cycle*, in *Finding the Right Financing Mix: The Capital Structure Decision*, http://pages.stern.nyu.edu/~adamodar/New_Home_Page/cflect.htm.

[44] Bontempi M.E., *The Dynamic Specification of the Modified Pecking Order Theory: Its Relevance to Italy*, «Empirical Economics», 27, 2002, pp. 1-22.

impresa italiana che in realtà è un mix di due componenti: l'impresa del tipo «*trade-off*» che ha un livello di indebitamento ottimale di lungo periodo verso il quale essa converge; e l'impresa del tipo «PO» per la quale la disponibilità di breve periodo di fonti interne di finanziamento finisce per interferire con il processo di aggiustamento verso il *leverage*-obiettivo. Come sottolineato dalla stessa autrice, uno degli aspetti importanti della ricerca, dato che sia il modello del *trade-off*, sia quello del PO hanno valenza applicativa, è quello di fornire lo stimolo per ulteriori analisi empiriche relative ad altri contesti istituzionali (possibilmente simili all'Italia, come la Francia o la Spagna), al fine di verificare in quali situazioni l'uno possa divenire più rilevante dell'altro. Si può ritenere, innanzitutto, che i risultati di questo lavoro della Bontempi non siano in marcato contrasto con la sequenza del PO, se si considera principalmente il debito bancario e di fornitura tra le fonti esterne di capitale; inoltre, le elevate imposte a carico delle imprese italiane, per un verso, e la tendenza all'aumento del debito (soprattutto bancario multiplo) e quindi del rischio di insolvenza, per l'altro, potrebbero motivare un'assidua ricerca di un *leverage* ottimale, come predetto dalla teoria del *trade-off*.

È interessante notare come il risultato del citato lavoro della Bontempi sia sostanzialmente in linea con altri studi italiani sulla struttura finanziaria; essi hanno documentato la rilevanza per le imprese italiane di più approcci teorici e in particolare di quelli del *trade-off* e dell'ordine di scelta. Per esempio, Bonato et al.[45] hanno sottolineato, sotto il profilo delle implicazioni della teoria del *trade-off*, la compatibilità della struttura finanziaria delle imprese italiane con le dinamiche legate alla tassazione d'impresa e ai costi di fallimento; mentre dal punto di vista della presenza della gerarchia finanziaria, gli autori hanno mostrato, in particolare, il ruolo prioritario dell'autofinanziamento nel coprire gli investimenti e la correlazione negativa tra profitti e indebitamento. In coerenza con le conclusioni della ricerca di Bonato et al., Buttignon e De Leo[46] hanno appurato la forte correlazione negativa tra redditività operativa e indebitamento a breve e a lungo termine e quindi l'importanza dei fondi generati internamente, per effetto della gestione operativa, quali strumenti di finanziamento degli impieghi marginali. Peraltro, l'importanza della teoria della sequenza gerarchica è stata ribadita più recentemente nel *paper* di Bigelli et al.[47], con riferimento alle imprese italiane quotate. Inoltre, Venanzi[48] ha condotto una ricerca empirica su un campione di imprese italiane capogruppo che ha evidenziato una ge-

[45] Bonato L., Hamaui R., Ratti M., *Come spiegare la struttura finanziaria delle imprese italiane?*, «Politica Economica», IX, 1, 1993, pp. 49-99.

[46] Buttignon F., De Leo F., *I fattori determinanti la struttura finanziaria: analisi empirica nel caso italiano*, «Finanza, Imprese e Mercati», VI, 1, 1994, pp. 3-23.

[47] Bigelli M., Mengoli S., Sandri S., *I fattori determinanti la struttura finanziaria delle imprese italiane: una verifica empirica sulle società quotate*, «Finanza, Marketing e Produzione», 3-4 (seconda parte), 2001, pp. 71-93.

[48] Venanzi D., *Le determinanti della struttura finanziaria delle imprese – Un'indagine empirica su un campione di imprese italiane capogruppo*, in Id. (a cura di), *Le decisioni di struttura finanziaria delle imprese italiane. Evidenza empirica*, Morlacchi, Perugia 2003, pp. 193-223.

rarchia tra fonti di finanziamento, caratterizzata dalla preferenza per le risorse provenienti dalla gestione operativa corrente e dall'indebitamento come fonte esterna privilegiata; in quest'ultimo caso le imprese studiate tendono a diversificare e ad aumentare i rapporti bancari.

4.5 Le variazioni della struttura finanziaria: leva finanziaria e leva operativa

Il percorso seguito finora è stato concentrato sulle relazioni rintracciabili tra livello di indebitamento e valore dell'impresa, passando dalle prime proposizioni di Modigliani e Miller in assenza di imposizione fiscale, alla teoria del *trade-off* che, con una impostazione più realistica, propone un grado di *leverage* ottimale in corrispondenza del quale il valore del capitale sconta sia il vantaggio connesso alla deducibilità degli oneri finanziari, sia i costi associati al dissesto, fino ad arrivare alla teoria del PO, in base alla quale la struttura finanziaria che massimizza il valore degli azionisti e quindi dell'impresa è quella che segue uno specifico ordine di scelta, ancorché talora modificato rispetto all'impostazione originaria di Myers e Majluf.

Il discorso può però essere ulteriormente ampliato verificando l'impatto determinato da una variazione della struttura finanziaria sulla redditività aziendale e in particolare sull'indice di redditività del capitale proprio (ROE). Si tratta della cosiddetta manovra della leva finanziaria, focalizzata appunto sull'effetto leva e volta a misurare la convenienza, in termini di crescita della redditività, del ricorso al debito per finanziare gli investimenti[49].

Come emerso in sede di esposizione dell'analisi di bilancio condotta attraverso la costruzione di appositi indici[50], la redditività del capitale proprio può essere espressa dal seguente rapporto:

$$ROE = \frac{RN}{PN} \qquad [24]$$

Il risultato ottenuto dall'applicazione di tale indice offre informazioni in merito alla capacità dell'impresa, attraverso il contributo offerto da tutte le aree nelle quali si articola la gestione, alla soddisfazione delle aspettative degli azionisti. L'obiettivo che si intende perseguire attraverso lo studio della manovra della leva finanziaria consiste appunto nel verificare gli effetti prodotti su tale livello di redditività da variazioni intervenute nel grado di indebitamento. Il grado di indebitamento produce diversi effetti sia sulla gestione reddituale, sia sulla gestione finanziaria, determinando un aumento del rischio finanziario per gli azionisti e per i creditori. E ciò in conseguenza

[49] Weston J.F., Brighan E.F., *Finanza aziendale*, Il Mulino, Bologna 1974, p. 252.
[50] Cfr. Capitolo 2.

di una possibile minore capacità dell'azienda di remunerare il capitale acquisito, nonché di restituire il capitale alle scadenze prestabilite[51].

In sintesi, è possibile affermare che la capacità di applicare un'appropriata manovra della leva finanziaria comporta:

- la capacità di negoziare quantitativamente la provvista dei capitali, nonché le condizioni economiche relative a tale provvista;
- la capacità di amministrare il capitale investito;
- la capacità di attuare un sistematico controllo finanziario degli investimenti sia in sede preventiva sia in sede consuntiva, tendente a raggiungere e mantenere gli oneri finanziari a un livello ottimale.

Al fine di approfondire l'argomento, si ipotizzi una azienda priva delle gestioni straordinarie e extracaratteristiche: ne consegue che le uniche differenze rintracciabili tra reddito operativo e reddito netto sono da attribuire alla presenza di oneri finanziari e imposte. I simboli da impiegare nelle elaborazioni che seguono sono:

RN = reddito della gestione caratteristica al netto degli oneri finanziari e tributari;
RO = utile operativo;
K = capitale medio investito nella gestione caratteristica;

ROI = $\frac{RO}{K}$ = saggio di remunerazione del capitale investito;

ROE = saggio di remunerazione del capitale proprio investito;
OT = oneri tributari;
PN = capitale proprio;

ROD = $\frac{OF}{D}$ = tasso di onerosità media dei debiti;

OF = $D \cdot ROD = (K - PN)ROD$ = oneri finanziari;

t = aliquota d'imposta.

Sulla base di questa impostazione, è possibile esprimere il reddito netto nel modo seguente:

$$RN = RO - OF - OT \qquad [25]$$

considerando che gli oneri tributari sono calcolati come:

$$OT = (RO - OF)t \qquad [26]$$

[51] Fontana F., *I piani e programmi di impresa*, Cedam, Padova 1984, pp. 248-49.

Sostituendo:

$$RN = RO - OF - (RO - OF)t$$
$$RN = (RO - OF)(1 - t) \qquad [27]$$

Inoltre, è possibile esprimere il reddito operativo in funzione del capitale investito e del ROI, partendo proprio dalla formulazione di quest'ultimo:

$$RO = K \cdot ROI \qquad [28]$$

Sostituendo tale relazione nella [25], nonché esplicitando l'espressione relativa agli oneri finanziari [$OF = D \cdot ROD = (K - PN)ROD$] si ottiene:

$$RN = \left[\left(K \cdot ROI\right) - \left(K - PN\right)ROD\right](1 - t) \qquad [29]$$

Dividendo entrambi i membri dell'eguaglianza per *PN*, si ottiene al primo membro dell'espressione *RN/N*, ovvero il saggio di rendimento del capitale netto investito (*ROE*), mentre al secondo membro dell'eguaglianza si avrà:

$$\begin{aligned} ROE &= \left[\frac{(K \cdot ROI)}{PN} - \frac{(K - PN)}{PN} ROD\right]\left(1 - t\right) = \\ &= \left[\frac{K \cdot ROI}{PN} - \left(\frac{K}{PN} - 1\right) ROD\right]\left(1 - t\right) = \\ &= \left[\frac{K}{PN} ROI - \frac{K}{PN} ROD + ROD\right]\left(1 - t\right) = \\ &= \left[\frac{K}{PN} \times (ROI - ROD) + ROD\right]\left(1 - t\right) \end{aligned} \qquad [30]$$

quindi:

$$ROE = \frac{K}{PN}\left(ROI - ROD\right)(1 - t) + ROD(1 - t)$$

$$ROE = \left[\frac{K}{PN}\left(ROI - ROD\right) + ROD\right]\left(1 - t\right) \qquad [31]$$

Quest'ultima formulazione rappresenta appunto la manovra della leva finanziaria, la quale pone in relazione il *ROE* con il tasso di rendimento del capitale investito

(*ROI*), con l'onerosità dei debiti (*ROD*) e con il rapporto di indebitamento (*K/PN*). Modificando leggermente il percorso di derivazione del *ROE*, è però possibile esprimere la manovra della leva finanziaria in un modo alternativo, ma che sicuramente costituisce l'approccio più seguito in letteratura. Si tratta semplicemente di scomporre il capitale investito *K* nelle sue componenti, ovvero i debiti e il capitale proprio:

$$K = D + PN \qquad [32]$$

Sostituendo tale relazione nella [31], si ottengono i seguenti passaggi:

$$ROE = \left[\frac{(D + PN))}{PN} \cdot ROI - \frac{(D + PN - PN)}{PN} \cdot ROD \right] (1 - t)$$

$$ROE = \left[\frac{D}{PN} \cdot ROI + ROI - \frac{D}{PN} \cdot ROD \right] (1 - t)$$

$$ROE = \left[\frac{D}{PN} (ROI - ROD) + ROI \right] (1 - t) \qquad [33]$$

Prima di procedere con le analisi inerenti il meccanismo della leva finanziaria, si rende necessario un chiarimento[52]: mentre la relazione del *ROE* ottenuta dal rapporto tra reddito netto e capitale netto è sempre e comunque verificata, la [33] è in grado di esprimere la reale misura del tasso di rendimento del capitale proprio soltanto in ipotesi di assenza di gestioni straordinarie ed extra-caratteristiche tali da generare voci di bilancio quali ad esempio oneri e proventi straordinari, sopravvenienze attive e passive ecc.

L'osservazione della manovra della leva finanziaria fa emergere una relazione diretta tra il *ROE* e il rapporto di indebitamento, nonché tra il *ROE* e la differenza tra il rendimento del capitale investito e il costo del debito (*ROI* – *ROD*). Ed è proprio tale differenza che costituisce il fulcro della manovra in parola: infatti, il segno derivante dal confronto tra *ROI* e *ROD*, ovvero il cosiddetto *effetto semplice* della manovra della leva finanziaria, offre indicazioni in merito alla convenienza o meno a ricorrere all'indebitamento; la ponderazione di tale differenza con il rapporto di indebitamento, che può assumere soltanto valori positivi, costituisce l'*effetto ponderato* di leva finanziaria, destinato semplicemente ad amplificare il risultato ottenuto dall'effetto semplice.

A questo punto è dunque opportuno verificare le conseguenze prodotte sul ROE da una variazione del grado di *leverage*, a seconda del segno fatto registrare dalla differenza (*ROI* – *ROD*).

[52] Rutigliano M., *L'effetto di leva finanziaria*, in Bisoni C., Rosignoli B. (a cura di), *Letture di finanza aziendale*, Giuffrè, Milano 1991, p. 271.

Effetto positivo della manovra della leva finanziaria

Si registra un effetto positivo della manovra della leva finanziaria quando dal confronto tra *ROI* e *ROD* emerge una differenza positiva: ciò significa che le risorse investite nell'attività caratteristica dell'impresa offrono un rendimento superiore rispetto al costo sostenuto per l'acquisizione delle risorse stesse. Si determina pertanto un impatto positivo sulla redditività del capitale proprio, amplificato dalla presenza di un fattore moltiplicativo (*D/PN*). La principale conclusione che si può trarre in questa circostanza è sintetizzabile nella convenienza ad accrescere ulteriormente il livello di indebitamento, producendo un aumento del rapporto *D/PN* che a sua volta incrementa la variazione positiva del *ROE*.

La figura 4.6 mostra che aumentando l'indebitamento il capitale azionario risente dell'effetto di leva del debito addizionale. L'incremento dell'indebitamento provoca poi un aumento del grado di rischio degli azionisti che conseguentemente richiedono un maggiore rendimento.

Questo meccanismo non può però essere spinto all'infinito, in quanto una crescita del debito determina, oltre un certo livello, il sorgere dei costi del dissesto e dunque una richiesta di aumento degli oneri finanziari da parte dei finanziatori che riduce, fino ad annullare o addirittura a rendere negativa, la differenza tra *ROI* e *ROD*. Inoltre, un incremento degli interessi da corrispondere sul debito fa assottigliare sempre di più la differenza tra la remunerazione offerta agli azionisti e quella richiesta dai creditori, fattore che contribuisce ulteriormente a ridurre la convenienza a indebitarsi.

Effetto nullo della manovra della leva finanziaria

L'effetto nullo della manovra della leva finanziaria si manifesta quando la differenza (*ROI* – *ROD*) risulta pari a zero, annullando altresì l'effetto di leva ponderata. Ne consegue che:

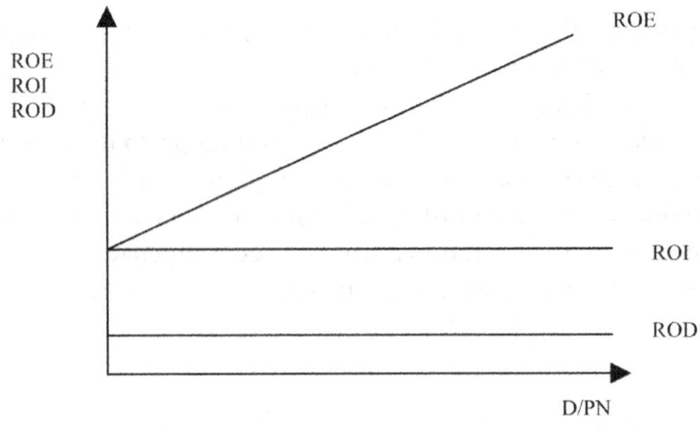

Fig. 4.6 Effetto positivo della manovra della leva finanziaria

ROI = *ROD* e inoltre

ROE = *ROI* = *ROD*

In questo caso appare evidente come l'impresa si trovi in una situazione di indifferenza rispetto alla scelta di indebitarsi ulteriormente. Occorre però sottolineare che un eventuale incremento del debito può condurre, come già sottolineato, a una crescita degli oneri finanziari, con tutte le conseguenze che ne derivano e che sono state già esposte.

Al verificarsi di questa situazione, si individua il *punto critico* della leva finanziaria, cioè il *punto critico* della remunerabilità del capitale acquisito con il vincolo di pieno rischio. Per superare questo punto critico è necessario agire nel quadro della realtà aziendale e coerentemente alle oggettive possibilità, tanto sulle condizioni generali di produttività (dalle quali deriva il *ROI*), quanto sul saggio del capitale di prestito (Fig. 4.7).

Al riguardo, occorre notare che, in prossimità del predetto punto critico, le ragioni che intervengono su tale situazione e che non di rado interagiscono sono da ricercare nella diminuzione di reddito operativo e/o nell'incremento del saggio *ROD*. In particolare, è frequente il caso in cui l'aumento del *ROD* sia dovuto in massima parte a un elevato grado di indebitamento (*D/PN*) da cui risulta una sempre minore capacità di ottenimento del credito a contenuti tassi d'interesse. Tale maggiore onerosità può, quindi, essere accettata sin quando il livello del *ROI*, o il suo incremento, risultino superiori a *ROD*. Per quanto concerne il *ROI* e le sue variazioni, occorre notare che il livello dello stesso può risultare, in determinati periodi, limitato e, quindi, non superiore al *ROD* anche nei casi di buone e vantaggiose condizioni di acquisizioni di capitale di prestito. E questo si riscontra nei periodi di avviamento dell'azienda o in periodi congiunturali che, in quanto tali, non possono essere considerati come punti di riferimento permanenti.

L'azione volta al superamento del punto critico deve essere diretta, quindi, tanto sul *ROI*, quanto sul saggio medio di onerosità dell'indebitamento *ROD* in relazione al grado di indebitamento, ferma restando la necessità di quest'ultimo di essere sempre

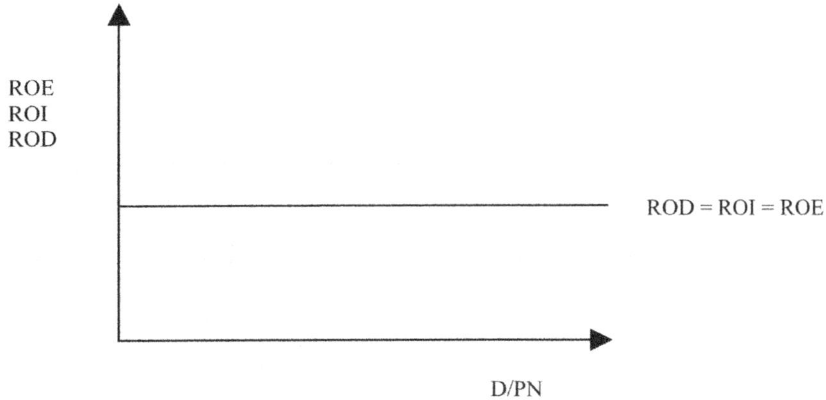

Fig. 4.7 Effetto nullo della manovra della leva finanziaria

coerente con i caratteri della struttura finanziaria. In particolare, occorrerà accertare se il complesso degli investimenti (*K*) necessiti di un ridimensionamento in relazione alle possibilità di congrua redditività, come pure debbono essere controllate le azioni volte allo sviluppo delle vendite al fine di verificare se l'azienda sta conseguendo il massimo volume dei ricavi possibili compatibilmente con la propria struttura. Infine, si rende necessario controllare se il grado di razionalizzazione del processo produttivo ha comportato il raggiungimento dell'ottimale contrazione dei costi.

Effetto negativo della manovra della leva finanziaria

Se il *ROI* è minore del *ROD* si ha l'effetto di leva negativo, effetto destinato ad amplificarsi in presenza di un elevato rapporto di *leverage*. L'impresa in questo momento investe le risorse prese a prestito a rischio limitato ottenendo una redditività (*ROI*) inferiore al loro costo. Da ciò consegue che il ROE decresce all'aumentare dell'indebitamento. Laddove l'effetto di leva negativo dovesse perdurare, con presumibile ampliamento del grado di indebitamento, la redditività del capitale proprio diverrebbe minore di zero: si tratta quindi di una situazione patologica che sfocia in una erosione del capitale.

Tale situazione si ha quando il reddito netto (*RN*) è minore di zero, mentre l'aumentare dell'indebitamento accresce notevolmente l'effetto di leva negativo.

A un effetto negativo della leva finanziaria semplice non necessariamente corrisponde una redditività negativa del capitale azionario (*ROE*); infatti, può registrarsi un *ROI* inferiore al *ROD* e un *ROE* ancora superiore a zero per la presenza in formula del tasso *ROI*. Affinché possano verificarsi le suddette condizioni occorre, rispettivamente, che *RN* sia positivo solo in virtù di risultati economici derivanti dalla gestione extracaratteristica, oppure, nel secondo caso, che *RN* sia nullo a seguito di un *RO* che eguagli gli oneri finanziari (Fig. 4.8).

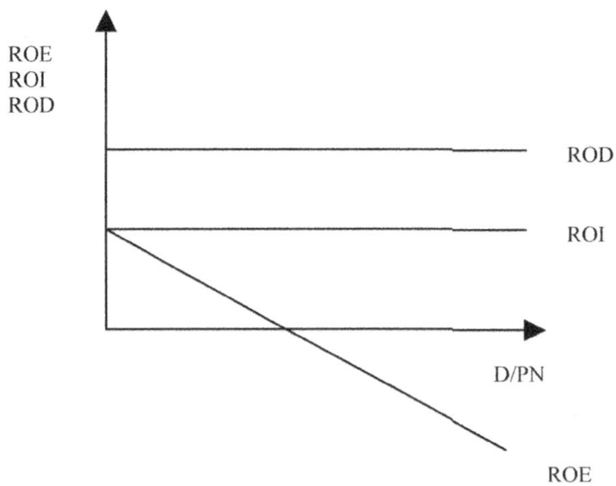

Fig. 4.8 Effetto negativo della manovra della leva finanziaria

Quando, a seguito dei predetti effetti, il ROE raggiunge il valore zero, contestualmente si verifica l'annullamento della remunerazione del capitale proprio. Nel punto in parola, definibile *ipercritico*, si rendono indispensabili urgenti provvedimenti modificativi della gestione onde arrestare l'effetto negativo innescato e tentando di ricreare le condizioni di economicità.

Il punto *ipercritico* è rappresentato da $ROE = 0$

$$ROE = \left[\frac{D}{PN}\left(ROI - ROD\right) + ROI\right] = 0$$

Può risultare interessante, almeno in sede prospettica, individuare il *ROI* minimo, (*ROI**), cioè quel valore di redditività del capitale investito tale da consentire almeno un $ROE = 0$ e quindi necessario per evitare le situazioni patologiche sopra indicate. La ricerca del *ROI** rappresenta un passaggio importante al fine di conoscere il livello di riferimento nelle aspettative sulla redditività degli investimenti.

Ponendo il $ROE = 0$ e dunque partendo da tale relazione, il *ROI** si determina nel modo seguente:

$$\left[\frac{D}{PN}\left(ROI - ROD\right) + ROI\right] = 0$$

$$\frac{D}{PN}ROI - \frac{D}{PN}ROD + ROI = 0$$

$$ROI\left(1 + \frac{D}{PN}\right) - \frac{D}{PN}ROD = 0$$

$$ROI\frac{K}{PN} = \frac{D}{PN}ROD$$

$$ROI^* = \frac{D}{K}ROD \qquad [34]$$

Questa uguaglianza denota nel secondo membro il peso dell'indebitamento sull'intero capitale acquisito (*D/K*) che, moltiplicato per *ROD*, corrisponde alla onerosità finanziaria complessiva; tale valore corrisponde a sua volta al ROI* (minimo) la cui entità consente di coprire la predetta onerosità finanziaria complessiva.

4.5.1 Il problema degli oneri finanziari impliciti

La formula rappresentativa della manovra della leva finanziaria, così come proposta e analizzata, evidenzia un limite insito nella sua stessa costruzione e rintracciabile in particolare nel *ROI* e nel *ROD*: si tratta di una distorsione potenzialmente in grado di creare errori di valutazione nell'applicazione dell'effetto leva semplice.

Il problema in parola è costituito dalla presenza, nell'ambito dei processi gestionali attivati dall'impresa, dei cosiddetti oneri finanziari impliciti, ovvero oneri finanziari non espressamente contabilizzati tra i costi di esercizio, ma comunque sostenuti dall'organizzazione per l'acquisizione di particolari tipologie di fonti di finanziamento[53]. Il riferimento immediato è ai debiti contratti per la fornitura di materie e merci: i fornitori, infatti, vendono i propri prodotti a un determinato prezzo (P) da pagare in contanti, ma se viene richiesta una dilazione di pagamento, il prezzo viene aumentato di interessi impliciti, inglobati nell'importo complessivo da corrispondere a scadenza ($P + i$). Tali oneri, essendo incorporati nel prezzo di acquisto dei beni, comportano un incremento del costo del venduto e, conseguentemente, una contrazione del reddito operativo, mentre non rilevano tra gli oneri della gestione finanziaria. Più in generale, il problema è originato dalla presenza delle cosiddette passività spontanee, la cui natura è stata già esaminata in sede di esposizione dello stato patrimoniale di pertinenza gestionale[54].

Il medesimo meccanismo può essere individuato nell'ipotesi di ricorso al *leasing* finanziario al fine di ottenere la disponibilità di una immobilizzazione senza diventarne proprietari. In tale circostanza l'impresa si impegna a versare alla società di *leasing* una serie di canoni periodici, nei quali è assorbito anche l'importo relativo agli interessi sul finanziamento: i canoni di *leasing*, essendo contabilizzati all'interno del costo industriale, sono posti a decremento del reddito operativo, anche per la parte rappresentativa degli oneri finanziari impliciti[55].

Per comprendere appieno le possibili distorsioni determinate dagli oneri finanziari impliciti sul funzionamento della leva finanziaria, è necessario esaminare la questione con riferimento agli indicatori coinvolti. Per quanto concerne il *ROI*, la presenza degli oneri finanziari impliciti produce, come già sottolineato, una riduzione del reddito operativo (posto al numeratore del rapporto) e dunque una contrazione della redditività del capitale investito. Inoltre, dalla composizione del rapporto tra reddito operativo e capitale investito, emerge una incoerenza tra numeratore e denominatore: infatti, tra le componenti del capitale investito – se analizzato sotto il profilo delle fonti di finanziamento – devono essere annoverati il capitale proprio e il capitale di debito nel suo complesso, comprese pertanto anche le passività spontanee; al numeratore, però, sono rintracciabili le remunerazioni spettanti soltanto ai portatori di capitale proprio e ai creditori nei confronti dei quali si corrispondono interessi espliciti. Per rendere più chiaro questo discorso, è possibile esprimere in maniera alternativa il *ROI*, ipotizzando l'assenza di gestioni straordinarie e delle imposte: il reddito operativo può pertanto essere calcolato come somma tra reddito netto e oneri finanziari espliciti, mentre il capitale investito può essere scomposto nelle sue diverse componenti.

[53] Coda V., *Il concetto di reddito operativo nell'analisi economica d'impresa*, «Rivista dei Dottori Commercialisti», 5, 1980, p. 824.
[54] Cfr. capitolo2.
[55] Rutigliano, *L'effetto di leva finanziaria*, cit., p. 279.

$$ROI = \frac{RN + OF_{esp}}{PN + D_{fin} + D_{for}} \qquad [35]$$

dove:

OF_{esp} = oneri finanziari espliciti
D_{fin} = debiti finanziari
D_{for} = debiti verso fornitori

Nel numeratore appaiono il reddito netto, ovvero la remunerazione spettante agli apportatori di capitale proprio, e gli oneri finanziari espliciti, ovvero la remunerazione da corrispondere sui debiti di natura finanziaria: risulta dunque assente la remunerazione prevista per i fornitori, ovvero gli oneri finanziari impliciti[56].

Anche l'indice *ROD* risente del problema in parola, in quanto al suo numeratore sono rappresentati i soli oneri finanziari espliciti, mentre il denominatore comprende tutti i debiti, quindi anche quelli in grado di generare oneri finanziari impliciti. Ne consegue che una eventuale crescita del debito contratto nei confronti dei fornitori, anche se prevede la presenza implicita di interessi elevati, non si traduce in un aumento del *ROD*, bensì in una sua sottovalutazione.

È però possibile individuare alcuni correttivi da applicare alle «tradizionali» configurazioni del *ROI* e del *ROD*, al fine di superare il limite connesso agli oneri finanziari impliciti. In particolare, possono essere seguite due distinte strategie di intervento, entrambe finalizzate a ripristinare una situazione di coerenza e compatibilità tra le voci poste a confronto:

a) modificare i numeratori di entrambi gli indicatori considerati;
b) modificare i denominatori di entrambi gli indicatori considerati.

Il primo approccio si propone di intervenire sui numeratori del *ROI* e del *ROD*, incidendo rispettivamente sul reddito operativo e sugli oneri finanziari totali. Si tratta, in sostanza, di scorporare dal totale dei debiti verso fornitori l'ammontare degli oneri finanziari impliciti, al fine di eliminare l'incidenza degli stessi sul reddito operativo e inserirli, in maniera più corretta, tra gli altri oneri relativi alla gestione finanziaria. Lo scorporo degli oneri finanziari impliciti può avvenire applicando all'ammontare dei debiti verso fornitori un tasso di interesse stimato. Tale procedura, pur se concettualmente corretta, implica un forte livello di soggettività nella definizione del tasso di interesse, soprattutto in ipotesi di analisi effettuata da soggetti esterni all'impresa.

Appare dunque preferibile seguire la seconda strada proposta, andando ad agire sulla composizione dei denominatori dei rapporti, rappresentati rispettivamente dal capitale investito e dal totale dei debiti. Per quanto concerne il *ROI*, l'esigenza di ren-

[56] Giunta F., *Analisi di Bilancio. Riclassificazione, indici e flussi. Volume I: logiche e strumenti*, Centro Stampa Il Prato, Firenze 2005, p. 345.

dere compatibili numeratore e denominatore conduce a eliminare dal capitale investito la componente relativa ai debiti contratti con i fornitori, ovvero quelli generatori di oneri finanziari impliciti. A ben vedere, la configurazione di capitale investito che risulta da questa «manipolazione» costituisce il capitale investito netto, ovvero il *CIN* ottenuto attraverso la riclassificazione dello stato patrimoniale con il criterio della pertinenza gestionale che sarà posto alla base del calcolo dell'EVA[57].

Il *ROI* così rettificato (*ROI°*) si esprime pertanto nel modo seguente:

$$ROI° = \frac{RN + OF_{esp}}{PN + D_{fin}} \qquad [36]$$

Passando all'esame del *ROD*, la modifica consiste nel sottrarre dal totale dei debiti posti al denominatore i debiti verso i fornitori: il risultato è rappresentato dai soli debiti di natura finanziaria che conducono alla elaborazione di un *ROD°* che è possibile definire, appunto, finanziario.

$$ROD° = \frac{OF_{esp}}{D_{fin}} \qquad [37]$$

Attraverso questi semplici accorgimenti, l'analista è in grado di porre a confronto grandezze omogenee e addivenire a conclusioni corrette in una logica economico-aziendale.

4.5.2 Il grado di leva finanziaria e il grado di leva operativa

I concetti alla base della leva finanziaria finora esposti, possono essere rappresentati anche in maniera alternativa, giungendo così alla costruzione del cosiddetto grado di leva finanziaria (*GLF*) che si propone di verificare la variazione prodotta sul reddito netto da variazioni intervenute nel reddito operativo. Così come sottolineato nelle pagine precedenti, anche in questo caso si ipotizza l'assenza di gestioni straordinarie e patrimoniali e dunque la differenza tra reddito operativo e redito netto è riconducibile esclusivamente agli oneri finanziari e alle imposte. Ciò premesso, il grado di leva finanziaria si può esprimere come:

$$GLF = \frac{\frac{\Delta RN}{RN}}{\frac{\Delta RO}{RO}} \qquad [38]$$

[57] Cfr. capitolo 2 e capitolo 12.

Stante le ipotesi di partenza, il reddito netto può essere espresso in funzione del reddito operativo nel modo seguente:

$$RN = (RO - OF)(1 - t)$$

A sua volta la variazione del reddito netto, ipotizzando la presenza di oneri finanziari costanti, si può definire come:

$$\Delta RN = RO(1 - t)$$

Operando le dovute sostituzioni nella formula [38], si ottiene:

$$GLF = \frac{\dfrac{\Delta RO(1-t)}{(RO-OF)(1-t)}}{\dfrac{\Delta RO}{RO}} = \frac{\dfrac{\Delta RO}{RO-OF}}{\dfrac{\Delta RO}{RO}}$$

$$GLF = \frac{\Delta RO}{RO - OF} \cdot \frac{RO}{\Delta RO}$$

$$GLF = \frac{RO}{RO - OF} \qquad [39]$$

L'indicatore così costruito indica la variazione subita dal reddito netto per effetto di una variazione intervenuta sul livello del reddito operativo.

Parlando di variabilità della struttura finanziaria è doveroso affrontare altresì il tema delle modifiche che intervengono all'interno della composizione del capitale investito, al fine di valutarne gli effetti sulla redditività. L'attenzione si sposta pertanto dalle fonti agli impieghi e si introduce il tema del grado di leva operativa, indicatore finalizzato a esprimere l'impatto determinato sul reddito operativo da un cambiamento del capitale investito dovuto a una diversa composizione tra costi fissi e costi variabili.

I costi fissi sono quelli sostenuti per l'acquisizione di capitale immobilizzato e sono rappresentativi del costo della struttura produttiva dell'impresa: una loro crescita indica una scelta strategica rivolta all'aumento degli investimenti in beni pluriennali e dunque finalizzata al potenziamento della capacità produttiva[58].

[58] È comunque necessario sottolineare che la distinzione tra costi fissi e costi variabili ha senso e assume significato soltanto nel breve periodo: in un'ottica di lungo termine, infatti, tutti i costi diventano variabili.

Un alto grado di leva operativa, che consenta l'ottenimento di elevati incrementi reddituali, richiede investimenti in capitale immobilizzato che comportano, a loro volta, prevalenza di costi fissi (ammortamenti), ma che parallelamente aumentano la rigidità della gestione e conseguentemente il rischio economico-aziendale. Ne consegue, ovviamente, una correlazione tra volume della produzione e volume delle vendite, che costituisce l'altro parametro di misurazione del grado di leva operativa. Effetti più elevati della leva operativa postulano chiaramente più elevati volumi di vendite al fine di ottenere un maggiore livello di profittualità.

È del tutto evidente lo stretto legame rintracciabile tra il concetto di leva operativa appena accennato e l'analisi costi-volumi-profitti (*break even analisys*, BEA) centrata sulla definizione del punto di equilibrio, ovvero della quantità prodotta e venduta[59] in corrispondenza della quale si ottiene la parità tra costi totali e ricavi totali: in presenza di un livello quantitativo di produzione e vendita inferiore, l'impresa incorre in un'area di perdita, mentre per quantità superiori al punto di equilibrio si determina un'area di profitto. Graficamente, tali concetti possono essere rappresentati come in figura 4.9, dove:

Q = quantità di unità di prodotto ottenuta e venduta;

RT = ricavi totali, dati dal prodotto tra prezzo di vendita (P) e quantità prodotta e venduta;

CT = costi totali (fissi + variabili);

CV = costo variabile per ogni unità prodotta;

F = entità totale dei costi fissi per l'intero volume di produzione Q.

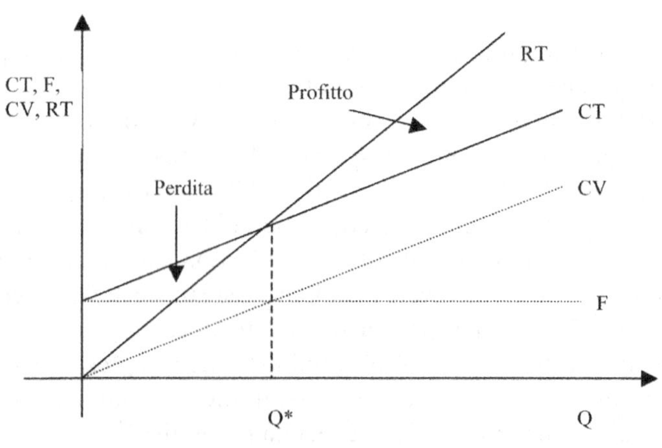

Fig. 4.9 Il break-even point (BEP)

[59] La *break-even analisys* presuppone infatti la coincidenza tra quantità prodotte e vendute, ovvero l'assenza di scorte di magazzino.

Il punto di equilibrio Q^* (ovvero il *BEP*) può essere facilmente derivato anche algebricamente uguagliando l'equazione dei ricavi totali con quella dei costi totali, esprimibili rispettivamente nel modo seguente:

$$RT = P \cdot Q \tag{40}$$

$$CT = \left(CVu \cdot Q\right) + F \quad \text{dove } CVu = \text{costi variabili unitari} \tag{41}$$

Il punto di equilibrio (*break even point*) costituisce la quantità in corrispondenza della quale i costi totali eguagliano i ricavi totali. Pertanto:

$$P \cdot Q = \left(CVu \cdot Q + F\right) \tag{42}$$

$$Q\left(P - CVu\right) = F$$

$$BEP = Q^* = \frac{F}{P - CVu} \tag{43}$$

Tornando al grado di leva operativa, tale strumento si propone di verificare gli effetti determinati sull'entità degli utili operativi in seguito a un aumento del livello di produzione e vendita generato da una crescita dei costi fissi: in altri termini, si tratta di valutare la convenienza per l'impresa nel dotarsi di una struttura produttiva gravata da maggiori cosi fissi. In primo luogo, occorre sottolineare come il grado di leva operativa agisca sul reddito operativo, ovvero una configurazione di reddito che esclude la gestione finanziaria, mentre il grado di leva finanziaria produce effetti sul reddito netto: in tale prospettiva, si può dunque parlare di un effetto leva di primo grado con riferimento alla leva operativa e di un effetto leva di secondo grado relativamente alla leva finanziaria.

Algebricamente, il grado di leva operativa può essere derivato partendo dalla definizione data, ovvero considerando tale parametro come rapporto tra la variazione percentuale del reddito operativo e la variazione percentuale delle quantità prodotte e vendute.

$$GLO = \frac{\frac{\Delta RO}{RO}}{\frac{\Delta Q}{Q}} \tag{44}$$

Il reddito operativo può essere espresso in funzione della distinzione tra costi fissi e costi variabili nel modo seguente:

$$RO = Q(P - CVu) - F \quad [45]$$

mentre la variazione del reddito operativo, ipotizzando la presenza di costi fissi costanti, è ottenuta dalla relazione:

$$\Delta RO = \Delta Q(P - CVu) \quad [46]$$

Operando le dovute sostituzioni nella formula [44], si ottengono i seguenti passaggi algebrici:

$$GLO = \frac{\dfrac{\Delta Q(P - CVu)}{Q(P - CVu) - F}}{\dfrac{\Delta Q}{Q}} = \frac{\Delta Q(P - CVu)}{Q(P - CVu) - F} \cdot \frac{Q}{\Delta Q}$$

$$GLO = \frac{Q(P - CVu)}{Q(P - CVu) - F} \quad [47]$$

Il numeratore del rapporto così ottenuto costituisce il margine di contribuzione per la copertura dei costi fissi, mentre il denominatore rappresenta il reddito operativo. È dunque possibile riscrivere la formula evidenziando tali concetti:

$$GLO = \frac{MC}{RO} \quad [48]$$

Sulla base di questa impostazione, è del tutto evidente come il grado di leva operativa tenda a misurare l'impatto prodotto sul risultato operativo della gestione da una diversa combinazione tra costi fissi e costi variabili. In particolare, l'applicazione di tale strumento alla struttura finanziaria d'impresa determina una maggiore variabilità del reddito operativo in quanto la crescita dei costi fissi implica una riduzione dell'incidenza dei costi variabili: a parità di prezzo di vendita praticato, tutto ciò si traduce in una maggiore differenza tra le rette di ricavi totali e costi totali e nel conseguente ampliamento dell'area rintracciabile tra le rette stesse[60].

Ai fini dell'analisi del punto di equilibrio, un aumento dei costi fissi e del grado di leva operativa si traduce in uno spostamento verso destra del BEP e dunque in un in-

[60] Monti E., *Manuale di finanza per l'impresa. Teoria e pratica*, Isedi, Torino 2009, p. 52.

cremento dell'area di perdita. Pertanto, l'azienda che desidera aumentare il proprio grado di leva operativa, troverà nuovamente la giusta combinazione di costi e ricavi che consente il raggiungimento del punto di pareggio, in corrispondenza di un aumento della quantità prodotta e venduta. È evidente che in tale situazione, raggiunto il punto di pareggio, i beni prodotti e venduti successivamente produrranno un maggiore aumento dell'utile operativo rispetto all'ipotesi di un più basso livello di leva operativa. L'incremento dell'area di profitto è connesso al maggior grado di rischio di una struttura finanziaria più rigida.

A margine delle considerazioni appena svolte si rende opportuno precisare che il modello proposto per l'esposizione della *break even analysis* e del grado di leva operativa è stato ideato e costruito sulla base di una ipotesi restrittiva e comunque poco realistica, ovvero la linearità delle funzioni dei costi e dei ricavi. In effetti, mentre per i costi fissi, nel breve periodo, è verosimile immaginare un andamento costante e dunque indipendente dalle quantità prodotte e vendute, la funzione dei costi variabili – e conseguentemente quella dei costi totali –, nonché il segmento che raffigura i ricavi totali, generalmente si muovono evidenziando una crescita non lineare.

La figura 4.10 pone in evidenza come si modifica il diagramma di profitto rimuovendo l'ipotesi di linearità delle funzioni di costi e ricavi. Tale nuova impostazione implica, ovviamente, modifiche anche nell'interpretazione del grafico e delle relative regole decisionali. In primo luogo, emerge la formazione di più punti di equilibrio, ovvero più livelli di quantità prodotte e vendute (Q_1, Q_2) che consentono di garantire il pareggio tra costi totali e ricavi totali. Inoltre, il grafico offre l'opportunità di individuare la quantità di prodotto in corrispondenza della quale è possibile massimizzare il profitto dell'organizzazione: la quantità ottimale si ha in corrispondenza della massima divaricazione – e dunque della maggiore differenza – ritracciabile tra la funzione dei ricavi totali e la funzione dei costi totali (Q^*), ovvero nel punto in cui il profitto generato dalla gestione operativa risulta più elevato.

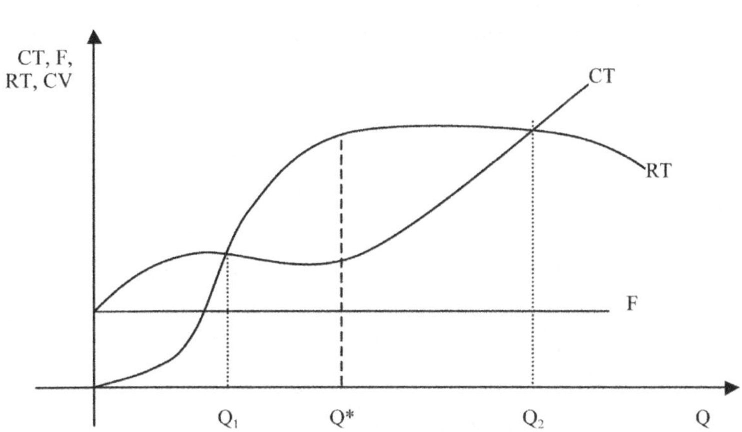

Fig. 4.10 Il diagramma di profitto con funzioni non lineari

Una simile configurazione delle funzioni dei costi e dei ricavi rende ancor più utile l'uso del grado di leva operativa quale strumento di decisione strategica circa la più corretta scelta dell'assetto produttivo tra una struttura *rigida*, con prevalenza di costi fissi, e una struttura più *flessibile*, con prevalenza di costi variabili. Come noto, la prima tipologia di assetto produttivo (rigido) comporta maggiori rischi industriali e finanziari, ma pone le basi per maggiori opportunità di guadagno, seguendo una logica di *internalizzazione* degli utili conseguiti; al contrario, se si opta per maggiori costi variabili, favorendo un assetto produttivo più flessibile, in cui parti più o meno ampie della produzione vengono svolte all'esterno, si avranno meno rischi ma anche meno possibilità di profitti, che dovranno essere necessariamente *esternalizzati* a favore di coloro che producono per conto dell'azienda (i cosiddetti *contoterzisti*).

Se la strategia migliore, in funzione dell'assetto produttivo scelto, è quella di produrre e vendere quantità in corrispondenza della massima distanza tra la curva dei ricavi e quella dei costi (nell'esempio in figura 4.10 rappresentata dal livello di produzione Q*), è facile dimostrare che tale livello è proprio quello in cui il valore del grado di leva operativa è massimo, considerato che sia nei punti precedenti, sia in quelli successivi, i livelli di produzione possibili generano differenze tra ricavi e costi più ridotte, se non addirittura negative, in funzione del fatto che la curva dei costi, la cui inclinazione è determinata dai costi variabili unitari, prima di Q* decresce, e quindi consente di aumentare la produzione e la vendita, spostandosi a destra sull'asse delle ascisse per sfruttare i margini economici ancora esistenti, e poi cresce più rapidamente della curva dei ricavi, riducendo gli spazi di redditività.

A questo punto della trattazione appare utile compiere un ulteriore passo avanti mostrando l'effetto combinato prodotto dall'interazione congiunta tra leva finanziaria e leva operativa. Dal punto di vista algebrico, occorre innanzitutto riprendere la formulazione del grado di leva finanziaria ed esprimerla in funzione della distinzione tra costi fissi e costi variabili: in effetti, il reddito operativo posto al numeratore della [39] si può rappresentare come differenza tra ricavi di vendita e costi variabili, mentre il reddito netto che figura al denominatore del *GLF* si ottiene detraendo dal reddito operativo il totale dei costi fissi e degli oneri finanziari. In formula:

$$GLF = \frac{Q(P - CVu) - F}{Q(P - CVu) - F - I} \qquad [49]$$

Combinando gli effetti delle due leve si avrà l'effetto leva totale (*LT*):

$$\frac{Q(P - CVu)}{Q(P - CVu) - F} \cdot \frac{Q(P - CVu) - F}{Q(P - CVu) - F - I} =$$

$$LT = \frac{Q(P - CVu)}{Q(P - CVu) - F - I}$$

Tale relazione equivale alla seguente:

$$LT = \frac{MC}{RN}$$

Dalla lettura di questa relazione emerge come una crescita del margine di contribuzione attribuibile ad un aumento delle quantità prodotte e vendute (e dunque a un incremento dei costi fissi), sia in grado di garantire la copertura dei costi fissi e degli oneri finanziari da corrispondere ai creditori.

Capitolo 5

Autofinanziamento e politica dei dividendi

di Alberto Manelli

5.1 Origine e funzione dell'autofinanziamento

Nell'ambito delle fonti di finanziamento necessarie per garantire la copertura degli investimenti, un approfondimento particolare deve essere dedicato all'autofinanziamento, ovvero alla capacità dell'impresa di finanziare autonomamente il proprio processo produttivo, attraverso la generazione interna di risorse e dunque evitando il ricorso a fonti alternative che coinvolgono terzi soggetti (soci, istituti finanziari o operatori di mercato). Si tratta, in effetti, dell'unica fonte interna di finanziamento, destinata ad assumere un ruolo rilevante sotto due distinti punti di vista:

a) sotto il profilo patrimoniale, l'autofinanziamento può essere considerato come accrescimento netto di risorse nella misura in cui gli utili netti vengono trattenuti nelle disponibilità aziendali;
b) sotto il profilo finanziario, l'autofinanziamento conferisce all'impresa l'attitudine a soddisfare il proprio fabbisogno finanziario senza ricorrere, o ricorrendo solo parzialmente, a finanziamenti esterni[1]. In quest'ottica emerge altresì il contenuto tipicamente economico dell'autofinanziamento che trova la sua principale espressione in una riduzione degli oneri finanziari corrisposti sui debiti e in una conseguente contrazione del livello di rischio complessivo della gestione[2].

L'autofinanziamento trova la sua origine nei ricavi che reintegrano i costi sostenuti per l'acquisizione dei fattori della produzione, capitale compreso. Occorre però specificare che ai fini della presente indagine la cadenza temporale dei ricavi, nonché la loro manifestazione monetaria rivestono uno scarso interesse, almeno per il momen-

[1] Capaldo P., *L'autofinanziamento nell'economia dell'impresa*, Giuffrè, Milano 1968, p. 4.
[2] Bandettini A., *Finanza Aziendale. Le fonti*, Cedam, Padova 1987, p. 124.

to. Ciò che invece rileva maggiormente è il concetto di concretizzazione del finanziamento interno connesso all'acquisizione dei ricavi.

I flussi autogenerati assumono la configurazione di flussi netti di autofinanziamento solo quando sia avvenuta la reintegrazione dei costi relativi all'utilizzo della totalità dei fattori produttivi impiegati. Si tratta dunque di flussi residui, che rappresentano i margini di profitto della gestione tipica in grado di contribuire alla copertura del fabbisogno finanziario dell'impresa. Tali flussi si rendono realmente disponibili solo quando il fattore capitale (azionariato) sia stato congruamente remunerato (mediante una adeguata politica dei dividendi), unitamente allo Stato per quanto attiene alle imposte dirette sul reddito.

In quest'ottica l'autofinanziamento assume la configurazione di autofinanziamento netto strettamente residuale e corrisponde agli utili netti non distribuiti, e cioè risparmiati e lasciati nella disponibilità dell'azienda quale ricchezza generata dalla gestione.

Accanto a questa prima configurazione se ne può prospettare una seconda che tiene conto dell'esistenza di altri flussi residuali assimilabili agli utili lordi quali, ad esempio, le quote di ammortamento computate sui beni a fecondità ripetuta[3] e gli accantonamenti effettuati in relazione a spese o costi futuri (fondo svalutazione crediti, fondo trattamento di fine rapporto, fondo rischi ecc.). Tali poste rappresentano quote di capitale rigenerato attraverso l'ottenimento di ricavi che in parte reintegrano anche i costi pluriennali. In particolare, le quote di ammortamento e accantonamento imputate al conto economico, come è noto, rappresentano un costo dal punto di vista economico, ma sotto il profilo finanziario non determinano un'uscita monetaria, rimanendo così nella disponibilità dell'azienda: ed è proprio in un'ottica finanziaria che tali voci determinano una riserva interna, anche se non formalmente costituita.

L'autofinanziamento che scaturisce da questa seconda configurazione viene definito autofinanziamento netto residuale allargato. Gli utili trattenuti mediante tale procedura rappresentano, in genere, mancate liquidazioni di costi di esercizio; trattasi, come detto, di componenti negative del risultato economico non seguite, sotto il profilo finanziario, da corrispondenti variazioni negative a seguito di uscite di cassa.

La configurazione dell'autofinanziamento netto allargato è rilevabile contabilmente in sede di determinazione del risultato economico di esercizio e assume una connotazione corretta solo quando le valutazioni di bilancio, durante la fase di assestamento dei conti, risultano conformi alle condizioni di operatività dell'azienda, nonché alla realtà del mercato in cui la stessa opera.

In materia di valutazione di bilancio esistono parametri che costituiscono autentici vincoli per chi attua le politiche intese a realizzare rigenerazioni e, conseguentemente, autogenerazioni di capitale. Si tratta però di vincoli che, per quanto limitativi, non sono mai tali da impedire di effettuare accantonamenti e di costituire riserve volontarie, generando quei flussi netti residuali che – come si è avuto modo di sottolineare – costituiscono l'autofinanziamento allargato o, in senso stretto, residuale.

[3] Sul tema degli ammortamenti si veda Capodaglio G., *Autofinanziamento investimenti e variazioni dei prezzi*, Clueb, Bologna 1988, p. 45 e ss.

Di norma, l'autofinanziamento rigenerato e/o autogenerato può coprire il solo fabbisogno finanziario relativo ai costi di esercizio, per cui rimane un fabbisogno residuo la cui copertura necessariamente si attua con il ricorso a fonti esterne da scegliere, qualitativamente e quantitativamente, in relazione alle caratteristiche del fabbisogno stesso. Nella generalità dei casi, l'esistenza dell'attitudine e della reale possibilità di coprire l'intero fabbisogno finanziario emergente mediante il ricorso ai soli flussi generati dalla fonte interna, non può che essere considerata una situazione transitoria, anche nei casi di elevata redditività. L'equilibrio finanziario presente in tali circostanze è infatti destinato, prima o poi, ad alterarsi, se non altro perché l'azienda, in quest'ottica, quasi certamente rinuncerebbe a proiettarsi verso più alti livelli di sviluppo, autoescludendosi dall'ottenimento di ulteriori quote di reddito realizzabili con investimenti aggiuntivi, possibili solo con quote supplementari di finanziamenti esterni.

Analizzando il problema sempre in termini generali, senza cioè tenere conto di rare ma certamente possibili eccezioni, è evidente come il mantenimento per più esercizi di livelli di fatturato costanti, specie se in un clima di costi crescenti, comporta una graduale diminuzione dei ricavi in termini reali e di conseguenza una graduale perdita di efficienza e di profittualità, senza contare che, mancando la possibilità di nuovi investimenti, l'azienda rinuncia quasi certamente al suo aggiornamento tecnologico, deteriorando così la propria immagine.

È comunque opportuno ricordare che, per opposti motivi, deve anche essere evitato l'indebitamento eccessivo, per gli squilibri finanziari che ne potrebbero derivare e che diverrebbero i presupposti di una scarsa, o addirittura nulla, redditività, non di rado suscettibile di condurre l'azienda verso erosioni patrimoniali.

La capacità dell'impresa di generare fonti interne di finanziamento per offrire copertura agli impieghi posti in essere, evidenzia un meccanismo di «autosufficienza» aziendale che può manifestarsi, nel breve periodo, in termini di maggiori possibilità e margini di scelta nelle decisioni relative all'acquisizione dei fattori della produzione e alla vendita dell'output finale; nel medio-lungo termine, come «volano» per la definizione di una struttura finanziaria equilibrata[4]. In altri termini, il processo di autogenerazione di capitale rappresenta un presupposto fondamentale per garantire uno sviluppo durevole dell'impresa, a prescindere dalla destinazione futura degli utili risparmiati. Infatti, un loro impiego nelle voci del capitale circolante determina una crescita del volume di affari dell'azienda; viceversa, la destinazione dell'autofinanziamento verso fattori della produzione a lungo ciclo di realizzo pone le basi per un rafforzamento della struttura e della capacità produttiva dell'impresa. Il tema del ruolo e dell'importanza dell'autofinanziamento nel percorso di crescita e sviluppo dimensionale dell'azienda sarà comunque ripreso e approfondito in seguito.

Per quanto riguarda il processo di definizione dell'autofinanziamento, esso può essere articolato in diverse fasi, a seconda del criterio di determinazione prescelto. In proposito si segnalano due principali metodi:

[4] Ardemani E., *L'autofinanziamento. Nell'economia dell'impresa e la sua misurazione*, Marzorati, Milano 1961, pp. 10-11.

1. metodo analitico;
2. metodo globale.

Il metodo analitico esprime l'autofinanziamento in funzione degli elementi che lo costituiscono e che sono emersi dalle configurazioni sopra esposte (autofinanziamento in senso stretto e autofinanziamento allargato).

L'autofinanziamento netto strettamente residuale è costituito dai soli utili netti risparmiati, ovvero:

$$AF = UN_r \qquad [1]$$

Mentre l'autofinanziamento netto residuale allargato si ottiene dalla seguente relazione:

$$AF = UN_r + AM + AC \qquad [2]$$

dove:
AF = autofinanziamento;
UN_r = utili netti risparmiati;
AM = quote di ammortamento del periodo;
AC = accantonamenti per spese, rischi e perdite.

Occorre però compiere alcune doverose precisazioni in merito alle componenti dell'autofinanziamento che costituiscono il capitale rigenerato. Infatti, per quanto attiene agli ammortamenti, alcuni autori ritengono che soltanto la quota (eventualmente) eccedente i rinnovi e le sostituzioni di immobilizzi possa rientrare nel calcolo dell'autofinanziamento[5]. A ben vedere, però, il fatto di computare per intero le quote di ammortamento rilevate nel periodo di riferimento non conduce ad una valutazione errata, bensì ad una configurazione dell'autofinanziamento che è possibile definire «lorda», comprensiva appunto di tutti gli accantonamenti eseguiti a titolo di ammortamento. Sul punto si tornerà fra breve.

Inoltre, gli accantonamenti eseguiti durante l'esercizio per fronteggiare rischi, perdite, spese future, vanno a costituire un flusso di capitale rigenerato soltanto per la parte che rappresenta un effettivo incremento dei relativi fondi. In altri termini, si tratta di determinare l'incremento (o il decremento) subito dai fondi per rischi e oneri e detrarre le eventuali utilizzazioni degli stessi.

Il processo di derivazione dell'autofinanziamento appena illustrato viene generalmente definito analitico poiché prende in considerazione tutti i fattori che compongono l'autofinanziamento, sia in senso ampio (accantonamenti in senso lato), sia in senso stretto (utili risparmiati).

[5] In questo senso: Panati G., Golinelli G., *Tecnica economica industriale e commerciale. Imprese strategie e management*, NIS, Roma 1990, pp. 666-67; Rullani E., *La finanza e gli investimenti*, in Rispoli M., *L'impresa industriale. Economia, tecnologia, management*, Il Mulino, Bologna 1989.

Si nota che le citate configurazioni discendono da due fasi diverse del processo formativo del risultato d'esercizio, ovvero:

1) fase di determinazione del reddito. La manovra e le politiche di bilancio incidono sempre sull'entità del reddito, sia pure entro determinati limiti di natura civilistica e fiscale, per cui il reddito assume più la configurazione di un risultato di natura contabile che non di un effettivo risultato economico della gestione. In questa fase si può influire sul processo di formazione dell'autofinanziamento (e, quindi, sul meccanismo di rigenerazione del capitale) manovrando i fondi accesi in conto ammortamenti, future spese, perdite e rischi;
2) fase di assegnazione del reddito. In questa fase si ha la possibilità di attuare parziali o totali ritenzioni di utili, incidendo così sull'entità dell'autofinanziamento in senso stretto e, quindi, sull'autogenerazione di capitale. Questa è una possibilità che incontra precisi vincoli, in quanto esiste la primaria necessità di remunerare tutti i fattori della produzione, compreso il capitale di rischio; in base a ciò, un'assegnazione, sia pur minima, di utili (ma sempre tale da essere compatibile con i parametri economici del mercato in quel momento) deve sempre essere riservata ai soggetti titolari di detto capitale. Solo una parte residuale può, quindi, essere destinata al processo di autogenerazione, la cui misura è condizionata dalle risultanze della fase precedente (derivazione del reddito).

La determinazione analitica dell'autofinanziamento presenta però un limite fondamentale. Infatti, è possibile individuare tutte le grandezze necessarie alla sua formazione (utili netti risparmiati, ammortamenti, accantonamenti) soltanto alla fine dell'esercizio, o meglio, in sede di definizione e assegnazione degli utili conseguiti. Ciò impedisce la conoscenza dell'autofinanziamento e quindi della capacità dell'impresa di autogenerare e rigenerare risorse, prima di tale data, ovvero durante il suo processo di formazione. Per ovviare a questo inconveniente è possibile utilizzare una configurazione alternativa di autofinanziamento e cioè quella globale. L'autofinanziamento in via globale prende in considerazione tutte le componenti che influiscono sulla sua formazione nelle due fasi sopra ricordate (determinazione del reddito e assegnazione del reddito), rilevate in via differenziale, rispetto alle componenti esaminate nella procedura analitica. Seguendo questa impostazione l'autofinanziamento è ottenuto nel modo seguente:

$$AF = (INV_F - INV_{IZ}) - (IND_F - IND_{IZ}) - CC + RC$$

Ovvero:

$$AF = \Delta INV - \Delta IND - CC + RC \qquad [3]$$

dove:

INV_F = investimenti complessivi netti finali (cioè al termine del periodo considerato);

IND_F = indebitamento complessivo finale;

INV_{IZ} = investimenti complessivi iniziali;
IND_{IZ} = indebitamento complessivo iniziale.
CC = conferimenti o aumenti di capitale effettuati nel periodo;
RC = rimborsi di capitale effettuati nel periodo.

L'autofinanziamento derivante dalla formulazione proposta è espresso in via differenziale: infatti, la variazione degli investimenti rappresenta il fabbisogno espresso dalla gestione nel periodo considerato, il quale può trovare copertura nel ricorso al debito (ΔIND), nel ricorso a operazioni sul capitale proprio, oppure nell'autofinanziamento: ne consegue che, sottraendo dal fabbisogno complessivo le fonti esterne di finanziamento, per differenza, si ottiene il capitale autogenerato dall'impresa.

È importante notare che in presenza di ammortamenti accantonati nelle quote usuali o normali, la mancata variazione delle differenze tra investimenti finali e investimenti iniziali e tra indebitamenti finali e indebitamenti iniziali, farebbe comunque emergere l'esistenza di una quota di autofinanziamento. La definizione dell'autofinanziamento mediante la procedura globale permette di controllare il processo di formazione dello stesso durante l'esercizio, sempre che l'organizzazione contabile consenta il rilevamento dei dati relativi alle componenti di cui sopra durante il periodo considerato.

Nel metodo analitico eventuali disinvestimenti per alienazione di elementi di patrimonio permanentemente investito vengono implicitamente considerati in quanto hanno già influenzato la determinazione dell'utile netto. Infatti, il conto economico già contiene, tra i costi, lo storno degli elementi di capitale permanentemente investito e, tra i ricavi, il realizzo dei beni nonché lo storno degli ammortamenti imputati fino al momento della vendita dei beni stessi.

La configurazione globale può anche essere definita «netta», in quanto emerge dall'entità iniziale, dalle successive movimentazioni e dall'entità finale sia degli investimenti sia dei debiti. La configurazione analitica, normalmente più usata nello studio delle funzioni finanziarie non permette, invece, un agevole esame del processo di autofinanziamento durante l'esercizio: come detto in precedenza, infatti, la componente utili netti risparmiati (UN_r) potrà essere determinata solamente alla fine dell'esercizio (anzi meglio, in sede di assegnazione dei dividendi) e, quindi, non è disponibile per accertamenti di risultati in corso di formazione. Dalla contabilità generale, da cui derivano le componenti indicate, non emergono i valori netti delle immobilizzazioni, ma solo i valori lordi, non depurati degli ammortamenti accantonati: ne deriva che l'autofinanziamento così determinato assume una configurazione *lorda* che, ovviamente, coincide con quella netta allorché vengano dedotte le quote di ammortamento accantonate già depurate degli accantonamenti su eventuali investimenti dismessi. In quest'ottica trova conferma l'opinione di alcuni autori, già esaminata in precedenza, relativa alla necessità di considerare nel calcolo dell'autofinanziamento soltanto l'eccedenza delle quote di ammortamento rispetto agli accantonamenti «stornati» per effetto di dismissioni.

Afferma il Capaldo che per le previsioni di autofinanziamento da inserire nella pianificazione finanziaria è utile riferirsi al fabbisogno finanziario e alle relative coperture emergenti dal piano stesso, che tengono già conto della totalità dei disinvestimenti effettuati nel periodo coperto dal piano.

Sulla base di quanto esposto finora è possibile affermare che le fonti dell'autofinanziamento sono costituite da:

1) utili risparmiati (autogenerazione di capitale);
2) dismissioni di beni per la parte già ammortizzata (ricavi straordinari non dipendenti dalla gestione tipica);
3) accantonamenti per future spese, perdite e rischi (rigenerazione di capitali);
4) ammortamenti computati su costi pluriennali.

Alcuni autori individuano una quinta fonte nel credito di fornitura o negli incrementi di detto credito registrati nei periodi considerati. Aderendo a questa tesi i flussi di autofinanziamento così ottenuti come autogenerazione di capitale dovrebbero essere considerati al pari degli utili risparmiati e delle dismissioni di beni gia ammortizzati. Una simile conclusione risulta però in contrasto con il fatto che a fronte dell'acquisizione dei predetti flussi esiste un corrispondente indebitamento verso terzi (fornitori) che praticamente annulla il flusso finanziario attivo. Al credito di fornitura, tuttavia, non si può disconoscere del tutto un aspetto positivo ai fini dell'autofinanziamento, anche se non si può considerare a tutti gli effetti un elemento costitutivo dello stesso. Infatti, la capacità di ottenerlo non è generalizzabile, dato che dipende in modo sensibile da una specifica attitudine dell'azienda ad acquisirlo sfruttando le proprie capacità operative, la propria immagine economico-finanziaria e la propria struttura patrimoniale: tutti elementi che costituiscono la risultante di una accorta e saggia gestione, orientata prioritariamente al divenire dell'azienda. Inoltre, è necessario ricordare che il credito di fornitura non nasce da una negoziazione comportante un automatico indebitamento e a questo finalizzata, come avviene normalmente nel caso dei debiti di finanziamento, ma deve essere considerata una fonte di autofinanziamento *sui generis*.

Lo stretto collegamento tra fabbisogno finanziario e autofinanziamento genera una interdipendenza tra i loro valori: è sufficiente pensare alla dilatazione o alla diminuzione del fabbisogno finanziario che consegue a un maggiore o minore accantonamento di fondi accesi a futuri rischi, spese e perdite. In conclusione è possibile affermare che, in occasione della formulazione dei piani finanziari pluriennali, la determinazione dell'autofinanziamento deve essere strettamente collegata alla determinazione del fabbisogno finanziario emergente.

5.2 Il contributo dell'autofinanziamento allo sviluppo d'impresa

Il processo di autogenerazione e rigenerazione di capitale attuato secondo la logica e le modalità esposte, assolve, come più volte ribadito, una fondamentale funzione finanziaria che trova espressione nella capacità dell'impresa di finanziarie, almeno in parte, il fabbisogno derivante dalla gestione in maniera autonoma e limitando in misura corrispondente il ricorso a fonti esterne (capitale sociale o capitale di credito).

Sulla base di questo assunto può risultare estremamente interessante verificare e, se possibile, quantificare il contributo che le risorse resesi disponibili attraverso un'accorta politica di autofinanziamento sono in grado di offrire allo sviluppo del complesso aziendale, sviluppo inteso soprattutto in termini dimensionali. Ci si chiede, cioè, in che modo ed entro quali limiti l'autofinanziamento generato dalla gestione possa tradursi in una crescita dell'impresa posta in essere senza l'apporto di altri capitali.

Il primo passo da compiere in questa direzione consiste nell'analizzare quale sia, per una data impresa, il *tasso di sviluppo globalmente sostenibile*, ossia il tasso di crescita potenzialmente realizzabile dall'azienda sfruttando tutte le forme di finanziamento esistenti (autofinanziamento, capitale proprio, capitale di credito). Seguendo l'impostazione elaborata dal Brunetti, il tasso di sviluppo globalmente sostenibile può essere espresso nel modo seguente[6]:

$$g = \frac{\Delta K}{K} = \frac{AF \cdot ri}{K} + \frac{\Delta PN_i \cdot ri}{K} + \frac{\Delta ri \cdot PN_f}{K} \qquad [4]$$

dove:

g = tasso di sviluppo globalmente sostenibile;
K = attivo netto;
AF = autofinanziamento;
PN_i = capitale netto iniziale;
PN_f = capitale netto finale;
ri = rapporto di indebitamento (K/PN).

La relazione evidenzia come il tasso di sviluppo dell'impresa, concepito come tasso di crescita del capitale investito netto ($\Delta K/K$) risulta essere funzione delle singole modalità di finanziamento che l'azienda ha a disposizione, ponderate per la propensione all'indebitamento propria dell'impresa. In effetti:

$AF \cdot ri/K$ = tasso di variazione dell'attivo netto derivante dall'autofinanziamento;

$\Delta PN_i \cdot ri/K$ = tasso di variazione dell'attivo netto determinato da variazioni del capitale netto. Ovviamente, non si considerano le variazioni prodotte dalla ritenzione degli utili in quanto già misurate dall'autofinanziamento come esposto nel punto precedente;

$\Delta ri \cdot PN_f/K$ = tasso di variazione dell'attivo netto ottenuto attraverso il ricorso al debito.

Volendo invece considerare esclusivamente l'apporto fornito dal flusso di autofinanziamento al processo di sviluppo dell'impresa, si può partire da una prima configurazione del *tasso di sviluppo internamente sostenibile*, ovvero il tasso di crescita dell'impresa consentito dall'utilizzo delle sole risorse autogenerate dalla gestione[7]:

[6] Brunetti G., *Il governo delle risorse finanziarie: il modello dello sviluppo sostenibile*, «Banche e Banchieri», 1983, 10, ottobre.

[7] Questa impostazione è ripresa da Zamprogna L., *Sistemi di pianificazione e controllo. Fasi, strumenti, aspetti organizzativi*, Ipsoa, Milano 1988.

$$g_i = \frac{AF \cdot ri}{K} = \frac{AF \cdot \frac{K}{PN}}{K} \qquad [5]$$

pertanto:

$$g_i = \frac{AF}{PN} \qquad [6]$$

dove g_i = tasso di sviluppo internamente sostenibile.

È importante specificare che, ai fini della presente analisi e nell'ambito dell'impostazione proposta, si fa riferimento al concetto di autofinanziamento in senso stretto, considerando, cioè, quale fonte del capitale autogenerato soltanto gli utili netti risparmiati. Partendo da questa premessa è possibile compiere un ulteriore passo avanti esprimendo l'autofinanziamento (*AF*) come differenza tra l'utile netto (*UN*) e i dividendi distribuiti (*D*). In formula:

$$g_i = \frac{UN}{PN} - \frac{D}{PN} \qquad [7]$$

moltiplicando e dividendo il rapporto *D/PN* per una stessa quantità pari a *UN/UN* si ottiene la formula seguente:

$$g_i = \frac{UN}{PN} - \frac{D}{PN} \cdot \frac{UN}{UN} = \frac{UN}{PN} - \frac{D}{PN} \cdot \frac{UN}{PN} \qquad [8]$$

In quest'ultima espressione il rapporto *D/UN* rappresenta il rapporto di *pay out*, ovvero il tasso di dividendo che può essere indicato con *d*. Inoltre, il rapporto tra gli utili netti e il capitale proprio indica la redditività del capitale proprio e cioè il ROE (*Return on Equity*). Il tasso di sviluppo internamente sostenibile diventa dunque:

$$g_i = ROE - ROE(d) = ROE(1-d) \qquad [9]$$

La conoscenza di questa relazione permette di stabilire che, se ad esempio l'impresa intende raggiungere un ROE pari al 15% e prevede di distribuire agli azionisti il 40% degli utili conseguiti (d = 0,4), allora il contributo che l'autofinanziamento sarà in grado di offrire alla crescita dell'azienda sarà pari al 9%.

Un'altra espressione tendente a verificare se e in quale misura il flusso di autofinanziamento potrà garantire il raggiungimento di un dato livello di sviluppo è stata elaborata da Mottura[8] e considera la crescita aziendale in termini di crescita del fatturato. Questa seconda impostazione è espressa nel modo seguente:

$$\frac{K}{V} \cdot TSV = \frac{AF}{V} \qquad [10]$$

dove:
K = capitale investito;
V = vendite (fatturato);
TSV = tasso di sviluppo delle vendite ($\Delta V/V$);
AF/V = incidenza dell'autofinanziamento sul fatturato (TAV).

Nell'ipotesi in cui l'espressione riportata fosse verificata, allora lo sviluppo previsto dall'impresa potrà essere sostenuto interamente grazie alle sole risorse autogenerate dalla gestione e il tasso di sviluppo delle vendite corrisponderà al rapporto tra autofinanziamento e capitale investito. Se invece il primo membro dell'equazione fosse superiore rispetto al secondo, il tasso di sviluppo delle vendite non potrà essere sostenuto dal solo autofinanziamento che si dimostra infatti insufficiente. In questa ipotesi l'impresa potrà agire, ad esempio, sulla politica dei dividendi, oppure, se non intende rivedere i suoi obiettivi in termini di crescita, dovrà fare ricorso a forme di finanziamento alternative. Infine, se il TAV risulta superiore rispetto al primo membro dell'espressione, significa che l'autofinanziamento non soltanto permette all'impresa di perseguire le finalità programmate, ma, per la parte residua, potrà essere destinato ad altri impieghi.

Rimanendo in tema di autofinanziamento e della capacità dell'impresa di crescere e sviluppare la propria attività sfruttando la disponibilità di flussi autogenerati e rigenerati, occorre compiere alcune doverose puntualizzazioni a proposito di una delle componenti dell'autofinanziamento e cioè gli ammortamenti. In dottrina, infatti, è possibile rintracciare posizioni estremamente diverse e discordanti, non soltanto in merito al ruolo che gli accantonamenti eseguiti a titolo di ammortamento possono rivestire nell'ambito del processo di sviluppo dell'impresa, ma altresì sull'opportunità di ricomprendere tali poste nel computo dell'autofinanziamento.

Già si è detto a proposito della necessità di incorporare nell'autofinanziamento tutto l'ammortamento maturato nell'anno o soltanto la parte di esso eccedente rispetto alle dismissioni e ai rinnovi. In questa sede si intende approfondire ulteriormente l'argomento.

Alcuni autori ritengono che sia preferibile escludere del tutto le quote di ammortamento dal calcolo dell'autofinanziamento, motivando questa affermazione con il fatto che in realtà gli accantonamenti eseguiti per incrementare il fondo ammortamento sono destinati a trovare impiego nel momento in cui il bene immobile al quale si rife-

[8] Mottura P., *Condizioni di equilibrio finanziario della strategia d'impresa*, «Finanza Marketing e Produzione», 1, 1987.

riscono esaurisce la propria utilità facendo sorgere la necessità di ripristinare la capacità produttiva dell'impresa[9]. Seguendo tale logica non si assiste alla formazione di nuovo capitale, soprattutto in un'ottica di lungo periodo, ma il concetto di autofinanziamento finisce con il coincidere con gli utili netti risparmiati e non distribuiti.

Un altro filone di studi giunge alla conclusione che soltanto una parte dell'ammortamento, ovvero la parte eccedente l'effettiva perdita di valore dell'immobilizzazione, costituisce una fonte di autofinanziamento. La giustificazione di questo assunto è rintracciabile nel fatto che una politica degli ammortamenti eccessivamente intensiva nasconde in realtà la formazione di riserve occulte che in quanto tali e non in qualità di ammortamenti, sono destinate ad accrescere la consistenza del capitale netto, agendo come componente dell'autofinanziamento[10].

È però possibile dimostrare, seppur avvalendosi di ipotesi piuttosto restrittive, che non soltanto l'ammortamento rientra a pieno titolo nel calcolo dell'autofinanziamento, ma che i relativi accantonamenti possono rappresentare la base di una crescita dimensionale dell'impresa. A tal proposito, due autori tedeschi, M. Lohmann e H. Ruchti, hanno elaborato un modello in grado di affermare, nel rispetto di determinate condizioni e modalità operative, che un'impresa, sfruttando le risorse accantonate a titolo di ammortamento può accrescere la propria capacità produttiva senza ricorrere ad altre fonti di finanziamento: si introduce così il cosiddetto *effetto Lohmann-Ruchti*[11].

La validità del modello è comunque subordinata all'esistenza di ipotesi ben precise:

- gli impianti a disposizione dell'impresa sono stati acquisiti in blocco in un'unica data;
- la stabilità dei prezzi nell'intero periodo considerato;
- l'utilizzo di una politica di ammortamento a quote costanti;
- il conseguimento di utili e di ricavi sufficienti a garantire la copertura delle quote di ammortamento;
- la possibilità di espansione della capacità produttiva giustificata dall'esistenza di una domanda di output da parte del mercato in grado di assorbirla.

Sulla base di questa impostazione si considera un'impresa che acquista in blocco 10 impianti uguali per un valore complessivo di 1.000 e con una vita utile pari a 10 anni (coincidente con il periodo di ammortamento). L'esempio proposto permette di dimostrare che, reinvestendo le risorse liberate dall'ammortamento in immobilizzazioni simili a quelle di partenza, l'azienda potrà accrescere sensibilmente la propria capacità produttiva (in termini di numero di impianti) con il solo ricorso agli accantonamenti effettuati: si realizza così l'effetto Lohmann-Ruchti.

Tali affermazioni potranno essere comprese appieno con l'analisi della tabella 5.1.

[9] Fossati G., *Il finanziamento delle imprese*, Franco Angeli, Milano 1984, pp. 130-31.

[10] Dessy A., Vender J., *Capitale di rischio e sviluppo dell'impresa*, Egea, Milano 1996, p. 29.

[11] Le opere di riferimento sono: Lohmann M., *Abschreibungen, was sie sind und was nicht sind*, «Der Wirtschaftsprufer», 12, 1949, e Ruchti H., *Die bedeutung der adschreibung fur den betrieb*, Berlino 1942.

Tab. 5.1 Dinamica degli ammortamenti e dei nuovi acquisti di immobilizzazioni

Anni	n. impianti	Valore impianti inizio anno	Acquisti nell'anno	Ammortamenti nell'anno	Saldo finanziario nell'anno	Saldo finanziario complessivo
1	10	1.000	100	100	—	—
2	11	1.000	100	100	10	10
3	12	990	100	120	20	30
4	13	970	100	130	30	60
5	14	940	200	140	(60)	—
6	16	1.000	100	160	60	60
7	17	940	200	170	(30)	30
8	19	970	200	190	(10)	20
9	21	980	200	210	10	30
10	23	970	200	230	30	60
11	15	940	200	150	(50)	10
12	16	990	100	160	60	70
13	16	930	200	160	(40)	30
14	17	970	200	170	(30)	—
15	18	1.000	100	180	80	80
16	17	920	200	170	(30)	50
17	18	950	200	180	(20)	30
18	18	970	200	180	(20)	10
19	18	990	100	180	80	90
20	17	910	200	170	(30)	60
21	17	940	200	170	(30)	30
22	17	970	200	170	(30)	—
23	18	1.000	100	180	80	80
24	17	920	200	170	(30)	50

Fonte: Dessy A., Vender J., 1996, op. cit., pp. 27-28.

È però evidente come il meccanismo attivato con una accorta politica di ammortamento non ha una durata illimitata, ma determina una consistente crescita dimensionale dell'impresa soltanto per un periodo di tempo ben definito e corrispondente alla durata della vita utile degli impianti acquisiti in blocco il primo anno. La massima capacità produttiva realizzata mediante l'effetto Lohmann-Ruchti si ottiene infatti in corrispondenza del decimo anno (23 impianti): nell'anno successivo tutte le immobilizzazioni costituenti la dotazione iniziale di capacità produttiva avranno esaurito la loro utilità e dovranno essere sostituite.

Secondo alcuni autori la motivazione reale che permette al modello appena esposto di raggiungere gli obiettivi prefissati non è rappresentata dal contributo offerto dalle quote di ammortamento accantonate, quanto piuttosto dall'adozione di una politica di ammortamento che non rispecchia l'effettivo decremento di valore delle immobilizzazioni[12]. In altri termini, l'incremento della capacità produttiva viene deter-

[12] Bianchi T., *L'autofinanziamento*, Giuffrè, Milano 1963, p. 33.

minato da un ammortamento eccessivo – soprattutto nei primi anni di vita degli impianti – che, in sostanza, comporta la formazione di riserve occulte.

Pur non negando l'esistenza di un simile meccanismo e riconoscendo ad esso la funzione di accrescere l'effetto Lohmann-Ruchti, occorre comunque segnalare che in realtà lo sviluppo dell'impresa dovuto agli accantonamenti eseguiti a titolo di ammortamento trova origine e giustificazione nella variazione del rapporto tra fatturato e capitale investito (indice denominato *turnover del capitale investito*). Quest'ultima voce, infatti, è fortemente condizionata dalla durata della vita utile di un bene e, conseguentemente, dalla politica di ammortamento seguita. Ne deriva che l'effetto Lohmann-Ruchti può dipendere da un aumento del fatturato e/o da una diminuzione del capitale investito.

In sintesi, e per concludere, è possibile affermare senza ombra di dubbio che l'autofinanziamento, inteso soprattutto nella sua valenza squisitamente finanziaria, rappresenta non soltanto una indispensabile fonte di copertura degli impieghi, pur se integrata con altre forme di finanziamento, ma altresì il presupposto essenziale per assicurare una crescita sostenibile dell'impresa e un rafforzamento della sua struttura patrimoniale.

5.3 La politica dei dividendi

Le pagine precedenti hanno sottolineato la rilevanza strategica, in un'ottica finanziaria ed economica, della ritenzione degli utili eseguita a titolo di autofinanziamento: una crescita degli utili risparmiati e investiti nella gestione offre all'impresa la disponibilità di risorse finanziarie non gravate da interessi, riducendo altresì il ricorso a fonti alternative di finanziamento. Se tale problema venisse esaminato esclusivamente nella prospettiva dell'azienda, emergerebbe l'assoluta convenienza ad accantonare quanti più utili possibili, incrementando le opportunità di crescita dell'impresa. In realtà, però, l'argomento appare molto più complesso, entrando in gioco anche gli interessi di coloro che hanno pieno titolo per vantare diritti sugli eventuali utili conseguiti, ovvero gli azionisti. Essi, infatti, apportando capitale proprio attraverso l'acquisto o la sottoscrizione di titoli azionari della società, si aspettano di ricevere, a fronte di tale investimento, una adeguata remunerazione. Tale remunerazione, che è possibile definire «ordinaria», è costituita dai dividendi, ovvero dalla quota degli utili che l'impresa decide di non trattenere come fonte di autofinanziamento, ma di destinare alla remunerazione del capitale ottenuto dai soci.

Ne consegue che il tema dell'autofinanziamento deve essere inquadrato nell'ambito di un contesto più ampio e non può prescindere dall'insieme delle decisioni adottate dall'impresa in merito alla distribuzione degli utili, ovvero dalla politica dei dividendi[13]. Si tratta di una strategia finalizzata a individuare i tempi, le modalità e so-

[13] Valentinuz G., *Valore dell'impresa e politica dei dividendi*, Giuffrè, Milano 2005, p. 277.

prattutto l'entità degli utili da offrire agli azionisti e, conseguentemente, la porzione di utili da risparmiare e reinvestire nell'impresa.

Appare del tutto evidente l'esistenza di un *trade-off* tra dividendi e autofinanziamento: un aumento dei primi penalizza la disponibilità di fonti interne per l'impresa, mentre una maggiore propensione verso l'autofinanziamento può rischiare di disattendere le aspettative degli azionisti. Il compito della direzione finanziaria consiste dunque nel cercare di addivenire a un giusto equilibrio tra le due distinte esigenze che però, in alcune ipotesi, possono anche coincidere. In effetti, la scelta di reinvestire risorse nell'impresa in progetti in grado di creare ricchezza in un'ottica di lungo periodo determina la crescita di valore dell'impresa e dunque del valore delle partecipazioni azionarie, consentendo agli azionisti di ottenere, in sede di dismissione del pacchetto azionario, un elevato guadagno in conto capitale (*capital gain*).

Il tema, però, non è così semplice come potrebbe sembrare in apparenza, ma presenta numerosi risvolti che hanno dato origine a molteplici studi teorici ed empirici, proponendo modelli di riferimento con conclusioni di volta in volta diverse. Il fulcro della questione consiste nel verificare se la politica dei dividendi è in grado di incidere sull'entità del valore – e dunque sul prezzo – dei titoli azionari: ci si deve cioè domandare se una crescita o una diminuzione dei dividendi distribuiti – o in generale una qualsiasi strategia finanziaria – possono influire sulla ricchezza degli azionisti.

Prima di passare alla esposizione delle principali teorie di riferimento, sembra opportuno approfondire alcuni aspetti legati alla distribuzione dei dividendi a favore dei soci. In primo luogo, occorre illustrare brevemente la cronologia degli eventi che conducono all'effettivo pagamento del dividendo, ponendo in evidenza gli effetti prodotti sul prezzo all'approssimarsi della data di erogazione.

La decisione relativa alla politica dei dividendi da intraprendere è adottata dall'impresa, almeno nel contesto italiano, in sede di assemblea ordinaria, laddove si procede all'approvazione del bilancio, deliberando altresì l'entità degli utili da distribuire. Il momento di approvazione del progetto di assegnazione di un certo quantitativo di utili agli azionisti costituisce la *data di annuncio* dei dividendi, ovvero la data a partire dalla quale sorge formalmente il debito da parte della società nei confronti dei soci.

Tra la data di annuncio e la data di effettivo pagamento, occorre però rilevare la presenza di alcune tappe intermedie degne di attenzione. In primo luogo, la *data di registrazione*, momento nel quale la società verifica la composizione dell'azionariato, registrando appunto i nominativi dei soci che, in quel dato istante, hanno diritto a ricevere i dividendi. Gli eventuali acquisti di azioni della società registrati dopo tale data non fanno sorgere il diritto alla distribuzione degli utili. Si tratta di una data che non ha una rilevanza pratica nel nostro Paese.

Ben più importante appare invece la cosiddetta *data ex-dividend* che precede di qualche giorno la data di registrazione e rappresenta lo spartiacque tra la quotazione del titolo con dividendo (*cum-dividend*) e la quotazione del titolo privo del diritto a ricevere il dividendo (*ex-dividend*). Concretamente, tale data è identificata con il momento dello stacco della cedola dal titolo.

Gli investitori che acquistano l'azione prima della data *ex-dividend* sono consapevoli di avere inserito nel portafoglio un titolo che offrirà loro il diritto a ricevere una quota degli utili conseguiti dalla società; viceversa, coloro che realizzano l'investimento successivamente a tale data non possono vantare alcun diritto sul dividendo in pagamento. È evidente come questo meccanismo produca effetti sul livello delle quotazioni dei titoli: lo stacco del dividendo, infatti, determina una riduzione del prezzo, proprio in funzione del fatto che il titolo, a partire da quel momento, non ingloba più il diritto a ricevere il dividendo. In ipotesi di mercati caratterizzati da assenza di imposte – con particolare riferimento a quelle personali gravanti sui soggetti percettori – e costi di transazione, la riduzione subita dal prezzo della singola azione dovrebbe essere perfettamente coincidente con l'importo del dividendo unitario distribuito. Se invece si opera all'interno di un sistema che prevede la tassazione dei dividendi in capo agli azionisti, la diminuzione del valore delle azioni dovrebbe essere inferiore rispetto al dividendo erogato: l'uso del condizionale è d'obbligo se si considera che le imperfezioni del mercato sono tali da giustificare la variazione dei prezzi in misura diversa rispetto a quanto sarebbe logico attendersi[14]. L'iter descritto finora si conclude, infine, con il sopraggiungere della *data di pagamento* nella quale si assiste all'effettivo esborso dei dividendi monetari eseguito dall'impresa a favore dei suoi azionisti.

Un altro aspetto interessante in merito alla politica di distribuzione dei dividendi riguarda il legame esistente tra il quantitativo di dividendi erogati e la fase del ciclo di vita attraversata dall'impresa. L'osservazione della realtà consente infatti di evidenziare una scarsa o addirittura nulla erogazione di utili durante la fase pionieristica e di sviluppo dell'organizzazione. La spiegazione di tale fenomeno è da attribuirsi all'elevato fabbisogno di risorse finanziarie che è propria dell'impresa in tali periodi, stante la necessità di fronteggiare i notevoli investimenti iniziali: l'impresa preferisce pertanto favorire la ritenzione degli utili – e dunque propendere verso una politica di autofinanziamento – piuttosto che remunerare i soci attraverso i dividendi. La situazione tende invece a modificarsi nella fase di maturità, allorché l'impresa, raggiunta una solida e stabile posizione competitiva, può permettersi di distribuire quantitativi maggiori di dividendi (Fig. 5.1).

La politica dei dividendi perseguita dall'impresa e gli effetti da essa prodotti sul livello di remunerazione dei soci e sulla stessa struttura finanziaria possono essere comunicati e sintetizzati dalla stessa società attraverso l'elaborazione di particolari indicatori.

Pay-out ratio

Il rapporto di *pay-out* è rappresentativo delle scelte compiute dall'impresa in termini di destinazione dell'utile. Esso si ottiene dal confronto tra dividendi distribuiti e il totale degli utili conseguiti:

$$d = \frac{D}{U} \qquad [11]$$

[14] Elton N., Gruber M., *Marginal Stockholder Tax Rates and the Clientele Effect*, «Review of Economics and Statistics», 52, 1970.

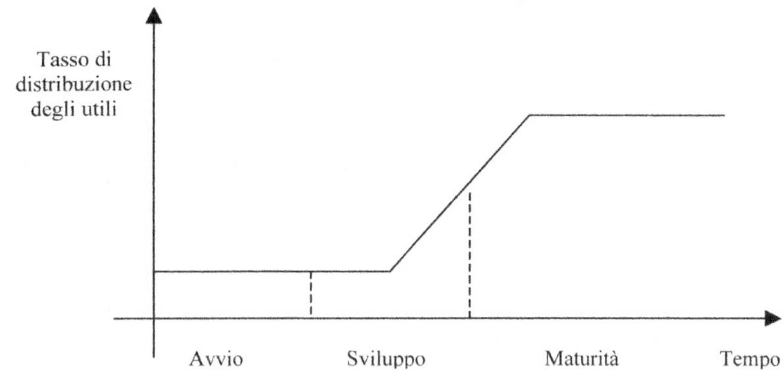

Fig. 5.1 L'andamento del tasso di distribuzione degli utili

Il rapporto così costruito può assumere diversi valori. Un *pay-out* pari a uno segnala una completa distribuzione degli utili prodotti, ponendo altresì in evidenza l'assenza di autofinanziamento. La ritenzione degli utili finalizzata a garantire la disponibilità di risorse autogenerate dalla gestione è invece presente nell'ipotesi di un *pay-out ratio* con valori compresi tra zero e uno: ovviamente, più basso è il rapporto, maggiore risulta la quota di autofinanziamento realizzata. È inoltre possibile che l'indicatore in parola assuma valori superiori all'unità, nell'ipotesi in cui venga distribuita agli azionisti una quantità di utili superiore rispetto a quelli effettivamente realizzati: si tratta di una ipotesi verificata nel momento in cui il risultato d'esercizio appare insufficiente a garantire una congrua remunerazione per i soci, rendendo necessario il ricorso a riserve di utili precedentemente accantonate e dunque disponibili (ad esempio la riserva per conguaglio dividendi).

Tasso di crescita dei dividendi (g)

Le scelte operate in sede di definizione della politica dei dividendi possono essere segnalate anche attraverso lo studio del tasso di crescita dei dividendi, già emerso in occasione dell'esposizione del contributo offerto dall'autofinanziamento alla crescita aziendale. Esso trova impiego, al di là di quanto già sottolineato, soprattutto nell'ambito dei modelli di valutazione delle aziende fondati sui dividendi (*dividend discount model*) che costituiranno l'oggetto di una specifica trattazione.

Dividend yield

Il *dividend yield* si ottiene confrontando i dividendi unitari erogati con il prezzo di mercato del titolo azionario:

$$dy = \frac{D}{P} \qquad [12]$$

Si tratta di un indicatore in grado di sintetizzare il costo sostenuto dall'impresa per la remunerazione del capitale proprio.

5.3.1 Le teorie di riferimento

La rilevanza della politica dei dividendi sia in un'ottica interna, in termini di composizione della struttura finanziaria, di incidenza degli oneri finanziari e di crescita dell'organizzazione, sia sotto l'aspetto dei rapporti con l'esterno e in particolare con i soci e i potenziali investitori, giustifica la presenza nella letteratura economica di molteplici contributi finalizzati a verificare se e in quale misura tale strategia finanziaria è in grado di incidere sul valore dell'impresa.

In questo contesto si procederà con l'esposizione delle principali teorie di riferimento, a partire dal modello proposto da Modigliani e Miller in assenza di imposte e finalizzato a dimostrare l'irrilevanza della politica dei dividendi sul valore d'impresa, per poi passare alle formulazioni che comprendono gli effetti prodotti dalla normativa fiscale, fino ad arrivare alle impostazioni più recenti.

L'irrilevanza della politica dei dividendi: la teoria di Modigliani e Miller

Così come emerso nel capitolo precedente in sede di esposizione delle problematiche inerenti la struttura finanziaria, anche in tema di politica dei dividendi la costruzione teorica che tuttora costituisce un punto di riferimento irrinunciabile nello studio dell'argomento in parola è senz'altro rappresentata dall'impostazione formulata da Modigliani e Miller. In effetti, gli autori, sulla scia delle argomentazioni proposte e formalizzate nel celeberrimo articolo del 1958, hanno compiuto un ulteriore passo avanti approfondendo, in uno scritto datato 1961, anche il tema degli effetti prodotti dalle strategie finanziarie in generale e dalla politica dei dividendi in particolare sul valore d'impresa e dunque sulla ricchezza degli azionisti[15].

Modigliani e Miller mantengono inalterati i presupposti alla base del loro precedente lavoro, presupposti rappresentativi di mercati finanziari perfetti e sintetizzabili come segue:

- i mercati finanziari sono efficienti sotto il profilo informativo;
- non sono presenti costi di fallimento;
- non sono presenti costi di transazione;
- le imprese provvedono alla copertura del fabbisogno finanziario ricorrendo soltanto all'emissione di titoli azionari e di titoli obbligazionari;
- la politica di investimento seguita dall'impresa non subisce variazioni;
- nel mercato finanziario esiste un solo tasso di interesse *risk free* al quale tutti gli operatori possono dare e prendere in prestito risorse;

[15] Modigliani F., Miller M.H., *Dividend Policy, Growth and the Valuation of Shares*, «Journal of Business», 34, 1961, pp. 411-33.

- non sussistono costi di agenzia del capitale proprio, in quanto il management agisce nell'interesse esclusivo degli azionisti;
- non ci sono imposte, né a livello societario (*corporate tax*), né a livello personale (*personal tax*).

Gli autori giungono alla conclusione che il valore di una impresa è funzione esclusiva degli investimenti realizzati e dei flussi di cassa da essi prodotti, mentre risulta del tutto indifferente rispetto alle strategie finanziarie adottate. Un aumento o una diminuzione dei dividendi erogati agli azionisti non produce alcun effetto sul livello dei prezzi delle azioni. Ne consegue che le modalità di ripartizione degli utili prodotti tra autofinanziamento e dividendi sono irrilevanti in quanto non producono conseguenze sulla ricchezza generata dagli investimenti.

Il ragionamento alla base di tali affermazioni può essere sintetizzato proponendo i seguenti passaggi logici. L'impresa, che si imbatte nella problematica inerente la quantità di utili da distribuire ai soci e quella da trattenere a titolo di autofinanziamento, può decidere di aumentare il livello dei dividendi monetari erogati, garantendo agli azionisti un vantaggio immediato. Come noto, però, la distribuzione dei dividendi comporta una contrazione nel valore di mercato dei titoli azionari, contrazione che, in mercati finanziari efficienti come quelli descritti dagli autori, deve essere perfettamente coincidente con il dividendo erogato: ne consegue che il vantaggio immediato ottenuto dai vecchi azionisti e costituito dall'incremento del dividendo monetario è perfettamente compensato dalla perdita di valore della loro partecipazione.

In assenza di opportunità di arbitraggio e in un mercato efficiente a livello informativo, il valore di mercato di due società con lo stesso effettivo valore economico non può che essere esattamente uguale. Appare del tutto logico pensare che, mentre un investimento operativo può concretamente aggiungere valore a un'azienda se il rendimento che offre è maggiore del costo opportunità del capitale utilizzato, una strategia finanziaria è in grado di accrescere il valore economico di una società se e solo se essa non può essere perseguita dai suoi soci direttamente a costi uguali o inferiori. In altre parole, assumendo che un socio ottimizzi la sua personale utilità attraverso la percezione di una specifica serie temporale di flussi di cassa percepiti dalla propria società, la politica dei dividendi è sorgente di creazione di valore per l'azionista solo se contribuisce alla realizzazione di tale serie in modo economico.

È evidente che in assenza di costi di transazione per le commissioni di intermediazione e per il tempo da utilizzare nella creazione di politiche distributive ottimali da parte dei soci, una particolare strategia distributiva seguita da una società non può né togliere né aggiungere qualcosa al suo valore economico. Per questo motivo, e in riferimento all'assenza di opportunità di arbitraggio in un mercato efficiente, due imprese con la stessa identica combinazione di attività non possono cha avere uno stesso valore di mercato, corrispondente a quello effettivo, indipendentemente dalla politica dei dividendi perseguita.

A supporto di questa impostazione teorica gli autori hanno elaborato un modello algebrico finalizzato a dimostrare come i dividendi non influiscano sul livello dei prezzi delle azioni, e dunque sull'ammontare di ricchezza degli azionisti. Si parte dal presupposto che, secondo un approccio molto seguito dalla dottrina e dalla pratica professionale, il valore di un titolo azionario è funzione diretta dei flussi di cassa generati dal titolo stesso. Tale concetto costituisce la sintesi di un discorso molto più ampio che racchiude le metodologie di valutazione di generici investimenti (complessi aziendali, immobilizzazioni, titoli ecc.), il cui valore è sempre e comunque riconducibile ai flussi di cassa che ci si attende di realizzare. Si tratta di tematiche che costituiranno l'oggetto di uno specifico approfondimento nel prosieguo della trattazione: in questa sede, è sufficiente ricordare che i flussi di cassa associati ad una azione sono costituiti dai dividendi percepiti e dal prezzo di vendita del titolo. Considerando un unico periodo di riferimento, il prezzo dell'azione al tempo 0 risulta dall'attualizzazione dei dividendi percepiti e del valore finale del titolo, opportunamente scontati a un tasso che tenga conto del grado di rischiosità di tale investimento[16]. Algebricamente si addiviene così alla costruzione di un modello fondato sui dividendi, ovvero un *Dividend Discount Model*[17]:

$$P_0 = \frac{(D_1 + P_1)}{1+i} \qquad [14]$$

dove:
P_0 = prezzo del titolo azionario al tempo 0;
P_1 = prezzo del titolo azionario al tempo 1;
D_1 = dividendo unitario erogato al tempo 1;
i = tasso di attualizzazione.

È possibile ipotizzare che, in data $t = 0$, siano presenti n azioni, mentre al tempo $t = 1$ la società decide di emettere un numero di azioni pari ad m ad un prezzo corrispondente a P_1. Il numero complessivo di azioni in circolazione sarà pertanto dato da $(n + m)$ e la relazione precedente potrà essere espressa come segue:

$$nP_0 = \frac{\left[nD_1 + (n+m)P_1 - mP_1\right]}{1+i} \qquad [15]$$

ponendo $(n + m) = c$, la [15] diventa:

$$nP_0 = \frac{\left[nD_1 + cP_1 - mP_1\right]}{1+i} \qquad [16]$$

[16] Per le considerazioni inerenti il rischio e il rendimento di strumenti finanziari e la determinazione dei tassi di interesse, si rinvia a quanto già ampiamente dibattuto nel capitolo 3.

[17] Il modello proposto in questa sede costituisce una formulazione semplificata – in quanto circoscritta a un solo periodo di riferimento – di un generico *Dividend Discount Model*. Nel proseguo della trattazione saranno esaminati nel dettaglio i diversi modelli fondati sul dividendo (Cfr. capitolo 11).

L'emissione di nuove azioni accresce la disponibilità dell'impresa di risorse finanziarie da impiegare nella realizzazione di nuovi investimenti. È dunque possibile affermare, per la parità che deve essere sempre rispettata tra fonti e impieghi, che il valore delle azioni di nuova emissione corrisponde al totale degli investimenti realizzati nel periodo 1, sommati ai dividendi distribuiti nello stesso periodo e al netto degli utili trattenuti a titolo di autofinanziamento. Ciò corrisponde ad affermare che le fonti acquisite tramite l'aumento di capitale sociale e per effetto degli utili prodotti è pari ai nuovi investimenti effettuati più il pagamento dei dividendi. In formula:

$$mP_1 = I + nD_1 - \Delta U \qquad [17]$$

oppure:

$$mP_1 + \Delta U = I + nD_1 \qquad [18]$$

dove:
I = investimenti realizzati nel periodo 1 in seguito all'aumento di capitale;
ΔU = utili addizionali realizzati nel periodo considerato.

Sostituendo la relazione [17] nella [16], si ottiene la seguente espressione:

$$nP_0 = \frac{nD_1 + cP_1 - I - nD_1 + \Delta U}{1+i} = \frac{cP_1 - I + \Delta U}{1+i} \qquad [19]$$

Quest'ultima formulazione pone in evidenza l'assenza dei dividendi dal processo di formazione del prezzo di un titolo azionario: a sostegno della tesi enunciata da Modigliani e Miller, una eventuale modifica nella politica dei dividendi non incide sulla ricchezza prodotta in capo agli azionisti, rendendo indifferente il valore di mercato delle azioni rispetto alle strategie finanziarie adottate. L'assenza di imposte e di frizioni nel mercato, unitamente alla possibilità di agire liberamente nel ricorso a fonti di finanziamento alternative alla ritenzione degli utili – emettendo nuove azioni in caso di crescita dei dividendi o riacquistando azioni proprie in ipotesi di eccesso di risorse liquide disponibili –, consentono di annullare qualsiasi effetto prodotto dalla politica dei dividendi sul valore.

Le conclusioni raggiunte in questa sede potrebbero sembrare, almeno a un primo livello di indagine, in contrasto con la logica sottostante i modelli del dividendo, in quanto gli autori sostengono e dimostrano l'irrilevanza di qualsiasi politica distributiva degli utili sul prezzo dei titoli. A ben vedere, però, Modigliani e Miller riconoscono la validità dei *Dividend Discount Model*, ovvero il legame tra valore dell'azione e attualizzazione dei dividendi, negando semplicemente la rilevanza della distribuzione temporale dei flussi di cassa a favore degli azionisti.

L'analisi del modello proposto da Modigliani e Miller in merito alla irrilevanza della politica dei dividendi, unitamente alle considerazioni svolte dagli autori in merito alla struttura finanziaria, consentono di affermare che tutte le fonti di finanziamento a disposizione dell'impresa – capitale sociale, indebitamento e autofinanziamento – risultano perfettamente sostituibili tra loro.

La politica dei dividendi in presenza di imposte

Tra le ipotesi alla base del modello elaborato da Modigliani e Miller nel 1961 emerge l'assenza di imposizione fiscale, condizione sicuramente non rappresentativa di un contesto reale e dunque in grado di distorcere le conclusioni raggiunte dagli autori. Proprio per colmare questo limite, alcuni studi successivi hanno cercato di verificare le conseguenze prodotte dalle imposte nell'ambito del legame esistente tra valore d'impresa e politica dei dividendi.

A tal proposito, occorre in primo luogo operare una distinzione, già sottolineata in altra sede, tra le imposte societarie (*corporate tax*) e le imposte gravanti sui soggetti percipienti, ovvero gli azionisti (*personal tax*). Emerge con tutta evidenza come le imposte societarie assumano un ruolo del tutto marginale nel contesto oggetto di analisi, in quanto i dividendi sono prelevati da una configurazione di reddito già al netto delle *corporate tax*. Decisamente più rilevante appare invece il peso assunto dalle imposte personali che variano sia a seconda della tipologia di azionista considerato (persona fisica o persona giuridica), sia in funzione delle modalità con cui l'azionista riceve la ricchezza frutto dell'investimento in capitale azionario (dividendi o *capital gain*). In effetti, la legislazione tributaria può prevedere un trattamento tendente a favorire di volta in volta la distribuzione di dividendi monetari o la realizzazione di un guadagno in conto capitale. In altri casi, invece, si assiste all'applicazione di una aliquota d'imposta unica per entrambe le tipologie di rendimento: anche se in prima analisi tale circostanza potrebbe indurre l'investitore a formulare giudizi di indifferenza tra le due alternative, a un esame più approfondito del problema emerge un vantaggio fiscale connesso al *capital gain*, in quanto esso è tassato in un'epoca futura rispetto al dividendo, ovvero al momento della cessione del titolo, riducendo di fatto il valore attuale dell'imposta versata.

Proprio con riferimento a quest'ultimo aspetto, ovvero il diverso regime di tassazione potenzialmente applicabile a dividendi e *capital gain*, sono state proposte elaborazioni teoriche riconducibili alla normativa fiscale presente in alcuni periodi e in determinati paesi, primo fra tutti gli Stati Uniti. Il contenuto dei modelli in parola è piuttosto semplice: ogni qual volta il livello di tassazione dei dividendi è superiore rispetto alle aliquote previste per la realizzazione di un guadagno in conto capitale, conviene favorire una politica di autofinanziamento, riducendo il valore del rapporto di *pay-out*. In tale ipotesi gli azionisti saranno favorevoli a rinunciare a elevati dividendi, proprio per evitare il pagamento di imposte maggiori, appoggiando così il *management* nell'adozione di una politica dei dividendi volta a reinvestire gli utili, trasformando, nella sostanza, i dividendi attuali in *capital gain* futuri.

Accettando tali considerazioni, è lecito domandarsi perché, anche in presenza di una normativa fiscale volta a privilegiare i *capital gain* e dunque una politica di autofinanziamento, le imprese continuino a distribuire dividendi, rischiando di danneggiare la posizione economica dei loro azionisti e minando il rapporto di fiducia con essi instaurato. Una possibile spiegazione può essere rinvenuta nel cosiddetto «effetto clientela», ovvero nella variegata composizione della compagine azionaria. È infatti possibile che tra i soci di una impresa siano annoverati soggetti per i quali sono previste modalità di definizione del volume di imposta da versare tali da rendere più conveniente la distribuzione di dividendi: si tratta di una circostanza facilmente riscontrabile nell'azionariato di molte società statunitensi o britanniche che vantano la massiccia presenza di investitori istituzionali, primi fra tutti i fondi pensione, caratterizzati da una aliquota marginale di imposta bassa. Il verificarsi di una simile circostanza spinge molte imprese a impostare comunque una politica dei dividendi fondata su un elevato rapporto di *pay-out*, al fine di soddisfare le esigenze e le aspettative di una tipologia di «clientela», gli investitori istituzionali appunto, destinata ad assumere un peso estremamente rilevante all'interno della compagine azionaria.

La rilevanza della politica dei dividendi: l'impostazione tradizionale

Prima della pubblicazione dell'ormai celeberrimo articolo di Modigliani e Miller a sostegno della mancanza di ogni correlazione tra politica dei dividendi e valore d'impresa, la teoria tradizionale, sostenuta soprattutto da Graham e Dodd, riconosceva una indiscussa validità ai dividendi quale leva per la creazione di un maggior valore delle imprese.

I contenuti della teoria in parola sono sintetizzabili nella preferenza, riscontrata anche dal punto di vista empirico, che il mercato riconosce alle società in grado di distribuire sostanziosi dividendi, premiando tale circostanza con una crescita delle quotazioni. La giustificazione alla base di questa impostazione può essere rintracciata nell'effetto clientela sopra descritto, ovvero nella presenza all'interno della compagine azionaria, di soci che preferiscono ricevere elevati dividendi, piuttosto che attendere la realizzazione di guadagni in conto capitale futuri.

La teoria dei segnali

La teoria dei segnali si inserisce nell'ambito del discorso appena esposto, inquadrando il tema del rapporto tra dividendi e mercato in un contesto di riferimento più ampio. Nello specifico, i dividendi erogati dalle imprese sono considerati come strumenti di comunicazione tra la società e il mercato finanziario e dunque un loro aumento deliberato dal management può essere interpretato come un segnale di crescita e solidità finanziaria dell'impresa.

Il problema, però, non è così semplice come potrebbe sembrare in apparenza, ma presenta numerosi risvolti meritevoli di approfondimento. Se infatti è indiscutibile l'elevato contenuto informativo associato ai dividendi, è altrettanto vero che occorre valutare con attenzione le conseguenze determinate, nel breve e nel medio-lungo periodo, da ogni variazione intervenuta nella politica dei dividendi.

La decisione di accrescere il livello di remunerazione ordinaria a favore dei soci fa sorgere, in capo ai soci stessi e più in generale in capo a tutti gli operatori del mercato, l'aspettativa di un aumento dei dividendi, o quantomeno di una loro stabilizzazione ai maggiori livelli raggiunti, anche nel futuro. Laddove l'azienda, negli anni successivi, non avesse la possibilità oggettiva di continuare a erogare consistenti dividendi, subirebbe un giudizio negativo da parte del mercato, venendo meno la soddisfazione delle aspettative degli investitori, con una conseguente contrazione del prezzo del titolo.

Inoltre, è possibile che una crescita nell'ammontare di dividendi monetari erogati venga interpretata in maniera negativa dall'esterno, ovvero come la mancanza di opportunità di investimento profittevoli verso le quali indirizzare le risorse generate dalla gestione.

Proprio al fine di evitare il sorgere di tali problematiche nei rapporti di comunicazione tra impresa e mercato, le imprese spesso preferiscono optare per una politica di stabilizzazione dei dividendi, erogando le risorse liquide eventualmente in eccesso in alcuni periodi in altre forme, come ad esempio il riacquisto di azioni proprie.

Il modello di Walter

Come più volte sottolineato, il modello proposto da Modigliani e Miller nel 1961 costituisce tuttora un fondamentale punto di riferimento in merito al rapporto tra valore dell'impresa e politica dei dividendi. Appare comunque opportuno accennare a una elaborazione teorica temporalmente precedente rispetto a MM, ma che in qualche modo ne anticipa i contenuti e le conclusioni raggiunte. Il modello di Walter, formalizzato nel 1956, rappresenta un importante contributo al dibattito sulla rilevanza della politica dei dividendi e si pone al tempo stesso come il primo tentativo formalizzato di stimare il prezzo di un titolo azionario attraverso i dividendi ad esso associati[18].

L'elemento fondamentale che costituisce il perno della impostazione in parola è sintetizzabile in un legame rintracciabile tra opportunità di investimento interne all'impresa e scelte di *dividend policy*. Nello specifico, l'autore afferma che l'impresa deve trattenere utili e non distribuirli fino a quando esistono valide e profittevoli progetti di investimento da finanziare. Ciò equivale ad affermare, impiegando una terminologia non contemplata espressamente da Walter, ma che riassume al meglio i contenuti del modello proposto, che l'impresa e i suoi soci devono rinunciare all'erogazione dei dividendi fino a quando è possibile rintracciare opportunità di investimento all'interno della società in grado di creare nuovo valore.

Tali concetti trovano concreta espressione nella formula che consente di esprimere il prezzo del titolo in funzione dei dividendi distribuiti:

$$P = \frac{D + \frac{r}{i}\left(EPS - D\right)}{i} \qquad [20]$$

[18] Walter J.E., *Dividend Policies and Common Stock Prices*, «Journal of Finance», 11, 1956, pp. 29-41.

dove:

P = prezzo dell'azione;
D = dividendo unitario distribuito;
EPS = *earning per share*, ovvero utile per azione;
r = tasso di redditività ottenuto da un investimento addizionale;
i = tasso di capitalizzazione del mercato.

Se la redditività ottenuta attraverso il rivestimento degli utili è superiore rispetto al saggio di capitalizzazione del mercato, risulta preferibile non distribuire i dividendi, in modo tale da consentire una crescita del valore del titolo. Occorre però sottolineare che la variazione subita dal prezzo dell'azione non dipende direttamente dalla politica dei dividendi adottata, ma quest'ultima, così come il livello della quotazione, risultano determinate dagli investimenti e dalla loro redditività. Ne consegue che le decisioni di *dividend policy* sono una conseguenza della politica di investimento adottata. È proprio su questo punto che sono rintracciabili le principali convergenze rispetto alla impostazione di Modigliani e Miller in quanto in entrambi i modelli si sottolinea come la capacità dell'impresa di creare valore non deriva dalle scelte di autofinanziamento piuttosto che di distribuzione degli utili, quanto dalla composizione dell'attivo.

Un aspetto che invece distingue sostanzialmente i due approcci è rintracciabile nella presenza, all'interno del modello di Walter, di due differenti tassi di interesse: uno rappresentativo della redditività degli investimenti, l'altro espressione del livello di capitalizzazione del mercato: nella teoria proposta da MM, invece, esiste un unico tasso di riferimento per le valutazioni finanziarie. Laddove si dovesse verificare, nell'ambito del modello di Walter, una uguaglianza tra i due tassi considerati, emergerebbe l'irrilevanza dei dividendi nella formazione del prezzo del titolo azionario.

$$P = \frac{D + (EPS - D)}{i} = \frac{EPS}{i} \qquad [21]$$

Il modello in esame considera pertanto la politica dei dividendi come una scelta secondaria rispetto alle decisioni di investimento e pertanto non suscettibile di produrre un impatto diretto sulla misura del valore azionario.

5.4 «Stock dividend» e frazionamento delle azioni

Gli utili generati dalla gestione possono essere erogati agli azionisti anche in forme diverse rispetto al pagamento eseguito in contanti. Infatti, nonostante quest'ultima soluzione sia quella più frequentemente adottata dalle imprese, merita una apposita menzione anche la distribuzione di utili sotto forma di azioni, ovvero la cosiddetta operazione di *stock dividend*. Si tratta di una procedura attivata attraverso l'imputazione di riserve disponibili, precedentemente accumulate attraverso una accorta politica di autofinanziamento, a capitale sociale: quest'ultimo, ovviamente, aumenta non in seguito a conferimenti eseguiti dai soci, ma semplicemente in virtù di una pura permutazione contabile (l'aumento del capitale sociale è perfettamente coincidente con la riduzione delle riserve disponibili). Ne consegue che il patrimonio netto non viene modificato nella sua entità, ma soltanto nella sua composizione qualitativa. Le azioni emesse a fronte di tale aumento di capitale sono assegnate ai soci gratuitamente e rispettando le proporzioni di partecipazione al capitale vantate da ciascuno.

L'operazione in parola necessita però di una attenta analisi da parte del *management*, onde evitare situazioni di tensione finanziaria ed economica, nonché gravi danni di immagine nei confronti del mercato. In effetti, la crescita del numero di azioni, fermo restando il patrimonio netto investito nella società, impone di accrescere la quota di utili destinati alla distribuzione, al fine di mantenere un livello di dividendi pressoché stabile e non pregiudicare il giudizio di affidabilità e solidità presso il pubblico degli attuali e potenziali investitori. In altri termini, la decisione di eseguire uno *stock dividend* dovrebbe essere opportunamente coniugata con l'adozione di investimenti in grado di generare alti livelli di redditività.

Una alternativa allo *stock dividend* è rappresentata dal *frazionamento di azioni* che comporta un aumento del numero delle azioni in circolazione, senza però assistere a nuovi conferimenti, ma semplicemente riducendo il valore nominale dei titoli: ad esempio, la società può stabilire di riconoscere ai soci due nuove azioni contro una azione già posseduta, raddoppiando il numero delle azioni presenti sul mercato, ma non intaccando l'entità del capitale sociale. Generalmente, in seguito a una simile operazione, i dividendi per azione diminuiscono, in quanto devono essere ripartiti su un numero maggiore di titoli.

Alla base della scelta di operare un frazionamento delle azioni vi è, spesso, la volontà di ridurre il prezzo delle azioni: in effetti, la singola azione con valore nominale inferiore ha diritto a una percentuale di utili ridotta, fattore che determina una contrazione nel valore del titolo. In altre circostanze, invece, il frazionamento è motivato dalla necessità di accrescere il livello di liquidità delle azioni: non tutti gli autori sono però concordi nel ritenere che la strategia in parola possa produrre effetti positivi sulla liquidità[19].

Emerge con tutta evidenza come entrambe le operazioni proposte in alternativa al pagamento in contanti dei dividendi non abbiano alcuna incidenza sul valore dell'impresa, risultando pertanto neutrali rispetto alla ricchezza degli azionisti. Occorre invece tenere nella dovuta considerazione i costi di implementazione, diretti e indiretti, generati da simili procedure, costi che spesso risultano superiori rispetto alla semplice distribuzione di dividendi monetari.

5.5 Il riacquisto di azioni proprie

Il dividendo, come ampiamente descritto finora, costituisce la principale forma di remunerazione associata al capitale proprio, ma sicuramente non l'unica. In effetti, nella

[19] Di parere contrario è Copeland T.E., *Liquidity Changes Following Stock Splits*, «Journal of Finance», 34, 1979, pp. 115 e ss.

maggior parte dei sistemi economici, è possibile individuare una valida alternativa alla distribuzione dei dividendi monetari, in grado comunque di soddisfare le esigenze di remunerazione espresse dagli azionisti, provocando effetti finanziari del tutto simili in capo all'impresa. Si tratta dell'operazione di riacquisto di azioni proprie, definita generalmente con il termine anglosassone *share buyback* o *repurchase*, attraverso la quale una società riacquista azioni precedentemente emesse dagli apportatori di capitale di rischio pagando un corrispettivo, in genere di natura monetaria. Quest'ultimo può avere un valore esattamente uguale o maggiore rispetto al prezzo del titolo quotato sul mercato, a seconda della metodologia tecnica impiegata nella transazione[20].

Gli interventi di *buyback* risultano comunissimi in paesi di estrazione anglosassone come gli Stati Uniti, il Canada e il Regno Unito, ma negli ultimi anni se ne registra la continua crescita anche in paesi profondamente diversi sotto l'aspetto della cultura economica e giuridica, come quelli appartenenti all'area dell'Europa generalmente definita continentale[21].

Sotto il profilo procedurale, gli *share repurchase* possono essere attuati ricorrendo a diverse soluzioni tecniche:

1) offerta pubblica di acquisto a prezzo fisso. In sede di annuncio l'impresa definisce il prezzo al quale i riacquisti possono eventualmente avvenire. Nel caso di OPA a prezzo fisso (*fixed-price tender offer*) il corrispettivo al quale la società è disponibile a portare avanti l'operazione è per l'appunto determinato in partenza ed esso deve giocoforza essere superiore al prezzo di mercato del titolo onde evitare che un eventuale ribasso dello stesso, immediatamente successivo all'annuncio dell'offerta e permanente durante la durata della stessa, possa vanificare l'operazione di riacquisto. Nell'offerta devono essere inoltre stabiliti: il periodo entro il quale gli azionisti possono esprimere la loro accettazione, il numero massimo dei titoli che si intende riacquistare e le procedure che la società è eventualmente intenzionata a seguire qualora il numero dei titoli offerti dagli azionisti fosse superiore o inferiore a quello massimo richiesto. Nel primo caso, la società può riservarsi il diritto di acquistare le azioni pro rata nei confronti di tutti i soci aderenti o decidere di acquisirle nella loro globalità superando così il limite prefissato. Nella seconda ipotesi, invece, essa può acquistare solo le azioni offerte dagli azionisti e chiudere contestualmente l'offerta, prolungare il termine di scadenza dell'offerta stessa o annullarla, senza procedere perciò ad alcuna acquisizione;
2) offerta pubblica di acquisto con asta olandese. In questo caso il prezzo non ha natura fissa, ma può variare secondo un meccanismo di asta comunemente conosciuto come «olandese». Il meccanismo in parola è innanzitutto regolato, all'atto dell'annuncio, dalla definizione dell'intervallo di prezzo entro il quale gli azionisti possono esprimere la loro disponibilità a vendere le azioni detenute. Inoltre, sem-

[20] Per un approfondimento teorico ed empirico, si veda Manelli A., Pace R., *Il riacquisto di azioni proprie. Teoria ed evidenze empiriche*, Pitagora, Bologna 2007.

[21] Lease R.C., John K., Kalay A., Loewenstein U., Sarig O. H., *Dividend Policy. Its Impact on Firm Value*, Harvard Business School Press, Boston 2000, p. 153.

pre in sede di annuncio, la società individua il limite massimo di acquisti effettuabili o in termini di numero di azioni o in termini di capitale utilizzabile nell'operazione. Il prezzo al quale il *buyback* è effettivamente realizzato è pari a quello minimo che, il relazione alle offerte ricevute dai soci, consente il riacquisto di un numero di azioni pari a quello massimo previsto o, nell'ipotesi di limite massimo sul capitale da investire, il raggiungimento di tale limite in termini di spesa globale;

3) riacquisti a mercato aperto (*open market repurchase*). La società agisce come un qualunque altro investitore sul mercato e, avvalendosi dei servigi di un *broker* autorizzato, acquista i titoli rappresentativi del suo stesso capitale dai propri azionisti sul mercato a un prezzo corrispondente a quello di mercato. La società, a differenza di quanto avviene nelle *tender offer* e in veste apparente di semplice investitore, si garantisce anche l'anonimato nei confronti dei soci controparte nell'operazione;
4) *transferable put right*. Un *transferable put right* (*TPR*) costituisce un'opzione di vendita sulle azioni proprie assegnata da una società agli azionisti. Come qualunque altra opzione di natura *put*, al momento dell'emissione e assegnazione ai beneficiari, il soggetto emittente, in questo caso la società riacquistante, stabilisce il prezzo al quale essa può essere esercitata e le date di inizio e di fine del periodo di esercizio;
5) riacquisti nei confronti di specifici segmenti della compagine azionaria. Ciò che contraddistingue questo tipo di procedura rispetto alle precedenti è il fatto che essa è specificamente ed esclusivamente diretta ad alcuni azionisti. I *targeted buyback* vengono conclusi attraverso accordo privato tra la società e l'azionista venditore, generalmente senza intermediari. Inoltre, è normalmente pagato un premio sul prezzo di mercato ai soci venditori, circostanza facilmente spiegabile se si considera che chi controlla la società, gruppo di controllo o *management* in punto di fatto, promuove un *buyback* solo se ritiene di poterne trarre un vantaggio economico. Gli azionisti *target* di questo tipo di riacquisti si dividono in genere in due grandi categorie: azionisti di minoranza con quote azionarie piccolissime e azionisti di minoranza con quote azionarie di notevole valore. Nel primo caso, il vantaggio del riacquisto risiede nella possibilità di ridurre gli enormi costi di gestione che la società deve affrontare nel rapportarsi con la propria compagine sociale. Nel secondo caso, lo *share repurchase* mira di solito a ridurre i rischi di una possibile perdita del controllo della società, neutralizzando il ruolo che rilevanti azionisti di minoranza potrebbero giocare nell'ambito di *takeover* esistenti e/o futuri.

Appare opportuno sottolineare come in Italia le uniche forme tecniche attraverso le quali è possibile realizzare un *buy back* sono le offerte pubbliche di acquisto a prezzo fisso e gli *open market repurchase* (Tab. 5.2).

5.5.1 Le motivazioni di una operazione di buy back

Sulla base della definizione precedentemente proposta appare del tutto evidente la similitudine esistente tra l'erogazione dei dividendi monetari e le operazioni di riacquisto di azioni proprie: sul piano prettamente finanziario, entrambe le procedure si ri-

Tab. 5.2 I principali riferimenti normativi

La disciplina degli *share repurchase* in Italia: cenni

La disciplina civilistica delle azioni proprie è contenuta negli articoli 2357 e seguenti del codice civile e, con particolare riferimento agli aspetti connessi alla redazione del bilancio, si ricorda che:

a) la società non può acquistare azioni proprie se non nei limiti degli utili distribuibili e delle riserve disponibili risultanti dall'ultimo bilancio regolarmente approvato (per "utili distribuibili", secondo il Principio contabile n. 30 del CNDC e del CNR, si intendono quelli che l'assemblea, in passato, avrebbe potuto erogare agli azionisti, ma che ha preferito destinare ad accantonamento);
b) possono essere acquistate soltanto azioni interamente liberate;
c) l'acquisto di azioni proprie deve essere autorizzato dall'assemblea, la quale ne stabilisce le modalità di esecuzione;
d) in nessun caso il valore nominale delle azioni acquistate può eccedere la decima parte del capitale sociale, tenendo conto a tal fine anche delle azioni possedute da società controllate (tale limite può tuttavia essere superato nei casi speciali previsti dall'art. 2357- bis del codice civile, ad esempio in esecuzione di una deliberazione dell'assemblea di riduzione del capitale da attuarsi mediante riscatto e annullamento di azioni);
e) finché le azioni restano di proprietà della società:
   - il diritto agli utili e il diritto d'opzione sono attribuiti proporzionalmente alle altre azioni. L'assemblea può tuttavia autorizzare l'esercizio totale o parziale del diritto di opzione;
   - il diritto di voto è sospeso, ma le azioni proprie sono tuttavia computate nel capitale ai fini del calcolo delle quote richieste per la costituzione e per le deliberazioni dell'assemblea;
f) gli amministratori non possono disporre delle azioni proprie acquistate se non previa autorizzazione dell'assemblea, la quale deve stabilire le relative modalità. A tal fine possono essere previste operazioni successive di acquisto e di alienazione;
g) una riserva indisponibile pari all'importo delle azioni proprie iscritta nell'attivo di bilancio deve essere costituita e mantenuta finché le azioni non siano trasferite o annullate.

Nel caso di riscatto di azioni proprie finalizzato al successivo annullamento in esecuzione di una delibera assembleare di riduzione del capitale sociale, i titoli devono essere iscritti nell'attivo circolante in quanto non costituiscono un elemento patrimoniale destinato ad essere utilizzato durevolmente (art. 2424-bis del codice civile).
Per quanto riguarda i criteri di valutazione delle azioni proprie, siano esse inserite tra le immobilizzazioni finanziarie, oppure siano rappresentative di attività finanziarie diverse dalle immobilizzazioni, devono essere iscritte in bilancio al costo d'acquisto.
La disciplina delle modalità di esecuzione delle operazioni di *buyback* eseguite dalle società italiane è rintracciabile nell'articolo 2428 del codice civile che stabilisce il contenuto della relazione sulla gestione. Tale documento deve infatti indicare il numero e il valore nominale delle azioni proprie possedute dalla società, anche per tramite di società fiduciaria o per interposta persona, specificando la parte di capitale corrispondente, ed il numero e il valore nominale delle azioni proprie acquistate o alienate dalla società nel corso dell'esercizio, anche per tramite di società fiduciaria o per interposta persona, con la designazione della corrispondente parte di capitale, dei corrispettivi e dei motivi degli acquisti e delle alienazioni.
Le operazioni di *buyback* sono regolate anche dal Testo unico in materia di intermediazione finanziaria con l'articolo 132, modificato a seguito del recepimento della direttiva Comunitaria sul *market abuse*, che ha aumentato i poteri di controllo della Consob. Tale articolo prevede che gli acquisti di azioni proprie operati, ai sensi degli articoli 2357 e 2357 bis, primo comma, numero 1), del codice civile, da società con azioni quotate devono essere effettuati in modo da assicurare la parità di trattamento tra gli azionisti secondo modalità stabilite dalla Consob con proprio Regolamento.
Tali disposizioni non trovano applicazione negli acquisti di azioni proprie possedute da dipendenti della società emittente, di società controllate o della società controllante e assegnate o sottoscritte a norma degli articoli 2349 e 2441, ottavo comma, del codice civile.

segue **Tab. 5.2**
La disciplina degli *share repurchase* in Italia: cenni

Sembra appena il caso di sottolineare che nel presente lavoro l'attenzione sarà concentrata in particolare sui riacquisti di azioni proprie eseguiti tramite offerta pubblica di acquisto, che come tali rientrano nell'ambito di attuazione della disciplina prevista per le offerte pubbliche d'acquisto. In caso di *buyback*, si fa riferimento alle OPA "volontarie" disciplinate dal Regolamento Consob e dalle disposizioni comuni sulle offerte pubbliche di acquisto e di scambio, articoli 102/104 del Tuf.

solvono in una distribuzione di risorse eseguita dall'azienda a favore dei suoi soci. Occorre pertanto comprendere le ragioni che spingono le organizzazioni da un lato e gli azionisti dall'altro a preferire l'una piuttosto che l'altra soluzione, obiettivo raggiungibile operando una disamina delle possibili motivazioni rintracciabili alla base di una operazione di riacquisto di azioni proprie.

Segnalazione di una sottovalutazione del titolo

Si tratta della motivazione più ricorrente, o perlomeno quella con maggiore frequenza addotta dalle imprese per giustificare il ricorso a un riacquisto di azioni proprie e si basa sul presupposto che in un mercato finanziario privo di condizioni che garantiscano una completa efficienza informativa, il titolo di una società può ottenere una quotazione differente rispetto alla reale entità del suo valore[22]. Nell'ipotesi in cui il mercato sopravvaluti il valore di una società, non sono certamente identificabili particolari problemi per la compagine sociale della società stessa e il rispettivo *management*. Infatti, in tale situazione gli azionisti potranno vendere le proprie quote a un prezzo maggiore rispetto al valore intrinseco e i dirigenti beneficeranno di una più elevata remunerazione, quando essa è legata, come spesso avviene, al prezzo di mercato della società emittente.

Nel caso contrario di sottovalutazione, le cose si presentano ovviamente in maniera opposta e la necessità di massimizzare il valore degli azionisti, in questo caso non in contrasto con le esigenze del *management* stesso, non può che portare alla ricerca di strategie di comunicazione dirette a diffondere la reale consistenza del valore dell'impresa sul mercato finanziario.

È però lecito domandarsi se la semplice pubblicazione delle informazioni riservate di cui sopra possa far perseguire a una società lo scopo di diffondere meglio il proprio valore. Molti studiosi hanno dato una chiara risposta negativa a tale domanda per due ordini di ragioni. In primo luogo, se diffondere informazioni di natura interna e in quanto tali non controllabili direttamente dagli investitori al momento della diffusione stessa, fosse del tutto sufficiente a produrre un rialzo del prezzo di mercato di una società, probabilmente tale strategia sarebbe automaticamente seguita dalla generalità delle società, comprese quelle non sottovalutate, ma che intendono soltanto accrescere il valore delle proprie azioni. In secondo luogo, l'esistenza di una sottovalutazione

[22] I temi dell'efficienza dei mercati e della valutazione delle aziende costituiranno l'oggetto di specifici approfondimenti.

della quotazione di mercato di una società può essere validamente segnalato solo attraverso un'azione costosa per la società segnalante e in quanto tale credibile[23].

Costi di agenzia del capitale proprio

Il tema dei costi di agenzia del capitale proprio è già stato affrontato in precedenza: in questa sede si rende però opportuno richiamarne brevemente la definizione. Il rapporto di agenzia si instaura tra un *pricipal* (azionista) e un *agent* (*management*), con il secondo che cura in maniera esclusiva gli affari del primo in merito a una particolare attività (ovvero la gestione d'impresa)[24]. Il conflitto che può instaurarsi in tale ambito, tipico delle *public company* statunitensi, è legato nello specifico alla chiara divergenza di interessi tra i due gruppi di *stakeholder* in gioco, divergenza particolarmente forte quando il *management* possiede partecipazioni nella società. Da una parte vi è infatti il gruppo degli azionisti, non dirigenti, la cui utilità è direttamente proporzionale al valore economico dell'azienda di loro proprietà; dall'altra il gruppo di dirigenti la cui utilità non presenta presumibilmente una relazione del tipo appena delineato con il valore economico dell'azienda. I costi di agenzia del capitale proprio possono manifestarsi nelle seguenti forme: mancata massimizzazione del valore economico della società e costi di controllo che gli azionisti devono sostenere per monitorare costantemente l'attività del *management*.

Tornando al ruolo che il riacquisto di azioni proprie può svolgere nella risoluzione di tale conflitto, emerge come qualunque forma di distribuzione di risorse finanziarie in grado di ridurre la possibilità di un cattivo e libero utilizzo delle stesse da parte del *management*, può essere particolarmente benefica in termini di riduzione dei costi di agenzia in parola[25]. In effetti, nel momento in cui gli interessi di dirigenti e azionisti divergono, in virtù della volontà dei primi di perseguire politiche che massimizzano la loro utilità ma non quella dei proprietari finali della società, la contrazione delle risorse finanziarie nella libera disponibilità del *management* (ovvero del *free cash*

[23] Sull'impiego dei *buy back* per arginare il problema della sottovalutazione del titolo è possibile individuare molteplici contributi offerti dalla dottrina: Bhattacharya S., *Imperfect information, Dividend Policy, and the Bird in the Hand Fallacy*, on «Bell Journal of Economics», 10, 1, primavera 1979, pp. 259-70; Miller M., Rock R., *Dividend Policy Under Asymmetric Information*, «Journal of Finance», 4, 40, 1985, pp. 1031-51; John K., Williams J., *Dividends, Dilution, and Taxes: A Signalling Equilibrium*, «Journal of Finance», 4, 40, 1985, pp. 1053-70; Grullon G., Ikenberry D.L., *What Do We Know About Stock Repurchases?*, «Journal of Applied Corporate Finance», 13, 1, 2000, pp. 31-51; Vermaelen T., *Common Stock Repurchases and Market Signalling. An Empirical Study*, «Journal of Financial Economics», 9, 1981, pp. 139-83; Vermaelen T., *Repurchases Tender Offers, Signalling, and Managerial Incentives*, «Journal of Financial and Quantitative Analysis», 19, 2, 1984, pp. 163-81; Dann L.Y., *Common Stock Repurchases. An Analysis of Returns to Bondholders and Stockholders*, «Journal of Financial Economics», 9, 1981, pp. 113-38; McNally W.J., *Open market stock Repurchase Signalling*, «Financial Management», 28, 2, 1999, pp. 55-67.

[24] Jensen M.C., Meckling W.H., *Theory of the Firm: Managerial Behaviour, Agency Costs, and Ownership Structure*, «Journal of Financial Economics», 3, 1976, pp. 305-60; Berle A., Means G., *The Modern Corporation and Private Property*, MacMillan, New York 1932; Roe M., *Strong Managers Weak Owners: The Political Roots of American Corporate Finance*, Princeton University Press, Princeton 1994.

[25] Easterbrook F., *Two Agency-Costs Explanations of Dividends*, «American Economic Review», 74, 4, 1984, pp. 650-59.

flow), attuata attraverso la distribuzione delle stesse ai soci ricorrendo al *buy back*, non può che comportare una diminuzione degli effetti dannosi del conflitto, in quanto riduce il grado di discrezionalità con il quale l'azienda può essere gestita.

Conflitti tra azionisti e tra azionisti e creditori

Una operazione di *buyback* può costituire al tempo stesso uno strumento di trasferimento di ricchezza tra diverse categorie di portatori di interessi nel momento in cui le condizioni eterogenee con le quale gli azionisti si pongono di fronte a un *buyback*, presentano risvolti di natura economica anch'essi eterogenei.

Il secondo potenziale conflitto nell'ambito del quale un riacquisto può giocare un ruolo determinante è certamente rintracciabile tra azionisti e finanziatori di una società: tale contrapposizione trae origine dall'esistenza di una posizione di estremo svantaggio in cui vengono a trovarsi i creditori di un'impresa nei confronti della stessa, una volta che le condizioni relative al finanziamento sono state fissate e i fondi trasferiti. In effetti, a finanziamento concordato e avviato, gli azionisti possono cercare di aumentare il valore della propria partecipazione a discapito dei creditori attraverso l'esecuzione di veri e propri meccanismi di espropriazione, ad esempio incrementando la rischiosità degli investimenti aziendali rispetto a quanto atteso dai creditori in sede di contrattazione e stipula dei contratti di finanziamento, al fine di rendere il debito stesso più rischioso. Il medesimo risultato può essere altresì generato da una crescita del livello di *leverage*. Il riacquisto di azioni proprie, al pari di un dividendo monetario, rappresenta una distribuzione di capitale proprio e quindi uno strumento attraverso il quale innalzare il *leverage* in quanto, per mantenere lo stesso livello di attività aziendale, il capitale distribuito deve essere sostituito da nuovo debito.

L'imposizione fiscale

L'imposizione fiscale gioca un ruolo estremamente rilevante in termini di scelte finanziarie adottate da una società, condizionando profondamente e in maniera diretta la remunerazione offerta ai portatori del capitale di pieno rischio. In effetti, la distribuzione di capitale proprio agli azionisti modifica il *leverage* di una società, determinando implicazioni significative sull'ammontare delle *corporate tax* da versare nelle casse dello Stato. Inoltre, il modo attraverso il quale avviene la distribuzione in parola può influenzare l'entità delle *personal tax* direttamente a carico degli azionisti percettori.

Il ricorso a una operazione di *buy back* (così come avviene per la distribuzione di dividendi) implica una riduzione delle risorse internamente disponibili e dunque una crescita del livello di indebitamento, con tutti i vantaggi – in termini di deducibilità degli oneri finanziari – e i costi – in termini di aumento della rischiosità aziendale – che ne derivano. Tenendo presenti le considerazioni svolte nel capitolo precedente in merito alla ricerca di una struttura finanziaria ottimale[26], è possibile affermare che

[26] Bradley M., Jarrel G.A., Kim E.H., *On the Existence of an Optimal Capital Structure: Theory and Evidence*, «Journal of Finance», 39, 3, 1984, pp. 857-78.

una procedura di riacquisto di azioni proprie risulta razionale ed efficace allorché la società sia sottoindebitata e intenda pertanto avvicinarsi al grado ideale di *leverage*, sfruttando appieno i benefici della deducibilità fiscale degli interessi passivi.

In realtà però, questo stesso obiettivo può essere raggiunto anche con l'erogazione di dividendi monetari: per comprendere quale sia la soluzione migliore, occorre pertanto spostare l'attenzione dalla posizione fiscale della società a quella dei percettori delle risorse, ovvero gli azionisti. Se infatti il trattamento tributario dei due metodi di distribuzione alternativi è differente, la remunerazione effettivamente ricevuta dagli azionisti di una società, al netto delle imposte, è influenzata dal modo nel quale le risorse monetarie sono sborsate. Ad esempio, negli Stati Uniti la normativa fiscale offre un netto vantaggio, a livello di *personal tax*, alle operazioni di *buy back*. Tale circostanza fa emergere con evidenza un quesito: perché, nonostante il chiaro beneficio fiscale connesso con gli *share repurchase*, le società americane continuano comunque a distribuire dividendi? Si tratta del cosiddetto problema del *dividend puzzle* che alcuni autori, tra i quali Modigliani e Miller, hanno cercato di risolvere adducendo l'effetto clientela: se da una parte è vero che, sotto il profilo fiscale, per l'azionista medio è preferibile un *buyback* a un dividendo monetario, esistono categorie di azionisti (come ad esempio gli investitori istituzionali) per le quali le cose sono esattamente rovesciate. Per una società un apportatore di capitale di rischio può essere inquadrato come una sorta di cliente da soddisfare attraverso l'attività svolta e soprattutto attraverso le politiche di remunerazione del capitale investito poste in essere. Investitori che preferiscono dividendi a riacquisti decideranno di acquistare azioni di società con politiche finanziarie coerenti, mentre coloro con opposte preferenze saranno stimolati a investire maggiormente in società che distribuiscono cassa facendo ricorso soprattutto alle operazioni di riacquisto di azioni proprie[27].

I trade-off *non di natura fiscale tra* buyback *e dividendi*

Nel confronto tra *buyback* e dividendi è possibile individuare anche altri elementi di valutazione che possono far preferire l'una piuttosto che l'altra operazione. In primo luogo, alcuni autori hanno rilevato come sia importante non soltanto la dimensione quantitativa delle risorse disponibili, ma anche la dimensione qualitativa, intesa soprattutto in termini di temporaneità o permanenza delle risorse stesse. Sulla base di tali considerazioni, Lintner afferma che una impresa dovrebbe attuare una politica dei dividendi stabile nel tempo e ricorrere a procedure di riacquisto soltanto per distribuire momentanee eccedenze di liquidità[28].

[27] Alcuni autori mettono propriamente in luce l'esistenza di vantaggi oggettivi, per una società che voglia massimizzare il proprio valore, nell'avere investitori istituzionali come azionisti. Un modo per ottenere tale risultato è quello di pagare dividendi monetari, offrendo a tali investitori un beneficio fiscale e perciò attraendone gli investimenti.

[28] Lintner J., *Distribution of Incomes of Corporations Among Dividends, Retained Earnings and Taxes*, «American Economic Review», 46, 2, 1956, pp. 97-113.

Simile a questa impostazione è quella sostenuta da Chowdhry e Nanda i quali ritengono che dirigenti razionali si dovrebbero comportare nella seguente maniera per raggiungere una politica distributiva ottimale: i dividendi dovrebbero essere distribuiti in maniera costante, in modo da soddisfare le aspettative degli azionisti, ma in virtù dello svantaggio fiscale che presentano rispetto a un *buyback*, non dovrebbero coinvolgere tutte le risorse potenzialmente distribuibili da una società, ma solo una parte di esse. Ciò che residua dovrebbe essere accumulato nel tempo e, qualora raggiunga livelli sufficientemente elevati, distribuito attraverso operazioni di *share repurchase*[29].

Brennan e Thakor, inoltre, pur riconoscendo il vantaggio fiscale connesso ai *buyback*, sostengono altresì che tale operazione è svantaggiosa rispetto ai dividendi in quanto più costosa sotto il profilo dell'acquisizione delle informazioni[30]. Infatti, nell'ipotesi di riacquisti, una società diviene diretta controparte in transazioni di mercato o fuori mercato degli azionisti: ciò produce un aumento dell'attività di *trading* sul proprio titolo, a tutto vantaggio di quegli operatori maggiormente informati. La ricerca di particolari informazioni non è invece necessaria in ipotesi di distribuzione di dividendi monetari.

Un buon investimento

Chiunque investa sul mercato azionario è motivato dalla volontà di vendere azioni sopravvalutate e acquistare azioni sottovalutate, nella convinzione che prima o poi il valore di mercato di un titolo eguagli quello intrinseco o economico, rendendo conveniente la rivendita nel caso di una precedente operazione di acquisto. La probabilità che un'attività extracaratteristica come l'investimento in strumenti finanziari sia redditizia è tanto maggiore quanto più è elevato il vantaggio competitivo di natura informativa posseduto riguardo un particolare titolo e nei confronti di operatori concorrenti. Appare pertanto lecito supporre che effettuare operazioni di compravendita in azioni proprie costituisca per una società una potenziale fonte di redditi, in virtù della conoscenza approfondita e completa che solo la società può vantare su se stessa, soprattutto in considerazione della esclusiva disponibilità di informazioni riservate e non ancora pubblicate.

I costi di transazione

I flussi di cassa in uscita relativi a un generico progetto di investimento sono associati all'idea di costo di transazione, vale a dire quel costo collegato con la realizzazione di una particolare operazione di compravendita. La loro valutazione appare di estrema rilevanza in quanto l'obiettivo ultimo di massimizzare il valore creato per gli azionisti deve necessariamente passare attraverso un percorso di minimizzazione di tali costi.

[29] Chowdhry B., Nanda V., *Repurchase Premia as a Reason for Dividends: A Dynamic Model of Corporate Payout Policies*, «Review of Financial Studies», 7, 2, 1994, pp. 321-50.

[30] Brennan M.J., Thakor A.V., *Shareholder Preferences and Dividend Policy*, «Journal of Finance», 45, 4, 1990, pp. 993-1018.

L'acquisto di azioni proprie può effettivamente rappresentare una efficace procedura per minimizzare i costi in parola in quanto, una volta in portafoglio, i titoli possono essere impiegati nella realizzazione di progetti come strumento di scambio in alternativa a denaro, beni di altra natura o azioni di nuova emissione.

Presenza di executive stock option

Un modo giudicato generalmente valido per motivare un dirigente, soprattutto nel lungo periodo, è quello di prevedere a suo favore delle opzioni di acquisto (*call option*) sul titolo della società gestita (*executive stock option*) come parte integrante della remunerazione. In questa maniera, un dirigente è incentivato a svolgere il proprio lavoro in modo da massimizzare il valore economico della società nel lungo periodo, con la speranza che gli sforzi compiuti si traducano in una crescita del valore di mercato della società in parola. In tale ottica, il riacquisto di azioni proprie può rappresentare lo strumento ideale per aumentare la quotazione del titolo e accrescere di conseguenza il valore delle *stock option*[31]. Il medesimo risultato non può invece essere realizzato mediante la distribuzione di dividendi monetari che implica invece una sistematica riduzione del prezzo di mercato delle azioni.

Manipolazione dell'utile per azioni (EPS)

L'*earning per share* rappresenta uno degli indicatori maggiormente interessanti agli occhi degli operatori di mercato al fine di compiere valutazioni sulla «appetibilità» dei titoli azionari. Sulla base della definizione «ufficiale» dell'utile per azione rintracciabile nell'*International Accounting Standard* (*IAS*) n. 33 e ripreso dal documento n. 20 del Consiglio Nazionale dei Dottori Commercialisti e dei Ragionieri, in assenza di operazioni sul capitale avvenute nel corso dell'esercizio, l'utile per azione è semplicemente ottenuto dall'utile totale di periodo prodotto dall'attività di gestione diviso il numero di azioni in circolazione nel periodo stesso al netto dei titoli propri detenuti in portafoglio. Ne consegue che una operazione di *share repurchase* è in grado di agire sull'entità dell'*EPS*, ampliando o riducendo il valore del denominatore.

Miglioramento degli indici di redditività

Tra le molteplici finalità perseguibili attraverso la deliberazione e la concreta attuazione di una procedura di *buyback* è possibile annoverare anche l'opportunità di incidere sulla misura e sull'andamento di alcuni fondamentali indicatori dello «stato di salute» dell'impresa. In termini del tutto generali, è possibile affermare che l'acqui-

[31] Lambert R.A., Lanen W.N., Larcker, D.F., *Executive Stock Option Plans and Corporate Dividend Policy*, «Journal of Financial and Quantitative Analysis», 24, 4, 1989, pp. 409-25; Fenn G.W., Liang N., *Corporate Payout Policy and Managerial Stock Incentives*, «Journal of Financial Economics», 60, 2001, pp. 45-72; Kahle K.M., *When a Buyback Isn't a Buyback: Open Market Repurchases and Employee Options*, «Journal of Financial Economics», 63, 2002, pp. 235-61.

sto di azioni proprie, a parità di utili generati dall'azienda, determina un miglioramento sia del ROI sia del ROE: ne consegue che una operazione di *buyback* può essere adottata per diffondere risultati economico-finanziari migliori.

Appare però importante sottolineare che l'esito di un eventuale *buyback* non sempre e non necessariamente si traduce in una crescita dei suddetti indicatori: infatti, considerando ad esempio il ROI, una sua modifica può essere determinata non soltanto da cambiamenti nel numeratore (reddito operativo), ma anche nel denominatore (capitale investito). Ed è proprio il capitale investito che, in seguito a un riacquisto, subisce variazioni di segno differente a seconda delle modalità di attuazione del riacquisto stesso e delle scelte compiute successivamente dalla società in merito alla destinazione delle azioni proprie. Se, ad esempio, in seguito a un *buyback*, si procede all'annullamento delle azioni proprie riacquistate, il capitale investito diminuisce, con una conseguente crescita del ROI; se, invece, l'impresa, sempre in seguito a un *buyback*, decide di ricorrere alla contrazione di nuovi debiti, si assiste a un incremento del capitale investito e dunque a una riduzione del ROI.

Meccanismo anti-scalata

Il termine scalata, corrispondente alla parola *takeover* in lingua inglese, è riferito all'insieme di operazioni realizzate da un potenziale acquirente per poter ottenere il controllo economico di una società per azioni. In letteratura, un *takeover* è definito «ostile» quando si scontra con la resistenza di quegli *stakeholder* di una società – tipicamente rappresentati da azionisti e/o dirigenti – che di fatto ne hanno correntemente il controllo.

La minaccia di una scalata ostile può essere contrastata con diverse iniziative, tra le quali è possibile annoverare anche il riacquisto di azioni proprie attuato nei confronti dell'attuale o degli attuali scalatori: si assiste, in presenza di questa circostanza, al ricorso a un *buyback* definito *greenmail*[32], inquadrabile all'interno della categoria dei *targeted share repurchase*. Lo scopo dell'operazione consiste nel rimuovere un azionista considerato «scomodo» agli occhi di chi controlla la società nell'ambito di un possibile *takeover* ostile, essendo diretto specificamente all'azionista o agli azionisti che stanno cercando di scalare la società[33]. Appare però doveroso sottolineare che in un *greenmail* e in operazioni similari è possibile anche ravvisare un comportamento discriminatorio e scorretto da parte del *management* nei confronti degli azionisti che non hanno la possibilità di aderirvi: il riferimento principale è alla fissazione di un

[32] Dann L.Y., DeAngelo L., *Standstill Agreements, Privately Negotiated Stock Repurchases, and the Market for Corporate Control*, «Journal of Financial Economics», 11, 1983, pp. 275-300; Klein A., Rosenfeld J., *Targeted Share Repurchases and Top Management Changes*, «Journal of Financial Economics», 20, 1988, pp. 493-506; Mikkelson W.H., Ruback R.S., *Targeted Repurchases and Common Stock Returns*, «RAND Journal of Economics», 22, 4, 1991, pp. 544-61; Peyer U.C., Vermaelen T., 2005, *The Many Facets of Privately Negotiated Share Repurchases*, «Journal of Financial Economics», 75, pp. 361-95.

[33] Schwert G.W., *Hostility in Takeovers: In the Eyes of the Beholder?*, «Journal of Finance», 55, 6, 2000, pp. 2599-2640.

prezzo di riacquisto sensibilmente superiore rispetto al valore di mercato del titolo, circostanza lesiva degli interessi degli azionisti non coinvolti nella procedura.

Un *greenmail* è spesso associato a un accordo tra società e azionista venditore conosciuto in letteratura con il nome di *standstill agreement*. In termini generali, l'accordo in parola obbliga il socio a «rimanere fermo» nell'acquisto di azioni della società per un certo periodo e vincola la società all'effettuazione di una controprestazione contrattuale nei confronti del socio.

Chiunque voglia acquisire il controllo di una società deve naturalmente venire in possesso di un numero di azioni sufficienti allo scopo, riacquistandole dagli azionisti esistenti: ne deriva che la probabilità di un *takeover* è inversamente proporzionale al valore economico mediamente attribuito dagli azionisti alla propria società. In altre parole, tanto maggiore è il valore che un azionista attribuisce alla società di cui possiede i titoli, tanto più difficile è per uno scalatore convincerlo a cederli a titolo oneroso. Il termine *reservation price* è utilizzato in letteratura per far riferimento al prezzo minimo al quale un investitore è disposto a cedere un particolare investimento finanziario, tra cui rientra anche quello in azioni: in sostanza, esso corrisponde al valore minimo attribuito a un determinato investimento. Un modo semplice per innalzare il prezzo in parola, suggerito da diversi commentatori, è proprio quello di lanciare un'operazione di riacquisto di azioni proprie[34]. È infatti evidente che gli azionisti maggiormente propensi a rivendere le proprie azioni alla società emittente sono proprio coloro i quali, in virtù di un *reservation price* basso, prima degli altri aderirebbero a un'eventuale scalata, vendendo le azioni possedute allo scalatore. Il *buyback* è in altre parole una sorta di manovra preventiva che mira a togliere dallo scenario di riferimento della società quei soci che, per effetto di un basso *reservation price*, potrebbero diventare involontariamente i migliori alleati di uno scalatore.

In alcuni casi, infatti, non appare neanche necessario innalzare il *reservation price* medio della compagine azionaria per far fallire, rendendola troppo onerosa, una scalata, in quanto il medesimo obiettivo è raggiungibile attraverso un semplice consolidamento del potere di voto nelle mani di chi controlla una società, consolidamento sempre ottenibile ricorrendo a una operazione di riacquisto[35].

Il ruolo della liquidità

Un titolo si definisce liquido quando le operazioni di compravendita eseguite su di esso avvengono in maniera rapida e poco costosa. I costi a cui si fa riferimento in questa sede non sono solo quelli che, come le commissioni di *trading*, risultano pale-

[34] Bagwell L.S., *Share Repurchase and Takeover Deterrence*, «RAND Journal of Economics», 22, 1, 1991, pp. 72-88; Bagwell L.S., *Dutch Auction Repurchases: An Analysis of Shareholder Heterogeneity*, «Journal of Finance», 47, 1, 1992, pp. 71-105.

[35] Stulz R.M., *Managerial Control of Voting Rights. Financing Policies and the Market for Corporate Control*, «Journal of Financial Economics», 20, 1988, pp. 25-54; Harris M., Raviv A., *Corporate Control Contests and Capital Structure*, «Journal of Financial Economics», 20, 1988, pp. 55-86; Denis D.J., *Defensive Changes in Corporate Payout Policy: Share Repurchases and Special Dividends*, «Journal of Finance», 45, 5, 1990, pp. 1433-56.

semente legati a operazioni di compravendita, ma occorre adeguatamente valutare anche l'esistenza del *bid-ask spread*, vale a dire dello *spread* tra prezzo *bid* e prezzo *ask* quale fonte di costi aggiuntivi. Acquistare a un prezzo (prezzo lettera o *ask*) superiore a quello a cui si può effettuare un'operazione di segno contrario (prezzo denaro o *bid*) è infatti una circostanza negativa per chiunque decida di contrattare un'azione.

Un ipotetico investitore è disposto a impiegare il proprio capitale nell'acquisto di titoli azionari soltanto se tale investimento è in grado di garantire un rendimento tale da remunerare tutti i costi sostenuti. In tale ottica, si rende opportuno sottolineare l'esistenza di una relazione inversa, più volte riscontrata nelle analisi empiriche, tra il grado di liquidità di mercato per un certo titolo e il costo del capitale che deve essere sostenuto da chi ha emesso tale titolo. Ne consegue che l'impresa emittente deve assicurare, a parità di altre condizioni, un rendimento atteso più elevato per convincere un investitore a sottoscrivere o acquistare la propria azione qualora vi sia una riduzione del livello di liquidità di mercato, in virtù dei maggiori costi che ciò implica per gli investitori. Viceversa, un incremento della liquidità rende il capitale proprio meno costoso per l'impresa.

Risulta pertanto auspicabile per una impresa accrescere quanto più possibile il livello di liquidità del titolo attraverso numerose operazioni di compravendita: tra queste, un ruolo di primo piano assumono gli *share repurchase* che possono essere motivati proprio dall'esigenza di migliorare la liquidità dell'azione.

Capitolo 6

La formazione del capitale investito: principi e metodologie di valutazione

di Roberta Pace

6.1 L'articolazione del capitolo

Il presente capitolo affronta il complesso tema della formazione del capitale investito, analizzando i principi e i criteri di valutazione da impiegare nella scelta delle diverse attività da inserire nella struttura aziendale per lo svolgimento della gestione. Come accennato in precedenza, le possibili forme di investimento delle imprese sono molteplici e variano sensibilmente da azienda ad azienda sia dal punto di vista qualitativo, sia in termini quantitativi. È però possibile ricondurre gli impieghi aziendali a due fondamentali macroclassi di attività[1]:

- il capitale immobilizzato, costituito da immobilizzazioni di natura materiale, immateriale e finanziaria;
- il capitale circolante lordo, o attivo corrente, rappresentato dalle scorte di magazzino, dai crediti verso clienti e dalle disponibilità detenute in forma liquida.

Proprio seguendo questa impostazione e tenendo presente la diversa logica operativa da adottare nella gestione delle due macroclassi di impieghi, si è reso opportuno dividere il capitolo in due sezioni: la prima, dedicata alle tecniche di selezione degli investimenti pluriennali, con particolare riferimento agli strumenti di *capital budgeting*; la seconda, focalizzata sul capitale circolante lordo e, nello specifico, sui principi da seguire nel controllo del magazzino e della liquidità.

[1] Per una analisi dettagliata delle singole classi di attività si rinvia a quanto esposto nel capitolo 2.

SEZIONE I

Investimenti in capitale immobilizzato e strumenti di capital budgeting

6.2 Gli investimenti aziendali: alcune classificazioni

Nello svolgimento della gestione aziendale il management è più volte chiamato a dover valutare e attuare progetti di investimento diversi, finalizzati di volta in volta a incrementare il livello di produzione, ad adeguare il processo produttivo alle modifiche normative introdotte, a innalzare il contenuto tecnologico di impianti e macchinari, a potenziare l'efficienza dei meccanismi di distribuzione e così via. A prescindere dalle motivazioni alla base della scelta, tutte le decisioni di investimento devono essere precedute e supportate da una analisi in grado di verificare se e in quale misura il progetto in esame è in grado di contribuire a migliorare le condizioni di economicità della gestione: in altri termini, si rende necessario misurare la capacità di ogni investimento di creare valore per l'impresa.

In linea del tutto generale e come sarà illustrato meglio in seguito, tale verifica presuppone la misurazione e il successivo confronto della ricchezza generata e della ricchezza assorbita dal progetto: la convenienza a eseguirlo si manifesta soltanto nell'ipotesi in cui la prima sia superiore rispetto alla seconda. È possibile offrire una rappresentazione grafica degli effetti finanziari prodotti da un generico investimento, evidenziando la formazione dei flussi di cassa in uscita e dei flussi di cassa in entrata ad esso connessi (Fig. 6.1).

Normalmente, anche se questa regola subisce non poche eccezioni, i flussi negativi precedono quelli positivi (in quanto l'esborso, o gli esborsi iniziali risultano antecedenti rispetto alla capacità del progetto di fornire risultati positivi) e possono essere concentrati anche in un'unica soluzione (unico esborso iniziale).

Mentre risulta, in genere, alquanto agevole la quantificazione dei flussi in uscita, non si può affermare altrettanto con riferimento ai flussi di recupero. Infatti, esistono alcune tipologie di investimento per le quali è difficile, se non addirittura impossibile, tradurre in termini monetari il vantaggio economico connesso alla loro implementazione: si pensi, a titolo di esempio, alla realizzazione di asili nido interni all'azienda per i bambini dei dipendenti, oppure alla costruzione di alloggi per il personale. Si tratta, come evidente, di iniziative sicuramente destinate a generare benefici in termini di soddisfazione dei dipendenti e di miglioramento delle prestazioni lavorative, ma che non sono immediatamente suscettibili di una attendibile valutazione economico-finanziaria.

Al di là di queste ipotesi particolari, il presente scritto concentrerà l'attenzione soltanto su quegli investimenti per i quali sia possibile addivenire ad una misurazione quanto più possibile corretta e veritiera dei flussi prodotti e consumati. In quest'ottica, appare utile proporre alcune distinzioni relative ai legami di dipendenza che possono essere rintracciati tra gli investimenti oggetto di analisi.

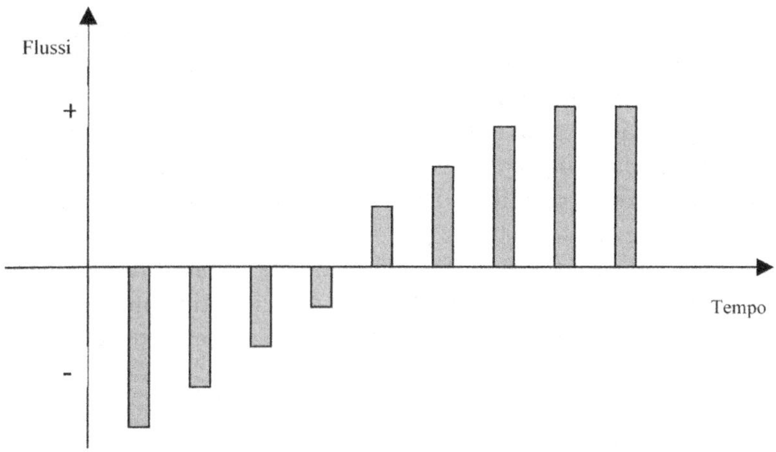

Fig. 6.1 I flussi generati da un generico investimento

In primo luogo, l'impresa che decide di intraprendere un investimento si trova spesso di fronte a una scelta da compiere tra diverse possibili soluzioni. Si parla pertanto di investimenti alternativi o mutualmente esclusivi laddove la realizzazione di uno dei progetti esaminati preclude – rendendo impossibile e/o non più necessaria – la realizzazione degli altri. In questo caso è evidente che gli investimenti oggetto di valutazione sono chiamati a svolgere le medesime funzioni all'interno dell'organizzazione.

Due progetti di investimento si definiscono invece concorrenti quando sono destinati a esplicare funzioni differenti, ma l'impresa non dispone delle risorse necessarie per l'attuazione di entrambi. L'azienda, a causa della scarsità di risorse finanziarie, è costretta a rinunciare a un investimento, preferendo quello in grado di accrescere maggiormente il valore dell'organizzazione.

In alcune ipotesi, è possibile che la scelta di attuare un determinato investimento sia in grado di generare flussi in entrata soltanto se seguita da un ulteriore investimento, necessario per poter produrre ricchezza. Ci si trova, cioè, in presenza di investimenti cosiddetti vincolati, in quanto la capacità di un progetto di creare valore dipende dalla realizzazione dell'altro progetto: è del tutto evidente come la valutazione economico-finanziaria deve essere estesa a entrambi gli investimenti.

Al di là delle possibili classificazioni, la decisione di porre in essere un ipotetico investimento non appare certo agevole, ma costituisce il frutto di un percorso di analisi complesso e di durata variabile, le cui fasi principali possono essere ricondotte alle seguenti[2]:

[2] Napoli M., Parisi M., *Valutazione finanziaria degli investimenti. Teorie, modelli, tecniche e strumenti operativi*, McGraw-Hill, Milano 2007, pp. 6 e ss.

1) ricerca e individuazione degli investimenti potenzialmente realizzabili in relazione agli obiettivi aziendali. Si tratta di identificare le varie alternative di progetti che rispondono alle medesime esigenze e sono chiamati a svolgere le stesse funzioni;
2) definizione delle metodologie di valutazione da adottare e dei criteri di selezione sui quali sarà impostata la scelta. Rientra in tale fase la determinazione delle variabili da impiegare nella stima, come il tasso di sconto necessario ai fini di una procedura di attualizzazione, oppure la definizione delle regole di selezione da rispettare (ad esempio un eventuale tasso o periodo di *cut-off*);
3) valutazione economica. Rappresenta indubbiamente la fase cruciale nel processo in esame e si propone di verificare l'attitudine dell'investimento a generare valore attraverso la concreta applicazione delle diverse metodologie poste a disposizione dal *capital budgeting* e identificate nel punto precedente;
4) valutazione della fattibilità e sostenibilità finanziaria. L'analisi economica appena svolta porta alla individuazione di uno o più progetti alternativi potenzialmente capaci di accrescere il valore aziendale. Non tutti gli investimenti che garantiscono creazione di ricchezza risultano però sostenibili sotto il profilo finanziario, rendendo pertanto necessaria una ulteriore verifica della compatibilità tra le entrate e le uscite generate dal progetto rispetto alle entrate e alle uscite generate dalla ordinaria gestione. Si riscontrano, infatti, casi in cui l'elevato costo iniziale dell'investimento rispetto alle possibilità finanziarie dell'azienda e il mancato ottenimento del credito necessario, nonché l'impossibilita di accensione di mutui a medio termine o di operazioni di *leasing*, pregiudicano la fattibilità del progetto di investimento sotto il profilo finanziario. Tale impossibilità può emergere anche nei casi in cui i flussi finanziari connessi ai ricavi non permettano, sul piano temporale, il mantenimento della liquidità necessaria e, quindi, non assicurino l'equilibrio monetario della gestione;
5) decisione e approvazione del progetto nelle sedi competenti e secondo le modalità previste;
6) realizzazione dell'investimento;
7) gestione dell'investimento e controllo dei flussi connessi in entrata e in uscita. Si tratta di un aspetto di estrema rilevanza ai fini della eventuale individuazione e misurazione dell'entità di possibili scostamenti rispetto alle previsioni formulate in sede di *budgeting*, nonché delle cause sottostanti le stesse variazioni;
8) disinvestimento, da attribuire alla incapacità del progetto di contribuire ulteriormente alla creazione di ricchezza e/o a modifiche nella politica aziendale che lo rendono non più adeguato e compatibile con gli obiettivi di fondo dell'impresa.

Nell'ambito del percorso di analisi appena individuato, emerge con tutta evidenza la centralità delle valutazioni economiche e finanziarie dei progetti di investimento. In effetti, l'investimento può essere analizzato sotto due distinti aspetti:

a) sotto il profilo economico, esso richiama il concetto di incremento di utilità dei beni utilizzati nella produzione;

b) sotto il profilo finanziario deve essere considerato un «trasferimento di risorse nel tempo» che, in un primo momento, determina flussi finanziari passivi per l'acquisizione di fattori produttivi e, successivamente, genera flussi finanziari attivi[3].

Rimanendo in un'ottica tipicamente finanziaria, occorre sottolineare la presenza di problematiche specifiche che possono sorgere in ordine alla correlazione di alcuni flussi finanziari, sia di uscita sia di entrata, a uno specifico progetto di investimento. Per alcune tipologie di impiego questo riferimento assume infatti caratteri di elevata arbitrarietà, tali da rendere difficoltosa la misurazione e la comparazione dei relativi flussi di cassa, compromettendo di conseguenza la validità di un controllo economico-finanziario dell'investimento.

Nell'esposizione delle diverse fasi componenti il percorso di analisi di un investimento, è stato effettuato un esplicito riferimento ad alcuni criteri da rispettare nel compimento della stima. In effetti, affinché le metodologie adottate nella scelta degli investimenti diano luogo alla formazione di valori attendibili in grado di riflettere l'effettivo contributo che, in termini reddituali e finanziari, un determinato impiego sarà in grado di offrire al complesso aziendale, è necessario che vengano verificate specifiche condizioni:

- occorre considerare tutti i flussi di cassa – in entrata e in uscita – prodotti dall'investimento;
- i flussi che rientrano nel calcolo devono essere omogenei sotto il profilo temporale, ovvero devono essere attualizzati;
- i criteri di scelta devono essere tali da permettere di selezionare, tra diverse alternative di investimento, quel sottoinsieme di progetti che massimizza il valore dell'impresa;
- l'agente decisore deve essere in grado di valutare ogni progetto indipendentemente da tutti gli altri, rispettando il principio dell'additività dei valori (il valore complessivo degli investimenti è pari alla somma dei valori dei singoli investimenti e cioè $V = \sum_{j=1}^{n} v_j$).

Come sarà evidenziato nel corso della presente trattazione, non tutti i criteri posti a disposizione del management finanziario riescono a verificare le regole appena elencate. La capacità dei diversi metodi di analisi di rispettare tali condizioni indica dunque la «bontà» del metodo stesso.

6.3 Il valore finanziario del tempo

È stato sottolineato più volte come gli investimenti in attività immobilizzate – siano esse di natura materiale, immateriale o finanziaria – siano destinati a distribuire la loro utilità nel corso degli anni futuri e, contestualmente, a generare flussi di cassa per

[3] Brugger G., *Le decisioni finanziarie*, in *Trattato di finanza aziendale*, a cura di G. Pivato, Franco Angeli, Milano 1983, p. 751.

un periodo superiore all'esercizio. Tale aspetto, ovvero la distribuzione temporale delle entrate e delle uscite connesse a un determinato progetto, assume un ruolo cruciale nell'ambito dei processi di valutazione di un investimento o di investimenti alternativi.

Se da un lato è infatti indiscutibile la necessità di determinare per ogni anno i flussi prodotti dall'investimento, al fine di addivenire ad una stima quanto più possibile corretta e attendibile della capacità del progetto di creare ricchezza, dall'altro lato si rende indispensabile attivare un percorso di «omogeneizzazione» dei flussi stessi. Appare del tutto evidente come, in un'ottica puramente finanziaria, un euro di capitale avuto oggi ha un valore superiore rispetto a un euro di capitale avuto domani: tale assunto trova giustificazione nel fatto che la disponibilità di un euro oggi offre la possibilità al suo titolare di investirlo immediatamente affinché possa produrre interessi. Di contro, ovviamente, un flusso di cassa pari a 100 euro che sarà percepito tra due anni, se riportato all'epoca attuale, avrà un valore inferiore a 100 euro.

Tali affermazioni vanno a formare uno dei pilastri della finanza aziendale e sono sintetizzabili nel concetto di *valore finanziario del tempo*. La principale conseguenza in termini di analisi degli investimenti consiste nella necessità di ricondurre tutti i flussi di cassa futuri derivanti dal progetto a un'unica data di riferimento – la data di valutazione, appunto –, attraverso un meccanismo di omogeneizzazione temporale che prende il nome di *attualizzazione*. L'operazione finanziaria opposta rispetto all'attualizzazione è rappresentata dalla procedura di *capitalizzazione* che consiste nel portare in avanti, ovvero a un epoca futura, i flussi finanziari (Fig. 6.2).

Concentrando l'attenzione sulla sola procedura di attualizzazione – l'unica, in verità, che interessi in questa sede –, occorre approfondire le modalità tecniche attraverso le quali si realizza e il significato finanziario ad essa sotteso. Per farlo, si rende necessario introdurre l'elemento centrale del percorso di omogeneizzazione temporale, ovvero quello in grado di esprimere e sintetizzare il valore finanziario del tempo: il tasso di sconto o di attualizzazione.

Come accennato in precedenza, infatti, un flusso di cassa positivo che si manifesterà tra un anno rispetto ad oggi, se attualizzato deve necessariamente avere un valore inferiore rispetto a quello nominale stante l'implicita rinuncia, appunto, a un anno di interessi percepiti sull'ipotetico investimento delle somme stesse. Se ad esempio

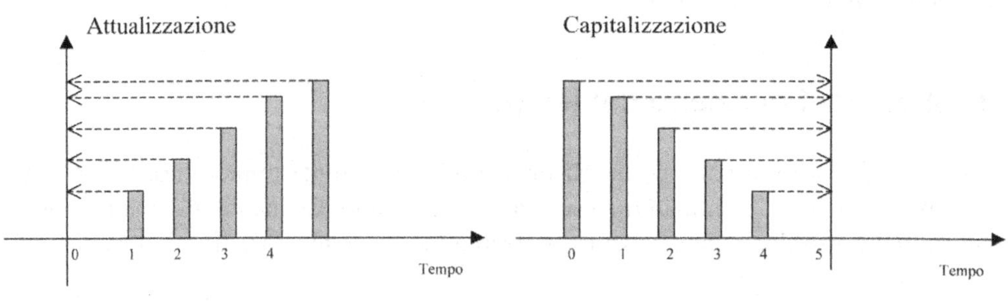

Fig. 6.2 Attualizzazione e capitalizzazione

l'impresa al tempo zero stima un flusso di cassa in entrata che sarà generato al tempo uno per un importo pari a 20.000 euro, dovrà provvedere a scontare tale somma tenendo in considerazione gli interessi ai quali ha rinunciato tra il tempo zero e il tempo uno. Ne deriva che la componente fondamentale da inserire nel processo di attualizzazione è rappresentata dal tasso di interesse che, in questa circostanza, prende appunto il nome di tasso di attualizzazione o tasso di sconto. Sotto il profilo finanziario si tratta, in sostanza, del costo opportunità sostenuto dall'impresa in termini di mancato rendimento. Nell'esempio appena esposto, un tasso opportunità del 10% applicato al flusso di 20.000 euro, per la durata di un anno, conduce a un valore attuale – ovvero al valore della somma al tempo zero – pari a 18.181 euro.

È dunque possibile esplicitare l'algoritmo generale da applicare ai fini del calcolo del valore attuale di una somma di denaro:

$$VA_0 = \frac{FC_1}{1+i} \qquad [1]$$

dove FC_1 = flusso di cassa al tempo 1.

Nell'ipotesi in cui siano presenti più flussi da attualizzare riferiti a periodi temporali diversi, la formulazione algebrica diventa la seguente:

$$VA_0 = \sum_{t=1}^{n} \frac{FC_t}{(1+i)^t} \qquad [2]$$

In tali formulazioni il rapporto $\frac{1}{(1+i)}$ costituisce il fattore di sconto o fattore di attualizzazione. Nella sua definizione il tasso assume un ruolo cruciale in quanto anche minime variazioni di i sono in grado di determinare ampie fluttuazioni del valore attuale del capitale. La scelta del tasso deve essere compiuta con la massima attenzione e deve avvenire in modo tale da inglobare nel tasso stesso sia il rendimento privo di rischio al quale si rinuncia per la indisponibilità del capitale, sia il livello di rischiosità insito nel progetto di investimento oggetto di valutazione. A tal fine possono essere richiamati tutti i concetti esposti nel capitolo terzo in merito alla definizione della relazione rischio-rendimento.

6.4 Il valore attuale netto (VAN) quale criterio migliore per la valutazione di un investimento

Tra le molteplici alternative poste a disposizione da teoria e prassi professionale per la stima dei progetti di investimento, quella che riscuote maggiore successo in termini di applicazione, ma anche il più elevato consenso da parte della dottrina, è sicuramente rappresentata dal valore attuale netto (VAN), noto anche come *net present va-*

lue (NPV). La logica impiegata nella costruzione di tale criterio è perfettamente conforme alle condizioni precedentemente indicate come determinanti della «bontà» di un metodo di stima e consiste, nello specifico, nel confrontare l'insieme dei flussi finanziari in entrata, opportunamente attualizzati, con i deflussi finanziari generati dall'investimento, anch'essi, eventualmente, sottoposti a procedura di omogeneizzazione temporale. Si tratta, quindi, di ricercare il contributo che, in termini di accrescimento di valore, il progetto di investimento considerato può apportare al complesso aziendale: in quest'ottica il VAN rappresenta il criterio migliore, nonché quello concettualmente più corretto, per valutare gli investimenti in una logica di creazione di nuovo valore, rispondendo appieno alle finalità di base dell'attività di impresa.

A conferma della validità di tale approccio basti pensare che i principi di fondo sottostanti la costruzione del VAN sono direttamente riconducibili alla logica del *discounted cash flow* (DCF) da impiegare nella valutazione delle aziende in funzionamento: in effetti, come sarà chiarito meglio in seguito, i metodi finanziari per la stima del capitale economico di una impresa – i DCF, appunto –, possono essere concepiti come metodi mutuati proprio dal VAN.

In formula, il valore attuale netto è espresso dalla seguente relazione:

$$VAN = \sum_{t=1}^{n} \frac{FCR_t}{(1+i)^t} - FCU_0 \qquad [3]$$

dove:

FCR = flussi finanziari di recupero;
t = periodo di realizzazione dei flussi;
i = tasso di attualizzazione;
FCU = flusso finanziario di uscita.

L'impostazione presente nella [3] si fonda sul presupposto che vi sia un unico esborso iniziale pari all'entità complessiva dell'investimento, cui fanno seguito flussi finanziari di recupero che si manifestano in periodi distinti e che quindi, per essere omogeneizzati e confrontabili, devono essere attualizzati. È questa l'ipotesi più realistica di investimento e di dinamica dei flussi e anche la più frequente nella realtà.

Non è però raro trovarsi di fronte a investimenti che non prevedono un solo esborso al momento della realizzazione del progetto, ma diversi flussi di uscita, scaglionati nel tempo, che necessitano anch'essi della procedura di attualizzazione: si pensi, ad esempio, a un progetto di investimento posto in essere mediante il ricorso a un prestito bancario erogato secondo un piano di «stati di avanzamento lavoro». In questo caso la [3] si modifica nel modo seguente:

$$VAN = \sum_{t=1}^{n} \frac{FCR_t}{(1+i)^t} - \sum_{t=0}^{n} \frac{FCU_t}{(1+i)^t} \qquad [4]$$

Se il confronto dà esito positivo significa che i flussi di recupero sono superiori ai flussi di uscita e che, dunque, l'investimento oggetto di valutazione è in grado di creare nuovo valore per l'impresa. Viceversa, un risultato negativo del VAN indica l'incapacità del progetto di contribuire alla crescita di valore all'interno dell'organizzazione.

Per quanto riguarda i flussi di recupero da attualizzare, essi sono costituiti dal reddito netto RN (dopo la deduzione delle imposte), dagli ammortamenti e dagli oneri finanziari. Tale composizione appare naturale, come detto, dato che i flussi di recupero debbono permettere la reintegrazione degli oneri finanziari sopportati per la realizzazione dell'investimento, nonché la generazione di un flusso di autofinanziamento in senso ampio (ammortamento quale flusso di rigenerazione del capitale investito e utili quali flusso di autogenerazione di capitale).

A titolo di esempio, si consideri un investimento con un costo iniziale pari a 6.500 euro in grado di generare flussi di recupero che, sulla base dei dati riportati nel budget aziendale, possono essere determinati come in tabella 6.1.

Applicando un tasso di capitalizzazione del 12%:

$$VAN = \frac{2.694}{1+0,12} + \frac{2.864}{(1+0,12)^2} + \frac{2.885}{(1+0,12)^3} + \frac{3.068}{(1+0,12)^4} + \frac{3.885}{(1+0,12)^5} - 6.500 =$$

$$= 10.896 - 6.500 = 4.396$$

Risulta evidente dalle considerazioni appena svolte che il criterio di stima in esame fonda la sua base concettuale sulla redditività, evidenziata come eccesso di profitto, rispetto al saggio di attualizzazione prescelto. La redditività emerge in valore assoluto allorché dalla sommatoria scaturisca un risultato superiore allo zero e, quindi, l'utilizzazione dell'investimento produca, in questo caso, rendimenti superiori al tasso di capitalizzazione corrente. Le circostanze che possono verificarsi in seguito all'utilizzo del VAN sono le seguenti:

- VAN = 0 $\Rightarrow$ l'investimento presenta una redditività pari al tasso di attualizzazione;
- VAN > 0 $\Rightarrow$ l'investimento presenta una redditività superiore al tasso di attualizzazione;
- VAN < 0 $\Rightarrow$ l'investimento presenta una redditività inferiore al tasso di attualizzazione.

Tab. 6.1 Un esempio di calcolo del VAN

Flussi	I anno	II anno	III anno	IV anno	V anno
Reddito netto (dopo il calcolo delle imposte)	964	1.024	1.030	1.188	1.985
Ammortamenti	1.300	1.300	1.300	1.300	1.300
Autofinanziamento	2.164	2.324	2.330	2.488	3.285
Oneri finanziari	530	540	555	580	600
Flussi da attualizzare	2.694	2.864	2.885	3.068	3.885

Se ne deduce chiaramente che tra il valore attuale netto del progetto di investimento e il tasso di attualizzazione vige una relazione inversa: il VAN decresce all'aumentare del tasso di sconto (poiché l'onerosità finanziaria assorbirà gradualmente i margini di profitto della gestione tipica) e assume il suo valore massimo in corrispondenza di un tasso di sconto pari a zero. Il problema principale che si pone in sede di calcolo del valore attuale netto consiste sicuramente nella scelta del tasso con cui attualizzare i flussi finanziari dell'investimento. Si ribadisce quindi la necessità di fissare un saggio *i* che abbia diretta attinenza con le condizioni correnti di mercato e non emergente da soggettive considerazioni dell'analista finanziario, come accade frequentemente ove si verifichi assenza assoluta o parziale di vincoli finanziari nell'impresa.

La determinazione del saggio con cui scontare i flussi finanziari dell'investimento presenta non poche difficoltà e incertezze, dovendo tale grandezza ponderare e inglobare una serie di elementi, che vanno dalla redditività del progetto alla sua rischiosità. Occorre dunque procedere con molta attenzione, in quanto il parametro che si intende definire rappresenta la variabile destinata più di ogni altra a influenzare e guidare le scelte del management finanziario.

Il tasso cui fare riferimento per l'omogeneizzazione sotto il profilo temporale dei flussi finanziari di un investimento può essere rappresentato da:

- un tasso espressione del costo del capitale azionario, definito sulla base del CAPM. Questo approccio appare preferibile laddove l'impresa decidesse di finanziare il progetto di investimento esclusivamente con il ricorso al capitale proprio;
- un tasso che esprima il costo del capitale proprio e del capitale di credito, impiegando la logica di costruzione del costo medio ponderato del capitale (*wacc*). Tale scelta è appropriata laddove l'investimento fosse coperto mediante il ricorso al capitale proprio e al capitale di credito;
- la redditività del capitale investito nell'impresa (ROI), ottenuto dal rapporto tra reddito operativo e capitale investito. La giustificazione di una scelta di questo tipo è evidente e risiede nella logica dell'indicatore in parola e nella sua valenza informativa. Esso infatti offre la misura della redditività della gestione operativa, ovvero la redditività del capitale investito nell'impresa: così se l'impresa già registra un certo ROI non può attuare investimenti che comporterebbero un abbassamento del livello di redditività aziendale. Il principale limite connesso con tale approccio è però rappresentato dall'assenza di riferimenti al livello di rischio del progetto di investimento in esame.

L'adozione del valore attuale netto nella selezione degli investimenti porta a concludere che il management deve accettare quei progetti che danno origine a un VAN positivo; nell'ipotesi di due o più investimenti alternativi, la scelta ricadrà sull'impiego che garantisce un VAN più elevato[4]. La relazione tra VAN e tasso di sconto può essere rappresentata graficamente come in figura 6.3.

[4] Brusa L, Zamprogna L., *Finanza d'impresa. logiche e strumenti di gestione finanziaria: modello contabile e modello del valore*, Etaslibri, Milano 1995, p. 132.

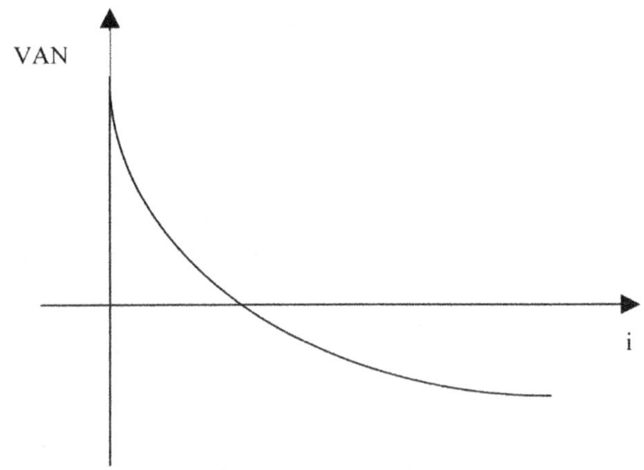

Fig. 6.3 La relazione tra VAN e tasso di attualizzazione

Le relazioni tra VAN e tasso di attualizzazione possono però presentare diverse sfaccettature e spunti di riflessione: si ritiene quindi opportuno rinviarne la completa trattazione al prosieguo.

È comunque possibile affermare che il metodo del valore attuale netto rappresenta il criterio di scelta degli investimenti più corretto sul piano concettuale e, dunque, maggiormente attendibile. La giustificazione di un tale assunto va rintracciata nella capacità del VAN di verificare in pieno tutte le condizioni che devono essere rispettate per sancire la validità di un metodo decisionale. In effetti, il VAN:

- utilizza tutti i flussi di cassa derivanti dall'investimento;
- prevede l'attualizzazione degli stessi;
- permette la scelta del progetto che garantisce la creazione di nuovo valore per l'impresa;
- rispetta il principio dell'additività.

6.4.1 Il profitability index

Utilizzando la medesima logica sottostante il VAN è possibile individuare un altro criterio di valutazione degli investimenti: il *profitability index* (PI) o indice di redditività. Tale indicatore è ottenuto dal rapporto tra flussi finanziari in entrata e flussi in uscita, ottenendo così un confronto espresso in termini percentuali, anziché in valore assoluto. In formula:

$$PI = \frac{\sum_{t=1}^{n} FCR_t (1+i)^{-t}}{FCU_0} \qquad [5]$$

$$PI = \frac{\sum_{t=1}^{n} FCR_t \left(1+i\right)^{-t}}{\sum_{t=0}^{n} FCU_t \left(1+i\right)^{-t}} \qquad [6]$$

Ovviamente, l'espressione [5] si riferisce al caso in cui vi sia un unico esborso iniziale, mentre la [6] riguarda l'ipotesi di flussi in uscita dilazionati nel tempo.

Utilizzando tale criterio nell'ambito della selezione degli investimenti, dovranno essere accettati quei progetti che presentano un *profitability index* superiore all'unità: tale circostanza si verifica, evidentemente, quando il valore attuale netto del medesimo investimento risulta positivo.

È quindi lecito affermare che, mentre il VAN fornisce l'entità (la dimensione) del valore incrementale ottenibile da un dato investimento, il *profitability index* esprime un risultato in termini relativi.

Entrambi i metodi di analisi possono comunque essere impiegati per la scelta tra investimenti alternativi, anche se occorre prestare particolare attenzione alle indicazioni provenienti dall'utilizzo del PI: il suo limite principale consiste infatti nel trascurare l'entità e la dimensione del progetto in esame, fornendo indicazioni che prescindono da tale grandezza, valutata invece nel calcolo del valore attuale netto. Quest'ultimo indicatore permette quindi di esprimere il reale contributo, in termini assoluti, dell'investimento all'incremento della redditività aziendale.

6.5 Il tasso interno di rendimento (TIR) o «internal rate of return» (IRR)

Anche questo metodo presuppone, come fondamento logico per la sua elaborazione, l'attualizzazione dei flussi sia di recupero sia di esborso per il costo iniziale dell'investimento ed è strettamente correlato, concettualmente e tecnicamente, al valore attuale netto. Infatti, nella costruzione del VAN si è provveduto a realizzare l'operazione di omogeneizzazione finanziaria e temporale dei flussi di cassa sulla base di un tasso di sconto da scegliere *ad hoc*. Nel metodo del tasso di rendimento interno (TIR) l'obiettivo che ci si propone di raggiungere consiste, invece, nella ricerca del tasso di attualizzazione dato per incognito, ovvero del saggio in grado di garantire l'uguaglianza tra i flussi in entrata attualizzati e i flussi in uscita, anch'essi eventualmente attualizzati. Si parla quindi di un tasso «interno» di rendimento proprio perché il tasso di sconto non viene determinato sulla base di valutazioni inerenti il costo del denaro sul mercato, ma rappresenta un tasso dipendente strettamente dalla struttura dei flussi finanziari connessi all'investimento ed è quindi specifico per il progetto stesso.

Sotto il profilo strettamente economico-finanziario, il significato del TIR si desume facilmente dalla sua costruzione algebrica: esso infatti rappresenta il costo massimo che è possibile sostenere per un progetto di investimento in termini di oneri finanziari affinché il progetto stesso mantenga la sua convenienza.

A differenza del VAN, l'incognita è costituita dal tasso di attualizzazione che determina un risultato pari a zero nella somma algebrica fra flussi di recupero attualizzati e flussi di esborso. Il TIR si ottiene pertanto ponendo il valore attuale netto dell'investimento uguale a zero. In formula:

$$VAN = FCU_0 - \frac{\sum_{t=1}^{n} FCR_t}{(1+x)^t} = 0 \quad [7]$$

ovvero:

$$FCU_0 = \frac{\sum_{t=1}^{n} FCR_t}{(1+x)^t} \quad [8]$$

La maggiore difficoltà insita nel calcolo del tasso interno di rendimento consiste proprio nell'estrapolare il tasso x dall'espressione sopra indicata: tale difficoltà aumenta al crescere del grado dell'equazione. Si rende pertanto necessario procedere alla determinazione del TIR mediante prove successive, fino ad ottenere quel tasso che annulla la differenza tra flussi in entrata e flussi in uscita (procedura per approssimazione). Tuttavia, è bene segnalare l'esistenza di software applicativi in grado di eseguire in maniera automatica il calcolo del tasso interno di rendimento attraverso il semplice inserimento dei dati relativi all'investimento.

Naturalmente, anche per il tasso interno di rendimento vale la stessa precisazione evidenziata per il VAN: se l'investimento prevede più flussi di uscita proiettati nel tempo, anche questi dovranno essere attualizzati.

L'entità del TIR permette di pervenire alla determinazione della redditività marginale del capitale investito rispetto alla redditività finanziaria compresa nel TIR, desumendola dal tasso medio di capitalizzazione vigente sul mercato. Il TIR, inoltre, può essere interpretato come *tasso di selezione* (*cut-off rate*) qualora, prefissando un tasso minimo di rendimento, si ritenga di escludere i progetti di investimento che, in prima analisi, denotino un TIR inferiore al tasso prefissato.

6.6 VAN e TIR a confronto

Dalle considerazioni svolte finora in merito ai criteri di valutazione degli investimenti di natura matematico-attuariale, emerge con tutta evidenza una stretta correlazione,

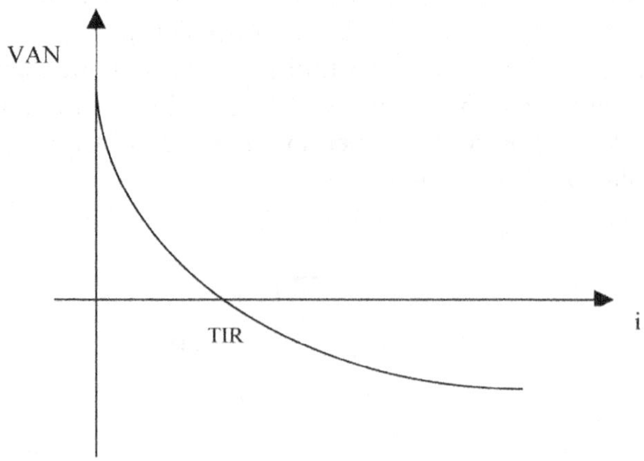

Fig. 6.4 La relazione tra VAN e TIR

sotto il profilo concettuale, tra il valore attuale netto e il tasso interno di rendimento. In effetti, la logica sottostante i due metodi di stima è pressoché la stessa: entrambi fondano la loro applicazione sul principio dell'attualizzazione di tutti i flussi di cassa generati dal progetto in esame e inoltre il TIR si ottiene proprio partendo dalla formulazione originaria del VAN e ponendo quest'ultimo uguale a zero. Tale relazione può essere visualizzata graficamente come in figura 6.4.

Il TIR è quindi dato dall'intersezione della curva del VAN con l'asse delle ascisse e corrisponde al punto in cui il valore attuale netto del progetto è pari a zero. Ne consegue che l'impresa dovrebbe accettare tutti gli investimenti che presentano un TIR superiore al tasso di attualizzazione (a sinistra del TIR il VAN assume valori positivi) e viceversa dovrebbe respingere gli investimenti che evidenziano un TIR inferiore al tasso di attualizzazione (a destra del TIR il VAN assume valori negativi). Infatti:

- se TIR > i $\Rightarrow$ l'investimento consente di realizzare un rendimento superiore al costo del finanziamento;
- se TIR < i $\Rightarrow$ l'investimento rende meno rispetto al costo del denaro.

Ne consegue che, al fine di pervenire a decisioni attendibili in merito all'opportunità o meno di realizzare determinati investimenti, se si intende utilizzare il TIR è necessario porlo a confronto con il costo del denaro (o con il costo opportunità).

A questo punto della trattazione appare però opportuno approfondire ulteriormente il tema della scelta degli investimenti attuata mediante i metodi finanziari e individuare ulteriori configurazioni e risvolti della relazione VAN-TIR. L'obiettivo che ci si propone di raggiungere consiste fondamentalmente nel verificare quale tra i due criteri risulti essere più attendibile per garantire una corretta selezione dei progetti e quindi, in definitiva, quali debbano essere le regole da seguire all'interno del processo decisionale.

In effetti, pur assumendo un'ottica di analisi molto simile, i criteri in parola mostrano poi una valenza informativa sensibilmente differente che pone in luce i limiti del tasso interno di rendimento ed esalta, viceversa, l'utilità del valore attuale netto.

L'approccio che si intende seguire in questa sede consiste dunque nell'esaminare le principali problematiche connesse all'operatività del TIR e, nel contempo, illustrare i vantaggi derivanti dall'applicazione del VAN. Gli argomenti che saranno trattati adottando tale logica di osservazione sono i seguenti:

1) le possibili configurazioni dei flussi di cassa (i flussi dei prestiti);
2) il problema dei TIR multipli;
3) la dimensione scalare dell'investimento;
4) il problema della dinamica temporale dei flussi.

6.6.1 Le configurazioni dei flussi di cassa (i flussi dei prestiti)

Nell'affrontare il tema del tasso interno di rendimento e della sua determinazione si è fatto riferimento, in maniera implicita, ad una situazione che è possibile definire «convenzionale», caratterizzata dalla presenza di un flusso iniziale negativo e da un susseguirsi di flussi finanziari in entrata. Nella realtà aziendale è però possibile che si verifichi una situazione inversa, ovvero che i flussi di recupero precedano quelli in uscita. È questo il caso dei flussi derivanti da un prestito: in tale circostanza si verifica infatti una immediata disponibilità di risorse (un flusso positivo) e soltanto nel periodo successivo si avrà un esborso. Si consideri un progetto di investimento con i seguenti flussi:

flusso al tempo 0 = 200
flusso al tempo 1 = – 260

Calcolando il VAN dell'investimento a un tasso di attualizzazione del 15% si ottiene:
$VAN = 200 - 260(1 + 0{,}15)^{-1} = -26$
Il TIR si calcola ponendo il VAN uguale a zero ed è pertanto pari al 30%.

Si nota inoltre che per un tasso di attualizzazione pari a zero, il VAN assume un valore negativo e precisamente –60. La situazione ora esposta può essere rappresentata graficamente come in figura 6.5.

Il grafico mostra con chiarezza che, nell'ipotesi in cui i flussi in entrata precedano i flussi in uscita, la funzione del VAN assume un andamento inverso rispetto al caso «convenzionale» e in particolare evidenzia una relazione direttamente proporzionale rispetto al tasso di attualizzazione (al crescere di quest'ultimo aumenta anche il valore attuale netto dell'investimento).

Al verificarsi di questa circostanza anche le regole decisionali da adottare devono essere riviste e omogeneizzate al nuovo contesto di analisi. Più precisamente:

- se $TIR > i \Rightarrow$ il VAN è negativo e quindi il progetto deve essere rifiutato;
- se $TIR < i \Rightarrow$ il VAN è positivo e il progetto può essere accettato.

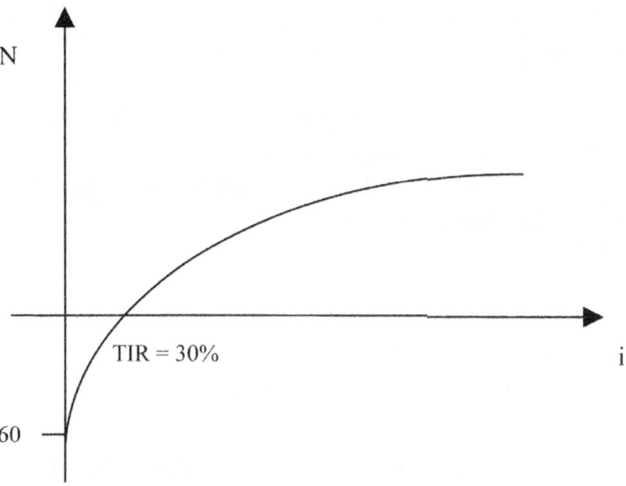

Fig. 6.5 La relazione tra VAN e TIR con flussi di prestiti

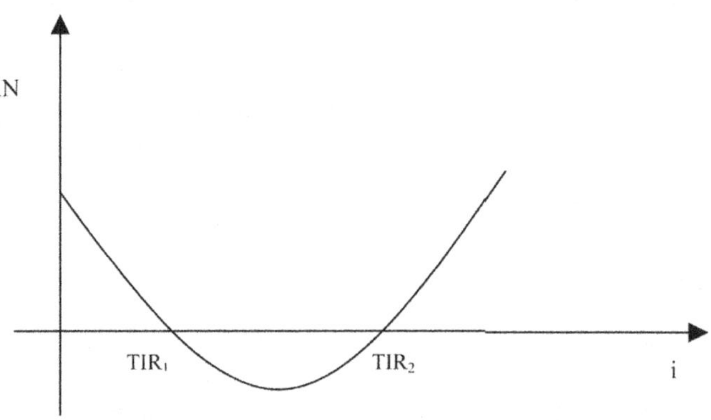

Fig. 6.6 TIR multipli

6.6.2 Il problema dei TIR multipli

L'utilizzo del tasso interno di rendimento nella selezione degli investimenti può determinare problemi non trascurabili laddove i flussi di cassa connessi al progetto in esame presentino segni alterni. In particolare, se si verificano più cambiamenti di segni nei saldi dei flussi di cassa (ad esempio, secondo l'ordine: flusso in uscita, flusso in entrata, flusso in uscita ecc.), è possibile che si sia in presenza di TIR multipli, ovvero di diversi tassi che annullano il valore attuale netto. La situazione che si determina nel caso di TIR multipli può essere rappresentata graficamente come in figura 6.6.

Generalizzando è possibile affermare che al verificarsi di *n* cambiamenti di segno dei flussi di cassa, si possono registrare fino ad *n* tassi interni di rendimento. Una circostanza di questo tipo rende ovviamente inattendibile la valutazione basata esclusivamente sul TIR, ponendo in evidenza un importante limite applicativo di tale metodo di analisi. La decisione in merito alla scelta dell'investimento dovrà dunque essere adottata sulla base del valore attuale netto che non presenta simili inconvenienti ma permette di giungere ad una soluzione univoca del problema.

Pur in presenza di una configurazione e di una dinamica dei flussi di cassa come quella appena esposta è comunque possibile, attraverso l'introduzione di specifici correttivi, utilizzare il metodo del tasso interno evitando l'insorgere di tassi multipli. Il procedimento da seguire affinché si ottenga un solo TIR senza però distorcere le informazioni e i risultati provenienti dal calcolo del VAN, consiste nel rettificare i flussi di cassa in modo da eliminare i cambiamenti di segno.

Diverse solo le tecniche cui si può fare ricorso in tali circostanze e in questa sede ne verrà proposta una in particolare. Si tratta, in primo luogo, di individuare un tasso di rendimento del progetto giudicato il minimo accettabile: ciò in considerazione del fatto che non esiste un solo tasso interno dell'investimento ed è quindi impossibile definire con esattezza la redditività interna dello stesso. Compiuta la scelta del tasso di accettazione, occorrerà operare una rettifica ai flussi di cassa negativi che si manifestano dopo quelli positivi. La rettifica in parola consiste nello scontare (attualizzare) i flussi in uscita – partendo dagli ultimi – al tasso di accettazione minimo fino a che non trovino copertura in flussi positivi generati nei periodi precedenti. Al termine del percorso di rettifica tutti i flussi saranno resi omogenei sotto il profilo dei segni (saranno tutti positivi) e sarà dunque possibile determinare un nuovo tasso interno di rendimento che questa volta sarà unico. Se il TIR che scaturisce da questo procedimento risulta maggiore del tasso di accettazione minimo, allora il progetto sarà approvato; viceversa sarà respinto.

Un esempio ripreso da Bierman e Smidt permetterà di meglio comprendere quanto affermato. Si consideri un investimento caratterizzato dai seguenti flussi di cassa:

flusso al tempo 0 = – 100
flusso al tempo 1 = 310
flusso al tempo 2 = – 220

Un progetto di questo tipo dà luogo a due TIR pari rispettivamente al 10% e al 100%: tali risultati non sono quindi attendibili in sede di valutazione. Si procede pertanto alla rettifica, individuando un tasso di accettazione minimo pari all'8%. Questo tasso viene utilizzato per scontare l'ultimo flusso di uscita (220) per un periodo, ottenendo così un flusso negativo pari a 204. La somma algebrica tra tale flusso e quello (positivo) determinato nel periodo precedente (310) dà luogo a un flusso rettificato (a sua volta positivo) pari a 106.

Una volta esaurita questa procedura si avranno a disposizione flussi tipici di un investimento convenzionale (un esborso iniziale seguito da flussi di recupero) che consentono di calcolare un nuovo TIR. Nell'esempio proposto tale indice assume un unico valore pari al 6%. L'investimento sarà dunque scartato in quanto il tasso interno di rendimento risulta inferiore al tasso di accettazione considerato minimo.

6.6.3 La dimensione scalare dell'investimento

Uno dei problemi principali e dei limiti più evidenti connessi all'utilizzo del tasso interno di rendimento consiste nel fatto che tale criterio, dando origine a un risultato espresso in termini relativi (come percentuale), non consente di effettuare una stima in grado di considerare le dimensioni dell'investimento in esame. In altri termini, mentre il valore attuale netto esprime la capacità del progetto di creare nuovo valore e offre anche la misura dello stesso che dipende strettamente dal volume dell'investimento, il TIR esaurisce la sua valenza informativa evidenziando la redditività interna della proposta, a prescindere dal suo ordine di grandezza.

Si tratta di un problema che interessa l'analista finanziario in particolar modo nell'ambito della scelta tra due o più investimenti ritenuti alternativi (o mutualmente esclusivi). Anche in questo caso un esempio potrà aiutare a comprendere meglio le considerazioni svolte. Si ipotizzino due investimenti alternativi con diverse dimensioni e caratterizzati dalla dinamica dei flussi di cassa indicata nella tabella 6.2.

Sulla base dei risultati dell'esempio proposto, qualora il management finanziario fondasse le sue scelte sul tasso interno di rendimento, sarebbe portato a preferire il progetto A in quanto garantisce un TIR maggiore. A conclusioni opposte si deve invece pervenire se la selezione degli investimenti alternativi è effettuata avendo come indicatore di riferimento il VAN.

In virtù di tutte le argomentazioni esposte finora non vi è dubbio sul fatto che l'investimento preferibile sia il secondo, ovvero quello che consente di ottenere un valore attuale netto maggiore. Il TIR, invece, conduce a risultati errati proprio perché non considera la dimensione dell'investimento. Si evidenzia, dunque, ancora una volta la superiorità concettuale del valore attuale netto.

È però possibile attuare una particolare analisi che consente di giungere, attraverso l'utilizzo del TIR, alle stesse conclusioni emerse dal calcolo del VAN. In effetti, quando si hanno di fronte investimenti alternativi di diverse dimensioni e si intende ricorrere alla determinazione del TIR, al fine di evitare di compiere scelte sbagliate sotto il profilo economico-finanziario, si rende opportuno calcolare il TIR del cosiddetto investimento «incrementale», ottenuto dalla differenza tra due progetti di differente dimensione. In altri termini, è come se si dovesse valutare in modo autonomo l'investimento (B – A). Seguendo questa logica, è necessario determinare i flussi di cassa incrementali, sia in uscita sia in entrata, e su di essi individuare il tasso interno. Riprendendo l'esempio sopra esposto, si procede come indicato nella tabella 6.3.

L'analisi appena svolta ha lo scopo di porre in evidenza la convenienza o meno a realizzare l'investimento di maggiori dimensioni: il risultato ha confermato la validità del VAN (che infatti è positivo) e ha permesso di ottenere il medesimo esito anche

Tab. 6.2 Un esempio

	Flussi di cassa periodo 0	Flussi di cassa periodo 1	VAN con tasso di attual. del 12%	TIR (%)
Investimento A	-500	2000	1.286	300
Investimento B	-1.200	3.500	1.925	192

Tab. 6.3 Un esempio

	Flussi di cassa periodo 0	Flussi di cassa periodo 1	VAN con tasso di attual. del 12%	TIR (%)
Investimento incrementale (B – A)	-700	1.500	640	114

utilizzando il TIR (anch'esso positivo). Ciò significa che per l'impresa è più conveniente l'investimento B che assicura una maggiore creazione di valore.

Adottando questo accorgimento, ovvero la tecnica dei benefici incrementali, è quindi possibile superare la limitazione del tasso interno di rendimento, e cioè la sua incapacità di ponderare i rendimenti sulla base della dimensione dell'investimento, evitando così di ottenere informazioni non corrette e contrastanti rispetto a quelle elaborate con il VAN.

6.6.4 Il problema della dinamica temporale dei flussi

Anche l'ultimo aspetto problematico connesso all'operatività del tasso interno di rendimento riguarda la scelta tra investimenti mutualmente esclusivi e presenta caratteri simili al caso della diversa dimensione dei progetti. Si tratta di esaminare alternative che implicano il medesimo esborso iniziale, ma flussi di recupero proiettati nel tempo in maniera sensibilmente diversa.

Per comprendere appieno la criticità e le conseguenze che un simile accadimento può comportare, appare opportuno analizzare un esempio numerico (Tab. 6.4).

Anche in questo caso, fondando la scelta sul tasso interno si perviene a indicazioni contrastanti rispetto a quelle derivanti dall'applicazione del valore attuale netto. Emerge però una situazione del tutto particolare: lo studio delle funzioni del VAN dei due progetti di investimento mostra infatti che il progetto A, che a un tasso di attualizzazione del 5% è preferibile al progetto B, che presenta un valore attuale netto inferiore rispetto a B per tassi superiori a un certo livello (nell'esempio proposto l'uguaglianza tra le due funzioni si ha in corrispondenza di un tasso pari al 6,25%). Tale situazione è determinata proprio dalla differente dinamica dei flussi connessi agli investimenti: la funzione dell'investimento A decresce più in fretta perché i flussi di recupero si manifestano più tardi (Fig. 6.7).

Sulla base dei risultati derivanti dalla determinazione del VAN emerge che l'investimento da preferire è l'investimento A per tassi di attualizzazione inferiori al 6,25%, mentre diventa più redditizio il progetto B per tassi di attualizzazione superio-

Tab. 6.4 Un esempio

	Flusso cassa al tempo 0	Flusso cassa al tempo 1	Flusso cassa al tempo 2	TIR %	VAN al 5%
Investimento A	-200	40	220	15,35	37,63
Investimento B	-200	200	50	20,7	35,8

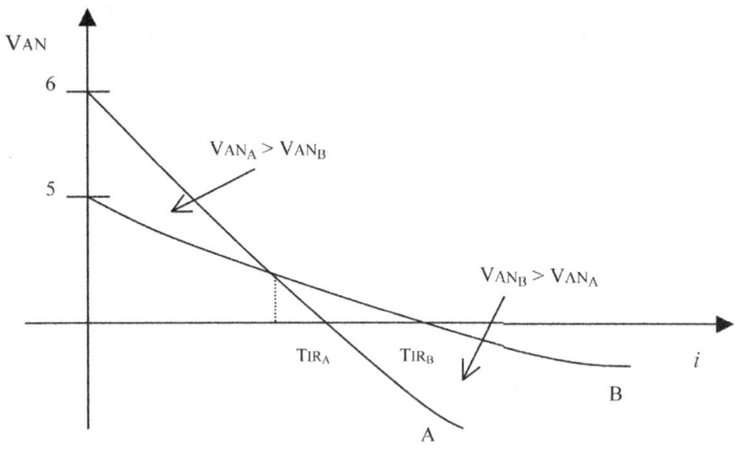

Fig. 6.7 Il problema della dinamica temporale dei flussi di cassa

Tab. 6.5 Un esempio

	Flusso cassa al tempo 0	Flusso cassa al tempo 1	Flusso cassa al tempo 2	TIR %	VAN al 5%
Investimento incrementale (A – B)	0	-160	170	6,25	1,8

ri a tale livello. Anche in questo contesto si può fare ricorso alla logica del calcolo incrementale al fine di rendere i risultati ottenuti con l'utilizzo del VAN compatibili con quelli derivanti dal TIR, o più precisamente, dal TIR incrementale. Si procede, dunque, con il calcolo dei flussi incrementali come indicato in tabella 6.5.

Si nota che il VAN dell'investimento incrementale si annulla proprio in corrispondenza del tasso di attualizzazione che eguaglia le funzioni del VAN dei due investimenti (6,25%). Ne consegue che l'investimento A è preferito quando il tasso di attualizzazione risulta inferiore a tale soglia; viceversa, sarà scelto il progetto B. Si giunge così alle medesime conclusioni ottenute dallo studio del valore attuale netto delle due alternative.

6.7 Il tempo di recupero o «pay-back period»

Decisamente differente rispetto alle metodologie di valutazione finora indagate, il periodo di recupero (o tempo di recupero o di reintegrazione finanziaria o, ancora, *pay back period*) è fondato sull'individuazione del numero di anni (o frazioni) occorrenti per la completa reintegrazione finanziaria dell'investimento iniziale. In altri termini, l'obiettivo che tale criterio si prefigge di raggiungere consiste nel determinare il periodo di tempo necessario affinché le risorse attive generate dall'investimento risultino uguali agli esborsi finanziari originati dalla sua realizzazione.

La derivazione algebrica di tale criterio, in prima analisi, risulta dalla seguente formulazione:

$$PR = \frac{Investimento}{FCR_a} \qquad [9]$$

dove FCR_a = flusso periodico (annuale) di recupero.

Questa impostazione presenta un limite fondamentale riconducibile al calcolo del denominatore del rapporto che presuppone la presenza di flussi di cassa di recupero costanti per l'intero periodo di riferimento, condizione difficilmente verificabile nella realtà. Nell'ipotesi, sicuramente più realistica, di flussi di cassa differenti risultanti dalla predisposizione del budget economico del progetto di investimento, è possibile comunque addivenire al calcolo del *pay back period* seguendo un percorso di analisi piuttosto semplice. A tal fine si ipotizzano alcuni dati (Tab. 6.6):

- costo di acquisto del progetto di investimento 6.500 euro;
- valore presunto di dismissione dell'impianto al termine dell'utilizzo 800 euro;
- periodo di utilizzo 5 anni.

Il flusso netto economico dopo le imposte corrisponde all'autofinanziamento netto al termine del processo di recupero monetario coincidente con il periodo di utilizzo dell'impianto, al termine del quale il capitale viene reintegrato. Questa impostazione del problema rappresenta un'ulteriore conferma del fondamento economico-finanziario delle misurazioni finalizzate al controllo degli investimenti in relazione all'interdipendenza dei flussi di recupero con i risultati reddituali del programma di investimento.

Ritornando all'analisi proposta, è opportuno esaminare la tabella 6.7 onde individuare il tempo di completo recupero, sotto il profilo finanziario, dell'investimento.

La determinazione dei flussi annuali di recupero ottenuta sommando al reddito netto gli ammortamenti, trova giustificazione nella natura stessa del criterio in parola che mostra un'evidente caratterizzazione finanziaria: di qui la necessità di definire i flussi di recupero anche in funzione dell'ammortamento, voce di costo che, come noto, non corrisponde ad una effettiva uscita monetaria.

La sommatoria dei flussi è uguale a 12.691, con la seguente progressione (flussi cumulati):

- anno 0: 6.500, (flusso di uscita corrispondente al costo iniziale);
- anno 1°: 2.264
- anno 2°: 4.588
- anno 3°: 6.918
- anno 4°: 9.406
- anno 5°: 12.691

Tab. 6.6 Il budget economico: un esempio

Flussi	I anno	II anno	III anno	IV anno	V anno
Ricavi (gestione tipica)	4.500	4.800	5.200	5.800	6.600
Costo complessivo della manodopera	930	1.050	1.380	1.650	1.920
Ammortamenti	1.300	1.300	1.300	1.300	1.300
Spese varie operative	210	285	330	385	430
Totale costi operativi	2.440	2.635	3.010	3.335	3.650
Reddito operativo	2.060	2.165	2.190	2.465	2.950
Oneri finanziari (sulla parte dell'indebitamento esterno e oneri figurativi sui flussi interni)	530	540	555	580	600
Reddito netto (al lordo delle imposte dirette)	1.530	1.625	1.635	1.885	3.150
Proventi connessi alla dismissione dell'impianto	—	—	—	—	800
Oneri tributari*	566	601	605	697	1.165
Reddito netto	964	1.024	1.030	1.188	1.985

* Per semplicità di esposizione tra gli oneri tributari è stata considerata una aliquota di imposta del 37%.

Tab. 6.7 Un esempio

Flussi	I anno	II anno	III anno	IV anno	V anno
Reddito netto (dopo il calcolo delle imposte)	964	1.024	1.030	1.188	1.985
Flusso di rigenerazione del capitale (ammortamento)	1.300	1.300	1.300	1.300	1.300
Flussi totali di recupero	2.264	2.324	2.330	2.488	3.285

La reintegrazione finanziaria avviene durante il 3° anno, in quanto il costo iniziale da recuperare ammonta a 6.500. È anche possibile determinare esattamente il periodo di recupero mediante il rapporto tra la differenza del flusso ancora da recuperare all'inizio del terzo anno (differenza tra costo iniziale e recupero del 2° anno) e il flusso di recupero del 3° anno il cui risultato si moltiplica per 365 giorni. Seguendo l'esempio si avrà:

Flusso residuo da recuperare all'inizio del 3° anno = 6.500 – 4.588 = 1.912.

Rapportando tale flusso residuo al flusso di recupero generato durante il 3° anno, si ottiene il seguente risultato:

$$\frac{1.912}{2.330} = 0,82 \times 365 = 299 \ \textit{giorni}$$

Quindi, il periodo di recupero dell'investimento considerato è pari a 2 anni e circa 10 mesi.

Utilizzando il periodo di recupero per la selezione degli investimenti, in genere il management finanziario fissa un tempo di recupero dell'esborso iniziale considerato il massimo accettabile: ne consegue che tutti gli investimenti che presentano un *pay back period* inferiore a tale arco di tempo potrebbero essere realizzati, mentre quelli che prevedono un tempo di recupero superiore saranno scartati[5].

Per la scelta tra progetti alternativi sarà dunque sufficiente confrontare i tempi ottenuti con il procedimento evidenziato per individuare il progetto che assicura i più veloci recuperi finanziari. Fondare la scelta tra diversi investimenti esclusivamente sul calcolo del periodo di recupero può però condurre a valutazioni e decisioni non corrette sul piano economico-finanziario, se non addirittura lesive della struttura e dell'equilibrio patrimoniale dell'impresa. È infatti possibile che dall'esame del periodo di recupero di due progetti (A e B), il primo risulti preferibile in quanto garantisce il completo reintegro dell'esborso finanziario anteriormente rispetto al secondo. La selezione così effettuata prescinde però dai risvolti tipicamente economici dell'operazione: può quindi accadere che la scelta ricada sul progetto A che però assicura una redditività dell'investimento inferiore rispetto a B.

In questa limitata ottica, il metodo del periodo di recupero privilegia dunque l'aspetto finanziario, trascurandone la convenienza da punto di vista reddituale. Per completare l'analisi sotto questo profilo, occorrerebbe determinare l'entità e la proiezione temporale dei flussi finanziari (flusso di rigenerazione e flusso netto residuale) dal momento del loro integrale recupero (nel caso esaminato dopo 2 anni e 10 mesi) al fine di confrontare con progetti alternativi flussi residui esprimenti autofinanziamento.

Un ulteriore limite del metodo in esame consiste nel fatto che esso prende in considerazione, ai fini del calcolo, esclusivamente i flussi generati dall'investimento fino al momento della completa reintegrazione finanziaria, tralasciando cioè i flussi di recupero successivi al *pay back period* che rappresentano, come già evidenziato, il risultato economico.

Inoltre, è stato evidenziato come nel caso di scelta degli investimenti con il criterio del periodo di recupero viene fissato un tempo di reintegrazione finanziaria «accettabile» (*cut-off*) dall'agente decisore, in maniera del tutto arbitraria: sarà proprio questo parametro determinato sulla base di valutazioni estremamente soggettive che fungerà da elemento discriminatorio per i progetti di investimento.

Altra carenza oggettivamente rilevabile in questo metodo di misurazione, è la proiezione temporale del periodo di utilizzazione degli investimenti sottoposto a controllo preventivo, proiezione che può essere diversa in relazione alla diversa consistenza e tecnologia degli impianti e/o dei macchinari oggetto degli investimenti analizzati; ne consegue che i vari progetti d'investimento, oltreché presentare periodi di recupero e flussi di autofinanziamento residui di entità diversa, faranno registrare anche tempi diversi nell'ottenimento dei predetti flussi residuali. L'unica soluzione a questo problema è costituita dall'applicazione della procedura di attualizzazione dei flussi.

[5] Bierman H. Jr., Smidt S., *Capital budgeting, analisi economica di progetti di investimento*, Tecniche Nuove, Milano 1987, p. 39.

In effetti, è stata proposta una variante del criterio in parola che prevede l'attualizzazione dei flussi di recupero dell'investimento: il *discounted pay back period* o tempo di recupero attualizzato. La finalità che si intendeva perseguire con l'introduzione di questo nuovo metodo di calcolo è piuttosto evidente e consiste nel cercare di eliminare o quantomeno ridurre i limiti sopra elencati, propri del periodo di recupero nella sua versione originale. In realtà, però, pur prevedendo questa correzione, permane comunque l'arbitrarietà nella scelta del periodo di *cut-off* e continuano a non essere considerati nella stima i flussi generati dopo il tempo di recupero; inoltre, si rischia di far venir meno l'unico aspetto positivo del periodo di recupero, ovvero la semplicità del calcolo.

Per concludere è possibile affermare che il periodo di recupero, non rispettando le condizioni necessarie affinché un metodo di valutazione possa essere giudicato un «buon metodo», dovrebbe essere utilizzato per procedure rapide di controllo degli investimenti che presuppongano confronti tra progetti abbastanza simili e che, quindi, non presentino rilevanti sfalsamenti circa il tempo di utilizzo degli impianti. Sarebbe comunque opportuno affiancare al criterio in parola altri metodi di valutazione in grado di colmare le lacune informative proprie del periodo di recupero.

6.8 Il tasso di rendimento medio

Questo metodo, denominato anche *tasso annuale medio* (TAM), a differenza del periodo di recupero privilegia la funzione economica dell'investimento, evidenziando conseguentemente gli aspetti finanziari collegati ai vari progetti da analizzare. Si tratta comunque di un criterio aritmetico che non tiene conto del valore finanziario del tempo e, quindi, non prevede l'attualizzazione dei flussi finanziari di entrata.

In prima analisi il metodo in parola mira a determinare la redditività media generata dall'investimento nel corso del periodo considerato. Il calcolo dell'indice corrispondente sarà quindi dato dal rapporto tra la redditività media netta (RN) e l'investimento complessivo derivante dal progetto:

$$TRM = \frac{RN}{Investimento} \qquad [10]$$

dove:

RN = reddito medio annuale netto riferito all'investimento.

Alcuni autori propongono il riferimento al valore medio dell'investimento nel periodo di utilizzazione del bene e quindi inseriscono tale valore al denominatore. Questa impostazione appare meno aderente alla realtà poiché l'utilizzazione del dato relativo al costo complessivo del progetto d'investimento appare, oggettivamente, l'entità più consona alle misurazioni attinenti il controllo preventivo in quanto gran parte dei costi di acquisizione e di installazione dei beni strumentali si riscontra nel periodo iniziale dell'investimento, mentre i successivi costi, di natura quasi sempre straordinaria, sono meno preventivabili al pari dei flussi di entrata connessi ai ricavi.

Per quanto concerne la determinazione del reddito medio al netto delle imposte da inserire al numeratore del rapporto, occorre notare che tale risultato economico utilizzato come base del calcolo è considerato al lordo degli oneri finanziari, in quanto si configura come redditività disponibile per la remunerazione del capitale acquisito mediante ricorso ad ogni possibile fonte di finanziamento, dopo l'erogazione della quota di flusso reddituale di spettanza dell'Erario, sotto forma di imposte dirette. È questa, però, un'astrazione ai fini della ricerca poiché, come noto, le imposte dirette si applicano al reddito d'impresa al netto degli oneri finanziari.

È possibile elaborare alcuni procedimenti per pervenire alla determinazione del reddito medio nella suesposta configurazione che si riporta utilizzando i dati dell'esempio precedente (Tab. 6.8 e 6.9).

L'elaborazione proposta tende qui a focalizzare la genesi e l'esatta composizione del flusso economico cui deve essere riferito il calcolo per la determinazione del reddito medio da inserire al numeratore del rapporto; reddito medio, si ribadisce, al lordo degli oneri finanziari e, possibilmente (se agevolmente individuabili), degli oneri figurativi[6] per l'utilizzo del capitale circolante relativo al flusso di autofinanziamento e del capitale proprio. È quindi agevole computare il reddito medio nel modo seguente, come semplice media aritmetica:

Tab. 6.8 Il 1° procedimento

Flussi	I anno	II anno	III anno	IV anno	V anno
Reddito operativo	2.060	2.165	2.190	2.465	2.950
Proventi connessi alla dismissione dell'impianto	—	—	—	—	800
Flusso economico globale relativo al progetto d'investimento	2.060	2.165	2.190	2.465	3.750
Oneri tributari	566	601	605	697	1.165
Flussi economici disponibili per la rimunerazione del capitale occorrente per l'investimento	1.494	1.564	1.585	1.768	2.585

Tab. 6.9 Il 2° procedimento

Flussi	I anno	II anno	III anno	IV anno	V anno
Reddito netto (dopo il calcolo delle imposte)	964	1.024	1.030	1.188	1.985
Oneri finanziari	530	540	555	580	600
Flussi economici disponibili per la rimunerazione del capitale occorrente per l'investimento	1.494	1.564	1.585	1.768	2.585

[6] Gli oneri figurativi sono costi che non determinano una manifestazione finanziaria e che non sono inseriti nel piano dei conti della contabilità generale. Rientrano in tale categoria gli interessi di computo, gli stipendi direzionali e i fitti figurativi.

$$\frac{1.494+1.564+1.585+1.768+2.585}{5}=\frac{8.996}{5}=1.799$$

Sostituendo il reddito medio così determinato nella formula del tasso di rendimento medio, si ottiene:

$$TRM=\frac{1.799}{6.500}\cdot 100=27,67\%$$

Il tasso di rendimento medio può essere predeterminato e utilizzato quale tasso minimo discriminante per l'accoglimento di determinate proposte di investimento, che, qualora non assicurino, almeno in sede di esame preventivo, l'ottenimento del tasso medio fissato, verrebbero escluse a priori; in questo senso il TAM assume il ruolo di *«cut-off rate»* o tasso di discriminazione. Inoltre, tale tasso può fornire utili indicazioni se confrontato con altri tassi presenti sul mercato e in particolare con il ROI calcolato per la stessa impresa. Anche questo metodo, non tenendo conto dell'attualizzazione dei flussi e presentando notevoli carenze, assicura un carattere di semplicità e immediatezza che permette scelte rapide tra i possibili investimenti.

Sezione II

La gestione del capitale circolante lordo

6.9 Gli investimenti nel capitale circolante lordo

Dopo aver esposto i criteri e la logica applicativa da seguire per una corretta selezione dei progetti di investimento al fine di dare concretezza alla formazione del capitale immobilizzato, occorre spostare l'attenzione sul controllo finanziario degli impieghi in elementi del capitale circolante (segnatamente scorte di magazzino, crediti e disponibilità liquide). E qui appare opportuno notare, anzitutto, che le decisioni inerenti gli investimenti in questione presentano un minore grado di complessità rispetto a quelle relative alle immobilizzazioni tecniche. Tale aspetto è dovuto alla caratteristica di rapido realizzo propria degli investimenti in elementi del capitale circolante, definiti anche disponibilità in contrapposizione alle immobilizzazioni dove il capitale investito è impiegato con continuità nel processo produttivo. Alla base della distinzione tra i tipi di investimento si pone la diversa destinazione loro assegnata; diversa destinazione che, sovente, è in relazione alla diversa natura dei beni oggetto degli investimenti, ma che non sempre coincide con essa. Infatti, alcuni elementi costitutivi del capitale investito manifestano un diverso comportamento, ai fini del più o meno breve ciclo di realizzo dei beni investiti, che risulta indipendente dalla loro natura, ma funzione della loro particolare destinazione.

È il caso delle scorte di magazzino (materie prime, semilavorati, prodotti finiti) che per natura sono annoverate tra le disponibilità (e infatti figurano tra le voci del circolante lordo), ma che in particolari circostanze possono assumere le caratteristiche di immobilizzazioni (dette, appunto, per destinazione per distinguerle da quelle tecniche) allorché, per esigenze del processo produttivo (per le materie e i semilavorati) oppure del processo distributivo (per i prodotti finiti) occorra mantenere una scorta minima per assicurare la regolarità dei meccanismi gestionali.

Inoltre, è piuttosto frequente il caso di crediti commerciali bloccati relativi a importanti forniture continuative (contratti di somministrazione); in questo caso i crediti vengono di fatto ad essere bloccati in sede contrattuale al fine di garantirsi importanti forniture con clienti di prestigio. Infatti, in tali circostanze possono sorgere intese contrattuali per le liquidazioni delle fatture emesse a fronte delle singole forniture allorché l'entità del credito superi un ammontare predeterminato. È qui evidente che il credito mercantile si configura come una immobilizzazione per destinazione.

Infine, appare opportuno ricordare il mutamento di destinazione che si riscontra allorché alcuni impianti e/o macchinari vengono dismessi, pur non avendo completato l'ammortamento, perché non ritenuti più idonei a soddisfare le esigenze derivanti dal processo produttivo e, quindi, si renda necessaria la loro sostituzione (caso tipico è costituito dalle sostituzioni degli impianti per obsolescenza, fenomeno questo solo in parte limitato, nella portata economico-finanziaria, dagli ammortamenti anticipati e accelerati). Dal momento della loro sostituzione e fino al conseguente disinvestimento, tali beni assumono i caratteri di disponibilità per destinazione.

Al limite, anche le disponibilità liquide possono presentare caratteri di immobilizzazione per destinazione e precisamente in quelle imprese (ad esempio in quelle che lavorano su commessa o a lungo ciclo di produzione) ove il differimento nel tempo dei ricavi impone il mantenimento di una scorta monetaria per fare fronte ai costi relativi all'approntamento del prodotto.

Alla distinzione tra disponibilità e immobilizzazioni è connesso il concetto di permanenza nella partecipazione al ciclo produttivo; le immobilizzazioni denotano una partecipazione prolungata al processo produttivo e, anzi, l'eventuale cessazione di tale partecipazione (quando non dovuta a motivi di sostituzione) pregiudica l'operatività e il risultato del processo stesso; al contrario, l'utilizzazione delle disponibilità nel processo produttivo postula un continuo *turnover* degli elementi del capitale circolante al punto che, quanto più elevato è il ritmo investimenti-disinvestimenti, tanto più efficiente sarà il loro impiego.

È infatti agevole notare che un'elevata movimentazione delle scorte, siano esse di materie prime, semi-lavorati, materie sussidiarie o prodotti, denota ritmi di produzione e di distribuzione commerciale altrettanto elevati e, quindi, generalmente soddisfacenti. Così pure un elevato *turnover* nei crediti commerciali indica un rapido rigiro dei crediti stessi originato da forniture ricorrenti in funzione di un buon ritmo di smercio dei prodotti.

Tanto i crediti quanto le scorte di magazzino presentano caratteri variabili di elasticità ancorati al ciclo, più o meno lungo, del loro disinvestimento che, talvolta, può portare a perdite da realizzo, come nel caso di crediti prima in contenzioso e poi divenuti irrealizzabili e di scorte di magazzino obsolete o deteriorate e, quindi, destinate a svendite con conseguenti minori incassi. Rientra in questo contesto la chiara distinzione concettuale operata dal Ferrero tra scorte che presentano «modalità di realizzo diretto» (prodotti finiti) e quelle che presentano «modalità di realizzo indiretto» (materie prime, sussidiarie) stante il diverso tempo e le diverse modalità di monetizzazione con conseguente maggiore rischio nel disinvestimento.

Al concetto dei tempi di realizzo è connesso il concetto di rigidezza ed elasticità del processo produttivo e, conseguentemente, del rischio.

Gli elementi del capitale circolante, in quanto oggettivamente considerati disponibilità, presentano, con sfumature diverse, caratteristiche di elasticità e, quindi, sempre oggettivamente, il loro investimento presenta caratteri di rischiosità minore rispetto alle immobilizzazioni tecniche. È quindi agevole considerare una maggiore facilità di elaborazione del processo decisionale degli investimenti in elementi del capitale circolante rispetto a quello delle immobilizzazioni tecniche.

6.10 Le scorte di magazzino e la determinazione del lotto minimo economico

Le scorte di magazzino sono chiamate a svolgere importanti funzioni nell'ambito del processo produttivo, importanza che assume livelli elevati nelle imprese industriali operanti per il magazzino e caratterizzate quindi da una produzione orientata alla creazione di scorte di prodotti finiti destinati a soddisfare gli ordini che perverranno in tempi successivi.

Le rimanenze considerate nel loro complesso (materie prime, materie sussidiarie, semilavorati e prodotti finiti), postulano una politica destinata a influenzare l'assetto economico-finanziario della gestione. Tale politica riguarda principalmente la quantità delle scorte necessarie per un soddisfacente equilibrio dell'attività d'impresa. L'entità ritenuta sperimentalmente ottimale in relazione alle esigenze produttive e distributive contingenti è, infatti, definita *funzionale*, ma l'ammontare complessivo delle scorte può discostarsi da tale livello funzionale in occasione di particolari situazioni di mercato o di peculiari caratteristiche della produzione e dello smercio[7].

La scorta ritenuta funzionale varia, infatti, in relazione al tipo di produzione connesso alle caratteristiche delle materie prime e sussidiarie, alla loro conservabilità, nonché alle difficoltà e ai tempi medi occorrenti per il loro approvvigionamento; tipico esempio sono le materie approvvigionabili unicamente in alcuni periodi dell'anno (raccolti per le derrate alimentari) per le quali è necessario ricorrere ai mercati d'incetta, facendo insorgere problematiche di carattere finanziario, organizzativo-logistico (magazzinaggio) ed economico (costo delle materie prime e della loro conservazione).

[7] Onida P., *Economia d'azienda*, UTET, Torino 1960, p. 350.

Tali problematiche costituiscono la base delle decisioni di investimento che caratterizzano la politica delle scorte attuata dall'azienda. Si tratta, come è evidente, di fattori che assumono minore rilevanza e complessità nelle aziende che producono su commessa; il livello di incertezza e difficoltà si accentua, invece, con l'aumentare del tipo e della varietà dei prodotti, nonché con la diversità delle materie impiegate nel processo produttivo.

Per quanto attiene, in particolare, alle scorte di prodotti finiti, occorre valutare i ritmi di produzione connessi alla capacità produttiva dell'impresa, nonché l'entità e la cadenza temporale della domanda e, quindi, la sua fluttuazione nel corso dell'esercizio collegata ai tempi d'uso nella evasione degli ordini.

La politica delle scorte presuppone un'organica e analitica programmazione in relazione alle specifiche esperienze aziendali; tale programmazione deve comunque assicurare una scorta minima o «permanente» (in alcuni casi, come per le produzioni continue, definita di allarme) che deve essere in ogni caso disponibile onde scongiurare dannosi arresti di produzione o di smercio.

Le scorte di magazzino, nella loro varietà, conferiscono flessibilità alla gestione svincolando il processo produttivo e distributivo da condizionamenti interni o esterni che possono influire sulla regolarità delle fasi produttive e distributive. In particolare, l'ipotetica assenza di scorte di materie prime costringerebbe l'azienda ad approvvigionamenti giornalieri per sopperire al fabbisogno contingente e, quindi, la lavorazione risulterebbe condizionata nei tempi e nei modi dal processo di acquisizione delle risorse produttive.

Anche per quanto attiene le scorte di semilavorati è agevole notare il carattere di flessibilità derivante dall'esistenza di uno stock che permetta un più rapido ottenimento di prodotti in funzione di eventuali, improvvisi e urgenti ordinativi.

Analoga considerazione può essere svolta per le scorte di prodotti finiti, ovviamente nel caso di produzione per il magazzino e riscontrabile, in genere, per le produzioni di massa o in serie. Nell'ampia sfera di una programmazione delle vendite, infatti, il mantenimento di una scorta funzionale di prodotti permette un normale svolgimento della funzione distributiva non condizionata dal volume contingente della produzione e pronta, quindi, a soddisfare il mutevole volume della domanda.

Rilevante portata assume, in questo quadro, il controllo delle scorte, compito specifico, sotto il profilo organizzativo, dell'area operativa che regola gli approvvigionamenti, ma che interessa anche l'area finanziaria nel quadro delle funzioni svolte dalla stessa in coordinazione con altre aree.

L'ampliamento del volume delle scorte funzionali può generare, in presenza di particolari contingenze di mercato, vantaggi economici talvolta rilevanti connessi a sconti accordati dai fornitori, ad acquisti effettuati in periodi di rarefazione delle materie o a difficoltà future di approvvigionamento (chiusura di mercati, interruzione di accordi commerciali, cessazione della produzione da parte di aziende *leader*, andamento negativo dei raccolti ecc.).

Detti ampliamenti possono creare problemi, soprattutto sotto il profilo della liquidità, dando luogo a squilibri nella gestione con riflessi negativi sul grado di elasticità della struttura finanziaria; pertanto, il controllo dell'investimento in scorte deve costantemente essere rivolto ad assicurare un soddisfacente livello di efficienza del sistema produttivo/distributivo, compatibilmente con la realtà aziendale e di mercato.

Ove tale controllo risultasse privo di questi requisiti, l'azienda, al fine di scongiurare possibili crisi di approvvigionamento e conseguentemente di collocamento dei prodotti, sarebbe costretta ad accrescere l'entità delle scorte in misura non funzionale senza ritrarre specifici vantaggi economico-finanziari, pur sopportando una più elevata onerosità, specie di ordine finanziario.

Al concetto di flessibilità è anche collegato il concetto di «mobilità» delle scorte, intesa quale loro caratteristica strutturale in quanto appartenenti al capitale circolante e, quindi, quale presupposto per generare liquidità, più o meno differita, in relazione all'ottenimento di flussi finanziari derivanti dalle vendite dei prodotti; di qui l'assegnazione dei predetti valori alla categoria delle disponibilità finanziarie (ancorché non liquide), sempreché non eccedano l'entità funzionale, il che porterebbe a variare la natura finanziaria delle scorte, tramutandole, come detto, in immobilizzazioni.

Una volta chiarita l'importanza delle scorte e il ruolo imprescindibile che esse rivestono al fine di non pregiudicare la continuità del processo produttivo e distributivo, occorre soffermare l'attenzione sul risvolto economico-finanziario di tale componente del capitale circolante. Se infatti è vero che l'impresa deve detenere un certo quantitativo di scorte in magazzino al fine di assicurare l'equilibrio dell'attività operativa, è altrettanto vero che la gestione e il mantenimento di riserve in magazzino comporta un costo non indifferente. Si pone dunque il problema di contemperare le esigenze tecniche della produzione con la necessità di gestire l'impresa e tutti i suoi processi seguendo una logica di contenimento dei costi e miglioramento dell'efficienza.

Le decisioni di investimento che discendono dalla politica delle scorte incidono in maniera determinante sul costo di gestione delle stesse; le scelte in materia debbono tendere a individuare il livello «medio-minimo» di scorte di magazzino in relazione al loro turnover. Tale livello deve tenere conto dell'aspetto funzionale, di quello economico (in relazione a meccanismi speculativi), nonché di quello finanziario.

L'individuazione dell'entità «medio-minima» riferita alle materie prime e sussidiarie, ai semilavorati e ai prodotti finiti, può essere affidata a un modello – il *lotto minimo economico* – capace di esprimere l'entità ottimale delle scorte. Si tratta di un metodo di analisi in grado di attribuire la giusta rilevanza sia al profilo economico del problema, in relazione alla minimizzazione dei costi di acquisto e/o di produzione e di mantenimento delle giacenze, sia sotto l'aspetto funzionale, per quanto concerne la quantità minima che assicura la già ricordata flessibilità produttiva, evitando condizionamenti nei processi di produzione e di distribuzione, sia sul piano finanziario in relazione a un minore possibile ricorso alle fonti di finanziamento per la copertura del relativo fabbisogno.

L'obiettivo che il modello in parola si propone di raggiungere consiste nell'individuare un livello di scorte funzionali in grado di garantire la continuità della produzione e della vendita e che, allo stesso tempo, minimizzi i costi connessi alla gestione delle rimanenze. Si tratta, dunque, di un metodo di analisi a «quantità fissa» ovvero finalizzato alla ricerca di una quantità costante di scorte che dovrà costituire l'oggetto di ogni ordine successivo. Ipotizzando l'assenza di ritardi e di scorte di sicurezza, un modello a «quantità fissa» può essere rappresentato nel modo seguente, come in figura 6.8.

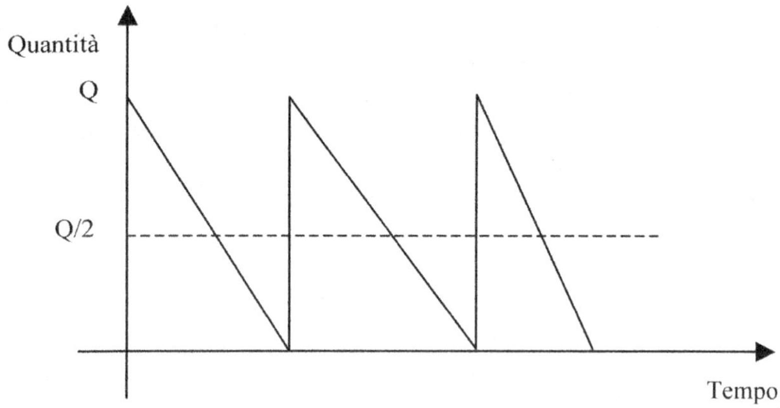

Fig. 6.8 Un modello di gestione delle scorte a quantità fissa

Nell'elaborazione del modello del lotto minimo economico si rende necessario esaminare preventivamente se l'approvvigionamento e la produzione delle scorte possano comportare particolari difficoltà o generare eccessivi tempi morti; ove tali problematiche non sussistano, occorre determinare i costi connessi all'ordinazione e al mantenimento delle scorte. Nei primi si includono i costi relativi al personale impiegato nella direzione approvvigionamenti, al trasporto (qualora sia a carico dell'acquirente), al controllo e ricezione della merce ecc. Tra i costi di mantenimento sono annoverati i costi di magazzinaggio (compresi quelli del personale addetto), di assicurazione, nonché eventuali cali, dispersioni, deterioramenti e gli oneri finanziari connessi. Tali costi vengono normalmente espressi unitariamente per rendere agevole, specie in sede di budget, la determinazione del costo totale in relazione alle unità delle scorte di cui si ipotizza la giacenza. Il costo di mantenimento, il costo di ordinazione e il costo totale che risulta dalla loro somma possono essere espressi dalla seguente relazione[8]:

$$CTS = \frac{CM \cdot Q}{2} + \frac{TO \cdot CO}{Q} \qquad [11]$$

dove:

CM = costo di mantenimento;

Q = quantità di scorte (unità di materie o prodotti) ordinata o ottenuta dalla produzione;

TO = totale ordinazioni nel periodo considerato;

CO = costo unitario di ordinazione.

[8] Van Horne, *Teoria e tecnica della finanza aziendale*, cit., p. 598.

Il costo unitario di mantenimento è determinato in funzione di un quantitativo medio di scorte esistenti (giacenza media) dato, appunto, da *Q/2* e considerando situazioni di normale approvvigionamento, mentre il costo di ordinazione è riferito al tempo *Tn* (il rapporto *TO/Q* offre il numero di ordinazioni nel periodo considerato).

È agevole constatare che *CM* e *CO* denotano un diverso comportamento dinamico: infatti, mentre il costo di mantenimento (*CM*) è proporzionale alla quantità di scorte ordinate, il costo di ordinazione (*CO*) è di norma pressoché costante, quindi si minimizza con l'aumentare delle unità richieste.

Il *lotto minimo economico* è, quindi, il quantitativo ottimale, sotto il profilo economico-tecnico, di scorte da ordinare su cui incidono i minori oneri per la loro gestione.

La determinazione di tale quantità ottimale (Q^*) si ottiene, dal punto di vista algebrico, minimizzando la funzione del costo totale, ovvero ricercando la derivata prima di questa funzione rispetto alla quantità e ponendola uguale a zero:

$$\frac{\delta CTS}{\delta Q} = \frac{CM}{2} - \frac{TO \cdot CO}{Q^2} = 0 \text{ da cui:}$$

$$CMQ^2 - 2TO \cdot CO = 0$$

$$Q^2 = \frac{2TO \cdot CO}{CM}$$

$$Q^* = \sqrt{\frac{2TO \cdot CO}{CM}} \qquad [12]$$

È possibile rappresentare graficamente la quantità individuata attraverso il lotto minimo economico, visualizzando tutte le funzioni di costo analizzate (costo di mantenimento, costo di ordinazione e costo totale) (Fig. 6.9).

In corrispondenza del punto di minimo della funzione di costo totale, si individua la quantità ottimale di scorte che coincide con il punto di intersezione tra le funzioni del costo di mantenimento e del costo di ordinazione.

Il *lotto economico ottimale* influisce sul *turnover* delle scorte e, quindi, sulla loro giacenza media; tali entità, rapportate ai prezzi di riferimento delle singole voci di magazzino, consentono di determinare i valori del predetto *turnover* in relazione al valore della giacenza media. Si individua così il flusso finanziario attinente al magazzino nel periodo di riferimento risultante dal rapporto tra i movimenti reali delle scorte e la loro giacenza media, intendendo per movimenti medi la semisomma degli approvvigionamenti e delle utilizzazioni delle scorte sempre nel medesimo periodo.

L'entità dei flussi finanziari riferibili alla gestione delle scorte è utilmente considerata in relazione all'incidenza che la stessa assume sul flusso finanziario derivante dall'intero capitale investito.

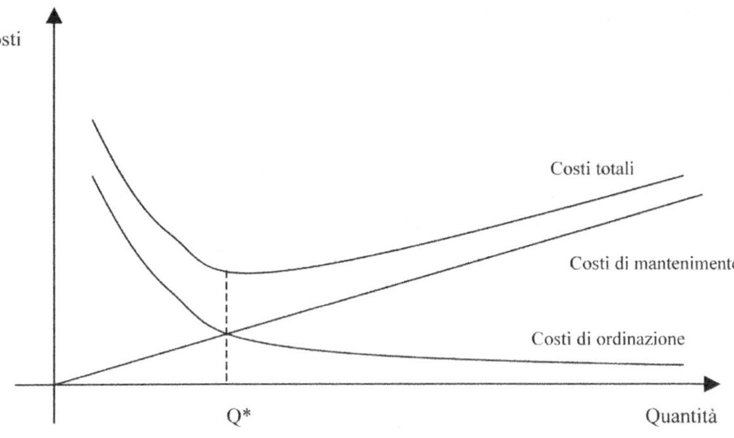

Fig. 6.9 Il lotto minimo economico

Oltre l'aspetto finanziario connesso alla liquidità, derivata dal tasso di rotazione delle scorte – per cui elevati valori costituiscono un presupposto per il processo di monetizzazione dei flussi – è opportuno rilevare l'aspetto economico inerente l'entità del tasso di rotazione, i cui elevati valori determinano un effetto moltiplicativo del *ROI*.

6.11 Gli investimenti in crediti

I crediti commerciali rappresentano una fondamentale frazione del capitale circolante e costituiscono la principale componente delle *disponibilità liquide differite*: si tratta di un elemento dell'attivo che postula un impiego di mezzi finanziari e che, per gran parte delle aziende, costituisce un investimento insopprimibile stante il riflesso sul volume delle vendite; in quanto investimento poi, al pari di altri, comporta specifici oneri finanziari, nonché specifici rischi d'insolvenza.

Gli investimenti in crediti e la loro gestione costituiscono una fondamentale leva competitiva sulla quale, spesso e soprattutto in alcuni settori economici, si può fondare il successo o l'insuccesso di un'impresa. L'estrema importanza assunta dalle politiche di credito nell'ambito dei processi aziendali è testimoniata altresì dal ruolo, sempre più strategico, affidato alla figura professionale preposta alla sua gestione: il *credit manager*. Dalla semplice riscossione del credito dalla clientela, tale soggetto ha con il tempo acquisito nuove e più complesse funzioni che vanno dalla verifica dell'affidabilità del cliente, alle eventuali azioni di recupero dei crediti[9].

[9] Dallocchio M., *La gestione del credito alla clientela*, in *La gestione del capitale circolante*, a cura di G. Brugger, Egea, Milano, 1991 p. 121.

È dunque possibile evidenziare la funzione espansiva e promozionale del credito mercantile sulle vendite studiandone i presupposti e le caratteristiche che incidono sull'entità e sui tempi di dilazione, anche in relazione alla situazione finanziaria dei contraenti. Questi elementi permettono di teorizzare una «politica creditizia» dell'azienda correlata ad una «politica degli incassi», attraverso la quale si individua l'entità del credito concedibile alla clientela, nonché le procedure di realizzo dei predetti crediti in rapporto alla loro possibile onerosità (sconto di cassa).

Anche per i crediti, e segnatamente per quelli commerciali, sussistono specifici rischi individuabili nella mancata disponibilità di risorse liquide e nella possibile perdita, parziale o totale, causata dall'insolvenza dei debitori. Alle eventuali perdite occorre aggiungere i presumibili costi per le azioni legali tendenti al recupero dei crediti che di rado si possono addossare ai clienti.

Accanto al rischio d'insolvenza, totale o parziale, dei debitori, si evidenziano, altresì, costi impliciti ed espliciti ricollegabili al credito mercantile concesso, quali: gli arrotondamenti praticati dai clienti nel saldo delle fatture, le transazioni collegate a presunte e/o possibili inadempienze contrattuali, i ritardi nel regolamento del prezzo, non di rado tollerati in considerazione dell'importanza del cliente e in previsione di future forniture. In particolare, tali ritardi generano un costo di natura finanziaria collegato alla mancata liquidità per il rinvio del pagamento oltre i termini stabiliti.

Queste disfunzioni incidono in diversa misura a seconda del tipo di produzione, nonché delle condizioni finanziarie del creditore e del debitore.

Diversa è la durata del credito mercantile per quanto riguarda forniture di beni strumentali rispetto a quella relativa ai prodotti destinati alla rivendita; nel primo caso si tenterà di ottenere la più ampia dilazione possibile, almeno per la parte del prezzo non coperta da specifici finanziamenti consolidati; nell'altra ipotesi la dilazione, normalmente, non supera il normale «*marketing period*» – ovvero il tempo naturale di concessione del credito – relativo al prodotto scambiato. E qui si ricorda la problematica connessa alla composita copertura finanziaria che spesso caratterizza gli investimenti in impianti: è agevole infatti constatare che una parte della stessa copertura viene realizzata mediante dilazioni concesse dal fornitore. Per le vendite di beni strumentali di non rilevante entità è possibile ricorrere al *leasing operativo*, posto in essere dai produttori di beni per facilitare lo smercio semplificando le procedure relative al finanziamento richiesto dai clienti[10]. Tale semplificazione è resa possibile dai rapporti che usualmente legano il fornitore ai clienti e che, quindi, permettono di assimilare la concessione del *leasing operativo* al credito mercantile.

In questi casi l'onerosità del credito mercantile diviene più esplicita in quanto misurata dagli oneri finanziari sopportati dal produttore per ottenere i finanziamenti esterni (soprattutto da banche) necessari per realizzare i flussi monetari richiesti dall'investimento in crediti.

[10] Il tema del leasing sarà trattato nel dettaglio in seguito.

L'onerosità finanziaria propria dell'investimento in crediti comporta non di rado scelte obbligate stante l'ineluttabilità, per chi concede credito mercantile, di attenersi alle consuetudini di mercato al fine di non perdere volumi di vendita.

Appare evidente, inoltre, che le situazioni finanziarie del compratore e del venditore si condizionano reciprocamente e si riflettono sulla politica creditizia attuata dal fornitore specificamente per ordini di rilevante entità o importanza.

In particolare, il fornitore «finanziariamente forte» e, quindi, in grado di determinare prezzi di vendita che assicurino il recupero dell'onerosità finanziaria, spesso implicita, sarà in grado di selezionare e, quindi, di scegliere gli acquirenti che richiedono credito mercantile su larga base tra quelli che denotano una marcata solvibilità oggettiva.

Al contrario, nel caso di acquirente «finanziariamente forte» e venditore «debole», il condizionamento proverrà dall'acquirente che tenterà di ottenere sconti di cassa elevati basandosi sulla necessità del venditore di ottenere flussi monetari.

Il Merlani ha studiato analiticamente la problematica connessa alle diverse posizioni e situazioni finanziarie dei soggetti partecipanti allo scambio, rilevando anche i casi in cui dall'incontro tra venditori e compratori, entrambi forti o entrambi deboli, la questione si risolve, spesso, con pattuizioni in cui prevalgono i termini netti del contratto orientato dalle particolari situazioni di mercato dove entrambi i contraenti possono trovare convenienze, in termini contrattuali, in relazione alle loro condizioni finanziarie.

6.11.1 Criteri di scelta nella concessione del credito mercantile

Sulla base di quanto esposto finora appare evidente la necessità per le imprese di individuare e programmare una politica del credito commerciale compatibile con le caratteristiche del processo di approvvigionamento-produzione-vendita, con le strategie formulate dalle imprese concorrenti e con gli imprescindibili requisiti di economicità e liquidità che devono permeare tutti i momenti della vita aziendale.

La definizione della politica di credito risulta dunque dall'effetto combinato di fattori esogeni, non controllabili e influenzabili dall'impresa (come ad esempio le condizioni generali dell'economia e le scelte adottate da altre aziende), nonché da fattori interni derivanti dalle specificità dell'impresa e dalle decisioni da essa formulate. È evidente che l'attenzione dovrà essere rivolta in maniera pressoché esclusiva a quest'ultimo aspetto.

Il percorso di analisi sarà dunque articolato in modo tale da porre in evidenza le caratteristiche delle disponibilità liquide differite presenti nel bilancio dell'impresa in un dato momento, sia in termini qualitativi, sia sul piano quantitativo. In un secondo momento si passerà a valutare il costo e il rendimento connessi al mantenimento dei crediti, verificando altresì l'eventuale convenienza di una modifica della politica adottata.

Il primo passo da compiere in questa direzione consiste nella costruzione di alcuni indicatori in grado di fornire informazioni utili in merito alla consistenza dei crediti e al contributo da essi offerto al raggiungimento dell'equilibrio economico-finanziario.

Nell'investimento in crediti occorre tenere nella massima considerazione il *turnover* dell'intero volume del credito concesso al fine di controllarne continuamente l'incidenza sul complesso del capitale circolante e ciò per l'evidente e conseguente controllo della liquidità. Il relativo indicatore può essere espresso dal rapporto tra il livello dei crediti al termine del periodo considerato (oppure dalla media dei crediti del periodo) e l'ammontare delle vendite registrate nel medesimo arco di tempo.

L'indice così impostato permette esclusivamente di conoscere il grado di «variabilità» dei crediti rispetto alle vendite, ma non consente di individuare le cause di tale variabilità.

Un particolare di rilevante importanza conoscitiva e interpretativa è rappresentato dalla determinazione del «tempo medio di giacenza» dei crediti dato dal rapporto tra la semisomma dell'esistenza iniziale e finale dei crediti commerciali di periodo e il «movimento medio» costituito dalle semisomme dei nuovi crediti e dei crediti estinti sempre inerenti al periodo considerato.

La corretta determinazione di questo valore esclude dal computo i crediti in sofferenza, che dovranno formare oggetto di un continuo controllo, anche ai fini della determinazione dell'incidenza delle sofferenze sul volume totale dei crediti. Altrettanto corretta appare l'eliminazione dal «movimento medio» dei flussi derivati da incassi contanti o anticipati per effetto di operazioni di *factoring* o di sconto bancario.

Ciò nondimeno anche il tempo medio di giacenza determinato senza l'eliminazione dei dati in parola fornisce utili elementi conoscitivi circa il tempo medio di giacenza effettivo per l'impresa alla luce del contenzioso in essere nonché delle particolari operazioni realizzate per ridurre la predetta giacenza media (fattorizzazione e sconto).

Per una più completa analisi è opportuno determinare il tempo medio di giacenza nelle due grandezze ricordate (con o senza depurazione dei valori di contenzioso e di anticipati incassi), dal cui confronto è possibile desumere i riflessi conseguenti all'azione tendente alla riduzione del tempo medio di giacenza.

Una variante nel calcolo del tempo medio di giacenza (o tempo medio di incasso) dei crediti può essere rappresentata dal rapporto tra il livello dei crediti del periodo e, se si tratta di un anno solare, l'ammontare giornaliero delle vendite (ossia il volume delle vendite realizzate nell'anno rapportate a 365 giorni).

Un altro indicatore è costituito dal rapporto tra l'ammontare dei crediti e il capitale circolante lordo che, si ricorda, è dato dalla somma tra le disponibilità liquide immediate, le disponibilità liquide differite (i crediti appunto) e le disponibilità finanziarie. La conoscenza di tale indice offre la misura del «peso» dei crediti sul totale dell'attivo circolante.

Infine, utili informazioni possono derivare altresì dalla classificazione dei crediti concessi alla clientela in base alla scadenza e del conseguente calcolo della percentuale con cui ogni fascia di credito così determinata partecipa alla definizione del totale (*age analysis*).

Occorre ora passare a esaminare la politica del credito commerciale sotto un profilo prettamente economico-finanziario al fine di porre in evidenza i riflessi delle strategie adottate sulla struttura finanziaria d'impresa e sull'economicità della sua gestione: in altri termini, si intende valutare la sostenibilità della politica del credito adottata o la necessità di modificarla.

Assumendo quest'ottica di osservazione è possibile affermare che, in linea generale, la scelta di una politica creditizia deve avvenire confrontando opportunamente i rendimenti derivanti dalla sua attuazione con i costi che essa genera: partendo quindi da una strategia assegnata e volendo modificarla, occorre individuare la redditività incrementale e il costo incrementale che una simile decisione comporta. Si tratta di valutare la convenienza di una politica maggiormente espansiva o, al contrario, di una politica restrittiva.

I rendimenti dell'investimento in disponibilità liquide differite derivanti dalla concessione di condizioni creditizie più favorevoli per i clienti, sono teoricamente costituiti dal maggior volume delle vendite realizzate. Tale sommaria deduzione deve essere approfondita e analiticamente integrata per una più esatta formulazione, tenendo conto delle variazioni di mercato e della concorrenza; pertanto, gli effetti delle dilazioni di pagamento accordate influiscono non soltanto sull'entità delle vendite differenziali, ma anche sull'entità delle vendite usuali in relazione all'effetto di mantenimento consentito dai termini di pagamento.

I termini di pagamento si riflettono, quindi, sul volume del credito e, conseguentemente, sul tempo medio di giacenza. Oltre che dalla predetta influenza di competenza del management finanziario, il tempo medio di giacenza è altresì funzione delle «condizioni economiche generali», indipendenti dall'azione della direzione finanziaria.

Il rendimento dell'investimento in crediti, come detto, deve essere desunto anche in riferimento ai costi relativi all'investimento. Tali costi possono essere distinti in due categorie:

a) costi sostenuti per adeguare il livello di produzione e vendita alle esigenze poste dalla nuova politica dei crediti che si intende attuare;
b) costi derivanti dalla gestione dei crediti in senso stretto.

A sua volta, quest'ultima tipologia di costi raggruppa una serie di oneri significativi che vanno dai costi sostenuti a livello operativo e organizzativo per la gestione di un maggior volume di credito, al costo opportunità calcolato sull'investimento in disponibilità differite, fino a considerare il maggiore rischio di insolvenza che si assume per effetto di una tale politica, gli oneri finanziari connessi alla parziale perdita di liquidità e le più probabili perdite su crediti.

Algebricamente, la ricerca della politica creditizia in grado di assicurare una maggiore redditività dell'investimento deve essere effettuata confrontando diverse alternative e valutando le grandezze differenziali in termini di costi e ricavi[11]:

$$\Delta E = \Delta R - \Delta C \qquad [13]$$

[11] Dallocchio, *La gestione del credito*, cit., p. 204.

dove:

ΔE = risultato economico differenziale;
ΔR = ricavi differenziali derivanti dalla vendita dei prodotti;
ΔC = costi differenziali.

Quindi, se da un lato è possibile affermare che la predisposizione di termini e condizioni di credito più favorevoli per la clientela produce inevitabilmente un aumento del volume di vendita e dunque dei ricavi, dall'altro occorre valutare con estrema attenzione i costi che una simile strategia determina e i suoi riflessi sulla struttura economico-finanziaria e in particolare sulla situazione di liquidità dell'impresa. Una politica del credito espansiva potrà essere accettata soltanto qualora il risultato economico differenziale (ΔE) risulti di segno positivo.

I termini del credito mercantile concesso, che rappresentano un aspetto promozionale connesso al mercato e alla concorrenza, trovano limiti e condizionamenti nel prezzo di vendita dei prodotti, nonché nella capacità produttiva dell'impresa. Sarebbe infatti inutile aumentare la dilazione di pagamento per ottenere un maggiore volume di ordini che l'azienda, poi, non è in grado di soddisfare.

Gli elementi della politica degli investimenti in crediti sono: la proiezione temporale del credito mercantile, l'entità e i termini dello sconto di cassa, l'esistenza di condizioni particolari (clienti speciali, stagionalità degli incassi ecc.), nonché la qualità del credito concesso (selezione della clientela richiedente credito).

Circa quest'ultimo aspetto, appare opportuno rilevare che l'azienda esplica accertamenti preventivi sull'affidabilità dei «clienti potenziali», nonché, con continuità, su quella della clientela in essere. Tali accertamenti, preventivi o in costanza del rapporto creditizio, vertono sull'entità del credito accordabile e sulla durata della dilazione, il che comporta valutazioni che possono, non di rado, discostarsi dagli *standard* creditizi fissati dall'azienda. Infatti, un cliente può essere meritevole di fido fino alla concorrenza di un determinato importo, ma per un tempo limitato e, comunque, inferiore ai termini *standard* di pagamento.

La specificità delle analisi sull'affidabilità comporta problematiche organizzative di competenza duplice (direzione commerciale e direzione finanziaria) variamente risolte nell'ambito aziendale. È infatti oggettivamente desumibile che l'incasso dei crediti sia di primaria competenza della direzione finanziaria che però adempie a tale funzione nel rispetto delle modalità e dei tempi determinati dalla direzione commerciale a sua volta orientata, nella fissazione di queste modalità e scadenze, dalla logica promozionale del credito mercantile.

I criteri che regolano il controllo dell'affidamento a monte riguardano, in relazione a quanto precede:

1) il *tempo di dilazione*, in quanto direttamente influente sul tempo medio di giacenza, nonché le iniziative per ridurre tali tempi (concessioni di sconti per pagamenti in contanti) e per contenere l'onerosità finanziaria connessa a eventuali proroghe di pagamento, più o meno autorizzate dall'azienda, nonché interessi di mora, interessi convenzionali per ritardi di pagamento convenuti ecc. L'anticipa-

to realizzo comporta la concessione dello sconto di cassa, con una positiva influenza sulla liquidità ma con onerosità esplicita; un identico risultato può essere ottenuto mediante il *factoring* e/o lo sconto bancario. Quest'ultimo però consente l'ottenimento di entità più ridotte di liquidità, sia sotto il profilo quantitativo (limiti di fido più ridotti rispetto al *factoring*), sia sul piano operativo, stante il presupposto del rilascio o dell'accettazione di effetti cambiari del cliente. Anche la monetizzazione attuata tramite queste operazioni presenta un'onerosità esplicita (proventi e spese contrattuali applicate dal *factor* o dalla banca). Lo sconto di cassa ha diretta attinenza con il costo del denaro che, quindi, ne rappresenta un presupposto specifico. Lo sconto di cassa costituisce poi un elemento di selezione della clientela in quanto ne permette la classificazione in funzione della richiesta di concessione dello sconto stesso, il che, ovviamente, denota potenzialità finanziaria;

2) *entità del credito concesso*. Tale concetto è direttamente attinente alle procedure per accertare la sussistenza delle condizioni per «l'affidabilità a monte» della clientela. È noto, infatti, che la concessione del credito mercantile è condizionata da diverse variabili che il Merlani individua in: «a. caratteri della merce; b. personalità e situazione patrimoniale del compratore; c. situazione finanziaria del venditore; d. concorrenza; e. andamento del mercato (situazione economica)»[12].

Da queste componenti è possibile teorizzare, sulla scorta delle enunciazioni del Beckman e del Bartels, la cosiddetta *equazione del credito*, che dovrebbe fornire utili elementi di valutazione in merito ai limiti di credito concedibile al singolo cliente.

Tale formulazione rappresenta un indirizzo tecnico di indiscussa utilità per le imprese chiamate ad affrontare problematiche connesse alla concessione di fido e, quindi, utilizzabile anche nel settore bancario; tale «equazione», che deve essere ovviamente integrata dall'aspetto conoscitivo dei diversi clienti, si enuclea in:

«Limite di credito = carattere + capacità + capitale + condizioni ambientali + situazioni collaterali»[13]. Il secondo membro dell'equazione comprende elementi assai diversi ed eterogenei, ovvero: il carattere, inteso come moralità e personalità del compratore; la capacità, intesa come livello di professionalità; il capitale, inteso come situazione patrimoniale del cliente; le condizioni ambientali, intese come situazione economica generale; le situazioni collaterali, che acquisiscono rilevanza diversa in ragione di circostanze e contesti particolari.

La determinazione del grado di affidabilità della clientela e del suo mantenimento, non rappresenta un fatto episodico nella gestione crediti, ma costituisce una funzione permanente nell'ambito organizzativo tesa ad ampliare e migliorare la gamma dei clienti.

12 Merlani, *Il credito mercantile*, cit., p. 34.
13 Merlani, *Il credito mercantile*, cit., p. 45.

La clientela deve essere considerata un aggregato organico, frutto di continui rapporti ispirati alla stima e alla fiducia commerciale, più che a contatti episodici che non vanno al di là della semplice compravendita. In siffatta configurazione il fornitore è direttamente interessato al collocamento dei propri prodotti anche da parte dei dettaglianti clienti e ciò, in particolare, per quanto attiene all'ampiezza del *marketing period* in relazione alle future forniture. Ecco perché l'azienda fornitrice non farà mancare l'appoggio alla clientela, non solo sotto il profilo finanziario, (dilazioni, eventuali rinnovi ecc.), ma anche con idonee iniziative di carattere promozionale, con le sostituzioni delle scorte con prodotti freschi ecc., affinché il dettagliante assicuri una continua e organica «fonte di ordini».

La solvibilità e gli altri aspetti che interessano il grado di affidabilità dei clienti debbono essere accertati e aggiornati con tempestività e correttezza attraverso canali interni (rete di vendita, ispettori inviati periodicamente dalla sede centrale, contatti con la stessa clientela, rilevazioni contabili attinenti alla gestione crediti) che, anche sotto il profilo statistico, evidenzino la movimentazione delle partite e le eventuali anomalie relative a determinati clienti; nonché attraverso canali esterni (informazioni richieste ad agenzie specializzate, a banche o attinte da notizie di stampa, bollettino dei protesti ecc.).

Questo controllo istituzionalizzato del grado di affidabilità della clientela aumenta i costi della «gestione crediti», influenzando negativamente il risultato della gestione al pari di altri costi provenienti da investimenti produttivi.

Dopo aver valutato il grado di affidabilità del cliente con riferimento specifico agli ordinativi pervenuti, l'azienda compirà la scelta in funzione delle proprie esigenze di collocamento; nel caso l'impresa sia in grado di realizzare un volume di output coincidente con il livello massimo di utilizzazione della capacità produttiva, i criteri decisionali saranno ovviamente rigorosi e, quindi, molto selettivi. Nel caso, invece, di una minore produzione rispetto all'effettiva capacità produttiva, le scelte saranno improntate a una «maggiore larghezza», al fine di ampliare il volume dello smercio sia nei confronti della vecchia clientela, sia con l'acquisizione di nuove fasce di mercato rientranti, però, in un predeterminato *standard* qualitativo minimale.

Per valutare la redditività aggiunta derivante dalla particolare gestione crediti, occorrerà individuare la quota differenziale delle vendite rispetto alla situazione preesistente, attribuendo, ovviamente, gli incrementi della produzione e dello smercio alla gestione crediti solo per la effettiva quota di specifica pertinenza.

Tale individuazione, non certamente agevole, si presta ad arbitri e valutazioni soggettive anche perché non è facile stabilire il lasso di tempo idoneo a determinare gli effetti relativi all'ampliamento degli scambi, in funzione delle diverse concessioni di credito mercantile.

Gli incrementi di redditività sono costituiti dall'emergere dei ricavi differenziali a cui si contrappongono gli incrementi dei costi variabili; tali incrementi trovano precisi limiti non solo nella capacità produttiva dell'azienda ma anche nella struttura finanziaria, per cui valgono le argomentazioni esposte in tema di manovra della leva finanziaria.

6.12 La gestione e il controllo della liquidità aziendale

Tra le numerose funzioni affidate al management finanziario, un ruolo di primo piano deve essere attribuito alla gestione della tesoreria e al controllo delle risorse liquide a disposizione dell'impresa. La variabilità intrinseca in qualsiasi attività aziendale e dunque il rischio associato alla dimensione, alla dinamica e alla distribuzione temporale dei flussi finanziari in entrata e in uscita, impongono di predisporre una serie di strumenti e di regole di condotta affinché l'impresa non incorra in crisi di liquidità.

Lo studio e la comprensione di tali problematiche devono pertanto prendere avvio dalla definizione del concetto di liquidità aziendale: essa rappresenta la capacità dell'impresa di fronteggiare in ogni momento, tempestivamente, economicamente e in modo funzionale gli impegni di pagamento. Si rende, cioè, necessario affrontare preventivamente possibili modificazioni inattese che si possono determinare nell'entità e nella manifestazione temporale dei flussi di cassa, consentendo così all'impresa di non trovarsi impreparata di fronte a eventi che possono compromettere la sua solvibilità e creare danni economici, finanziari e di immagine di rilevante entità.

Nella definizione appena riportata, è stato posto l'accento su alcuni specifici requisiti da associare al termine liquidità. In primo luogo, la capacità di fronteggiare gli impegni di pagamento deve essere presente costantemente all'interno dell'azienda, nel rispetto della condizione di tempestività che garantisce l'immediato assolvimento degli obblighi sorti, anche se non programmati o programmabili. Ne consegue la necessità di predisporre una serie di strumenti che saranno esaminati nel dettaglio fra breve, con la finalità di rendere disponibili risorse liquide sufficienti a coprire fabbisogni inattesi.

La ricerca di un adeguato livello di liquidità aziendale non può però trascurare un altro fondamentale aspetto, ovvero quello della economicità. Se infatti è innegabile la rilevanza del fattore tempo nella gestione delle disponibilità liquide, è altrettanto vero che non è possibile procurarsi liquidità «ad ogni costo»: occorre pertanto introdurre nell'analisi in parola il binomio liquidità-redditività. La liquidità deve essere cioè ottenuta senza recare pregiudizio all'andamento economico della gestione e dunque evitando il ricorso a operazioni che, pur consentendo il raggiungimento degli obiettivi desiderati in termini di liquidità, non rispettano i più elementari requisiti di redditività. In effetti, spinta dall'urgenza di recuperare la liquidità necessaria all'adempimento degli obblighi di pagamento, l'impresa può compiere seri errori di valutazione ricorrendo a operazioni che, pur assicurando il procacciamento dei desiderati livelli di disponibilità, compromettono il profilo economico della gestione. Alcuni esempi di tali operazioni possono chiarire meglio i concetti appena esposti:

- l'accensione di un finanziamento a un tasso notevolmente superiore a quello mediamente sostenuto dall'azienda stessa;

- il ricorso a svendite o vendite «sotto costo» dei prodotti/servizi realizzati dall'azienda;
- la concessione di sconti eccezionalmente elevati per ottenere riscossioni anticipate dei propri crediti[14].

Inoltre, sempre sotto il profilo del binomio liquidità-redditività, si rende necessario sottolineare altresì come non sia corretto detenere una eccessiva liquidità per far fronte a qualsiasi evenienza posta dall'andamento dell'attività aziendale. L'adozione di una simile strategia, pur garantendo la costante disponibilità di risorse, genera importanti costi opportunità sintetizzabili nella rinuncia a investire tali mezzi nella gestione caratteristica dell'impresa.

Infine, la ricerca della liquidità deve avvenire in modo funzionale, ovvero non recando pregiudizio alla corretta esecuzione dei processi gestionali attivati. Sotto questo profilo, l'impresa risulterebbe danneggiata qualora, per far fronte a impegni di pagamento improrogabili e dunque per avere liquidità, decidesse, ad esempio, di vendere un impianto ancora perfettamente funzionante e utile, compromettendo così il regolare svolgimento dell'attività imprenditoriale.

Adottando un'ottica di osservazione del tutto generale, è possibile ricondurre le motivazioni sottostanti la scelta di detenere liquidità in azienda alle seguenti:

- *transattive*, derivanti dalla necessità di far fronte al regolare svolgimento delle operazioni di compravendita stante il fisiologico sfasamento temporale che si verifica tra i flussi in entrata e i flussi in uscita. Si tratta, come è evidente, della principale causa sottostante la scelta di definire una scorta di cassa;
- *precauzionali*, ovvero tendenti ad assicurare l'azienda contro il rischio originato dall'incertezza nella quale si svolge l'attività d'impresa e che caratterizza altresì l'azione degli altri operatori, primi fra tutti i fornitori;
- *speculative*, nel qual caso l'impresa intende realizzare, attraverso l'impiego della propria liquidità, profitti extra-operativi sfruttando eventuali opportunità presenti nel mercato finanziario.

Il principale obiettivo che il management finanziario deve porsi in relazione alla gestione della liquidità consiste nel ricercare una condizione di equilibrio di breve periodo tra i flussi monetari in entrata e i flussi monetari in uscita, evidenziando la capacità dell'impresa di far fronte in modo economico e tempestivo al fabbisogno derivante dalle attività correnti. Il corretto svolgimento di questa fondamentale funzione assegnata al responsabile dell'area finanziaria postula, da un lato, la definizione di un ammontare di riserve monetarie in grado di assicurare il soddisfacimento delle esigenze di cassa e, dall'altro, la destinazione delle risorse eventualmente eccedenti tali riserva verso strumenti e forme di impiego di facile ed economica liquidabilità e che

[14] Bertoni A., *Avviamento dell'impresa,* voce della Enciclopedia della banca e della borsa (citando scritti di Caprara U., Dell'Amore G., Saraceno P.), CEI, Milano 1971, p. 468.

al tempo stesso e compatibilmente con tale requisito, massimizzino la redditività dell'investimento[15].

6.12.1 Gli strumenti per il controllo della liquidità

La rilevanza attribuita al concetto di liquidità pone l'impresa di fronte alla necessità di predisporre una serie di strumenti atti a gestire e monitorare l'andamento delle disponibilità liquide nel tempo. Così come avviene per tutti gli altri aspetti dell'attività imprenditoriale, anche per la liquidità è possibile individuare un controllo a consuntivo e un controllo ex ante.

Lo strumento preposto per il controllo a consuntivo è il rendiconto finanziario delle variazioni di liquidità, già esaminato in sede di esposizione dell'analisi per flussi, cui si rinvia per eventuali approfondimenti[16].

L'esame della liquidità in via prospettica necessita invece di un ulteriore strumento di natura previsionale, ovvero il budget di cassa. Esso si inserisce nell'ambito del sistema dei budget aziendali, destinati ad accogliere i programmi dell'impresa nel suo complesso, nonché articolati nelle diverse aree nelle quali si suddivide idealmente la gestione (si parla ad esempio di budget degli investimenti, budget economico, budget della produzione, budget di cassa e così via).

In particolare, il budget di cassa si propone di verificare la fattibilità finanziaria a breve del programma aziendale, in termini di compatibilità tra flussi monetari in entrata e flussi monetari in uscita. Dalla sua costruzione può emergere un risultato negativo, oppure positivo. Nel primo caso, si rende evidente l'incapacità dell'azienda di far fronte, con le risorse a disposizione, alle uscite di cassa imposte dall'attività programmata nel periodo coperto dal budget. In tale ipotesi, l'impresa è chiamata a operare una scelta tra due diverse alternative: dare ugualmente attuazione al programma, ricercando fonti alternative di finanziamento, quali ad esempio nuove concessioni di credito bancario, oppure maggiori dilazioni nel pagamento dei debiti verso fornitori; oppure, rivedere i programmi, rendendoli compatibili con le accertate disponibilità di cassa. Quest'ultima soluzione appare preferibile laddove non fosse possibile e/o conveniente sotto il profilo economico-finanziario, accedere a meccanismi di finanziamento ulteriori rispetto a quelli in essere, come ad esempio nell'ipotesi in cui la capacità di indebitamento sia stata già completamente sfruttata, oppure qualora si ritenga svantaggioso ottenere ulteriori dilazioni di pagamento da parte dei fornitori, rinunciando a sconti significativi sull'acquisto di beni e servizi.

Se, al contrario, dal budget di cassa risultassero eccedenze di liquidità, la direzione finanziaria dovrebbe programmarne l'impiego in modo tale da trasformare dette eccedenze in attività fruttifere.

Un elemento destinato ad assumere notevole rilevanza in fase di elaborazione del budget è sicuramente rappresentato dal periodo temporale oggetto di valutazione. In

[15] Brusa L., Zamprogna L., *Finanza d'impresa. logiche e strumenti di gestione finanziaria: modello contabile e modello del valore*, Etaslibri, Milano 1995, pp. 219-20.

[16] Cfr. capitolo 2.

effetti, l'attendibilità del lavoro di programmazione aumenta al diminuire dell'orizzonte temporale di riferimento. Qualsiasi previsione, infatti, è tanto più valida quanto meno esteso è il periodo di tempo considerato, giacché diminuiscono le probabilità di variazioni nelle grandezze che concorrono alla previsione stessa. Non solo, ma nel caso specifico delle previsioni di cassa, i flussi monetari oggetto di previsione risultano estremamente aleatori essendo condizionati spesso da eventi esterni, e quindi non direttamente programmabili dal management, nonché da circostanze indipendenti dalla gestione aziendale.

Di conseguenza, il periodo da considerare per l'elaborazione del budget di cassa non viene esteso nella prassi operativa oltre i dodici mesi, altrimenti diventerebbe difficile, come detto, prospettare gli andamenti dei flussi monetari in modo attendibile così da garantire il puntuale assolvimento degli impegni.

Il budget di cassa, tuttavia, non solo deve essere attendibile, ma anche consentire la verifica della fattibilità finanziaria a breve del programma aziendale.

È indispensabile, infatti, anticipare i futuri disavanzi di cassa che, pur se temporanei, richiedono una pronta copertura. Soltanto così l'azienda è in grado di negoziare eventuali e ulteriori linee di credito a condizioni non eccessivamente onerose e in tempi congrui rispetto al fabbisogno, considerando la maggiore credibilità che in tal modo essa può infondere agli intermediari finanziari. Non solo, ma se gli squilibri di cassa vengono previsti con congruo anticipo, il management aziendale è altresì in grado di adottare opportune azioni mirate alla rimodulazione del programma aziendale.

Se, al contrario, la fattibilità finanziaria non venisse accertata nel breve termine, l'azienda potrebbe esporsi a tensioni di liquidità che, pur se temporanee, quasi sicuramente avrebbero implicazioni negative sia sotto il profilo reddituale, sia per quanto concerne i rapporti con gli istituti di credito e i fornitori.

Non è da trascurare inoltre il fatto che sempre più spesso i disavanzi di cassa sono all'origine degli sconfinamenti nelle linee di credito regolate in conto corrente che, a loro volta, si traducono nell'applicazione, da parte dell'istituto di credito, di condizioni estremamente onerose per l'azienda, quali le commissioni di massimo scoperto. Gli stessi sconfinamenti, peraltro, configurando un peggioramento dello *standing* aziendale, potrebbero finire per pregiudicare le possibilità di ulteriore ricorso al credito bancario.

Analogamente, per quanto riguarda i rapporti con i fornitori, le eventuali tensioni di liquidità, costringendo l'azienda a ritardare il pagamento oltre le scadenze concordate, la esporrebbero, da un lato, a un ridimensionamento del credito mercantile, e dall'altro a maggiori costi da sostenere nell'approvvigionamento dei fattori produttivi. I fornitori, infatti, definiscono solitamente le modalità di pagamento e, in alcuni casi, i prezzi dei propri prodotti in funzione dell'abitudine denotata dal cliente nel rispettare o meno le scadenze convenute.

Affinché, dunque, il budget di cassa assolva alla sua funzione di strumento di verifica della fattibilità finanziaria a breve, è necessario che sia strutturato su periodi infrannuali, ovviamente di ampiezza diversa a seconda della tipologia aziendale.

Nella realtà, e ad eccezione del caso limite rappresentato dalle aziende della grande distribuzione commerciale in cui la tesoreria aziendale – mostrando una variabilità pressoché giornaliera – impone l'elaborazione di documenti previsionali di cassa dettagliati giorno per giorno, gran parte delle aziende è in grado di soddisfare le proprie esigenze di previsione e di controllo della liquidità predisponendo budget di tesoreria articolati su base mensile.

Sotto un profilo più pratico, la stesura di un budget di cassa si basa sull'individuazione di tutte le componenti monetarie e sull'attribuzione del relativo valore che ciascuna componente presumibilmente assumerà nei dodici mesi dell'esercizio.

Per quanto riguarda le entrate monetarie, la maggior parte di queste deriva dai ricavi, vale a dire dalla vendita dei beni o dei servizi prodotti dall'azienda. Detti ricavi, a loro volta, possono tradursi immediatamente in flussi in entrata o manifestarsi monetariamente in modo differito dando così luogo a crediti verso clienti. Da qui la necessità di individuare la distribuzione futura degli incassi corrispondenti ai fatturati previsti per ogni mese, stimando il periodo di tempo che intercorrerà tra la vendita e l'effettivo introito.

Le entrate monetarie, come già visto, traggono origine oltre che dalla gestione tipica dell'impresa, rappresentata dai ricavi di vendita, anche dalla gestione extracaratteristica. Per esempio, i flussi monetari possono derivare dai fitti attivi relativi a immobili di proprietà dati in locazione così come dalla dismissione di cespiti e/o di partecipazioni. A differenza di quanto finora esaminato, in questi casi la previsione delle entrate appare tuttavia molto più semplice trattandosi di operazioni aziendali facilmente programmabili.

Per quanto concerne la previsione delle uscite, la maggiore parte di detti flussi deriva dagli oneri da sostenere per l'attività tipica. Tra questi, alcuni attengono specificamente alla produzione (materie prime, manodopera, spese di trasporto ecc.), mentre altri riguardano costi generali quali, ad esempio, le spese di amministrazione, le spese commerciali ecc. Altri flussi in uscita sono collegati al pagamento delle rate di rimborso di mutui e al versamento di imposte e tasse.

Sia per i flussi in entrata sia per quelli in uscita, le previsioni si basano comunque sulle informazioni contenute nei budget delle altre aree aziendali.

Sotto il profilo finanziario, però, ciò che interessa non è la classe di appartenenza del costo e del ricavo, quanto piuttosto i tempi di regolamento e di incasso. Occorre, in altri termini, verificare se la voce di costo riportata nel budget economico rappresenta una spesa che comporta un'uscita immediata o un flusso monetario differito, così come, per quanto riguarda le voci di ricavo, è necessario verificare per ciascuna componente reddituale se trattasi di ricavo che si monetizza a pronti oppure in maniera differita nel tempo.

Ne discende la necessità di acquisire dalle altre aree aziendali, non solo i rispettivi budget previsionali, ma anche tutte le informazioni possibili attinenti le modalità di regolamento concordate, da un lato, con i fornitori di beni e servizi destinati alla produzione e amministrazione e, dall'altro, con i clienti per la vendita dei prodotti o dei servizi.

Senza dubbio, la determinazione delle uscite monetarie si presenta, in ogni caso, più semplice rispetto a quella relativa ai flussi in entrata, i quali infatti sono spesso condizionati da variabili non direttamente controllabili dal management aziendale, quale per esempio l'osservanza delle condizioni di pagamento da parte della clientela. Le uscite, al contrario, sono generalmente prevedibili con una maggiore attendibilità, considerando che i pagamenti, sia per gli acquisti di materie prime sia per le spese generali, non risultano esposte al rischio di insolvenza della controparte.

Sotto un profilo più pratico, nella stesura di un budget di cassa è possibile distinguere le seguenti fasi:

- individuazione del momento di stesura;
- determinazione dei crediti e dei debiti iniziali;
- individuazione delle entrate derivanti dalle vendite;
- individuazione delle uscite collegate alla gestione.

Anzitutto, occorre definire il periodo in cui provvedere all'elaborazione del budget di tesoreria. Al riguardo, solitamente si procede con congruo anticipo rispetto al termine dell'anno precedente a quello oggetto di previsione, in modo che il management abbia a disposizione il tempo necessario per adottare le soluzioni finanziariamente ed economicamente più adeguate per la copertura di eventuali disavanzi di cassa che dovessero emergere relativamente ai primi mesi dell'esercizio a budget.

Così, per esempio, il budget di cassa dell'esercizio *t* deve essere elaborato entro il mese di ottobre dell'anno *t-1* per far sì che la direzione finanziaria abbia almeno due mesi di tempo per intervenire eventualmente nella revisione del programma aziendale relativo all'anno *t* che si rendesse necessaria sulla base delle risultanze del budget di cassa.

Nella seconda fase, basata come detto sulla determinazione dei crediti e dei debiti finali, è necessario anzitutto prevedere i crediti, per vendite già effettuate, ancora da incassare al termine dell'anno nonché i crediti, anch'essi da riscuotere nell'esercizio successivo, per vendite da realizzare nel periodo di tempo compreso tra il momento dell'elaborazione del budget e la chiusura dell'esercizio. Nell'esempio precedente, e supponendo che la stesura avvenga il 1° ottobre, occorre pertanto prevedere:

- l'ammontare dei crediti al 30/9/t-1 che, in base allo scadenzario, saranno ancora da riscuotere al 31/12/t-1;
- l'ammontare dei crediti derivanti dalle vendite da realizzare nel trimestre ott/nov/dic dell'anno *t-1* e, in base allo scadenzario, da riscuotere nell'anno *t*.

Nello stesso modo si procede per quanto riguarda la previsione dei debiti iniziali dell'esercizio *t*.

Nelle successive fasi, la stesura del budget richiede la determinazione dei flussi monetari mensili in entrata e in uscita derivanti, rispettivamente, dalle vendite e dai costi da sostenere per la gestione. In proposito, i dati di riferimento sono i valori delle vendite e dei costi riportati su base mensile nel budget economico, da spalmare nel budget monetario a seconda delle condizioni di incasso e di pagamento collegate alle diverse voci di ricavo e di costo.

Ovviamente, tale procedimento di previsione dei flussi in entrata e in uscita si presenta più o meno complesso a seconda del grado di standardizzazione delle condizioni di pagamento.

Se, ad esempio, il fatturato fosse previsto pressoché costante nel corso dei dodici mesi e venisse praticata nei confronti dei clienti una sola modalità di dilazione di pagamento, la previsione delle entrate risulterebbe allora estremamente semplice, potendo programmare un flusso in entrata, per ciascun mese, costante e pari al fatturato mensile.

Al contrario, in presenza di diverse dilazioni di pagamento concesse ai clienti, la definizione dei flussi monetari in entrata apparirebbe maggiormente complessa, in quanto occorrerebbe preliminarmente ripartire le vendite per ogni singola scadenza. Così, ad esempio, nel caso di tre distinte dilazioni di pagamento, a 30, 60 e 90 giorni rispettivamente per la clientela A, B e C, per predeterminare gli incassi futuri sarebbe necessario distribuire le vendite, riportate nel budget economico, nei tre corrispondenti gruppi di scadenze.

Anche in tale ipotesi, tuttavia, sarebbe possibile semplificare determinando la percentuale media di incidenza sul fatturato di ciascuna dilazione di pagamento.

L'elaborazione del budget di tesoreria, documento che costituisce parte integrante dell'intero sistema di pianificazione aziendale, non può prescindere, come detto, dagli altri budget operativi, sia per la predeterminazione dei flussi monetari in uscita, sia per la previsione dei movimenti monetari in entrata. Le entrate e le uscite monetarie in esso contenute sono infatti strettamente collegate alle operazioni previste nei restanti budget aziendali e riportate nel prospetto stesso in relazione alla loro manifestazione monetaria.

Ad esempio, per prevedere le uscite di cassa connesse ai pagamenti dei fattori impiegati nel ciclo produttivo, quale la manodopera e le materie prime, occorre fare riferimento al budget della produzione, così come per predeterminare i tempi di pagamento delle immobilizzazioni tecniche è necessario analizzare il budget degli investimenti. Parimenti, per quanto riguarda i flussi in entrata, la previsione degli incassi richiede la considerazione degli obiettivi di vendita definiti nel budget delle vendite.

Tutto ciò, tuttavia, non è sufficiente. La stesura del budget di cassa impone, altresì, una stretta collaborazione tra la direzione finanziaria e le altre aree aziendali. Queste ultime, in particolare, devono periodicamente fornire alla prima dati che consentano di prevedere in modo adeguato la dinamica finanziaria di breve periodo dell'azienda. Il responsabile commerciale, per esempio, deve trasmettere alla tesoreria le informazioni sui prezzi concordati con i clienti e i fornitori, le modalità e la distribuzione nel tempo sia dell'approvvigionamento di fattori produttivi sia della vendita dei prodotti finiti.

6.12.2 Il «dimensionamento» della liquidità aziendale: dalla riserva di liquidità alla riserva di elasticità

Dalle considerazioni svolte finora sul tema della liquidità sono emersi due concetti fondamentali:

- da una parte, l'impresa deve riuscire a creare le condizioni necessarie per poter fronteggiare in ogni momento impegni di pagamento previsti e imprevisti;

- dall'altra, è necessario tenere nella dovuta considerazione il risvolto economico del problema, individuando strategie di reperimento delle risorse compatibili con la redditività aziendale.

La contestuale presenza di questi due aspetti impone all'impresa di predisporre una strategia finalizzata a verificare il giusto dimensionamento della liquidità aziendale, ovvero quel livello di disponibilità ottimale che consente di tutelarsi da variazioni nella dinamica tra entrate e uscite, senza compromettere l'equilibrio economico della gestione. Per rispondere a tale esigenza, sono stati predisposti alcuni modelli di riferimento, tra i quali sembra opportuno approfondire:

a) la riserva di liquidità;
b) la riserva di elasticità.

Si tratta di strumenti per molti aspetti differenti, ma che si caratterizzano per un aspetto fondamentale in comune: in entrambi i casi, infatti, non ci si trova di fronte a poste contabili, ma a modalità tecniche di programmazione della liquidità in grado di individuare, nell'ambito della situazione patrimoniale in essere, i mezzi necessari per far fronte agli impegni di pagamento. Ne consegue l'impossibilità di rintracciare, all'interno del bilancio, voci denominate «riserva di liquidità» o «riserva di elasticità», ma la loro copertura deve essere individuata tra alcune tipologie di investimento, nonché di fonti di finanziamento attuali o soltanto potenziali.

La riserva di liquidità è stata formulata da Guatri nel 1982 con l'obiettivo di svolgere fondamentali funzioni nell'ambito nella gestione aziendale, non tutte, in realtà, immediatamente e univocamente riconducibili a un problema strettamente legato alla liquidità, almeno nel senso precedentemente specificato[17]. In effetti, così come specificato dall'Autore, lo strumento in parola è chiamato a «soccorrere» il management ogni qual volta si renda necessario sostenere una uscita monetaria, sia essa prevista – come ad esempio il pagamento di un debito verso i fornitori –, sia non prevista o prevedibile.

Ed è proprio su tale interpretazione estensiva della riserva in parola – evidentemente molto estesa – che occorre soffermarsi. Il fatto di concepire un modello teorico-applicativo in grado di accogliere, non soltanto gli eventi inattesi, ma anche quelli programmati, conduce l'analista a pensare a elevati livelli della riserva di liquidità: essa, anzitutto, predispone le risorse monetarie destinate alla copertura di futuri aumenti degli investimenti già oggetto di previsione da parte della direzione finanziaria; fornisce, in secondo luogo, i mezzi per fronteggiare eventuali scostamenti nella dinamica programmata attinente a investimenti e disinvestimenti; infine, non solo assorbe le diminuzioni previste nei debiti di finanziamento e nel credito mercantile concesso dai fornitori, ma copre altresì inaspettate contrazioni di tali forme di indebitamento.

In quest'ottica, è possibile individuare gli elementi costitutivi della riserva, ovvero

[17] Guatri L., *Riserve di liquidità ed elasticità di gestione dell'azienda industriale*, in *Finanza aziendale e Mercato Finanziario*, Giuffrè, Milano 1982, p. 226.

quelli che ne incrementano le dimensioni, e gli elementi deduttivi, ossia quelli che, attingendo dalle risorse esistenti, determinano una contrazione della liquidità.

Elementi costitutivi:
- investimenti durevoli;
- investimenti in attività correnti;
- rimborso totale o parziale dei debiti;
- diminuzione di capitale per perdite o per rimborsi.

Elementi deduttivi:
- ricavi di vendita;
- dismissioni di elementi del capitale investito;
- autofinanziamento generato da utili risparmiati;
- acquisizione di nuovi finanziamenti sia di funzionamento, sia di finanziamento.

Seguendo questa impostazione, il Guatri distingue gli investimenti in capitale circolante richiesti per ampliamenti delle vendite e della produzione, in funzione del loro grado di monetizzazione. Si avranno pertanto:

- investimenti che comportano una contestuale uscita monetaria, indicati con *Il* e rappresentati, ad esempio, dai costi per servizi e dal costo del personale;
- investimenti che comportano un breve differimento del pagamento (*Ibd*), quali gli acquisti di materie prime da fornitori;
- investimenti che comportano un lungo differimento del pagamento (*Idl*).

Indicando inoltre con *n1* il tempo di differimento medio nel pagamento degli investimenti a breve e con *n2* il tempo di differimento medio nell'incasso dei crediti concessi ai clienti, è possibile calcolare la «riserva di liquidità» nel modo seguente:

$$RDL = Il + \left(Idb \times \frac{n1}{n2} \right) \qquad [14]$$

Agli effetti della determinazione di tale riserva non rilevano gli investimenti che comportano un lungo differimento nel pagamento (*Idl*), sia perché essi si possono ritenere compensati monetariamente dagli incassi per le vendite, sia perché normalmente si tratta di entità modeste rispetto alle precedenti e comunque maggiormente prevedibili.

La riserva di elasticità, invece, si propone di predisporre e fornire all'azienda le risorse liquide necessarie per fronteggiare esclusivamente gli eventi imprevisti e imprevedibili, determinati da variazioni nella dimensione e/o nella manifestazione temporale dei flussi di cassa rispetto a quanto programmato in sede di budgeting[18].

[18] Dallocchio, Salvi, *Finanzia d'azienda*, cit., p. 502.

Si tratta, come è evidente, di uno strumento più consono a rappresentare le reali esigenze poste dal problema della liquidità aziendale, da affiancare comunque alla costruzione del budget di cassa per la definizione, sotto il profilo quantitativo e temporale, dei flussi di cassa prevedibili. In tale prospettiva, il ricorso alla riserva di elasticità è limitato alle sole ipotesi di variazioni tra quanto programmato rispetto a quanto atteso: tali variazioni possono essere determinate fondamentalmente da errori commessi in fase di pianificazione, nonché da eventi imponderabili legati alla rischiosità della gestione aziendale e/o dell'ambente circostante.

La riserva di elasticità si configura pertanto come una sorta di «ammortizzatore finanziario» cui attingere nel momento del bisogno ed evitare l'insorgere di crisi di solvibilità, con tutte le conseguenze negative che ne possono derivare.

Assodate le funzioni svolte da tale riserva, occorre individuare il processo che conduce al suo dimensionamento. Si tratta, ovviamente, di una determinazione che non segue regole generali e valide per tutte le imprese; essa, infatti, deve tenere conto delle problematiche specifiche di ogni singola azienda in relazione alle particolarità dei suoi aspetti gestionali. È comunque possibile individuare tre fasi distinte, riconducibili ad ogni tipologia di azienda: in un primo momento, si procede alla verifica della riserva di elasticità disponibile, ovvero delle risorse attualmente presenti all'interno dell'azienda per fronteggiare gli impegni di pagamento inattesi e non programmati; in secondo luogo, si perviene alla stima della riserva di elasticità necessaria, ovvero adeguata alle reali esigenze poste dall'andamento della gestione e al rischio ad essa associato; infine, si rende necessario operare un confronto tra le due quantità, rilevando eventuali scostamenti.

In ogni caso, occorre anzitutto verificare il grado di affidabilità delle previsioni riportate a budget, considerando che il rischio di eventi inattesi tende ad aumentare in presenza di una ridotta attendibilità delle previsioni stesse.

Tale affidabilità può essere misurata ricorrendo, in linea generale, all'esperienza aziendale e, in particolare, a un'analisi degli scostamenti emersi negli anni precedenti tra i dati consuntivi e quelli previsti nelle singole programmazioni. In questo ambito, è necessario, inoltre, considerare alcuni fattori che, incidendo sul grado di rischio dell'azienda, determinano implicazioni anche sull'attendibilità delle previsioni. Tra questi fattori, assumono una particolare rilevanza, per esempio:

- la struttura finanziaria dell'azienda;
- la struttura societaria;
- l'importo dei crediti verso clienti;
- la tendenza delle principali componenti del bilancio a variare da un esercizio all'altro.

In particolare, per quanto riguarda la struttura finanziaria, si può procedere con la rilevazione del grado di indebitamento esistente, dell'eventuale squilibrio a favore delle passività a breve termine, nonché delle modificazioni che tali indicatori finanziari possono subire con la realizzazione del programma aziendale. È noto, infatti, che con l'aumentare del *leverage* e dell'incidenza dei finanziamenti a breve termine cresce la rischiosità dell'azienda e, con essa, come più volte affermato in questa sede, la possibilità che i risultati aziendali possano discostarsi dai valori inseriti nel programma.

Parimenti, per quanto concerne la struttura societaria, è opportuno accertare la presenza di indizi di crisi aziendale nelle eventuali imprese partecipate, giacché un eventuale fallimento di queste ultime potrebbe tradursi nella svalutazione delle rispettive partecipazioni inserite in bilancio e, ancora più grave, nella sofferenza dei crediti posseduti nei loro confronti.

Oltre all'analisi delle esposizioni verso le partecipate, è necessario, come già affermato, verificare l'ammontare medio dei crediti vantati verso i propri clienti, nonché lo «stato di salute» di questi ultimi, dato che la maggioranza dei flussi monetari in entrata deriva proprio dall'incasso dei crediti commerciali.

Il dimensionamento della riserva di elasticità esige, inoltre, la stima del livello di cambiamento sotteso ai programmi elaborati dal management aziendale, essendo evidente che tanto più essi risultano innovativi, tanto maggiore sarà l'alea degli stessi. Una volta quantificate le risorse necessarie per minimizzare il rischio di tensioni finanziarie future, occorre determinare l'ammontare delle risorse finanziarie disponibili allo scopo. In prima istanza, si potrebbe pensare che dette risorse coincidano con le poste di bilancio considerando che, di norma, le componenti dell'attivo patrimoniale vengono viste come risorse finanziarie dell'azienda.

Si tratterebbe, tuttavia, di una rappresentazione estremamente semplicistica della riserva di elasticità disponibile e non in grado, inoltre, di fornire un quadro esaustivo di detta riserva. Essa comprenderebbe, infatti, risorse finanziarie che, anche se contabilmente smobilizzabili, di fatto non lo sono, in quanto non idonee a generare risorse liquide nel rispetto dei principi precedentemente declinati: tempestività ed economicità. È essenziale, infatti, che le risorse siano innanzitutto cedibili in tempi compatibili con le eventuali esigenze monetarie della gestione. Ad esempio, gli immobili aziendali non impiegati a scopi produttivi, sebbene rappresentino risorse finanziarie dell'azienda, non sempre sono liquidabili nei tempi dettati dagli improvvisi fabbisogni monetari. Così come non è certo che i cespiti utilizzati nella gestione caratteristica possano essere venduti rapidamente, ad un prezzo in linea con il valore contabile degli stessi e senza peraltro pregiudicare l'attività produttiva dell'azienda.

Alla luce di ciò, si può dunque affermare che la riserva disponibile consta di tutte quelle risorse effettivamente disponibili e liquidabili tempestivamente e senza compromettere l'operatività aziendale. In tal modo concepite, esse, pertanto, non riguardano soltanto le poste di bilancio, ma comprendono anche gli eventuali fidi concretamente impiegabili in quanto già accordati dagli istituti di credito.

In particolare, tra le poste dell'attivo potenzialmente idonee a generare liquidità in tempi e modi convenienti, è possibile annoverare alcuni strumenti posti a disposizione dal mercato monetario nei quali l'impresa potrebbe temporaneamente investire momentanee eccedenze di liquidità[19].

[19] Pochetti G., *Finanza aziendale. Il mercato dei capitali*, UTET, Torino 1997.

a) I *Buoni Ordinari del Tesoro* (BOT) sono titoli a breve termine e rappresentano un punto di riferimento per l'intero mercato monetario nonché per l'azione di politica monetaria e creditizia esercitata dal Governo. L'andamento del collocamento di questi titoli fornisce, infatti, importanti informazioni sulle tendenze del mercato e i loro rendimenti costituiscono un parametro di riferimento esplicito per i rendimenti indicizzati di altri titoli emessi influenzando, indirettamente, l'andamento dell'intero mercato finanziario. Attraverso l'emissione dei BOT, lo Stato sopperisce al proprio fabbisogno di cassa a breve senza ricorrere ad incrementi della base monetaria. La banca centrale che cura le emissioni dei BOT, unitamente agli altri titoli di Stato, ne sorveglia la circolazione intervenendo, eventualmente, nel mercato secondario per regolarne i flussi correggendo le disfunzioni connesse ad un esubero della domanda o dell'offerta. Si possono far rientrare nel contesto oggetto di analisi anche i Buoni del Tesoro Poliennali (BTP) e i Certificati di Credito del Tesoro (CCT) che, pur essendo titoli a medio-lungo termine, possono contare sull'esistenza di un mercato secondario spesso e sufficientemente efficiente, tale cioè da permetterne la facile liquidabilità.
b) Le *accettazioni bancarie* che consentono alle imprese che godono di aperture di credito di firma presso le banche, di collocare sul mercato monetario titoli cambiari con scadenza a breve, giudicati carta eccellente data la firma di accettazione dell'azienda di credito. Le accettazioni bancarie vengono collocate anche tramite intermediari specializzati in rilevanti *tranches*, generalmente presso investitori istituzionali.
c) Le *commercial papers* sono documenti emessi e sottoscritti da importanti imprese e contenenti la dichiarazione dell'esistenza di un debito. Tale documento viene garantito da una banca mediante il rilascio di una fideiussione valevole nei confronti del creditore originario o di chiunque ne sia entrato in possesso. L'azienda di credito può altresì assumersi il compito di collocare la polizza di credito commerciale presso gli investitori. Questo strumento presenta rischi più elevati rispetto alle accettazioni bancarie e di conseguenza produce, di norma, rendimenti più elevati.
d) I *certificati di deposito* sono emessi da aziende di credito a fronte di somme di denaro raccolte con una determinata scadenza e un prefissato rendimento. In Italia i certificati di deposito hanno, di fatto, sostituito i depositi vincolati e attraverso questo strumento le banche hanno tentato di contrastare il processo di disintermediazione bancaria. Il collocamento sul mercato, di norma, avviene tramite le banche che ne sottoscrivono rilevanti quantità e, quindi, li offrono frazionatamente alla propria clientela. Questi certificati possono essere emessi a tasso variabile indicizzato e i loro rendimenti, parametrati al rendimento dei BOT o al tasso interbancario, comprendono uno *spread* a favore della banca o dell'intermediario che ne cura il collocamento sul mercato.
e) Il *pronti contro termine*, è costituito da un acquisto e una vendita a termine di titoli o divise estere, con contestuale vendita o acquisto per contanti di titoli o valuta della stessa specie. Si tratta, quindi, dell'accoppiamento contestuale di due operazioni di segno opposto aventi lo stesso oggetto. Questa operazione che sotto un certo profilo è assimilabile al riporto, viene effettuata presso le banche che acquisiscono

denaro compilando un fissato bollato di vendita relativo a titoli che la banca ha in portafoglio; contestualmente viene anche rilasciata una lettera della banca di impegno al riacquisto a termine della medesima quantità di titoli della stessa specie a un prezzo maggiorato. La differenza tra i due prezzi (acquisto e vendita) rappresenta il costo sostenuto dalla banca per la raccolta di fondi mediante questa operazione. Il pronti contro termine ha generalmente una durata molto breve, uno o due mesi, eccezionalmente tre. Il tasso è riferito al rendimento dei BOT, con lievi diminuzioni derivanti dall'impegno a fermo della banca a riacquistare i titoli, non soggetto all'andamento del mercato e dalle possibili cause che possano ostare al loro trasferimento. Nel periodo dell'operazione pronti contro termine, i titoli restano presso la banca ma non sono disponibili.

f) Gli *strumenti derivati*, quali *futures*, *options* e *swaps*. Si tratta di contratti utilizzati soprattutto per garantire una copertura contro diverse tipologie di rischio (di interesse, di cambio, di variazione dei prezzi ecc.), fronteggiando così la crescente variabilità dei mercati, oppure per finalità speculative. A tali argomenti sarà dedicato un intero capitolo del presente scritto.

g) Le *quote dei fondi comuni d'investimento*. Il loro inserimento tra le componenti del mercato monetario è inusuale in quanto la letteratura specializzata trascura tuttora l'allocazione delle quote di partecipazione nelle operazioni di *cash management*. Si ritiene che questa possa essere considerata una lacuna poiché, ai sensi dell'art. 3, quarto comma della legge 77/83, il rimborso delle quote di partecipazione deve avvenire da parte della società di gestione del fondo entro quindici giorni. L'obbligo del gestore del fondo di rapido rimborso delle quote a richiesta del partecipante è comune per tutti i tipi di fondo, ma, se si pone mente al fatto che il gestore per corrispondere alle richieste di rimborso deve alienare i titoli, ove non vi fosse una parallela acquisizione di nuova raccolta almeno corrispondente alle richieste di rimborso, è facile concludere che i fondi obbligazionari e monetari sono quelli che assicurano, comunque, una più rapida monetizzazione, in quanto il portafoglio risulta in grado di assicurare il rispetto del termine di rimborso previsto dalla legge. La facilità di sottoscrizione delle quote dei fondi, effettuabile, come noto, presso gli sportelli bancari o presso le reti di distribuzione dei fondi stessi, consente rapide allocazioni della liquidità temporaneamente disponibile. Vari sono i tipi di fondi d'investimento, a seconda dei titoli inseriti nella costruzione del portafoglio: azionario, bilanciato, obbligazionario e monetario.

Un'esatta quantificazione della riserva di elasticità a disposizione della gestione finanziaria implica anche l'individuazione di altre risorse che, pur non essendo attualmente possedute dall'azienda, risulteranno quasi certamente fruibili nel momento in cui ne emergerà la necessità. Si tratta delle cosiddette «risorse liquide potenziali», sostanzialmente rappresentate dai finanziamenti che, pur essendo ancora non negoziati, potranno essere in futuro accesi senza particolari difficoltà.

In esse sono compresi i prestiti addizionali da parte degli istituti di credito, l'espansione del credito mercantile concesso dai suoi fornitori e gli eventuali conferimenti da parte dei soci, se l'azienda:

- non ha esaurito le proprie possibilità di ricorso all'indebitamento bancario;
- ha ancora possibilità di ricorrere ad aumenti di capitale a pagamento avendo, ad esempio, finora pienamente soddisfatto le attese di remunerazione dei soci;
- può ancora contare su una particolare forza contrattuale nei confronti dei fornitori avendo sempre rispettato le condizioni di pagamento concordate.

La riserva di elasticità disponibile, determinata secondo il procedimento poc'anzi illustrato, deve essere confrontata con l'insieme delle risorse indispensabili per contenere inattese variazioni negli impieghi e nelle fonti di finanziamento, ovvero con la riserva di elasticità necessaria. Il confronto può far emergere una eccedenza delle risorse disponibili rispetto a quelle necessarie, oppure una insufficienza delle prime rispetto alle seconde.

Nel primo caso, si può concludere che il programma previsto dal management aziendale appare sostenibile e con un rischio non particolarmente elevato. Di conseguenza, occorre semplicemente verificare che la riserva di elasticità disponibile non sia eccessivamente dimensionata rispetto alle esigenze aziendali. Nel rispetto del binomio liquidità-redditività, è infatti opportuno evitare che esistano risorse finanziarie detenute in maniera infruttifera, quando invece si potrebbero impiegare per ridurre l'indebitamento e, di riflesso, l'incidenza degli oneri finanziari, o per migliorare l'operatività aziendale.

Qualora invece le risorse disponibili risultassero insufficienti, si configurerebbe un programma aziendale troppo rischioso e, in quanto tale, poco sostenibile. Se il management aziendale non intende esporsi a un rischio così elevato o non è oggettivamente possibile acquisire risorse finanziarie addizionali, deve inevitabilmente ridimensionare il proprio programma.

Capitolo 7

Le fonti di finanziamento di origine esterna: il capitale di pieno rischio

di Alberto Manelli

SOMMARIO: 7.1 Il concetto di integrazione delle fonti di finanziamento – 7.2 Il capitale proprio – 7.3 Modalità di collocamento del capitale azionario – 7.4 I titoli azionari nell'attuale quadro normativo di riferimento – 7.5 Gli aumenti di capitale – 7.6 Le principali variabili nella gestione del capitale di rischio e nella valutazione delle *performance*

7.1 Il concetto di integrazione delle fonti di finanziamento

La costruzione della struttura finanziaria passa attraverso una serie di fasi che prendono avvio dalle scelte compiute in termini di formazione del capitale investito analizzate nel capitolo precedente. In effetti, l'azienda deve preliminarmente individuare gli impieghi da realizzare al fine di svolgere al meglio la propria attività tipica e poi, in un secondo momento, definire, sulla base delle caratteristiche quali-quantitative degli investimenti selezionati, le fonti di finanziamento ritenute più adeguate, ovvero in grado di garantire e mantenere l'equilibrio della struttura finanziaria[1].

La prima e più immediata fonte di finanziamento dalla quale è possibile attingere risorse è l'autofinanziamento, tema già ampiamente esposto in precedenza, prodotto in prima istanza dalla capacità dell'impresa di ritenere utili per investirli nell'attività aziendale. Si tratta, come noto, dell'unica fonte interna di finanziamento, ovvero la sola autogenerata dai processi di gestione e resa disponibile senza fare ricorso a terze economie, siano esse rappresentate dalle istituzioni finanziarie in senso lato (mercati e intermediari), oppure dagli azionisti.

Nonostante il ruolo di primo piano svolto dall'autofinanziamento all'interno della struttura finanziaria e gli indiscussi vantaggi che ne derivano in termini finanziari – nella misura in cui garantisce la riduzione della dipendenza da altre fonti –, e in termini economici – sotto il profilo dell'assenza di oneri finanziari ad esso connessi – risulta in genere del tutto evidente l'insufficienza di tale fonte a fornire adeguata copertura all'intero fabbisogno finanziario emergente dalla gestione.

[1] Per un approfondimento delle condizioni di equilibrio della struttura finanziaria si rinvia a quanto esposto nel secondo capitolo.

In effetti, l'autofinanziamento potrebbe teoricamente sopperire al complesso delle esigenze di finanziamento dell'impresa, ma soltanto al contemporaneo verificarsi di alcune ipotesi:

- imprese di piccole dimensioni il cui accesso ai mercati finanziari e alle istituzioni creditizie sia eccessivamente oneroso e/o reso difficoltoso da limiti oggettivi (ad esempio, lo scarso livello di capitalizzazione che non consente l'ingresso nei mercati borsistici, oppure la scelta di una forma giuridica non idonea);
- imprese operanti con processi di produzione tradizionali e artigianali che risultano scarsamente influenzati dall'evoluzione tecnologica;
- imprese posizionate in una fase di maturità del loro ciclo di vita e dunque non più interessate a porre in essere strategie di sviluppo e crescita dimensionale.

La presenza di tali condizioni, unitamente alla detenzione di quote di mercato significative in grado di consentire la produzione di utili sufficienti, può, su un piano puramente teorico, offrire la possibilità all'impresa di ridurre al minimo, fino ad azzerarla, la dipendenza finanziaria da terzi, concentrando l'attenzione sulla sola produzione di autofinanziamento. Si tratta di una strategia che, laddove fosse perseguibile senza pregiudicare le capacità di crescita dell'organizzazione, risulta sicuramente preferibile, così come sostenuto da molti esponenti della dottrina[2].

In un contesto di riferimento diverso da quello appena tratteggiato e maggiormente coerente con le reali dinamiche ambientali, le imprese sono caratterizzate dalla necessità di crescere, di ampliare la loro quota di mercato attraverso il rafforzamento del vantaggio competitivo acquisito, di adeguare costantemente il processo produttivo all'evoluzione tecnologica in atto: per raggiungere questi obiettivi, necessari a garantire la sopravvivenza dell'organizzazione che opera in un contesto dinamico, l'impresa deve dotarsi di risorse finanziarie decisamente più consistenti rispetto a quelle rese disponibili dalla sola politica di autofinanziamento. Nasce dunque l'esigenza di *integrare* le risorse di origine interna con fonti di finanziamento esterne, ovvero acquisite da soggetti terzi rispetto all'azienda e finalizzate a coprire il fabbisogno emergente dai progetti di sviluppo selezionati e attuati dall'impresa.

Competere in un sistema economico-ambientale in continua evoluzione implica pertanto, da un lato, la riduzione della capacità di risparmiare utili e, dall'altro, la crescita del fabbisogno complessivo: il risultato finale derivante da tale meccanismo è sintetizzabile nell'aumento del grado di dipendenza finanziaria nei confronti di terzi, siano essi azionisti o creditori. Il processo di integrazione delle fonti di finanziamento deve però avvenire nel rispetto di alcuni fondamentali requisiti, volti a costruire e mantenere un equilibrio durevole della struttura finanziaria. A titolo di esempio, basti ricordare i principi alla base del funzionamento della manovra della leva finanziaria e i rischi – economici e finanziari – riconducibili a un eccessivo livello di indebitamento.

[2] Gerschenkron A., *Economic Backwardness in Historical Perspective*, Harvard University Press, Cambridge 1962; Ross S.A., *The Determination of Financial Structure: The Incentive-Signalling Approach*, «Bell Journal of Economics», primavera 1977.

Le fonti esterne di finanziamento che costituiranno l'oggetto del presente e del successivo capitolo sono rappresentate da:

1) capitale proprio, riconducibile ai soci e costituito da capitale sociale, riserve e risultato d'esercizio (utile o perdita), ovviamente al netto delle voci rappresentative dell'autofinanziamento;
2) capitale di debito, fornito da finanziatori legati all'impresa da vincoli contrattuali di natura diversa e suscettibili di generare obbligazioni di volta in volta differenti in termini di restituzione del capitale e/o pagamento degli interessi.

Seguendo una logica alternativa per la classificazione delle fonti di finanziamento esterne, è possibile operare una distinzione tra fonti di finanziamento dirette e fonti di finanziamento indirette. Nella prima categoria devono essere annoverate le fonti oggetto di negoziazioni finalizzate specificamente all'ottenimento del capitale necessario alla copertura del fabbisogno finanziario dell'azienda. Si tratta, ad esempio, dei mutui bancari, ottenuti in forza di un contratto redatto esplicitamente e, appunto, direttamente, in un'ottica di reperimento di risorse finanziarie da destinare alla copertura di un determinato fabbisogno.

In termini generali, sono riconducibili a tale classe di risorse il capitale proprio e i debiti di finanziamento. Questi ultimi, a loro volta, si distinguono in debiti di finanziamento a breve termine (aperture di credito, riporto di banca, sconto di cambiali commerciali ecc.) e debiti di finanziamento a medio-lungo termine, ovvero consolidati, rappresentati, ad esempio, dal prestito obbligazionario, dal mutuo e dal leasing finanziario.

Possono invece essere definite fonti di finanziamento indirette quelle acquisite non per effetto di un accordo specificamente rivolto alla raccolta di capitali, bensì per il tramite di un rapporto principale di fornitura finalizzato all'approvvigionamento dei fattori necessari per attivare il processo produttivo e distributivo. È evidente il riferimento ai debiti di fornitura, rappresentativi delle cosiddette passività spontanee, ovvero passività sorte in maniera automatica in virtù dell'esistenza di una relazione di fornitura e per effetto della concessione di una dilazione di pagamento da parte del fornitore.

Occorre infine compiere una doverosa precisazione in merito alla contrapposizione tra capitale proprio e capitale di debito. In effetti, finora le due macroclassi di fonti di finanziamento sono state implicitamente considerate come due realtà completamente differenti, con caratteristiche distinte in termini di rischio, rendimento e diritti associati rispettivamente agli azionisti e ai creditori sociali.

In linea di principio e come sarà chiarito meglio nel prosieguo della trattazione, il capitale proprio costituisce capitale acquisito con il vincolo di pieno rischio, in quanto sia il rendimento sia il rimborso del capitale dipendono in maniera imprescindibile dall'andamento economico della gestione. Inoltre, tale tipologia di risorsa offre ai sottoscrittori del capitale la qualifica di soci, con tutte le conseguenze che ne derivano soprattutto con riferimento alla titolarità di diritti patrimoniali (dividendo, rimborso del capitale conferito) e diritti amministrativi (diritto al voto, diritto di partecipare alle assemblee, diritto di convocazione delle assemblee ecc.).

Il ricorso all'indebitamento, invece, genera un rapporto di puro finanziamento tra società e finanziatore, laddove quest'ultimo assume semplicemente la qualifica di creditore sociale, accollandosi un rischio limitato rispetto all'azionista – in quanto la sua remunerazione, ovvero gli oneri finanziari, non sono determinati in via residuale come accade per i dividendi e inoltre, in ipotesi di liquidazione, il rimborso del capitale prestato vanta un diritto di precedenza rispetto al rimborso del capitale azionario –, ma rimanendo del tutto estraneo alle logiche gestionali dell'impresa finanziata.

Questi principi di carattere generale subiscono però non poche eccezioni, rendendo decisamente meno netto e labile il confine finora tracciato tra capitale proprio e capitale di debito. L'innovazione finanziaria in corso ormai da alcuni anni, la riforma del diritto societario introdotta a partire dal 2004, nonché le mutevoli esigenze finanziarie avvertite dalle imprese, hanno contribuito ad accrescere sensibilmente l'offerta di prodotti finanziari difficilmente riconducibili in maniera univoca e diretta a una sola delle fonti di finanziamento in parola. Sono stati costruiti e diffusi, infatti, strumenti di finanziamento che è possibile definire «ibridi», in quanto dotati di caratteristiche rintracciabili sia nei titoli rappresentativi del capitale proprio, sia nei contratti che comportano il sorgere di debiti. Si tratta ad esempio delle obbligazioni convertibili, delle obbligazioni con *warrant*, oppure delle azioni con diritto di voto limitato o del tutto prive del diritto al voto. Con riferimento a tale universo di proposte finanziarie spesso si impiega anche l'espressione *quasi equity*, volta a definire strumenti finanziari a metà strada tra debito ed *equity*, ma con alcuni elementi che li avvicinano di più a quest'ultimo.

La dottrina è pressoché concorde nel ritenere che l'emissione di tali strumenti trovi giustificazione nella volontà di gestire e controllare i costi di agenzia del capitale proprio determinati, come più volte ribadito, da conflitti di interessi tra azionisti e management. Il *quasi equity* si riferisce in particolare ai titoli azionari con diritto di voto limitato oppure privi di diritto di voto, in grado di garantire l'acquisizione di capitale di pieno rischio senza alterare gli equilibri di potere esistenti all'interno dell'impresa. Si ritiene, infatti, che un capitale sociale composto sia da titoli azionari ordinari, ovvero dotati di diritto di voto, sia da azioni prive di diritto di voto, come ad esempio le azioni di risparmio, possa condurre alla creazione di un sistema di *corporate governance* a metà strada tra la *public company* e un modello a proprietà chiusa[3].

Un aspetto molto interessante connesso agli strumenti ibridi riguarda gli effetti prodotti dalla loro emissione sul valore di mercato del capitale d'impresa. Come l'esperienza dimostra e come sarà approfondito in seguito, l'eventuale emissione di titoli azionari ordinari determina automaticamente una contrazione nel livello delle quotazioni, giustificata da una serie di considerazioni addotte dagli investitori: la crescita del numero delle azioni in circolazione, la necessità di ripartire gli utili su più titoli, l'eventuale alterazione della compagine azionaria e dunque dei sistemi di controllo[4].

[3] Bellavite Pellegrini C., *Il quasi equity. Aspetti istituzionali teoria economica ed evidenza empirica*, Giuffrè, Milano 2003, p. 43.

[4] De Vito G., Nahmijas A., Pera A., *La risposta del mercato agli aumenti di capitale*, in *Il rischio azionario e la borsa: un'analisi del funzionamento del mercato italiano*, a cura di A. Penati, Egea, Milano 1991.

Ne deriva che gli operatori del mercato interpretano in maniera negativa una emissione di azioni ordinarie, associando a tale evento una sopravvalutazione del prezzo del titolo che pertanto, in seguito all'aumento di capitale, deve essere ridotto.

Decisamente diversa appare invece l'accoglienza riservata dal mercato all'emissione di strumenti di indebitamento, come ad esempio le obbligazioni. Così come teorizzato da Modigliani e Miller e successivamente ribadito anche dai sostenitori della teoria del *trade off*, pur se con l'introduzione dei costi di fallimento, l'aumento dei debiti nella struttura finanziaria d'impresa determina una crescita del valore espresso dalle quotazioni[5].

Sulla base di tali considerazioni, emerge con tutta evidenza il vantaggio connesso all'emissione di titoli ibridi, in grado di garantire al tempo stesso la raccolta di capitale di pieno rischio (anche se non in tempi immediati, come nell'ipotesi di obbligazioni convertibili), senza provocare gli effetti di depressione delle quotazioni prodotti dall'introduzione nel mercato di azioni ordinarie.

7.2 Il capitale proprio

Il capitale proprio è costituito dall'insieme delle risorse apportate dai proprietari dell'impresa e, nell'ipotesi di società per azioni – ovvero la fattispecie di forma giuridica cui si fa implicito riferimento nel presente scritto – è rappresentato dal capitale sociale versato e sottoscritto dai soci, dalle riserve di utili e di capitale, nonché dal risultato d'esercizio (utile o perdita). In realtà, facendo seguito a tutte le considerazioni svolte in sede di esposizione dell'autofinanziamento, la configurazione di capitale proprio appena proposta appare eccessivamente ampia, rendendo necessaria una precisazione. In effetti, se è vero che la prima e più immediata fonte dell'autofinanziamento è rappresentata dalla capacità di trattenere gli utili e reinvestirli nel processo produttivo, appare del tutto evidente come il concetto di capitale proprio appena enunciato inglobi al suo interno anche lo stesso autofinanziamento, o quantomeno la quota di autofinanziamento autogenerata dalla gestione: esso è infatti rintracciabile sia nella porzione dell'eventuale utile d'esercizio non distribuito agli azionisti, sia in quelle riserve, di utili appunto, alimentate proprio dalla politica di autofinanziamento posta in essere dall'impresa.

Ne deriva che, al fine di procedere nell'esposizione con un adeguato livello di correttezza intellettuale, la nozione di capitale proprio adottata in questa sede, ovvero come fonte esterna di finanziamento, deve essere depurata dalle componenti rappresentative dell'autofinanziamento, nello specifico gli utili risparmiati. Risulta comunque del tutto evidente come tale ideale sovrapposizione dei valori di capitale proprio e autofinanziamento si riferisce unicamente alla configurazione di autofinanziamento precedentemente definita in senso stretto, mentre non riguarda le fonti interne rigenerate attraverso i processi di ammortamento e accantonamento.

[5] Si rimanda alle considerazioni svolte nel capitolo quarto.

Sulla base di tali considerazioni è possibile offrire una rappresentazione generica del capitale proprio che si discosta, pertanto, dalla definizione contabile di patrimonio netto. Il primo elemento da prendere in esame è costituito dal capitale sociale, espressione della quota nominale dei conferimenti eseguiti dai soci e destinato a fungere da garanzia nei confronti dei terzi per le obbligazioni sorte in capo alla società. Sotto questo profilo, il legislatore ha provveduto a imporre precisi limiti minimi all'entità del capitale sociale di pertinenza delle imprese, a seconda della forma giuridica da esse adottata[6]; inoltre, qualora, in seguito al conseguimento di perdite in grado di intaccare la consistenza del capitale – ovvero di determinare la cosiddetta erosione patrimoniale –, l'ammontare dello stesso scendesse sotto la soglia stabilita dalla normativa vigente, la società deve intervenire ripristinando l'ammontare minimo di capitale, oppure procedere con la trasformazione della società optando per una forma giuridica per la quale sia previsto un livello di capitale inferiore.

Le ulteriori poste del capitale proprio sono rappresentate dalle riserve, distinguibili a seconda della natura in riserve di utili e riserve di capitale. Con riferimento alle prime e tenuto conto delle considerazioni svolte sopra, si deduce chiaramente come esse non costituiscano una componente del capitale proprio inteso come fonte di finanziamento esterna, ma individuano l'autofinanziamento precedentemente definito in senso stretto. Le riserve di capitale, invece, possono essere collocate a pieno titolo tra le risorse acquisite da terze economie: tra di esse un ruolo di primo piano spetta alla riserva per sovrapprezzo azioni, incrementata in occasione di operazioni di aumento di capitale a pagamento, come sarà specificato in seguito.

Dopo aver chiarito i differenti concetti riconducibili al capitale proprio, si rende opportuno introdurre alcuni semplici valori di riferimento in grado di guidare un potenziale o attuale investitore nelle sue scelte. Essi sono:

1) il valore nominale del titolo azionario, ottenuto dal rapporto tra capitale sociale e numero delle azioni in cui esso è suddiviso. Come sarà specificato tra breve, la riforma del diritto societario entrata in vigore a partire dal 2004 ha contemplato, tra le numerose novità, la possibilità di emettere titoli azionari privi del valore nominale: le motivazioni alla base di una simile scelta operata dal legislatore saranno esposte in seguito;
2) il valore contabile del titolo azionario, dato dal confronto tra l'intero patrimonio netto (capitale sociale + riserve) e il numero delle azioni emesse. Si tratta del cosiddetto *book value per share* e indica la porzione di valore complessivamente spettante ai soci della società;
3) il valore di mercato del titolo azionario, espresso attraverso la quotazione di Borsa e come tale sintesi delle dinamiche delle forze di mercato in termini di domanda e offerta. Generalmente, esso tende a discostarsi anche in maniera sensibile dagli in-

[6] Con particolare riferimento alle società per azioni, ovvero la forma giuridica principalmente trattata nel presente scritto, la riforma del diritto societario ha provveduto a innalzare il limite minimo di capitale sociale ritenuto necessario per lo svolgimento dell'attività d'impresa, portandolo a 120.000 euro.

dicatori precedenti in quanto comprensivo di quella porzione di valore non inclusa nell'ambito del sistema contabile, ma estremamente significativa sotto il profilo della creazione di valore[7].

Un altro aspetto che si rende necessario approfondire e che è stato già accennato in precedenza, è rappresentato dal concetto di pieno rischio associato al capitale proprio. È noto, infatti, che l'acquisizione di titoli azionari di una società espone l'investitore al rischio pieno collegato alla gestione dell'impresa, sotto un duplice profilo:

- in termini di rendimento;
- in termini di conservazione del capitale.

Per quanto concerne il primo fattore, ovvero il rendimento, si ricorda che la principale forma di remunerazione che ci si attende di ricevere dall'impiego di risorse in titoli azionari, ovvero la forma di remunerazione cosiddetta ordinaria, è costituita dai dividendi. La loro entità dipende dalla politica dei dividendi perseguita dall'impresa, come ampiamente esposto in altra sede, ma è funzione altresì in maniera diretta dell'ammontare di utili generati dalla gestione. Ne consegue in primo luogo il carattere di estrema variabilità dei dividendi – teoricamente oscillanti alla stregua della redditività della gestione –, nonché l'incertezza connessa alla loro stessa distribuzione: in effetti, la realizzazione di eventuali perdite può determinare l'assenza di dividendi per uno o più periodi amministrativi, privando l'azionista della principale forma di remunerazione collegata al suo investimento.

Non sempre, però, una riduzione dell'utile o addirittura la sua assenza determinano rispettivamente una contrazione o la rinuncia al dividendo. Le scelte adottate in termini di politica dei dividendi possono, in alcune circostanze e qualora il management lo ritenga necessario per salvaguardare l'immagine dell'azienda e la sua stabilità sul mercato, prescindere dalla misura e dal segno del risultato economico conseguito. In tale circostanza, qualora le risorse da destinare agli azionisti fossero giudicate insufficienti a soddisfare le loro aspettative, si potrebbe fare ricorso alla distribuzione delle riserve di utili precedentemente accantonate e contabilizzate all'interno del patrimonio netto. Tale strategia, che trova un limite oggettivo proprio nella entità delle riserve predisposte, rappresenta una ulteriore remunerazione da attribuire ai soci e prende il nome di conguaglio dividendi.

Anche sotto il profilo della conservazione del capitale emerge con evidenza la rischiosità associata a un investimento nelle quote di capitale di una azienda, problema che offre soluzioni diverse a seconda della forma giuridica adottata dall'impresa. Nelle società dotate di personalità giuridica e, quindi, con autonomia patrimoniale perfetta, quali le società di capitali, il rischio massimo coincide con la perdita del capitale conferito e nei limiti di questo: per le obbligazioni sociali risponde soltanto la

[7] Il tema della creazione e diffusione del valore costituirà l'oggetto di uno specifico approfondimento.

società con il suo patrimonio[8]. Nelle società di persone e nelle imprese individuali, invece, il rischio si estende anche al patrimonio personale dell'imprenditore o dei soci responsabili solidalmente e per le intere obbligazioni assunte e non coperte dall'attivo aziendale.

Appare opportuno sottolineare come anche tale tipologia di rischio sia direttamente collegata al risultato economico della gestione, considerando che le perdite prodotte si traducono sempre in erosioni patrimoniali che, a loro volta, se non affrontate attraverso la costituzione di apposite riserve o non sanate con idonei provvedimenti, finiscono per incidere sul capitale di rischio.

Il problema della conservazione del capitale assume una valenza specifica nell'ipotesi di società quotate nei mercati regolamentati, laddove la perdita di valore della partecipazione acquisita può essere originata, oltre che da fattori espressamente riconducibili alle dinamiche gestionali, anche da agenti diversi: errori di comunicazione con l'esterno, problemi politici, eventi di natura macroeconomica e così via. Un insieme di cause che possono concorrere a determinare un flessione delle quotazioni di entità più o meno rilevante.

Inoltre, la pienezza del rischio associato al capitale proprio e alla sua conservazione trova un ulteriore elemento di conferma nell'ipotesi di scioglimento della società. In effetti, sulla base della normativa vigente e fatte salve eventuali eccezioni, il rimborso del capitale conferito dai soci è postergato rispetto alla remunerazione e alla restituzione del capitale acquisito con il vincolo dell'indebitamento. In fase di liquidazione, pertanto, i soci avranno diritto a ricevere il capitale conferito solo dopo l'avvenuto rimborso di tutti gli altri creditori e limitatamente a ciò che, eventualmente, residuasse dopo la procedura di scioglimento della società.

7.3 Modalità di collocamento del capitale azionario

Per quanto concerne le modalità di reperimento delle risorse a titolo di capitale proprio, è possibile individuare diverse soluzioni variabili, anche in questa circostanza, in funzione della veste giuridica scelta dall'impresa. Si passa, pertanto, dalle emissioni di titoli azionari nelle S.p.a. e di quote nelle S.r.l., agli aumenti di quote di partecipazione e all'ingresso di nuovi soci nelle società di persone e nelle società cooperative, fino ad arrivare agli stanziamenti del titolare dell'impresa individuale.

Appare comunque innegabile che la società per azioni costituisce la forma giuridica in grado di agevolare maggiormente la raccolta di capitale di pieno rischio, soprattutto se la società vanta un rapporto diretto con il mercato attraverso il meccanismo

[8] Questa regola generale subisce una significativa eccezione, sorta per effetto delle novità introdotte dalla riforma del diritto societario entrata in vigore a partire dal 2004. Il legislatore ha infatti offerto la possibilità di costituire una società per azioni con unico socio: in caso di insolvenza della società, per le obbligazioni sociali sorte nel periodo in cui le azioni sono appartenute a una sola persona, questa risponde illimitatamente quando i conferimenti non siano stati effettuati secondo quanto previsto dall'art. 2342 del codice civile o fino a quando non sia stata attuata la pubblicità prescritta dall'art. 2362.

della quotazione in Borsa. L'esistenza di tale condizione, infatti, consente all'impresa di rivolgersi a un vasto pubblico di risparmiatori, sollecitando l'acquisizione di quote di capitale in ipotesi di collocamento di nuovi titoli, o semplicemente di favorire la dismissione di pacchetti azionari in tempi brevi e sostenendo costi ridotti. Da questo punto di vista occorre sottolineare l'imprescindibile rilevanza di un mercato secondario efficiente e «spesso»[9], in grado cioè di accogliere le compravendite di titoli quotati, garantendo così ad ogni investitore la possibilità di poter liquidare in ogni momento la propria posizione. È evidente la preferenza accordata da un potenziale azionista nei confronti di una società quotata rispetto ad una non quotata che pone evidenti limiti in termini di tempi e costi in fase di acquisto e dismissione della partecipazione. Si può ben comprendere, dunque, l'importanza assunta dal mercato mobiliare nel sistema del finanziamento delle aziende. Ciò è a tal punto vero che per le S.p.a. non quotate e aventi prospettive di sviluppo, la quotazione in Borsa diventa un obiettivo prioritario nell'ambito della pianificazione aziendale al fine di aumentare le possibilità di raccolta di capitale a pieno rischio. Inoltre, occorre ricordare come lo status di società quotata favorisca, oltre una più vantaggiosa raccolta di capitale proprio, anche il ricorso a determinate forme di indebitamento, come ad esempio il prestito obbligazionario.

Non si tratta, tuttavia, di una strada agevole da percorrere, stante i numerosi vincoli posti dalla normativa di riferimento, sia per l'accesso al mercato ufficiale, sia per la «gestione» stessa di tutte le conseguenze derivanti dalla quotazione: si pensi, a titolo di esempio, ai livelli minimi di capitalizzazione richiesti, ai molteplici obblighi informativi posti a carico delle società che intraprendono una qualsiasi iniziativa che coinvolga il pubblico dei risparmiatori, ai controlli esercitati sui documenti contabili e così via.

Compiuta questa premessa, è possibile operare una prima fondamentale distinzione in merito alle modalità tecniche che consentono alle imprese di collocare i propri titoli ai fini della raccolta di capitale proprio. Il collocamento può essere:

1) pubblico, quando viene sollecitato il pubblico risparmio attraverso il ricorso ai mercati regolamentati, nel rispetto di quanto disposto dal TUF in termini di obblighi informativi e pubblicitari;
2) privato, qualora l'impresa, sia essa quotata o non quotata, decida di riservare l'offerta di azioni a favore di un numero limitato di acquirenti/sottoscrittori, che generalmente assumono la veste di investitori istituzionali. In tal caso, è lo stesso management dell'impresa a occuparsi della procedura, con l'eventuale collaborazione di un *advisor*;
3) misto, nell'ipotesi in cui l'impresa decida di collocare una parte del proprio capitale a favore del pubblico dei risparmiatori e una parte a favore di investitori istituzionali mediante il ricorso a un collocamento privato. Si tratta della strada spesso prescelta dalle imprese che intendono entrare nel mercato ufficiale.

[9] Le caratteristiche dei mercati finanziari costituiranno l'oggetto di una specifica trattazione. In questa sede appare sufficiente definire il mercato secondario come quel mercato nel quale sono negoziati i titoli dopo la loro prima emissione.

Il collocamento dei titoli azionari avviene innanzitutto nella fase di costituzione della società, dando luogo alle cosiddette offerte pubbliche iniziali (IPO, *Initial Public Offering*), ma può ripetersi anche in un momento successivo attraverso operazioni di aumento di capitale sociale, tema approfondito in seguito. A loro volta le IPO possono assumere la forma di[10]:

- offerte pubbliche di sottoscrizione (OPS), quando hanno per oggetto azioni di nuova emissione;
- offerta pubblica di vendita (OPV), quando hanno per oggetto azioni già presenti sul mercato e di proprietà di soggetti controllanti;
- offerta pubblica di vendita e sottoscrizione (OPVS) che unisce le due forme di collocamento appena descritte e costituisce la modalità più frequentemente impiegata nella pratica.

La scelta tra collocamenti pubblici e privati dipende da molteplici fattori ed è sostenuta da specifiche esigenze poste dalla gestione aziendale in generale e dall'assetto della struttura finanziaria in particolare. È comunque possibile individuare i principali vantaggi e le più significative voci di costo connesse alle due modalità di raccolta del capitale.

I vantaggi collegati alle offerte pubbliche sono sostanzialmente riconducibili, più in generale, alle facilitazioni perseguite dall'impresa che decide di seguire la strada della quotazione in un mercato ufficiale. Essi possono essere sintetizzati nei seguenti:

- favorire l'acquisizione di risorse a titolo di capitale proprio e a titolo di debito;
- sostenere lo sviluppo dell'organizzazione;
- migliorare la visibilità nazionale e internazionale della società;
- razionalizzare l'assetto proprietario;
- agevolare i processi di scambio di quote azionarie, incrementando il livello di liquidità dei titoli;
- ridurre il grado di dipendenza dal sistema bancario, con conseguente attenuazione degli oneri finanziari;
- incentivare il management, attraverso l'adozione di piani di *stock option*;
- ampliare e diversificare le fonti di finanziamento.

Esistono però anche significativi costi associati a un collocamento pubblico. Essi sono:

- commissioni di sottoscrizione e di collocamento;
- costi di consulenza;

[10] Lazzari V., Geranio M., *Il mercato delle Initial public offering nell'Europa continentale*, in Forestieri G., Lazzari V. (a cura di), *Il finanziamento delle imprese. Quale futuro? Capitale di rischio, venture capital, Ipo e nuovi rapporti banca-imprese*, Bancaria Editrice, Roma 2003, pp. 113 e ss.

- costi di marketing;
- costi da sostenere per l'ammissione e la permanenza nei mercati ufficiali, richiesti da Borsa Italiana e dalla Consob;
- costi indiretti generati da eventuali modifiche a livello organizzativo e gestionale, come ad esempio l'introduzione di adeguati sistemi di rendicontazione e controllo di gestione;
- costi accessori, quali ad esempio le spese da sostenere per la pubblicazione del materiale informativo.

Per quanto concerne, invece, i vantaggi connessi a un collocamento di tipo privato, è possibile elencare le seguenti voci:

- assenza di un continuo controllo/giudizio da parte del mercato e dei suoi operatori;
- assenza di particolari obblighi informativi;
- maggiore flessibilità nell'ideazione e nella gestione delle operazioni di raccolta di capitale.

Di contro, i costi associati a tale procedura sono:

- costi di consulenza;
- costi per la revisione contabile;
- costi connessi all'eventuale presenza dell'*advisor* (in prevalenza commissioni).

7.4 I titoli azionari nell'attuale quadro normativo di riferimento

Come più volte emerso nel corso della precedente trattazione e per le motivazioni riportate, l'attenzione nel presente scritto è concentrata, se non diversamente specificato, sulle società per azioni, stante le numerose problematiche e opportunità finanziarie poste all'attenzione degli studiosi dalle imprese che scelgono di rivestire tale forma giuridica. Lo studio del capitale di pieno rischio delle società per azioni deve necessariamente passare attraverso l'approfondimento degli strumenti finanziari rappresentativi del capitale stesso, ovvero le azioni. Esse costituiscono le quote nelle quali è suddiviso il capitale sociale di una azienda e rappresentano, pertanto, le quote di partecipazione del singolo azionista al capitale della società. Ne consegue che la percentuale complessiva di partecipazione del socio al capitale è offerta dal totale delle azioni possedute[11].

L'emissione di titoli azionari avviene in primo luogo nel momento della costituzione della società, al fine di dotarla delle fonti di finanziamento di pieno rischio neces-

[11] In linea del tutto generale, la quota di partecipazione risulta proporzionale alle azioni possedute: il legislatore ha però offerto la possibilità di emettere azioni seguendo una procedura non proporzionale. L'argomento sarà approfondito tra breve.

sarie all'avvio dell'attività d'impresa. La raccolta di ulteriore capitale proprio può risultare necessario anche in un momento successivo della vita dell'azienda, per fronteggiare esigenze di sviluppo legate, ad esempio, alla crescita dimensionale, all'adeguamento del livello tecnologico degli impianti, alla realizzazione di progetti di investimento particolarmente rilevanti sotto il profilo dell'impegno finanziario, alla volontà di procedere all'acquisizione di un complesso aziendale già funzionante e così via. In tali ipotesi è possibile ricorrere a un aumento di capitale, valutando attentamente le modalità e le conseguenze dell'operazione, come sarà specificato meglio in seguito.

Per quanto concerne le procedure tecniche da attivare per realizzare l'emissione di titoli azionari, è stato già sottolineato che la società può scegliere la strada del collocamento privato o pubblico. La prima soluzione è tipicamente adottata dalle imprese non quotate nei mercati regolamentati e consiste nel sollecitare l'attenzione di alcuni selezionati investitori, potenzialmente interessati all'acquisizione di quote del capitale della società emittente. Al fine di garantire un esito soddisfacente della procedura di collocamento, o comunque per favorirla, le imprese si affidano spesso a intermediari finanziari specializzati (*advisor*) che agevolano i contatti tra i soggetti coinvolti (società e investitori), promuovendo l'iniziativa.

Il collocamento pubblico, invece, prevede un ricorso diretto ai meccanismi del mercato e come tale costituisce la modalità di emissione più consona alle caratteristiche delle società quotate che hanno la possibilità di rivolgersi a un pubblico pressoché illimitato di investitori[12].

La sottoscrizione o l'acquisto delle azioni da parte di un investitore conferisce a quest'ultimo la qualifica di socio della società, attribuendogli una serie di diritti riconducibili alle seguenti categorie:

1) diritti amministrativi, connessi alla gestione dell'impresa e inerenti la possibilità di intervenire direttamente nella formazione delle decisioni relative alla ordinaria e alla straordinaria amministrazione. Si tratta, in sostanza, del diritto di partecipare alle assemblee dei soci, del diritto di esprimere la propria volontà attraverso il voto, del diritto di impugnare le delibere assembleari e di verificare l'andamento della gestione societaria. Inoltre, essi includono il diritto di prendere visione del libro dei soci, del libro delle adunanze e del libro delle delibere assembleari. In linea di principio, tali diritti spettano a tutti i soci in proporzione alle quote sociali possedute. Sono però sempre più frequenti, soprattutto in seguito alle innovazioni introdotte dalla riforma del diritto societario, le emissioni di titoli azionari con diritti amministrativi limitati o del tutto assenti, così come specificato in sede di esposizione degli strumenti finanziari «ibridi»;
2) diritti patrimoniali, sintetizzabili nella opportunità di partecipare alla distribuzione degli eventuali utili risultanti dalla gestione, attraverso l'erogazione di dividendi;

[12] Poletti L., *I titoli azionari*, in Munari L., *Strumenti finanziari e creditizi. Dai bisogni alle soluzioni*, McGraw-Hill, Milano 2006, p. 169.

3) diritti misti, dotati di elementi di natura sia amministrativa, sia patrimoniale. In questa classe è possibile annoverare il diritto d'opzione, assegnato alla attuale compagine sociale in occasione di un aumento di capitale a pagamento e oggetto di una specifica trattazione nel prosieguo. Si segnala inoltre il diritto di recesso, la cui disciplina, in seguito alla riforma del diritto societario, ha subíto profonde e significative innovazioni.

Prima di entrare nel merito della diverse tipologie di azioni a disposizione delle società per raccogliere capitale di rischio, occorre compiere una breve, ma puntuale disamina dei principi alla base della riforma del diritto societario contenuta nel decreto legislativo gennaio 2003, n. 6 «Riforma organica della disciplina delle società di capitali e società cooperative, in attuazione della legge 3 ottobre 2001, n. 366», entrata in vigore in data 1° gennaio 2004. Il provvedimento in parola ha profondamente innovato la disciplina delle società di capitali, introducendo una serie di principi, regole e facoltà con l'obiettivo di agevolare il ricorso da parte delle imprese agli strumenti di finanziamento – siano essi a titolo di capitale proprio o di debito – e promuovere l'autonomia statutaria che risultava fortemente penalizzata e limitata nel precedente regime legislativo[13].

Molteplici sono gli aspetti sui quali il legislatore è intervenuto attraverso la riforma: si passa così dalla disciplina delle società per azioni e delle società a responsabilità limitata sotto il profilo della responsabilità dei soci, delle caratteristiche degli strumenti finanziari da emettere e dei patrimoni dedicati, fino ad arrivare alle novità introdotte in merito alle procedure di attuazione delle operazioni di finanza straordinaria e in materia di procedure concorsuali. Ovviamente, ai fini del presente scritto l'analisi sarà limitata alle sole questioni inerenti le società per azioni con particolare riferimento ai cambiamenti apportati in tema di emissione dei titoli azionari e obbligazionari (per questi ultimi si rinvia al capitolo successivo).

I principi generali che hanno ispirato la riforma e nello specifico la nuova disciplina dei titoli azionari sono sintetizzabili nei seguenti:

- promuovere lo sviluppo e la competitività tra le imprese;
- favorire l'accesso ai mercati finanziari, nonché la raccolta di capitale di pieno rischio in un'ottica di potenziamento del livello di capitalizzazione delle imprese italiane;
- ampliare sensibilmente l'autonomia statutaria delle società, consentendo loro di emettere strumenti finanziari con caratteristiche definite *ad hoc* sulla base delle esigenze poste dalla gestione.

[13] Per un approfondimento del tema si vedano: Danovi A. (a cura di), *La riforma del diritto societario. Il parere dei tecnici tre anni dopo*, Giuffrè, Milano 2007; Di Cagno N., *La riforma del diritto societario*, Cacucci, Bari 2004; Fico D., Gori B., *L'assemblea nelle società di capitali. Competenze e funzionamento dell'organo assembleare alla luce della riforma del diritto societario*, Il Sole 24 Ore-Pirola, Milano 2005; Ianniello B., *La riforma del diritto societario*, Ipsoa, Milano 2005; Musaio A., *La riforma del diritto societario. Profili economico-aziendali*, Franco Angeli, Milano 2006; Romano R., *La riforma del diritto societario. La società per azioni. La società a responsabilità limitata*, Palomar di Alternative, 2005.

Fino all'entrata in vigore della nuova normativa, la disciplina societaria presente nel nostro Paese era sostanzialmente quella disegnata nel 1942 in sede di emanazione del codice civile e prevedeva una distinzione abbastanza rigida tra due diversi strumenti di finanziamento: da una parte le azioni, finalizzate a reperire capitale di rischio; dall'altra le obbligazioni dirette all'acquisizione di capitale di debito. Con il passare del tempo, il legislatore ha però consentito, attraverso alcuni specifici provvedimenti normativi, l'emissione di strumenti a metà strada tra il capitale e il debito (ovvero quelli precedentemente definiti «ibridi»), nel tentativo di facilitare e rendere più flessibile l'approccio dell'impresa verso i meccanismi di finanziamento. Si pensi alle azioni di risparmio, introdotte con la legge n. 216/1974, alle azioni privilegiate, nonché alle obbligazioni convertibili. L'offerta di titoli sul mercato si è dunque ampliata con la presenza di strumenti finanziari dotati di caratteristiche simili alle obbligazioni, ma in grado prevedere una certa partecipazione al rischio d'impresa, oppure di strumenti finalizzati al reperimento di capitale proprio, ma prive, ad esempio, del diritto di voto e/o con una remunerazione minima garantita, caratteristiche che li avvicinano ai titoli di debito.

Nonostante gli sforzi del legislatore, tale innovazione finanziaria trovava però un limite nei vincoli normativi esistenti che, di fatto, ponevano un forte freno all'autonomia statutaria delle società. Ed è proprio questo l'aspetto sul quale si è concentrata la riforma: offrire alle società la possibilità di «costruire su misura» gli strumenti finanziari da collocare sul mercato, con caratteristiche in termini di partecipazione al rischio aziendale, di ampiezza dei diritti amministrativi connessi, di misura della remunerazione, definiti di volta in volta in funzione delle esigenze finanziarie espresse dalle gestione.

Sulla base delle nuove regole, ogni impresa può definire nell'ambito del proprio statuto gli elementi distintivi dei titoli azionari emessi, ovviamente nel rispetto dei precetti che regolano l'ordinamento giuridico (ad esempio, la liceità dei contenuti dell'azione). Entrando nello specifico delle nuove regole dettate con riferimento ai titoli azionari, occorre in primo luogo sottolineare come il codice civile novellato ribadisce innanzitutto un principio generale in base al quale «le azioni devono essere di uguale valore e conferiscono ai loro possessori uguali diritti». Al tempo stesso, però, il legislatore ha previsto la possibilità di creare titoli azionari cui sono riconducibili diritti differenti.

La prima disposizione citata richiama direttamente la fattispecie di titolo maggiormente diffusa – almeno finora – nel nostro sistema finanziario, ovvero le *azioni ordinarie*. Esse attribuiscono ai sottoscrittori tutti i diritti amministrativi e patrimoniali precedentemente elencati, senza limitazioni o riserve e il loro valore nominale rappresenta la quota di partecipazione al capitale della società.

Per quanto concerne invece i differenti diritti attribuibili ad alcune tipologie di azioni, essi possono essere riferiti:

- alla partecipazione alle perdite sociali;
- al diritto di voto;
- alla remunerazione e al rimborso del capitale.

Con riferimento al primo aspetto, la riforma ha legittimato la possibilità di emettere titoli azionari dotati di diritti diversi rispetto alle azioni ordinarie in tema di concorso alle perdite sociali. Le società hanno dunque l'opportunità di emettere azioni con una partecipazione alle perdite da parte dei sottoscrittori o degli acquirenti posticipata rispetto ai titolari delle azioni ordinarie.

Ampia libertà è stata lasciata dal legislatore all'autonomia statutaria in merito all'attribuzione dei diritti di voto alle varie tipologie di azioni componenti il capitale sociale. In effetti, mentre in passato le limitazioni del diritto di voto erano ammesse solo per le società quotate che optavano per l'emissione di azioni di risparmio, attualmente sono estese anche ad altre categorie di azioni per le quali lo statuto può stabilire:

- l'assenza totale del diritto di voto, sia nelle assemblee ordinarie, sia nelle assemblee straordinarie;
- l'attribuzione del diritto di voto limitatamente alla discussione in assemblea di determinati argomenti (ad esempio, operazioni di finanza straordinaria);
- l'attribuzione del diritto di voto al verificarsi di determinate condizioni non meramente potestative;
- per le società con azioni quotate nei mercati regolamentati e in relazione alla quantità di azioni possedute da uno stesso soggetto, la limitazione del voto a una misura massima o attraverso la definizione di scaglionamenti.

È importante sottolineare che il valore complessivo delle azioni contrassegnate da limitazioni nel diritto di voto non può superare la metà del capitale sociale esistente.

Nonostante le innovazioni introdotte dalla riforma in tema di limitazioni del diritto di voto e di attribuzione di diritti particolari in sede di remunerazione e/o rimborso del capitale, occorre comunque segnalare che il nuovo dettato del codice civile non incide sulla validità delle eventuali leggi speciali esistenti in materia, come ad esempio il testo unico sulla finanza (TUF, decreto legislativo n. 58/1998) e la legge n. 216/1974, successivamente modificata proprio dal TUF, recante la disciplina delle azioni di risparmio. Ne consegue che la normativa dettata per queste ultime tipologie di azioni rimane in vigore, consentendo pertanto alle società di emettere *azioni di risparmio*. Si tratta di una particolare forma di strumento finanziario la cui nascita può essere ricondotta alla necessità, fortemente avvertita negli anni Settanta, di incentivare la raccolta di capitale proprio presso il pubblico degli investitori: la *ratio* seguita dal legislatore è sintetizzabile nella volontà di favorire la figura del risparmiatore, ovvero di colui che concepisce l'investimento azionario semplicemente come forma di impiego del risparmio finalizzata alla realizzazione di una congrua remunerazione, senza assumere alcuna incombenza sotto il profilo amministrativo e gestionale.

Sulla base di questa logica, la legge sulle azioni di risparmio, così come integrata e modificata dagli articoli 145-147 del TUF, riserva in primo luogo la facoltà di emettere tali titoli alle sole società le cui azioni ordinarie sono quotate in mercati regolamentati: le azioni di risparmio accedono di diritto al meccanismo della quotazione. Con riferimento ai diritti associati agli strumenti finanziari in parola, occorre rilevare in primo luogo l'assenza totale del diritto di voto: gli azionisti di risparmio, però, possono intervenire nelle assemblee societarie e richiederne la convocazione non solo tramite il rappresentante comune, come previsto nel passato, ma anche direttamente.

Per quanto concerne, invece, i diritti di natura patrimoniale, emerge con tutta evidenza il favore riconosciuto ai possessori di azioni di risparmio: l'attuale normativa attribuisce un'ampia autonomia statutaria nella definizione delle caratteristiche del privilegio in termini di condizioni, limiti e modalità. La stessa società emittente i titoli di risparmio definisce i vantaggi spettanti agli azionisti, a differenza di quanto sancito dalla precedente normativa contenuta nella L. 216/1974, che attribuiva allo statuto esclusivamente la possibilità di fissare una percentuale superiore a quanto stabilito per il dividendo minimo e la maggiorazione rispetto al dividendo spettante alle altre azioni[14].

La disciplina delle *azioni privilegiate*, contenuta nel codice civile, è rimasta sostanzialmente invariata in seguito alla riforma del diritto societario. In realtà, la possibilità di emettere tali titoli rientra attualmente nella più generale previsione normativa introdotta con il decreto n. 6/2003 che, come precedentemente affermato, conferisce la facoltà di dotare la struttura proprietaria dell'impresa di azioni dotate di diritti differenti rispetto a quelle ordinarie. Il privilegio, di norma, consiste nel diritto a una determinata percentuale dell'utile da distribuire, prima che venga assegnato il dividendo alle azioni ordinarie e nel diritto di prelazione nell'ipotesi di rimborso del capitale in seguito allo scioglimento della società; a fronte di tali vantaggi, lo statuto prevede spesso una limitazione del diritto di voto[15].

Inoltre, vi possono essere azioni privilegiate con dividendo minimo e cumulabile che, di conseguenza, permettono di recuperare, entro un periodo di tempo solitamente non superiore ai tre anni, gli eventuali dividendi non erogati negli esercizi precedenti per inadeguatezza dei risultati economici conseguiti.

Appare dunque evidente come l'azienda, emettendo azioni privilegiate e di risparmio, è in grado di attrarre soci che siano puri finanziatori, non interessati, cioè, a prendere parte alle scelte gestionali aziendali, realizzando così una sorta di separazione tra gli azionisti che detengono il controllo gestionale e gli azionisti che, a fronte della limitazione di tale potere, ottengono vantaggi economici.

Un'altra categoria di azioni da illustrare è rappresentata dalle *azioni di godimento* che però, a differenza degli strumenti esaminati finora, non costituiscono una vera e propria modalità di raccolta di capitale proprio. In effetti, la loro emissione può essere prevista a favore di quei soci che, a fronte di un determinato piano strategico formulato dalla società, si vedranno rimborsare una parte del loro investimento nel capitale sociale. Le azioni rimborsate saranno sostituite con azioni di godimento le quali, pur non attribuendo alcun diritto amministrativo, continuano a partecipare alla distribuzione degli utili, ovviamente dopo l'assegnazione dei dividendi alle azioni ordinarie e alle eventuali azioni di risparmio e privilegiate esistenti.

Al fine di agevolare la partecipazione dei dipendenti alla vita aziendale e consentire loro di acquisire un ruolo più ampio rispetto a quello di semplici lavoratori, rendendoli

[14] Belli F., Mazzini F., Tedeschi R., *Il Testo Unico della Finanza*, Il Sole 24 Ore, Milano 1998, p. 213.

[15] Jovenitti P., *Il ricorso al mercato mobiliare*, in *Trattato di Finanza aziendale*, a cura di Pivato G., Franco Angeli, Milano 1983, pp. 513-14.

maggiormente consapevoli e fornendo un ulteriore incentivo a svolgere al meglio la loro attività, le società hanno l'opportunità di emettere *azioni a favore dei prestatori di lavoro*, specificando nello statuto la forma, le modalità di trasferimento e i diritti associati a tali strumenti finanziari. Anche in questo caso, come nell'ipotesi delle azioni di godimento, non si assiste a una effettiva acquisizione di nuovo capitale, ma all'assegnazione gratuita di titoli azionari ai dipendenti, a fronte dell'imputazione di utili precedentemente accantonati a capitale sociale. Si tratta, a ben vedere, di un meccanismo molto simile rispetto allo *stock dividend*, già descritto in sede di analisi della politica dei dividendi: la differenza sostanziale consiste nel fatto che negli strumenti in parola l'attribuzione degli utili sotto forma di azioni è eseguita a favore dei dipendenti e non degli azionisti.

Tra le novità assolute introdotte dalla riforma del diritto societario occorre segnalare una tipologia di titolo azionario che non aveva precedenti nel nostro ordinamento e che permette di affermare una importante deroga a un principio di carattere generale in base al quale gli azionisti di una società si accollano per intero il rischio derivante dalla gestione complessiva dell'impresa. Si tratta delle cosiddette *azioni correlate*, le quali prevedono che i diritti patrimoniali siano stabiliti in funzione dell'andamento economico della gestione di un solo business e non di tutta l'azienda. Il legislatore ha però previsto una forma di tutela dell'integrità del capitale sociale dell'impresa, consentendo la distribuzione di dividendi a favore delle azioni correlate soltanto nell'ipotesi in cui gli utili fatti registrare dal business in oggetto siano superiori rispetto alle eventuali perdite generate da altri settore dell'azienda.

Al fine di consentire la concreta applicazione dei principi finora illustrati, il disposto dell'art. 2350 del codice civile novellato sancisce la necessità di specificare alcuni elementi nello statuto societario, quali: i diritti riconosciuti ai titolari delle azioni correlate, le modalità di rendicontazione da adottare all'interno del settore, i principi necessari a definire in maniera puntuale i costi e i ricavi associati al business di riferimento, nonché i criteri e le modalità da applicare in ipotesi di conversione delle azioni correlate in azioni di altra fattispecie.

Oltre alla disciplina di nuove tipologie di titoli azionari e al riconoscimento di un'ampia autonomia statutaria, il decreto legislativo n. 6/2003 contiene ulteriori aspetti innovativi, degni di essere segnalati. In primo luogo, al fine di uniformare la normativa societaria al processo di dematerializzazione degli strumenti finanziari avviato con il decreto legislativo n. 213/1998, è prevista la possibilità di escludere l'emissione dei titoli azionari. Permane, naturalmente, la suddivisione del capitale sociali in azioni, ma queste non sono più rappresentate da titoli nominativi o al portatore, bensì da quote «ideali» non soggette, di conseguenza, agli istituti giuridici da applicare in materia di trasferimento e circolazione dei titoli di credito, come ad esempio la girata.

Inoltre, in seguito alla riforma è stata offerta la facoltà alle società di emettere titoli azionari privi del valore nominale: ne consegue che la quota di partecipazione del socio alla società sarà determinata dal rapporto tra il numero delle azioni possedute e il totale delle azioni rappresentative del capitale sociale. Al di là di questi aspetti di natura puramente algebrica, la giustificazione sottostante una simile scelta operata dal legislatore in un'ottica di allineamento rispetto ai principali regimi giuridici europei, deve essere rintracciata nella volontà di evitare il sistematico adeguamento del valore del capitale sociale in seguito a operazioni poste in essere su di esso, quali ad esempio il frazionamento o il raggruppamento delle azioni, determinanti una modifica del valore nominale dei titoli.

7.5 Modalità alternative per l'acquisizione del capitale di rischio

Nonostante l'indubbia rilevanza rivestita dal capitale di rischio all'interno dei processi di finanziamento e gestione dell'impresa, spesso le aziende, e in particolare le aziende italiane, sono affette da una cronica insufficienza di tale risorsa, evidenziando preoccupanti livelli di sottocapitalizzazione. Le motivazioni sottostanti un simile *status quo* sono molteplici e possono essere sintetizzate nelle seguenti:

- elevata presenza di piccole e medie imprese dotate di una struttura proprietaria centrata sulla figura dell'imprenditore e della sua famiglia e dunque difficilmente aperte all'ingresso di nuovi soci;
- difficoltà di accesso ai mercati finanziari, condizione che preclude all'impresa la possibilità di acquisire capitale attraverso un rapporto diretto con il pubblico dei risparmiatori;
- presenza di una normativa tributaria che, come più volte sottolineato, ha da sempre favorito il ricorso al debito, rendendolo maggiormente conveniente mediante l'attivazione del meccanismo della deducibilità fiscale degli oneri finanziari.

Nel corso degli ultimi anni, però, l'innovazione finanziaria che ha coinvolto strumenti, operatori e canali di intermediazione, ha portato alla nascita e alla successiva diffusione di alcuni canali alternativi per il finanziamento delle realtà produttive, volte a privilegiare l'investimento in capitale di rischio. Sono stati creati meccanismi di intervento in grado di garantire la raccolta di tale risorsa anche a imprese prive della possibilità e/o della volontà di accedere direttamente al mercato ufficiale. In quest'ottica, è possibile collocare i finanziamenti realizzati attraverso il ricorso a:

1) *private equity;*
2) *venture capital.*

I termini impiegati nell'individuazione dei due istituti sono spesso usati indistintamente, a volte anche come sinonimi, mentre in realtà si riferiscono a modalità di intervento che, pur simili, presentano rilevanti aspetti di differenziazione. In effetti, mentre il *venture capital* riguarda il finanziamento dell'avvio di nuove imprese (fase di *start up*), il *private equity* comprende le operazioni di investimento realizzate in fasi del ciclo di vita delle aziende successive a quella iniziale[16]. Il principale elemento

[16] AIFI, *L'attività di venture capital e private equity*, Il Sole 24 Ore Libri, Milano 1999; AIFI, *Quaderni sull'Investimento nel Capitale di Rischio. Il Private equity, come motore di sviluppo*, Egea, Milano 2004; AIFI, *Guida pratica al capitale di rischio*, PricewaterhouseCoopers, Milano 2000.

che accomuna le due tipologie di finanziamento è invece costituito dalla presenza di un intermediario specializzato che, in un'ottica di realizzazione di un guadagno in conto capitale futuro (*capital gain*), investe nel capitale proprio di una impresa al fine di guidarla in un percorso di crescita che spesso, ma non necessariamente, conduce fino alla quotazione nei mercati ufficiali.

L'apertura del capitale di un'impresa a un socio finanziatore determina, generalmente, una serie di cambiamenti importanti, specialmente nell'ipotesi di imprese gestite su base familiare. Per raggiungere il proprio obiettivo, infatti, l'investitore eserciterà un'azione tendente a elevare la trasparenza e la qualità nella comunicazione dell'impresa, a professionalizzarne la gestione e l'organizzazione, a favorire l'introduzione o l'evoluzione di sistemi di pianificazione e controllo e di monitoraggio dei risultati aziendali. Si renderà pertanto necessario realizzare:

- la netta separazione tra patrimonio familiare e patrimonio aziendale;
- la revisione del bilancio;
- l'introduzione di sistemi di *budgeting* e di controllo di gestione;
- la predisposizione di relazioni periodiche in merito all'andamento della *performance* dell'impresa.

Oltre agli apporti più strettamente finanziari, alcuni specifici vantaggi che possono essere ottenuti grazie alla partecipazione al capitale di un investitore istituzionale sono i seguenti:

- collaborazione nel tracciare una strategia di sviluppo e nel perseguirla, sfruttando le occasioni di crescita esterna, attraverso acquisizioni, fusioni, concentrazioni e *joint venture* con altre imprese del settore;
- maggiore funzionalità della compagine sociale, condizione in grado di facilitare anche la eventuale liquidazione dei soci che non sono più interessati a partecipare all'impresa, senza drenare risorse dalla società;
- realizzazione di una gestione più professionale e manageriale, attraverso l'attenuazione degli eventuali condizionamenti che provengono dalla sfera degli interessi personali e familiari;
- crescita del potere contrattuale dell'impresa, grazie alla presenza dell'investitore come azionista di rilievo;
- miglioramento dell'immagine dell'impresa nei confronti delle banche e del mercato finanziario, con conseguente innalzamento del livello di affidabilità finanziaria dell'impresa e agevolazione nel reperimento di finanziamenti anche per la gestione del capitale circolante;
- maggiore capacità di attrarre management capace ed esperto.

Alcune ricerche hanno dimostrato che le imprese che sono state partecipate da investitori nel capitale di rischio (chiamate «imprese *venture backed*») sono in grado di sostenere ritmi di crescita più intensi rispetto alle migliori società europee e americane. Ciò dimostra che l'attività di investimento nel capitale di rischio contribuisce allo sviluppo del sistema industriale e dell'economia nel suo complesso.

7.5.1 Il private equity

Come anticipato, il *private equity* rappresenta una formula per apportare capitale di rischio – alternativa ad altre e commisurata allo stadio di sviluppo dell'impresa –, che si avvale della presenza di intermediari specializzati nel favorire la crescita delle imprese. Occorre in primo luogo soffermare l'attenzione sui potenziali «clienti» delle tecniche di *private equity*, riconducibili alle seguenti categorie:

- le imprese caratterizzate da dimensioni e requisiti non idonei a garantire l'immediata quotazione in borsa, a cui invece possono accedere dopo un percorso di sviluppo, sostenuto proprio da un fondo di *private equity* e finalizzato al consolidamento delle posizioni di mercato e dei livelli di redditività;
- le imprese controllate da imprenditori non interessati alla quotazione in borsa, ma disponibili nei confronti dell'apertura del capitale a terzi;
- le imprese che necessitano dell'apporto di capitale di rischio per sostenere situazioni di sviluppo o, al contrario, di crisi;
- le imprese che in seguito all'uscita di alcuni componenti dell'azionariato avvertono il bisogno di una ricomposizione dello stesso.

Le aziende che si trovano in una delle condizioni elencate, possono rivolgersi a un intermediario specializzato in operazioni di *private equity*, il quale, dopo una attenta verifica della situazione economica, patrimoniale e finanziaria del richiedente, decide di intervenire attraverso l'acquisto o la sottoscrizione di quote di capitale sociale, oppure tramite l'erogazione di prestiti destinati a divenire mezzi propri in un momento successivo rispetto a quello di avvio dell'operazione, come ad esempio i prestiti convertibili o altri strumenti finanziari assimilabili. In considerazione della finalità e della natura della procedura in parola, l'investimento necessita di un ampio respiro, pari a un spazio di tempo che oscilla dai tre ai cinque anni.

Un aspetto di fondamentale importanza connesso all'attività dell'intermediario consiste nel fatto che esso non si limita a fungere da mero finanziatore dell'attività d'impresa, ma in un certo senso ne prende le redini per l'intervallo di tempo necessario al raggiungimento dell'obiettivo prefissato. L'intervento di *private equity* si caratterizza proprio per il fatto che unitamente alla fornitura di capitali, si realizza il trasferimento di *know-how* e competenze manageriali finalizzate a valorizzare le partecipazioni in un'ottica di successivo ritorno positivo. Al fine di agevolare l'influenza sulla gestione aziendale, le partecipazioni assunte possono essere di maggioranza o di minoranza qualificata.

Una volta concretizzato il ruolo svolto dall'intermediario, l'impresa finanziata sarà chiamata ad adottare meccanismi di *governance* trasparenti e a rafforzare l'intero apparato organizzativo, con particolare riferimento ai sistemi di controllo della gestione.

Per quanto concerne la natura dell'intermediario che si occupa di operazioni di *private equity*, si segnala la presenza nel mercato italiano di operatori specializzati di origine anglosassone e di intermediari specializzati espressione di gruppi bancari italiani[17]. La configurazione giuridica degli operatori italiani è di norma quella di società di gestione del risparmio, autorizzata alla gestione di fondi mobiliari chiusi, dedita alla raccolta dei mezzi nel mercato finanziario, in genere presso investitori istituzionali.

Un elemento di estrema rilevanza connesso alla metodologia di finanziamento in parola riguarda il rischio assunto dalla società di *private equity*, rischio che appare elevato in considerazione dei seguenti aspetti:

- rischio di perdita totale del capitale investito in caso di insuccesso dell'iniziativa;
- rischio connesso al rendimento, nell'ipotesi in cui il *capital gain* realizzato in fase di dismissione della partecipazione non fosse tale da remunerare congruamente l'investimento attuato. In effetti, contrariamente a quanto accade per altre forme di finanziamento, in questo caso l'intermediario non ha alcuna garanzia in merito al rendimento, accollandosi appieno il rischio gestionale e ponendosi pertanto sullo stesso piano degli altri azionisti;
- immobilizzo dei capitali impiegati per un periodo non inferiore a tre-cinque anni, con la conseguente nascita di un costo opportunità generato dalla rinuncia ad altri investimenti.

L'esperienza ormai consolidata nel corso degli anni ha permesso di addivenire alla elaborazione di diverse forme di *private equity*, ognuna con caratteristiche differenti in funzione della fase del ciclo di vita attraversata dall'impresa e dunque con necessità specifiche in termini di dimensione del capitale di rischio e di supporto manageriale richiesto. È dunque possibile parlare di:

a) finanziamento in fase di avvio (*early stage financing*) che, come tale, appare più correttamente classificabile tra le operazioni di *venture capital*, di cui si parlerà tra breve. In tale ottica, il *venture capital* costituisce una particolare configurazione di *private equity*;
b) finanziamento dello sviluppo. Si tratta di una procedura attivata a favore di imprese che possono vantare una posizione già consolidata e prende la forma di apporto di capitale di rischio (*equity*) o di sottoscrizione di prestiti obbligazionari convertibili. Trova spazio di applicazione nelle situazioni in cui il titolare dell'impresa non desidera apportare nuovo capitale proprio, quando l'impresa non ha requisiti o non manifesta l'interesse per la quotazione in borsa, o, ancora, quando l'ulteriore ricorso al finanziamento bancario avrebbe come conseguenza l'aumento degli oneri finanziari mettendo a rischio l'equilibrio della struttura finanziaria aziendale. È uno

[17] Per le aziende di credito la partecipazione a operazioni di private equity rappresenta un modo per creare nuovi clienti.

strumento finalizzato a supportare l'espansione, interna o esterna, o il raggruppamento di società indipendenti[18];

c) finanziamento della fase di maturità. Si riferisce a imprese operanti nella fase di maturità del ciclo di vita che presentano, generalmente, una posizione di equilibrio finanziario e reddituale. Di norma la procedura di *private equity* riguarda il riassetto della compagine azionaria dell'azienda target, con il conseguente ingresso di altri azionisti. Si distinguono in *replacement capital* e operazioni di *buy-out*. Il *replacement capital* viene effettuato dall'investitore istituzionale nelle situazioni in cui occorra sostituire un socio (di solito minoritario), senza che ciò intacchi o pregiudichi la posizione dell'azionista di maggioranza; si verifica di norma in occasione di passaggi successori in imprese di famiglia, di smobilizzi da parte di azionisti a carattere meramente finanziario o per dissidi con gli azionisti di maggioranza sulle scelte imprenditoriali. L'intervento della società di *private equity* garantisce la continuità del funzionamento aziendale e la stabilità dell'azionariato. Le operazioni di *buy-out* riguardano il cambio di proprietà, nel senso di cessione del pacchetto di controllo e a loro volta si distinguono in:
   - *leveraged buy-out* (LBO)[19]. In tal caso la quota preponderante dei mezzi finanziari necessari per l'acquisto della maggioranza del capitale, viene raccolta tramite ricorso all'indebitamento – e dunque sfruttando l'effetto leva –, da rimborsare con i successivi flussi di cassa che si prevede di generare con la gestione dell'azienda acquisita (target dell'operazione);
   - *management buy-out/buy-in* (MBO/MBI). Rappresenta un'operazione in cui i dirigenti, interni (MBO) o esterni (MBI) all'impresa, acquistano una quota di partecipazione affiancati da un investitore di *private equity*. Nell'ambito delle operazioni di *buy-out* la società di *private equity* può rivestire diversi ruoli, come ad esempio acquistare quote di minoranza al fianco di un nuovo azionista di maggioranza, o quote di maggioranza, o ancora stipulare patti di sindacato con altri investitori;

d) finanziamento del cambiamento (*turnaround*). Si tratta di operazioni che hanno per oggetto imprese target caratterizzate da condizioni di difficoltà tali da richiedere modifiche radicali nelle strategie e avvicendamento dei responsabili della conduzione aziendale. Gli interventi che rientrano in questa fase sono finalizzati, di norma, a prolungare i tempi di rimborso del debito, o ad alleggerirlo spingendo le banche creditrici a convertire i propri crediti in azioni dell'azienda target. In questo caso l'ingresso della società di *private equity* nel capitale dell'impresa target, si accompagna di solito all'impegno di un nuovo gruppo imprenditoriale o di un affiatato gruppo dirigente di solida esperienza. Talvolta le operazioni di *tournaround* si rivolgono a imprese sottoposte a procedure concorsuali con l'obiettivo di agevolarne il risanamento per il tramite di società veicolo appositamente costituite.

[18] Gervasoni, A., Sattin, F., *Private Equity e Venture Capital. Manuale di investimento nel capitale di rischio*, Guerini, Milano 2000, p. 33.

[19] Per un approfondimento si veda Manelli A., *Le operazioni di leveraged buy-out*, in Pochetti G. (a cura di), *Il Mercato finanziario*, La Ragione, Roma 1993.

Il processo di investimento si divide in varie fasi, che possono differire sostanzialmente a seconda della tipologia di operazione. Ad esempio si può pensare alla grande differenza che si manifesta tra un investimento in cui il fondo di *private equity* entra nel capitale con una quota di maggioranza, rispetto a un investimento in cui assume una partecipazione di minoranza. Tuttavia, è possibile individuare alcune fasi tipiche rintracciabili in tutte le forme di investimento:

- individuazione dell'impresa target;
- valutazione del profilo imprenditoriale;
- valutazione approfondita dell'azienda e della struttura dell'operazione;
- trattativa e definizione del prezzo;
- gestione e monitoraggio dell'operazione;
- disinvestimento.

La fase di individuazione dell'impresa target risulta fondamentale ai fini dello sviluppo dell'attività di investimento nel capitale di rischio. Può avvenire secondo due principali modalità: una in cui sono gli operatori di *private equity* a farsi promotori dell'operazione, andando a ricercare le opportunità di investimento tramite strumenti di *direct marketing* (generalmente questa modalità è tipica dei Paesi con mercati finanziariamente più evoluti come Stati Uniti e Gran Bretagna), e l'altra in cui sono gli imprenditori che spesso, affiancati da professionisti o consulenti, ricercano un partner finanziario adeguato a risolvere le loro problematiche.

Per quanto riguarda la fase di valutazione del profilo imprenditoriale, bisogna tener conto che il prototipo dell'impresa giudicato ottimale dall'intermediario varia molto in relazione alla tipologia di investimento che si deve effettuare. In termini del tutto generali, ogni operatore di *private equity* tenderà a preferire realtà caratterizzate da:

- un valido progetto di sviluppo e prospettive di crescita soddisfacenti sia sotto il profilo dimensionale, sia in termini reddituali;
- prodotti/servizi di successo e relativamente unici, con un mercato ancora potenzialmente in crescita;
- un imprenditore valido, ambizioso e determinato a perseguire obiettivi di sviluppo dell'azienda;
- un management valido;
- buone prospettive di disinvestimento, funzionale all'ottenimento di un adeguato *capital gain*.

Ogni investitore valuterà quindi la tipologia di business in cui l'azienda target opera, il posizionamento strategico conquistato e la difendibilità dello stesso. Vengono effettuate dettagliate analisi di mercato (effettivo o potenziale), creati i primi contatti con il management per capirne la validità e la motivazione: la valutazione del management costituisce una delle leve principali sulle quali l'intermediario fonda le sue conclusioni. L'esame approfondito dell'azienda avviene solitamente sulla base di un business plan, ovvero del documento che illustra le intenzioni strategiche dell'imprenditore e del management inerenti le strategie competitive dell'azienda, i suoi obiettivi, i prodotti/servizi realizzati, i risultati economico/finanziari attesi. Tramite tale prospetto l'investitore può verificare le caratteristiche dell'azienda, le potenzialità del business e i possibili ritorni dell'investimento.

Stante le ingenti dimensioni dei capitali richiesti da simili operazioni, l'investimento viene realizzato attingendo le risorse da un apposito fondo di *private equity* precedentemente costituito su iniziativa dello stesso intermediario. Al fondo partecipano investitori di varia natura (privati o istituzionali), i quali sono accomunati dalla ricerca di un rendimento superiore (nell'ordine di circa cinque punti percentuali) rispetto a quello offerto da impieghi alternativi[20]. La costruzione del fondo passa attraverso una serie di fasi che richiedono tempi piuttosto lunghi (oltre un anno): dai contatti con gli investitori, alla raccolta ed elaborazione delle informazioni sul loro conto, fino ad arrivare alla acquisizione dei capitali e alla effettiva formalizzazione e creazione del fondo.

Una volta realizzato l'investimento, la società di *private equity* si inserisce a pieno titolo nella compagine aziendale, offrendo la consulenza necessaria affinché l'impresa target possa raggiungere i suoi obiettivi di crescita, obiettivi condivisi e auspicati dallo stesso intermediario. Al termine del percorso, infatti, la società di *private equity* provvede a liquidare il proprio investimento, realizzando un guadagno in conto capitale la cui entità dipende dal grado di successo fatto registrare dall'operazione. Ovviamente, la fase del disinvestimento risulta agevolata qualora la *ratio* stessa dell'intervento esterno sia costituita dall'ingresso nel mercato di borsa, mentre è resa più difficoltosa laddove non sia previsto l'accesso alle quotazioni ufficiali, imponendo il ricorso a una trattativa privata delle quote possedute dall'intermediario[21]. A questo proposito, appare appena il caso di osservare che, tra le modalità alternative poste a disposizione dell'intermediario per dismettere la propria partecipazione, è possibile annoverare anche l'operazione di *buy-back*: in sostanza, è la stessa società target che, una volta raggiunto l'obiettivo di crescita concordato con la società di *private equity*, procede al riacquisto delle azioni detenute da quest'ultima. Si rimanda pertanto alle considerazioni svolte in sede di trattazione dei riacquisti di azioni proprie[22].

7.5.2 Il venture capital

L'attività di *venture capital* consiste nel sostenere dal punto di vista finanziario e gestionale una impresa posizionata nella fase di avvio del suo ciclo di vita (*start up*), attraverso l'apporto di capitale di rischio e la successiva dismissione della partecipazione. Anche in questo caso, ovviamente, l'obiettivo dell'intermediario (*venture capitalist*) consiste nell'accrescere il valore della società target per poter realizzare un con-

[20] Carlotti M. (a cura di), *Tecniche di private equity. Il fondo e l'origination. L'investimento. La gestione e il disinvestimento*, Egea, Milano 2003, pp. 3-4.
[21] Nappa A., 2003, *Il processo di disinvestimento*, in Carlotti, cit., p. 381.
[22] Cfr. capitolo 5.

gruo capital gain[23]. Sono del tutto evidenti gli aspetti comuni rintracciabili tra *venture capital* e *private equity*: la distinzione fondamentale risiede nel momento dell'intervento. In virtù di tali caratteristiche, una parte della dottrina considera il *venture capital* come un caso particolare di *private equity*.

Gli interventi di *venture capital* si possono distinguere ulteriormente in:

- *seed financing*, in cui l'apporto del capitale di rischio si concretizza nella fase di sperimentazione del prodotto o di creazione dell'impresa;
- *start-up financing*, laddove il contributo dell'intermediario è fornito nelle fasi iniziali del processo produttivo del bene (talvolta coperto dal brevetto).

L'elemento di differenziazione che contraddistingue le operazioni di *venture capital*, ovvero l'intervento nella fase iniziale del ciclo di vita dell'impresa target, è destinato a produrre effetti rilevanti anche in termini di rischiosità dell'iniziativa. In effetti, oltre ai fattori di rischio precedentemente indicati con riferimento al *private equity*, occorre altresì considerare l'elevato grado di incertezza caratterizzante una qualsiasi attività imprenditoriale in fase di lancio, a maggior ragione se si tratta di imprese operanti in business innovativi.

Attraverso il ricorso a operazioni di *venture capital*, le nuove imprese intendono avvalersi del contributo determinante di operatori specializzati, in grado di contribuire fattivamente alla realizzazione e alla crescita del business, apportando sia risorse monetarie di natura consolidata, ma anche forti competenze e conoscenze tecnologiche avanzate sul mercato di riferimento.

Così come avviene per il *private equity*, anche nella procedura in parola occorre preventivamente istituire un apposito fondo di *venture capital* dal quale successivamente attingere i capitali da investire nelle imprese target. Tale compito e le relative responsabilità spettano alla figura del *general partner*, ovvero la società di *venture capital*, che si occupa di avviare e consolidare le relazioni con gli investitori (*limited partner*) disposti a impiegare le loro risorse in un'ottica di lungo periodo: si tratta, in genere, di investitori istituzionali. Spesso tali soggetti, in virtù degli ingenti mezzi impiegati nel fondo e dell'elevato rischio associato ai finanziamenti realizzati dal fondo stesso, tendono a tutelarsi attraverso l'inserimento nel contratto stipulato con il *general partner* di apposite clausole (*covenants*) finalizzate in sostanza a limitare la discrezionalità del gestore.

Alla fase di raccolta dei capitali segue quella di investimento degli stessi nelle iniziative selezionate dalla società di *venture capital*. Anche in questo caso, l'intermediario affianca a una strategia di finanziamento a medio-lungo termine, l'intervento nelle scelte strategiche e operative dell'organizzazione, al fine di guidarla verso il raggiungimento degli obiettivi prefissati. Per agevolare l'operato del *venture capitalist*, la società target deve provvedere a implementare al suo interno appropriati sistemi

[23] Arnone M., Bellavite Pellegrini C., Graziadei F., *Il venture capital per lo sviluppo. Un'analisi delle Economie Emergenti*, Vita e Pensiero, Milano 2006, p. 17.

di rendicontazione e controllo di gestione[24]. Occorre comunque rilevare che, generalmente, le società di venture capital non conferiscono immediatamente alle imprese target tutto il capitale necessario per far fronte al fabbisogno emergente, ma preferiscono suddividere gli interventi in più momenti, a ciascuno dei quali corrisponde un incremento del capitale erogato.

La fase finale si concretizza con il disinvestimento della partecipazione precedentemente acquisita e la realizzazione – laddove l'operazione sia stata conclusa con successo – di un soddisfacente livello di capital gain per il gestore e gli investitori del fondo. Se lo scopo finale dell'iniziativa consisteva nell'accesso alle quotazioni ufficiali, ovviamente la dismissione della quota azionaria avverrà mediante la vendita del pacchetto posseduto direttamente sul mercato. In ipotesi diversa, il *general partner* dovrà provvedere alla cessione del capitale sulla base di una trattativa privata. Infine, laddove il traguardo prefissato non sia stato raggiunto, si procede, di norma, alla liquidazione della società target.

7.6 Gli aumenti di capitale

La raccolta di capitale proprio può avvenire, oltre che nel momento della costituzione della società, anche in tempi successivi, per far fronte a esigenze di carattere finanziario poste soprattutto dal raggiungimento di obiettivi di crescita e sviluppo dell'organizzazione. Si realizza così un aumento di capitale sociale, ovvero una ricapitalizzazione dell'impresa, destinato a determinare una serie di conseguenze:

- in termini contabili, stante la crescita del numero di azioni e la modifica del patrimonio netto;
- sull'assetto dell'azionariato, il quale può subire alterazioni a seconda delle modalità tecniche con cui avviene l'aumento di capitale (con o senza diritto d'opzione) e in funzione del grado di esercizio dell'eventuale diritto d'opzione;
- sul livello della remunerazione, da ripartire su un maggior numero di titoli;
- sull'eventuale valore di mercato del titolo.

Tutti questi aspetti saranno approfonditi nella presente sezione.

Procedendo con ordine, si ritiene opportuno proporre alcune classificazioni al fine di fare chiarezza sulle varie configurazioni che il fenomeno in parola può assumere e sulla terminologia da impiegare nella sua rappresentazione. È infatti possibile trovarsi di fronte a diverse forme di aumento di capitale:

a) *aumento di capitale gratuito*, contrassegnato dall'emissione di nuove azioni cui non corrisponde alcun conferimento da parte dei soci. L'operazione si esaurisce in una mera permutazione contabile attraverso l'imputazione delle riserve disponibili

[24] Bonini S., Zullo R., 2003, *Venture capital e imprenditorialità*, in Forestieri, Lazzari, *Il finanziamento delle imprese*, cit., p. 43.

a capitale sociale, il quale aumenta, fermo restando il valore del patrimonio netto. Ciò implica un consolidamento delle fonti di finanziamento, stante la «trasformazione» di riserve disponibili per i soci in capitale, fonte consolidata per eccellenza. Il carattere di gratuità connesso a un simile meccanismo contabile fa sì che esso non possa essere annoverato tra le forme di raccolta di capitale proprio, in quanto non si verifica l'ingresso in azienda di alcuna nuova fonte di finanziamento. Dal punto di vista tecnico, la procedura in esame prende il nome di *stock dividend*, argomento già trattato nel corso del capitalo dedicato alla politica dei dividendi e al quale si rimanda per eventuali approfondimenti;

b) *aumento di capitale reale o a pagamento*, con conseguente versamento da parte dei sottoscrittori delle somme richieste dalla società (valore nominale del titolo + sovrapprezzo). In questa ipotesi si assiste ad una effettiva crescita dell'intero patrimonio aziendale e dunque all'aumento delle fonti di finanziamento a disposizione dell'impresa. Nell'ambito di tale fattispecie di aumento di capitale è possibile individuare due distinte forme tecniche di realizzazione:
   - *rights issue*, qualora l'operazione preveda l'attribuzione del diritto d'opzione a favore dei vecchi soci. Si tratta della forma di aumento di capitale più diffusa, soprattutto nei sistemi economici europei, e consiste nell'offrire alla compagnie azionaria esistente la facoltà di aderire, proporzionalmente alla quota di capitale detenuta, alla sottoscrizione dei nuovi titoli al fine di mantenere inalterata l'entità della loro quota di partecipazione;
   - *cash offers*, attuati con l'esclusione o la limitazione del diritto d'opzione. In questa ipotesi l'aumento è realizzato attraverso un collocamento privato con l'intento specifico di favorire l'ingresso di nuovi soci all'interno della compagine sociale. A tale proposito si sottolinea che la legislazione vigente consente alle società di operare restrizioni totali o parziali nel riconoscimento del diritto d'opzione, qualora l'interesse superiore della società lo richieda[25]. È il caso, ad esempio, di una società che affronta il percorso dell'aumento di capitale non soltanto per finalità di ordine finanziario, ma anche per valutazioni di natura strategica che indicano, quale scelta ottimale, l'inserimento tra i soci di una potente impresa industriale;

c) *aumento di capitale misto*, composto da un aumento gratuito e un aumento reale, attuati contestualmente oppure prevedendo un certo differimento temporale l'uno dall'altro;

d) *aumento di capitale tramite emissione di un prestito obbligazionario convertibile*. In tal caso, nella delibera dell'assemblea straordinaria è previsto sia il ricorso al prestito obbligazionario, sia l'aumento di capitale sociale per un importo corrispondente al valore nominale delle obbligazioni sulle quali vige il diritto di conversione;

e) *aumento di capitale tramite emissione di un prestito obbligazionario con warrant*. Le obbligazioni in parola, come sarà specificato in sede di trattazione dei debiti

[25] A tal proposito il 5° comma dell'art. 2441 del codice civile dispone che: «Qualora l'interesse della società lo esige, il diritto d'opzione può essere escluso o limitato con la deliberazione di aumento di capitale, approvata da tanti soci che rappresentino oltre la metà del capitale sociale, anche se la deliberazione è presa in assemblea di convocazione successiva alla prima».

consolidati, conferiscono all'obbligazionista, mediante lo stacco del *warrant*, la facoltà di sottoscrivere, alle condizioni previste nel regolamento di emissione, un quantitativo di nuove obbligazioni, o azioni, emesse dalla stessa società o da un'altra società del gruppo. Soltanto nell'ipotesi in cui l'obbligazionista decida di esercitare il diritto connesso al *warrant* sottoscrivendo le azioni della società emittente il prestito obbligazionario, allora quest'ultima provvederà a emettere le azioni corrispondenti e ad aumentare in proporzione il capitale sociale.

La modalità di aumento di capitale più ricorrente è senz'altro quella a pagamento ed è ad essa che si farà implicito riferimento nel prosieguo della trattazione. Uno degli aspetti più rilevanti connessi a una operazione di aumento di capitale consiste nella determinazione del prezzo di emissione dei nuovi titoli: esso è costituito dal valore nominale attribuito alle azioni, nonché dall'eventuale – e spesso presente – sovrapprezzo. Le società, infatti, sono solite richiedere agli azionisti il versamento di una somma ulteriore rispetto al valore nominale dei titoli sottoscritti, somma che trova giustificazione nel maggior valore che le nuove azioni assumono per effetto delle riserve fino ad allora accantonate e/o per l'esistenza di un avviamento connesso alle potenzialità economico-patrimoniali raggiunte e all'immagine costruita dalla società sul mercato. Ovviamente, le risorse corrispondenti al valore nominale andranno a incrementare il livello del capitale sociale, mentre l'entità del sovrapprezzo affluisce in un apposito fondo collocato nel patrimonio netto e denominato appunto fondo sovrapprezzo azioni.

La definizione della misura del prezzo di emissione segue principi differenti a seconda della quotazione o meno della società emittente. Per le società non quotate il problema appare di semplice e immediata risoluzione, considerando l'assenza di qualsiasi giudizio proveniente dal mercato, nonché di una quotazione ufficiale come termine di paragone. In tal caso, pertanto, l'entità del valore nominale e del sovrapprezzo dipenderà semplicemente dalle valutazioni finanziarie compiute dalla società emittente.

Se la società è quotata, il prezzo di emissione risulta generalmente inferiore rispetto al valore di mercato del titolo, individuando così la presenza di uno «sconto di emissione». Si tratta di una scelta in un certo senso obbligata, in quanto un eventuale prezzo di emissione superiore al valore espresso dalle quotazioni scoraggerebbe qualsiasi investitore a sottoscrivere l'aumento di capitale, spingendoli a prefererire l'acquisto dei titoli direttamente sul mercato. A ben vedere, lo scostamento del prezzo di sottoscrizione dipende da diversi fattori. Tra questi, si segnala anzitutto il grado di incertezza del mercato, per cui tanto più alta è l'instabilità nelle quotazioni, tanto maggiore dovrebbe essere lo sconto di emissione, considerando le maggiori probabilità di una caduta del corso del titolo.

Nel contempo, lo scostamento del prezzo di emissione non può assumere valori elevati, poiché tanto più scende il prezzo di sottoscrizione tanto maggiore deve essere il numero delle azioni da emettere a parità di entità totale di finanziamento da acquisire. Alla crescita del numero delle azioni complessivamente in circolazione consegue un aumento nella diluizione degli utili per azione che, di conseguenza, può avere implicazioni negative sull'esito dell'operazione se gli investitori sono particolarmente attenti alla tendenza degli utili e, in particolare, al rapporto atteso *price/earning* (quotazione/utili). Ciò può essere in parte attenuato mediante un'informazione corretta verso il mercato circa i presupposti esistenti per una fondata attesa di un futuro incremento dei dividendi, mettendo cioè in evidenza l'esistenza di risorse aziendali investite ma non analiticamente considerate nella determinazione del valore di emissione delle nuove azioni e, quindi, non recuperate mediante la fissazione di un sovrapprezzo di queste. Tale comunicazione rivolta all'esterno dovrebbe rilevare, in definitiva, la presenza di un potenziale patrimoniale non matematicamente contabilizzato in forma esplicita, ma che è in grado di generare una redditività futura.

Tenuto conto, dunque, delle due opposte esigenze, da un lato, di individuare un prezzo di emissione che si mantenga comunque al di sotto del valore di mercato, e, dall'altro, di fissare un prezzo che non pregiudichi le aspettative degli azionisti in termini di utili futuri, gran parte delle direzioni finanziarie impegnate in queste operazioni individuano generalmente un prezzo di sottoscrizione inferiore rispetto al corso del titolo sul mercato.

La società quotata che intende ricorrere a un aumento di capitale sociale deve considerare anche la presenza di un inevitabile «effetto collaterale» prodotto da tale operazione: il fenomeno del deprezzamento del prezzo del titolo sul mercato in seguito all'annuncio dell'aumento di capitale. In effetti, le analisi empiriche condotte nel corso degli anni per valutare l'impatto determinato dagli aumenti di capitale sul livello delle quotazioni, mostrano una netta tendenza alla contrazione del valore di mercato, contrazione che si manifesta nel giorno stesso dell'annuncio della procedura di raccolta del capitale. Gli operatori del mercato attribuiscono alla comunicazione dell'informazione un elevato potere segnaletico e associano alla acquisizione di nuovo capitale proprio effetti diversi, quali ad esempio la possibile alterazione dei rapporti di forza all'interno della compagine sociale, oppure la presenza di un maggiore numero di azioni sulle quali ripartire gli eventuali utili prodotti. L'entità del deprezzamento del titolo dipenderà altresì dalle aspettative formulate dagli investitori in merito alla «bontà» dei progetti che saranno finanziati con la disponibilità del nuovo capitale: maggiore è la probabilità che le risorse vadano a coprire progetti con VAN positivo, minore sarà la diminuzione del valore di mercato dei titoli, e viceversa.

7.6.1 Il diritto d'opzione

Dopo aver esposto caratteristiche, modalità tecniche di esecuzione ed effetti attinenti gli aumenti di capitale, occorre concentrare l'attenzione su un particolare aspetto connesso a tale operazione e più volte accennato in precedenza, ovvero il diritto d'opzione. Esso può essere definito come il diritto attribuito all'attuale compagine sociale di sottoscrivere azioni di nuova emissione, in proporzione alla quota di partecipazione già posseduta, in occasione di un aumento di capitale sociale a pagamento. Il diritto d'opzione è assegnato ai vecchi soci, nonché ai possessori di obbligazioni convertibili. Si ricorda, inoltre, che è possibile escludere o limitare il diritto d'opzione quando l'interesse della società lo richiede; la sua assegnazione inoltre non è prevista nell'ipotesi di aumento di capitale sociale eseguito tramite conferimenti di beni in natura.

In considerazione delle sue caratteristiche, il diritto d'opzione può essere inquadrato nell'ambito dei diritti precedentemente denominati misti, in quanto dotato sia di una componente amministrativa, sia di una componente di natura patrimoniale. Infatti:

- sotto il profilo amministrativo, la facoltà riconosciuta ai vecchi soci di partecipare all'aumento di capitale consente loro di mantenere inalterata la quota di partecipazione detenuta nella società, evitando alterazioni nei rapporti di forza esistenti e perdite del potere gestionale all'interno della società;
- sotto il profilo patrimoniale, invece, il diritto d'opzione costituisce una particolare forma di remunerazione associata ai titoli azionari, ovvero una remunerazione integrativa. La natura patrimoniale associata al diritto d'opzione trova giustificazione nella necessità di non ledere gli interessi dei soci esistenti che subiscono inevitabilmente una perdita di valore del proprio investimento generata dalla svalutazione del titolo successiva all'annuncio. Il diritto in esame funge pertanto da fattore di compensazione della riduzione di valore delle azioni: ecco perché, come sarà sottolineato in seguito, il valore del diritto d'opzione è, almeno in termini teorici, definito come differenza tra il valore del titolo prima dell'aumento di capitale e il valore del titolo dopo l'operazione. Invertendo l'ottica di osservazione, la flessione del prezzo generata dall'annuncio dell'aumento di capitale dovrebbe – sempre in linea teorica – essere pari al valore del diritto d'opzione. Si tratta, in effetti, di una facoltà e non di un obbligo, da esercitare, pertanto, solo se l'azionista ha la disponibilità finanziaria per farlo e, soprattutto, l'interesse a mantenere invariata la sua posizione nella compagine sociale. In caso contrario, invece, egli può decidere di cedere sul mercato i propri diritti, monetizzando una remunerazione commisurata al valore stesso del diritto d'opzione, e offrendo al tempo stesso ad altri soggetti la possibilità di sottoscrivere i nuovi titoli alle condizioni previste nella delibera di aumento di capitale. La negoziazione dei diritti d'opzione può avvenire entro il mese borsistico immediatamente successivo la data di annuncio dell'aumento di capitale.

In corrispondenza di ogni azione vecchia è attribuito un diritto d'opzione e ciascuna azione vecchia offre la possibilità di sottoscrivere azioni di nuova emissione sulla base della conoscenza del «rapporto di emissione». Se ad esempio viene stabilito dalla delibera assembleare che per acquistare una nuova azione è necessario possedere 5 azioni vecchie, il rapporto di emissione è pari a 1:5. Tale meccanismo può essere generalizzato nel modo seguente:

$$ND = \frac{V}{N}$$

dove:

ND = numero dei diritti d'opzione necessari per sottoscrivere una nuova azione;

V = numero complessivo delle vecchie azioni;

N = numero complessivo delle nuove azioni.

Il prezzo assunto dal diritto d'opzione si forma sul mercato in funzione dell'andamento della domanda e dell'offerta, ma la base di riferimento per la sua determinazione è, comunque, rappresentata dal cosiddetto valore teorico del diritto di opzione derivante dalle caratteristiche dell'emissione delle nuove azioni e dalla quotazione assunta dalle azioni in circolazione prima dell'aumento del capitale sociale. Detto valore teorico può essere determinato direttamente quale differenza tra i prezzi di mercato dell'azione rispettivamente prima e dopo l'emissione delle nuove azioni. In condizioni di mercato perfetto, infatti, il diritto di opzione dovrebbe semplicemente compensare i vecchi azionisti del danno subíto in termini di perdita di valore delle azioni detenute.

Più precisamente, per valore delle vecchie azioni si intende quello di mercato prima della sottoscrizione. Questo, in altri termini, rappresenta il valore dei titoli che, essendo ancora comprensivi del diritto di opzione, vengono definiti *right on* oppure *cum* per distinguerli dai titoli *ex-right*, ossia dalle azioni dalle quali è stata staccato il diritto stesso. Ricordando le considerazioni svolte in merito agli effetti prodotti da un aumento di capitale sul valore di mercato del titolo, nonché la necessaria presenza di uno sconto di emissione, è evidente come il valore dell'azione successivo all'operazione debba essere inferiore rispetto al valore del titolo antecedente l'aumento.

Ne discende pertanto la seguente relazione:

$$D = V(ante) - V(post) \qquad [1]$$

avendo indicato con:

D il valore teorico del diritto di opzione;

V(ante) il valore delle azioni prima dell'aumento di capitale, pari, quindi, al prezzo di mercato *Pm*;

V(post) il valore delle azioni dopo l'aumento di capitale.

Il valore di ogni azione, dopo l'aumento di capitale, a sua volta, è pari:

$$V(post) = \frac{[(Pm \times v) + (Pe \times n)]}{(n + v)} \qquad [2]$$

avendo indicato:

- al numeratore il valore complessivo delle azioni vecchie (Pm x v) e di quelle nuove (Pe x n),
- con v il numero delle azioni vecchie necessarie per avere in cambio n azioni nuove.

Sostituendo la [2] nella [1] si ottiene la seguente espressione del valore teorico del diritto di opzione:

$$D = Pm - \frac{\left[\left(Pm \times v\right) + \left(Pe \times n\right)\right]}{\left(n + v\right)}$$

da cui:

$$D = \frac{\left(Pm \times n + Pm \times v - Pm \times v - Pe \times n\right)}{\left(n + v\right)}$$

$$D = \frac{\left(Pm \times n - Pe \times n\right)}{\left(n + v\right)}$$

e quindi definitivamente

$$D = \frac{n\left(Pm - Pe\right)}{\left(n + v\right)} \qquad [3]$$

Se per sottoscrivere *n* azioni nuove è sufficiente una sola azione vecchia, allora il valore teorico del diritto di opzione è pari a:

$$D = \frac{n\left(Pm - Pe\right)}{\left(n + 1\right)} \qquad [4]$$

Per maggiore chiarezza, si supponga che la società Rossi S.p.a. deliberi un aumento di capitale sociale con l'emissione, al prezzo di 10 euro, di un'azione nuova ogni cinque possedute. Se il prezzo di mercato delle azioni Rossi prima dell'offerta di vendita è 15 euro, si rileva il seguente valore teorico del diritto di opzione:

$$D = \frac{1\left(15 - 10\right)}{1 + 5} = 0{,}833 \text{ euro}$$

A margine delle considerazioni svolte, è possibile evidenziare come le strategie poste in essere dagli azionisti spesso non sono semplici e lineari. In effetti, oltre alle alternative più logiche che ci si trova di fronte in ipotesi di aumento di capitale a pagamento, ovvero l'esercizio dei diritti di opzione oppure la loro cessione sul mercato, il socio può scegliere una terza via d'uscita: la vendita dei diritti d'opzione il cui ricavato viene poi impiegato nell'acquisto del titolo sul mercato a un prezzo che ha già risentito del fenomeno del deprezzamento precedentemente illustrato.

Esempio 7.1 I calcoli di convenienza di un'azionista

La società Alfa presenta i seguenti valori di partenza:	
Capitale sociale	1.000
Numero di azioni	100
Valore nominale unitario	10
Prezzo di mercato unitario	20
Valore di mercato dell'impresa	2.000

La società delibera un aumento di capitale pari a euro 1.000 (il capitale sociale finale pertanto raddoppia passando a 2.000), fissando un prezzo di emissione pari a 15 euro e un rapporto di con cambio (tra vecchie e nuove azioni) pari ad 1 (una azione nuova ogni azione vecchia posseduta).

Considerando che il valore di mercato precedente l'aumento di capitale è pari a 20 ($Pm = 20$), si procede al calcolo del valore post, nonché del valore teorico del diritto d'opzione.

$$V(post) = \frac{[(Pm \times v) + (Pe \times n)]}{(n+v)} = \frac{(20 \times 1) + (15 \times 1)}{1+1} = 17,5$$

$$D = Pm - \frac{[(Pm \times v) + (Pe \times n)]}{(n+v)} = 20 - 17,5 = 2,5$$

La situazione della società Alfa dopo l'aumento di capitale è così sintetizzabile:

Capitale sociale	2.000
Numero di azioni	200
Valore nominale unitario	10
Prezzo di mercato unitario	17,5
Valore di mercato dell'impresa	3.500

A questo punto è possibile verificare quali possano essere i calcoli di convenienza elaborati da un ipotetico azionista. L'azionista Tizio deteneva una partecipazione nel capitale sociale della società Alfa prima dell'aumento pari al 10% e corrispondente pertanto a un numero di 10 azioni per un valore complessivo di 100 euro. In seguito all'aumento di capitale sociale l'azionista si trova a dover operare una scelta tra due alternative: esercitare il diritto d'opzione, incrementando il numero di azioni in portafoglio, oppure rinunciare all'esercizio del diritto e cederlo sul mercato.

La situazione dell'azionista Tizio dopo l'aumento di capitale sociale è sintetizzabile nel modo seguente:

Esercizio del diritto d'opzione		Vendita del diritto d'opzione	
N. di azioni possedute	20	N° azioni possedute	10
Valore della nuova partecipazione	150	Valore della partecipazione	175
Valore tot. della partecipazione	350	% di partecipazione	5%
% di partecipazione	10%		

Ne deriva che:

Valore di mercato della partecipazione prima dell'aumento	200
Valore di mercato della partecipazione dopo l'aumento	175
Perdita patrimoniale subìta	25
Perdita patrimoniale unitaria subìta	2,5

La perdita patrimoniale è uguale al valore teorico del diritto d'opzione (D = 2,5). Se il valore effettivo del diritto d'opzione corrisponde al suo valore teorico, per l'azionista è indifferente l'esercizio del diritto o la sua cessione.

7.7 Le principali variabili per la gestione del capitale di rischio e per la valutazione delle «performance»

L'impresa che intende ricorrere al mercato per una IPO o per un aumento di capitale deve attentamente valutare l'insieme di elementi considerati dal risparmiatore ogni qual volta si trova a decidere se procedere o meno alla sottoscrizione delle azioni emesse. Qualsiasi operazione di collocamento azionario, infatti, deve essere in grado di catturare l'interesse del potenziale sottoscrittore se non vuole esporsi a un inesorabile insuccesso, con conseguente perdita di immagine da parte della società emittente. Da qui discende la necessità di esaminare organicamente tutti i fattori, qualitativi e quantitativi, che possono incidere su tale interesse. Appartengono alla prima categoria (*fattori qualitativi*) i seguenti elementi:

- anzianità della società;
- settore economico produttivo di appartenenza;
- grado di espansione e penetrazione commerciale;
- appartenenza della società a un gruppo di imprese;
- ricorrenza di operazioni di *financial promotion*.

L'anzianità della società rappresenta un elemento importante in quanto misura l'esperienza dell'impresa e il livello di stabilità della sua attività operativa. Generalmente, si ritiene che la maggiore anzianità di una società sia collegata a un'immagine di prestigio, dovuta alla presunzione che tanto più anziana è la società tanto maggiore è il grado di consolidamento gestionale interno e in rapporto al mercato. Nel caso specifico delle società quotate, contano, in particolare, l'epoca in cui le azioni sono state ammesse alla negoziazione in borsa, le variazioni intervenute nel tempo nell'azionariato di controllo, nonché le operazioni eventualmente intervenute sul capitale.

Tra i diversi dati che l'anzianità della società permette di rilevare emerge in primo luogo il trend operativo sotto l'aspetto patrimoniale, economico e finanziario, prestando particolare attenzione all'analisi delle eventuali situazioni di crisi sporadiche o ricorrenti verificatesi nella storia recente dell'impresa.

Anche il settore economico di appartenenza costituisce un fattore discriminante nelle scelte di investimento in capitale di rischio, soprattutto in una logica di confronto dei risultati economici dell'azienda con quelli medi del settore di appartenenza. A tale riguardo, è appena il caso di ricordare che le principali caratteristiche economiche qualificanti un determinato settore produttivo sono: la concorrenza nazionale ed estera; l'ampiezza e la complessità del ciclo produttivo; la media dei risultati economici raggiunti dalle aziende del settore; la presenza di aziende leader o, quanto meno, aventi una certa incidenza sul mercato e, infine, la presenza nel settore di aziende direttamente o indirettamente a partecipazione statale, che possono godere di particolari agevolazioni operative suscettibili di creare difficoltà alle aziende concorrenti.

Occorre, inoltre, tentare di individuare i possibili tassi di sviluppo del settore, accertando, in particolare, se esso si trovi in una condizione di maturità, cioè all'apice del trend evolutivo. In questo caso, infatti, sono improbabili tassi di crescita di una certa rilevanza anche in presenza di possibili innovazioni tecnologiche. Sempre nell'ambito di queste analisi, è necessario, inoltre, considerare la più o meno elevata disponibilità mostrata dalle istituzioni finanziarie e creditizie nei confronti del settore, nonché il trattamento riservato allo stesso da parte dello Stato, soprattutto in termini di disciplina fiscale.

Nelle scelte di portafoglio può assumere una certa rilevanza anche la potenzialità aziendale in termini di espansione e penetrazione commerciale. A parità di solidità patrimoniale e di redditività, una maggiore dinamicità fa presumere più elevate potenzialità di sviluppo e, quindi, può rappresentare un elemento di preferenza. È dunque importante valutare se tale propensione esiste e quale tipo di politica di espansione e penetrazione commerciale la società sta attuando. Per verificare detta propensione aziendale alla crescita si potrebbe, per esempio, accertare se l'azienda ha realizzato negli ultimi anni nuovi insediamenti produttivi nonché ulteriori e più capillari canali distributivi. L'esistenza di queste nuove eventuali strutture, infatti, evidenzierebbe una tendenza espansionistica che, se bene coordinata e altrettanto bene sostenuta da un'efficace politica economico-finanziaria, può assicurare nel tempo una positiva evoluzione dell'azienda.

Non si deve trascurare, tuttavia, il fatto che la politica di espansione commerciale adottata dall'azienda potrebbe richiedere operazioni di acquisizioni o di controllo di aziende operanti nei luoghi ove si realizza l'espansione stessa, al fine di rimuovere eventuali impedimenti alla penetrazione commerciale e alla azione di conquista di determinati mercati. Tali manovre possono, a loro volta, generare tensioni finanziarie soprattutto quando i nuovi investimenti (generalmente immobilizzazioni finanziarie) vengano effettuati senza un approfondito controllo dei flussi di recupero economico-finanziario.

Nelle decisioni relative all'investimento azionario un altro aspetto considerato dall'investitore riguarda l'appartenenza della società a un gruppo di imprese. La presenza di tale condizione può assicurare vantaggi tanto sotto l'aspetto economico, quanto sotto quello finanziario[26]. A seconda della natura del gruppo, del settore economico di appartenenza, del ruolo svolto dalla società nel gruppo stesso, si possono determinare possibilità di sviluppo molto diverse da quelle che sarebbero possibili con la gestione indipendente.

In primo luogo, occorre valutare quale è la natura della holding, giacché, se da un lato l'estrazione pubblica può essere tranquillizzante ai fini di un investimento azionario per la relativa garanzia che ne consegue contro eventuali dissesti, dall'altro può generare perplessità per il timore delle possibili carenze di efficienza gestionale di cui è notoriamente gravata gran parte dell'imprenditoria pubblica. L'estrazione privata impone, invece, un esame delle finalità della capo-gruppo. Se la holding è una finanziaria di partecipazione pura, è probabile che essa non svolga altro ruolo nella società partecipata oltre quello di far acquisire prestigio e rilievo patrimoniale al suo portafoglio titoli. Se, al contrario, la società capo-gruppo è una società operativa (industriale, assicurativa, bancaria ecc.), diventa importante conoscere quale ruolo svolge, o intende svolgere, nell'integrazione – verticale o orizzontale – delle componenti del gruppo stesso[27].

L'ultimo elemento di natura qualitativa considerato di norma dall'investitore attiene alla ricorrenza o meno di operazioni di *financial promotion*. Si tratta di una serie di operazioni – quali ad esempio il diritto d'opzione e lo *stock dividend* – adottate dall'impresa al fine di migliorare la propria immagine e consolidare il rapporto con la compagine sociale. Una società che, con ricorrenze abbastanza ravvicinate, offra remunerazioni integrative, dimostra una redditività molto più programmabile rispetto a situazioni in cui tali forme di remunerazione del capitale di rischio risultano invece sporadiche. La stessa società, pertanto, denota un grado di appetibilità maggiore da parte dell'investitore.

I *fattori quantitativi* che occorre attentamente considerare al fine di valutare correttamente un investimento in titoli azionari sono i seguenti:

- la consistenza patrimoniale;
- l'entità e la stabilità dei dividendi;
- l'indice di quotazione delle azioni;
- il rapporto tra gli utili netti e il numero totale delle azioni (utile per azione o *Earning per Share*);

[26] Si tratta delle cosiddette sinergie che saranno approfondite in sede di trattazione delle operazioni di finanzia straordinaria.

[27] Vender J., *Le operazioni di Finanza straordinaria*, in *Trattato di Finanza aziendale*, a cura di G. Pivato, Franco Angeli, Milano 1983, p. 1050.

- il rapporto tra il *cash earning* e il numero totale delle azioni;
- il rapporto tra il MOL e il numero delle azioni;
- il tasso di rotazione delle azioni (*turnover share*).

La consistenza patrimoniale rappresenta un elemento determinante nelle scelte di investimento in azioni. Al riguardo, le informazioni possono essere tratte senza particolari difficoltà, considerando che i dati patrimoniali delle imprese vengono resi di pubblico dominio anche per effetto degli obblighi imposti dalla Consob alle società quotate in borsa (relazione semestrale, relazioni degli amministratori particolarmente analitiche, ecc.). Tali dati sono peraltro importanti in quanto, formando oggetto di analisi finanziarie, rappresentano gli elementi basilari per predisporre favorevolmente o meno verso un possibile investimento. L'analisi finanziaria della società, infatti, deve consentire non solo la valutazione della congruità delle componenti patrimoniali singolarmente considerate, ma anche l'accertamento delle relazioni intercorrenti tra queste e l'intero capitale dell'azienda in funzionamento.

A tal fine, preliminarmente va rilevata l'entità del capitale proprio investito nella società, analizzandone la composizione nelle sue parti ideali e verificandone, mediante il calcolo del margine di struttura, la capacità di copertura delle immobilizzazioni. Si può così pervenire a un primo giudizio positivo sulla consistenza patrimoniale della società, se i fondi di riserva legali e statutari risultano eccedenti rispetto ai minimi prescritti dal codice civile e dallo statuto della società. Il giudizio diventa ancora più favorevole se si rilevano consistenti accantonamenti ai fondi di riserva facoltativi, in quanto prova di una buona consistenza patrimoniale derivante dai flussi di autofinanziamento realizzati negli esercizi precedenti.

Oltre al margine di struttura, per accertare la consistenza patrimoniale di una società, si può ricorrere al cosiddetto *book value per share*. Tale indicatore segnala il patrimonio netto per azione, derivante dalla divisione del volume complessivo dei mezzi propri per il numero delle azioni costituenti il capitale sociale. A stretto rigore, al denominatore di tale rapporto bisognerebbe comprendere anche il numero delle obbligazioni convertibili limitatamente al numero di quelle che in media potranno essere convertite in azioni[28].

Il fattore destinato a condizionare sensibilmente le scelte di portafoglio è rappresentato dall'entità e stabilità dei dividendi. A tal fine si ricorre frequentemente all'analisi del *pay-out ratio*, ossia il rapporto tra il totale dei dividendi distribuiti e il totale degli utili netti conseguiti, del tasso di crescita dei dividendi (g) e del dividend yield, ottenuto dal confronto tra dividendo e prezzo di mercato del titolo. Tutti questi indicatori sono stati già ampiamente illustrati in sede di esposizione della politica dei dividendi[29].

[28] Massari M., *Gli strumenti per le analisi finanziarie*, in *Trattato di Finanza aziendale*, a cura di G. Pivato, Franco Angeli, Milano 1983, p. 419.

[29] Cfr. capitolo 5.

Un ulteriore indicatore da valutare nelle scelte di investimento è l'indice di quotazione delle azioni, che si ottiene rapportando la quotazione del titolo alla sua quotazione base registrata a una data fissata come data iniziale del periodo di osservazione.

$$IAzc = \frac{Pmc}{Pmo} \times 100 \qquad [5]$$

dove:

IAzc = indice di quotazione al momento della valutazione;

Pmc = prezzo corrente di mercato dell'azione;

Pmo = prezzo dell'azione alla data base di riferimento.

Qualora tra la data base e quella in esame fossero intervenute operazioni sul capitale, i valori impiegati nella costruzione dell'indice non sarebbero più omogenei. Di conseguenza, occorrerebbe introdurre un apposito coefficiente di correzione da applicare alla base *Pmo*.

I casi più ricorrenti di operazioni del genere indicato sono:

- il frazionamento di azioni;
- il raggruppamento di azioni;
- gli aumenti di capitale a pagamento, gratuiti o misti.

Nel primo caso, la base viene corretta dividendola per il rapporto sottostante al frazionamento stesso. Se, ad esempio, le azioni di una società vengono frazionate in due azioni nuove per ogni azione posseduta, la base di riferimento per il calcolo dell'indice di quotazione deve essere moltiplicata per 1/2, qual è il rapporto di frazionamento. Viceversa, nel caso di raggruppamento, si provvede alla correzione moltiplicando la base per il rapporto stabilito per il raggruppamento medesimo. Supponendo un'operazione di capitale riguardante il raggruppamento di due azioni vecchie per ogni azione nuova, la base dell'indice di quotazione deve essere aggiornata moltiplicandola per il coefficiente 2.

Nell'ipotesi di aumento di capitale, sempre al fine di rendere confrontabili gli indici di quotazione emersi nei diversi periodi, è necessario normalizzare il prezzo base applicando un coefficiente di correzione pari a:

$$Cfcr = \frac{Pm - Pop}{Pm} \qquad [6]$$

Avendo indicato con:

Pm l'ultimo prezzo del titolo prima dell'esercizio dei diritti di opzione o di assegnazione;

Pop il prezzo del diritto di opzione o di assegnazione.

È utile, come già detto, che gli indici così calcolati vengano raggruppati per settori o comparti economici (come, peraltro, avviene nell'attuale listino ufficiale) in quanto così facendo si favorisce l'analisi dell'andamento specifico degli indici del settore da confrontare con l'andamento dell'indice generale.

Un altro indicatore di frequente impiegato nelle scelte di portafoglio è il cosiddetto utile per azione o *Earning per Share* (EPS). Tale parametro, rappresentato dalla divisione dell'utile di bilancio per il numero delle azioni che, alla data di rilevazione dell'utile, costituiscono il capitale sociale, consente di confrontare la quotazione di un titolo con l'evoluzione dei risultati di bilancio della società cui il titolo si riferisce.

Qualora fossero intervenute operazioni sul capitale tra la data di riferimento del risultato d'esercizio e la rilevazione del prezzo, la base sulla quale ripartire l'utile si modificherebbe e, di conseguenza, i due termini del confronto non risulterebbero più omogenei.

Anche l'EPS, come l'indice di quotazione, deve essere in alcuni casi opportunamente corretto, per evitare che il confronto con la quotazione del titolo possa indurre a valutazioni errate. Ciò si rende necessario, per esempio, in presenza di azioni con voto limitato. Queste ultime, infatti, scontando spesso nel nostro mercato uno scarto a favore delle azioni ordinarie, ascrivibile alla mancanza di diritto di voto, non possono essere considerate, ai fini del calcolo dell'EPS, alla stessa stregua delle altre forme di azioni. Occorre pertanto separare gli utili spettanti alle azioni ordinarie da quelli attribuibili alle azioni con voto limitato.

Parimenti, l'EPS deve essere corretto quando siano intervenuti, durante l'anno, aumenti di capitale a pagamento, nel qual caso le nuove risorse finanziarie acquisite dall'azienda hanno concorso al reddito soltanto per la frazione di esercizio in cui esse sono risultate effettivamente a disposizione dell'azienda. Ad esempio, se il 1° di ottobre ha avuto luogo un aumento di capitale, i mezzi freschi così ottenuti contribuiscono all'utile di esercizio limitatamente al periodo di tempo che intercorre tra la data di aumento di capitale e la chiusura dell'esercizio.

Se si trascurasse tale aspetto, l'EPS ottenuto sottostimerebbe gli utili per azione rispetto alla quotazione del titolo. Per evitare ciò occorre rettificare la base di ripartizione considerando la stessa non semplicemente come complesso delle azioni esistenti al termine dell'anno, bensì come somma dei due elementi:

- numero delle azioni presenti prima dell'aumento di capitale;
- numero delle nuove azioni emesse con l'aumento del capitale, moltiplicato per un fattore corrispondente alla frazione di esercizio come sopra definita (nell'esempio precedente pari a 3/12).

L'EPS, espresso come detto dal rapporto tra utili e numero delle azioni costituenti il capitale sociale, risente ovviamente dei criteri discrezionali applicati per l'imputazione degli ammortamenti. Per evitare tale inconveniente e neutralizzare quindi le politiche di bilancio adottate dal management aziendale, molto spesso l'indicatore in questione viene opportunamente sostituito dal cosiddetto *cash earnings* per azione che, al numeratore del rapporto, considera gli utili aumentati nella misura degli ammortamenti e degli accantonamenti.

Nelle scelte di portafoglio, talvolta si considera anche il rapporto tra il MOL e il numero delle azioni. Come noto, il margine operativo lordo è rappresentato dal valore aggiunto aumentato del costo del lavoro: in quanto tale esso, da una parte, include i costi e i ricavi monetari e, dall'altra, non considera i costi delle immobilizzazioni rappresentati, come è noto, dagli ammortamenti. Di conseguenza, detto margine costituisce il risultato a disposizione dell'impresa sia per reintegrare la parte dei cespiti consumata nel ciclo produttivo, sia per remunerare il capitale proprio e il capitale di terzi.

Oltre agli aspetti e agli indicatori testé analizzati, il risparmiatore, nelle proprie scelte di portafoglio, considera anche la liquidità del titolo evidenziata dal tasso di rotazione delle azioni (*turnover share*). Tale indicatore, esprimendo la vivacità del titolo, segnala il grado di accettazione dello stesso da parte del mercato: le azioni con alto *turnover* denotano una maggiore possibilità di disinvestimento, al contrario dei cosiddetti titoli «sottili» che, essendo caratterizzati da un ridotto tasso di rotazione, presentano maggiori difficoltà di smobilizzo.

Ponendo:
TS = *turnover share*;
nT = numero delle azioni trattate nel periodo;
Σaz = totalità delle azioni costituenti il capitale sociale;
avremo:

$$TS = \frac{nT}{\Sigma az} \qquad [7]$$

Va tenuto presente che il valore di questo indice assume certamente un probatorio significato solo quando il numero delle azioni considerato nel calcolo comprende tutte le azioni negoziate, incluse quelle trattate fuori mercato.

Capitolo 8

Le fonti di finanziamento di origine esterna: il ricorso al debito

di Roberta Pace

SEZIONE I

Indebitamento, mercati e rapporto banca-impresa

8.1 Il ruolo del debito nella struttura finanziaria

L'analisi della struttura finanziaria, delle condizioni di equilibrio necessarie per garantire l'efficienza gestionale, nonché delle teorie finalizzate a evidenziare un legame tra composizione delle fonti e valore d'impresa, hanno consentito di far emergere l'importante ruolo svolto dal debito nell'ambito delle risorse acquisite per lo svolgimento dell'attività aziendale.

Come più volte ribadito, il debito costituisce una fonte di finanziamento a rischio limitato, per la contemporanea presenza di due fattori:

- il requisito di non residualità della remunerazione ad esso associata, ovvero gli oneri finanziari. Contrariamente a quanto accade per i dividendi, la cui entità è variabile in funzione del risultato reddituale conseguito – e dunque dell'andamento economico della gestione – e della politica finanziaria adottata dall'impresa e la cui presenza non è certa, ma eventuale, gli interessi passivi da corrispondere ai creditori sociali sono sempre e comunque imputati al reddito nell'ambito delle voci relative alla gestione finanziaria;

- in ipotesi di crisi e successiva liquidazione della società, il capitale ottenuto a titolo di indebitamento deve essere rimborsato anticipatamente rispetto al capitale acquisito con il vincolo di pieno rischio.

Nella precedente trattazione sono state proposte alcune classificazioni inerenti i debiti, tra cui si ricorda la distinzione tra debiti di funzionamento e debiti di finanziamento. I primi sorgono come effetto indiretto di un rapporto di fornitura sottostante, generando oneri finanziari non espressamente contabilizzati, ma impliciti[1]. I debiti di finanziamento, invece, nascono in seguito ad una contrattazione finalizzata proprio all'ottenimento di risorse da impiegare nella copertura del fabbisogno finanziario espresso dalla gestione. Ed è proprio su tale categoria di debiti che si concentrerà l'attenzione nel presente capitolo, adottando una logica di osservazione fondata sulla durata del vincolo contrattuale, ovvero operando una separazione tra:

1) debiti a medio lungo termine, destinati a soddisfare un fabbisogno finanziario di natura consolidata;
2) debiti a breve termine, necessari a garantire la copertura di un fabbisogno corrente.

A margine delle osservazioni svolte, sembra opportuno ricordare che la distinzione tra debiti consolidati e a breve scadenza non è realizzata soltanto in funzione del momento stabilito per il rimborso, ma anche in considerazione dei tempi necessari per l'acquisizione delle risorse: appare del tutto evidente come l'iter burocratico da attraversare per l'emissione di un prestito obbligazionario sia decisamente più lungo e complesso rispetto alle pratiche da attivare per ottenere un'apertura di credito o per eseguire una anticipazione su titoli.

Entrando nello specifico, le varie tipologie di indebitamento oggetto di approfondimento sono quelle illustrate in tabella 8.1.

Le forme di indebitamento elencate possono essere acquisite mediante il ricorso a due principali canali:

Tab. 8.1 Le principali tipologie di indebitamento

Debiti a medio/lungo termine	Debiti a breve termine
• Mutuo	• Aperture di credito in conto corrente
• Prestito obbligazionario	• «Denaro caldo»
• Cartolarizzazione	• Crediti di firma
• *Leasing*	• Anticipazioni garantite su titoli
• *Project financing*	• Anticipazioni garantite su merci
• *Leveraged buy-out*	• Riporto di banca
• Prestiti sindacati	• Sconto commerciale
	• *Factoring*

[1] Su tale argomento si rimanda a quanto esposto in tema di manovra della leva finanziaria.

- un canale diretto, rappresentato dall'accesso al mercato finanziario;
- un canale indiretto, costituito dal passaggio attraverso intermediari finanziari, soprattutto di estrazione bancaria.

Occorre pertanto procedere con una breve disamina dei rapporti esistenti tra imprese, mercati e istituzioni finanziarie, anche alla luce delle recenti novità normative introdotte nel nostro ordinamento.

8.2 I canali di finanziamento per le imprese: i mercati finanziari (rinvio)

I mercati finanziari costituiscono il canale attraverso il quale le imprese possono approvvigionarsi di capitali, sia a titolo di pieno rischio, sia con il vincolo dell'indebitamento, in maniera diretta, senza il passaggio presso operatori finanziari intermedi, quali ad esempio le istituzioni bancarie[2]. Si tratta pertanto di una modalità di reperimento di risorse in grado di creare un collegamento immediato tra i prenditori di fondi, nello specifico le imprese, e i prestatori di fondi, ovvero i risparmiatori e quindi le famiglie.

La diversità del percorso da seguire per garantire il collegamento tra imprese e risparmiatori, e quindi il relativo trasferimento di risorse, implicano altresì una differenziazione nella tipologia dei rapporti che si instaurano tra le parti e negli strumenti utilizzati. In termini generali, è possibile affermare che nei circuiti finanziari diretti le transazioni avvengono in modo impersonale e hanno per oggetto titoli standardizzati; viceversa, la presenza di un intermediario permette l'impostazione di un rapporto personale e di condizioni contrattuali variabili di volta in volta a seconda delle circostanze e delle esigenze degli operatori[3].

Sempre assumendo la medesima ottica di osservazione, è appena il caso di sottolineare che i sistemi economico-finanziari che fondano la loro operatività in maniera prevalente sui circuiti diretti, possono essere definiti «sistemi orientati al mercato» o *open market*. Qualora, invece, il collegamento tra soggetti in surplus e soggetti in deficit avvenga con maggiore frequenza passando attraverso la figura professionale di un intermediario, si parla di «sistemi orientati agli intermediari» (*negotiated loan market*)[4]. Appartengono alla prima categoria i sistemi finanziari tipici dei paesi anglosassoni, ossia britannici e statunitensi, da sempre dotati di mercati finanziari in grado di sostenere in maniera efficiente i meccanismi di domanda e di offerta di capitali e di garantire il finanziamento del settore produttivo minimizzando i costi dell'intermediazione[5].

[2] Oriani M., 1999, *Struttura dei mercati finanziari e strumenti di finanziamento delle imprese*, in Cattaneo M. (a cura di), pp. 53-54.

[3] Demattè C., Forestieri G., Mottura P., *Economia degli intermediari finanziari*, Egea, Milano 1993, pp. 333-34.

[4] Valentinuz G., 2000, *I mercati finanziari, il portafoglio di mercato e il Beta Book*, in Fanni, cit., p. 808.

[5] Per un quadro completo sull'evoluzione dei sistemi finanziari dei paesi anglosassoni, si veda Kregel J., *Origini e sviluppo dei mercati finanziari*, Banca Popolare dell'Etruria e del Lazio – Studi e ricerche, Arezzo 1996.

In altri contesti socio-economici, tra i quali si annovera l'Italia, le funzioni di acquisizione-erogazione dei capitali sono svolte da appositi intermediari, e in particolare da intermediari di estrazione bancaria. Nel nostro Paese la stessa legislazione tributaria ha contribuito sensibilmente ad incrementare il ricorso delle imprese al credito bancario, piuttosto che incentivare le acquisizioni dirette dei capitali sui mercati, favorendo così, insieme ad altri fattori di natura strutturale e culturale, la costruzione di un circuito finanziario fortemente «bancocentrico» nel quale i mercati erano destinati a svolgere un ruolo del tutto marginale.

Negli ultimi anni si sta però assistendo a un'inversione di tendenza guidata da un sempre maggiore interesse mostrato dalle imprese, dai risparmiatori, dalle istituzioni e da tutti gli operatori economici in generale, nei confronti del mercato dei capitali e degli strumenti in esso negoziati. La presa di coscienza della necessità di un circuito finanziario in grado di operare un collegamento diretto e non intermediato tra soggetti che offrono e soggetti che domandano risorse finanziarie, la continua innovazione che ha portato alla definizione di nuovi strumenti e nuovi meccanismi operativi, un maggior livello di cultura finanziaria anche da parte delle famiglie, i numerosi interventi legislativi volti a introdurre ulteriori figure professionali (quali i fondi comuni di investimento mobiliare nel 1983, le società di intermediazione mobiliare nel 1991 e i fondi pensione nel 1993) e a offrire una regolamentazione omogenea dell'intero sistema: sono questi alcuni dei fattori che insieme fungono da volano verso la transizione da un modello economico-finanziario fondato sull'attività bancaria a un processo di disintermediazione che intende porre il mercato al centro dei meccanismi di finanziamento-investimento del Paese.

In realtà, il problema non deve essere posto in termini di scelta tra banche e mercati, in quanto ogni circuito presenta proprie caratteristiche e peculiarità che lo rendono idoneo ad affrontare circostanze diverse. I sensibili vantaggi che il sistema economico, finanziario e produttivo italiano potrebbe ottenere per effetto dello sviluppo del mercato dei capitali, non implicano inevitabilmente il venir meno del ruolo degli intermediari e in particolare di quelli di natura bancaria. Sarà dunque necessario ricercare un equilibrio tra le due tipologie di circuiti finanziari, al fine di integrarne le funzionalità e le potenzialità e migliorare così le condizioni di economicità e operatività per tutti gli operatori.

Il tema dei mercati finanziari, con tutte le implicazioni che ne derivano in termini di articolazione, funzionamento ed efficienza dello stesso, costituirà l'oggetto di uno specifico approfondimento, cui pertanto si rinvia.

8.3 Il rapporto banca-impresa: dal Testo Unico al nuovo accordo di Basilea

Il tema dell'acquisizione di capitale a titolo di debito non può prescindere da un'analisi dell'evoluzione e dell'attuale architettura del sistema creditizio, ponendo in evidenza lo stretto legame intercorrente tra banche e imprese. In effetti, nonostante il recente sviluppo fatto registrare dai mercati finanziari, l'Italia è da sempre un paese caratterizzato da un forte orientamento agli intermediari, nello specifico quelli di estrazione bancaria, circostanza che ha attribuito al nostro sistema economico-finanziario la qualifica di «bancocentrico».

Gli istituti bancari si pongono pertanto come interlocutori privilegiati nel percorso di raccolta di capitale fresco da destinare sia alla copertura degli impegni emergenti dalla gestione del capitale circolante (aperture di credito, riporto, anticipazioni garantite ecc.), ma anche al finanziamento degli investimenti strutturali, attraverso contratti come il mutuo. Per la maggioranza delle imprese operanti nel nostro Paese le banche rappresentano addirittura l'unico interlocutore cui rivolgersi per far fronte a problematiche e necessità di carattere finanziario: tale affermazione trova giustificazione nella struttura del tessuto economico nazionale, composto in percentuale rilevante da imprese di piccole e medie dimensioni gestite su base familiare.

In Italia il sistema bancario, per lungo tempo dominato dalla proprietà pubblica e da una concezione dell'attività creditizia come pubblico servizio, ha vissuto un processo di privatizzazione senza precedenti culminato nell'emanazione della nuova legge bancaria che ha sancito solennemente la natura d'impresa dell'attività bancaria. L'affermazione di questo principio riflette le trasformazioni avvenute in tutti i principali sistemi finanziari, resesi necessarie in seguito al venir meno delle condizioni di protezione assicurate dallo Stato, prevalenti almeno fino agli anni Settanta. Le banche si sono trovate a operare in mercati più concorrenziali e in contesti economici più perturbati rispetto al passato, rendendo necessario l'intervento del legislatore per addivenire alla definizione di nuove e più coerenti regole di condotta per le imprese bancarie. In effetti, verso la seconda metà degli anni Settanta, si cominciò ad avvertire l'assenza di intermediari finanziari in grado di operare in maniera più efficiente, ma soprattutto capaci di contrastare l'ondata di concorrenza straniera che faceva sentire sempre più la sua presenza in Italia[6].

Ed è proprio in quegli anni che il nostro sistema bancario cominciò ad operare in maniera più incisiva sotto la spinta della citata concorrenza ma, soprattutto, in virtù di una maggiore elasticità attuata da parte della Banca d'Italia: nel contempo anche negli altri stati dell'Unione Europea si avvertì una maggiore sensibilità verso i problemi di natura bancaria e finanziaria, tanto che furono emanate due Direttive comunitarie con l'obiettivo di riorganizzare l'intera e vasta materia. In particolare, le Direttive, recepite dall'ordinamento italiano, si proponevano di evitare che l'Organo di politica monetaria interferisse nel sistema bancario, lasciando quest'ultimo libero di trovare un proprio equilibrio operando in un mercato concorrenziale europeo. Se fino a quel momento, dunque, il problema della stabilità delle banche era stato l'obiettivo principale perseguito da ogni Banca centrale, certamente non lo si poteva mettere a rischio proprio nel momento in cui il nuovo scenario competitivo che si andava delineando richiedeva alle banche, specialmente in Italia, una maggiore efficienza.

Le due Direttive, inoltre, imponevano la privatizzazione delle aziende di credito: sul mercato erano presenti, soprattutto in Italia, soggetti economici di natura privata e

[6] Ruozi R., *Economia e gestione della banca*, Egea, Milano 1997, p. 22.

soggetti costituiti in forma pubblica, quantitativamente più importanti rispetto ai primi. Quest'ultimo aspetto destava non poche perplessità in merito a due considerazioni: la prima riguardava l'impossibilità per un soggetto di natura pubblica di operare in un mercato altamente concorrenziale; la seconda, invece, concerneva la possibilità che il soggetto pubblico fosse meno interessato alla redditività aziendale e all'efficienza e che, quindi, praticasse una politica dei prezzi diversa creando effetti distorsivi sul mercato a discapito delle banche private.

La sommatoria di questi elementi – redditività, efficienza, concorrenza – indusse il legislatore a intervenire con una serie di provvedimenti che obbligavano le banche ad assumere la natura privatistica in quanto più adatta per operare in un mercato altamente concorrenziale. In pratica, con il Decreto Legislativo n. 385 del 1993 fu introdotto in Italia il Testo Unico delle leggi in materia bancaria e creditizia e fu sancito il principio della despecializzazione bancaria[7].

Il Testo Unico definisce la banca come l'impresa autorizzata all'esercizio dell'attività bancaria, intendendo per quest'ultima «la raccolta del risparmio tra il pubblico e l'esercizio del credito». All'articolo 10, secondo e terzo comma, viene specificato che l'esercizio dell'attività bancaria è riservato alle banche e che queste ultime esercitano, oltre all'attività bancaria, ogni altra attività finanziaria, secondo la disciplina propria di ciascuna, nonché attività connesse e strumentali. In particolare, il Testo Unico introduce la figura della «banca universale» attribuendo ad essa la facoltà di svolgere le cosiddette «attività ammesse al mutuo riconoscimento». Tali sono, secondo l'articolo 1, le attività di:

1) raccolta di depositi o di altri fondi con l'obbligo di restituzione;
2) operazioni di prestito (compreso in particolare il credito al consumo, il credito con garanzia ipotecaria, il factoring, le cessione di credito pro soluto e pro solvendo, il credito commerciale incluso il forfaiting);
3) leasing finanziario;
4) servizi di pagamento;
5) emissione e gestione di mezzi di pagamento (carte di credito, travellers cheques, lettere di credito);
6) rilascio di garanzie e di impegni di firma;
7) operazioni per proprio conto o per conto della clientela in:
   - strumenti di mercato monetario (assegni, cambiali, certificati di deposito ecc.);
   - cambi;
   - strumenti finanziari a termine e opzioni;
   - contratti sui tassi di cambio e tassi d'interesse;
   - valori mobiliari;

[7] Castaldi G., *Il Testo Unico bancario: tra innovazione e continuità*, Giappichelli, Torino 1997.

8) partecipazioni alle emissioni di titoli e prestazioni di servizi connessi;
9) consulenza alle imprese in materia di struttura finanziaria, di strategia industriale e di questioni connesse, nonché consulenza e servizi nel campo delle concentrazioni e del rilievo di imprese;
10) servizi di intermediazione finanziaria;
11) gestione o consulenza nella gestione di patrimoni;
12) custodia e amministrazione di valori mobiliari;
13) servizi di informazione commerciale;
14) locazione di cassette di sicurezza;
15) altre attività che, in virtù delle misure di adattamento assunte dalle autorità comunitarie, sono aggiunte all'elenco allegato alla seconda direttiva in materia creditizia del Consiglio delle Comunità europee n. 89/646/CEE del 15 dicembre 1989.

Il Testo Unico precisa, inoltre, il concetto di raccolta del risparmio definendolo come «l'acquisizione di fondi con obbligo di risparmio sia sotto forma di depositi sia sotto altra forma». In altri termini, pur rimanendo ferme le tre funzioni fondamentali della banca – di mobilizzazione, creditizia e monetaria – il Testo Unico oltre ad abbattere i confini operativi degli Istituti di credito, concede loro, anche se entro determinati limiti, la possibilità di acquisire direttamente partecipazioni in società non finanziarie. Ciò significa che le banche possono diventare soci di minoranza anche di aziende non operanti nel settore finanziario, contribuendo in tal modo allo sviluppo dell'attività di *merchant banking*. Tale attività, intesa come partecipazione al capitale, ma soprattutto come consulenza e ristrutturazione finanziaria, dovrebbe rappresentare sempre più, in futuro, una fonte reddituale significativa per le banche e una necessità per le imprese italiane, le quali avvertono da tempo diverse esigenze, allo stato attuale rimaste insoddisfatte, che possono essere così sintetizzate:

- la ristrutturazione del passivo fortemente sbilanciato verso il breve termine;
- la ricerca di fonti di finanziamento alternative a quelle di estrazione bancaria;
- la necessità di avvicinarsi al mercato mobiliare con l'intento di reperire capitale di rischio pieno;
- il ricambio generazionale, essendo il nostro sistema produttivo basato sul capitalismo familiare.

In breve la riforma, abbattendo le barriere precedentemente elencate, ha consentito alle banche di addentrarsi verso nuovi orizzonti operativi riguardanti, ad esempio, il mercato mobiliare. Tale possibilità operativa è stata ulteriormente ribadita a seguito dell'introduzione del Decreto Eurosim 415/1996, attualmente recepito dal Testo Unico della Finanza, che ha reso possibile anche per le banche la negoziazione di titoli mobiliari, diversi dai titoli di Stato, permettendo loro di assumere un ruolo sempre più significativo e remunerativo nel processo di quotazione delle imprese sui mercati regolamentati.

È dunque possibile affermare che il Testo Unico, istituendo la figura della banca universale, ha permesso alle banche di effettuare operazioni considerate in passato «proibite» a causa della più volte ripetuta specializzazione: in realtà, lo spirito del legislatore è stato quello di porre gli istituti di credito in condizioni favorevoli tali da competere in un mercato in cui è massiccia la presenza di intermediari stranieri altamente specializzati[8].

All'interno del percorso evolutivo appena illustrato un ruolo di primo piano deve essere attribuito ai cosiddetti accordi di Basilea, finalizzati a offrire una disciplina unitaria del sistema creditizio a livello internazionale in grado di garantire l'efficacia e l'efficienza nella gestione delle banche in un contesto ambientale segnato da un forte livello di concorrenza. Tali accordi sono stati promossi e recepiti per favorire l'attività svolta dagli istituti di credito, in un'ottica di contenimento dei rischi associati alla loro gestione, ma sono destinati ad avere pesanti ripercussioni anche per le imprese richiedenti finanziamenti e dunque più in generale sul rapporto banca-impresa.

Prima di entrare nel merito degli accordi in parola, occorre chiarire che il comitato di Basilea è un organismo di cooperazione internazionale composto dai Governatori delle Banche centrali e dai rappresentanti delle Autorità di vigilanza di dieci Paesi (cosiddetto «Gruppo dei dieci»[9]). Esso si riunisce presso la Banca dei Regolamenti Internazionali, con sede appunto nella città di Basilea, al fine di formulare linee guida che non hanno valore di legge, se non in seguito al recepimento formale posto in essere dagli organi competenti di ciascun Paese.

Il primo, significativo provvedimento adottato dal Comitato risale al 1988 ed è passato alla storia come «I accordo di Basilea». I concetti fondamentali su cui veniva posto l'accento erano costituiti dall'adeguatezza patrimoniale della banca e dai rischi generati dalla gestione della stessa. La finalità dell'accordo consisteva nell'introdurre un meccanismo di collegamento tra patrimonio della banca e rischio presente nella sua attività, in un'ottica di contenimento della probabilità di insolvenza, circostanza destinata a determinare pesanti ripercussioni per l'istituto di credito, per i risparmiatori, nonché per il sistema finanziario nel suo complesso. Nello specifico, il primo accordo era costruito su tre fattori principali:

1) il capitale di vigilanza della banca, ovvero l'ammontare del patrimonio a disposizione dell'istituto creditizio per fronteggiare il verificarsi di eventuali perdite. Esso si suddivide in: patrimonio di base (capitale sociale, riserve legali e facoltative, fondo per rischi bancari e strumenti innovativi di capitale); patrimonio supplementare primario (riserve di rivalutazione, passività a lungo termine caratterizzate da elevati tassi di remunerazione, fondi rischi su crediti, strumenti ibridi); patrimonio supplementare secondario, costituito da passività con durata superiore a due anni;
2) il rischio di credito della controparte, definito in funzione delle diverse esposizioni creditizie della banca, siano esse iscritte o meno in bilancio. Nello specifico, il ri-

[8] Mottura P., *La gestione della Banca*, Giuffrè, Milano 1986. Il concetto di banca universale si riferisce a una figura di banca in grado di operare in maniera diversificata nelle diverse combinazioni prodotto-mercato.

[9] Gli Stati membri del Comitato di Basilea sono: Belgio, Canada, Giappone, Italia, Lussemburgo, Paesi Bassi, Svezia, Regno Unito, Stati Uniti, Francia e Svizzera.

Tab. 8.2 I coefficienti di ponderazione per il calcolo del rischio (I accordo di Basilea)

	Esposizioni	
Ponderazioni	**Attività in bilancio**	**Attività fuori bilancio**
0%	• Cassa e valori assimilati • Crediti v/banche centrali e governi dei paesi OCSE • Titoli di Stato emessi dai paesi OCSE	• Impegni analoghi all'esposizione di credito con scadenza inferiore a 1 anno
20%	• Crediti v/banche multilaterali di sviluppo • Crediti v/banche dei paesi OCSE • Crediti v/enti pubblici dei paesi OCSE	• Impegni di firma legati ad operazioni commerciali
50%	• Mutui garantiti da ipoteche su proprietà di tipo residenziale	• Facilitazioni in appoggio all'emissione di titoli • Altri impegni con scadenza superiore ad un anno
100%	• Crediti v/imprese del settore privato • Partecipazioni in imprese private • Crediti v/banche centrali e governi di paesi non OCSE • Impianti e altri investimenti fissi	• Sostituti diretti del credito (fideiussioni e accettazioni) • Cessioni di attività pro-solvendo, con rischio di credito a carico della banca

Fonte: Banca d'Italia, *Accordo Internazionale sulla valutazione del patrimonio e sui coefficienti patrimoniali minimi*, «Bollettino Economico», 11, ottobre 1988.

schio veniva quantificato applicando diversi fattori di ponderazione alle singole voci dell'attivo, come risulta dalla tabella 8.2;

3) il rapporto minimo tra capitale di vigilanza e rischio di credito. L'accordo prevedeva un capitale di vigilanza minimo pari all'8% del valore delle posizioni creditizie, ponderate per il relativo peso in termini di rischio, così come evidenziato nel punto precedente. Se ad esempio la banca eroga un prestito a una impresa per un valore di 10.000 euro sul quale si applica un coefficiente di ponderazione del 50% (da cui risulta pertanto un valore dell'attività ponderata in funzione del rischio pari a 5.000 euro), allora il capitale minimo che la banca deve detenere a fronte di tale operazione è pari all'8% di 5.000 euro, ovvero 400 euro. Con riferimento, invece, alle attività fuori bilancio, esse vanno preventivamente sottoposte a una procedura di trasformazione in equivalenti creditizi, sulla base di specifici fattori di conversione[10].

Nonostante l'indubbia rilevanza dell'accordo appena descritto in termini di impatto sui meccanismi di gestione delle banche e di ridefinizione del rapporto con le imprese clienti, la sua introduzione e applicazione ne fece emergere i limiti sintetizzabili principalmente nella presenza di un sistema di ponderazioni equivalente per tutte le esposizioni della banca, siano esse sorte verso altre banche, imprese o soggetti pub-

[10] Ong M.K., *Internal Credit Risk Models, Capital Allocation and Performance Measurement*, Risk Books, 1999, pp. 37 e ss.

blici. Inoltre, l'accordo trascura la vita residua delle operazioni di concessione di credito, nonché le garanzie correlate e le eventuali coperture attivate[11].

Nell'intento di superare i limiti del primo accordo, nel 1996 il Comitato di Basilea ha pubblicato l'emendamento all'Accordo sul Capitale, finalizzato ad ampliare le tipologie di rischio da monitorare prevedendo una specifica copertura patrimoniale per i rischi di mercato. Inoltre, nel giugno del 1999 il Comitato ha provveduto all'emanazione, ai fini della consultazione, di una prima proposta di revisione della disciplina[12], cui hanno fatto seguito un secondo e un terzo documento di consultazione, rispettivamente nel gennaio 2001 e nell'aprile del 2003. Questi documenti sono stati integrati a seguito dei giudizi e dei commenti formulati dagli operatori del settore creditizio, nonché per effetto dei risultati ottenuti dalle simulazioni sull'impatto della nuova regolamentazione.

Il complesso lavoro di revisione portato avanti dalla Commissione è sfociato nella predisposizione e nella successiva pubblicazione del II accordo di Basilea, datato 2004 e finalizzato a trovare applicazione nei singoli Stati aderenti a partire da gennaio 2007 con opzione di differimento al 2008. La portata innovativa di tale secondo provvedimento è senza dubbio maggiore rispetto al primo accordo, stante l'introduzione di concetti e meccanismi operativi destinati a rivoluzionare il preesistente rapporto tra banca e impresa. Il nuovo Accordo rappresenta una grande opportunità di rinnovo e miglioramento del sistema bancario, fondandosi proprio sull'ampliamento delle relazioni tra banca e impresa che, insieme, saranno in grado di affrontare in maniera decisa e vincente la competizione internazionale. Basilea 2 spinge le banche a dedicare più attenzione ai meccanismi di valutazione e gestione dei rischi e ad adottare sofisticati sistemi per la selezione dei crediti e la determinazione dei tassi d'interesse coerenti con il profilo di rischio dei prenditori di fondi.

Anche il secondo accordo di Basilea è costruito su tre pilastri che riproducono nella sostanza la medesima linea di intervento prevista nel provvedimento del 1988, introducendo però significativi elementi di novità in grado di superare i limiti precedentemente elencati. Nel dettaglio, i pilastri riguardano i seguenti aspetti:

1) requisiti patrimoniali minimi (patrimonio di vigilanza). È prevista la verifica dell'esistenza di un patrimonio di vigilanza adeguato alla tipologia di rischio assunto dalla banca attraverso lo svolgimento della sua attività. Si tratta di un principio del tutto analogo a quello già affermato nel I accordo, ma sensibilmente modificato nella sostanza e nelle modalità di determinazione del rischio. In particolare, il rischio di credito, già presente nella precedente versione dell'accordo, viene definito sulla base di approcci più o meno sofisticati – a seconda delle capacità e delle competenze dell'istituto creditizio –, offrendo per la prima volta la possibilità ad una banca di procedere in via autonoma al calcolo del merito creditizio (*rating*) da assegnare alla propria clientela. Il patrimonio minimo è altresì commisurato ad al-

[11] De Laurentis G., Caselli S., *Miti e verità di Basilea 2. Guida alle decisioni*, II edizione, Egea, Milano 2006, pp. 6-7.

[12] Comitato di Basilea, *A new capital adequacy frame work*, giugno 1999.

tre fattispecie di rischio: il rischio di mercato, introdotto a integrazione dei contenuti del primo accordo e relativo a modifiche di variabili quali i tassi di interesse, i tassi di cambio, gli indici di borsa, il prezzo del petrolio e così via; inoltre, per la prima volta si introduce nel calcolo il concetto di rischio operativo, ovvero il rischio generato da eventuali perdite determinate da errori imputabili alle procedure, a operazioni di monitoraggio e controllo dei rischi, nonché alla reputazione delle risorse umane e al funzionamento dei sistemi tecnologici[13]. Rispetto al primo accordo, è rimasta immutata la percentuale di patrimonio di vigilanza da detenere rispetto alle operazioni realizzate, ovvero il cosiddetto coefficiente di solvibilità pari all'8%. Appare importante sottolineare che, stante la rilevanza dell'argomento, le modalità di determinazione del rischio di credito e dunque la costruzione del giudizio di rating costituiranno oggetto di uno specifico approfondimento;

2) il controllo prudenziale dell'adeguatezza patrimoniale. Si tratta di un aspetto concernente principalmente l'attività svolta dall'autorità di vigilanza sulle banche, al fine di assicurare costantemente il mantenimento dei requisiti minimi previsti dalla normativa e calcolati sulla base di quanto esposto nel punto predente. In tale ottica, l'autorità di vigilanza è tenuta a svolgere una attenta attività di supervisione sugli istituti di credito, monitorando altresì il livello di compatibilità tra capitale detenuto e rischio assunto, nonché favorendo l'adozione da parte delle stesse banche di sistemi operativi finalizzati a gestire e controllare la dinamica dei rischi;
3) disciplina del mercato, trasparenza e informazione. Il raggiungimento degli obiettivi generali perseguiti attraverso l'emanazione del provvedimento in parola deve necessariamente passare attraverso la definizione di un rapporto tra i vari protagonisti del settore creditizio improntato sulle logiche della trasparenza e della diffusione delle informazioni.

Il forte contenuto innovativo del nuovo accordo di Basilea ha prodotto e continua tuttora a determinare un grosso sforzo di adattamento, sia per le banche, sia per le stesse imprese, chiamate, se pur indirettamente, a partecipare da protagoniste al processo evolutivo in corso. In primo luogo, le banche si sono viste costrette a modificare sensibilmente il loro *modus operandi*, adottando procedure in precedenza ignorate e dando finalmente applicazione a logiche valutative che non si limitano alla verifica del grado di solvibilità di una ipotetica impresa finanziata, ma sono orientate – o almeno dovrebbero essere orientate – all'analisi della bontà del progetto proposto, appoggiando anche investimenti rischiosi, ma con buone prospettive di crescita. Le imprese, da parte loro, sono chiamate a ridefinire i rapporti con gli istituti bancari, improntando gli stessi su requisiti di trasparenza e comunicazione al fine di offrire alle banche tutti gli elementi e le informazioni necessarie per poter eseguire al meglio le analisi del livello di affidabilità dell'impresa stessa. Si tratta, come è evidente, di un impegno di rilevante entità, soprattutto per le imprese di piccole e medie dimensioni,

[13] Tarocco F. (a cura di), *Basilea 2. Nuovi scenari del rapporto Banca-Impresa*, Giappichelli, Torino 2003, p. 19.

costrette a migliorare e, in molti casi, predisporre partendo da zero, un adeguato sistema informativo, necessario per non trovarsi impreparate di fronte alle nuove regole e per non dover rinunciare a quello che spesso si configura come unico canale di finanziamento del fabbisogno espresso dalla loro gestione[14]. Inoltre, da più parti è stato paventato il rischio di una eccessiva standardizzazione delle procedure di valutazione del merito creditizio, con conseguente perdita del requisito di personalizzazione che invece dovrebbe contraddistinguere il rapporto banca-impresa.

8.3.1 Il rischio di credito e il calcolo del rating

Senza dubbio le novità maggiormente significative introdotte dal nuovo accordo di Basilea riguardano le tipologie e il calcolo del rischio assunto dalla banca nella gestione della sua attività, passaggio necessario per definire il patrimonio minimo di vigilanza da detenere. Il provvedimento in parola esprime l'esigenza di ponderare gli impieghi realizzati dall'istituto creditizio rispetto a specifiche fattispecie di rischio, ovvero:

- il rischio di credito, già presente nel I accordo, ma definito in maniera sensibilmente differente, attraverso l'introduzione del giudizio di rating;
- il rischio di mercato, introdotto a integrazione del I accordo e non modificato, nella sostanza, dalla nuova versione emanata nel 2004;
- il rischio operativo che si configura come un elemento del tutto innovativo nel quadro di riferimento delineato.

In questa sede l'attenzione sarà concentrata soprattutto sul rischio di credito e sulle procedure previste dalla normativa per la sua misurazione. Il rischio di credito è in primo luogo il rischio che il soggetto finanziato (nello specifico l'impresa) non riesca a far fronte agli impegni sorti per effetto delle risorse ottenute – in termini di restituzione del capitale e/o pagamento degli interessi – evidenziando una situazione di insolvenza. Appare del tutto evidente come la crescita della probabilità di uno stato di crisi dell'azienda finanziata determini un aumento del rischio in capo alla banca che si traduce, a sua volta, in un incremento dei tassi di interesse applicati sul prestito e nel deterioramento del grado di affidabilità dell'impresa. Il rischio di credito assunto dalle banche risulta pertanto strettamente correlato al rating attribuibile alle imprese clienti, ovvero il giudizio capace di sintetizzare il livello di solvibilità delle imprese e dunque il loro merito creditizio.

L'aspetto di maggiore interesse introdotto da Basilea 2 si riferisce proprio alle modalità di determinazione del rating, destinato a divenire un imprescindibile criterio guida dell'attività svolta dalle istituzioni bancarie, ma si può anche configurare come

[14] Sul tema si vedano: Cattaneo C., Modina M., *Basilea II e PMI,* Franco Angeli, Milano 2006, p. 321; Caselli S. (a cura di), *PMI e sistema finanziario,* Egea, Milano 2003, p. 154; Caselli S., *Corporate banking per le piccole e medie imprese. Il cambiamento delle strategie e dei processi gestionali della banca per lo sviluppo del rapporto con le pmi,* Bancaria, Roma 2001, p. 402.

un ottimo «biglietto da visita» per le imprese che intendono acquisire nuovo capitale. In effetti, un buon giudizio di rating – generato ovviamente da una situazione economica, finanziaria e patrimoniale soddisfacente – è premiato dal sistema bancario attraverso l'applicazione di oneri finanziari ridotti, stante la maggiore «sicurezza» – e dunque il minor rischio – della banca nel concedere prestiti a soggetti di accertata solvibilità. Ovviamente, laddove il calcolo del rating dovesse portare alla formulazione di un giudizio negativo o comunque non brillante, l'impresa risulterà penalizzata sia in termini economici, in virtù dei maggiori interessi praticati, sia in termini di opportunità – attuale e potenziale – di raccolta del capitale e infine di immagine nei confronti dell'intero sistema finanziario. In estrema sintesi, un sistema creditizio fondato sul rating risulta premiante per le imprese che godono di buona salute, mentre appare penalizzante per le imprese caratterizzate da un equilibrio instabile e da condizioni di solvibilità precarie.

Adottando un maggior livello di dettaglio, il nuovo accordo in parola prevede la possibilità di scelta per la banca tra due metodologie di calcolo del rischio di credito e dunque del rating:

a) approccio standard, fondato sull'impiego di rating formulati da agenzie esterne (*External Credit Assessment Institutions*) appositamente costituite, come ad esempio Moody's, Standard & Poor's, IBCA ecc. Si tratta, in realtà, di un meccanismo di valutazione del rischio di credito già previsto dal primo accordo e dunque già in uso da diversi anni. Le agenzie di rating, al fine di ottenere il riconoscimento da parte delle autorità di vigilanza, devono seguire specifici criteri di valutazione per la determinazione del merito creditizio che vanno dall'analisi della situazione economica, finanziaria e patrimoniale dell'impresa target, allo studio del settore di appartenenza e della posizione strategica e competitiva rivestita dall'impresa, fino ad arrivare alla verifica dell'andamento generale del sistema economico (Appendice A). L'insieme delle valutazioni emergenti vengono successivamente sintetizzate in un giudizio attraverso l'attribuzione di un codice alfabetico (ad esempio, AAA, AA, BBB, CCC, CC), diverso a seconda dell'agenzia di riferimento (Fig. 8.1). Il nuovo accordo di Basilea ha introdotto significative modifiche all'approccio standard, inserendo, ad esempio, una ulteriore classe di rischio che va ad aggiungersi alle quattro precedentemente citate (0%, 20%, 50%, 100%), al fine di ponderare le esposizioni contraddistinte da un elevato livello di rischiosità per le quali si applica un coefficiente del 150%. Inoltre, nel tentativo di superare uno dei principali limiti riconducibili al primo provvedimento, il Comitato ha operato una distinzione nel trattamento delle esposizioni bancarie in funzione della natura della controparte: stati sovrani, banche o imprese;
b) approccio fondato sui rating interni (*Internal Rating Approach*). Si tratta senza dubbio della più importante innovazione introdotta da Basilea 2 in quanto consente alle banche, per la prima volta, di provvedere autonomamente, ovvero con le sole risorse e competenze interne, alla definizione del giudizio di rating da assegnare alle imprese clienti. A tal fine, la banca è tenuta a valutare attentamente, sulla base delle informazioni ottenute dall'impresa da affidare, il rischio di insolvenza della

<table>
<tr><th></th><th>AAA</th><th>AAA-</th><th>AA+</th><th>AA</th><th>AA-</th><th>A+</th><th>A</th><th>A-</th><th>BBB+</th><th>BBB</th><th>BBB-</th><th>BB+</th><th>BB</th><th>BB-</th><th>B+</th><th>B</th><th>B-</th><th>Inferiore</th><th>Senza rating</th><th>Scaduti</th></tr>
<tr><td>Corporate (aziende)</td><td colspan="5">20%</td><td colspan="3">50%</td><td colspan="6">100%</td><td colspan="4">150%</td><td>100%</td><td>150%</td></tr>
<tr><td>Stati sovrani</td><td colspan="5">0%</td><td colspan="3">20%</td><td colspan="3">50%</td><td colspan="6">100%</td><td>150%</td><td>100%</td><td></td></tr>
<tr><td>Banche</td><td colspan="5">20%</td><td colspan="6">50%</td><td colspan="6">100%</td><td>150%</td><td>100%</td><td></td></tr>
<tr><td>Banche: Paese d'origine</td><td colspan="5">20%</td><td colspan="3">50%</td><td colspan="3">100%</td><td colspan="6">150%</td><td>150%</td><td>100%</td><td></td></tr>
<tr><td>Retail (privati e PMI)</td><td colspan="19">75%</td><td>150%</td></tr>
<tr><td>Mutui residenziali</td><td colspan="19">35%</td><td>100%</td></tr>
<tr><td>Mutui commerciali</td><td colspan="19">Da 100% a 50% , a scelta delle Autorità nazionali</td><td>150%</td></tr>
</table>

Fig. 8.1 Coefficienti di ponderazione nell'approccio standard

stessa, stimando altresì l'ammontare della perdita che si potrebbe verificare in tale ipotesi. Inoltre, l'approccio in parola prevede la verifica di un'altra variabile da inserire nel calcolo del merito creditizio, ovvero la scadenza delle singole esposizioni (*Maturity*). L'azienda affidata o da affidare sarà sottoposta a una valutazione finalizzata a identificare la classe di merito, ovvero il grado di fiducia da accordare e il relativo costo degli affidamenti bancari, cioè l'interesse. Tale valutazione si fonda su diversi livelli di analisi:

- l'analisi quantitativa, necessaria a determinare la capacità dell'impresa di generare nel tempo flussi di cassa positivi, mantenendo un'equilibrata struttura patrimoniale finanziaria e livelli di reddito soddisfacenti. Le informazioni si ricavano dal bilancio delle aziende, dalla centrale dei rischi, dal contesto settoriale e dal rapporto con la banca;
- l'analisi qualitativa, che consiste nel valutare la capacità dell'azienda di adottare scelte strategiche coerenti con l'evoluzione dell'ambiente esterno e del settore di riferimento. Per effettuare questa analisi, le informazioni si ricavano dalla relazione banca/cliente;
- l'analisi mandamentale, infine, si occupa di monitorare costantemente le informazioni sull'impresa e sul mercato.

In linea generale, l'approccio standard è impiegato dalle banche di piccole e medie dimensioni, prive delle competenze e delle risorse interne – sia umane, sia tecnologiche – necessarie per predisporre e attuare il calcolo del rating. L'approccio fondato sui rating interni, invece, è alla portata di banche di grandi dimensioni, dotate delle conoscenze e dei sistemi operativi adeguati all'attivazione delle relative procedure. Inoltre, al fine di poter applicare il secondo approccio, le banche devono possedere una serie di requisiti:

- dotarsi di un sistema in grado di differenziare e classificare i prenditori di fondi e i prodotti in gruppi omogenei, a ciascuno dei quali è assegnato un livello di rischio di credito;
- le esposizioni creditizie devono essere distribuite tra le varie classi di rischio;
- il rating deve essere attribuito ai prenditori prima che sia stato preso l'impegno di prestito;
- l'input minimo che ciascuna banca deve fornire è costituito dalla stima della probabilità d'insolvenza a un anno relativa a ciascuna classe di rischio del sistema di rating.

Appendice A Scale di rating predisposte dalle principali agenzie esterne

Standard & Poor's	**Moody's**	**Fitch Ibca**
Investment grade	**Investment grade**	**Investment grade**
AAA Capacità di pagare gli interessi e rimborsare il capitale estremamente elevata.	Aaa Obbligazioni sicure. È sicuro il pagamento sia degli interessi sia del capitale in virtù di margini elevati o estremamente stabili.	AAA Obbligazioni di elevata qualità straordinaria capacità nel puntuale adempimento contrattuale, non influenzata da eventi prevedibili.
AA Capacità molto alta di onorare il pagamento degli interessi e del capitale. Differisce solo marginalmente dalle emissioni della categoria precedente.	Aa Obbligazioni di alta qualità. Differiscono dalla precedente categoria in quanto godono di margini meno ampi, o meno stabili o comunque maggiormente esposti nel lungo periodo.	AA Obbligazioni di qualità molto alta con basso rischio di credito. Forte capacità nel puntuale adempimento contrattuale, non significativamente influenzata da eventi prevedibili.
A Forte capacità di pagamento degli interessi e del capitale, ma una certa sensibilità agli effetti sfavorevoli di cambiamento di circostanze o al mutamento delle condizioni economiche.	A Obbligazioni di qualità medio-alta. Sussistono dei fattori che rendono scettici sulla capacità delle garanzie di rimanere tali anche in futuro.	A Obbligazioni di alta qualità con basso rischio di credito. Forte capacità nel puntuale adempimento contrattuale, tuttavia più influenzabile dalle circostanze o alle condizioni economiche.
BBB Capacità ancora sufficiente di pagamento degli interessi e del capitale. Tuttavia la presenza di condizioni economiche sfavorevoli o una modifica delle circostanze potrebbero alterare in misura maggiore la capacità di onorare il debito.	Baa Obbligazioni di qualità media. Il puntuale adempimento appare attualmente garantito in maniera sufficiente, ma non altrettanto in futuro.	BBB Obbligazioni di buona qualità con basso rischio di credito. Adeguata capacità nel puntuale adempimento contrattuale, ma influenzabile dalle circostanze o dalle condizioni economiche.

segue **Appendice A**

Standard & Poor's	Moody's	Fitch Ibca
Speculative grade	**Speculative grade**	**Speculative grade**
BB Nell'immediato, minore vulnerabilità al rischio di insolvenza di altre emissioni speculative. Tuttavia, grande incertezza ed esposizione ad avverse condizioni economiche, finanziarie e settoriali. B Più vulnerabile ad avverse condizioni economiche, finanziarie e settoriali, ma capacità nel presente di far fronte alle proprie obbligazioni finanziarie. CCC Attualmente vulnerabilità e dipendenza ad favorevoli condizioni economiche, finanziarie e settoriali per far fronte alle proprie obbligazioni. CC Attualmente estrema vulnerabilità C È stata inoltrata un'istanza di fallimento o procedura analoga, ma i pagamenti e gli impegni finanziari sono ancora mantenuti. D Default.	Ba Nel lungo periodo non sono bene garantite. La garanzia del puntuale adempimento è limitata e può venire meno nel caso di future condizioni economiche sfavorevoli. B La garanzia del puntuale adempimento delle condizioni del regolamento è bassa nel lungo periodo. Caa Obbligazioni di bassa qualità, con elementi di pericolo riguardo al capitale e/o agli interessi. Ca Obbligazioni altamente speculative. Le società emittenti sono spesso inadempienti o scontano forti perdite. C Obbligazioni con probabilità molto basse di pagamento degli interessi e rimborso del capitale.	BB Obbligazioni speculative. Rischio di credito in probabile peggioramento in caso di avverse condizioni economiche. Tuttavia, la flessibilità finanziaria dell'emittente potrebbe consentire il superamento di tali difficoltà. B Altamente speculative. Significativo rischio di credito con un limitato margine di sicurezza. La continuità nell'adempimento puntuale non è garantita in caso di avverse condizioni economiche. CCC, CC, C Alto rischio di default. La capacità di onorare gli impegni dipende dalla crescita sostenibile del business. "C" indica un imminente default. DDD, DD, D Default. La differenza nei tre giudizi riguarda la stima sulla percentuale di recupero del debito residuo e degli interessi. DDD = 90%-100% DD = 50%-90% D = inferiore al 50%

Fonte: adattato da Munari, cit., p. 321.

SEZIONE II

Le forme di indebitamento a medio-lungo termine

8.4 Il mutuo

Tra le forme di finanziamento tradizionalmente impiegate dalle imprese per la copertura del fabbisogno consolidato emergente dalla gestione, un ruolo di primo piano deve essere riconosciuto al mutuo, la cui presenza è spesso rintracciabile all'interno dei bilanci societari. Un primo approccio «ufficiale» all'operazione in parola può essere realizzato partendo dalla lettura dell'articolo 1813 del codice civile, laddove si definisce il mutuo come «il contratto con il quale una parte consegna all'altra una determinata quantità di denaro o di altre cose fungibili e l'altra si obbliga a restituire altrettante cose della stessa specie e qualità».

A ben vedere, però, quello esposto dal legislatore appare un concetto piuttosto generico e riconducibile in realtà a molteplici transazioni finanziarie poste in essere tra banca e impresa. Occorre pertanto introdurre elementi di qualificazione più specifici, verificando la prassi applicata nell'ipotesi di ricorso al mutuo quale modalità di copertura del fabbisogno finanziario. In tale prospettiva, il mutuo costituisce un contratto con il quale la banca mette a disposizione del cliente una determinata somma di denaro, con l'obbligo da parte di quest'ultimo di restituire quanto prestato, con l'aggiunta degli interessi[15].

Si tratta di un prestito destinato a protrarre i suoi effetti nell'arco di un orizzonte temporale medio-lungo e che, sulla base della natura del rapporto di finanziamento e della tipologia di impiego cui destinare le risorse acquisite, può essere distinto in due principali categorie:

1) mutuo fondiario, finalizzato all'acquisto, la costruzione o la ristrutturazione di un bene immobile e dunque concesso soprattutto a famiglie e imprese edili, ma anche ad aziende operanti in settori economici differenti, che devono comunque affrontare un investimento per la realizzazione o l'acquisizione di un immobile. La durata del finanziamento generalmente varia tra i dieci e i venti anni e prevede la restituzione dell'importo prestato attraverso il pagamento di rate periodiche, comprensive di interessi e quota capitale[16]. L'elemento maggiormente rappresentativo del mutuo fondiario è costituito dalla presenza di una garanzia ipotecaria richiesta dall'istituto erogatore e apposta sul bene oggetto dell'operazione. L'importo concesso dalla banca è inferiore rispetto al valore effettivo del bene calcolato sulla base di una apposita perizia e si aggira su una percentuale che varia dal 50% al 75% del valore stimato;
2) mutuo industriale, rivolto specificamente al finanziamento dell'attività d'impresa. In particolare, la banca può concedere un prestito all'impresa-cliente per finanziare la realizzazione di un determinato progetto di investimento (ad esempio l'acquisto di un nuovo impianto oppure l'adeguamento tecnologico del processo produttivo), o, in termini più generici, per contribuire alla copertura di un fabbisogno consolidato espresso dalla gestione. In questa ipotesi il contratto ha una durata inferiore rispetto alla fattispecie precedente e varia tra i tre e i cinque anni. Per quanto riguarda invece le garanzie associate al finanziamento, esse possono essere rappresentate da ipoteca, oppure da privilegio sui beni mobili eventualmente acquistati con le risorse ottenute in prestito, o sui prodotti realizzati dall'impresa[17].

[15] Dessy A., Gervasoni A., *Come finanziare l'impresa*, Il Sole 24 Ore, Milano 1994.
[16] Diale G., *Analisi della durata di un mutuo*, «Rivista Milanese di Economia», 47, 1993.
[17] Dessy A., *Politiche finanziarie e indebitamento nelle piccole e medie imprese*, Egea, Milano 1995.

Il mutuo si pone come una operazione di finanziamento onerosa, la cui principale componente di costo è rappresentata dall'interesse applicato sulla somma erogata dalla banca. A seconda degli accordi intercorsi tra le parti, il tasso può essere fisso, cioè rimanere invariato per tutta la durata del finanziamento, prescindendo dalle oscillazioni subite dagli indicatori del mercato; oppure variabile, se la sua misura viene «agganciata» alla dinamica di uno specifico tasso variabile quotato sul mercato, come ad esempio l'Euribor o il Libor[18]. In termini del tutto generali, l'impresa preferirà optare per un tasso di interesse fisso qualora abbia formulato aspettative dei tassi al rialzo, mentre sarà più favorevole a indebitarsi a tasso variabile se si aspetta, nel prossimo futuro, una contrazione del costo del denaro. Non sempre, però, le aziende sono poste nella condizione di poter scegliere: se la forza contrattuale della banca si dimostra superiore, sarà quest'ultima a dettare le regole del contratto. È bene però sottolineare fin da ora l'esistenza di strumenti finanziari in grado di modificare le caratteristiche delle operazioni di finanziamento/investimento, al fine di adeguarle alle esigenze specifiche dell'impresa, rendendole compatibili con le aspettative da essa formulate: si tratta dei contratti derivati, le cui caratteristiche costituiranno l'oggetto di una specifica trattazione.

Il tasso di interesse da corrispondere sul capitale preso a prestito costituisce la più importante, ma sicuramente non unica voce di costo relativa all'operazione di mutuo. Ad esso è possibile aggiungere:

- il costo per aprire e portare a termine l'istruttoria per la concessione del finanziamento, ovvero le analisi e le verifiche poste in essere dalla banca erogante al fine di stabilire il merito creditizio dell'azienda affidata;
- il costo della perizia, per definire il valore del bene da acquisire;
- il costo per l'iscrizione dell'ipoteca, riconducibile in primo luogo alla parcella del notaio e alle spese in termini di bollo, trascrizione ecc.;
- le eventuali spese accessorie, come ad esempio la costituzione di una polizza assicurativa sul bene immobile, richiesta dalla banca a ulteriore garanzia del finanziamento concesso.

È stato già sottolineato come il rimborso del mutuo avvenga attraverso il pagamento di rate periodiche comprensive di una quota capitale e di una quota a titolo di interessi. L'insieme delle scadenze e delle rate ad esse associate per la restituzione del prestito prende il nome di piano di ammortamento, il quale può essere costruito sulla base di principi differenti. Quello più impiegato nella pratica è senz'altro il piano di ammortamento francese che prevede il pagamento di rate con importo costante per tutta la durata del prestito: in particolare, la quota capitale aumenta progressivamente, contro una riduzione della quota corrisposta a titolo di interesse. La giustificazione sottostante una simile articolazione del piano di ammortamento deve essere rintracciata nel fatto che gli interessi sono calcolati con riferimento al debito residuo, ovvero

[18] Regalli M., 2006, *Il finanziamento dei fabbisogni a medio-lungo termine*, in Munari, *Strumenti finanziari*, cit., p. 257.

alla porzione di capitale non ancora rimborsata e che, evidentemente, diminuisce all'aumentare delle rate pagate, circostanza destinata a sua volta a determinare una contrazione del livello degli interessi[19].

Un'alternativa alla tecnica di rimborso appena descritta è il piano di ammortamento italiano, il quale si contraddistingue per la presenza di una quota capitale costante (e non crescente come nell'ipotesi precedente) e di una rata periodica decrescente in funzione della diminuzione della quota interessi.

Inoltre, gli accordi tra la banca e l'impresa mutuataria possono prevedere l'applicazione di un periodo di «pre-ammortamento», ovvero un lasso di tempo relativamente breve (alcuni mesi) durante il quale l'azienda non opera alcun rimborso del capitale, limitandosi al semplice pagamento degli interessi sulla somma prestata, interessi che possono anche essere definiti sulla base di un tasso diverso rispetto a quello concordato per il finanziamento.

A margine delle considerazioni fin qui riportate, appare utile osservare che in alcuni casi il prestito assume forma di sovvenzione cambiaria, stipulata per una durata che varia dai cinque ai dieci anni e in cui l'azienda finanziata rilascia all'istituto di credito erogante cambiali con scadenze scaglionate a seconda del piano di ammortamento finanziario del prestito: detta forma di finanziamento differisce dalle sovvenzioni cambiarie a breve termine in quanto non rinnovabile[20].

8.5 Il prestito obbligazionario

Il prestito obbligazionario costituisce una fonte di finanziamento cui le imprese ricorrono per fronteggiare il fabbisogno consolidato espresso dalla gestione. In realtà, si tratta di strumenti accessibili non soltanto alle aziende, ma anche agli enti locali (Regioni, Province, Comuni) e assumono caratteri particolari in funzione della specifica disciplina loro riservata qualora siano emessi dalle banche. Ovviamente, nel presente scritto l'attenzione sarà concentrata in via esclusiva sulle obbligazioni collocate dalle imprese non finanziarie, ovvero le *corporate bond*.

Nello specifico, l'obbligazione è uno strumento finanziario rappresentativo di un debito emesso da una società e che, come tale, attribuisce al sottoscrittore/acquirente la qualifica di creditore della società stessa, garantendogli altresì il rimborso del valore nominale del capitale e il pagamento di interessi periodici (cedole). Quella appena descritta costituisce la fattispecie «ordinaria» di titolo obbligazionario, la quale però è destinata a subire modificazioni in merito a una o più caratteristiche laddove si passi ad osservare tipologie di titoli diversi creati dall'innovazione finanziaria[21].

[19] Caselli S., *Il finanziamento dei capitali fissi: il mutuo*, in Fabrizi P.L., Forestieri G., Mottura P., *Strumenti e servizi finanziari*, Egea, Milano 2003, p. 118.

[20] Ruozi R. (a cura di), *Le operazioni bancarie*, Egea, Milano 1989, p. 118.

[21] Di seguito saranno illustrate alcune forme di prestito obbligazionario nelle quali, ad esempio, risulta assente il pagamento di interessi periodici, oppure che prevedono il rimborso di un valore diverso da quello nominale.

In termini generali, il prestito obbligazionario può essere collocato nella più ampia categoria dei prestiti cosiddetti «divisi», ovvero contraddistinti dalla presenza di un unico debitore (la società emittente) a fronte dell'esistenza di molteplici creditori, ciascuno dei quali risulta titolare, separatamente dagli altri, di una quota del capitale complessivamente raccolto. Il ricorso ai prestiti divisi avviene qualora una impresa abbia necessità di finanziamenti in misura tale da rendere non percorribile la strada dell'affidamento presso un unico soggetto (istituto di credito), oppure quando il potenziale finanziatore ritenga eccessivamente rischioso impegnare una porzione troppo ampia delle sue disponibilità in una sola operazione. Il prestito obbligazionario consente pertanto di frazionare il debito, dividendone il peso tra tutti coloro che vogliano assumerne (sottoscriverne) una quota.

Ogni obbligazione presenta un uguale valore nominale e offre al creditore gli stessi diritti patrimoniali: la quota di partecipazione al debito complessivo è dunque proporzionale al numero di titoli detenuti. Sulla base di quanto affermato finora, emergono con evidenza i principali elementi di differenziazione rispetto ai titoli azionari. In primo luogo, l'acquisto di una obbligazione conferisce al sottoscrittore/acquirente la qualifica di creditore della società e non di socio, escludendo pertanto la formazione di un vincolo di controllo e ingerenza nelle scelte operative e strategiche dell'organizzazione: tale forma di finanziamento consente quindi alla società emittente di acquisire capitale durevolmente vincolato all'attività d'impresa, evitando però l'ingresso nella compagine sociale di ulteriori azionisti. Inoltre, come più volte ribadito, il debito comporta l'acquisizione di capitale a rischio limitato, sia in termini di rendimento, sia sotto l'aspetto della conservazione del capitale: in linea del tutto generale e fatte salve le eccezioni di seguito illustrate, la remunerazione collegata a un titolo obbligazionario non ha carattere residuale come avviene per il dividendo e non è dipendente dall'andamento economico della gestione. Inoltre, in ipotesi di crisi e successiva liquidazione della società emittente, i creditori hanno diritto di prelazione nei confronti degli azionisti[22].

Tra le principali motivazioni alla base della decisione di emettere un prestito obbligazionario si possono annoverare le seguenti:

- la possibilità di attuare un tipo di raccolta finanziaria diretta e, quindi, a minor costo rispetto ai mutui o ad altri prestiti bancari a medio-lungo termine;
- la possibilità di pianificare le uscite monetarie relative agli interessi e al rimborso del capitale;
- l'assenza di garanzie reali, tranne in specifiche circostanze (obbligazioni ipotecarie);
- la possibilità di riequilibrare una struttura finanziaria fortemente sbilanciata verso l'indebitamento bancario a breve termine;
- la possibilità di incrementare la raccolta di capitale di pieno rischio attraverso il ricorso a particolari tipologie di obbligazioni (obbligazioni convertibili e con *warrant*)[23].

[22] Come sarà chiarito tra breve, nell'ambito degli stessi prestiti obbligazionari, è possibile constatare priorità differenti in merito al rimborso, in virtù dell'esistenza o meno di garanzie offerte dalla società emittente.

[23] Gervasoni A. (a cura di), *Finanziare l'impresa*, Il Sole 24 Ore, Milano 1999.

Verosimilmente, tali vantaggi sono conformi alla realtà soltanto nei casi di società emittenti di primaria importanza e comunque quotate in Borsa per le quali il ricorso al mercato mobiliare è agevole oltrechè possibile; viceversa, per le società che rivestono un ruolo secondario, quelle di minori dimensioni e soprattutto non quotate, le difficoltà per accedere a tale forma di raccolta diretta sono maggiori, se non addirittura insormontabili per la pratica impossibilità di collocamento dei titoli sul mercato.

Dopo questo breve quadro introduttivo, si rende necessario affrontare il tema del prestito obbligazionario sotto il profilo normativo: a tal fine, come accennato nel corso del precedente capitolo, occorre richiamare l'attenzione sulle novità introdotte, anche su tale argomento, dalla riforma del diritto societario entrata in vigore nel 2004. Così come esposto in sede di trattazione dei titoli azionari, anche in merito al prestito obbligazionario appare evidente la volontà del legislatore di favorire la diffusione di titoli di debito, agevolando la raccolta di capitali presso il pubblico dei risparmiatori e attenuando, a tal fine, i numerosi vincoli normativi precedentemente vigenti. In quest'ottica, si sottolinea in primo luogo come la possibilità di emettere titoli obbligazionari sia riservata alle società per azioni, alle società in accomandita per azioni e, elemento che costituisce una assoluta innovazione nel panorama giuridico italiano, alle società a responsabilità limitata. In realtà, con riferimento a queste ultime, il legislatore parla in maniera più generica della possibilità di emettere titoli di debito, pur nel rispetto di limiti ben precisi introdotti al fine di tutelare i soggetti terzi che stabiliscono rapporti di natura finanziaria con una società, quale è appunto la S.r.l., sottoposta a controlli decisamente inferiori rispetto alla società per azioni. In particolare, le obbligazioni emesse dalle S.r.l. possono essere sottoscritte soltanto da investitori istituzionali, i quali successivamente, in ipotesi di cessione dei titoli sul mercato secondario, si rendono responsabili in caso di insolvenza della società emittente nei confronti degli acquirenti che non abbiano la veste di investitore istituzionale o che non siano soci della stessa società.

Chiusa questa breve parentesi dedicata alle società a responsabilità limitata, occorre «tarare» di nuovo il discorso sulle sole società per azioni, per tutte le argomentazioni più volte ribadite. A tale proposito, importanti innovazioni sono state apportate anche con riferimento ai limiti quantitativi da rispettare nell'emissione dei prestiti obbligazionari. Mentre nella precedente formulazione le imprese potevano emettere obbligazioni per una somma non eccedente il capitale versato ed esistente secondo l'ultimo bilancio approvato, l'attuale formulazione dell'articolo 2412 del codice civile consente il ricorso a tali strumenti per un importo non superiore al doppio del capitale sociale, della riserva legale e delle riserve disponibili risultanti dall'ultimo bilancio approvato. È del tutto evidente l'intento di incrementare l'emissione e la successiva diffusione sul mercato di titoli obbligazionari; il rovescio della medaglia è però costituito dalla riduzione delle garanzie offerte ai creditori sociali, obbligazionisti e non.

Sono state altresì modificate le ipotesi nella quali è possibile eccedere i predetti limiti:

- presenza di una garanzia a favore del prestito obbligazionario costituita da ipoteca di primo grado su immobili di proprietà della società sino a due terzi del loro valore;

- presenza di motivazioni che interessano l'economia nazionale;
- sottoscrizione delle obbligazioni in eccedenza da parte di investitori professionali di cui al comma 2 dell'art. 30 del decreto legislativo n. 58/98 (intermediari autorizzati, società di gestione del risparmio, Sicav, fondi pensione, compagnie di assicurazione, banche ecc.), con l'obbligo però a carico di questi di rispondere dell'insolvenza della società nel caso di successiva cessione dei titoli ad acquirenti che non siano investitori professionali;
- assenza di qualsiasi limitazione qualora l'emissione di obbligazioni sia realizzata da società le cui azioni siano quotate in mercati regolamentati, limitatamente alle obbligazioni quotate negli stessi o in altri mercati regolamentati.

Proprio al fine di garantire il rispetto dei limiti suddetti e la trasparenza dell'operazione di emissione, l'articolo 2414 del codice civile impone l'obbligo di apporre sul titolo l'ammontare del capitale sociale risultante in bilancio, nonché delle riserve disponibili. Inoltre, quale elemento di assoluta novità, il titolo deve riportare:

- l'indicazione del rendimento associato allo strumento finanziario in parola e non soltanto il tasso di interesse;
- l'eventuale presenza di diritti di subordinazione introdotti sui titoli rispetto a quelli vantati da altri creditori sociali. Si tratta di offrire alle società la possibilità di emettere obbligazioni postergate nel rimborso del capitale, finora diffuse soprattutto nell'esperienza estera, ma non ammesse nel nostro ordinamento fino alla riforma del 2004.

Inoltre, come sarà evidenziato meglio in seguito, è prevista l'opportunità di costruire titoli obbligazionari il cui rendimento sia connesso all'andamento economico della gestione della società emittente[24].

È interessante notare come le agevolazioni introdotte dalla riforma del diritto societario abbiano interessato anche l'organo preposto all'emissione del prestito obbligazionario: mentre con la precedente normativa esso era rappresentato dall'assemblea straordinaria dei soci, attualmente la delibera contenente il ricorso a tale forma di finanziamento può essere adottata dagli stessi amministratori, al pari delle altre scelte ordinarie di gestione, a meno che non sia diversamente previsto dallo statuto della società.

Un ultimo aspetto da segnalare con riferimento alle nuove norme in vigore consiste nella relazione esistente tra il prestito obbligazionario e la procedura di riduzione del capitale sociale per perdite. In tale circostanza, la vecchia formulazione del codice civile prevedeva che la riserva legale dovesse essere comunque determinata sulla base del capitale sociale esistente al tempo dell'emissione, fino a che l'ammontare del capitale sociale stesso e della riserva legale non eguagliassero il livello del debito obbligazionario. Nella attuale versione della norma, invece, si stabilisce che la società non può provvedere alla distribuzione degli utili finché l'ammontare del capitale e delle

[24] Lanzavecchia A., 2006, *Le obbligazioni societarie*, in Munari, *Strumenti finanziari*, cit., p. 291.

riserve non raggiunga quello delle obbligazioni emesse. Inoltre, la riduzione volontaria del capitale sociale o la distribuzione di riserve può essere effettuata solo se viene rispettata la proporzione tra la somma del capitale sociale, della riserva legale e delle riserve disponibili e l'entità del prestito obbligazionario.

8.5.1 Gli elementi costitutivi del prestito obbligazionario

Entrando nel dettaglio del prestito obbligazionario, occorre individuarne e declinarne gli elementi costituitivi, ovvero:

1) valore nominale e prezzo di emissione;
2) durata;
3) modalità di rimborso;
4) tasso di interesse applicato;
5) garanzie e diritti di prelazione.

1) Valore nominale e prezzo di emissione
Tutti i titoli obbligazionari sono dotati di un valore nominale, rappresentativo dell'entità del debito complessivamente emesso nei confronti del pubblico dei sottoscrittori e come tale iscritto in bilancio tra le passività consolidate. Spesso, però, il valore nominale non coincide con il prezzo di emissione dei *bond* il quale, contrariamente a quanto accade per le azioni, è solitamente fissato sotto la pari. Le motivazioni alla base di una simile scelta risiedono fondamentalmente nella volontà degli amministratori della società emittente di conferire ai potenziali obbligazionisti una remunerazione aggiuntiva rispetto alla cedola periodica corrisposta sul valore nominale del titolo: in effetti, generalmente, la restituzione del debito è eseguita al valore nominale dello stesso, pertanto la differenza tra quest'ultimo e il valore di rimborso, ovvero il cosiddetto disaggio di emissione, costituisce una componente del rendimento per il creditore sociale e dunque un rilevante incentivo per la sottoscrizione del titolo. Per contro, la presenza del disaggio di emissione si traduce per la società emittente in un ulteriore costo associato al prestito, costo che nella fattispecie assume carattere pluriennale da sottoporre a procedura di ammortamento per tutta la durata del finanziamento.

Come sarà specificato in seguito, l'emissione di titoli di debito sotto la pari è esclusa in ipotesi di ricorso a prestiti obbligazionari convertibili al fine evidente di evitare il rischio di un annacquamento di capitale in occasione dell'esercizio della facoltà di conversione.

2) Durata
La durata del prestito obbligazionario, ovvero la data entro la quale deve avvenire la restituzione del capitale prestato facendo cessare il pagamento degli interessi, varia a seconda delle necessità espresse dal fabbisogno finanziario dell'impresa. Generalmente, essa si attesta tra i cinque e i dieci anni, pur essendo frequenti casi di emissioni obbligazionarie con durata fino a venti anni o, addirittura, cinquanta o cento anni (come nell'ipotesi di un prestito obbligazionario emesso dalla società Walt Disney),

oppure ancora prestiti privi di una scadenza (cosiddetti irredimibili). È appena il caso di segnalare che le obbligazioni con durata superiore a dieci anni sono di regola emesse da società sottoposte a particolari controlli da parte di specifiche autorità, come è il caso delle società di estrazione bancaria e creditizia.

3) Modalità di rimborso

Nel regolamento di emissione di un prestito obbligazionario la società debitrice è tenuta a indicare le modalità tecniche che intende applicare nella restituzione del capitale agli obbligazionisti. La fattispecie più semplice si verifica allorché l'impresa decida di rimborsare l'intero finanziamento in un'unica soluzione alla data di scadenza del prestito e prende il nome di modalità *bullet*. Si tratta della soluzione prevalentemente seguita dalle imprese, pur ponendo particolari problemi di ordine finanziario: in effetti, la società emittente deve provvedere in un'unica data all'integrale restituzione del prestito, sostenendo un esborso finanziario di rilevante entità, circostanza che, in assenza di una accorta politica di programmazione e pianificazione dei flussi in entrata e in uscita, può recare pregiudizio alle condizioni di equilibrio della struttura finanziaria.

Una alternativa alla procedura appena esposta è rappresentata dal rimborso graduale del prestito durante la vita del finanziamento. In questo caso le varie scadenze nelle quali si provvederà alla restituzione di determinati titoli obbligazionari sono già definite in fase di emissione del prestito sulla base di un preciso piano di ammortamento (*amortizing*). Il piano può prevedere il rimborso di quote di capitale costanti o crescenti, da corrispondere agli obbligazionisti con frequenza generalmente annuale e in coincidenza con il pagamento degli interessi. Inoltre, la stessa modalità di rimborso può consistere nella predisposizione di un piano di ammortamento che stabilisce semplicemente alcune scadenze, al verificarsi delle quali si provvederà a estrarre a sorte i titoli da rimborsare (*lottery*).

I tempi e le modalità di rimborso del prestito obbligazionario possono inoltre essere definiti in funzione di alcune clausole espressamente inserite all'interno del regolamento di emissione. Sotto tale profilo, le obbligazioni possono essere:

- *callable*, quando la società emittente si riserva la facoltà di richiamare – e dunque rimborsare – prima della scadenza il prestito a un prezzo che può essere pari o, come di solito avviene al fine di remunerare adeguatamente gli obbligazionisti che si vedono restituire in via anticipata il capitale, superiore rispetto al valore nominale dei titoli. L'eventuale differenza tra il valore di rimborso e il valore nominale prende il nome di *call premium* e la sua entità decresce al diminuire della vita residua del prestito. Si tratta di una soluzione appetibile per l'impresa qualora i tassi di interesse scendessero: in tale circostanza, infatti, si assisterebbe a un incremento del prezzo delle obbligazioni, con conseguente possibilità per la società di acquistare, attraverso l'esercizio del rimborso anticipato, titoli a un prezzo inferiore rispetto a quello di mercato ed eventualmente sostituirli con obbligazioni caratterizzate da tassi di interesse più contenuti. Ovviamente, la decisione relativa all'attuazione della clausola in esame deve attentamente considerare il divario tra il prezzo di mercato del titolo e il suo valore di rimborso. In effetti, se il primo è minore del secondo, un eventuale riacquisto anticipato delle obbligazioni determinerebbe un costo per la società emittente e un ulteriore beneficio per il creditore; viceversa, appare conveniente esercitare l'opzione se il valore di mercato risulta superiore rispetto al valore di rimborso stabilito;

- *putable*, se l'opportunità di procedere al rimborso anticipato dell'obbligazione viene attribuita allo stesso obbligazionista. Prima della scadenza egli può pertanto richiedere la restituzione del capitale prestato, la quale solitamente avviene alla pari o a un prezzo inferiore al valore nominale (ovvero al netto del vantaggio/premio ottenuto per esercitare il diritto). Oltre a motivazioni legate a situazioni personali dell'obbligazionista, la scelta di dare attuazione alla clausola di rimborso in parola può trovare giustificazione nel pericolo di crescita dei tassi di interesse che spingerebbe verso il basso il prezzo di mercato dei titoli, con conseguente perdita di valore dell'investimento realizzato. Inoltre, il creditore sociale può trovarsi in disaccordo con le decisioni adottate dal management e finalizzate a ledere gli interessi dei titolari di obbligazioni;
- *extendable*, laddove il regolamento di emissione attribuisca alla società emittente la facoltà di ampliare la durata del prestito, procrastinando la data di rimborso dello stesso, rimborso che potrà avvenire al valore nominale del titolo oppure a un prezzo più elevato.

Al di là delle ipotesi appena illustrate, rimane ferma la possibilità da parte della società emittente di attuare un rimborso indiretto attraverso l'acquisto dei titoli obbligazionari sul mercato. Si tratta di una scelta premiante per l'impresa se il valore di mercato dei *bond* risulta inferiore rispetto al valore di rimborso degli stessi.

4) Tasso di interesse applicato

Insieme all'eventuale disaggio di emissione, il tasso di interesse corrisposto dalla società emittente sul prestito costituisce la principale forma di remunerazione associata a un investimento in titoli obbligazionari, garantendo di norma la disponibilità di risorse liquide periodiche (cedole) durante tutta la durata del finanziamento. La principale distinzione da adottare nell'analisi di tale parametro è la seguente:

a) obbligazioni a tasso fisso;
b) obbligazioni a tasso variabile, ovvero indicizzate.

Nella prima categoria è possibile annoverare sia le obbligazioni che assicurano al titolare il pagamento di una cedola periodica di ammontare costante (ad esempio, un interesse del 4% calcolato sul valore nominale e liquidato semestralmente per tutta la durata del prestito), sia le obbligazioni per le quali il regolamento di emissione stabilisce determinate modalità di calcolo in grado di far aumentare (*step up*) o diminuire (*step down*) il rendimento percentuale della cedola a partire da una data prefissata. Inoltre, sono collocabili nella fattispecie in parola anche le obbligazioni prive di cedole, ovvero le *zero coupon bond*.

Nelle obbligazioni indicizzate, invece, è rintracciabile almeno un elemento di variabilità – e dunque di indeterminazione – nel rendimento offerto. Il meccanismo di indicizzazione può infatti riguardare:

- il tasso di interesse, che pertanto si configura come un tasso variabile agganciato a un parametro di natura reale o finanziaria rintracciabile nel sistema finanziario;
- la quota capitale da restituire a scadenza. In tale ipotesi, il valore di rimborso non è noto al momento della sottoscrizione, ma la sua entità dipenderà dall'andamento di un parametro precedentemente identificato. Appartiene a questa tipologia di titolo l'obbligazione *bull and bear* le cui caratteristiche saranno approfondite tra breve;
- sia il tasso di interesse, sia la quota capitale.

I parametri da selezionare per attivare il meccanismo di indicizzazione del tasso di interesse e del valore di rimborso del capitale possono essere molteplici e di varia natura:

- reali, costituiti cioè dall'indice di variazione dei prezzi di materie prime, beni e servizi e definiti sulla base delle analisi eseguite da istituzioni preposte, come ad esempio l'Istat o l'Eurostat;
- finanziari, rintracciabili nell'ambito del mercato finanziario e rappresentati ad esempio da tassi variabili quotati sulle piazze ufficiali (Libor, Euribor ecc.);
- valutari, ovvero costituiti da specifici rapporti di cambio tra due distinte monete;
- aziendali, laddove l'indicizzazione avviene sulla base dell'andamento di determinati parametri aziendali, ovvero direttamente riconducibili alla società emittente, come ad esempio gli indicatori ottenuti dalle analisi di bilancio, oppure i giudizi di rating formulati dagli organismi specializzati.

Il meccanismo di indicizzazione, infine, può essere costruito integrando due o più parametri tra quelli appena elencati.

5) Garanzie e diritti di prelazione
La maggior parte dei *corporate bond* sono emessi senza particolari diritti di garanzia associati al prestito. In alcune circostanze, però, il regolamento può prevedere la presenza di una specifica garanzia, volta a offrire maggiore tutela agli obbligazionisti in merito alla solvibilità dell'emittente. La forma di garanzia più ricorrente è senz'altro l'ipoteca, la cui presenza comporta il nascere di obbligazioni ipotecarie. L'ipoteca può essere iscritta su specifiche attività dell'azienda debitrice, oppure su tutte le proprietà di quest'ultima, sia attuali sia, eventualmente, acquisite successivamente durante la vita del finanziamento.

In termini più generici e prescindendo pertanto dalla tipologia di garanzia apposta sul prestito, il titolo obbligazionario può dunque essere privilegiato (*senior*): il verificarsi di uno stato di insolvenza da parte della società emittente impone il rimborso di tali obbligazioni prima di altri crediti sociali. Viceversa, le obbligazioni, come precedentemente accennato, possono essere subordinate, ovvero postergate (*junior*), nel caso in cui il loro rimborso in ipotesi di crisi dell'impresa debitrice avvenga soltanto dopo aver provveduto alla soddisfazione degli altri obbligazionisti, o addirittura di tutti gli altri creditori.

8.5.2 Le principali tipologie di obbligazioni

L'inarrestabile processo di innovazione finanziaria pone a disposizione delle imprese soluzioni sempre più specifiche e articolate, in grado di rispondere alle molteplici esigenze espresse non soltanto dai soggetti emittenti, ma anche dal pubblico dei risparmiatori, ovvero i potenziali sottoscrittori del prestito. In questa sede si procederà pertanto a una breve disamina delle principali tipologie di obbligazioni presenti sul mercato, senza alcuna pretesa di esaustività, ma piuttosto con l'obiettivo di rappresentare le caratteristiche più importanti o semplicemente più curiose dei titoli di debito attualmente in circolazione.

Prima di procedere in tale direzione, appare opportuno operare una distinzione di ordine generale al fine di inquadrare le due principali macroclassi di titoli obbligazionari:

1) obbligazioni semplici, generalmente contraddistinte da tutti i requisiti precedentemente elencati e costituite da un solo titolo obbligazionario;
2) obbligazioni strutturate, composte da un titolo obbligazionario e da titoli e/o diritti ad esso associati (derivati), la cui remunerazione assume carattere di variabilità. Sono riconducibili a tale fattispecie le obbligazioni convertibili, le obbligazioni con *warrant*, le obbligazioni indicizzate e le obbligazioni ottenute dalla integrazione tra un titolo di debito e un contratto assicurativo[25].

Compiuta tale premessa, è possibile illustrare le più significative tipologie di obbligazioni.

Obbligazioni convertibili

Le obbligazioni convertibili attribuiscono al sottoscrittore i diritti generalmente riconosciuti per le obbligazioni semplici, ovvero un rendimento periodico e il rimborso del capitale al termine della durata del finanziamento; inoltre, all'obbligazionista viene assegnata la facoltà di convertire, in determinate scadenze e nel rispetto delle condizioni stabilite nel regolamento di emissione, i titoli di debito in titoli azionari. A ben vedere, si tratta di uno strumento finanziario che associa a un *bond* ordinario una opzione di acquisto (opzione *call*)[26] su un certo numero di azioni della società emittente, configurandosi pertanto come una obbligazione strutturata, nel senso precedentemente delineato.

[25] Caparrelli F., 2004, *Economia del mercato mobiliare*, McGraw-Hill, Milano p. 31.

[26] Lo strumento finanziario in parola assume tutte le caratteristiche tipiche di una opzione finanziaria, ovvero uno strumento derivato le cui caratteristiche saranno esposte nel proseguo della trattazione.

Le obbligazioni convertibili possono altresì essere annoverate nell'ambito degli strumenti «ibridi», ovvero quei titoli a metà strada tra il debito e il capitale proprio: nello specifico, essi costituiscono una sorta di titoli di «transizione», ovvero di passaggio da una condizione a un'altra. Ciò risulta evidente sia per la società emittente, sia per l'obbligazionista: per la società emittente si verifica una permutazione di valori tra le fonti di finanziamento, attraverso un consolidamento del debito e una sua trasformazione in capitale proprio, con conseguente ricapitalizzazione dell'impresa, con il vantaggio, peraltro, di non dover rimborsare le obbligazioni a chi ha esercitato il diritto di conversione, evitando così rilevanti impegni monetari; dal punto di vista dell'obbligazionista, invece, l'eventuale esercizio della facoltà di conversione determina un mutamento del suo *status* da creditore ad azionista, con tutte le conseguenze che ne derivano sotto il profilo amministrativo e patrimoniale.

La disciplina giuridica delle obbligazioni convertibili è contenuta nella legge n. 216 del 1974 che, tra le altre disposizioni, ha sancito il divieto di emissione di tali titoli sotto la pari: la motivazione è evidente e riguarda il rischio di annacquamento di capitale in ipotesi di esercizio del diritto di conversione delle obbligazioni in azioni.

Molteplici possono essere le ragioni economiche che spingono le imprese a preferire tale forma di indebitamento. In primo luogo, si segnala l'opportunità di agevolare la raccolta di capitale di pieno rischio, attraverso la previa emissione di titoli di debito: ciò consente di pianificare e predisporre un'unica operazione di finanziamento per ottenere due distinte tipologie di risorse, attenuando sensibilmente l'incidenza dei costi di transazione. Si pensi, a titolo di esempio ad un piano di sviluppo pluriennale dell'impresa che preveda la realizzazione di investimenti successivi: attraverso il prestito obbligazionario convertibile la società è in grado di fornire adeguata copertura al progetto per un primo periodo di tempo, consolidando successivamente il finanziamento attraverso la trasformazione del debito in capitale proprio, evitando un nuovo ricorso al mercato.

Da non trascurare nella valutazione della convenienza a emettere *bond* convertibili è sicuramente il ruolo della remunerazione offerta agli obbligazionisti. In effetti, la presenza dell'opzione associata al titolo consente all'emittente di applicare sul prestito un tasso di interesse inferiore rispetto a quello praticato per obbligazioni simili in termini di durata e livello di rischiosità. In altri termini, il creditore è disposto a rinunciare ad una parte della remunerazione periodica per avere il diritto di scegliere se convertire le obbligazioni in azioni. Si tratta però di un aspetto da esaminare con attenzione, stante le numerose implicazioni che ne derivano. Per comprendere appieno tali argomentazioni, occorre chiarire che l'esercizio dell'opzione di conversione appare conveniente per l'obbligazionista soltanto se, nel momento in cui deve essere presa la decisione, il prezzo di conversione risulta inferiore rispetto al prezzo delle azioni ottenute in cambio (azioni di compendio): in tal caso, infatti, l'investitore ottiene un vantaggio scambiando i suoi *bond* con azioni che hanno un valore superiore. Il meccanismo in parola, però, è destinato a tradursi in un costo per i vecchi azionisti della società, denominato «costo dello scambio»: ne consegue che il minore tasso di interesse praticato per le obbligazioni convertibili rappresenta un elemento di compensazione per la nascita dell'eventuale costo dello scambio[27].

[27] Bajo E., *Le obbligazioni convertibili*, Carocci, Roma 2003, pp. 31-32.

Una ulteriore motivazione alla base dell'emissione di obbligazioni convertibili può essere ricondotta a quanto affermato nel precedente capitolo in merito alla reazione mostrata dal mercato in occasione di un aumento di capitale sociale. L'evidenza empirica mostra infatti una sistematica riduzione del livello delle quotazioni ufficiali, giustificata dal fenomeno della diluizione degli utili e del patrimonio su un numero maggiore di azioni, nonché dall'incertezza (ovvero dal rischio) in merito al futuro utilizzo delle nuove risorse. In sostanza, si tratta di un problema di asimmetria informativa tra il management e gli attuali e i potenziali azionisti, problema che può essere attenuato proprio attraverso il ricorso a obbligazioni convertibili. È stato infatti dimostrato come la flessione subita dal prezzo di mercato dei titoli in ipotesi di emissione di *bond* convertibili, pur se presente, sia sensibilmente inferiore rispetto a quella generata dall'annuncio di un aumento di capitale sociale[28].

A questo punto si rende necessario procedere con la definizione degli elementi caratterizzanti l'emissione di un prestito obbligazionario convertibile. Una prima indicazione da evidenziare nel regolamento è rappresentata dalla durata del periodo di conversione, ovvero il termine nel quale (se si applica un metodo di conversione europeo) o entro il quale (in ipotesi di metodo di conversione americano) il creditore ha la facoltà di attuare il diritto di conversione. Inoltre, occorre specificare la tipologia di titolo azionario ottenuto in seguito all'eventuale esercizio dell'opzione, ovvero la tipologia dell'azione di compendio: essa può essere rappresentata da una azione ordinaria, oppure un'azione di risparmio, azioni con caratteristiche particolari in termini di diritti amministrativi e/o patrimoniali, e così via.

Ma uno degli aspetti destinati ad assumere maggiore rilevanza ai fini della valutazione del *bond* convertibile in generale e della convenienza a eseguire il passaggio da creditore ad azionista in particolare, è senz'altro rappresentato dal rapporto di conversione, ovvero il numero di obbligazioni da consegnare per ottenere in cambio una azione di compendio. Si tratta, a ben vedere, di un rapporto di concambio la cui misura è stabilita sulla base di una serie di variabili, tra le quali si possono annoverare il valore di mercato, attuale e prospettico, dell'azione di compendio, la tendenza generale registrata dal mercato finanziario, nonché il grado di successo che l'impresa intende ottenere attraverso la conversione, ovvero la percentuale di opzioni esercitate che si spera di registrare.

Da tutte le considerazioni svolte finora emerge con evidenza una relazione di tipo diretto tra il prezzo dell'azione di compendio e il valore dell'obbligazione convertibile: in effetti, il crescere del primo termine determina l'aumento della convenienza e dunque della probabilità di esercizio della facoltà di conversione, stante l'opportunità di acquisire una azione avente un valore elevato semplicemente attraverso uno scambio di titoli. La decisione relativa all'esercizio dell'opzione necessita però di un'analisi in grado di contemperare attentamente anche altre variabili. In primo luogo, i dividendi associati alle azioni di compendio, rappresentativi di una remunerazione alla

[28] Mikkelson W.H., Partch M., *Valuation Effects of Security Offering and the Issuance Process*, «Journal of Financial Economics», 15, 1986, pp. 31 e ss.

quale l'obbligazionista rinuncia ogni volta che non provvede ad attuare la conversione; inoltre, occorre considerare il fatto che la distribuzione dei dividendi comporta, come già evidenziato in altra sede, una contrazione del prezzo delle azioni e dunque una riduzione della convenienza a realizzare il concambio. Un effetto di segno opposto è invece riconducibile alla crescita del numero delle azioni in circolazione, in seguito all'esercizio dell'opzione di conversione: ne consegue una diluizione degli utili, problema che è possibile arginare soltanto attraverso una maggiore distribuzione di dividendi e dunque una più elevata capacità dell'impresa di produrre reddito.

Obbligazioni cum warrant

Una alternativa all'emissione di prestiti obbligazionari convertibili è rappresentata dalle obbligazioni *cum warrant*, ovvero titoli che conferiscono al creditore sociale, unitamente ai diritti connessi a una generica obbligazione (cedola periodica e rimborso del capitale a scadenza), una opzione di acquisto su un determinato numero di azioni o obbligazioni riconducibili alla stessa società emittente o ad altra società (generalmente appartenente al medesimo gruppo di aziende).

Nonostante le evidenti similitudini, è possibile cogliere importanti elementi di differenziazione rispetto alle obbligazioni convertibili. In primo luogo, il *warrant* è dotato di vita propria e dunque può circolare separatamente rispetto all'obbligazione: il creditore può pertanto cederlo sul mercato, oppure decidere di esercitarlo, senza che tali scelte pregiudichino in alcun modo la sua posizione di obbligazionista. Inoltre, l'eventuale esercizio del diritto associato al *warrant* impone al titolare del diritto stesso (obbligazionista o successivo acquirente) un esborso monetario supplementare in quanto tale decisione non si esaurisce nella semplice sostituzione tra obbligazioni e azioni, come invece avviene per i *bond* convertibili[29]. Il forte grado di autonomia del *warrant* rispetto al titolo obbligazionario implica tra l'altro che tale diritto può essere emesso anche senza l'esistenza di un altro titolo sottostante, consentendo all'impresa di attribuire ai destinatari una opzione di acquisto sulle proprie azioni: a ben vedere, a questa generica definizione possono essere ricondotte quelle operazioni che spesso nel gergo comune, ma anche in letteratura, prendono il nome di *stock option* e costituiscono una forma di remunerazione integrativa per il management.

In sede di emissione delle obbligazioni con *warrant* occorre definire, insieme alle caratteristiche del titolo obbligazionario, anche il prezzo di esercizio dell'opzione, ovvero il prezzo al quale si potranno acquistare le azioni di compendio, nonché le scadenze da rispettare nell'esercizio dell'opzione. Anche in questa ipotesi, è possibile distinguere tra *warrant* di tipo americano, quando la scelta può essere effettuata entro una data stabilita, e *warrant* di tipo europeo se viene offerta la possibilità di dare esecuzione al diritto soltanto nella scadenza fissata. Ovviamente, il titolare del diritto avrà la convenienza ad esercitarlo soltanto se il prezzo di esercizio del *warrant* è inferiore al valore di mercato del titolo di compendio.

[29] Saunders A., Cornett M.M., Anolli M., *Economia degli intermediari finanziari*, McGraw-Hill, Milano 2004, p. 204.

Le molteplici alternative di scelta che sorgono in capo al possessore di una obbligazione di questo tipo comportano il sorgere sul mercato di più prezzi di riferimento: il prezzo dell'obbligazione *cum warrant*; il prezzo dell'obbligazione priva del diritto, laddove questo fosse stato staccato per essere esercitato o ceduto a terzi; il prezzo del *warrant* in ipotesi di circolazione autonoma del diritto.

Obbligazioni coupon stripping

Si tratta di un'operazione mediante la quale si separano le cedole (*coupon*) – ovvero la componente del titolo che conferisce il diritto a ottenere il pagamento degli interessi periodici – dal mantello (titolo nudo), offrendo la possibilità di negoziare l'obbligazione separatamente rispetto alle cedole. In tal caso, il titolo si configura come uno *zero coupon*, ovvero un titolo privo di cedole la cui remunerazione è offerta semplicemente dalla differenza fra il prezzo di emissione, inferiore al valore nominale, e quello di rimborso.

Ricorrere a questo tipo di obbligazioni può costituire un vantaggio per l'emittente poiché è possibile rivolgersi contemporaneamente a due categorie di risparmiatori con diverse propensioni: una attratta da una rendita periodica che in tal caso viene garantita dall'acquisizione delle cedole, sottoscrivendo una somma inferiore al valore complessivo, certo o presunto, degli interessi ottenibili; l'altra orientata ad acquisire il diritto di riscuotere, a una determinata scadenza, un capitale contro pagamento di una somma ampiamente inferiore, rispetto alla sottoscrizione di un prestito *straight* (ordinario) e con garanzia di un rendimento fisso.

Queste emissioni vengono solitamente collocate tramite particolari categorie di intermediari finanziari (*dealers*) che, normalmente, sottoscrivono l'intero prestito *straight*, o rilevanti *tranches* dello stesso, provvedendo poi allo *stripping* e al relativo classamento a scadenza in conformità alle esigenze dei vari risparmiatori. Gli *zero coupon* molte volte sono acquistati da operatori caratterizzati dalla necessità di costituire garanzie per adempimenti e obbligazioni a determinate scadenze; a tal fine possono essere così utilizzati gli *zero coupon* con scadenze corrispondenti a quelle delle obbligazioni o prestazioni da garantire.

Obbligazioni bull and bear

Così come sottolineato in sede di esposizione delle obbligazioni convertibili e *cum warrant*, anche questa tipologia di prestito è riconducibile alla più ampia categoria di obbligazioni strutturate, in quanto contrassegnata dalla presenza di un titolo di debito ordinario al quale è associato un meccanismo di indicizzazione riferito al rimborso del capitale a scadenza. È stato già affermato che la variabilità (o indicizzazione) del rendimento connesso alle obbligazioni può riguardare il tasso di interesse, il valore di rimborso o entrambi. Nell'ipotesi in esame, il tasso di interesse applicato al prestito è generalmente determinato in misura fissa, dando diritto pertanto al pagamento di cedole periodiche di entità predeterminata[30].

[30] Gabrielli M., De Bruno S., *Capire la finanza*, Il Sole 24 Ore, Milano 1999, p. 506.

La peculiarità dell'emissione deve essere invece rintracciata nella quota capitale del prestito e nelle modalità previste per la sua restituzione. In effetti, il debito obbligazionario viene suddiviso in due parti (*tranche*) di uguale valore ed «agganciato» a un parametro di riferimento (solitamente un indice azionario): la *tranche* cosiddetta *bull* (termine scelto mutuando il gergo borsistico impiegato per rappresentare una fase di mercato in crescita) è sottoscritta dagli operatori che si aspettano un rialzo del parametro considerato, mentre la *tranche bear* (orso) è preferita da soggetti ribassisti. In altri termini, nella porzione di capitale *bull*, il valore di rimborso è direttamente proporzionale al parametro di indicizzazione prescelto, mentre nella porzione di capitale *bear* il valore di rimborso è inversamente proporzionale all'andamento del parametro di riferimento. Alla scadenza del prestito, l'ammontare di risorse da attribuire ai possessori delle due porzioni di capitale è determinato in proporzione alle variazioni subite dall'indicatore selezionato: se esso è aumentato, aumenta in misura corrispondente il capitale da restituire a coloro che hanno investito nella *tranche bull*; viceversa, se l'indice è diminuito confermando le aspettative degli operatori ribassisti, allora saranno premiati con un rimborso maggiore i sottoscrittori della quota *bear*.

È importante sottolineare la perfetta simmetria rintracciabile nei risultati economici conseguiti dalle diverse tipologie di risparmiatori: la porzione di capitale guadagnata da coloro che hanno visto realizzare le proprie previsioni in merito all'andamento della variabile di riferimento è esattamente pari alla perdita di valore subita dagli acquirenti dell'altra *tranche*. Ne consegue l'assoluta indifferenza per la società in merito all'ammontare di capitale da restituire: la somma è sempre la stessa, sono modificate soltanto le proporzioni con cui partecipano i possessori delle due quote.

Si tratta, come è evidente, di una tipologia di prestito obbligazionario da rivolgere a un pubblico di potenziali sottoscrittori particolarmente «avvezzo» e attento alle dinamiche del mercato borsistico e all'andamento delle sue variabili di riferimento. Basti pensare che la possibilità di collocare tali obbligazioni richiede la presenza contestuale sul mercato di operatori con previsioni di segno opposto: chi si attende un rialzo del mercato borsistico; chi, invece, nello stesso periodo si aspetta un ribasso. Una simile condizione induce a riflettere in maniera accurata su come si formino le aspettative sul mercato e sulla razionalità delle scelte degli investitori.

Obbligazioni linked

Anche in questo caso ci si trova di fronte a obbligazioni strutturate caratterizzate dalla presenza di un rendimento agganciato a quello offerto da determinati strumenti finanziari. Si possono pertanto avere:

- *equity-linked*, se il rendimento è collegato a titoli azionari;
- *commodity-linked*, se il rendimento è collegato al prezzo di specifiche merci;
- *index-linked*, se il rendimento è collegato a indici di borsa;
- *unit-linked*, se il rendimento è collegato alle performance fatte registrare da particolari fondi comuni di investimento;
- *forex-linked*, se il rendimento è collegato a un tasso di cambio.

Obbligazioni drop lock

Sono titoli assistiti da una particolare clausola di garanzia che tutela il sottoscrittore da un eccessivo ribasso dei tassi di interesse. Pur nascendo come una normale obbligazione a tasso variabile, al momento dell'emissione viene stabilita una soglia minima di rendimento (*trigger rate*) che deve essere corrisposta al sottoscrittore: al di sotto di tale limite l'obbligazione si trasforma automaticamente in un titolo a rendimento fisso per effetto dell'entrata in gioco di una sorta di «lucchetto» che blocca la discesa del rendimento ripristinando il livello minimo stabilito in sede di emissione del prestito. Si tratta di titoli che, come appare evidente, comportano vantaggi per il sottoscrittore in periodi di discesa dei tassi di interesse in quanto, comunque, assicurano un rendimento minimo; per l'emittente, invece, l'operazione di finanziamento corre il rischio di divenire eccessivamente onerosa allorché i tassi di interesse dovessero scendere sensibilmente, costringendo l'azienda a corrispondere una remunerazione agli obbligazionisti superiore rispetto ai tassi medi di mercato.

Deep discount bond

Sono obbligazioni con rendimenti cedolari molto bassi o addirittura nulli che però garantiscono un rimborso di capitale più elevato alla scadenza (solitamente doppio). Tale forma di prestito permette all'emittente di non effettuare erogazioni, o di effettuarle in misura molto ridotta, nel corso della durata del prestito e di pianificare il rimborso a una certa data (compresi gli oneri finanziari accumulati). Per determinate tipologie di risparmiatori, trattandosi in pratica di un reinvestimento automatico dei rendimenti, questa soluzione può presentare vantaggi in quanto il tasso di capitalizzazione utilizzato è quello iniziale, risultando particolarmente favorevole in periodi di tassi cedenti.

Obbligazioni reverse floater

L'elemento caratterizzante tale tipologia di prestito obbligazionario è rappresentato dalla particolare modalità di calcolo degli interessi cedolari. In effetti, nel corso dei primi anni di vita del prestito, l'obbligazione garantisce al sottoscrittore un saggio di interesse calcolato in misura fissa, solitamente attraverso l'applicazione di un tasso superiore rispetto a quelli mediamente presenti sul mercato per titoli di pari rischiosità. In un momento successivo, ovviamente predefinito in sede di regolamento di emissione, si passa a un tasso variabile, ovvero indicizzato rispetto a un tasso di interesse di riferimento. Inoltre, il meccanismo di indicizzazione è inverso: la remunerazione offerta dalle cedole aumenta al diminuire del tasso di riferimento e diminuisce al crescere dello stesso.

Obbligazioni a rata costante e durata variabile

Si tratta di titoli obbligazionari caratterizzati dalla mancata previsione di una scadenza stabilita al momento dell'emissione. Più precisamente, questa categoria di titoli, pur assicurando il pagamento periodico di una rata costante comprensiva di interessi variabili (indicizzati) e capitale, presenta una durata che varia da un periodo di tempo minimo a uno massimo. In relazione alla variabilità della quota interessi, varia il riparto tra la quota capitale e la quota interessi all'interno dei pagamenti periodici a rata costante e, di conseguenza, si modifica il periodo di durata del prestito. In breve, se aumenta il tasso di interesse si riduce l'entità del capitale rimborsato (rata costante) e si dilata il tempo di restituzione dello stesso estendendo, in tal modo, la durata del prestito obbligazionario.

Per quanto concerne i vantaggi dei partecipanti all'operazione, possono essere così sintetizzati: per il sottoscrittore, il titolo in parola assicura un rendimento più alto accanto a un rimborso del capitale diluito nel tempo in caso di crescita dei tassi; per l'emittente, invece, il vantaggio risiede nella possibilità di conoscere con esattezza l'ammontare delle risorse finanziarie di cui dovrà disporre alle scadenze programmate e in più nell'opportunità di utilizzare un finanziamento a tasso indicizzato.

Eurobond

Gli eurobond sono rappresentati da titoli obbligazionari inseriti in un circuito finanziario internazionale (solitamente in più paesi contemporaneamente) e denominati in una valuta diversa rispetto a quella vigente nel luogo di origine della società emittente. Si tratta di titoli al portatore, emessi da società dotate di elevati giudizi di rating e collocati sui mercati di riferimento (generalmente *over the counter*) tramite banche di investimento o sindacati di garanzia.

8.5.3 Modalità di collocamento e costi di emissione

Le società che intendono ricorrere all'emissione di un prestito obbligazionario devono in primo luogo operare nel rispetto delle limitazioni previste dal codice civile, così come novellato dalla riforma del diritto societario ed esposto in precedenza. Una volta adottata la decisione, si apre la strada per il collocamento dei titoli presso il pubblico dei risparmiatori, procedura che nel corso degli ultimi anni si sta uniformando a quella prevista per l'emissione di titoli azionari, anche se appare meno complessa e dunque tendenzialmente più veloce.

In primo luogo, si rende necessario attribuire ai titoli obbligazionari il relativo giudizio di rating, seguendo la logica e le modalità operative gia delineate in sede di esposizione del contenuto dell'accordo di Basilea 2, al quale ovviamente si rimanda[31]. Proprio sulla base dei risultati emersi durante la fase di assegnazione del rating è possibile operare una separazione tra due diverse tipologie di mercati dedicati ai titoli obbligazionari e nei quali operano società emittenti e intermediari distinti:

- mercati *investment grade*, dedicato ai *bond* dotati di un elevato rating (almeno BBB–) e dunque contrassegnati da un basso livello di rischiosità;
- mercati *non-investment grade* o *speculative grade*, nei quali affluiscono obbliga-

[31] Si veda in particolare l'appendice A della sezione I.

zioni maggiormente esposte al rischio di insolvenza della società emittente (obbligazioni *high yield*, ovvero ad alto rendimento) per le quali è necessario applicare tassi di interesse più elevati. Si tratta comunque di un segmento di limitata entità rispetto al precedente.

Il collocamento può essere, così come evidenziato per le azioni, pubblico e privato. Nella prima ipotesi è possibile ricorrere ai meccanismi dell'OPS (Offerta Pubblica di Sottoscrizione) o dell'OPV (Offerta Pubblica di Vendita) entrambe autorizzate implicitamente dalla Consob mediante il consenso da parte della Commissione all'archiviazione di un prospetto che deve essere redatto in base al Testo Unico della Finanza 58/1998 (art. 94 secondo comma). Il prospetto riveste un ruolo importante per ciò che concerne la trasparenza e le informazioni necessarie sulla società emittente, nonché sui prodotti finanziari della stessa affinché gli investitori possano pervenire a un fondato giudizio sulla situazione patrimoniale, economica e finanziaria dell'impresa, vale a dire che deve essere analiticamente prospettata l'operazione oggetto della sollecitazione con i relativi rischi e oneri tributari inerenti la stessa. Si ricorda che il prospetto in esame deve essere approntato e archiviato anche per le società quotate che emettono un nuovo prestito obbligazionario o procedono a un aumento di capitale reale. Per le società quotate, inoltre, è previsto l'obbligo di presentazione alla Consob del Bilancio e della relazione semestrale.

La scelta di preferire un collocamento privato può trovare giustificazione nella maggiore flessibilità e snellezza della procedura, a cominciare dalla possibilità di rivolgersi a un delimitato pubblico di potenziali investitori attraverso l'intermediazione di operatori specializzati.

Per quanto concerne i costi tipicamente riconducibili all'emissione di un prestito obbligazionario, essi sono rappresentati in primo luogo dalle remunerazioni offerte ai sottoscrittori. Come risulta evidente dalla trattazione svolta finora, le forme e l'entità di tali remunerazioni risultano estremamente variabili a seconda della tipologia di *bond* collocato sul mercato, ma in termini generali, possono essere sintetizzate nel tasso di interesse cedolare corrisposto periodicamente e dall'eventuale disaggio di emissione (differenza tra valore di rimborso e prezzo di emissione del titolo).

Accanto a tali costi occorre attentamente valutare anche ulteriori e a volte consistenti oneri posti a carico della società emittente:

- spese per certificati e attestazioni;
- spese di stampa e bollatura dei titoli e del prospetto;
- spese di pubblicazione;
- costo per l'assegnazione del rating;
- costi di *marketing*;
- costi relativi all'OPV e/o OPS;
- commissioni dovute al consorzio di collocamento e costo dello *sponsor* (quest'ultima è una figura introdotta di recente dal Testo Unico della Finanza ed è un intermediario che deve affiancare l'emittente nella fase di quotazione e nel periodo successivo).

A queste spese e oneri vanno aggiunti i maggiori costi organizzativi interni per il potenziamento dell'ufficio amministrativo e in particolare dell'ufficio titoli, nonché le spese di consulenza in relazione alla specificità e alla straordinarietà dell'incombenza.

8.5.4 I rischi dell'investimento in titoli obbligazionari

Come tutte le forme di impiego delle risorse che implicano una momentanea indisponibilità delle stesse, anche la sottoscrizione di titoli obbligazionari comporta il sorgere di specifiche tipologie di rischio in capo all'investitore.

In primo luogo, trattandosi di obbligazioni *corporate*, ovvero emesse da società private e non dallo Stato[32], sussiste un rischio di credito, ovvero un rischio di insolvenza che si sostanzia nella incapacità da parte dell'emittente di far fronte al pagamento degli interessi cedolari e/o al rimborso del capitale a scadenza. In effetti, pur non essendo soggetti al rischio pieno che invece coinvolge i titoli azionari, anche l'attitudine dell'impresa debitrice ad assolvere gli impegni assunti nei confronti degli obbligazionisti dipende dall'andamento economico della gestione e in particolare dalla capienza del *cash flow* definito prima della contabilizzazione degli oneri finanziari (ovvero il *free cash flow*). Il livello di rischio di credito gravante sui titoli obbligazionari è misurato attraverso l'attribuzione del giudizio di rating, sulla base delle procedure precedentemente esaminate: emissioni contrassegnate da uno scarso indice di qualità dovranno provvedere a garantire un maggiore rendimento, con possibile pregiudizio delle condizioni di solvibilità dell'impresa[33].

Un altro aspetto di sicuro interesse per l'investitore intenzionato a impiegare una parte del suo capitale in titoli obbligazionari è senz'altro rappresentato dal grado di liquidità dell'investimento, ovvero dalla facilità con cui il *bond* può essere ceduto sul mercato prima della sua scadenza. Il rischio di liquidità risulta pertanto funzione del volume degli scambi registrati in un dato periodo preso come riferimento: maggiore è il quantitativo di titoli trattati, maggiore è la probabilità di liquidare in ogni momento l'investimento realizzato, minore si presenta lo *spread* tra prezzo di acquisto e prezzo di vendita, favorendo così il livello di efficienza del mercato. In altri termini, l'accentuata vivacità di un determinato segmento di mercato crea un circolo virtuoso capace di attrarre un numero sempre maggiore di operatori e di capitali, aumentando il quantitativo delle contrattazioni e riducendo di contro lo scarto tra prezzi di acquisto e prezzi di vendita.

Uno specifico fattore di incertezza legato ai prestiti obbligazionari è rappresentato dal rischio di rimborso anticipato, gravante sull'obbligazionista nell'ipotesi in cui il regolamento di emissione preveda la facoltà da parte della società debitrice di rimborsare il valore nominale dei titoli prima della scadenza (obbligazioni *callable*). Come illustrato in precedenza, la convenienza per la società emittente a eseguire la restituzione del

[32] Si ritiene, infatti, che i titoli obbligazionari emessi dallo Stato abbiano un rischio di credito pressoché prossimo allo zero. Occorre però specificare che tale assunzione appare logica e pertinente solo con riferimento a Stati effettivamente solvibili, mentre non è affatto riscontrabile in paesi contrassegnati da una forte instabilità politica ed economica.

[33] Fabozzi F.J., Modigliani F., *Mercati finanziari. Strumenti e istituzioni*, Il Mulino, Bologna 1995, p. 470.

prestito in via anticipata emerge qualora i tassi di interesse vigenti sul mercato decrescono fino ad essere inferiori rispetto al tasso corrisposto sul prestito. Al verificarsi di tale circostanza, al vantaggio emergente per la società si contrappone uno svantaggio in capo all'obbligazionista, costretto a rinunciare a un rendimento elevato in un contesto caratterizzato da tassi decrescenti che rende poco appetibile anche un eventuale reinvestimento del capitale ottenuto dal rimborso in strumenti finanziari alternativi.

Infine, nell'ambito della trattazione proposta, è possibile citare anche l'eventuale presenza del rischio di cambio, laddove l'obbligazione sia espressa in valuta estera, da convertire in moneta nazionale al momento della scadenza dell'investimento, nonché il cosiddetto rischio occasionale, legato alla possibilità che si manifestino eventi imprevisti (ad esempio catastrofi naturali o crisi politiche) che rendano difficoltoso o impossibile per l'impresa emittente far fronte agli impegni finanziari assunti con gli obbligazionisti.

8.6 La cartolarizzazione

Il termine cartolarizzazione – spesso sostituito dall'espressione inglese *securitization* – sta a indicare una operazione finanziaria attraverso la quale è possibile trasformare elementi patrimoniali attivi di varia natura, ma contrassegnati da un basso grado di liquidità, in titoli mobiliari facilmente smobilizzabili e dunque cedibili sui mercati finanziari. Si tratta di una procedura che ha fatto registrare un notevole successo nel corso degli ultimi anni, anche in seguito alla possibilità offerta agli enti pubblici locali di attuarla sia sui crediti, sia sul patrimonio immobilizzato[34].

Le fasi che consentono di raggiungere l'obiettivo prefissato, ovvero la crescita del grado di liquidità degli investimenti, prendono avvio dall'individuazione di un insieme di elementi dell'attivo patrimoniale – principalmente crediti – caratterizzati dal requisito di omogeneità sia dal punto di vista giuridico, sia sotto il profilo finanziario. Il portafoglio così selezionato viene ceduto ad una apposita società (SPV, *Special Purpose Vehicle*) dotata delle seguenti caratteristiche: oggetto sociale rappresentato esclusivamente dall'attività di cartolarizzazione; personalità giuridica, al fine di garantirne l'autonomia; patrimonio societario costituito dal portafoglio crediti posto a garanzia esclusiva dei titoli emessi; rischio di fallimento molto basso. La SPV, dopo aver ricevuto i crediti dalla società, provvede a emettere titoli obbligazionari (ABS, *asset backed securities*) negoziabili sul mercato finanziario e dunque sottoscrivibili da tutti i risparmiatori.

[34] La normativa di riferimento è rappresentata dal D.L. 25.09.01 N. 351, convertito con legge 410/2001 e, in parte, la normativa contenuta nel d.l. 15.04.02 n. 63, convertito con la legge 112/02. Inoltre, è applicabile la legge 130/1999 per le *securitization* dei crediti, nonché legge finanziaria per il 2003, n. 289/2002. Sul tema si vedano Borgonovi E., *Principi e sistemi aziendali per le amministrazioni pubbliche*, Egea, Milano 1996; Falini A., *La strategia economico-finanziaria degli enti locali. Prestiti obbligazionari e finanza di progetto*, Guerini e Associati, Milano 2000; Pica F., *Manuale di finanza locale*, Maggioli, Rimini 1989; Meneguzzo M., *Manuale di finanza innovativa per le amministrazioni pubbliche. Analisi e strumenti per l'innovazione*, Rubbettino, Roma 2003.

Il rendimento offerto da tali obbligazioni è funzione delle performance realizzate dal portafoglio di attività cedute e dunque l'emissione dei *bond* viene strutturata proprio in funzione dei flussi di cassa che si prevede di ottenere, come ad esempio gli interessi sui crediti, i canoni di locazione degli immobili e così via.

L'operazione in parola consente di assicurare una serie di vantaggi, sia per la società dalla quale prende avvio l'intera procedura (*originator*), sia per l'intero sistema finanziario. Sotto il primo profilo, l'impresa ha l'opportunità di trasformare in liquidità componenti dell'attivo altrimenti, almeno temporaneamente, immobilizzati, ottenendo così le risorse necessarie a fronteggiare fabbisogni monetari emergenti dalla gestione. Inoltre, l'emissione di titoli obbligazionari offre ulteriore impulso alla crescita dei mercati, favorendo il miglioramento del livello di efficienza degli stessi.

8.7 Il «leasing»

Il *leasing* è un contratto mediante il quale un'azienda, o un intermediario finanziario che prende il nome di locatore, acquista un determinato bene mettendolo a disposizione dell'utilizzatore (locatario) in cambio del pagamento di un canone periodico. Al termine del periodo di uso del bene stabilito contrattualmente, il locatario, che non ne ha la proprietà ma soltanto il possesso, ha la facoltà di riscattare il bene stesso acquisendone la proprietà, dietro versamento di un compenso prefissato, di norma piuttosto basso.

Il *leasing*, utilizzato correntemente da molti anni nei Paesi anglosassoni, pur avendo trovato definitivamente una collocazione stabile anche nella nostra economia, soprattutto grazie all'impulso conferitogli verso la fine degli anni Settanta dal settore parabancario, allo stato attuale, non essendo stato disciplinato dal legislatore, risulta essere ancora un contratto atipico. Esso può essere inquadrato nell'ambito della più ampia categoria dei cosiddetti finanziamenti strutturati, ovvero finanziamenti le cui caratteristiche sono definite in funzione dei flussi di cassa generati da progetti di investimento sottostanti.

Tale meccanismo di copertura del fabbisogno comporta numerosi vantaggi per le aziende in quanto consente loro di coprire i fabbisogni consolidati con maggiore elasticità e snellezza rispetto ai mutui a medio termine. Tali vantaggi sono principalmente riconducibili all'assenza di un passaggio di proprietà tra le parti, consentendo al locatore-finanziatore, in caso di mancato pagamento dei canoni, di ritornare in possesso del bene in tempi rapidi. Questa possibilità, peraltro teorica, ha generato un dibattito sull'effettivo interesse del locatore-finanziatore che non può, in genere, trovare il proprio soddisfacimento nella restituzione del bene (specie se di uso non comune e quindi difficilmente rivendibile), ma al contrario nell'incasso dei canoni insoluti. In relazione a tale problematica, le istruttorie effettuate preliminarmente dalle società di *leasing* hanno denotato una certa complessità, allineandosi sempre più alle istruttorie svolte dagli istituti di credito per la concessione di mutui: in tal modo il *leasing* ha perso la sua originaria snellezza procedurale, almeno con riferimento a determinate categorie di beni.

In sostanza, il *leasing* rappresenta un'alternativa al finanziamento tradizionale consolidato e acquisito con rischio limitato e, come noto, può assumere due diverse configurazioni:

a) *leasing* operativo;
b) *leasing* finanziario.

Il *leasing operativo* è praticamente assimilabile al noleggio, differenziandosene per la possibilità da parte del locatario di riscattare il bene alla scadenza del contratto. Questo tipo di locazione, solitamente concessa dall'impresa produttrice del bene locato, si estrinseca in un'ampia dilazione di pagamento garantita dalla conservazione della proprietà del bene oggetto di *leasing*; in relazione a ciò la durata della locazione, generalmente inferiore alla vita economica del bene strumentale, è circoscritta a due o tre anni, stante la limitata potenzialità finanziaria del produttore. In sostanza, nel leasing operativo intervengono solo due soggetti: il produttore-locatore e l'azienda-locatario.

L'obiettivo principale di chi ricorre a tale forma di *leasing* è quello di ottenere temporaneamente il possesso del bene strumentale evitando di accollarsi i rischi inerenti alla proprietà (obsolescenza, svalutazione ecc.). Inoltre, il *leasing* operativo viene concesso «a caldo» e cioè i canoni corrisposti sono comprensivi della manutenzione, effettuabile agevolmente dal locatore-proprietario al fine di consentire la buona conservazione del bene, particolarmente importante in relazione all'eventualità del mancato riscatto.

Di più rilevante portata appare invece il *leasing finanziario* dove, di norma, il finanziatore-locatore non è il costruttore del bene bensì un terzo finanziatore (solitamente una società finanziaria) che acquista il bene da locare dal produttore, su indicazioni del locatario, e lo concede in locazione a quest'ultimo. Il contenuto del contratto è la locazione di un bene cui si associa normalmente il diritto di riscatto al termine del periodo stabilito sulla base di un prezzo contrattualmente convenuto; le caratteristiche descritte hanno portato molti Autori ad assimilare questa operazione a un acquisto di beni d'uso contro un indebitamento consolidato costituito dalla sommatoria dei canoni di locazione e della quota di riscatto prefissata.

Altri Autori contrastano questa impostazione stante la possibilità di esercitare la facoltà, e non l'obbligo, di riscatto del bene soltanto al termine del periodo di utilizzo; il riscatto fa sorgere una onerosità che non dipende dall'indebitamento e che è aggiuntiva rispetto all'impegno contrattuale derivante dall'utilizzo del bene ottenuto a seguito dell'acquisto-riscatto.

Forse una accettabile configurazione del *leasing finanziario* è da ricercare, in assenza di una sua precisa collocazione giuridica, in una particolare forma di intermediazione finanziaria che si riflette in un contratto *sui generis*, assimilabile ad altre forme di negoziazione, ma che nel contempo assume caratteristiche particolari e totalmente autonome. È stato infatti sottolineato che il contratto di locazione finanziaria incorpora un complesso di operazioni aventi natura tecnico-economica diversa, oltre che diversa rilevanza giuridica. A tale proposito occorre rilevare la presenza di più fasi, culminanti in un'unica combinazione economica articolata a sua volta in due operazioni. Le fasi dell'operazione, tra loro strettamente collegate, sono:

- scelta, da parte dell'impresa utilizzatrice, del bene da assumere in locazione;
- accordo tra finanziatore e locatario sulle condizioni economico-contrattuali della locazione;
- acquisto del bene oggetto del contratto da parte del locatore;
- stipula del contratto di *leasing* e consegna del bene.

Le citate fasi sono inscindibili e le autonome operazioni che ne scaturiscono sono condizionate e a loro volta condizionano l'espletamento delle altre.

Il locatore-finanziatore acquista il ruolo di «assuntore di mezzi o beni» da conferire in locazione, mediante un tipo di operatività finanziaria totalmente originale rispetto ad altre modalità di finanziamento, soprattutto in relazione alla facoltà di riscatto; fino al momento in cui viene esercitata tale facoltà, non è possibile assimilare il contratto di *leasing* a un contratto di compravendita con dilazioni consolidate di pagamento.

La combinazione finanziaria posta in essere mediante le citate operazioni consente l'acquisizione immediata da parte dell'impresa utilizzatrice di un bene o di un complesso di beni in uso anziché delle disponibilità monetarie per acquistarli, come nel caso di mutuo o di altro finanziamento. La somma dei canoni che il locatario s'impegna contrattualmente a corrispondere al locatore assume una duplice configurazione: anticipo del prezzo, nel caso di futuro riscatto; canone di locazione sino a che tale riscatto non sia stato formalmente attuato. Nello specifico, il canone di leasing ingloba diverse componenti[35]:

- la remunerazione della società di leasing;
- i costi sostenuti dalla stessa società, ivi compresi gli eventuali oneri finanziari da sostenere per il servizio del debito contratto ai fini dell'acquisto del bene oggetto del contratto;
- l'ammortamento del bene locato.

Il *leasing* rappresenta evidentemente una forma di finanziamento indiretto attuato con l'erogazione di un bene anziché di una somma monetaria e che quindi determina l'acquisizione di un flusso finanziario simultaneamente investito; in altri termini, questa operazione non comporta nessuna movimentazione di risorse monetarie, cosa che ad esempio accade nel mutuo, bensì, come ampiamente ribadito, la disponibilità temporanea di un determinato bene strumentale.

I vantaggi di natura finanziaria, per l'impresa utilizzatrice, sono evidenti e permettono il potenziamento della struttura produttiva dell'impresa senza rilevanti mutazioni nella struttura finanziaria: il *leasing* non «irrigidisce» la struttura degli impieghi, né «appesantisce» il mix delle fonti di finanziamento in quanto il bene risulta in pos-

[35] Cacciamani C., 2003, *Il finanziamento dei capitali fissi: il leasing*, in Fabrizi P.L., Forestieri G., Mottura P., *Strumenti e servizi finanziari*, Egea, Milano 2003, p. 132.

sesso del locatario e pertanto non appare tra le voci dell'attivo patrimoniale (impieghi) fino a quando non viene riscattato. Anche dopo il riscatto, poi, il valore del bene è molto basso, incidendo poco sull'equilibrio della struttura finanziaria.

Problematiche particolari sorgono nella definizione del numero dei canoni da corrispondere all'atto della firma del contratto e alla consegna dei beni. Occorre infatti precisare che l'ammontare dei canoni di locazione risulta condizionato dal costo di acquisto del bene locato, dalla durata del contratto di locazione finanziaria, ovviamente correlata con la durata tecnologica ed economica del bene, nonché dall'importo del riscatto che verrà corrisposto alla scadenza se il locatario opterà in tal senso. A tali componenti di natura contrattuale se ne aggiungono altri di origine economico-finanziaria quali: gli interessi calcolati in base al tasso percentuale applicato dalla società finanziaria locatrice; la provvigione sui canoni, in misura fissa o percentuale, quale reintegrazione delle spese di gestione del contratto; nonché una quota suppletiva di profitto.

Nel *leasing* finanziario non sono compresi, normalmente, i costi di manutenzione (leasing a caldo) né i costi di assicurazione. Tali incombenze, solitamente, vengono poste a carico del locatario in sede di contratto e, pertanto, rappresentano per quest'ultimo un onere aggiuntivo rispetto ai canoni. È comunque possibile strutturare un contratto di leasing in grado di contemperare anche le spese di manutenzione a carico della società finanziaria: si è in presenza di un leasing cosiddetto *full-service*.

Da quanto detto si desume che l'onerosità del contratto di *leasing* finanziario appare piuttosto elevata e, comunque, maggiore di quella di un mutuo a medio termine. Sotto questo aspetto sembrerebbe, quindi, che il *leasing* non sia concorrenziale rispetto al mutuo, mentre la maggiore elasticità e speditezza nella fase di istruttoria e concessione del finanziamento e i vantaggi fiscali propri della locazione finanziaria ne consigliano, invece, in molti casi, la scelta.

In particolare, la maggiore elasticità, definita anche migliore operatività, comporta un più rapido espletamento delle procedure che precedono la concessione del finanziamento e quindi l'effettiva acquisizione del bene da parte del locatario. L'istruttoria svolta dalle società di *leasing* tiene conto, infatti, della diversa tutela giuridica del locatore in caso di insolvenza nel pagamento dei canoni; lo *status* di proprietario del bene locato può permettere di esperire azioni legali, precluse invece al creditore, quali, ad esempio, l'azione esecutiva a mezzo di un decreto ingiuntivo tendente a ottenere la restituzione del bene e il pagamento dei canoni, nonché, in caso di apertura di una procedura concorsuale, all'ottenimento della separazione dei beni e quindi alla restituzione degli stessi.

La migliore operatività scaturisce anche, come è stato in precedenza chiarito, dalla snellezza del contratto di *leasing* rispetto al contratto di mutuo: quest'ultimo, infatti, richiede la forma pubblica in relazione all'acquisizione, da parte della banca, di garanzie reali. Inoltre, con il *leasing* è possibile modellare il finanziamento al fabbisogno connesso all'acquisizione del bene ottimizzando, in tal modo, la struttura finanziaria dell'impresa[36]. Infine, con tale forma di finanziamento si contiene maggiormente il rischio di obsolescenza delle immobilizzazioni tecniche e dei beni strumen-

[36] Velo D., *Il leasing*, Buffetti, Roma 1987, p. 4.

tali in genere: i canoni di *leasing*, pur rientrando tra i costi d'esercizio al pari dell'ammortamento, permettono una reintegrazione economica più rapida in quanto la deducibilità, sotto il profilo fiscale, risulta attuata in un periodo temporale inferiore rispetto agli ammortamenti che investono periodi di tempo più lunghi.

La predetta completa deducibilità genera per il locatario una maggiore onerosità rispetto alle quote di ammortamento, con evidenti vantaggi fiscali, e ciò anche in caso di ammortamento accelerato. Il locatario, entro la durata del contratto di locazione finanziaria ammortizza, di fatto, completamente il costo del bene in relazione alla consuetudinaria opzione per il riscatto, con evidenti vantaggi, specie per i beni di rapida obsolescenza che, pur ancora utilizzabili, hanno perduto quasi totalmente un congruo valore economico.

In ipotesi di presenza di maxicanoni imposti dal locatore nei primi periodi del contratto, esistono interpretazioni difformi. Al riguardo si segnala che la presenza dei maxicanoni è legata all'utilità maggiore che il bene locato conferisce al processo produttivo nel primo periodo di utilizzo, sia per la maggiore efficienza del bene, sia perché più aggiornato tecnologicamente; ciò comporterebbe una imputazione dei canoni al conto economico in diretta connessione temporale con il loro sostenimento, ma tale possibilità è preclusa dall'impostazione fiscale di competenza.

8.7.1 Il leasing nella contabilità aziendale

Il leasing è un contratto di origine anglosassone e la mancanza di un analogo istituto nella tradizione giuridica italiana ha fatto sorgere alcuni problemi per il suo inquadramento sotto il profilo giuridico. Si tratta, infatti, di contratti atipici che pur presentando alcune caratteristiche comuni alla locazione, al mutuo e alla vendita con patto di riservato dominio, sono difficili da classificare in una specifica disciplina contrattuale, con conseguenti complicazioni anche sul piano della loro rappresentazione contabile.

Inizialmente, la contabilizzazione del leasing privilegiava una rilevazione in grado di rispecchiare fedelmente gli aspetti formali dell'operazione e non gli effetti sostanziali realmente prodotti dalla medesima, utilizzando il cosiddetto metodo patrimoniale. L'applicazione di tale metodo, diversamente da quanto stabilito dai principi contabili internazionali e dal postulato della prevalenza della sostanza sulla forma, non prevede che il locatario possa iscrivere nello stato patrimoniale le immobilizzazioni che utilizza mediante contratto di locazione finanziaria, poiché manca la titolarità del diritto di proprietà, presupposto richiesto dall'attuale normativa civilistica e dal principio contabile nazionale OIC 16[37] per l'iscrizione di un bene in bilancio, con la conseguenza che tali immobilizzazioni restano iscritte nello stato patrimoniale del locatore.

Il metodo patrimoniale implica che il locatario iscriva i canoni di leasing tra i costi d'esercizio, più precisamente nella voce *Costi per godimento di beni di terzi*, provvedendo a fine esercizio alla rilevazione dell'eventuale risconto attivo per la parte dei canoni anticipati da attribuire agli esercizi successivi. Inoltre, il locatario deve rileva-

[37] Le immobilizzazioni materiali non possono essere iscritte nei relativi conti se non è stato trasferito il relativo titolo di proprietà con cui vengono trasferiti anche i rischi e i benefici relativi a tali beni.

re nei conti d'ordine – e in particolare nel sistema contabile degli impegni – la quota dei canoni ancora da corrispondere, evidenziando in tale sistema la riduzione progressiva dei valori in relazione al pagamento dei canoni periodici.

Infine, al momento dell'eventuale esercizio dell'opzione di acquisto del bene alla scadenza del contratto, il locatario deve provvedere a inserire il bene tra le immobilizzazioni al prezzo di riscatto, prezzo che costituirà il costo storico da ammortizzare in ogni esercizio in relazione alla vita utile del bene.

Il metodo finanziario, invece, si differenzia dal metodo patrimoniale poichè prevede, sinteticamente, che il locatario iscriva in bilancio nell'attivo patrimoniale il valore del bene acquisito in leasing come se lo detenesse a titolo di proprietà e nel passivo il debito totale dell'operazione.

La riforma del diritto societario introdotta dal D. Lgs del 17.01.2003 n. 6 ha comunque confermato l'utilizzo del metodo patrimoniale pur introducendo parzialmente il metodo finanziario che ha assunto una particolare rilevanza.

Attualmente, infatti, nei bilanci delle società di capitali non quotate, le informazioni che devono essere messe in rilievo con il metodo finanziario puro vengono evidenziate nella nota integrativa[38], ponendo in evidenza una sorta di compromesso raggiunto dal legislatore tra metodo di rilevazione patrimoniale e metodo di rilevazione finanziario nel rispetto del nuovo principio della prevalenza della sostanza sulla forma introdotto dal diritto societario. In pratica, mentre nello stato patrimoniale e nel conto economico le operazioni di leasing devono essere rilevate con il metodo patrimoniale, nella nota integrativa occorre fornire informazioni su come sarebbe stata la situazione della società se le stesse operazioni fossero state rilevate con il metodo finanziario.

Il metodo finanziario puro è invece previsto per tutte le società quotate e per tutte quelle società che adottano i principi contabili internazionali. Tale metodo, disciplinato nello IAS 17, contabilizza il leasing finanziario facendo prevalere la sostanza del contratto sulla forma dello stesso, considerando l'operazione come un acquisto di una immobilizzazione da parte del locatario che contrae un finanziamento concesso dal locatore. Il presupposto alla base di una simile impostazione risiede nel fatto che nel leasing finanziario vengono trasferiti al locatario tutti i rischi e i benefici derivanti dalla proprietà del bene, come ad esempio i rischi derivanti da perdite per guasti o quelli derivanti dall'obsolescenza del bene oggetto del contratto.

Seguendo questa linea teorica, i beni in leasing finanziario vengono iscritti tra le

[38] Novità introdotte dalla riforma del diritto societario (D. Lgs 17.01.03 n.6).
Art. 2427 co.1, c.c. punto 22 prospetto con specifiche informazioni in Nota integrativa.
Prospetto consigliato O.I.C. documento 1):

1) il valore attuale dei canoni futuri del leasing non ancora scaduti con il tasso di interesse implicito;
2) oneri finanziari di competenza dell'esercizio dei contratti di leasing finanziario;
3) valore complessivo dei beni oggetto di contratto di locazione finanziaria che sarebbe stato iscritto nell'attivo dello stato patrimoniale (tra le immobilizzazioni materiali) se i beni fossero stati acquisiti in proprietà con separata indicazione dell'ammortamento e delle rettifiche;
4) le quote di ammortamento dei beni in locazione di competenza dell'esercizio;
5) il relativo effetto fiscale;
6) l'effetto sul risultato d'esercizio e quello complessivo sul patrimonio netto che si otterrebbero applicando il metodo finanziario.

attività immobilizzate da sottoporre a un sistematico processo di ammortamento e come contropartita viene contabilizzato il debito verso il locatore tra le passività per l'importo delle quote capitale comprese nei canoni ancora da pagare.

Il locatario, infatti, effettua dei pagamenti periodici al locatore, i quali devono essere suddivisi in quota capitale e quota interessi: pertanto, al fine di contabilizzare in maniera corretta l'operazione è necessario calcolare il tasso di interesse implicito[39] dell'operazione e applicarlo al debito residuo per suddividere le quote di capitale e di interessi comprese in ogni rata pagata.

I principi contabili internazionali, utilizzati dalle società quotate e da quelle che optano per gli stessi, affrontano anche la contabilizzazione del leasing operativo che, come per le società di capitali non quotate che non utilizzano i principi contabili internazionali, è rilevato secondo il metodo patrimoniale senza l'obbligo di fornire ulteriori informazioni in nota integrativa.

Il leasing operativo, a differenza di quello finanziario, non prevede il trasferimento al locatario dei rischi e dei benefici derivanti dalla proprietà del bene, in quanto viene considerato nella sostanza un contratto simile al noleggio di beni strumentali. Lo IAS 17 prevede, infatti, che in caso di leasing operativo il bene locato sia contabilizzato tra le attività immobilizzate del locatore e venga ammortizzato da quest'ultimo. In tale circostanza il locatario deve rilevare i canoni di leasing che costituiscono costi di periodo, mentre il locatore provvederà a contabilizzare la medesima somma tra i ricavi d'esercizio.

Esempio di contabilizzazione del leasing finanziario (rischi a carico del locatario)
La Delta srl stipula in data 1/2/n1 un contratto di leasing finanziario relativo a un macchinario alle seguenti condizioni contrattuali:

Costo d'acquisto del bene della società di leasing	160.000 euro
Durata	3 anni
Numero canoni quadrimestrali	8
Canone iniziale	22.000 euro
Canoni quadrimestrali	20.100 euro
Prezzo di riscatto	2000 euro

Le scritture in partita doppia presentate di seguito prendono in esame in primo luogo il metodo patrimoniale di rilevazione e in secondo luogo il metodo finanziario. Ai fini della presente analisi vengono messe in rilievo soltanto le scritture relative al primo anno di stipulazione del contratto di leasing.

Si presentano:

1) le scritture in partita doppia effettuate dalla società nel primo esercizio seguendo il metodo di contabilizzazione patrimoniale

[39] In matematica finanziaria si definisce tasso di interesse implicito o tasso interno di rendimento (TIR) il tasso di interesse che, in un'operazione economica, rende il valore attuale dei flussi monetari in entrata uguale al valore attuale dei flussi monetari in uscita, quindi in questo caso è il tasso di interesse effettivo applicato dalla società di leasing al soggetto con cui ha stipulato il contratto di leasing.

	Stipula del contratto leasing		
01/02/n1	Impegni per beni in leasing*	182.800	
01/02/n1	Creditori c/leasing		182.800
	Fattura canone iniziale		
01/02/n1	Canoni di leasing (canone iniziale)	22.000	
01/02/n1	Iva ns/credito	4.400	
01/02/n1	Debiti v/fornitori		26.400
	Pagamento fattura		
01/02/n1	Debiti v/fornitori	26.400	
01/02/n1	Banca x c/c		26.400
	Storno del conto d'ordine		
01/02/n1	Creditori c/leasing	22.000	
01/02/n1	Impegni per beni in leasing		22.000
	Fattura canone quadrimestrale		
01/06/n1	Canoni di leasing (primo canone)	20.100	
01/06/n1	Iva ns/credito	4.020	
01/06/n1	Debiti v/fornitori		24.120
	Pagamento fattura		
01/06/n1	Debiti v/fornitori	24.120	
01/06/n1	Banca x c/c		24.120
	Storno del conto d'ordine		
01/06/n1	Creditori c/leasing	20.100	
01/06/n1	Impegni per beni in leasing		20.100
	Fattura canone quadrimestrale		
01/10/n1	Canoni di leasing (secondo canone)	20.100	
01/10/n1	Iva ns/credito	4.020	
01/10/n1	Debiti v/fornitori		24.120
	Pagamento fattura		
01/10/n1	Debiti v/fornitori	24.120	
01/10/n1	Banca x c/c		24.120
	Storno del conto d'ordine		
01/10/n1	Creditori c/leasing	20.100	
01/10/n1	Impegni per beni in leasing		20.100
	Rilevazione risconto attivo		
31/12/n1	Risconti attivi**	6.344,4	
31/12/n1	Canoni di leasing		6.344,4

* Il valore di 182.800 euro è dato dal canone iniziale di 22.000 euro e dagli altri otto canoni quadrimestrali da 20.100 euro cadauno.

** Calcolo del risconto attivo dell'esercizio n1 per il canone di competenza del medesimo esercizio adottando il metodo patrimoniale di contabilizzazione del leasing.

Canone iniziale + 8 canoni quadrimestrali (a)	182.800	= 22.000 + (8 x 20.100)
Durata in mesi del leasing (b)	36	
Canone mensile di competenza (c = a / b)	5.077,8	= 182.800 / 36
Mesi da considerare di competenza nel primo esercizio (d)	11	= Mesi dall'1/2/n1 al 31/12/n1
Canoni di competenza dalla data dell'inizio del contratto fino al 31/12 del primo esercizio (e = c x d)	55.855,6	= 5077,8 x 11
Tot importo pagato fino al 31/12/n1 (f)	62.200	= 22.000 + 20.100 + 20.100
Risconto attivo a fine esercizio se si contabilizza secondo il metodo patrimoniale (g = f – e)	6.344,4	= 62.200 – 55.855,6

2) Le scritture relative all'eventuale esercizio dell'opzione di acquisto del bene alla scadenza del contratto

	Riscatto del bene		
01/02/n4	Macchinari	2.000	
01/02/n4	Iva ns/credito	400	
01/02/n4	Debiti v/fornitori		2.400
	Pagamento del riscatto		
01/02/n4	Debiti v/fornitori	2.400	
01/02/n4	Banca x c/c		2.400

3) le scritture in partita doppia effettuate dalla società nel primo esercizio seguendo il metodo di contabilizzazione finanziario e il tasso di interesse implicito[40] ottenuto nell'operazione che è di 3,77970%.

[40] Il tasso di interesse implicito è quel tasso ottenuto ponendo il valore attuale dei flussi monetari in entrata uguale al valore attuale dei flussi monetari in uscita.

Data	Flussi in entrata (A)	Flussi in uscita (B)	Flussi totali (A - B)	Fattore di attualizzazione	Flussi totali attualizzati
01/02/n1	160.000	-22.000	138.000	1	138.000,0
01/06/n1	>	-20.100	-20.100	0,9635796	-19.367,9
01/10/n1	>	-20.100	-20.100	0,9284856	-18.662,6
01/02/n2	>	-20.100	-20.100	0,8946697	-17.982,9
01/06/n2	>	-20.100	-20.100	0,8620855	-17.327,9
01/10/n2	>	-20.100	-20.100	0,8306880	-16.696,8
01/02/n3	>	-20.100	-20.100	0,8004340	-16.088,7
01/06/n3	>	-20.100	-20.100	0,7712818	-15.502,8
01/10/n3	>	-20.100	-20.100	0,7431914	-14.938,1
01/02/n4	>	-2.000	-2.000	0,7161241	-1.432,2
>	160.000	-184.800	-24.800	>	0,0

Data	Canone	Quota interessi	Quota capitale	Debito residuo
01/02/n1	22.000		22.000	138.000
01/06/n1	20.100	5.216,0	14.884,0	123.116,0
01/10/n1	20.100	4.653,4	15.446,6	107.669,4
01/02/n2	20.100	4.069,6	16.030,4	91.639,0
01/06/n2	20.100	3.463,7	16.636,3	75.002,7
01/10/n2	20.100	2.834,9	17.265,1	57.737,5
01/02/n3	20.100	2.182,3	17.917,7	39.819,8
01/06/n3	20.100	1.505,1	18.594,9	21.224,9
01/10/n3	20.100	802,2	19.297,8	1.927,1
01/02/n4	2.000	72,8	1.927,2	0,0

Quota interessi (n) = debito residuo (n-1) x tasso di interesse implicito
Quota capitale (n) = canone di leasing (n) – quota interessi (n)
Debito residuo (n) = debito residuo (n-1) – quota capitale (n)

** Calcolo del risconto attivo dell'esercizio n1 degli interessi passivi compresi nei canoni corrisposti nello stesso esercizio adottando il metodo finanziario di contabilizzazione del leasing

Quota interessi dell'ultimo canone quadrimestrale versato (a)	4.653,4	
Giorni non di competenza (b)	31	= giorni dall'1/1/n2 all'1/2/n2
Giorni tot che la quota interessi copre (c)	123	= giorni dall'1/10/n1 all'1/2/n2
Risconto attivo a fine esercizio se si contabilizza secondo il metodo finanziario (a x b /c)	1.172,8	= 4.653,4 x 31 / 123

*** Con l'utilizzo del metodo finanziario che prevede l'iscrizione del macchinario tra le immobilizzazioni del locatario è necessario prevedere un relativo piano di ammortamento:

Anno	Quota di ammortamento	F.do ammortamento	Valore residuo contabile
n1	29.282,2	29.282,2	130.717,8
n2	32.000,0	61.282,2	98.717,8
n3	32.000,0	93.282,2	66.717,8
n4	32.000,0	125.282,2	34.717,8
n5	32.000,0	157.282,2	2.717,8
n6	2.717,8	160.000,0	0,0

Coefficiente di ammortamento 20%
Quota ammortamento annuale 32.000 = 160.000 x 20%
Giorni di utilizzo del bene nell'anno n1 = 334 = giorni dall'1/2/n1 al 31/12/n1
Quota ammortamento anno n1 = 29.282,2 = 320.000 x 334 /365

	Stipula del contratto leasing		
01/02/n1	Macchinari in leasing	160.000	
01/02/n1	Debiti v/società di leasing		160.000
	Fattura canone iniziale		
01/02/n1	Debiti v/società di leasing	22.000	
01/02/n1	Iva ns/credito	4.400	
01/02/n1	Debiti v/fornitori		26.400
	Pagata fattura		
01/02/n1	Debiti v/fornitori	26.400	
01/02/n1	Banca x c/c		26.400
	Fattura canone quadrimestrale		
01/06/n1	Debiti v/società di leasing*	14.884,0	
01/06/n1	Interessi passivi leasing	5.216,0	
01/06/n1	Iva ns/credito	4.020	
01/06/n1	Debiti v/fornitori		24.120,0
	Pagata fattura		
01/06/n1	Debiti v/fornitori	24.120,0	
01/06/n1	Banca x c/c		24.120,0
	Fattura canone quadrimestrale		
01/10/n1	Debiti v/società di leasing	15.446,6	
01/10/n1	Interessi passivi leasing	4.653,4	
01/10/n1	Iva ns/credito	4.020	
01/10/n1	Debiti v/fornitori		24.120,0
	Pagata fattura		
01/10/n1	Debiti v/fornitori	24.120,0	
01/10/n1	Banca x c/c		24.120,0
	Rilevazione risconto attivo		
31/12/n1	Risconti attivi**	1.172,8	
31/12/n1	Interessi passivi leasing		1.172,8
	Quota ammortamento		
31/12/n1	Amm.to macchinari in leasing***	29.282,2	
31/12/n1	F.do amm.to macchinari in leasing		29.282,2

* Piano di ammortamento finanziario: divisione del canone in quota capitale e in quota interessi

8.7.2 Varie configurazioni del contratto leasing

Nell'ambito del leasing finanziario la pratica operativa ha permesso di ideare tipologie di contratti sempre più specifici e volti a soddisfare esigenze particolari. I più importanti sono i seguenti.

a) Il *lease back* prevede la vendita di cespiti dall'azienda, che presenta un fabbisogno di natura monetaria, alla società di leasing, e la contemporanea stipula di un contratto di leasing finanziario tra l'acquirente, che in questa seconda fase riassume la sua veste tradizionale, e l'azienda, precedentemente proprietaria del cespite, che ne diviene il locatario[41]. Appare del tutto evidente la natura eminentemente finanziaria dell'operazione laddove determinati cespiti, già di proprietà dell'azienda, ven-

[41] Tagliavini C., *Il lease back*, Etaslibri, Milano 2001.

gono utilizzati per finanziamenti non strettamente correlati a specifici impieghi più o meno consolidati. Le modalità di utilizzazione dei flussi monetari ottenuti con la vendita dei cespiti non è, ovviamente, definita nel contratto, caratteristica che consente all'impresa di destinarli alle finalità che ritiene più opportune, come ad esempio investimenti nel capitale circolante, oppure per ripristinare condizioni di equilibrio nella struttura finanziaria, o ancora e più semplicemente, al fine di ottenere la liquidità necessaria per fronteggiare puntualmente gli impegni di pagamento assunti[42].

b) Il *leveraged leasing* risulta particolarmente utilizzato per operazioni di rilevante entità che richiedono ingenti capitali di cui il locatore non è in grado di disporre. I mezzi necessari per l'acquisto dei beni vengono, quindi, messi a disposizione in parte da altri finanziatori. Il locatore usufruirà, sotto il profilo fiscale, degli ammortamenti sui beni locati e incasserà i canoni per il loro ammontare integrale; dovrà altresì corrispondere gli interessi sul finanziamento ottenuto e rimborsare il capitale presunto in corrispondenza dei canoni riscossi. Per i finanziamenti ottenuti solitamente vengono prestate garanzie reali da parte del locatore, o sul bene oggetto della locazione o su altri beni di proprietà della società di *leasing*. In questa operazione la posizione del locatario non assume collocazioni operative diverse dalle configurazioni precedentemente esaminate.

c) Il *lease purchase* rappresenta una variante del *leveraged leasing* con l'interposizione di un intermediario (*trustee*) che raccoglie finanziamenti per l'acquisto del bene emettendo certificati di partecipazione; lo stesso, su mandato del locatore, acquista quindi il bene che cede in locazione finanziaria al locatario, mentre quest'ultimo, pagando i canoni di locazione, ritira i certificati di pari importo. A seguito dell'integrale ritiro dei certificati, che corrisponde al totale pagamento dei canoni, il locatario diviene automaticamente proprietario del bene. Nel *lease purchase* il prezzo di riscatto è di norma incorporato nei canoni periodici stante l'automatica acquisizione della proprietà con il pagamento dell'ultimo canone.

d) Nella *dummy corporation* la funzione svolta dal *trustee* nel *lease purchase* viene espletata da una società di comodo, all'uopo costituita, che emette obbligazioni o certificati sottoscritti dal *trustee* di investitori. La *dummy corporation*, controllata dai finanziatori (gruppi che solitamente stabiliscono un patto di sindacato, dando poi vita al *trustee*), effettua l'acquisizione in proprietà del bene e riscuote i canoni sui beni locati estinguendo gradualmente le obbligazioni emesse. Si ricorre a tale complessa operazione per affari di rilevante entità finanziati pariteticamente da più società: la *dummy corporation*, quindi, rappresenta la forma aziendale per gestire e garantire l'affare.

e) Nel *blanket-lease* il presupposto del contratto di *leasing* finanziario è rappresentato da un accordo generale tra locatore e locatario in base al quale la società di *leasing* si impegna a intervenire, con successivi contratti, nella acquisizione e nella futura locazione per un complesso di beni oggetto di un piano articolato di investi-

[42] Santoni S., *Il lease back immobiliare*, «Amministrazione e Finanza», 22, 1989.

menti (ad esempio la costruzione di un intero stabilimento comprensivo di impianti e macchinari). Questi contratti prevedono un ammontare massimo di impegno finanziario, stabilendo altresì i tempi di esecuzione degli interventi.

f) Il *leasing azionario* rappresenta una forma di finanziamento simile al *lease back* con la differenza che in tal caso oggetto del contratto non è un'immobilizzazione bensì un pacchetto azionario. Più precisamente, con il leasing azionario un'impresa colloca presso una società finanziaria determinati valori mobiliari (generalmente azioni di nuova emissione) mantenendone il possesso mediante il pagamento dei canoni periodici e con la possibilità di riscattarli alla scadenza dietro pagamento di un prezzo stabilito[43]. Ricorrono solitamente a tale tipo di contratto imprenditori che desiderano reperire risorse finanziarie a rischio pieno, per fronteggiare investimenti a medio e lungo termine, senza allargare la compagine societaria.

g) Il *leasing adossè* si configura come una doppia locazione che vede protagonisti tre soggetti: un'impresa, la società di leasing e il sublocatore. L'impresa vende uno stock di beni strumentali a una società di leasing ricevendoli successivamente in locazione, dietro il pagamento di canoni periodici, e con la facoltà di sublocarli a un'altra azienda. Alla scadenza del contratto, l'impresa venditrice-locatrice dei beni può decidere di riscattarli oppure di cederli all'azienda sublocatrice: appare evidente in questo tipo di contratto la possibilità per l'impresa venditrice – che generalmente è un produttore o un distributore – di smobilizzare il proprio magazzino. In questo modo, infatti, il produttore-distributore, pur incassando il corrispettivo in contanti derivante dalla vendita, offre alla propria clientela il vantaggio del pagamento dilazionato. L'operazione si articola in tre fasi: nella prima, l'impresa realizza un flusso di cassa derivante dalla vendita dei beni; nella seconda, provvede all'esborso monetario per il pagamento dei canoni di locazione; nella terza fase riceve i canoni dall'azienda sublocatrice.

8.8 Il «project financing»

La progettazione e la realizzazione di un progetto di investimento particolarmente complesso – come ad esempio la costruzione di un oleodotto, di una centrale energetica, di una raffineria di petrolio, di un complesso sportivo e così via – richiedono la disponibilità di ingenti somme da impiegare per periodi di tempo medio-lunghi. Le imprese che si trovano di fronte a tali opportunità di crescita, spesso trovano un ostacolo di non poco conto proprio nella mancanza di risorse finanziarie e nella difficoltà e/o nell'eccessiva onerosità caratterizzanti l'accesso a canali tradizionali – intermediari bancari e mercati regolamentati – in grado di soddisfare appieno un fabbisogno così rilevante.

Una valida soluzione a problematiche di questo tipo è rappresentata dal ricorso al *project financing*, una operazione strutturata intorno al progetto – e non all'impresa

[43] De Marchi R., *Il leasing azionario*, «Amministrazione e Finanza», 21, 1986; Ricci R., *Il leasing azionario*, «Banche e Banchieri», 5, 1975.

realizzatrice – con la finalità di fornire i capitali necessari per garantire il completamento dell'opera. Una corretta definizione dello strumento in parola è stata offerta da alcuni autorevoli esperti sul tema, i quali parlano di «un'operazione di finanziamento di una particolare unità economica, nella quale un finanziatore è soddisfatto di considerare sin dallo stadio iniziale, il flusso di cassa e gli utili dell'unità economica in oggetto come la sorgente dei fondi che consentirà il rimborso del prestito e le attività dell'unità economica come garanzia collaterale del prestito»[44].

Si tratta di una procedura alquanto complessa, destinata a differenziarsi sensibilmente rispetto a forme alternative di finanziamento, come ad esempio quelle esaminate finora, per la presenza di una serie di caratteristiche. In primo luogo, mentre nei finanziamenti «tradizionali», ovvero quelli erogati per agevolare la realizzazione di un generico progetto, destinataria delle risorse è l'impresa richiedente, della quale si valutano la solvibilità e il merito creditizio, nel *project financing* l'interesse dei finanziatori è concentrato unicamente sul progetto, sulla sua validità e sulla redditività da esso generata. Ne consegue che in tale procedura il soggetto finanziatore trae vantaggio economico dai flussi di cassa prodotti dal solo progetto e non, come invece accade nel ricorso ad altre metodologie di supporto finanziario, dall'andamento economico dell'intera gestione aziendale. Inoltre, in ipotesi di crisi e successiva insolvenza da parte del soggetto finanziato, l'attivazione del *project financing* consente ai creditori di vantare diritti soltanto sulle attività direttamente imputabili al progetto, con esclusione del patrimonio dell'azienda promotrice.

Il *project financing* è nato negli Stati Uniti intorno agli anni Trenta per la realizzazione di impianti petroliferi per i quali le imprese non avevano la possibilità di attingere risorse presso i canali ordinari. Successivamente tale tecnica di finanziamento si è diffusa soprattutto nei paesi anglosassoni, facendo registrare un significativo successo nell'Europa continentale e in particolare in Italia soltanto negli anni Novanta, quando fu adottato soprattutto nel settore pubblico per la costruzione di grandi opere di interesse collettivo[45].

La più volte citata complessità dello strumento non permette di individuare un archetipo standardizzato di contratto di *project financing*, in quanto esso viene di volta in volta costruito e adattato in funzione delle esigenze dello specifico progetto che si intende finanziare. È però possibile delineare tre distinte fasi attraverso le quali si addiviene alla concreta realizzazione dell'opera:

1) pianificazione, ovvero studio della fattibilità e sostenibilità del progetto di investimento sotto il profilo tecnico, economico e finanziario, attraverso l'impiego di specifici strumenti di previsione. In particolare, l'analisi economico-finanziaria è volta alla verifica dei costi complessivi associati al progetto, nonché dei flussi di cassa da esso generati una volta giunti al completamento dei lavori, valutazione

[44] Nevitt P.K., *Project financing*, Cariplo-Laterza, Bari 1983, p. 13.

[45] Tamarowski C., *Project financing e opere pubbliche in Italia. Il settore delle costruzioni*, Egea, Milano, 2001.

sulla quale pongono particolare attenzione i potenziali investitori. In tale contesto, si procede altresì ad una analisi di tipo settoriale e di mercato, al fine di comprendere i reali sbocchi futuri per i beni/servizi posti a disposizione dal progetto completato;

2) organizzazione, ovvero il momento dedicato alla ricerca e alla selezione dei soggetti da coinvolgere nell'iniziativa, nonché alla predisposizione delle relazioni tra i vari attori protagonisti[46]. In tale fase si procede poi alla costruzione effettiva dell'opera, garantendo un continuo monitoraggio di tutte le variabili in gioco;
3) gestione dell'opera una volta portata a compimento e pertanto suscettibile di generare flussi di cassa attraverso il suo inserimento nel mercato e il pagamento del prezzo da parte dei consumatori/utenti finali.

Il *project financing* prevede la partecipazione congiunta di un elevato numero di soggetti, che può variare in funzione degli interessi coinvolti, della dimensione del progetto e della sua complessità. Inoltre, è necessario tener presente che i protagonisti della procedura spesso si sovrappongono in termini di funzioni svolte, confondendosi: ad esempio, il promotore può assumere, al tempo stesso e almeno in parte, il ruolo di finanziatore dell'iniziativa.

Gli sponsor del progetto o promoter possono essere soggetti economici privati e/o pubblici che hanno interessi diretti nell'esecuzione dell'infrastruttura e che di solito, oltre a promuovere l'operazione di *project financing*, delineano anche un'ipotesi tecnica nonché una struttura giuridica e finanziaria. La finalità prevalente di un promoter privato sarà la redditività diretta ricavabile dalla gestione dell'opera o la produzione di beni e/o servizi che la stessa riuscirà a realizzare. L'attenzione di sponsor privati può nascere altresì da prevedibili e interessanti flussi di ricavi indiretti derivanti dall'esecuzione del progetto: per esempio, la realizzazione di una strada può interessare tutte le aziende della zona di riferimento ai fini di una notevole riduzione dei costi di trasporto e/o per una maggiore riqualificazione urbana.

La finalità prevalente che un promoter pubblico pone nella realizzazione di un'opera è quella di generare benefici e vantaggi per l'intera collettività, essendo missione principale dell'ente lo sviluppo economico e civile della comunità locale[47]. Generalmente, però, gli enti pubblici non hanno la capacità, né le risorse, né gli strumenti istituzionali, né l'interesse a svolgere da soli il ruolo di promotore e preferiscono negoziare tale ruolo con un privato oppure lanciare una gara per sollecitare proposte da possibili promotori, messi in concorrenza tra loro. L'ente pubblico definirà tutte le concessioni e i contratti che sono necessari al concretizzarsi del finanziamento, con chi ha offerto le condizioni più convenienti.

In realtà il ruolo principale del promotore è svolto dal privato, che può agire su sollecitazione di un ente pubblico o da solo, in quanto il *project financing*:

[46] Imperatori G., *Il project financing*, Il Sole 24 Ore, Milano 1995, p. 62.
[47] Cfr. legge 142/90 «Ordinamento delle autonomie locali», art.22.

- richiede intuizione nell'individuazione delle opportunità, flessibilità nella definizione dei ruoli e nell'assunzione degli obblighi contrattuali e nella valutazione e accettazione dei rischi;
- risente del processo in atto di privatizzazione di molti enti pubblici che spinge questi ultimi a evitare rischi imprenditoriali;
- permette di ridurre il livello di indebitamento pubblico che spesso non riesce a fare fronte ai bisogni di investimento;
- riduce sensibilmente il livello dei rischi complessivi a carico degli enti pubblici e dello Stato, limitandoli ai soli rischi politici.

Gli sponsor provvedono alla costituzione della società di progetto e alla dotazione finanziaria iniziale, di solito anche direttamente diventando azionisti della società di progetto. Il ruolo degli sponsor non si esaurisce in una attività di mero finanziamento, ma si estende allo sviluppo dell'iniziativa rendendo disponibile alla società di progetto risorse tecniche e umane per la valutazione di fattibilità. Pertanto, la capacità imprenditoriale e professionale dei promoter costituisce, in generale, il punto di riferimento per valutare l'affidabilità economico-finanziaria di un progetto.

La società di progetto, o SPV (*Special Purpose Vehicle*), è l'ente giuridico a cui fanno riferimento tutte le attività del progetto, in particolare:

- ad essa viene conferito il capitale di rischio da parte degli investitori (pertanto è il soggetto che più direttamente assume la responsabilità imprenditoriale del progetto);
- acquisisce il capitale di prestito proveniente da terzi finanziatori, nonché i contributi pubblici e provvede a effettuare il servizio del debito contratto;
- svolge le funzioni organizzative e manageriali derivanti dall'attività economica oggetto del progetto, solitamente in qualità di concessionaria dell'opera. Ad essa fanno dunque capo anche i flussi di componenti positivi e negativi di reddito.

L'oggetto sociale esclusivo della società di progetto risulta essere la realizzazione e/o gestione dell'iniziativa, pertanto il *core business* della società consiste nel coordinamento delle attività relative all'esecuzione dell'opera e alla gestione degli aspetti organizzativi, tecnici e finanziari. La società di progetto assume un ruolo determinante in fase di preparazione dell'iniziativa e in particolare deve prestare molta attenzione alle seguenti fasi:

- realizzazione dello studio di fattibilità;
- ricerca dei finanziatori;
- interlocuzione con i pubblici poteri;
- richiesta di autorizzazioni amministrative;
- articolazione finanziaria del progetto;
- definizione contrattuale dei rapporti, diventando ente appaltante (o committente) quando appalta i lavori, oppure ente concessionario quando stipula accordi di concessione;

- coordinamento delle attività professionali dei consulenti esterni;
- coordinamento del progetto.

Tutti questi compiti fanno capo all'attività di *project manager* che caratterizza la struttura organizzativa, tecnica e professionale della SPV. A seconda della composizione societaria della Società di *project financing* si può distinguere tra:

- *project financing* pubblico, che si ha quando il capitale sociale è sottoscritto interamente o prevalentemente da un ente pubblico;
- *project financing* misto (pubblico-privato), che si ha quando la società di *project financing* è una Società a capitale misto non prevalentemente pubblico, né privato;
- *project financing* privato, quando il capitale della Società è integralmente o prevalentemente sottoscritto da soggetti privati.

Gli investitori e i finanziatori sono tra i soggetti principali di un'operazione di *project financing*, non solo per il loro ruolo di erogatori di fondi, ma anche per il fatto di assolvere spesso la funzione di *advisor* finanziario con il compito di verificare l'attendibilità delle analisi di fattibilità, di partecipare alla fase di definizione del progetto per suggerire le scelte tecniche e organizzative più coerenti rispetto alla struttura finanziaria dell'operazione, di suggerire le modalità e i fornitori della provvista finanziaria. In particolare, gli investitori sono i soggetti che forniscono il capitale di rischio alla Società di progetto. Si tratta solitamente dei promotori, ma quote di capitale di rischio possono essere sottoscritte anche da finanziatori esterni, talvolta dai costruttori, dai fornitori o dagli utenti dell'opera. Ovviamente, devono essere annoverate nella categoria dei finanziatori anche le banche che partecipano alla fornitura di capitali, soprattutto a titolo di debito, necessari per contribuire alla copertura del fabbisogno emergente dalla realizzazione dell'opera.

La pubblica amministrazione centrale e/o locale è un soggetto fondamentale nelle operazioni di *project financing* applicate alla realizzazione e alla gestione di opere pubbliche e può assumere diversi ruoli:

- soggetto regolativo, in quanto autorizza l'opera, approva la documentazione necessaria a consentire la realizzazione, controlla la progettazione e la realizzazione, vigila sul rispetto delle normative ambientali, di sicurezza e di lavoro;
- promotore del progetto, in quanto può individuare all'interno del piano triennale delle opere pubbliche quelle suscettibili di gestione economica e quindi cercare di attirare l'interesse degli investitori privati per la realizzazione dell'infrastruttura;
- finanziatore del progetto, in quanto partecipa al capitale di rischio della società di progetto, oppure versa alla società un corrispettivo per la realizzazione di un'opera di pubblico interesse.

Il ruolo regolativo deve essere svolto dalla pubblica amministrazione in modo efficiente, in quanto spesso le difficoltà amministrative e burocratiche, la lentezza di alcuni procedimenti amministrativi e a volte l'aleatorietà dei tempi, diventano uno dei rischi maggiori connessi all'operazione in parola.

I consulenti sono gli attori indispensabili per la strutturazione e la regolamentazione degli impegni contrattuali che sorgono durante l'intera operazione di *project financing*. In effetti, l'estrema complessità di tale procedura richiede il supporto di varie tipologie di consulenti esterni, quali:

- i consulenti finanziari, i quali, su commissione dei promotori, hanno il compito di valutare *ex ante* i costi, i prezzi e/o tariffe, i flussi di cassa, la redditività del progetto, quindi tutta la componente economico-finanziaria associata all'opera che dovrà essere realizzata, ed è proprio sulla base di queste valutazioni economiche e finanziarie che viene principalmente decisa la fattibilità o meno dell'iniziativa;
- i consulenti legali e fiscali, il cui ruolo è determinante nelle operazioni di *project financing*, in quanto garantiscono il perfetto adempimento degli obblighi contrattuali, nonché l'adeguata ripartizione tra tutti i soggetti coinvolti dei vari rischi connessi alla realizzazione del progetto. La consulenza di esperti in materia fiscale è richiesta al fine di minimizzare il carico fiscale connesso all'investimento;
- i consulenti tecnici sono coinvolti al fine di individuare e valutare i rischi tecnologici connessi all'iniziativa, per comprendere se le proiezioni economico-finanziarie sono congruenti con gli aspetti di fattibilità tecnica dell'opera.

I fornitori assumono una funzione rilevante nell'operazione di *project financing*, poiché il rispetto delle condizioni relative ai costi e ai tempi di approvvigionamento è fondamentale per il successo delle operazioni stesse. Essi possono talvolta svolgere anche un parziale ruolo di promotore e di investitore.

I costruttori sono imprese operanti nel settore della realizzazione delle opere specifiche, pertanto dotate di capacità tecnica e professionale adeguata all'iniziativa, i quali assumono l'obbligo di eseguire a un certo prezzo e in un certo tempo il progetto. L'impresa, o *contractor*, cui viene affidata l'esecuzione materiale dell'opera, dovrà fornire particolari referenze tecniche e ottima solidità finanziaria per poter far fronte agli imprevisti durante la fase di costruzione. Il requisito della solidità finanziaria del costruttore è essenziale in quanto le incognite e i rischi legati a un'operazione di costruzione di un'infrastruttura e/o di un impianto vengono fatti ricadere, in tutto o in parte, direttamente sul *contractor* attraverso contratti specifici e clausole inserite *ad hoc*. I soggetti realizzatori assumono spesso anche il ruolo di promotori dell'iniziativa e di investitori, sottoscrivendo quote del capitale di rischio e possono coincidere con la società di *project financing*, in caso di realizzazione e gestione.

I garanti sono i soggetti che forniscono garanzie di copertura totale o parziale delle differenti categorie di rischi che caratterizzano qualsiasi operazione di *project financing*. A seconda del tipo di rischio che le garanzie sono chiamate a coprire o ridurre, il ruolo dei garanti può essere svolto da tre categorie di soggetti:

- società o enti assicuratori;

- soggetti o amministrazioni pubbliche;
- promotori.

Il gestore è il soggetto incaricato di svolgere la gestione dell'opera realizzata. Ossia, una volta completato il progetto è necessario provvedere al suo sfruttamento economico e alla sua manutenzione. Tale soggetto talvolta si identifica con la società di progetto o con il *contractor.*

Gli utenti dell'iniziativa sono soggetti che vanno presi in considerazione in un'operazione di *project financing* in quanto maggiore è la certezza degli utenti, della loro fruizione di beni e servizi prodotti dal progetto, tanto maggiore è la bancabilità dell'opera e quindi la riuscita dell'iniziativa stessa. Infatti, la fonte di rimborso dei prestiti contratti dalla società di progetto, nonché di remunerazione del capitale investito, è data proprio dal flusso di ricavi provenienti dagli utenti dell'opera a seguito del pagamento delle tariffe.

I vantaggi generati da una procedura di *project financing* sono rilevanti e possono essere sintetizzati nei seguenti:

- possibilità di reperire risorse ingenti rese disponibili da molteplici finanziatori;
- separazione tra le attività e la redditività dell'azienda promotrice rispetto alle attività e alla redditività del progetto specifico. L'impresa, cioè, è in grado di beneficiare dell'eventuale successo del progetto di investimento attraverso i *cash flow* generati dallo stesso, ma non consegue perdite direttamente imputabili alla sua attività in ipotesi di fallimento, se non nei limiti del capitale investito;
- separazione tra il rischio dell'azienda promotrice e il rischio del progetto;
- possibilità di vincolare i capitali ottenuti con il ricorso al *project financing* a iniziative determinate e non attribuirli genericamente al complesso dell'attività d'impresa.

A fronte di tali evidenti vantaggi, occorre però attentamente valutare anche i numerosi rischi associati allo strumento finanziario in parola:

1) rischio di completamento, ovvero la probabilità di non riuscire a portare a termine i lavori, stante la complessità del progetto e i lunghi tempi necessari alla sua realizzazione, circostanze che possono favorire l'insorgere di eventi imprevisti (di ordine finanziario, tecnologico, ambientale ecc.) tali da compromettere la piena realizzazione dell'opera. Il rischio di completamento non riguarda però soltanto l'ipotesi appena illustrata, ma ingloba anche i semplici ritardi che, per cause diverse, possono rallentare i lavori e protrarre i termini di consegna;
2) rischio di fornitura, riconducibile alle problematiche inerenti l'approvvigionamento dei materiali necessari per la costruzione dell'opera e si riferisce sia al mancato rispetto dei tempi previsti per le forniture, sia alle variazioni inattese dei costi dei materiali;
3) rischio di mercato, ovvero il rischio che, una volta completata l'opera, il mercato di sbocco dei prodotti e servizi resi disponibili non sia abbastanza ampio da consentire la generazione dei flussi di cassa programmati in sede di studio della fattibilità economico-finanziaria del progetto;

4) rischio politico, presente in misura rilevante al crescere del ruolo svolto dalla Pubblica Amministrazione nel progetto. Inoltre, anche in assenza di un intervento diretto del soggetto pubblico nella realizzazione dell'investimento, tale rischio può assumere un ruolo significativo laddove il progetto si dovesse realizzare in un paese diverso rispetto a quello del soggetto promotore, determinando la necessità di adottare una serie di accordi e convenzioni con lo Stato ospitante;
5) rischio tecnologico, destinato ad aumentare in ipotesi di utilizzo di tecnologie sperimentali e dunque non ancora mature. Per far fronte a tale rischio, talvolta i finanziatori del progetto richiedono garanzie specifiche alla società di progetto o ai *contractor*, in modo da assicurare il risanamento del debito.

8.9 Il «leveraged buy-out»

Il *leveraged buy-out* (LBO) costituisce una particolare modalità tecnica di finanziamento, nata e sviluppatasi per agevolare l'acquisizione di interi complessi aziendali. Così come accade per i progetti sostenuti da operazioni di *project financing*, anche nelle procedure finalizzate all'acquisizione di imprese in funzionamento si richiede spesso – anche se non sempre[48] – la disponibilità di ingenti risorse finanziarie, difficilmente reperibili attraverso i canali tradizionali. Il LBO consente di porre in essere l'acquisizione sfruttando il ricorso al capitale con rischio limitato (da cui l'impiego del termine *leveraged*) e garantendo il rispetto del servizio del debito con i flussi di cassa generati dall'impresa acquisita[49].

Impiegando un maggior livello di dettaglio, il *leveraged buy-out* può essere definito come una manovra diretta appunto ad acquisire una specifica impresa (definita azienda *target*) da parte di soggetti che intendono regolare l'operazione attraverso l'indebitamento. A tal fine, essi provvedono alla costituzione di una apposita società (*newco*) che realizza concretamente la procedura di acquisizione finanziandola mediante la contrazione di debiti. La società *target* viene successivamente incorporata dalla *newco*, la quale è in grado di far fronte al rimborso dei debiti e al pagamento dei relativi interessi grazie ai flussi di cassa prodotti dalla gestione della stessa società *target*, le cui attività fungono da garanzia per l'ottenimento del debito. In alcuni casi, le risorse necessarie al servizio del debito sono ottenute dalla cessione di rami d'azienda o di singole attività dell'azienda *target* giudicate non strategiche[50]. Il passaggio attraverso le fasi appena descritte consente ai potenziali acquirenti – che, come la

[48] Come sarà chiarito in sede di trattazione delle operazioni di finanza straordinaria (fusioni, scissioni, trasformazioni, scorpori), alcune procedure consentono di realizzare l'acquisizione di imprese funzionanti con esborsi finanziari nulli o estremamente limitati, facilitazione garantita dalla possibilità di regolare l'operazione attraverso il semplice scambio di pacchetti azionari. È il caso ad esempio della fusione.

[49] Manelli A., *Le operazioni di leveraged buy-out*, in Pochetti G. (a cura di), *Il mercato finanziario*, Edizioni La Ragione, Roma 1993, pp. 227-28.

[50] Tedde V., *Nuovi strumenti finanziari. Il leveraged buy out (LBO). Una trattazione completa*, Franco Angeli, Milano 2008; Clementi M., Luschi G., Tron A., *Le operazioni di leveraged buy out. Aspetti legali, tributari e finanziari*, Ipsoa, Milano 2006.

storia ha insegnato, agiscono spesso con la logica dei *raider*, ovvero con l'intento di porre in essere scalate ostili ai danni di imprese sottovalutate – di ottenere il controllo di una impresa funzionante, limitando gli apporti di capitale proprio.

L'operazione di LBO si articola in diverse fasi successive:

a) proposta avanzata da parte di uno o più acquirenti che, dopo aver individuato la società *target*, generalmente una società quotata nei mercati regolamentati, affidano a una società di *merchant bank* il compito di pianificare e organizzare l'intera operazione e, soprattutto, il meccanismo di indebitamento in grado di concretizzare l'effetto leva;
b) costituzione della società *newco* al cui capitale partecipano i soggetti interessati all'acquisizione, ovvero i promotori della stessa. I rapporti tra i diversi soci possono essere regolati attraverso la stipulazione di patti parasociali ai sensi degli articoli 2341-bis e 2341-ter del codice civile, così come novellato dalla più volte citata riforma del diritto societario;
c) analisi della struttura finanziaria della società *target* e soprattutto delle capacità prospettiche della stessa di generare *cash flow* adeguati ad assicurare il rimborso del debito e il pagamento degli interessi;
d) offerta di acquisto sulle azioni della società *target*, sulla base di un prezzo definito in funzione del valore attuale dei flussi di cassa dell'impresa, nonché del valore di mercato della stessa. Se l'offerta è realizzata attraverso una procedura pubblica (OPA), il prezzo deve essere superiore all'attuale quotazione del titolo, al fine di garantire il buon esito dell'offerta stessa e assicurare ai vecchi azionisti un congruo premio;
e) accertamento delle garanzie, costituite dalle azioni della società acquirente (*newco*) oppure della società *target*, o, ancora, rappresentate dal complesso di beni della società *target*. Tali garanzie sono offerte agli intermediari bancari preposti al finanziamento dell'operazione attraverso la nascita del debito;
f) incorporazione della società target nella società *newco* (*cash merger*), oppure della società *newco* nella società *target* (*reverse merger*);
g) gestione ordinaria della società risultante dall'incorporazione, gestione che include naturalmente il rimborso del debito.

La presenza di un forte livello di indebitamento quale fattore centrale dell'intera operazione, rende la stessa particolarmente rischiosa esponendo i promotori alla possibilità di fallimento, circostanza spesso verificatasi in passato e che, per molto tempo, ha sensibilmente ridotto il ricorso al *leveraged buy-out*[51]. Le cause sottostanti l'insuccesso della procedura in parola devono essere rintracciate soprattutto in errori di analisi dell'attuale equilibrio della struttura finanziaria dell'impresa *target* e delle potenzialità della stessa di generare *cash flow* sufficienti a reggere il peso del debito assunto: tali errori portano a un sovradimensionamento del debito oltre i livelli considerati ottimali e comunque sostenibili e ad una conseguente incapacità di fronteggia-

[51] Sandri S., *Il leveraged buy-out negli Stati Uniti*, «Il Risparmio», 4, 1987, pp. 689-90.

re gli impegni assunti[52]. Inoltre, a volte l'entusiasmo mostrato dagli acquirenti è tale da portare gli stessi a offrire un prezzo di acquisto delle azioni della società *target* superiore rispetto al valore effettivo delle stesse, determinando una crescita dell'esposizione finanziaria non giustificata da motivazioni economico-aziendali.

Nonostante la presenza di tali significativi rischi, l'operazione di LBO, se attuata sulla base di valutazioni attendibili e coerenti, può condurre con successo alla realizzazione di una acquisizione dell'impresa *target*, consentendo ai promotori dell'iniziativa di realizzare gli obiettivi programmati.

L'esperienza e la pratica professionale hanno permesso di ideare e affinare diverse varianti dell'operazione originaria di *leveraged buy-out*. Tra queste, la più diffusa è senz'altro costituita dal *management buy-out* (o *buy-in*), terminologia impiegata per rappresentare una procedura di acquisizione di una data impresa *target*, promossa da un gruppo di manager esterni alla società stessa (*buy-out*), oppure dagli stessi dirigenti dell'impresa *target* (*buy-in*), in un'ottica di passaggio da una posizione dirigenziale a una condizione di proprietari dell'azienda[53].

8.10 I prestiti sindacati

I prestiti sindacati, noti anche come prestiti in *pool*, si configurano come particolari modalità di finanziamento di imprese di medio-grandi dimensioni che manifestano un fabbisogno di rilevante entità, spesso non gestibile da un unico istituto di credito. Si procede così con la costituzione di un *pool* di banche che provvedono, sulla base di un accordo definito e di regole comuni, a erogare i capitali alla società richiedente, condividendo così anche il rischio generato dall'operazione.

La nascita e l'affermazione dei prestiti sindacati si fa risalire agli anni Sessanta, quale effetto indiretto della crescita del mercato interbancario che stimola i rapporti di collaborazione tra i protagonisti del sistema creditizio. Dopo un forte sviluppo iniziale, le operazioni di finanziamento in parola hanno subìto una sensibile battuta d'arresto nei primi anni Novanta, soprattutto a causa della congiuntura sfavorevole che aveva coinvolto tutti i settori dell'economia, ma anche sulla scia dei numerosi fallimenti registrati in tale periodo dalle operazioni di *leveraged buy-out*. Nel corso degli ultimi anni, però, si sta assistendo ad un consistente ritorno dei prestiti in *pool*, destinati a soddisfare le richieste di capitali espresse non soltanto dalle imprese, ma anche da soggetti pubblici e dagli stessi intermediari finanziari.

I soggetti coinvolti nella predisposizione di un finanziamento sindacato sono così individuati:

[52] Cacchi Pessani S., *La tutela dei creditori nelle operazioni di merger leveraged buy-out. L'art. 2501-bis e l'opposizione dei creditori alla fusione*, Giuffrè, Milano, 2007.

[53] Picone L., *Orientamenti giurisprudenziali e profili operativi del leveraged buy out*, Giuffrè, Milano 2001; Vender J., *Il leveraged buy out: una tecnica finanziaria per acquisire la proprietà di un'azienda*, «Finanza, Marketing e Produzione», 1, 1986.

- la società richiedente il finanziamento, per un importo – e spesso anche per una durata – superiori a quelli normalmente concessi da un unico istituto di credito;
- la banca *arranger*, ovvero l'intermediario che cura la predisposizione e l'organizzazione della procedura di finanziamento soprattutto attraverso la ricerca delle banche interessate a partecipare all'operazione (cosiddetta fase di «sindacazione»);
- la banca capofila, che si occupa della gestione del prestito, una volta conclusa la fase di sindacazione. Tale figura può coincidere con la banca *arranger*, oppure il ruolo di capofila può essere attribuito alla banca che, nell'ambito del finanziamento, presenta una maggiore esposizione in termini di risorse impegnate;
- la banca agente, preposta alla gestione amministrativa del *pool*. Anche in questo caso, essa può coincidere con la banca *arranger*;
- le banche partecipanti all'operazione, ciascuna impegnata a contribuire all'operazione con l'erogazione di una somma sulla base degli accordi intercorsi.

Dopo aver predisposto la struttura dell'operazione di finanziamento e individuato il ruolo assunto dai vari soggetti coinvolti, vengono definite le caratteristiche essenziali del contratto. In primo luogo la durata, variabile tra un minimo di diciotto mesi fino a sette anni: occorre però rilevare che l'osservazione della realtà ha consentito di far emergere prestiti in *pool* con durate superiori, ma anche inferiori rispetto ai termini appena illustrati, configurando a volte tali operazioni come finanziamenti a breve scadenza.

Il tasso di interesse richiesto all'impresa finanziata è generalmente variabile e comunque suscettibile di revisioni periodiche, mentre l'ammontare del prestito non è mai inferiore ai cinque milioni di euro. Il rimborso del capitale, infine, avviene in maniera graduale sulla base di un definito piano di ammortamento.

I prestiti sindacati possono essere realizzati seguendo diverse modalità tecniche:

a) *term loan*, costituito da un prestito di ammontare definito che può essere utilizzato dall'impresa affidata con più operazioni e dunque in momenti diversi, ma nel rispetto dei tempi di prelevamento stabiliti nel contratto. Il capitale eventualmente non prelevato nei tempi previsti è automaticamente sottratto alla futura disponibilità dell'impresa. La somma complessivamente ottenuta potrà essere rimborsata sulla base di un piano di ammortamento, oppure alla scadenza in un'unica soluzione;
b) *revolving credit facility*. Si tratta di una forma tecnica più flessibile rispetto alla precedente, in quanto offre la possibilità al soggetto finanziato di poter impiegare e prelevare le somme concesse attraverso operazioni successive, anche andando oltre i termini previsti, senza che ciò riduca il livello di capitale prestato;
c) linee di credito *stand by*, configurabili come una sorta di apertura di credito nella quale le banche appartenenti al *pool* si impegnano a mettere a disposizione dell'impresa la somma concordata. A differenza della precedente figura, i prelevamenti eseguiti dalla società non sono destinati a coprire uno specifico fabbisogno, bensì ad avere a disposizione una riserva di liquidità cui ricorrere in particolari momenti della gestione, ovvero al venir meno di forme di copertura alternative.

Sezione III

Le forme di indebitamento a breve termine

8.11 Le aperture di credito in conto corrente

Tra le forme di finanziamento a breve termine, ovvero con scadenza non superiore ai dodici-diciotto mesi, l'apertura di credito in conto corrente (*overdraft facility*), nelle sue diverse forme tecniche di impiego, è senz'altro quella maggiormente utilizzata dalle imprese per garantire la copertura del fabbisogno finanziario corrente espresso dalla gestione. La principale motivazione sottostante tale scelta è riconducibile all'elevato grado di flessibilità che contraddistingue l'operazione in parola e che si sostanzia nella facoltà attribuita all'azienda di attingere nei modi e nei tempi che ritiene opportuni alle somme poste a disposizione da parte della banca. Tale caratteristica consente all'impresa di inquadrare l'apertura di credito nell'ambito degli strumenti ideali per costituire una riserva di elasticità e dunque per essere in grado di far fronte a impegni di pagamento anche imprevisti, così come illustrato nel corso della precedente trattazione[54].

Il primo approccio da seguire nel delineare gli aspetti principali connessi all'apertura di credito consiste nel riproporre quanto disposto dal codice civile che, all'art. 1842, definisce l'operazione come «[...] il contratto con il quale la banca si obbliga a tenere a disposizione dell'altra parte una somma di denaro per un dato periodo di tempo o a tempo indeterminato». A monte della concessione del credito, vi è una preventiva analisi eseguita dall'istituto di credito e finalizzata a valutare il merito creditizio dell'impresa affidata, presupposto di base per la determinazione del tasso di interesse da applicare nella concessione del prestito. Nella sostanza, occorre fare riferimento alla nuova disciplina per l'attribuzione del giudizio di *rating* prevista in seguito al recepimento del secondo accordo di Basilea e ampiamente illustrata in precedenza.

Lo strumento tecnico più semplice per utilizzare le risorse oggetto della procedura di finanziamento è rappresentato dal conto corrente, sul quale la banca accredita le somme e per mezzo del quale avvengono i prelevamenti e i successivi ripristini delle disponibilità da parte dell'impresa. A seconda delle modalità di impiego previste dal contratto, l'apertura di credito può essere:

- per elasticità di cassa, qualora la banca non provveda al versamento di una somma specifica, ma offra la possibilità all'impresa di prelevare sul conto corrente risorse maggiori rispetto alle sue disponibilità. L'impresa cliente, a sua volta, si impegna a effettuare versamenti periodici in grado di ripristinare la disponibilità sul conto, il quale si contraddistingue per la presenza prevalente di saldi attivi e, soltanto in via occasionale, di saldi passivi. In tale ipotesi, ovviamente, gli interessi passivi a carico dell'impresa sono calcolati in proporzione alle somme effettivamente utilizzate e limitatamente al periodo durante il quale il conto permane in «rosso»;

[54] Cfr. capitolo 6.

- ordinarie, nell'ipotesi in cui l'impresa può attingere in maniera del tutto discrezionale alle risorse presenti sul conto corrente, facendo emergere anche saldi passivi che, contrariamente a quanto accade nella fattispecie precedente, appaiono molto più frequenti rispetto ai saldi a credito[55];
- semplici, se la banca mette a disposizione del cliente la somma stabilita, da utilizzare in una o più soluzioni a seconda delle esigenze finanziarie che l'impresa si trova ad affrontare. In tal caso, gli interessi passivi sono contabilizzati sull'intero finanziamento concesso dalla banca, a prescindere dai tempi e dai modi di impiego dello stesso;
- finalizzate a soddisfare particolari esigenze. Si tratta di contratti attraverso i quali la banca si impegna a offrire un sostegno finanziario all'impresa in corrispondenza di un determinato periodo dell'anno nel quale si manifesta con particolare intensità il fabbisogno finanziario. Sono annoverate in questa categoria le aperture di credito agrarie o stagionali, richieste da imprese operanti nel settore dell'agricoltura e pertanto costrette ad affrontare impegni di pagamento soprattutto in specifici momenti-stagioni nei quali si concentra il processo produttivo e distributivo.

Le aperture di credito possono essere altresì distinte in funzione della loro scadenza in:

- aperture di credito a scadenza fissa, se l'accordo prevede una scadenza definita entro la quale il cliente è chiamato a restituire la somma ottenuta (nelle fattispecie contrattuali che prevedono una effettiva erogazione del finanziamento da parte dell'istituto di credito). La banca non può recedere dal contratto prima della data prevista, se non per l'insorgere di una giusta causa;
- aperture di credito a tempo indeterminato, nelle quali non è sancito un termine per la risoluzione del contratto, ma il cliente può continuare a impiegare il conto corrente per far fronte alle esigenze di liquidità. Si tratta di una clausola spesso associata alle aperture di credito per elasticità di cassa e offre a entrambe le parti la facoltà di recedere dal contratto in ogni momento, comunicando la decisione nel rispetto dei giorni di preavviso previsti dall'accordo;
- aperture di credito «fino a revoca». In questa ipotesi la banca, con la conclusione del contratto di apertura di credito, si pone in una posizione privilegiata rispetto all'impresa, potendo chiedere in ogni momento e senza preavviso che il cliente saldi la propria posizione.

È stato già sottolineato come il principale vantaggio associato allo strumento finanziario in parola è costituito dalla sua estrema flessibilità, ovvero dalla capacità di adattarsi facilmente alle variazioni del fabbisogno finanziario di breve periodo, consentendo all'impresa di mantenere un soddisfacente livello di liquidità. Inoltre, occorre considerare che si tratta di una fonte di finanziamento che, nella generalità dei casi, non richiede la disponibilità, da parte del cliente, di garanzie particolari, in quanto sia

[55] Cotugno M., 2006, *Gli strumenti creditizi di finanziamento a breve termine*, in Munari, *Strumenti finanziari*, cit., p. 202.

l'ammontare dell'apertura di credito – in termini di somma accreditata o di ammontare dello scoperto di conto corrente realizzabile –, sia la misura degli oneri finanziari applicati sulla stessa, sono determinati sulla base dell'analisi quali-quantitativa svolta ai fini dell'assegnazione del giudizio di rating. Non mancano, tuttavia, situazioni particolari nelle quali la banca, per tutelarsi a fronte di un livello di solvibilità dell'impresa non ottimale, richiede la presenza di garanzie reali (pegni o ipoteche) o personali (avalli e fideiussioni): si parla in tal caso di aperture di credito garantite. Inoltre, soprattutto con riferimento ad aziende di modeste dimensioni, la banca usa farsi rilasciare effetti cambiari a titolo di smobilizzo e/o garanzia, con scadenze in bianco, per un importo corrispondente al fido concesso aumentato dei presumibili oneri e interessi. Tale fenomeno di «cambializzazione» ha lo scopo di consentire alla banca il rapido smobilizzo del credito nel caso in cui il cliente non rientri dalla sua esposizione debitoria, facendo leva sull'affidato, cioè strumentalizzando il protesto cambiario e consentendo una più rapida azione esecutiva mediante il precetto di pagamento.

A fronte degli innegabili vantaggi connessi al ricorso alle aperture di credito, sussiste una onerosità elevata a carico dell'impresa, onerosità composta da molteplici elementi, quali:

- il tasso di interesse, definito di volta in volta sulla base dell'identità dell'impresa cliente e, soprattutto, in funzione del suo merito creditizio. In linea generale, però, esso si attesta su valori superiori rispetto ai tassi praticati dalle banche per l'erogazione di finanziamenti alternativi a breve termine: ciò a causa proprio della estrema flessibilità dello strumento, flessibilità che per l'istituto di credito si traduce in una maggiore incertezza in merito all'ammontare e ai tempi degli scoperti di conto corrente. Inoltre, il tasso praticato dipende anche dalla presenza o meno di garanzie apposte sull'apertura di credito;
- commissione di massimo scoperto, ovvero un tasso percentuale separato rispetto al tasso nominale e che si aggiunge a quest'ultimo. Tale commissione si applica alla somma massima impiegata dal correntista nel corso del trimestre di riferimento e varia tra lo 0% e lo 0,25%. Ai fini dell'addebito della commissione, è necessario che la somma massima presa come riferimento sia impiegata – e dunque non ripristinata – per almeno dieci giorni. Una recente normativa ha abrogato la possibilità di applicare la commissione in parola;
- tasso di sconfinamento, richiesto dalla banca qualora l'impresa utilizzi una somma superiore rispetto a quella concordata;
- spese di tenuta conto, relative sia alla gestione del conto corrente in generale, sia alle singole operazioni poste in essere dal cliente.

A margine delle considerazioni svolte, appare interessante notare come l'apertura di credito in conto corrente sia una delle fonti di finanziamento a breve termine maggiormente utilizzata dalle imprese italiane, soprattutto se di piccola e media dimensione. Come più volte ribadito, ad esse risultano spesso preclusi altri canali di approvvigionamento dei capitali, rendendo necessario il ricorso, a volte eccessivo, agli istituti di credito in generale e alle aperture di credito in particolare. Il problema principale originato dalla reiterazione di tale comportamento è riconducibile al fatto che lo strumento finanziario in parola è concepito dall'impresa come la soluzione a tutte le sue difficoltà finanziarie e spesso risulta impiegato anche per la copertura del fabbisogno consolidato. In effetti, la possibilità di rinnovare l'apertura di credito – nell'ipotesi di contratto a tempo determinato –, oppure la conclusione di un accordo a scadenza indeterminata, sono elementi tali da operare una sorta di «mutazione» della funzione attribuita alla fonte di finanziamento. Essa sarà chiamata a offrire copertura a impieghi consolidati, con tutte le conseguenze in termini di squilibri economico-finanziari che ne derivano.

8.12 Il «denaro caldo»

Nel corso della sua gestione, l'impresa può trovarsi nella necessità di dover tamponare improvvisi e non previsti fabbisogni finanziari di breve periodo, eccedenti rispetto alla eventuale linea di fido accordata dalla banca a titolo di apertura di credito. Al verificarsi di tali circostanze e dunque in mancanza del tempo necessario per addivenire alla costruzione di soluzioni alternative, l'impresa può fare ricorso al cosiddetto «denaro caldo», ovvero finanziamenti a breve e brevissimo tempo – generalmente non superiore a 30 giorni – concessi dalle banche proprio per consentire alle aziende di far fronte a esigenze di cassa repentine.

Ovviamente, proprio in considerazione della *ratio* sottostante tale operazione, l'iter procedurale necessario a ottenere le risorse appare alquanto snello e veloce. La caratteristica che occorre sottolineare consiste nel fatto che le banche, nel concedere denaro caldo, attingono alle loro momentanee eccedenze di liquidità. Laddove, infatti, gli istituti di credito realizzino temporanei avanzi di tesoreria, possono destinarli a impieghi differenti, tra i quali appunto la concessione dei finanziamenti in parola, ma principalmente preferiscono fare ricorso alle operazioni interbancarie. Si tratta di una delle motivazioni principali alla base dell'applicazione, alle operazioni di denaro caldo, di tassi di interesse in linea proprio con l'andamento del mercato interbancario.

Infine, il rimborso del capitale ottenuto dalle imprese può essere soggetto a una scadenza definita, anche se nella generalità dei casi non è previsto espressamente un termine contrattuale per il rimborso, ma questo avviene in seguito a una semplice richiesta di rientro da parte della banca con un preavviso di quarantotto ore.

8.13 I crediti di firma

Le imprese possono ricorrere all'appoggio delle banche per soddisfare esigenze diverse e facendo affidamento su strumenti finanziari specifici, nell'ambito dei quali gli istituti di credito possono assumere ruoli differenti e non soltanto finalizzati alla mera erogazione di una somma di denaro. Nello svolgimento dell'attività aziendale, il management può trovarsi di fronte alla necessità di limitare o coprire determinati rischi che gravano su soggetti terzi con i quali l'impresa stessa intrattiene rapporti di natura finanziaria. In tali circostanze, l'impresa può rivolgersi all'istituto di credito per ottenere una garanzia da far valere proprio nei confronti di terzi, mutando il ruolo della banca da erogatore di fondi a garante di determinate operazioni e, più in generale, della solvibilità dell'impresa cliente. Nascono così i crediti di firma, denominati in tal modo in quanto si esauriscono nell'apposizione di una firma da parte della banca affidante, firma che configura la nascita di un impegno da parte della banca stessa nei confronti di una obbligazione sorta in capo al cliente. L'impegno si traduce poi successivamente in un intervento di natura monetaria soltanto nell'ipotesi in cui l'impresa affidata non sia in grado di far fronte alle conseguenze sorte per effetto dell'obbligazione assunta[56].

Ovviamente, anche se l'impegno finanziario della banca è del tutto eventuale e subordinato all'insolvenza del debitore, anche nelle operazioni in parola l'istituto di credito è tenuto a verificare il merito creditizio dell'impresa cliente prima di «mettere in gioco» la propria immagine nei confronti di altri soggetti. Appare del tutto evidente come la presenza di una firma di garanzia apposta da una banca rappresenti una importante forma di tutela per il terzo che si accinge a intrattenere rapporti finanziari con l'impresa affidata: ciò facilita sensibilmente la realizzazione e il buon fine di determinate operazioni, contribuendo altresì a migliorare l'immagine dell'impresa cliente e del suo grado di solvibilità presso altri investitori, agevolando il ricorso ad altre forme di finanziamento.

I principali strumenti tecnici attraverso i quali si realizza la concessione di crediti di firma da parte delle banche sono i seguenti:

1. accettazioni bancarie;
2. avalli e fideiussioni;
3. polizze di credito commerciale;
4. cambiali finanziarie;
5. credito documentato.

8.13.1 Le accettazioni bancarie

L'accettazione bancaria si configura come una cambiale tratta emessa da un soggetto (traente, ovvero l'impresa che ha ottenuto il credito di firma) su una banca (trattario, ovvero debitore principale) che si impegna ad accettarla apponendovi la firma e dunque a pagare la somma definita sul titolo alla data convenuta e a favore del beneficiario designato. L'impresa cliente, ovviamente, all'approssimarsi della scadenza, deve fornire alla banca le risorse necessarie per far fronte all'obbligazione contenuta nella cambiale.

Un titolo di credito recante la firma di una banca nel ruolo di obbligato principale costituisce «carta eccellente», ovvero rappresenta un titolo destinato ad andare a buon fine, proprio per la presenza dell'intermediario in qualità di garante[57]. Come tale, l'accettazione bancaria può essere negoziata, secondo le regole vigenti in materia di circolazione dei titoli di credito e dunque attraverso il meccanismo della girata, e col-

[56] Caselli S., 2003, *I crediti di firma*, in Fabrizi P.L., Forestieri G., Mottura P., *Strumenti e servizi finanziari*, Egea, Milano 2003, p. 150.

[57] Cotugno M., 2006, *I crediti di firma e gli strumenti diretti d'indebitamento a breve da parte delle imprese*, in Munari, cit., p. 244.

locata sul mercato monetario con estrema facilità. Generalmente, una volta ottenuto il credito di firma e avere spiccato la tratta sulla banca, l'impresa in maniera autonoma, oppure attraverso l'intervento di un intermediario, provvede al collocamento sul mercato della tratta, ricevendone il valore di mercato e acquisendo così un finanziamento indiretto da parte della banca.

Come tutte le altre operazioni di finanziamento, anche l'accettazione bancaria presenta un costo per l'impresa che vi fa ricorso. Esso è rappresentato in primo luogo dalla commissione di accettazione dovuta alla banca per l'impegno assunto; inoltre, occorre contemperare la presenza di eventuali commissioni di intermediazione da corrispondere all'intermediario che si occupa del collocamento del titolo, nonché l'imposta di bollo gravante sui titoli di credito. Una fondamentale componente di costo è costituita dal tasso di interesse applicato all'importo della cambiale e rappresentativo della remunerazione offerta all'investitore che acquista la titolarità della stessa.

Le accettazioni bancarie trovano largo impiego soprattutto nel commercio con l'estero quale strumento di regolamento del prezzo in contratti internazionali di rilevanti entità. In effetti, in tale contesto, le accettazioni bancarie possono essere utilizzate per smobilizzare crediti in valuta vantati dal cliente e quindi ceduti alla banca che li converte in accettazioni emesse in moneta nazionale e trasmesse poi al cliente.

In ogni caso, le operazioni che conducono all'emissione di accettazioni bancarie sono realizzate soltanto con imprese di grandi dimensioni e di comprovata solvibilità.

8.13.2 Avalli e fideiussioni

La banca può impegnarsi a prestare la propria garanzia anche impiegando lo strumento tecnico dell'avallo, ovvero apponendo la propria firma su un titolo – principalmente una cambiale – che ha come obbligato principale l'impresa cliente. In tale ipotesi, il ruolo svolto dalla banca appare marginale rispetto all'accettazione bancaria, in quanto l'istituto di credito si pone semplicemente come garante dell'adempimento dell'obbligazione contenuta nel titolo e dunque come obbligato di regresso.

Generalmente, l'operazione è associata ad una transazione commerciale nella quale il venditore spicca una tratta sul cliente che, a garanzia dell'obbligazione assunta, richiede l'intervento della banca, intervento che si concretizza in un firma posta con la dicitura «per avallo». A fronte della prestazione di tale servizio, la banca richiede al proprio cliente il versamento di una commissione calcolata in misura percentuale rispetto all'importo della cambiale emessa.

Con il contratto di fideiussione, invece, la banca assume il ruolo di fideiussore, ovvero del soggetto che, come recita l'art. 1936 del codice civile, «obbligandosi personalmente verso il creditore, garantisce l'adempimento dell'obbligazione altrui». Si tratta, in sostanza, di un impegno preso dalla banca a favore dell'impresa cliente e finalizzato a costituire una garanzia associata ad una obbligazione contratta proprio dall'impresa nei confronti di terzi. Nell'ipotesi di mancato pagamento alla scadenza da parte del soggetto che figura come debitore, il creditore può rivolgersi indifferentemente sia al debitore stesso, sia al fideiussore, nello specifico la banca, sulla base del principio di solidarietà tra gli obbligati.

Anche per la fideiussione, il compenso a favore della banca – e dunque il costo a carico dell'impresa affidata – è costituito da una commissione applicata in percentuale sul valore del credito garantito.

8.13.3 Le polizze di credito commerciale

La polizza di credito commerciale è rappresentata da un documento nel quale si attesta l'esistenza di un debito contratto da una impresa (debitrice) nei confronti di un'altra impresa (creditrice) a fronte di un finanziamento ottenuto dalla prima. La banca si inserisce nel quadro delineato assumendo il ruolo di garante – attraverso una fideiussione – dell'adempimento dell'obbligazione.

Occorre in primo luogo specificare che non si tratta di un titolo di credito, ma semplicemente di un documento finalizzato ad accertare la presenza di un debito in essere. Esso può comunque circolare liberamente ed essere ceduto agli investitori di volta in volta interessati: l'ultimo investitore avrà diritto a ricevere il rimborso del capitale iscritto nella polizza.

Le componenti di costo dell'operazione in parola sono rappresentate in primo luogo dal tasso di interesse a favore della società creditrice (e dunque degli altri investitori), variabile in funzione del rischio associato all'operazione; ad esso si aggiungono le commissioni richieste dalla banca per la garanzia di fideiussione e dall'intermediario finanziario che si occupa del collocamento presso il mercato monetario, nonché l'imposta di bollo e di registro.

L'elevata incidenza dei costi di emissione, unitamente alla previsione di un taglio minimo pari a 250.000 euro, rendono assai difficoltoso il ricorso allo strumento in parola.

8.13.4 Cambiali finanziarie

Al fine di agevolare le imprese nella raccolta di capitale con un vincolo temporale di breve periodo, la legge n. 43 del 13 gennaio 1994 ha disciplinato l'emissione delle cosiddette cambiali finanziarie, veri e propri valori mobiliari destinati al collocamento e alla negoziazione presso i mercati finanziari. Tali strumenti sono emessi, in un'ottica di acquisizione di risorse da destinare alla copertura di un fabbisogno finanziario elastico, da società dotate di caratteristiche definite:

- società con titoli quotati presso i mercati regolamentati;
- società non quotate, purché in possesso di requisiti stabiliti dalla legge precedentemente citata, come ad esempio l'accertamento di un bilancio in utile negli ultimi tre esercizi;
- società finanziarie, ex art. 107 del TUF.

Le cambiali sono emesse in serie, con un taglio minimo pari a 50.000 euro e con una scadenza compresa tra i tre e i dodici mesi. Sotto il profilo giuridico, esse sono equiparate alle cambiali ordinarie e dunque devono prevedere la dicitura «cambiale» apposta sul titolo, l'importo da pagare a scadenza, la scadenza stessa, l'identità del debitore, data e luogo di emissione, nonché la promessa di pagare la somma stabilita (si tratta, pertanto, di un titolo del tutto simile a un pagherò cambiario). Attraverso l'emissione di cambiali finanziarie, l'impresa può collocare tali titoli sul mercato, ricevendo capitale fresco da destinare alla copertura degli impegni di natura corrente. A tale proposito appare importante sottolineare che l'emissione di cambiali finanziarie costituisce a tutti gli effetti una forma di sollecitazione del pubblico risparmio, con la conseguente necessità da parte dell'impresa debitrice di assolvere gli obblighi informativi previsti dalla legge, come ad esempio la redazione e la diffusione del prospetto informativo.

I titoli possono essere facilmente negoziati attraverso il meccanismo della girata che però deve necessariamente avvenire con la clausola «senza garanzia»: tale specifica costituisce una forma di tutela del prenditore dei fondi finale, il quale farà immediato e diretto riferimento alle garanzie prestate in sede di emissione della cambiale, evitando che le girate successive rendano più difficoltosa l'identificazione dei soggetti obbligati.

Passando a esaminare il ruolo della banca nell'ambito del processo di finanziamento appena descritto, si rende necessario operare una distinzione a seconda della natura del soggetto emittente. Se si tratta di una società quotata, la funzione svolta dall'istituto di credito è del tutto eventuale e, se sussiste, si esaurisce in un'attività di consulenza e guida (ovvero di *advisoring*) per l'impresa al fine di agevolare il collocamento delle cambiali finanziarie presso il pubblico dei risparmiatori. Se, invece, la società emittente non è quotata, la legge n. 43/1994 prevede espressamente che le cambiali siano garantite da intermediari finanziari sottoposti a vigilanza da parte della Banca d'Italia. Ed è proprio con riferimento a tale circostanza che si manifesta il sorgere di un credito di firma – offerto nella forma tecnica dell'avallo o della fideiussione – prestato dalla banca a favore del suo cliente.

I costi associati al ricorso allo strumento finanziario in parola sono rappresentati da:

- la commissione a favore della banca, a seconda del ruolo svolto;
- la commissione a favore dell'intermediario finanziario che cura il collocamento dei titoli presso il mercato;
- l'imposta di bollo, trattandosi di cambiali a tutti gli effetti;
- il tasso di interesse attribuito agli investitori.

È evidente l'elevato onere a carico dell'impresa che intenda emettere cambiali finanziarie, circostanza che costituisce un forte limite alla diffusione di tale tipologia di raccolta di capitali, finora circoscritta a un numero esiguo di emissioni curate da imprese di grandi dimensioni.

8.13.5 Il credito documentato

Il credito documentato costituisce una operazione di finanziamento impiegata soprattutto nelle transazioni commerciali eseguite tra imprese residenti in paesi diversi ed è finalizzata principalmente ad assicurare la posizione del soggetto esportatore (e dunque creditore) contro l'eventuale inadempienza del debitore-importatore, rischio accentuato proprio dalla differente localizzazione geografica dei contraenti. All'operazione partecipano quattro soggetti: l'importatore, l'esportatore, la banca dell'importatore (banca ordinante) e la banca operante nella piazza dell'esportatore (banca emittente)[58].

L'iniziativa parte dall'importatore che ordina alla propria banca (ordinante) di provvedere all'apertura di un credito a favore dell'esportatore, con cui ha precedentemente stipulato un contratto di fornitura, sulla piazza dello stesso. Tale credito può essere utilizzato dall'esportatore mediante due clausole: documenti contro pagamento («d/p») e documenti contro accettazione («d/a»). Nella clausola «d/p», l'esportatore spicca sulla propria banca (banca ordinataria o emittente) una tratta a vista documentata in valuta del paese dell'esportatore (corredata di polizza di carico, polizza assicurativa, fattura provvisoria e altri documenti relativi alla merce previsti nel contratto). La banca emittente controlla la regolarità della documentazione, paga la tratta all'esportatore e ritira la documentazione che invia alla banca ordinante addebitandone l'importo.

Con la clausola «d/a», invece, l'esportatore spicca una tratta sulla banca emittente, con scadenza proiettata nel tempo e di norma coincidente con la scadenza del contratto stesso, e quest'ultima accetta la tratta ritirando i documenti che invia alla banca ordinante.

Le dinamiche relazionali e finanziarie attivate con le aperture di credito documentate sono schematizzate in figura 8.2.

Queste operazioni comportano una pluralità di funzioni affidate alla banca e più precisamente: una funzione creditizia per l'eventuale finanziamento concesso all'importatore, permettendo allo stesso temporanee facilitazioni di scoperto in relazione all'operazione di importazione, nonché all'esportatore liquidando a vista la partita in caso di regolamento «d/a»; una funzione fiduciaria che si esplica nel controllo della regolarità dei documenti per conto dell'importatore; nonché l'espletamento del servizio finanziario consistente nel regolamento del prezzo per l'operazione di interscambio.

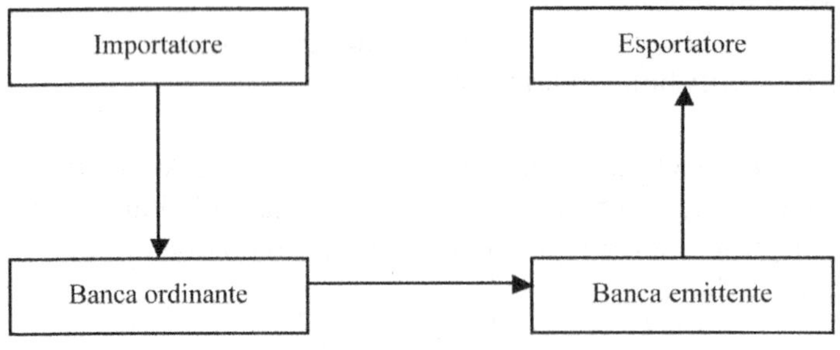

Fig. 8.2 Il credito documentato

[58] Chiesi G.M., 2006, *Gli strumenti di pagamento nel commercio internazionale*, in Munari, *Strumenti finanziari*, cit., pp. 58 e ss.

8.14 Le anticipazioni garantite

Le anticipazioni garantite sono operazioni di finanziamento assistite da garanzia reale costituita da pegno su titoli o su merci di proprietà dell'azienda richiedente. Ricorrendo a tali contratti, le imprese possono ottenere linee di fido aggiuntive rispetto a quelle normali e disporre pertanto di ulteriori margini di risorse da impiegare a titolo di riserva di liquidità. La presenza di una garanzia reale consente alla banca di esperire una istruttoria di fido meno stringente in quanto si riduce il rischio complessivo assunto dalla banca nei confronti dell'affidato.

Per la banca le anticipazioni garantite costituiscono una sorta di immobilizzazione, impegnandola a conservare i beni dati in garanzia sussistendo l'obbligo di restituzione, al termine dell'operazione, degli stessi beni ricevuti in pegno. Si configura, quindi, un pegno regolare e a differenza di altre operazioni, quali lo sconto e il riporto, la banca non può smobilizzare il credito in caso di necessità.

Le operazioni di anticipazione garantita permettono l'ottenimento del prestito senza dover alienare i beni aziendali per far fronte a esigenze di cassa: questo aspetto risulta particolarmente vantaggioso per l'impresa qualora ritenga economicamente utile la permanenza dei beni nella struttura aziendale (merci e titoli di cui si ritiene possibile, allo stato attuale, un rialzo dei prezzi).

8.14.1 Le anticipazioni su titoli

Attraverso il contratto di anticipazione su titoli l'impresa intende acquisire risorse finanziarie a breve scadenza attraverso la costituzione di un pegno su titoli detenuti in portafoglio e precedentemente acquisiti, probabilmente per realizzare un impiego redditizio con disponibilità finanziarie momentaneamente in eccesso. Affinché la banca accetti la custodia dei titoli è necessario che essi siano stanziabili, ovvero facilmente collocabili sul mercato in caso di escussione del pegno a seguito dell'insolvenza del debitore. In particolare, sono ritenuti stanziabili, e quindi più agevolmente utilizzabili per tale operazione, i titoli emessi dallo Stato o garantiti dallo Stato; vengono inoltre accolti i titoli emessi da società private, obbligazioni e azioni, a condizione che le società emittenti siano quotate in Borsa e mostrino una tendenza alla stabilità dei corsi dei titoli mobiliari presenti sul mercato.

La banca, nel concedere il finanziamento, applica uno scarto sul valore di mercato dei titoli onde determinare l'esatto ammontare del prestito: tale scarto è più elevato per i titoli privati e fra questi le azioni, in relazione alla maggiore variabilità che tali titoli fanno solitamente registrare rispetto alle obbligazioni e ai titoli dello Stato. Qualora tale fluttuazione determinasse una riduzione sensibile del valore dei titoli dati in pegno rispetto all'importo iniziale, la banca può richiedere all'azienda la reintegrazione del pegno con altri titoli o la riduzione dell'esposizione debitoria per il corrispondente importo.

Nel caso in cui l'azienda possieda titoli presso intermediari finanziari in regime di gestione patrimoniale, potrà autorizzare tali intermediari a concedere in pegno alla banca detti titoli, o parte di essi, a fronte dell'anticipazione garantita: non sono utilizzabili, a tal fine, le quote di fondi comuni di investimento in quanto i titoli del fondo non sono di proprietà del sottoscrittore bensì del fondo stesso.

Per quanto concerne l'aspetto contrattuale, va precisato che i contratti di anticipazione garantita si formalizzano, solitamente, mediante una polizza o con uno scambio di lettere fra banca e cliente.

8.14.2 Le anticipazioni su merci

Nel contratto di anticipazione su merci il pegno è costituito appunto su un certo quantitativo di merci che debbono possedere determinati requisiti, quali, ad esempio: la liquidabilità, la negoziabilità, la facilità di immagazzinamento, la non deperibilità e prezzi alquanto stabili. Generalmente, fra i beni oggetto di pegno rientrano i metalli preziosi e le materie prime trattate presso le Borse valori. Per tali motivi le banche preferiscono le anticipazioni su titoli, sia per la maggiore operatività della garanzia, sia per la conoscenza più approfondita del mercato mobiliare rispetto a quello delle merci, sia per la difficoltà di disporre di adeguati magazzini: da ciò scaturisce evidentemente la possibilità di valutare meglio i prezzi e i rischi relativi ai beni acquisiti in garanzia.

Esistono però aziende di credito con filiali e agenzie ubicate in prossimità di importanti mercati o zone di produzione che risultano particolarmente attrezzate (con magazzini di proprietà) e organizzate sul piano operativo per l'effettuazione delle operazioni in questione. Le anticipazioni garantite su merci, infatti, vengono solitamente accordate a seguito del rilascio, da parte dei Magazzini generali, di titoli rappresentativi delle stesse: tali titoli sono la Fede di deposito e la Nota di pegno (*warrant*). La prima testimonia la proprietà della merce depositata presso i Magazzini generali; la seconda, invece, rappresenta il diritto di concedere in pegno la merce stessa a terzi.

L'anticipazione viene concessa dalla banca contro girata della Fede di deposito e della Nota di pegno: su questi titoli vengono annotati gli estremi del finanziamento concesso. La banca può, altresì, effettuare operazioni in base alla sola girata della Nota di pegno (sconto di *warrant*). È inoltre possibile che l'operazione di finanziamento si formalizzi sulla base della sola Fede di deposito, anche se gli istituti di credito generalmente non gradiscono questa operazione in quanto, implicitamente, denota l'esistenza di un'altra operazione su pegno: in tal caso, infatti, l'operazione può essere effettuata solo per un valore residuale.

Per quanto concerne il ruolo svolto dai Magazzini generali, questi ultimi, oltre ad accogliere le merci a titolo di deposito, si occupano di riconsegnarle soltanto contro contestuale ritiro della Fede di deposito e della Nota di pegno. In particolari situazioni di urgenza possono riconsegnare le merci contro ritiro della sola Fede di deposito con contestuale incasso e successivo versamento alla banca dell'importo relativo all'anticipazione annotata su tale documento.

Come così sottolineato per le anticipazioni su titoli, anche in questo caso l'importo rappresentativo del finanziamento concesso è determinato applicando sul valore delle merci uno scarto di garanzia, solitamente commisurato in percentuale maggiore rispetto a quella applicata sui titoli. È evidente che l'onerosità di questo tipo di anticipazione risulta più elevata rispetto a quella su titoli, in relazione ai maggiori costi relativi alla conservazione delle merci o al loro deposito presso i Magazzini Generali.

8.15 Il riporto

Il riporto è disciplinato dall'art. 1548 del codice civile e si configura come una operazione nella quale un soggetto, nello specifico la banca, che agisce nella veste di riportatore, acquista la proprietà dei titoli trasferiti dall'altro contraente, ovvero l'impresa-riportato, contro versamento della cifra pattuita. Il riportato da parte sua si impegna a riacquistare, a una determinata scadenza, titoli della stessa specie contro restituzione del prezzo che può essere aumentato o diminuito nella misura convenuta. A seconda del prezzo fissato per riacquistare i titoli oggetto dell'operazione si parla di:

- riporto in senso stretto, quando il prezzo a pronti è inferiore rispetto al prezzo a termine;
- riporto alla pari, quando i due prezzi coincidono;
- riporto con deporto, quando il prezzo a pronti è superiore rispetto al prezzo a termine.

Anche in questo caso ci si trova di fronte a un finanziamento assistito da garanzia reale non costituita dal pegno, bensì dal trasferimento di proprietà che risulta strumentale all'operazione e pertanto si tratta di una garanzia *sui generis*.

La banca gradisce maggiormente i riporti rispetto alle anticipazioni garantite da titoli, stante la durata inferiore dell'operazione: quest'ultima, infatti, non può essere, secondo quanto disposto dal codice civile, superiore ai centotrentacinque giorni. Solitamente, però, l'operazione in esame viene attuata per un periodo di tempo inferiore e più precisamente: per «fine corrente» o per «fine prossimo», secondo la terminologia borsistica, a seconda che la scadenza dell'operazione coincida con il giorno di liquidazione di borsa del mese in corso o del mese successivo. Inoltre, la preferenza accordata dalla banca è riconducibile anche alla possibilità offerta all'istituto di credito di utilizzare, ad esempio vendendoli, i titoli oggetto dell'operazione: alla scadenza del contratto, infatti, la banca è obbligata a restituire soltanto titoli della stessa specie e non esattamente gli stessi titoli.

Sotto l'aspetto formale, l'operazione, essendo assimilata a un contratto di borsa, si concretizza mediante la compilazione di un documento denominato fissato bollato sul quale vengono riportati tutti gli elementi contrattuali (estremi dei contraenti, specie e quantità dei titoli, scadenza del contratto, ecc.). In relazione all'analogia riscontrabile fra il riporto e il contratto di borsa, va ricordato che esiste una distinzione tecnica, anche se non giuridica, tra riporto di banca o finanziario e riporto di borsa.

Il primo, oggetto specifico della presente trattazione, rappresenta un finanziamento di breve durata assistito da garanzia reale attuato attraverso il trasferimento della proprietà e particolarmente utilizzato per la copertura dei fabbisogni finanziari a brevissimo termine: in relazione alle sue caratteristiche è meno oneroso rispetto alle anticipazioni e, solitamente, anche rispetto ad altre operazioni bancarie a breve. In sostanza, si ricorre ai riporti per tamponare momentanee esigenze monetarie, quali, ad esempio: «saldature» finanziarie in attesa di erogazione di mutui o stati di avanzamento degli stessi; ritardati incassi di crediti di fornitura concessi a importanti clienti e per i quali esiste incertezza unicamente sui tempi di riscossione; ritardo nell'ottenimento di finanziamenti bancari.

Per quanto riguarda il riporto di borsa, invece, va precisato che si tratta di un'operazione a contenuto tecnico-finanziario utilizzata per protrarre determinate posizioni speculative, sia al rialzo (riporto attivo) sia al ribasso (riporto con deporto). Per protrarre la sua posizione oltre la liquidazione, lo speculatore al rialzo ha bisogno di stipulare il riporto ottenendo in tal modo i mezzi per chiudere l'operazione a termine fermo. Il ribassista, per contro, per allungare la sua posizione (vendita di titoli a un dato prezzo sperando nel ribasso prima della liquidazione per effettuare il riacquisto), stipula un riporto con deporto acquisendo titoli da consegnare per chiudere il suo contratto a termine fermo e rinviando la speculazione al ribasso alla successiva liquidazione ove consegnerà i titoli presi a deporto al suo riportatore. In buona sostanza, il deporto consiste in un finanziamento in titoli giacché al riportato (speculatore al ribasso) non occorre liquidità per chiudere posizioni scoperte, bensì titoli da consegnare alla liquidazione (alla scadenza).

Sotto il profilo giuridico, in caso di maturazione di diritti patrimoniali (dividendo e diritto d'opzione) riguardanti i titoli oggetto di riporto, e in conseguenza della natura strumentale della proprietà degli stessi da parte del riportatore, tali diritti spettano al riportato. Per l'esercizio del diritto di opzione, il riportato dovrà fornire al riportatore, in tempo utile, i mezzi monetari per esercitare tale diritto; nel caso di mancato invio di detti mezzi, il riportatore curerà la vendita dei diritti accreditando la relativa somma al riportato.

Per quanto concerne i diritti amministrativi, si ricorda che il diritto di voto spetta al riportatore, per cui, in particolari casi e in prossimità delle assemblee, si possono verificare richieste di riporti con deporti da parte di gruppi o intermediari finanziari con speciali incarichi, per finalità strumentali; più precisamente, si può ricorrere a tale strumento per influenzare, con il raggiungimento di determinate maggioranze, la volontà assembleare.

Anche per i riporti, analogamente a quanto accade nelle anticipazioni, vengono applicati gli scarti nella determinazione dell'ammontare del finanziamento: tali scarti sono normalmente di entità inferiore a quelli applicati nelle anticipazioni garantite da titoli della stessa specie, stante il minor rischio di fluttuazione dovuto alla durata inferiore dell'operazione e alla possibilità di dismettere i titoli.

Da quanto detto emergono importanti similitudini tra il riporto e l'anticipazione su titoli. Nonostante ciò, permangono distinzioni, in alcuni casi molto marcate, che possono essere così sintetizzate:

a) nel riporto la banca deve restituire alla scadenza del contratto titoli della stessa specie, mentre nell'anticipazione, applicandosi di norma un pegno regolare, deve restituire gli stessi titoli;
b) la durata del riporto (135 giorni) è inferiore a quella dell'anticipazione (4-6 mesi);

c) la stipula del contratto di riporto è comprovata dal fissato bollato mentre nell'anticipazione esiste una polizza;
d) nel caso di ribasso dei titoli il riportatore non può rivalersi sul riportato, potendo peraltro cedere i titoli, mentre nell'anticipazione la banca richiede all'affidato l'integrazione delle garanzie o la restituzione parziale del prestito;
e) nel riporto il tasso di interesse è fisso, nell'anticipazione la banca può variare il tasso stabilito a seconda della fluttuazione del costo del denaro.

In sostanza, la distinzione cruciale fra le due operazioni di finanziamento è data dal fatto che nel riporto il riportatore, disponendo temporaneamente della proprietà dei titoli, può a sua volta procurasi risorse finanziarie stipulando un contratto di riporto passivo.

8.16 Lo sconto di effetti commerciali

Tale operazione, giuridicamente disciplinata dall'art. 1858 e seguenti del c.c., fonda i suoi presupposti sull'esistenza di crediti commerciali derivanti dall'attività tipica dell'azienda e incorporati in titoli di credito (tipicamente cambiali) rilasciati dai debitori all'azienda scontista.

Occorre precisare che il ricorso a una simile procedura non rappresenta, sotto il profilo finanziario, una vera e propria fonte esterna di finanziamento in quanto non affluiscono nuovi flussi finanziari nelle disponibilità dell'impresa, ma si assiste semplicemente ad una permutazione tra elementi del capitale circolante e cioè tra crediti verso clienti, rappresentati dagli effetti oggetto dell'operazione, e flussi monetari ottenuti tramite lo sconto. In definitiva, attraverso lo sconto si ottiene un incremento del *cash flow* pur permanendo il circolante netto agli stessi livelli; parimenti non viene alterata, nel suo insieme, la struttura finanziaria, né tantomeno i suoi margini più significativi (circolante netto e margine di tesoreria).

L'operazione di sconto è tecnicamente e giuridicamente assimilabile a una cessione di credito (senza le formalità previste negli artt. 1260-67 del c.c.), in base alla quale la banca deduce interessi, competenze e spese, anticipando al cliente scontista il netto ricavo rispetto al valore facciale degli effetti.

Detta operazione, pur non essendo assistita da garanzie reali, viene considerata sotto il profilo bancario un finanziamento a rischio attenuato in relazione all'esistenza di una transazione commerciale che ha generato l'emissione del titolo presentato allo sconto. Nonostante ciò, comportando comunque l'assunzione di un rischio da parte della banca, necessita di una istruttoria per la concessione del fido al pari delle altre operazioni.

Affinché le cambiali possano essere accettate allo sconto da parte delle banche devono possedere determinati requisiti, cosiddetti requisiti di bancabilità, ovvero gli stessi richiesti dalla Banca d'Italia alle banche ordinarie per procedere con l'operazione di risconto. Si tratta di requisiti di natura formale e sostanziale. I primi sono rappresentati da:

- scadenza della cambiale non superiore a quattro mesi, sei mesi in casi eccezionali e non inferiore a sette giorni per gli effetti su piazza e dodici giorni per quelli fuori piazza;
- presenza di almeno due firme sugli effetti, una del cliente dell'azienda affidata, quale obbligato principale, e l'altra del cliente quale girante dell'effetto. In caso di insolvenza, la banca può esperire l'azione cambiaria di regresso nei confronti del cliente e l'azione cambiaria diretta nei confronti del debitore principale;
- gli effetti devono essere riempiti in ogni parte;
- devono essere assolti gli obblighi di bollo, al fine di rendere il titolo esecutivo.

I requisiti sostanziali, invece, che la banca accerta tramite un comitato di sconto, organismo variamente composto e rappresentato in relazione all'assetto organizzativo della banca, sono:

- bontà delle firme, ovvero accertata solvibilità dei debitori;
- natura commerciale dell'effetto.

Qualora i preposti al comitato di sconto valutino positivamente gli effetti presentati allo sconto in relazione ai predetti requisiti, gli stessi vengono accettati e scontati, a condizione che l'operazione rientri nei limiti dell'affidamento concesso («castelletto di sconto»).

Possono essere oggetto di sconto anche le tratte, non accettate, spiccate dall'azienda affidata sul cliente debitore. Tale forma di sconto, definita «con cessione della provvista» prevede che i titoli oggetto dell'operazione debbano recare l'iscrizione di questa particolarità (cessione del credito commerciale sottostante), nonché il numero e la data della fattura. In tal modo, la banca ottiene la cessione del credito e conserva l'azione cambiaria nei confronti del cliente affidato che gira gli effetti e, quindi, risponde in via di regresso in caso d'insolvenza da parte del debitore principale.

Da notare che tutti gli effetti vengono accettati allo sconto con la clausola *salvo buon fine*, ovvero conservando il rischio di mancato adempimento da parte dell'obbligato principale a carico dell'impresa cedente.

Relativamente ai costi, l'onerosità dell'operazione di sconto deriva da:

- sconto commerciale, computato sul tempo intercorrente tra la data di accettazione e la data di scadenza degli effetti oltre i giorni banca;
- eventuali diritti di brevità;
- commissioni di incasso;
- provvigioni.

L'importo finale accreditato al cliente scontista prende il nome di netto ricavo.

8.17 Il «factoring»

Il *factoring* è un contratto mediante il quale un'impresa cede tutti i suoi crediti, o parte di essi, a una società specializzata (*factor*) la quale provvede ad anticipare la somma corrispondente, a gestire e a incassare i crediti stessi, in cambio di un corrispettivo. Questa operazione presenta caratteristiche simili, in relazione ai presupposti operativi, allo sconto di carta commerciale in quanto trattasi di cessione di crediti commerciali effettuata ai sensi dell'art. 1260 e seguenti del codice civile.

Sul piano legislativo, la legge n. 52 del 21 febbraio 1991, che disciplina la cessione dei crediti d'impresa, ha riconosciuto la fattispecie del *factoring* e ne ha individuato i presupposti. Si può dunque parlare di *factoring* quando:

1) il cedente è un imprenditore;
2) i crediti ceduti scaturiscono da contratti che sono stati stipulati dall'imprenditore nell'esercizio dell'impresa;
3) il *factor* è una banca o un intermediario finanziario nel cui oggetto sociale rientra l'esercizio dell'attività di acquisto di crediti di impresa.

Come lo sconto di effetti commerciali, anche il *factoring* non costituisce una fonte esterna di finanziamento in senso stretto, in quanto non si acquisiscono nuovi flussi finanziari ma semplicemente si monetizzano i crediti verso clienti consentendo in tal modo la formazione di nuovo *cash flow*.

Rispetto allo sconto, il *factor* assume un ruolo di intermediazione finanziaria molto più ampio, non limitando il proprio intervento ad anticipazioni monetarie contro cessione di crediti commerciali, bensì effettuando una vera e propria gestione dei crediti con ovvi vantaggi per l'azienda cedente[59]. Pertanto, le operazioni di *factoring* sono caratterizzate da elevata flessibilità, in relazione alle esigenze mercantili delle imprese e consentono, da parte del *factor*, prestazioni di numerosi servizi di natura commerciale quali: selezione della clientela, ricerche di mercato tendenti a intensificare la penetrazione commerciale o tese ad ampliare la fascia di clientela, assistenza assicurativa anche nel caso di cessione pro-solvendo.

Prima dell'introduzione della riforma bancaria contemplata nel Testo Unico 385/1993, anche nel settore del *factoring*, analogamente a quanto avvenuto per il leasing, si è registrato un massiccio intervento da parte delle banche mediante la costituzione di apposite società finanziarie, nell'intento di non perdere fasce di operatività nei confronti del sistema imprenditoriale.

Il *factoring*, rispetto allo sconto, presenta inoltre il vantaggio dell'assenza di limiti oggettivi nel volume di finanziamento concedibile; tale limite potrebbe corrispondere all'intero volume di credito commerciale dell'azienda.

Inoltre, sempre a differenza dello sconto, operazione nella quale la banca può rifiutare alcuni effetti che non presentano i requisiti di bancabilità, il *factor* non può, di norma, rifiutare la cessione dei crediti commerciali data la funzione preliminarmente svolta di selezione della clientela.

Il *factoring* prevede, generalmente, due tipi di cessione: pro-soluto e pro-solvendo. La prima configurazione è denominata *Old line o conventional*. In questo caso il rischio di insolvenza resta a carico del cedente e quest'ultimo deve notificare la cessio-

[59] Colombi F., *Nuova prospettiva del factoring*, Lo Scaffale, Roma 1976, p. 18.

ne del credito al cliente ceduto ad eccezione del *non notification factoring* ove sussistono esigenze di riservatezza per l'azienda cedente che, quindi, incasserà direttamente il credito trasferendolo tempestivamente al *factor*.

Questa forma di *factoring* può presentare due alternative:

1) *cashing receivables financing*, allorchè è consentita all'azienda cedente la facoltà di richiedere acconti in determinate percentuali dei crediti ceduti;
2) *maturity factoring*, nel caso in cui l'azienda cedente riceve l'accredito dopo alcuni giorni dalla data di scadenza media dei crediti ceduti.

Nel caso di cessione pro-solvendo, invece, il *factor* non assume il rischio di insolvenza che rimane così a carico dell'azienda cedente. Ovviamente, in questo caso la notificazione della cessione del credito non ha molta rilevanza e assume valore di avviso al debitore ceduto. La cessione pro-solvendo si articola solitamente nelle seguenti forme:

a) *new style factoring* o *with recourses factoring* o *commercial financing*. Il *factor* assume la completa gestione dei crediti con l'esclusione del rischio di insolvenza; in luogo della cessione si può configurare una costituzione in pegno dei crediti quale presupposto per il finanziamento;
b) *undisclosed factoring*. I prodotti vengono ceduti per contanti al *factor* che successivamente dà mandato all'azienda cedente di consegnare le merci ai clienti incassando il credito a scadenza per rimetterlo quindi al *factor*;
c) *confidential factoring*. In questa ipotesi non viene notificata la cessione del credito e, quindi, l'incasso avviene da parte dell'azienda cedente che rimette gli importi relativi in base alle fatture emesse al *factor*.

Da quanto esposto appare evidente il rapporto fiduciario e di estrema correttezza tra *factor* e azienda finanziata, costruito in funzione di un complesso e completo servizio finanziario reso dal *factor* stesso.

Va, infine, rilevato l'aspetto di esclusiva che caratterizza i rapporti in questo tipo di finanziamento e che vede il *factor* coinvolto operativamente con l'azienda finanziata e interessato, di fatto, alle sorti gestionali della stessa.

In conclusione, si ritiene opportuno individuare e sintetizzare le principali differenze tra lo sconto commerciale e il *factoring*:

- possono essere portati allo sconto bancario solo i titoli di natura commerciale dotati dei requisiti di bancabilità, mentre nel *factoring* possono essere scontati tutti i crediti;
- lo sconto necessita della previa concessione di un fido con l'indicazione del castelletto di sconto che rappresenta l'importo massimo di crediti presentabili, mentre nel *factoring* il limite massimo di effetti da presentare è costituito dal totale complessivo dei crediti esistenti in bilancio;
- lo sconto può avvenire soltanto con la clausola «salvo buon fine», mentre nel *factoring* la cessione del credito può essere sia pro-soluto, sia pro-solvendo;
- oltre alla concessione dell'anticipo sugli effetti presentati, il *factoring* si occupa dell'intera gestione amministrativa del monte-crediti dell'azienda.

Capitolo 9

La gestione dei rischi

di Alberto Manelli

9.1 Rischi e funzione di «risk management»

L'attiva di impresa è, per sua stessa natura, soggetta a numerosi rischi, destinati ad incidere in maniera più o meno diretta sull'andamento della gestione e sui risultati reddituali conseguiti. Trovandosi ad agire in un contesto competitivo complesso e contrassegnato dalla presenza di molteplici operatori e molteplici variabili, l'azienda è continuamente esposta a eventi prevedibili o imprevedibili in grado di condizionarne l'operato. Si pensi, a titolo d'esempio, al rischio di riduzione della quota di mercato, al rischio di variazione dei prezzi delle materie prime, al rischio di eventi naturali che possono compromettere il processo produttivo e/o distributivo, al rischio di aumento dei tassi di interesse da corrispondere sui debiti, al rischio di oscillazione dei tassi di cambio per le imprese operanti in ambito internazionale, al rischio di trovarsi sprovvisti della liquidità necessaria per fronteggiare gli impegni di pagamento, e così via.

Si tratta, nella maggior parte dei casi, di eventi che l'impresa non può influenzare né determinare in quanto generati da fattori esterni sui quali l'impresa stessa esercita un controllo ridotto o addirittura nullo (basti pensare agli effetti generati dalla crescita del prezzo del petrolio). L'impossibilità di agire sulle cause determinanti delle varie tipologie di rischio non equivale però ad accettare passivamente le conseguenze indotte dal rischio stesso, assumendo un atteggiamento impotente di fronte al verificarsi di eventi imprevisti. Una «sana» gestione, ovvero una gestione improntata alla ricerca del valore e finalizzata alla crescita dell'organizzazione, non può prescindere da una accorta valutazione dei rischi attuali e potenziali: ciò rende necessario predisporre una serie di strumenti manageriali e contrattuali idonei a tutelare l'azienda, riducendo l'impatto negativo prodotto dal verificarsi dell'evento rischioso oppure «scaricando» tale impatto su altri soggetti.

Nella prospettiva delineata emerge il ruolo strategico del *risk management*, ovvero di una specifica funzione da attribuire al responsabile dell'area finanza e a cui ricondurre lo studio del sistema dei rischi aziendali, nonché la ricerca delle strategie più efficaci ed efficienti per eliminarne o attenuarne gli effetti. I concetti di efficacia e di efficienza che, come noto, devono permeare tutte le decisioni aziendali, devono poter essere rintracciati anche nelle scelte inerenti la gestione dei rischi: occorre pertanto individuare le soluzioni adeguate rispetto alla tipologia di rischio preso in considerazione, ma che al tempo stesso presentino un costo coerente e sostenibile, ovvero che non evidenzino un sacrificio non proporzionato alla natura e alle dimensioni del rischio[1].

Occorre porre l'accento sul fatto che la funzione di *risk management* non consiste nel predisporre tecniche di previsione più o meno sofisticate in merito al futuro andamento dei tassi di interesse, dei tassi di cambio e così via, quanto piuttosto nel definire il grado di sensibilità delle variabili economico-finanziarie d'impresa ai singoli fattori di rischio, individuando di conseguenza quali e quanti rischi l'impresa può assumere, nonché gli strumenti idonei a fronteggiarli. In termini del tutto generali, le strategie che il management può adottare sono sintetizzabili nelle seguenti[2]:

a) evitare di assumere il rischio. L'impresa può decidere di non assumere alcun rischio, ad esempio non realizzando un determinato investimento che, sulla base di preventive valutazioni, risulta caratterizzato da un eccessivo livello di variabilità, giudicato non compatibile con le scelte finanziarie dell'impresa. Si pensi, ad esempio, alla decisione di non acquistare un pacchetto azionario troppo rischioso, oppure di non portare avanti un progetto di investimento in una nuova linea di prodotti. Ovviamente, si tratta di una strategia possibile soltanto per alcune tipologie di rischio, ovvero quelle generate da scelte determinate, ma non attuabile rispetto a rischi insiti nella natura stessa dell'attività d'impresa;
b) prevenire il rischio, predisponendo alcuni accorgimenti in grado di operare un controllo continuo su determinati investimenti. Può essere annoverata in tale ambito, ad esempio, la scelta di munire gli stabilimenti aziendali di sofisticati e sicuri sistemi di allarme capaci di prevenire, appunto, il rischio di furti;
c) assumere il rischio, senza ricercare soluzioni specifiche, ma avendo la consapevolezza delle conseguenze cui si potrebbe incorrere a seconda della dinamica assunta dalle variabili di riferimento;
d) trasferire il rischio a terzi soggetti, attraverso la predisposizione di contratti stipulati tra soggetti dotati di aspettative differenti rispetto al futuro andamento di una variabile determinata, come ad esempio il tasso di interesse. Se un'impresa ha un indebitamento in essere sul quale corrisponde oneri finanziari in misura fissa e prevede una riduzione dei tassi, può realizzare un contratto con un soggetto che, al contrario, formula aspettative al rialzo dei tassi di interesse. In questa specifica

[1] Maino R., Masera R., *Impresa, finanza, mercato: la gestione integrata del rischio*, Egea, Milano 2005.
[2] Bongini P., Di Battista M.L., Nieri L., Patarnello A., *Il sistema finanziario*, Il Mulino, Bologna 2004, pp. 118-19.

ipotesi, si assiste a un trasferimento del rischio realizzato attraverso contratti di copertura (*hedging*), ma sono riconducibili alla categoria in esame anche i contratti assicurativi;
e) limitare il rischio, cercando di seguire le regole di condotta dettate dalla ormai nota teoria di portafoglio in merito alla diversificazione degli investimenti.

Nonostante l'indubbia rilevanza strategica della funzione di *risk management*, l'osservazione della realtà delle imprese, soprattutto italiane, pone in evidenza una scarsa attenzione verso le problematiche inerenti il rischio. Ci si limita, cioè, a eseguire accantonamenti ad appositi fondi rischi, oppure a stipulare contratti assicurativi, senza però predisporre e attuare una strategia complessiva in grado di offrire un quadro completo delle posizioni di rischio assunte e delle rispettive scelte di copertura.

Il presente capitolo intende approfondire il tema della gestione dei rischi aziendali, proponendo una descrizione delle principali tipologie di rischio, evidenziando, laddove presenti, alcune metodologie di misurazione degli stessi, ma soprattutto individuando le tecniche di copertura (*hedging*) più frequentemente impiegate nella pratica aziendale. A tal fine, si rende opportuno proporre una classificazione dei rischi d'impresa, prendendo avvio dalle considerazioni svolte in sede di trattazione del rapporto tra rischio e rendimento delle attività finanziarie[3]. In tale contesto è stata offerta una definizione del concetto di rischio caratterizzata dal requisito di simmetria, evidenziando come una attività rischiosa possa determinare risultati migliori o peggiori rispetto ai rendimenti attesi. Si tratta dei cosiddetti rischi «speculativi», contrapposti ai rischi «puri», il cui accadimento genera esclusivamente perdite. Sono riconducibili a tale categoria il rischio di incendi, di catastrofi ambientali, di furti ecc.[4] È evidente come eventi di questo tipo siano del tutto imprevedibili e indipendenti dalla volontà dell'impresa, circostanza destinata a limitare gli interventi volti alla gestione degli stessi all'impiego di strumenti assicurativi e similari. Proprio in considerazione di tali aspetti, non si procederà a un approfondimento dei rischi puri, concentrando l'attenzione soltanto sui rischi di natura speculativa nei quali è rintracciabile uno stretto legame di dipendenza o comunque di influenza rispetto alle variabili aziendali.

I rischi speculativi sono suscettibili di ulteriori livelli di classificazione potendo essere distinti innanzitutto in:

- rischi operativi, generati dall'appartenenza dell'impresa ad un determinato settore economico e potenzialmente idonei a produrre effetti, in aumento o in diminuzione, sul reddito d'impresa;
- rischi finanziari, direttamente riconducibili alla gestione finanziaria d'impresa e, a loro volta, distinguibili in:
  - rischio di tasso di interesse;
  - rischio di cambio;

[3] Cfr. capitolo 3.
[4] Intrisano C., *Il rischio finanziario*, Aracne, Roma 2005, p. 18.

- rischio di credito;
- rischio di liquidità.

Di seguito saranno esposte le principali caratteristiche di ciascuna tipologia di rischio, per poi passare all'approfondimento delle modalità di gestione e copertura degli stessi.

9.2 Il rischio operativo: cenni e rinvio

Il rischio operativo, come sinteticamente esposto sopra, è presente in qualsiasi tipologia di impresa per il solo fatto di agire all'interno di un determinato settore economico e trova origine nella relazione esistente tra la domanda espressa dal mercato, la quantità di beni e servizi realizzata e la capacità produttiva, definita a sua volta dall'ammontare di costi fissi gravanti sulla struttura.

In un sistema economico caratterizzato da elevata complessità e da spiccati livelli di concorrenza, la domanda può assumere un andamento estremamente variabile, rendendo particolarmente difficoltosa la gestione della produzione e, di conseguenza, la copertura dei costi fissi. L'impresa è chiamata ad amministrare tale complessità, attraverso l'impiego di strumenti di varia natura, riconducibili a differenti aree della gestione, come ad esempio il marketing, rivolto ad acquisire e «fidelizzare» un numero sempre maggiore di clienti, migliorando l'immagine dell'azienda, fornendo non soltanto un generico bene, ma un sistema integrato di beni e servizi, garantendo assistenza post-vendita e così via.

Sotto il profilo strettamente economico della gestione, la citata variabilità prodotta dal mutevole andamento del mercato può pregiudicare la capacità reddituale dell'impresa, mantenendo le quantità vendute a livelli inferiori rispetto a quelli previsti e inseriti nel budget: il verificarsi di tale circostanza implica maggiore difficoltà di realizzare ricavi di vendita e margini di contribuzione sufficientemente capienti per garantire la copertura di tutti i costi fissi che, come noto, nel breve periodo devono essere sostenuti a prescindere dalle quantità prodotte e cedute sul mercato.

In altri termini, la presenza di elevati livelli di costi fissi determina maggiore rigidità della struttura economica, aumentando il livello di rischio operativo. A ben vedere, si tratta delle medesime argomentazioni esposte in sede di trattazione del grado di leva operativa[5], strumento che in effetti offre una valida misura proprio del rischio operativo associato a una azienda dotata di una certa struttura dei costi. Appare dunque opportuno richiamare brevemente quanto esposto in precedenza, con particolare riferimento alla formulazione algebrica del grado di leva operativa:

$$GLO = \frac{Q(P - CVu)}{Q(P - CVu) - F} \qquad [1]$$

[5] Cfr. capitolo 4.

ovvero:

$$GLO = \frac{MC}{RO} \qquad [2]$$

Il rischio operativo presenta pertanto una relazione diretta rispetto al margine di contribuzione, stante l'impossibilità di ridurre i costi fissi che offrono la dimensione della capacità produttiva, mentre evidenzia un legame di proporzionalità inversa rispetto al reddito operativo. Per ulteriori approfondimenti si rinvia a quanto esposto nel capitolo quarto.

9.3 Il rischio di tasso di interesse

Tra i rischi di natura finanziaria, il rischio generato dall'andamento e dalla variabilità dei tassi di interesse è destinato ad assumere un ruolo fondamentale nella gestione di tutte le imprese. In prima analisi e come ampiamente illustrato nel corso della precedente trattazione, il tasso di interesse costituisce il «prezzo» richiesto dalle banche, dagli intermediari finanziari o dai risparmiatori per concedere alle imprese risorse, a titolo di debito, destinate alla copertura del fabbisogno generato dallo svolgimento delle attività aziendali.

Appare evidente come, nell'ipotesi di un indebitamento contratto a tasso variabile – sia esso rappresentato da un mutuo, da un prestito obbligazionario, da una apertura di credito e così via –, una tendenza al rialzo manifestata dai tassi di interesse vigenti nel mercato comporta una crescita dei relativi oneri finanziari e dunque un aumento dei costi d'esercizio che a sua volta determina una compressione del reddito netto. Inoltre, una simile evenienza è in grado di produrre effetti non soltanto sotto il profilo economico, ma anche in termini finanziari e monetari, mettendo a rischio la situazione di liquidità dell'impresa e dunque la sua capacità di fronteggiare tempestivamente gli impegni di pagamento assunti con i fornitori di capitale. Al contrario, un debito in essere che obbliga l'impresa al pagamento di un tasso fisso in presenza di un regime di tassi decrescente, implica un esborso per il servizio del debito superiore rispetto a quello che ci sarebbe stato applicando tassi in linea con quelli di mercato.

Il problema della variabilità dei tassi di interesse corrisposti sull'indebitamento in essere assume dimensioni rilevanti laddove si sia in presenza di una passività contratta con un vincolo temporale di lungo periodo, come ad esempio un prestito obbligazionario o un mutuo ottenuto dalla banca. Appare infatti del tutto evidente come le condizioni di mercato presenti al momento della nascita del debito sono destinate a mutare nel tempo, sia a vantaggio dell'impresa (se, ad esempio, si è indebitata a tasso fisso e i tassi aumentano nel corso degli anni successivi), sia recando un pregiudizio economico e finanziario all'impresa (nell'ipotesi in cui, dopo aver contratto un debito a tasso fisso, si assiste a una riduzione dei tassi di mercato). Considerando l'estrema difficoltà – o forse sarebbe meglio parlare di impossibilità – di compiere previsioni attendibili con un orizzonte temporale di lungo periodo, è chiaro come sia inevitabile l'assunzione del rischio di tasso di interesse[6].

L'andamento dei tassi di interesse, però, non influisce soltanto sull'onerosità del debito, ma presenta risvolti molto più complessi e articolati. Per comprendere appieno tali affermazioni occorre operare un breve richiamo alle argomentazioni esposte in sede di trattazione degli strumenti di *capital budgeting*, con particolare riferimento al valore attuale netto di un investimento. Nell'esporre le caratteristiche del VAN è stato posto l'accento sul rapporto di proporzionalità inversa esistente tra il valore generato da un investimento e il tasso di attualizzazione scelto per omogeneizzare i flussi sotto il profilo temporale e finanziario: a parità di condizioni, l'aumento del tasso di interesse provoca una riduzione del valore dell'investimento, mentre una diminuzione del tasso fa emergere una crescita del valore attuale netto[7].

L'aspetto fondamentale da comprendere e che sarà approfondito nel prosieguo allorché sarà affrontato il tema della valutazione delle aziende in funzionamento, consiste nel fatto che, in generale, il valore attuale di una qualsiasi attività o passività finanziaria può essere determinato applicando la medesima logica del VAN. Ne consegue che anche il valore dell'impresa nel suo complesso può essere calcolato come attualizzazione dei flussi di cassa generati dall'intera gestione[8], così come il valore attuale di un debito in essere – ad esempio di un prestito obbligazionario – è ottenuto dai flussi di cassa associati al prestito, attualizzati a un tasso scelto in maniera appropriata. È del tutto evidente come il tasso di attualizzazione prescelto, pur dovendo esprimere e sintetizzare il rischio specifico dell'attività da misurare, risente in maniera sensibile delle variazioni dei tassi di interesse presenti sul mercato. Ne consegue che un aumento generalizzato dei tassi di interesse può comportare una diminuzione del valore delle attività d'impresa (*asset*), mentre una riduzione dei tassi può accrescere il valore attuale di un prestito obbligazionario, riducendo di conseguenza il valore del patrimonio netto aziendale[9].

Sulla base delle argomentazioni finora esposte, è possibile affermare che il rischio di tasso di interesse è composto da due elementi[10]:

a) il rischio di prezzo, connesso alla probabilità che il tasso di interesse aumenti o diminuisca nel tempo, determinando rispettivamente una riduzione o una crescita del prezzo dello strumento finanziario al quale si riferisce;
b) il rischio di reinvestimento, relativo alla incertezza in merito al tasso di interesse a cui potranno essere reinvestiti i flussi di cassa generati dall'attività finanziaria.

[6] Mori M., *Il rischio di interesse fra tradizione e innovazione*, Cedam, Padova 1992.
[7] Cfr. capitolo 6.
[8] Qui il tema della valutazione delle aziende è accennato nei suoi termini generali: si rimanda ad altra sede l'approfondimento della natura dei flussi e della scelta del tasso di attualizzazione.
[9] Berk J., DeMarzo P., *Finanza aziendale 2*, Pearson Addison Wesley, Milano 2008, p. 315.
[10] Monti E., Onado M., *Il mercato monetario e finanziario in Italia*, Il Mulino, Bologna 1982, p. 133.

Gli esempi proposti consentono di comprendere appieno la rilevanza dei tassi di interesse e della loro variabilità nel tempo sulla gestione aziendale, nonché la necessità di predisporre adeguati strumenti di analisi e di copertura dai relativi rischi, dando cioè applicazione ad una accorta politica di *risk management*.

9.3.1 La misurazione del rischio di tasso di interesse: la «duration» e la «duration» modificata

Sulla base delle argomentazioni appena riportate, emerge come uno degli aspetti di maggiore rilevanza connessi alla funzione di gestione dei rischi legati all'andamento dei tassi di interesse sia rappresentato dalla necessità di misurare tale rischio, ovvero valutare in maniera analitica la sensibilità di una determinata attività o passività finanziaria alle modifiche del tasso di interesse. Lo strumento tradizionalmente impiegato nella realizzazione di tale obiettivo è rappresentato dalla *duration*, ovvero un indicatore in grado di stabilire la durata media finanziaria di un determinato strumento finanziario.

Per comprendere il legame esistente tra rischio di tasso di interesse e durata finanziaria (si noti bene, non durata *tout court*) occorre innanzitutto considerare che la variabilità dei tassi di interesse produce un effetto maggiore sugli strumenti finanziari caratterizzati da una maggiore scadenza. Ciò appare del tutto evidente considerando che maggiore è la vita residua di una attività o passività, maggiore sarà la probabilità di oscillazione – in aumento o in diminuzione – dei tassi di interesse nel futuro e dunque maggiore sarà il rischio assunto dall'investitore: tale meccanismo conduce ad una crescita del rendimento richiesto per assumersi il relativo maggiore rischio.

Il concetto di *duration*, elaborato per la prima volta nel 1938 da Macaulay, esprime il periodo medio di rientro dei flussi di uno strumento finanziario, o, nel caso di posizione debitoria, la media ponderata delle scadenze in cui si verificano i flussi (rappresentati dalle uscite generate dal servizio del debito, ovvero gli interessi ed eventualmente il rimborso del capitale). Tale media è costruita ponderando ogni scadenza (t) con un fattore di ponderazione ottenuto dal rapporto tra il valore attuale dei suddetti flussi e il prezzo dell'attività oggetto di valutazione, a sua volta dato dal valore attuale dei flussi di cassa. Entrando nel dettaglio della relazione che esprime la *duration*, si consideri in primo luogo che il prezzo (o valore) di una generica attività o passività finanziaria è dato – come risulta mutuando i principi di *capital budgeting* – dal valore attuale dei flussi di cassa generati dalla stessa, ovvero:

$$P = \frac{FC_1}{(1+r)} + \frac{FC_2}{(1+r)^2} + \ldots + \frac{FC_n}{(1+r)^n} = \sum_{t=1}^{n} \frac{FC_t}{(1+r)^t} \qquad [3]$$

dove:

P = prezzo o valore dell'attività o passività finanziaria;

FC = flusso di cassa, costituito dai soli interessi, oppure dalla somma tra interessi e valore di rimborso;

r = tasso di interesse prevalente sul mercato.

La *duration* risulta dalla seguente relazione:

$$D = \frac{\frac{1 \cdot FC_1}{(1+r)} + \frac{2 \cdot FC_2}{(1+r)^2} + \ldots + \frac{n \cdot FC_n}{(1+r)^n}}{P} = \frac{\sum_{t=1}^{n} t \cdot \frac{FC_t}{(1+r)^t}}{P} \qquad [4]$$

dove 1, 2, …, n, rappresentano le singole scadenze, mentre il denominatore della formula (P) si ottiene dalla [3]. La duration è espressa in termini temporali (anni) e rappresenta la durata finanziaria della media ponderata dei flussi di cassa generati dall'investimento. Più semplicemente, se la duration di un investimento in obbligazioni con scadenza a 4 anni risulta pari a 3,2, è possibile affermare che tale investimento è recuperato, sotto il profilo finanziario, in 3,2 anni, mentre nel periodo intercorrente tra 3,2 anni e 4 anni (scadenza) genera un profitto.

Per avere una misura attendibile della variazione subìta dal prezzo – e dunque dal valore – di un determinato strumento finanziario per effetto di variazioni intervenute nei tassi di interesse, occorre compiere un ulteriore passo avanti, calcolando la derivata prima della funzione del prezzo [3] rispetto al tasso di interesse r:

$$\frac{\delta P}{\delta r} = -\frac{1}{1+r}\left[\frac{1 \cdot FC_1}{(1+r)} + \frac{2 \cdot FC_2}{(1+r)^2} + \ldots + \frac{n \cdot FC_n}{(1+r)^n}\right] = -\frac{1}{1+r}\sum_{t=1}^{n} t \cdot \frac{FC_t}{(1+r)^t} \qquad [5]$$

Tale espressione fa emergere con evidenza una relazione inversa – peraltro già intuibile – tra prezzo e rendimento di una attività o passività finanziaria. In particolare, la funzione che lega le due variabili presenta un andamento curvilineo e concavo verso l'alto (Fig. 9.1).

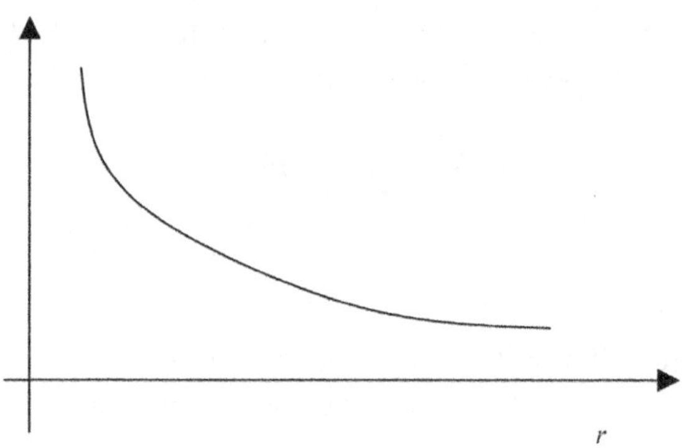

Fig. 9.1 La relazione tra prezzo e rendimento

Al fine di esprimere la variazione di prezzo in termini relativi, è possibile dividere entrambi i membri dell'equazione [5] per il prezzo (P) ottenendo il seguente risultato:

$$\frac{\delta P}{\delta r}\cdot\frac{1}{P}=-\frac{1}{1+r}\left[\frac{1\cdot FC_1}{(1+r)}+\frac{2\cdot FC_2}{(1+r)^2}+\ldots+\frac{n\cdot FC_n}{(1+r)^n}\right]\cdot\frac{1}{P}=-\frac{1}{1+r}\sum_{t=1}^{n}t\cdot\frac{FC_t}{(1+r)^t}\cdot\frac{1}{P} \qquad [6]$$

La [6] si può anche scrivere come:

$$\frac{\delta P}{\delta r}\cdot\frac{1}{P}=-\frac{1}{1+r}\cdot\frac{\sum_{t=1}^{n}t\cdot\frac{FC_t}{(1+r)^t}}{P}=-\frac{1}{1+r}\cdot D \qquad [7]$$

dove D è appunto la misura della *duration* così come calcolata nella [4], mentre la stessa *duration* moltiplicata per il fattore di attualizzazione $\left(\frac{1}{1+r}\right)$ esprime la cosiddetta *duration* modificata. Si tratta proprio dell'indicatore che consente di misurare la variazione percentuale del prezzo, determinata da una variazione nel tasso di interesse: occorre però sottolineare che l'attendibilità di tale indicatore è limitata alle sole ipotesi in cui la variazione registrata nel tasso di interesse sia di modesta entità, ovvero non superiore allo 0,50%[11], come dimostrato dalle numerose evidenze empiriche realizzate sul tema. Infatti, la duration modificata esprime la variazione di prezzo calcolata in un dato punto della relazione prezzo-rendimento, la quale risulta concava verso l'alto.

Tenuto conto di tali accorgimenti, risultano verificate le seguenti relazioni:

$$\frac{\delta P}{\delta r}\cdot\frac{1}{P}=-\frac{1}{1+r}\cdot D \quad\Leftrightarrow\quad \frac{\Delta P}{P}\cong-\frac{\Delta r}{1+r}\cdot D \qquad [8]$$

I concetti di *duration* e *duration* modificata non hanno pertanto un significato meramente finanziario – sintetizzabile, come noto, nella media ponderata delle scadenze di uno strumento finanziario – ma assumono altresì una valenza economica, ponendosi come strumenti in grado di misurare la sensibilità, ovvero, impiegando un termine più consono alla teoria economica, l'elasticità del prezzo di una attività o passività finanziaria rispetto a minime variazioni del tasso di interesse[12].

[11] Moro Visconti R., *I titoli a reddito fisso*, McGraw-Hill, Milano 1993, pp. 91-92.
[12] Saunders, Cornett, Anolli, *Economia degli intermediari finanziari*, cit., p. 97.

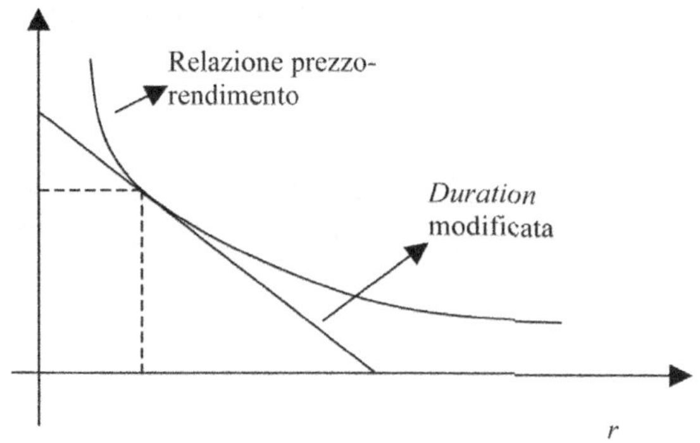

Fig. 9.2 La «duration» modificata

La motivazione alla base del fatto che le relazioni sopra riportate trovano conferma soltanto per piccole variazioni del tasso di interesse, deve essere rintracciata nel fatto che la *duration* modificata esprime la variazione del prezzo rispetto al rendimento in un punto specifico, rappresentato dal punto di tangenza tra la funzione prezzo-rendimento (Fig. 9.1) e la funzione rappresentativa della stessa *duration* modificata (Fig. 9.2).

Allontanandosi dal punto di tangenza nel tentativo di stimare l'effetto prodotto sul prezzo a causa di sensibili oscillazioni del tasso di interesse, si corre il rischio di sovrastimare l'effettiva diminuzione di prezzo dovuta a una crescita del tasso di interesse, o, al contrario, di sottostimare l'aumento del prezzo generato da una discesa del tasso di interesse[13].

Al fine di agevolare la comprensione dei concetti appena esposti, si riporta un esempio di calcolo della *duration* e della *duration* modificata (Esempio 9.1).

Esempio 9.1 Calcolo della «duration» e della «duration» modificata

Periodo (*t*)	FC	Fattore di attualizzazione (*r* =10%)	FC/(1+r)	*t*[FC/(1+r)]
1	100	0,909	90,909	90,909
2	100	0,826	82,645	165,290
3	100	0,751	75,131	225,393
4	100	0,683	68,301	273,204
5	1.100	0,620	683,0131	3.415,066
Totale			1000	4.169,862

Duration = 4.169,862/1000 = 4,169
Duration modificata = 4,169[1/(1+r)] = 3,79
P = 1000

[13] Domenichelli O., 2005, *Finanza aziendale. Aspetti di rischio e rendimento dei titoli obbligazionari*, Ancona, Clua, p. 49; Intrisano, *Il rischio finanziario*, cit., p. 80.

Sulla base dei dati appena riportati è possibile calcolare la variazione percentuale di prezzo generata da una piccola variazione del tasso di interesse applicando la [8]:

$$\frac{\Delta P}{P} \cong -\frac{\Delta r}{1+r} \cdot D$$

Ipotizzando una crescita del tasso di interesse pari a 0,001 (ovvero allo 0,1%), il risultato in termini di variazione del prezzo dello strumento finanziario è il seguente:

$$\frac{\Delta P}{P} \cong \frac{-0,001}{1+r} \cdot 4,169 = -0,001 \cdot (3,79) = -0,00379$$

Il risultato ottenuto consente di affermare che, a fronte di una crescita del tasso di interesse pari a 0,001, si assiste a una contrazione del valore dello strumento finanziario corrispondente a 0,379%.

9.3.2 La copertura dal rischio di tasso di interesse

Dopo aver esposto le modalità di misurazione del rischio determinato da variazioni dei tassi di interesse, occorre compiere un passo avanti individuando gli strumenti adeguati per riuscire a gestire tali posizioni di rischio. In prima approssimazione, è possibile ricondurre le tecniche di copertura da tale tipologia di rischio a due fondamentali categorie:

1) tecniche di *machting* fondate sulla *duration*;
2) impiego di strumenti finanziari derivati, con particolare riferimento a:
   - *interest rate futures*;
   - *interest rate options*;
   - *interest rate swap*;
   - *forward rate agreement*.

Occorre subito specificare che per la trattazione degli strumenti derivati si rinvia al paragrafo 9.8, laddove il tema sarà approfondito in maniera adeguata.

In questa sede l'attenzione sarà pertanto concentrata soltanto sul primo punto elencato, ovvero sulle tecniche di *matching* fondate sulla *duration*. L'approccio in parola consente di realizzare un processo di immunizzazione finanziaria contro il rischio generato dalle variazioni del tasso di interesse, partendo da un presupposto fondamentale: occorre infatti adottare una visione d'insieme di tutte le attività e di tutte le passività finanziarie risultanti dal bilancio di una società, senza incorrere nell'errore di valutare ciascuna posizione in maniera individuale. È infatti possibile che nello stato patrimoniale di una impresa siano presenti una attività finanziaria e una passività finanziaria caratterizzate da una pari *duration* modificata: il verificarsi di una simile circostanza comporta che, in ipotesi di aumento dei tassi di interesse, la riduzione di valore subita dall'attività è esattamente compensata dalla riduzione di valore registrata dalla passività, non provocando alcun effetto sul valore del patrimonio netto e dunque generando una copertura naturale e spontanea contro oscillazioni dei tassi. Laddove invece emergesse una significativa differenza tra i valori della *duration* modificata, si assisterebbe a una situazione di *duration mismatching* che implica la necessità di costruire adeguata copertura, ma soltanto con riferimento alla «porzione» di *duration* che non si compensa in maniera naturale.

In termini generali, se nel bilancio di una impresa sono presenti più attività finanziarie e più passività finanziarie, occorre calcolare la *duration* per entrambe le tipologie di strumenti, ovvero una *duration* per le attività e una *duration* per le passività. La *duration* di un portafoglio si ottiene semplicemente dalla media ponderata delle *duration* dei singoli investimenti:

$$D_P = D_A \frac{A}{P} + D_B \frac{B}{P} + \ldots + D_M \frac{M}{P} \qquad [9]$$

dove:

D_P = *duration* del portafoglio, inteso come insieme delle attività finanziarie o insieme delle passività finanziarie;

$D_A, D_B, \ldots, D_M$ = *duration* delle singole poste;

$A, B, \ldots, M$ = singole attività o passività finanziarie;

$\frac{A}{P}, \frac{B}{P}, \ldots, \frac{M}{P}$ = peso delle singole poste sul valore totale del portafoglio (attivo o passivo), con $A + B + \ldots + M = P$.

Dopo aver calcolato una *duration* complessiva per l'attivo e una *duration* complessiva per il passivo, si confrontano i due valori. In caso di diversità degli stessi (*mismatching*), si rende necessario un intervento di copertura. Se, ad esempio, la *duration* delle attività finanziarie risulta minore rispetto alla *duration* delle passività finanziarie, significa che una variazione del tasso di interesse provocherà un impatto maggiore sulle passività: in tale ipotesi, una possibile strategia finalizzata alla tutela contro variazioni dei tassi di interesse potrebbe consistere nella riduzione del valore nominale delle passività.

9.4 Il rischio di cambio

Le imprese che hanno relazioni, di varia natura, con paesi esteri nei quali vige una moneta di conto diversa da quella interna, sono inevitabilmente soggette al rischio dovuto alle oscillazioni del tasso di cambio[14]. Il tasso di cambio può essere definito

[14] Paternò di Montecupo M., *Il rischio di cambio: aspetti economici, finanziari, contabili e fiscali*, Cedam, Padova 1996,; Fornasini A., Faroni M., *Rischio di cambio e finanza d'impresa: metodologie e strumenti per la gestione della tesoreria valutaria aziendale*, Etaslibri, Milano 1992.

come il prezzo in grado di esprimere la quantità di valuta estera che è possibile acquisire con una unità di moneta nazionale e, in un regime di tassi variabili, è suscettibile di riduzioni o aumenti determinati, così come accade per qualsiasi altro bene, dall'andamento della domanda e dell'offerta.

A prescindere dalle modalità con le quali si dà attuazione alle scelte operative e strategiche dell'organizzazione, la motivazione prevalente che spinge un'impresa a rivolgersi ad altri paesi e mercati è identificabile con la volontà – e a volte con la necessità – di diversificare i propri investimenti e i propri impegni, nel tentativo di ridurre il rischio operativo, così come descritto in precedenza.

L'impatto generato da variazioni nei rapporti di cambio sulla gestione di una azienda può avere natura e dimensioni diverse, a seconda della tipologia di relazione intrattenuta con altri paesi. In primo luogo, l'impresa può decidere di operare direttamente all'estero, creando unità operative, variamente configurate sotto il profilo giuridico, ma che intrattengono rapporti finanziari ed economici con il paese d'origine, rapporti da regolare sulla base dei tassi di cambio vigenti. Inoltre, pur non realizzando investimenti diretti all'estero, un'impresa può instaurare semplici rapporti commerciali con altri paesi che fanno sorgere flussi di cassa in entrata (nell'ipotesi di esportazioni), oppure in uscita (qualora si verifichino operazioni di import) espressi in funzione di un determinato rapporto di cambio. In tale ipotesi, il rischio di cambio si manifesta con particolare intensità in occasione di transazioni non regolate per contanti, ma con la nascita di crediti e debiti. Si pensi, ad esempio, a una impresa italiana che acquista dagli Stati Uniti un quantitativo di materie prime per un importo che, al momento della conclusione del contratto, ammonta a 200.000 dollari, con un tasso di cambio a pronti pari ad 1 (1 dollaro contro 1 euro) e pagamento previsto tra due mesi in dollari. Alla scadenza del debito, ovvero dopo due mesi, l'impresa italiana dovrà procurarsi la valuta necessaria per far fronte all'impegno di pagamento: se nel frattempo il rapporto di cambio si è modificato, rendendo più «costoso» il dollaro e arrivando a 0,8 dollari contro 1 euro, l'azienda dovrà sborsare 250.000 dollari per avere la medesima quantità di materie prime che aveva acquisito a un prezzo di 200.000 soltanto due mesi prima; al contrario, una oscillazione del tasso di cambio a favore dell'impresa italiana (1,2 dollari contro 1 euro) fa emergere un vantaggio economico per l'importatore. In entrambi i casi, la nascita della transazione in valuta estera da regolare a termine fa sorgere un rischio di cambio che necessita di adeguati strumenti di valutazione e copertura.

Il medesimo problema emerge anche in assenza di transazioni commerciali con l'estero, ma semplicemente in occasione di investimenti in valuta realizzati dall'impresa che possono consistere, ad esempio, in titoli di Stato, partecipazioni, obbligazioni e così via. Anche in tali circostanze le valutazioni di bilancio impongono di verificare l'andamento dei tassi di cambio, evidenziando la formazione di utili o perdite generate da una loro modifica nel tempo.

Il rischio di cambio può manifestarsi in diverse forme:

a) rischio transattivo. Si tratta, come è evidente dalle considerazioni appena svolte, della tipologia di rischio di cambio più rilevante per le imprese che intrattengono relazioni di import-export ed è riconducibile alla volatilità del prezzo delle valute estere da acquistare o ricevere per adempiere alle obbligazioni contrattuali sorte per effetto di debiti e crediti in valuta;

b) rischio economico, che si concretizza allorché il tasso di cambio tra la moneta nazionale e una determinata valuta estera, nonché la sua volatilità nel tempo siano in grado di incidere sulle scelte strategiche aziendali, quali ad esempio le decisioni in merito ai mercati di sbocco, ai paesi da considerare idonei per l'ubicazione di sedi operative, ai mercati nei quali risulta maggiormente conveniente l'approvvigionamento di materie prime o semilavorati, e così via;

c) rischio di traduzione, inerente i gruppi aziendali – per lo più rappresentati da multinazionali – che, in fase di consolidamento dei bilanci, devono registrare gli effetti determinati proprio dalla differente moneta di conto adottata.

Il presente lavoro si limita ad approfondire le modalità di copertura della prima tipologia di rischio, ovvero quello transattivo.

9.4.1 La copertura dal rischio di cambio

Anche con riferimento al rischio di cambio si rende necessario individuare gli strumenti a disposizione del management per tutelare l'impresa contro perdite derivanti dall'oscillazione del prezzo delle valute. Il primo passo da compiere in questa direzione consiste nell'eseguire una analisi generale delle attività e delle passività in valuta, ricercando una copertura «naturale» alle oscillazioni del cambio da realizzare attraverso la compensazione di partite caratterizzate da medesima valuta, ma di segno opposto. Dopo aver eseguito questa indagine preliminare, l'eventuale presenza di una posizione residuale da coprire deve essere gestita attraverso il ricorso ad apposite tecniche di *hedging*, quali:

1) operazioni in valuta di segno opposto a quelle da coprire;
2) vendita a termine;
3) contratti derivati, con particolare riferimento a:
   - *currency future*;
   - *swap* su valute;
   - *currency option*.

Come chiarito in precedenza, l'analisi dei contratti finanziari derivati costituiranno l'oggetto di uno specifico approfondimento, mentre in questa sede saranno trattati esclusivamente i primi due punti.

Per quanto concerne le operazioni in valuta di segno opposto, appare evidente come una banale e scontata metodologia di copertura da attuare in presenza di un rischio di cambio generato da una operazione di compravendita in valuta consista nel generare una operazione espressa nella medesima valuta, ma caratterizzata da segno diverso. Ne consegue che, in seguito ad una operazione di esportazione dalla quale è generato un credito in valuta da regolare a termine e dunque soggetto, per le motivazioni sopra esposte, all'oscillazione del tasso di cambio, l'impresa può «annullare» tale effetto contraendo un finanziamento di ammontare corrispondente a quello del credito ed espresso nella medesima valuta. Un eventuale aumento o una diminuzione del tasso di cambio produrrà pertanto una variazione nel credito di pari ammontare rispetto a quella registrata nel finanziamento, eliminando il rischio di cambio.

Ovviamente, un importatore che registri in bilancio un debito in valuta, per sfruttare gli effetti benefici della strategia in parola dovrà provvedere a effettuare un investimento nella stessa valuta.

Una alternativa rispetto alla soluzione appena proposta consiste nel predisporre una operazione «parallela» rispetto alla transazione commerciale originaria che si concretizza nell'acquisto (per l'importatore) o nella vendita (per l'esportatore) a termine di una data quantità di valuta: ciò consente di fissare alla data odierna – o più in generale alla data di riferimento dello scambio commerciale – il tasso di cambio, rendendolo di fatto insensibile a eventuali oscillazioni future.

9.5 Il rischio di credito

Ogni impresa, nello svolgimento della propria attività e a prescindere dalla natura della stessa[15], accorda crediti alla clientela per agevolare il pagamento dei beni e servizi acquistati, crediti che possono avere durata diversa ed essere soggetti a condizioni stabilite sulla base delle politiche di marketing adottate dall'impresa. Appare del tutto evidente come la concessione di dilazioni nel pagamento faccia sorgere in capo al creditore il rischio di insolvenza, ovvero il rischio che il debitore non adempia, o adempia soltanto in maniera parziale, alla propria obbligazione.

Il rischio di credito, definito anche rischio di controparte, trova origine in diversi fattori – andamento economico della gestione, variabili di mercato, crisi sistemica, eccessivo indebitamento e così via – che possono creare una momentanea crisi di liquidità del debitore, fino a sfociare in uno stato di insolvenza conclamata che apre le porte alle procedure concorsuali, rendendo meno agevole e meno probabile il recupero del credito[16].

Si tratta di una tipologia di rischio avvertita con particolare intensità nelle aziende operanti nel settore creditizio, quali le banche, dove la concessione di credito alla clientela costituisce il *core business* dell'organizzazione. E infatti, la maggior parte degli strumenti ideati e applicati per la gestione del rischio in parola sono nati proprio nel tentativo di arginare le perdite generate dai crediti vantati dalle banche nei confronti dei clienti affidati[17].

[15] Ovviamente, sono escluse da tali argomentazioni le imprese che vendono beni e servizi con regolamento in contanti, come ad esempio le aziende commerciali che operano al dettaglio.

[16] Carretta A., Filotto U., Fiordelisi F., *Informazione e governo di rischio di credito*, Franco Angeli, Milano 2006.

[17] Sironi A., Marsella M., *La misurazione e la gestione del rischio di credito. Modelli strumenti e politiche*, Bancaria Editrice, Roma 1999, p. 133.

Nonostante il rischio di credito si presenti con minore intensità nelle imprese di natura industriale rispetto a quelle finanziarie, è indubbia la necessità di monitorare opportunamente e gestire la probabilità di non incassare tutti i crediti concessi. Al fine di condurre una puntuale analisi del fenomeno, appare opportuno distinguere il rischio di credito nelle sue dimensioni, ovvero:

- il rischio di recupero, che trova origine in errori di valutazione commessi in sede di definizione della probabilità di riscossione di un determinato credito. È infatti possibile che, a fronte di un credito di ammontare pari a 100.000 euro, in fase di conclusione del contratto si stimi una perdita presunta corrispondente al 5%, ovvero a 5.000 euro; successivamente, in prossimità della scadenza del credito, si registra un maggiore rischio di controparte, determinato, ad esempio, da una sopraggiunta perdita di valore delle garanzie prestate;
- rischio di insolvenza in senso stretto, rilevato in ipotesi di accertata impossibilità da parte del debitore di rispettare i propri impegni di pagamento. Tale rischio si concretizza nella perdita totale o parziale del credito concesso;
- rischio di migrazione, riscontrabile qualora si assista ad un peggioramento del merito creditizio associato a un determinato cliente, con la conseguente perdita di valore del credito accordato.

Si rende a questo punto necessario approfondire l'analisi del rischio di credito, introducendo gli strumenti maggiormente impiegati nella pratica professionale per la loro misurazione – soprattutto in un'ottica prospettica –, nonché le strategie da applicare per la sua copertura.

9.5.1 La misurazione del rischio di credito: l'analisi discriminante

L'indubbia rilevanza del rischio di credito e la sua «trasversalità» in quanto destinato ad agire – pur se in maniera e con intensità diverse – in tutte le tipologie di imprese, hanno condotto molti autori ed esperti a interrogarsi sulla possibilità di elaborare modelli di riferimento in grado di prevedere con un sufficiente livello di attendibilità le perdite generate dalla concessione di credito ai clienti[18]. Prima di passare all'esposizione dei principali contributi esistenti sul tema, occorre compiere una distinzione tra i concetti di perdita «attesa» e perdita «inattesa»: come risulta evidente dalla terminologia impiegata, il principale fattore discriminante tra le due tipologie di perdite su crediti è rintracciabile nella prevedibilità della perdita stessa, presente nella prima e non nella seconda. In particolare, la perdita attesa si determina dal rapporto tra diverse componenti, ovvero:

[18] Ecchia S., Bertoni S., *Il rischio di credito: metodologie avanzate di previsione delle insolvenze*, Giappichelli, Torino 1996.

a) la *default probability*, ovvero la probabilità che il debitore cada in uno stato di insolvenza che renda impossibile far fronte ai suoi impegni di pagamento[19]. Essa dipende da molteplici fattori, quali ad esempio la rischiosità dell'impresa, la sua struttura dei costi (percentuale di presenza di costi fissi rispetto ai costi variabili), il grado di indebitamento e conseguente volume di oneri finanziari, il grado di penetrazione commerciale, la quota di mercato posseduta, la fase del ciclo di vita attraversata, i rapporti con fornitori e finanziatori, e così via;
b) la *loss given default*, cioè la perdita cui andrebbe incontro il creditore dopo aver terminato tutte le procedure previste dalla legge per il recupero dei crediti. Si tratta di una componente espressa in percentuale rispetto al credito complessivamente vantato dal creditore e la sua misura dipende dalle condizioni dettate in fase di concessione della dilazione di pagamento, nonché dalla presenza o meno di garanzie associate al credito stesso;
c) la *exposure at default*, infine, individua l'entità dell'esposizione del creditore nel momento in cui è accertato lo stato di insolvenza. Tale grandezza coincide con l'ammontare del credito concesso.

Tra le varie componenti della perdita attesa, è evidente il ruolo preponderante della *default probability*, elemento sul quale si sono concentrati gli sforzi in termini di definizione di modelli di riferimento potenzialmente idonei a offrire una misura della probabilità di insolvenza cui le imprese creditrici incorrono concedendo dilazioni di pagamento. Tali modelli possono essere ricondotti, in prima analisi, a due approcci fondamentali:

1) modelli analitico-soggettivi, finalizzati all'esame delle condizioni generali dell'impresa debitrice, sia in termini quantitativi – ovvero facendo riferimento all'andamento economico-finanziario della gestione –, sia sotto il profilo qualitativo, indagando il sistema competitivo nel quale essa agisce e il contesto economico e sociale di riferimento. I risultati ottenuti da una simile analisi appaiono di limitata utilità, in quanto non in grado di offrire una misura del grado di insolvenza delle imprese indagate e del loro merito creditizio, ma possono giungere semplicemente a qualificare una organizzazione come poco o molto affidabile;
2) modelli di *scoring*, nei quali si giunge alla definizione del merito creditizio attraverso un'analisi multivariata che prevede la combinazione di diverse variabili, tutte opportunamente ponderate sulla base di coefficienti statistici scelti in funzione del grado di rilevanza che la variabile di riferimento assume ai fini della probabilità di insolvenza[20]. La procedura si conclude con un valore numerico che sintetizza la *default probability* dell'impresa sottoposta ad indagine.

[19] Colombi F., Danieli R., *Finanza condizionata e teoria del valore. Volume 10. Statica e dinamica finanziaria. Fondi e flussi*, Aracne, Roma 2007, p. 253.
[20] Barontini R., *La valutazione del rischio di credito: I modelli di previsione delle insolvenze*, Il Mulino, Bologna 2000.

Concentrando l'attenzione sui modelli di *scoring*, occorre approfondire la principale categoria di analisi riconducibile a tale raggruppamento, ovvero l'analisi discriminante, introdotta per la prima volta da Altman negli anni Settanta e nota anche come modello *Z-scoring*[21]. L'obiettivo che si intende perseguire con l'analisi discriminante consiste nell'individuare e distinguere le imprese «sane», ovvero caratterizzate da un basso rischio di insolvenza, dalle imprese con problemi di solvibilità: una volta eseguiti i dovuti calcoli, l'impresa oggetto di indagine sarà automaticamente collocata tra il primo o il secondo gruppo di aziende.

I due gruppi di riferimento sono composti considerando imprese simili, in termini di settore economico di appartenenza, dimensioni, meccanismi gestionali, sistemi produttivi, forma giuridica adottata ecc. Dopo aver individuato le imprese, occorre selezionare attentamente le variabili su cui fondare l'analisi, ovvero una serie di indicatori in grado di valutare – discriminare, appunto – il merito creditizio e, di conseguenza, il livello di solvibilità dell'organizzazione: ne possono costituire un esempio il rapporto di indebitamento (*leverage*), l'esposizione debitoria verso le banche, il livello degli oneri finanziari, il ROE, e così via. Ciascuna variabile sarà poi ponderata sulla base di coefficienti capaci di esprimere la rilevanza della variabile alla quale si riferiscono in termini di definizione della *default probability*. La relazione generata dal processo di analisi appena descritta può essere rappresentata nel modo seguente:

$$Z = a_1X_1 + a_2X_2 + \ldots + a_nX_n = \sum_{i=1}^{n} a_iX_i \qquad [10]$$

dove:

Z = valore discriminante riferito a ciascuna impresa sottoposta a indagine;
X = variabile;
a = coefficiente di ponderazione.

Il modello appena descritto consente di calcolare il valore discriminante di ciascuna impresa e, sulla base del risultato ottenuto, essa sarà inserita nel gruppo delle imprese sane, oppure in quello con imprese contraddistinte da problemi di solvibilità.

[21] Altman E.I., *Financial Ratios, Discriminant Analysis And The Prediction of Corporate Bankruptcy*, «Journal of Finance», 4, 1968, pp. 592 e ss. In realtà, appare appena il caso di segnalare che i primi studi sull'analisi discriminante devono essere attribuiti a Fisher che già negli anni Trenta compie un importante tentativo di formalizzazione dell'analisi discriminante multipla: Fisher I., *The Use of Multiple Measurements in Taxonomic Problems*, «Annals of Eugenics», 7, 1936.

9.5.2 La copertura dal rischio di credito

Così come emerso dalla trattazione delle altre tipologie di rischio, le imprese hanno la possibilità di costruire un sistema di protezione anche dal rischio di credito, nel tentativo di ridurre e rendere maggiormente gestibile l'incertezza generata dalla capacità dei debitori di fronteggiare i loro impegni di pagamento. I provvedimenti più semplici e immediati da adottare a tal fine sono riconducibili ad adempimenti di natura contabile consistenti in accantonamenti eseguiti in appositi fondi rischi e definiti in percentuale rispetto al totale dei crediti concessi, cui attingere nell'ipotesi in cui si verifichi l'insolvenza parziale o totale da parte del cliente.

Al di là di tali soluzioni contabili, l'ingegneria finanziaria ha elaborato e posto a disposizione delle imprese diversi strumenti derivati, finalizzati proprio alla copertura dal rischio di credito e appartenenti in particolare alla tipologia dei contratti *swap*. Si tratta, infatti, dei cosiddetti *credit derivative* rappresentati in particolare da:

- *total return swap*;
- *credit default swap*.

Anche con riferimento a tali strumenti, si rinvia il loro approfondimento in sede di trattazione dei contratti finanziari derivati.

9.6 Il rischio di liquidità: rinvio

Il tema della liquidità è già stato affrontato e discusso con dovizia di particolari in sede di esposizione delle logiche di gestione del capitale circolante. In quella circostanza il concetto di liquidità è stato definito come l'attitudine dell'impresa di far fronte, tempestivamente ed economicamente, agli impegni di pagamento sorti con l'attività aziendale. Collegando tale discorso alle argomentazioni appena svolte, si tratta in sostanza dell'altra faccia del rischio di credito, ovvero il rischio interpretato nell'ottica del soggetto debitore.

Il venir meno delle condizioni che assicurano un adeguato livello di liquidità della gestione determina, come noto, una crisi di natura finanziaria ed economica che, spinta agli eccessi e non sanata in tempi rapidi, può condurre l'impresa verso il *default*, aprendo le porte alle procedure concorsuali.

Per quanto concerne gli strumenti per la gestione della liquidità, si rinvia a quanto illustrato nel capitolo sesto, sezione II.

9.7 Il modello VaR (*Value at Risk*)

Il problema del rischio e della scelta degli strumenti e delle strategie ritenuti più adeguati per la sua gestione, non può prescindere dall'analisi del *Value at Risk* (VaR), un modello ideato e diffuso negli anni Novanta del secolo scorso e divenuto un punto di riferimento fondamentale nelle analisi di natura finanziaria[22]. Si tratta di una metodologia nata dall'esperienza bancaria sulla scia della necessità di superare i limiti dei tradizionali approcci alla misurazione del rischio, quali ad esempio la deviazione standard inquadrata nell'ambito della teoria di portafoglio, oppure la *duration*, precedentemente esposta in sede di misurazione del rischio di tasso di interesse. Diversi sono i vantaggi associati all'impiego del VaR:

- il VaR consente di gestire e misurare differenti tipologie di rischio, quali il rischio di tasso di interesse, il rischio di cambio, il rischio di credito, il rischio di volatilità dei prezzi delle materie prime e di volatilità dei prezzi dei titoli azionari[23]. Si tratta di un aspetto decisamente rilevante che pone il VaR su un livello superiore rispetto a strumenti alternativi, primo fra tutti la *duration* che invece trova applicazione limitatamente alla misurazione del rischio di tasso di interesse;
- il VaR si propone di quantificare la massima perdita possibile cui l'impresa incorre assumendo una data posizione, ovvero detenendo un certo portafoglio, considerando un certo livello di confidenza (ovvero la probabilità di manifestazione del rischio stesso) e un intervallo di tempo definito[24]. Non ci si limita, cioè, ad offrire una misura statistica del rischio – tra l'altro a volte difficilmente interpretabile ed «esportabile» all'esterno dell'organizzazione –, ma si compie un passo avanti individuando l'ammontare massimo della perdita che l'impresa potrà subire acquisendo una posizione rischiosa. Tale soluzione appare maggiormente in linea con la logica generalmente seguita dal management nella gestione del rischio: la finalità, infatti, non consiste nel tentare di annullare completamente il rischio, strategia suggerita dalla teoria di portafoglio e il cui perseguimento può comportare sforzi economici eccessivi rispetto all'obiettivo, quanto piuttosto nell'individuare un livello di rischio considerato accettabile, scartando o accettando i progetti che presentano rispettivamente un grado di rischiosità maggiore o minore rispetto a tale livello;
- il VaR, infine, come affermato nel punto precedente, include nel calcolo un elemento che non figura negli altri modelli, ovvero la probabilità che si verifichi una data modifica della variabile di riferimento.

Sulla base delle affermazioni appena proposte, sembra necessario porre l'accento su un aspetto fondamentale del modello, ovvero il livello di confidenza (o probabilità) considerato nel calcolo. Solitamente, i livelli di confidenza impiegati nella stima del VaR sono pari al 99%, al 97,5% o al 95% e nel corso della presente trattazione saranno indicati con la variabile «*c*»: scegliendo, ad esempio, un livello di confidenza

[22] Pederzoli C., Torricelli C., *Una rassegna dei metodi di stima del Value at Risk (VaR)*, Quaderni di Dipartimento di Economia Politica, Università degli Studi di Modena e Reggio Emilia, marzo 1999, p. 2.

[23] Colombi F., *Finanza condizionata e teoria del valore. Volume 3. Mercati e valore*, Aracne, Roma 2003.

[24] Conti C., *Il Value at risk (Var) e il Cash flow at risk (Cfar): un nuovo modo di misurare il rischio*, in *Financial Management and Performance*, Egea, Milano 2001.

pari al 95%, il VaR che ne deriva corrisponde alla perdita che si può avere detenendo il portafoglio, con una probabilità del 95% oppure, il che è equivalente, la perdita che potrà essere superiore a quella stimata con una probabilità del 5% (1 – *c*). Traducendo tali concetti in termini algebrici, il VaR è quel valore che deve soddisfare la seguente relazione:

$$Pr[V_t \geq VaR] = 1 - c \qquad [11]$$

oppure:

$$Pr[V_t \leq VaR] = c \qquad [12]$$

dove:

Pr = probabilità

V_t = valore della perdita

Passando al calcolo del VaR, è possibile seguire differenti metodologie, riconducibili a due approcci distinti:

1) modelli parametrici, tra i quali assume un ruolo rilevante il modello «Delta-Normal», o approccio varianza-covarianza;
2) modelli non parametrici, a loro volta rappresentati da:
   - metodo fondato sulla simulazione storica;
   - metodo fondato sulla simulazione Monte Carlo.

Nonostante le numerose differenze esistenti tra le possibili modalità di calcolo del VaR, è possibile individuare un percorso comune rintracciabile in tutti gli approcci elencati e sintetizzabile nelle seguenti fasi:

a) individuazione dei fattori di rischio destinati a incidere sul portafoglio di riferimento. Se, ad esempio, si intende valutare il VaR di un portafoglio obbligazionario, il fattore di rischio da considerare è il tasso di interesse. La natura e la struttura del VaR consentono comunque di determinare la massima perdita subita da un portafoglio composto da attività sensibili a più fattori di rischio;
b) stima della distribuzione di probabilità dei rendimenti dei singoli fattori di rischio definiti nel punto precedente;
c) definizione della distribuzione di probabilità dei rendimenti del portafoglio;
d) calcolo del *Value at Risk* del portafoglio, in termini di massima perdita possibile, con riferimento a un dato livello di confidenza, ovvero di probabilità.

9.7.1 I modelli parametrici: l'approccio «Delta-Normal»

Come facilmente intuibile dalla denominazione utilizzata, il modello Delta-Normal si basa sulla ipotesi fondamentale di distribuzione normale dei rendimenti dei fattori di rischio, nonché sulla linearità del rendimento di portafoglio rispetto ai fattori di ri-

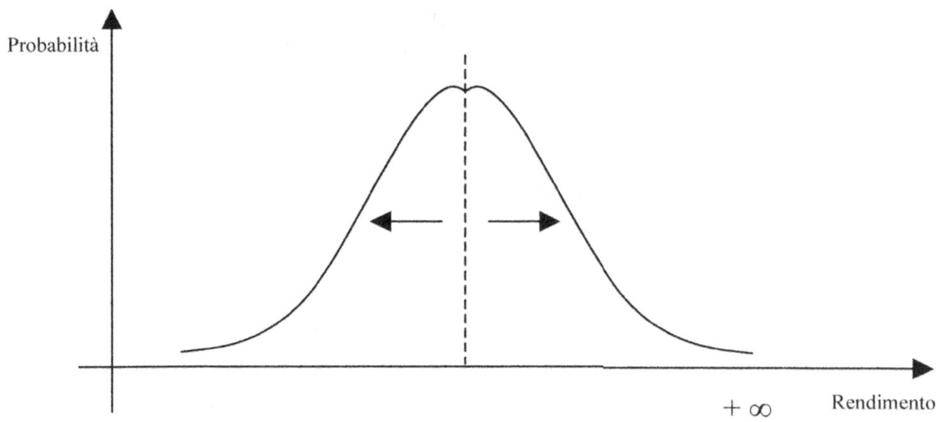

Fig. 9.3 La distribuzione normale di probabilità

schio: ciò implica il ricorso ad una funzione di densità rappresentata dalla «campana» gaussiana, la quale si caratterizza per la perfetta simmetria dei valori rispetto al valore medio assunto dalla distribuzione di probabilità (Fig. 9.3).

Considerando il valore di mercato di una data posizione o strumento finanziario (*MV*), per procedere al calcolo del VaR occorre stabilire in primo luogo l'intervallo di confidenza prescelto: a ciascun valore percentuale, sulla base della tavola della normale, corrisponde una determinata costante che individua appunto il livello di probabilità. Ad esempio, a una probabilità del 90% corrisponde un fattore di ponderazione (indicato con α) pari a 1,65, valore che entrerà nella misurazione del VaR.

Il secondo elemento da considerare è rappresentato dal coefficiente di sensibilità delle variazioni del valore di mercato rispetto alle variazioni dei singoli fattori di rischio. Tale elemento è indicato con il simbolo δ e, nell'ipotesi in cui si stia valutando il VaR di un portafoglio composto da sole obbligazioni le quali risultano sensibili alle variazioni dei tassi di interesse, tale coefficiente di sensibilità può essere rappresentato, per tutte le motivazioni sopra esposte, dalla *duration* modificata.

La definizione del *Value at Risk* non può prescindere dalla conoscenza della deviazione standard, ovvero la radice quadrata della varianza[25], dei singoli fattori di rischio, come sempre rappresentata dal simbolo σ.

Sulla base di tali informazioni, è possibile procedere con il calcolo del VaR riferito a una singola posizione o attività finanziaria e ad un periodo di detenzione della stessa pari a un solo giorno.

$$VaR_i = MV_i \cdot \delta_i \cdot \sigma_i \cdot \alpha_i \qquad [13]$$

dove i simboli assumono il significato sopra esposto.

[25] Per un approfondimento del tema si rinvia a quanto esposto nel capitolo 3.

La precedente relazione individua pertanto la perdita massima, considerando un dato livello di confidenza, generata dalla posizione finanziaria *i*-esima detenuta per un solo giorno. Qualora si scegliesse un orizzonte temporale (*holding period*) differente, si renderebbe necessario moltiplicare la [13] per il periodo prescelto.

Passando da una singola attività a un intero portafoglio di titoli sensibili ad *n* fattori di rischio, il calcolo del VaR scaturisce dalla nota relazione che consente di definire la deviazione standard di un portafoglio:

$$VaR_p = \sqrt{\sum_{i=1}^{n}\left(MV_i\delta_i\sigma_i\right)^2 + 2\sum_{i=1}^{n}\sum_{j>1}^{n}\left(MV_i\delta_i\alpha\sigma_i\right)\left(MV_j\delta_j\alpha\sigma_j\right)\rho_{i,j}} \qquad [14]$$

Appare rilevante nella formulazione proposta la presenza del coefficiente di correlazione ρ, circostanza che consente di sfruttare i benefici della diversificazione anche con riferimento al VaR: ciò equivale ad affermare che la perdita determinata da un portafoglio composto da strumenti o attività sensibili a fattori di rischio non correlati positivamente (e dunque con un coefficiente di correlazione minore di uno o negativo) risulta inferiore rispetto alla media ponderata delle perdite dei singoli strumenti finanziari.

9.7.2 I modelli non parametrici

I modelli non parametrici impiegati nella stima del *value at risk* abbandonano l'ipotesi di linearità dei rendimenti che caratterizza l'approccio parametrico, per adottare una logica operativa fondata sulle simulazioni. Nello specifico, è possibile distinguere modelli che compiono simulazioni sulla base di dati storici e modelli che compiono simulazioni sulla base della generazione casuale dei dati (metodo Monte Carlo).

Per quanto concerne i metodi di simulazione basati su dati storici, l'obiettivo che si intende perseguire consiste nel simulare la perdita potenziale associata al portafoglio detenuto sulla base delle passate condizioni di rischio. Seguendo questa impostazione, il percorso che conduce al calcolo del VaR è composto dalle seguenti fasi:

a) definizione dell'*holding period*, ovvero il periodo di detenzione del portafoglio;
b) calcolo delle variazioni di valore intervenute durante l'*holding period* impiegando dati storici costituiti da una serie (*n*) di risultati passati;
c) applicazione dei risultati ottenuti nel punto precedente al valore corrente (di mercato) del portafoglio, ottenendo un numero corrispondente ad *n* cambiamenti di valore;
d) definizione del livello di confidenza;
e) ordinamento dei risultati generati nel punto c dal risultato migliore al risultato peggiore;
f) calcolo del VaR.

Anche il metodo Monte Carlo ricorre all'impiego delle simulazioni, ma non fondate su valori storici, bensì su numeri casuali. In termini del tutto generali, si può affermare che l'approccio in parola «[...] consiste nel rappresentare la soluzione di un problema come parametro di un'ipotetica popolazione e usare una sequenza di numeri casuali per costruire un campione della popolazione dal quale possano essere estratte stime statistiche del parametro»[26].

Il metodo Monte Carlo può trovare applicazione in diversi ambiti operativi, tra i quali, appunto, la stima del *value at risk*. Anche in tale contesto si tratta di generare una serie di valori ipotetici futuri per ogni fattore di rischio: la differenza fondamentale che permette di distinguere l'approccio in parola da quello fondato su dati storici deve essere rintracciata nel fatto che i valori relativi ai fattori di rischio non sono definiti in funzione dei valori storici, bensì emergono in modo casuale, definendo a priori una data distribuzione di probabilità.

Le fasi in cui si articola la procedura in parola sono:

a) individuazione dei fattori di rischio;
b) definizione di formule in grado di rappresentare il valore dei singoli strumenti rappresentativi del portafoglio detenuto, in funzione dei fattori di rischio precedentemente individuati;
c) scelta della distribuzione di probabilità e dei relativi parametri per stimare i fattori di mercato;
d) predisposizione e utilizzo di un generatore di numeri casuali al fine di definire n ipotetici valori dei fattori di rischio, da trasformare in n ipotetici valori del portafoglio[27];
e) ordinamento dei risultati generati nel punto precedente dal risultato migliore al risultato peggiore;
f) calcolo del VaR.

Una delle motivazioni principali alla base della correttezza concettuale della metodologia in parola consiste nella possibilità di inserire nel calcolo rendimenti caratterizzati da una distribuzione della probabilità diversa da quella normale, circostanza che conferisce al criterio una maggiore aderenza alla realtà. Di contro, però, le elevate difficoltà applicative riscontrate soprattutto nella definizione dei modelli di generazione dei numeri casuali ne scoraggiano di fatto l'utilizzo.

9.8 Gli strumenti finanziari derivati

Un contratto derivato può essere definito come uno strumento il cui rendimento e/o il cui valore dipendono dal rendimento o dal valore di una attività definita sottostante

[26] Cherubini U., Della Lunga G., *Il rischio finanziario*, McGraw-Hill, Milano 2001, p. 416.

[27] Ovviamente, maggiore è il numero di valori generati, maggiore risulta l'attendibilità dell'intera procedura.

(*underlying asset*) che può assumere la natura di attività reale (*commodities*) o attività finanziaria (azioni, obbligazioni, valute, indici di borsa, tassi di interesse e così via)[28]. Si tratta pertanto di strumenti che «non vivono di vita propria» ma nascono e si alimentano sulla base di una attività già esistente il cui andamento nel tempo definisce il valore dello stesso derivato[29].

Le principali tipologie di contratti derivati tuttora presenti sul mercato e che costituiranno oggetto di approfondimento nel presente lavoro sono rappresentati da:

1) *future*;
2) *forward*;
3) *option*;
4) *swap*.

Sotto il profilo storico, l'origine degli strumenti derivati sembra si possa far risalire addirittura al XVII secolo, quando in Cina venivano stipulati contratti a termine per la compravendita del riso, mentre in Olanda venivano costruite le prime opzioni sui bulbi dei tulipani. Occorre però attendere molto tempo prima di assistere alla loro diffusione e successiva consacrazione nei mercati finanziari mondiali. Nello specifico, la nascita dei derivati come veri e propri contratti di natura finanziaria può essere datata agli inizi degli anni Settanta del secolo scorso, in corrispondenza di una serie di eventi e circostanze che hanno minato e profondamente destabilizzato il sistema economico globale. Tali accadimenti sono riconducibili in primo luogo al fenomeno passato alla storia come «*shock* petrolifero», ovvero un sensibile innalzamento dei prezzi del petrolio che ha creato un «effetto domino» determinando un aumento generalizzato dei prezzi, con tassi di inflazione a due cifre e incremento indiscriminato dei tassi di interesse. I meccanismi innescati dalla crisi hanno inevitabilmente coinvolto il sistema produttivo, causando una crescita nel livello dei prezzi di tutti i fattori della produzione, denaro compreso. Inoltre, la situazione già precaria è stata aggravata dalla caduta degli accordi di Bretton Woods che, prima del 1971, prevedevano la presenza di tassi di cambio fissi tra i paesi partecipanti: l'oscillazione dei tassi di cambio introdotta nel periodo citato ha contribuito ad aggravare ulteriormente la posizione delle imprese, soprattutto di quelle con rapporti commerciali internazionali.

L'estrema variabilità di tutte le componenti del mondo finanziario ed economico ha determinato una crescita generalizzata dei rischi (di tasso di interesse, di cambio, di credito, di prezzo delle materie ecc.) e della percezione degli stessi da parte di tutti gli operatori. Da qui la ricerca di soluzioni specifiche ed efficaci per poter offrire una adeguata copertura al rischio, ricerca che nel caso delle imprese è progredita paralle-

[28] Caparrelli F., *I Derivati*, McGraw-Hill, Milano 2001, p. 5.

[29] La Banca d'Italia, nella Circolare del 29 marzo 1988, n. 4 e nella Circolare 21 aprile 1999, n. 299, definisce gli strumenti in parola come «[...] quei contratti che insistono su elementi di altri schemi negoziali (quali valute, tassi di interessi, tassi di cambio, indici di borsa) e il cui valore economico deriva dal valore del titolo sottostante o degli altri elementi di riferimento».

lamente alla crescita strategica della funzione di *risk management*, così come affermato in precedenza.

Una valida risposta al problema dell'incertezza e della variabilità del sistema economico è stata individuata proprio nei derivati, ai quali è stato affidato l'importante compito di copertura dai rischi, funzione del tutto compatibile con la natura stessa di tali contratti. Essi, infatti, si pongono in primo luogo come strumenti di *hedging*, consentendo agli operatori di tutelarsi contro aumenti o diminuzioni non desiderate di alcune fondamentali variabili: è dunque possibile costruire una copertura contro oscillazioni dei tassi di interesse con derivati sui tassi di interesse, oppure predisporre derivati su valute per limitare il rischio dovuto al mutare dei rapporti di cambio, o, ancora, è possibile addirittura difendersi contro il rischio generale dell'economia, ovvero il rischio sistematico, attraverso la conclusione di contratti derivati sugli indici di borsa, parametri capaci di esprimere un giudizio sintetico sull'andamento del sistema economico[30].

Per avere un'idea del meccanismo di funzionamento dei derivati, nonché della «potenza» ad essi associata, si può pensare ad una impresa che ha contratto un mutuo decennale con la propria banca impegnandosi a corrispondere un tasso fisso. La decisione di pagare un tasso di interesse in misura fissa può dipendere da vari fattori, come ad esempio la maggiore forza contrattuale della banca che «impone» il prezzo del denaro, ma anche dalla volontà della stessa impresa che, in un dato momento, può preferire l'applicazione di un tasso fisso. Considerando la lunga durata del prestito, è ovvio che le condizioni di partenza possono mutare, facendo ritenere all'impresa indebitata che nel prossimo futuro si assisterà ad una contrazione nel livello dei tassi di interesse, rendendo eccessivamente oneroso l'indebitamento contratto a tasso fisso. Se la banca esclude la revisione e la modifica dei termini contrattuali, all'impresa rimangono soltanto due alternative: o continuare a pagare un tasso fisso anche in presenza di tassi variabili inferiori e dunque accettando di pagare per il denaro ottenuto un prezzo maggiore rispetto a quello di mercato, oppure può decidere di tutelarsi contro questa eventualità, realizzando un contratto derivato – che nello specifico può essere rappresentato ad esempio da un *interest rate swap* oppure da un *interest rate cap* – «trasferendo» a terzi soggetti il rischio di una riduzione dei tassi e adeguando gli esborsi eseguiti a titolo di interessi alle proprie aspettative[31].

Con il passare del tempo, però, e soprattutto con il contributo dell'innovazione finanziaria e del grado di specializzazione degli intermediari, la funzione di copertura associata ai contratti derivati, ovvero la loro natura «nobile», è stata intaccata e progressivamente mutata in larga parte dal contenuto speculativo di tali strumenti. Appare infatti innegabile che, ad oggi, un numero sempre maggiore di contratti derivati conclusi dagli operatori non sono finalizzati a offrire una tutela da determinate tipologie di rischio, quanto piuttosto a ottenere un profitto dall'andamento al rialzo o al ribasso delle variabili di riferimento. In termini generali e anticipando alcuni concetti

[30] Tolle S., Hutter B., Rüthemann P., Wohlwend H., *I prodotti strutturati nella gestione patrimoniale*, Egea, Milano 2006, p. 21.

[31] Il meccanismo di funzionamento di tali contratti sarà approfondito tra breve.

che saranno approfonditi nel capitolo successivo, la speculazione si basa sulla presenza di aspettative opposte formulate da due soggetti sul futuro andamento della medesima variabile: nello specifico, gli operatori che formulano aspettative al rialzo sono definiti appunto rialzisti ed attuano strategie di acquisto assumendo quella che in gergo viene definita come una *long position*; al contrario, gli operatori che prevedono una riduzione della variabile oggetto di studio sono ribassisti e pongono in essere contratti di vendita assumendo posizioni «corte» (*short position*). Per comprendere tali affermazioni e collegarle al tema dei derivati, si può ipotizzare un operatore che oggi, al tempo 0, realizza un acquisto a termine (tra un mese) di un determinato titolo azionario, fissando il prezzo d'acquisto a quello vigente al momento attuale (ad esempio 100 euro). Alla scadenza del contratto, ovvero un mese dopo, se le aspettative del soggetto si sono verificate e dunque – trattandosi di un acquirente si tratta di aspettative al rialzo – il titolo ha raggiunto un valore di mercato pari a 120, il soggetto lo acquista pagando il prezzo concordato al tempo 0 (100 euro), vendendolo subito dopo a un prezzo di 120 e dunque ottenendo un profitto di 20 euro. È possibile notare come l'intera operazione di compravendita fosse finalizzata fin dal principio alla mera volontà di realizzare un guadagno nel breve periodo, in quanto l'operatore non era affatto interessato all'acquisto della proprietà del titolo. Ovviamente, non sempre le aspettative formulate trovano conferma nell'andamento delle variabili: nell'esempio appena proposto, se alla scadenza del contratto a termine il valore del titolo fosse stato pari a 80 euro, il compratore avrebbe dovuto sborsare 100 euro per acquistare la proprietà di una attività finanziaria caratterizzata da un valore di mercato inferiore: egli, pertanto, avrebbe subìto una perdita determinata dalla mancata realizzazione delle sue previsioni.

È importante sottolineare le elevate potenzialità dei contratti derivati, sia come strumenti di *hedging*, sia come strumenti speculativi: l'estrema versatilità che li contraddistingue consente di realizzare innumerevoli tipologie di contratti, ma occorre tenere presente che, laddove la realtà dei fatti non confermi le previsioni formulate e dunque le aspettative alla base della costruzione del derivato risultino disattese, si può incorrere in perdite di elevata entità[32]. Si tratta, pertanto, di strumenti da «maneg-

[32] Non sono poche le società che hanno subìto forti perdite o che sono giunte addirittura al collasso proprio in seguito alla costruzione di posizioni su derivati fondate su aspettative che non hanno trovato conferma nella realtà. Alcuni esempi eclatanti sono rappresentati dai seguenti:

- *Metallgesellschaft*, il gruppo tedesco dei metalli e dei servizi, fu quasi distrutto nel 1994 dopo aver perso più di 2.3 miliardi di DM investendo in derivati del settore energetico;
- *Procter & Gamble* perse 102 milioni di USD speculando sui movimenti del *future interest rates* nel 1994;
- *Orange County* in California perse almeno 1.7 miliardi di USD investendo in derivati sui tassi di interesse;
- *Barings*, la più vecchia *merchant bank* britannica, perse 900 milioni di BP speculando con derivati sul *Nikkei Index* (l'indice azionario giapponese) negoziati presso i mercati di Singapore e Osaka; tale perdita la portò al collasso con conseguente chiusura nel 1995;
- *Sumitomo*, a seguito della sua decennale attività speculativa nei derivati sul rame, accumulò fino a tutto il 1996 una perdita globale di 1.17 miliardi di BP;
- *NatWest Markets* fu costretta ad annunciare nel 1997 una perdita totale di 77 milioni di BP risultato di svariati errori nella valutazione di *interest rate options* e *swaps*.

giare con estrema cautela», stante la facilità con cui possono condurre sia a risultati positivi, sia a risultati negativi.

9.8.1 Il mercato degli strumenti derivati

Affrontando nel dettaglio il tema dei contratti derivati, occorre compiere una prima fondamentale distinzione in merito alla tipologia di mercato nel quale essi possono essere negoziati. A tal fine è possibile individuare i derivati scambiati nei mercati organizzati e regolamentati – *exchange traded derivatives* – e i derivati scambiati in mercati non regolamentati – *over the counter derivatives*. La classificazione in parola richiama alcuni concetti che saranno approfonditi nel capitolo successivo laddove saranno trattati i mercati finanziari e le condizioni che ne determinano l'efficienza. In questa sede appare sufficiente individuare alcuni aspetti qualificanti i mercati regolamentati e i mercati non regolamentati, ponendo in evidenza gli elementi ritenuti funzionali alla trattazione dei derivati.

Come facilmente intuibile dalla denominazione proposta, i mercati regolamentati sono luoghi di scambio di contratti e strumenti finanziari – ivi compresi, appunto, i derivati – sottoposti a regole e controlli ben definiti. In Italia, il mercato regolamentato per eccellenza è rappresentato dalla Borsa valori, gestito da Borsa Italiana SpA e caratterizzato dalla presenza di una serie di requisiti fondamentali. In primo luogo, esiste un controllo esercitato su più fronti da diverse istituzioni:

- la Consob (Commissione nazionale per le società e la borsa) è tenuta a garantire il rispetto dei principi di trasparenza e correttezza delle negoziazioni;
- la Banca d'Italia opera un controllo sugli intermediari finanziari e sul loro livello di solvibilità;
- Borsa italiana SpA provvede all'emanazione dei regolamenti necessari a fornire regole di condotta adeguate per tutti gli operatori.

L'accesso ai mercati regolamentati è consentito solo a operatori autorizzati, quali imprese di investimento, banche e agenti di cambio che di volta in volta possono assumere il ruolo di *broker* o *dealer*: i *broker* sono soggetti che si limitano a favorire l'incontro tra acquirenti e venditori, promuovendo la conclusione del contratto e incassando una percentuale per l'opera di intermediazione svolta; i *dealer*, invece, si pongono come controparte diretta nelle contrattazioni (ovvero assumono la veste di venditori nei confronti degli acquirenti e di acquirenti nei confronti dei venditori), rimanendo obbligati ai fini dell'adempimento del contratto. Esistono poi figure «ibride» di operatori, quali i *broker/dealer* che possono immettere nel mercato sia ordini per conto di terzi, sia ordini per proprio conto. Infine, per garantire la liquidità del mercato, Borsa Italiana SpA può incaricare specifici soggetti, i cosiddetti *market makers*, di eseguire acquisti o vendite di strumenti finanziari sulla base di quantitativi minimi di contratti.

Ovviamente, i mercati non regolamentati, anche detti *over the counter*, sono privi di qualsiasi controllo formale e di apposita regolamentazione: il principale limite connesso alle contrattazioni realizzate al suo interno è riconducibile alla mancanza di adeguati controlli, con conseguente carenze di garanzie per gli operatori; il vantaggio maggiormente evidente e che al tempo stesso costituisce la stessa ragione d'essere dei mercati non regolamentati è invece rappresentato dall'elevato livello di flessibilità riscontrabile al suo interno, sia in termini di autonomia contrattuale, caratterizzata da un forte grado di personalizzazione, sia sotto il profilo della libertà di accesso da parte degli operatori che manifestano un bisogno finanziario da soddisfare.

Dal punto di vista strettamente operativo, il mercato *over the counter* si realizza attraverso la volontà espressa da un ipotetico venditore o compratore che, stante l'assenza di un sistema continuo di contrattazioni che garantisce l'immediato incontro tra la domanda e l'offerta, si rivolge a un operatore specializzato, rappresentato nello specifico da una banca, che pertanto assume la veste di controparte nell'operazione. Il meccanismo appena descritto risponde a esigenze finanziarie particolari e contingenti espresse da alcuni soggetti che riescono a soddisfare le proprie esigenze modellando e costruendo «su misura» determinate posizioni contrattuali, ma è penalizzante sotto il profilo della liquidità, stante l'assenza di un mercato secondario di negoziazione.

Gli strumenti derivati sono rintracciabili sia all'interno dei mercati regolamentati, sia nei mercati *over the counter*. Nello specifico, questi ultimi accolgono tutti i contratti *swap*, i contratti *forward*, nonché alcune tipologie di opzioni. Il mercato regolamentato dei contratti derivati, invece, richiede alcuni specifici approfondimenti, al fine di comprendere appieno i meccanismi e la logica alla base del loro impiego.

In ordine temporale, il primo segmento di Borsa dedicato ai derivati è stato il MIF (Mercato Italiano dei Future) che poi Borsa Italiana SpA ha acquisito al 100% in un'ottica di costruzione di un polo unico dedicato alla contrattazione dei derivati, progetto concretizzatosi nel 1994 con la nascita dell'IDEM (*Italian DErivatives Market*), ovvero il Mercato Italiano dei Derivati, l'attuale luogo di scambio dei contratti derivati dove è possibile acquistare o vendere:

- *future* su indici di Borsa;
- *future* su titoli azionari;
- opzioni su indici di Borsa;
- opzioni su titoli azionari.

Il mercato in parola opera attraverso un meccanismo di contrattazione continuo su base telematica e la sua attività è incentrata sulla figura fondamentale della Cassa di Compensazione e Garanzia, ovvero la *Clearing House*, chiamata a fungere da controparte nelle operazioni che hanno per oggetto i derivati. Nello specifico, l'istituto in parola si pone come compratore nei confronti del venditore e assume la veste di venditore nei confronti del compratore, sistema che consente agli operatori di non avere alcun contatto diretto. La funzione principale affidata alla *Clearing House* deve essere rintracciata nella volontà di eliminare, o quantomeno minimizzare, il rischio di insolvenza che, come noto, è presente in tutti i contratti di compravendita. La necessità di mantenere inalterati alcuni fondamentali equilibri all'interno di un mercato, evitando dunque di innescare, in seguito a ipotetiche situazioni di insolvenza, effetti negativi a catena, ha promosso la creazione della Cassa di Compensazione e Garanzia proprio allo scopo di tutelare i singoli investitori, ma di riflesso anche l'intero sistema negoziale, da situazioni di questo tipo. L'obiettivo in parola è raggiunto attraverso un meccanismo che impone a qualsiasi soggetto intenda avvalersi dell'operato della *Clearing House* di versare nelle casse della stessa una somma calcolata in percentuale sul valore nominale del contratto e che prende appunto il nome di margine di garanzia: a tale somma è possibile attingere in ipotesi di insolvenza di una delle parti per risarcire l'altra. La percentuale da applicare al valore del contratto ai fini della determinazione del margine non è stabilita in misura fissa, ma varia di volta in volta in considerazione del rischio associato alle singole posizioni detenute in strumenti derivati[33]. Inoltre, qualora nel corso della durata del contratto si manifestasse una posizione a rischio da parte di un determinato operatore, caratterizzata dalla presenza di un debito in essere crescente, la Cassa può, se lo ritiene opportuno o necessario, chiedere al soggetto di integrare il margine iniziale con un versamento aggiuntivo (cosiddetto margine di mantenimento). A ulteriore garanzia dei contraenti, la *Clearing House* si limita ad adoperare soltanto con soggetti di comprovata solvibilità.

Tra le caratteristiche di maggiore rilevanza rintracciabili nel mercato ufficiale dei derivati occorre menzionare la standardizzazione dei contratti, ovvero la presenza di contratti predisposti e definiti in ogni elemento, senza possibilità da parte dei contraenti di operare alcuna modifica nel contenuto degli stessi. Nello specifico, la standardizzazione riguarda:

- l'attività sottostante;
- il valore nominale;
- le modalità di liquidazione;
- il prezzo di liquidazione;
- le scadenze negoziate;
- il giorno e l'ora in cui terminano le negoziazioni;
- la struttura dei prezzi di esercizio;
- il tipo di facoltà, i termini e le modalità di esercizio della stessa (per le opzioni).

Il requisito della standardizzazione, necessario per assicurare la corretta e fluida funzionalità del mercato, limita fortemente la discrezionalità degli investitori, i quali possono rivolgersi esclusivamente a «pacchetti già confezionati», privi di qualsiasi elemento di personalizzazione. Si tratta di uno degli aspetti che, come sottolineato in precedenza, contribuiscono allo sviluppo dei mercati *over the counter*.

[33] Agliardi E., Agliardi R., *Mercati finanziari. Analisi stocastica delle opzioni*, McGraw-Hill, Milano 2001, p. 13.

9.8.2 I contratti futures

Il contratto *future* può essere definito come l'accordo tra due parti – venditore e acquirente – che si impegnano rispettivamente a consegnare e a pagare una determinata attività, finanziaria o reale, a una scadenza e a un prezzo definiti. Si tratta, come evidente, di un contratto a termine nel quale tutti gli elementi dell'accordo sono stabiliti al momento della raggiunta intesa tra i contraenti. A seconda della natura dell'attività sottostante è possibile distinguere:

- *financial futures*, ovvero contratti che hanno per oggetto attività finanziarie, quali titoli azionari, indici di borsa, valute ecc.;
- *commoditie futures*, nei quali l'*underlying asset* è costituita da beni reali, quali ad esempio barili di petrolio, derrate alimentari e così via.

Come tutti gli strumenti derivati, anche per i *futures* è possibile individuare una duplice natura, di copertura e speculativa. Con riferimento alla prima, si può pensare a un importatore italiano che acquista un quantitativo di merci dagli Stati Uniti per un valore di 100.000 dollari da pagare dopo trenta giorni. Se il cambio a pronti, ovvero al momento della vendita, è di un dollaro contro un euro, ma l'importatore teme che tra un mese, ovvero quando dovrà acquistare i dollari per adempiere la propria obbligazione, il cambio evolverà a suo sfavore, rendendo necessario un esborso maggiore, può acquistare un future su valuta (*currency future*) nella stessa epoca in cui acquista le merci e con scadenza a trenta giorni, fissando il prezzo della valuta a quello scambiato a pronti (un euro contro un dollaro). L'operazione appena descritta consente all'importatore di tutelarsi contro aumenti del tasso di cambio, realizzando appunto una strategia di *hedging*.

Nonostante l'indubbia rilevanza della finalità di copertura, l'osservazione della realtà fa emergere una netta prevalenza di contratti *future* stipulati per finalità speculative: ad oggi, si stima che circa l'85% dei *future* siano conclusi con il solo intento di ottenere profitti nel breve periodo, prescindendo dalla effettiva consegna dell'oggetto della transazione. Tale circostanza è alla base della scelta di consentire la contrattazione in *futures* esclusivamente nei mercati regolamentati, onde assicurare un maggiore controllo delle operazioni, nonché una più forte tutela dei soggetti coinvolti.

La possibilità di scambiare gli strumenti in parola soltanto nei mercati ufficiali pone in primo piano il concetto di standardizzazione del contratto, nonché il ruolo della *Clearing House*. I *future* sono contratti standardizzati e dunque i contraenti accettano i termini previsti nell'accordo, così come sono, senza alcuna possibilità di modificarli.

Un approfondimento particolare merita invece la fondamentale funzione svolta dalla Cassa di Compensazione e Garanzia nella compravendita di *future*. Già si è avuto modo di menzionare l'opera di intermediazione svolta da tale istituzione – ponendosi come interlocutore diretto nei confronti dell'acquirente e del venditore –, nonché il compito fondamentale ad essa assegnato in un'ottica di riduzione del rischio di insolvenza, sempre presente in un qualsiasi accordo con regolamento a termine.

A questo punto occorre chiarire il meccanismo di funzionamento delle contrattazioni in *future*, il quale avviene con il sistema del *marking to market*. Nel momento in cui le parti si rivolgono alla *Clearing House* per la stipula del contratto, la Cassa apre una posizione intestata a ciascun contraente, posizione che verrà aggiornata con frequenza quotidiana in base all'andamento del prezzo dell'attività sottostante, facendo emergere di volta in volta posizioni a debito o a credito dei soggetti coinvolti. Alla scadenza del contratto, la Cassa si limita a definire il saldo delle posizioni, evidenziando il soggetto debitore (acquirente o venditore) e l'entità del debito in essere: colui che risulta debitore dovrà versare la somma richiesta, al netto del margine iniziale, già corrisposto al momento della conclusione del contratto. Per comprendere appieno il meccanismo in parola, appare opportuno proporre un esempio. Si immagini la stipula di un contratto *future* il lunedì tra due operatori (compratore e venditore) per un valore del contratto di Euro 50.000. La *Clearing House* richiede il versamento di un *initial margin* del 10% (Euro 5.000) a entrambi i contraenti. Il compratore – ovvero il soggetto rialzista – realizzerà un guadagno qualora il prezzo del *future* salirà, mentre per il venditore – soggetto ribassista – accadrà l'esatto contrario. Si assume ulteriormente che i due contraenti devono mantenere l'*initial margin* sempre al livello iniziale: non è pertanto previsto il versamento del *maintenance margin* (Esempio 9.2).

Alla fine di martedì il compratore vedrà addebitarsi Euro 1.000 sul suo conto presso la *Clearing House*, somma che dovrà essere pagata entro la fine del giorno successivo, pena la chiusura da parte della *Clearing House* della sua posizione con conseguente cristallizzazione della perdita. Se il compratore manterrà aperto il proprio conto fino a venerdì, provvedendo sempre alle eventuali richieste relative al *variation margin*, il suo conto presenterà in tale giorno un credito totale di Euro 5.000. Infatti, il compratore avrà il diritto di comprare a Euro 50.000 e potrà vendere a Euro 55.000. Se entrambi i contraenti decideranno di chiudere la loro posizione il venerdì, il compratore avrà il diritto di ricevere il margine iniziale più il profitto accumulato (Euro

Esempio 9.2 Il meccanismo del *marking to market*

	Giorno				
Euro	**Lunedì**	**Martedì**	**Mercoledì**	**Giovedì**	**Venerdì**
Valore del future (basato su prezzi di chiusura giornalieri)	50.000	49.000	44.000	50.000	55.000
Posizione del compratore					
Initial margin	5.000				
Variation margin	0	-1.000	-5.000	6.000	5.000
Profitto o perdita accumulata	0	-1.000	-6.000	0	5.000
Posizione del venditore					
Initial margin	5.000				
Variation margin	0	1.000	5.000	-6.000	-5.000
Profitto o perdita accumulata	0	1.000	6.000	0	-5.000

10.000 in totale), mentre il venditore non riceverà nulla dalla *Clearing House* in quanto la sua perdita (registrata nell'ultimo giorno) è esattamente pari al margine iniziale.

L'analisi del semplice esempio proposto pone in evidenza un ulteriore aspetto correlato alla natura dei contratti *future*, ovvero il loro elevato grado di *leverage* – misurato dal rapporto tra il valore delle attività finanziarie che si ha il diritto di acquisire alla scadenza e le risorse finanziarie assorbite dall'investimento. In altri termini, il contratto *future* consente di controllare ingenti risorse finanziarie con un esborso monetario minimo: quest'ultimo è il risultato della somma fra il margine iniziale e quello (eventuale) di mantenimento, entrambi stabiliti dalla *Clearing House*.

Infine, vale la pena sottolineare che il future rappresenta un contratto perfettamente simmetrico, sia sul piano contrattuale, sia in termini economici. Sotto il primo aspetto, entrambi i contraenti sono obbligati a dare esecuzione al contratto alla sua scadenza; dal punto di vista economico, la perdita subita dall'uno è esattamente pari al profitto realizzato dall'altra parte. Tale caratteristica viene meno nei contratti di natura opzionale, come sarà chiarito meglio in seguito.

Gli stock index future

Gli *stock index futures* costituiscono contratti a termine la cui attività sottostante è rappresentata da indici di Borsa. Nello specifico, il mercato ufficiale accoglie attualmente le seguenti tipologie di *stock index future*:

- *future* sul Mib30, ovvero il Fib30;
- *future* sullo SP/Mib;
- *future* sull'indice Midex, relativo a 25 titoli a media capitalizzazione;
- miniFib, ovvero un contratto rivolto a un pubblico di piccoli risparmiatori, in quanto, pur avendo come attività sottostante lo stesso Mib30 come il Fib30, ha un taglio inferiore, rendendo sufficiente un investimento di minore entità.

Il contratto in parola consiste nell'impegno a pagare oppure a riscuotere – a seconda dell'andamento del sottostante – una certa somma a una scadenza stabilita. Tale somma è ottenuta dalla differenza tra il valore dell'indice di borsa alla scadenza del contratto e il valore in base al quale è stato chiuso il contratto all'origine. Gli indici di Borsa, come noto, sono espressi in punti, rendendo necessaria la loro conversione attraverso l'applicazione alla differenza appena definita di un apposito coefficiente di valutazione costante: attualmente, ogni punto espresso dagli indici borsistici equivale a 5 euro per i *future* su Mib30, sullo SP/Mib e sull'indice Midex, mentre corrisponde ad 1 euro per indici di taglio inferiore (miniFib).

$$S = (VI_s - VI_i) * c \qquad [15]$$

dove:

S = somma da versare o riscuotere;

VI_s = valore dell'indice di borsa alla scadenza del contratto;
VI_i = valore dell'indice di borsa stabilito in sede di conclusione del contratto;
c = coefficiente di conversione dei punti in euro.

Tale contratto viene stipulato o in relazione a una finalità speculativa o per tutelarsi dalla fluttuazione dei corsi azionari di un determinato paniere di titoli. Si ipotizzi un operatore che abbia acquistato un determinato quantitativo di titoli azionari e che preveda un ribasso dei corsi: detto operatore può stipulare un contratto *future* di vendita per coprirsi dal relativo rischio. Se l'aspettativa di ribasso si verifica, egli compensa la perdita subita per effetto del ribasso dei titoli con l'incremento del valore acquisito dal *future*; al contrario, se i corsi dei titoli salgono, l'operatore compensa la perdita derivante dal ribasso del *future* attraverso il guadagno realizzato con il rialzo dei titoli.

Gli interest rate future

Si tratta di contratti che contengono l'impegno ad acquistare o a vendere a termine titoli a reddito fisso, generalmente rappresentati da titoli di Stato, con determinate caratteristiche e a un prezzo stabilito. Ricorrono agli *interest rate futures* coloro che intendono coprirsi dalla perdita di valore dei titoli conseguente alla variazione dei tassi d'interesse, oppure coloro che sono spinti da finalità speculative. Attualmente, i contratti appartenenti a questa tipologia sono realizzati su BTP a cinque o dieci anni.

Per comprendere il funzionamento degli strumenti in parola, si ipotizzi un operatore in possesso di titoli di Stato a scadenza quinquennale per un valore corrispondente a 200.000 euro e con tasso di interesse pari al 7% annuo: la quotazione attuale di tali titoli, espressa in centesimi, è pari a 98. Egli teme un rialzo dei tassi di interesse, circostanza che determinerebbe, per la nota relazione inversa tra tasso e prezzo, una riduzione del valore dei titoli in portafoglio. La costruzione di una copertura contro tale eventualità può passare attraverso la vendita allo scoperto di 10 contratti *futures* su BTP con un valore unitario di 20.000 euro a scadenza decennale e al tasso del 6% e quotati 96 (sempre in centesimi) prevedendo che scendano di prezzo proporzionalmente ai titoli di cui è composto il portafoglio. Occorre chiarire che una vendita allo scoperto è un contratto nel quale un operatore si impegna a vendere una attività che però, allo stato attuale, non possiede: all'approssimarsi della scadenza, egli dovrà pertanto provvedere all'acquisto della stessa per adempiere alla consegna.

Alla scadenza del contratto future, l'osservazione dello scenario di riferimento consente di constatare una effettiva riduzione del valore dei titoli in portafoglio, determinata da un innalzamento dei tassi di interesse. In particolare, il prezzo dei titoli di Stato è passato da 98 a 95, facendo registrare una perdita complessiva pari a 6.000 euro; di contro, anche il valore dei BTP sottostanti il contratto future ha subìto una contrazione, passando da 96 a 92,5. L'operatore, per fronteggiare l'obbligazione sorta con la vendita allo scoperto dovrà pertanto acquistare al prezzo di 92,5 i BTP da consegnare, sostenendo un esborso pari a 185.000 euro (valore della posizione di 200.000 euro al prezzo di 92,5/100): tali titoli saranno immediatamente ceduti al prezzo iniziale di 96/100 (per un ammontare di 192.000 euro), consentendo al soggetto di realizzare un profitto pari alla differenza tra il prezzo di acquisto e il prezzo di vendita, ovvero 7.000 euro. Tale profitto è in grado di coprire la perdita di valore subita dal portafoglio iniziale (6.000), permettendo altresì di ottenere un margine di profitto da utilizzare eventualmente per fronteggiare i costi di transazione emergenti dalle operazioni citate.

Ovviamente, le caratteristiche del contratto appena descritto si prestano a renderlo applicabile anche nelle ipotesi di strategie speculative, al fine di ottenere profitti generati dalle oscillazioni di valore nelle attività sottostanti rappresentate, nel caso specifico, da BTP.

I currency future

Sono contratti che contengono l'impegno ad acquistare o a vendere a termine un determinato ammontare di valuta estera a un cambio prestabilito.

Si supponga, ad esempio, che un importatore italiano in data 10 gennaio acquisti una partita di merce dagli Stati Uniti per un ammontare totale di 300.000 dollari con pagamento e consegna il 10 marzo. Si ipotizzi inoltre che il cambio dollaro/EURO sia il seguente:

Cambio al 10/1 «a pronti»
Dollaro/EURO = 0,9312
300.000 = 314.766

In tal caso l'operatore ritiene conveniente stipulare un contratto *future* in quanto prevede un apprezzamento della valuta statunitense. Il 10 marzo, infatti, se si dovessero realizzare le previsioni, il cambio dollaro/EURO risulterebbe il seguente:

Cambio al 10/3 «a termine»
Dollaro/EURO = 0,91
300.000 = 319.780

L'operatore, grazie al *futures*, entrerà in possesso della valuta al cambio prefissato.

Da questa breve disamina emerge inequivocabilmente la funzione di *hedging* dei *currency futures*, utilizzata da coloro che operano nell'ambito dei mercati internazionali.

9.8.3 I contratti forward

Il contratto *forward* costituisce un accordo tra due parti avente per oggetto lo scambio, a una certa data futura e a un prezzo prestabilito, di una determinata quantità di attività sottostante. Sulla base della definizione appena proposta, emerge con evidenza l'assoluta coincidenza tra i contratti *forward* e i contratti *future*: in effetti, si tratta di due strumenti che presentano le medesime caratteristiche e sono destinati a svolge-

Tab. 9.1 Contratti *future* e *forward* a confronto

	Forward	Future
Contenuto del contratto	Personalizzato	Standardizzato
Mercato di riferimento	*Over the counter*	Ufficiale (Borsa valori)
Meccanismo di contrattazione	Regolamento alla scadenza	*Marking to market*
Rischio di insolvenza	Presente	Assente (ruolo della *Clearing House*)

re le stesse funzioni sotto il profilo finanziario. La principale differenza rintracciabile tra i contratti in esame concerne il luogo di scambio degli stessi, rappresentato dal mercato regolamentato per i *future* e dal mercato *over the counter* per i *forward*. Ciò implica, naturalmente, l'assenza di contratti forward standardizzati e la conseguente possibilità di costruire coperture finanziarie «su misura», a seconda delle esigenze che di volta in volta si presentano. A fronte di tale innegabile vantaggio, si segnala la già citata assenza di garanzie a favore dei contraenti, stante il permanere del rischio di insolvenza delle parti, nonché l'assenza di un mercato secondario dei contratti, circostanza che penalizza fortemente la liquidità del mercato, limitando in misura sensibile la possibilità di smobilizzare l'investimento realizzato.

Gli elementi di differenziazione tra i due contratti sono sintetizzati nella tabella 9.1.

L'acquirente del contratto *forward* assume una *long position* e trae vantaggio dall'apprezzamento del valore dell'attività sottostante, mentre il soggetto venditore assume una *short position*, ottenendo un vantaggio dalla contrazione del prezzo dell'attività sottostante. Le posizioni dei singoli contraenti possono essere rappresentate graficamente come in figura 9.4.

È facile notare come un aumento del prezzo dell'attività sottostante (a destra del prezzo a pronti) generi un profitto per l'acquirente e una perdita per il venditore,

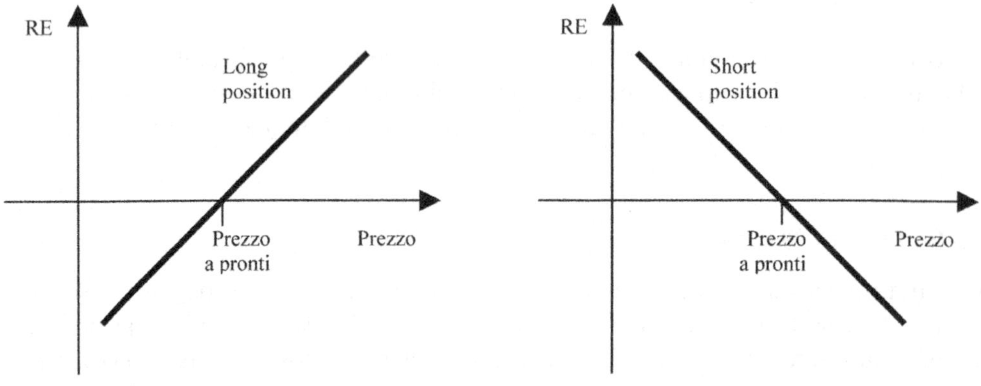

Fig. 9.4 I diagrammi di redditività in un contratto forward

mentre una riduzione del valore determina effetti opposti. Si segnala anche in questo caso, così come emerso per il future, una perfetta simmetria nelle posizioni assunte dai singoli contraenti.

I forward rate agreements

Tra le varie tipologie di contratti *forward*, un ruolo particolare è svolto dal *forward rate agreement* (FRA), nato per tutelare gli operatori da fluttuazioni nei tassi di interesse. Il contratto in parola può essere definito come l'accordo con il quale due controparti si impegnano a scambiarsi flussi di interesse, ovvero un tasso fisso concordato dalle stesse e un tasso variabile scelto come parametro di riferimento. Nello specifico, l'acquirente si impegna a pagare un tasso fisso, mentre il venditore corrisponde un tasso variabile (ad esempio, il tasso Euribor). Alla data prevista per il regolamento, se il tasso fisso risulta maggiore del tasso variabile, la liquidazione spetta all'acquirente, mentre se il tasso fisso si mantiene al di sotto del tasso variabile, il pagamento sarà eseguito dal venditore.

Se, ad esempio, una impresa intende contrarre un debito fra tre mesi, attraverso il contratto in parola può, fin da ora, determinare il livello di tasso di interesse da corrispondere. Per comprendere appieno le modalità tecniche di funzionamento di tale derivato, si considerino i dati dell'esempio 9.3.

L'esempio proposto pone in evidenza come la rilevazione del tasso variabile e la conseguente liquidazione avvengono in via anticipata rispetto alla data di inizio del contratto, ovvero il giorno 01/03/09: la presenza di un tasso del 5%, superiore al tasso fisso stabilito, pone un obbligo da parte del venditore di corrispondere all'acquirente la differenza tra il tasso variabile e il tasso fisso, differenza da moltiplicare per il capitale nozionale di riferimento (nel caso dell'esempio, 10.000 euro).

9.8.4 Le opzioni

L'opzione è un contratto derivato che conferisce all'acquirente, dietro il pagamento di un premio, il diritto di acquistare o vendere a una scadenza determinata o entro tale scadenza (*expiration day*), attività finanziarie o reali a un prezzo prefissato, denominato prezzo d'esercizio o *strike price*. Si tratta, anche in questo caso, di un contratto a termine, ma che presenta numerosi e importanti aspetti distintivi rispetto alle tipologie di derivati esaminate finora. In primo luogo, l'opzione è un contratto a termine

Esempio 9.3 L'applicazione di un forward rate agreement

Valore del contratto (capitale nozionale)	10.000 euro
Data contratto	01/03/09
Data di scadenza	01/06/09
Tasso fisso	4,5%
Tasso variabile di riferimento	Euribor + 0,75%
Tasso variabile rilevato in data 01/03/09 (Euribor + 0,75%)	5%

condizionato, nel quale cioè il compratore ha il diritto – e non l'obbligo come negli altri contratti – di dare o meno esecuzione al contratto: tale facoltà viene acquistata dal compratore, pagando un prezzo iniziale definito «premio», e sarà esercitata soltanto qualora si manifestassero condizioni favorevoli per lo stesso compratore. Tale circostanza pone i due contraenti su piani distinti, attribuendo all'acquirente la facoltà, appunto, di esercitare l'opzione, mentre il venditore – che riceve il premio – deve attenersi alla volontà dell'altra parte.

Entrando nel merito del contratto in parola, occorre in primo luogo operare una distinzione in merito ai tempi previsti per l'esercizio dell'opzione. Sotto questo aspetto, è possibile individuare le opzioni europee – il cui esercizio è possibile soltanto al momento della scadenza – e le opzioni americane che invece possono essere esercitate in qualsiasi momento prima della scadenza.

Le opzioni possono essere scambiate sia nei mercati regolamentati, dove è possibile trovare opzioni standardizzate il cui contenuto è pertanto definito e immutabile in ogni elemento, sia nei mercati *over the counter* che invece offrono la possibilità ai contraenti di personalizzare il contenuto dell'accordo al fine di soddisfare esigenze finanziarie specifiche.

Una fondamentale distinzione riconducibile al contenuto del contratto di opzione e che emerge anche dalla definizione riportata sopra, è quella tra:

- opzioni *call*, ovvero opzioni d'acquisto, con le quali l'acquirente versa un premio per avere diritto ad acquistare, alla scadenza fissata, l'attività sottostante al prezzo d'esercizio. Il soggetto che paga il premio assume in questa ipotesi una *long call*, acquistando il diritto ad acquistare, mentre la posizione del venditore che riceve il premio è definita *short call*;
- opzioni *put*, ovvero opzioni di vendita, con le quali l'acquirente paga il premio per avere diritto a vendere, alla scadenza fissata, l'attività sottostante al prezzo d'esercizio. Il soggetto che paga il premio assume una *long put*, acquistando il diritto di vendere, mentre la posizione del venditore dell'opzione che riceve il premio è definita *short put*.

La presenza di *option call* e *option put* consente di costruire il profilo di rendimento collegato a ciascuna figura contrattuale: acquirente dell'opzione *call*, venditore dell'opzione *call*, acquirente dell'opzione *put* e venditore dell'opzione *put*. A tal fine si rende innanzitutto necessario verificare quando nasce la convenienza per l'acquirente dell'opzione a esercitarla, per poi passare a considerare il vantaggio o lo svantaggio economico di tutte le parti coinvolte. Gli elementi fondamentali sui quali è possibile compiere una valutazione corretta del profilo economico dell'operazione sono i seguenti:

- il prezzo di esercizio dell'opzione (*strike price, Sp*);
- il premio pagato (*p*);
- il valore di mercato dell'attività sottostante (*Vm*).

Partendo dallo studio dell'opzione *call*, occorre in primo luogo distinguere la posizione del compratore rispetto a quella del venditore. Il primo, che come detto assume una posizione *long call*, corrisponde al venditore un premio che gli garantisce la possibilità di acquistare un dato quantitativo di attività sottostante: è chiaro come in una situazione di questo tipo la convenienza a esercitare l'opzione nasca nel momento in cui il valore di mercato dell'attività sottostante sia superiore al prezzo di esercizio. Il verificarsi di tale circostanza consente infatti all'acquirente di acquistare a un prezzo pari allo *strike price* una attività che sul mercato ha un valore superiore: in tal caso, l'opzione è definita *in the money*. Se l'operazione è mossa dalla volontà di costruire una copertura contro un determinato rischio, il vantaggio consiste nel risparmio in termini di costo sull'acquisto del sottostante; se, invece, la finalità è di natura speculativa, il soggetto compratore (che come sempre è un operatore al rialzo) ha la facoltà di acquistare l'attività sottostante al prezzo d'esercizio, per poi cederla di nuovo sul mercato a un prezzo più elevato, lucrando la differenza. Se, al contrario, il valore di mercato risulta inferiore rispetto allo *strike price*, viene meno la convenienza a esercitare l'opzione, la quale è pertanto definita *out of the money*. Infine, nell'ipotesi di assoluta coincidenza tra i due valori, l'operatore si trova di fronte a una situazione di indifferenza e l'opzione è definita *at the money*.

Occorre comunque chiarire che la convenienza a esercitare l'opzione non equivale alla realizzazione di un profitto: infatti, affinché ci sia un risultato economico positivo per l'acquirente dell'opzione *call*, è necessario che la differenza tra il valore di mercato e il prezzo d'esercizio sia tale da coprire anche il premio versato in fase di conclusione del contratto, premio che per il compratore rappresenta un costo fisso, a prescindere dall'esito dell'intera operazione. In termini algebrici, il risultato economico derivante da una *long call* è così sintetizzabile:

$$RE = [Vm - (Sp + p)]\, n \qquad [16]$$

dove:

RE = risultato economico generato dall'operazione;

Vm = valore di mercato dell'attività sottostante;

Sp = *strike price* unitario (si determina dividendo lo *strike price* per il numero di azioni);

p = premio versato per acquistare l'*option call*;

n = numero di titoli che rientrano nel contratto.

La posizione del compratore di una opzione *call* può essere rappresentata anche graficamente (Fig. 9.5).

L'osservazione del grafico mostra come la realizzazione di un profitto è subordinata alla presenza di una differenza tale tra valore di mercato e *strike price* da coprire anche il livello del premio pagato. Nonostante ciò, la convenienza a esercitare l'opzione si manifesta anche per livelli di valore di mercato inferiori rispetto a quelli che garantiscono la generazione di un profitto, purché superiori rispetto al prezzo di esercizio: è del tutto evidente, infatti, come anche nel segmento compreso tra [Sp, $Sp + p$]

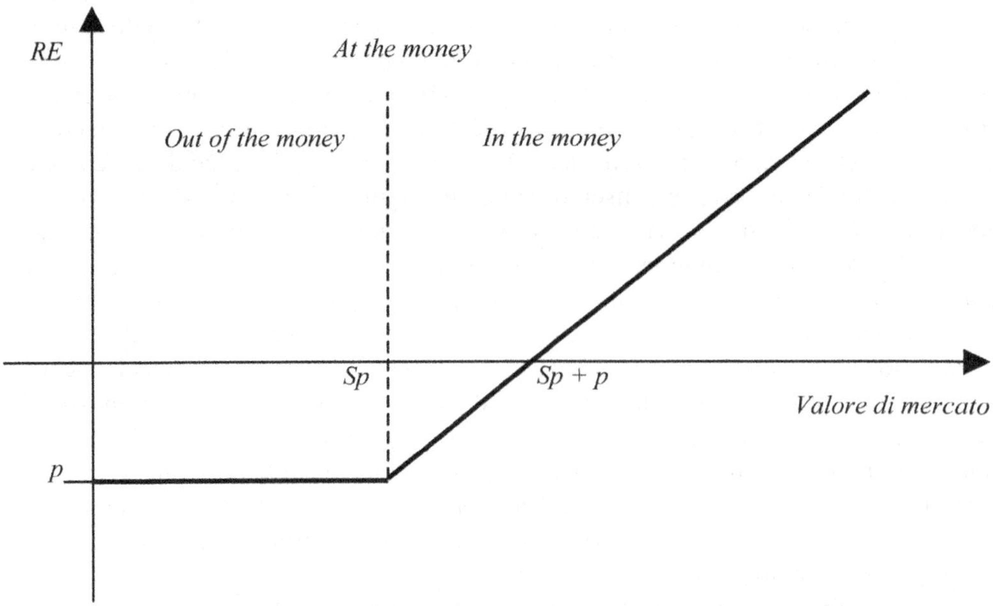

Fig. 9.5 Il profilo economico di una *long call*

convenga esercitare la facoltà di acquisto in quanto si riescono a contenere le perdite, recuperando, anche soltanto in parte, il premio versato.

Passando ad esaminare la posizione del venditore di una opzione *call*, ovvero di colui che assume una posizione *short call*, al momento della conclusione dell'accordo egli riceve dalla controparte il premio e si impegna a dare esecuzione al contratto, consegnando l'attività sottostante, soltanto se il compratore ritiene conveniente esercitare l'opzione. Assumendo la veste di venditore, tale soggetto si configura come un ribassista e si aspetta una riduzione del valore di mercato del sottostante: laddove le sue previsioni fossero confermate, la presenza di un valore di mercato inferiore allo *strike price* renderebbe l'opzione, come precedentemente affermato, *out of the money*, circostanza che spingerebbe il compratore a non esercitarla. In questo caso, il venditore potrebbe realizzare il suo massimo guadagno, corrispondente proprio al premio ricevuto, la cui entità rimane intatta nell'ipotesi di mancato esercizio della facoltà di acquisto. Se, invece, il valore di mercato fosse superiore al prezzo di esercizio, rendendo l'opzione *in the money*, il venditore avrebbe dovuto acquistare sul mercato l'attività sottostante per poi cederla al compratore dell'opzione a un prezzo inferiore.

Anche con riferimento alla posizione del venditore dell'opzione *call* è possibile definire graficamente il risultato reddituale generato dall'operazione (Fig. 9.6).

La rappresentazione grafica del risultato economico dell'opzione *call*, sia essa analizzata dal punto di vista del compratore, oppure del venditore, agevola la com-

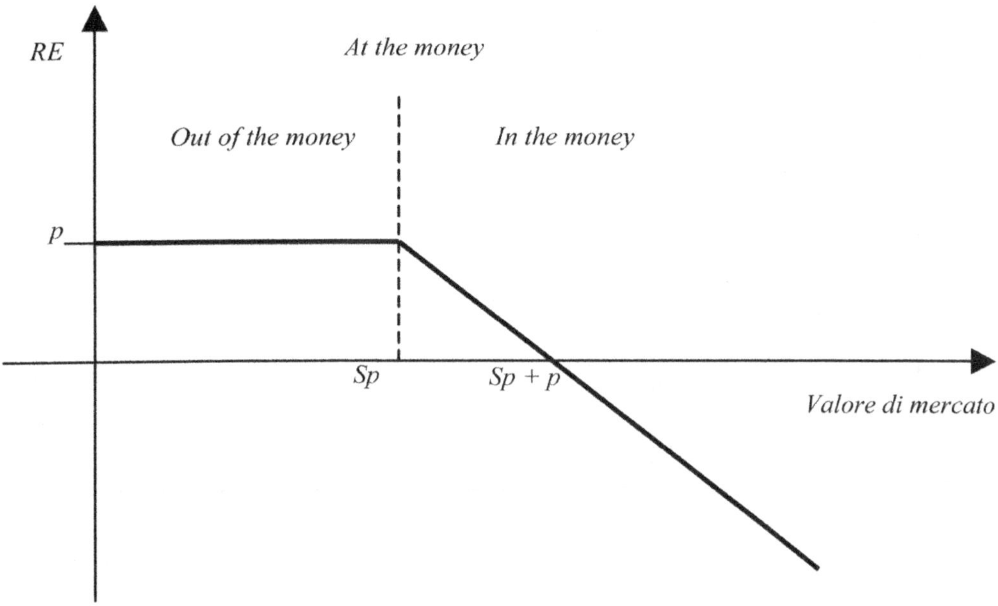

Fig. 9.6 Il profilo economico di una *short call*

prensione di una delle caratteristiche maggiormente rilevanti in tale tipologia di derivato, peculiarità che distingue l'opzione dagli altri contratti a termine. L'opzione è infatti un contratto asimmetrico, caratteristica che pone i due contraenti su due piani differenti, sia sotto il profilo degli obblighi contrattuali, sia dal punto di vista delle conseguenze economiche prodotte dall'operazione. In primo luogo, come più volte sottolineato, il soggetto che paga il premio acquista la facoltà di decidere se dare o meno esecuzione al contratto, mentre la volontà del venditore non rileva ai fini dell'adempimento degli obblighi contrattuali. Inoltre, in termini puramente economici, mentre il compratore, a fronte di una perdita massima corrispondente al premio versato, può arrivare a ottenere profitti teoricamente illimitati, il guadagno più elevato che il venditore della *call* può realizzare è pari all'ammontare del premio ricevuto, ma al tempo stesso ha la possibilità di incorrere in perdite teoricamente illimitate. Ciò si contrappone al carattere simmetrico dei contratti *future*, nei quali la perdita registrata da uno dei contraenti corrisponde esattamente al guadagno ottenuto dall'altra, stante l'assoluta parità esistente tra compratore e venditore.

Anche nell'analisi del profilo di rendimento di una *option put* occorre distinguere la posizione del compratore (*long put*) rispetto a quella del venditore (*short put*). Il primo, pagando il premio, acquista la facoltà di vendere, a una certa scadenza, un dato quantitativo di attività sottostante a un prezzo corrispondente allo *strike price*: egli si pone pertanto come un soggetto ribassista il cui obiettivo consiste nell'avere la possibilità di acquistare ad un prezzo inferiore rispetto a quello di mercato l'attività og-

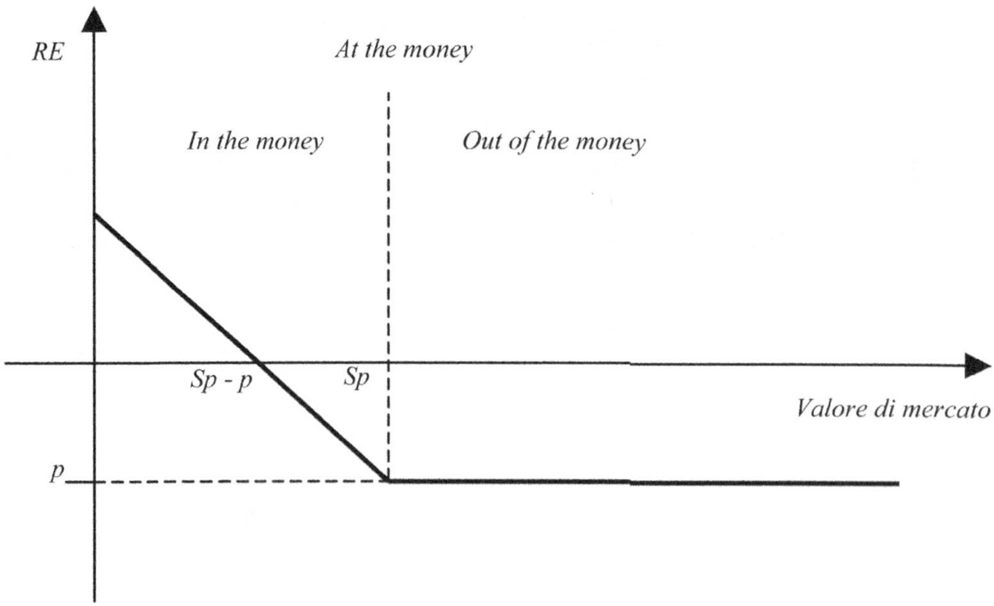

Fig. 9.7 Il profilo economico di una *long put*

getto del contratto. Risulta evidente, pertanto, che l'esercizio dell'opzione avrà luogo soltanto nell'ipotesi in cui il valore di mercato si attesti su livelli inferiori rispetto allo *strike price*, circostanza che rende l'opzione *in the money*. Se, al contrario, il valore di mercato è superiore allo *strike price*, si è in presenza di una opzione *out of the money*, mentre nell'ipotesi di coincidenza tra i due valori si ottiene, come nelle *option call*, una opzione *at the money* (Fig. 9.7).

Come emerso in sede di trattazione delle opzioni *call*, anche in questo caso il profitto generato da una posizione *long put* deve scontare la presenza del premio corrisposto al momento della conclusione del contratto. Ne consegue che il risultato economico dell'operazione può essere determinato dalla relazione seguente:

$$RE = [Sp - (Vm + p)]\, n \qquad [17]$$

dove i simboli utilizzati assumono il significato già noto.

La controparte di una opzione *put*, ovvero il venditore della stessa, riceve il premio nel momento iniziale e si aspetta un aumento del valore di mercato fino a un livello tale da rendere l'opzione *out of the money*, ovvero a un livello superiore rispetto allo *strike price*. Se le sue aspettative trovano conferma nella realtà, egli potrà incassare per intero il premio che costituirà il massimo profitto realizzabile dall'operazione. Al contrario, nell'ipotesi di una opzione *put in the money*, l'esercizio dell'opzione da parte dell'acquirente pone il venditore nella condizione di dover acqui-

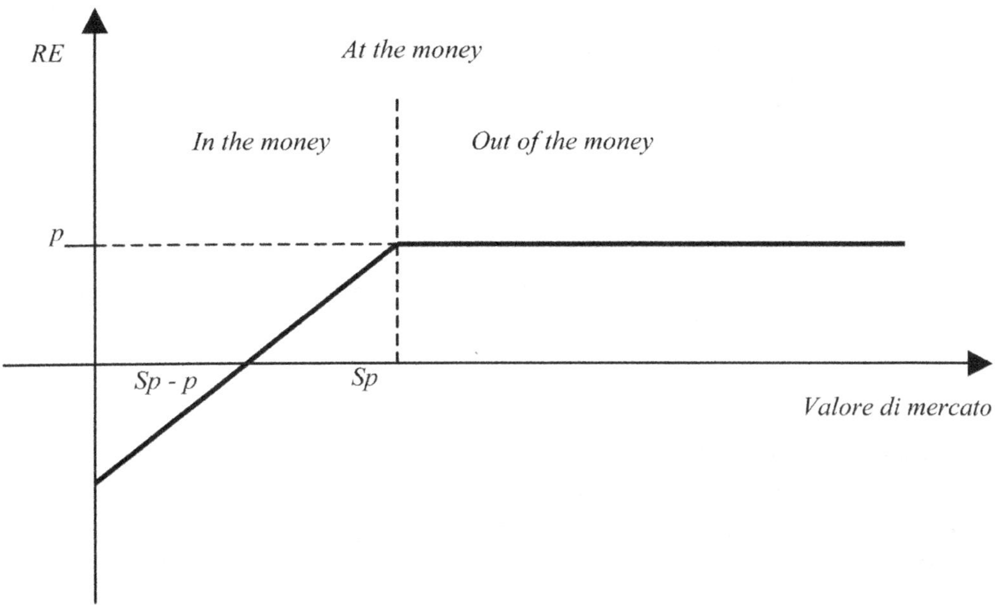

Fig. 9.8 Il profilo economico di una *short put*

stare l'attività sottostante a un prezzo superiore (dato dallo *strike price*) rispetto al valore di mercato.

Graficamente, la posizione del venditore di una opzione *put* può essere rappresentata come in figura 9.8.

Ovviamente, anche per le opzioni *put* appare del tutto evidente il carattere asimmetrico del contratto.

I fattori determinanti il valore delle opzioni

Le considerazioni svolte finora in merito ai profili di rendimento delle opzioni hanno permesso di porre in evidenza le scelte di convenienza dei soggetti acquirenti tali strumenti finanziari, nonché gli elementi principali sui quali fondare la scelta di esercizio della facoltà di acquisto o vendita. Oltre alla determinazione del profitto, calcolato come mostrato in precedenza e tenendo in debita considerazione il premio iniziale versato, è possibile definire anche il valore intrinseco dell'opzione, ovvero il valore (si badi bene, non il profitto) che lo strumento assume alla data di scadenza. Il valore dell'opzione alla scadenza del contratto dipende dalla convenienza a esercitare l'opzione stessa e dunque è funzione della differenza tra valore di mercato e prezzo di esercizio[34].

[34] Anolli M., Locatelli R., *Le operazioni finanziarie. Strumenti finanziari e contratti assicurativi*, Il Mulino, Bologna 2001, p. 129.

Nello specifico, il valore intrinseco di una opzione *call* assume un valore pari alla differenza tra valore di mercato e *strike price*, se tale differenza è positiva (opzione *in the money*), oppure pari a zero se la differenza è negativa, ovvero l'opzione è *out of the money*. In altri termini:

$$C = max\ (0, Vm - Sp) \qquad [18]$$

dove *C* indica il valore dell'opzione *call*.

Al contrario, il valore intrinseco calcolato alla scadenza di una opzione *put* è nullo se il valore di mercato è maggiore dello strike price e pari alla differenza tra strike price e valore di mercato nell'ipotesi opposta. Pertanto:

$$P = max\ (Sp - Vm) \qquad [19]$$

dove *P* indica il valore dell'opzione *put*.

Occorre però sottolineare che le *option* hanno un valore anche nel corso della durata del contratto, ovvero prima della scadenza: ciò vale sia per le opzioni americane che possono essere esercitate in qualsiasi momento prima del termine previsto, sia per le opzioni europee le quali, pur dovendo attendere la loro naturale scadenza per valutare la convenienza o meno all'esercizio della facoltà, possono essere cedute sul mercato a un prezzo che, appunto, dipende dal valore dell'opzione prima della scadenza[35].

Entrando nel merito del problema è possibile individuare una serie di fattori dai quali far dipendere il valore di una opzione:

a) durata del contratto e durata residua del contratto. La decisione di acquistare una opzione, sia essa una opzione di tipo *call* oppure di tipo *put,* richiede la formulazione di aspettative in termini di futuro andamento del valore di mercato dell'attività sottostante e dunque in termini di convenienza a esercitare o meno la facoltà presente nel contratto. Appare del tutto evidente come all'aumentare della durata del contratto e/o della durata residua dello stesso, aumenti la probabilità che le aspettative al rialzo (nel caso della *option call*) o al ribasso (nell'ipotesi della *option put*) trovino conferma nel reale andamento del valore di mercato del sottostante. Ne consegue che la dilazione della durata del contratto determina una crescita di valore sia dell'opzione *call*, sia dell'opzione *put*;
b) il valore di mercato dell'attività sottostante. Il valore dell'opzione prima della scadenza è funzione anche, come facilmente intuibile, del valore di mercato dell'attività sottostante, fattore che però determina effetti differenti a seconda della tipologia di opzione considerata. L'aumento del valore di mercato dell'attività sottostante implica un aumento di valore dell'opzione *call* – la quale si acquista proprio nell'attesa di una crescita del valore di mercato –, mentre determina una riduzione di

[35] Figlewski S., Silber W.L., Subrahmanyam M., *Financial Options: From Theory to Practice*, Richard D. Irwin, Illinois 1990; Hull J., *Options, Futures, & Others Derivatives*, Prentice Hall, New Jersey.

valore dell'opzione *put*, esercitabile solo se il valore di mercato del sottostante si mantiene al di sotto dello *strike price*. Ovviamente, diminuzioni del valore di mercato provocano effetti opposti (riduzione del valore della *call* e aumento del valore della *put*);

c) la variabilità del prezzo dell'attività sottostante. Si tratta di un fattore che, come nel caso della durata del contratto, accresce la probabilità che si verifichino le aspettative formulate dall'acquirente dell'opzione, innalzando il valore sia dell'opzione *call*, sia dell'opzione *put*;

d) prezzo di esercizio dell'opzione. Al crescere dello *strike price*, si riduce il valore di una *call* – in quanto, a parità di valore di mercato, la differenza tra i due parametri diminuisce – mentre aumenta, per motivazioni opposte, il valore di una *put*;

e) dividendi distribuiti. Qualora l'attività sottostante il contratto di opzione sia rappresentato da un titolo azionario, la distribuzione dei dividendi – e dunque la presenza di titoli *ex-dividend* – comporta una contrazione del valore di mercato del titolo, per tutte le argomentazioni riportate nella precedente trattazione[36]. Ciò, come noto, determina una riduzione del valore dell'opzione *call* e un amento del valore dell'opzione *put*;

f) tasso di interesse *risk free*. Un aumento del tasso di interesse determina una riduzione del valore attuale dello *strike price*, circostanza che a sua volta implica una crescita del valore dell'opzione *call* e una contrazione del valore dell'opzione *put*.

La combinazione dei fattori appena elencati conduce a definire il valore del contratto di opzione, prima che esso giunga alla sua naturale scadenza.

Le opzioni sui tassi di interesse

Le *interest rate option* offrono la possibilità all'acquirente di tutelarsi contro oscillazioni, al rialzo o al ribasso, dei tassi di interesse negoziati sul mercato. Si tratta di contratti non standardizzati e come tali negoziati su mercati *over the counter*, nei quali è possibile individuare tre distinte tipologie di opzioni sui tassi di interesse, a seconda della natura dell'esposizione al rischio di tasso gravante sull'operatore:

- *interest rate cap*;
- *interest rate floor*;
- *interest rate collar*.

Con il contratto di *interest rate cap* il venditore dell'opzione, ovvero colui che riceve il premio dall'acquirente, si impegna a consegnare alla controparte, al ricorrere di determinate scadenze, una somma ottenuta moltiplicando un dato capitale per la differenza, se positiva, tra un tasso variabile di riferimento e un tasso fisso definito nell'accordo (*strike rate* o *cap rate*). Il compratore «tipo» di tale fattispecie di opzione è

[36] Cfr. capitolo 5.

rappresentato da un soggetto indebitato a tasso variabile che, aspettandosi una crescita del costo del denaro, intende tutelarsi facendo ricadere l'onere generato da una crescita del tasso variabile al di sopra dello *strike rate* sul venditore dell'opzione. Tale strategia consente al soggetto indebitato di riuscire comunque a beneficiare di eventuali riduzioni del tasso di interesse, in quanto in presenza di un tasso variabile inferiore rispetto al tasso fisso prescelto, l'opzione risulta *out of the money* e il compratore sosterrà l'esborso pari al tasso variabile (diminuito). Al tempo stesso, però, egli riesce a fissare un tetto massimo al costo dell'indebitamento, rappresentato proprio dallo *strike rate*: un eventuale aumento del tasso variabile al di sopra della soglia stabilita, scarica il maggior onere sulla controparte (venditore dell'opzione). A margine delle considerazioni svolte, vale la pena di sottolineare che la presenza del contratto di opzione non pregiudica, né condiziona in alcun modo l'indebitamento in essere: se, ad esempio, il compratore dell'opzione ha contratto un mutuo a tasso variabile, egli continuerà a corrispondere alla propria banca tale tasso variabile, affiancando però all'operazione originaria un *interest rate cap* che consente di realizzare una efficace copertura contro la crescita non desiderata del tasso.

Per comprendere appieno le argomentazioni appena proposte, si supponga una impresa che presenta tra le sue passività un mutuo contratto a tasso variabile, rappresentato ad esempio dall'Euribor. Se l'impresa teme un aumento del tasso variabile, con conseguente incremento degli oneri finanziari da versare alla banca, può stipulare un *interest rate cap* pagando un premio alla controparte e fissando uno *strike rate* tale da individuare il massimo livello di tasso di interesse cui l'impresa è in grado di far fronte, ad esempio il 5,8%. Se il tasso variabile di riferimento (l'Euribor) sale al di sopra del 5,8% arrivando, ad esempio, a un livello del 6,2%, la differenza pari a 0,4% sarà versata dal venditore dell'opzione. Se invece il tasso variabile si mantiene al di sotto del limite fissato, l'impresa non eserciterà l'opzione, beneficiando comunque del ribasso del tasso di interesse e della conseguente contrazione degli oneri finanziari da pagare sul debito originario.

L'*interest rate floor*, al contrario, è finalizzato a offrire una tutela contro riduzioni del tasso di interesse e si concretizza nella definizione di un tasso minimo di investimento: si ricorre a tale strumento quando si ha un investimento che offre un rendimento variabile e si teme che una contrazione dei tassi possa ridurre la redditività associata all'investimento stesso. Nello specifico, il contratto in parola prevede il versamento da parte del venditore dell'opzione di una somma corrispondente alla differenza, se positiva, tra un tasso fisso (*strike rate* o *floor rate*) e un tasso variabile, moltiplicata per un capitale nozionale di riferimento. Ne consegue che, se il tasso variabile scende al di sotto del tasso fisso (*floor rate*), la differenza viene corrisposta dalla controparte dell'opzione.

Infine, l'*interest rate collar* si presenta come un contratto composto dall'acquisto di un *interest rate cap* – con pagamento del relativo premio al venditore – e dalla contestuale vendita di un *interest rate floor* – con riscossione del relativo premio dal compratore. La finalità perseguita con il ricorso a tale strumento è la stessa che caratterizza un *interest rate cap*, ovvero la copertura contro un aumento del tasso di interesse e la volontà di definire un livello massimo di costo del debito: ciò risulta evidente dal fatto che il soggetto che sottoscrive una *collar* si pone al tempo stesso come acquirente di una *cap* e come venditore di una *floor*, manifestando pienamente la sua identità di soggetto rialzista. La motivazione alla base della scelta di un simile contratto va rintracciata nel vantaggio insito nella possibilità di pagare il premio per l'acquisto della *cap* attraverso la riscossione del premio ricevuto con la vendita della *floor*. Alla scadenza del contratto, se il tasso variabile supera il tasso fisso, il compratore dà esecuzione alla *cap* ricevendo dalla controparte la differenza rispetto al tasso variabile; inoltre, per quanto concerne l'opzione *floor*, nell'ipotesi appena proposta essa risulta *out of the money*, non determinando alcuna uscita per il venditore (che, si ricorda, è al tempo stesso anche acquirente della *cap*). Il sottoscrittore della *collar* avrà pertanto ottenuto un doppio vantaggio, riuscendo a tutelarsi da incrementi del tasso di interesse e neutralizzando al tempo stesso il costo iniziale dell'operazione (premio). Se, al contrario, si manifesta una riduzione del tasso di interesse variabile oggetto del contratto, la *cap* diventa *out of the money*, non generando alcun flusso in entrata per l'acquirente, mentre la *floor* risulta *in the money*, imponendo al venditore di versare alla controparte la differenza tra il tasso fisso e il tasso variabile.

Le currency option

Si tratta di un contratto che conferisce all'acquirente, dietro il versamento di un premio iniziale, il diritto ad acquistare o vendere un dato quantitativo di valuta a una scadenza determinata o, nell'ipotesi di opzione americana, entro una scadenza determinata. Il meccanismo di funzionamento, come appare evidente, coincide perfettamente con lo schema base finora studiato per le opzioni, caratterizzandosi semplicemente per la natura dell'attività sottostante, rappresentata appunto dalla valuta estera. Per comprendere appieno la funzione di *hedging* associata a tale strumento, basta pensare a un importatore che ha un debito in valuta nei confronti del suo fornitore britannico, da regolare in sterline tra un mese. Se l'importatore formula aspettative rialziste in merito al futuro andamento del rapporto di cambio euro/sterlina, potrà stipulare un contratto di *currency option* pagando un premio per avere la facoltà, a scadenza, di acquistare la valuta a un prezzo, fissato a pronti, pari allo *strike price*. Se, alla scadenza dell'opzione, il valore di mercato della sterlina supera l'ammontare dello *strike price*, l'opzione risulta *in the money* con conseguente convenienza da parte dell'importatore a dare esecuzione al contratto, acquistando valuta a un prezzo inferiore rispetto a quello corrente: ovviamente, rimane il costo iniziale costituito dal premio pagato. Se, al contrario, alla scadenza il valore di mercato della sterlina rimane al di sotto dello *strike price*, l'importatore avrà maggiore convenienza ad acquistare la valuta direttamente sul mercato, senza esercitare l'opzione.

La medesima operazione può essere costruita anche per soddisfare finalità di ordine speculativo: in tale ipotesi, l'operatore avrà convenienza a dare esecuzione al contratto a un prezzo corrispondente al prezzo di esercizio, per poi rivendere immediatamente la stessa valuta sul mercato a un prezzo superiore, lucrando la differenza.

9.8.5 I contratti swap

Sono contratti mediante i quali due soggetti assumono l'impegno di scambiarsi, secondo determinate modalità, flussi finanziari su interessi e/o su valute rispettando un piano di scadenze convenuto: in tali date i contraenti, ricorrendo raramente all'intero trasferimento dei flussi, solitamente chiudono la loro posizione in via differenziale. Si tratta di contratti che non presentano una forma standardizzata e vengono negoziati esclusivamente su mercati *over the counter*.

Gli *swaps* possono essere distinti in due diverse tipologie:

- *interest rate swap*;
- *currency swap*.

Nell'*interest rate swap* (IRS) i contraenti si impegnano a scambiarsi, a date prestabilite denominate «date di regolamento», flussi di interesse calcolati sul medesimo capitale nozionale di riferimento, ma applicando tassi diversi. L'ipotesi più frequentemente riscontrata nella realtà è quella definita *plain vanilla swap* nella quale i flussi di interesse sono calcolati applicando al capitale nozionale un tasso fisso e un tasso variabile (scambio fisso contro variabile). Esiste però una alternativa a tale tipologia di contratto, rappresentata dal *basis rate swap* nel quale lo scambio ha per oggetto flussi finanziari definiti applicando al capitale due tassi variabili, ovviamente diversi tra di loro (scambio variabile contro variabile).

Si consideri una impresa che presenta in bilancio un mutuo contratto a tasso fisso (ad esempio il 7%), ma che, considerando le dinamiche di mercato, si attende una riduzione del tasso di interesse, circostanza che renderebbe il costo del denaro eccessivo rispetto alle condizioni esistenti. L'impresa in oggetto ha la possibilità di contrarre uno *swap* su tasso di interesse (nello specifico un *plain vanilla swap*) rivolgendosi a un intermediario, quale ad esempio un istituto bancario, con il quale si accorda nei termini seguenti: alle scadenze convenute (scadenze che possono coincidere o essere prossime a quelle previste per il pagamento delle rate del mutuo) la banca si impegna a versare all'impresa un tasso fisso (che generalmente coincide con quello definito nel debito originario), mentre da parte sua l'impresa si impegna a corrispondere alla banca il tasso variabile concordato dalle parti. Ovviamente, non si assisterà allo scambio complessivo dei flussi, ma soltanto al regolamento delle differenze contabili. Ne consegue che se, nelle scadenze fissate, il tasso fisso è superiore rispetto a quello variabile, il maggior onere viene corrisposto dalla banca, permettendo all'impresa di beneficiare della riduzione del tasso fisso. Al contrario, un aumento del tasso variabile su livelli superiori rispetto al tasso fisso determina un maggior esborso finanziario da parte dell'impresa, penalizzata dall'errore compiuto nella formulazione delle aspettative.

Esempio 9.4. L'applicazione di un interest rate swap

L'impresa Alfa ha contratto un mutuo del valore di 200.000 euro sul quale corrisponde semestralmente interessi pari al 6% (tasso fisso). Temendo una contrazione dei

Esempio 9.4 L'applicazione di un *interest rate swap*

Differenziale dei tassi di interesse	**1° anno I sem.**	**1° anno II sem.**	**2° anno I sem.**	**2° anno II sem.**	**3° anno I sem.**	**3° anno II sem.**
Tasso fisso (ricevuto)	+5,5%	+5,5%	+5,5%	+5,5%	+5,5%	+5,5%
Tasso variabile (pagato)	-4,5%	-4,0%	-4,8%	-3,8%	-5,0%	-6,0%
Differenziale tra i tassi	**+1%**	**+1,5%**	**+0,7%**	**+1,7%**	**+0,5%**	**-0,5%**

Differenziale dei flussi finanziari	**1° anno I sem.**	**1° anno II sem.**	**2° anno I sem.**	**2° anno II sem.**	**3° anno I sem.**	**3° anno II sem.**
Flussi a tasso fisso	+11.000	+11.000	+11.000	+11.000	+11.000	+11.000
Flussi a tasso variabile	-9.000	-8.000	-9.600	-7.600	-10.000	-12.000
Differenziale tra i flussi	**2.000**	**3.000**	**1.400**	**3.400**	**1.000**	**-1.000**

Situazione complessiva	**1° anno I sem.**	**1° anno II sem.**	**2° anno I sem.**	**2° anno II sem.**	**3° anno I sem.**	**3° anno II sem.**
Tasso fisso pagato sul mutuo	-6,0%	-6,0%	-6,0%	-6,0%	-6,0%	-6,0%
Differenziale dell'IRS	+1%	+1,5%	+0,7%	+1,7%	+0,5%	-0,5%
Differenziale netto	**-5,0%**	**-4,5%**	**-5,3%**	**-4,3%**	**-5,5%**	**-6,5%**

tassi variabili, l'impresa affianca a tale operazione originaria un contratto di *plain vanilla swap* con le seguenti caratteristiche:

- capitale nozionale = 200.000 euro;
- tasso fisso (corrisposto dalla banca all'impresa) = 5,5%;
- tasso variabile (corrisposto dall'impresa alla banca) = Libor[37] a 3 mesi;
- frequenza dei regolamenti = ogni sei mesi per tre anni.

Si nota come la conclusione dell'IRS consente all'impresa di ridurre il costo complessivo dell'indebitamento, beneficiando della contrazione del tasso variabile. Il vantaggio che ne deriva aumenta al diminuire del tasso variabile e, per contro, si riduce al crescere del tasso variabile.

Appare evidente come nella situazione opposta rispetto a quella appena descritta, ovvero in presenza di un'impresa indebitata a tasso variabile con previsioni al rialzo dei tassi di interesse, la medesima operazione sarà realizzata prevedendo il versamento del tasso fisso da parte dell'impresa e del tasso variabile da parte della banca.

Sulla base delle considerazioni svolte finora, emerge una forte similitudine tra l'*interest rate swap* e il *forward rate agreement*. Gli elementi di differenziazione sono rappresentati dalla data a partire dalla quale iniziano a prodursi gli effetti del contratto – anticipata nel FRA e differita nello *swap* –, nonché dal numero di rilevazioni dei

[37] *London interbank offered rate*. È il tasso di interesse a breve termine per le principali eurovalute sul mercato interbancario di Londra.

tassi variabili e dunque dal numero di regolamenti previsti nell'ambito di un unico contratto. Sotto questo profilo, l'accordo alla base del *forward rate agreement* prevede un solo regolamento, mentre nell'*interest rate swap* sono presenti più regolamenti a scadenze determinate, caratteristica che conduce a qualificare tale strumento come una sequenza di FRA.

Il *currency swap* rappresenta un contratto in cui una parte cede all'altra una determinata quantità di valuta contro altra valuta con l'impegno di effettuare l'operazione opposta alla scadenza del contratto, al medesimo rapporto di cambio. L'aspetto fondamentale connesso a tale strumento consiste nel fatto che in questo caso si assiste allo scambio non soltanto degli interessi, ma anche degli importi nominali di capitale, sia a pronti, sia alla scadenza del contratto.

I credit derivatives

Nell'ambito della trattazione dei contratti *swap* un cenno particolare deve essere riservato ad alcuni strumenti specificamente ideati e applicati per consentire una adeguata tutela contro il rischio di credito insito in alcune tipologie di investimento. Occorre chiarire che si tratta di soluzioni nate soprattutto per soddisfare le esigenze di copertura dal rischio di credito manifestate dalle banche, stante la particolare composizione del loro portafoglio, ma che possono trovare applicazione anche in altre tipologie di imprese. A partire dalla fine degli anni Novanta il mercato dei *credit derivatives* ha fatto registrare una crescita esponenziale, contribuendo a migliorare il livello di liquidità e trasparenza del mercato del credito.

In termini del tutto generali, i *credit derivatives* rappresentano contratti con i quali una parte che presenta tra le attività un determinato investimento (ad esempio in titoli azionari, obbligazionari ecc.), dietro il pagamento di un corrispettivo, è in grado di tutelarsi dal rischio di *default* del soggetto emittente l'attività acquisita, trasferendo tale rischio a un altro soggetto, il quale a sua volta assume l'esposizione a una perdita incerta per ottenere come contropartita il corrispettivo versato dalla prima. Lo schema di base relativo a un generico contratto di *credit derivative* può essere rappresentato come in figura 9.9.

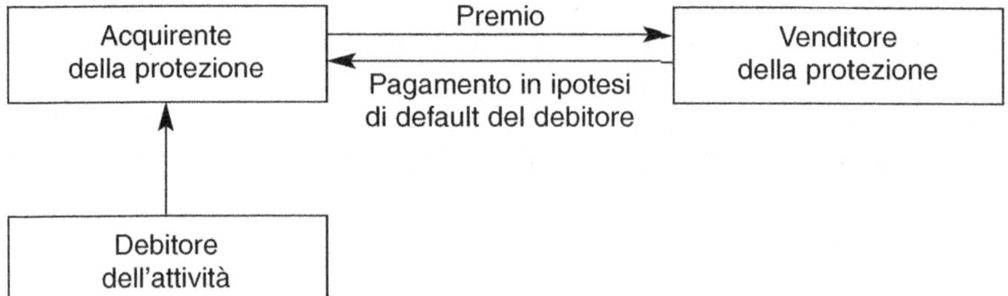

Fig. 9.9 Schema di base di un *credit derivative*

Le principali tipologie di *credit derivative* sono rappresentate da:

- *credit default swap*;
- *total return swap*.

Il *credit default swap* è un contratto attraverso il quale un soggetto (*protection buyer*), detentore di un credito tra le sue attività, si impegna a corrispondere all'altra parte (*protection seller*) un premio a scadenze periodiche definite, al fine di ottenere una tutela dal rischio di credito associato all'attività sottostante. Al verificarsi del cosiddetto *credit event* – che generalmente è rappresentato dall'insolvenza del debitore – il venditore della protezione ha l'obbligo di rimborsare all'acquirente-creditore il valore del credito. Si sottolinea come in questo caso il versamento del premio non avviene in un'unica soluzione, ma a date convenute, con periodicità solitamente trimestrale; esso inoltre è definito in punti base (*basis point*) e calcolato sul valore nozionale del contratto[38].

Lo strumento in parola consente pertanto al titolare dell'attività (titolo azionario, finanziamento concesso, titolo obbligazionario, credito commerciale) di mantenerne la proprietà giuridica, evitare la cessione del credito – circostanza che si può verificare ad esempio nel contratto di *factoring* – trasferendo al venditore della protezione il rischio di credito insito nell'investimento.

Il *total return swap* si configura invece come un contratto più complesso rispetto al precedente, in quanto i flussi di cassa emergenti tra acquirente e venditore della protezione sono composti da molteplici voci. Nello specifico, si tratta di un accordo tra due parti nel quale l'acquirente della protezione, detentore di una attività sottostante, il cui rimborso dipende dal grado di solvibilità dell'emittente, si impegna a corrispondere al venditore della protezione un flusso di cassa costituito da:

- interessi, cedole, dividendi erogati dal soggetto emittente dell'attività sottostante in un periodo determinato;
- eventuale apprezzamento del valore di mercato dell'attività sottostante registrato nel medesimo periodo;
- eventuali commissioni previste nel contratto.

Dall'altra parte, il venditore della protezione si impegna a effettuare pagamenti a favore dell'acquirente rappresentati da:

- un tasso di interesse di riferimento (generalmente il tasso *Libor*) calcolato su un capitale corrispondente al valore dell'attività sottostante;
- l'eventuale deprezzamento del valore di mercato dell'attività sottostante registrato nel periodo considerato.

[38] In alcuni casi è possibile che il premio sia corrisposto a pronti in un'unica soluzione. Tale circostanza, che si verifica soprattutto quando il contratto ha durata breve, assume una configurazione più simile a quella di una opzione e in effetti è definita *credit default option*.

Nel *total return swap* emerge come il rischio trasferito non sia rappresentato esclusivamente dal rischio di credito, ma anche dal rischio di mercato: in effetti, l'acquirente della protezione corrisponde all'altra parte anche l'eventuale aumento di valore dell'attività sottostante, ma riceve in cambio il rimborso dell'eventuale contrazione di valore della stessa.

Capitolo 10

I mercati finanziari: condizioni di efficienza e comportamento degli investitori

di Alberto Manelli

SEZIONE I

Le teorie sull'efficienza dei mercati

10.1 Struttura e composizione dei mercati finanziari

Nell'ambito degli studi sulle dinamiche finanziarie d'impresa non si può prescindere dall'approfondimento dei meccanismi alla base del funzionamento dei mercati finanziari, luoghi di incontro tra la domanda e l'offerta di strumenti emessi o acquisiti da operatori con l'intento, rispettivamente, di reperire risorse per fronteggiare un fabbisogno oppure di impiegare capitali al fine di conseguire adeguati rendimenti. In termini generali, i sistemi finanziari fondano la loro operatività e la loro stessa ragione d'essere sull'esistenza, da un lato, di soggetti che risparmiano e che dunque, sotto un profilo strettamente finanziario, si trovano in una situazione di surplus e, dall'altro, soggetti che investono esprimendo una conseguente domanda di risorse. Ne deriva che i primi, rappresentati generalmente dalle famiglie, presentano un saldo finanziario positivo, mentre i secondi, tipicamente lo Stato e le imprese, manifestano una situazione di deficit, ovvero un saldo finanziario negativo. Algebricamente, i saldi finanziari sono determinati dalla differenza tra il livello del risparmio e l'ammontare degli investimenti o, in alternativa, tra entrate e uscite correnti. La grandezza che ne deriva risulta pari al saldo tra attività finanziarie e passività finanziarie. In formula:

$$SF = S - I = \Delta AF - \Delta PF$$

dove:

SF = saldo finanziario;
S = risparmio;
I = investimenti;
AF = attività finanziarie;
PF = passività finanziare.

L'operatore che evidenzia un saldo finanziario positivo, si trova in una situazione di surplus e si pone come prestatore finale di fondi attraverso l'acquisto di attività finanziarie; viceversa, l'operatore con un saldo finanziario negativo è tenuto ad emettere passività finanziarie, ponendosi come debitore finale di fondi. In quest'ottica, la principale funzione svolta dai sistemi finanziari consiste proprio nel creare opportuni collegamenti tra soggetti in surplus e soggetti in deficit, al fine di soddisfare al meglio le esigenze di entrambi: da un lato, ottenere una remunerazione adeguata per le risorse detenute in eccesso e investite e dall'altro acquisire i capitali necessari a coprire gli investimenti programmati e realizzati. Gli operatori finanziari sono cioè chiamati a operare un efficiente trasferimento di risorse da unità in surplus a unità in deficit, con l'obiettivo fondamentale di indirizzare i flussi finanziari verso i progetti di investimento più meritevoli e dunque più redditizi. Il collegamento tra coloro che hanno disponibilità finanziarie in eccesso e coloro che ne fanno domanda, può avvenire seguendo due strade[1]:

1) mediante rapporti diretti tra soggetti che esprimono saldi finanziari di segno opposto, ovvero attraverso la creazione di un apposito *mercato finanziario*. È il caso dell'emissione di nuove azioni o di un prestito obbligazionario da parte di un'impresa;
2) in modo indiretto, ovvero tramite il passaggio attraverso un terzo operatore (intermediario) che acquisisce le risorse dalle unità in surplus, divenendo debitore nei loro confronti e che, al tempo stesso, si pone come erogatore di capitali a favore delle unità in deficit assumendo così il ruolo di creditore. Si tratta dell'attività svolta dagli intermediari finanziari per eccellenza, ovvero le banche.

I due sistemi di intermediazione ora descritti possono essere schematizzati come in figura 10.1.

La diversità del percorso da seguire per garantire il collegamento tra settori in avanzo e settori in disavanzo e quindi il relativo trasferimento di risorse implicano altresì una differenziazione nella tipologia dei rapporti che si instaurano tra le parti e negli strumenti utilizzati. In termini generali è possibile affermare che nei circuiti finanziari diretti le transazioni avvengono in modo impersonale e hanno per oggetto ti-

[1] Oriani M., 1999, *Struttura dei mercati finanziari e strumenti di finanziamento delle imprese*, in Cattaneo, cit., pp. 53-54.

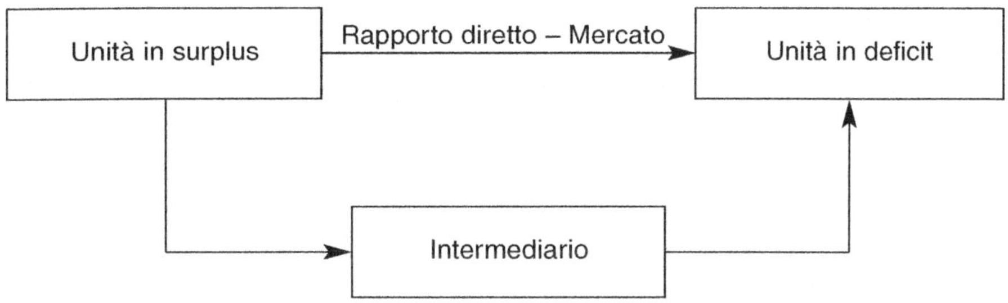

Fig. 10.1 Il sistema finanziario

toli standardizzati; viceversa, la presenza di un intermediario permette l'impostazione di un rapporto personale e di condizioni contrattuali variabili di volta in volta a seconda delle circostanze e delle esigenze degli operatori.

Sempre assumendo la medesima ottica di osservazione, è appena il caso di sottolineare che i sistemi economico-finanziari che fondano la loro operatività in maniera prevalente sui circuiti diretti, possono essere definiti «sistemi orientati al mercato» o *open market*. Qualora, invece, il collegamento tra soggetti in surplus e soggetti in deficit avvenga con maggiore frequenza passando attraverso la figura professionale di un intermediario, si parla di «sistemi orientati agli intermediari» (*negotiated loan market*). Appartengono alla prima categoria i sistemi finanziari tipici dei paesi anglosassoni, ossia britannici e statunitensi, da sempre dotati di mercati finanziari in grado di sostenere in maniera efficiente i meccanismi di domanda e di offerta di capitali e di garantire il finanziamento del settore produttivo minimizzando i costi dell'intermediazione[2]. In altri contesti socio-economici, tra i quali si annovera l'Italia, le funzioni di acquisizione-erogazione dei capitali sono svolte da appositi intermediari, e in particolare da intermediari di estrazione bancaria. Nel nostro Paese la stessa legislazione tributaria ha contribuito sensibilmente a incrementare il ricorso delle imprese al credito bancario, piuttosto che incentivare le acquisizioni dirette dei capitali sui mercati, intervenendo così, insieme ad altri fattori di natura strutturale e culturale, nella costruzione di un circuito finanziario fortemente «bancocentrico» nel quale i mercati erano destinati a svolgere un ruolo del tutto marginale.

Negli ultimi anni si sta però assistendo a un'inversione di tendenza guidata da un sempre maggiore interesse mostrato dalle imprese, dai risparmiatori, dalle istituzioni e da tutti gli operatori economici in generale, nei confronti del mercato dei capitali e degli strumenti in esso negoziati. La presa di coscienza della necessità di un circuito finanziario in grado di operare un collegamento diretto e non intermediato tra soggetti che offrono e soggetti che domandano risorse finanziarie, la continua innovazione

[2] Per un quadro completo sull'evoluzione dei sistemi finanziari dei paesi anglosassoni, si veda Kregel J., *Origini e sviluppo dei mercati finanziari*, Banca Popolare dell'Etruria e del Lazio – Studi e ricerche, Arezzo 1996.

che ha portato alla definizione di nuovi strumenti e nuovi meccanismi operativi, un maggior livello di cultura finanziaria anche da parte delle famiglie, i numerosi interventi legislativi volti a introdurre ulteriori figure professionali (quali i fondi comuni di investimento mobiliare nel 1983, le società di intermediazione mobiliare nel 1991 e i fondi pensione nel 1993) e a offrire una regolamentazione omogenea dell'intero sistema: sono questi alcuni dei fattori che insieme fungono da volano verso la transizione da un modello economico-finanziario fondato sull'attività bancaria, a un processo di disintermediazione che intende porre il mercato al centro dei meccanismi di finanziamento-investimento del Paese.

Si tratta in realtà di un percorso appena avviato e destinato a incontrare non pochi ostacoli, tra i quali una menzione particolare merita la struttura proprietaria delle imprese italiane, costruita per lo più su base familiare e dunque poco disponibile nei confronti di «aperture» verso l'esterno. Ciò costituisce, come è evidente, un importante elemento di incompatibilità con lo sviluppo di un mercato dei capitali potenzialmente idoneo a garantire l'afflusso di capitale di rischio a favore di un sistema imprenditoriale che mostri un sufficiente grado di maturità finanziaria e sia dunque propenso a orientarsi verso un modello sociale a proprietà diffusa (*public company*).

Sempre con riferimento alle aziende italiane, appare opportuno sottolineare un altro problema che le caratterizza e che potrebbe trovare soluzione proprio nella crescita dei mercati finanziari. In effetti, gran parte delle nostre imprese presenta una struttura finanziaria che, dal lato delle fonti, risulta fortemente sbilanciata verso l'indebitamento piuttosto che il capitale proprio, abusando spesso del ricorso al capitale di credito a breve termine. Il risultato di questa diffusa tendenza è costituito da imprese sottocapitalizzate e segnate da una situazione di squilibrio economico-finanziario che potrebbe pregiudicarne la sopravvivenza. In questo contesto, il potenziamento dei circuiti finanziari diretti sarebbe in grado di offrire un contributo decisivo al consolidamento della struttura patrimoniale delle imprese e al conseguente aumento del loro livello di capitalizzazione.

Una volta compiuta una panoramica sull'origine e l'articolazione dei sistemi finanziari e individuate le principali motivazioni e cause alla base della sentita necessità di sviluppare un efficiente mercato dei capitali, occorre proporre un elenco delle principali funzioni che quest'ultimo è chiamato a svolgere. Tali funzioni sono così sintetizzabili:

- trasferimento delle risorse da soggetti/settori in surplus a soggetti/settori in deficit. Si tratta senza dubbio del compito più importante affidato ai mercati e sul quale ci si è già soffermati sufficientemente;
- trasformazione e redistribuzione del rischio d'investimento. I risparmiatori, trovandosi di fronte molteplici alternative di impiego delle loro risorse, possono diversificare il portafoglio di attività rivolgendosi a diversi interlocutori[3];

[3] Forestieri G., Mottura P., *Il sistema finanziario. Istituzioni, mercati e modelli di intermediazione*, Egea, Milano 1998, p. 10.

- efficiente allocazione delle risorse. Queste ultime, cioè, una volta affluite in un circuito finanziario che opera secondo principi di efficienza, vengono canalizzate verso investimenti nelle realtà imprenditoriali maggiormente produttive e che presentano le migliori prospettive in termini di creazione di nuovo valore;
- liquidità dell'impiego nei titoli trattati, obiettivo raggiungibile attraverso un elevato numero di negoziazioni e che determina un facile smobilizzo dell'investimento;
- riduzione dei costi di transazione, ottenuta mediante l'eliminazione dei passaggi attraverso gli intermediari e l'instaurazione di un rapporto diretto tra le parti;
- promozione dell'investimento in valori mobiliari.

Infine, appare opportuno chiarire un aspetto fondamentale delle tematiche affrontate in questa sede e relativo alla preferenza di un sistema orientato al mercato piuttosto che agli intermediari. In realtà, il problema non deve essere posto in termini di scelta tra banche e mercati, in quanto ogni circuito presenta proprie caratteristiche e peculiarità che lo rendono idoneo ad affrontare circostanze diverse. I sensibili vantaggi che il sistema economico, finanziario e produttivo italiano potrebbe ottenere per effetto dello sviluppo del mercato dei capitali, non implicano inevitabilmente il venir meno del ruolo degli intermediari e in particolare di quelli di natura bancaria. Sarà dunque necessario ricercare un equilibrio tra le due tipologie di circuiti finanziari, al fine di integrarne le funzionalità e le potenzialità e migliorare così le condizioni di economicità e operatività per tutti gli operatori.

Il mercato dei capitali presenta una struttura piuttosto complessa e articolata, costruita su operatori, strumenti, funzioni con caratteristiche profondamente diverse e tali da far assumere ai circuiti finanziari stessi configurazioni e connotati differenti e variabili a seconda dei parametri che si prendono in considerazione. È così possibile operare alcune significative classificazioni e distinzioni, a partire dall'esame delle tipologie di mercato che si possono individuare in funzione della scadenza delle attività negoziate. Seguendo questa logica di osservazione si parla di:

- mercato monetario, nel quale vengono scambiate attività finanziarie a breve scadenza (cioè non superiore ai 12/18 mesi). Tra i titoli negoziati in questo mercato si annoverano in primo luogo i titoli di Stato a breve termine (BOT), ma anche quei valori mobiliari emessi dal Tesoro con una scadenza a medio-lungo termine (CCT, BTP) e aventi vita residua inferiore a diciotto mesi. Per quanto riguarda invece le attività finanziarie emesse da soggetti privati, si segnalano le accettazioni bancarie, le cambiali finanziarie, le polizze di credito commerciale, ovvero tutti gli strumenti utilizzati per coprire il fabbisogno finanziario di breve periodo. Inoltre, tra gli operatori che ricorrono con maggiore frequenza al mercato monetario occorre menzionare le banche che, mediante l'istituto dei depositi interbancari riescono a fronteggiare eventuali eccedenze o carenze di disponibilità. In considerazione della natura e delle caratteristiche delle attività in esso scambiate, il mercato monetario è dunque destinato ad assolvere il fondamentale compito di permettere l'«aggiustamento» delle posizioni di liquidità dei soggetti che vi operano e quindi l'ottimizzazione della composizione del loro portafoglio;

- mercato finanziario, che invece accoglie le contrattazioni di titoli a medio-lungo termine tipicamente rappresentati da azioni e obbligazioni. Le azioni sono emesse da società private e in proposito si sottolinea il forte impulso alla crescita dei mercati fornito dal processo di privatizzazione e successiva quotazione delle grandi imprese pubbliche. I titoli obbligazionari sono emessi dalle imprese secondo modalità e nel rispetto di limiti che saranno esaminati in seguito. In ogni caso, gli strumenti in parola sono immessi nei circuiti finanziari al fine di garantire ai soggetti emittenti la copertura di un fabbisogno consolidato.

Un'altra importante distinzione può essere effettuata tra:

- mercato primario, riferito all'insieme di negoziazioni aventi per oggetto le nuove emissioni di titoli. È in tale ambito che gli operatori in deficit (imprese) sono in grado di entrare in contatto con gli operatori in surplus (risparmiatori), di far fronte alle loro esigenze di finanziamento e di realizzare la più volte citata funzione di trasferimento di risorse nel sistema. L'esempio maggiormente rappresentativo è costituito dalla collocazione sul mercato di titoli azionari e dalla conseguente sottoscrizione degli stessi da parte degli investitori. Il collocamento dei titoli presso il mercato primario avviene prevalentemente attraverso il meccanismo della sollecitazione del pubblico risparmio, ovvero ricorrendo alle *Initial Public Offering*[4];
- mercato secondario, dove avvengono le negoziazioni delle attività finanziarie già in circolazione. Tale mercato gioca un ruolo imprescindibile nel circuito finanziario in quanto permette la trasferibilità dei titoli in esso scambiati aumentandone il grado di liquidità.

È di tutta evidenza lo stretto legame esistente tra le due tipologie di mercato, in quanto un maggior numero di contrattazioni registrate nel mercato secondario ne incrementano l'ampiezza e lo spessore, favorendo di conseguenza anche l'efficienza del mercato primario.

Sotto il profilo della regolamentazione è possibile individuare una ulteriore classificazione tra:

- mercati regolamentati che, come suggerisce l'aggettivo usato per definirli e come già accennato nel capitolo precedente, sono costruiti su un insieme di regole, criteri, modalità operative, necessari a garantire la correttezza e la trasparenza delle contrattazioni, nonché il raggiungimento di condizioni di uniformità e standardizzazione delle procedure. Il principale mercato regolamentato è sicuramente costituito dalla Borsa valori, luogo di incontro della domanda e dell'offerta di valori mobiliari ammessi alle quotazioni ufficiali in seguito all'accertamento da parte di un apposito organismo di controllo (la CONSOB) dei requisiti all'uopo necessari, requisiti relativi sia alle caratteristiche tecnico-giuridiche dei titoli, sia al soggetto emittente;

[4] Per un approfondimento del tema si rinvia a quanto esposto nel capitolo sette, paragrafo 7.3.

- mercati *over the counter*, privi di una specifica regolamentazione e destinati ad accogliere le negoziazioni di titoli non quotati. La nascita e lo sviluppo di mercati non regolamentati va rintracciata principalmente nella necessità di trattare, accanto agli strumenti standardizzati negoziati nei mercati regolamentati, altri strumenti dotati di un certo livello di personalizzazione e che dunque difficilmente potrebbero essere introdotti in un contesto fortemente organizzato. L'assenza di regole, limiti e controlli impone necessariamente che gli scambi siano effettuati da operatori professionali e autorizzati.

Dopo aver elencato le principali tipologie e classificazioni dei mercati finanziari, appare opportuno riservare un breve cenno alla struttura organizzativa di cui essi possono dotarsi per svolgere al meglio la funzione di trasferimento delle risorse che gli è propria. Si tratta di un aspetto fondamentale che determina un'incidenza diretta soprattutto sul livello di efficienza del sistema finanziario, misurabile in termini di maggiori o minori costi da sostenere in funzione della formula organizzativa prescelta. In proposito è possibile individuare quattro differenti modelli di riferimento:

- mercato con ricerca diretta della controparte. Si tratta della forma più semplice di mercato che non prevede l'adozione di una struttura organizzativa formale: sono gli stessi operatori interessati a concludere le contrattazioni ad assumersi il compito della ricerca della controparte. Un'impostazione di questo tipo, rintracciabile ovviamente nei mercati *over the counter*, comporta inevitabilmente il sostenimento di tutti i costi di ricerca e di informazione da parte dei singoli operatori, determinando un'onerosità la cui incidenza cresce al diminuire del valore dell'operazione. Per tali motivazioni questo approccio al mercato è considerato scarsamente efficiente, non in grado di portare alla definizione di prezzi significativi e dunque nella pratica non più utilizzato;
- mercati di *broker*. I broker sono intermediari specializzati nella ricerca delle controparti di una transazione. Il loro compito principale consiste dunque nel mettere in contatto venditore e compratore e nel definire le condizioni generali dell'accordo, riducendo così i costi di informazione. Il principale limite di questo modello organizzativo consiste nella mancanza di certezza sul buon fine dell'operazione in quanto il *broker* – che percepisce una commissione per l'attività svolta – non ne garantisce l'esecuzione;
- mercati di *dealer*. Il *dealer* è un intermediario che si pone egli stesso come controparte della negoziazione, lucrando la differenza tra la quotazione di acquisto («denaro») e la quotazione di vendita («lettera»), differenza che costituisce al tempo stesso il costo dell'operazione;
- mercato ad asta. Si realizza mediante il lancio di offerte simultanee da parte di potenziali acquirenti e la conseguente individuazione del prezzo migliore. Sui mercati telematici (quali la Borsa valori), l'asta può essere «a chiamata», laddove le offerte possono iniziare solo quando il banditore chiama il titolo, oppure può essere «continua» qualora la domanda e l'offerta inerenti il titolo possono incrociarsi in modo continuo nel corso di un arco di tempo prefissato (in genere alcune ore).

10.2 I diversi concetti di efficienza dei mercati

La teoria dell'efficienza dei mercati finanziari può essere sicuramente annoverata tra quelle tematiche che maggiormente hanno destato l'interesse degli studiosi nel corso degli ultimi anni, occupando un ruolo di primo piano nell'ambito della produzione scientifica e alimentando il dibattito intorno a un argomento complesso e foriero di spunti di riflessione e approfondimento. Al fine di comprendere appieno il significato e le implicazioni per i mercati finanziari derivanti dalle teorie sull'efficienza, occorre in primo luogo offrire una puntuale definizione del termine «efficienza», stante l'esistenza di diversi possibili significati da attribuire a tale concetto:

- *efficienza informativa*. In ogni momento il valore di mercato di un titolo è in grado di inglobare e scontare tutte le informazioni disponibili;
- *efficienza valutativa*. Il valore di mercato di un titolo riflette perfettamente il suo valore intrinseco o effettivo, ovvero il valore determinato dai valori fondamentali (di bilancio) dell'impresa in oggetto;
- *efficienza di completezza o di totale assicurazione*. Il mercato consente in ogni momento, presente o futuro, di effettuare operazioni di compravendita;
- *efficienza funzionale*, misurata valutando il contributo che il mercato è in grado di offrire all'economia nel suo complesso;
- *efficienza tecnico-operativa*, inerente il grado di razionalizzazione della struttura dei costi relativi all'organizzazione e alle procedure poste in essere all'interno del mercato.

Occorre inoltre sottolineare che, rispetto ad altri mercati, il mercato azionario presenta alcune importanti prerogative in grado di agevolare la verifica dell'ipotesi di efficienza, ovvero[5]:

- *omogeneità*. Nonostante ciascun titolo azionario sia dotato di proprie caratteristiche, è possibile concepire tali strumenti finanziari come un unico prodotto che fornisce un rendimento soggetto a un determinato livello di rischiosità. Sulla base di queste considerazioni, le azioni rappresentano beni altamente sostituibili;
- *indipendenza dai gusti degli investitori*. L'unica variabile rilevante capace di spiegare le differenze relative tra i valori di due titoli azionari è il rischio sistematico. Si consideri, a titolo di esempio, che sarebbe assurdo pensare alla costruzione di un modello di determinazione dei prezzi (*pricing model*) in grado di giustificare la stessa differenza di valore tra due opere d'arte;
- *indipendenza rispetto al luogo*. Si tratta di un requisito strettamente connesso alla intangibilità dei titoli azionari. Se un'azione risulta palesemente sottoquotata, una simile informazione assume lo stesso valore per un investitore italiano e per un investitore straniero, contribuendo così a evidenziare una maggiore reazione e sensibilità delle quotazioni alle informazioni;

[5] Keane S. M., *Stock Market Efficiency: Theory, Evidence and Implications*, Oxford, Allan 1983, pp. 5-7.

- *grande supporto informativo*. Il sistema informativo costruito intorno al mercato azionario assicura una circolazione tempestiva ed economica dei dati rilevanti tra i partecipanti.

Seguendo la tradizione economica, in questa sede si affronterà in maniera prevalente il tema dell'efficienza informativa, argomento sul quale si sono concentrati esperti e studiosi sia a livello teorico, sia a livello empirico. Non mancheranno però analisi e approfondimenti su altre interpretazioni del concetto di efficienza e altri modelli elaborati nel corso degli anni. In tale ottica, si provvederà in primo luogo a descrivere puntualmente e in modo completo la teoria dell'efficienza informativa dei mercati finanziari attraverso un semplice approccio descrittivo, approccio successivamente integrato con la descrizione del fenomeno sotto il profilo empirico attraverso il ricorso ai diversi modelli econometrici elaborati e posti a disposizione dalla letteratura.

L'obiettivo che si intende perseguire consiste nel porre le basi logiche e concettuali per la successiva verifica della presenza o meno, nel mercato finanziario italiano, delle condizioni che assicurano l'efficienza degli scambi. In quest'ottica, si procederà a testare i principali strumenti a disposizione degli analisti finanziari al fine di trarre utili indicazioni non soltanto sul nostro circuito finanziario, ma anche relativamente ai mercati anglosassoni, tradizionalmente dotati di caratteristiche di spessore e ampiezza e citati spesso come esempio di piazze particolarmente efficienti.

10.3 Efficienza informativa dei mercati finanziari: un approccio descrittivo

10.3.1 L'efficienza informativa e le sue diverse forme

Offrire un'analisi chiara e ordinata del tema dell'efficienza informativa non è certo un compito agevole, soprattutto in considerazione dell'enorme volume di pubblicazioni che negli ultimi decenni si sono concentrate su tale argomento. Nonostante questo, pochi dubbi si possono sollevare sulle origini della teoria in parola e soprattutto sull'autore che ne è considerato il «padre», ovvero Fama[6]. In accordo con la sua notissima e originale definizione, si può considerare efficiente un mercato dei capitali in cui i prezzi rispecchiano sempre e pienamente tutte le informazioni disponibili. L'autore nello scritto afferma inoltre che l'efficienza è una proprietà desiderabile di un mercato in quanto lo scopo principale di quest'ultimo è l'allocazione ottimale delle quote rappresentative della proprietà del patrimonio delle imprese; come accade in tutti i mercati, più i prezzi sono dotati della capacità di rispecchiare in maniera fedele il valore intrinseco dei beni trattati, tanto più la suddetta allocazione diviene economicamente efficiente; il tutto a beneficio di coloro nei confronti dei quali l'allocazione è diretta, vale a dire gli investitori.

[6] Fama E.F., *Efficient Capital Markets: A Review of Theory and Empirical Work*, «The Journal of Finance», 25, 2, 1970, pp. 383-417.

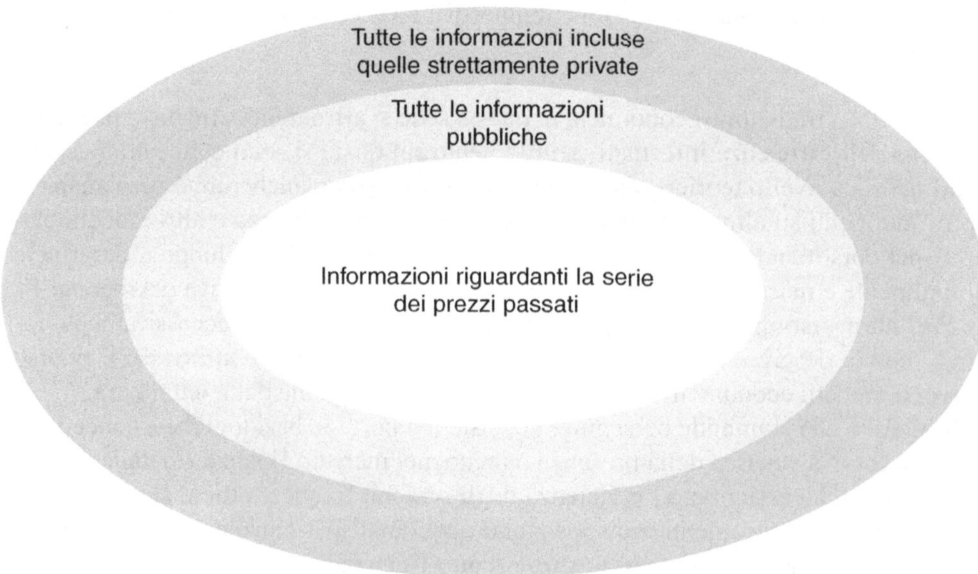

Fig. 10.2 Informazioni rilevanti per la valutazione di un titolo
Fonte: nostra elaborazione

L'esperienza insegna, però, che un mercato molto difficilmente è del tutto efficiente o del tutto inefficiente. Per questa ragione esistono diversi livelli di efficienza informativa, costruiti in funzione della tipologia e della quantità di informazioni che sono riflesse nei prezzi dei titoli presenti sul mercato stesso[7]. A tal proposito è possibile immaginare tutte le informazioni rilevanti ai fini della valutazione di un titolo disposte come in figura 10.2, cioè all'interno di tre cerchi concentrici.

Il cerchio più interno contiene solo informazioni di natura storica, riguardanti l'andamento delle serie del prezzo e del volume nel tempo. Il cerchio di media dimensione include, oltre alle informazioni suddette, anche quelle pubblicamente note e annunciate non concernenti il livello dei prezzi passati (ad esempio operazioni sul capitale, annuncio dei dividendi da distribuire e così via). Infine, il cerchio più grande consta delle informazioni contenute in quelli precedenti con l'aggiunta di tutte quelle di natura privata accessibili solo ad alcune categorie di investitori (*insiders*).

Sulla base di tali considerazioni, è possibile individuare le diverse forme, o livelli, di efficienza informativa. Se un mercato è efficiente in forma debole (*weak form*), tutte le informazioni di natura storica riguardanti le serie dei prezzi e dei volumi saranno riflesse nei valori correnti dei suoi titoli. L'efficienza semi-forte (*semi-strong form*) implica quella debole e in aggiunta richiede che i prezzi riflettano anche tutte le altre informazioni di pubblico dominio. Infine, l'efficienza forte (*strong form*) pre-

[7] Haugen R.A., *Modern Investment Theory*, Prentice-Hall, Englewood Cliffs 1997, pp. 642.

suppone le due precedenti con in più un mercato in grado di riflettere tutte le informazioni di natura privata e riservata.

Ne consegue che un mercato efficiente aggiusta i suoi prezzi per riflettere l'arrivo di nuove informazioni così rapidamente da non far emergere situazioni di squilibrio. In tal senso, il grado di efficienza di un mercato finanziario non è solo correlato con il tipo di informazione da esso riflessa, ma è altresì importante considerare la rapidità con la quale si innesca e viene portato a compimento il processo di aggiustamento dei prezzi.

Al fine di comprendere appieno i concetti analizzati fino ad ora, può essere utile studiare un esempio concreto, preceduto però da una doverosa precisazione inerente il concetto di «rendimento atteso», concetto già esposto nel corso della precedente trattazione[8] e che sarà utilizzato molto spesso d'ora innanzi. Per «rendimento atteso», infatti, si intende il rendimento che mediamente è possibile ottenere; se il rendimento atteso in eccesso rispetto a quello «normale» è pari a zero, non vuol dire che non si possono ottenere extra-profitti, ma significa semplicemente che tale circostanza non si verifica sistematicamente, vale a dire non avviene in media.

Compiuta questa precisazione, si assuma che un'impresa annunci profitti per l'anno corrente tre volte maggiori di quelli attesi in precedenza e che, in aggiunta, tale incremento sia di natura permanente senza richiedere alcun aumento nell'ammontare del capitale investito. È evidente che le azioni della società avranno ora un valore superiore a quello antecedente la data dell'annuncio. Un investitore accorto si renderà conto delle implicazioni dell'annuncio suddetto e dei suoi effetti sul prezzo del titolo: l'informazione è perciò in qualche maniera utile, così come ne è sicuramente necessaria la conoscenza. Ma se il mercato è efficiente, l'utilità dell'annuncio si ferma alla determinazione corretta del nuovo valore dell'impresa, senza alcuna implicazione per la realizzazione di rendimenti superiori a quelli che, considerato il modello di equilibrio del mercato ovvero la sua struttura, possono essere considerati «normali». In particolare, l'annuncio dei maggiori profitti realizzati può dar luogo alla costruzione di quattro distinte ipotesi di reazione dei mercati, sintetizzabili in altrettanti possibili scenari riportati nella tabella 10.1.

Nonostante le impostazioni teoriche elaborate da Fama, è comunque agevole constatare come sia difficile accettare e sostenere che nella realtà i mercati dei capitali seguano tale logica di comportamento e siano pertanto efficienti secondo quest'ultima accezione (efficienza in forma forte).

10.3.2 Condizioni di mercato che assicurano l'efficienza

A questo punto della trattazione appare del tutto lecito chiedersi perché un mercato dovrebbe essere efficiente nelle tre forme considerate. In effetti, fino ad ora si è provveduto semplicemente a offrire una definizione delle caratteristiche che un mercato deve possedere per poter essere definito efficiente: rimane però da chiedersi perché si

[8] Cfr. capitolo 3.

Tab. 10.1 Le diverse forme di efficienza informativa

Ipotesi	Effetti
1. Mancanza di efficienza	L'analisi della serie del prezzo immediatamente successiva la data dell'annuncio consentirà di ottenere extra-profitti, in quanto il meccanismo di aggiustamento verso il prezzo di equilibrio sarà lento ed avverrà per gradi. Un analista deciso a concentrare la propria attenzione solo sull'andamento del prezzo, riterrà di aver individuato l'inizio di un *trend* crescente: se procederà all'acquisto delle azioni prima che il processo d'aggiustamento avrà avuto termine, otterrà appunto rendimenti in eccesso rispetto a quelli "normali".
2. Efficienza in forma debole	Qualunque tecnica di investimento tendente a sfruttare le sole serie storiche dei prezzi sarà inefficace ed improduttiva, perché il prezzo si aggiusterà in maniera istantanea al nuovo valore di equilibrio, rendendo il rendimento atteso in eccesso nullo. Però, gli investitori attenti e pronti a recepire le implicazioni dell'annuncio, otterranno extra-profitti. Costoro, infatti, si precipiteranno ad acquistare il titolo il cui prezzo, vista la lentezza del processo d'aggiustamento diretta conseguenza dell'inefficienza del mercato, sarà veramente vantaggioso e foriero di rendimenti eccezionali.
3. Efficienza in forma semi-forte	L'annuncio di maggiori profitti in relazione a quelli in precedenza attesi e stimati, renderà in ogni caso inefficaci tecniche d'investimento che siano basate sulla diffusione di informazioni pubbliche. Anche in questa circostanza il rendimento atteso in eccesso sarà nullo.
4. Efficienza in forma forte	Nessun investitore sarà in grado di ottenere rendimenti "anormali", neanche fruendo di informazioni private. I manager dell'impresa certamente avranno conoscenza del contenuto e della portata dell'annuncio prima che esso avvenga. L'annuncio costituirà quindi un'informazione riservata che nel mondo reale sarà sicuramente potenziale fonte di profitti eccezionali per i manager stessi (in questo caso *insiders**). In accordo con la teoria dell'efficienza in forma forte, tale circostanza non dovrebbe però verificarsi, in quanto i prezzi riflettono e scontano tutte le informazioni, anche quelle riservate.

* Per inciso, è necessario precisare che nella maggior parte dei paesi l'attività di *insider trading* costituisce un reato.

dovrebbe credere ai fautori di questa teoria e quindi accettarla. L'unico modo per rispondere a tale domanda è analizzare gli assunti posti alla base del modello e verificare la loro attinenza con la realtà dei mercati: se si riscontra una ragionevole compatibilità tra i due aspetti, allora la teoria può essere considerata valida; se, al contrario, la teoria e le sue basi concettuali non costituiscono una descrizione fedele della realtà, allora l'analisi teorica basata solo su deduzioni logiche non è più sufficiente a supportare il modello, ma solo l'analisi empirica sarà in grado di farlo. Un approccio di questo tipo richiama direttamente una celebre affermazione dell'economista Milton Friedman: «la rilevante domanda da porsi circa le ipotesi di base di una teoria non è se esse siano realistiche, in quanto non lo sono mai, ma se costituiscono una buona approssimazione in relazione allo scopo in questione. E questa domanda può trovare risposta solo osservando se la teoria funziona, il che vuol dire se essa produce previsioni sufficientemente accurate»[9].

[9] Friedman M., *Essays in the Theory of Positive Economics*, The University of Chicago Press, Chicago 1953.

In quest'ottica e procedendo con la verifica dell'attendibilità dell'impostazione proposta da Fama, è possibile individuare tre fondamentali assunti alla base della teoria dell'efficienza dei mercati finanziari:

- assenza di costi legati all'attività di compravendita di titoli;
- le informazioni rilevanti per la determinazione del prezzo di un titolo sono a libera e completa disposizione di tutti gli operatori del mercato senza alcun onere;
- tutti gli investitori sono perfettamente d'accordo sulle implicazioni delle suddette informazioni per quel che riguarda il prezzo corrente e la distribuzione dei prezzi futuri.

Un mercato che presenta tali caratteristiche è giocoforza efficiente, in quanto sicuramente tutte le informazioni rilevanti saranno in ogni momento riflesse nel prezzo dei titoli. Lo stesso Fama però ammette che le ipotesi sopra riportate non possono essere considerate realistiche, non descrivendo fedelmente il funzionamento del mercato, sostenendo altresì che tali condizioni sono semplicemente «sufficienti ma non necessarie» per garantire la sostenibilità del modello. In effetti, se è vero che i costi di negoziazione possono nella realtà inibire certe operazioni di compravendita rendendole non convenienti, è altrettanto vero in generale che le scelte di investimento avvengono in ogni caso a un prezzo che riflette pienamente tutte le informazioni. Allo stesso modo, il mercato è efficiente se un numero sufficiente di operatori ha facile ed economico accesso alle informazioni disponibili. In aggiunta, anche se ciascun investitore stimasse il prezzo corrente e la distribuzione di quelli futuri in maniera diversa, l'efficienza informativa sarebbe in ogni caso garantita in assenza di qualcuno capace di realizzare stime sistematicamente migliori di quelle medie, ovvero del prezzo di mercato stesso. Fama conclude la sua discussione ammettendo che il mancato realismo degli assunti formulati lascia spazio a una potenziale inefficienza del mercato e che solo l'esame empirico può eliminare i comprensibili dubbi inerenti la validità della teoria.

10.3.3 Efficienza e analisi finanziaria

Il problema dell'efficienza e della sua pratica realizzabilità e desiderabilità all'interno dei mercati appare particolarmente evidente qualora si passi a parlare di analisi finanziaria, lasciando spazio a considerazioni differenti a seconda degli approcci seguiti dagli analisti stessi. In senso ampio, si potrebbe affermare che l'analisi dei mercati finanziari (da ora in avanti semplicemente analisi finanziaria) comprende tutte quelle tecniche finalizzate alla determinazione del rendimento atteso e del livello di rischio di un titolo o di un portafoglio di titoli; in modo molto pragmatico, la si potrebbe anche ricondurre a tutto ciò che è utilizzato dagli analisti nello svolgimento della loro attività[10].

[10] Sharpe W.F., Alexander G.J., *Investments*, Prentice-Hall, Englewood Cliffs 1990, p. 666.

L'insieme delle tecniche pertinenti l'analisi finanziaria può essere diviso in due branche principali, ciascuna delle quali costituisce un approccio particolare che l'investitore può adottare per accedere in un mercato: l'analisi fondamentale e l'analisi tecnica. Volendo fornire una definizione sintetica, ma comunque rappresentativa della logica sottostante tali differenti approcci, è possibile affermare che l'analisi fondamentale si pone come obiettivo quello di determinare, attraverso lo studio delle variabili fondamentali d'impresa (principalmente dati di bilancio), il valore effettivo (intrinseco) del titolo azionario, da confrontare in una fase successiva con la quotazione espressa dal mercato e verificare eventuali sopravvalutazioni e sottovalutazioni da sfruttare attraverso adeguate operazioni di compravendita: alla base di tale meccanismo vi è la convinzione che il prezzo di mercato tenderà prima o poi a eguagliare il valore intrinseco corrispondente.

L'analisi tecnica, invece, prescinde completamente dall'esame delle variabili fondamentali e dunque dalle cause sottostanti il processo di formazione delle quotazioni, così come dall'oggetto dell'osservazione (tipo di aziende, tipologia di azione ecc.), concentrandosi esclusivamente sull'analisi dell'andamento delle serie storiche dei prezzi e dei volumi scambiati, al fine di trarre utili indicazioni sulle strategie da implementare per poter ottenere rendimenti superiori a quelli medi e «battere» il mercato.

Occorre chiarire fin da ora che le metodologie di analisi finanziaria appartenenti ai due approcci appena esposti riguardano l'analisi dei titoli azionari nell'ottica di un ipotetico investitore che intende valutare in che modo e in quali tempi entrare nel mercato finanziario ponendo in essere operazioni di compravendita. Rispetto alla prospettiva impiegata nel corso dei capitoli precedenti, si sposta pertanto l'attenzione dalla società e dalle sue dinamiche interne agli operatori del mercato interessati ai titoli emessi dalla società stessa.

Nel mercato operano investitori e operatori in generale – con particolare riferimento agli analisti tecnici – che dedicano gran parte del loro tempo e delle loro risorse a individuare l'esistenza di dinamiche nell'andamento del prezzo e del volume potenzialmente in grado di avere valore previsionale.

Partendo da tale presupposto, è possibile dimostrare che se il mercato è efficiente in senso debole, tutti gli strumenti di analisi tecnica, basandosi sull'osservazione delle dinamiche passate di prezzi e volumi, sono inefficaci, ovvero non producono costantemente rendimenti extra rispetto a quelli «normali». Tale affermazione appare del tutto giustificata in considerazione del fatto che l'efficienza in forma debole implica la capacità dei prezzi di inglobare tutte le informazioni storiche: una valutazione fondata esclusivamente sulle serie storiche di prezzi e volumi, come è appunto l'analisi tecnica, sarà pertanto destinata a fallire in un mercato caratterizzato da un'efficienza in forma debole in quanto il possesso delle sole informazioni storiche non consente di realizzare etra-profitti. Sulla base di questa logica, l'analisi tecnica è in grado di condurre gli investitori al successo soltanto in ipotesi di completa inefficienza del mercato.

Così come l'efficacia dell'analisi tecnica è legata al grado di efficienza in forma debole, l'utilità dell'analisi fondamentale dipende dal grado di efficienza semi-forte. Questa constatazione deriva dal fatto che l'analisi fondamentale cerca di individuare i titoli con quotazioni superiori o inferiori al loro valore intrinseco, raccogliendo ed elaborando prevalentemente tutte le informazioni pubbliche riguardanti l'impresa, il mercato e il sistema economico in generale. Per le stesse ragioni e per gli stessi meccanismi osservati nel caso dell'analisi tecnica, in un mercato efficiente in senso semi-forte l'utilizzo delle tecniche di analisi fondamentale è privo di utilità. In effetti, in un mercato efficiente non esistono titoli la cui quotazione differisca dal valore intrinseco: con tutti gli analisti fondamentali che hanno le stesse informazioni, un titolo che appare conveniente è immediatamente acquistato spingendo la sua quotazione verso il valore di equilibrio.

Nel caso di efficienza forte, persino l'attività – il più delle volte illegale – di sfruttamento di informazioni riservate attraverso operazioni di compravendita sul mercato non produrrebbe sistematicamente extra-rendimenti, in quanto di fatto non esistono informazioni rilevanti escluse dal processo di formazione dei prezzi.

Nel tentativo di riassumere il significato del ragionamento appena svolto, è possibile affermare che l'analisi tecnica e quella fondamentale sono inutili in un mercato efficiente, in quanto ci sono così tanti investitori capaci e perfettamente informati in grado di utilizzare gli strumenti posti a disposizione da tali discipline che tutte le opportunità di profitto offerte di volta in volta dal mercato in termini di prezzi non in equilibrio vengono immediatamente e automaticamente eliminate. L'analisi finanziaria risulta quindi inutile per l'analista e per gli investitori che si servono del suo operato ma al contrario, qualora si consideri economicamente utile l'esistenza di un mercato efficiente, essa assume per il sistema economico nel suo complesso un notevole valore. In termini più propri, in un mercato efficiente il prodotto marginale di un analista è pari a zero, mentre quello totale di tutti gli analisti messi insieme è positivo. Inoltre, le istituzioni finanziarie avrebbero maggiore convenienza a licenziare gli analisti, non potendo questi ultimi contribuire in alcun modo a incrementare il valore aggiunto delle prime: in tale ottica, agli organismi che si occupano di investimenti converrebbe semplicemente costituire e investire in portafogli composti da titoli scelti casualmente senza ridurre, a parità di rischio, il loro rendimento atteso.

10.3.4 Precisazioni sul concetto di rendimenti «anormali», in eccesso o extra

Nel corso della precedente trattazione è stato spesso operato un riferimento al concetto di rendimenti in eccesso, ovvero a rendimenti superiori rispetto a quelli considerati «normali», data una certa struttura dei prezzi e quindi un modello di equilibrio degli stessi che li determina. La teoria dell'efficienza, pur non sostenendo un particolare modello di riferimento, presuppone che qualunque modello venga scelto i prezzi, riflettendo tutte le informazioni disponibili, sarebbero sempre in grado di raggiungere una posizione di equilibrio: tale posizione raggiunta e mantenuta in modo permanente renderebbe impossibile la realizzazione di rendimenti in eccesso.

Per comprendere ancora meglio questi ultimi concetti, appare ancora una volta opportuno analizzare un caso concreto richiamando concetti già esposti in precedenza. Si assuma che, in un dato mercato, il reale modello di determinazione dei prezzi sia l'ormai noto *Capital Asset Pricing Model* (CAPM) e che, in aggiunta, il mercato stesso sia caratterizzato da efficienza in senso forte. Un analista in grado di ottenere in maniera tempestiva tutte le informazioni disponibili, persino quelle più riservate, e di elaborarle usando gli strumenti più complessi e all'avanguardia, sarà altresì capace di stimare con notevole precisione il livello di rischiosità e il correlato rendimento atteso per ciascun titolo. L'operatore comincerà pertanto con il determinare il prezzo futuro del titolo – che sarà successivamente utilizzato per calcolare il rendimento atteso considerato il prezzo corrente di mercato – per poi passare, nel secondo stadio della sua attività, alla stima del livello di rischiosità. Portate a compimento tali impegnative operazioni – che dovranno essere ripetute per ogni titolo – l'analista si renderà conto che il rendimento atteso di ciascun titolo si posizionerà esattamente sulla *security market line*, come mostrato dalla figura 10.3.

Ciascun titolo offrirà un rendimento perfettamente compatibile rispetto al rischio e quindi il suo prezzo corrente eguaglierà quello d'equilibrio, non lasciando alcuna opportunità per l'ottenimento di profitti «anormali». Accanto all'analista perfettamente informato e preparato, è possibile affiancarne un altro in grado di sfruttare esclusivamente le informazioni di natura pubblica, ma comunque dotato delle capacità e dell'esperienza necessarie per elaborarle nel migliore dei modi. Egli, una volta portata a compimento l'analisi di tutti i titoli, riterrà sicuramente di averne individuato alcuni sopravvalutati e altri sottovalutati dal mercato: in altri termini, per questo secondo analista non tutti i prezzi correnti saranno pari a quelli d'equilibrio e vi saranno perciò notevoli opportunità di realizzare profitti straordinari. La situazione è analizzabile graficamente in figura 10.4: per le considerazioni svolte sopra in merito alla *security market line*, solo quando il rendimento effettivo derivante dalla sua attività d'investimento sarà confrontato con quello di investimenti con pari livello di rischiosità, egli si renderà conto che la situazione di squilibrio era solo apparente, e che la sua attività d'analista presenta una produttività marginale nulla. Il problema per questo secondo analista consiste nel fatto che egli sta basando la sua attività di valutazione su un insieme incompleto di informazioni.

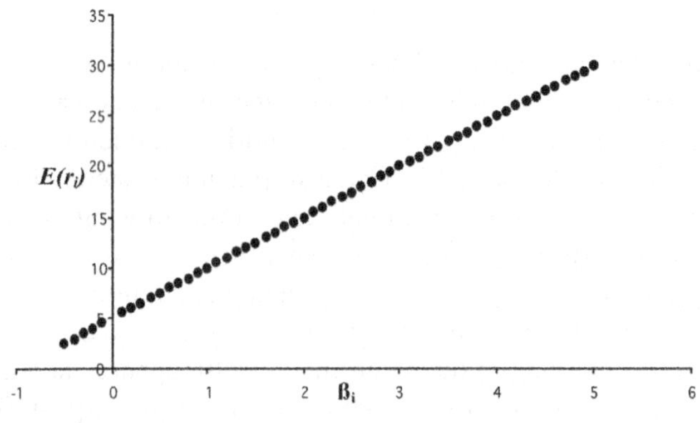

Fig. 10.3 Rischio e rendimento atteso in un mercato efficiente
Fonte: nostra elaborazione

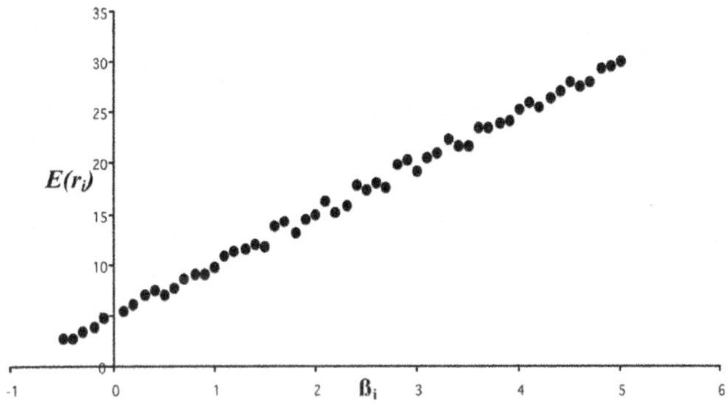

Fig. 10.4 Rischio e rendimento atteso in un mercato inefficiente
Fonte: nostra elaborazione

Un ragionamento diverso rispetto a quello precedente deve essere svolto se vi sono gli stessi due analisti, ma il mercato è efficiente solo nella forma semi-forte. In questo caso il primo analista sarà capace di individuare titoli il cui prezzo effettivamente non è in equilibrio, in considerazione del fatto che il mercato non è efficiente in senso forte. Al contrario, il secondo analista non riuscirà a identificarli in quanto ha a disposizione ed elabora informazioni che sono già perfettamente riflesse nei prezzi.

Pertanto, mentre l'analista più informato sarà in grado di realizzare profitti superiori al normale, il secondo analista continuerà a compiere valutazioni errate destinate a compromettere la remunerazione della sua attività.

10.3.5 Le implicazioni dell'efficienza: strategie attive e strategie passive

L'importanza degli studi che tentano di stabilire se il mercato azionario è efficiente o meno è dovuta soprattutto alle implicazioni che i risultati hanno sulle strategie di investimento in azioni adottate dagli investitori. Se l'obiettivo di fondo dell'investitore consiste in ogni caso nella realizzazione di un rendimento adeguato rispetto al rischio (sistematico se si accetta il CAPM) assunto, nell'ipotesi che il mercato evidenzi inefficienze sfruttabili emergono nuovi obiettivi riassumibili nella volontà di «battere il mercato» e ottenere extra-rendimenti.

In questo caso l'investitore sceglierà, attraverso un'opportuna *trading rule*, l'azione o le azioni che ritiene idonee al raggiungimento del suo obiettivo: in tale circostanza l'investitore adotta una «strategia attiva». Se invece l'investitore non crede nell'esistenza di inefficienze o che queste possano essere profittevolmente sfruttate, il suo obiettivo rimane il conseguimento di un rendimento normale da realizzare attraverso l'adozione di una «strategia passiva»: l'operatore si limita pertanto a cercare di replicare il rendimento offerto da un titolo o da un portafoglio di riferimento (*benchmark*).

Pertanto, una o più strategie attive possono essere perseguite dall'investitore che ritiene che vi sia la possibilità di titoli *mispriced* che si mantengono tali per un periodo sufficientemente lungo da poter ottenere un rendimento aggiustato per il rischio e i costi di transazione superiore a quello atteso. Fanno parte delle strategie attive sia le strategie costruite sugli indicatori di analisi fondamentale, sia quelle basate sull'analisi tecnica, essendo la finalità ultima di tale approccio l'individuazione di sentieri all'interno dei quali si muoveranno i prezzi nell'immediato futuro.

Probabilmente esistono tante strategie attive quanti sono gli investitori che le adottano, ma ognuna di esse può essere riferita a una particolare anomalia del mercato – dunque a una più o meno evidente inefficienza dello stesso – che si presume possa essere sfruttata profittevolmente. In generale, le strategie attive riferite al solo universo dei titoli azionari rappresentano un sottoinsieme delle strategie attive in senso lato, che comprendono anche il *market timing* tra azioni, titoli di stato, *corporate bonds* e altra attività finanziarie secondo particolari previsioni sull'andamento del mercato. In una situazione di non perfetta efficienza del mercato la migliore strategia risulta costituita da un mix tra strategia attiva e passiva, tesa a capitalizzare gli input generati dall'analisi fondamentale e tecnica, ma con un opportuno livello di diversificazione del rischio. Poiché le possibilità di battere il mercato dipenderebbero dal possesso di informazioni non sempre disponibili per la generalità degli operatori, l'investitore dovrebbe concentrarsi sui settori potenzialmente meno efficienti e meno seguiti, selezionando quei titoli di cui si possiedono informazioni più ottimistiche e attendibili rispetto agli analisti concorrenti.

10.3.6 Il concetto di «fair game»

Appare ora necessario fare il punto della situazione riassumendo brevemente i concetti introdotti finora per poi giungere a esporre alcune conclusioni desumibili dall'analisi effettuata. Dalle considerazioni svolte emerge con evidenza che un mercato efficiente deve necessariamente possedere quattro fondamentali caratteristiche. In primo luogo, il prezzo dei titoli deve rispondere velocemente e puntualmente al ricevimento di tutte le nuove informazioni rilevanti nel processo di valutazione. In secondo luogo, i cambiamenti nei rendimenti attesi intercorsi da un periodo all'altro devono essere strettamente legati alle variazioni intervenute nei livelli di rischiosità; in ogni caso, le possibili deviazioni dei rendimenti effettivi dai livelli di quelli attesi non devono essere prevedibili. In terzo luogo, deve essere esclusa la possibilità di poter individuare, elaborando le informazioni a disposizione, investimenti che offrano rendimenti in eccesso rispetto al «normale». Infine, procedendo a una comparazione tra i rendimenti ottenuti da un gruppo di investitori informati con quelli realizzati da investitori che non hanno a disposizione il medesimo paniere di informazioni, non si devono manifestare in media differenze tra le due posizioni; inoltre, tali differenze non devono essere presenti in media neanche all'interno di ciascun gruppo. Eventuali divergenze di rendimento possono essere presenti e tollerate solo se attribuite al caso: ciò spiega l'aggiunta del termine «in media» nella definizione della quarta caratteristica che deve possedere un mercato efficiente.

Un mercato che possiede tutte le caratteristiche esposte sopra e che perciò è efficiente, è dominato da un processo di determinazione dei prezzi normalmente definito di *fair game* (gioco equo): in particolare, a comportarsi come *fair game* è la deviazione del rendimento effettivo rispetto a quello atteso. Essendo tale deviazione governata dal suddetto processo, essa non è prevedibile in quanto ha valore atteso, ovvero media, pari a zero e il suo valore, in ogni periodo, non può essere determinato in anticipo studiando i livelli passati. Ponendo la questione in un'altra maniera, è possibile che il rendimento reale di un titolo al tempo $t+1$ sia diverso da quello atteso al tempo t per il periodo che va da t a $t+1$; ma dal momento che il prezzo corrente riflette tutte le informazioni disponibili al tempo t per la determinazione del rendimento atteso stesso, non è possibile prevedere in anticipo la deviazione in quanto essa sarà per forza di cose determinata da un'informazione resa nota tra t e $t+1$. In aggiunta, lo studio delle deviazioni dei rendimenti precedenti non è di alcuna utilità per prevedere le deviazioni future. Quest'ultima asserzione è destinata ad assumere una rilevanza particolare nell'ottica dell'efficacia dell'analisi tecnica: come noto, infatti, l'approccio tecnico si basa sull'assunto che la storia si ripete, ma se il mercato è conforme al modello di *fair game*, tale assunto risulta completamente infondato.

10.4 Il modello di «random walk»

Se Fama, senza alcun dubbio, può essere considerato il padre della moderna teoria dell'efficienza informativa, non è certamente possibile trascurare quell'insieme di scritti e ricerche che, già nel periodo precedente il 1970, hanno tentato di offrire una prima e più restrittiva costruzione del concetto di efficienza. In proposito, il principale riferimento è costituito senz'altro dal cosiddetto modello di *random walk*, le cui implicazioni vengono ancora oggi troppo spesso erroneamente considerate necessarie in un mercato efficiente. Paradossalmente, una definizione chiara e approfondita di *random walk* è stata offerta proprio dallo stesso Fama nel 1965[11]. In termini statistici, il modello di *random walk* assume che le variazioni successive dei prezzi o, molto più comunemente, i rendimenti percentuali di periodo, siano semplicemente variabili casuali indipendenti e identicamente distribuite. Tale asserzione presuppone che la serie delle variazioni dei prezzi o dei rendimenti non abbia memoria, ovvero che le variazioni o i rendimenti precedenti non possano essere sfruttati per formulare previsioni attendibili su quelli futuri. I presupposti alla base del modello in parola sono due:

- l'emergere di nuove informazioni che influenzano il prezzo di un titolo è un evento statisticamente indipendente da circostanze precedenti della stessa natura;
- le incertezze e gli errori (*noises*) riguardanti la determinazione del valore intrinseco di un titolo non presentano costanti e riconoscibili regolarità nel tempo.

Appare però importante sottolineare che entrambe le ipotesi delineate e dunque le fondamenta stesse della teoria di *random walk*, risultano incoerenti con la realtà e con

[11] Fama E.F., *The Behaviour of Stock-Market Prices*, «The Journal of Business», 38, 1, 1965, pp. 34-105.

le caratteristiche dei mercati. Non c'è, in effetti, alcuna ragione per cui una buona notizia non possa essere seguita da un'altra buona notizia piuttosto che da una cattiva. Così come non vi è ragione per cui gli errori commessi da un analista nella stima del valore di un titolo, siano indipendenti da quelli di tutti gli altri investitori: molto spesso accade che sul mercato vi siano alcuni *opinion leaders* i cui comportamenti, errori compresi, siano regolarmente imitati e seguiti da altri operatori. Però, l'attività di analisti informati e tecnicamente preparati, sempre alla ricerca di profitti eccezionali, potrebbe eliminare, attraverso i meccanismi già analizzati, le dipendenze emergenti dall'insorgere di informazioni e dagli errori di valutazione. In ogni caso, solo l'analisi empirica potrà sciogliere il dubbio sulla validità del *random walk*.

È possibile intuire il significato pratico del modello oggetto d'analisi andando a esporre l'esempio che tradizionalmente è presente nella letteratura sul *random walk*. Si tratta di immaginare la ruota di una roulette sulla quale i rendimenti sono sostituiti ai classici numeri. Ogni periodo la ruota è fatta girare e si ottiene un risultato: la serie di tali risultati risponde perfettamente a tutte le proprietà di un *random walk* in quanto i risultati successivi non dipendono da quelli precedenti e la loro distribuzione di probabilità è stazionaria in considerazione del fatto che le operazioni sono compiute sempre sulla stessa ruota.

A questo punto, appare del tutto lecito domandarsi che tipo di relazione è possibile rintracciare tra il modello di *fair game* e quello di *random walk*. Una prima, immediata risposta a tale interrogativo può essere offerta affermando che il *random walk* implica il *fair game* e quindi l'efficienza, mentre non è possibile asserire il contrario. In effetti, se attraverso l'analisi empirica di una serie del prezzo ci si accorge che i suoi rendimenti percentuali di periodo sono serialmente indipendenti e identicamente distribuiti nel tempo – condizioni sottostanti il *random walk* – allora il mercato è efficiente in quanto nessun operatore è in grado di ottenere profitti «anormali» attraverso l'attività di investimento – come risulta implicito nel concetto di *fair game*. Tale conclusione deriva direttamente dal fatto che se i rendimenti godono delle suddette proprietà avranno un valore atteso costante e, in aggiunta, le deviazioni dei rendimenti effettivi da tale valore non saranno prevedibili, ma presenteranno un andamento casuale (*random*). Al contrario, in un mercato efficiente non è necessaria l'indipendenza e la stazionarietà della distribuzione dei rendimenti; è sufficiente che le deviazioni dei rendimenti effettivi da quelli attesi siano imprevedibili, ovvero serialmente indipendenti.

È stato già rilevato in precedenza che la teoria dell'efficienza legata al *random walk* è stata elaborata e proposta con largo anticipo rispetto a quella costruita da Fama nel 1970. Il concetto di *random walk* fu per la prima volta posto all'attenzione degli accademici dal matematico francese Bachelier addirittura nel 1900[12]. In una sua dissertazione in matematica presso la Sorbona di Parigi, egli mostrò che i prezzi dei titoli di Stato francesi assumevano un andamento del tutto casuale e dunque erano perfettamente conformi a un *random walk*. In particolare, Bachelier nel suo scritto anticipò

[12] Bachelier L., *Theory of Speculation*, in Cootner P., *The Random Character of Stock Market Prices*, MIT Press, Cambridge 1964, pp. 17-78.

molti dei risultati sulle proprietà del moto browniano (l'analogo del *random walk* nel continuo) che furono successivamente sviluppate separatamente da Einstein nel 1905[13]. Per molto tempo l'opera di Bachelier rimase sconosciuta nel mondo degli studiosi, tanto che nel 1959 Osborne sviluppò del tutto indipendentemente lo stesso modello del matematico francese[14]. Nel periodo intermedio intercorso tra le due opere citate e anche successivamente al lavoro proposto da Osborne, è stata registrata un'intensa attività di ricerca finalizzata a verificare empiricamente la validità del *random walk*. I risultati di tali ricerche saranno esposti in seguito.

Per completare la trattazione relativa alle teorie sull'efficienza appare inevitabile citare l'opera di Malkiel e il suo best seller del 1996 *A Random Walk Down Wall Street*[15]. L'autore, attualmente considerato il maggior esponente e sostenitore del modello di *random walk*, afferma che i professionisti all'interno del mondo degli investimenti basano e hanno basato in passato le loro tecniche di analisi su due teorie fondamentali: la *firm-foundation theory* e la *castle-in-the-air theory*.

La *firm-foundation theory* è costruita sull'idea che ciascun titolo è ancorato necessariamente al suo valore intrinseco, il quale può essere determinato attraverso un'attenta procedura di analisi e in particolare sommando tutti i valori attuali dei dividendi che saranno percepiti in futuro. Una volta determinato tale valore, si può guadagnare dall'attività di investimento semplicemente andando a comprare i titoli sottovalutati e vendendo quelli sopravvalutati dal mercato. Si tratta in sostanza dei medesimi principi alla base dell'analisi fondamentale originariamente esposta da Williams in una sua importante pubblicazione[16].

Il padre della *castle-in-the-air theory* è invece uno dei più grandi economisti del nostro secolo, ovvero Keynes. Nella sua celeberrima opera *The General Theory of Employment, Interest and Money*[17] sostenne che al contrario di quello che è comune pensare, i professionisti dell'investimento non cercano di stimare il valore intrinseco di un titolo, ma solo di predire quale sarà il comportamento della massa degli investitori in futuro. Infatti, la massa degli investitori, essendo irrazionale, costruisce le proprie speranze proprio come castelli in aria (*castle in the air*), sottolineando con tale espressione il fatto che le decisioni di investimento non sono fondate su elementi concreti. Ne consegue che l'aspetto maggiormente rilevante per un investitore consiste nel capire in anticipo come la massa degli altri attori sul mercato ha intenzione di operare, al fine di porre in essere le medesime scelte prima degli altri e dunque sfruttare un vantaggio di natura temporale. Egli sostenne, a supporto della sua tesi, che non è mai conveniente acquistare un titolo al prezzo di 25 se si è sicuri che tra tre mesi esso varrà 20, anche se il valore intrinseco del titolo è 30.

Malkiel prosegue affermando che entrambe le teorie rappresentano una descrizione solo parziale del funzionamento di un mercato finanziario. In particolare, è vero

[13] LeRoy S.F., *Efficient Capital Markets and Martingales*, «Journal of Economic Literature», 27, 4, 1989, p. 1587.

[14] Osborne M.F.M., *Brownian Motion in the Stock Market*, «Operations Research», 7, 1959, pp. 145-73.

[15] Malkiel B.G., 1996, *A Random Walk Down Wall Street*, Norton & Co., New York.

[16] Williams J.B., *The Theory of Investment Value*, Harvard University Press, Boston 1938.

[17] Keynes J.M., *The General Theory of Employment, Interest and Money*, Harcourt 1936.

che molto spesso il prezzo corrente di un titolo è diverso dal suo valore intrinseco, ma è altrettanto vero che nel lungo periodo tali differenze vengono meno. Inoltre, Malkiel asserisce che gli analisti tecnici credono nella *castle-in-the-air theory*, mentre quelli fondamentali nella *firm-foundation theory*. Per l'autore, vista la natura di *random walk* del mercato, l'analisi tecnica è completamente inefficace. Egli offre una precisa definizione di quella che definisce forma debole di *random walk*: «La storia dei movimenti del prezzo non contiene alcuna utile informazione che consentirà a un investitore di battere sistematicamente una strategia passiva (*buy-and-hold*) nella gestione di un portafoglio»[18]. La strategia di *buy-and-hold* consiste nell'acquistare un titolo o un insieme di titoli e di tenerli fino alla fine del periodo, senza operazioni di compravendita[19]. Malkiel continua sostenendo che l'evidenza empirica contro l'efficacia dell'analisi tecnica è schiacciante e che, quindi, gli analisti tecnici continuano ad essere assunti dai *brokers* solo perché, con le loro raccomandazioni, spingono i clienti a effettuare molte operazioni di compravendita che generano commissioni per i loro datori di lavoro. L'autore, in sostanza, è d'accordo con i «tecnicisti» quando sostengono che il mercato è dominato da forze irrazionali, ma sostiene anche che il suo movimento non è prevedibile in quanto paragonabile a quello di un ubriaco che barcolla in uno spazio libero da ostacoli: la sua azione non è certamente razionale, ma non è neanche prevedibile. In conclusione, per l'autore l'analisi tecnica è completamente inefficace ed è perciò più utile affidarsi a strategie passive che in aggiunta riducono il sostenimento di costi per le commissioni.

Passando brevemente all'analisi fondamentale, Malkiel sorprendentemente afferma che in rarissimi casi possono esistere analisti così abili da ottenere rendimenti extra rispetto al «normale». Questa sua convinzione, da egli stesso definita una sorta di vera e propria «eresia» all'interno della dottrina della teoria finanziaria, prende spunto ed è perciò fondata sulla difficoltà da parte dell'autore stesso di accettare acriticamente gli assunti alla base della teoria dell'efficienza. In effetti, è in primo luogo impossibile far propria con troppa facilità l'idea che esista un meccanismo perfetto di determinazione dei prezzi di mercato; come già è stato accennato in precedenza, per Malkiel esistono fasi di mercato in cui i livelli dei prezzi correnti sono largamente differenti dai reali valori intrinseci, con un incremento notevole, nei periodi in parola, delle opportunità di profitti extra a beneficio di investitori scaltri e preparati. In secondo luogo, l'assunto che tutte le informazioni utili nell'attività di investimento siano immediatamente rese note a ciascuno degli operatori non è considerato dall'autore meno fragile del precedente. In terzo luogo, la teoria dell'efficienza implica che nessun operatore goda di una posizione monopolistica sul mercato e che le raccomandazioni di operazioni basate su convinzioni errate non possano causare grandi volumi di acquisto nella direzione consigliata; Malkiel constata realisticamente che le società di consulenza offerenti i loro servizi a grandi investitori istituzionali possiedono un gran potere sul mercato che

[18] Malkiel, *A random Walk*, cit., p. 144.

[19] Manelli, *Finanza aziendale*, cit. Nel libro è presente una dettagliata analisi empirica svolta sui mercati statunitensi, britannici e sulla Borsa di Milano al fine di verificare le differenze in termini ditendimento tra le strategie buy and hold e le strategie attive.

può spingere ingenti flussi di denaro verso l'acquisto o la vendita di un titolo. Infine, per l'autore la determinazione del valore intrinseco di un titolo è operazione sempre e comunque soggettiva, in quanto estremamente complessa; è nelle pieghe di tale complessità che può operare con notevole profitto l'analista esperto e capace.

A parere di chi scrive, le ultime asserzioni di Malkiel non sono solo sorprendenti, ma costituiscono parziali crepe nel suo ragionamento. Se infatti i presupposti della teoria dell'efficienza dei mercati finanziari si presentano in molti punti come irrealistici, non si vede perché questo, almeno sotto il profilo strettamente teorico e deduttivo, non possa favorire il successo di «tecnicisti» particolarmente preparati al pari di «fondamentalisti» di eguale rango come sostiene Malkiel, a meno che non si propenda per una aprioristica e inspiegabile superiorità dell'analisi fondamentale su quella tecnica.

10.5 L'approccio all'efficienza proposto dalla finanza comportamentale

Molte teorie economiche e la stessa teoria dei mercati efficienti formulata da Fama, fondano la loro architettura sul presupposto della razionalità degli investitori e dunque sulla capacità degli stessi di formulare aspettative omogenee. L'osservazione della realtà ha però evidenziato come l'ipotesi di razionalità sia spesso disattesa e che i prezzi dei titoli non necessariamente siano determinati soltanto da nuove informazioni diffuse sul mercato. Sulla base di questa considerazione, a partire dagli anni Ottanta del secolo scorso è stato introdotto un nuovo approccio in grado di integrare fattori economico-finanziari con studi di matrice psicologica e sociologica: si tratta della finanza comportamentale o *behavioral finance*.

Tale filone di ricerca intende dimostrare come l'azione dei manager e degli investitori in generale sia influenzata non soltanto dalle informazioni presenti sul mercato, ma anche dalla formulazione di aspettative sulla base di modelli non completamente razionali e corretti che spingono gli operatori ad attuare decisioni errate causate da «trappole comportamentali»[20]. In particolare, il comportamento degli operatori può essere distorto da numerosi fattori psicologici che possono essere ricondotti a tre classi principali:

1) *bias*, ovvero una predisposizione all'errore;
2) euristiche, ovvero regole empiriche;
3) effetti di *framing*, riferito alla descrizione del compito decisionale.

La tabella 10.2 riporta alcuni dei principali fenomeni psicologici in grado di influire sul comportamento dei manager, con le relative conseguenze prodotte sulla gestione d'impresa. Ovviamente, in questo contesto si compie un riferimento diretto alla *behavioral corporate finance*, per poi passare ad approfondire gli aspetti della teoria inerenti l'efficienza dei mercati.

[20] Shefrin H., *Finanza aziendale comportamentale. Decisioni per creare valore*, Apogeo, Milano 2007, p. 2.

Tab. 10.2 L'influenza dei fattori psicologici sulle decisioni finanziarie

Fenomeno psicologico	Esempio di decisione finanziaria errata	Conseguenza per l'impresa
1. Bias		
Eccessivo ottimismo	Rinviare il taglio dei costi in periodi di recessione economica	Profitti più bassi
Overconfidence	Effettuare operazioni di acquisizione peggiori in caso di eccedenze di cassa	Riduzione del valore dell'impresa causata dalla sottostima del rischio
Illusione di controllo	Sopravvalutare il proprio grado di controllo	L'impresa sostiene costi più alti del necessario
2. Euristiche		
Rappresentatività	Scegliere progetti di investimento sbagliati sulla base di stime distorte	Riduzione del valore dell'impresa a causa della mancata massimizzazione del VAN
Disponibilità	Scegliere progetti di investimento sulla base di stime distorte	Riduzione del valore dell'impresa a causa di priorità e rischi mal ponderati
Ancoraggio	Rimanere attaccati ad un valore di riferimento	Riduzione del valore dell'impresa sulla base di stime di crescita distorte
Affetto	Fare affidamento sugli istinti piuttosto che sull'analisi di valutazione formale	Riduzione del valore dell'impresa per la scelta di progetti a VAN positivo
3. Effetti di framing		
Avversione alla perdita	Le perdite sono percepite più grandi dei guadagni della stessa dimensione	Rinuncia ai benefici dello scudo fiscale a causa dell'avversione al debito
Avversione alla perdita certa	Continuare a spendere denaro in progetti di investimento perdenti	Riduzione del valore dell'impresa per la scelta di progetti a VAN negativo

Fonte: Shefrin, *Finanza aziendale comportamentale*, cit., p. 3.

Concentrando l'attenzione sul tema dell'efficienza del mercato, si ricorda che, in linea generale, l'*efficient maket hypotesis* afferma l'impossibilità di ottenere rendimenti in eccesso rispetto a quelli attesi, in quanto i prezzi si formano inglobando tutte le informazioni disponibili le quali non sono prevedibili. I sostenitori della finanza comportamentale, invece, ritengono possibile la realizzazione di rendimenti in eccesso, stante la presenza sul mercato di particolari anomalie dovute proprio ai comportamenti irrazionali degli operatori. In realtà, occorre precisare che gli stessi comportamentisti sono consapevoli del fatto che tali anomalie non sono frequenti, ma si riscontrano in particolari circostanze, tanto da non consentire di affermare oltre ogni ragionevole dubbio che i mercati non sono efficienti.

Nello specifico, le anomalie del mercato in grado di far emergere extra-rendimenti sono le seguenti:

a) inversioni di lungo termine (*winner-loser effect*);
b) inerzia di breve termine (*momentum*);
c) il *drift* che segue l'annuncio degli utili (*post-earnings-announcement drift*).

Il *winner-loser effect* trova origine nella diversa percezione del rischio che gli investitori manifestano rispetto a eventi positivi o negativi. Secondo i sostenitori dell'analisi comportamentale la funzione del rischio non ha un andamento simmetrico, in quanto gli investimenti che hanno fatto registrare performance perdenti sono ritenuti più rischiosi di investimenti vincenti, anche se la variabilità, sotto il profilo puramente statistico, del rendimento effettivo rispetto a quello atteso è la stessa per le due tipologie di investimenti. Ne consegue che i titoli che in passato sono risultati perdenti innescano una reazione eccessiva negli operatori, determinando una sottovalutazione dei titoli stessi; viceversa, i titoli che in passato sono stati vincenti innescano una reazione in eccesso opposta alla precedente, causando una sopravvalutazione dell'attività. Ne consegue che se la redditività associata ai titoli perdenti tende a crescere in misura superiore rispetto a quanto previsto dagli analisti, gli investitori riusciranno a ottenere rendimenti anomali positivi, mentre se ai titoli vincenti è associata una redditività prospettica inferiore alle attese, gli operatori reagiscono in maniera ostile determinando rendimenti anormali negativi[21].

La seconda anomalia del mercato riguarda l'equilibrio di breve periodo ed è nota come *momentum*. La finanza comportamentale offre tre diverse spiegazioni del fenomeno in oggetto:

- *underreaction*. Gli investitori tendenzialmente sotto-reagiscono alla diffusione di nuove informazioni;
- *overreaction*. Dopo la diffusione di una prima serie di informazioni e la conseguente sotto-reazione, alcuni operatori hanno una reazione in eccesso in seguito alla diffusione di ulteriori informazioni, ampliando il movimento del prezzo. Se, ad esempio, il prezzo di un titolo è in crescita dopo la diffusione di una certa informazione, alcuni operatori in grado di cogliere ulteriori informazioni positive sul titolo stesso, spingono il prezzo del titolo a livelli ancora superiori determinando una reazione eccessiva. Tale secondo apprezzamento del titolo è appunto il *momentum*;
- *prospect theory*. Seguendo tale teoria, gli investitori tendono a cedere il titolo che ha fatto registrare un guadagno, ritardando così l'aumento del prezzo, mentre, al contrario, tendono a mantenere in portafoglio il titolo risultato perdente, ritardando la contrazione del prezzo. Si tratta, però, di un comportamento di breve periodo, in quanto nel lungo termine i prezzi «recuperano» il ritardo accumulato allineandosi con il valore effettivo (intrinseco) del titolo. In tale contesto, pertanto, il *momentum* trova giustificazione nei ritardi causati dal comportamento degli operatori che manifestano la loro attitudine a vendere subito i titoli vincenti e a prolungare la detenzione di quelli perdenti.

[21] Mengoli S., *On the Source of Contrarian and Momentum Strategies in the Italian Equity Market*, «International Review of Financial Analysis», 13, 2004, pp. 301 e ss.

L'ultima anomalia di mercato il cui verificarsi offre la possibilità di ottenere rendimenti in eccesso rispetto ai rendimenti normali è il *drift* successivo all'annuncio degli utili. Per comprendere il contenuto di tale anomalia occorre considerare che gli analisti finanziari realizzano costantemente previsioni in merito al futuro andamento degli utili contabilizzati dalle società quotate: se le società rendono noto un utile superiore rispetto a quello previsto, si assiste al verificarsi di una «sorpresa positiva», mentre utili inferiori rispetto a quelli attesi determinano una «sorpresa negativa» per il mercato. Nonostante la diffusione di informazioni differenti rispetto alle previsioni costruite dagli analisti, il mercato non adegua immediatamente i prezzi alla reale entità degli utili, ma il ritorno all'equilibrio sconta un ritardo che origina, appunto, il fenomeno del *post-earnings-announcement drift*. Gli operatori possono «approfittare» di tale momentanea situazione per ottenere rendimenti in eccesso da operazioni di compravendita.

Un ultimo aspetto da sottolineare nel confronto tra la teoria tradizionale e l'approccio proposto dalla finanza comportamentale riguarda l'atteggiamento mostrato nei confronti del fenomeno dell'arbitraggio. Secondo la teoria dei mercati efficienti, una eventuale sopravvalutazione o sottovalutazione dei titoli apre la strada a operazioni di arbitraggio finalizzate proprio a garantire il ritorno a una condizione di equilibrio, eliminando le opportunità di realizzare profitti in eccesso. Infatti, gli operatori razionali compiono un continuo e costante monitoraggio del mercato, riuscendo puntualmente a riconoscere situazioni di *mispricing* e intervenendo di conseguenza, acquistando titoli sottovalutati e/o vendendo titoli sopravvalutati. Ne consegue che, nella teoria tradizionale, le inefficienze di mercato sono ridotte, temporanee e imprevedibili, mentre l'azione degli arbitraggisti, priva di un reale rischio, è funzionale al ritorno all'equilibrio.

Nell'ottica della finanza comportamentale, invece, le operazioni di arbitraggio non sono prive di rischio: gli operatori, infatti, devono accollarsi il rischio che la loro azione non porti i prezzi nella direzione sperata, accentuando anziché eliminando il *misprincing* già esistente. La presenza di questo maggiore rischio può incidere anche sul comportamento degli operatori, limitando i loro interventi sul mercato e dunque ritardando il riavvicinamento dei prezzi ai valori fondamentali.

10.6 Efficienza informativa dei mercati finanziari: l'approccio econometrico

10.6.1 Modello del rendimento atteso o di «fair game»

L'ormai nota asserzione alla base della teoria dell'efficienza dei mercati, consistente nel fatto che in ogni momento i prezzi dei titoli riflettono perfettamente tutte le informazioni disponibili, non presenta alcuna utilità sotto il profilo empirico: risulta pertanto necessario affidarsi a modelli econometrici, inevitabilmente fondati su alcune assunzioni restrittive. La letteratura accademica si è concentrata su modelli d'equilibrio e strutture di mercato che cercano di descrivere i meccanismi di determinazione dei prezzi quasi esclusivamente in termini di rendimento atteso: in particolare, il rendimento atteso, dato un certo insieme di informazioni rilevanti, è funzione del livello di rischiosità e quest'ultimo a sua volta è definito in maniera differente a seconda dei diversi modelli considerati. Perciò, seguendo tale tradizione, il modello di efficienza dei mercati dei capitali, efficienza intesa come capacità dei prezzi di inglobare perfettamente e tempestivamente tutte le informazioni rilevanti, può essere descritto in termini algebrici attraverso la seguente equazione:

$$E\left(P_{j,t+1} | \Phi_t\right) = \left[1 + E\left(R_{j,t+1} | \Phi_t\right)\right] \cdot P_{j,t} \quad [1]$$

con:

$E(P_{j,t+1})$ = prezzo atteso del titolo j al tempo $t+1$
Φ_t = insieme delle informazioni disponibili al tempo t
P_j = variabile casuale del prezzo del titolo j
R_j = variabile casuale del rendimento percentuale del titolo j

Per inciso occorre ricordare che il rendimento percentuale di un generico periodo è calcolato dividendo la variazione del prezzo nel periodo per il prezzo iniziale, considerando anche l'effetto del reinvestimento dei dividendi eventualmente percepiti.

In sostanza, l'equazione esprime la relazione tra valore atteso del prezzo al generico tempo $t+1$ condizionato dalle informazioni disponibili al generico tempo t, e il livello del prezzo al tempo t. Il fatto che il valore atteso (o medio) del prezzo al tempo $t+1$ sia quello della distribuzione di P_{t+1} condizionata da Φ_t, indica che la stima del primo riflette perfettamente e pienamente tutte le informazioni disponibili al tempo t.

È importante analizzare i passaggi logici necessari per ottenere l'equazione appena esposta. Si assuma di essere al tempo t e di dover realizzare una previsione su quello che sarà il prezzo del titolo j al tempo $t+1$. Se tutte le informazioni rilevanti (Φ_t) sono facilmente ed economicamente disponibili, sarà possibile predire il valore atteso del prezzo al tempo $t+1$ ($E(P_{j,t+1}/\Phi_t)$ con notevole precisione. Inoltre, tenendo conto della struttura di equilibrio del mercato e del livello di rischiosità del titolo j, sarà altresì agevole stimare il rendimento atteso al tempo $t+1$ ($E(R_{j,t+1}/\Phi_t)$. A questo punto, la determinazione del prezzo corrente capace di inglobare tutte le informazioni disponibili diventa immediata:

$$P_{j,t} = \frac{E\left(P_{j,t+1} | \Phi_t\right)}{\left[1 + E\left(R_{j,t+1} | \Phi\ \right)\right]} \quad [2]$$

Il prezzo al tempo t dovrà per forza di cose attestarsi a un livello pari a quello determinato secondo la formula esposta sopra. Questo in virtù dell'azione di un insieme di analisti tutti egualmente e perfettamente informati i quali, proprio attraverso il processo di analisi delle informazioni e di stima del rendimento e del prezzo atteso, spingeranno i prezzi in ogni momento verso il loro livello di equilibrio: in altri termini, se un titolo offre opportunità di rendimento in eccesso rispetto al «normale», in brevissimo tempo tali opportunità sono destinate a svanire in quanto tutti gli operatori del mercato operano nella stessa direzione.

A questo punto è però necessario approfondire il discorso, ponendosi alcuni interrogativi. Che cosa accadrà al tempo $t+1$? E ancora, affinché un mercato sia considerato efficiente, è necessario che il prezzo effettivo sia pari a quello predetto? La risposta alla seconda domanda, che include implicitamente anche la soluzione al primo quesito, è negativa. Infatti, tra i periodi t e $t+1$ possono diffondersi nel mercato nuove informazioni che creano errori di previsione, cioè differenze rispetto ai valori attesi del prezzo e del rendimento. Però, dal momento che gli errori costituiscono processi stocastici, ovvero successioni di variabili casuali chiamate *fair games* (o anche differenze di martingale) rispetto a Φ_t, il mercato è in ogni momento efficiente e non vi sono opportunità di extra-profitti. Infatti:

$$P_{j,t+1} = E\left(P_{j,t+1} \middle| \Phi_t\right) + U_{j,t+1} \qquad [3]$$

$$R_{j,t+1} = E\left(R_{j,t+1} \middle| \Phi_t\right) + L_{j,t+1} \qquad [4]$$

Dove U_j ed L_j sono i possibili errori di previsione – relativi rispettivamente alla determinazione del prezzo e del rendimento – e se costituiscono *fair games* rispetto all'informazione Φ_t, allora:

$$E\left(U_{j,t+1} \middle| \Phi_t\right) = 0 \qquad [5]$$

$$E\left(L_{j,t+1} \middle| \Phi_t\right) = 0 \qquad [6]$$

con ciò significando che i pur possibili errori di previsione commessi dagli operatori non danno a questi ultimi la possibilità di ottenere vantaggi, poiché la diffusione omogenea di nuove informazioni nel periodo t–$t+1$ induce tutti a comportarsi nello stesso modo. Ne deriva che gli errori di previsione sono processi stocastici il cui valore atteso in ogni generico momento t, note tutte le informazioni rilevanti, è pari a zero. In un mercato efficiente, pertanto, nessuno è in grado di ottenere sistematicamente rendimenti straordinari attraverso l'individuazione di titoli su cui grava un errore di previsione. I suddetti rendimenti straordinari, infatti, sono ottenibili solo da chi possiede, in un mercato inefficiente, informazioni non di pubblico dominio che consentano di realizzare previsioni più accurate.

Se si considera quella parte dell'insieme Φ_t che include solo i valori passati e correnti di U_j ed L_j, allora essendo U_j ed L_j *fair games* ovvero differenze di martingale, consegue che[22]:

[22] Hamilton J.D., *Econometria delle serie storiche*, Monduzzi, Roma 1995.

$$E\left(U_{j,t+1} \middle| U_{j,t}, U_{j,t-1}, \ldots, U_{j,1}\right) = 0 \qquad [7]$$

$$E\left(L_{j,t+1} \middle| E_{j,t}, E_{j,t-1}, \ldots, E_{j,1}\right) = 0 \qquad [8]$$

In sostanza, i valori attesi degli errori futuri condizionati dalla loro storia (cioè da valori passati e correnti di U_j e L_j) sono sempre pari a zero, segnalando in tal modo una completa indipendenza degli stessi dai valori passati, e quindi una loro eguaglianza con quelli non condizionati.

L'indipendenza seriale dei valori attesi condizionati risulta più forte della semplice incorrelazione della successione degli errori: la seconda infatti implica solo l'inefficacia di funzioni di previsione lineari che sfruttino i valori passati, mentre la prima anche di quelle non lineari. Occorre però specificare che l'indipendenza seriale è più debole dell'indipendenza vera e propria che riguarda la distribuzione di probabilità nel suo complesso, e quindi anche i momenti condizionati superiori al primo. In parole più semplici, se la successione degli errori di previsione presentasse un certo grado di correlazione seriale, i valori attesi degli errori futuri potrebbero essere stimati attraverso una funzione di previsione lineare che si avvale dei livelli correnti e passati degli errori stessi. L'analista che fosse in grado di trovare tale funzione beneficerebbe di notevoli profitti al di sopra della norma: egli infatti potrebbe acquistare i titoli con errore atteso positivo (sottoquotati) e vendere quelli con errore negativo (sovraquotati). Nel caso di incorrelazione seriale degli errori di previsione, la strada per ottenere profitti extra passerebbe giocoforza attraverso l'utilizzo di funzioni di previsione non lineari. Nell'ipotesi di *fair game*, vale a dire di perfetta indipendenza degli errori attesi da quelli storici e correnti, l'attività di ricerca di tecniche per «battere» il mercato sarebbe del tutto inutile: non esisterebbero infatti funzioni di previsione efficaci e il prezzo fissato dalla generalità degli operatori sarebbe il più corretto, stante l'impossibilità di conoscere eventuali e possibili errori commessi nella determinazione dello stesso. Se si sposta però l'attenzione dal momento primo dell'errore (valore atteso), unico fattore che incide nella fruizione o meno di profitti extra, l'indipendenza seriale dei momenti superiori al primo è garantita solo ed esclusivamente da una indipendenza seriale completa riguardante la distribuzione di probabilità degli errori nel suo complesso. L'indipendenza in parola non è prevista dal modello di efficienza di *fair game*. In esso, e riguardo a momenti di ordine superiore al primo, c'è perciò spazio per l'utilizzo di funzioni di previsione di qualunque tipo capaci, per esempio, di consentire all'analista una previsione del livello della varianza futura dell'errore di previsione sulla base delle varianze correnti e passate. E se la varianza è vista come un indicatore di rischiosità, essa non può essere certamente trascurata: a parità di altri fattori, un investitore avverso al rischio sceglierebbe titoli con minore probabilità di commettere errori (varianza più bassa) positivi o negativi che siano, mentre un investitore amante del rischio opererebbe in maniera opposta.

10.6.2 I modelli di martingala e di sotto-martingala

I modelli di martingala e di sotto-martingala sono sensibilmente più restrittivi rispetto a quello generale di *fair game*. In particolare, se la successione delle variabili casuali prezzo P del titolo j costituisce un processo stocastico di martingala rispetto a un insieme di informazioni Φ_t, allora valgono le tre seguenti equazioni:

$$E\left(P_{j,t+1} \middle| \Phi_t\right) = P_{j,t} \qquad [9]$$

$$E\left(P_{j,t+1} - P_{j,t} \middle| \Phi_t\right) = 0 \qquad [10]$$

$$E\left(R_{j,t+1} \middle| \Phi_t\right) = 0 \qquad [11]$$

Ciò significa che se nell'insieme di informazioni Φ_t è compresa anche la storia dei prezzi, cosa che certamente avviene in un mercato efficiente, allora la prima delle tre equazioni viste sopra indica che il valore atteso del prezzo al tempo $t+1$ condizionato da Φ_t, è sempre pari al prezzo attuale (al tempo t); in altre parole, la serie storica dei prezzi non offre alcuna utilità per stimare il valore atteso stesso, dal momento che esso è sempre e comunque eguale al prezzo corrente, evidenziando pertanto l'inutilità di fondare le analisi sui dati storici. Inoltre, nella seconda equazione il valore atteso condizionato della variazione del prezzo è sempre pari a zero. La variazione stessa è per tale ragione imprevedibile in quanto il suo valore atteso è stabile e nullo e i suoi valori effettivi possono essere positivi o negativi con identica probabilità. La terza equazione deriva in maniera naturale dalla seconda, in quanto la differenza tra i prezzi rilevati in due periodi successivi costituisce proprio il rendimento ottenuto dal titolo.

I processi stocastici delle variazioni del prezzo e dei rendimenti sono differenze di martingale ovvero *fair games* rispetto a Φ_t, e per tale ragione valgono tutte le proprietà analizzate nella sezione precedente. Essi non devono però essere confusi con il modello di *fair game* generale, dove si fa riferimento agli errori di previsione e il termine *fair game* è attribuito a uno specifico modello d'efficienza informativa. In conclusione, l'analisi delle informazioni disponibili e in particolare delle serie storiche dei prezzi, delle variazioni dei prezzi stessi e dei rendimenti, non fornisce all'analista alcuna informazione realmente utile per capire l'andamento futuro del mercato.

Il modello di martingala difficilmente può essere accettato come rappresentativo del funzionamento di un mercato azionario. È infatti opinione diffusa quella che vede tale mercato dominato da una tendenza crescente dei prezzi, determinata da rendimenti positivi che necessariamente devono essere presenti in un sistema finanziario che offre investimenti rischiosi. Per la suddetta ragione, il modello di martingala cede normalmente il passo a quello di sotto-martingala definito nel modo seguente:

$$E\left(P_{j,t+1} \middle| \Phi t\right) > P_{j,t} \qquad [12]$$

$$E\left(P_{j,t+1} - P_{j,t} \middle| \Phi t\right) > 0 \qquad [13]$$

$$E\left(R_{j,t+1} \middle| \Phi t\right) > 0 \qquad [14]$$

Come già affermato e considerando la prima equazione, a differenza del modello di martingala in quello di sotto-martingala il valore atteso del prezzo al tempo $t+1$, condizionato dall'insieme delle informazioni utili Φt, è maggiore del prezzo al tempo t. Dalla prima equazione derivano le due successive: infatti, sia la variazione attesa del prezzo sia il rendimento atteso, sempre condizionati da Φt, sono maggiori di zero. Il fatto che nel modello di sotto-martingala il rendimento atteso condizionato sia maggiore di zero non deve trarre in inganno. Un mercato conforme a una sotto-martingala è comunque efficiente in quanto prevede rendimenti futuri positivi, necessaria remunerazione per investimenti rischiosi, non consentendo a un investitore di «batterlo» ottenendo profitti al di sopra della norma: solo chi conosce con notevole precisione l'entità dell'errore previsionale commesso dalla generalità degli operatori sul mercato è in effetti in grado di ottenerli. Questo non avviene però nel modello di sotto-martingala che non è altro che un'ipotesi restrittiva del modello di *fair game*.

In conclusione, è necessario ricordare e ribadire che i modelli di martingala e quello di sotto-martingala costituiscono casi particolari e più restrittivi del modello di *fair game* analizzato nella sezione precedente, e quindi lo implicano; si differenziano da esso in quanto nel *fair game* il rendimento atteso condizionato può essere positivo, negativo o pari a zero, mentre nel modello di martingala esso è sempre nullo e in quello di sotto-martingala è sempre positivo. Il fatto perciò di scegliere come modello di efficienza dei mercati finanziari la martingala o la sotto-martingala al posto del *fair game*, è dovuto alla maggiore semplicità dei primi, condizione rilevante ai fini della realizzazione dei test empirici. Tra l'altro questi ultimi sono spesso basati sul modello di *random walk* che, come sarà possibile appurare nella prossima sezione, rappresenta persino un'ipotesi ancora più semplificata e restrittiva.

10.6.3 Il modello di random walk

Prima di cominciare la trattazione del modello è necessario un inciso per spiegare meglio un concetto sul quale si rischia di ingenerare confusione. Il *random walk* è un processo stocastico che spesso nella letteratura accademica è riferito indifferentemente sia al prezzo *tout court*, sia al suo logaritmo naturale; nel primo caso il modello presenterà implicazioni per la variazione assoluta del prezzo di periodo, mentre nel secondo per quella logaritmica. In realtà i due concetti sono abbastanza differenti e si registra peraltro una preferenza per la seconda soluzione, soluzione che sarà adottata anche in questa sede. La motivazione alla base di tale scelta deriva da una ragione empirica strettamente legata al modello teorico oggetto di studio: è infatti empiricamente dimostrato che, all'aumentare del livello del prezzo, si manifesta una tendenza all'aumento del valore atteso (media) e della deviazione standard della variazione assoluta del prezzo; il *random walk*, come si vedrà meglio in seguito, presuppone una stabilità di tali parametri che è più facilmente ottenibile considerando i logaritmi. Tra l'altro, il rendimento percentuale di periodo, che riscuote maggiore interesse tra gli studiosi rispetto alla variazione assoluta del prezzo, è ben approssimato dalla variazione logaritmica quando esso è compreso tra più e meno 15%, circostanza che appare abbastanza comune quando si lavora con orizzonti temporali giornalieri, settimanali e persino mensili. Per essere più chiari e comprendere appieno il significato algebrico di tali constatazioni, è possibile affermare che la seguente approssimazione risulta normalmente verificata:

$$v_{t+1} = \ln(p_{t+1}) - \ln(p_t) = \ln\left(\frac{p_{t+1}}{p_t}\right) \cong \left(\frac{p_{t+1} - p_t}{p_t}\right) \qquad [15]$$

dove:

v_{t+1} = variazione logaritmica del prezzo tra il tempo t e il tempo $t+1$

Studiare le proprietà dei rendimenti percentuali attraverso l'analisi delle variazioni logaritmiche costituisce un modo di operare che abbrevia notevolmente il lavoro del ricercatore senza arrecare grave danno alla precisione del processo di valutazione e alla attendibilità dei risultati ottenuti.

Riassumendo, il *random walk* è riferibile preferibilmente al logaritmo naturale del prezzo con implicazioni quindi per i rendimenti percentuali, i quali possono essere approssimati dalle variazioni logaritmiche del prezzo. D'ora innanzi, in questa sezione, quando si parlerà di prezzo e delle sue variazioni si sottintenderà l'applicazione del logaritmo naturale e l'approssimazione che ne deriva. I risultati possono essere considerati validi anche per le variazioni assolute, ricordando però che a livello empirico esse differiscono dai rendimenti percentuali.

La determinazione dei prezzi in un mercato è governata da un processo stocastico di *random walk* se i rendimenti percentuali (o variazioni logaritmiche dei prezzi) di periodo costituiscono variabili casuali serialmente indipendenti e identicamente distribuite. Per il titolo j tali affermazioni si traducono in forma algebrica nel modo seguente:

$$f\left(r_{j,t+1} \middle| \Phi_t\right) = f\left(r_{j,t+1}\right) \qquad [16]$$

$$\Phi_t = f\left(r_{j,t}, r_{j,t-1}, \ldots, r_{j,1}\right) \qquad [17]$$

$$f\left(r_{j,t+1}\right) = f\left(r_{j,t}\right) = f\left(r_{j,t-n}\right) \qquad [18]$$

La prima equazione indica che la distribuzione del rendimento percentuale (funzione di probabilità o di densità a seconda del tipo di variabile casuale che si preferisce considerare) non è influenzata dalla conoscenza dell'insieme di informazioni Φ_t, che è solo prassi accademica comune far corrispondere ai rendimenti passati, come evidenziato anche nella seconda equazione. In altre parole, la conoscenza della serie storica del rendimento percentuale non offre vantaggi per l'analista: infatti, i rendimenti sono serialmente indipendenti in quanto la loro distribuzione di probabilità condizionata è eguale a quella marginale, ovvero non condizionata. Inoltre, la terza equazione segnala la stabilità nel tempo della distribuzione.

Per maggiore chiarezza, la successione delle variabili casuali prezzo P (o meglio il suo logaritmo, come già precisato) può essere descritta nella seguente equazione:

$$P_{t+1} = P_t + U_{t+1} \quad [19]$$

Nell'equazione, U_{t+1} è un processo stocastico comunemente chiamato *white noise* indipendente, vale a dire una successione di variabili casuali indipendenti e identicamente distribuite con media nulla. La verifica di tali proprietà è condizionata al rispetto delle seguenti condizioni:

$$E\left(U_{t+1}\right) = E\left(U_t\right) = E\left(U_{t-s}\right) = 0 \quad [20]$$

$$VAR\left(U_{t+1}\right) = VAR\left(U_t\right) = VAR\left(U_{t-s}\right) = \sigma^2 \quad [21]$$

$$COV\left(U_{t+1}, U_t\right) = COV\left(U_{t+1}, U_{t-s}\right) = 0 \quad [22]$$

dove:

U_{t+1}, U_t e U_{t-s} sono variabili casuali indipendenti.

Le quattro condizioni, partendo dall'alto verso il basso, indicano rispettivamente che la generica variabile casuale U ha media stabile e sempre pari a zero, che anche la sua varianza è stabile e pari al generico valore σ^2, e che, infine, è serialmente incorrelata e per di più indipendente. Sulla base delle considerazioni sopra esposte, ne consegue che la variabile casuale prezzo è una martingala, mentre la sua variazione è un *fair game*:

$$E\left(P_{t+1}\right) = E\left(P_t + U_{t+1}\right) = P_t \quad [23]$$

$$E\left(P_{t+1} - P_t\right) = E\left(U_{t+1}\right) = 0 \quad [24]$$

Il *random walk* costituisce pertanto una versione restrittiva di una martingala, per la quale valgono tutte le argomentazioni riportate nella sezione precedente. Infatti, come peraltro è già stato in parte rilevato, nella martingala il valore atteso condizionato da Φ_t della variazione del prezzo è pari al valore atteso non condizionato, non esistendo regole di previsione efficaci. Nel *random walk* l'indipendenza della variabile casuale U è completa, non lasciando spazio ad alcuna utile predizione riguardante qualunque momento della distribuzione della variazione: in altri termini, tutti i momenti condizionati sono stabili e pari a quelli non condizionati. Per inciso, è stato più volte empiricamente rilevato che le serie finanziarie sono dominate da un alternarsi di periodi fortemente volatili e di periodi meno turbolenti, fenomeno che può trovare una valida giustificazione assumendo l'esistenza di un'autocorrelazione positiva o comunque di una forma di dipendenza nella serie della varianza condizionata: essa è quindi in qualche maniera prevedibile considerando i livelli delle varianze di periodi precedenti. Il *random walk*, al contrario della martingala, non ammette che le serie finanziarie presentino il suddetto comportamento[23].

Così come è stato elaborato il modello di sotto-martingala per tenere conto della generale tendenza rialzista del mercato azionario, allo stesso modo esiste il cosiddetto modello di *random walk with drift*:

$$P_{t+1} = Y + P_t + U_{t+1} \qquad [25]$$

Come è possibile comprendere osservando la relazione e confrontandola con quella del *random walk* senza *drift*, l'unica differenza rispetto a quest'ultimo è l'aggiunta della costante positiva Y: essa non costituisce altro che il *trend*, in questo caso positivo, che è tipico dei mercati azionari.

Dal momento che U è un processo *white noise* indipendente, è facile calcolare il valore atteso del prezzo e della sua variazione:

$$E\left(P_{t+1}\right) = E\left(Y + P_t + U_{t+1}\right) = Y + P_t \qquad [26]$$

$$E\left(P_{t+1} - P_t\right) = E\left(Y + U_{t+1}\right) = Y \qquad [27]$$

In tale circostanza il prezzo e la sua variazione non sono rispettivamente una martingala e una sua differenza: infatti, il *random walk with drift* è una versione particolare di sotto-martingala e non di martingala. In ogni caso, nonostante la presenza del *trend* Y, le variazioni del prezzo costituiscono una successione di variabili casuali indipendenti e identicamente distribuite, con media Y e varianza σ^2. Pertanto, le considerazioni generali riportate in sede di trattazione del *random walk* nella prima parte della presente sezione, trovano concreta applicazione anche per questo specifico modello.

[23] Mills T.C., *The Econometric Modelling of Financial Time Series*, Cambridge University Press, Cambridge 1999, p. 5.

10.7 Modelli alternativi alla teoria dell'efficienza informativa

Nel corso della precedente trattazione è stato più volte posto l'accento su una delle principali conseguenze che si determinano una volta accertata e accettata l'ipotesi di efficienza dei mercati finanziari: il riferimento è all'impossibilità di compiere previsioni sul futuro andamento delle quotazioni e dunque alla inutilità degli strumenti di analisi tecnica e fondamentale per ottenere rendimenti superiori alla misura «normale». In tale contesto appare pertanto utile indagare sulle reazioni elaborate e manifestate dagli analisti tecnici – che vedono messa costantemente in discussione l'efficacia del loro operato e la validità dei risultati raggiunti –, nonché le risposte provenienti da altri settori, primo fra tutti il mondo accademico: l'intento consiste dunque nel proporre una rassegna delle critiche avanzate dai tecnicisti nei confronti dei sostenitori della teoria dell'efficienza dei mercati.

Come è stato già rilevato, un mercato è in grado di operare in condizioni di efficienza proprio grazie all'azione di preparatissimi analisti che, nella spasmodica e continua ricerca di opportunità di profitto, innescano una serie di meccanismi che conducono in brevissimo tempo alla eliminazione di tali opportunità. Ne consegue che l'eventuale introduzione nel mercato di tecniche di trading potenzialmente efficaci è destinata a trovare una immediata diffusione tra gli operatori i quali la utilizzeranno in massa e tutti allo stesso modo, rendendola presto inefficace. Murphy, uno dei maggiori sostenitori ed esperti di analisi tecnica, contesta questa affermazione, o più precisamente contesta l'idea ad essa strettamente connessa in base alla quale l'analisi tecnica sembra funzionare e avere capacità predittiva solo per effetto del meccanismo di auto-alimentazione (*self-fulfilling*)[24]. Affermare che le predizioni dell'analisi tecnica siano *self-fulfilling*, equivale ad asserire che esse, pur non essendo intrinsecamente valide, lo possono sembrare in quanto basate su tecniche ampiamente pubblicizzate e seguite dalla maggioranza degli operatori nel mercato, maggioranza che inevitabilmente spinge il mercato stesso nella direzione che si ritiene di aver previsto: come dire che poiché tutti seguono la stessa direzione, nessuno si chiede se abbia una reale base scientifica. Murphy però sottolinea che tale critica è del tutto incoerente con quella, non meno diffusa, che ritiene l'applicazione degli strumenti dell'analisi tecnica troppo soggettiva e quindi inutile, in quanto non automaticamente realizzabile e verificabile. Per l'Autore, in realtà, l'analisi tecnica è realmente e completamente soggettiva, non costituendo questo un difetto bensì un pregio in un'ottica di osservazione che concepisce l'approccio in parola come un'arte più che una scienza. Inoltre, occorre sottolineare che nel mercato sono presenti numerosi investitori con diversi modi e stili di operare e di pensare, così come esistono tante tecniche di *trading* pubblicizzate ed elaborate, la cui applicazione è spesso tutt'altro che meccanica: appare pertanto difficile, se non addirittura impossibile, pensare che tutti usino gli stessi strumenti allo stesso modo e con lo stesso *timing*, al punto di giustificare il

[24] Murphy J.J., *Technical Analysis of the Futures Markets*, New York Institute of Finance, New York 1986, p. 17.

fatto che l'utilità dell'analisi tecnica sia sempre e comunque illusoria in quanto legata alla sua natura *self-fulfilling*.

L'efficienza informativa presuppone inoltre che lo studio delle serie storiche di prezzo e volume sia privo di utilità in quanto il mercato è efficiente in forma debole. Nelle sue pubblicazioni Murphy appare sorpreso da tale asserzione, in quanto è consuetudine comune in molti settori dell'economia, e in generale in altre scienze, realizzare previsioni analizzando il passato; egli ritiene perciò che definire l'analisi tecnica inutile in quanto basata su informazioni storiche equivale, alla stessa stregua, a considerare inutili tutte le suddette previsioni.

L'Autore non manca poi di contestare la validità del modello di *random walk*. Egli ammette che il movimento dei prezzi sia in parte casuale, ma aggiunge che non può certamente esserlo completamente e che comunque nessun *test* statistico potrà mai convincerlo della validità di tale teoria, in quanto ritiene le tecniche statistiche capaci di provare tutto ciò che l'utilizzatore ha in mente di provare. In aggiunta, per l'autore basta osservare un grafico del prezzo per rendersi conto che il *random walk* è una falsa rappresentazione e descrizione della realtà: il movimento del prezzo non è casuale ma presenta *trend* ben evidenti; esso può apparire tale solo a coloro che, come i ricercatori accademici, non sono adusi a osservare i grafici.

Appare appena il caso di sottolineare che le critiche portate avanti da Murphy a sostegno della validità dell'analisi tecnica non appaiono del tutto condivisibili: se le affermazioni sopra riportate sembrano accettabili quando mettono in luce l'eccessiva semplicità delle formulazioni alla base del modello di efficienza dei mercati, non sono per nulla convincenti laddove si affronta il tema del modello del *random walk*. È stato infatti più volte sottolineato in diverse ricerche, come serie del prezzo create artificialmente attraverso simulazioni e perfettamente conformi al modello di *random walk* (*with drift* nel caso di mercato azionario), siano molto difficilmente distinguibili a livello ottico da quelle riguardanti un mercato reale[25]. Ne consegue che soltanto l'analisi empirica è in grado di rifiutare il suddetto modello, non certo la semplice osservazione: tale analisi deve inoltre essere necessariamente fondata su tecniche statistiche le quali, pur nella consapevolezza dei loro limiti, non possono certamente essere relegate a svolgere una funzione del tutto inutile come sostiene Murphy.

Occorre a questo punto segnalare che, oltre ad aver provocato forti attacchi da parte dei sostenitori dell'analisi tecnica, la teoria dell'efficienza dei mercati non ha mancato di suscitare numerose critiche provenienti anche dal mondo dei ricercatori accademici, critiche che costituiscono un enorme passo avanti rispetto a quelle già trattate. Ad esempio, alcuni ricercatori si sono resi conto che i presupposti alla base del modello di efficienza non solo sono molto semplicistici – circostanza che, come detto, è ammessa anche dallo stesso Fama – ma appaiono anche in parte incoerenti e in contrasto tra loro. Per la precisione, LeRoy sottolinea che, essendo l'analisi finanziaria molto diffusa, pensare che ci siano operatori preparati, informati e razionali – si-

[25] Roberts H.V., *Stock-Market Patterns and Financial Analysis: Methodological Suggestions*, «The Journal of Finance», 14, 1, 1959, pp. 3-4.

tuazione necessaria in un mercato efficiente – e che gli stessi contemporaneamente siano tanto irrazionali e incoscienti da non rendersi conto che l'analisi finanziaria è inutile e dannosa, non gioca certo a favore del modello teorico.

Un modello teorico che si oppone alla teoria dell'efficienza, e che pertanto ne costituisce una critica, è quello elaborato da Peters e definito dallo stesso autore *fractal market hypothesis* in alternativa, come detto, alla più famosa *efficient market hypothesis*[26]. Nello spiegare il suo modello, Peters parte dalla considerazione che il mercato dei capitali è stato creato e successivamente migliorato attraverso l'utilizzo delle innovazioni tecnologiche per offrire a ciascun investitore la possibilità di effettuare operazioni di compravendita in ogni momento: ne consegue che la vera caratteristica desiderabile di un mercato non è quindi quella di essere efficiente a livello informativo, quanto piuttosto quella di essere il più possibile liquido. La capacità dei prezzi di riflettere costantemente tutte le informazioni disponibili e dunque il raggiungimento di posizioni di equilibrio assumono un'importanza del tutto marginale per gli operatori: essi, infatti, hanno molto spesso bisogno di effettuare un'operazione di compravendita anche a un prezzo che sia lontano da quello che ingloba tutte le informazioni rilevanti. C'è da precisare che per l'autore il termine «liquidità» non deve essere confuso con quello di «volume»: infatti, mentre un mercato liquido è stabile, i più alti volumi si registrano proprio quando il mercato crolla rovinosamente e gli operatori fuggono da esso. In sostanza, la liquidità è fondamentale in un mercato perché assicura che:

- gli investitori possano effettuare operazioni a un prezzo vicino a quello di equilibrio;
- gli investitori con differenti orizzonti temporali di riferimento possano effettuare operazioni di compravendita tra loro in maniera efficiente;
- non si verifichino né situazioni di panico né di fuga dal mercato, circostanze queste riscontrabili quando la domanda e l'offerta sono completamente sbilanciate.

Analizzando il primo punto, secondo Peters il modello dell'efficienza informativa si concentra sull'idea di prezzo di equilibrio tralasciando colpevolmente di considerare il requisito della liquidità: in realtà un mercato liquido ovvero stabile è condizione necessaria affinché i prezzi siano vicini ai loro livelli di equilibrio. Appare pertanto evidente che la teoria dell'efficienza non è assolutamente in grado di spiegare i crolli e le fughe dal mercato, in quanto non considera l'ipotesi di un mercato non liquido.

Il secondo punto è strettamente legato al primo dal momento che la liquidità è il frutto dell'azione di investitori con differenti orizzonti temporali, differenti informazioni disponibili e rilevanti e, soprattutto, differenti concetti di prezzo di equilibrio. Se infatti, come assume la teoria dell'efficienza informativa, gli operatori costituissero un gruppo altamente omogeneo al suo interno con le stesse informazioni e le stesse aspettative, non vi sarebbe alcuna operazione di compravendita in quanto tutti avrebbero la stessa identica idea su quello che è il prezzo «giusto», ovvero di equili-

[26] Peters E.E., *Fractal Market Analysis*, Wiley, New York 1994, pp. 39-50.

brio: che convenienza c'è a comprare o vendere a un prezzo che si pensa non sia potenziale fonte di extra-profitti? Invece, continua Peters, se si hanno investitori con differenti orizzonti temporali e quindi differenti ipotesi su quale sia il prezzo di equilibrio, ciascuno di loro potrà andare sul mercato e vendere o comprare a un prezzo che riterrà conveniente alla stessa maniera della controparte. In aggiunta, l'autore sostiene che normalmente gli investitori con orizzonte temporale a breve termine (es. *day traders*) siano principalmente «tecnicisti», mentre quelli con orizzonte a lungo (es. investitori istituzionali, *portfolio managers*) siano «fondamentalisti».

Trattando infine il terzo punto, Peters asserisce che a volte i «fondamentalisti» diventano operatori a breve ritenendo che, vista la situazione di instabilità e di crisi politica ed economica in atto, le previsioni a lungo termine non siano per niente affidabili, rendendo il mercato privo della necessaria liquidità e instabile. In effetti, l'operatore investito da informazioni particolarmente negative e rilevanti nell'ottica di un orizzonte temporale breve, andrà sul mercato per vendere i propri titoli. Egli però si troverà di fronte a una penuria di compratori in quanto tutti avranno la sua stessa idea e necessità: il crollo del mercato sarà inevitabile in quanto si diffonderà il panico e le vendite avverranno a prezzi stracciati.

In conclusione, diversamente dall'*efficient market hypothesis*, la *fractal market hypothesis* assume, in maniera più realistica, che normalmente in un mercato le informazioni si diffondano e vengano elaborate sulla base di modalità e convinzioni differenti dai vari investitori, in relazione ai loro diversi orizzonti temporali; tale assunzione è condizione necessaria affinché un mercato sia stabile e liquido, assicurando che i prezzi, pur non riflettendo perfettamente e pienamente tutte le informazioni disponibili, siano vicini a livelli di equilibrio; non sono da escludere, in ogni caso, periodi di instabilità dovuti a una scarsa liquidità.

Un'altra importante critica al modello dell'efficienza dei mercati finanziari è stata avanzata da Grossman e Stiglitz ed è stata esposta nel loro celeberrimo articolo «*On the Impossibility of Informationally Efficient Markets*»[27]. L'articolo si apre con un'affermazione che in qualche maniera ne riassume il contenuto: «Se l'equilibrio competitivo è definito come una situazione nella quale i prezzi sono tali che tutti i profitti da arbitraggio sono eliminati, è possibile che un'economia competitiva sia sempre in equilibrio? Certamente no, perché diversamente coloro che realizzano gli arbitraggi non otterrebbero alcun rendimento dalla loro costosa attività»[28]. Per essere più chiari, l'ipotesi di perfetta e costante efficienza informativa è insostenibile, in quanto essa sarebbe assicurata dagli arbitraggi, vale a dire da operazioni di compravendita alla ricerca di profitti «anormali» che, proprio in un mercato efficiente, sarebbero del tutto improduttive e quindi – premessa la razionalità degli investitori – non sarebbero mai realizzate.

Preso atto di tale considerazione logica, i due autori sostengono che il mercato dei capitali sia sempre caratterizzato da un equilibrio con un certo grado di disequilibrio:

[27] Grossman S.J., Stiglitz J.E., *On the Impossibility of Informationally Efficient Markets*, «The American Economic Review», 70, 3, 1980, pp. 392-408.

[28] Grossman, Stiglitz, *On the Impossibility*, cit., p. 393.

gli investitori più preparati e informati riescono a ottenere un rendimento dalla loro attività superiore a quello degli investitori non informati, rendimento che costituisce pertanto un compenso e allo stesso tempo un incentivo alla loro attività.

Le considerazioni appena svolte meritano però un adeguato approfondimento e appare dunque necessario passare a una trattazione più analitica del modello di Grossman e Stiglitz. Il modello assume che vi siano due gruppi d'investitori: gli investitori informati prendono le loro decisioni in maniera ponderata e basandosi sulle notizie che hanno a disposizione, ma devono sostenere un costo per raccogliere ed elaborare le informazioni; gli investitori non informati, viceversa, non sopportano alcun onere e si limitano a osservare l'evoluzione del prezzo di mercato. In qualche maniera l'attività di compravendita dei primi – destinata a influenzare la dinamica del prezzo – fornisce un'utilità ai secondi che è proporzionale al grado di «informatività» del sistema del prezzo (*price system*): se, infatti, nel mercato non vi è alcun «rumore» (*noise*, rappresentato ad esempio da errori di valutazione) – caratteristica quest'ultima precipua di un mercato perfetto e quindi efficiente in cui i prezzi riflettono tutte le informazioni – l'azione degli investitori informati è perfettamente e chiaramente individuabile dagli altri, che possono cioè beneficiare del loro lavoro senza affrontare alcun sacrificio economico. Più il sistema del prezzo presenta «rumore» e meno è informativo. Inoltre, continuano gli Autori, l'equilibrio generale del mercato si raggiunge quando, dato un certo prezzo in grado di bilanciare domanda e offerta, si perviene a una percentuale d'equilibrio di investitori informati. Tale percentuale sarà pari a zero se l'utilità attesa dagli investitori informati si attesta su livelli inferiori rispetto a quella dei non informati, sarà pari a uno se accadrà il fenomeno contrario oppure infine sarà compresa tra zero e uno in caso si riscontri una perfetta eguaglianza delle utilità attese.

Proseguendo con l'analisi, il modello può essere correttamente illustrato e definito attraverso l'esposizione delle seguenti sette congetture:

- più elevato è il numero degli operatori informati, più il sistema del prezzo è informativo. A parità di «rumore», l'aumento degli investitori informati agevola il compito di quelli non informati;
- più elevato è il numero degli operatori informati, minore è il rapporto della loro utilità attesa su quella di coloro che non sono informati. L'incremento degli informati avvantaggia i non informati rendendoli maggiormente consapevoli e riducendo le opportunità di profitto dei primi che, principalmente, concludono operazioni con i secondi;
- più è elevato il costo delle informazioni e minore sarà la percentuale di equilibrio degli investitori informati. In effetti, maggiore è il costo da sostenere, minore sarà l'utilità ottenibile dall'acquisto delle informazioni;
- se aumenta la qualità delle informazioni, aumenta anche l'«informatività» del *price system*;
- in condizioni di equilibrio, più è elevato il livello del «rumore» e meno lo è l'utilità attesa e la percentuale di equilibrio dei non informati;
- in una situazione limite in cui non vi sia *noise*, il prezzo è perfettamente informativo e nessun operatore ha interesse ad acquistare le informazioni. Ma se tutti diventano

non informati, il *price system* perde la sua capacità informativa e qualche investitore, rendendosene conto, ricomincia a informarsi per approfittare delle potenziali opportunità di profitto derivanti dallo sfruttamento di informazioni che altri non possiedono; terminata la sua azione di reperimento delle informazioni però, si rende conto che il «sistema del prezzo» è tornato ad essere perfettamente informativo e che non conviene più sostenere un costo inutile. L'operatore torna quindi a far parte del gruppo dei non informati e il processo appena descritto si avvia di nuovo;

- collegandosi alla precedente congettura, il mercato è estremamente «sottile» (*thin*) se la percentuale degli investitori informati è vicina a uno o a zero. Ciò avviene sia nel caso di assenza di «rumore» (tendenzialmente tutti gli investitori non sono informati), sia in ipotesi di costi delle informazioni nulli (tutti gli investitori sono perfettamente informati). Le contrattazioni tra investitori si concludono solo se vi sono gusti differenti (differenti gradi di avversione al rischio), differenti dotazioni di titoli o differenti convincimenti e idee; considerando solo quest'ultima ipotesi – giudicata dagli autori di gran lunga la più rilevante – se tutti gli investitori fossero egualmente informati o non informati, avrebbero anche gli stessi convincimenti e quindi nessun interesse ad avviare contrattazioni.

Analizzando le congetture che costituiscono le fondamenta del modello, da una parte ci si rende conto del loro realismo e dall'altra si arriva alle stesse conclusioni che si sono esposte a premessa di questa sezione. Nell'ipotesi di efficienza informativa è implicito il presupposto che il mercato sia perfetto, vale a dire che non vi sia rumore, e che quindi non si debbano sostenere costi per acquisire informazioni: questo presupposto è considerato sufficiente ma non necessario dallo stesso Fama. Grossman e Stiglitz rifiutano completamente tale impostazione in quanto ritengono il requisito della gratuità delle informazioni necessario affinché un mercato possa essere definito in ogni momento efficiente: infatti, come già evidenziato, in una situazione in cui l'informazione dovesse avere un prezzo e il prezzo fosse completamente informativo non essendoci *noise*, non vi sarebbe sempre una situazione di perfetta efficienza, ma un continuo alternarsi di periodi in cui gli investitori sarebbero tutti non informati – rendendo il mercato inefficiente e *thin* – e di periodi in cui solo qualcuno di loro lo sarebbe. In altri termini, il mercato sarebbe efficiente in virtù dell'azione di investitori informati solo per brevi lassi di tempo, in quanto la raccolta ed elaborazione di informazioni è costosa e non offre vantaggi competitivi durevoli. Di converso, se l'informazione fosse liberamente disponibile senza oneri, tutti gli investitori sarebbero sempre perfettamente informati e il mercato sarebbe efficiente a livello informativo. Esso però, continuano i due studiosi, sarebbe nello stesso tempo molto sottile e tendente all'annullamento del volume di *trading*, caratteristiche queste, da un lato, certamente non desiderabili e non ricollegabili all'idea di mercato competitivo ideale e, dall'altro lato, non riscontrabili nei mercati reali.

In conclusione e riassumendo il pensiero degli Autori, il mercato non può essere integralmente efficiente a livello informativo poiché altrimenti esso non esisterebbe. Nella realtà, l'informazione costa e l'investitore che l'acquisisce e la sfrutta ne ottiene un vantaggio, essendo il mercato pervaso da «rumore»; inoltre, l'esistenza di gruppi di investitori con diversi patrimoni informativi, e quindi con differenti convincimenti, risulta necessaria per evitare che il mercato divenga «sottile». È interessante rilevare come l'ultima asserzione si colleghi alla critica di Peters esposta in precedenza.

Le conclusioni raggiunte da Grossman e Stiglitz, nonché le argomentazioni addotte a sostegno della loro teoria hanno inoltre contribuito notevolmente alla elaborazione e diffusione di nuovi rilievi critici da parte di altri autori, sempre sulla scia della contestazione del modello di efficienza dei mercati finanziari. In particolare, Lo e MacKinlay, nella loro opera *A Non-Random Walk Down Wall Street*[29], riprendono e in qualche maniera ampliano l'idea che necessariamente investitori informati e preparati debbano ottenere un rendimento superiore rispetto agli altri, rendimento che però non deve essere concepito come un segnale di inefficienza, ma interpretato semplicemente come una naturale rendita ottenuta in funzione dell'attività svolta. In effetti, tali operatori concludono operazioni prevalentemente con investitori che, per le più svariate ragioni, non basano le loro scelte sulle informazioni. Questi ultimi possono essere, ad esempio, soggetti che hanno una necessità impellente di liquidità o, riprendendo l'idea di Black[30], investitori che operano usando ciò che considerano essere informazione ma che in realtà è solo *noise*. Lo e MacKinlay continuano affermando che il termine efficienza dovrebbe pertanto essere rivisto, passando dall'accezione classica a quella che essi stessi definiscono pratica e realistica, anche in relazione a ciò che avviene in mercati diversi da quello dei capitali. In quest'ottica un mercato è efficiente anche quando è possibile, sfruttando informazioni non note a tutti gli operatori, ottenere rendimenti superiori al normale, rendimenti che si configurano come adeguati compensi per l'attività svolta dagli analisti e dunque costituiscono elementi essenziali per garantire il funzionamento e la stessa esistenza dei mercati. I due autori espongono il seguente esempio a supporto della loro tesi: se una compagnia farmaceutica dovesse sviluppare un vaccino efficace contro l'AIDS, si riterrebbe il suo mercato inefficiente qualora essa beneficiasse di straordinari profitti? Sicuramente no, e dunque perché allora si ritiene inefficiente il mercato dei capitali se analisti ben preparati e informati ottengono rendimenti «anormali» sfruttando i vantaggi competitivi derivanti dalla conoscenza di tecniche di investimento innovative? Anche se il mercato dei capitali è probabilmente il più efficiente in assoluto nell'accezione classica, affermare che l'analisi finanziaria in generale e l'analisi tecnica in particolare non siano fonte di extra-rendimenti appare del tutto fuori luogo, in quanto tali tecniche non rappresentano storture del mercato, ma bensì la norma in una ipotesi di reale efficienza, dove il termine efficienza è usato nell'accezione pratica degli autori.

Sempre nell'ambito delle valutazioni e considerazioni critiche all'approccio sostenuto da Fama, un doveroso riferimento deve essere compiuto all'osservazione condotta da Zambruno e attinente in modo particolare alla ricerca empirica. L'autore afferma che il modello di Grossman e Stiglitz mette in luce un problema relativo alla validità dei *test* sull'efficacia di *trading system* e, quindi, concernente indirettamente

[29] Lo A.W., MacKinlay A.C., *A Non-Random Walk Down Wall Street*, Princeton University Press, Princeton, 1999.
[30] Black F., *Noise*, «The Journal of Finance», 41, 3, 1986, p. 529.

il grado di efficienza dei mercati. In effetti, il livello di efficienza posseduto da un mercato è normalmente appurato confrontando i risultati di una strategia passiva (*buy-and-hold*) con quelli conseguiti adottando strategie attive, ovvero scelte di investimento basate sui più svariati strumenti di analisi. Tale metodologia è considerata da Zambruno non del tutto corretta, in quanto la strategia passiva beneficia dell'azione di coloro che, come gli analisti, ricorrono a strategie attive. Infatti, come mostra il modello di Grossman e Stiglitz, gli investitori più attivi e informati rendono edotti, attraverso le variazioni del prezzo che producono con la loro attività, anche quelli che si affidano a strategie passive e che quindi non sostengono particolari costi[31]. L'idea di Zambruno è certamente interessante e apparentemente incisiva, ma è singolare come sia basata solo su una parte delle congetture del modello di Grossman e Stiglitz, e soprattutto come non tenga conto delle conclusioni del modello stesso. Per capire meglio i problemi legati alla critica di Zambruno, e tenendo sempre ben presente i presupposti del modello di Grossman e Stiglitz, è opportuno avanzare le classiche due ipotesi alla base di qualunque *test* empirico sull'efficienza: il mercato è efficiente o il mercato è inefficiente. Nel primo caso nessuno ha interesse ad acquisire ed elaborare informazioni, ad esempio attraverso gli strumenti dell'analisi tecnica, in quanto si tratta di attività inutili e costose; qualunque *test* che confrontasse il rendimento di un *trading system* con quello della strategia passiva, non potrebbe che confermare l'efficienza del mercato. In effetti, il rendimento di qualunque strategia attiva sarebbe nella migliore delle ipotesi mediamente uguale a quello della strategia passiva. Nel secondo caso è certamente vero, come sostiene Zambruno, che l'attività degli operatori informati e preparati avvantaggi quelli che non lo sono e adottano perciò strategie passive, ma non tutte le informazioni sono perfettamente riflesse nei prezzi di mercato; quindi vi sarà spazio per risultati di *test* empirici che mostrino la capacità di *trading system* di «battere» il mercato, quanto meno nell'ipotesi in cui non si considerino i costi legati alla gestione delle tecniche di *trading* in parola e la remunerazione per l'attività di chi ne fruisce. In entrambe le ipotesi analizzate, al contrario di quanto asserito da Zambruno, il test empirico offrirebbe senza alcun dubbio una risposta chiara e coerente con la realtà del mercato.

La critica portata avanti da Grossman e Stiglitz risulta particolarmente convincente in quanto ben ancorata a solide e realistiche congetture: la validità delle argomentazioni addotte dai due Autori ha addirittura interessato e influenzato il pensiero dello stesso Fama che infatti nel 1991[32], a distanza di circa vent'anni dal suo studio originale, modifica l'iniziale definizione di efficienza informativa, proprio accogliendo le considerazioni contenute nel suddetto modello. Per la verità la rivisitazione critica di Fama non è del tutto originale, ma riprende la definizione di efficienza elaborata da Jensen[33], cosa che lui stesso, peraltro, sottolinea nel suo scritto. Per Fama l'accezione

[31] Zambruno G.M., *Analisi tecnica ed efficienza del mercato finanziario italiano*, «Finanza Imprese e Mercati», 3, 1992, p. 460.

[32] Fama E.F., *Efficient Capital Markets: II*, «The Journal of Finance», 46, 5, 1991, pp. 1575-1617.

[33] Jensen M.C., *Some Anomalous Evidence Regarding Market Efficiency*, «Journal of Financial Economics», 6, 2/3, 1978, pp. 95-101.

originaria del concetto di efficienza, pur essendo utile in quanto chiaro e semplice *benchmark* del mercato reale, è sicuramente falsa e non realistica e deve pertanto essere sostituita da una nuova definizione che recita così[34]: «i prezzi riflettono le informazioni fino al punto dove i benefici marginali dell'agire sulla base delle informazioni (i profitti che vengono realizzati) non eccedono i costi marginali». Valutando tale affermazione in un'ottica alternativa, è possibile concludere che l'efficienza non esclude la realizzazione di rendimenti al lordo dei costi che, secondo il modello classico, sono in eccesso rispetto al «normale»; essa esclude solo extra-rendimenti al netto dei costi sostenuti. Se tra tali costi si annoverano tutti gli oneri che è necessario affrontare per raccogliere, elaborare e analizzare le informazioni, e quindi anche quelli, a volte reali e a volte figurativi, per la remunerazione del lavoro degli analisti, e quelli legati alla particolare attività imprenditoriale svolta da chi organizza e gestisce l'attività di investimento, allora la nuova ipotesi realistica di efficienza di Fama risulta contigua a quella elaborata da Lo e MacKinlay.

Sezione II

L'approccio degli investitori al mercato: analisi fondamentale e analisi tecnica

10.8 La valutazione dei titoli azionari: funzioni e caratteri dell'analisi fondamentale

Il processo di analisi di una qualsiasi tipologia di investimento attuato da un singolo risparmiatore, da operatori specializzati, da investitori istituzionali, appare piuttosto articolato e complesso e risulta costituito da diverse fasi, tutte finalizzate a raggiungere un solo, fondamentale obiettivo: la determinazione del valore dell'attività in esame. In effetti, soltanto la predisposizione di un efficace percorso di stima e la conseguente perfetta conoscenza del valore associato a un dato investimento consentono all'analista di compiere scelte soddisfacenti sotto il profilo della redditività e della crescita del capitale investito sulla base di un definito livello di rischiosità. Nel passaggio da investimenti generici a investimenti in titoli azionari emessi da società quotate nei mercati ufficiali, il tema della valutazione assume connotati specifici e necessita pertanto di adeguati approfondimenti e dell'utilizzo di strumenti mirati. L'impiego di risorse in attività finanziarie rischiose, rappresentative di quote di capitale sociale, pone all'attenzione dell'analista molteplici problematiche, stante le numerose variabili che entrano in gioco nel processo di stima e la conseguente aleatorietà insita

[34] Fama, *Efficient Capital Markets*, cit., p. 1575.

nel meccanismo di formazione dei prezzi e nella definizione del valore da attribuire alle azioni.

Occorre chiarire fin da ora che le considerazioni svolte nel presente capitolo assumono una prospettiva esterna all'impresa, ovvero del potenziale investitore interessato ai titoli emessi da una determinata società.

La valutazione degli investimenti azionari costituisce, inoltre, un argomento di estrema attualità in quanto coinvolge un numero sempre crescente di operatori, attratti dalle prospettive di sviluppo dei mercati. Il mercato dei capitali italiano, in particolare, dopo aver attraversato un lungo periodo di «letargo» dovuto a diversi fattori di natura strutturale, culturale e politica, che hanno contribuito in maniera rilevante ad accumulare un consistente ritardo nei confronti dei sistemi finanziari di altre realtà, sembra da qualche anno essersi «risvegliato» sotto la spinta di sensibili mutamenti intervenuti nelle fondamenta del mondo finanziario che ne hanno incrementato, sia dal punto di vista quantitativo, sia sotto il profilo qualitativo, l'operatività, migliorandone l'efficienza: il tutto sulla scia di una rinnovata maturità finanziaria, al tempo stesso causa ed effetto del processo di crescita in atto.

La Borsa valori italiana è destinata a divenire sempre più luogo d'incontro tra domanda e offerta di titoli azionari, innescando scambi sostenuti da soggetti caratterizzati da aspettative e orizzonti temporali di riferimento profondamente diversi: si passa così da investimenti effettuati con obiettivi esclusivamente speculativi in un orizzonte temporale di breve periodo, a operazioni finalizzate ad acquisire partecipazioni e a rivalutare il capitale in un'ottica di lungo termine.

Ed è proprio in questo scenario in evoluzione, contraddistinto da un sensibile aumento dei volumi scambiati, che assume un peso e un'importanza determinanti il processo di analisi dei titoli azionari, attivato allo scopo di individuare e valutare le variabili sottostanti le dinamica dei prezzi e di trarre le indicazioni – in termini di acquisto e di vendita – in grado di garantire la soddisfazione delle aspettative formulate. A tal proposito, nel corso degli anni sono stati elaborati e sviluppati modelli e metodologie di analisi in grado di guidare le scelte dell'investitore verso una combinazione ottimale di attività sotto il duplice profilo del rendimento e del rischio. La valutazione dei titoli azionari può dunque essere svolta adottando le molteplici procedure di stima che teoria e prassi mettono a disposizione e che sono comunque riconducibili a due distinti e basilari rami di ricerca: l'analisi fondamentale e l'analisi tecnica. Si tratta di strumenti di indagine profondamente diversi, sia dal punto di vista concettuale e dei principi che ne ispirano l'esistenza, sia sotto il profilo delle modalità di funzionamento[35].

L'analisi fondamentale poggia le sue basi logiche sul presupposto che il valore reale dei titoli rappresentativi di quote sociali sia funzione dell'andamento economico-finanziario dell'azienda cui si riferiscono ed esprima la capacità dell'azienda stessa

[35] Galati L., Tagliavini G., *La prevedibilità delle serie storiche finanziarie*, in Gabbi G. (a cura di), *La previsione nei mercati finanziari. Trading system, modelli econometrici e reti neurali*, Bancaria, Milano 1999, pp. 13-14.

di generare flussi di reddito e di cassa futuri. In quest'ottica, l'obiettivo perseguito dall'analista consiste nel determinare il cosiddetto «valore intrinseco» dell'azione, ovvero il valore reale del titolo che scaturisce dall'analisi storica e prospettica della situazione economica, finanziaria e patrimoniale dell'impresa, e operare una attenta comparazione di tale valore con il prezzo del titolo espresso dalla quotazione. Proprio da questo confronto, che in genere conduce alla rilevazione di una differenza, emergeranno le indicazioni da seguire per la composizione del portafoglio azionario dell'investitore, partendo dall'assunto che, nel tempo, i prezzi di mercato tendono ad adeguarsi al valore intrinseco dell'azione. Ne deriva pertanto che:

- se il valore intrinseco è maggiore del prezzo di mercato, il titolo risulta sottovalutato ed è dunque conveniente acquistarlo;
- se il valore intrinseco è minore del prezzo di mercato, il titolo appare sopravvalutato e conviene venderlo.

Appare importante specificare che affinché tale approccio conduca a risultati significativi sono necessari sia il temporaneo scostamento dei prezzi dal valore di equilibrio, sia il loro ritorno ad esso, in un arco di tempo adatto a implementare una strategia. Dunque, se da un lato è implicita la convinzione che la «capitalizzazione di borsa può divergere dal valore del capitale economico, in quanto questo è solo uno degli elementi che incidono sui prezzi»[36], non meno importante è un giusto livello di efficienza tale da individuare comunque un comportamento del mercato che permetta un ritorno alla quotazione razionale: l'analisi fondamentale non produrrebbe alcun risultato in un mercato i cui prezzi seguissero un andamento completamente casuale, o in un mercato dove il raggiungimento del prezzo previsto avvenga istantaneamente o in tempi eccessivamente lunghi.

Appare necessario ampliare l'ottica di osservazione, sottolineando la complessità dell'approccio in parola: nell'effettuare la valutazione dei titoli azionari l'analista deve essere in grado di gestire numerose variabili interne all'azienda (dividendi attesi, tasso di crescita degli utili ecc.), ma anche variabili collegate in maniera più o meno diretta con l'ambiente esterno (ad esempio, il tasso di attualizzazione, il tassi di inflazione, e così via). Se a tali considerazioni si aggiunge l'ormai nota concezione dell'azienda quale sistema aperto che si inserisce in un circuito di relazioni e interagisce con altri soggetti operanti nel sistema stesso, si comprende come l'analisi fondamentale non possa esaurirsi nell'esame della situazione economico-finanziaria dell'azienda. In effetti, pur essendo quest'ultimo l'aspetto maggiormente rilevante ai fini della determinazione del valore intrinseco dei titoli, una stima accurata non può prescindere dall'analisi dell'ambiente circostante, fattore tanto più incisivo e problematico quanto più intense risultano la sua dinamicità e turbolenza. Da ciò deriva l'esigenza di compiere lo studio del valore teorico dell'azione avvalendosi di un'analisi articolata su tre livelli:

[36] Quirici M. C., *L'analisi fondamentale in campo borsistico. Suoi collegamenti con l'analisi tecnica*, «Studi e informazioni – Quaderni», 26, 1989.

1) analisi a livello macroeconomico;
2) analisi a livello settoriale;
3) analisi a livello di singola impresa (analisi finanziaria vera e propria).

A questo proposito, appare appena il caso di osservare che secondo il pensiero di alcuni autori l'indagine in parola deve essere svolta rispettando l'ordine appena esposto, seguendo pertanto una logica di tipo *top-down* che, partendo dall'analisi dell'ambiente economico generale e da un successivo studio di tipo settoriale, consenta di addivenire alla determinazione del valore del titolo attraverso una conclusiva analisi finanziaria[37]. Al contrario, altri studiosi sostengono l'irrilevanza dell'ordine di studio nel processo di valutazione[38]: ciascun analista è dunque libero di seguire una propria sequenza di analisi, a condizione che i risultati ottenuti risultino coerenti e comparabili tra loro e rispetto all'obiettivo finale del percorso di stima.

10.9 L'analisi a livello macroeconomico

La complessa procedura di ricerca di un valore in grado di esprimere e rappresentare in modo efficace le aspettative e le potenzialità intrinseche di un titolo azionario necessita dunque, in primo luogo e sulla base delle osservazioni sopra svolte, di una indagine condotta a livello economico generale al fine di individuare e tentare di quantificare gli effetti prodotti da alcune fondamentali variabili strutturali sul percorso di stima del valore effettivo del titolo stesso[39]. Lo studio della situazione politico-economica non può però essere costretta nell'ambito dei confini nazionali, ma deve necessariamente essere estesa a livello internazionale in considerazione del processo di interdipendenza e influenza reciproca tra i mercati dei diversi paesi sviluppata, soprattutto in termini economico-finanziari, dal sempre più intenso fenomeno di integrazione mondiale.

È facilmente intuibile come la dinamica delle variabili macroeconomiche possa incidere in maniera più o meno evidente, a seconda dei settori economici di appartenenza, sulla vita delle imprese e, con particolare riferimento alle aziende quotate, sull'andamento del corso delle loro azioni[40]. L'analista fondamentale dovrà pertanto concentrare i suoi sforzi sull'esame degli strumenti e delle decisioni di politica economica adottati sia dal Paese di appartenenza dell'impresa oggetto di stima, sia da altri governi. In quest'ottica, sarà prestata particolare attenzione alle variabili inerenti la politica monetaria (offerta di moneta, tassi di interesse) e fiscale (sistema tributario, gestione dei debiti, spesa statale) perseguita in ciascuno Stato, al fine di verificarne gli effetti in termini di oscillazione dei tassi di interesse e, conseguentemente, dei tassi di remunerazione dei valori mobiliari.

[37] Reilly F.K., Norton E.A., *Investments*, The Dryden, Fort Worth 1995, pp. 243-44.

[38] Ginger B.J., Frasca R.R., *Investments. Introduction to analysis and planning*, Prentice Hall, Englewood Cliffs, 1995, p. 216.

[39] Fornasini A., *L'analisi tecnica e fondamentale di borsa. Lo studio efficiente dei mercati a fini operativi*, Etaslibri, Milano 1991, p. 8.

[40] Gitman L.J., Joehnk M.D., *Fundamentals of investing*, Addison-Welsey, New York, 1999.

La base monetaria in circolazione in un determinato momento può essere influenzata dall'adozione di molteplici manovre, come ad esempio un aumento o una riduzione del tasso ufficiale di sconto oppure un intervento sul livello della riserva obbligatoria detenuta presso le banche centrali. Un maggiore afflusso di moneta nel sistema economico provoca una crescita della domanda di titoli – stante la maggiore disponibilità di risorse da parte degli investitori – causando un innalzamento dei prezzi dei valori mobiliari (per la legge della domanda e dell'offerta) e riducendo il relativo tasso di redditività. In generale, è dunque possibile affermare che un aumento della moneta in circolazione si traduce in una diminuzione dei tassi di interesse. A sua volta, la diminuzione dei tassi di interesse, però, si riflette in maniera positiva sugli investimenti e sulla produzione, provocando una crescita in termini di utili conseguiti ed eventualmente di dividendi distribuiti.

Anche il saldo della bilancia dei pagamenti può incidere sulla misura dei tassi di interesse. Infatti, una variazione negativa di tale saldo determina la distruzione di moneta e un conseguente innalzamento dei tassi di interesse. Quest'ultimo effetto genera una contrazione della domanda aggregata e dunque anche delle importazioni. Tale situazione, aiutata dall'afflusso di capitali originato dall'aumento dei tassi, determina una tendenza verso il riassorbimento del deficit[41].

Altrettanto evidente e di più facile e immediata comprensione è inoltre il rapporto tra la modifica dei tassi di interesse e la politica di contenimento del debito pubblico: come l'esperienza del nostro Paese ha insegnato per molti anni, la decisione di aumentare il livello dei tassi di rendimento dei titoli del debito pubblico, al fine di attrarre le preferenze dei risparmiatori, comporta inevitabilmente una crescita generalizzata dei tassi di interesse.

Ogni manovra posta in essere dalle autorità competenti, sia essa espansiva o restrittiva, di natura fiscale o monetaria, è destinata a innescare una serie di meccanismi ed effetti, nonché ad attivare molteplici variabili, in grado di condizionare le aspettative degli investitori e modificare le loro regole decisionali: si tratta, pertanto, di fattori che occorre valutare e ponderare in maniera corretta al fine di garantire adeguate previsioni future.

Un ulteriore elemento da considerare attentamente e monitorare costantemente è rappresentato dal tasso di inflazione. «Saper prevedere il livello tendenziale dell'inflazione significa, infatti, saper valutare le effettive potenzialità di crescita dei mercati finanziari di un Paese»[42]. Tale affermazione assume un significato e implicazioni tanto più evidenti quanto maggiore risulta la propensione degli investitori internazionali a utilizzare l'inflazione come fattore discriminante nella scelta dei mercati verso i quali indirizzare le proprie risorse.

L'analisi strutturale compiuta ai fini della stima delle attività da inserire nel portafoglio non può infine prescindere dalla verifica della situazione politica di un Pae-

[41] Fornasini, *L'analisi tecnica*, cit., p. 9.

[42] Bellieri Dei Belliera A., Mantechi F., *Guida pratica alla gestione del portafoglio titoli*, Il Sole 24 Ore, Milano 1997, p. 195.

se, variabile fondamentale in un'ottica di valutazione macroeconomica. In effetti, la stabilità politica rappresenta uno dei requisiti fondamentali richiesti dall'investitore per poter procedere all'impiego di risorse in un determinato mercato, in quanto costituisce la fonte di una maggiore sicurezza per l'analista: egli, infatti, può fare affidamento sulla credibilità della classe politica e sulla prevedibilità del panorama istituzionale.

Oltre alle variabili appena esposte, sarà necessario prestare la dovuta attenzione all'evoluzione di alcuni indicatori della situazione economica generale di uno Stato, quali ad esempio il prodotto interno lordo, il tasso di disoccupazione, il livello dei redditi e del risparmio, la dinamica salariale e così via[43]. La tabella 10.3 mostra le principali variabili macroeconomiche destinate a influenzare il processo di valutazione delle aziende.

Il primo livello di analisi, condotto in ambito economico generale, implica l'utilizzo di modelli econometrici, caratterizzati però da alcuni significativi limiti: la necessità di operare continue revisioni delle variabili in gioco, al fine di garantire la rappresentatività dei dati ottenuti; la difficoltà, o a volte l'impossibilità, ad applicare lo strumento a periodi di osservazione diversi, stante la specificità del modello stesso; la complessità, e dunque la lunghezza delle elaborazioni da svolgere, può rendere inutilizzabili, in quanto non più attuali, i risultati derivanti dall'analisi.

Proprio per cercare di superare i limiti appena esposti, alcuni analisti preferiscono adottare strumenti di indagine prospettica caratterizzati da una maggiore soggettività. In quest'ottica, essi affidano le loro previsioni alla costruzione di scenari: ipotizzando diverse prospettive di evoluzione delle variabili macroeconomiche e il loro collegamento con i fattori che si intende monitorare, è possibile delineare possibili e alternativi scenari futuri, nei quali gli analisti si troveranno a operare.

10.10 L'analisi a livello settoriale

Il secondo livello di indagine nell'ambito del percorso da seguire per la determinazione del valore intrinseco di un titolo azionario è rappresentato dall'esame dei settori economici nei quali si suddivide il sistema produttivo di un Paese[44]. Si tratta dell'anello di collegamento tra la suesposta analisi economica a carattere generale e la valutazione condotta sulla singola impresa quotata. Anche all'interno dello studio in parola si rende necessario distinguere due livelli di indagine:

- un'analisi finalizzata a verificare l'impatto sui settori individuati delle modifiche e delle evoluzioni delle principali variabili macroeconomiche;

[43] Per un approfondimento sul tema si veda Tainer E.M, *Using Economic Indicators to Improve Investment Analysis*, Wiley, York 1998.

[44] Grant R.M., *L'analisi strategica nella gestione aziendale. Concetti, tecniche, applicazioni*, Il Mulino, Bologna 1994, p. 88.

Tab. 10.3 Sintesi delle principali variabili macroeconomiche

Variabili	Contenuto informativo
Massa monetaria	Liquidità del sistema e quantità di denaro spendibile. Influenza la domanda di beni. Più è elevata, maggiore è la quantità di beni, più forti possono essere le spinte inflazionistiche.
PIL	Prodotto interno lordo. Esprime la ricchezza prodotta in un paese e dipende soprattutto dai consumi provati, dagli investimenti pubblici e privati, dagli investimenti realizzati, dalla differenza tra le importazioni e le esportazioni.
Tasso di inflazione	Crescita dei prezzi alla produzione, all'ingrosso e al dettaglio. Determina il livello dei tassi di interesse ufficiali e di mercato.
Disoccupazione	Percentuale di persone senza lavoro sulla popolazione attiva.
Tasso di interesse	Costo del denaro, quindi onerosità dei debiti sia delle aziende private, sia del settore pubblico. Più è elevato, minori sono gli investimenti e quindi l'occupazione.
Consumi delle famiglie	Indica il livello di spesa delle famiglie, che si traduce in maggiori ricavi per le aziende e quindi in potenziali maggiori utili. Una crescita troppo elevata dei consumi può generare tensioni sui prezzi delle merci e quindi inflazione.
Indice di fiducia delle famiglie	Esprime la fiducia delle famiglie sulle prospettive economiche e quindi il loro *sentiment* sulle condizioni macroeconomiche del paese.
Reddito disponibile delle famiglie	È dato dalla differenza tra le entrate complessive delle famiglie e i costi effettivi.
Potere di acquisto delle famiglie	È dato dal reddito disponibile al netto dell'inflazione e aumenta, quindi, quando il reddito cresce più velocemente dell'incremento dei prezzi al consumo.
Produzione industriale	È l'attività core delle imprese industriali in generale e indica la quantità di beni prodotta in un paese.
Indice di utilizzazione degli impianti	Esprime la percentuale del potenziale utilizzo degli impianti. Nelle fasi di forte crescita tende a salire fino al punto in cui è necessario aumentare gli impianti disponibili. Nelle fasi di rallentamento questa percentuale scende.

Fonte: Di Mascio A., *Investire con l'analisi fondamentale*, Egea, Milano 2003, p. 124.

- un'analisi finalizzata a verificare l'impatto sui settori individuati delle modifiche e delle evoluzioni di determinate variabili microeconomiche.

Sotto il primo profilo, si tende a distinguere i cosiddetti settori ciclici, ovvero quelli che mostrano un trend di crescita in linea con le varie fasi del ciclo economico del Paese (espansione, recessione, stagnazione ecc.), dai settori anti-ciclici che, al contrario, evidenziano un andamento opposto rispetto all'evoluzione generale dell'economia. Inoltre, per quanto riguarda, nello specifico, la misurazione dell'incidenza delle variabili macroeconomiche sull'assetto e sulla composizione del settore, è possibile affermare che, ad esempio, un aumento generalizzato del tasso di inflazione è destinato a influire negativamente su tutti i comparti economici – concretizzandosi in una riduzione del livello degli investimenti – anche se alcuni rami produttivi presentano le caratteristiche idonee per poter, almeno in parte, ammortizzare gli effetti negativi prodotti da una tale circostanza. Anche altri fattori, quali l'adozione di specifiche manovre politico-economiche o la diffusione di nuove tecnologie, possono essere sfruttate soltanto a vantaggio di alcuni settori, consentendo un loro più rapido sviluppo oppure una loro più veloce ripresa economica.

Passando a considerare il successivo livello di indagine, ovvero l'impatto sul settore delle variabili microeconomiche, lo studio sarà rivolto verso la ricerca di informazioni inerenti:

- la struttura competitiva del settore;
- il ciclo di vita del settore.

L'esame del primo aspetto – la struttura competitiva del settore – sarà condotto avvalendosi degli strumenti posti a disposizione dall'analisi strategica introdotta da Porter e in particolare del modello delle cinque forze competitive[45]. Evitando di entrare nello specifico dell'argomento e dunque limitandosi ad offrire le informazioni sufficienti a comprendere il ruolo e il funzionamento di tale modello nell'ambito dell'analisi fondamentale, si ricorda che l'Autore ha individuato cinque forze competitive in grado di influire sull'assetto competitivo di un determinato settore:

- la concorrenza interna;
- i potenziali entranti;
- i prodotti sostitutivi;
- il potere contrattuale dei clienti;
- il potere contrattuale dei fornitori.

Sulla base di questa impostazione, l'analista fondamentale dovrà in primo luogo verificare se la rivalità all'interno del settore è stabile oppure crescente, per poi procedere con lo studio dei fattori che determinano il grado di concorrenza tra le diverse imprese: la concentrazione del settore, la presenza di barriere all'entrata o all'uscita, l'esistenza di eventuali capacità produttive in eccesso, la struttura dei costi, le economie di scala, la differenziazione di prodotto e così via.

La struttura competitiva del settore è altresì influenzata dalla minaccia di nuovi entranti. Lo studio di questa forza implica la verifica dell'esistenza e della validità operativa delle barriere all'entrata, rappresentate ad esempio dagli elevati costi di transazione, dai fabbisogni finanziari richiesti per lo svolgimento dell'attività, dalla differenziazione del prodotto ecc. L'esame in parola deve essere esteso anche alla minaccia di prodotti sostitutivi: sotto questo profilo si renderà necessario determinare il grado di fungibilità tra i diversi beni e, sulla base delle informazioni risultanti, valutare se e in quale misura la diffusione di prodotti alternativi può limitare i profitti del

[45] Per un approfondimento sul tema si veda Porter M.E., *Il vantaggio competitivo,* Edizioni di Comunità, Milano 1987.

settore. Infine, la forza contrattuale dei clienti e/o dei fornitori può costituire un vincolo al potere esercitato nel settore da parte delle imprese concorrenti e, dunque, alla loro capacità di ottenere profitti elevati.

Per quanto concerne l'indagine sul ciclo di vita del settore, l'analista sarà chiamato a esaminare la fase attraversata dal settore (sviluppo pionieristico, crescita settoriale rapida, maturità, stabilizzazione, declino) e, sulla base di tale verifica, trarre le informazioni rilevanti ai fini delle sue valutazioni. In particolare, la fase di sviluppo pionieristico prende avvio per effetto di una innovazione di prodotto e/o di processo ed è caratterizzata dalla presenza di livelli di vendite scarsi e profitti modesti o addirittura negativi con la conseguente necessità di incrementare il ricorso a fonti esterne di finanziamento. La fase successiva è segnata dalla crescita delle vendite e quindi degli utili e dalla conseguente presenza di altre imprese intenzionate a entrare nel settore. L'inasprirsi della concorrenza determina l'attivazione di un processo di selezione all'interno del comparto che premierà le aziende che mostrano di possedere una maggiore forza competitiva rispetto alle altre. L'effetto della minaccia di nuove entranti nel settore tende ad attenuarsi con l'approssimarsi della fase di maturità, mentre non diminuisce il grado di concorrenza al suo interno. Si registrano vendite e profitti in costante aumento. Nella fase di stabilizzazione il tasso di sviluppo del fatturato tende a uniformarsi con i livelli di crescita dell'economia, dando luogo a rendimenti in linea con quelli dell'intero mercato. Nell'ultimo stadio del ciclo di vita il settore evidenzia una sensibile contrazione delle vendite, determinato da cambiamenti strutturali della domanda e/o da un aumento di prodotti sostitutivi presenti sul mercato. La conseguente riduzione degli utili conseguiti e, inevitabilmente, dei dividendi distribuiti spinge gli azionisti a indirizzare le loro risorse verso forme alternative, e maggiormente remunerative, di impiego.

10.11 L'analisi a livello aziendale: rinvio

Lo studio effettuato a livello economico generale e a livello settoriale consente, come già evidenziato, di definire e se possibile attribuire un valore alle variabili micro e macroeconomiche destinate a incidere in maniera più o meno rilevante sul grado di rischiosità e sulla misura del rendimento delle attività finanziarie emesse da imprese appartenenti a determinati comparti produttivi. Dopo aver individuato, sulla base dei risultati emersi da tali indagini, le aziende particolarmente meritevoli in quanto operanti all'interno di mercati caratterizzati da buone prospettive di crescita, l'analista dovrà concentrare la sua attenzione sulle potenzialità attuali e prospettiche espresse dalle singole imprese in termini economici e finanziari, al fine di trarre utili indicazioni in merito alla convenienza a eseguire operazioni di acquisto o vendita dei relativi titoli azionari. In effetti, sebbene sia di estrema importanza la conoscenza dell'ambiente esterno, delle relazioni esistenti tra i diversi attori che lo costituiscono e dell'impatto che le forze esogene producono sulla vita e sulla dinamica imprenditoriale, il «focus» dell'analisi fondamentale è sicuramente rappresentato dallo studio accurato della situazione reddituale, finanziaria e patrimoniale delle imprese oggetto di interesse.

Lo strumento di base a disposizione dell'analista fondamentale è infatti rappresentato dai bilanci delle società quotate: attraverso un'opportuna riclassificazione dei principali documenti contabili che lo costituiscono (stato patrimoniale e conto economico) ci si propone di costruire e successivamente interpretare alcuni modelli e indicatori in grado di offrire una misura quanto più possibile corretta e attendibile delle attuali condizioni di operatività dell'impresa e, soprattutto, delle sue prospettive per il prossimo futuro. Le informazioni derivanti da tale indagine saranno poste a disposizione dell'investitore al fine di selezionare, tra le diverse alternative, i titoli azionari rappresentativi di aziende caratterizzate da potenzialità di sviluppo e da livelli di rischiosità compatibili con le preferenze e le aspettative degli investitori.

Come si è già avuto modo di accennare, l'analisi in parola poggia le sue fondamenta sull'assunto che i titoli azionari emessi da società quotate abbiano un proprio valore reale, o valore intrinseco, la cui entità prescinde dal valore espresso dalla quotazione ufficiale e che in genere si discosta da quest'ultimo. Tale valore intrinseco è funzione diretta della capacità dell'impresa di produrre utili e distribuire dividendi in futuro e dipende pertanto dalle condizioni economiche, patrimoniali e finanziarie dell'azienda valutata come componente dell'ambiente macroeconomico che la circonda.

Il valore intrinseco determinato mediante la rielaborazione dei dati di bilancio dovrà essere posto a confronto con il prezzo di mercato del titolo: dall'entità e dal segno della differenza emergente da tale operazione, l'operatore sarà in grado di trarre le proprie conclusioni in merito alle azioni da intraprendere. In particolare, come già detto, egli procederà all'acquisto se il valore intrinseco risulta superiore rispetto al valore di mercato, in quanto il titolo appare sottovalutato; viceversa, laddove il valore intrinseco fosse inferiore al prezzo espresso dalla quotazione di Borsa, l'investitore non procederà all'acquisto del titolo, ritenuto sopravvalutato, mentre se già lo detiene in portafoglio, opterà per la cessione dello stesso[46].

Alla base di tale impostazione e delle regole decisionali proprie dell'analisi fondamentale vi è la convinzione che il prezzo di mercato di un titolo tende, nel tempo, ad adeguarsi al suo valore reale espresso dai dati di bilancio. Inquadrato in questi termini, l'argomento in parola richiama in maniera evidente il concetto di efficienza dei mercati, o meglio il problema della sua pratica irrealizzabilità[47].

Le principali condizioni richieste per poter definire efficiente un circuito finanziario consistono nella disponibilità gratuita di tutte le informazioni relative ai valori mobiliari quotati nel mercato e nella capacità dei prezzi di assorbire e di riflettere in modo completo tali informazioni. Soltanto la presenza di questi requisiti consente la formazione di prezzi significativi e rappresentativi del valore reale delle azioni: in altre parole, prezzo e valore intrinseco coincidono e non si registrano titoli sopravvalu-

[46] Jevons Lee C., *Fundamental Analysis and the Stock Market*, «Journal of Business Finance & Accounting», primavera 1987, p. 131.

[47] Martirani F., *Forecasting Financial Markets: Technical Analysis vs Fundamental Analysis*, «Derivatives Use, Trading & Regulation», 4, 3, 1998.

tati o sottovalutati, né tantomeno è possibile realizzare extra profitti derivanti dallo sfruttamento di informazioni non completamente diffuse[48].

Se invece, come accade soprattutto nei mercati europei, il prezzo azionario non si adegua al valore reale del titolo in modo immediato, ma attraverso un processo più o meno lento (ad esempio a causa della mancata diffusione di tutte le informazioni relative all'azienda) i mercati non possono essere definiti efficienti. In tale circostanza, il valore delle quotazioni si discosta dal valore intrinseco dei titoli ed è necessario un periodo di «correzione» dei prezzi, stante l'incapacità di questi ultimi di assorbire in modo completo le informazioni rilevanti. Coloro che riescono a conoscere in via anticipata le informazioni non disponibili per il resto degli operatori, possono sfruttare tale vantaggio, elaborare accurate previsioni in merito al futuro andamento dei prezzi, procedere a operazioni di acquisto o di vendita e realizzare extra profitti prima che il mercato riesca ad adeguare le quotazioni al valore reale delle azioni[49].

Ed è proprio questa la logica alla base dell'analisi fondamentale: si tratta di «battere il mercato» compiendo le dovute elaborazioni contabili al fine di ottenere le giuste indicazioni in termini di acquisto o vendita dei valori mobiliari. L'approccio in parola trova le sue origini nei lavori di Graham e Dodd che, con l'opera *Security analysis* pubblicata nel 1934 e per molti anni considerata il principale testo di riferimento degli analisti, hanno aperto la strada a nuovi filoni di studio nel campo della finanza, successivamente completati e arricchiti con i contributi di altri autori, quali ad esempio la *moderna teoria del portafoglio* o il *capital asset pricing model*.

L'analisi economico-finanziaria condotta a livello di singola impresa e finalizzata alla determinazione del valore effettivo dei titoli azionari presenta un elevato grado di complessità, stante i molteplici fattori da inserire nel processo di valutazione e la dinamicità che contraddistingue il fenomeno impresa. È comunque possibile individuare alcuni elementi ritenuti determinanti nella ricerca di uno *spread* tra valore intrinseco e prezzo di mercato, ovvero[50]:

- le prospettive di crescita dell'impresa, intesa sia in termini di crescita dimensionale, sia – in un'ottica più generale e completa – in termini di creazione di nuovo valore. In seguito si renderà evidente l'elevato livello di criticità associato a tale variabile;
- i flussi di cassa futuri generati dalla gestione aziendale e resi disponibili per l'investitore-risparmiatore. Si tratta di un aspetto fondamentale, in quanto il valore del titolo azionario è definito proprio in funzione dei flussi di dividendi futuri opportunamente attualizzati;
- il rischio associato all'investimento, inteso come la probabilità che i risultati effettivi si discostino da quelli programmati.

[48] Sul tema dell'efficienza dei mercati si veda Garbade F., *Teoria dei mercati finanziari*, Il Mulino, Bologna 1995.

[49] Caparrelli F., D'Arcangelis A.M., *La reazione in eccesso del prezzo dei titoli: la teoria e una verifica empirica sulle azioni italiane*, «Bancaria», 10, 1995, p. 8.

[50] Fuller R.J., Farrell J.L., *Analisi degli investimenti finanziari*, McGraw-Hill, Milano 1993, p. 10.

L'analisi sui valori di bilancio dell'impresa (sui fondamentali, appunto) può essere svolta seguendo due distinte impostazioni, caratterizzate comunque da alcuni elementi comuni che saranno successivamente esaminati. Gli approcci allo studio della situazione economica, finanziaria e patrimoniale dell'azienda e alla individuazione del valore intrinseco delle azioni sono i seguenti:

- i modelli di attualizzazione dei dividendi (*dividend discount models*);
- i multipli di borsa (o moltiplicatori).

A questo punto occorre chiarire un aspetto fondamentale. Il concetto di valore intrinseco oggetto della presente trattazione appare del tutto equivalente con il concetto di capitale economico, già menzionato nel capitolo primo come obiettivo cui si rivolge la teoria di creazione del valore. In effetti, come risulterà evidente in seguito, le metodologie di misurazione del valore intrinseco appena elencate sono applicabili anche nella valutazione del capitale economico. L'unico aspetto da segnalare riguarda la finalità del processo di valutazione: in effetti, le considerazioni svolte nel presente capitolo, come più volte sottolineato, assumono la prospettiva del potenziale investitore che dunque valuta i titoli azionari sulla base dei flussi di cassa prodotti o dei dati di mercato rilevati al fine di porre in essere strategie di acquisto o di vendita per «battere il mercato». Nella valutazione del capitale economico così come verrà esposta in seguito, quella appena citata rappresenta soltanto una delle finalità alla base di un percorso di analisi e quantificazione del valore d'impresa: ne consegue che i metodi fondati sui dividendi o i moltiplicatori possono essere inseriti in un contesto più ampio e dunque descritti in sede di trattazione di tutti i criteri di misurazione del capitale economico. Si rinvia pertanto a tale sede per l'esposizione puntuale di entrambi gli approcci.

10.12 La valutazione dei titoli obbligazionari

L'attenzione degli operatori presenti sul mercato non è rivolta esclusivamente ai titoli azionari finora esaminati, ma anche ad altre forme di investimento, come ad esempio le obbligazioni. Caratteri, funzioni, normativa di riferimento e tipologie dei titoli obbligazionari sono stati già ampiamente descritti nel corso della precedente trattazione, cui si rinvia per approfondimenti[51]. In questa sede, invece, l'attenzione è concentrata sul tema della valutazione, individuando i principi e le metodologie da seguire al fine di definire con correttezza concettuale il valore intrinseco dell'obbligazione.

In termini generali, il processo di misurazione del valore di un titolo obbligazionario segue la medesima logica delineata a proposito della valutazione di un qualsiasi investimento[52]: si parte cioè dal presupposto che il valore attuale di una attività è fun-

[51] Cfr. capitolo 8, paragrafo 8.5.
[52] Cfr. capitolo 6, sezione I.

zione dei flussi di cassa generati dalla stessa, opportunamente attualizzati a un tasso capace di inglobare la rischiosità dell'investimento. Nello specifico, i flussi di cassa prodotti da un titolo obbligazionario sono rappresentati dagli interessi periodici versati dalla società emittente, nonché dal valore di rimborso corrisposto alla scadenza. Ovviamente, come ampiamente sottolineato nel capitolo dedicato al ricorso al debito, il mercato offre ai risparmiatori molteplici tipologie di obbligazioni, ciascuna contraddistinta da una particolare configurazione e distribuzione dei flussi di cassa: a titolo puramente esemplificativo basti pensare alle *deep discount bond*, che non prevedono l'erogazione di interessi periodici, ma il solo rimborso di un capitale più elevato del valore nominale alla scadenza, oppure alle obbligazioni convertibili, laddove l'eventuale esercizio dell'opzione di conversione, modificando lo status del finanziatore da creditore ad azionista, determina inevitabilmente anche un cambiamento nella natura, nella dimensione e nella frequenza di distribuzione dei flussi di cassa.

Ai fini della valutazione di una obbligazione occorre pertanto operare una fondamentale distinzione tra obbligazioni prive di cedola (*zero coupon*) e obbligazioni che invece prevedono il pagamento di interessi periodici. Partendo dalle obbligazioni zero coupon, emerge con tutta evidenza la maggiore semplicità del processo di valutazione, stante la necessità di sottoporre a procedura di attualizzazione un solo flusso di cassa, ovvero quello rappresentativo del valore di rimborso erogato alla scadenza. Ipotizzando una obbligazione priva di cedole emessa al tempo zero e con scadenza tra 5 anni, la dinamica dei flussi di cassa può essere rappresentata graficamente nel seguente modo.

–P	0	0	0	0	VR
0	1	2	3	4	5

Dove P è il prezzo pagato per l'obbligazione e VR il valore di rimborso.

La valutazione del titolo, pertanto, si risolve nella semplice attualizzazione, per un periodo corrispondente alla durata dell'obbligazione, del valore di rimborso.

$$VA_{obb} = \frac{VR}{(1+i)^T} \qquad [28]$$

dove VA_{obb} è il valore attuale dell'obbligazione, T la scadenza e i il tasso di attualizzazione prescelto.

Passando ad esaminare le obbligazioni con cedola, la procedura di attualizzazione deve ovviamente comprendere non soltanto il valore di rimborso alla scadenza, ma anche gli interessi corrisposti periodicamente. Lo schema di riferimento è il seguente:

–P	C	C	C	C	VR+C
0	1	2	3	4	5

Dove C rappresenta la cedola versata dalla società emittente, cedola che può avere frequenza annuale, ma anche infrannuale (in quest'ultima ipotesi, generalmente il pagamento degli interessi avviene semestralmente). Si noti come alla scadenza sia previsto non soltanto il rimborso del capitale, ma anche il versamento dell'ultima cedola.

La definizione del valore attuale del titolo obbligazionario in oggetto avviene attraverso l'applicazione della seguente relazione.

$$VA_{obb} = \frac{C}{(1+i)} + \frac{C}{(1+i)^2} + \ldots + \frac{C}{(1+i)^n} + \frac{VR}{(1+i)^n} \qquad [29]$$

Generalizzando, ovvero denominando «flussi di cassa» (FC) tutte le entrate derivanti dall'investimento in titoli obbligazionari, siano esse rappresentate dalle cedole o dal valore di rimborso, la precedente relazione diventa:

$$VA_{obb} = \sum_{t=1}^{n} \frac{FC_t}{(1+i)^t} \qquad [30]$$

È altresì possibile estendere il problema della valutazione anche ad una tipologia specifica di obbligazione, ovvero il prestito irredimibile, caratterizzato per la mancanza di una scadenza e del rimborso del capitale, nonché per l'erogazione perpetua della cedola. Ne consegue che ai fini della determinazione del valore attuale è del tutto logico ricorrere all'impiego della funzione della rendita perpetua:

$$VA_{obb} = \frac{C}{i} \qquad [31]$$

Occorre inoltre considerare che la cedola è calcolata applicando al valore nominale del titolo il tasso di interesse previsto in sede di emissione del prestito obbligazionario. Indicando con r il tasso cedolare, l'ammontare della cedola si ottiene come:

$$C = r \cdot VN \qquad [32]$$

Tale precisazione assume rilevanza in quanto il tasso cedolare è generalmente diverso rispetto al tasso di attualizzazione impiegato nella valutazione del titolo. In effetti, lo sconto dei flussi di cassa generati dall'investimento avviene a un tasso scelto sul mercato in considerazione del rischio, della durata e delle caratteristiche dell'obbligazione oggetto di studio. Il valore dell'obbligazione risulta pertanto determinato da tre elementi: il valore nominale, il tasso cedolare e il tasso di sconto. Se il tasso cedolare e il tasso di sconto coincidono e il valore rimborsato a scadenza è pari al valore nominale, allora il valore attuale del titolo corrisponde al valore nominale stesso. Si consideri, a titolo esemplificativo, una obbligazione dal valore nominale di 100 euro che prevede il versamento di cedole annuali al tasso (cedolare) del 10% e il rimborso dello stesso valore nominale alla scadenza. Il valore attuale dell'obbligazione, ipotizzando un periodo di riferimento di due anni, è calcolato nel modo seguente:

$$VA_{obb} = \frac{10}{(1+0,10)} + \frac{10}{(1+0,10)^2} + \frac{100}{(1+0,10)^2} = 100 \qquad [33]$$

Se, invece, il tasso scelto sul mercato per scontare i flussi derivanti dall'obbligazione risulta maggiore del tasso cedolare ($i > r$), allora il valore attuale del titolo è inferiore rispetto al valore nominale. Per comprendere appieno il significato finanziario di tale affermazione, si pensi allo stesso titolo menzionato in precedenza, con valore nominale pari a 100, tasso cedolare del 10%, valutato a un tasso di attualizzazione del 12%. Sulla base di tali dati, nessun investitore sarebbe disposto a pagare 100 (valore nominale) un titolo obbligazionario che rende un interesse pari al 10%, sapendo che sul mercato titoli con caratteristiche simili rendono il 12%. Ne consegue che l'obbligazione in oggetto risulta essere negoziata sotto la pari.

Viceversa, nell'ipotesi in cui il tasso di attualizzazione fosse inferiore al tasso cedolare ($i < r$), il titolo sarebbe quotato sopra la pari, mostrando un valore attuale superiore rispetto al valore nominale.

Conoscendo il valore attuale di un titolo obbligazionario, nonché l'ammontare dei flussi di cassa ad esso associati, è altresì possibile individuare il rendimento effettivo generato dall'investimento, ovvero il rendimento effettivo lordo a scadenza (REL) o *yield to maturity*. Prendendo avvio dalla relazione precedentemente riportata per la determinazione del valore attuale di una obbligazione con cedola,

$$VA_{obb} = \sum_{t=1}^{n} \frac{FC_t}{(1+x)^t} \qquad [34]$$

il REL è rappresentato dallo stesso tasso di attualizzazione inserito al denominatore della formula. Si tratta, in sostanza, della medesima logica alla base dello studio del tasso interno di rendimento, già analizzato in sede di esposizione dei criteri di *capital budgeting*[53]. Così come affermato per il TIR, anche la determinazione analitica del REL presenta non pochi problemi. Se il periodo in considerazione non è lungo e pertanto l'elevazione a potenza della formula di attualizzazione è contenuta, è possibile procedere ad un calcolo «manuale» del rendimento effettivo, altrimenti occorre fare ricorso a procedure quali l'approssimazione o l'interpolazione.

[53] Cfr. capitolo 6, sezione I.

10.13 Caratteri e presupposti dell'analisi tecnica

Nell'ottica dell'investitore che intende operare nei mercati finanziari, l'alternativa all'analisi fondata sui dati di bilancio della società emittente è rappresentata dall'analisi tecnica. Sulla base di quanto asserito da Murphy «L'analisi tecnica è lo studio dell'azione del mercato» – dove per «azione del mercato» si intende la dinamica dei prezzi e dei volumi – «principalmente attraverso l'uso di grafici, con lo scopo di determinare le tendenze future del prezzo»[54]. Non lontano da questa posizione si colloca la definizione di Pring secondo il quale l'analisi tecnica si configura addirittura come «un'arte», ponendo l'accento sul fatto che interpretazione personale e intuito siano componenti fondamentali per una brillante carriera da analista: «L'arte dell'analisi tecnica, perché di arte si tratta, consiste nell'identificare un cambiamento di tendenza a uno stadio iniziale, e nel mantenere la posizione di investimento fino a quando l'evidenza dei fatti non prova che la tendenza stessa si è di nuovo invertita»[55].

L'essenza dell'analisi tecnica è dunque rintracciabile nell'esame continuato dei prezzi delle attività finanziarie e delle tendenze al rialzo o al ribasso fatte registrare dai titoli scambiati, allo scopo di individuare i momenti di inversione delle tendenze in atto e formulare, sulla base di tali informazioni, le decisioni di investimento, in termini di acquisto o di vendita, ritenute più convenienti. Ciò che traspare in maniera evidente dai primi concetti qui esposti e che qualifica nettamente la diversa ottica di osservazione assunta dai «fondamentalisti» rispetto ai «tecnicisti», è sintetizzabile nel fatto che mentre i primi studiano le singole aziende allo scopo di determinare il valore intrinseco dei titoli azionari e verificare una loro eventuale sotto o sopravvalutazione, gli analisti tecnici in sostanza prescindono dall'esame dell'oggetto scambiato e dalle dinamiche sottese al processo di formazione dei prezzi, occupandosi esclusivamente dell'andamento dei prezzi stessi e, in via secondaria, dei volumi scambiati[56].

Le origini dell'analisi tecnica si possono far risalire agli inizi del 1900, quando Charles Henry Dow pubblicò nella rivista da lui stesso fondata e diretta, il *Wall Street Journal*, alcuni articoli finalizzati a descrivere e comprendere il fenomeno della ciclicità dell'andamento dei prezzi di Borsa, evidenziando cioè un importante fenomeno di sistematicità e ripetitività con cui i prezzi tendono a muoversi e riproporsi nel tempo. Questi primi tentativi di studiare il mercato azionario attraverso l'esame delle tendenze dei prezzi, furono successivamente ripresi, approfonditi e razionalizzati ad opera di altri Autori[57], fondando così le basi logiche e operative della moderna analisi tecnica. La piena accettazione – solo ed esclusivamente nel mondo borsistico e non anche in quel-

[54] Tradotto dall'autore. Originale: Murphy, cit., p. 1: «Technical analysis is the study of market action, primarely through the use of charts, for the purpose of forecasting future price trend».

[55] Pring M.J., *Analisi tecnica dei mercati finanziari*, McGraw-Hill, Milano 1995, p. 2.

[56] Terzi A., *Diffusione, dignità scientifica e futuro dell'analisi tecnica: una riflessione*, IRS – Istituto per la Ricerca Sociale. Osservatorio sul mercato azionario, Quaderno 9, luglio, 1993, p. 2.

[57] I principali successori di Charles Henry Dow furono William Peter Hamilton e Robert Rhea. In particolare si deve a quest'ultimo autore la razionalizzazione e la formalizzazione dei principi sanciti da Dow nello scritto *Dow Theory*. Si veda pertanto Rhea R., *Dow Theory*, Barron's, New York 1932.

lo accademico – di tale metodologia di indagine e dunque l'inizio della sua diffusione si ebbero negli Stati Uniti dopo la grande crisi del 1929, sulla scia della necessità di ricercare strumenti di analisi e regole decisionali dotati di una maggiore razionalità rispetto a quelli fino allora utilizzati. In Europa, le prime applicazioni dell'analisi tecnica avvennero soltanto negli anni Cinquanta ad opera di importanti istituti bancari e agenti di cambio che «importarono» il nuovo approccio agli investimenti dagli USA.

Nonostante il forte impulso offerto dagli esperti alla diffusione dell'analisi tecnica che riscuoteva i consensi di un numero sempre maggiore di «seguaci» e attraeva ingenti risorse, per molto tempo anche negli stessi Stati Uniti gli strumenti di elaborazione posti a disposizione dai tecnicisti erano comunque destinati a svolgere un ruolo di secondo piano rispetto alla ben più nota e universalmente accettata analisi fondamentale. Soltanto negli ultimi anni il fenomeno del ricorso all'analisi tecnica, supportato soprattutto dagli indiscutibili successi raggiunti dai suoi sostenitori, ha assunto una rilevanza che, in termini quantitativi, risulta essere prevalente rispetto a quella dell'analisi fondamentale. Le motivazioni alla base di una tale marcata inversione di tendenza che, seppur con minore intensità sta coinvolgendo anche il nostro Paese, sono riconducibili essenzialmente a due ordini di fattori: in primo luogo, una sensibile crescita – più o meno evidente in tutti i mercati finanziari mondiali – del numero di titoli e strumenti finanziari in generale, con la conseguente necessità di dover gestire ed elaborare ingenti flussi informativi. Ciò ha inevitabilmente condizionato il lavoro degli analisti fondamentali, rendendolo sempre più complesso, lungo e costoso, caratteristiche pressoché incompatibili con le finalità speculative e i tempi di reazione richiesti dal mercato di Borsa. Sempre sotto questo aspetto, occorre inoltre ricordare che l'analisi fondamentale, pur essendo applicabile a qualsiasi settore e attività finanziaria, richiede di volta in volta conoscenze approfondite e specialistiche: viceversa, l'analisi tecnica appare estremamente flessibile, in quanto i suoi strumenti possono essere utilizzati indifferentemente per qualsiasi valore oggetto dell'attenzione dell'investitore (merci, valute, titoli azionari, titoli obbligazionari e così via).

L'ulteriore spinta alla diffusione dell'analisi tecnica nei mercati finanziari internazionali è stata offerta dall'innovazione tecnologica, capace di accrescere sensibilmente la precisione degli strumenti di valutazione dei cicli dei prezzi, determinando un aumento delle potenzialità delle metodologie di analisi in parola, nonché una significativa riduzione dei costi operativi e dei tempi di elaborazione. L'applicazione delle nuove tecnologie all'analisi tecnica ha dunque permesso di sviluppare sistemi ed elaborazioni sempre più sofisticati, nel tentativo di giungere alla costruzione di tecniche previsionali sul futuro andamento del mercato dotate di un elevato livello di attendibilità: sotto questo profilo, la nuova frontiera dell'analisi tecnica, già affrontata da molti, può essere rappresentata dalle reti neuronali, dai sistemi esperti o dagli algoritmi genetici.

Come accennato in precedenza, la larga diffusione e la sempre più vasta accettazione dell'analisi tecnica appaiono fenomeni riscontrabili solo ed esclusivamente tra gli operatori di Borsa e gli investitori. Profondamente diversa è stata e in parte continua ancora ad essere l'accoglienza riservata a tale disciplina dal mondo accademico. In effetti, l'atteggiamento mostrato da gran parte degli economisti consente di rilevare un profondo distacco tra le stesse fondamenta della teoria economica e le affermazioni e i risultati raggiunti dall'analisi tecnica. I sostenitori di tale metodologia di indagine applicano gli strumenti a loro disposizione e dunque perseguono la finalità di costruire regole decisionali attendibili, limitandosi a osservare l'andamento dei prezzi e dei volumi scambiati, senza soffermarsi sulle cause che ne determinano la movimentazione. Agendo con questa logica, essi prescindono completamente dalla definizione di un apparato teorico capace di sostenere e giustificare sul piano prettamente economico il loro operato, spinti soltanto dall'esigenza di creare sistemi e tecniche in grado di garantire il successo delle operazioni di investimento. Le medesime conclusioni si possono trarre dallo studio della letteratura esistente sull'argomento, finalizzata a porre in evidenza l'attendibilità dell'analisi tecnica sotto il profilo empirico, ignorando del tutto il problema della compatibilità dei mezzi utilizzati e dei risultati ottenuti con i principi posti alla base della teoria economica.

Si comprende pertanto la diffidenza riservata dalla comunità accademica nei confronti dell'analisi tecnica, diffidenza che spesso si è tradotta nel mancato riconoscimento di valenza economica e di dignità scientifica a una materia che, comunque, continua ad attrarre un numero sempre maggiore di sostenitori e, soprattutto, un quantitativo sempre maggiore di risorse finanziarie. Si pone dunque il problema di comprendere le motivazioni alla base di questa, almeno apparente, incompatibilità.

Il contrasto tra analisi tecnica e teoria economica e la conseguente diffidenza mostrata da quest'ultima nei confronti della prima nasce dall'osservazione della logica sottostante i procedimenti di analisi posti in essere dai tecnicisti. Essi, infatti, riconducono il successo dell'analisi tecnica al fatto che l'attenta osservazione delle tendenze dei prezzi formatesi in passato, ovvero l'osservazione delle serie storiche dei prezzi, unitamente alla convinzione della ripetibilità nel futuro delle medesime tendenze – o almeno di tendenze molto simili a quelle già manifestatesi – consentano di costruire previsioni attendibili sul futuro andamento delle quotazioni, offrendo pertanto la possibilità di «battere il mercato» e attuare scelte di investimento profittevoli in anticipo sia rispetto all'andamento stesso del mercato, sia rispetto agli altri operatori. Una simile convinzione, però, appare nettamente in contrasto con le argomentazioni degli economisti a sostegno del principio di efficienza dei mercati: sancire e riconoscere l'efficienza dei circuiti finanziari – o quanto meno la tendenza verso una completa efficienza – implica l'assoluta incapacità degli operatori di riuscire a compiere analisi di carattere previsionale, stante la presenza di prezzi significativi, in grado di inglobare in ogni momento tutte le informazioni relative al valori sottostanti. Il problema della mancanza di una comunicazione costruttiva tra scienza economica e analisi tecnica è altresì aggravato dalla pressoché totale assenza nei testi e nei manuali finalizzati a far conoscere le basi e gli strumenti dell'analisi tecnica, del minimo tentativo di ricercare e approfondire le motivazioni sottese a un dato comportamento dei prezzi dei titoli: ci si limita, cioè, a descrivere le metodologie di indagine a disposizione dei tecnicisti, senza indagare sulle motivazioni che possono spingere i prezzi ad assumere determinati andamenti.

Le affermazioni qui riportate meritano però un adeguato approfondimento, alla luce dei differenti approcci seguiti in letteratura per cercare di offrire una base teorica logica allo strumento dell'analisi tecnica. In effetti, sin dalle prime elaborazioni teoriche, secondo alcuni autori[58] la presenza di cicli, trend e modelli di andamento dei prezzi che si ripetono nel tempo trova la sua spiegazione nella psicologia umana, ovvero nel comportamento degli investitori che tendono a riproporre le medesime azioni e reazioni, nonché a commettere gli stessi errori al manifestarsi di determinati segnali. In altri termini, il mercato è mosso prevalentemente dagli umori, dalle speranze, dalle aspettative e dalle paure dei suoi operatori, i quali pertanto possono collettivamente assumere anche atteggiamenti irrazionali, in pieno contrasto con i principi della teoria economica che presuppone invece l'adozione di comportamenti razionali volti al compimento di scelte che consentano di massimizzare il rendimento derivante dall'operazione. Occorre però specificare che il mercato ipotizzato dagli analisti tecnici non appare completamente irrazionale: infatti, pur essendo spinto da fenomeni di psicologia di massa, presenta comunque evidenti requisiti di ripetitività tali da permettere la formulazione di previsioni attendibili.

Diversa invece appare la posizione assunta più di recente da altri autori che, pur riconoscendo l'importanza degli aspetti psicologici nel funzionamento dei mercati finanziari, accettano l'ipotesi dell'efficienza dei mercati[59]. In particolare, si suppone che il prezzo riesca a scontare e riflettere qualsiasi tipo di informazione presente sul mercato, di natura economica, finanziaria, politica e psicologica, sintetizzandole in un unico valore: in tale accezione, il prezzo costituisce un segnale informativo completo e talmente rapido ed efficiente da riuscire addirittura ad anticipare la diffusione di quelle informazioni che costituiscono la base per l'analisi fondamentale. Secondo tale approccio, il concetto di efficienza dei mercati non implica più l'impossibilità di compiere previsioni, ma si traduce in una elevata capacità segnaletica dei prezzi, confermando pertanto la stessa validità ed efficacia dell'analisi tecnica. A ben vedere, però, si tratta di una particolare interpretazione del fenomeno stesso di efficienza, interpretazione che non sembra essere del tutto compatibile e coerente con quanto da sempre affermato nella moderna teoria di portafoglio e sintetizzabile nella nota definizione di efficienza dei mercati – ovvero nella capacità dei prezzi di inglobare e scontare immediatamente tutte le informazioni disponibili – a meno di ulteriori approfondimenti e contributi al dibattito.

Dopo aver offerto un primo spunto di riflessione sul complesso mondo dell'analisi tecnica, occorre entrare nel merito del problema e descrivere la filosofia di fondo che ispira gli analisti e guida le loro scelte di investimento. Le fondamenta sulle quali si erige l'intera architettura dell'analisi tecnica e che sintetizzano la logica e le basi teoriche elaborate nel corso degli anni dagli operatori del mercato, sono riconducibili a tre regole o presupposti:

1) l'azione del mercato sconta ogni cosa;
2) i prezzi si muovono all'interno di trend;
3) la storia ripete se stessa.

[58] Edwards R.D., Magee J., *Technical Analysis Of Stock Trend,* Jhon Magee, Springfield 1957.
[59] È questa la posizione di J.J. Murphy.

L'azione del mercato sconta ogni cosa

Si tratta con ogni probabilità dell'assunzione cardine dell'analisi tecnica, in grado di racchiudere la logica alla base del suo funzionamento. Come è stato già accennato in precedenza, l'analista tecnico compie le sue valutazioni e costruisce le regole decisionali che ispirano la scelta degli investimenti nella convinzione che i prezzi espressi dalle quotazioni di Borsa siano perfettamente efficienti, ovvero riescano a inglobare l'intero set di informazioni riferibili all'attività finanziaria di riferimento. Il prezzo, cioè, rappresenta un perfetto veicolo informativo che racchiude e sconta molteplici fattori, da quelli relativi all'economia in generale, ai fondamentali d'azienda, dagli aspetti ambientali alle considerazioni di carattere psicologico. Operando secondo questa impostazione, appare evidente come non sia più necessario indagare e conoscere le motivazioni che hanno portato alla formazione di quel determinato prezzo, in quanto queste sono già incorporate nella quotazione ufficiale ed è pertanto sufficiente, oltre che più economico, concentrare l'attenzione solo ed esclusivamente sulle conseguenze che i fattori menzionati producono su prezzi e volumi. In sintesi, l'analista tecnico appare maggiormente interessato agli effetti piuttosto che alle cause delle movimentazioni di prezzi e volumi[60]. In conclusione, partendo dalle suddette premesse, non è azzardato affermare che anche se gli analisti tecnici non conoscono e non sono neanche interessati a conoscere i fattori che guidano l'azione del mercato, indirettamente li analizzano attraverso un attento studio delle evoluzioni del prezzo e del volume che li riflettono in maniera completa.

I prezzi si muovono all'interno di trend

Dall'osservazione degli andamenti delle quotazioni borsistiche emerge come i prezzi si muovano all'interno di *trend* ben definiti. A tal proposito si evidenzia che solo l'esistenza di *trend* capaci di contraddistinguere l'azione del mercato può giustificare l'utilizzo degli strumenti di analisi tecnica i quali, infatti, nella maggior parte dei casi sono costruiti proprio con la finalità di seguire i *trend* del mercato (*trend-following*). Lo scopo precipuo dell'analisi tecnica consiste nell'individuare i *trend* nello stato embrionale del loro sviluppo e, sulla base delle previsioni elaborate in merito al futuro andamento dei prezzi e alla presenza di eventuali segnali di inversione della tendenza in atto, delineare le regole decisionali per compiere un investimento in grado di garantire il raggiungimento dei profitti sperati. Il quadro è completato da un corollario che deriva da un adattamento della prima legge del moto di Newton: quando un *trend* è in movimento, è più probabile che esso continui piuttosto che inverta la propria azione. In altre parole, un *trend* in movimento probabilmente continuerà fino a quando non invertirà la propria rotta[61]. Tale asserzione, discutibile sul piano logico, contiene tutti i fattori che caratterizzano un utilizzo vincente degli strumenti di analisi

[60] Maggi M., *Investire con l'Analisi Tecnica. Guida pratica ai metodi per operare meglio*, Egea, Milano 2000, p. 7.
[61] Murphy J.J., *Analisi tecnica dei mercati finanziari*, Hoepli, Milano 1997, p. 4.

tecnica: individuare il *trend* e i suoi segni di inversione sono infatti considerati passaggi necessari verso il successo.

La storia ripete se stessa

Lo studio dell'azione del mercato e delle sue dinamiche non può che essere portato avanti applicando tutta una serie di regole auree che derivano principalmente dall'osservazione del passato, ovvero dall'esperienza. Il valore e l'utilità dell'esperienza sono strettamente legati a una storia che tende a manifestarsi uguale a se stessa nel tempo. Secondo i tecnicisti il manifestarsi di tale fenomeno è riconducibile alla presenza di fattori dominanti di natura psicologica che influenzano i movimenti di mercato e dunque l'azione degli investitori. Dal momento che si tratta di aspetti intimamente connessi alla natura umana, non possono venire meno e meritano pertanto una adeguata considerazione e valutazione.

10.14 La teoria di Dow

Nell'esporre le linee evolutive dell'analisi tecnica quale approccio alla valutazione del mercato e alla scelta dei modi e dei tempi per realizzare investimenti in attività finanziarie, è doveroso un riferimento alla figura di Charles Henry Dow, da molti considerato il «padre» dell'analisi tecnica e dunque il fondatore dei princìpi e delle regole che governano il pensiero e l'operatività dei sostenitori di tale metodologia di indagine. Nella sua veste di osservatore dell'andamento delle quotazioni di Borsa, egli comprese che i movimenti del mercato non erano casuali (*random*), ma avvenivano nel rispetto di un fattore di ciclicità del quale cercò di comprendere le cause: nella sua opera di ricerca riuscì pertanto a decifrare una serie di caratteri e tendenze dei mercati stessi, destinati a segnarne le dinamiche di azione e a definire modelli di comportamento ripetibili nel tempo. In proposito, occorre però sottolineare che l'intento di Dow non fu certamente quello di fornire una «guida» completa dei meccanismi di funzionamento dei mercati da utilizzare per prevederne l'andamento futuro, ma si limitò a riportare sul *Wall Street Journal* alcuni articoli nei quali proponeva le sue osservazioni[62]. Queste furono poi riprese, formalizzate e sistematizzate ad opera dei suoi successori, primi fra tutti Hamilton e Rhea, allo scopo di costruire le fondamenta di quella che è possibile definire come la moderna analisi tecnica.

D'altra parte, la centralità di questo personaggio non può certamente sorprendere se si considera che gli indici di mercato da lui creati sono ancora oggi in uso (indici *Dow-Jones*). Fu infatti nel lontano 3 luglio 1884 che Charles H. Dow, titolare di un'impresa con il suo socio Edward Jones, pubblicò la prima media del mercato azionario americano, un indice che comprendeva solo 11 titoli. L'indice fu successiva-

[62] Fornasini A., *Mercati finanziari: scelta e gestione di operazioni speculative. I metodi e i sistemi della moderna Analisi Tecnica a supporto delle decisioni operative*, Etaslibri, Milano 2000, p. 18.

mente diviso nel 1897 in due parti dallo stesso Dow: un indice industriale composto da 12 titoli (*Dow-Jones Industrial Average – DJIA*) e uno ferroviario riferito a 20 titoli (*Dow-Jones Transportation Average – DJTA*). Appare superfluo accennare all'importanza che, a distanza di oltre un secolo, l'indicatore di mercato – denominato con il nome dei suoi stessi ideatori – continua ad avere non soltanto come un indiscusso segnale dello stato di salute dei mercati finanziari e dell'economia statunitense, ma anche come un irrinunciabile punto di riferimento per il sistema economico-finanziario mondiale.

I principi enunciati dalla teoria di Dow sono sintetizzabili in sei concetti fondamentali.

1) *Le medie-indice scontano ogni cosa*. Si tratta di una affermazione che, alla luce di quanto precedentemente asserito, suona piuttosto familiare, stante l'indiscutibile somiglianza e coerenza con quello che è stato già definito come uno dei presupposti essenziali che governano l'analisi tecnica. In effetti, lo stesso Dow nei suoi studi concepisce gli indici azionari da lui stesso creati – e quindi per induzione anche i prezzi dei titoli – come perfetti veicoli informativi, in grado di assorbire e scontare tutte le informazioni note e prevedibili, collegabili in maniera diretta o indiretta ai meccanismi della domanda e dell'offerta e dunque al processo di formazione dei prezzi.
2) *Il mercato presenta tre trend*. Le diverse tipologie di trend si distinguono in funzione del periodo di osservazione dei prezzi. In ogni caso, secondo Dow ciascun *trend* può avere un andamento crescente (*bull market*) costituito da massimi (*peaks*) e minimi (*troughs*) «locali» crescenti, o al contrario un andamento decrescente (*bear market*) allorché si verifichino massimi e minimi «locali» decrescenti. L'aggettivo «locale» utilizzato in questo contesto sta a indicare che la determinazione di massimi e di minimi non è assoluta, ma dipende dall'orizzonte temporale prescelto ai fini dell'analisi. In altre parole, a seconda dell'unità temporale di interesse per l'analista, si individua il lasso di tempo nel quale i massimi e i minimi sono calcolati. Nello specifico, Dow riteneva che esistessero tre tipologie di *trend*: primario (*primary o major trend*), secondario (*secondary o intermediate trend*) e minore (*minor trend*). Il *trend* primario è quello di gran lunga più importante per un investitore e presenta una durata di almeno un anno, anche se spesso può continuare ad agire per diversi anni. Sfruttando una similitudine proposta dallo stesso Dow, tale *trend* può essere paragonato a una marea: se ogni movimento successivo della stessa oltrepassa quello precedente in termini di spazio percorso sulla riva (un massimo o un minimo superiore o inferiore a quello precedente a seconda della direzione del *trend*) allora la marea è ancora in azione; se questo non si verifica la marea (il *trend*) sta probabilmente perdendo forza. La marea è però composta da entità più piccole: le onde e gli increspamenti dell'acqua. Allo stesso modo il *trend* primario consta di *trend* secondari e minori per i quali valgono le stesse regole in termini di segnali di continuazione o di inversione. I *trend* secondari durano normalmente da tre settimane a tre mesi e in genere rappresentano un elemento di correzione rispetto all'andamento del *primary trend*; quelli minori hanno una durata inferiore alle

tre settimane e indicano le fluttuazioni subite dal trend secondario. Naturalmente, i *trend* di minore lunghezza possono agire nella medesima direzione rispetto ai *trend* più lunghi, oppure assumere un andamento indipendente da questi.

3) *I trend primari sono caratterizzati da tre fasi*. La prima fase che interessa un *major trend* è il cosiddetto momento dell'«accumulazione» (*accumulation*). Il mercato attraversa tale fase quando è stato precedentemente trascinato in basso da informazioni particolarmente negative che però ormai sono state completamente riflesse nelle quotazioni. Gli investitori più esperti e in grado di attingere a un maggior numero di informazioni cominciano a ritornare sul mercato con la convinzione che, visto i bassi livelli raggiunti e l'esaurimento degli effetti delle cattive notizie, le quotazioni sono inevitabilmente destinate a tornare a salire. Questi operatori danno il via a una serie di acquisti rivolgendosi a tutti quei soggetti presenti sul mercato che però non hanno ancora compreso che il trend ribassista sta terminando e sono quindi disposti a vendere. Tale strategia di acquisto avviene in maniera graduale, in modo da evitare brusche oscillazioni nei livelli dei prezzi: è così possibile frenare il trend discendente e consentire al mercato di sfruttare la forza proveniente dai nuovi acquisti per iniziare un nuovo trend al rialzo. Prende così avvio la seconda fase, contraddistinta da prezzi in ascesa, volumi scambiati in costante aumento e disponibilità di informazioni favorevoli: entrano pertanto in azione gli investitori che seguono un *trend* ormai facilmente definito e individuabile. Si tratta del momento in cui un buon analista tecnico riesce a trarre i maggiori benefici economici dalle sue strategie operative. Durante la terza fase, infine, il grande pubblico dei risparmiatori, anche se non ben informato, decide di acquistare i titoli sui mercati spinto molto spesso dall'euforia dettata dalla continua crescita delle quotazioni e dalla diffusione di notizie positive da parte della stampa finanziaria. Paradossalmente è proprio in questa fase che gli investitori più informati e capaci, che avevano acquistato nella fase di «accumulazione», cominciano a vendere prefigurando l'avvento a breve di un trend ribassista e dando inizio così alla fase definita di «distribuzione» (*distribution*).

4) *Le medie-indice devono confermarsi reciprocamente*. Nell'asserire tale principio, Dow fa esplicito riferimento agli indici da lui stesso elaborati, il DJIA e il DJTA e afferma che, affinché si possa parlare di cambiamenti nelle tendenze in atto, ad ogni movimentazione significativa dell'uno deve corrispondere una variazione compatibile dell'altro. Se in una delle due medie è possibile rintracciare un segnale di cambiamento del *trend* (da *bull* a *bear* e viceversa), si rende necessario analizzare anche l'altra media. Se quest'ultima presenta un segnale coerente con la prima allora si parlerà di conferma e l'analista dovrà prendere per buono il primo segnale e operare di conseguenza. Se all'opposto vi è una divergenza tra i due indici, l'operatore dovrà considerare il *trend* in atto come non invertito e quindi restare sulle posizioni pregresse. Occorre segnalare che anche il tempo di reazione del secondo indice al movimento fatto registrare dal primo assume un ruolo decisivo: infatti, pur non essendo necessario un immediato adeguamento ai segnali di cambiamento, è auspicabile che una risposta coerente da parte dell'altro indicatore avvenga in tempi brevi, al fine di rendere più attendibile e forte l'indicazione del cambiamento.

5) *Il volume deve confermare il trend in atto.* Anche con riferimento a questo assunto, si ripropone quanto già esposto in precedenza relativamente alla costruzione dei grafici borsistici: il volume appare come una variabile secondaria rispetto al prezzo, ma il suo andamento assume comunque una imprescindibile funzione di conferma della dinamica evolutiva delle quotazioni stesse. Seguendo tale logica, in una fase di mercato *bull* il volume dovrebbe crescere quando il prezzo aumenta e contrarsi quando il prezzo torna a ridursi, mentre in una fase *bear* il volume aumenta quando il prezzo diminuisce e diminuisce quando il prezzo aumenta.
6) *La continuazione di un trend è da assumersi fino a quando non si verifichino chiari segnali di inversione.* Secondo l'autore, un trend non può considerarsi esaurito fino a che non intervengano indicazioni inconfutabili in grado di dimostrare il cambiamento di tendenza. In termini più specifici, si può parlare di inversione di tendenza allorché, nell'ipotesi di trend rialzista, venga registrato almeno un massimo relativo inferiore a quello immediatamente precedente. Vale naturalmente l'opposto per quanto concerne l'ipotesi di trend ribassista.

Nonostante la validità e la continua attualità della teoria di Dow, non sono mancate nel corso degli anni alcune critiche all'impostazione seguita dall'autore. In particolare, è stata messa pesantemente in discussione la mancanza di una adeguata tempestività con cui si manifestano i segnali di cambiamento: è stato così rilevato che in media circa il 20-25% dei segnali provenienti dal mercato emergono con ritardo rispetto al momento considerato ideale per poterli sfruttare in operazioni di investimento. In realtà però, occorre ricordare che la finalità sottesa agli studi di Dow e alla struttura della sua teoria non consisteva nell'anticipare il trend e prevederne la direzione, ma semplicemente nell'evidenziare una correlazione tra gli indicatori da lui stesso costruiti e l'andamento dell'economia generale. È quindi fuori di dubbio che, in tale prospettiva, egli abbia sicuramente centrato l'obiettivo, pur in presenza di inevitabili fallimenti registrati dai seguaci delle sue idee nel corso di oltre un secolo di storia dei mercati finanziari.

10.15 Il trend

Nell'ambito degli studi di analisi tecnica il concetto di trend assume un ruolo e un'importanza determinanti, come è possibile dedurre facilmente anche dalle argomentazioni e dalle tesi sin qui riportate: in effetti, sia in sede di illustrazione dei presupposti dell'analisi tecnica, sia all'interno della teoria di Dow, si rileva l'indiscussa centralità del trend quale strumento principe per comprendere l'andamento attuale e prospettico del mercato e definire di conseguenza le regole decisionali da adottare per implementare una politica di *trading* efficace. In prima approssimazione, il trend esprime la direzione assunta dal mercato e fornisce indicazioni in merito ai movimenti subìti dai prezzi nel periodo temporale preso a riferimento. L'attenta osservazione delle quotazioni borsistiche rilevate giornalmente, settimanalmente, mensilmente e così via, consente infatti di individuare in maniera più o meno netta la formazione di una tendenza di fondo, ovvero di un trend. Ovviamente, tale direzione non assume un andamento di tipo lineare, ma procede in modo altalenante, disegnando una serie di massimi e minimi. In particolare, la costruzione di un grafico può far emergere un trend al rialzo laddove si manifestino punti di massimo e minimo crescenti, portando così alla formazione di un mercato «toro» (*bull market*), caratterizzato da una tendenza di fondo crescente. Viceversa, un trend ribassista si delinea in corrispondenza di una serie di massimi e minimi decrescenti, tali da determinare la costituzione di un mercato «orso» (*bearisch market*) segnato da continue riduzioni del livello delle quotazioni.

Occorre però osservare che, nonostante le apparenze e le affermazioni spesso divulgate da operatori e mezzi di informazione, per la maggior parte del tempo il mercato non assume né andamenti crescenti, né andamenti decrescenti, bensì tende a muoversi in senso orizzontale delineando una certa stabilità. In tale ipotesi, pertanto, i massimi e i minimi locali non saranno né crescenti né decrescenti, ma tenderanno a posizionarsi su due assi orizzontali. Quando non è possibile rintracciare una chiara tendenza che contraddistingue l'azione del mercato, si parla di mercato *trendless* (o laterale), situato all'interno di un *trading range* che normalmente si determina in presenza di un sostanziale equilibrio tra domanda e offerta di titoli azionari. Inoltre, il fatto che una simile circostanza si verifichi per almeno un terzo del tempo, sottolinea l'importanza di una corretta individuazione della *trendless*: in effetti, l'eventuale applicazione dei tipici *trading systems trend-following* durante questa fase del mercato rischia di tradursi in una consistente perdita per l'investitore. Spesso è dunque consigliabile rimanere fuori dal mercato e aspettare l'inizio di un trend al rialzo o al ribasso per intraprendere azioni di acquisto o vendita.

È però importante sottolineare che, quando si parla di trend e direzione del mercato, risulta fondamentale definire a priori l'orizzonte temporale di riferimento dell'operatore: per coloro che operano in un'ottica di lungo periodo gli andamenti giornalieri delle quotazioni assumono un peso decisamente relativo e semplicemente funzionale alla costruzione del trend di interesse; viceversa, un *trader* che fonda le proprie decisioni sulla base delle oscillazioni dei prezzi all'interno di una singola seduta borsistica o di una settimana, è in grado di delineare una tendenza di fondo riferita a un breve arco di tempo.

Una volta individuato il trend di un determinato mercato, è possibile passare alla costruzione della relativa linea di tendenza (*trendline*): sulla base di quanto finora osservato, consegue che una *trendline* rialzista si disegna congiungendo i punti di minimo crescenti, mentre una *trendline* ribassista è data dalla congiunzione dei punti di massimo decrescenti. A questo proposito occorre sottolineare che i punti di minimo che si susseguono in un trend (sia esso *bullish* o *bearish*) vengono denominati «supporti», mentre al contrario i punti di massimo sono noti come «resistenze» (Fig. 10.5).

L'attendibilità e dunque l'efficacia di una linea di tendenza risultano funzione diretta del numero di volte in cui i prezzi espressi dalle quotazioni si «appoggiano» sulla retta stessa, la quale pertanto funge da barriera impedendo ai prezzi di perforarla, nonché del periodo di tempo impiegato dalle quotazioni proprio per oltrepassarla.

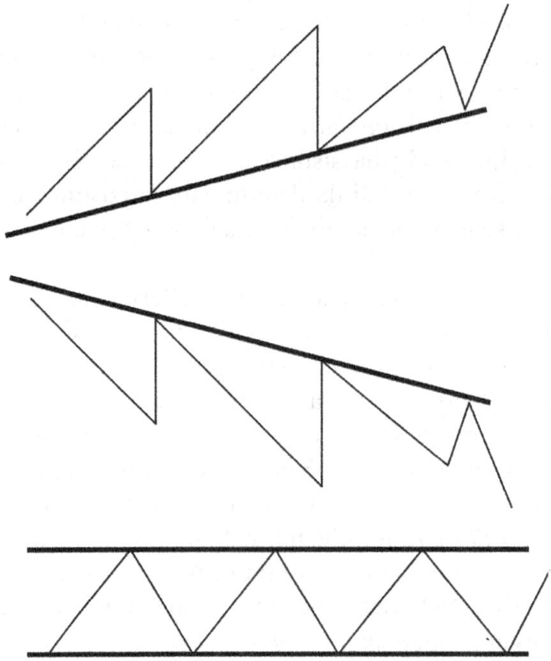

a. *Esempio di trend crescente*

b. *Esempio di trend decrescente*

c. *Esempio di trendless*

Fig. 10.5 Trend e trendline

10.16 I principali strumenti di indagine dell'analista tecnico

L'evoluzione e il conseguente perfezionamento degli studi e delle applicazioni di analisi tecnica ai mercati finanziari ha condotto alla continua ricerca di soluzioni nuove ed efficaci in grado di perseguire con successo l'obiettivo immutabile dei seguaci di tale approccio: individuare segnali di acquisto o vendita su cui basare le decisioni di investimento e «battere il mercato». Spinti da questa esigenza, i tecnicisti hanno riservato il loro impegno alla elaborazione e alla successiva verifica empirica di strumenti e tecniche di indagine innovativi, molti dei quali si sono poi rivelati particolarmente compatibili con le aspettative degli operatori e con le finalità proprie dell'analisi tecnica.

Nell'ambito dello scenario appena delineato emerge con evidenza, da un lato, la ricchezza e la varietà del mondo degli analisti tecnici, fattori questi ultimi che portano con sé tutto il fascino di una materia ancora appannaggio di pochi e dunque tutta da scoprire, nonostante il forte impulso ricevuto negli ultimi anni; dall'altro, la stessa complessità impone necessariamente l'obbligo di compiere una scelta in merito agli argomenti da trattare, ponendo così una questione di particolare rilevanza soprattutto nell'ottica di chi scrive. Per descrivere in maniera puntuale ed esaustiva tutte le tecniche implementate dagli analisti non sarebbe certo sufficiente una sezione di un libro, ma occorrerebbero probabilmente diversi volumi. Ecco perché in questa sede si è deciso di concentrare l'attenzione soltanto su alcuni degli strumenti ritenuti più significativi nell'ambito dell'analisi tecnica.

In termini generali, gli strumenti di analisi tecnica a disposizione degli operatori del mercato possono essere ricondotti a due tipologie:

a) strumenti *trend following*, quali le medie mobili, che trovano un impiego profittevole soprattutto nelle fasi di mercato caratterizzate da una netta ed evidente tendenza in atto;
b) oscillatori, preferibili laddove il mercato si muove in senso orizzontale, non manifestando un andamento al rialzo o al ribasso.

10.16.1 Gli strumenti trend following: le medie mobili

Dalle considerazioni svolte finora emerge con evidenza la complessità del lavoro dell'analista che si propone di studiare il mercato azionario osservandone l'andamento nel tempo e dunque cercando di individuare le tendenze di fondo fatte registrare dalle quotazioni. In tale contesto, l'operato del *trader* appare tanto più difficile, quanto più il trend è interessato da continue e repentine oscillazioni originate da momentanee pressioni di acquisto o di vendita e pertanto non destinate a modificare la direzione primaria del movimento dei prezzi. Proprio al fine di ovviare a tali problematiche, o perlomeno nel tentativo di attenuarne gli effetti, gran parte dei «seguaci» dell'analisi tecnica ricorrono al calcolo della media mobile, senza dubbio lo strumento più utilizzato per esaminare l'andamento del mercato. L'obiettivo che tale tecnica si propone di raggiungere consiste proprio nell'affievolire la volatilità delle quotazioni dei titoli, «smussandone» le fluttuazioni e consentendo così di pervenire alla costruzione di una linea di trend più regolare in grado di far emergere una tendenza di fondo nitida, lineare e riconoscibile. Ne consegue che la tecnica della media mobile esprime al meglio le sue potenzialità e accresce il suo grado di efficacia soprattutto quando il mercato assume un andamento ben definito, con una direzione evidente[63].

Il calcolo di una media mobile appare piuttosto semplice, in quanto strettamente collegato al concetto basilare di media aritmetica: il primo passo da compiere consiste pertanto nel definire il numero di termini da far rientrare nella media, ovvero i prezzi e conseguentemente l'orizzonte temporale prescelto, per poi procedere al calcolo della media aritmetica. L'aggettivo «mobile» sta a indicare la dinamicità del calcolo, e cioè il fatto che la media scorre in avanti nel tempo: praticamente, tale meccanismo viene attivato determinando una prima media aritmetica su N prezzi, mentre i calcoli successivi sono compiuti togliendo di volta in volta il prezzo più vecchio e aggiungendo il più recente (lasciando però invariato il numero dei termini, N).

La media mobile semplice o aritmetica (*simple moving average*) così descritta è sicuramente la più utilizzata nella pratica professionale e si determina facendo ricorso al seguente algoritmo:

[63] Eng W.F., *The Technical Analysis of Stocks, Options & Futures*, Probus Publishing, Chicago 1988, pp. 52-53.

$$SMA_t = \frac{P_{t-N+1} + P_{t-N+2} + \ldots + P_{t-1} + P_t}{N} \qquad [35]$$

dove:

SMA_t = *simple moving average* al tempo t;
t = periodo di riferimento;
N = lunghezza della media (numero dei termini);
P = prezzo del titolo.

La costruzione di una media mobile pone alcuni importanti quesiti: in funzione delle risposte ai suddetti quesiti, infatti, si incide in maniera sensibile sui risultati che scaturiscono dall'applicazione della stessa media mobile. Il primo problema, finora ignorato, verte sulla scelta del prezzo da inserire nel calcolo (P): in proposito si segnala che in linea generale si preferisce utilizzare il prezzo di chiusura, in quanto ritenuto maggiormente espressivo delle contrattazioni avvenute nel corso della giornata borsistica. Alcuni analisti, però, nel tentativo di ricercare una misura più adatta delle movimentazioni avvenute durante la seduta, appaiono orientati verso soluzioni alternative, quali ad esempio il calcolo di una media aritmetica tra prezzo di chiusura, prezzo minimo e prezzo massimo registrati nella giornata.

L'ulteriore aspetto sul quale occorre soffermarsi riguarda la scelta della lunghezza della media mobile, ovvero del numero di termini da comprendere nella sua determinazione. In proposito, occorre in primo luogo sottolineare che non esiste una soluzione univoca a tale problematica, ovvero non è possibile individuare una media mobile ottimale e valida in assoluto sotto il profilo temporale, ma è possibile applicare tale strumento con riferimento a un numero qualsiasi di prezzi e dunque a qualsiasi periodo di tempo (breve o lungo). È però importante rilevare che la scelta inerente la lunghezza della media mobile deve risultare compatibile con le caratteristiche del trend in atto e con gli scopi che ci si propone di perseguire attraverso la valutazione. Partendo da tale presupposto, è possibile affermare in termini generali che una media mobile di breve periodo manifesta una maggiore sensibilità alle oscillazioni delle quotazioni: ciò implica, oltre a un elevato livello di reattività della media mobile stessa e dunque una spiccata capacità di segnalare i movimenti dei prezzi, anche una crescente probabilità di generare falsi segnali e di indurre l'analista in errore. Viceversa, una media mobile costruita su un periodo di tempo lungo reagisce con minore prontezza e velocità alle fluttuazioni dei prezzi, origina un numero minore di segnali e, conseguentemente, un numero inferiore di segnali fuorvianti. Alla luce di tali considerazioni si comprende la propensione ad adottare medie mobili brevi per monitorare trend che si muovono in senso orizzontale: soltanto uno strumento altamente sensibile e reattivo è in grado di percepire, rilevare e sfruttare efficacemente le variazioni dei prezzi che intervengono all'interno di un *trendless* e far scaturire indicazioni per guidare un intervento sul mercato. Al contrario, una media mobile di lungo periodo appare più adatta a descrivere con chiarezza l'evoluzione di un trend primario.

La media mobile aritmetica, calcolata seguendo i principi e le modalità appena esposte, presenta però un forte limite, evidenziato da molti analisti e consistente nel fatto che nella sua costruzione si attribuisce un pari peso a tutti i prezzi inglobati nell'algoritmo e non, come da molti ritenuto più corretto, un'importanza maggiore alle quotazioni più recenti. Per ovviare a tale inconveniente è possibile fare ricorso a due particolari configurazioni di media mobile, ovvero la media mobile ponderata (*linearly weighted moving average*) e la media mobile esponenziale (*exponentially smoothed moving average*). La media mobile ponderata assegna un peso diverso a ciascun prezzo a seconda della posizione assunta nella serie temporale. Se ad esempio si intende calcolare una media mobile a dieci giorni, si può procedere attribuendo il peso dieci all'ultimo prezzo registrato e un peso via via decrescente di una unità a tutti gli altri, fino ad arrivare alla quotazione più vecchia che avrà un peso pari ad uno. Questa caratteristica rende la media ponderata, a parità di lunghezza, più sensibile ai prezzi più recenti rispetto alla semplice media aritmetica. Algebricamente la costruzione di una media mobile ponderata avviene nel modo seguente:

$$WMA_t = \frac{\left(P_{t-N+1}\right)\alpha_1 + \left(P_{t-N+2}\right)\alpha_2 + \ldots + \left(P_{t-1}\right)\alpha_{N-1} + P_t\alpha_N}{\sum_{t=1}^{N}\alpha_t} \qquad [36]$$

dove:

WMA_t = *linearly weighted moving average* al tempo t;
α = ponderazione.

Così come avviene per la media mobile ponderata, anche la media mobile esponenziale si propone di attribuire pesi differenti ai prezzi compresi nella serie temporale, in modo da rendere maggiormente significative le quotazioni più recenti. Ovviamente, ciò che cambia rispetto al caso precedente è il procedimento di inclusione dei prezzi nella media, calcolata sulla base del seguente algoritmo:

$$EMA_t = P_t \cdot W + EMA_{t-1} \cdot \left(1 - W\right) \qquad [37]$$

dove:

EMA_t = *exponentially smoothed moving average* al tempo t;

$W = \frac{2}{N+1}$;

$EMA_{t-1} = P_1$ se $t = 2$

Si è già visto come, attribuendo un maggiore peso ai prezzi più recenti, è possibile ottenere, a parità di altre condizioni, una media mobile più sensibile alle variazioni del prezzo. Sempre in questa prospettiva e partendo dal presupposto in base al quale un mercato più volatile richiede una media più sensibile che ne catturi i movimenti repentini, la media mobile variabile (*variable moving average*)[64] rappresenta una particolare configurazione di media mobile esponenziale il cui peso (W) varia proprio in funzione della volatilità del mercato. Perciò, più è elevata la volatilità, più elevato sarà il peso dato ai prezzi più recenti. In proposito si segnala l'esistenza di diverse misure di volatilità, tra le quali è possibile annoverare anche il *Chande momentum oscillator*[65]. Le formule relative a quest'ultimo indicatore e alla media mobile variabile sono presentate di seguito.

Dati:
P_t = prezzo al tempo t;
P_{t-1} = prezzo del giorno precedente;
DP_t = differenza positiva tra due prezzi consecutivi al tempo t;
DN_t = differenza negativa tra due prezzi consecutivi al tempo t;
SDP_t = somma delle differenze positive al tempo t;
SDN_t = somma delle differenze negative al tempo t;
M = numero di addendi per le somme ovvero lunghezza del CMO;
CMO_t = *Chande momentum oscillator* al tempo t;
se $P_t > P_{t-1}$ allora $DP_t = P_t - P_{t-1}$
altrimenti $DP_t = 0$;
se $P_t < P_{t-1}$ allora $DN_t = P_{t-1} - P_t$
altrimenti $DN_t = 0$;
$SDP_t = DP_{t-M+1} + DP_{t-M+2} + \ldots + DP_{t-1} + DP_t$
$SDN_t = DN_{t-M+1} + DN_{t-M+2} + \ldots + DN_{t-1} + DN_t$

$$CMO_t = \frac{[SDP_t - SDN_t]}{[SDP_t + SDN_t]} \cdot 100 \qquad [38]$$

Media mobile variabile:
$VI_t = | CMO_t | / 100$
$W = 2 / (N + 1)$
$VMA_t = [P_t * W * VI_t] + \{ [1 - W * VI_t] * VMA_{t-1} \}$
con
t = periodo;
N = lunghezza della media;
VMA_t = media mobile variabile al tempo t.

È stato già sottolineato in precedenza come Dow nell'esporre la sua teoria sosteneva che il volume fosse una variabile secondaria, destinata comunque ad assumere un ruolo di notevole importanza solo se analizzata insieme al prezzo. Proprio al fine di introdurre

[64] Chande T.S., *Adapting Moving Averages to Market Volatility*, Technical Analysis of Stocks & Commodities, 1992, pp. 108-14.
[65] Chande T.S., Kroll S., *The New Technical Trader*, Wiley, New York 1994.

il concetto di volume all'interno di uno strumento molto diffuso come la media mobile è stata costruita la media mobile ponderata con il volume (*volume weighted moving average*)[66]. In effetti, essa assegna un peso maggiore ai prezzi registrati in quei giorni in cui i volumi sono più elevati, facendo in modo che essi influenzino maggiormente il livello della media. La media si calcola molto semplicemente seguendo la seguente formula:

$$VWMA_t = \frac{\sum_{t=1}^{N} P_t \cdot V_t}{\sum_{t=1}^{N} V_t} \qquad [39]$$

con:

t = periodo;
P_t = prezzo al tempo t;
V_t = volume al tempo t;
N = lunghezza della media;
$VWMA_t$ = media mobile ponderata con il volume al tempo t.

Dopo aver esposto le principali tipologie di medie mobili a disposizione degli analisti, appare opportuno compiere un passo avanti e descrivere le tecniche di investimento fondate su tali strumenti, costruendo così adeguati *trading systems*. In quest'ottica, l'approccio più semplice e immediato è senz'altro quello fondato sull'utilizzo di una sola media mobile: il relativo *trading system* prende il nome di *single moving average system*. Si parte dal presupposto, oramai ben noto, in base al quale le medie mobili sono indicatori formati utilizzando il prezzo, ma capaci allo stesso tempo di denotare una minore velocità di variazione rispetto all'azione della quotazione stessa per effetto della presenza nel calcolo di livelli di prezzo pregressi. Ne consegue che se il prezzo taglia dal basso verso l'alto la media, è lecito ritenere che si tratti di un segnale dell'inizio di una tendenza crescente; allo stesso modo, il verificarsi del fenomeno opposto (taglio del trend dall'alto verso il basso) è interpretabile come l'avvio di un trend ribassista.

Alcuni analisti preferiscono utilizzare contemporaneamente più medie mobili costruite avendo come riferimento un orizzonte temporale differente: in tale ottica, appare utile confrontare e interpretare congiuntamente una media mobile di lungo periodo, necessaria a identificare il trend primario in essere, e una media mobile di breve periodo, maggiormente reattiva alle fluttuazioni repentine dei prezzi[67]. L'elimina-

[66] Dormeier B., *Buff up your moving averages*, Technical Analysis of Stocks & Commodities, 2001.

[67] Pring, cit., p. 117: «Alcune tecniche di determinazione della tendenza utilizzano contemporaneamente più di una media mobile. I segnali sono dati da una media mobile a più breve termine che ne interseca dal di sopra o dal di sotto un'altra a termine più lungo. Questa procedura presenta il vantaggio di appiattire i dati due volte, e quindi di ridurre la possibilità di un inganno, e tuttavia di dare l'avviso dei cambiamenti di tendenza abbastanza rapidamente dopo che si sono verificati».

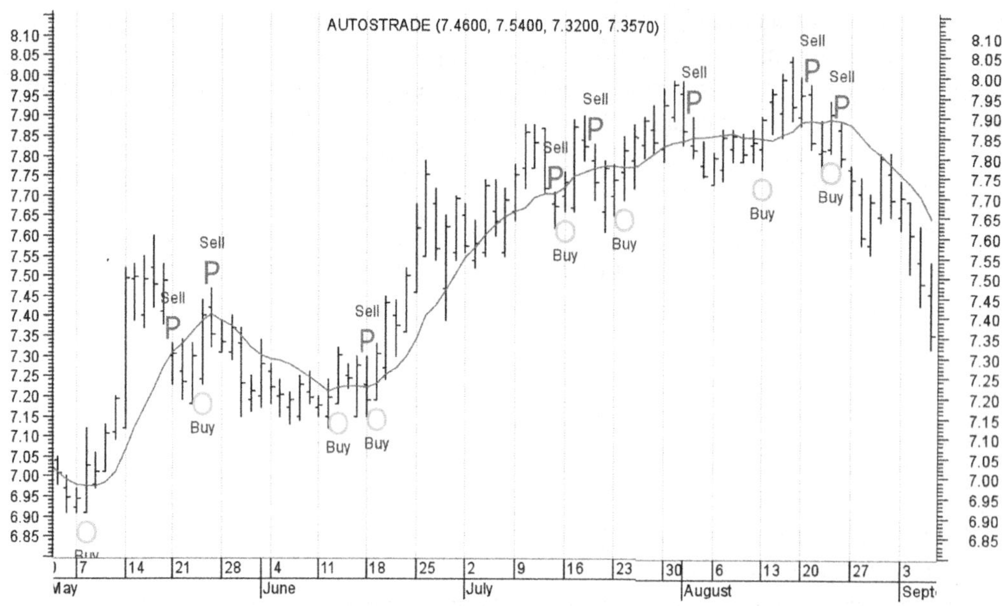

Fig. 10.6 «Single moving average system» con media mobile semplice a 10 giorni
Fonte: nostra elaborazione

Fig. 10.7 «Single moving average system» con media mobile ponderata a 40 giorni
Fonte: nostra elaborazione

Fig. 10.8 «Single moving average system» con media mobile esponenziale a 40 giorni
Fonte: nostra elaborazione

zione di falsi segnali deriva dal fatto che, ad esempio, affinché un segnale di acquisto sia considerato attendibile non basta che il prezzo divenga superiore a una sola media mobile, ma è necessario che tagli dal basso verso l'alto entrambe le medie e che la media mobile più veloce (la più corta) faccia lo stesso con quella più lenta. In altre parole, quando il prezzo, la media mobile a breve termine e quella a lungo termine sono posizionate rispettivamente dall'alto verso il basso, il *trader* è in una posizione «lunga»; quando viceversa, partendo dal basso verso l'alto si ha prima il prezzo, quindi la media mobile a breve e infine quella a lungo termine, il *trader* è in una posizione «corta» o fuori dal mercato. Il *trading system* appena descritto prende il nome di *double moving average system* e, seppure esso sia generalmente adottato con le medie mobili semplici, vista la flessibilità esistente in analisi tecnica, non sussistono ostacoli insormontabili alla sua applicazione generalizzata a tutti i tipi di medie precedentemente esaminate (Fig. 10.9).

10.16.2 Gli oscillatori

Si è già avuto modo di segnalare più volte come il mercato per la maggior parte del tempo non assuma né un andamento crescente, né un andamento decrescente, ma si limiti a seguire un percorso orizzontale privo di una tendenza decisa (*trendless*). Il concetto di *oscillatore* è stato concepito e costruito proprio per consentire agli analisti di operare con profitto anche durante le fasi di mercato che evidenziano un andamen-

Fig. 10.9 «Double moving average system» con medie mobili semplici a 10 e a 40 giorni
Fonte: nostra elaborazione

to laterale. La scelta del termine «oscillatore» deriva dal fatto che normalmente, anche se non nella generalità dei casi, tali indicatori assumono valori compresi all'interno di una banda di oscillazione delimitata sia verso l'alto, sia verso il basso (ad esempio, -1 e +1, oppure 0 e 100).

L'utilizzo degli oscillatori, pur con l'adozione di algoritmi matematici molto diversi gli uni dagli altri, è sostanzialmente finalizzato a misurare la velocità (denominata «momento») con cui si muove una serie temporale di prezzo o di volume. D'altra parte, se affiancati allo studio delle rappresentazioni grafiche dei titoli, gli oscillatori possono contribuire a individuare zone di «iper-comprato» o di «iper-venduto»[68] e consentono di trarre le dovute indicazioni in termini di acquisto o vendita delle attività finanziarie.

In linea del tutto generale, è comunque possibile affermare che tutti gli oscillatori sono interpretabili e dunque utilizzabili secondo modalità differenti e così sintetizzabili:

1) quando l'indicatore taglia dal basso verso l'alto la linea mediana della sua banda di oscillazione, si genera un segnale di acquisto in quanto il *momento* del prezzo è in crescita ed è diventato positivo; viceversa, il passaggio dell'indicatore attraverso la

[68] Le zone di «iper-comprato» e «iper-venduto» segnalano rispettivamente momenti nei quali si evidenzia una notevole pressione della domanda o dell'offerta.

linea mediana dall'alto verso il basso, fa emergere un segnale di vendita. Quello appena descritto rappresenta sicuramente uno degli usi più semplici, automatici e comuni associato agli oscillatori;

2) gli oscillatori possono altresì essere utilizzati come segnalatori di livelli estremi dell'azione del prezzo e dunque per individuare l'inversione di un *trend* esistente. L'espressione «livelli estremi dell'azione del prezzo» sta a indicare il fatto che gli oscillatori, come già affermato, misurano il *momento*, cioè la velocità della serie temporale del prezzo, e pertanto sono in grado di segnalare quando tale velocità è divenuta eccessiva e dunque quando si manifesta un pericolo di inversione della tendenza in atto. Infatti, gli analisti tecnici sono convinti che, quando ad esempio il prezzo ha raggiunto livelli troppo elevati muovendosi a notevole velocità, è inevitabile che esso abbia una brusca inversione in quanto è entrato in un'area di eccesso di acquisti (il titolo è iper-comprato o *overbought)*; allo stesso modo esiste un'area di eccesso di vendite (il titolo è iper-venduto o *oversold*) dalla quale a breve il prezzo è destinato a risalire. In sintesi, l'inversione di una tendenza crescente è segnalata quando l'oscillatore ha raggiunto valori maggiori di una certa soglia; viceversa, se l'oscillatore è al di sotto di un determinato livello, diventa probabile l'inversione di una tendenza decrescente;

3) il principio della divergenza descritto nell'ambito della teoria di Dow trova applicazione proprio attraverso l'utilizzo degli oscillatori. Quando l'azione del mercato diverge da quella di un oscillatore, si ha una segnalazione di pericolo per l'analista in quanto il *trend* potrebbe cominciare a perdere forza e quindi arrivare a breve ad un'inversione. Il segnale è tanto più forte quanto più esso avviene a livelli di ipercomprato o iper-venduto. In altri termini, se il prezzo presenta una tendenza crescente confermata da nuovi massimi locali più elevati dei precedenti e allo stesso tempo l'oscillatore mostra segnali di inversione non riuscendo a registrare massimi sempre più elevati, è possibile trarre un chiaro segnale di divergenza.

Passando da una panoramica generale dei caratteri e delle finalità tipiche degli strumenti oggetto di studio a una descrizione puntuale delle principali tipologie di oscillatori, non si può che prendere avvio dalla trattazione dell'indicatore più elementare e diffuso, ovvero il *momentum*. La sua costruzione si basa sul semplice confronto tra il prezzo corrente e la quotazione riferita a una determinata data precedente e consente di misurare con un certo livello di accuratezza la velocità e l'accelerazione (o la decelerazione) del movimento di mercato, confermando o meno la forza della tendenza in atto.

Una prima modalità di calcolo del *momentum* opera sistematicamente la differenza tra il prezzo al tempo t e il prezzo registrato n periodi prima:

$$M_t = P_t - P_{t-n} \qquad [40]$$

dove:

M_t = *momentum* al tempo t;

P_t = prezzo al tempo t;
n = lunghezza del *momentum*;
t = periodo di riferimento.

Sulla base di questa impostazione, l'eventuale presenza di valori del *momentum* crescenti e contrassegnati da segni positivi indica un rafforzamento del trend crescente in atto e dunque una sua accelerazione; viceversa, segni negativi associati all'oscillatore denotano il rafforzamento (nel caso di valori crescenti) oppure l'indebolimento (in caso di valori decrescenti) di un trend al ribasso[69].

La seconda modalità di rappresentazione del *momentum* fa emergere un valore espresso in termini percentuali e costruito come rapporto tra la quotazione corrente e la quotazione registrata *n* periodi precedenti:

$$M_t = \frac{P_t}{P_{t-n}} \cdot 100 \qquad [41]$$

dove i simboli assumono il significato già noto.

L'unica differenza riscontrabile tra i due distinti procedimenti emerge soprattutto a livello grafico e in termini di definizione della banda di oscillazione: in effetti, mentre nella prima ipotesi il *momentum* assume valori variabili intorno allo zero, nella seconda rappresentazione il suo andamento fluttua intorno al valore 100. Occorre però segnalare che il *momentum* non presenta una banda di oscillazione delimitata verso l'alto e verso il basso.

Appare comunque del tutto evidente come, a prescindere dalla formulazione adottata per il calcolo, l'oscillatore consenta di trarre le medesime informazioni utili al fine di costruire efficaci regole decisionali. In sintesi, il posizionamento del *momentum* al di sopra della linea dello zero (o di 100) può segnalare un rafforzamento o un indebolimento del trend rialzista in atto, a seconda che i valori dell'oscillatore assumano un andamento crescente o decrescente; viceversa, qualora il *momentum* si trovasse al di sotto della linea dello zero (o del 100), valori crescenti indicheranno un rafforzamento del trend ribassista, mentre valori decrescenti un suo progressivo indebolimento.

Alcuni analisti si avvalgono dell'oscillatore in parola anche per trarre indicazioni in merito alla compravendita dei titoli, individuando in particolare un segnale di acquisto nell'ipotesi di superamento della linea dello zero (o del 100) dal basso verso l'alto e un segnale di vendita nella perforazione della medesima linea dall'alto verso il basso. A questo proposito è però importante sottolineare che l'utilizzo degli oscillatori in tale contesto operativo necessita dell'analisi congiunta e approfondita dell'evoluzione del trend in corso.

[69] Schwager J.D., *Schwager on Futures. Technical Analysis*, Wiley, New York 1996, pp. 527, 535.

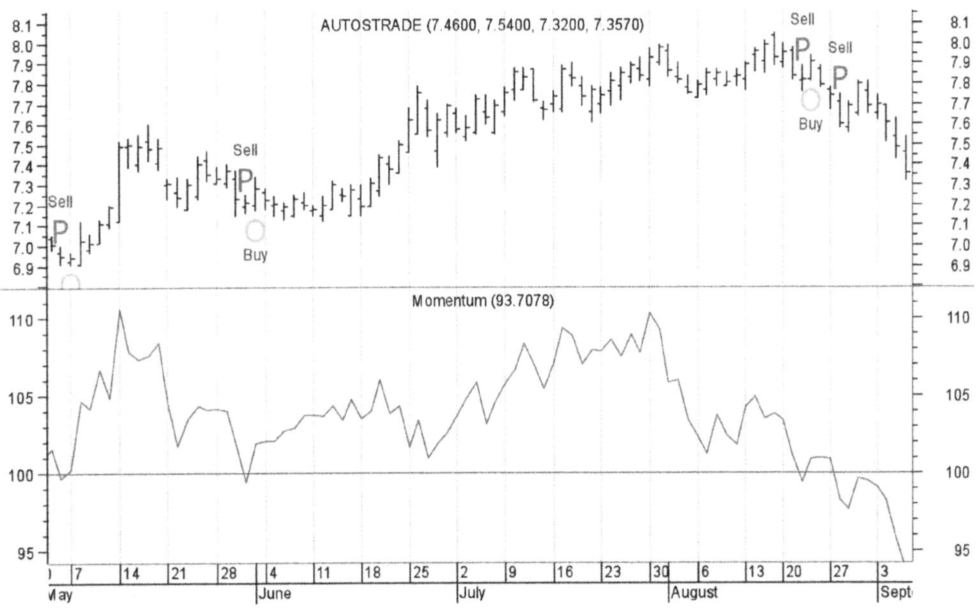

Fig. 10.10 «Momentum system» a 30 giorni
Fonte: nostra elaborazione

Tra gli oscillatori noti agli analisti tecnici è possibile annoverare anche il *commodity channel index*, indicatore utilizzato originariamente soltanto per individuare cicli stagionali nei mercati delle materie prime (*commodities*), e che soltanto in seguito, in linea con la generale universalità e flessibilità degli strumenti di analisi tecnica, ha cominciato a trovare applicazione nei mercati azionari[70]. Così come segnalato per il *momentum*, anche lo strumento in parola non presenta una banda di oscillazione ben definita verso l'alto e verso il basso, pur essendo possibile affermare che, in generale, esso si muove all'interno di valori compresi tra +100 e –100. L'algoritmo rappresentativo del *commodity channel index* può essere espresso nel modo seguente.

$$M_t = \frac{P_t + H_t + L_t}{3} \qquad [42]$$

$$\bar{M}_t = \frac{M_{t-N+1} + M_{t-N+2} + \ldots + M_{t-1} + M_t}{N} = \qquad [43]$$

[70] Donald R.L., *Commodity Channel Index*, «Commodity Magazine», ottobre 1980, pp. 40-41.

$$\bar{D}_t = \frac{|M_{t-N+1} - \bar{M}_{t-N+1}| + |M_{t-N+2} - \bar{M}_{t-N+2}| + \ldots + |M_{t-1} - \bar{M}_{t-1}| + |M_t - \bar{M}_t|}{N} \quad [44]$$

$$CCI_t = \frac{M_t - \bar{M}_t}{0{,}015 \cdot \bar{D}_t} \quad [45]$$

dove:

t = periodo

P_t = prezzo di chiusura al tempo;

H_t = prezzo massimo al tempo t;

L_t = prezzo minimo al tempo t;

M_t = *typical price* al tempo t;

$\bar{M}_t$ = media mobile semplice di N dati M_t;

$\bar{D}_t$ = media aritmetica semplice delle N differenze in valore assoluto tra M_t e $\bar{M}_t$;

N = *lunghezza del* commodity channel index;

CCI_t = *commodity channel index* al tempo t;

0,015 è un parametro fissato dall'ideatore dell'oscillatore, Donald Lambert.

Un esempio di *commodity channel index system* è mostrato in figura 10.11 È possibile notare come i segnali di acquisto o vendita emergano laddove l'oscillatore incroci la linea dello zero.

Uno degli oscillatori più noti e utilizzati dagli analisti è senz'altro rappresentato dal *relative strength index* (RSI), ideato da John Welles Wilder con l'obiettivo di superare due particolari limiti attribuiti al *momentum*: in primo luogo, l'eccessiva variabilità di tale indicatore, variabilità che si manifesta attraverso i repentini cambiamenti del prezzo che deve essere sostituito quando si passa a calcolare il valore successivo del *momentum*; inoltre, come già accennato in precedenza, il *momentum* non oscilla all'interno di una banda con estremi definiti, condizione questa necessaria per garantire la comparabilità delle valutazioni. Wilder ha cercato di eliminare tali limiti inserendo nella costruzione del *relative strength index* alcuni accorgimenti finalizzati ad «addolcirne» l'andamento, rendendolo più lineare e consentendo altresì all'oscillatore di fluttuare all'interno di un *range* compreso tra 0 e 100. La base di partenza per la determinazione dell'RSI è costituita dalla serie storica dei prezzi di chiusura che entrano nell'algoritmo di calcolo secondo le seguenti modalità.

Indicando con:

t = periodo di riferimento;

P_t = prezzo al tempo t;

ΔP_t = variazione positiva tra due prezzi consecutivi al tempo t;

ΔN_t = variazione negativa tra due prezzi consecutivi al tempo t;

$M\Delta P_t$ = media delle variazioni positive al tempo t;

$M\Delta N_t$ = media delle variazioni negative al tempo t;

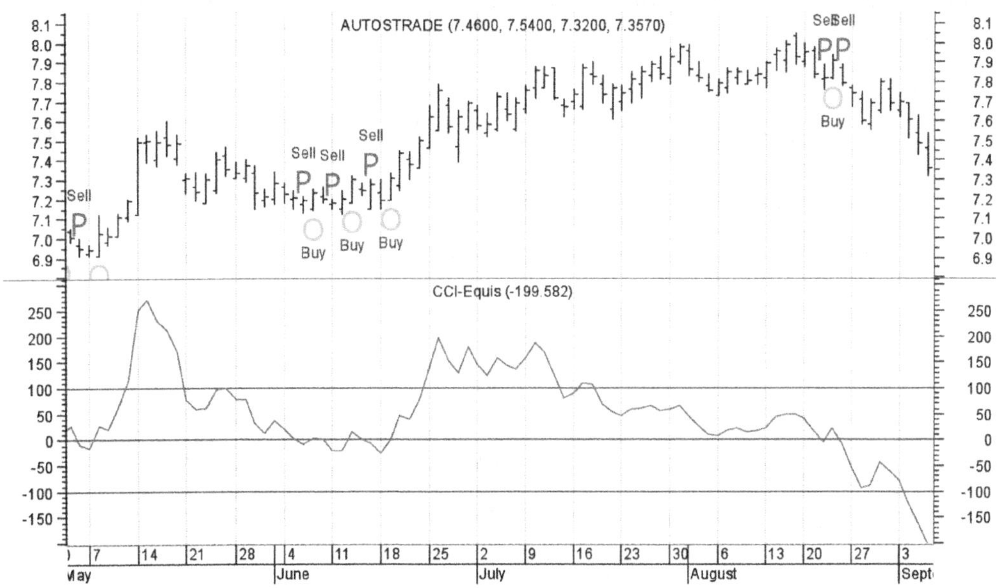

Fig. 10.11 «Commodity channel index system» a 30 giorni
Fonte: nostra elaborazione

RSI_t = *relative strength index* al tempo *t*;
se $P_t > P_{t-1}$ allora $\Delta P_t = P_t - P_{t-1;}$ altrimenti $\Delta P_t = 0$;
se $P_t < P_{t-1}$ allora $\Delta N_t = P_t - P_{t-1;}$ altrimenti $\Delta N_t = 0$.

Per quanto riguarda il calcolo delle medie delle variazioni positive e negative, occorre rilevare che la loro determinazione avviene per ciascun periodo di riferimento all'interno dell'orizzonte temporale considerato. È dunque necessario operare una distinzione nella procedura di calcolo a seconda che si tratti della prima media da inserire nella serie, oppure delle successive. Ne consegue che, se $M\Delta P_t$ è il primo termine della serie, allora:

$$M\Delta P_t = \frac{\Delta P_{t-N+1} + \Delta P_{t-N+2} + \Delta P_{t-1} + \ldots + \Delta P_t}{N} \qquad [46]$$

altrimenti:

$$M\Delta P_t = \frac{M\Delta P_{t-1} \cdot (N-1) + \Delta P_t}{N} \qquad [47]$$

Per le medesime considerazioni appena svolte, se $M\Delta N_t$ è il primo termine della serie, allora:

$$M\Delta N_t = \frac{\Delta N_{t-N+1} + \Delta N_{t-N+2} + \Delta N_{t-1} + ... + \Delta N_t}{N} \quad [48]$$

altrimenti:

$$M\Delta N_t = \frac{M\Delta N_{t-1} \cdot (N-1) + \Delta N_t}{N} \quad [49]$$

$$RS_t = \frac{M\Delta P_t}{M\Delta N_t} \quad [50]$$

$$RSI_t = 100 - \left[\frac{100}{(1+RS_t)}\right] \quad [51]$$

In sintesi, la costruzione dell'oscillatore in esame si fonda sul rapporto tra la media delle variazioni positive di prezzo registrate durante il periodo di riferimento e la media delle variazioni negative di prezzo emerse nel medesimo arco temporale.

Come accennato in precedenza, il *relative strength index* ha un campo di variazione compreso tra 0 e 100. Ciò consente all'analista di individuare due livelli, uno superiore al valore di 70 o 80, l'altro inferiore a 30 o a 20 che rappresentano rispettivamente un'area di iper-comprato e un'area di iper-venduto. La presenza dell'indicatore nella zona intermedia sta a indicare invece una situazione «normale», non caratterizzata da particolari pressioni della domanda o dell'offerta.

Proseguendo con l'esame degli oscillatori più frequentemente utilizzati dagli analisti tecnici nelle loro elaborazioni, merita di essere citato il cosiddetto «stocastico», ideato da George Lane e fondato sull'assunto in base al quale quando il mercato è *bull*, il prezzo chiude a livelli vicini al suo massimo del giorno o del periodo; se il mercato è *bear*, esso chiude vicino ai livelli minimi fatti registrare nel corso della seduta. Lo stocastico è costituito da tre componenti principali, ovvero tre linee: la linea *%K*, la linea *%D* e la *signal line*, tutte comprese all'interno di una banda di oscillazione i cui estremi sono 0 e 100. In particolare, la determinazione della linea %K è finalizzata a definire la relazione esistente tra il prezzo di chiusura con il totale *price range* riferito a un certo numero di giorni ed è possibile affermare che un avvicinamento della linea *%K* al valore di 100 indica un avvicinamento del prezzo di chiusura al massimo registrato nel periodo, mentre il suo approssimarsi al valore zero segnala l'ipotesi contraria; la linea *%D* può essere definita come una particolare media co-

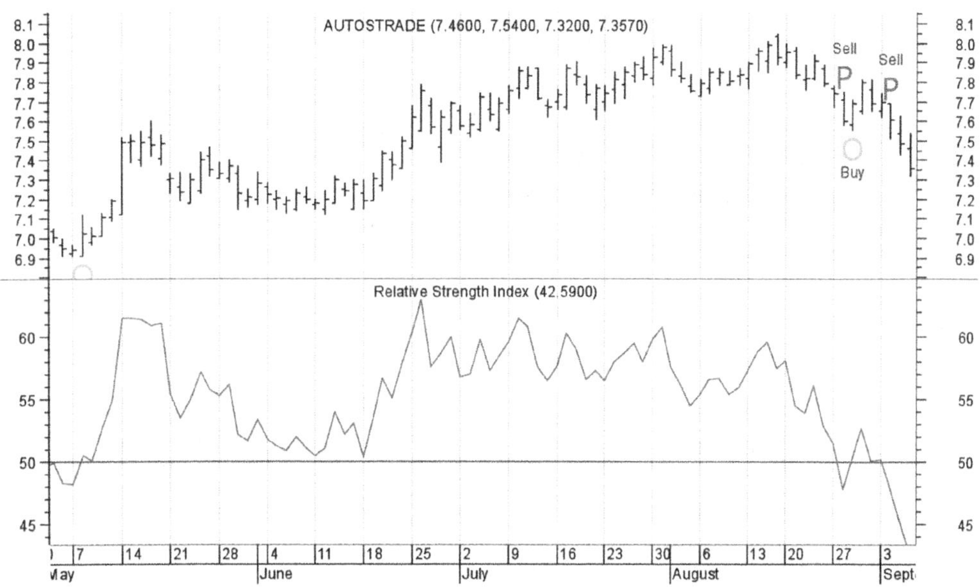

Fig. 10.12 «Relative strength index system» a 30 giorni
Fonte: nostra elaborazione

struita sulla base del *%K* e infine la *signal line* rappresenta una media mobile del *%D*.

L'intento perseguito dagli operatori che utilizzano un simile oscillatore consiste nel cogliere il momento di inversione del trend in atto: in particolare, laddove in una fase crescente i prezzi di chiusura tendano a discostarsi dal massimo e ad avvicinarsi invece al minimo, si potrebbe generare un segnale di inizio di una fase discendente; viceversa, in un mercato ribassista, la presenza di un prezzo di chiusura vicino al massimo anziché al minimo indica il probabile avvio di una fase rialzista.

Un'analisi più approfondita dello stocastico e delle sue componenti è resa possibile attraverso l'elaborazione dei relativi algoritmi secondo le modalità di seguito esposte.

Linea %K

$NUM_t = P_t - LN_t$
$DEN_t = HN_t - LN_t$

$$\%K = \frac{NUM_t}{DEN_t} \cdot 100 \qquad [52]$$

dove:

t = periodo di riferimento;
Pt = prezzo di chiusura al tempo t;
LN_t = prezzo minimo più basso negli ultimi N giorni (t compreso);
HN_t = prezzo massimo più elevato negli ultimi N giorni (t compreso);
NUM_t = numeratore del %K al tempo t;
DEN_t = denominatore del %K al tempo t;
N = lunghezza del %K;
$\%K_t$ = %K al tempo t.

Linea %D

$$\%D_t = \left[\frac{NUM_{t-M+1} + NUM_{t-M+2} + \ldots + NUM_{t-1} + NUM_t}{DEN_{t-M+1} + DEN_{t-M+2} + \ldots + DEN_{t-1} + DEN_t} \right] \cdot 100 \qquad [53]$$

con

t = periodo di riferimento;
NUM_t = numeratore del %K al tempo t;
DEN_t = denominatore del %K al tempo t;
M = lunghezza del %D;
$\%D_t$ = %D al tempo t.

Signal line

$$SL_t = \frac{\%D_{t-P+1} + \%D_{t-P+2} + \ldots + \%D_{t-1} + \%D_t}{P} \qquad [54]$$

con

t = periodo di riferimento;
P = lunghezza della *signal line*;
SL_t = *signal line* al tempo t.

Per quanto concerne la elaborazione del *trading system* fondato sullo stocastico, occorre innanzitutto rilevare che esso costituisce una eccezione rispetto alle regole decisionali analizzate finora per gli oscillatori. In effetti, i segnali di compravendita non vengono definiti dagli incroci dell'indicatore con il suo livello mediano, cioè con il livello dello zero, per effetto della presenza della *signal line*. Ne consegue che quando il *%D* taglia dal basso verso l'alto la sua media, viene generato un segnale di acquisto; quando l'attraversamento avviene dall'alto verso il basso emerge un segnale di vendita. Come si può notare, il *%K* viene utilizzato solo per calcolare il *%D*. In genere, i parametri scelti al fine della determinazione dello stocastico sono gli stessi suggeriti nella letteratura specializzata e corrispondono a 5 giorni per il *%K* e a 3 giorni per il *%D* e la *signal line*.

Così come lo stocastico, anche il cosiddetto oscillatore *%R* è stato ideato da Larry Williams nella convinzione che in una fase di mercato rialzista il prezzo di chiusura tende ad avvicinarsi al massimo della seduta, mentre in un mercato ribassista il prezzo di chiusura tende al minimo del giorno. L'indicatore in parola ha un campo di variazione compreso tra 0 e –100: in particolare, quando si approssima al valore zero, il prezzo di chiusura è molto elevato in relazione al *range* di variazione del periodo; quando è vicino a -100, il livello di chiusura tende al minimo del periodo. Tali considerazioni derivano dalle modalità di calcolo del *%R* che contemplano al numeratore la differenza tra il più elevato dei massimi del periodo e il prezzo di chiusura corrente, e al denominatore il confronto tra il più elevato dei massimi e il più piccolo dei minimi dello stesso periodo; il tutto è moltiplicato per –100. Algebricamente:

$$\%R_t = \left[\frac{HN_t - P_t}{HN_t - LN_t}\right] \cdot (-100) \qquad [55]$$

con:

t = periodo di riferimento;
P_t = prezzo di chiusura al tempo t;
HN_t = prezzo massimo più elevato negli ultimi N giorni (t compreso);
LN_t = prezzo minimo più basso negli ultimi N giorni (t compreso);
$\%R_t$ = %R al tempo t.

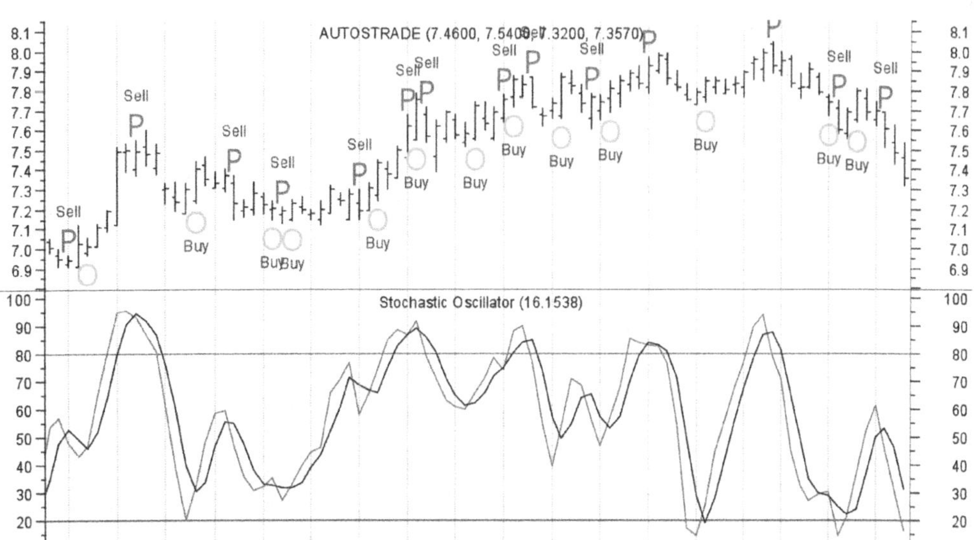

Fig. 10.13 «Stochastic system» con K% a 5, D% a 3 e signal line a 3
Fonte: nostra elaborazione

Un esempio di *Williams'%R system* può essere osservato in figura 10.14 Come al solito, i segnali di compravendita sono generati dagli incroci con la linea mediana che in questo caso corrisponde a –50.

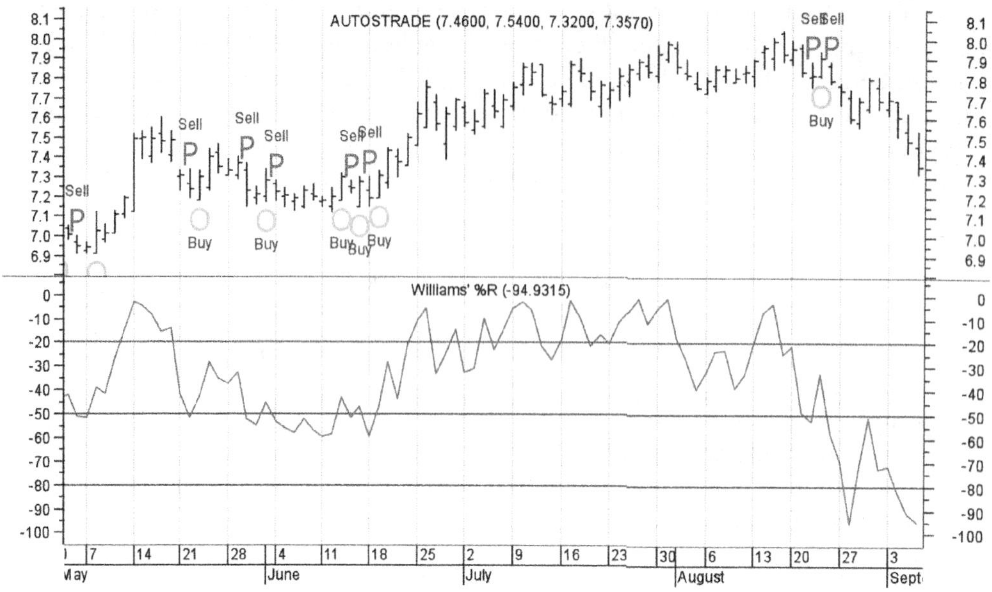

Fig. 10.14 «William' %R system» a 30 giorni
Fonte: nostra elaborazione

Capitolo 11

La valutazione delle aziende in funzionamento

di Roberta Pace

11.1 Finalità e rilevanza del processo di valutazione

In sede di trattazione dei processi di formazione del capitale investito[1], sono stati affrontati i principali criteri di valutazione degli investimenti in immobilizzazioni, rilevando in particolare la superiorità concettuale del valore attuale netto, capace di offrire una misura corretta del valore generato dalla realizzazione di un determinato progetto. Ampliando l'ottica di analisi, è possibile concepire l'intero complesso aziendale come un unico investimento: in questa prospettiva, si rende necessario affrontare il problema della valutazione delle aziende in funzionamento, concepite proprio come specifici progetti di investimento in grado di generare flussi di cassa e di reddito nel corso della gestione.

Si tratta, pertanto, di definire le procedure che conducono alla attribuzione di un corretto valore dell'azienda in funzionamento, valore che può essere impiegato per soddisfare molteplici finalità conoscitive. In primo luogo, facendo riferimento a quanto esposto in merito allo *shareholder value approach* e alla teoria di creazione del valore[2], la crescita del valore costituisce l'obiettivo finale cui deve essere indirizzata l'intera gestione aziendale. La realizzazione di questo obiettivo di carattere generale passa anche attraverso la costante autovalutazione dell'impresa, compiuta dal management al fine di verificare se e in quale misura le strategie poste in essere sono in grado di accrescere il valore complessivo dell'organizzazione. Si tratta, in sostanza, della periodica valutazione delle performance aziendali, verifica condotta non soltanto allo scopo di monitorare l'andamento del valore d'impresa, ma – anche e so-

[1] Cfr. capitolo 6, sezione I.
[2] Cfr. capitolo 1.

prattutto nelle società caratterizzate da separazione tra proprietà e controllo – al fini del calcolo della retribuzione da assegnare ai manager, retribuzione spesso «agganciata» proprio all'entità del valore creato[3]. Comprendere in che modo e secondo quale direzione si evolve il valore dell'intero complesso aziendale rappresenta il meccanismo più sicuro e corretto per stimare le performance realizzate e per dare concreta applicazione al principio sostenuto da Guatri in base al quale l'azienda deve periodicamente valutare se stessa. La rilevanza di tali argomentazioni è ancora più evidente considerando i ben noti limiti dei dati contabili e delle sole analisi di bilancio. Quest'ultimo aspetto consente di esporre la seconda finalità conoscitiva legata all'impiego delle procedure di valutazione aziendale, ovvero quella collegata alla formazione dei valori di bilancio. L'introduzione dei principi contabili internazionali (IAS) ha infatti determinato una progressiva sostituzione del fondamentale principio del «costo» con il concetto di *fair value*, rendendo necessaria l'applicazione di tutte le tematiche relative alla valutazione aziendale[4].

Infine, ma non per questo meno importante, il tradizionale ambito di intervento per le valutazioni d'azienda deve essere rintracciato nelle strategie di crescita e sviluppo che pongono l'esigenza di attribuire un valore attendibile e adeguato all'impresa. Tale necessità nasce in primo luogo per garantire una equa tutela degli interessi dei soci, soprattutto quelli di minoranza, coinvolti in operazioni di finanza straordinaria – quali fusioni, acquisizioni, scorpori, scissioni –, operazioni potenzialmente in grado di pregiudicare la loro posizione nella compagine sociale. Nella prospettiva appena delineata, il processo di valutazione aziendale si configura come strumento di garanzia per i soci stessi – attuali e/o potenziali –, ma anche per tutti gli *stakeholder* direttamente o indirettamente coinvolti nelle sorti dell'organizzazione. Si pensi, a titolo d'esempio, ad una operazione di fusione tra due realtà aziendali, circostanza che pone il problema della definizione di un rapporto di cambio in grado di stabilire in quale misura ciascuna società partecipante e i relativi soci concorreranno al capitale della realtà risultante dalla procedura: tale rapporto è definito, in prima approssimazione, proprio sulla base del valore effettivo attribuito a tutte le società coinvolte[5].

In linea generale, pertanto, la determinazione del capitale economico in ipotesi di operazioni di cessione o acquisizione risulta funzionale alla conoscenza del valore di scambio del complesso oggetto di transazione, valore da porre come base di partenza per la definizione del prezzo finale[6]. Quest'ultimo sarà definito sulla base di un processo di negoziazione che, in un secondo momento, si instaurerà tra le parti e che, comunque, dovrà tener conto dei valori di capitale economico proposti.

[3] Ostrenga M.R., *La guida Ernst & Young al Total Cost Management*, Franco Angeli, Milano 1993, pp. 227-29.

[4] Guatri L., Bini M., *Nuovo trattato sulla valutazione delle aziende*, Università Bocconi Editore, Milano 2005, p. 6.

[5] Su questo argomento si tornerà a parlare in maniera più approfondita nel capitolo 13.

[6] Paganelli O., *Valutazione delle aziende - principi e procedimenti*, UTET, Torino 1990, p. 7; Mauri A., *Il valore di acquisizione*, «Finanza Marketing e Produzione», 4, 1992, p. 177; Froli M., *La valutazione di azienda: principi e metodi. L'applicazione nelle operazioni di cessione, fusione, liquidazione, conferimento*, EBC, Milano 1992, p. 8.

Tra i percorsi di crescita che l'impresa può intraprendere rientra in senso lato anche il meccanismo della quotazione in Borsa, obiettivo che rende indispensabile operare una stima del complesso aziendale, al fine di conoscere l'entità del capitale da porre a base di partenza per determinare il prezzo di mercato. Dopo la quotazione iniziale (IPO), il continuo confronto tra prezzo e valore intrinseco del titolo, sulla base delle considerazioni svolte nel capitolo precedente, consente di verificare la presenza di eventuali fenomeni di sottovalutazione o sopravvalutazione, offrendo la possibilità all'impresa di adottare i provvedimenti necessari ad arginare i relativi rischi (come ad esempio il rischio di scalata ostile emergente nell'ipotesi di *underpricing*). Il legame esistente tra prezzi di mercato espressi dalle quotazioni e valori effettivi calcolati sulla base dei fondamentali d'azienda costituisce il punto di partenza per introdurre un concetto che costituirà l'oggetto di una specifica trattazione nel corso del prossimo capitolo, ovvero la diffusione del valore, sintetizzabile nella capacità, da parte dell'impresa, di comunicare e del mercato di recepire, il valore creato dall'impresa attraverso la sua gestione. Dall'osservazione della dinamica dei prezzi nei listini ufficiali emerge infatti con tutta evidenza come, nonostante le affermazioni e le teorie elaborate in merito all'efficienza dei mercati finanziari, i concetti di prezzo e valore difficilmente coincidono, causando spesso la formazione di *gap* più o meno significativi. Al di là delle molteplici teorie di riferimento, le differenze riscontrabili tra le due misure sono riconducibili ai seguenti aspetti:

- il valore è frutto di una stima compiuta sulla base di informazioni in merito al grado di rischiosità aziendale, alla capacità di produrre flussi di cassa o di reddito futuri, al patrimonio investito, nonché a una serie di variabili interne ed esterne (soprattutto di settore) in grado di condizionare il risultato del processo di calcolo;
- il prezzo, invece, deriva in prima analisi da tutti i fattori elencati nel punto precedente, ma risulta altresì influenzato dalle dinamiche del mercato e, in linea generale, da ulteriori variabili sia interne (come ad esempio la capacità di comunicazione del valore e il grado di credibilità strategica), sia esterne (fattori socio-politici, andamento dei tassi di interesse, fase del ciclo economico in atto, facilità/difficoltà di accesso alle diverse fonti di finanziamento ecc.).

Nel presente capitolo l'attenzione sarà concentrata esclusivamente sulle varie modalità di definizione del valore d'impresa, lasciando le considerazioni in merito ai prezzi e alle relazioni con il valore stesso a quanto esposto in precedenza e a quanto sarà affrontato nel capitolo successivo.

11.2 L'oggetto della valutazione: il capitale economico

Il primo passo da compiere nella definizione delle procedure che conducono alla valutazione delle aziende è senz'altro costituito dalla specificazione della configurazione di valore da determinare. Sulla base delle considerazioni appena svolte in merito alla differenza tra prezzo e valore, appare chiaro come la finalità della stima debba essere rappresentata dal valore intrinseco dell'azienda, ovvero il valore del capitale economico (da ora in avanti rappresentato con *W*), così come definito in precedenza – riportando le parole di Zappa – non un insieme di valori distinti sebbene coordinati, ma «un valore unico, risultante dalla capitalizzazione dei redditi futuri»[7]. Da tale definizione emerge una inscindibile relazione tra capitale e reddito: nello specifico, è possibile affermare che l'entità del capitale economico dipende dalla capacità dell'impresa di produrre reddito in futuro e tanto maggiore risulta questa capacità, tanto più il capitale sarà destinato ad acquisire nuovo valore[8]. Ne consegue che l'Autore considerava il reddito come grandezza originaria e il capitale come una grandezza da esso derivata. In altre parole è il reddito che produce il capitale e non viceversa[9].

L'evoluzione degli studi sul tema delle valutazioni e il progressivo affermarsi dei metodi finanziari consentono di ampliare la definizione originariamente proposta da Zappa, conducendo ad affermare che il valore del capitale economico è funzione della capacità dell'impresa di generare, in senso lato, flussi di cassa, siano essi di natura reddituale o finanziaria.

Il capitale economico è inoltre un valore unitario e autonomo che tiene conto non solo dei singoli elementi che fanno parte del capitale, ma anche delle componenti immateriali, quali le loro relazioni. Pertanto, il complessivo valore del capitale così determinato non può essere riferito semplicemente alle singole voci patrimoniali, né tantomeno il valore di queste ultime può essere assunto quale effettivo valore del capitale medesimo. Zappa affronta con chiarezza tale concetto affermando che il capitale economico è «il valore di un unico complesso economico, costituito da fattori complementari tali da non consentire una loro distinta valutazione per pervenire alla conoscenza del complesso valore che si vuole determinare»[10]. Il valore attribuito al capitale economico risulta quindi diverso (in genere maggiore) rispetto alla somma dei valori dei singoli elementi patrimoniali, perché la suddetta somma non può tenere conto delle correlazioni e delle interdipendenze che legano gli elementi stessi e che determinano la differenza tra un complesso e un aggregato di fattori[11].

La stima del capitale economico realizza una valutazione di sintesi dell'azienda, che ne caratterizza l'astrattezza per due motivi:

a) il valore che scaturisce è indipendente dalle condizioni di domanda e offerta ed è quindi, in generale, determinato dal confronto tra le prospettive reddituali dell'azienda in esame e quelle offerte da investimenti alternativi[12] alle stesse condizioni di rischio;

[7] Zappa, *Il reddito d'impresa*, cit., p. 81.

[8] Viganò E., *La natura del valore economico del capitale d'impresa e le sue applicazioni*, Giannini, Napoli 1967, p. 13.

[9] Zanda G., Lacchini M., Onesti T., *La valutazione delle aziende*, Giappichelli, Torino 1992, p. 7; Fadda L., *Il tasso di attualizzazione nella valutazione d'impresa*, Giuffrè, Milano 1994, p. 17.

[10] Zappa G., *Le produzioni nell'economia delle imprese*, Giuffrè, Milano 1957, p. 474.

[11] Ferrero G., *Alcune precisazioni sulla valutazione delle aziende*, «Contabilità e Bilancio», 73, 1991, pp. 6-7; D'Atri A., *Metodi di valutazione d'azienda: considerazioni teoriche*, Isdaf, 1991, p. 15.

[12] Coda V., *Introduzione alle valutazioni di bilancio*, LUEV, 1973, p. 134.

b) la evidente difficoltà insita nella quantificazione delle relazioni tra le varie componenti del capitale e dei redditi futuri per la cui determinazione è necessario fare ricorso a ipotesi e congetture[13].

Da ciò deriva l'incertezza e la soggettività del valore attribuito al capitale economico, che può variare sensibilmente a seconda del metodo adottato per la sua determinazione[14].

Il capitale economico rappresenta soltanto una delle diverse configurazioni che può assumere il capitale d'impresa. Infatti, a seconda delle finalità che ci si propone di perseguire attraverso la valutazione, è possibile analizzare:

- *il capitale di costituzione*, rappresentato dall'entità dei conferimenti eseguiti all'atto iniziale dell'attività d'impresa, che individua il «costo dell'aggregato»;
- *il capitale di liquidazione*, che perde la caratteristica di complesso economico ed è dato dalla presunta liquidità che i singoli elementi patrimoniali riusciranno a generare per mezzo della loro vendita;
- *il capitale di funzionamento*, che esprime l'entità del capitale nel pieno della gestione aziendale.

Nelle prime due configurazioni di capitale (capitale di costituzione e di liquidazione) appare evidente la natura del contrasto con il capitale economico, in quanto si tratta semplicemente della «somma» di fattori privi di qualsiasi coordinazione o collegamento.

Il capitale di funzionamento, invece, esprime un insieme coordinato di valori, ovvero un «fondo di valori», molto vicino dunque al «valore unico» rappresentato dal capitale economico, distinguendosi però per la diversa finalità perseguita. La determinazione del capitale di funzionamento, infatti, è strumentale alla individuazione del reddito generato nell'esercizio, che rappresenta il valore di collegamento dei capitali esistenti in due distinti momenti. Pertanto, è necessario ipotizzare una temporanea interruzione dei processi di gestione, cosa che invece non si verifica in sede di quantificazione dell'entità del capitale economico, espressione della durevole attitudine dell'impresa a produrre redditi[15].

11.3 Logica e strumenti del processo di valutazione

Il processo di determinazione del capitale economico non è classificabile come una semplice procedura che si esaurisce nell'applicazione di alcune formule matematiche. Si tratta di un discorso molto più complesso in considerazione dell'altrettanto elevato

[13] Ferrero G., *La valutazione economica del capitale d'impresa*, Giuffrè, Milano 1966, pp. 18-19.

[14] Mazzola P., *Analisi strategica e valutazione economica del capitale*, in *Scritti in onore di Carlo Masini*, Egea, Milano 1993, p. 118.

[15] Di Lazzaro F., *I tassi nella determinazione del capitale economico aziendale*, Giuffrè, Milano 1990, p. 18.

grado di complessità che caratterizza il fenomeno azienda. In primo luogo, uno degli aspetti base della valutazione del capitale economico è la profonda conoscenza dell'impresa oggetto di stima, conoscenza che deve essere estesa a tutti gli aspetti della vita aziendale, a tutte le funzioni svolte, a tutti i rapporti con terze economie.

Il soggetto incaricato di compiere la stima deve quindi, in una fase preliminare, provvedere alla raccolta di una serie di informazioni riguardanti l'impresa. I dati in suo possesso dovranno risultare esaurienti e capaci di facilitare la comprensione delle modalità con cui l'impresa opera e si pone sul mercato, nonché del tipo di relazioni intrattenute con i terzi. In buona sostanza, egli dovrà essere in grado di conoscere tutte le specificità e tutti i problemi dell'azienda esaminata in modo da capire il peso e il ruolo di ciascuno di essi nell'ambito della misurazione del capitale economico[16].

Un'attenzione particolare merita anche l'ambiente esterno nel quale l'impresa agisce. Infatti, per capire appieno un'azienda non si può prescindere dall'esame degli scenari competitivi nei quali essa si muove e che a volte può anche influenzare, mentre più spesso ne subisce i condizionamenti[17]. Si comprende, dunque, quanto sia complesso e pieno di ostacoli il percorso che porta alla determinazione del capitale economico.

Passando all'analisi degli aspetti pratici del problema, occorre compiere una distinzione fondamentale in merito alle due principali tipologie di approcci individuati dalla teoria e seguiti dalla pratica professionale per la valutazione delle aziende in funzionamento:

1) valutazioni assolute;
2) valutazioni relative, ovvero i moltiplicatori.

L'approccio fondato sulle valutazioni assolute, caratterizzato proprio dal fatto di generare una stima espressa in termini assoluti e dunque rappresentativa anche della dimensione del capitale economico ricercato, rappresenta l'orientamento tradizionalmente sostenuto dalla dottrina. Il largo favore accordato a tale logica di valutazione è riscontrabile soprattutto nei paesi dell'Europa continentale e trova giustificazione nel fatto che soltanto i metodi assoluti sono in grado di descrivere e «spiegare» fino in fondo la natura e le determinanti del valore ottenuto. Sulla base di questa interpretazione, i metodi relativi – definiti in funzione della costruzione di rapporti tra il prezzo[18] e altre grandezze opportunamente selezionate – si pongono come semplici strumenti di controllo e conferma dei risultati ottenuti in termini assoluti, assumendo pertanto un ruolo secondario nel percorso di valutazione.

Nel corso degli ultimi anni, però, si è assistito a una sensibile crescita del ruolo assunto dai moltiplicatori nell'ambito delle procedure di valutazione, sulla spinta del

[16] Jovenitti P., *Il valore dell'impresa*, Pirola, Milano 1990, pp. 10-11

[17] Frattini G., *Il valore di acquisizione delle imprese in funzionamento*, Giuffrè, Milano 1983, p. 8; Petrocchi M., *Cessioni, conferimenti e scissioni d'azienda*, EBC, Milano 1991, p. 146; Petrocchi M., Taranto F.P., *Finanza straordinaria e sviluppo d'impresa*, Ipsoa, Milano 1989, p. 66.

[18] Come sarà specificato in seguito, i moltiplicatori si costruiscono avendo come riferimento il prezzo di aziende simili oppure il prezzo di transazioni comparabili.

largo impiego di tali metodologie da parte della pratica professionale nei paesi anglosassoni. Il successo ottenuto dalle valutazioni relative è attribuibile a una serie di fattori, tra i quali assumono particolare rilevanza: l'incremento delle contrattazioni sui mercati finanziari internazionali; il peso crescente fatto registrare dalle risorse immateriali (intangibili) nell'ambito delle valutazioni aziendali, risorse difficilmente suscettibili di una quantificazione con metodologie tradizionali[19]; i numerosi limiti, sia in termini temporali, sia dal punto di vista economico, nel reperire le informazioni, soprattutto di carattere prospettico, necessarie all'applicazione dei metodi assoluti; la maggiore facilità di applicazione e l'immediatezza nell'interpretazione che contraddistingue i multipli.

Il crescente impiego della logica fondata sui moltiplicatori ha consentito a questi ultimi di assumere un ruolo di primo piano nel panorama delle valutazioni, tanto da sostituire in alcuni casi il ricorso alle valutazioni assolute e divenendo di fatto i principali metodi di riferimento per gli analisti. Il «ritorno alla realtà» è stato però piuttosto brusco ed è passato attraverso i clamorosi errori commessi nella stima di molte aziende, errori che talvolta hanno avuto una risonanza a livello internazionale, come nel caso delle società della *new economy* e delle «bolle» speculative che ne sono derivate. Si tratta dei frutti prodotti da valutazioni operate in maniera piuttosto «fantasiosa» – per usare un eufemismo – arrivando a costruire multipli «vuoti», ovvero non corrispondenti al reale valore dell'azienda oggetto di valutazione e dunque non riconducibili ai fondamentali d'azienda, ma costruiti in maniera artificiosa al solo fine di garantire l'ottenimento del risultato desiderato.

L'effetto destabilizzante prodotto sui mercati ha sollevato il problema di una rivisitazione dei tradizionali modelli di misurazione del valore, rilevando i limiti presenti non soltanto per i moltiplicatori, ma anche per le valutazioni assolute. In primo luogo, è emersa con tutta evidenza l'insufficienza di una sola formula, per quanto articolata e corretta sul piano logico, a rappresentare sinteticamente un valore condizionato, per sua stessa natura, da molteplici variabili, non tutte riconducibili a una rappresentazione matematica. Si pensi all'importanza di alcuni elementi precedentemente descritti, quali le relazioni con gli *stakeholder*, il posizionamento strategico, le dinamiche ambientali e così via. Inoltre, per molti anni il processo di valutazione ha completamente trascurato le risorse intangibili, estremamente rilevanti nella formazione del valore aziendale, ma difficili da individuare e misurare. Infine, valutazioni assolute e valutazioni relative apparivano del tutto indipendenti, dando luogo a risultati diversi o addirittura contrastanti e spingendo di conseguenza o all'impiego di un solo approccio, oppure alla manipolazione dei dati ottenuti da una delle due stime per ottenere in maniera artificiosa una conferma dell'altra.

Per superare i limiti di una impostazione divenuta oramai palesemente obsoleta e non più capace di offrire una rappresentazione corretta e completa della realtà, teoria e prassi si sono evolute nella medesima direzione proponendo un nuovo paradigma

[19] La valutazione degli intangibili costituirà l'oggetto di uno specifico approfondimento.

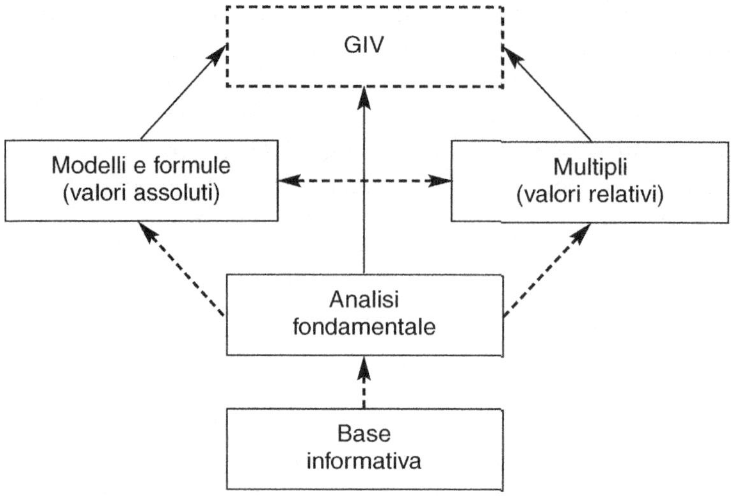

Fig. 11.1 Il Giudizio Integrato di Valutazione
Fonte: Guatri, Bini, *Nuovo trattato sulla valutazione*, cit., p. 37.

valutativo che lo stesso Guatri definisce Giudizio Integrato di Valutazione (GIV)[20]. Si tratta di un approccio sicuramente più articolato e forse più complesso, ma certamente dotato di una maggiore correttezza concettuale e di un maggiore livello di completezza, offrendo maggiori garanzie in termini di attendibilità e adeguatezza del valore ottenuto (Fig. 11.1).

Il GIV è costruito su tre pilastri, ciascuno dei quali offre un supporto agli altri, integrandosi vicendevolmente[21]:

1) le *valutazioni assolute*, realizzate attraverso l'applicazione di formule e modelli e finalizzate a ottenere un valore – espresso appunto in termini assoluti – in grado di offrire una misura del valore del capitale di una azienda;
2) le *valutazioni relative*, derivanti dal calcolo dei moltiplicatori e possibilmente riferiti sia a società comparabili, sia a transazioni comparabili. L'obiettivo è quello di formalizzare e verificare l'esistenza di una relazione tra determinate variabili aziendali e il prezzo di aziende simili o di transazioni simili;
3) una solida *base informativa*, costituita da un insieme completo ed esaustivo di dati, notizie e informazioni attinenti l'impresa e il suo divenire. Tali dati vengono poi «tradotti», attraverso l'*analisi fondamentale*, in variabili generatrici di valore (ovvero le leve del valore).

[20] Guatri, Bini, *Nuovo trattato sulla valutazione*, cit., p. 37.

[21] Guatri L., *Il giudizio integrato di valutazione. Dalle formule al processo valutativo*, Egea, Milano 2000.

Rinviando al prosieguo della trattazione l'approfondimento delle valutazioni assolute e relative, appare necessario riservare un breve cenno alla base informativa, in larga parte già analizzata in sede di esposizione dei mercati finanziari e dell'analisi fondamentale[22]. Nel presente contesto si rende opportuno operare una distinzione tra la base informativa a supporto delle valutazioni assolute e la base informativa a supporto delle valutazioni relative. La base informativa per le valutazioni assolute è composta dall'analisi strategica, dall'analisi del quadro storico – riferito a grandezze contabili, a indicatori di bilancio, ai flussi finanziari, agli intangibili e così via –, dall'informazione patrimoniale, dai piani e programmi aziendali. La base informativa necessaria ad affrontare le valutazioni relative riguardano principalmente le modalità di selezione del campione di imprese comparabili e/o del campione di transazioni comparabili.

Entrando nello specifico delle metodologie di misurazione del capitale, il presente lavoro intende affrontare il problema operando una prima fondamentale distinzione tra valutazioni assolute e valutazioni relative (moltiplicatori). Nell'ambito delle valutazioni assolute è poi possibile operare ulteriori classificazioni, partendo innanzitutto dall'ottica di osservazione adottata nel percorso di stima. Assumendo un'ottica interna all'impresa, si procederà alla descrizione delle metodologie fondate sui flussi generati dall'attività aziendale e costituiti da flussi di cassa (dai quali nascono i metodi finanziari) o da flussi di reddito (metodi reddituali), per poi passare all'esposizione dei metodi fondati su grandezze stock (metodi patrimoniali) e dei metodi misti patrimoniali-reddituali. Adottando invece un'ottica di osservazione esterna rispetto all'impresa, ovvero l'ottica dell'attuale o potenziale investitore, i metodi di valutazione dell'azienda sono fondati sull'attualizzazione dei flussi, ma, contrariamente a quanto appena esposto, si tratta dei flussi tipicamente percepiti dagli azionisti di una società, ovvero i dividendi: in linea del tutto generale e rimandando al prosieguo della trattazione la declinazione delle diverse metodologie di misurazione del capitale, si tratta dei modelli di valutazione fondati sui dividendi, ovvero i *dividend discount model* (Fig. 11.2).

Occorre a questo punto introdurre un ulteriore elemento di interesse ai fini del percorso che si intende realizzare. La grandezza rappresentativa del capitale economico costituisce la sintesi di una stima, dotata di tutte le caratteristiche precedentemente elencate, del capitale azionario di una società. Sulla base di questo presupposto, la determinazione della grandezza in parola può avvenire impiegando due diverse modalità operative:

- logica *equity side*, che consente una definizione immediata del capitale economico, attraverso una stima diretta del solo patrimonio netto. In termini del tutto generici, la relazione rappresentativa di tale approccio è sintetizzabile come $W = Equity$. La scelta del tasso di attualizzazione deve essere coerente rispetto ai flussi da scontare e al risultato che si intende ottenere. Pertanto, nella logica *equity side* il

[22] Cfr. capitolo 10.

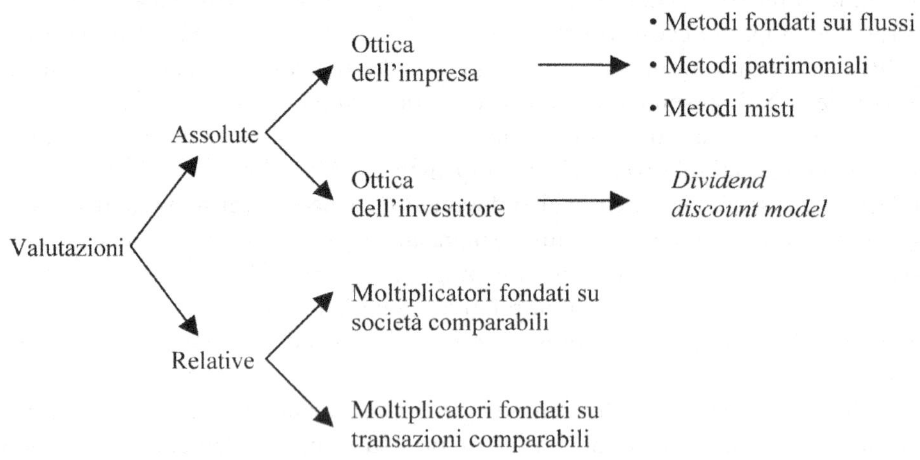

Fig. 11.2 Le metodologie di valutazione del capitale economico

tasso da adottare è senz'altro rappresentato dal costo del solo capitale azionario, ovvero quello determinato attraverso il ricorso al *capital asset pricing model*;

- logica *asset side*, in base alla quale il capitale economico scaturisce dalla differenza tra il valore del complesso delle attività – ovviamente derivante da una apposita valutazione che consente di definire il cosiddetto *firm value* o *enterprice value* – e il valore dell'indebitamento (anch'esso stimato e dunque non considerato a valori contabili). In termini algebrici risulta pertanto valida l'espressione $W = A - D$ (dove A e D sono rispettivamente i valori stimati dell'attivo e del debito). Si tratta, come è evidente, di un percorso più articolato e complesso e che, come tale, espone a maggiori problematiche in termini di misurazione, nonché a maggiori possibilità di commettere errori di stima. Per tutte le considerazioni viste sopra, il tasso di attualizzazione da impiegare nella logica *asset side* è rappresentato dal costo medio ponderato del capitale (i_w).

Entrambi gli approcci possono trovare impiego sia nell'ambito delle valutazioni assolute, sia nell'ambito delle valutazioni relative fondate sui moltiplicatori: come sarà evidente nel corso della trattazione, laddove possibile, per ogni criterio di valutazione descritto si procederà ad una distinzione tra l'approccio *equity side* e l'approccio *asset side*.

11.4 Le valutazioni assolute operate nell'ottica dell'impresa

Come affermato in precedenza, le valutazioni assolute, da sempre considerate un pilastro fondamentale nella misurazione del capitale d'azienda e ora inserite all'interno del GIV, si sostanziano nell'applicazione di una o più formule o modelli al fine di «trasformare» grandezze di flusso o grandezze stock in un valore capace di esprimere l'entità del capitale economico d'impresa. Ovviamente, la scelta della metodologia da applicare e delle variabili da impiegare al suo interno non può essere casuale, ma deve rispondere a determinati requisiti, così individuati dal Guatri:

- *razionalità*. Il valore del capitale deve derivare da una formula logica e coerente;
- *dimostrabilità*. Tutti i dati utilizzati nel calcolo devono poter trovare un riscontro attendibile nella realtà;
- *oggettività*. La stima deve essere elaborata prescindendo dagli interessi di parte dei soggetti coinvolti, interessi che potranno entrare in gioco soltanto in una fase successiva attraverso la definizione e la valutazione degli effetti strategici dell'operazione in corso;
- *stabilità*. La stima non deve mutare se non per effettivi cambiamenti dell'entità del valore del capitale, cambiamenti espressi soprattutto dal livello del rischio, inglobato nella stima del tasso di attualizzazione.

Queste caratteristiche sono variamente combinate nei diversi metodi: ne consegue che non esiste un metodo migliore in assoluto, ma piuttosto quello più adatto alla particolare situazione e al verificarsi di determinate circostanze. Spesso è utile adoperare più criteri per ottenere una valutazione che tenga conto di diversi punti di vista e per avere la possibilità di confrontare e controllare i risultati delle varie metodologie, potendo così disegnare un quadro di valori che dimostri inequivocabilmente la relatività delle stime. La scelta tra le diverse possibilità offerte dalla dottrina dipende da un complesso di fattori:

- natura e caratteri dell'operazione che ha posto l'esigenza di compiere la valutazione;
- identità dei soggetti coinvolti nell'operazione;
- tipo di attività svolta dall'impresa oggetto di stima;
- fase occupata dall'azienda sull'ideale «curva di vita»;
- quotazione o meno delle azioni in borsa o al mercato ristretto;
- disponibilità quali-quantitativa dei dati.

Al di là di queste considerazioni di carattere generale, è possibile affermare, ricalcando l'opinione prevalente nella dottrina, che le metodologie di stima del capitale economico più corrette e attendibili siano quelle fondate sui flussi, siano essi di natura reddituale, finanziaria, oppure flussi rappresentativi della ricchezza percepita dagli azionisti, ovvero i dividendi. La conclamata superiorità di tali criteri trova giustificazione soprattutto nella loro razionalità: si suppone, mutuando le considerazioni già svolte in merito ai temi di *capital budgeting* in generale e al valore attuale netto in particolare, che il valore di una azienda sia funzione della capacità della stessa di generare ricchezza. Inoltre, i metodi in parola godono di ampia accettazione a livello internazionale, potendo trovare applicazione per qualsiasi necessità valutativa: tale vantaggio deriva dall'impiego di un solo parametro di riferimento (il reddito o il flusso di cassa) e dalla capacità di discriminare, attraverso la scelta del tasso di attualizzazione e quindi attraverso la qualità dei flussi, le varie imprese in base al loro rischio[23].

Diversa appare invece la posizione di altri criteri di valutazione, quali ad esempio quelli patrimoniali, privi del requisito di razionalità stante la completa assenza di variabili rappresentative della capacità dell'organizzazione di creare valore, ma soprattutto di qualsiasi riferimento al rischio aziendale, non essendo previsto il meccanismo dell'attualizzazione e dunque non esistendo la necessità di definire un tasso di sconto.

11.4.1 I metodi reddituali

I metodi reddituali, insieme ai metodi finanziari, costituiscono le metodologie di valutazione assolute fondate sui flussi che, come tali, sono riconducibili alla formulazione teorica generale espressa nel modo seguente:

$$W = \sum_{t=1}^{n} F_t \cdot v^t \qquad [1]$$

dove:

F_t = flusso (reddituale o finanziario) atteso per l'anno t;

v = fattore di attualizzazione, ovvero $1/(1+i)$ con i che rappresenta il tasso di attualizzazione, scelto in funzione della natura dei flussi da scontare.

A ben vedere, la relazione appena esposta rappresenta la formulazione teorica riferita alle valutazioni assolute oggetto del presente paragrafo, ovvero quelle operate nell'ottica interna dell'impresa. La formula generale adottata nell'ipotesi di valutazioni compiute nell'ottica dell'investitore sarà esposta in seguito.

Riportando l'attenzione sui soli metodi reddituali, emerge come il principio sul quale sono costruiti consiste nel concepire il valore del capitale economico funzione esclusiva del reddito[24]. Appare del tutto evidente che si tratta della metodologia in grado di aderire perfettamente alla definizione elaborata da Zappa a proposito del capitale economico, concepito come un valore risultante dalla capitalizzazione dei redditi futuri e quindi dipendente direttamente dalla capacità dell'impresa di produrre reddito. Sulla base di queste considerazioni, i metodi reddituali si ottengono sostituendo al generico flusso F presente nella [1] il reddito atteso. In realtà, però, stante le numerose varianti che possono essere costruite nella logica dei metodi reddituali, a seconda della fattispecie e della natura del reddito, ma anche a seconda del tipo di funzione prescelta, appare più corretto prendere avvio da una impostazione ancora più generica rispetto alla precedente e sintetizzabile secondo la seguente espressione.

[23] Guatri L., *Le ragioni della superiorità concettuale ed applicativa dei metodi reddituali*, «Finanza Marketing e Produzione», 2, 1996, pp. 16 e ss.

[24] Brugger G., *La valutazione economica delle aziende: tre metodi a confronto*, «Finanza Marketing e Produzione», 2, 1985, pp. 52 e ss. e pp. 63-65; Guatri L., *La misura del reddito «normale» atteso che definisce il valore dell'impresa*, «Finanza Marketing e Produzione», 2, 1990.

$$W = f(R) \qquad [2]$$

dove:
W è il valore del capitale economico;
R è il reddito atteso;
f è la funzione che lega le due grandezze.

Il passaggio dalla formulazione generica alle varie declinazioni in cui può essere interpretato il modello reddituale necessita di importanti chiarificazioni e approfondimenti riguardanti i seguenti aspetti:

a) la logica di valutazione impiegata;
b) la configurazione di reddito prescelta;
c) le modalità di determinazione del reddito;
d) la scelta della funzione che lega il reddito al capitale economico.

Il primo aspetto da sottolineare riguarda la logica impiegata all'interno delle metodologie di stima in parola: il criterio reddituale nasce e trova applicazione quasi esclusivamente nella versione *equity side*, ma è comunque possibile definire il modello anche nell'ottica *asset side*. Ovviamente, nel primo caso il tasso di attualizzazione impiegato sarà il costo opportunità stimato attraverso il *capital asset pricing model*, mentre la logica *asset side* presuppone l'applicazione del costo medio ponderato del capitale (*wacc*).

Passando a considerare la configurazione di reddito da adottare all'interno della metodologia in parola, è possibile individuare varie soluzioni:

- reddito contabile, rintracciabile nel bilancio d'esercizio;
- reddito prelevabile, inteso come quella frazione di reddito contabile che può essere distribuita senza intaccare la possibilità di sviluppo dell'impresa;
- reddito normalizzato, risultante da alcune correzioni operate sul reddito contabile al fine di renderlo idoneo ad esprimere la redditività futura dell'azienda.

Nell'ambito del processo di valutazione del capitale economico, soltanto le ultime due configurazioni di reddito assumono importanza e in particolare è necessario approfondire l'argomento della normalizzazione poiché si tratta di un procedimento composto da interventi correttivi quali:

- l'eliminazione di proventi e costi «straordinari», che si caratterizzano per il fatto di rappresentare eventi non ripetitivi, il cui verificarsi pone il problema di una loro «ordinata distribuzione nel tempo»;
- l'eliminazione di proventi e costi «estranei alla gestione», originati sia da beni ritenuti estranei, (ad esempio, la cessione di una partecipazione non più rilevante nei piani strategici aziendali), sia da fatti non strettamente legati alla gestione;
- l'eliminazione di politiche di bilancio, distorsive dei reali risultati ottenuti;

- l'aggiunta di componenti di reddito non rilevate contabilmente;
- la stima del valore dei beni immateriali da capitalizzare;
- l'eliminazione degli effetti prodotti dall'inflazione.

Un ulteriore aspetto da chiarire riguarda le modalità di determinazione del reddito atteso. In effetti, la definizione del valore economico del capitale presuppone la conoscenza della capacità prospettica dell'impresa di generare flussi di reddito, esigenza conoscitiva che può essere soddisfatta scegliendo in primo luogo la tipologia di reddito prospettico da impiegare, per poi passare alla predisposizione della logica di calcolo dello stesso. Con riferimento alla tipologia di reddito atteso da impiegare, le alternative sono:

- una serie di redditi annuali definiti analiticamente, anno per anno. Si tratta di determinare un flusso di reddito atteso per ogni anno futuro in cui l'impresa svolgerà la sua attività. È del tutto evidente l'estrema difficoltà insita in tale procedura, stante la pratica impossibilità di compiere previsioni attendibili e dunque utili ai fini della valutazione al di là di un orizzonte temporale superiore ai tre o cinque anni. Sulla base di tali limiti, la scelta di impiegare flussi di reddito attesi definiti in via analitica può risultare corretta soltanto nell'ipotesi in cui venga adottata una formulazione in grado di calcolare il valore economico come somma tra una serie di redditi annuali e un valore finale o residuale. Il tema sarà ripreso tra breve;
- un reddito medio atteso. Per superare le problematiche in termini di affidabilità evidenziate nel punto precedente, spesso si preferisce fare ricorso al concetto di reddito medio atteso al fine di individuare una misura di flusso reddituale rappresentativa della capacità dell'impresa di produrre reddito, «smorzando» l'effetto prodotto da eventuali risultati eccessivamente positivi o negativi. La figura di reddito in parola deriva pertanto dal calcolo di una media, anche ponderata, tra diversi valori: risultati storici, risultati attuali e risultati programmati attraverso il budget. Generalmente, tale procedura è impiegata nella stima del capitale economico realizzata attraverso l'applicazione della formula della rendita perpetua secondo le modalità di seguito esposte;
- una gamma di risultati attesi all'interno di un valore minimo e un valore massimo. Tale procedura, sicuramente più articolata rispetto alle precedenti, prevede la predisposizione di una serie di valori attesi del reddito, ciascuno definito in corrispondenza di un determinato possibile scenario di riferimento.

Nella logica del modello, il reddito atteso costituisce la scelta ritenuta più appropriata, ma che al tempo stesso richiede alcuni chiarimenti. In effetti, occorre individuare le diverse modalità di calcolo di tale configurazione di reddito, classificate in ordine crescente di complessità.

Il *metodo dei risultati storici* è apprezzato dagli operatori che intendono determinare una capacità reddituale dotata di un certo grado di veridicità. In realtà gli stessi operatori, volendo evitare che la previsione del reddito risulti «un esercizio di fantasia»[25],

[25] Guatri, *La misura del reddito*, cit., p. 111.

non fanno alcuna ipotesi sul futuro, limitandosi ad «omogeneizzare» i dati relativi al passato con riferimento al periodo di valutazione. In questo caso è necessario che l'arco temporale considerato non sia troppo esteso, così da non far rientrare nel calcolo eventi eccessivamente lontani e relativi a una situazione molto diversa da quella in cui l'impresa attualmente si trova. Un arco di tempo di 5 anni è ritenuto ideale, ma se i dati passati si discostano molto da quelli presenti, è preferibile considerare solo gli ultimi due esercizi.

Il *metodo di proiezione dei risultati storici,* partendo dalla oggettività dei dati storici, formula previsioni circa le variazioni dei «fattori rilevanti» in grado di influenzare i risultati attesi. Ai fini dell'applicazione di tale approccio si rende necessario il sostegno di una adeguata e accurata analisi fondamentale capace di individuare le variabili-chiave cui agganciare i meccanismi della previsione. La critica di cui è oggetto tale metodo riguarda l'estrema sensibilità dei risultati attesi alle ipotizzate variazioni dei prezzi, dei livelli di produttività o del tasso di crescita: modificando leggermente le ipotesi iniziali cambiano notevolmente i dati attesi. Ne consegue che le proiezioni non possono spingersi oltre i due anni, al di là dei quali le previsioni e le speranze non sono più distinguibili.

Il *metodo dei risultati programmati* utilizza i dati inseriti nei budget e nei piani pluriennali: bisogna perciò verificare la fondatezza e quindi l'attendibilità dell'attività di programmazione, che a sua volta implica la necessità di una conoscenza approfondita dell'azienda al fine di valutarne le potenzialità. Poiché la ragionevolezza delle previsioni diminuisce con il crescere degli anni futuri considerati e di poca utilità risulta l'assegnazione di pesi decrescenti ai redditi più lontani a causa della arbitrarietà di tale assegnazione, è consigliabile non superare il biennio nelle proiezioni.

Le due metodologie appena proposte consentono di determinare flussi di reddito da impiegare nel calcolo del valore economico del capitale, ma è altresì possibile individuare procedimenti alternativi in grado di condurre alla definizione di valori «potenziali» del capitale, ovvero grandezze caratterizzate da un forte livello di incertezza e indeterminatezza. Nello specifico, il *metodo dell'innovazione* stima la capacità reddituale dell'impresa, ipotizzando variazioni nelle politiche e nelle strategie, i cui effetti si ripercuotano sui fattori-chiave che determinano il valore. Infine, il *metodo della crescita attesa* si basa sulla necessità per l'azienda di crescere e svilupparsi lungo direzioni creatrici di valore, a prescindere dall'introduzione di nuove strategie.

L'ultimo problema da affrontare consiste nella scelta della funzione che lega il reddito e il tasso al valore economico del capitale. Occorre innanzitutto precisare che la funzione ricercata è una funzione di attualizzazione, in considerazione del fatto che è la capacità reddituale futura a determinare il valore odierno dell'azienda.

La relazione funzionale si presenta però diversa a seconda della presunta durata dei redditi. Nell'ipotesi di durata illimitata nella produzione di reddito e, conseguentemente, di valore finale di recupero nullo, si adotta la formula della rendita perpetua. Come già anticipato, in questo caso è preferibile impiegare un reddito medio atteso (e non una serie di redditi definiti in modo analitico), da determinare sulla base delle diverse tecniche precedentemente illustrate. La logica implicita nella formula della ren-

Tab. 11.1 Il metodo reddituale nella logica *equity side*

1. Rendita perpetua	$W = \frac{Rm}{i_{CAPM}}$	[3]
2. Numero finito di redditi	$W = Rm \cdot a_{n\neg i_{CAPM}}$	[4]
	$W = \sum_{t=1}^{n} \frac{R_t}{(1+i_{CAPM})^t}$	[5]
3. Scomposizione del periodo in due parti	$W = \sum_{t=1}^{n} \frac{R_t}{(1+i_{CAPM})^t} + \frac{VF_n}{(1+i_{CAPM})^n}$	[6]
	$W = \sum_{t=1}^{m} \frac{R_t}{(1+i_{CAPM})^t} + \sum_{t=m+1}^{n} \frac{Rm_t}{(1+i_{CAPM})^t}$	[7]

W = valore economico del capitale
Rm = reddito medio atteso
R = reddito atteso stimato anno per anno
i_{CAPM} = costo del capitale azionario
$a_{n\neg iCAPM}$ = fattore di attualizzazione di una rendita annua posticipata $= \frac{(1+i)^n - 1}{i}$
VF = valore finale o terminale dell'azienda all'anno *n*

dita perpetua sembra essere quella maggiormente compatibile con la visione dell'impresa come «istituto economico destinato a perdurare nel tempo»[26].

Nel caso in cui, invece, si consideri un numero finito di redditi, il valore del capitale economico risulta dall'applicazione della formula della rendita annua posticipata di durata pari a *n* anni.

Infine, trova largo impiego nella prassi la formulazione che concepisce il valore economico del capitale come una grandezza composta da due elementi: per i primi *n* anni, si ricorre all'attualizzazione del reddito atteso calcolato secondo il procedimento analitico, mentre per l'anno $n+1$ si applica una valutazione sintetica con il calcolo del valore terminale o residuo.

Per tutte le formulazioni citate si propone uno schema nel quale sono riportate le relazioni che conducono al valore del capitale economico con il criterio reddituale, operando una ulteriore distinzione tra la logica *equity side* e la logica *asset side*. Occorre specificare che nell'approccio *asset side* il reddito atteso – sia esso un reddito medio o un reddito stimato anno per anno – deve essere considerato al lordo degli oneri finanziari netti (somma algebrica tra oneri e proventi finanziari) (Tab. 11.1 e 11.2).

La scelta della formulazione ritenuta più adatta dipende da numerosi fattori, a partire dalla finalità del processo di valutazione, fino ad arrivare alla natura e al grado di attendibilità delle informazioni disponibili.

[26] Zappa, *Le produzioni*, cit., p. 37.

Tab. 11.2 I metodi reddituali nella logica *asset side*

1. Rendita perpetua	$W = \frac{Rm'}{wacc} - Da$	[8]
2. Numero finito di redditi	$W = Rm' \cdot a_{\overline{n}\neg wacc} - Da$	[9]
	$W = \sum_{t=1}^{n} \frac{R'_t}{(1+wacc)^t} - Da$	[10]
3. Scomposizione del periodo in due parti	$W = \sum_{t=1}^{n} \frac{R'_t}{(1+i_{CAPM})^t} + \frac{VF_n}{(1+i_{CAPM})^n} - Da$	[11]
	$W = \sum_{t=1}^{m} \frac{R'_t}{(1+i_{CAPM})^t} + \sum_{t=m+1}^{n} \frac{R'm_t}{(1+i_{CAPM})^t} - Da$	[12]

Rm' = reddito medio atteso + oneri finanziari netti
R' = reddito atteso stimato anno per anno + oneri finanziari netti
wacc = costo medio ponderato del capitale
Da = valore attuale dei debiti onerosi

11.4.2 I metodi finanziari

I metodi finanziari (definiti anche *Discounted Cash Flow*, *DCF*) rappresentano un'applicazione ai processi di stima del capitale economico d'azienda delle tecniche elaborate per la valutazione di generici investimenti, ovvero delle tecniche di *capital budgeting*. Si tratta di criteri che riscuotono un diffuso consenso soprattutto nei paesi anglosassoni[27] e che concepiscono l'azienda come un «macroinvestimento» capace di acquisire valore in funzione dei flussi finanziari prospettici. Nel corso degli ultimi anni si è assistito ad un progressivo incremento del consenso manifestato intorno alle metodologie in parola anche nei Paesi dell'Europa continentale. La principale motivazione addotta per interpretare tale successo è riconducibile alla maggiore oggettività dei flussi di cassa rispetto al reddito, in quanto il *cash flow* non include costi e ricavi di natura non monetaria, quali ad esempio gli ammortamenti, iscritti in bilancio sulla base di valutazioni inficiate da un livello più o meno elevato di discrezionalità. Secondo alcuni autori, però, tale vantaggio rischia di perdere rilevanza di fronte alla complessità del modello insita soprattutto nelle procedure di calcolo del flusso di cassa da inserire nella formulazione prescelta.

I metodi finanziari hanno origine dalla formula teorica fondamentale esposta in precedenza [1], interpretando i flussi come flussi di natura monetaria e procedendo alla loro attualizzazione sulla base di un tasso di sconto adeguato e coerente con la natura del flusso stesso. Prima però di passare ad illustrare le diverse metodologie di

[27] Oricchio G., *La stima dell'aleatorietà nelle valutazioni del capitale economico d'impresa,* Giappichelli, Torino 1994, p. 5.

calcolo del capitale economico secondo la logica finanziaria, appare opportuno compiere alcune precisazioni.

In primo luogo, come già visto per i metodi reddituali, anche in questo caso sarà proposta una distinzione tra metodi finanziari interpretati nell'ottica *equity side* – che presuppongono l'impiego di un tasso espressione del costo del solo capitale azionario – e metodi finanziari interpretati nell'ottica *asset side* nei quali trova applicazione il costo medio ponderato del capitale. Questa distinzione assume un ruolo particolare nell'ambito dei criteri in parola in quanto conduce alla fondamentale classificazione tra:

1) flussi di cassa *levered*, ovvero i *free cash flow to equity* (*FCFE*). Si tratta di una configurazione di flusso di cassa calcolata al netto della gestione finanziaria e pertanto rappresentativa di un flusso potenzialmente disponibile per gli azionisti. L'attualizzazione di tali flussi avviene ovviamente al tasso opportunità espressione del costo del capitale proprio e conduce ad una valutazione diretta del capitale economico (logica *equity side*);
2) flussi di cassa *unlevered*, ovvero i *free cash flow from operations* (*FCFO*) generati dalla sola gestione operativa e dunque al lordo delle componenti reddituali relative alla gestione finanziaria. Si tratta del flusso di cassa disponibile non soltanto per gli azionisti, ma anche per i creditori e quindi, in generale, per tutti i finanziatori della gestione. Pertanto, esso deve essere attualizzato al costo medio ponderato del capitale e consente di giungere alla definizione del capitale economico in via indiretta, dovendosi sottrarre al valore ottenuto dallo sconto dei flussi l'importo dei debiti (logica *asset side*).

A questo punto occorre quindi procedere alla rappresentazione delle modalità di calcolo delle diverse configurazioni dei flussi di cassa appena descritti (Tab. 11.3).

Un ulteriore elemento da chiarire riguarda la modalità di stima del *cash flow* atteso. Partendo dal presupposto che la logica operativa è la stessa illustrata per i metodi reddituali e, pertanto, che anche nei metodi finanziari il valore economico del capitale è definito in funzione della capacità prospettica dell'azienda di generare flussi di cassa in futuro, si rende necessario verificare le procedure di definizione dei flussi di cassa attesi. È dunque possibile compiere una scelta tra due modalità operative:

Tab. 11.3 Calcolo dei flussi di cassa da impiegare nei metodi finanziari

Flusso di cassa levered	Flusso di cassa unlevered
Reddito operativo	Reddito operativo
+ Ammortamenti	+ Ammortamenti
- Oneri fiscali	- Oneri fiscali
= Flusso di circolante della gestione corrente	= Flusso di circolante della gestione corrente
-/+ Variazione circolante	-/+ Variazione circolante
= Flusso monetario della gestione corrente	= Flusso monetario della gestione corrente
-/+ Investimenti/Disinvestimenti	-/+ Investimenti/Disinvestimenti
+/- Finanziamenti/Rimborsi	= Flusso di cassa disponibile per azionisti e creditori (*FCFO*)
+/- Proventi/Oneri finanziari	
= Flusso di cassa disponibile per gli azionisti (*FCFE*)	

- flussi di cassa stimati analiticamente anno per anno. Si tratta della soluzione concettualmente più corretta, ma che, come esposto anche con riferimento ai flussi di reddito, presenta il forte limite della scarsa capacità previsionale dell'impresa e dunque del rischio di inattendibilità di stime compiute adottando un orizzonte temporale eccessivamente lungo;
- flusso di cassa medio atteso calcolato applicando una media, generalmente ponderata, tra diversi valori – storici, attuali e prospettici – e arrivando così alla definizione di un valore in grado di rappresentare la capacità media dell'impresa di generare flussi di cassa.

Un ulteriore problema riguarda la scelta del periodo di riferimento, aspetto indispensabile per la costruzione della formula di valutazione. Esso è individuato tenendo conto:

- delle condizioni in cui versa l'impresa da valutare in termini di ciclo di vita dei prodotti, tecnologie utilizzate e loro vita residua;
- delle oggettive possibilità da parte del perito incaricato di formulare ipotesi attendibili basandosi sui dati disponibili alla data di valutazione. La stima si spingerà fino a quando sarà possibile ottenere valori ragionevoli dei flussi finanziari. Di norma l'arco temporale considerato va dai 4 ai 6 anni, con estensioni fino a 12 anni.

Dopo aver esposto le principali tematiche da affrontare nella definizione dei metodi finanziari, occorre passare allo studio delle formulazioni che consentono di calcolare, attraverso l'attualizzazione di flussi di cassa attesi, il valore del capitale economico. A questo proposito si sottolinea la presenza di numerose modalità di calcolo, ciascuna adattabile al verificarsi di specifiche circostanze oggettive che caratterizzano l'operatività dell'impresa e la fase del ciclo di vita attraversata, nonché flessibili rispetto alla tipologia e alla quantità di informazioni disponibili. È dunque possibile operare una ripartizione dei criteri finanziari in tre classi:

1) valutazioni sintetiche che offrono la possibilità di inserire nel calcolo valori medi dei flussi. Si tratta di una soluzione compatibile con l'ipotesi di costanza di tutte le variabili fondamentali d'impresa (e dunque con riferimento ad aziende che operano in condizioni di equilibrio, cosiddette *steady state*), oppure con la presenza di un tasso di crescita delle variabili fondamentali considerato costante e posto pari a g[28];
2) valutazioni analitiche, laddove è previsto l'impiego di flussi definiti in maniera analitica per un certo numero di anni;
3) valutazioni analitiche con il calcolo del valore finale.

Ovviamente, tutte le soluzioni proposte saranno affrontate sia nella logica *equity side*, sia nella prospettiva *asset side* (Tab. 11.4 e 11.5).

[28] Il tasso di crescita *g* è stato determinato in sede di esposizione del tasso di crescita internamente sostenibile. Cfr. par. 5.2.

Tab. 11.4 I metodi finanziari nella logica *equity side*

1. Valutazione sintetica

• Steady state $W = \frac{FCFE}{i_{CAPM}}$ [13]

• Crescita costante $W = \frac{FCFE}{i_{CAPM} - g}$ [14]

2. Valutazione analitica $W = \sum_{t=1}^{n} \frac{FCFE_t}{\left(1 + i_{CAPM}\right)^t}$ [15]

3. Valutazione analitica con valore finale $W = \sum_{t=1}^{n} \frac{FCFE_t}{\left(1 + i_{CAPM}\right)^t} + \frac{VF_n}{\left(1 + i_{CAPM}\right)^n}$ [16]

Tab. 11.5 I metodi finanziari nella logica *asset side*

1. Valutazione sintetica

• Steady state $W = \frac{FCFO}{wacc} - Da$ [17]

• Crescita costante $W = \frac{FCFO}{wacc - g} - Da$ [18]

2. Valutazione analitica $W = \sum_{t=1}^{n} \frac{FCFO_t}{\left(1 + wacc\right)^t} - Da$ [19]

3. Valutazione analitica con valore finale $W = \sum_{t=1}^{n} \frac{FCFO_t}{\left(1 + wacc\right)^t} + \frac{VF_n}{\left(1 + wacc\right)^n} - Da$ [20]

11.4.3 La stima del valore finale

Nell'esposizione dei criteri di valutazione fondati sui flussi (reddituali e finanziari) è stato introdotto il concetto di valore finale o residuo (*terminal value*) da inserire nelle tipologie di stima del capitale economico che prevedono una definizione analitica dei flussi per un periodo di tempo definito. Al fine di giungere alla corretta determinazione di tale valore, occorre compiere una importante distinzione in quanto esso può essere inteso nel duplice senso di[29]:

[29] Damodaran A., *Valutazione delle aziende*, Apogeo, Milano 2002, pp. 158 e ss.

a) valore di liquidazione;
b) valore di cessione.

Il primo significato è adottato in stime di durata limitata, ovvero nei casi in cui si prevede uno sfruttamento senza rinnovo degli impianti dell'azienda da valutare, oppure quando l'impresa oggetto di stima si trova nella fase di maturità per cui non si prevedono investimenti in ricerca e sviluppo o riconversioni degli impianti di produzione. Qualora sia stato seguito un approccio di tipo *equity side*, il valore di liquidazione risulta pari al capitale netto, rettificato in più o in meno in base alle eventuali minusvalenze o plusvalenze di liquidazione e alle riserve di utile, tenendo conto dell'inflazione. Nel caso di valutazione fondata su una logica *asset side*, il valore di liquidazione è assunto uguale al valore dell'attivo, sempre rettificato.

Il valore residuo può essere concepito anche come valore di cessione, ipotizzando la continuità della gestione anche oltre l'orizzonte temporale preso a riferimento. La stima di tale parametro può essere compiuta con diverse metodologie, tese all'individuazione di una formula semplificatrice capace di apprezzare i flussi successivi all'anno n.

È possibile in primo luogo definire il valore residuo in funzione della capacità reddituale dell'impresa. Nell'ambito di applicazione dei metodi reddituali, la scelta può essere orientata verso l'impiego della formula della rendita perpetua:

$$VF_n = \frac{Rm_n}{i} \qquad [21]$$

dove:

Rm_n = reddito medio atteso relativo all'anno n;

i = tasso di attualizzazione, da scegliere tra il costo del capitale azionario o il costo medio ponderato del capitale sulla base delle modalità di calcolo del numeratore.

La formulazione maggiormente impiegata nella prassi professionale pone invece al numeratore una particolare configurazione di reddito, ovvero il *NOPAT* (*Net Operating Profit After Taxes*)[30]:

$$VF_n = \frac{NOPAT_n}{wacc} \qquad [22]$$

[30] Si tratta del reddito operativo al netto delle imposte relative alla sola gestione operativa e si può determinare nel modo seguente:
Ricavi di vendita
- consumi di materie
- costo del lavoro
- ammortamenti
= reddito operativo
- imposte della gestione operativa
= NOPAT
Il tema sarà approfondito in sede di esposizione dell'*Economic Value Added* (*EVA*).

Nell'ipotesi in cui si presume la presenza di un tasso di crescita (g) del reddito operativo, la relazione diventa[31]:

$$VF_n = \frac{NOPAT_{n+1}}{wacc - g} \tag{23}$$

Una alternativa alla soluzione appena esposta consiste nell'attualizzare i flussi di cassa, proposta che trova applicazione limitatamente ai metodi finanziari, ipotizzando anche in questo caso una crescita costante (al tasso g) degli stessi. La configurazione del flusso è diversa a seconda dell'approccio impiegato nella valutazione. Con la logica *equity side*:

$$VF_n = \frac{FCFE_{n+1}}{i_{CAPM} - g} \tag{24}$$

mentre nella logica *asset side* si ottiene:

$$VF_n = \frac{FCFO_{n+1}}{wacc - g} \tag{25}$$

Infine, una delle strade maggiormente percorse nella definizione del *terminal value* consiste nell'impiegare i multipli di società comparabili secondo le modalità di seguito esposte.

11.4.4 I metodi patrimoniali[32]

I metodi patrimoniali si discostano notevolmente dalle metodologie fin qui esaminate poiché si fondano su grandezze cosiddette «stock». Infatti, essi procedono al calcolo del capitale economico mediante valutazione analitica dei singoli beni che costituiscono il patrimonio aziendale. In sintesi, il procedimento consiste nell'esprimere i valori contabili presenti in bilancio – sia elementi dell'attivo, sia elementi del passivo – in valori correnti: la differenza tra il valore rettificato dell'attivo e il valore rettificato del passivo origina il patrimonio netto rettificato che costituisce, nell'approccio in parola, il valore economico del capitale. Appare del tutto evidente come tale metodo sia inquadrabile esclusivamente in una logica di tipo *equity side*.

Prima di proseguire nell'analisi dei metodi proposti, occorre chiarire quali siano gli elementi patrimoniali che rientrano nel processo di stima. In proposito, è possibile distinguere l'inserimento o meno delle componenti attive immateriali non iscritte in bilancio nell'algoritmo di calcolo tra:

[31] Si tratta della formulazione «tipo» del modello di Gordon, oggetto di trattazione nel prosieguo.
[32] Questo paragrafo è stato curato dalla dott.ssa Martina Vallesi.

1) metodo patrimoniale semplice;
2) metodo patrimoniale complesso.

Il metodo patrimoniale semplice

Il metodo patrimoniale semplice stima il valore del capitale economico ponendolo uguale al patrimonio netto rettificato. Tradotto in simboli si ha:

$$W = PNR \qquad [26]$$

dove:
W = valore del capitale economico;
PNR = patrimonio netto rettificato.

Il primo passo nell'elaborazione di questa uguaglianza consiste nell'accertare il valore del capitale netto contabile, che costituisce il dato di partenza[33], desunto dalla situazione patrimoniale redatta all'epoca della valutazione, che solo eccezionalmente coincide con quella di chiusura dell'esercizio. In tutti gli altri casi occorrerà predisporre una situazione patrimoniale infrannuale.

Il capitale netto di bilancio deve essere sottoposto a rettifica per esprimere in termini correnti il suo valore, dato dalla differenza tra le poste attive e passive della situazione patrimoniale. Il processo di rettifica dal quale scaturisce il patrimonio netto rettificato si compone di varie fasi.

Innanzitutto, occorre procedere a una revisione dei valori contabili. Per far questo il valutatore deve disporre di informazioni patrimoniali complete e articolate al fine di verificare che, almeno per le voci più rilevanti, gli elementi patrimoniali siano stati iscritti in bilancio nel rispetto dei principi contabili, ferma restando la responsabilità degli amministratori nell'ipotesi di ricorso a dati inattendibili.

Nella seconda fase del processo di stima, incentrata sulle rettifiche da apportare al capitale netto contabile, è possibile impiegare diversi criteri per esprimere il valore corrente delle poste attive e passive. Tale fase è incentrata sulla determinazione della differenza tra due valori fondamentali: il valore della posta di bilancio considerata in base alle valutazioni dettate dai metodi patrimoniali e il suo valore di iscrizione in bilancio. Occorre pertanto prestare la dovuta attenzione ai criteri di redazione dei bilanci, perché in base al criterio stabilito per legge ci sarà un differente valore di iscrizione che determinerà così una rettifica diversa da effettuare ai fini della determinazione del patrimonio netto rettificato. I criteri di redazione del bilancio cambiano a seconda che si applichi la normativa nazionale o internazionale, prevedendo rispettivamente il criterio del costo o del *fair value*.

[33] Lo Martire G., *Valutazione dell'azienda - determinazione del valore globale e di avviamento,* Buffetti, Milano 1987, pp. 97 e ss.

Le società che adottano i principi contabili nazionali seguono il criterio del costo storico, con l'obiettivo di tutelare il patrimonio aziendale quale garanzia per i soci e per i creditori sociali, cercando di rappresentare in modo veritiero e corretto la situazione patrimoniale, finanziaria ed economica dell'impresa. La normativa italiana, infatti, ispirata al principio della prudenza e del costo storico, evidenzia il reddito prudenzialmente prodotto e il patrimonio effettivamente disponibile. In tal caso si fa sempre riferimento a valori effettivi, realizzati in passato e quindi valori oggettivi e facilmente verificabili.

Per le società che, invece, adottano i principi contabili internazionali, si segue il criterio del valore corrente (*fair value*), evidenziando il reddito potenzialmente prodotto e il valore corrente del patrimonio. Il *fair value* di un elemento del patrimonio aziendale, inteso come valore corrente convenzionale, è dato dal corrispettivo al quale un'attività può essere scambiata o una passività estinta in una libera transazione tra parti consapevoli e disponibili. Si fa, quindi, riferimento a valori correnti non realizzati, determinati sul prezzo di mercato alla data di redazione del bilancio e frutto di stime che richiedono ogni volta valutazioni extracontabili. Il *fair value* rende gli importi meno certi, ma è in grado di fornire un'informazione maggiormente rilevante in quanto espressione del valore corrente di mercato. È facile comprendere come la valutazione e i criteri di iscrizione delle poste di bilancio previsti dai principi contabili internazionali si avvicini sensibilmente alla valutazione prevista ai fini della determinazione del patrimonio netto rettificato.

Nella seconda fase del processo di stima, incentrata sulle rettifiche da apportare al capitale netto contabile, le differenze determinate tra i valori di iscrizione e quelli di valutazione previsti dai metodi patrimoniali saranno diverse a seconda che il bilancio della società sottoposta a valutazione sia redatto seguendo i principi contabili nazionali o quelli internazionali.

Per rendere più immediata la comprensione delle rettifiche da effettuare sono stati messi a confronto i vari criteri di valutazione delle poste di bilancio più rilevanti presentando schematicamente prima la valutazione delle varie poste in base ai criteri di iscrizione e valutazione dettati dalla disciplina nazionale e internazionale, e successivamente la valutazione di ogni posta ai fini della determinazione del capitale netto rettificato.

Immobilizzazioni materiali – Attività immobilizzate materiali

Le immobilizzazioni materiali sono iscritte in bilancio, per la normativa italiana, al costo storico di acquisto o di produzione, al quale si sommano il costo per migliorie e si sottraggono sistematicamente le quote di ammortamento[34]. Le svalutazioni si ispirano al principio della prudenza e sono obbligatorie se i beni presentano valori durevolmente inferiori a quelli contabili, mentre le rivalutazioni sono obbligatorie solo

[34] Si ricorda che i terreni non vengono ammortizzati, rendendo necessaria la distinzione tra il valore dell'area, cioè del terreno, e il costo dell'edificio da sottoporre invece a procedura di ammortamento.

quando il bene precedentemente svalutato recupera il valore originario o si verificano eventi eccezionali, mentre diventano facoltative quando sono autorizzate da specifiche leggi.

La valutazione delle attività immobilizzate materiali secondo i principi contabili internazionali viene effettuata seguendo due distinte procedure a seconda che si tratti di beni strumentali, posseduti dall'impresa per essere utilizzati nella produzione, o non strumentali, cioè beni non destinati al normale svolgimento dell'attività aziendale. Nel primo caso vengono iscritte in bilancio seguendo il criterio del *fair value* (cioè del costo rivalutato). Il primo anno l'attività immobilizzata viene iscritta al costo storico e negli esercizi successivi ci saranno delle rivalutazioni, variazioni positive derivanti da adeguamenti al *fair value* iscritte in una riserva di patrimonio netto, o delle svalutazioni del valore dell'attività immobilizzata strumentale a seconda del suo valore corrente. In questa ipotesi la svalutazione dovrà prima essere compensata con la riserva di rivalutazione imputata a patrimonio netto e per l'eccedenza imputata come costo a conto economico. Il valore dei beni strumentali iscritto in bilancio viene ammortizzato.

L'importo rivalutato rappresenta dunque l'equo valore dell'attività/bene e dovrebbe essere presentato al netto dell'ammortamento e delle perdite di deterioramento. Si dispone inoltre che ciascuna componente di un bene strumentale, avente un costo significativo rispetto al bene strumentale medesimo a cui si riferisce, deve essere valutata e ammortizzata separatamente.

Nel secondo caso, cioè per le attività immobilizzate che non costituiscono beni strumentali, si segue il criterio del *fair value* con alcune differenze rispetto ai beni strumentali. Nel primo esercizio vengono anch'esse iscritte al costo storico, ma negli anni successivi gli utili e le perdite derivanti dalla variazione del valore corrente convenzionale devono essere contabilizzati nel conto economico e il valore contabile non deve essere ammortizzato.

La valutazione delle immobilizzazioni materiali secondo il metodo patrimoniale avviene sulla base del valore corrente, che può essere espresso da un valore di mercato, dal costo di riproduzione o dal costo di sostituzione del bene, considerando il grado di senescenza e obsolescenza, ovvero la vita utile residua rispetto alla vita utile di un bene nuovo. Il valore di mercato, che segue il criterio del prezzo corrente, può essere utilizzato solo in alcuni casi, data la difficoltà di poter sempre disporre della quotazione di beni usati a vari stadi del loro deperimento. Tale criterio risulta adeguato solo per alcune categorie di beni, come ad esempio i terreni, i fabbricati e gli automezzi per i quali esiste un mercato dell'usato: va ricordato, infatti, che tutti i beni oggetto di valutazione non sono nuovi, ma sono già in uso.

Nel caso in cui non esista un tale mercato, è possibile utilizzare criteri alternativi, tra i quali si annoverano il criterio del costo di ricostruzione (o riproduzione) e il criterio del costo di sostituzione. Ad essi si ricorre anche nell'ipotesi in cui esista un mercato dell'usato in grado di esprimere prezzi nettamente inferiori al reale valore dei beni, che, seppur usati, risultano perfettamente funzionanti. Il costo di riproduzione esprime il costo che, al momento della valutazione d'azienda, è necessario sostenere per ricostruire lo stesso bene oggetto di valutazione ed è determinato con riferimento a un bene nuovo.

Il costo di sostituzione è il costo necessario per realizzare o acquistare quei beni che svolgono la stessa funzione del bene utilizzato dall'impresa, ma che possiede caratteristiche tecnologiche differenti. In entrambi i casi, di sostituzione o di riproduzione, una corretta valutazione comporta la decurtazione del valore del bene in misura corrispondente all'usura fisica e all'obsolescenza.

Appare utile soffermare l'attenzione sulle concrete modalità di applicazione delle metodologie citate per determinare il valore corrente di alcune categorie di beni che si presentano assai difficili da valutare, come le immobilizzazioni tecniche, e che sono inseriti nel patrimonio netto rettificato in base al loro valore di sostituzione, determinato a partire dal costo di riacquisto o di riproduzione e diminuito in base al grado di obsolescenza e di deterioramento. Questo valore viene stimato da «esperti» che operano al di fuori dell'azienda. In alternativa, è possibile definire il valore corrente:

- partendo dal valore assicurato, rettificato per tenere conto di alcune clausole del contratto di assicurazione;
- utilizzando il criterio del prezzo corrente e quindi rivolgendosi direttamente al mercato;
- operando una rivalutazione monetaria del costo storico in base a opportuni coefficienti moltiplicativi e verificando la correttezza del processo di ammortamento.

Titoli e partecipazioni

I titoli e le partecipazioni, in relazione alla destinazione che l'azienda intende dare alle stesse, possono essere iscritte in bilancio, secondo i principi contabili nazionali, tra le immobilizzazioni finanziarie se destinate a permanere durevolmente nel patrimonio dell'impresa, oppure nell'attivo circolante, fra le attività finanziarie che non costituiscono immobilizzazioni, se destinate ad essere vendute entro l'esercizio successivo. I titoli e le partecipazioni immobilizzati vengono valutati al costo d'acquisto comprensivo degli oneri accessori e svalutati se il valore economico risulta durevolmente inferiore rispetto al valore d'iscrizione iniziale (costo); in caso di partecipazioni iscritte per legge nelle immobilizzazioni finanziarie, quali le partecipazioni in società controllate o collegate, è possibile applicare il criterio precedente, quello del costo oppure il metodo del patrimonio netto.

I titoli e le partecipazioni rientranti tra le attività finanziarie che non costituiscono immobilizzazioni vengono valutati al minore tra costo e valore di realizzazione desumibile dal mercato. Il costo dei titoli può essere calcolato con il metodo della media ponderata, del lifo o del fifo; se il valore così ottenuto differisce in misura apprezzabile dai costi correnti alla chiusura dell'esercizio, la differenza va indicata per categoria di titoli, sia per le partecipazioni azionarie, sia per i titoli non azionari. In deroga a tale prescrizione normativa, è stata prevista per legge la valutazione in base al valore d'iscrizione dei titoli dell'anno precedente, per i soggetti che non adottano i principi contabili internazionali: tale previsione normativa trova giustificazione nella volontà di neutralizzare i temporanei effetti dell'eccezionale situazione di turbolenza dei mercati finanziari presenti nello scenario macroeconomico a causa della crisi del sistema economico mondiale.

Per la valutazione dei titoli e delle partecipazioni secondo i principi contabili internazionali la normativa è complessa ed è necessario distinguere tra le partecipazioni in società controllate e collegate e i titoli e le partecipazioni in società non controllate e non collegate. Nella valutazione delle partecipazioni di controllo, collegamento e *joint ventures* classificate tra le attività non correnti, occorre far riferimento al concetto di bilancio individuale e bilancio separato. Il primo viene redatto da quelle società non tenute alla redazione del bilancio consolidato e non facenti parte di un gruppo; il bilancio separato, secondo la normativa nazionale, è quello redatto da una *holding* che deposita il proprio bilancio oltre a quello consolidato. I principi contabili internazionali stabiliscono, per le società capogruppo dotate di bilancio separato, che le partecipazioni in società controllate e collegate vengano valutate con il metodo del costo oppure con il metodo del *fair value*. Nel bilancio individuale delle società non tenute al bilancio consolidato le partecipazioni in società collegate sono valutate con il metodo del patrimonio netto, metodo non consentito alla capogruppo con bilancio separato; i maggior valori determinati con l'applicazione del metodo del patrimonio netto non possono essere distribuiti. Infine le partecipazioni in società controllate e collegate possedute per la vendita, sia per le società tenute alla presentazione del bilancio separato, sia per quelle tenute alla redazione del bilancio individuale, devono essere valutate al minore tra il valore contabile e il *fair value* al netto dei costi di vendita.

Per i titoli e le partecipazioni in società non controllate e non collegate, sintetizzando le categorie relative alle attività finanziarie in relazione alla loro destinazione funzionale nella gestione d'impresa ed evidenziandone la valutazione in bilancio, si possono elencare:

1) le attività finanziarie detenute a scopo di negoziazione. Si tratta di strumenti finanziari acquisiti principalmente al fine di rivenderli nel breve periodo per ottenerne la massimizzazione di profitti in relazione alle attese sulla fluttuazione del corso dei titoli. Si tratta di titoli di capitale o di debito e di strumenti derivati quotati. La valutazione iniziale viene effettuata al *fair value* (senza includere i costi di transazione), le valutazioni successive con il medesimo criterio, le variazioni di *fair value* vengono imputate a conto economico; i maggiori utili determinati dalle variazioni di *fair value* sono distribuibili;
2) le attività finanziarie detenute fino alla scadenza. Sono attività finanziarie consistenti in investimenti in titoli con scadenza fissa e determinabile per i quali la *governance* d'impresa manifesta l'intenzione di detenerli fino alla loro scadenza naturale. Rientrano in questa categoria i titoli obbligazionari, i titoli di stato e altri strumenti finanziari con scadenza determinabile. La valutazione iniziale viene effettuata al *fair value* (inclusi i costi di transazione) e le valutazioni successive vengono effettuate al costo ammortizzato;
3) attività finanziarie originate dall'impresa. Sono strumenti finanziari non derivati, non quotati in un mercato attivo e caratterizzati da pagamenti fissi o determinabili.

La valutazione viene effettuata come gli strumenti finanziari della categoria sub 2), ovvero valutazione iniziale al *fair value* (inclusi i costi di transazione) e valutazioni successive al costo ammortizzato;

4) le attività finanziarie disponibili per la vendita. Appartengono a questa categoria residuale le attività e gli strumenti finanziari non considerati nelle classi precedenti, ovvero tutti i titoli della categoria sub 2) che il management ha deciso di smobilizzare. La valutazione iniziale viene effettuata al *fair value* inclusi i costi di transazione, così pure le valutazioni successive; le differenze di *fair value* non possono essere iscritte a conto economico come avviene per le valutazioni di cui alla categoria sub 1), ma vengono imputate a una riserva di patrimonio netto; le riserve costituitesi con le sopra menzionate differenze di *fair value* non possono essere distribuite.

Per la valutazione eseguita secondo il metodo patrimoniale, occorre distinguere prima di tutto tra i titoli destinati ad essere venduti entro l'esercizio successivo e quelli destinati a permanere durevolmente nel patrimonio dell'impresa. I primi sono valutati in base al loro valore di realizzo entro breve termine, dato dal valore di mercato, almeno per quelle attività correntemente scambiate nei mercati organizzati. Quanto ai titoli e alle partecipazioni destinate a permanere durevolmente nel patrimonio dell'impresa, è necessario distinguere le partecipazioni dai titoli a reddito fisso. Per le partecipazioni, si deve tenere presente la differenza tra quelle di controllo – valutate al valore corrente determinato in base a una valutazione sintetica del gruppo o a una valutazione analitica di ogni società del gruppo –, e quelle non di controllo, che hanno invece un valore corrente stimato in base ai prezzi di mercato, oppure in base al patrimonio netto contabile della partecipata e al costo per il quale sono iscritte in bilancio. Per i titoli a reddito predeterminato destinati a permanere nel patrimonio dell'impresa, dopo aver accertato la solvibilità del debitore, la valutazione avviene sulla base del costo, ad eccezione del caso in cui si manifestino sensibili variazioni del tasso di mercato rispetto a quello nominale e fisso del titolo.

Le rimanenze di magazzino e i lavori in corso su ordinazione

Per il magazzino, altra classe di beni di non agevole valutazione, la normativa nazionale richiede la valutazione al minore tra il costo d'acquisto o di produzione e il valore di realizzo desunto dal mercato. Per i beni fungibili, come le materie prime, i semilavorati, i prodotti finiti e le merci è ammessa l'applicazione dei criteri LIFO, FIFO e costo medio ponderato. I lavori in corso su ordinazione, invece, possono essere iscritti o secondo il criterio del costo oppure in base al criterio della percentuale di completamento prevedendo che in base allo stato di avanzamento dei lavori vengano contabilizzati i ricavi e i costi, naturalmente solo se il ricavo può essere ragionevolmente valutato.

La disciplina internazionale, in linea con quella nazionale, stabilisce che le rimanenze vengano iscritte al minore tra il costo d'acquisto e il valore netto di realizzo. Il costo delle rimanenze dei beni non fungibili e delle merci e servizi destinati a specifici progetti è determinato mediante l'attribuzione di costi specifici ai singoli elementi delle rimanenze. Per i beni fungibili la valutazione delle rimanenze deve essere effettuata adottando il metodo del fifo o il metodo del costo medio ponderato, non essendo consentito il lifo.

I lavori in corso su ordinazione sono contabilizzati in maniera simile a quanto detto per la normativa italiana. Infatti, anche in questo caso i costi e i ricavi di commessa possono essere attribuiti alla commessa in corso di costruzione in relazione allo stato di avanzamento raggiunto alla data di chiusura del bilancio. Si chiede, quindi, di valutare la commessa in costruzione al corrispettivo pattuito (o metodo della percentuale di completamento). Tale criterio viene però applicato se il risultato di commessa può essere stimato con attendibilità, mentre in caso contrario si prevede il metodo del profitto nullo, che riconosce i ricavi solo nella misura in cui si prevede il recupero dei costi sostenuti relativi al contratto.

Per la valutazione ai fini della determinazione del patrimonio netto rettificato, se le rimanenze sono destinate alla vendita immediata, il valore richiesto nella valutazione economica si definisce facendo riferimento al criterio del valore del presunto realizzo diminuito dei costi necessari al realizzo della vendita; se, invece, le rimanenze devono subire altre trasformazioni, come nel caso dei semilavorati, si utilizza il costo attuale di riproduzione; infine, se rappresentano scorte funzionali sono valutate in base ai prezzi di acquisto più recenti.

La valutazione della rimanenza finale per i lavori in corso su ordinazione di durata pluriennale rilevata nel bilancio d'esercizio sulla base del corrispettivo contrattuale ragionevolmente maturato fornisce una valutazione idonea anche al fine dell'applicazione del metodo patrimoniale, poiché rappresenta già il valore corrente della rimanenza includendo una quota dell'utile di commessa in corso di formazione.

Crediti

I crediti, secondo la normativa nazionale, sono iscritti in bilancio al valore di presunto realizzo, pari al valore nominale decurtato delle eventuali perdite e oneri da sostenere per l'incasso.

Quanto alla valutazione secondo i principi contabili internazionali occorre fare attenzione. Il primo problema da affrontare è il caso in cui risultino pagamenti differiti per i quali non sono stabiliti gli interessi. Il *fair value*, in tal caso, non corrisponde al valore nominale del credito, in quanto un credito che dà diritto a incassare denaro tra qualche mese, per effetto del fattore tempo oggi ha un valore più basso del valore nominale (somma esigibile a scadenza). Si scorpora così dal credito l'ammontare degli interessi impliciti. I crediti destinati ad essere mantenuti fino a scadenza, sia commerciali sia finanziari, sono valutati con il metodo del costo ammortizzato applicando il metodo dell'interesse effettivo, ossia scontando il valore nominale e riconoscendo un interesse per la durata del credito concesso. Se l'effetto dell'attualizzazione non è significativo, la relativa procedura non deve essere attuata. Per quanto riguarda la valutazione dell'esigibilità dei crediti, si fa riferimento alle eventuali svalutazioni (*impairment*) delle attività finanziarie.

La valutazione dei crediti ai fini della determinazione del patrimonio netto rettificato avviene al presumibile valore di realizzo, valore al quale saranno presumibilmente incassati i crediti: è pertanto possibile che il valore di bilancio venga ridotto dal perito che può giudicare insufficiente la percentuale di crediti ritenuta inesigibile. Inoltre, è importante precisare che la valutazione dei crediti la cui scadenza eccede i normali termini di incasso aziendali e per i quali non è prevista la maturazione di interessi, deve essere effettuata attualizzando il credito a tassi di mercato, eguagliando il valore al quale quel credito potrebbe essere realizzato immediatamente; è importante rilevare, altresì, che la valutazione dei crediti finanziari a non breve scadenza riflette l'approccio utilizzato per la valutazione dei titoli a reddito predeterminato, per cui nell'ipotesi di sensibili variazioni del tasso di mercato, il valore capitale del credito subisce variazioni di segno opposto.

Debiti

I principi contabili italiani prevedono in generale che i debiti siano iscritti in bilancio al loro valore nominale. Per i prestiti obbligazionari emessi sotto la pari il disaggio di emissione è ammortizzato in relazione agli interessi di competenza determinati in funzione del piano d'ammortamento del prestito stesso servendosi tecnicamente dei risconti contabili pluriennali; non sono previste regole precise per le passività destinate alla negoziazione.

La normativa internazionale prevede, invece, due tipi di passività finanziarie, quelle contabilizzate al *fair value*, comprensive delle passività destinate alla negoziazione e le altre. Le passività finanziarie detenute a scopo di negoziazione possono essere valutate al *fair value* con imputazione a conto economico delle differenze di valutazione. Tutte le altre passività che non sono destinate alla negoziazione, vengono contabilizzate al costo ammortizzato, utilizzando il tasso effettivo d'interesse.

La valutazione ai fini della determinazione del capitale economico con il metodo patrimoniale prevede che le passività finanziarie siano valutate al loro valore di estinzione. I debiti esprimono obbligazioni pecuniarie certe nell'esistenza, nella scadenza e nell'ammontare e quindi in generale non presentano particolari problemi di valutazione ad eccezione dei debiti finanziari il cui valore dipende dalle variazioni dei tassi passivi sul mercato.

Ratei e risconti

La normativa italiana prevede l'iscrizione in bilancio dei ratei e dei risconti attivi e passivi. I ratei sono scritture di integrazione che aggiungono quote di costi o di ricavi la cui competenza economica appartiene all'esercizio e in precedenza non rilevati in quanto a manifestazione finanziaria futura. I risconti, invece, sono scritture di rettifica, in quanto quote di costi o di ricavi rilevati integralmente nell'esercizio in corso o in esercizi precedenti e rinviate a uno o più esercizi futuri perché non ancora maturate. Essi si definiscono attivi quando sospendono un costo e passivi quando sospendono un ricavo.

I principi contabili internazionali non prevedono l'iscrizione separata di ratei e risconti, ma li classificano in idonee voci di credito o di debito in relazione alla loro natura.

Nella valutazione con il metodo patrimoniale essi sono da considerare come crediti e debiti e di conseguenza vengono valutati al loro presunto valore di realizzo e al presunto valore di estinzione.

Fondi rischi e oneri

I principi contabili nazionali stabiliscono che i fondi rischi e oneri sono destinati a coprire passività probabili (e non pertanto passività possibili o remote) e stimabili, cioè quando l'entità dell'onere può essere determinato con sufficiente ragionevolezza. I fondi possono essere distinti in due categorie: i fondi spese che costituiscono passività potenziali che coprono spese certe nell'esistenza, incerte nell'ammontare e incerte nella data di sopravvenienza; e i fondi rischi che costituiscono passività potenziali che coprono rischi probabili, incerti nel loro ammontare e nella data di sopravvenienza. Sono esclusi da questa classe di fondi quelli che hanno natura rettificativa dell'attivo, come i fondi ammortamenti e i fondi svalutazione.

Per i principi contabili internazionali, il valore riconosciuto come fondo deve consistere nella miglior stima possibile dell'onere richiesto per l'adempimento dell'obbligazione alla data di bilancio. L'impresa deve attualizzare i flussi di cassa previsti ante imposte, riflettendo la valutazione corrente di mercato del valore temporale del denaro e i rischi specifici di passività, se l'effetto è significativo.

Quanto alla valutazione dei fondi rischi e oneri secondo i metodi patrimoniali, si stabilisce che essi debbano costituire la miglior stima della perdita del debito che sorgerà al verificarsi dell'evento negativo per cui è stato costituito il fondo.

TFR

Il trattamento di fine rapporto, secondo la normativa italiana, sarà utilizzato al momento dell'uscita del dipendente dall'azienda per cessazione del rapporto di lavoro, aggiungendo in tal caso alla liquidazione della quota già accantonata al termine dell'esercizio precedente, la quota relativa alla frazione dell'anno in corso. Pertanto, la valutazione viene effettuata al valore nominale del debito maturato alla data di cessazione del rapporto di lavoro determinato in virtù delle norme del codice civile che disciplinano la materia, ove il lavoratore abbia effettuato l'opzione di mantenere il trattamento di fine rapporto nell'azienda di appartenenza che abbia in forza meno di cinquanta dipendenti[35].

[35] Per le imprese con un numero di dipendenti superiore a cinquanta, è previsto il versamento delle quote di TFR a favore di appositi fondi pensione.

Il TFR secondo i principi contabili internazionali rientra nella categoria «benefici successivi al rapporto di lavoro» che a sua volta può essere suddivisa in 1) piani a contribuzione definita e 2) piani a benefici definiti. Nei «piani a contribuzione definita» nella cui fattispecie rientrano le aziende con numero di dipendenti almeno di cinquanta unità, la valutazione del TFR va effettuata al valore nominale in quanto il TFR maturato deve essere versato ai fondi di previdenza privati o ai fondi di previdenza gestiti dall'Inps o alla tesoreria dell'Inps entro dodici mesi, facendo ritenere irrilevante la valutazione del debito verso un ente esterno, gestore del TFR, con il metodo dell'attualizzazione del debito. Nei «piani a benefici definiti» alla cui disciplina appartengono le aziende che hanno in forza un numero di dipendenti inferiore a cinquanta unità, il TFR può essere lasciato in gestione alle aziende stesse per periodi di tempo medio lunghi. In tale contesto la valutazione dei benefici definiti a lungo termine in aderenza alla logica del *fair value* deve essere effettuata con l'attualizzazione del debito per TFR, che dovrà essere versato al dipendente tenendo conto di ragionevoli stime degli anni di permanenza in servizio dei dipendenti, degli incrementi di stipendi per anzianità di servizio, dell'età anagrafica e lavorativa dei dipendenti e dell'eventuale turnover del personale aziendale e di settore.

La valutazione del TFR secondo il metodo patrimoniale va effettuata al valore nominale.

Beni in leasing

Per l'iscrizione in bilancio del *leasing* occorre distinguere tra quello operativo e quello finanziario. Per il leasing operativo, sia per la normativa italiana, sia per i principi contabili internazionali, il bene locato deve essere contabilizzato tra le attività immobilizzate del locatore e ammortizzato da quest'ultimo. In questa circostanza il locatario deve rilevare i canoni di *leasing* che costituiscono per lui costi di periodo.

Per il *leasing* finanziario è necessario distinguere tra principi contabili nazionali e internazionali. Per i primi nello stato patrimoniale e nel conto economico le operazioni di *leasing* devono essere rilevate con il metodo patrimoniale e nella nota integrativa occorre fornire informazioni su come sarebbe stata la situazione della società se le stesse operazioni fossero state rilevate con il metodo finanziario. Per i principi contabili internazionali, invece, i beni in *leasing* vengono iscritti tra le attività immobilizzate da sottoporre a un sistematico processo di ammortamento e come contropartita viene iscritto il debito verso il locatore tra le passività per l'importo delle quote capitale comprese nei canoni ancora da pagare.

Anche per la valutazione secondo il metodo patrimoniale occorre distinguere tra i beni concessi in *leasing* operativo – non considerati come patrimonio aziendale – e quelli concessi in *leasing* finanziario, che invece sono equiparati ad altri beni aziendali acquisiti con la concessione di un finanziamento. In questo secondo caso è necessario dunque valutare il bene come se fosse una immobilizzazione materiale e valutare il debito contratto per la concessione del bene in *leasing* ai fini della determinazione del patrimonio netto rettificato.

Avviamento derivato

La normativa nazionale prevede che l'avviamento sia iscritto in bilancio solo se acquisito a titolo oneroso nei limiti del costo per esso sostenuto e che sia ammortizzato entro un periodo di cinque anni, anche se può essere adottato un periodo maggiore, purché ciò sia giustificabile e la motivazione venga indicata in nota integrativa.

Anche la normativa dettata dai principi contabili internazionali prevede che l'avviamento venga iscritto in bilancio solo se deriva da un'operazione di acquisto o conferimento d'azienda o di ramo d'azienda, o da operazioni di fusione e scissione. Viene imputata ad avviamento la differenza positiva tra il costo d'acquisto e il valore corrente delle attività e delle passività della società acquisita. Esso non deve essere ammortizzato, ma è sottoposto periodicamente a un procedimento di valutazione allo scopo di verificarne eventuali perdite di valore (*impairment test*). È necessario sottolineare che anche nei principi contabili internazionali ci si concentra solo ed esclusivamente sull'avviamento derivato e non su quello originario, perciò anche seguendo la normativa internazionale basata sul criterio del *fair value* non è comunque possibile rappresentare il valore dell'avviamento se la società non è stata acquisita in precedenza.

La valutazione dell'avviamento iscritto in bilancio ai fini della determinazione del patrimonio netto rettificato può avvenire seguendo diverse procedure:

- procedura indiretta. L'avviamento risulta dalla differenza tra il prezzo di vendita dell'azienda trasferita e l'ammontare del patrimonio netto rettificato trasferito;
- procedura diretta con metodo sintetico. L'avviamento è quantificato mediante l'attualizzazione del sopra-reddito tratto da quello normalizzato assunto come base per il calcolo del capitale economico (si veda in proposito il contenuto della sezione dedicata ai metodi misti);
- procedura diretta con metodo analitico. Si attribuisce un valore distinto ai fattori che costituiscono l'avviamento, considerando ad esempio le rendite di posizione nel mercato, la stabilità della clientela, l'affidabilità dei fornitori ecc.;
- metodi empirici seguiti dagli uffici finanziari. Si determina il valore dell'avviamento o attraverso la media dei redditi dichiarati o con una percentuale della media dei ricavi. In entrambi i casi il valore che ne risulta è moltiplicato per un coefficiente determinato dalla prassi amministrativa o dalla giurisprudenza consolidata.

Beni immateriali (attività immateriali acquistate o prodotte internamente) e oneri pluriennali

Le immobilizzazioni immateriali sono iscritte, in base a quanto dettato dalla normativa nazionale, al costo d'acquisto o di produzione al netto dell'ammortamento[36] e delle eventuali perdite di valore, non ammettendo rivalutazioni e non prevedendo attività immateriali a vita utile indefinita. Gli oneri pluriennali (costi d'impianto e avviamen-

[36] Per quanto riguarda i costi di impianto e di ampliamento, i costi di ricerca, di sviluppo e di pubblicità aventi utilità pluriennale possono essere iscritti in bilancio e ammortizzati entro un periodo non superiore ai cinque anni.

to, costi di ricerca, di sviluppo e di pubblicità) possono essere patrimonializzati, invece, solo con il consenso del collegio sindacale e, per le società quotate, con il consenso della società di revisione incaricata. Fin quando non sono interamente ammortizzati non possono essere distribuiti utili se non vengono costituite delle riserve indisponibili pari all'importo non ammortizzato.

Per i principi contabili internazionali, le attività immateriali sono prive di consistenza fisica e idonee a generare flussi di reddito aggiuntivi. Sono iscritte in bilancio solo se identificabili e misurabili in modo affidabile, se generano benefici economici futuri e se sono controllate dall'impresa potendo così fruire dei benefici economici che le stesse attività producono.

Sono iscritti nello stato patrimoniale solo i beni immateriali come marchi, brevetti ecc., mentre gli oneri pluriennali, salvo i costi di ricerca e sviluppo, per i quali non è possibile stimare in maniera attendibile i flussi di benefici economici che presumibilmente essi genereranno in futuro, sono iscritti nel conto economico.

La rilevazione iniziale avviene al costo che per le attività immateriali acquisite è dato dalla somma pagata per l'acquisizione, comprensivo di ogni altro costo direttamente attribuibile all'acquisto stesso, mentre per quelle generate internamente è dato dal costo di produzione considerando soltanto i costi direttamente attribuiti all'attività.

Le rilevazioni successive, sia per le attività immateriali acquisite, sia per quelle prodotte internamente, avvengono seguendo o il modello del costo o il modello del costo rivalutato. Nel primo caso l'immobilizzazione, dopo la rilevazione iniziale, è iscritta in bilancio al costo, al netto degli ammortamenti e delle perdite di valore accumulati. Nel modello del costo rivalutato, l'immobilizzazione, dopo la rilevazione iniziale, è iscritta in bilancio all'importo rivalutato, rappresentato dal *fair value* alla data di rivalutazione, al netto degli ammortamenti e delle perdite durevoli di valore accumulati. Il presupposto per l'applicazione di tale modello è l'esistenza di un mercato attivo.

Sono soggette ad ammortamento solo le immobilizzazioni a vita utile definita, ricordando che il periodo e il metodo di ammortamento devono essere riesaminati e dove necessario modificati almeno ad ogni chiusura di esercizio (effetto dell'*impairment test*). Non sono soggette ad ammortamento, invece, le immobilizzazioni a vita utile indefinita; per tali attività è necessario effettuare l'*impairment test* almeno ogni anno.

Per la valutazione secondo il metodo patrimoniale è preferibile concentrare l'attenzione sulle principali poste contabili.

Beni immateriali. La valutazione del marchio, segno distintivo a cui è attribuita la funzione di consentire l'identificazione e il riconoscimento da parte della clientela, può avvenire o in modo diretto, quantificando il suo valore in maniera autonoma rispetto al capitale economico aziendale, oppure indirettamente quando non è possibile effettuare tale separazione. I metodi maggiormente applicati sono:

1) i metodi basati sui costi che quantificano il valore del marchio in base ai costi sostenuti dall'azienda per l'ideazione, il lancio, lo sviluppo e il mantenimento, attualizzati per un numero di anni di prevedibile durata dello stesso;

2) i metodi economico-reddituali che quantificano il valore del marchio in funzione dell'apporto che esso fornisce alla redditività globale dell'azienda. A loro volta si distinguono in:
   - metodo dell'attualizzazione dei risultati differenziali apportati dal marchio. I risultati differenziali sono pari alla differenza tra i redditi dei beni dotati di marchio e i redditi ottenibili dall'azienda con i beni non dotati di marchio;
   - metodo dell'attualizzazione delle *royalties*, ovvero l'attualizzazione dei redditi o dei flussi di cassa calcolati sulla base delle *royalties* ottenibili sul mercato;
   - metodo differenziale diretto, consistente nel quantificare la differenza tra il capitale economico dell'azienda calcolato con una metodologia fondata sui flussi reddituali e il patrimonio netto rettificato nel quale sono inclusi anche i beni immateriali non contabilizzati, come ad esempio la tecnologia, il capitale umano ecc;
   - metodo del costo della perdita, che conferisce al marchio un valore pari ai flussi operativi attualizzati che l'azienda non avrebbe in caso di perdita di disponibilità dello stesso.

Le licenze e le autorizzazioni commerciali sono autorizzazioni amministrative o governative necessarie per l'esercizio dell'attività commerciale di alcune aziende e hanno un costo che aumenta a seconda del numero di licenze rilasciate, del tipo di attività e della dimensione aziendale considerata. Il valore della licenza raramente è iscritto in bilancio, salvo il caso in cui l'azienda sia stata rilevata e l'avviamento incorpori il valore dell'autorizzazione. I metodi di valutazione adottati sono diversi:

- metodo della percentuale sul fatturato, che stima il valore della licenza sulla base di una percentuale sul fatturato annuo;
- metodo del valore per superficie, che stima il valore dell'autorizzazione applicando un coefficiente di valore per ogni classe di superficie di vendita;
- metodo locativo, che stima il valore dell'autorizzazione sulla base del costo degli affitti del punto vendita, moltiplicando il canone locativo per il numero di annualità necessarie per stipulare un contratto per un nuovo punto vendita, con ubicazione simile e medesime caratteristiche;
- metodo indiretto, che stima il valore dell'autorizzazione per differenza tra il valore dell'azienda ottenuto con il metodo reddituale e il valore dell'azienda ottenuto con il metodo patrimoniale.

Oneri pluriennali. I costi d'impianto e avviamento non vengono considerati ai fini della determinazione del patrimonio netto rettificato. È discutibile se i costi di ricerca, di sviluppo e di pubblicità possano essere inclusi come componenti positivi ai fini della determinazione del capitale economico con il metodo patrimoniale semplice.

Dalla differenza tra i valori delle attività e delle passività determinati in base ai criteri stabiliti dal metodo patrimoniale si determina il capitale netto rettificato, a sua volta pari all'entità del capitale economico. Dal confronto tra i valori di bilancio delle varie poste con i valori previsti dal metodo patrimoniale per le stesse, potranno emergere plusvalenze e/o minusvalenze. Occorre specificare che nel caso in cui vengano evidenziate plusvalenze (derivanti da una differenza positiva tra valore corrente e valore contabile delle poste di bilanci redatti secondo i principi nazionali) è necessario provvedere a un riallineamento della posizione fiscale dell'impresa. Le soluzioni in proposito sono diverse e prevedono, per il calcolo dell'onere fiscale, l'applicazione di aliquote ridotte, piene o nulle. Alcuni studi hanno mostrato come sia più ragionevole non gravare tali plusvalenze di oneri fiscali: nonostante ciò le aziende ricorrono sempre più di frequente alla prima soluzione.

Il metodo patrimoniale complesso

Quando si esamina il metodo patrimoniale complesso, il procedimento estimativo diviene più articolato a causa della necessità di sottoporre a valutazione anche gli elementi immateriali, ovvero i cosiddetti intangibili (*intangibles*). Rimangono invariate però le considerazioni svolte in precedenza per il metodo semplice: anche in questo caso, infatti, l'entità del capitale economico sarà data dal capitale netto rettificato, al quale dovrà essere aggiunto il valore dei beni immateriali non contabilizzati.

L'importanza di questi ultimi è notevolmente cresciuta negli ultimi anni, in considerazione della rilevanza strategica che rivestono nell'attuale modello competitivo. Sono le «risorse invisibili»[37], infatti, a determinare il successo dell'azienda, e il fatto che la metodologia di valutazione in esame ne tenga conto, garantisce un risultato più vicino alla realtà e quindi più attendibile.

I beni immateriali oggetto di misurazione, nel metodo patrimoniale complesso, sono solo quelli che si caratterizzano per la presenza di alcuni requisiti: sono costi a utilità pluriennale, trasferibili e misurabili. La trasferibilità rappresenta il tratto innovativo rispetto a precedenti definizioni poiché stabilisce la possibilità che il bene sia alienato, da solo o con altri, dall'azienda in cui si è formato.

La formula che sintetizza il metodo patrimoniale complesso, in ipotesi di azienda in normale funzionamento, è:

$$W = PNR + V.IMM \qquad [27]$$

dove:

PNR = patrimonio netto rettificato;
V.IMM = valore dei beni immateriali non contabilizzati.

Per quanto concerne la valutazione degli intangibili, si rinvia al prosieguo della trattazione.

11.4.5 I metodi misti

I metodi misti sono il risultato di una integrazione tra i metodi patrimoniali, caratterizzati da estrema oggettività, e i metodi reddituali che implicano, nella stima dei flussi

[37] Itami H., *Le risorse invisibili*, Isedi, Milano 1988.

di reddito, valutazioni di natura soggettiva[38]. Pertanto, alla stima del capitale concorrono sia la situazione patrimoniale, sia la presumibile redditività futura dell'azienda.

Si tratta di metodologie che mirano a evidenziare l'«avviamento», ovvero quel particolare fattore che esprime la coordinazione, la coesione, l'unità dell'azienda e che permette all'impresa di essere definita tale e non semplicemente una sommatoria di beni[39]. L'avviamento è la differenza tra la stima reddituale e quella patrimoniale del capitale economico e può essere determinato:

1) con il metodo del valor medio, anche detto metodo indiretto o dei «pratici tedeschi»;
2) con il metodo con stima autonoma dell'avviamento, noto anche come metodo diretto o degli anglosassoni.

Metodo del valor medio

Il metodo del valor medio stima il valore del capitale economico come semplice media aritmetica tra la componente patrimoniale e la componente reddituale. In formula:

$$W = \frac{1}{2}\left(PNR + \frac{Rm}{i_{CAPM}}\right) \qquad [28]$$

dove:

PNR = patrimonio netto rettificato;

$\frac{Rm}{i_{CAPM}}$ = stima reddituale del capitale economico (W).

Al fine di porre in evidenza l'entità dell'avviamento, è possibile modificare tale formula nel seguente modo:

$$W = PNR + \frac{1}{2}\left(\frac{Rm}{i_{CAPM}} - PNR\right) \qquad [29]$$

dove la differenza $\left(\frac{Rm}{i_{CAPM}} - PNR\right)$ rappresenta proprio l'entità dell'avviamento (*goodwill*); se tale differenza dovesse dar luogo a un valore minore di zero, si avrebbe un avviamento negativo, cioè un *badwill*. Si deduce che il valore del capitale economico si ottiene sommando al patrimonio netto rettificato metà dell'avviamento.

[38] Caramiello C., *La valutazione dell'azienda - prime riflessioni introduttive*, Milano, Giuffrè 1993, p. 65; Viel J., Bredt O., Renard M., *La valutazione delle aziende*, Etaslibri, Milano 1991, p. 5.

[39] Amaduzzi A., *L'azienda nel suo sistema e nell'ordine delle sue rilevazioni*, UTET, Torino 1978, p. 107.

Nell'ipotesi in cui, accanto al valore *PNR*, si considerasse il patrimonio netto rettificato *PNR'* comprensivo anche dei beni immateriali, il valore di avviamento risulterebbe minore del precedente in quanto una parte considerevole di valore è stata ricondotta agli specifici beni che l'hanno prodotta.

Metodi con stima autonoma dell'avviamento

Questi metodi misti assegnano un peso maggiore alla componente reddituale, riconducendo gran parte del valore aziendale all'avviamento, considerato nella sua interezza, in accordo con l'evoluzione degli studi sulla valutazione del capitale economico.

I metodi di stima autonoma dell'avviamento possono essere[40]:

- metodo della attualizzazione limitata del profitto medio;
- metodo della capitalizzazione illimitata del profitto medio;
- metodo di attualizzazione dei profitti di alcuni esercizi futuri.

Il primo metodo, denominato anche del sovrareddito medio, si basa sulla seguente relazione:

$$W = PNR + \left(Rm - PNR \cdot i_{CAPM}\right) a_{\overline{n}|i'} \qquad [30]$$

dove:

Rm = reddito medio prospettico;
PNR = valore del patrimonio netto rettificato;
i_{CAPM} = tasso di remunerazione normale del capitale;
i' = tasso di attualizzazione del sovrareddito;
n = numero di anni di presunta durata del sovrareddito.

L'espressione $\left(Rm - PNR \cdot i_{CAPM}\right)$ rappresenta il sovrareddito (*excess return*) che ha origine dal «conseguimento di redditi futuri in misura superiore a quella adeguata al valore del capitale netto di gestione»[41]. Più precisamente, secondo il metodo in esame, il valore dell'azienda è dato dall'entità del suo patrimonio, variabile in funzione della capacità dell'impresa di produrre redditi in misura maggiore o minore rispetto al rendimento offerto da un investimento con lo stesso livello di rischio[42].

In genere, come espresso nella formula, l'avviamento è attualizzato per un periodo di tempo limitato in quanto si parte dal presupposto che l'opportunità di produrre

[40] Grandis F.G., *I metodi misti nella valutazione delle aziende. Un'analisi comparativa*, Giappichelli, Torino 1993, p. 31.

[41] Onida P., *Economia d'azienda*, UTET, Torino 1971, p. 658.

[42] Pozza L., *Alcune riflessioni in tema di valutazioni d'azienda: il problema della scelta dei tassi e dell'orizzonte temporale nell'applicazione del metodo UEC*, «Rivista dei Dottori Commercialisti», 3, 1994, p. 665.

reddito al di sopra della misura normale sussista solo per alcuni anni e non all'infinito. Si deve inoltre precisare che la durata del *goodwill* dipende anche dai fattori che determinano la formazione del sovrareddito e la sua durata sarà minore quando si tratta di elementi di natura soggettiva (la personalità e la capacità dell'imprenditore), mentre sarà maggiore se si tratta di elementi oggettivi (buona reputazione, favorevole posizionamento strategico e così via).

Non vi sono regole fisse circa la scelta di n. Secondo un orientamento più tradizionale esso varia dai 3 ai 5 anni, mentre sulla base di nuove elaborazioni può oscillare dagli 8 ai 10 anni se l'azienda oggetto di valutazione mostra una redditività elevata e stabile nel tempo.

Il tasso di attualizzazione del sovrareddito (i') è diverso dal tasso normale di rendimento rappresentato dal *CAPM*, e in particolare si ipotizza più elevato, in accordo con la presunta maggiore rischiosità che caratterizza il sovrareddito rispetto al reddito «congruo».

Una considerazione particolare deve essere fatta in merito agli altri parametri utilizzati nella formula, *Rm* e *PNR* (o in alternativa *PNR'*), e riguarda la necessità di coerenza tra la misura della componente patrimoniale e la misura della componente reddituale. Se, ad esempio, i beni ammortizzabili sono stati rivalutati nel processo di determinazione del patrimonio netto rettificato, è necessario che nella stima del reddito siano considerati i maggiori ammortamenti.

Il metodo della capitalizzazione illimitata del profitto medio assume l'ipotesi che il sovrareddito non sia destinato a scomparire, ma abbia una lunga durata, quasi infinita. L'algoritmo utilizzato è il seguente:

$$W = PNR + \frac{\left(Rm - PNR \cdot i_{CAPM}\right)}{i'} \qquad [31]$$

La validità dell'ipotesi è limitata al caso di assegnazione di un valore elevato al tasso di capitalizzazione i': in questo modo, infatti, il peso degli extra-profitti attesi più lontani nel tempo si riduce notevolmente.

Il terzo metodo proposto procede all'attualizzazione di una serie di profitti attesi anno per anno, prelevando i dati dai «piani pluriennali». Naturalmente, a causa della maggiore difficoltà insita nella previsione di sovraredditi puntuali rispetto alla stima di un valore medio, il periodo di riferimento è molto breve, al massimo pari a un triennio.

I valori annuali sono calcolati nel seguente modo:

$$\left(Rm - PNR \cdot i_{CAPM}\right)$$

Va precisato, infine, che le formule esaminate sono valide solo in ipotesi di aziende che presentino una redditività positiva. Infatti, l'assunzione di un tasso elevato e di un orizzonte temporale breve conduce a una stima per difetto del *goodwill*. Applicando queste stesse ipotesi prudenziali al calcolo del *badwill* si ottiene un valore stimato per difetto, contravvenendo così al criterio della prudenza.

11.5 Il ruolo degli intangibili nel processo di valutazione

11.5.1 Natura e definizione degli intangibili

I mutamenti socio economici degli ultimi decenni hanno posto in evidenza il ruolo imprescindibile delle risorse intangibili, divenute *drivers* fondamentali nella misurazione del valore aziendale, nonché variabili rilevanti nella definizione del livello di competitività e di sviluppo di un'impresa. Molteplici sono le teorie presenti in letteratura in materia di risorse immateriali e altrettanti risultano essere i tentativi di addivenire a una definizione unanimemente accettata del fenomeno in oggetto. Appare indispensabile partire con una classificazione delle risorse immateriali comunemente accettata, che eviti omissioni o duplicazioni e che risulti funzionale alla costruzione del modello di seguito analizzato:

- risorse immateriali «non identificabili» o «strutturali», ovvero prive di un collegamento diretto con l'operatività aziendale, al punto da non consentire una distinta rilevazione, un'autonoma separabilità dall'impresa di appartenenza e, di conseguenza, una specifica valutazione. Ne deriva che il valore di tali risorse è inglobato nel valore dell'avviamento. Si tratta del capitale umano, del capitale organizzativo e del capitale relazionale che costituiscono gli intangibili generici;
- risorse immateriali «identificabili» o «non strutturali», cioè quelle risorse che consentono una distinta rilevazione e una autonoma valutazione. Essi rappresentano i cosiddetti intangibili specifici, ovvero quelli che possono essere valutati separatamente rispetto all'avviamento.

Concentrando l'attenzione sugli intangibili specifici, occorre segnalare in primo luogo il contributo di Brugger il quale ritiene che, per poter essere definito tale, l'intangibile specifico deve essere[43]:

- all'origine di costi a utilità differita nel tempo;
- misurabile;
- trasferibile.

Il requisito della trasferibilità, ovvero della possibilità di cedere la risorsa immateriale che dunque si separa dal complesso aziendale senza comprometterne le funzioni e dunque «vive di vita propria», è stato oggetto di numerose polemiche. In effetti, si è rilevato da più parti come l'applicazione di tale condizione escluda dal novero degli

[43] Brugger G., *La valutazione dei beni immateriali legati al marketing e alla tecnologia*, «Finanza, Marketing e Produzione», 1, 1989.

intangibili alcune fondamentali risorse, quali ad esempio il capitale intellettuale, l'immagine aziendale e così via. A questo proposito, i principi contabili internazionali hanno chiarito che un intangibile specifico debba essere «separabile» e derivare da diritti contrattuali o da altri diritti.

È possibile proporre un elenco, sicuramente non esaustivo, ma puramente indicativo, di alcune tipologie di risorse immateriali:

- proprietà intellettuale;
- know how;
- brevetti;
- marchi;
- immagine aziendale;
- relazioni con i clienti (portafoglio clienti);
- rete di vendita;
- strategie di marketing;
- ecc.

Nonostante la confusione terminologica spesso creata intorno al fenomeno degli *intangibles*, nel prosieguo della trattazione si farà riferimento alla distinzione, sopra proposta, tra intangibili strutturali e intangibili non strutturali o specifici.

11.5.2 I criteri di valutazione degli intangibili

Come facilmente intuibile dalla natura stessa delle risorse intangibili, la loro stima presenta non poche difficoltà, imponendo la necessità di individuare metodologie di valutazione specifiche. In primo luogo, si segnala che l'attribuzione di un valore agli *intangibles* risulta utile per soddisfare diverse finalità conoscitive:

a) fornire informazioni valide per misurare le performance aziendali. Si tratta di informazioni integrative rispetto a quelle ottenute dalla lettura del bilancio e che risultano di estrema utilità soprattutto per verificare la capacità dell'organizzazione di creare valore. In tale ambito di applicazione, occorre determinare la variazione intervenuta nel valore delle risorse immateriali per misurare il contributo offerto alla crescita dell'impresa, variazione che potrà essere inserita all'interno di specifici indicatori di performance, quale ad esempio il Risultato Economico Integrato Residuale (*REIR*) che costituirà l'oggetto di una specifica trattazione[44];

[44] Appare utile fin da ora definire in forma algebrica il REIR. Esso si ottiene dalla seguente relazione:
$REIR = Rn + \Delta BI + \Delta PL$
Rn = reddito contabile normalizzato;
BI = beni immateriali;
PL = plusvalenze e minusvalenze inespresse contabilmente.
Si rimanda al capitolo successivo per un approfondimento.

b) supporto per l'applicazione dei principi contabili internazionali. In questo contesto la stima degli intangibili risulta necessaria per definire il prezzo sostenuto a tale titolo nelle procedure di acquisizione di altre realtà aziendali (*purchase price allocation*), stante l'esigenza di ripartire il costo complessivo dell'operazione nelle sue componenti analitiche. Inoltre, è prevista una valutazione annuale in bilancio del *goodwill* e degli intangibili specifici;
c) supporto per la valutazione del capitale economico d'impresa. Come ampiamente affermato in precedenza, le risorse immateriali costituiscono una componente fondamentale del valore economico di una impresa, circostanza che rende necessaria la stima di tali beni con opportuni procedimenti.

Ovviamente, in questa sede l'attenzione sarà concentrata su quest'ultimo aspetto, indagando le diverse metodologie di misurazione degli *intangibles*. A questo proposito si segnala come la necessità di condurre una apposita valutazione degli intangibili specifici dipenda in maniera fondamentale dal criterio di misurazione del capitale economico impiegato. In effetti, i metodi fondati sui flussi (reddituali o finanziari) conducono alla definizione di un valore unico, rappresentativo di tutte le componenti aziendali in grado di contribuire alla formazione del capitale economico, ivi compresi anche gli intangibili. Viceversa, il metodo patrimoniale (nella sua accezione complessa) e il metodo misto propongono un valore scomponibile in più elementi: in particolare, nel metodo patrimoniale complesso al valore del capitale netto rettificato si aggiunge il valore dei beni immateriali, ovviamente soltanto quelli suscettibili di autonoma misurazione (specifici), mentre nel metodo misto il valore delle risorse immateriali è inglobato all'interno dell'avviamento. In realtà, però, occorre sottolineare che, se nella costruzione dei metodi misti trova impiego una stima patrimoniale condotta con la procedura complessa e dunque comprensiva del valore degli intangibili specifici, allora l'avviamento sarà espressione soltanto degli intangibili strutturali o non suscettibili di autonoma valutazione.

Nella figura 11.3 è possibile confrontare la soluzione proposta nella valutazione dell'azienda condotta secondo i metodi fondati sui flussi, che danno origine a un valore unico (1), con modalità di calcolo in grado di porre in evidenza l'ammontare complessivo dell'avviamento (intangibili specifici + intangibili generici, (2), oppure

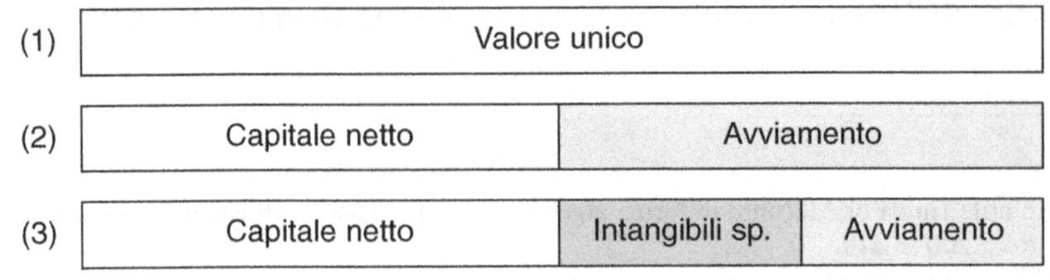

Fig. 11.3 Calcolo del capitale economico e intangibili
Fonte: adattato da Guatri, Bini, *Nuovo trattato sulla valutazione*, cit., p. 154.

di distinguere tra l'avviamento riconducibile agli intangibili generici e l'avviamento riconducibile agli intangibili specifici (3).

Passando ad analizzare i criteri impiegati nella prassi per la valutazione degli intangibili specifici, è possibile individuare diversi metodi di riferimento[45]:

1) il *criterio del costo*. Esso a sua volta può essere rappresentato dal metodo del *costo storico*, che definisce il valore dell'intangibile specifico sulla base dei costi sostenuti per la sua formazione; dal metodo del *costo residuale*, che come il precedente calcola il valore della risorsa immateriale sulla base dei costi sostenuti, ma inglobando nella stima anche la vita residua del bene (ad esempio deducendo gli ammortamenti in proporzione al rapporto tra vita residua utile e vita complessiva del bene); dal metodo del *costo di riproduzione*, consistente nell'individuare e sommare i costi necessari per riprodurre idealmente la risorsa immateriale;
2) il *criterio dei risultati differenziali*. Applicando tale logica, il valore dell'intangibile può essere definito attraverso *l'attualizzazione dei risultati differenziali*, ovvero determinando il vantaggio generato dalla risorsa al netto degli eventuali costi necessari per la sua realizzazione e procedendo con l'attualizzazione della differenza ottenuta. In alternativa, si può impiegare il metodo del *costo della perdita*, stimando il danno ipotetico che l'impresa subirebbe se dovesse rinunciare alla disponibilità della risorsa intangibile. Anche in questo caso il danno stimato deve essere opportunamente attualizzato;
3) i *criteri comparativi*. Anche in questo caso esistono differenti versioni del modello. Il metodo delle *transazioni comparabili* individua il valore degli intangibili facendo riferimento ai prezzi praticati per la cessione di beni intangibili con caratteristiche simili. Il metodo dei *tassi di royalty* prevede l'attualizzazione del valore delle *royalties* applicate nella cessione di marchi o brevetti. Il metodo dei *multipli impliciti nei deals*, ovvero multipli impliciti rintracciabili all'interno dei prezzi negoziati in occasione di operazioni di finanza straordinaria e dai quali è possibile estrapolare il valore di mercato degli intangibili;
4) i *criteri fondati su ricerche di mercato*. Come facilmente intuibile dalla denominazione impiegata, si tratta di criteri costruiti sulla base di informazioni raccolte attraverso indagini di mercato (ad esempio la forza della marca), informazioni che in un secondo momento devono essere tradotte in termini quantitativi per poter esprimere il valore dell'intangibile oggetto di stima.

La scelta del criterio da applicare dipende, come per tutti gli *asset* da sottoporre a una procedura di stima, dalla finalità che si intende perseguire con la valutazione, dalla tipologia di intangibile da misurare, nonché dalla disponibilità quali-quantitativa di informazioni.

[45] Guatri L., Bini M., *Gli intangibili specifici*, Università Bocconi, Milano 2003.

11.5.3 Produzione di reddito e intangibili: la proposta di un modello econometrico[46]

L'obiettivo che ci si propone di raggiungere con il presente contributo consiste nell'individuare e stabilire formalmente una relazione algebrica in grado di esprimere il legame esistente tra la produzione del reddito e gli intangibili, per poi passare, attraverso la stessa, alla quantificazione dell'avviamento, inteso come valore generato dalla presenza di risorse immateriali. Come si è già avuto modo di sottolineare, la valutazione degli *intangibles* può avvenire in maniera indiretta, attraverso un procedimento che prevede l'impiego dei metodi misti per la valutazione del capitale economico d'impresa (ottenuti dall'integrazione tra metodi patrimoniali e metodi reddituali): si tratta semplicemente di porre a confronto la stima reddituale e la stima patrimoniale.

$$Avviamento = \left(\frac{Rm}{i_{CAPM}} - PNR \right) \qquad [32]$$

dove:
Rm = reddito medio prospettico
i_{CAPM} = tasso di attualizzazione
PNR = patrimonio netto rettificato

Da ciò risulta una configurazione di avviamento in grado di sintetizzare il valore complessivo degli intangibili strutturali e non strutturali.

È però possibile adottare, nell'ambito dei metodi misti, il metodo patrimoniale «complesso», ovvero comprensivo non soltanto del patrimonio netto rettificato, ma anche del valore dei beni immateriali suscettibili di autonoma valutazione[47].

$$PNR^* = PNR + BI_i \qquad [33]$$

dove BI_i è il valore dei beni immateriali identificabili.

Ne consegue che il valore dell'avviamento esprime la misura dei soli intangibili strutturali, ovvero non suscettibili di autonoma valutazione (cosiddetto avviamento «puro»).

Seguendo tale impostazione è altresì possibile individuare la variazione dell'avviamento riscontrabile tra due esercizi consecutivi [n, $n+1$], misurando così in modo sintetico l'incremento di valore subìto dagli *intangibles strutturali* da un esercizio all'altro per effetto dell'implementazione di una strategia. Tale variazione è proporzionale al reddito e tiene conto dei costi sostenuti e capitalizzati da un esercizio all'altro seguendo la linea strategica aziendale.

[46] Il contenuto di questo paragrafo è tratto dal «paper» presentato in occasione del Convegno AIDEA svoltosi ad Ancona il 24 e 25 settembre 2009. Gli autori sono Manelli A., Domenichelli O., Pace R., Vallesi M.

[47] Occorre inoltre considerare che in tale ipotesi non vengono sottratti gli oneri fiscali potenziali, perché l'azienda non è destinata ad essere ceduta, mentre si includono i costi capitalizzati necessari a sviluppare le risorse immateriali non identificabili o strutturali.

$$\Delta Avviamentopuro = \left(\frac{Rm_{n+1}}{i_{CAPM}} - PNR^*_{n+1} \right) - \left(\frac{Rm_n}{i_{CAPM}} - PNR^*_n \right) \qquad [34]$$

L'impostazione proposta richiede la disponibilità di una serie di informazioni, alcune di natura storica (reddito normalizzato e patrimonio netto rettificato integrato con il valore delle risorse immateriali suscettibili di valutazione autonoma, entrambi riferiti all'esercizio passato, *n*), altre prospettiche e riferite all'esercizio *n+1*, quali il patrimonio netto rettificato, deducibile dal budget, nonché il reddito normalizzato prospettico. Ed è proprio sulla determinazione del valore prospettico del reddito normalizzato che si concentra il presente lavoro.

Tale informazione si ottiene da una regressione multipla che mette in relazione il reddito con le grandezze – approssimazioni degli *intangibles* e non – che si modificano a seguito dell'implementazione di una strategia. Per valutare correttamente Rm_{n+1} bisogna infatti creare una relazione tra il reddito e alcune variabili fondamentali rappresentative dell'attuazione di una strategia. In effetti, l'implementazione di una strategia prevede determinati investimenti in immobilizzazioni, scorte, crediti ecc., nonché impieghi in risorse intangibili, posti in essere al fine di creare valore in termini di redditi futuri.

Per poter collegare il reddito, variabile dipendente, alle risorse immateriali non identificabili o strutturali, che non sono rappresentate in bilancio poiché non suscettibili di valutazione autonoma, è necessario ricorrere all'impiego di variabili indipendenti rappresentative degli stessi *intangibles* e in particolare del capitale umano, del capitale organizzativo e del capitale relazionale. Saranno altresì inserite ulteriori variabili indipendenti che, seppur non indicative di risorse intangibili, si presume si modifichino in seguito all'attuazione delle strategie passate e che pertanto possono aver prodotto effetti significativi sul reddito. Utilizzando le serie storiche delle variabili considerate, si crea una relazione tra reddito (*Rm*) e altre grandezze collegate alle strategie, utile a determinare le proiezioni del reddito nell'ambito della pianificazione di medio lungo termine. Tale procedimento può essere reiterato per poter determinare gli effetti prodotti sul reddito prospettico da tutte le strategie che l'impresa intende porre in essere.

La relazione ipotizzata risultante dal procedimento appena esposto, nella sua forma più generale, può essere così rappresentata:

$$Rm = b(x) + c(\tau) + d(\gamma) + e(\sigma) + f(\lambda) + g(\alpha) + h(z) + \ldots + i(\varphi) + u \qquad [35]$$

Le variabili indipendenti[48] (all'interno delle parentesi) sono le approssimazioni degli *intangibles* e delle altre variabili (ϕ) che si sono modificate nell'arco di tempo considerato per effetto della strategia adottata in passato dalle aziende campione. I coefficienti angolari sono stimati dallo strumento econometrico e scelti in funzione della loro significatività, scartando quelli che risultano poco rappresentativi in termi-

[48] Le variabili indipendenti, utilizzate per la determinazione del modello, potrebbero cambiare in funzione sia delle diverse strategie messe in atto dalle aziende considerate, sia delle caratteristiche delle aziende del campione studiato.

ni statistici. La variabile stocastica *u* rappresenta l'errore nella stima, errore sul quale si possono proporre diverse ipotesi statistiche di correlazione.

Dopo aver stimato i coefficienti strutturali di settore che mettono in relazione il reddito *Rm* e le altre variabili, avendo per il futuro l'azienda già progettato una determinata strategia, la determinazione del reddito al tempo $n+1$ si avrà sommando al reddito medio prospettico tradizionalmente calcolato l'ammontare degli *intangibles* determinandolo attraverso l'utilizzo di coefficienti strutturali relativi ad ogni variabile che approssima gli *intangibles* della strategia.

Inserendo il reddito prospettico così determinato nella formulazione [27], si ottiene un valore d'avviamento (primo addendo della formula) che tiene conto dell'implementazione della strategia futura e un valore dell'avviamento (secondo addendo della formula) che invece non ne comprende gli effetti. Risulta pertanto possibile stimare e quantificare il maggior valore che l'azienda è in grado di generare sulla base dei risultati del passato e tenendo conto delle scelte strategiche adottate.

11.6 Le valutazioni assolute operate nell'ottica dell'investitore

Il valore di una azienda può essere definito, oltre che attraverso l'attualizzazione dei flussi generati dalla gestione, anche assumendo un'ottica di osservazione esterna all'impresa, ovvero l'ottica dell'attuale o potenziale investitore. La logica di costruzione dei paradigmi valutativi è sempre la stessa, mentre l'elemento di differenziazione è costituito dalla natura dei flussi scontati che nel caso in oggetto sono rappresentati dai flussi percepiti o percepibili dagli azionisti, ovvero i dividendi.

Sulla base di questa impostazione, si procede all'esposizione dei modelli fondati sui dividendi, ovvero i *Dividend Discount Model* che nello specifico sono rappresentati da:

a) il modello base del *Dividend Discount Model*;
b) il modello di Gordon;
c) il modello a due stadi di attualizzazione;
d) il modello H;
e) il modello a tre stadi di attualizzazione.

11.6.1 Il modello base del Dividend Discount Model

I *dividend discount model* costituiscono una applicazione al tema della determinazione dei prezzi azionari delle tecniche e dei principi sottostanti il concetto di valore attuale netto (VAN), tipico strumento di *capital budgeting* utilizzato dal management finanziario per verificare l'opportunità di investimenti in beni durevoli. In effetti, così come avviene per la definizione del VAN, anche per i modelli del dividendo si procede con l'attualizzazione, a un tasso determinato in funzione del rischio e capace di esprimere il costo del capitale proprio, dei flussi di cassa generati dall'investimento in titoli azionari e dunque percepiti dall'azionista. Nella fattispecie, i flussi sono rappresentati dai dividendi erogati dalla società emittente durante il periodo di detenzione del titolo e dal prezzo che lo strumento finanziario assumerà al termine dell'orizzonte temporale considerato.

A tal proposito, si pone però il problema di giustificare e approfondire le determinanti della scelta dei dividendi quali flussi da scontare per il calcolo del valore intrinseco dei titoli azionari. Come noto, i dividendi costituiscono la remunerazione ordinaria collegata all'investimento in quote rappresentative del capitale sociale: avendo definito il valore attuale dell'attività finanziaria funzione del flusso di cassa ricavabile per effetto dell'investimento, ne deriva che tale flusso non può che essere rappresentato proprio dall'ammontare dei dividendi percepiti dall'azionista.

Un ulteriore aspetto da chiarire in merito alle variabili considerate all'interno dei modelli di attualizzazione proposti in questa sede riguarda la distinzione tra dividendi e flussi di cassa, con particolare riferimento alla configurazione di flussi di cassa disponibili per gli azionisti, ovvero i flussi di cassa precedentemente definiti *levered* (*FCFE*). In effetti, contrariamente a quanto potrebbe in apparenza sembrare logico, i dividendi possono non coincidere con il flusso di cassa disponibile per gli azionisti. Quest'ultimo rappresenta il flusso che l'impresa è potenzialmente in grado di distribuire ai titolari di azioni sociali senza compromettere l'equilibrio della gestione finanziaria ed è costituito dal risultato d'esercizio determinato dopo aver soddisfatto tutte le obbligazioni finanziarie, aver provveduto al rimborso dei finanziamenti e alla copertura del fabbisogno derivante da nuovi investimenti, siano essi in capitale fisso o in capitale circolante.

Il valore così determinato esprime il potenziale flusso di dividendi che l'impresa potrebbe distribuire agli azionisti, spesso non coincidente con il flusso effettivo di dividendi a causa della presenza di diversi fattori e della conseguente erogazione di dividendi calcolati in misura maggiore o minore rispetto al flusso di cassa disponibile. Le motivazioni alla base di tale scelta risiedono innanzitutto nella volontà di mostrare agli azionisti in particolare, ma anche al mercato in generale, una immagine dell'azienda capace di evocare stabilità: pertanto, le aziende che intendono perseguire una politica di stabilizzazione dei dividendi erogheranno remunerazioni pressoché costanti nel tempo, a prescindere dalla reale misura del flusso disponibile. Inoltre, l'impresa compie le valutazioni in merito alla distribuzione dei dividendi anche in considerazione dei futuri fabbisogni di capitale che si prevede sorgeranno per effetto di nuovi investimenti: la rilevazione di un fabbisogno prospettico implicherà la riduzione della quota di utili distribuita agli azionisti. Anche il fattore fiscale può costituire un elemento determinante nella scelta tra le alternative di distribuzione o ritenzione dei flussi generati dalla gestione: un trattamento tributario che penalizza i dividendi può spingere l'impresa a preferire una politica di autofinanziamento, soprattutto con riferimento ad aziende caratterizzate da un azionariato su base familiare. Infine, la decisione in merito alla misura dei dividendi da erogare agli azionisti dipende dalle aspettative formulate dal mercato e dai segnali che l'impresa intende far pervenire agli operatori che in esso agiscono[49].

Compiute queste doverose precisazioni, è possibile procedere con l'introduzione dei modelli di attualizzazione dei dividendi. Ipotizzando un solo anno di riferimento,

[49] Damodaran, *Valutazione delle aziende*, cit., pp. 142 e ss.

le affermazioni sopra esposte possono essere facilmente tradotte in termini algebrici nel modo seguente:

$$V_0 = \frac{E(D_1) + E(P_1)}{(1 + i_{CAPM})} \qquad [36]$$

dove:

V_0 = valore dell'azione al tempo 0, ovvero valore intrinseco del titolo. Si preferisce non impiegare il concetto e la simbologia riservata finora al capitale economico per sottolineare il differente approccio adottato;

$E(D_1)$ = valore atteso del dividendo per l'anno 1;

$E(P_1)$ = valore atteso del prezzo finale al termine del periodo di riferimento;

i_{CAPM} = tasso di attualizzazione, espressione del costo del capitale proprio.

La relazione suesposta pone però all'attenzione dell'analista l'ulteriore problema di determinare in maniera corretta il valore atteso del titolo al tempo 1 (prezzo finale). A tal proposito, la soluzione è costruita ripercorrendo il medesimo ragionamento e adottando le stesse considerazioni svolte in precedenza: trattandosi di un'incognita rappresentata dal valore reale dell'azione (ovvero dal suo valore intrinseco), anch'esso potrà essere calcolato come valore attuale dei flussi di cassa futuri, a loro volta di nuovo consistenti nei dividendi erogati nel periodo successivo e nel prezzo previsto al termine dell'orizzonte di riferimento. Pertanto, il valore atteso del prezzo al tempo 1 sarà dato da:

$$E(P_1) = \frac{E(D_2) + E(P_2)}{(1 + i_{CAPM})} \qquad [37]$$

Sostituendo il valore di P_1 così calcolato nella prima formulazione volta a determinare il valore dell'azione al tempo 0, si ottiene la seguente relazione:

$$V_0 = E\left(D_1 + \frac{D_2 + P_2}{1 + i_{CAPM}}\right)\frac{1}{(1 + i_{CAPM})} = \frac{E(D_1)}{(1 + i_{CAPM})} + \frac{E(D_2) + E(P_2)}{(1 + i_{CAPM})^2} \qquad [38]$$

Anche per la determinazione di P_2 si ripropone il medesimo problema e viene adottata la medesima soluzione. Procedendo in tal modo per tutti i periodi di riferimento, si giunge a considerare il valore intrinseco del titolo azionario come funzione dei soli flussi di dividendo futuri, opportunamente attualizzati, e cioè[50]:

$$V_0 = \frac{E(D_1)}{(1 + i_{CAPM})} + \frac{E(D_2)}{(1 + i_{CAPM})^2} + \ldots + \frac{E(D_n)}{(1 + i_{CAPM})^n} = \sum_{t=1}^{n} \frac{E(D_t)}{(1 + i_{CAPM})^t} \qquad [39]$$

[50] Caparrelli F., *Il mercato azionario*, McGraw-Hill, Milano 1995, pp. 95 e ss.

Quest'ultima espressione individua proprio la formulazione del *dividend discount model*. Sulla base di tale impostazione, sono stati elaborati nel corso degli anni altri modelli finalizzati alla determinazione del valore intrinseco dei titoli azionari attraverso l'attualizzazione dei dividendi attesi.

11.6.2 Il modello di Gordon

Il principale limite connesso alla formulazione base del *dividend discount model* appena esposto consiste nella necessità di stimare i flussi di cassa generati dall'investimento azionario per tutta la vita dell'impresa. Si è pertanto manifestata l'esigenza di elaborare un modello capace di superare tale difficoltà e semplificare il processo di valutazione del prezzo dei titoli azionari. Ed è proprio con questa logica che Gordon ha sviluppato un modello capace di coniugare semplicità ed efficacia del percorso di determinazione del valore intrinseco delle attività finanziarie.

L'aspetto innovativo del modello in esame consiste nell'introduzione dell'ipotesi di crescita dei dividendi erogati dalla società emittente: in particolare, si assume un tasso di crescita g, costante per l'intero orizzonte temporale considerato. La validità dello strumento è però subordinata alla verifica di alcune determinate condizioni:

- l'erogazione dei dividendi avviene per un periodo di tempo illimitato ($n \rightarrow \infty$);
- i dividendi crescono sempre a un tasso pari a g;
- c'è corrispondenza tra crescita dei dividendi e crescita degli utili, in quanto la quota di utili distribuita è costante;
- l'impresa non è indebitata;
- il rischio associato all'investimento azionario non muta nel tempo e dunque anche il tasso di attualizzatone i_{CAPM} è costante;
- deve sempre essere verificata la superiorità del tasso di attualizzazione rispetto al tasso di crescita dei dividendi (g), ovvero $i_{CAPM} > g$.

Sulla base di questa impostazione, il modello parte dalla formulazione originaria del *dividend discount model*, inserendo l'ipotesi di crescita costante dei dividendi. La relazione rappresentativa del prezzo azionario, precedentemente indicata con

$$V_0 = \sum_{t=1}^{n} \frac{E(D_t)}{(1+i_{CAPM})^t}$$

diviene pertanto:

$$V_0 = \frac{D_0(1+g)}{(1+i_{CAPM})} + \frac{D_0(1+g)^2}{(1+i_{CAPM})^2} + \ldots + \frac{D_0(1+g)^n}{(1+i_{CAPM})^n} \qquad [40]$$

Tale espressione può essere reimpostata, evidenziando il fatto che la serie dei dividendi segue una progressione geometrica con ragione $(1+g)/(1+i_{CAPM})$, ovvero:

$$V_0 = D_0\left[\left(\frac{1+g}{1+i_{CAPM}}\right)+\left(\frac{1+g}{1+i_{CAPM}}\right)^2+\ldots+\left(\frac{1+g}{1+i_{CAPM}}\right)^n\right] \quad [41]$$

Risolvendo la progressione geometrica così impostata, si ottiene:

$$V_0 = \frac{\dfrac{D_0(1+g)}{(1+i_{CAPM})}\left[1-\left(\dfrac{1+g}{1+i_{CAPM}}\right)^n\right]}{1-\dfrac{1+g}{1+i_{CAPM}}} \quad [42]$$

Ponendo $n \to \infty$ e ricordando che $i_{CAPM} > g$, l'espressione diventa:

$$V_0 = \frac{\dfrac{D_0(1+g)}{(1+i_{CAPM})}}{\dfrac{1+i_{CAPM}-1-g}{1+i_{CAPM}}} = \frac{D_0(1+g)}{i_{CAPM}-g} \quad [43]$$

Sapendo inoltre che $D_0(1+g) = E(D_1)$, è possibile scrivere:

$$V_0 = \frac{E(D_1)}{i_{CAPM}-g} \quad [44]$$

L'osservazione della relazione proposta giustifica e rende di immediata comprensione una delle condizioni imposte per garantire l'applicabilità e la validità concettuale del modello, rappresentata da $i_{CAPM} > g$: in effetti, per valori di g che tendono a eguagliare il tasso di attualizzazione, il valore intrinseco del titolo tende all'infinito. Tale aspetto sarà comunque ripreso e approfondito nel prosieguo della trattazione.

Secondo il modello di Gordon, dunque, il valore reale del titolo azionario al tempo 0 risulta funzione diretta del dividendo atteso nel periodo successivo e del tasso di crescita dei dividendi, mentre è correlato negativamente con il tasso di attualizzazione scelto dall'analista per scontare i flussi generati dall'investimento. Nella formulazione proposta non appaiono invece gli utili conseguiti dalla società emittente. Questa circostanza non costituisce però un limite del modello, bensì evita il formarsi di fuorvianti duplicazioni di valori: in effetti, essendo gli utili scomponibili in una quota distribuita (dividendi, appunto) e in una quota reinvestita all'interno dell'azienda – quota a sua volta potenzialmente idonea a produrre ulteriori utili e dividendi – l'eventuale attualizzazione degli utili stessi in luogo dei dividendi comporterebbe una doppia valutazione dei flussi, una prima volta al momento in cui sono generati, una seconda volta quando conducono alla realizzazione di ulteriore ricchezza. A tal proposito occorre inoltre sottolineare che se gli utili sono trattenuti sotto forma di autofinanziamento, non incidono necessariamente sul livello del prezzo di mercato, mentre nell'ipotesi di una loro distribuzione sono inevitabilmente destinati a influenzare le aspettative sulle quotazioni del titolo.

Dalla relazione rappresentativa del *constant growth dividend discount model* è inoltre possibile derivare l'entità del tasso di attualizzazione, capace di esprimere altresì il costo del capitale proprio e dunque il rendimento che l'azionista si attende di ricevere dall'impiego delle sue risorse. Tale tasso si ottiene dalla seguente formulazione:

$$i_{CAPM} = \frac{D_1}{V_0} + g \qquad [45]$$

dove D/V, ovvero il rapporto tra dividendi distribuiti e prezzo dell'azione rappresenta il cosiddetto *dividend yield*, già esposto in precedenza[51].

Come noto, una delle condizioni di validità del modello di Gordon è rappresentata dalla correlazione tra tasso di crescita dei dividendi e tasso di crescita degli utili. La formulazione dello strumento di indagine permette altresì di stabilire una relazione di eguaglianza implicita tra il tasso di crescita dei dividendi e la crescita del prezzo dell'azione. Ricorrendo all'espressione base del modello in parola, è infatti possibile esprimere il prezzo del titolo al tempo 1 nel modo seguente:

$$E(P_1) = \frac{E(D_2)}{i_{CAPM} - g} \qquad [46]$$

sapendo che il dividendo atteso per il periodo 2 risulta pari al dividendo dell'anno precedente, aumentato nella misura del tasso di crescita *g*, e cioè $E(D_2) = E(D_1)(1+g)$, allora:

$$E(P_1) = \frac{E(D_1)(1+g)}{i_{CAPM} - g} = V_0(1+g) \qquad [47]$$

Il modello di attualizzazione dei dividendi in crescita costante pone in evidenza l'importanza, ai fini della definizione del *true value* del titolo azionario oggetto di

[51] Cfr. capitolo 5.

valutazione, della differenza tra il tasso di attualizzazione e il tasso di crescita associato ai dividendi. Finora, quest'ultimo parametro è stato considerato come un valore acquisito, una variabile esogena rispetto al modello. In realtà, occorre approfondire tale problematica e verificare quale sia la corretta misura del tasso di crescita dei dividendi da impiegare nella stima del prezzo azionario.

Il primo passo da compiere in questa direzione consiste nell'introdurre il concetto di *pay out ratio*, indicatore definito come rapporto tra dividendi conseguiti e utili distribuiti agli azionisti (*D/U*) e, sotto il profilo qualitativo, come strumento di analisi della politica dei dividendi adottata dall'impresa. A tal proposito si assume che il rapporto di *pay out* rimanga immutato per l'intero periodo di osservazione, determinando pertanto un'uguaglianza tra il tasso di crescita dei dividendi e il tasso di crescita degli utili. Sulla base di questa considerazione, il tasso di crescita degli utili può essere espresso semplicemente come variazione percentuale degli utili relativi a due periodi distinti, ovvero:

$$g = \frac{\Delta U}{U} = \frac{U_t - U_{t-1}}{U_{t-1}} \qquad [48]$$

Indicando con *b* la quota di utili non distribuita e dunque reinvestita nell'attività produttiva, allora il *pay out ratio* potrà essere espresso come il valore complementare rispetto a *b*, ovvero $(1 - b)$. A sua volta, il tasso di utili reinvestito sarà dato dal rapporto tra l'utile non distribuito (*I*) e il totale degli utili conseguiti (*U*). Ne consegue che:

$$b = \frac{I}{U} \qquad [49]$$

dove $I = U - D$.

A questo punto è possibile affermare che il tasso di crescita degli utili (e quindi dei dividendi) è funzione diretta della quota di utili reinvestita nell'impresa (e capace di generare altri redditi e altri dividendi) e della redditività dell'attività aziendale (*R*), indicata come rapporto tra la variazione degli utili e la quota di utili non distribuita[52]. Algebricamente:

$$R = \frac{\Delta U}{I} = \frac{U_t - U_{t-1}}{I} = \frac{U_t - U_{t-1}}{(U - D)_{t-1}} \qquad [50]$$

[52] Si tratta, in sostanza, di un indicatore capace di esprimere e misurare la variazione degli utili prodotta dall'autofinanziamento.

Riprendendo l'iniziale formulazione del tasso di crescita degli utili e moltiplicando numeratore e denominatore per l'utile non distribuito ($I = U - D$), si ottiene la seguente relazione:

$$g = \frac{\Delta U}{I} \cdot \frac{I}{U} = \frac{U_t - U_{t-1}}{(U - D)_{t-1}} \cdot \frac{(U - D)_{t-1}}{U_{t-1}} = R \cdot b \qquad [51]$$

Una volta determinato il tasso di crescita dei dividendi, occorre però compiere alcune precisazioni. È stato affermato in precedenza, e si rende evidente dallo studio della formulazione del modello di Gordon, che il valore intrinseco del titolo azionario è funzione diretta del tasso di crescita g: ciò però non equivale ad affermare che un aumento del tasso di crescita dei dividendi implica sempre e comunque un aumento del valore dell'azione. Per chiarire meglio tale concetto è necessario osservare che l'aumento del tasso g può essere determinato da un miglioramento nel livello della redditività aziendale espressa da R, oppure da una crescita nella quota di utili non distribuiti e reinvestiti nell'attività. Mentre nella prima ipotesi si realizza un innalzamento del *true value*, nel secondo caso (aumento di b) bisogna verificare se R risulta maggiore o minore rispetto al tasso di attualizzazione i_{CAPM}: soltanto la condizione $R > i_{CAPM}$ consente di incrementare il valore del titolo.

La corretta determinazione del tasso di crescita dei dividendi appare un elemento imprescindibile per garantire l'applicazione e la validità del modello di Gordon, stante la notevole influenza che tale parametro riveste all'interno della relazione di riferimento e quindi ai fini della stima del valore reale dell'azione, ma anche in considerazione del fatto che la misura di g deve necessariamente essere mantenuta al di sotto dell'entità del tasso di attualizzazione. Appare però utile verificare e studiare le conseguenze derivanti dal manifestarsi di una condizione opposta rispetto a quella richiesta per assicurare l'efficacia del *dividend model*, ovvero una superiorità del tasso di crescita rispetto al tasso di sconto. Una simile circostanza determinerebbe, come è evidente, un valore del titolo azionario tendente all'infinito, o di segno negativo: a tal proposito, diversi autori e studiosi hanno cercato una soluzione del problema.

In primo luogo, appare opportuno sottolineare che, ipotizzando una crescita dei dividendi e degli utili inferiore rispetto al costo del capitale, Gordon ha implicitamente attribuito ai dividendi più lontani nel tempo un significato e un peso ai fini della valutazione pressoché irrilevanti. Nel passare da questa condizione di equilibrio, all'ipotesi opposta, contrassegnata da $g > i_{CAPM}$, decade la validità di una tale affermazione, in quanto i dividendi erogati e percepiti in periodi più remoti tenderebbero ad assumere valori sempre più elevati, in quanto crescenti a un tasso superiore rispetto al tasso di attualizzazione[53].

[53] Giuliani S., *Crescita e valore. Note in margine al modello di Gordon*, in Atti dell'Incontro di Finanza aziendale del 16 luglio 2001, Università Bocconi, Milano 2001, p. 22.

Il verificarsi di un simile evento può trovare soluzione direttamente all'interno del mercato, per effetto dei meccanismi innescati da domanda e offerta. Secondo questa impostazione, infatti, la differenza tra tasso di crescita e tasso di attualizzazione potrebbe essere sanata dall'azione degli operatori sui mercati dei capitali, tendente ad aumentare il tasso di sconto e ristabilire l'equilibrio tra le due variabili. Seguendo la formulazione del modello di crescita costante dei dividendi, la superiorità del tasso di crescita dei dividendi rispetto al costo del capitale comporterebbe la presenza di un maggiore rischio, giustificato proprio dalla dinamica in aumento del fattore g. In quest'ottica, la relazione del modello di Gordon, espressa in funzione del tasso di sconto, diventerebbe:

$$i_{CAPM} + \Phi = \frac{E(D_1)}{V_0} + g \qquad [52]$$

dove Φ indica proprio il maggior rischio associato all'investimento. Pertanto:

$$i_{CAPM} - g = \frac{E(D_1)}{V_0} - \Phi \qquad [53]$$

Un'altra possibile risposta al problema della superiorità del tasso di crescita consiste nell'applicare un tasso di attualizzazione sempre maggiore per scontare i flussi di dividendo più remoti, al fine di assegnare loro un valore attuale irrilevante e riconducendo pertanto il modello alle ipotesi di base formulate da Gordon[54].

Dalle considerazioni riportate emerge con evidenza che il mancato rispetto della condizione posta dallo strumento in esame e relativa alla costante verifica di un *gap* positivo tra il tasso di sconto e il tasso di crescita, comporta la non applicabilità del modello o, in alternativa, il ricorso a ipotesi e soluzioni non perfettamente coerenti e compatibili con la logica sottostante il modello stesso.

Un ulteriore limite connesso al *constant growth dividend discount model* è riconducibile all'assunto in base al quale, dato un determinato tasso di crescita dei dividendi g, tutte le altre variabili economiche e finanziarie relative all'impresa abbiano una dinamica evolutiva segnata dallo stesso tasso di crescita. Il limite in questione, rappresentando già di per sé un vincolo stringente all'operatività e alla validità concettuale del modello, assume un significato rilevante in presenza dell'effetto di leva operativa.

Come noto, il grado di leva operativa misura gli effetti prodotti sul reddito operativo dall'aumento della produzione e del livello delle vendite, conseguenti alla realiz-

[54] Clendenin J.C., Van Clave M., *Growth and Common Stocks Values*, «Journal of Finance», 9, 1954; Durand D., *Growth Stocks and the Petersbourg Paradox*, «Journal of Finance», 12, 1957.

zazione di nuovi investimenti generatori di costi fissi. La misura del grado di leva operativa può essere offerta dalla seguente relazione:

$$GLO = \frac{Q(P - CVu)}{Q(P - CVu) - F}$$

dove:

Q = quantità prodotta e venduta;
P = prezzo unitario di vendita;
CVu = costi variabili unitari;
F = costi fissi complessivi.

Ne deriva che la leva operativa costituisce il rapporto tra il margine di contribuzione complessivo (*MC*, ovvero ciò che residua per la copertura dei costi fissi dopo la copertura dei costi variabili), e il reddito generato dalla gestione caratteristica dell'impresa (*RO*). Algebricamente:

$$GLO = \frac{MC}{RO}$$

La presenza di costi fissi nella struttura economica dell'azienda implica una crescita del grado di leva operativa, ma anche un innalzamento del suo livello di rischiosità per effetto della necessità di raggiungere risultati più elevati. Ciò determina una variazione del reddito operativo diversa rispetto alla variazione subita dalle vendite in seguito all'introduzione di maggiori costi fissi.

Appare pertanto irrealistica l'ipotesi formulata da Gordon e inerente la variabilità di tutte le grandezze economiche e finanziarie ricollegabili all'impresa allo stesso tasso di crescita *g*: tale circostanza renderebbe il modello valido ed efficace soltanto nel caso, decisamente poco probabile, di totale assenza dei costi fissi[55].

Un'ultima critica spesso rivolta al modello di attualizzazione dei dividendi elaborato da Gordon riguarda ancora una volta il tasso di crescita utilizzato nella sua formulazione, o meglio l'ipotesi di fondo utilizzata dall'Autore e relativa all'applicazione di un unico tasso di crescita per i flussi di dividendi registrati nell'intero periodo temporale di riferimento. Appare infatti poco realistico ipotizzare l'esistenza di imprese che seguono un percorso di crescita segnato sempre dal medesimo tasso di sviluppo: si tratta di una circostanza ancora meno probabile se si considera l'attuale ambiente competitivo nel quale le aziende si trovano a operare, ambiente caratterizzato da un elevato livello di turbolenza, soprattutto con riferimento ad alcuni particolari comparti economici, quali ad esempio quelli delle nuove tecnologie, contraddistinti da tassi di crescita decisamente superiori alla media e facilmente mutabili nel tempo.

[55] Si veda in proposito il lavoro svolto da Giuliani, *Crescita e valore*, cit., pp. 25 e ss. e finalizzato a verificare, attraverso la costruzione di opportuni esempi numerici, la validità di tali affermazioni.

Ne consegue che il *constant growth dividend discount model* riesce a trovare una opportuna e corretta applicazione soprattutto in relazione a imprese contraddistinte da un tasso di crescita stabile (collocate, cioè, nella fase di maturità del loro ciclo di vita) e che pongono in essere una politica dei dividendi costante nel tempo.

11.6.3 Il modello a due stadi di attualizzazione dei dividendi

Il precedente studio compiuto sulle caratteristiche e sulla funzionalità del modello di crescita di Gordon ha permesso di porne in evidenza i limiti maggiormente significativi, tutti più o meno direttamente riconducibili alla stima e al significato da attribuire al tasso di crescita dei dividendi. In ultima analisi, è stata sottolineata in particolare l'eccessiva forzatura insita nel considerare lo sviluppo dell'impresa uniforme per tutta la durata della sua vita, adottando di conseguenza un solo tasso di crescita.

Nel tentativo di superare tale limite sono stati elaborati altri modelli che invece distinguono i tassi di crescita da applicare nella valutazione dei titoli azionari a seconda della fase del ciclo di vita attraversata dall'impresa. In particolare, il modello a due stadi di attualizzazione dei dividendi, come suggerisce la stessa denominazione, si caratterizza per la presenza di due distinti tassi di crescita, uno relativo al periodo di sviluppo dell'azienda e dunque particolarmente elevato, l'altro associato alla fase di maturità attraversata in un secondo tempo dall'azienda (Fig. 11.4).

Sfruttando gli stessi concetti e la medesima simbologia utilizzati in precedenza, è possibile individuare la formulazione algebrica rappresentativa del modello in parola:

$$V_0 = \sum_{t=1}^{n} \frac{D_0 \left(1 + g_1\right)^t}{\left(1 + i_{CAPM}\right)^t} + \frac{V_n}{\left(1 + i_{CAPM}\right)^n} \qquad [54]$$

dove:

$$V_n = \frac{D_{n+1}}{i_{CAPM} - g_2} = \text{prezzo del titolo al termine del periodo di riferimento;} \qquad [55]$$

g_1 = tasso di crescita elevato applicato per i primi n anni di vita dell'impresa;
g_2 = tasso di crescita stabile applicato dopo l'anno n.

Assumendo l'ipotesi base del modello, ovvero l'esistenza di una prima fase caratterizzata da un forte sviluppo e da una seconda fase di stabilità, occorre altresì ritenere che il tasso di distribuzione degli utili sarà maggiore durante il periodo di crescita stabile in quanto, in genere, un'impresa stabile è in grado di assicurare il pagamento di dividendi più elevati rispetto a un'impresa in espansione. Tale considerazione si rende necessaria al fine di garantire la coerenza tra il tasso di distribuzione degli utili e il tasso di crescita degli stessi.

Pur se concettualmente più corretto rispetto al modello di crescita costante dei dividendi, almeno relativamente a quelle imprese che mostrano una crescita differen-

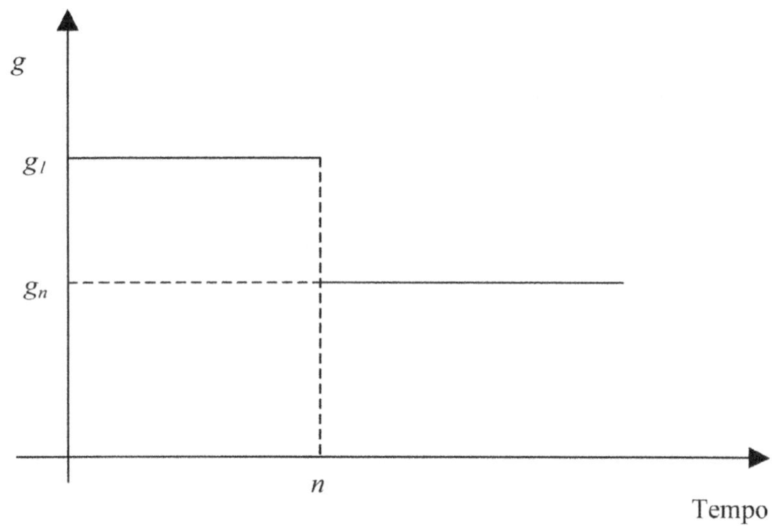

Fig. 11.4 Il modello a due stadi di attualizzazione dei dividendi

ziata nelle diverse fasi del loro ciclo di vita, il modello a due stadi di attualizzazione presenta comunque alcune problematiche applicative. In primo luogo, occorre definire con esattezza la lunghezza del periodo (n) cui applicare il tasso di crescita straordinario (g_l). Si tratta di un aspetto rilevante ai fini della stima del valore intrinseco del titolo azionario: quest'ultimo, infatti, essendo funzione diretta del tasso di crescita, aumenta all'aumentare di g_l e dunque risulta più elevato se, a parità di altre condizioni, si assume un periodo di riferimento più lungo.

Inoltre, il modello oggetto di studio ipotizza il passaggio immediato e repentino da un tasso di crescita elevato g_l a un tasso di crescita inferiore (g_2), alla fine dell'orizzonte di riferimento n: in realtà, pur essendo possibile il verificarsi di una tale circostanza, appare sicuramente più plausibile una riduzione graduale del tasso di sviluppo dei dividendi.

Infine, appare appena il caso di segnalare che nella formulazione del modello proposta figura anche il prezzo finale del titolo azionario, determinato sulla base del *constant growth dividend discount model*: ne consegue che il modello a due stadi eredita, almeno in parte, i limiti in precedenza segnalati con riferimento all'impostazione di Gordon.

11.6.4 Il modello H

Così come avviene per il modello di attualizzazione a due stadi, anche il modello H si pone come una soluzione al problema della determinazione del valore intrinseco dei titoli azionari, superando il limite concettuale più evidente caratterizzante il modello di Gordon e sintetizzabile nella assunzione di un tasso di crescita dei dividendi co-

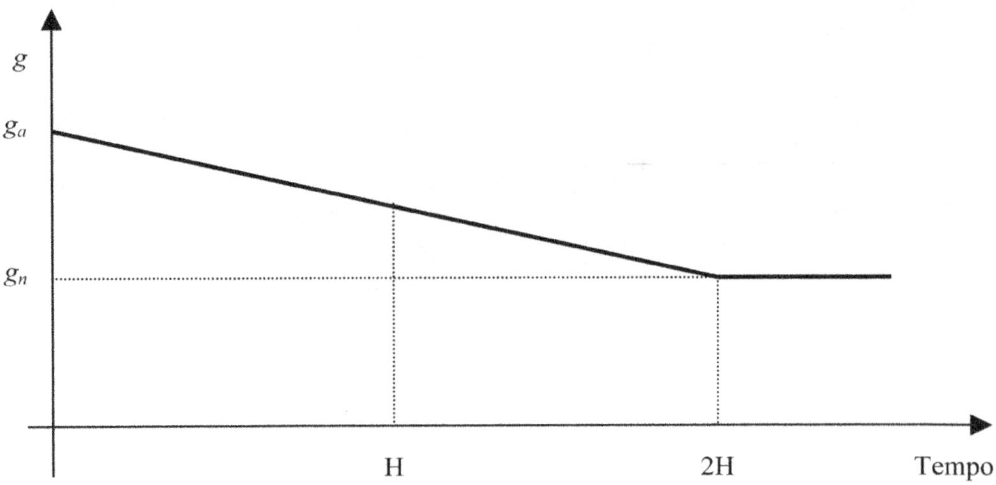

Fig. 11.5 L'andamento del tasso di crescita nel modello H

stante. L'aspetto innovativo introdotto da Fuller e Hsia[56], autori della metodologia di calcolo in parola, consiste nell'ipotizzare un tasso di crescita di partenza elevato (g_a) che però inizia a decrescere, seguendo un andamento lineare, fino a raggiungere, dopo un periodo di tempo doppio rispetto al momento di inizio della riduzione (da qui la denominazione 2H), il tasso di crescita normale (g_n). È possibile rappresentare graficamente l'evoluzione seguita dal tasso di crescita come in figura 11.5.

Dal punto di vista algebrico, il modello H è rappresentato dalla seguente equazione:

$$V_0 = \frac{D_0}{i_{CAPM} - g_n}\left[\left(1 + g_n\right) + H\left(g_a - g_n\right)\right] \qquad [56]$$

La relazione precedente può essere impostata in modo tale da rendere evidente il valore dell'azione attribuibile a un tasso di crescita normale e il maggior valore (premio, proporzionale al periodo H considerato) derivante dalla presenza di un tasso di crescita iniziale superiore. In formula:

$$V_0 = \underbrace{\frac{D_0\left(1 + g_n\right)}{i_{CAPM} - g_n}}_{\substack{\text{valore in base}\\ \text{al tasso di crescita}\\ \text{normale}}} + \underbrace{\frac{D_0 H\left(g_a - g_n\right)}{i_{CAPM} - g_n}}_{\substack{\text{valore in base}\\ \text{al tasso di crescita}\\ \text{anormale}}} \qquad [57]$$

[56] Fuller R.J., Hsia C.C., *A Semplified Model for Estimatine Stock Prices of Growth Firms*, «Financial Analysts Journal», maggio-giugno 1984.

È evidente che se g_a risultasse inferiore rispetto al tasso di crescita normale, non si avrebbe un premio, ma uno sconto applicato alla determinazione del valore intrinseco del titolo. Laddove, invece, i due tassi di crescita fossero uguali, si ricadrebbe automaticamente nell'ambito di applicazione del modello di attualizzazione dei dividendi con crescita costante.

Dalla relazione base del modello è possibile altresì derivare la misura del tasso di attualizzazione, pari a[57]:

$$i_{CAPM} = \frac{D_0}{V_0}\left[\left(1+g_n\right)+H\left(g_a-g_n\right)\right]+g_n \qquad [58]$$

Il modello H presenta però alcuni limiti. In primo luogo, esso fonda la sua validità operativa sul presupposto che il tasso di crescita «anormale» decresca seguendo puntualmente un andamento lineare: eventuali scostamenti nell'evoluzione del tasso rispetto al percorso stabilito implicherebbero la formazione di risultati scarsamente significativi.

Inoltre, il modello assume, quale condizione essenziale, la costanza del tasso di distribuzione dei dividendi: si tratta però di un'ipotesi poco realistica, se si considera che, in linea generale, una riduzione del tasso di crescita determina automaticamente un aumento del livello di distribuzione dei dividendi.

Nonostante la presenza di tali limiti concettuali, il modello H appare comunque di notevole utilità, stante la facilità di calcolo che comporta e la sua capacità di adattarsi in maniera specifica alle esigenze di valutazione di imprese caratterizzate da una elevata crescita iniziale, ma per le quali in prospettiva è facile ipotizzare una graduale normalizzazione dei tassi di crescita.

11.6.5 Il modello a tre stadi di attualizzazione dei dividendi

Sempre partendo dalla convinzione della scarsa aderenza con la realtà dell'ipotesi di crescita costante dei dividendi, il modello a tre stadi di attualizzazione compie un ulteriore passo avanti rispetto agli strumenti di analisi finora esposti, assumendo un orizzonte temporale di riferimento scomponibile in tre distinte fasi, a ciascuna delle quali è associato un tasso di crescita con andamento diverso. In particolare, si parte dal presupposto che in un primo momento l'impresa cresca stabilmente a un tasso elevato (g_a) per un periodo di tempo corrispondente ad A. Segue poi un periodo di transizione fino ad arrivare al tempo B, durante il quale il tasso di crescita diminuisce gradualmente fino ad attestarsi, all'inizio della terza e ultima fase, al livello del tasso di crescita normale (g_n). Graficamente, il modello a tre stadi può essere rappresentato come in figura 11.6.

[57] Sulla base di questa impostazione, emerge che a parità di tassi di crescita, e cioè per $g_a = g_n$, e ricordando che $D_1 = D_0\,(1 + g)$, il tasso di attualizzazione, espressione del rendimento generato dal titolo, assume il medesimo valore ottenuto attraverso il modello di Gordon, ovvero $k = D_1/P_0 + g$.

Fig. 11.6 L'andamento del tasso di crescita nel modello a tre stadi

Si passa pertanto da un periodo di rapida crescita ed espansione, caratterizzato da elevati utili per azione, alti ricavi e margini di profitto e da un ridotto livello del rapporto di *pay out*, a una fase intermedia che segna una riduzione dello sviluppo e delle variabili ad esso collegate direttamente (come gli utili per azione e i profitti) e da un graduale aumento del tasso di distribuzione degli utili, fino ad arrivare alla fase finale, durante la quale si assiste a una stabilizzazione di tutte le variabili in gioco. Da quanto esposto emerge pertanto che il tasso di distribuzione degli utili assume un andamento perfettamente opposto rispetto a quello fatto segnare dal tasso di crescita (Fig. 11.7).

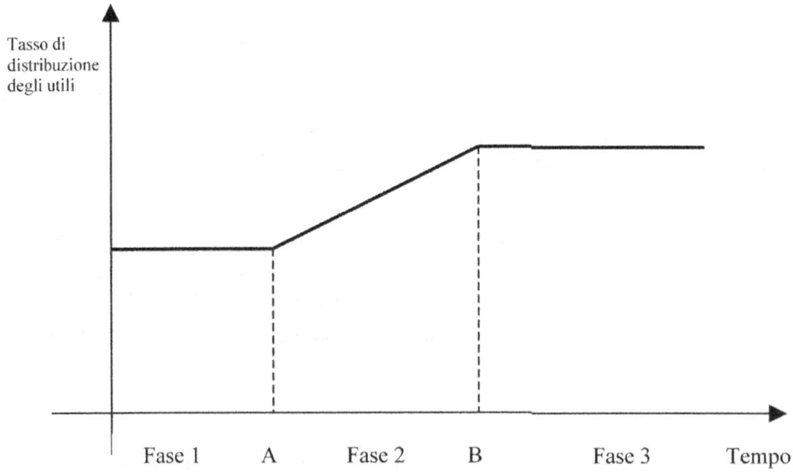

Fig. 11.7 L'andamento del tasso di distribuzione degli utili

La variabilità del tasso di distribuzione dei dividendi e dunque l'assenza di vincoli specifici su tale parametro, a differenza di quanto avviene per i modelli già esaminati, costituisce senza dubbio un vantaggio del modello a tre stadi di attualizzazione e ne pone in evidenza la flessibilità.

Considerando il periodo di riferimento complessivo corrispondente a t, il valore intrinseco del titolo azionario può essere determinato nel modo seguente:

$$V_0 = \underbrace{D_0 \sum_{t=1}^{A} \left(\frac{1+g_a}{1+i_{CAPM}} \right)^t}_{Fase\ 1} + \underbrace{\sum_{t=A+1}^{B} \left(\frac{D_{t-1}(1+g_t)}{(1+i_{CAPM})^t} \right)}_{Fase\ 2} + \underbrace{\frac{D_B(1+g_n)}{(1+i_{CAPM})^B (i_{CAPM} - g_n)}}_{Fase\ 3} \qquad [59]$$

Dove g_t rappresenta il tasso di crescita registrato durante il periodo di transizione (fase due) e può essere determinato come segue:

$$g_t = g_a - (g_a - g_n)\frac{t-A}{B-A} \qquad [60]$$

Come accennato in precedenza, il principale vantaggio connesso al modello di attualizzazione dei dividendi a tre stadi è sintetizzabile nella sua estrema flessibilità, caratteristica che lo rende idoneo ad essere applicato per la valutazione di aziende che mostrano una dinamica evolutiva mutabile nel tempo e una politica dei dividendi coerente con le fasi di sviluppo attraversate e dunque anch'essa variabile.

11.7 Una alternativa per la valutazione delle aziende in crescita: il modello di Solomon

I modelli fondati sull'attualizzazione dei dividendi e in particolare il modello di Gordon e le versioni elaborate nel tentativo di superarne i limiti, ovvero tutti i modelli che inglobano il tasso g, possono trovare impiego nella valutazione delle aziende in crescita, ovvero di aziende che si trovano in una fase di sviluppo del proprio ciclo di vita.

È possibile però proporre un modello alternativo rispetto ai *dividend discount model* per la misurazione del valore di aziende in crescita, ovvero il modello di Gordon. Nella formulazione di questo modello, l'autore parte dall'individuazione delle origini della crescita aziendale che possono essere riassunte in due categorie. La crescita, infatti, può derivare da investimenti effettuati negli esercizi precedenti con lo scopo di accrescere la capacità produttiva dell'impresa. Quando, per effetto di tale strategia, si assiste a un aumento della redditività aziendale, si verifica una crescita dell'impresa. Tale fenomeno determina un incremento degli utili soprattutto nei primi anni e si riduce fino a stabilizzarsi parallelamente alla riduzione della vita utile dei beni.

La crescita dell'impresa e della sua redditività può altresì dipendere dalla politica dei dividendi posta in essere: la ritenzione di utili e il loro reinvestimento in azienda possono determinare un'espansione dell'impresa – allorché gli utili siano reinvestiti a un tasso non superiore a quello medio del settore di appartenenza – oppure una situazione di sviluppo – allorché gli utili siano reinvestiti a un tasso superiore al tasso medio di settore[58].

Ed è proprio al verificarsi di quest'ultima ipotesi che si può parlare di aumento del valore dell'impresa. Considerando, quindi, un tasso di rendimento degli utili reinvestiti (r) maggiore del tasso di attualizzazione degli utili d'impresa (i_{CAPM}) e una percentuale di utili trattenuta nell'azienda e quindi reinvestita pari a b, è possibile impostare una relazione capace di esprimere il valore della crescita aziendale. Tale valore è funzione dell'ammontare di risorse reinvestite nell'impresa (e cioè della quota di utili trattenuti, $b \cdot Rm$) e del tasso di rendimento dei reinvestimenti. In formula:

$$G = \frac{\dfrac{b \cdot Rm \cdot r}{i_{CAPM}}}{i_{CAPM}} = \frac{b \cdot Rm \cdot r}{i_{CAPM}^2} \qquad [61]$$

Dall'osservazione della formula emerge una duplice procedura di attualizzazione: la prima (numeratore del rapporto) è necessaria per determinare il flusso, il quale successivamente sarà scontato al fine di ottenere il valore attuale della crescita. Uno degli aspetti più significativi di questo modello è rappresentato dal fatto che si presuppone il reinvestimento di quantità costanti di risorse (corrispondenti a $b \cdot Rm$): il tasso di incremento dei flussi reinvestiti diminuisce nel tempo in quanto decresce l'incidenza degli utili trattenuti sul livello del reddito[59].

Ponendo $r = m \cdot i_{CAPM}$ dove m rappresenta il rapporto tra il rendimento dei reinvestimenti e il tasso di attualizzazione e assume un valore maggiore di 1, la relazione sopra riportata diventa:

$$G = \frac{b \cdot R \cdot m \cdot i}{i^2} = \frac{b \cdot R \cdot m}{i} \qquad [62]$$

Il valore dell'impresa in crescita sarà quindi dato dalla somma algebrica tra il valore dell'impresa statica, ottenuto dalla semplice capitalizzazione del reddito medio atteso $\left(\frac{Rm}{i_{CAPM}}\right)$, il valore degli utili derivati dai reinvestimenti $\left(\frac{b \cdot Rm \cdot m}{i_{CAPM}}\right)$ e il valore

[58] Moschetta E., *La valutazione delle imprese in crescita. Modelli di finanza e problematiche di applicazione*, Egea, Milano 2000, pp. 32-33.

[59] Si parla in tal caso di modelli *additivi*.

delle risorse reinvestite negli esercizi futuri $\left(-\frac{b \cdot Rm}{i_{CAPM}}\right)$. L'algoritmo del valore dell'impresa in crescita è il seguente:

$$V = \frac{Rm}{i_{CAPM}} + \frac{b \cdot Rm \cdot m}{i_{CAPM}} - \frac{b \cdot Rm}{i_{CAPM}} = \frac{Rm(1 + bm - b)}{i_{CAPM}} \qquad [63]$$

Un particolare chiarimento merita la deduzione dalla somma algebrica proposta del valore delle risorse reinvestite $\left(-\frac{b \cdot Rm}{i_{CAPM}}\right)$. La motivazione alla base della necessità di sottrarre tale valore dalla somma tra valore dell'impresa statica $\left(\frac{Rm}{i_{CAPM}}\right)$ e la misura della crescita (*G*) è riconducibile all'esigenza di evitare la formazione di duplicazioni di valore. In effetti, il reddito *R* è composto da una quota di utili destinati alla remunerazione degli azionisti (*d*) e una quota di utili da reinvestire (*b*): ne consegue che il valore ottenuto dall'applicazione della formula del metodo reddituale ingloba anche il valore degli utili reinvestiti, poi nuovamente calcolati nel valore della crescita.

Il limite più evidente di questo modello risiede proprio nell'ipotesi di partenza che prevede un reinvestimento costante di risorse nel tempo: ne consegue l'inapplicabilità della logica di calcolo del valore dell'impresa in quei contesti caratterizzati da elevata dinamicità.

11.8 Le valutazioni relative

Nell'esprimere la logica e le caratteristiche del Giudizio Integrato di Valutazione è stato posto l'accento sulla necessità di integrare le tradizionali metodologie di valutazione delle imprese fondate sui metodi assoluti appena esposti, con criteri relativi applicati attraverso la costruzione di multipli.

Il crescente impiego nell'ambito delle valutazioni d'azienda del meccanismo dei moltiplicatori trova giustificazione in una serie di fattori già citati in precedenza e tra i quali si ricorda: la difficoltà nelle procedure di raccolta delle informazioni e di stima dei flussi di cassa da impiegare nei metodi assoluti; l'esigenza di introdurre numerose ipotesi di partenza per la costruzione dell'algoritmo di valutazione; la maggiore semplicità applicativa, nonché l'immediatezza di interpretazione dei risultati che contraddistinguono le valutazioni relative; la presenza nei moltiplicatori di un riferimento diretto alle valutazioni compiute dal mercato attraverso la formazione dei prezzi. Le categorie di operatori che fanno più spesso ricorso all'impiego dei multipli sono le *merchant bank* e le *investment bank*, anche se ad oggi tali metodologie sono largamente applicate da tutti i soggetti professionali che si occupano di valutazioni d'azienda.

L'«abuso» dei multipli registrato nel corso degli ultimi anni ha però posto in evidenza i limiti degli stessi, manifestati soprattutto a causa del loro non corretto utilizzo che ha portato alla formazione, accanto ai «veri» multipli, di numerosi «falsi» multipli, provocando clamorosi errori di valutazione e contribuendo sensibilmente ad accrescere i problemi di inefficienza dei mercati finanziari.

L'obiettivo che ci si propone di raggiungere attraverso il ricorso alla logica delle valutazioni relative consiste nel definire il valore di una azienda in funzione dei prezzi attribuiti dal mercato a imprese simili: tale meccanismo consente, come sarà specificato tra breve, di individuare le principali leve del valore, ovvero quelle variabili aziendali maggiormente in grado di accrescere il valore dell'organizzazione e che pertanto ne sintetizzano le dimensioni. Ed è proprio questo l'elemento distintivo dei multipli, ovvero il fattore destinato a integrare le informazioni ottenute con il ricorso alle valutazioni assolute.

In termini del tutto generici, l'uso dei moltiplicatori si sostanzia nella costruzione di un rapporto e il loro funzionamento si basa su una relazione del tipo:

$$\left(\frac{W}{J}\right)_T = \left(\frac{P}{J}\right)_S \qquad [64]$$

dove:

$\left(\frac{W}{J}\right)_T$ = moltiplicatore dell'azienda oggetto di valutazione, ovvero dell'azienda *target*;

$\left(\frac{P}{J}\right)_S$ = moltiplicatore di mercato di un insieme di imprese simili;

W_T = valore del capitale economico dell'azienda *target*, ovvero l'incognita del processo di valutazione;

P_S = prezzo di mercato delle aziende simili;

J_T, J_S = leve del valore, ovvero grandezze capaci di esprimere in maniera sintetica il valore dell'impresa.

Sulla base di questa impostazione, si giunge alla seguente formula che pone in evidenza l'entità del capitale economico dell'azienda considerata[60]:

[60] Ambrosetti G, Pappalardo A., *La valutazione delle aziende con il metodo dei moltiplicatori*, «Analisi Finanziaria», 26, 1997, pp. 5 e ss.

$$W_T = J_T \left(\frac{P}{J} \right)_S \qquad [65]$$

Dalle considerazioni svolte emerge con tutta evidenza il ruolo di primo piano rivestito dal prezzo di mercato di aziende simili. Tale aspetto consente di specificare alcuni fondamentali requisiti da garantire nella costruzione di un buon moltiplicatore[61]:

- esistenza di un legame significativo e dimostrabile tra il prezzo e la leva del valore prescelta. Il legame in parola, inoltre, deve trovare collocazione in una formula razionale;
- stabilità nel tempo del valore ottenuto dal multiplo, il quale può subire variazioni soltanto per effetto di reali cambiamenti intervenuti nella misura del valore d'azienda;
- nell'ipotesi di impiego di multipli su società comparabili, è necessario poter individuare i fattori alla base di eventuali differenze riscontrate tra più multipli.

Si tratta, a ben vedere, di condizioni la cui verifica consente di discernere, come accennato in precedenza, tra «buoni» e «cattivi» moltiplicatori, o meglio tra multipli realmente in grado di esprimere il valore di una impresa e semplici indicatori empirici di valore.

I multipli possono essere distinti in due categorie fondamentali, a seconda dell'oggetto cui fa riferimento il prezzo di mercato:

1) multipli fondati su società comparabili, nei quali il prezzo scaturisce dal valore di mercato attribuito a società con caratteristiche simili rispetto all'azienda *target*. Questo approccio può essere impiegato sia nella logica *equity side*, sia nella logica *asset side*;
2) multipli fondati su transazioni comparabili, nei quali il prezzo è frutto di precedenti negoziazioni aventi per oggetto pacchetti di controllo di società simili.

Si procede pertanto con l'esposizione di entrambi gli approcci.

11.8.1 I multipli di società comparabili

La tipologia di multipli che trova maggiore applicazione nella pratica professionale è senz'altro rappresentata da quelli fondati su società comparabili, la cui costruzione prevede, come anticipato, il riferimento al prezzo di mercato di aziende simili. Appare del tutto evidente come uno degli aspetti più delicati e insidiosi nella stima in parola consiste proprio nel definire e selezionare il campione di aziende simili. Stante il carattere di originalità che contraddistingue ogni azienda e la conseguente impossibi-

[61] Guatri L., Bini M., *I moltiplicatori nella valutazione delle aziende*, vol. 1, *Principi e linee guida professionali*, Università Bocconi, Milano 2002, p. 21.

lità di individuare aziende «uguali», si rende necessario introdurre un certo livello di approssimazione e valutare le aziende simili all'azienda *target* con riferimento ad alcuni parametri:

- settore economico di appartenenza;
- dimensione, sia in termini di capacità produttiva, sia in termini di numero di fatturato;
- fase del ciclo di vita attraversata;
- rischio operativo e finanziario;
- numero di addetti;
- sistema di *governance*;
- tecnologia impiegata;
- ecc.

Ovviamente, al crescere del numero dei fattori considerati, aumenta il carattere di similitudine tra le aziende e dunque il grado di correttezza della selezione, ma al tempo stesso si riduce l'ampiezza del potenziale campione di riferimento.

Dopo aver individuato le aziende del campione e i relativi prezzi espressi dalle quotazioni del mercato, si procede con la costruzione del modello, la quale si differenzia in base all'approccio seguito.

I multipli equity side

Come più volte affermato nel corso della precedente trattazione, la logica *equity side* presuppone una stima diretta del valore economico del capitale. I multipli *equity side*, definiti anche multipli di capitale, sono elaborati ponendo al numeratore del rapporto il prezzo di borsa dell'azienda o delle aziende simili, ovvero il loro livello di capitalizzazione espresso dal mercato ufficiale. La scelta del denominatore del rapporto, ovvero della leva del valore, generalmente rappresentata da una misura di *performance* o da una variabile di natura contabile, deve avvenire in maniera coerente rispetto al numeratore: pertanto, deve trattarsi di grandezze definite al netto di proventi e oneri generati dalla gestione finanziaria, ovvero di grandezze *unlevered*. Le possibili alternative sono rappresentate da:

- utile netto (complessivo e per azione). Si tratta dell'*earning* o dell'*earning per share* il cui inserimento al denominatore di un rapporto dove figura il prezzo di mercato del titolo conduce alla costruzione del *price earning* (*P/E*), il multiplo di borsa in assoluto più impiegato nella pratica;
- *cash earning*, dato dalla somma tra il reddito netto e gli ammortamenti;
- flusso di cassa disponibile per gli azionisti (*FCFE*), ovvero il *levered cash flow*, così come definito in sede di esposizione dei metodi finanziari;
- ammontare delle vendite (*sales*), variabile caratterizzata da un elevato grado di oggettività, stante la difficoltà di manipolare un dato certo quale il fatturato;
- valore contabile (*book value*);

- dividendi. In questo caso l'indicatore derivante dalla stima costituisce il noto *dividend yield*.

Se il numeratore del rapporto (prezzo) è espresso in termini complessivi (valore della capitalizzazione di borsa), anche il denominatore (leva del valore) deve essere scelto con il medesimo criterio; se, viceversa, il prezzo è considerato in termini unitari, il denominatore sarà suddiviso per il numero delle azioni. Quest'ultima scelta è quella maggiormente seguita nella pratica e alla quale si farà implicito riferimento nel corso della trattazione.

La costruzione dei multipli di capitale segue esattamente il percorso precedentemente individuato in una logia generale. Le formulazioni da adottare sono pertanto quelle definite nella [64] e nella [65]:

$$\left(\frac{W}{J}\right)_T = \left(\frac{P}{J}\right)_S$$

da cui:

$$W_T = J_T \left(\frac{P}{J}\right)_S$$

dove J_T, J_S possono essere rappresentate di volta in volta dalle variabili appena elencate.

A questo punto appare opportuno approfondire le dinamiche di costruzione e interpretazione dei principali multipli *equity side* adottati nelle valutazioni d'azienda.

Il price earning o multiplo dell'utile

Si tratta, come già sottolineato, del moltiplicatore maggiormente utilizzato nella pratica professionale e si ottiene dal rapporto tra il prezzo di mercato e l'utile per azione. Il largo impiego di tale indicatore trova giustificazione sia nella sua semplicità di calcolo, sia nella capacità di esprimere una relazione immediata tra il prezzo di una azienda e la redditività della gestione. Spesso però, come sarà sottolineato nel proseguo della trattazione, si riscontra un abuso del multiplo in parola, sottovalutando i limiti e le pur presenti difficoltà applicative del criterio e trascurando di conseguenza il valore segnaletico del legame tra la stima effettuata e i fondamentali d'azienda.

In prima analisi il rapporto prezzo/utili può essere impostato semplicemente come segue:

$$\frac{P}{E} = \frac{P_0}{EPS_1} \qquad [66]$$

dove P_0 rappresenta, come noto, il prezzo del titolo al tempo 0, ovvero al momento della valutazione, mentre EPS_1 indica l'*earning per share*, e cioè l'utile per azione atteso per il periodo successivo[62]. Stante le evidenti difficoltà insite nella determinazione dell'utile per azione prospettico, spesso si preferisce impiegare la misura dell'utile per azione corrente, rendendo dunque il moltiplicatore pari a:

$$\frac{P}{E} = \frac{P_0}{EPS_0} \quad [67]$$

Con riferimento al numeratore di tale rapporto, occorre segnalare che il prezzo del titolo deve essere sottoposto a procedure di rettifica qualora, dalla data di chiusura dell'esercizio (e dunque di rilevazione dell'utile) al momento della valutazione, siano intervenute operazioni quali lo stacco o l'assegnazione di diritti d'opzione: ciò si rende necessario al fine di garantire la comparabilità delle quotazioni. Inoltre, appare più corretto determinare una media dei prezzi registrati nell'ultimo periodo di riferimento, allo scopo di depurare il dato da eventuali forti oscillazioni registrate nel breve termine e potenzialmente idonee a falsare il risultato della stima[63].

Passando a considerare il denominatore del rapporto in esame, esso corrisponde all'ultimo utile conseguito per effetto della gestione e approvato nel bilancio d'esercizio. Sempre in un'ottica di veridicità e accuratezza della valutazione, anche l'utile corrente dovrebbe essere sottoposto a un processo di normalizzazione, eliminando le componenti di reddito di natura straordinaria in grado di alterare la reale misura del reddito generato dalla gestione operativa. Al fine di rendere più agevole l'individuazione della effettiva capacità dell'azienda di produrre ricchezza e impostare in modo più corretto il *price/earning*, è consigliabile analizzare la dinamica evolutiva subita dagli utili nel corso degli ultimi anni[64].

In realtà, l'omogeneità delle voci prese in esame nella costruzione del rapporto prezzo/utili dovrebbe essere garantita rapportando dati riferibili alla stessa epoca. In altri termini, sarebbe concettualmente più corretto inserire nella formulazione l'utile fatto registrare dall'impresa alla data di valutazione: solitamente, invece, il prezzo corrente, individuato al momento della stima, è posto a confronto con l'utile emerso dall'ultimo bilancio approvato. Ne consegue un risultato parzialmente falsato a causa della mancata disponibilità di dati aggiornati e della pressoché totale inesistenza di una informativa societaria capace di rispondere in maniera tempestiva alle esigenze di valutazione poste dal mercato.

La versione del moltiplicatore così ottenuta indica il prezzo che si è disposti a pagare per avere diritto a una unità di utile e rappresenta, a ben vedere, il reciproco del

[62] Sulla capacità segnaletica dell'EPS atteso e sulle difficoltà insite nella sua corretta valutazione, si veda Pinardi C.M., *La capacità previsionale degli analisti finanziari: una verifica relativa al mercato azionario italiano*, «Finanza Marketing e Produzione», 4, 1995.

[63] Graham B., Dodd D., Cottle S., *Security anal«ysis. Principles and tecniques*, McGraw-Hill, Londra 1934.

[64] Borello A., *Valore e prezzo di un'azione: il P/E ratio*, «Analisi Finanziaria», 36, 1999, pp. 99-100.

tasso di rendimento offerto da un titolo azionario (espresso dal rapporto tra utili e prezzo). Ne deriva che i titoli contrassegnati da un valore del *price/earning* basso risultano sottovalutati e dunque possono essere acquistati in quanto dovrebbero garantire in futuro un maggior rendimento, mentre i titoli con rapporto *P/E* elevato sono sopravvalutati e dunque andrebbero venduti.

Dopo aver esposto le modalità di costruzione del multiplo in parola che, come si ricorda, si riferisce a una o più aziende simili, è possibile inserirlo nell'ambito della formulazione che conduce alla definizione del capitale economico.

$$\left(\frac{W}{E}\right)_T = \left(\frac{P}{E}\right)_S \qquad [68]$$

da cui deriva:

$$W_T = E_T \left(\frac{P}{E}\right)_S \qquad [69]$$

Ovviamente, anche nella realizzazione del multiplo relativo all'impresa *target*, occorre applicare tutte le cautele finora esposte in merito alla definizione dell'*earning per share*.

Il multiplo dell'utile presentato non consente, almeno in maniera diretta, di porre in evidenza le relazioni tra il prezzo del titolo azionario e i fondamentali d'azienda. È però possibile esprimere il rapporto prezzo/utili in modo diverso, al fine di far emergere non soltanto il collegamento tra il valore dell'azione e le principali variabili aziendali, ma anche la forte similitudine esistente tra i modelli basati sui moltiplicatori e i *dividend discount models* precedentemente analizzati. Ed è proprio dal modello di attualizzazione dei dividendi con crescita costante che si intende partire per giungere all'elaborazione di una versione alternativa e ricca di maggiori spunti di analisi e riflessione del *price/earning*.

Come si ricorderà, l'algoritmo rappresentativo del valore intrinseco dei titoli, secondo l'impostazione fornita da Gordon, esprime il prezzo reale in funzione dei dividendi attesi[65], del costo del capitale proprio e del tasso di crescita degli utili:

$$P_0 = \frac{D_1}{i_{CAPM} - g}$$

[65] Nella formula qui riportata i dividendi attesi sono espressi da una notazione diversa rispetto alla precedente trattazione: manca cioè il simbolo rappresentativo del valore atteso (E). Tale scelta è motivata dalla duplice esigenza di semplificare l'esposizione del modello e di evitare il sorgere di confusione o dubbi interpretativi dovuti alla contestuale indicazione degli utili per azioni con il medesimo simbolo (E).

È noto che i dividendi costituiscono una parte degli utili e la loro entità dipende dalla politica dei dividendi perseguita dall'impresa. Essendo noto il tasso di *pay out* applicato dall'azienda, ossia il rapporto tra dividendi e utili conseguiti, il dividendo atteso per l'anno 1 può essere indicato come prodotto tra l'ammontare dell'utile per azione (*EPS*) e il rapporto di *pay-out* (*d*)[66], ossia:

$$P = \frac{EPS \times d}{i_{CAPM} - g} \qquad [70]$$

Esprimendo tale relazione in termini di multiplo dell'utile, si ottiene:

$$\frac{P}{E} = \frac{P}{EPS} = \frac{d}{i_{CAPM} - g} \qquad [71]$$

Seguendo questa procedura, è stato possibile esprimere il rapporto prezzo/utili in funzione di tre variabili, il tasso di distribuzione degli utili (*pay-out*), il tasso di sconto (indicativo del livello di rischiosità del titolo) e il tasso di crescita, ovvero i medesimi fondamentali su cui si basano i modelli di attualizzazione dei dividendi.

Una volta individuate le principali determinanti del multiplo in esame, appare opportuno proporre un approfondimento delle relazioni che si instaurano con il valore del titolo oggetto di stima. In primo luogo, la misura dell'indicatore prezzo/utile è influenzata dalla politica dei dividendi perseguita dall'azienda e quindi dall'entità del tasso di distribuzione degli utili. Anche se ad un'analisi superficiale potrebbe sembrare che il multiplo e il tasso *d* siano legati da una relazione diretta con conseguente crescita del valore del rapporto all'aumentare dei dividendi distribuiti, in realtà un esame più approfondito del fenomeno porta a conclusioni in parte diverse. In altri termini, non è possibile stabilire a priori l'effetto finale determinato sul *price/earning* da una modifica nelle scelte di distribuzione dei dividendi. In effetti, anche se un aumento della remunerazione ordinaria erogata agli azionisti comporta un aumento del moltiplicatore (in quanto cresce il parametro *d* e dunque il valore del numeratore), esso produce altresì una contrazione del tasso di crescita degli utili (*g*) e di conseguenza un aumento del denominatore e una riduzione del rapporto prezzo/utili. È infatti evidente come un innalzamento dell'ammontare dei dividendi distribuiti implichi una contestuale riduzione degli utili reinvestiti all'interno dell'attività produttiva, riducendo pertanto le prospettive di crescita dell'azienda: tale situazione può a sua volta stimolare il ricorso a fonti esterne di finanziamento (per far fronte al fabbisogno finanziario non coperto dall'autofinanziamento) e provocare un aumento della rischiosità dell'azienda che si traduce inevitabilmente in un aumento del tasso di sconto.

[66] Si ricorda che in precedenza, illustrando il modello di Gordon, il rapporto di *pay-out* era stato indicato come $(1 - b)$, ossia come il complemento a 1 della quota di utili non distribuita e trattenuta a titolo di autofinanziamento.

Le affermazioni sopra esposte appaiono più facilmente comprensibili esaminando il rapporto *P/E* nella sua formulazione algebrica ed esprimendo il tasso di crescita *g* nelle sue componenti, sulla base di quanto riportato in precedenza a proposito del modello di Gordon:

$$\frac{P}{E} = \frac{d}{i_{CAPM} - g} = \frac{d}{i_{CAPM} - R \cdot b} = \frac{d}{i_{CAPM} - R(1-d)} \qquad [72]$$

Sempre con riferimento al tasso di crescita degli utili, occorre ricordare che esso non dipende esclusivamente dal tasso di distribuzione dei dividendi, ma, come si rende evidente dalla formula appena esposta, è altresì funzione della redditività aziendale, indicata da *R* ed espressa come rapporto tra la variazione dell'utile e la quota di utili (in termini assoluti) reinvestititi nell'azienda. Un aumento di tale redditività implica dunque un aumento di *g* e un contestuale aumento del moltiplicatore *P/E*.

Oltre alla politica dei dividendi e al tasso di crescita, l'ulteriore fondamentale parametro destinato a influire sulla misura dell'indicatore prezzo/utili è rappresentato dal rischio, una delle principali componenti del tasso di attualizzazione. Una crescita del rischio sistematico comporta un innalzamento del tasso di sconto (e dunque del livello di remunerazione richiesto dagli azionisti): data la relazione inversa che lega il tasso di attualizzazione al *price/earning*, una simile circostanza determina una contrazione dell'indicatore.

Il rapporto prezzo/utili non dipende però esclusivamente dai fattori appena descritti e rintracciabili nell'algoritmo che ne intende determinare la misura, ma è influenzato anche dalla fase del ciclo di vita attraversata dall'impresa. In altri termini, le determinanti del multiplo dell'utile (tassi di distribuzione degli utili, rischio e tasso di crescita) mostrano un andamento diverso a seconda della posizione assunta dall'azienda sull'ipotetico percorso che ne segna l'evoluzione nel tempo.

Durante la fase iniziale del ciclo di vita, caratterizzata da forti investimenti e da scarsa, se non addirittura, negativa redditività, il multiplo tende a evidenziare valori piuttosto bassi: nonostante il ridotto ammontare degli utili conseguiti, fattore che dovrebbe accrescere il *price/earning*, quest'ultimo risente in modo sensibile del tasso di attualizzazione, inevitabilmente elevato a causa del forte rischio associato all'investimento nei titoli dell'impresa.

Durante la fase di sviluppo si registra invece un aumento del rapporto *P/E*, guidato in primo luogo dalle favorevoli prospettive di crescita dell'impresa e dalle conseguenze che ne derivano in termini di innalzamento del tasso *g* e di riduzione della rischiosità del titolo. L'avvio della fase di maturità si traduce per l'impresa in un momento di stabilità sotto tutti i punti di vista (politica dei dividendi, redditività ecc.) e dunque anche sotto il profilo del rapporto prezzo/utile. Infine, il declino segna la progressiva e costante riduzione del *price/earning*, stante l'inevitabile contrazione del tasso di crescita associato a un business e a un mercato ormai saturi e con scarse potenzialità di sviluppo: tutto ciò implica altresì un aumento del rischio e quindi del tasso i_{CAPM} (Fig. 11.8).

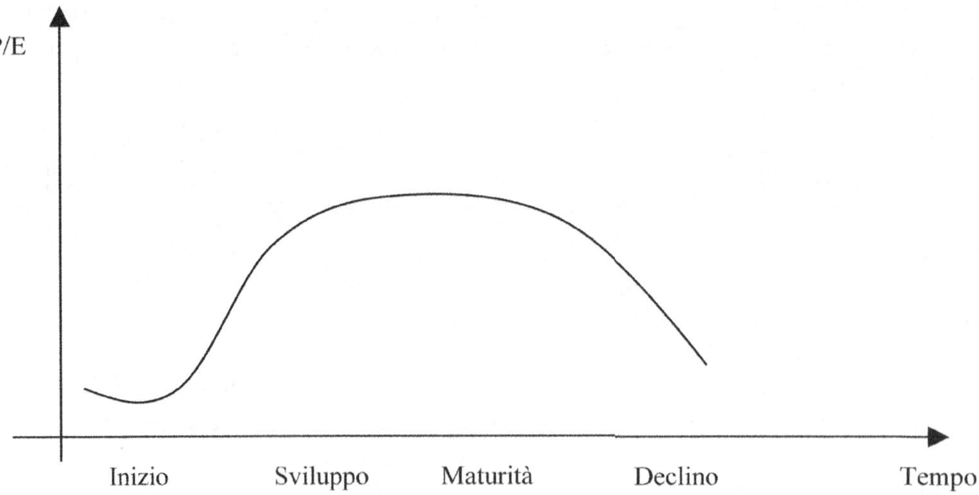

Fig. 11.8 Rapporto prezzo/utili e ciclo di vita dell'impresa
Fonte: adattato da Borello, 1999, op. cit.

Le considerazioni esposte finora fanno riferimento a una impostazione del rapporto prezzo/utili fondata sulla logica e sui principi enunciati da Gordon nell'elaborazione del *constant growth dividend discount model*. Così come è avvenuto per i modelli del dividendo, anche il multiplo in esame può essere determinato in un contesto capace di superare i limiti concettuali della previsione di un tasso di crescita costante e di ipotizzare una fase di rapido sviluppo dell'impresa. Appare pertanto possibile derivare il moltiplicatore partendo dall'ormai noto modello a due stadi di attualizzazione dei dividendi. L'algoritmo di base del modello in parola è il seguente:

$$P_0 = \sum_{t=1}^{n} \frac{D_0 \left(1+g_1\right)^t}{\left(1-i_{CAPM}\right)^t} + \frac{P_n}{\left(1+i_{CAPM}\right)^n} \quad \text{con} \quad P_n = \frac{D_{n+1}}{i_{CAPM} - g_2} \qquad [73]$$

Ipotizzando che il tasso di crescita straordinario (g_1) e il tasso di distribuzione degli utili si mantengano costanti per i primi n anni, la precedente formulazione diventa:

$$P_0 = \frac{D_0 \left(1+g_1\right) \left[1 - \frac{\left(1+g_1\right)^n}{\left(1+i_{CAPM}\right)^n}\right]}{i_{CAPM} - g_1} + \frac{D_{n+1}}{\left(i_{CAPM} - g_2\right)\left(1+i_{CAPM}\right)^n} \qquad [74]$$

Tale modello può essere espresso nel modo seguente:

$$P_0 = \frac{EPS_0 \cdot \frac{D}{EPS}(1+g_1)\left[1 - \frac{(1+g_1)^n}{(1+i_{CAPM})^n}\right]}{i_{CAPM} - g_1} + \frac{\frac{D}{EPS_n}(1+g_1)^n(1+g_2)}{(i_{CAPM} - g_2)(1+i_{CAPM})^n} \qquad [75]$$

dove:

EPS_0 = utile per azione all'anno 0;
D/EPS = tasso di distribuzione degli utili nei primi n anni;
D/EPS_n = tasso di distribuzione degli utili dopo n anni.

Il multiplo dell'utile può essere determinato semplicemente portando il valore di EPS_0 a sinistra dell'equazione:

$$\frac{P_0}{EPS_0} = \frac{\frac{D}{EPS}(1+g_1)\left[1 - \frac{(1+g_1)^n}{(1+i_{CAPM})^n}\right]}{i_{CAPM} - g_1} + \frac{\frac{D}{EPS_n}(1+g_1)^n(1+g_2)}{(i_{CAPM} - g_2)(1+i_{CAPM})^n} \qquad [76]$$

Seguendo questo procedimento si è reso possibile esprimere il rapporto prezzo/utili in funzione dei fondamentali (tasso di crescita, tasso di distribuzione dei dividendi e rischio), anche nell'ipotesi di crescita straordinaria dell'impresa.

Dopo aver proposto le varie configurazioni del multiplo dell'utile e aver analizzato nel dettaglio le sue determinanti e le relazioni esistenti con i fondamentali, è possibile compiere un ulteriore passo avanti e inquadrare il *price earning* non soltanto come un mezzo necessario per definire il valore economico del capitale di una impresa simile, ma anche, se adottato singolarmente, per fungere da utile strumento informativo per un potenziale investitore che intenda sapere se l'investimento in un titolo azionario è conveniente o meno. Sotto questo profilo, occorre procedere con la verifica delle regole decisionali da seguire qualora si scelga la strada dei moltiplicatori per la valutazione dell'opportunità di un investimento in titoli azionari.

Come già accennato in precedenza, la prassi suole operare basandosi esclusivamente sulla misura dell'indicatore prezzo/utile, proponendo l'acquisto delle azioni con rapporto *P/E* basso e dunque ritenuti sottovalutati e in grado di garantire un maggiore rendimento futuro, e la vendita dei titoli che, al contrario, fanno registrare un basso livello di *price/earning*[67]. La giustificazione di tali affermazioni deve essere attribuita all'assunto della mancanza di efficienza dei mercati finanziari – condizione, come no-

[67] Calcagnini U., D'Arcangelis A.M., *Il contenuto informativo del rapporto prezzo-utile. Una verifica empirica sul mercato di borsa italiano*, «Il Risparmio», 5, 1994, p. 1161.

to, alla base della stessa ragion d'essere dell'analisi fondamentale – le cui quotazioni si adeguano lentamente al valore reale dei titoli, offrendo la possibilità a coloro che dispongono di maggiori informazioni di sfruttarle e realizzare un extra rendimento.

Si tratta di una strategia d'azione estremamente semplice, tanto da poter essere definita quasi banale, ma che ha trovato numerose conferme empiriche negli studi compiuti negli anni passati, soprattutto nei mercati statunitensi. Nonostante quindi si sia consolidata nel tempo una sostanziale accettazione da parte degli operatori della relazione inversa esistente tra il multiplo dell'utile e il rendimento generato dall'impiego di risorse in un determinato titolo azionario, non è possibile rinvenire una interpretazione unanime delle motivazioni sottostanti tale collegamento, o, per meglio dire, risultano in parte ancora ignote le cause dell'assunto «basso *P/E* – alto rendimento».

Una prima, seppure a parere di molti parziale, risposta a tali interrogativi è stata avanzata dalla Moderna teoria del portafoglio e dal *Capital Asset Pricing Model*, i cui principi sono stati precedentemente esaminati. Seguendo la logica e l'impostazione del problema proposte in tali strumenti di analisi, la capacità di un titolo dotato di un *price/earning* basso di generare un rendimento elevato trova giustificazione esclusivamente nel maggiore livello di rischio associato al titolo stesso e dunque nel beta più elevato che lo contraddistingue.

Per verificare la correttezza e la veridicità della soluzione proposta, sono state condotte ulteriori ricerche che, se da un parte hanno confermato l'esattezza delle conclusioni raggiunte dal *CAPM*, dall'altra hanno rilevato l'insufficienza di tale tesi nel dimostrare la persistenza di una relazione inversa tra l'indicatore *P/E* e la performance registrata dal titolo. In altri termini, anche includendo nelle analisi il fattore rischio, è stato dimostrato che i titoli (o i portafogli) contraddistinti da un basso rapporto prezzo/utili continuano a realizzare rendimenti maggiori rispetto a quelli con *P/E* elevato, in quanto l'informazione contenuta nel rapporto stesso non è ancora completamente assorbita dalle quotazioni espresse dal mercato[68].

La spiegazione del manifestarsi di tale fenomeno può essere attribuita alla propensione mostrata dagli operatori di concentrare la propria attenzione soltanto su un orizzonte temporale di breve termine, non soffermandosi sulla valutazione delle future performance delle azioni e soprattutto sulle modalità con cui tali valutazioni influenzano la formazione dei prezzi attuali. «Gli investitori si sforzano di prevedere i prezzi delle azioni [...] invece che stimare i guadagni futuri dell'azienda. Più in particolare, il prezzo di oggi è la previsione del prezzo che domani gli operatori si attendono, piuttosto che la stima del valore attuale dei flussi dei dividendi futuri»[69]. L'adozione di una visione limitata del problema conduce inevitabilmente a una distorsione, o meglio a una mancata coincidenza tra valore e prezzi, rendendo necessario un periodo di tempo più o meno lungo affinché il mercato operi una correzione di tali incongruenze.

[68] Basu S., *The Investment Performance of Common Stocks in Relation to Their Price-Earning Ratios: A Test of the Efficient Market Hypothesis*, «Journal of Finance», 3, 1977.

[69] Caparrelli, D'Arcangelis, *La reazione in eccesso*, cit., pp. 9-10.

Il rapporto prezzo/valore contabile

Un altro moltiplicatore da utilizzare nel processo di calcolo del capitale economico è costituito dal rapporto tra il prezzo di mercato e il valore del patrimonio netto contabile (*book value*). Si tratta di un indicatore di facile definizione, in grado di rappresentare una valida alternativa al *price/earning*, soprattutto nell'ipotesi in cui l'impresa (o le imprese) simile registrasse redditi nulli o negativi, rendendo impraticabile la strada che conduce all'analisi del titolo attraverso il rapporto prezzo/utile.

In prima approssimazione, l'indicatore in parola è dunque calcolato come segue:

$$\frac{P}{BV_S} \qquad [77]$$

dove BV_S rappresenta il valore contabile del patrimonio netto per azione, dato dalla differenza tra le attività e le passività iscritte nell'ultimo bilancio disponibile. Emerge quindi con evidenza il primo, fondamentale limite associato a tale moltiplicatore: esso è costruito sulla base di un dato, il *book value* appunto, desumibile dal principale documento contabile redatto dall'impresa e pertanto influenzato in maniera più o meno significativa dalla discrezionalità utilizzata per la valutazione delle poste di bilancio.

Il valore del capitale economico si ottiene dalla seguente relazione:

$$\left(\frac{W}{BV}\right)_T = \left(\frac{P}{BV}\right)_S \qquad [78]$$

da cui deriva:

$$W_T = BV_T\left(\frac{P}{BV}\right)_S \qquad [79]$$

Anche per il rapporto prezzo/valore contabile, così come è avvenuto per il rapporto prezzo/utili, è possibile compiere un ulteriore passo avanti, esprimendo l'indicatore in funzione dei fondamentali d'azienda, al fine di verificare le relazioni esistenti tra le diverse determinati dell'indicatore e comprenderne le cause dell'andamento.

Avendo sempre come riferimento la formula del modello di attualizzazione dei dividendi in crescita costante, algebricamente rappresentata da[70]:

$$P_0 = \frac{D_1}{i_{CAPM} - g}$$

[70] Le elaborazioni riportate in questo paragrafo sono tratte da Damodaran, *Valutazione delle aziende*, cit., pp. 247 e ss.

e ricordando che il valore atteso del dividendo per azione (D_1) è ottenuto come prodotto tra l'utile per azione dell'anno 0 per il tasso di distribuzione degli utili (d) e applicando a tale risultato il tasso di crescita g, è possibile sostituire la precedente relazione con un nuovo algoritmo:

$$P_0 = \frac{EPS_0 \times d \times (1+g)}{i_{CAPM} - g} \qquad [80]$$

A questo punto è necessario introdurre un indicatore della redditività del patrimonio netto d'azienda, tradizionalmente rappresentato dal *ROE* che, nell'ambito del modello qui proposto, può essere espresso come rapporto tra l'utile per azione (*EPS*) e valore contabile del patrimonio netto per azione (BV_S), ovvero:

$$ROE = \frac{EPS}{BV_S} \qquad [81]$$

pertanto:

$$EPS = ROE \times BV_S \qquad [82]$$

sostituendo:

$$P_0 = \frac{ROE \times BV_S \times d \times (1+g)}{i_{CAPM} - g} \qquad [83]$$

Esprimendo tale relazione in termini di rapporto prezzo/*book value*, si ottiene:

$$\frac{P}{BV_S} = \frac{ROE \times d \times (1+g)}{i_{CAPM} - g} \qquad [84]$$

Inoltre, il tasso di crescita g può utilmente essere impostato in funzione dell'indicatore ROE, considerando cioè la redditività dell'impresa corrispondente alla redditività del patrimonio netto (in altri termini, sostituendo ROE al parametro R):

$$g = ROE \cdot b = ROE(1-d) \qquad [85]$$

L'espressione relativa al rapporto prezzo/valore contabile si semplifica ulteriormente e diviene:

$$\frac{P}{BV_S} = \frac{ROE - g}{i_{CAPM} - g} \qquad [86]$$

Sulla base del moltiplicatore così configurato, emerge con evidenza l'importanza assunta ai fini della costruzione del rapporto e della valutazione dell'investimento, della misura dell'indice ROE, capace di mostrare la sua influenza sia direttamente, in quanto componente del numeratore, sia indirettamente, in quanto fattore determinante del tasso di crescita g.

Anche per quanto riguarda le regole decisionali da adottare nell'ipotesi di analisi dei valori mobiliari tramite il moltiplicatore in esame, occorre operare un confronto tra il valore assunto dall'indicatore e la redditività del capitale proprio: in particolare, si considerano sottovalutati e dunque da acquistare, i titoli caratterizzati da un rapporto prezzo/valore contabile basso e da un ROE elevato; viceversa, i titoli che mostrano un valore del multiplo elevato e un ROE basso sono giudicati sopravvalutati e quindi da non acquistare o, se già detenuti in portafoglio, da vendere[71]. Ai fini della selezione dei titoli da acquistare o vendere, interessano esclusivamente i casi di andamento discordante tra i due parametri oggetto di indagine, come evidenziato nella figura 11.9.

La correttezza e la validità operativa della regola decisionale fondata sull'acquisto di titoli caratterizzati da un basso valore dell'indicatore oggetto di analisi è suffragata da alcune ricerche empiriche finalizzate a dimostrare la maggiore redditività dei portafogli costruiti proprio acquisendo azioni sottovalutate in termini di rapporto prezzo/valore

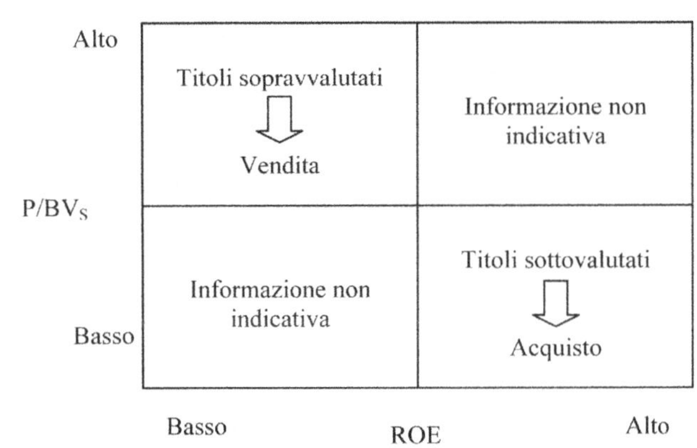

Fig. 11.9 Rapporto prezzo/valore contabile e ROE
Fonte: adattato da Damodaran A, 1996, op. cit., p. 258.

[71] Patanè M., *L'analisi economico-aziendale offre un supporto alle decisioni di investimento e disinvestimento sui mercati azionari?*, «Il Risparmio», 3, 1998, p. 507.

contabile e vendendo quelle ritenute sopravvalutate[72]. A tal proposito, occorre però segnalare che alcuni autori associano a un basso rapporto P/BV_S un rischio elevato e giustificano tale affermazione osservando che un titolo che fa registrare una quotazione sistematicamente inferiore al valore contabile dell'impresa, è destinato a uscire dal mercato: ne deriva che nell'analisi degli investimenti eseguita mediante il ricorso a tale moltiplicatore, sarà necessario prestare la dovuta attenzione alla capacità dell'azienda di produrre extra rendimenti in grado di fronteggiare il maggiore rischio[73].

Il rapporto prezzo/vendite

Il terzo e ultimo moltiplicatore oggetto della presente analisi è costituito dal rapporto prezzo/vendite. Si tratta di un multiplo meno frequentemente utilizzato nella valutazione delle aziende rispetto a quelli precedentemente esposti, ma che presenta comunque alcuni aspetti che meritano di essere approfonditi. In primo luogo, contrariamente a quanto rilevato per il *P/E* e per il P/BV_S, il denominatore del rapporto prezzo/vendite (*P/S*) risulta essere scarsamente influenzabile dalle politiche di bilancio spesso adottate dalle imprese al fine di falsare la misura dei risultati derivanti dalla gestione: l'ammontare delle vendite realizzate in un dato periodo non può essere soggetto a pesanti manovre distorsive. Inoltre, l'indicatore in parola è utilizzabile anche per le aziende in crisi (ad esempio imprese che non producono utili e non distribuiscono dividendi) e non assume mai valori negativi.

In prima approssimazione il moltiplicatore in esame può essere espresso semplicemente come:

$$\frac{P}{S} \qquad [87]$$

dove *S* rappresenta il valore delle vendite per azione registrate dall'azienda.

Il valore del capitale economico si ottiene dalla seguente relazione:

$$\left(\frac{W}{S}\right)_T = \left(\frac{P}{S}\right)_S \qquad [88]$$

da cui deriva:

$$W_T = S_T\left(\frac{P}{S}\right)_S \qquad [89]$$

[72] Appare opportuno specificare che alcuni di tali studi sono stati condotti avendo come riferimento il reciproco dell'indicatore analizzato in questa sede, ovvero il rapporto valore contabile/prezzo di mercato.
[73] Fama E.F., French K.R., *The Cross-Section of Expected Returns*, «Journal of Finance», 47, 1992.

Volendo esprimere anche il rapporto prezzo/vendite in funzione dei fondamentali e verificare le relazioni che si instaurano tra le diverse variabili, occorre ancora una volta prendere avvio dalla formulazione di base del modello di Gordon:

$$P_0 = \frac{D_1}{i_{CAPM} - g}$$

Il dividendo erogato nel periodo 1 può essere scomposto nel prodotto tra il saggio di distribuzione dei dividendi (*pay-out ratio*), pari al rapporto tra dividendi e utili (*D/E*), e l'utile per azione al tempo 0 (*EPS*): al risultato sarà applicato il consueto tasso di crescita *g*. Sostituendo[74]:

$$P_0 = \frac{EPS_0 \times \frac{D}{E} \times (1+g)}{i_{CAPM} - g} \qquad [90]$$

Sulla base della disponibilità di tali informazioni, è possibile definire la redditività delle vendite (RV) come rapporto tra l'utile per azione e l'ammontare delle vendite per azione (S):

$$RV = \frac{EPS}{S} \qquad [91]$$

da cui deriva che:

$$EPS = RV \text{ x } S \qquad [92]$$

Sostituendo il valore dell'utile per azione nella formulazione precedente, si ottiene la seguente relazione:

$$P = \frac{RV \times S \times \frac{D}{E} \times (1+g)}{i_{CAPM} - g} \qquad [93]$$

Ponendo in evidenza il rapporto prezzo/vendite, si ottiene il seguente algoritmo:

$$\frac{P}{S} = \frac{RV \times d \times (1+g)}{i_{CAPM} - g} \qquad [94]$$

[74] Le elaborazioni riportate in questo paragrafo sono tratte da Damodaran, *Valutazione delle aziende*, cit., pp. 270 e ss.

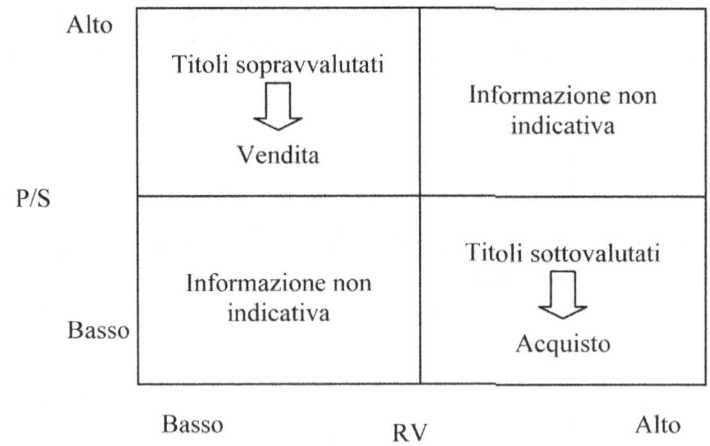

Fig. 11.10 Rapporto prezzo/vendite e redditività delle vendite
Fonte: adattato da Damodaran, *Valutazione delle aziende*, cit., p. 285.

Risulta del tutto evidente come la principale determinate del rapporto prezzo/vendite sia rappresentata dalla redditività delle vendite: un aumento di tale variabile comporta una crescita dell'indicatore, mentre una sua contrazione riduce il valore del multiplo sia in maniera diretta (in quanto diminuisce il numeratore del rapporto), sia in maniera indiretta, agendo sulla contrazione del tasso di crescita *g*.

La regola decisionale che dovrebbe governare la valutazione degli investimenti compiute mediante il ricorso al rapporto prezzo/vendite è sintetizzabile nella figura 11.10.

Le indicazioni maggiormente significative provengono dalla presenza di segnali opposti derivanti dall'esame congiunto del multiplo *P/S* e del *RV*: i titoli sono sottovalutati, e dunque da acquistare, se si registra un *RV* elevato e un basso rapporto prezzo/vendite; viceversa, le azioni caratterizzate da una bassa redditività delle vendite e da un elevato valore del moltiplicatore, devono essere vendute.

I multipli asset side

La logica *asset side*, come ormai ampiamente chiarito, giunge alla definizione del valore economico del capitale attraverso un procedimento indiretto che parte dall'attribuzione di un valore all'intero capitale investito (*enterprise value*), per poi sottrarre il valore dei debiti. I multipli costruiti seguendo tale impostazione, anche detti multipli dell'attivo, presentano al numeratore una grandezza diversa dal prezzo di mercato (rintracciabile invece nei multipli di capitale), ovvero il valore dell'attivo complessivamente investito e rappresentato proprio dall'*enterprise value* (*EV*). Esso generalmente è interpretato come somma tra la capitalizzazione di borsa espressa dalle quotazioni ufficiali (*P*) e il valore dei debiti finanziari, al netto della liquidità detenuta. L'*enterprise value* dell'azienda simile è dato pertanto da:

$$EV_S = P_S + D_S \qquad [95]$$

dove i debiti finanziari D sono al netto della liquidità.

Per la società *target*:

$$EV_T = W_T + D_T \qquad [96]$$

Per quanto concerne il numeratore, anche in questo caso occorre rispettare un principio di coerenza rispetto alla natura del numeratore, indirizzando pertanto la scelta verso variabili al lordo della gestione finanziaria. Tra le possibili alternative si segnalano:

- reddito operativo, ovvero *MON* o *EBIT*;
- margine operativo lordo (*MOL*);
- *NOPAT*, il già citato reddito operativo al netto delle imposte relative alla sola gestione operativa;
- il *cash flow* disponibile per azionisti e creditori (*FCFO*), ovvero quella configurazione di flusso di cassa precedentemente definito *unlevered*;
- ammontare delle vendite (*sales*).

La costruzione dei moltiplicatori segue esattamente la medesima logica esaminata a proposito dei multipli *equity side* e dunque, in termini generali, è possibile fare riferimento a relazioni del tipo:

$$\left(\frac{EV}{J}\right)_T = \left(\frac{EV}{J}\right)_S \qquad [97]$$

ovvero:

$$\left(\frac{W+D}{J}\right)_T = \left(\frac{P+D}{J}\right)_S \qquad [98]$$

da cui deriva il valore del capitale economico:

$$W_T = \left(\frac{P+D}{J}\right)_S - D_T \qquad [99]$$

I singoli multipli, decisamente meno impiegati nella pratica professionale rispetto ai multipli del capitale, saranno costruiti variando di volta in volta, sulla base delle esigenze conoscitive e della disponibilità dei dati, la natura del denominatore.

11.8.2 I multipli di transazioni comparabili

Tale approccio sposta l'attenzione dalle quotazioni dei titoli azionari, ai prezzi fatti registrare da transazioni avvenute sui mercati e aventi per oggetto aziende simili rispetto a quella da valutare. Le transazioni in parola sono rappresentate soprattutto da operazioni di fusione o acquisizione i cui dati sono pubblicamente disponibili presso le principali banche dati. In questo caso, come facilmente intuibile, il confronto necessario per individuare le aziende simili va oltre gli aspetti precedentemente elencati (dimensione, fatturato, settore economico di appartenenza e così via) e si estende anche alla struttura azionaria[75].

Il metodo delle transazioni comparabili può trovare applicazioni in due versioni. In primo luogo, seguendo una strada piuttosto semplice, non si procede alla costruzione di un moltiplicatore, ma il prezzo riscontrato in transazioni comparabili viene assunto direttamente come termine di definizione del capitale economico. La semplicità di calcolo e l'immediatezza nell'interpretazione dei risultati rappresentano i principali vantaggi associati alla metodologia in parola, mentre l'aspetto più problematico è riconducibile alla difficoltà di reperire un numero sufficiente di transazioni giudicate simili.

In alternativa a tale procedura, è possibile compiere un percorso più articolato che, iniziando dalla raccolta delle informazioni relative ai prezzi generati da transazioni comparabili, procede con la costruzione di indicatori, ovvero multipli, per poi passare alla determinazione del capitale economico. Si tratta, a ben vedere, della stessa metodologia esaminata con riferimento ai multipli di società comparabili: l'unico elemento distintivo è rappresentato dal numeratore del rapporto che assume, appunto, la natura di prezzo di transazioni comparabili.

11.9 Le opzioni reali

Nel capitolo dedicato alla gestione del rischio aziendale è stato esposto, nell'ambito degli strumenti derivati, il tema delle opzioni finanziarie, definite come contratti che conferiscono all'acquirente, dietro il pagamento di un premio, il diritto di acquistare (opzione di tipo *call*) o vendere (opzione *put*) a una scadenza determinata o entro tale scadenza (*expiration day*), attività finanziarie o reali a un prezzo prefissato, denominato prezzo d'esercizio o *strike price*. L'argomento merita di essere ripreso anche in sede di trattazione delle metodologie di valutazione delle aziende, in quanto la medesima logica alla base del funzionamento di tali strumenti derivati può essere impiegata proprio per la misurazione del valore di un investimento. Si passa così dalle opzioni finanziarie – aventi per oggetto una attività finanziaria – alle opzioni reali, dove il sottostante è costituito da una azienda o, in termini più generali, da un qualsiasi investimento.

[75] Miles R.C., *The Direct Market Method of Appraising Closet Held Business*, in West-Jones, *Handbook of Business Valuation*, Wiley, New York 1992.

Il primo passo da compiere nell'affrontare il tema della teoria delle opzioni reali consiste nel definire, una volta acquisite tutte le informazioni di base in merito ai meccanismi che guidano la scelta degli investitori che detengono posizioni in opzioni[76], il concetto di parità *put-call*. Per comprendere appieno il meccanismo legato a tale principio, appare utile proporre un esempio numerico.

Si consideri l'investitore Tizio che sottoscrive contemporaneamente i seguenti contratti:

a) acquisto di una opzione *call* su azioni della società Alfa (con valore di mercato *Vm*), con scadenza 3 mesi e prezzo di esercizio (*strike price*, *Sp*) pari a 100 euro;
b) vendita di una opzione *put* sempre su azioni della società Alfa, con pari scadenza (3 mesi) e identico prezzo di esercizio (100 euro).

Alla scadenza di entrambi i contratti, Tizio si troverà di fronte alla seguente situazione:

- se il valore di mercato dell'attività sottostante (*Vm* delle azioni Alfa) risulta maggiore dello *strike price*, ovvero maggiore di 100 euro, Tizio procederà all'esercizio della *call*, acquistando le azioni al prezzo di esercizio (100 euro); per quanto concerne la seconda posizione aperta, la controparte della *put*, ovvero l'acquirente, non darà esecuzione al contratto, preferendo cedere i titoli Alfa direttamente sul mercato a un prezzo maggiore dello *strike price*;
- se il valore di mercato dell'attività sottostante risulta inferiore rispetto allo *strike price*, Tizio non eserciterà l'opzione *call*, mentre dovrà adempiere all'esercizio dell'opzione *put*, acquistando dalla controparte le azioni Alfa al prezzo di esercizio di 100 euro.

Lo scenario che si può presentare all'investitore che detenga un portafoglio composto seguendo la logica sopra descritta è sintetizzabile come in tabella 11.6.

Risulta del tutto evidente come, a prescindere dal valore di mercato assunto dall'attività sottostante alla scadenza del contratto, l'investitore dovrà in ogni caso sostenere un esborso corrispondente al prezzo di esercizio predeterminato. Pertanto, acquistare un'opzione *call* e vendere contemporaneamente un'opzione *put* sulla medesima attività sottostante, stessa scadenza e stesso *strike price*, equivale ad acquistare a

Tab. 11.6 La parità *put-call*

	Vm < Sp	*Vm > Sp*
Acquistare il titolo	*Vm*	*Vm*
Valore dell'opzione *call*	*0*	*–(Vm – SP)*
Valore dell'opzione *put*	*Sp – Vm*	*0*
Posizione netta	***Sp***	***Sp***

[76] Il riferimento è all'esame della convenienza in merito all'esercizio delle opzioni. Per approfondimenti si rinvia a quanto esposto nel capitolo 9, paragrafo 9.8.4.

termine l'attività sottostante (ovviamente, a un prezzo a termine pari al prezzo di esercizio). Tale concetto è noto come parità *put-call*.

11.9.1 I modelli di pricing delle opzioni

Il problema della valutazione di una opzione nasce in considerazione della natura e delle caratteristiche distintive di tale strumento finanziario, con particolare riferimento alla impossibilità di impiegare a tale scopo le metodologie di stima precedentemente esposte. In effetti, il particolare rischio associato alle opzioni e l'incertezza in merito all'esercizio delle stesse rendono praticamente inapplicabili i criteri di valutazione fondati sull'attualizzazione dei flussi prospettici. Partendo da questo presupposto, nel corso degli ultimi anni sono stati prodotti e affinati alcuni significativi contributi finalizzati proprio a costruire modelli di riferimento per la determinazione del valore delle opzioni. I principali sono rappresentati da:

1) il modello binomiale;
2) il modello di Black & Scholes.

Appare appena il caso di segnalare che entrambi i modelli citati sono concentrati sulla determinazione del valore di una opzione di tipo *call*. L'applicazione del principio della parità *put-call* consente, comunque, di addivenire in un secondo tempo al calcolo del valore di una opzione di tipo *put*.

Il modello binomiale

Il modello binomiale permette di giungere alla definizione del prezzo di una opzione attraverso la realizzazione di un percorso nel quale, a intervalli definiti di tempo, il valore di mercato dell'attività sottostante può assumere soltanto due valori[77]. La reiterazione di tale logica operativa consente di addivenire alla costruzione di un «albero» delle decisioni secondo lo schema generale proposto in figura 11.11.

Il valore di mercato dell'attività sottostante (Vm) ha la stessa probabilità di assumere, nel periodo successivo, il valore più alto (Vm_u) o il valore più basso (Vm_d). Le lettere *u* e *d* stanno appunto a indicare il movimento del prezzo verso l'alto (*up*) o verso il basso (*down*).

Una volta chiarito il meccanismo di funzionamento del modello, occorre procedere con la creazione del cosiddetto «portafoglio equivalente», ovvero un portafoglio composto da altri titoli, ma in grado di riprodurre esattamente gli stessi flussi di cassa associati all'opzione: è facilmente intuibile come le due soluzioni, producendo gli stessi *payoff*, debbano necessariamente avere lo stesso valore. Si tratta, in sostanza, di giungere alla determinazione del valore dell'opzione passando attraverso la misurazione del valore di un portafoglio equivalente, il quale risulta composto da una com-

[77] Cox J., Ross S., Rubinstein M., *Option Pricing. A Simplified Arroach*, «Journal of Financial Economics», 3, 1979, pp. 229 e ss.

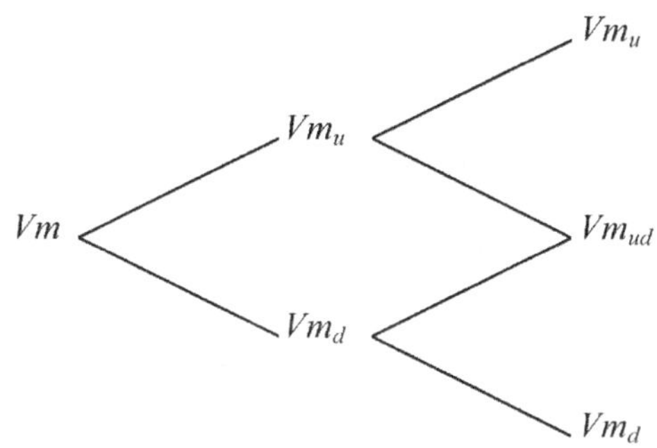

Fig. 11.11 La logica del modello binomiale

binazione fra un dato quantitativo di attività sottostante e l'entità di debito privo di rischio necessario per acquistare la stessa attività sottostante.

Si procede con l'illustrazione del modello, avvalendosi di un esempio numerico e considerando un orizzonte temporale unitario. Si ipotizzi una opzione di tipo *call* caratterizzata dai seguenti requisiti[78]:

- scadenza, $t = 1$;
- valore di mercato dell'attività sottostante al tempo 0, $Vm_0 = 50$;
- il debito è rappresentato da obbligazioni con tasso di interesse privo di rischio, $r_f = 6\%$;
- prezzo di esercizio dell'opzione, $Sp = 50$;
- l'attività sottostante non corrisponde cedole o dividendi;
- il valore dell'opzione, tra il tempo 0 e il tempo 1, può aumentare o diminuire per un importo pari a 10 euro.

Sulla base di queste informazioni è possibile disegnare il relativo albero binomiale (Fig. 11.12).

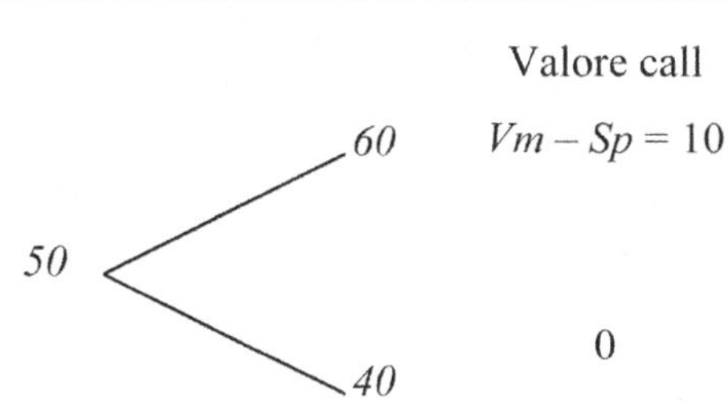

Fig. 11.12 L'albero binomiale per la valutazione dell'opzione *call*

[78] L'esempio proposto è tratto da Berk, DeMarzo, *Finanza aziendale 2*, cit., pp. 38-39.

Per costruire il portafoglio equivalente occorre individuare una quantità di titoli dell'attività sottostante (Δ) e di indebitamento (B) – valutato applicando anche il tasso di interesse *risk free* per un periodo – necessari a replicare i flussi di cassa prodotti dall'opzione. Nell'esempio proposto, se il valore di mercato dell'attività sottostante è aumentato nel periodo considerato, assumerà il seguente valore:

$$60\Delta + 1{,}06B = 10$$

se, invece, il valore di mercato ha subito un ribasso, il valore sarà così determinato:

$$40\Delta + 1{,}06B = 0$$

Le due relazioni appena esposte costituiscono un sistema di equazioni a due incognite, facilmente risolvibile nel modo seguente:

$$\Delta = 0{,}5$$
$$B = -18{,}87$$

Sostituendo nelle relazioni precedenti:

$$60(0{,}5) - 1{,}06(18{,}87) = 10$$
$$40(0{,}5) - 1{,}06(18{,}87) = 0$$

Per il principio del portafoglio equivalente, il valore dell'opzione è definito sulla base della quantità (Δ) di attività sottostante, al netto dell'indebitamento necessario a realizzare l'investimento:

$$50(\Delta) + B = 50(0{,}5) - 18{,}87 = 6{,}13$$

Si nota come tale valore sia stato determinato non impiegando il principio della capitalizzazione, in quanto si tratta del valore dell'opzione al tempo 0.

Volendo generalizzare il discorso sulla base di tutte le argomentazioni proposte finora, si rende necessario in primo luogo procedere con la costruzione algebrica del portafoglio equivalente. Sapendo che se il valore corrente dell'attività sottostante aumenta nel periodo tra il tempo 0 e il tempo1, il valore attuale dell'opzione *call* è dato da:

$$Vm_u\Delta + \left(1 + r_f\right)B = Call_u \qquad [100]$$

mentre se il valore di mercato dell'attività sottostante, nello stesso arco temporale, diminuisce, il valore della *call* diventa:

$$Vm_d\Delta + \left(1 + r_f\right)B = Call_d \qquad [101]$$

Ponendo a sistema le due precedenti relazioni, è possibile trovare il valore delle incognite Δ e B:

$$\Delta = \frac{Call_u - Call_d}{Vm_u - Vm_d} \quad [102]$$

$$B = \frac{Call_d - Vm_d \Delta}{1 + r_f} \quad [103]$$

In particolare, l'equazione che consente il calcolo di Δ misura il grado di sensibilità del valore dell'opzione rispetto alle modifiche intervenute nel prezzo di mercato dell'attività sottostante.

Dopo aver definito il portafoglio equivalente, è possibile determinare il valore, al tempo 0, dell'opzione *call* sulla base delle seguente equazione:

$$Call = Vm\Delta + B \quad [104]$$

Il modello di Black & Scholes

Nonostante sia stato elaborato e proposto prima del modello binomiale, è possibile definire il modello di Black & Scholes come l'equivalente nel continuo dello stesso modello binomiale: si abbandona pertanto un contesto discreto, per adottare una logica in cui non ci sono «salti» dei prezzi, ma la distribuzione della probabilità avviene secondo una normale[79].

Le ipotesi alla base del modello sono le seguenti:

- presenza di operatori razionali;
- assenza di costi di transazioni;
- l'opzione *call* è una opzione di tipo europeo;
- l'attività sottostante non dà origine a pagamenti di cedole o dividendi;
- la varianza dell'attività sottostante rimane immutata nel periodo considerato;
- il tasso *risk free* rimane immutato nel periodo considerato.

Alcune delle ipotesi formulate in fase di definizione del modello in esame, giudicate eccessivamente restrittive, in un secondo momento sono state rimosse: in parti-

[79] Black F., Scholes M., *The Valuation of Option Contracts and a Test of Market Efficiency*, «Journal of Finance», 27, 1972, pp. 399-417; Black F., Scholes M., *The Pricing of Options and Corporate Liabilities*, «Journal of Political Economy», 18, 1973, pp. 637-54.

colare, sono stati introdotti specifici correttivi al modello base, per renderlo applicabile anche con riferimento alle opzioni americane (che, come si ricorda, possono essere esercitate in qualsiasi momento prima della scadenza) e alle opzioni la cui attività sottostante corrisponde cedole o dividendi.

Le informazioni necessarie per addivenire alla costruzione del modello sono:

- il valore corrente dell'attività sottostante (*Vm*);
- lo strike price (*Sp*);
- la durata residua del contratto di opzione (*t*);
- il tasso di interesse *risk free* corrisposto sull'indebitamento (r_f);
- la varianza del logaritmo naturale del valore dell'attività sottostante (σ^2).

Il valore di una opzione *call* avente le caratteristiche sopra descritte è ottenuto dall'applicazione della seguente relazione, rappresentativa del portafoglio equivalente[80]:

$$Call = Vm \cdot N(d_1) - Sp \cdot e^{-r_f t} \cdot N(d_2) \qquad [105]$$

dove:

$Vm \cdot N(d_1)$valore delle azioni acquistate per costituire il portafoglio;

$Sp \cdot e^{-r_f t} \cdot N(d_2) =$ somma presa a prestito per acquistare i titoli del portafoglio equivalente;

$N(d)$ = distribuzione normale standard (media = 0 e varianza = 1);

$N(d_1)$ = numero delle azioni da acquistare;

$N(d_2)$ = numero di titoli di debito.

$$d_1 = \frac{\ln\left(\frac{Vm}{Sp}\right) + \left(r_f + \frac{\sigma^2}{2}\right) \cdot t}{\sigma \cdot \sqrt{t}} \qquad [106]$$

$$d_2 = d_1 - \sigma \cdot \sqrt{t} \qquad [107]$$

Il modello di Black & Scholes può trovare applicazione anche nella valutazione delle opzioni di tipo *put*. In questo caso la relazione diventa:

$$Put = Sp \cdot e^{-r_f t} \cdot N(-d_2) - Vm \cdot N(-d_1) \qquad [108]$$

[80] La complessità della formulazione non consente, in questa sede, di ripercorrere tutti i passaggi per la sua derivazione matematica. Si rinvia, pertanto, alla lettura di Agliardi, Agliardi, *Mercati finanziari*, cit., pp. 28 e ss.

Appare importante sottolineare come, nonostante l'apparente complessità del modello, quasi tutte le variabili comprese nella sua definizione sono già note: l'unico calcolo deve essere compiuto con riferimento alla varianza dell'attività sottostante.

11.9.2 L'applicazione della teoria delle opzioni alla valutazione degli investimenti

Dopo aver esposto i contenuti della teoria delle opzioni, occorre collocare le argomentazioni proposte all'interno del tema centrale del presente capitolo, ovvero la valutazione delle aziende in funzionamento. In effetti, i modelli di *pricing* delle opzioni in generale e il modello di Black & Scholes in particolare, possono rappresentare un valido approccio ai temi della valutazione di particolari tipologie di investimenti, ovvero investimenti che presentano un grado di flessibilità e incertezza tali da non consentire un corretto impiego delle tradizionali tecniche di misurazione.

Nel capitolo dedicato agli strumenti di *capital budgeting* è stato posto l'accento sulla superiorità concettuale e applicativa del VAN, quale criterio in grado di esprimere il valore attuale di un investimento derivandolo dai flussi di cassa generati in futuro dall'investimento stesso. Si tratta di una logica ineccepibile sotto il profilo finanziario, ma che presenta alcuni importanti limiti se inquadrata in un contesto caratterizzato da estrema variabilità dello scenario di riferimento e/o dei flussi di cassa connessi al progetto. In effetti, nel calcolo del VAN non si considera il fatto che, una volta compiuta la scelta tra più alternative, possano emergere ulteriori informazioni capaci di mettere in discussione la validità della precedente valutazione: in altri termini, il VAN trascura un fattore divenuto sempre più spesso protagonista nella vita delle imprese, ovvero la flessibilità.

La turbolenza che caratterizza la vita economica impone alle aziende di impostare la propria gestione proprio sulla flessibilità, consentendo al management di modificare, laddove nuovi elementi fossero evidenziati e giudicati rilevanti, anche le decisioni di investimento già adottate. A ben vedere, se al management è riconosciuta tale opportunità e si trova costantemente di fronte a un «bivio» tra scelte contrassegnate da un elevato grado di incertezza, di fatto, si trova a dover gestire delle opzioni[81].

Nascono così le opzioni reali, ovvero opzioni la cui attività sottostante è rappresentata da un investimento: in tale contesto, il management acquisisce il diritto (non l'obbligo) di poter apportare variazioni alla struttura iniziale del progetto, laddove emergano nuove informazioni suscettibili di modificare il profilo di rischio-rendimento dello stesso[82]. La logica alla base dell'impiego delle opzioni reali nella valutazione degli investimenti trova pertanto terreno fertile in particolari tipologie di organizzazioni, quali ad esempio le imprese operanti nella fase di *start-up* e dunque senza una storia, oppure le imprese che presentano risultati molto instabili e altalenanti, con business caratterizzati da un forte contenuto innovativo (è il caso delle *internet companies*).

[81] Myers S, *Determinants of Corporate Borrowing*, «Journal of Financial Economics», 5, 2, 1977, p. 147.
[82] Della Rossa R., *Le opzioni reali nelle decisioni di investimento*, «Amministrazione e Finanza», 15, 1997.

Affinché la teoria delle opzioni reali possa trovare efficace applicazione nella valutazione degli investimenti, è necessario che siano verificate alcune condizioni:

a) il progetto di investimento deve presentare un significativo livello di incertezza;
b) concreta possibilità che, durante il ciclo di vita del progetto, emergano nuove informazioni rilevanti ai fini del profilo di rischio-rendimento del progetto stesso;
c) possibilità di apportare modifiche al progetto in seguito alle sopravvenute informazioni.

Una volta accertata la presenza di tali fattori, è possibile impiegare la teoria delle opzioni reali, ovviamente attraverso il ricorso al modello di Black & Scholes precedentemente esposto, nelle seguenti ipotesi:

1) *opzione di ritardare un progetto di investimento.* Il problema si riferisce all'ipotesi in cui si debba decidere se sia conveniente o meno differire di un certo periodo l'attuazione di un determinato progetto di investimento, senza che ciò comprometta la realizzabilità dello stesso. Si pensi, ad esempio, alla decisione di costruire un centro commerciale: ci si può legittimamente chiedere se convenga dare attuazione al progetto immediatamente, oppure ritardarne di uno o due anni la realizzazione per permettere l'adeguamento del sistema stradale. Anche in questo caso il problema deve essere interpretato come una opzione sull'investimento, sfruttando in particolare il concetto di durata residua dell'opzione: come sottolineato in sede di esposizione dei contratti derivati, l'aumento della durata residua dell'opzione determina un aumento di valore dell'opzione stessa;
2) *opzione di crescita.* Spesso l'impresa si trova di fronte alla necessità di decidere se intraprendere o meno un progetto di investimento, entrando in nuovi business e dunque ponendo in essere strategie di crescita. Se il progetto in parola presenta tutte le caratteristiche precedentemente elencate, esso può essere equiparato a una opzione *call* sull'investimento, il cui prezzo di esercizio è rappresentato dall'investimento di *start up*. Il tipico esempio di applicazione della metodologia in parola è rappresentato dagli investimenti in ricerca e sviluppo delle aziende farmaceutiche o di imprese operanti in settori con elevato contenuto tecnologico, in quanto le innovazioni che di volta in volta si presentano possono configurarsi come opzioni per la creazione di nuovi prodotti;
3) *opzione di abbandono.* Si tratta dell'opzione, attribuita al management, di poter abbandonare un progetto di investimento già avviato, prima però di portarlo a termine.

Nonostante l'indiscussa validità teorica dell'approccio fondato sulle opzioni reali, dall'osservazione dei comportamenti delle imprese emerge con evidenza lo scarso ricorso a tale metodologia, situazione che trova giustificazione soprattutto nell'elevato grado di complessità che la contraddistingue.

Capitolo 12

La gestione e la diffusione del valore

di Alberto Manelli

12.1 I «momenti» della creazione di valore

L'intero percorso svolto finora è stato incentrato sulla logica di creazione di nuovo valore per le imprese, seguendo pertanto gli orientamenti prevalenti nella dottrina e riconducibili alle principali teorie di riferimento, ovvero lo *Shareholder Value Approach* per il mondo anglosassone e la Teoria di Creazione del Valore per la realtà dell'Europa continentale. Nell'esporre i tratti salienti e le caratteristiche distintive dei due approcci è stato posto l'accento sulla necessità di improntare l'organizzazione aziendale nel suo complesso, ma anche le distinte aree funzionali e le singole operazioni a princìpi di gestione del valore. In altri termini, a partire dalla formulazione delle strategie di fondo, fino ad arrivare all'attuazione delle più elementari procedure, le azioni svolte da tutti coloro che operano all'interno dell'impresa devono essere orientate ad una logica di creazione di valore. Il primo passo da compiere nella direzione individuata e dunque il primo «momento» del complesso percorso volto alla crescita del valore del capitale aziendale è rappresentato dalla gestione del valore.

Il solo momento della gestione del valore può però non risultare sufficiente. L'azienda, in quanto sistema aperto, per poter acquisire, mantenere e accrescere il consenso di tutti gli *stakeholder*, deve provvedere a rendere noto all'esterno la misura dell'eventuale valore creato attraverso un processo di comunicazione conosciuto come diffusione del valore. In tale prospettiva, l'obiettivo della massimizzazione del capitale economico nella logica della Teoria di Creazione del Valore pone in evidenza un problema specifico: l'assenza di riferimenti diretti al mercato e ai valori di mercato, impone uno sforzo aggiuntivo per consentire ai soggetti esterni di conoscere il valore creato dall'impresa.

Il secondo momento del processo di creazione del valore è pertanto rappresentato dalla diffusione dello stesso all'esterno, diffusione posta in essere attraverso apposite strategie di comunicazione o mediante interventi diretti sul mercato, come sarà specificato tra breve. Per tutte le considerazioni svolte in questa sede e nel primo capitolo, la diffusione del valore si pone come una fase successiva rispetto alla creazione di valore e del tutto eventuale rispetto ad essa: ciò in quanto il capitale economico non viene stimato direttamente e automaticamente dal mercato, ma è una grandezza risultante da un procedimento di valutazione oggettivo realizzato al solo scopo di misurare le performance ottenute dall'organizzazione. Laddove l'impresa fosse quotata in un mercato ufficiale, si renderebbe necessario verificare la coincidenza o meno tra il valore del capitale economico e il valore espresso dalle quotazioni – ovvero verificare la sottovalutazione o sopravvalutazione dell'impresa – e predisporre tutti gli interventi necessari per sanare l'eventuale *gap* riscontrato.

Si tratta, a ben vedere, di un problema associato esclusivamente all'impiego della Teoria di Creazione del Valore, ma che non è ravvisabile nello *Shareholder Value Approch*. L'approccio anglosassone, infatti, si pone come obiettivo diretto la massimizzazione del valore di mercato dell'impresa: ne consegue che una crescita di valore equivale all'apprezzamento del titolo sul mercato, circostanza che consente di far coincidere il momento della creazione con quello della diffusione di valore.

Il presente capitolo affronta la trattazione di entrambi i momenti della creazione di valore, ovvero la gestione prima e la diffusione poi.

SEZIONE I

La gestione del valore

12.2 Origini ed evoluzione del «Value Based Management»

La logica alla base della creazione di nuovo valore, a prescindere dall'orientamento dottrinale seguito, necessita della predisposizione di una serie di regole di condotta in grado di trasformare l'impianto teorico in un approccio operativo capace di affrontare e risolvere i problemi gestionali presenti in qualsiasi impresa[1]. Il passaggio «dalla teoria alla pratica» è avvenuto gradualmente attraverso tappe intermedie che hanno focalizzato l'attenzione ora sull'uno, ora sull'altro aspetto della vita delle imprese.

[1] Quaglini L., Conca V., *Management Intelligence: produzione di conoscenza e generazione di valore*, «Economia & Management», 4, 1993, p. 31.

Una prima soluzione è stata offerta dal paradigma «struttura-performance», che esprime la capacità dell'impresa di creare nuovo valore in funzione delle caratteristiche strutturali del settore nel quale la stessa opera. Tale approccio non ha però ottenuto risultati attendibili: è stato infatti dimostrato che più aziende, pur appartenendo allo stesso settore, non sono in grado di raggiungere i medesimi obiettivi in termini di valore. Ne consegue che la capacità di accrescere la ricchezza dell'impresa non dipende in modo rilevante dai requisiti strutturali dell'ambiente in cui essa agisce.

Individuati gli evidenti limiti di questo modello, si è cercato di renderlo idoneo a fornire una soddisfacente risposta al problema in esame, introducendo un ulteriore elemento, ovvero la «condotta» delle aziende e quindi la loro possibilità di influenzare la struttura del settore economico di appartenenza[2]: si pensi, a titolo d'esempio, alla possibilità di realizzare accordi di cooperazione, riducendo o eliminando il fattore della concorrenza[3]. Risulta così possibile giustificare l'eventuale diversità delle *performance* ottenute dalle varie imprese, poiché ciascuna di esse segue un determinato percorso di sviluppo, ovvero adotta una specifica condotta.

Questa rappresentazione, però, non riesce a spiegare il motivo per cui le imprese seguono condotte diverse. È stato quindi elaborato il modello «*resource-based approach*» che sposta l'attenzione dai fattori esterni all'impresa (ad esempio la struttura del settore) alle risorse disponibili al suo interno. La capacità di creare nuovo valore e di ottenere un vantaggio competitivo dipende dunque dall'esistenza di input adeguati sia dal punto di vista quantitativo, sia sotto il profilo qualitativo. Occorre però sottolineare che le risorse esistenti sono limitate: si potrebbe quindi verificare una iniqua distribuzione delle stesse tra le aziende, creando situazioni di squilibrio che determinano differenze nelle *performance* non eliminabili nel breve periodo, ma destinate a rimanere a lungo presenti.

Questo approccio è stato ulteriormente ampliato con l'introduzione del concetto di «*core-competence*», che riconduce il valore dell'impresa alle sole risorse strategiche, ovvero a quelle necessarie per svolgere le sue attività distintive. Non viene dunque smentita l'importanza delle risorse, ma si evidenzia come il vero fattore discriminante sia l'utilizzo che di esse si fa all'interno dell'azienda. Solo un'azione del management tesa alla definizione di valide strategie attraverso un atteggiamento critico e al tempo stesso innovativo, può assicurare lo sviluppo dell'impresa nel tempo.

A tal fine, è stato proposto dalla teoria in esame un modello che prende il nome di *Value Based Management* (VBM), un processo manageriale finalizzato alla creazione di valore azionario in un'ottica di lungo periodo[4]. In particolare Arnold e Davies aggiungono che attraverso l'implementazione del VBM «gli obiettivi di un'impresa, i

[2] Copeland T., Koller T., Murrin J., *Valuation Measuring and Managing the Value of Companies*, Wiley & Sons, New York 1994, p. 214.

[3] Faccipieri S., *Verso una teoria della strategia d'impresa: il ruolo della circolazione dei concetti e dei linguaggi*, in *Scritti in onore di Luigi Guatri*, tomo II, Egea, Milano 1994 p. 525 e ss.

[4] Reimann B.C., Reimann B.C., *Managing for value*, The Planning Forum, USA, 1989, p. 6; Dallocchio M., *Valore di mercato, del capitale economico e acquisizioni*, «Economia&Management», 21, 1991, pp. 89-90.

suoi sistemi, le strategie, i processi, le tecniche di gestione, la misura delle performance e la cultura dell'organizzazione sono guidate dall'obiettivo di massimizzare il valore per gli azionisti»[5]. Accolto in un primo momento con diffidenza dagli studiosi e dal mondo imprenditoriale, in pochi anni il VBM è riuscito a conquistare ampi margini di consenso, divenendo un punto di riferimento imprescindibile per le organizzazioni orientante alla creazione di valore[6].

Diversi sono i principi cardine che ispirano l'applicazione dell'approccio in parola. Tra quelli ritenuti maggiormente significativi è possibile citare i seguenti:

a) l'adozione di una logica finanziaria nella valutazione degli investimenti. Le alternative strategiche più favorevoli per l'impresa devono essere opportunamente selezionate e valutate al fine di verificare se la loro implementazione determini un effettivo aumento del valore;
a) lo studio del posizionamento strategico dell'impresa, nonché dei fattori all'origine del suo vantaggio competitivo. Si tratta di un'analisi da svolgere sia a livello di singola unità di business, sia a livello dell'impresa nel suo complesso;
c) adozione di efficaci misure di performance, al fine di verificare l'andamento della gestione in un'ottica di creazione di valore. In questo ambito un ruolo determinante è assunto dall'*Economic Value Added* (EVA) che trova la sua origine proprio all'interno del *Value Based Management*;
d) coinvolgimento di tutti i livelli dell'organizzazione al raggiungimento dell'obiettivo di massimizzazione del valore d'impresa. La diffusione di una adeguata «cultura del valore» passa pertanto attraverso sistemi di incentivazione del personale dipendente, con particolare riferimento alla posizione dei manager.

L'elenco appena proposto pone in evidenza il carattere interdisciplinare del *VBM*[7]: tale approccio ha mutuato dalla finanza l'orientamento al valore, nonché la logica fondata sulla centralità dei flussi di cassa e della loro attualizzazione ai fini delle procedure di valutazione; dalla gestione strategica d'impresa, il riferimento ai concetti di vantaggio competitivo e analisi del portafoglio di business; dalla contabilità, i principi alla base della formazione del bilancio, necessari per la costruzione delle misure di *performance*; dall'organizzazione e gestione delle risorse umane, i meccanismi degli incentivi al fine di accrescere il senso di appartenenza di tutti i lavoratori all'impresa, nonché il senso di condivisione degli obiettivi da raggiungere.

Nonostante l'indiscutibile contenuto innovativo dell'approccio e la validità costantemente dimostrata nella risoluzione delle problematiche concernenti la creazione di valore, il *VBM* non è stato esente da critiche. In particolare, è stata messa in discussione l'eccessiva attenzione rivolta agli azionisti, atteggiamento che rischia di trascu-

[5] Arnold G., Davies M., *Value Based Management*, Wiley, New York 2000.
[6] Amigoni F., *Il Value Based Management: i principi di fondo e gli impatti sui sistemi di pianificazione e controllo*, «Finanza Marketing e Produzione», 1, 2001, p. 8.
[7] Pellicelli M., *Creazione di valore e Value Based Management*, Giappichelli, Milano 2007, p. 15.

rare gli altri *stakeholder*, anch'essi fondamentali per garantire il successo dell'organizzazione. Inoltre, è emersa una certa complessità delle misure di *performance* impiegate all'interno del *Value Based Management*, non soltanto in ordine alla costruzione delle stesse, ma anche per quanto concerne la loro interpretazione. Al primo rilievo critico, i sostenitori dell'approccio manageriale in parola hanno ribadito un concetto alla base dello *Shareholder Value Approach*, ovvero il fatto che, in sostanza, la soddisfazione delle aspettative degli azionisti implica necessariamente la soddisfazione degli interessi di tutti gli altri *stakeholder*. Per quanto riguarda invece il secondo aspetto, la necessità di predisporre e impiegare nuove misure di *performance* nasce dalla conclamata incapacità degli indicatori contabili di offrire una rappresentazione corretta del valore creato, stante l'assenza di qualsiasi riferimento ai concetti di costo del capitale e di rischio.

La trattazione delle tematiche inerenti la gestione del valore sarà affrontata in questa sede esponendo con un adeguato livello di dettaglio i diversi punti precedentemente esposti.

12.3 L'analisi finanziaria

L'analisi finanziaria permette di individuare il collegamento esistente tra valutazione interna dell'impresa e valutazione esterna compiuta dal mercato dei capitali. In particolare, mediante l'utilizzo di metodi di stima finanziari è possibile comprendere in che modo gli investitori valutino le azioni poste in essere da una impresa. Si tratta, in sostanza, della medesima logica esposta in sede di trattazione delle problematiche di *capital budgeting*, nonché delle tematiche inerenti la valutazione delle aziende in funzionamento, cui si rinvia per ulteriori approfondimenti.

In sintesi, l'approccio fondato sulla creazione di valore implica la verifica, per ogni progetto di investimento che l'impresa intende intraprendere, della capacità del progetto stesso di contribuire alla crescita di valore, capacità che, come noto, può essere efficacemente misurata dal valore attuale netto. È dunque necessario calcolare il VAN delle strategie che si intendono realizzare a livello di *business unit*, attualizzando i flussi in uscita e in entrata previsti, al tasso di rendimento atteso per ogni progetto. Pertanto, se si verifica:

$$\text{VAN} > 0 \qquad [1]$$

allora la strategia consente di creare valore, mentre se:

$$\text{VAN} < 0 \qquad [2]$$

allora si tratta di una soluzione non conveniente in quanto in grado di distruggere il valore aziendale.

Ovviamente, mutuando i principi affermati in sede di esposizione del VAN, qualora ci si trovasse di fronte a più progetti alternativi, tutti con valore attuale netto positivo, sarà preferito quello con VAN maggiore, stante la capacità di tale strumento di misurare la dimensione stessa del valore generato dall'investimento.

Il metodo ora esposto consente di tenere conto del valore residuo di una strategia, valore che viene equiparato a un flusso perpetuo stabile. Ciò non significa ipotizzare che i livelli di profitto e di *cash flow* attuali resteranno invariati nel tempo, ma semplicemente che essi aumenteranno a un tasso di crescita costante.

Le metodologie di attualizzazione dei *cash flow* hanno il vantaggio di simulare il comportamento degli investitori. Al contrario, presentano il rischio di basare le decisioni di investimento sui soli dati numerici, tralasciando le considerazioni di natura qualitativa.

12.4 L'analisi strategica e la pianificazione di portafoglio

Uno dei pilastri sui quali il *Value Based Management* ha costruito le sue fondamenta è l'analisi strategica che, insieme alla correlata analisi di portafoglio, costituiscono componenti fondamentali dell'approccio oggetto di studio in quanto in grado di elaborare e rendere disponibili informazioni di natura qualitativa che bilanciano il peso assegnato a dati e valutazioni numeriche provenienti dall'analisi finanziaria[8].

Il corretto impiego dell'analisi strategica permette di valutare la posizione competitiva, nonché la convenienza delle strategie in atto per ciascun business, determinando i futuri *cash flow* che creeranno (o distruggeranno) valore per gli azionisti. Nello specifico, l'analisi strategica è incentrata sullo studio di due fattori, caratterizzati entrambi da una elevata dinamicità: l'attrattività del settore industriale e le determinanti della posizione competitiva relativa raggiunta dall'azienda nel settore stesso[9].

Nell'esaminare l'attrattività del settore, occorre in primo luogo sottolineare che si tratta di una funzione della redditività generale del settore determinata dalle cinque forze competitive rintracciabili nel modello di Porter: la minaccia dell'entrata di nuovi concorrenti, il potere contrattuale dei clienti e dei fornitori, la minaccia di prodotti sostitutivi, la concorrenza tra le imprese presenti (Fig. 12.1). La combinazione delle cinque forze conduce alla formazione dei prezzi e dei costi del settore e dunque della redditività, legata alla struttura del settore, ovvero agli elementi che lo caratterizzano, tra i quali si ricordano le economie di scala, i costi fissi, le barriere all'entrata e/o all'uscita.

La struttura del settore è legata all'azienda da una relazione di reciproca influenza: l'impresa risente in modo notevole dei condizionamenti e delle sollecitazioni prove-

[8] In un testo incentrato su argomenti di finanza aziendale, lo spazio dedicato all'analisi delle strategie deve essere, in un'ottica complessiva, ridotto e finalizzato semplicemente a fornire alcuni concetti di base. Si rinvia pertanto a un approfondimento dei temi citati leggendo, tra gli altri: Barney J.B., *Risorse, competenze e vantaggi competitivi. Manuale di strategia aziendale*, Carocci, Bari 2006; Borello A., *La mappa della strategia aziendale*, McGraw-Hill, Milano 2008; Dagnino I., *Strategia aziendale e vantaggio competitivo*, Egea, Milano 2008; Mollona E., *Strategia, complessità e risorse. Strumenti e principi per l'analisi dinamica della strategia aziendale*, Egea, Milano 2008; Sinatra A., *Strategia aziendale Business strategy, corporate strategy*, ISEDI, Torino 2006; Thompson A., *Strategia aziendale*, McGraw-Hill, Milano 2009.

[9] Porter M.E., *Il vantaggio competitivo*, Edizioni di Comunità, Milano 1987, pp. 7 e ss.

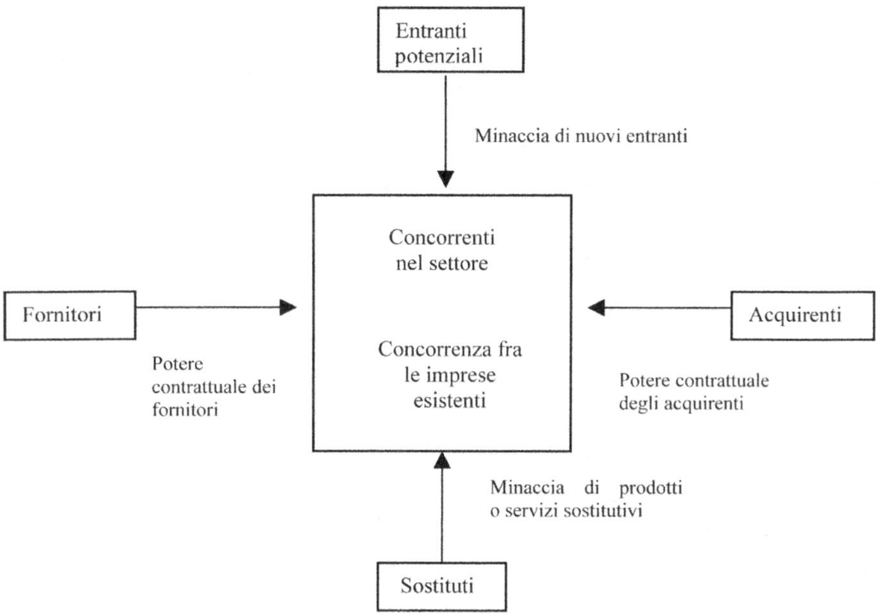

Fig. 12.1 Il modello delle cinque forze competitive di Porter
Fonte: Porter, *Il vantaggio competitivo*, cit., p. 11.

nienti dall'esterno, ma a sua volta è in grado di modificare alcuni elementi strutturali del settore attraverso l'attuazione di determinate strategie.

Circa la posizione competitiva, ovvero il secondo fattore su cui poggia l'analisi strategica, si tratta di un aspetto decisivo per valutare le probabilità dell'impresa di ottenere una redditività superiore o inferiore a quella media del proprio settore. Infatti, un'impresa che gode di una posizione favorevole può avere margini di profitto elevati anche se la struttura del settore non è vantaggiosa e la sua redditività media è bassa.

Il vantaggio competitivo è definito come «il valore che un'azienda è in grado di creare per i suoi acquirenti, che fornisca risultati superiori alle spese sostenute dall'impresa per crearlo»[10] e può essere realizzato tramite il perseguimento di una delle tre strategie di base:

1) *leadership* di costo. È adottata dall'impresa quando essa sia in grado di produrre il medesimo bene delle imprese concorrenti, ma sostenendo costi più bassi. Generalmente, tale vantaggio è riconducibile allo sfruttamento di economie di scala e/o alla possibilità di utilizzo di tecnologie esclusive. Ovviamente, il prezzo di vendita

[10] Porter, *Il vantaggio competitivo*, cit., p. 9.

del prodotto finale dovrà posizionarsi sullo stesso livello di quello praticato dai concorrenti;

2) differenziazione. Adottando tale strategia l'azienda tende a distinguersi dai concorrenti presentando un prodotto unico in relazione a particolari caratteristiche percepite come importanti dai clienti. La differenziazione, se apprezzata, permette all'impresa di imporre un «*premium price*», ovvero un prezzo più elevato rispetto ai concorrenti, che comunque gli acquirenti sono disposti a pagare, riconoscendo il valore della differenziazione;

3) focalizzazione. Si tratta di una strategia di «nicchia» realizzata applicando la logica della *leadership* di costo o della differenziazione su un particolare segmento del mercato che non risulta adeguatamente servito o che presenta bisogni specifici.

L'azienda deve scegliere e perseguire una sola delle strategie proposte, altrimenti rischia di rimanere bloccata «a metà del guado», ovvero di non riuscire a concretizzare alcun vantaggio tra i molteplici perseguiti. È necessario inoltre che il vantaggio competitivo sia sostenibile nel tempo, ovvero resista alle azioni poste in essere dalla concorrenza. Il vantaggio competitivo è quindi alla base delle strategie ed è la chiave per creare valore per gli azionisti nel lungo termine.

Occorre ora individuare le fonti del vantaggio competitivo che possono essere analizzate mediante l'utilizzo di un particolare strumento detto «catena del valore» che si propone di evidenziare le singole attività svolte all'interno di una specifica unità di business e di verificare il peso attribuito a ciascuna di esse, in modo da far emergere l'andamento dei costi e/o le basi di attuali e potenziali differenziazioni. Nel definire il modello della catena del valore, Porter individua nove categorie di attività svolte da un'impresa, di cui cinque primarie e quattro di supporto (Fig. 12.2): il vantaggio competitivo nasce dal modo in cui sono gestite e dal modo in cui la catena del valore dell'azienda incide su quelle degli altri soggetti appartenenti al cosiddetto «sistema del valore» (fornitori, acquirenti ecc.).

L'analisi strategica svolta avvalendosi della catena del valore può essere facilmente collegata all'analisi finanziaria basata sul *cash flow*, variabile fondamentale nella determinazione del valore per gli azionisti. La figura 12.3 mostra come il *cash flow* è calcolato a partire dalle vendite, diminuite delle spese operative e delle imposte, aumentate dell'ammortamento e dei costi che non hanno avuto manifestazione monetaria. Infine, alle vendite sono sottratti gli investimenti in attività fisse e circolanti.

Nello schema proposto le spese operative sono riclassificate in funzione delle attività primarie identificate nella catena del valore. Si ottengono, così, risultati più attendibili rispetto all'ipotesi di utilizzo delle classificazioni contabili dei costi, in quanto le varie alternative strategiche si caratterizzano per i differenti pesi che assegnano a ciascuna attività. La stima del nuovo valore azionario che una strategia potenzialmente riesce a creare, permette di verificare l'esistenza di un vantaggio competitivo.

L'analisi strategica sin qui descritta si è basata essenzialmente su due concetti: il settore e l'impresa. I continui cambiamenti nello scenario economico, da imputare all'instabilità della domanda, all'evoluzione della tecnologia, al contrarsi del ciclo di vita dei prodotti e alla maggiore disponibilità di informazioni, hanno determinato sia

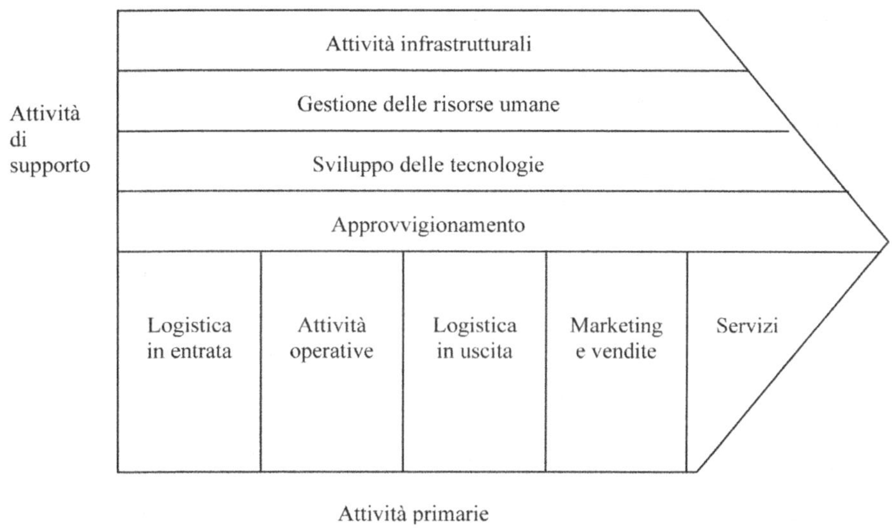

Fig. 12.2 La catena del valore
Fonte: Porter, *Il vantaggio competitivo*, cit., p. 47.

un aumento delle interrelazioni – più potenziali che reali – tra le diverse attività con una conseguente caduta dei confini, un tempo ben definiti, tra i settori, sia il sorgere di nuovi modelli di impresa: integrata, virtuale, estesa e così via[11].

L'utilizzo di strumenti tradizionali quali la catena del valore e le matrici di portafoglio che saranno proposte tra breve, pensati negli anni Settanta e Ottanta per un modello competitivo più stabile e definito, rischia dunque di essere inadeguato nella gestione di tale maggiore complessità, non consentendo l'individuazione e lo sfruttamento di possibili vantaggi competitivi[12]. Si è reso pertanto necessario variare la prospettiva d'indagine dell'analisi strategica in modo da renderla più compatibile con le mutevoli esigenze dell'attuale sistema economico. A tal fine, è stato introdotto un concetto più ampio, ovvero quello di «sistema di creazione del valore», definito come «un insieme di risorse (materiali, immateriali e umane) preposte allo svolgimento delle attività che compartecipano alla creazione del valore»[13].

Il modello di rappresentazione di tali sistemi è la *rete del valore* che elabora strategie competitive, partendo dal punto di vista del consumatore finale, allargando così l'analisi ad attività poco attinenti con quelle svolte dall'impresa, ma che contribuiscono a creare valore per l'acquirente. La rete si differenzia dal sistema del valore di Porter perché, se in quest'ultimo si considerano le catene del valore degli altri attori

[11] Parolini C., *La rete del valore*, Egea, Milano 1996, p. 8.
[12] Cagnoli G., *Strategia come generazione di valore economico superiore*, «Results», 2, 1992, p. 5.
[13] Parolini, *La rete del valore*, cit., p. 11.

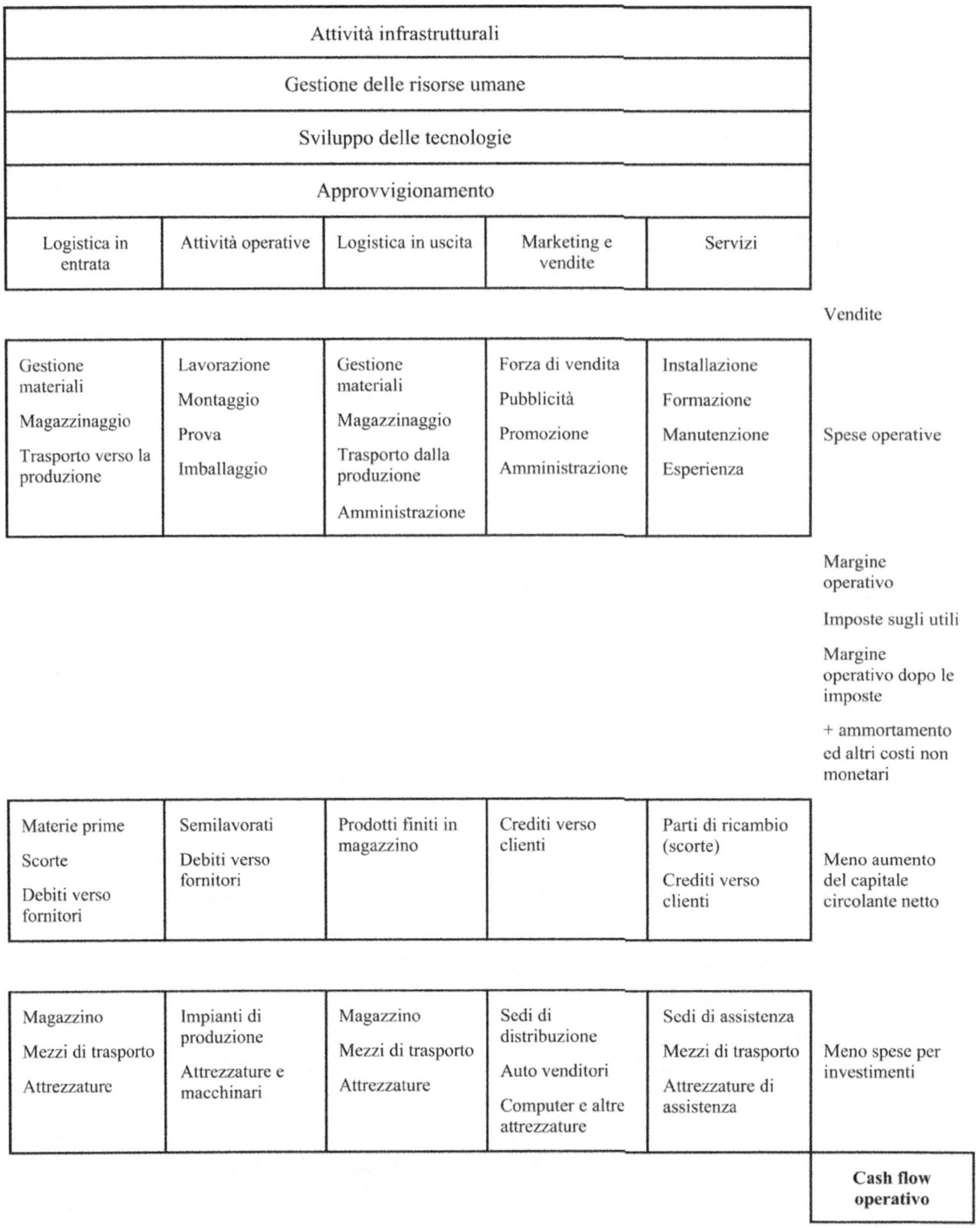

Fig. 12.3 Catena del valore e cash flow
Fonte: Rappaport, *La strategia del valore*, cit., p. 102.

economici che entrano in contatto con l'azienda, tuttavia la prospettiva d'indagine rimane quella interna all'impresa, limitandosi a cercare collegamenti a monte e a valle.

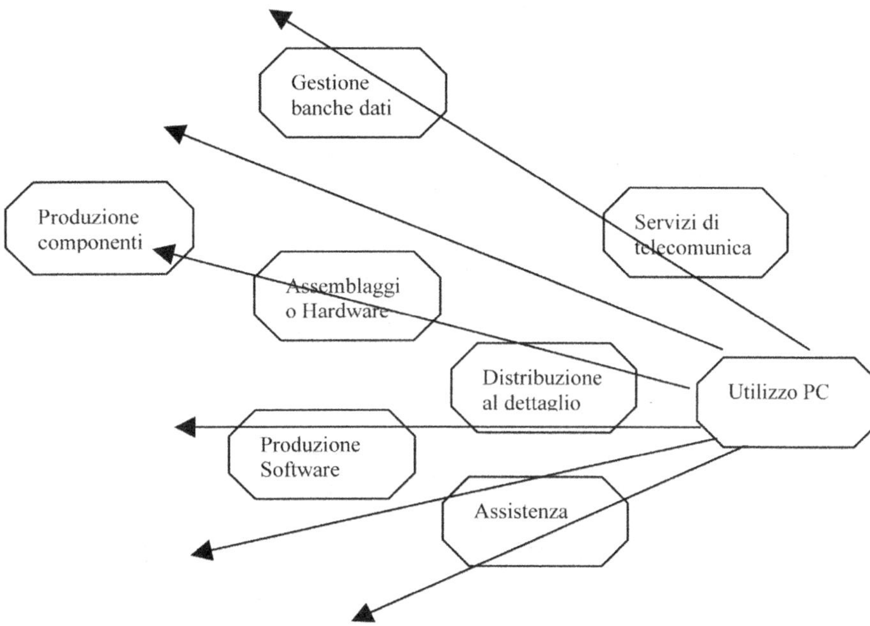

Fig. 12.4 La prospettiva della rete del valore

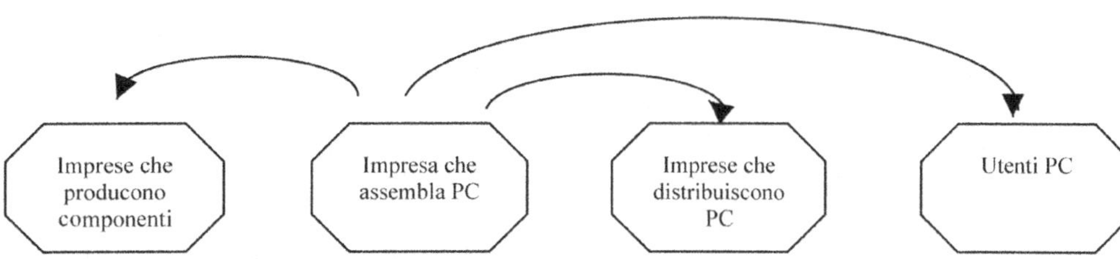

Fig. 12.5 La prospettiva del sistema del valore
Fonte: Parolini, *La rete del valore*, cit., pp. 145-46.

La differenza tra i modelli si comprende meglio mettendo a confronto i due grafici, qui proposti, relativi a imprese operanti nel settore dei personal computer (Fig. 12.4 e 12.5).

Informazioni attendibili si ottengono utilizzando congiuntamente gli strumenti proposti dall'analisi strategica, ovvero la rete del valore e il modello di Porter.

Dopo aver esposto i tratti essenziali della gestione strategica dell'impresa nel suo complesso, occorre compiere un passo avanti scomponendo la gestione nelle singole unità di business che la rappresentano. Le tecniche di pianificazione di portafoglio considerano l'azienda come un portafoglio di business, permettendo di effettuare un'analisi integrata sia a livello di *corporate*, sia di singola unità d'affari.

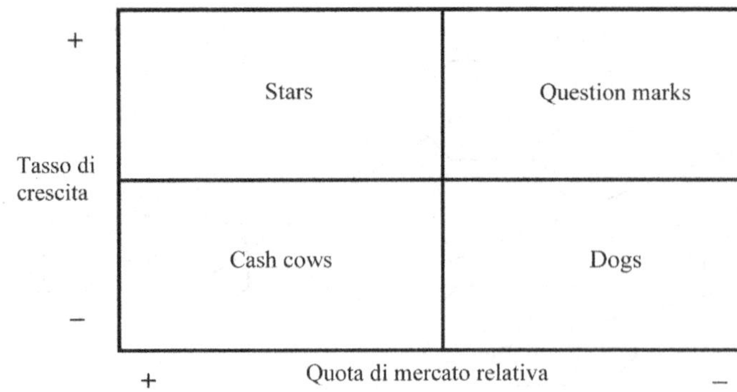

Fig. 12.6 La matrice crescita-quota di mercato
Fonte: Hax A.C., Mayluf N.S., La direzione strategica, IPSOA, Milano 1987, p. 180.

Questi metodi, che si avvalgono normalmente di matrici, hanno riscosso successo per almeno due motivi[14]: a) sono entrati in sintonia con l'idea corrente di decentrare e rendere autonome le singole unità di business; b) hanno reso più agevoli le ristrutturazioni aziendali, permettendo di visualizzare meglio le unità operative funzionali – e perciò «desiderabili» – e quelle di cui sbarazzarsi.

La matrice più conosciuta è senz'altro quella della *Boston Consulting Group* (BCG), denominata anche matrice «crescita-quota di mercato» (Fig. 12.6).

Nella matrice le varie unità di business sono classificate in base al tasso di crescita del mercato e alla quota di mercato relativa, permettendo di ottenere diverse indicazioni: visualizzare i punti di forza e di debolezza del portafoglio; suggerire orientamenti strategici per ogni business (aumentare o mantenere la quota di mercato, mietere o abbandonare); individuare la capacità di generazione e di utilizzo di cassa per ogni business. È così possibile classificare i business in quattro tipologie, denominate in maniera molto originale:

- *stars*, che generano ingenti flussi di cassa, ma che allo stesso tempo assorbono gran parte della liquidità rilasciata per mantenere la loro posizione;
- *cash cows*, che forniscono flussi di cassa in quantità largamente superiore a quanta ne assorbono per reinvestimenti. Si tratta di business operanti in mercati maturi, destinati al declino;
- *question marks*, ovvero opportunità ancora da sfruttare che richiedono l'impiego di elevati flussi di cassa. Per essi va quindi decisa la strategia da seguire: continuare a investire o ritirarsi, nel caso in cui le risorse necessarie siano maggiori rispetto a quelle a disposizione dell'azienda;
- *dogs*, business in perdita che vanno abbandonati[15].

[14] Guatri L., Sicca L., *Strategie. Leve del valore. Valutazione delle aziende*, Egea, Milano 2000, p. 121.

[15] Salter M.S., Weinhold W.A., *Diversification Through Acquisition. Strategies for Creating Economic Value*, The Free Press, New York 1979, pp. 69-70.

La classificazione dei business operata nella matrice in parola richiama in realtà le fasi del ciclo di vita attraversate dall'impresa: la nascita (question marks), lo sviluppo (stars), la maturità (cash cows) ed infine il declino (dogs).

Le tecniche di pianificazione del portafoglio presentano alcuni aspetti critici. In primo luogo, l'ipotesi di indipendenza tra le unità di business è difficilmente realizzabile in pratica e, anche qualora lo fosse, comporterebbe svantaggi, poiché non permetterebbe di utilizzare al meglio le eventuali sinergie esistenti tra più business. E ciò risulta particolarmente vero nella matrice della BCG, in riferimento alla quale è del tutto inutile, se non dannosa, una gestione autonoma e separata delle singole tipologie di business: ad esempio, investire la liquidità generata dalle *cash cows* negli stessi business è controproducente poiché il mercato in cui si opera è maturo e dunque destinato al declino. È quindi indispensabile adottare una gestione centralizzata dei flussi di cassa, in modo da reinvestire quelli prodotti in eccesso nei business con elevate aspettative.

12.5 Altri strumenti di analisi del valore

Dopo aver esposto i diversi livelli di analisi di cui si avvale il *Value Based Management*, occorre tornare all'obiettivo che il modello si propone di realizzare: la creazione di valore per gli azionisti. Rimangono infatti da definire le modalità da seguire per raggiungere tale fine e a questo proposito si provvede all'esposizione di alcuni utili strumenti di indagine in grado di indirizzare al meglio l'impresa verso la strada della ricerca del valore.

12.5.1 La matrice di creazione del valore

Il *Value Based Management* si propone di individuare un equilibrio tra la necessità dell'azienda di restare competitiva sia a livello di *corporate* nel mercato dei capitali, sia a livello di *business unit* nel mercato di prodotti e servizi. Inoltre, il *VBM* procede ad una inversione della direzione del processo di pianificazione: non più *top-down*, ma *bottom-up planning*, dato che la creazione di valore deve partire proprio dalle singole unità di business e dalle strategie competitive poste in essere. Sono dunque i *frontline manager* a dover apprendere le tecniche di pianificazione orientate al valore, mentre il management centrale fornisce loro le giuste informazioni e gli incentivi per formulare le decisioni più adatte allo sviluppo dell'azienda. Tuttavia, è sempre necessaria un'attività di supervisione dei vertici aziendali nel processo di allocazione delle risorse per non incorrere in perdite di efficienza.

Il fulcro del *VBM* rimane comunque la valutazione finanziaria delle strategie. Questo tipo di valutazione può essere effettuata a qualsiasi livello dell'organizzazione aziendale, preferibilmente a livello di *business unit*, che presenta il vantaggio di essere focalizzata in un'ottica di lungo periodo. Tali metodologie forniscono una misura del capitale economico basata sui flussi di cassa attesi, misura che può essere posta a confronto con quella contabile del valore, data dalla differenza tra il ritorno e il costo del capitale investito. È dunque possibile combinare insieme la differenza tra il *ROI* e

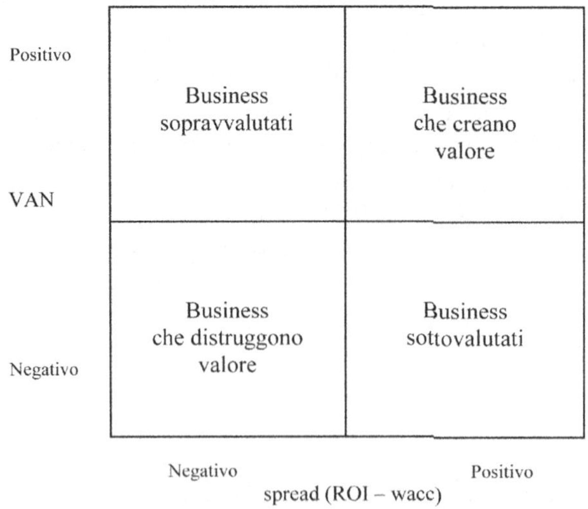

Fig. 12.7 La matrice di creazione del valore
Fonte: Reimann, *Managing for value*, cit., p. 130.

il costo del capitale complessivamente investito (*wacc*) – differenza che rappresenta un dato di breve periodo e che offre informazioni sulla situazione attuale del business – e il *VAN* che invece esprime le potenzialità prospettiche del business in termini di creazione di valore. Il risultato generato dall'incrocio di informazioni attuali e informazioni prospettiche dà luogo alla cosiddetta «matrice di creazione del valore», la quale consente di operare un confronto tra le varie *business unit* in funzione del potenziale impatto generato da ciascuna di esse sul valore degli azionisti (Fig. 12.7).

Si valutano quindi le strategie previste per ciascuna unità di business in base al *VAN* generabile e allo *spread* (*ROI – wacc*): se entrambi gli indici sono positivi, dall'implementazione della strategia si creerà valore; in caso contrario ci sarà distruzione di valore e ciò vuol dire che si sta operando in business non competitivi e perciò da eliminare. Da un'operazione di questo tipo si ricava liquidità che può essere utilizzata in progetti di investimento allettanti, o in loro assenza, può essere distribuita agli azionisti incrementando i dividendi.

Vi sono poi due casi in cui i business presentano una discordanza nei segni degli indici di riferimento. Se lo spread (*ROI – wacc*) è negativo e il *VAN* è positivo, il business risulta sopravvalutato per effetto di:

a) una discrepanza tra *performance* passata e futura dovuta a una momentanea crisi che ha coinvolto l'azienda. È probabile che gli effetti di questa crisi si esplicheranno in un prossimo futuro, circostanza che ha comunque permesso all'azienda di acquisire un vantaggio competitivo;
b) una *performance* attuale non rappresentativa di quella potenziale a causa degli alti costi iniziali connessi all'implementazione di una strategia che comprime il *ROI*

ma aumenta il valore per gli azionisti in quanto esiste la possibilità di reinvestire il capitale a tassi più remunerativi.

Al contrario, un business che presenta un *VAN* negativo e la differenza (*ROI* – *wacc*) positiva, è sottovalutato. Una possibile causa può essere ricercata nelle pessime aspettative legate alla *performance* futura, anche se quella attuale si presenta soddisfacente. Ad esempio, una diminuzione attesa nel tasso di crescita del mercato lascia presagire una perdita di valore economico del business anche se esso attualmente genera elevati profitti.

Finora è stata sottolineata la necessità di operare a livello di *business unit* per essere competitivi sul mercato: sorge però il problema di come integrare le diverse prospettive delle strategie di business con quelle elaborate a livello di *corporate*. Il *VBM*, proponendo un unico obiettivo, ovvero la creazione di valore per gli azionisti, risolve il dubbio alla radice. A partire dai tradizionali strumenti di analisi del portafoglio e del vantaggio competitivo, l'approccio strategico al valore allarga le prospettive dell'indagine estendendole al mercato dei capitali e combinando così i diversi livelli interni dell'organizzazione aziendale e l'ambiente esterno[16].

L'introduzione del *VBM* in azienda presenta però un elevato livello di complessità, poiché apporta cambiamenti radicali a tutti i livelli, scontrandosi così con la cultura tipicamente conservatrice dell'impresa. L'approccio al valore si imbatte nella diffusa tendenza dei manager a privilegiare ciò che è facile, ma soprattutto sicuro, piuttosto che osare con scelte innovative[17].

Il *VBM* in Italia è ancora poco diffuso, ma potrebbe rappresentare uno strumento fondamentale per le aziende, siano esse quotate e non, poiché privilegia la trasparenza, attraverso l'imposizione di un preciso obiettivo da perseguire, fornendo gli strumenti per raggiungere questo scopo e responsabilizzando in pieno il management[18]. Il fattore trasparenza permette agli analisti esterni di valutare con più precisione l'azienda presente in borsa: un eventuale divario negativo tra i risultati ottenuti e le aspettative del mercato influisce sul valore dei titoli, generando dubbi circa la validità dell'operato del management.

Nel caso di aziende non quotate, che caratterizzano lo scenario economico italiano, la trasparenza favorisce e facilita l'individuazione di situazioni particolarmente delicate dalle quali potrebbe scaturire una crisi, permettendo al management di attuare tempestivi provvedimenti.

12.5.2 Il pentagono del valore

L'adozione del *Value Based Management* permette all'impresa di gestire al meglio il valore attraverso l'integrazione tra analisi quantitativa e analisi qualitativa. A questo proposito appare però importante sottolineare che l'azienda non può agire direttamen-

[16] Prahalad C.K., *Corporate Governance or Corporate Value Added? Rethinking the Primacy of Shareholder Value*, «Journal of applied corporate finance», 6, 4, 1994, p. 44.

[17] Rossi Cairo G., *Una rivoluzione culturale per le imprese italiane*, «L'Impresa», n. 6, 1996, pp. 8-10.

[18] Buora C., *Pirelli: il valore nella gestione quotidiana*, «L'Impresa», 6, 1996, p. 35.

te sul valore, ma deve limitarsi a intervenire sulle variabili che lo influenzano. Tali fattori prendono il nome di *value drivers* e rappresentano le leve della generazione di cassa a breve e lungo termine, tra le quali è possibile annoverare, ad esempio, la soddisfazione del cliente o il costo del capitale. Una corretta gestione dei *value drivers* permette di migliorare la liquidità prodotta, o più precisamente il *free-cash flow* (*FCFO*), in modo da renderlo disponibile per i fornitori di capitale (azionisti o creditori).

I *value drivers* sono elementi dinamici che necessitano di una continua attività di organizzazione e monitoraggio da parte del management. In particolare, essi subiscono l'influenza del business al quale si riferiscono, dello stadio di sviluppo del settore e della strategia competitiva perseguita, assumendo di volta in volta importanza e ruoli diversi. Ad esempio, in un settore economico in cui per operare è necessario investire massicciamente in attività fisse, la variabile chiave da ottimizzare è la capacità produttiva. In settori in espansione occorre invece concentrarsi sull'aumento della quota di mercato e sull'inserimento di nuovi prodotti, dovendo perciò investire in attività di ricerca e sviluppo.

Il problema più importante che si pone in questo contesto è l'individuazione dei *value drivers*, che scaturiscono da un processo piuttosto articolato che richiede il coinvolgimento del management, il quale può svolgere una costante azione di monitoraggio del percorso che conduce alla creazione di valore, permettendo altresì di ridurre il rischio di scalate ostili. Esempi di leve del valore possono essere:

- quota di mercato posseduta;
- nuovi prodotti sviluppati;
- *time to market*;
- attenzione alla qualità;
- assistenza post-vendita;
- tecnologia degli impianti;
- azioni strategiche per lo sviluppo aziendale;
- ecc.

I *value drivers* assumono un ruolo fondamentale all'interno del *pentagono del valore*, un particolare strumento ideato dalla McKinsey che segna un percorso ideale lungo il quale è possibile rilevare gli eventuali *gap* tra diverse tipologie di valore e procedere alla loro eliminazione attraverso interventi di riordino a tutti i livelli dell'organizzazione aziendale: *business unit*, *corporate* e livello finanziario[19]. Tali interventi sono[20]:

[19] Macrì D.M., *Strategie acquisitive e creazione di valore*, «Finanza Marketing e Produzione», 2, 1992, p. 64; Guglielmini G., *Ristrutturazione aziendale e valore potenziale*, «Finanza Marketing e Produzione», 4, 1996, p. 190.

[20] Guatri L., *Vie e strumenti per la creazione di nuovo valore*, «Finanza Marketing e Produzione», 3, 1991, pp. 7 e ss.; Bordogna P., *Il valore strategico del business reengineering*, «L'Impresa», 2, 1994, p. 46; Aloi F., *Creare valore dall'interno dell'impresa*, «Amministrazione e Finanza», n. 7, 1997, p. 38.

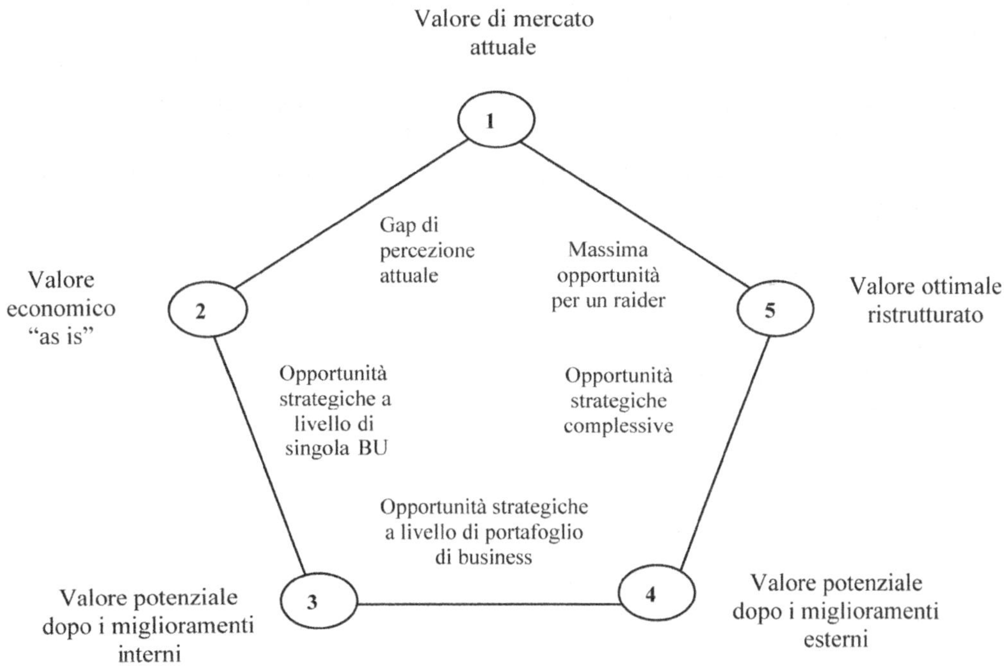

Fig. 12.8 Il pentagono del valore
Fonte: Copeland, Koller, Murrin, *Valuation Measuring*, cit., p. 37.

1) miglioramenti interni;
2) miglioramenti esterni;
3) miglioramenti conseguibili attraverso ristrutturazioni.

L'analisi del pentagono parte dalla individuazione dell'attuale valore di mercato dell'azienda, per poi procedere con la determinazione del valore effettivo dell'impresa «così com'è» (*as is*), calcolato sulla base delle strategie in atto e della previsione sull'andamento delle variabili ambientali. Qualora non ci sia coincidenza tra i due valori, emerge un *gap* di percezione che, se elevato, può essere dovuto a un problema di «diffusione» del valore (di cui si tratterà in seguito); al contrario, se il divario tra i due valori è basso, si può ricondurre a un problema strategico di sottoutilizzo delle potenzialità dell'impresa. In questo contesto è possibile intervenire effettuando semplici miglioramenti interni, ovvero ricercando le opportunità strategiche e operative realizzabili a livello di *business unit*, senza però modificare la composizione del portafoglio esistente. Si tratta in pratica di rendere coerenti e compatibili la gestione delle risorse e i comportamenti manageriali con la crescita del capitale economico. Si individuano così le leve principali su cui agire per migliorare i futuri flussi di cassa: la crescita delle vendite realizzata con una politica di marketing aggressiva, la riduzione dei costi operativi mediante variazioni del livello di indebitamento e, più in generale, cambiamenti della politica di finanziamento. Sono questi alcuni esempi di possibili *value drivers* interni.

Apportate le necessarie modifiche sui singoli business agendo sui fattori (*value drivers*) interni, viene definito il *valore potenziale dopo i miglioramenti interni*. A questo punto l'analisi si sposta verso un livello di indagine più elevato in cui si mettono in discussione le strategie di portafoglio attuate dall'impresa, la quale si trova di fronte alla possibilità di scelta tra[21]:

- acquisizione di nuove unità di business attraverso operazioni di:
  - fusione,
  - acquisizione;
- dismissione di unità di business attraverso operazioni di:
  - vendita,
  - *spin-off*,
  - *leverage buy out*,
  - liquidazione.

Gli effetti di tali operazioni sul valore economico del capitale devono essere stimati tenendo conto delle eventuali sinergie e correlazioni che si possono manifestare tra le varie unità di business.

Qualora si faccia ricorso alla fusione e/o all'acquisizione, sarà necessario innanzitutto distinguere tra «valore catturato» e valore «creato». Il primo deriva dall'acquisizione di una società in grado di generare un incremento del valore del capitale economico dell'azienda acquirente solo attraverso il pagamento di un prezzo conveniente (si parla di rivalutazione da negoziazione); il secondo scaturisce dalla collaborazione tra le aziende coinvolte nell'operazione di negoziazione, dando origine a sinergie (rivalutazione da vantaggi sinergici). In questa seconda ipotesi è necessario effettuare una valutazione strategica dell'azienda da acquisire per stabilire il prezzo massimo pagabile, oltre il quale si perde la convenienza ad eseguire l'operazione. Le sinergie originate da tali processi di integrazione si distinguono in:

- *sinergie di mercato*, che assumono un ruolo determinante nelle acquisizioni omogenee realizzate all'interno di uno stesso settore e che offrono l'opportunità di aumentare la propria quota di mercato o la clientela, riducendo nel contempo la concorrenza;
- *sinergie di efficienza operativa*, che derivano dall'attività di produzione, marketing, ricerca e sviluppo, distribuzione e altre ancora. In ognuna di queste funzioni si possono realizzare sinergie di scala e di razionalizzazione: le prime legate alla minimizzazione dei costi in diverse aree, le seconde derivanti da un utilizzo razionale dei fattori indivisibili che spesso risultano sottoutilizzati;

[21] Nodari A., *Creare valore*, «Amministrazione & Finanza Oro», 2, 1993, pp. 8 e ss.

- *sinergie finanziarie*, che si realizzano in presenza della possibilità per l'impresa di reperire finanziamenti a costi minori rispetto a una delle società preesistenti alla fusione o a entrambe le aziende coinvolte nella procedura;
- *sinergie fiscali*, attinenti al risparmio di imposte conseguibile attraverso la fusione e/o l'acquisizione.

Le operazioni di acquisizione/fusione influiscono sulla creazione di nuovo valore anche attraverso il contenimento del livello del rischio: la diversificazione degli investimenti fraziona e compensa il rischio totale, l'integrazione verticale riduce i rischi di approvvigionamento o di distribuzione, mentre l'integrazione orizzontale diminuisce la concorrenza attribuendo maggiore stabilità al settore economico.

Una valida alternativa alle ipotesi di fusione e acquisizione è offerta dalla cessione. Attuando questa procedura le aree d'affari e/o i pacchetti azionari devono essere esaminati separatamente, laddove possibile, per individuare il prezzo realizzabile dall'operazione.

La cessione può essere attuata adottando:

- *leverage buy out* (*LBO*);
- *spin-off*;
- vendita;
- liquidazione.

Alla prima ipotesi (*LBO*) si ricorre di frequente, poiché con essa entrambe le parti coinvolte nella procedura di negoziazione ottengono vantaggi notevoli: il cedente riceve un pagamento immediato, mentre l'acquirente è in grado di sfruttare i vantaggi fiscali derivanti dagli elevati livelli di indebitamento raggiunti. Lo *spin-off*, consistente nella distribuzione ai propri azionisti di quote di partecipazione al capitale di una nuova società, solitamente ha una applicazione limitata alle grosse aziende. La *vendita* di un'intera area d'affari è un'operazione influenzata dalla congiuntura del mercato dei capitali e inoltre i prezzi realizzabili per questa via sono piuttosto elevati, dal momento che spesso comprendono il cosiddetto «premio di maggioranza», dovuto per acquisire il controllo dell'area. Infine, l'operazione di *liquidazione* si presenta sempre attuabile, senza alcuna restrizione di sorta. I corrispettivi realizzabili nelle diverse ipotesi proposte devono essere confrontati tra loro al fine di scegliere l'alternativa più conveniente.

A questo punto si può stimare il *valore potenziale che risulta dopo aver esaurito i processi di miglioramento interno ed esterno*. Il valore così ottenuto può essere ancora incrementato dall'individuazione e dallo sfruttamento di opportunità strategiche complessive: non si opera più a livello di *business unit*, ma si passa ad analizzare la situazione a livello di *corporate*. L'ulteriore creazione di valore può essere così ottenuta tramite operazioni di ristrutturazione finanziaria e societaria.

La *ristrutturazione finanziaria* è focalizzata sul rapporto tra l'ammontare dei debiti e il capitale proprio e può essere realizzata mediante procedure, quali il *LBO* e il *MBO* (*Management Buy Out*), che permettono di sfruttare gli elevati livelli delle leve finanziarie per determinare l'aumento dei vantaggi per gli azionisti. Attraverso una struttura finanziaria ottimale si cerca quindi di eliminare i costi connessi con lo squilibrio finanziario, riconducibili ai maggiori oneri richiesti dai fornitori per la concessione di una lunga dilazione nel credito e agli elevati oneri finanziari imposti dalle banche per effetto dell'aumento dei rischi.

Per quanto concerne nello specifico le ristrutturazioni finanziarie e la ricerca del livello di indebitamento giudicato ottimale, ovvero in grado di massimizzare il valore dell'impresa, si rinvia a tutte le argomentazioni ampiamente dibattute nel capitolo quarto.

Le *ristrutturazioni societarie*, invece, vengono generalmente realizzate mediante operazioni di natura straordinaria che spesso sono finalizzate in via esclusiva all'ottenimento di vantaggi tributari, ma possono essere rivolte anche alla creazione di vero valore economico. Ad esempio, operazioni di scorporo successive effettuate su di un'unica società danno vita a una pluralità di imprese a cui partecipano nuovi azionisti-risparmiatori, permettendo l'aumento del capitale proprio del gruppo e accrescendo le future possibilità di sviluppo. Anche la scissione societaria, eseguita a favore di più imprese, può consentire la razionalizzazione delle risorse esistenti e l'acquisizione di vantaggi sinergici che contribuiscono al miglioramento dei risultati e delle prospettive. Per la trattazione delle operazioni di finanza straordinarie e del loro impatto sulla creazione di valore si rinvia al capitolo successivo.

Il valore derivante dal processo di ristrutturazione è detto *valore ottimale dell'impresa*.

Il pentagono del valore è uno strumento utilizzabile in qualsiasi situazione e non soltanto laddove si rendano necessarie ristrutturazioni radicali, poiché permette di impostare il controllo gestionale sulla variabile-chiave rappresentata dal valore economico e si integra bene con le altre tecniche di analisi strategica. Vi sono però alcune difficoltà di applicazione pratica: risulta, infatti, complesso isolare e definire gli effetti dei *value drivers* operativi sui *net cash flow*.

12.5.3 Il rombo del valore

Nel tentativo di adattare la logica dello *Shareholder Value Approach* al contesto europeo, la nozione di valore è stata ricondotta al concetto di capitale economico e alla sua misurazione. Alcuni studiosi, al fine di recuperare la vera portata dell'orientamento al valore quale metodologia per affrontare in modo nuovo le problematiche decisionali e gestionali, hanno introdotto il concetto di «meta-valore», definito come «un sistema delle variabili utilizzabili per inquadrare la capacità dell'impresa di generare risultati futuri in presenza di situazioni complesse»[22].

Il passaggio dal valore economico del capitale al meta-valore è schematizzato nella figura 12.9 che mostra come il momento del controllo del valore sia solo un elemento, seppure fondamentale, della gestione del valore stesso. Tale momento permette di collegare la strategia e l'azione.

[22] Olivotto L., *La strategia, i sistemi direzionali e l'orientamento al valore*, «Analisi Finanziaria», 28, 1997, p. 33.

Partire dal concetto di valore economico

centralità dell'idea di creazione di valore,
alla luce delle riflessioni sulle sue determinanti:
i flussi monetari disponibili, il costo del capitale, il rischio...

per creare uno schema realistico di funzionamento dell'impresa

collegamenti sistemici tra variabili, con schemi articolati
di rappresentazione del funzionamento d'impresa:
livelli multipli di analisi, incertezza, complessità...

capace di integrare approcci differenziati

utilizzo di approcci differenziati, ma integrati in modo esplicito:
strumenti di analisi finanziaria, strumenti per l'analisi strategica,
dinamica dei sistemi, profili organizzativi...

**e rendere disponibili strumenti di controllo
che orientano efficacemente l'impresa**

Fig. 12.9 Il passaggio al meta-valore

Così come avviene per il *Value Based Management*, il meta-valore suggerisce alle imprese di focalizzare l'attenzione sulla ricerca dei problemi più che sulla loro soluzione (si privilegiano i temi di *problem finding* piuttosto che quelli di *problem solving*), realizzando così il passaggio al *Value Focused Thinking*, un modo snello ed efficace di strutturare i problemi e di analizzarli basandosi solo sugli elementi importanti, ottenendo così un miglioramento della gestione riconducibile alla identificazione e alla ricerca di opportunità decisionali piuttosto che di problemi decisionali (Fig. 12.10).

La novità sta nel diverso modello in cui tale impostazione trova la propria formalizzazione: il *rombo del valore* (Fig. 12.11), che esplicita e sintetizza i legami tra le variabili richiamate nella precedente figura.

I parametri considerati sono:

- il grado di attrattività del business;
- l'incidenza delle forze competitive considerate;
- l'eccellenza del sistema dei processi e il supporto offerto al vantaggio competitivo;
- la coerenza tra le competenze strumentali e la posizione concorrenziale dell'impresa.

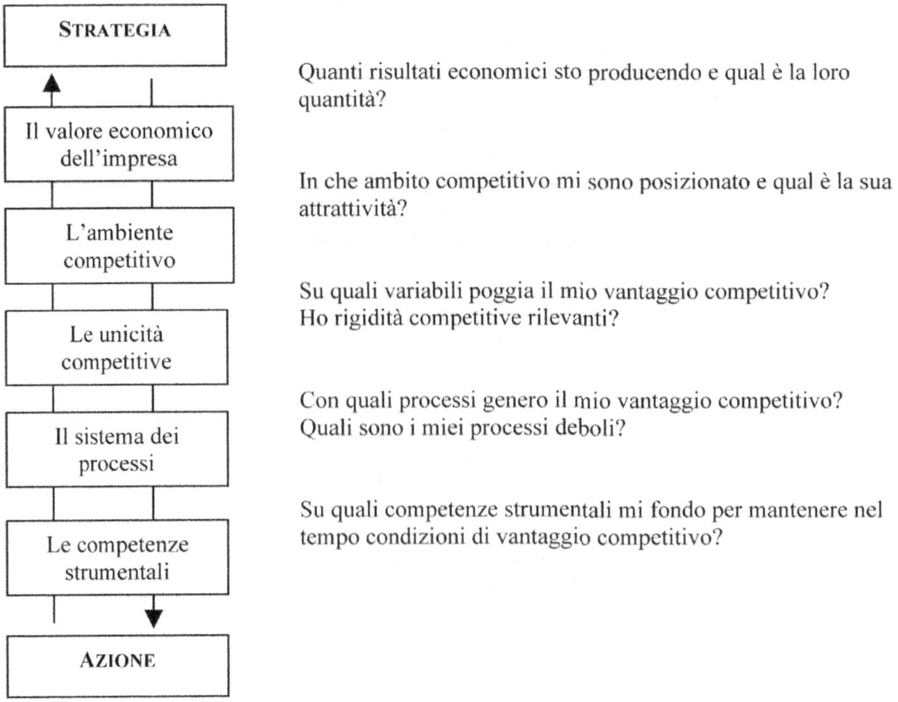

Fig. 12.10 Il legame tra strategia e azione
Fonte: Olivotto, *La strategia*, cit., p. 41.

Ad ognuno di essi è assegnato un punteggio compreso tra 0 e 10, valutato in considerazione del grado di importanza assunto rispetto all'obiettivo fondamentale e al loro livello quali-quantitativo. L'area del rombo indica la forza competitiva dell'impresa, consentendo così di valutare i risultati economico-finanziari raggiunti dalla stessa.

Il ricorso a elementi dell'analisi strategica di Porter, quali l'attrattività del business e la posizione competitiva, conferisce al modello un maggior grado di familiarità, poiché si tratta di concetti utilizzati nella pratica da molte aziende. Ciò potrebbe favorire l'applicazione pratica del rombo del valore rispetto all'utilizzo del pentagono del valore, che accentua la necessità di ripensare l'azienda in modo critico, troncando, se necessario, ogni legame con il passato.

Nella interpretazione del modello del meta-valore, occorre sottolineare che l'azienda dotata di un profilo come quello evidenziato dalla figura (a) ha raggiunto una forza competitiva massima e risultati economici elevati. Imprese la cui situazione è illustrata nelle altre figure (b-e) devono invece rivedere le loro strategie, in quanto dai grafici trapelano diversi problemi, quali, per esempio, l'incapacità di finalizzare le competenze di base allo sviluppo di un efficace sistema di processi (figura b), o l'assenza di prospettive e quindi l'incapacità di elaborare una proposta competitiva dagli elementi significativi (e).

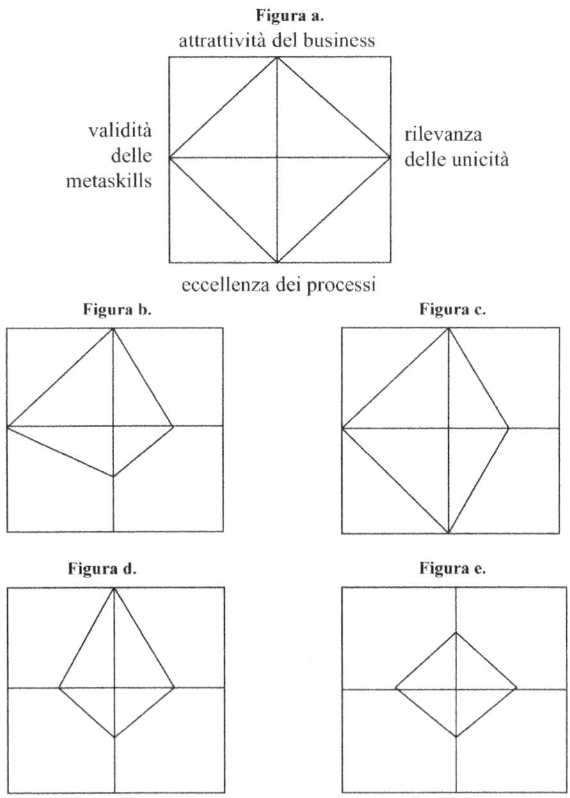

Fig. 12.11 Il rombo del valore
Fonte: Olivotto, cit., p. 46.

12.6 La misurazione del valore creato

Nel delineare gli aspetti di fondo del *Value Based Management* e le direttrici lungo le quali si realizza la sua concreta applicazione, è stato posto l'accento sul fatto che una gestione orientata al valore deve permeare tutti i livelli dell'organizzazione ed essere sempre ben presente in ogni momento dell'attività d'impresa. La ricerca del valore deve pertanto guidare la pianificazione di medio-lungo termine, la redazione del budget annuale, per poi giungere al controllo, sia operativo, sia strategico. Il passaggio finale consiste nel valutare le performance realizzate attraverso l'implementazione delle scelte adottate, al fine di verificare se ed in quale misura è stato creato valore: l'esito della verifica fornisce al management le informazioni necessarie per determinare la «bontà» delle decisioni prese e predisporre gli eventuali correttivi nell'ipotesi in cui i risultati raggiunti non siano in linea con quelli programmati[23].

[23] Knight J.A., *Value Based Management. Developing a Systematic Approach to Creating Shareholder Value*, McGraw-Hill, New York 1998, p. 173.

Il problema della individuazione e definizione di idonei strumenti di misurazione del valore creato o distrutto attraverso lo svolgimento della gestione, nasce anche in considerazione della ormai nota insufficienza e/o inadeguatezza delle tradizionali procedure contabili nel fornire giudizi attendibili in termini di valore. Con tale affermazione non si vuole, però, sminuire la rilevanza di dati e indicatori contabili: essi rappresentano comunque un valido supporto e il punto di partenza imprescindibile per predisporre una accurata analisi della performance registrata dall'organizzazione[24].

In questa sede saranno esposti, tra le molteplici alternative poste a disposizione da dottrina e pratica professionale, i principali criteri di misurazione delle performance, ovvero:

1) l'*economic value added* (*EVA*);
2) il risultato economico integrato residuale (REIR).

12.6.1 L'economic value added (EVA)

L'*economic value added* rappresenta senza ombra di dubbio l'indicatore di performance per eccellenza, in quanto costruito su misura per rispondere a tutte le esigenze poste dall'approccio al valore. In effetti, tra gli imperativi posti dal *Value Based Management* figura al primo posto la necessità di valutare i progetti di investimento e l'intera azienda proprio attraverso l'applicazione dell'*EVA*. L'ideatore del modello, Bennet Stewart III, non esita a definire l'*EVA* come «l'unico strumento di misura che tiene conto di tutte le strade percorribili per creare o distruggere valore»[25].

Entrando nel merito del modello, l'obiettivo che ci si pone nell'applicazione dell'*EVA* consiste nel quantificare il livello del reddito operativo che residua dopo aver detratto l'ammontare del costo del capitale sostenuto. La formulazione algebrica dell'*EVA* è rappresentata nel modo seguente:

$$EVA = NOPAT - (wacc \cdot CIN) \qquad [3]$$

dove:

NOPAT = *net operating profit after taxes*, ovvero reddito della gestione operativa al netto delle imposte relativa alla sola gestione corrente;

wacc = costo medio ponderato del capitale, definito secondo le modalità più volte riportate nel testo;

CIN = capitale investito netto.

[24] Guatri L., *Misure di performance: tra dinamica del valore del capitale e dinamica del valore degli intangibles*, in Guatri L., Eccles R., *Informazione e valore. Il caso italiano*, Egea, Milano 2000, pp. 81-82.

[25] Bennet Stewart G. III, *La ricerca del valore. Una guida per il management e per gli azionisti*, Egea, Milano 1998, p. 121.

Ricavi di vendita
- consumi di materie
- costo del lavoro
- ammortamenti
= reddito operativo
- imposte della gestione operativa
= NOPAT

Fig. 12.12 La determinazione del NOPAT

Nello specifico, il *NOPAT* si ottiene come indicato in figura 12.12.

Un particolare approfondimento deve essere riservato al concetto di capitale investito netto, già menzionato in sede di trattazione degli strumenti a disposizione del management per eseguire l'analisi per margini della struttura finanziaria[26]. La sua determinazione deriva dalla riclassificazione dello stato patrimoniale operata seguendo la logica della pertinenza gestionale che, come si ricorda, adotta una interpretazione delle poste patrimoniali in grado di associare ciascuna voce dell'attivo e del passivo all'area gestionale di riferimento[27]. Nello specifico, il capitale investito netto si ottiene dalla somma tra il capitale circolante netto commerciale (anche detto «operativo»), le attività correnti legate alla «struttura» (impianti, macchinari, brevetti ecc.), gli investimenti accessori (ad esempio gli immobili destinati a usi civili) e gli investimenti legati alla gestione finanziaria (partecipazioni in imprese controllate o collegate). Il capitale circolante netto commerciale, a sua volta, è ottenuto sottraendo dalle attività legate alla gestione corrente (crediti e scorte) le cosiddette passività «spontanee», rappresentate soprattutto, ma non in via esclusiva, dai debiti commerciali sorti per effetto di rapporti di fornitura.

Per chiarire meglio le modalità di definizione del *CIN*, appare utile proporre uno schema di riferimento (Fig. 12.13).

La configurazione di capitale adottata rappresenta, nella sostanza, il complesso degli investimenti realizzati all'interno dell'impresa, al netto delle fonti di finanziamento acquisite indirettamente, ovvero non espressamente negoziate: in altri termini, si tratta del fabbisogno finanziario da soddisfare attraverso il ricorso a fonti di finanziamento esplicitamente onerose, quali i debiti finanziari e il capitale proprio.

Passando ad analizzare le informazioni derivanti dall'applicazione dell'*EVA*, emerge come la composizione di tale indicatore permetta di confrontare la redditività ottenuta dalla gestione operativa (espressa dal *NOPAT*) con il costo sostenuto per fronteggiare l'intero fabbisogno emergente dalla gestione (al netto, si sottolinea di nuovo, delle passività spontanee). Tale costo è ottenuto applicando al capitale investito netto il costo medio ponderato del capitale (*wacc*). Emerge pertanto la correttezza dell'ap-

[26] Cfr. capitolo 2.
[27] Cfr. capitolo 2. Si veda in particolare lo schema di riclassificazione proposto in figura 2.5.

Attività operative legate al ciclo corrente
– Passività legate alla gestione corrente
= *Capitale circolante netto commerciale o operativo (CCNC)*
+ Altre attività correnti legate alla struttura
+ Investimenti accessori
+ Investimenti finanziari
= Capitale investito netto (*CIN*)

Fig. 12.13 La determinazione del CIN

proccio seguito nel modello, laddove si moltiplica un tasso espressione del costo del capitale per una grandezza rappresentativa non dell'intero capitale investito, ma soltanto di quel fabbisogno che trova copertura in fonti di finanziamento effettivamente onerose.

Se dal confronto così impostato emerge un risultato positivo, significa che il progetto di investimento considerato (che può anche essere rappresentato dall'azienda nel suo complesso) offre una redditività maggiore rispetto al costo sostenuto per realizzarlo, oppure, impiegando una terminologia più adeguata ai contenuti del presente scritto, che il progetto è in grado di creare valore.

Il valore segnaletico attribuito all'*EVA* trova giustificazione nel fatto che, secondo l'ideatore del modello in parola, nonostante l'indiscutibile presenza di innumerevoli *value drivers*, le imprese possono agire sulle leve del valore attraverso tre strade principali, tutte correttamente individuabili e misurabili attraverso l'*EVA*. In sostanza, il valore dell'impresa cresce se:

- si verifica un aumento del reddito operativo, a parità di investimenti realizzati e dunque senza apportare nuove risorse a titolo di debito o a titolo di capitale proprio;
- si investe esclusivamente in progetti che offrono una redditività superiore rispetto al costo sostenuto;
- si disinveste da progetti che assorbono valore in misura maggiore rispetto a quello che creano, dirottando le relative risorse verso investimenti più profittevoli[28].

Inoltre, tale indicatore è uno strumento completo per la valutazione della *performance* aziendale in quanto mette in relazione grandezze di natura diversa: il reddito operativo è un parametro di natura reddituale, il *wacc* ha natura finanziaria, mentre il capitale investito netto ha una matrice patrimoniale[29].

[28] Aloi F., *Investire o non investire? La risposta in un «modello»*, «Amministrazione e Finanza», 16, 1997.

[29] Silvi R., *Crescita sostenibile e creazione di valore: un modello integrato di analisi*, «Rivista italiana di ragioneria e di economia aziendale», 3, 1994, pp. 277 e ss.

I vantaggi ottenuti con l'impiego dell'*EVA* hanno spinto diversi autori a sostenere la tesi della convenienza ad abbandonare la prassi della attualizzazione dei *cash flow* a favore della attualizzazione dell'*EVA* stesso utilizzando un costo medio ponderato del capitale, calcolato in relazione alla struttura finanziaria «ideale» programmata. Il risultato della valutazione sarà il medesimo, ma saranno migliorate e avranno maggiore incidenza la comunicazione e la comprensione dei dati ottenuti.

Un altro elemento determinante a favore dell'efficacia dell'*EVA* quale indicatore di *performance* è sicuramente rappresentato dallo stretto legame rintracciabile tra lo stesso *EVA* e il valore di mercato dell'impresa. Infatti, attualizzando i valori attesi dell'*EVA*, si determina il valore che il management riesce ad aggiungere (o a sottrarre, nell'ipotesi di distruzione di valore), al valore del capitale investito. Si introduce così un ulteriore concetto, ovvero il *Market Value Added* (*MVA*) ottenuto proprio dall'attualizzazione degli *EVA* prospettici:

$$MVA = \sum_{t=1}^{n} EVA_t \cdot v \qquad [4]$$

dove v, come noto, costituisce il fattore di attualizzazione.

Inoltre, sapendo che la grandezza così determinata rappresenta il valore che il management è in grado di aggiungere al capitale investito, valore riconosciuto e apprezzato dal mercato, è possibile definire il *MVA* anche in funzione del valore di mercato, ovvero:

$$MVA = VM - K \qquad [5]$$

dove:

VM = valore di mercato;

K = capitale investito.

Con un semplice passaggio, è possibile ottenere la seguente relazione:

$$VM = K + \sum_{t=1}^{n} EVA_t \cdot v \qquad [6]$$

Quindi, il valore di mercato di una impresa è dato dal suo capitale investito, più il valore attuale degli *EVA* futuri. Ovviamente, laddove l'attualizzazione degli *EVA* attesi dia luogo a un valore negativo, si assisterà alla formazione di uno «sconto» sul valore di mercato dell'impresa attraverso la realizzazione di un *Market Value Lost* (*MVL*). Tali concetti possono essere chiariti attraverso la figura 12.14.

A margine delle considerazioni svolte finora, occorre sottolineare che il modello dell'*EVA*, proposto in questa sede per la misurazione delle *performance* aziendali e

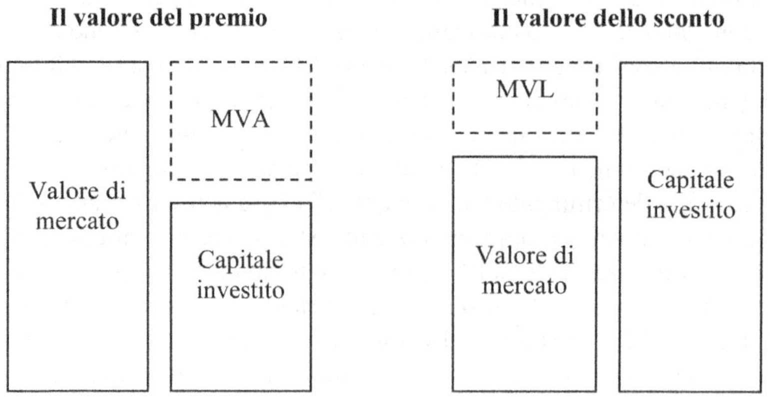

Fig. 12.14 Il valore del premio e il valore dello sconto
Fonte: adattato da Bennet Stewart G. III, 1998, op. cit., p. 149.

dunque per verificare la capacità o meno dell'impresa di accrescere il proprio valore, può essere impiegato con efficacia anche come strumento di *capital budgeting*, in alternativa al valore attuale netto, per valutare la convenienza di singoli progetti di investimento.

12.6.2 Il risultato economico integrato residuale (REIR)

Una valida alternativa all'*EVA* nella misurazione delle *performance* è il risultato economico integrato residuale, indicatore che presenta il fondamentale vantaggio di «recuperare» in pieno il valore dei beni immateriali (*intangibles*) che, come noto, rappresentano una risorsa strategica rilevante soprattutto nell'attuale scenario competitivo. Si tratta di elementi non presenti nei bilanci delle imprese, ma che, nonostante questo, possono rappresentare importanti leve del valore: una loro esclusione potrebbe pertanto sottostimare la reale entità del capitale delle imprese.

Nel tentativo di colmare tali lacune e offrire una misura del valore in grado di inglobare ed esprimere il contributo offerto dalle risorse intangibili, il primo passo da compiere nella costruzione dell'indicatore in parola è rappresentato dal calcolo del risultato economico integrato (*REI*) ottenuto dalla seguente somma algebrica:

$$REI = R_{nor} + \Delta BI + \Delta PL \qquad [7]$$

dove:

R_{nor} = reddito normalizzato;

ΔBI = variazione dello stock di beni immateriali;

ΔPL = variazione delle plusvalenze o delle minusvalenze contabilmente inespresse su alcune tipologie di beni e su poste contabili del passivo.

La procedura di normalizzazione del reddito consiste nell'eliminazione degli effetti distorsivi prodotti dall'adozione di eventuali politiche di bilancio (ad esempio nel calcolo delle quote di ammortamento), delle alterazioni generate da elementi straordinari di reddito o comunque di elementi estranei alla gestione, nonché dell'impatto determinato dall'inflazione.

Per quanto concerne la variazione di valore delle risorse immateriali, si rinvia a quanto esposto nel capitolo precedente, sottolineando ancora una volta le difficoltà del processo di valutazione di tali beni e la conseguente soggettività spesso impiegata nella loro stima.

Infine, la componente relativa alla variazione delle plusvalenze e minusvalenze inespresse appare come un fattore residuale rispetto agli altri in quanto, soprattutto negli ultimi anni, sembra perdere rilevanza sia dal punto di vita teorico, sia nel contesto della pratica professionale: la motivazione va rintracciata nella tendenza da parte dei principi contabili internazionali ad avvicinare i valori contabili ai valori correnti espressi dal mercato.

Ovviamente, le variazioni dei beni immateriali e delle plusvalenze chiamate a integrare il risultato reddituale possono anche assumere, entrambe o soltanto una di esse, un valore negativo, determinando pertanto una contrazione della capacità reddituale dell'impresa e, di conseguenza, una contrazione del valore creato.

Il calcolo dei *REI* è funzionale alla definizione del *REIR* che infatti si ottiene dalla seguente relazione:

$$REIR = REI - i \cdot PNR \qquad [8]$$

dove:

PNR = patrimonio netto rettificato;

i = tasso di interesse che ingloba il rischio d'impresa.

Considerando che tale tasso è applicato ad un valore rappresentativo del patrimonio netto aziendale, sembra più corretto assumere un tasso espressione del costo del capitale azionario (calcolato, pertanto, adottando la logica del CAPM).

Il confronto tra la redditività economica integrata con la misura degli intangibili e delle plusvalenze (minusvalenze) inespresse e il costo opportunità offerto dal prodotto tra il costo del capitale azionario e il patrimonio netto rettificato, offre l'entità del valore creato o distrutto dall'impresa attraverso le strategie poste in essere.

12.7 I meccanismi di incentivazione dei dipendenti

Nell'esporre le linee guida del *Value Based Management* è stato sottolineato come l'orientamento al valore dovesse essere condiviso a tutti i livelli dell'organizzazione, alimentando un senso di appartenenza all'impresa per tutti gli *stakeholder*. Tale processo di condivisione può essere proficuamente instaurato e mantenuto attraverso la predisposizione di appositi meccanismi di incentivazione a favore di tutti i dipendenti, anche se generalmente essi sono rivolti in via pressoché esclusiva ai manager, ovvero coloro che sono chiamati ad assumere le decisioni di fondo dell'impresa.

12.7.1 I piani di stock option

Tra le diverse forme di incentivazione ideate e applicate dalle imprese a favore dei propri dipendenti, un ruolo di primo piano deve essere riconosciuto ai piani di *stock option* che consistono, nella sostanza, nell'attribuzione di opzioni di tipo *call* sulle azioni dell'impresa, assegnate dalla stessa ai propri lavoratori e in particolare ai manager. Si tratta di una strategia posta in essere soprattutto con l'intento di eliminare o quantomeno attenuare i costi di agenzia del capitale proprio[30], ovvero i conflitti di interesse tra azionisti e manager dell'impresa, facendo convergere le rispettive finalità verso un obiettivo comune. In effetti, se lo scopo principale della gestione di una impresa è riconducibile, come più volte sostenuto, alla massimizzazione del valore dell'impresa stessa, l'attribuzione ai manager di un certo quantitativo di opzioni di acquisto sulle azioni della società che gestiscono spinge l'«agente» ad adoperarsi per fare in modo che il valore di mercato dell'azione – che rappresenta contestualmente anche l'attività sottostante dell'opzione – aumenti nel tempo. Il verificarsi di tale circostanza accresce il valore dell'opzione (per il legame di proporzionalità diretta tra valore di mercato del sottostante e valore dell'opzione[31]), rendendo più conveniente sia l'esercizio dell'opzione, sia l'eventuale cessione dell'opzione sul mercato prima della sua naturale scadenza.

Nell'ipotesi in cui i piani di *stock option* fossero destinati a tutti i dipendenti della società, l'obiettivo dell'impresa assumerebbe un carattere più generale, sintetizzabile nella volontà di accrescere a tutti i livelli aziendali la cultura della partecipazione.

In fase di progettazione dei piani di *stock option* occorre considerare e definire una serie di elementi, quali:

a) *destinatari dell'operazione*. Le opzioni, come già affermato, possono essere assegnate a tutti i dipendenti, oppure, come accade con maggiore frequenza, soltanto a una parte di essi e nello specifico ai manager. Generalmente, risultano comunque esclusi dall'assegnazione delle opzioni tutti coloro che non abbiano ancora raggiunto un livello minimo di anzianità o i titolari di contratti a tempo determinato;
b) *periodo di vesting*. Questo termine indica il periodo di tempo in cui le opzioni non possono essere esercitate, periodo la cui lunghezza è funzione, come facilmente intuibile dalle argomentazioni sopra esposte, dagli obiettivi che l'impresa intende perseguire attraverso il ricorso a tale strumento di incentivazione. Se, ad esempio, la finalità è quella di indirizzare i manager verso la massimizzazione del valore, il periodo di *vesting* può avere una durata anche di alcuni anni, ovvero il tempo ne-

[30] Sul tema si veda quanto esposto nel capitolo 1.

[31] Sui fattori che determinano il valore di una opzione si veda quanto esposto nel capitolo 9, paragrafo 9.8.4.

cessario per gestire, in un'ottica di lungo respiro, le leve del valore. Nello specifico, il periodo di *vesting* può essere unico per tutte le opzioni (*cliff vesting*); può essere differente a seconda dei destinatari delle opzioni (*straight vesting*); infine, la società può decidere di «agganciare» la durata del periodo al raggiungimento di determinati obiettivi (*performance vesting*);

c) *durata del periodo di esercizio.* Il piano di *stock option* deve indicare l'inizio e la fine del periodo di tempo in cui è possibile esercitare il diritto di opzione, periodo che generalmente è pari a tre o cinque anni, ma che può raggiungere anche i dieci anni. È altresì possibile l'inserimento di particolari clausole, denominate *acceleration*, che offrono la possibilità di esercitare le opzioni anche prima dei termini prefissati, qualora si verifichino determinati eventi, quali ad esempio il cambiamento dell'azionista di controllo;
d) *quantità di opzioni da assegnare.* Tale parametro determina il potenziale guadagno del dipendente e dunque deve essere valutato con attenzione considerando soprattutto il massimo onere che la società intende sostenere per effetto del piano;
e) *prezzo di esercizio delle opzioni.* In genere lo *strike price* è fissato ad un valore corrispondente con il valore di mercato dell'azione sottostante al momento della realizzazione del piano. Al fine di agevolare i dipendenti, è comunque possibile fissare tale prezzo anche al di sotto dell'attuale valore di mercato. Infine, se viene stabilito un prezzo sopra la pari è evidente la strategia di motivazione dei dipendenti per spingerli a raggiungere una determinata *performance* aziendale. Il prezzo può rimanere costante fino alla scadenza del piano, oppure essere modificato in funzione dell'evoluzione di alcune variabili interne o esterne all'azienda;
f) *provenienza dei titoli oggetto del piano.* In seguito all'esercizio dell'opzione, le azioni da assegnare ai dipendenti possono essere rappresentate da titoli precedentemente emessi e detenuti in portafoglio in seguito a operazioni di buy back, oppure è possibile procedere ad una operazione di aumento di capitale sociale per far fronte all'attribuzione dei titoli ai dipendenti;
g) *eventuali limiti al godimento dei diritti sulle azioni.* Si tratta di vincoli posti alla cessione dei titoli azionari al fine di evitare comportamenti speculativi da parte del manager e per impedire che la cessione massiccia di azioni da parte dei dipendenti possa creare turbative alle normali negoziazioni di mercato.

I piani di *stock option* non determinano un costo esplicito da rilevare nel bilancio della società, in quanto i beneficiari non ricevono direttamente somme di denaro da iscrivere tra i costi d'esercizio, ma opzioni sulla sottoscrizione di azioni di nuova emissione o sull'acquisto di titoli già in circolazione. Ne consegue che il costo dell'operazione è funzione della differenza tra il prezzo di esercizio stabilito e il valore di mercato del titolo. Inoltre, l'impresa deve tener conto che la progettazione e la gestione di un piano di *stock option* richiede la realizzazione di numerose attività e il coinvolgimento di vari soggetti, facendo sorgere una serie di costi connessi all'amministrazione del progetto di incentivazione.

Dal punto di vista dei destinatari del piano e in particolare dei manager, le *stock option* presentano un valore che può essere scisso in due componenti: il valore intrinseco e il valore del tempo. Il valore intrinseco è pari alla differenza tra prezzo di esercizio e valore corrente del titolo sottostante l'opzione: se l'opzione viene assegnata *in the money* il valore intrinseco è positivo, viceversa se l'opzione è assegnata *at the money* il valore intrinseco risulta nullo. Anche in presenza di un valore intrinseco nullo molte opzioni mantengono un valore positivo a causa del valore del tempo, componente determinata dalla probabilità che il prezzo del titolo sottostante possa raggiungere valori superiori a quello del prezzo di esercizio prima della fine del periodo di vita dell'opzione.

SEZIONE II

La diffusione del valore

12.8 Il divario tra valore del capitale economico e valore di mercato

La diffusione del valore rappresenta il secondo momento dell'intero, complesso processo di creazione di valore e la sua rilevanza si pone, come già anticipato, con riferimento alle imprese quotate e pertanto caratterizzate da un rapporto diretto e privilegiato con il mercato dei capitali. Mentre nello *Shareholder Value Approach* si verifica una perfetta coincidenza tra i due momenti, le imprese che operano nella logica della teoria di creazione del valore, perseguendo l'obiettivo della massimizzazione del capitale economico, devono affrontare un ulteriore passaggio affinché la misura del valore creato sia registrata anche dalle quotazioni ufficiali. La diffusione del valore consiste dunque nel fare in modo che il mercato percepisca e quantifichi l'effettiva creazione o distruzione di valore che ha interessato l'azienda.

Quando si parla di diffusione del valore ci si riferisce a un processo di comunicazione costruttivo, ovvero realizzato al fine di garantire che un continuo e corretto flusso di informazioni giunga al mercato per migliorarne l'efficienza. Pertanto, non si tratta di diffondere dati manipolati con lo scopo di influenzare fraudolentemente l'andamento del mercato, ma piuttosto di permettere agli investitori (attuali e/o potenziali) di formulare oculati giudizi di convenienza a investire[32].

Appare dunque del tutto evidente come il tema della diffusione del valore sia strettamente collegato alle argomentazioni esposte nel corso della precedente trattazione in merito all'equilibrio dei mercati e alle condizioni che ne garantiscono l'efficienza[33]. La questione deve essere indagata sotto un duplice profilo:

[32] Guatri L., Massari M., *La diffusione del valore*, Egea, Milano 1992, pp. 169-70.
[33] Cfr. capitolo 10.

- dal punto di vista dell'impresa, verificando la capacità della stessa di assicurare un costante flusso di informazioni a favore del mercato, informazioni adeguate sia in termini quantitativi, sia sotto il profilo qualitativo;
- dal punto di vista del mercato, analizzando la capacità dello stesso di recepire le informazioni diffuse dalle imprese, nonché di elaborarle in maniera consapevole e corretta nel processo di formazione dei prezzi.

Il continuo scambio di flussi informativi tra impresa e mercato rappresenta il presupposto indispensabile per garantire maggiore trasparenza nelle quotazioni e un livello di efficienza più elevato, condizione destinata a premiare le società quotate sotto molteplici aspetti: una contrazione del livello del costo del capitale, spesso elevato non a causa di un rischio effettivo associato all'impresa, ma semplicemente per una mancanza di informazioni a disposizione del mercato che aumenta l'incertezza percepita dagli investitori; una maggiore fluidità nei rapporti con gli intermediari finanziari; una crescita della credibilità dell'impresa e della fiducia manifestata da tutti i suoi interlocutori; una maggiore facilità di acquisire capitale di pieno rischio attraverso il ricorso, a condizioni vantaggiose, ad aumenti di capitale.

L'osservazione della realtà mostra però, come ampiamente sottolineato nel corso del capitolo dedicato ai mercati finanziari, la frequenza con la quale si manifestano divari più o meno consistenti tra la misura del capitale economico – espressione della capacità prospettica dell'impresa di generare flussi finanziari o reddituali – e il valore di mercato, frutto dell'incontro della domanda e dell'offerta e, come tale, influenzato da una serie di variabili esterne che invece non partecipano alla formazione del capitale economico[34].

La persistenza di tale *gap*, anche dopo aver esplorato e percorso tutte le alternative strategiche individuate nel pentagono del valore, pone il management di fronte al problema di garantire una efficace diffusione del valore, nel tentativo di garantire la coincidenza tra i due valori, ponendo le basi per una maggiore credibilità dell'impresa e agevolando il lavoro degli analisti finanziari e dei potenziali investitori.

È possibile misurare l'efficacia del processo di diffusione del valore, operando un confronto tra la variazione intervenuta nel valore di mercato del titolo azionario in un determinato periodo di riferimento e la variazione intervenuta, nel medesimo arco temporale, nel livello del capitale economico e quantificata attraverso due valutazioni successive di tale grandezza sulla base delle metodologie di stima ormai note. Con riferimento al primo termine di paragone, al fine di ottenere informazioni più dettagliate, si rende opportuno distinguere tra il valore di mercato generato da contrattazioni aventi per oggetto quote di controllo della società (W_{MM}) e il valore di mercato ottenuto dallo scambio di quote di minoranza (W_M). Il confronto così impostato conduce alla costruzione dei cosiddetti *coefficienti di diffusione borsistica* e in particolare:

[34] Si veda quanto affermato nel capitolo 11 in merito alla distinzione tra il concetto di «valore» e il concetto di «prezzo».

- coefficiente di diffusione borsistica sui prezzi di controllo:

$$Z = \frac{\Delta W_{MM}}{\Delta W} \qquad [9]$$

- coefficienti di diffusione borsistica sui prezzi non di controllo:

$$z = \frac{\Delta W_M}{\Delta W} \qquad [10]$$

Si tratta, a ben vedere, di strumenti in grado di segnalare non soltanto la capacità dell'impresa di diffondere il valore, ma che si pongono altresì come indicatori del livello di efficienza del mercato finanziario. L'ipotesi più favorevole si ha in corrispondenza di valori dei coefficienti pari all'unità ($z = 1$; $Z = 1$). Questa situazione segnala la capacità dell'impresa nel comunicare e del mercato nel recepire qualsiasi variazione intervenuta nell'ammontare del capitale economico. Un meccanismo di questo tipo è sicuramente desiderabile laddove ΔW risulti positivo, ovvero sia stato creato nuovo valore, mentre non lo è quando il valore è stato distrutto, poiché si assisterebbe a immediate diminuzioni dei prezzi destinate a perdurare nel tempo a causa di condizionamenti negativi, difficili da rimuovere, che questo fenomeno genera negli investitori.

Se i coefficienti di diffusione assumono valori inferiori all'unità, si evidenzia l'incapacità e/o la difficoltà dell'impresa nel comunicare i risultati conseguiti, determinando effetti sfavorevoli sotto molteplici aspetti:

- gli azionisti, infatti, sono portati a formulare un giudizio negativo sulla *performance* ottenuta dall'impresa. In particolare, gli azionisti-risparmiatori non dispongono di informazioni su cui costruire una decisione relativa alla possibilità di investire ulteriormente o procedere al disinvestimento. L'andamento delle quotazioni dei titoli rappresenta dunque l'unico punto di riferimento;
- l'azienda stessa, a fronte di un ribasso nelle quotazioni dei titoli, deve accrescere il livello del *pay-out*, ovvero il rapporto dividendi/utili, per assicurarsi la continuità del rapporto con gli azionisti, con una conseguente diminuzione dei flussi di autofinanziamento;
- inoltre, l'immagine aziendale risulta compromessa agli occhi di tutti gli altri *stakeholder*, con particolare riferimento alle istituzioni finanziarie.

Infine, valori di z e Z superiori all'unità possono indurre a valutazioni errate destinate inevitabilmente ad essere smentite in un momento successivo, provocando conseguenze diverse per i due coefficienti. Per quanto riguarda il coefficiente di diffusione borsistica sui prezzi non di controllo (z), gli effetti prodotti da un tale meccanismo sono sintetizzabili nei seguenti:

- scoperto l'errore, le quotazioni scendono precipitosamente per correggere l'eccesso di valore incorporato in precedenza;
- il coefficiente si porta molto al di sotto dell'unità;
- l'impresa perde la propria credibilità.

Il coefficiente Z, invece, si discosta dall'unità esclusivamente sotto la spinta di fattori che interessano l'intero settore economico, in quanto, nel mercato dei capitali di controllo, gli investitori maggiormente informati tendono ad agire con più razionalità, riducendo al minimo il rischio di errori di valutazione.

Accanto agli indicatori appena esposti, è possibile individuare ed esaminare un'altra relazione che lega il valore di mercato al valore di capitale economico e che dà luogo alla costruzione dei «coefficienti di valutazione del mercato». Anche in questo caso è possibile ottenere due distinte espressioni:

- coefficiente di valutazione del mercato per prezzi di controllo:

$$R = \frac{W_{MM}}{W} \qquad [11]$$

- coefficiente di valutazione del mercato per prezzi non di controllo:

$$r = \frac{W_M}{W} \qquad [12]$$

Il coefficiente r assume solitamente valori inferiori all'unità perché risente dello «sconto di minoranza» incorporato nelle quotazioni di borsa relative a quote minoritarie del capitale d'impresa. Esso inoltre si presenta piuttosto instabile e, dunque, poco prevedibile perché, in genere, il mercato non è in grado di percepire le variazioni di valore registrate all'interno dell'impresa. In pratica si tratta di un problema di scarsa comunicazione da parte delle imprese riguardo alle evoluzioni subìte dal capitale economico e sovente sconosciute alla stessa azienda. Appare qui di grande importanza il suggerimento proveniente dalla teoria del valore che sollecita le società a «conoscere se stesse», procedendo a valutazioni periodiche del proprio capitale economico. In questo modo si intende garantire un efficace e continuo controllo sul valore e si instaura un meccanismo che, attraverso il processo di diffusione, permette di creare ulteriore ricchezza.

Il coefficiente R risulta più stabile e prevedibile rispetto ad r, in quanto W_{MM} presenta un andamento molto simile a quello di W poiché le quote di controllo sono valutate tenendo presenti i valori di capitale economico, dai quali non si può prescindere senza che la valutazione perda razionalità. Inoltre, i prezzi di pacchetti di maggioranza non risentono della domanda e dell'offerta, ma sono influenzati dalla congiuntura generale del mercato: se sussistono fondate attese di sviluppo per molti settori, allora la domanda di imprese prevarrà sull'offerta con conseguente lievitazione dei prezzi.

Infine, occorre evidenziare che solitamente W_{MM} assume valori piuttosto elevati perché il valore di mercato incorpora anche il premio di maggioranza e risulta sensibile alle congetture relative al valore potenziale dell'impresa.

In conclusione, si può affermare che il processo di diffusione deve essere gestito in modo da garantire la positiva conclusione del percorso che conduce alla creazione del valore e l'avvio di un ulteriore processo rivolto alla creazione di nuova ricchezza.

12.9 Strumenti per la diffusione del valore

La diffusione del valore fornisce ulteriori impulsi al processo di creazione di nuova ricchezza, assumendo un ruolo fondamentale nell'ambito della gestione strategica dell'impresa. Affinché sia garantito un risultato positivo è necessario che la diffusione presenti alcune caratteristiche, prime fra tutte la correttezza e la tempestività. Ciò equivale ad affermare che, per raggiungere il successo, all'impresa non è sufficiente «sapere e saper fare», ma deve essere in grado di «far sapere» ciò che intende realizzare e i risultati che ottiene. Occorre quindi individuare e analizzare gli strumenti mediante i quali può avvenire un procedimento di diffusione del valore che abbia i requisiti citati. Si devono definire i meccanismi che consentano di accrescere quantitativamente e qualitativamente le informazioni disponibili, migliorandone l'efficienza e soprattutto la trasparenza, elemento chiave nella gestione dei rapporti con gli *stakeholder*.

Le strade da percorrere per favorire una completa diffusione del valore sono:

1) la comunicazione;
2) gli interventi diretti sul mercato.

Si tratta di strumenti che presentano aspetti particolarmente complessi e che meritano ulteriori approfondimenti.

12.9.1 La comunicazione

La comunicazione è il processo informativo attraverso il quale l'azienda interagisce con l'ambiente esterno[35]. La sua funzione consiste nel creare e aumentare consenso intorno all'impresa, delineando e gestendo la sua immagine, rendendo di conseguenza più agevole il raggiungimento degli obiettivi prefissati[36]. Occorre però tenere presente il fatto che l'azienda si rivolge a molteplici categorie di interlocutori, ciascuno dei quali ha una propria percezione dell'impresa ed è portatore di specifici interessi.

[35] Rampini F., *La comunicazione aziendale*, Etaslibri, Milano 1990, p. 4; AA.VV., *La comunicazione economica: valore aziendale e sociale*, Egea, Milano 1989; Decastri M., *Comunicazione e cultura: una relazione intensa*, Egea, Milano 1991.

[36] Coda V., *La comunicazione economica nella strategia aziendale*, in CESAD, *La comunicazione economica: valore aziendale o sociale*, Atti del convegno organizzato dal CESAD il 20 giugno 1988, Egea, Milano 1989, pp. 26-27; Bertinetti G., *Comunicazione finanziaria aziendale e teoria della finanza*, Egea, Milano 1996, p. 39.

Appare dunque opportuno che il meccanismo della comunicazione venga gestito da un unico organismo, possibilmente vicino al vertice, in grado di contemperare le diverse aspettative provenienti sia dall'interno che dall'esterno.

Dall'analisi dei requisiti della comunicazione, occorre sottolineare che un presupposto importante di ogni strategia di informazione è la chiara ed esaustiva definizione dei programmi di sviluppo che l'impresa intende attuare. È fondamentale che la comunicazione sia efficace, ovvero che consenta di raggiungere gli obiettivi prefissati attraverso la ricerca di una combinazione ottimale tra messaggi, pubblico, mezzi, tempi ecc.

Il processo di comunicazione incontra un importante limite nel fenomeno delle asimmetrie informative. Si tratta di un meccanismo originato dalla presenza di soggetti che operano all'interno dell'azienda e che hanno la possibilità di accedere a determinate informazioni prima degli altri *stakeholder*, influendo negativamente sull'andamento del mercato e rappresentando una delle cause principali della sua inefficienza.

Il problema delle asimmetrie informative può addirittura degenerare in una situazione che si trova al limite della legalità e per la quale vengono comminate sanzioni penali. È il caso dell'*insider trading*, fenomeno che si verifica allorché un soggetto, approfittando della funzione svolta nell'azienda, ottiene informazioni riservate che utilizza per trarre un vantaggio personale. Al di là di questa situazione, occorre specificare che l'esistenza di asimmetrie informative è da ritenersi fisiologica ed è dovuta all'esigenza di riservatezza avvertita dall'impresa. Quest'ultima, infatti, preferisce non divulgare alcune informazioni che hanno una importanza strategica, al fine di evitare che vengano percepite e utilizzate da particolari tipologie di *stakeholder* portatrici di interessi contrari a quelli della stessa azienda (ad esempio i concorrenti).

In tal senso, l'assenza di comunicazione permette di evitare il verificarsi di «fughe di notizie» che in genere confondono anziché informare il mercato e che, a volte, possono compromettere l'esito di importanti operazioni quali fusioni, scissioni, acquisizioni, ristrutturazioni ecc. In particolare, nell'ipotesi di scalata di una società, un'eventuale divulgazione anticipata di notizie può provocare un sensibile aumento del costo dell'operazione o renderla addirittura inattuabile. Si pone dunque il problema di ricercare e definire un equilibrio tra due distinte esigenze: da un lato, la riservatezza dell'impresa, che intende difendere le fonti del proprio vantaggio competitivo; dall'altro, le esigenze espresse da altri soggetti (azionisti, operatori finanziari, stampa), che necessitano di flussi informativi rapidi e completi.

Tra i requisiti che il processo di comunicazione deve soddisfare, oltre la completezza e la tempestività, vi è anche la veridicità, che pone il problema dell'esistenza di un rischio connesso alla diversa percezione che i vari interlocutori dell'azienda possono avere. Tale situazione può generare incertezza circa la credibilità dell'informazione stessa.

Il rischio di cui si parla può essere quantificato all'interno del calcolo del tasso di capitalizzazione del reddito o dei flussi di cassa, aggiungendo un ulteriore elemento alla formula già nota:

$$i = r + s + s' \qquad [13]$$

dove:

i = tasso di attualizzazione;

r_f= rendimento degli investimenti *risk free*;

s = premio per il rischio, dato da $\left[\bar{r}_m - r_f\right]\beta_i$;

s' = maggiorazione per il rischio legato all'incertezza dell'informazione.

Dall'analisi di questa relazione e sulla base di quanto detto, si deduce che tanto maggiore è il valore assunto da s', tanto minore sarà la credibilità dell'impresa. Pur essendo concettualmente corretta, la maggiorazione del tasso ora proposta risulta difficilmente misurabile, comportando errori (in genere di sovrastima) da parte del mercato, con conseguente ribasso nelle quotazioni.

L'efficacia della comunicazione non dipende solo dall'impegno dell'azienda, ma subisce condizionamenti esterni, relativi alla propensione degli interlocutori a dare credito all'impresa e alla notorietà dell'azienda da cui parte la comunicazione. Tali condizionamenti possono essere ambientali e soggettivi. Circa i condizionamenti ambientali, occorre innanzitutto individuare alcuni fattori culturali che spesso impediscono o limitano la percezione delle variazioni del capitale economico da parte dei soggetti cui è rivolta la comunicazione. Essi sono:

- l'eccessiva rilevanza attribuita ai risultati di breve termine, rilevanza derivante dall'utilizzo esclusivo dei dati contenuti nel bilancio d'esercizio come misura della *performance* ottenuta. A tali risultati, poi, è legata la retribuzione dei manager che pertanto si impegnano a migliorarli. Ne consegue la preferenza per programmi di sviluppo riferiti a orizzonti temporali di breve periodo;
- l'utilizzo esclusivo della contabilità per misurare i risultati conseguiti dalla gestione. Si è già detto che gli indici contabili non sono in grado, da soli, di rilevare le variazioni di valore, né possono essere d'aiuto nella previsione dei risultati attesi. Va infine ricordata la loro facile manipolabilità;
- l'importanza del dividendo, in base al quale sono valutate le alternative di investimento, tralasciando il *capital gain* e contribuendo così a rendere più evidenti i dati di breve periodo;
- la tendenza a non rivelare informazioni ai concorrenti per non agevolarli nelle loro decisioni. Tale atteggiamento si è tradotto dapprima nella ermeticità del bilancio attraverso l'aggregazione e la compensazione di più voci, mentre oggi è dato dalla reticenza dell'impresa ad esporre i programmi e le strategie da cui dipende la creazione di valore.

Tali limiti devono essere necessariamente superati affinché la teoria di creazione del valore possa essere applicata con successo.

L'efficacia della comunicazione dipende anche da elementi di natura soggettiva. Si tratta di condizionamenti relativi: all'immagine dell'azienda, che si caratterizza per la sua affidabilità, ovvero per il rispetto e il mantenimento di programmi e accordi; alla notorietà dell'impresa che le permette di essere molto incisiva e di condizionare il mercato senza eccessivi sforzi, mediante l'invio di messaggi all'esterno.

Il ruolo della comunicazione finanziaria

Nell'ambito del processo di comunicazione, un ruolo fondamentale è assunto dalla *comunicazione finanziaria* attraverso la quale l'impresa fa pervenire all'esterno le informazioni riguardanti l'assetto reddituale, finanziario e patrimoniale, influenzando così il prezzo delle azioni.

La rilevanza della comunicazione finanziaria è andata aumentando nel corso degli anni, di pari passo rispetto alla evoluzione dei mercati dei capitali[37]. La crescita del numero delle imprese quotate in Borsa, il ricorso sempre più frequente a operazioni di finanza straordinaria, l'emissione di titoli azionari e obbligazionari, sono tra gli eventi che determinano il sorgere di un forte fabbisogno informativo, manifestato dal mercato in generale e da tutti gli operatori che vi operano, nonché da parte delle varie categorie di *stakeholder* (non necessariamente riconducibili ad azionisti o creditori sociali, ma anche semplicemente i potenziali risparmiatori, i dipendenti, le parti sociali e così via).

Il ruolo della comunicazione finanziaria nell'ambito del processo di diffusione del valore è del tutto evidente: assicurare un costante ed esaustivo flusso di informazioni circa l'andamento economico-finanziario della gestione consente di accrescere la trasparenza tra impresa e mercato, agevolando il percorso che conduce alla coicidenza tra prezzo e valore economico del capitale; inoltre, innescando una serie di vantaggi per l'impresa – dall'aumento della credibilità, alla riduzione del costo del capitale, dal miglioramento dei rapporti con i finanziatori, alla crescita del consenso sociale manifestato intorno all'organizzazione –, la comunicazione è in grado a sua volta di contribuire alla creazione di ulteriore valore. È pertanto possibile affermare che una corretta comunicazione economico-finanziaria costituisce essa stessa una importante leva del valore da collocare nell'ambito delle risorse intangibili[38].

La comunicazione finanziaria può essere imposta da vincoli normativi, facendo sorgere in capo all'impresa quotata l'obbligo di garantire al mercato determinati flussi informativi, oppure può assumere carattere facoltativo, laddove è finalizzata a fornire maggiori informazioni che, da un lato, permettono all'azienda di attrarre un maggior numero di investitori, ma dall'altro possono far sorgere il rischio di creare involontariamente un vantaggio per i concorrenti che beneficerebbero di importanti elementi sui quali fondare le loro decisioni.

In particolare, l'informazione obbligatoria si distingue in:

- informativa periodica, rappresentata dall'insieme di dati e documenti che le società quotate sono tenute a presentare in determinate scadenze. Appartengono a questa tipologia di informazioni il bilancio d'esercizio, l'eventuale bilancio consolidato, i verbali delle assemblee, le relazioni di certificazione dei bilanci;
- informativa straordinaria, connessa a eventi particolari, quali operazioni di fusione, scissione, acquisizioni di pacchetti azionari di controllo, acquisto di rami d'azienda,

[37] Zanetti L., *Evoluzione della comunicazione al mercato in Italia, le cause dell'arretratezza e i nuovi strumenti per attenuare i divari*, in Guatri, Eccles, *Informazione e valore*, cit., p. 64.

[38] Corvi E., Fioca R., *Comunicazione e valore nelle relazioni d'impresa*, Egea, Milano 1996, pp. 44-47.

procedure di riassetto organizzativo della società, emissione di titoli azionari o obbligazionari, modificazioni dei diritti associati ai titoli di capitale, liquidazione della società, avvio delle procedure concorsuali ecc. Ovviamente, le modalità di comunicazione saranno differenti a seconda dell'operazione che si intende pubblicizzare.

Sulla base di quanto esposto finora, è possibile individuare e sintetizzare le finalità del processo di comunicazione finanziaria:

- avvicinare le aspettative degli investitori alle reali previsioni dell'azienda;
- conformarsi alle norme di legge in tema di divulgazione delle informazioni;
- accrescere la credibilità dell'impresa sul mercato.

Per raggiungere tali finalità la comunicazione finanziaria adotta e sviluppa il concetto di *credibilità strategica e reddituale*, che garantisce il trasferimento del valore creato all'interno dell'azienda sui prezzi di mercato dei suoi titoli. La credibilità strategica deriva da un giudizio positivo formulato dagli azionisti, e dagli *stakeholder* in generale, agli indirizzi strategici di sviluppo dell'impresa. Tale condivisione è sintomatica del riconoscimento delle capacità gestionali dell'azienda, i cui risultati positivi ottenuti in passato non sono considerati casuali, mentre quelli modesti o negativi sono passeggeri perché attribuiti a circostanze esterne. Appare del tutto evidente lo stretto legame esistente tra la credibilità strategica e reddituale, circostanza che consente di parlare, in maniera sintetica, semplicemente di credibilità.

La figura 12.15 mostra l'insieme delle variabili nelle quali può essere declinato il concetto di credibilità strategica e reddituale dell'impresa.

Ciascuna delle menzionate variabili merita un adeguato grado di approfondimento:

- *capacità strategica*, espressione della creatività propria di un'impresa costantemente rivolta alla ricerca di nuovi vantaggi competitivi che permettano il conseguimento di risultati positivi in un'ottica di lungo periodo e non più imputabili a tem-

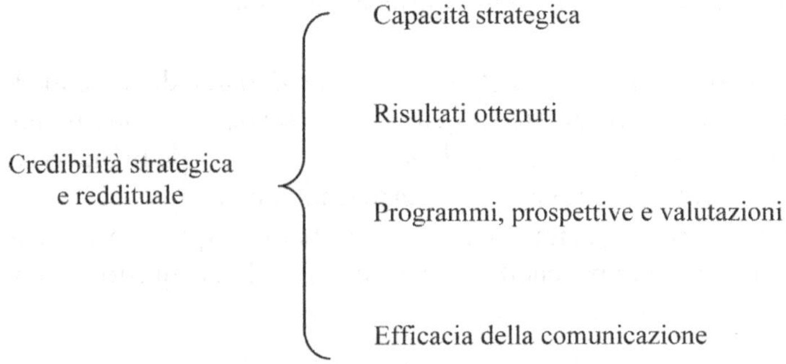

Fig. 12.15 La credibilità strategica e reddituale
Fonte: Guatri, Massari, *La diffusione del valore*, cit., p. 74.

poranee condizioni favorevoli presenti nel mercato in cui l'impresa opera. La ricerca di nuove opportunità implica l'acquisizione di una maggiore elasticità e capacità di adattamento ai cambiamenti, spesso improvvisi e imprevedibili, ma significa soprattutto spirito imprenditoriale e fantasia volti a ricercare nuovi prodotti e nuovi mercati. Un'impresa condotta sulla base di tale ottica raccoglie sicuramente il consenso degli interessati alle sue vicende, permettendole di raggiungere più facilmente gli obiettivi prefissati. Altra componente della capacità strategica è il controllo dei rischi. Un'attenta analisi di tale fattore consente di valutare al meglio le alternative di investimento disponibili e compiere una scelta più ponderata, tenendo presente che è la qualità dei redditi, intesa come variabilità, più che la quantità, a creare valore. Non a caso l'attenzione della teoria di creazione-diffusione del valore è rivolta alla minimizzazione del rischio. Nonostante l'impegno profuso dall'azienda verso il raggiungimento di risultati positivi, appare inevitabile il passaggio attraverso fasi transitorie negative che si presentano con ciclicità, coinvolgendo l'intera economia. Tale consapevolezza rende necessario implementare una gestione tempestiva delle eventuali crisi, approccio che implica altresì una pianificazione orientata al lungo termine in grado di definire quei programmi i cui risultati non sono visibili nel breve periodo;

- *risultati ottenuti nel passato*, che rappresentano un valido supporto nell'attività di previsione delle potenzialità reddituali future dell'azienda, costituendo la dimostrazione pratica delle capacità di manager e imprenditori. Le imprese perdono di credibilità quando presentano risultati minori, anche se non negativi, rispetto agli anni precedenti, circostanza che può spingere il management a intervenire attraverso le politiche di bilancio al fine di eliminare le punte più alte delle variazioni, ottenendo una serie più regolare di risultati. Questa manipolazione è realizzabile nel caso in cui si utilizzi una misura prettamente contabile dei risultati ottenuti, che però fornisce dati non adatti a informare sulla effettiva *performance* fatta registrare dall'azienda. Le tecniche contabili, infatti, sono inadeguate nella stima dei beni immateriali, nella eliminazione degli effetti distorsivi generati dall'inflazione e nella normalizzazione dei risultati passati. Inoltre il bilancio, documento contabile di riferimento, è caratterizzato da carenze informative relative al grado di rischio assunto, alle variazioni della struttura finanziaria e alle variazioni dei flussi di cassa annuali. Quest'ultima informazione è di fondamentale importanza nella teoria del valore, che vede nel *cash flow* uno strumento che più del reddito d'esercizio misura la reale *performance* dell'azienda;
- *comunicazione di programmi, prospettive e valutazioni*, ovvero comunicazione di informazioni definite «soft» o «*future oriented*», che si caratterizzano per l'incertezza dei contenuti. I *programmi* da rendere noti riguardano progetti specifici, delineati a grandi linee e per i quali ci sono trattative in corso. Circa le *prospettive*, si tratta di comunicare i risultati attesi futuri, adeguatamente commentati al fine di porre in evidenza le modalità con cui si sono formati e conferire loro maggiore affidabilità e credibilità. Anche le valutazioni sono in grado di influenzare il mercato e possono coinvolgere l'intera azienda, singole aree d'affari oppure specifiche attività, quali beni immobili o immateriali. Queste informazioni, pur con l'in-

certezza che le caratterizza, rafforzano la credibilità strategica e reddituale dell'impresa e forniscono, attraverso l'analisi del settore di appartenenza, una panoramica dell'ambiente esterno alle società. L'importanza di comunicare i programmi e le prospettive deriva dal fatto che le variabili da cui si origina il valore sono i flussi reddituali attesi (ΔR) e i rischi previsti (Δi), e proprio su tali variabili agiscono le strategie dell'azienda. Pertanto, portare a conoscenza del mercato i fattori che influenzano ΔR e Δi è l'unico modo per creare e diffondere valore. Ritornano però i problemi della riservatezza e della tempestività delle informazioni relative alle strategie, che dovrebbero essere comunicate qualora si mostrassero di qualche utilità per chi le riceve e potessero quindi essere inserite nella formulazione di ipotesi ragionevoli sul valore del capitale economico e di conseguenza sui prezzi di mercato dei titoli. Naturalmente la comunicazione non è rivolta direttamente al grande pubblico dei risparmiatori, ma è filtrata dagli operatori finanziari specializzati. Oltre alla tempestività è necessario che tali informazioni non rechino pregiudizio all'azienda. Qualora entrambe le condizioni fossero soddisfatte, occorrerà definire il momento in cui effettuare la comunicazione. È preferibile rendere note le informazioni quando sia possibile stimare, con elevata probabilità, le variazioni che saranno determinate nel livello del reddito e del rischio. Infatti, una comunicazione affrettata più che informare confonde, ingenerando negli investitori attese infondate;
- *efficacia della comunicazione*, che si ottiene mediante la definizione degli obiettivi che la stessa si prefigge, dei mezzi con i quali è realizzata, dei messaggi da trasmettere e degli interlocutori cui rivolgersi. Nel caso specifico della comunicazione finanziaria, gli obiettivi sono rappresentati dal miglioramento delle relazioni con il mercato, gli azionisti e gli altri *stakeholder*. Nel quadro delineato, un ruolo importante è assunto dall'immagine dell'azienda e in particolare del *leader*, il cui carisma può incidere sulla qualità della comunicazione, rendendo più credibili i messaggi trasmessi.

Il value reporting

Le considerazioni svolte finora hanno posto in evidenza il ruolo fondamentale svolto dal processo di comunicazione, e in particolare di comunicazione finanziaria, nell'ambito dei meccanismi che conducono verso una efficace diffusione del valore. Alcuni studi empirici effettuati sul tema hanno però consentito di rilevare aspetti apparentemente contrastanti tra di loro[39]:

- dal un lato, i manager delle società quotate sottoposte a indagine ritenevano di divulgare a favore del mercato e dei vari *stakeholder* informazioni esaustive e rilevanti, comunque conformi rispetto a quanto imposto dalla normativa vigente;

[39] Eccles R.G., Mavrinac S.C., *Improving the Corporate Disclosure Process*, «Sloan Management Review», 36, 4, 1995, pp. 11-25.

- gli investitori e gli analisti presenti sul mercato giudicavano invece insufficienti le informazioni diffuse o comunque non idonee a soddisfare il loro fabbisogno informativo e a consentire la formulazione di corretti giudizi di convenienza a investire.

Se si considerano attendibili entrambe le posizioni, allora il fulcro del problema si sposta inevitabilmente dalla quantità delle infomrazioni fornite dalle imprese al mercato, alla loro qualità, nonché alla frequenza con cui vengono divulgate e alle modalità di comunicazione impiegate. La continua evoluzione dei mercati, la velocità con la quale avvengono le contrattazioni, la crescente rilevanza assunta dal patrimonio immateriale delle imprese, la nascita e l'affermazione di nuovi *value driver*, sono tutte condizioni che impongono, anche al di là delle scelte e delle imposizioni legislative, nuove forme e nuovi contenuti della comunicazione in grado di diffondere all'esterno la vera natura dell'impresa e soddisfare così le esigenze informative poste dal mercato.

Tale obiettivo può essere raggiunto introducendo anche nella fase della comunicazione i medesimi principi formulati per la teoria del valore: in altri termini, se l'intera gestione aziendale deve essere orientata alla creazione di valore, anche la fase della diffusione deve contenere tutti gli elementi essenziali dai quali origina il valore creato dall'impresa. Nasce così il concetto di *value reporting*, ovvero un documento da divulgare a favore dei vari attori del mercato, il cui contenuto non si esaurisce in una mera rappresentazione di dati e indicatori economico-finanziari, ma accoglie una serie di informazioni idonee a rappresentare la capacità attuale e prospettica dell'impresa di creare valore. Nello specifico, gli elementi cardine sui quali deve essere incentrato il *value reporting* sono[40]:

- natura, dimensioni e dinamica dei flussi di cassa generati dalla gestione, in cosiderazione del ruolo centrale svolto dai *cash flow* nella creazione di valore. Si tratta di una variabile spesso trascurata dalle imprese italiane, ma sempre più richiesta dagli investitori, circostanza che contribuisce a incrementare il *gap* informativo tra settore produttivo e mercati finanziari;
- informazioni non finanziarie, che vanno al di là dei semplici dati contabili e che spesso costituiscono fondamentali leve del valore. In tale contesto, assumono particolare rilevanza informazioni inerenti il tasso di crescita del mercato, l'innovazione e lo sviluppo di nuovi prodotti e processi, gli investimenti nelle aree di Ricerca & Sviluppo, il grado di raggiungimento di obiettivi strategici.

Si tratta, comunque, di indicazioni di carattere generale, considerando che ogni impresa deve adattare le informazioni del *value reporting* in funzione delle proprie caratteristiche in termini di attività svolta, settore economico di appartenenza, capacità produttiva, assetto dell'azionariato, grado di innovazione della tecnologia ecc.

[40] Eccles R., Lupone L., *Alla ricerca del valore: il divario informativo tra società e mercato. Il caso italiano*, in Guatri, Eccles, *Informazione e valore*, cit., p. 27.

La comunicazione contenuta all'interno del *value reporting* trova come destinatari tutti gli attuali e potenziali investitori, con particolare riferimento agli investitori che assumono un'ottica di lungo periodo e che dunque sono interessati alle potenzialità di crescita dell'organizzazione. Il meccanismo innescato attraverso la predisposizione di un sistema di comunicazione improntato sul valore può condurre verso una rinnovata fiducia degli investitori e delle istituzioni finanziarie nei confronti dell'impresa, fiducia che, come noto, si traduce in migliori rapporti con tutti gli interlocutori e le parti sociali, condizioni di finanziamento più favorevoli, tassi di interesse ridotti e così via.

12.9.2 Gli interventi diretti sul mercato

Il secondo strumento per garantire la completa implementazione del processo di creazione-diffusione del valore, permettendo al mercato di recepire in maniera corretta le variazioni di ricchezza di cui è oggetto il capitale economico, è rappresentato dagli interventi diretti sul mercato. In tale ottica è la stessa impresa che, attraverso la progettazione e la realizzazione di operazioni mirate, riesce a influenzare l'andamento del mercato, creando una situazione favorevole per i suoi titoli al fine di renderli più appetibili per i potenziali investitori e aumentare così l'afflusso di nuovo capitale, che sarà impiegato nella realizzazione di progetti di sviluppo, destinati ad accrescere ulteriormente il successo e la ricchezza dell'impresa che quindi si inserisce all'interno di un circolo virtuoso.

Gli interventi diretti sul mercato sono:

1) riacquisto di azioni proprie (operazioni di *buy-back*);
2) azionariato dei dipendenti;
3) azionariato dei managers (stock-options).

Come già ampiamente dibattutto in precedenza[41], il riacquisto di azioni proprie è un tipo di intervento cui si fa ricorso per arginare il problema della variabilità dei corsi dei titoli e in particolare della loro sottovalutazione. In effetti, qualora l'impresa ritenesse le sue azioni sottovalutate, potrebbe intervenire acquistandone una quota, in modo da ripristinare una situazione più conforme alla realtà e, allo stesso tempo, generare negli investitori aspettative favorevoli sul futuro dell'azienda. Il rischio consiste nel fatto che l'operazione potrebbe essere interpretata anche in maniera diversa dal mercato, che vedrebbe in essa semplicemente un modo per impiegare la liquidità in eccesso in mancanza di investimenti più interessanti.

Gli acquisti di azioni proprie possono essere realizzati anche per migliorare il coefficiente di diffusione del valore dei titoli. In tal caso, però, sarà necessario operare con estrema cautela se si vuole evitare che un simile intervento risulti infruttuoso o addirittura controproducente. Spesso, infatti, operazioni di questo tipo tendono ad agire sugli effetti della sottovalutazione delle azioni piuttosto che sulle cause, la più

[41] Cfr. paragrafo 5.5.

ricorrente delle quali è l'insufficienza del flottante che tende a diminuire per effetto dell'acquisto di azioni proprie: in tal modo molti investitori potrebbero perdere interesse per il titolo che presenta un grado di liquidità molto basso o addirittura nullo.

Infine, occorre operare una distinzione tra la cura del mercato e la manipolazione dei prezzi. Affinché l'azienda non crei un mercato artificiale per i propri titoli, è necessario che effettui l'acquisto o la vendita delle azioni per aggiungere ulteriore liquidità al mercato. Inoltre, è indispensabile che il quantitativo di titoli oggetto dell'operazione non sia tale da determinarne il prezzo. Su quest'ultima condizione si discute molto perché non si ritiene lecito imporre limiti di quantità dato che il numero di titoli richiesto varia di volta in volta a seconda del contesto nel quale si opera. Accordo unanime invece sulla necessità di curare di continuo il mercato e non solo in prossimità di operazioni sul capitale.

Altro strumento utilizzabile per garantire la diffusione del valore è rappresentato dall'azionariato dei dipendenti, al fine di favorire la loro collaborazione realizzando una coincidenza di interessi e riducendo le probabilità di conflitti interni. In realtà, però, gli effetti sul mercato non si verificano in misura consistente, in quanto il peso dell'investimento azionario in capo al singolo dipendente è irrilevante e non genera particolari aspettative reddituali che, invece, sono alla base della creazione-diffusione del valore. Al contrario, l'azionariato dei manager può produrre benefici in termini di diffusione del valore: i piani di *stock option* precedentemente trattati, progettati per cifre elevate, costituiscono un valido strumento per uniformare gli interessi della classe dirigente a quelli degli azionisti[42].

12.10 Gli effetti di una efficace diffusione del valore

La teoria di creazione del valore afferma che le probabilità dell'impresa di avere successo sono strettamente connesse con la sua capacità di accrescere la ricchezza e di conquistare un vantaggio competitivo sostenibile nel tempo. Per completare tale percorso e definire le condizioni per implementarlo, è indispensabile far seguire all'aumento del capitale economico un aumento del valore dei titoli rappresentativi del capitale sociale. In altre parole, si rende necessario diffondere il valore creato dall'impresa affinché il mercato, e in particolare gli investitori, percepiscano la situazione favorevole dell'azienda, accrescano il consenso nei suoi confronti e siano quindi disposti a offrire nuovo capitale per finanziare progetti di sviluppo.

Si è già visto quali sono gli strumenti di cui il management può servirsi per raggiungere l'obiettivo della diffusione del valore, ovvero la comunicazione e l'intervento diretto sul mercato. È quindi possibile chiarire gli effetti che tali meccanismi provocano all'interno del sistema di domanda/offerta di capitale mediante la figura 12.16 nella quale sono rappresentate tre distinte situazioni. La prima, in corrispon-

[42] Anslinger P.L., Copeland T.E., *L'acquisizione non sinergica aiuta l'azienda a crescere*, «Harvard Business Review», settembre/ottobre 1996, p. 15.

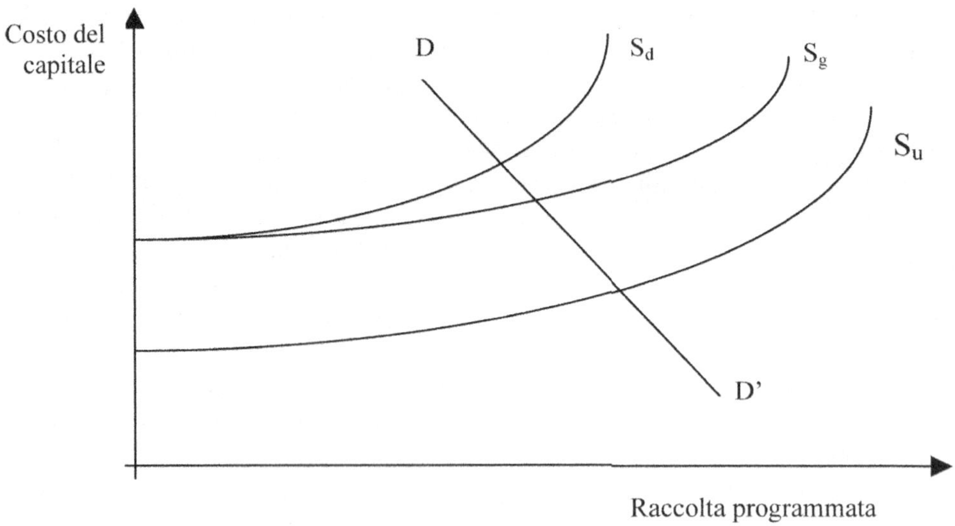

Fig. 12.16 Domanda di capitali e relativo costo per un'impresa
Fonte: Guatri, Massari, *La diffusione del valore*, cit., p. 218.

denza dell'intersezione tra curva di domanda del capitale (*DD'*) e curva d'offerta (S_d), evidenzia un costo del capitale piuttosto elevato in corrispondenza di una quantità di raccolta ridotta. Tale posizione iniziale può essere migliorata utilizzando gli strumenti esaminati in precedenza (comunicazione e interventi diretti sul mercato) che producono, in un primo momento, una maggiore disponibilità degli investitori a sottoscrivere nuovi titoli, permettendo quindi all'impresa di procedere ad aumenti di capitale con un costo minore rispetto all'ipotesi di partenza (curva S_g).

Ottimizzando le risorse e gli strumenti a disposizione dell'azienda, è possibile determinare una traslazione della curva di offerta del capitale (S_u) che evidenzia una sensibile riduzione del costo dello stesso, al quale corrisponde un aumento del capitale acquisito dall'impresa. Si accresce così la possibilità di intraprendere nuovi percorsi di sviluppo, accettando un maggior numero di progetti di investimento che presentano un *VAN* positivo. Si assiste altresì a un netto miglioramento delle quotazioni dei titoli, poiché il tasso di capitalizzazione degli utili è più basso su tutta la curva, rispetto alle ipotesi precedenti, ed è quest'ultima situazione che riesce a esprimere al meglio il legame tra diffusione del valore e sviluppo dell'impresa: migliori condizioni per la raccolta dei capitali sono la necessaria premessa per maggiori investimenti, che determinano a loro volta la crescita dell'azienda innalzando il suo tasso di sviluppo.

Altra osservazione può derivare dal grafico e in particolare dalla curva S_d: il suo andamento denota una situazione di illiquidità dovuta ai costi dell'offerta di nuovi titoli che aumentano molto velocemente. In proposito, gli interventi del management sono finalizzati ad accrescere la liquidità del mercato, definibile come la facilità di scambio dei titoli.

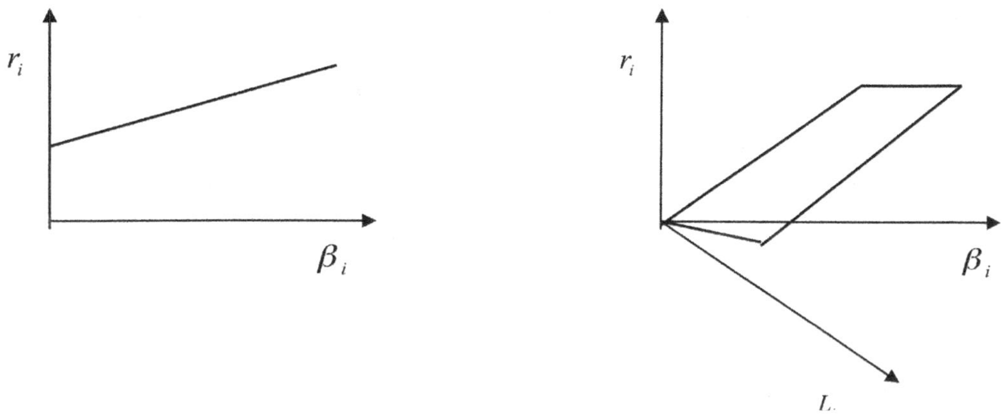

Fig. 12.17 Il ruolo della liquidità

L'importanza assegnata alla liquidità è aumentata sensibilmente da quando è stata dimostrata la sua capacità di influenzare il rendimento del titolo[43]. Infatti, gli investitori tendono a vendere i titoli meno liquidi per acquistare quelli che garantiscono un più facile ed economico scambio. Ne consegue che il prezzo di questi ultimi aumenta, mentre quello dei primi tende a diminuire: pertanto al crescere del grado di liquidità, il rendimento atteso diminuisce. Pertanto, la tradizionale relazione tra il rischio (β_i) e il rendimento (r_i) si arricchisce con l'introduzione della variabile rappresentativa della liquidità (L_i), passando da una retta, raffigurata nel modello del *CAPM* a un piano dei rendimenti (Fig. 12.17).

Inoltre, le situazioni di illiquidità non dipendono esclusivamente dalla rarità degli scambi, ma si possono verificare anche in ipotesi di elevata mobilità dei titoli presso gli investitori. Ciò accade quando vi sono notevoli incertezze sui prezzi realizzabili in una negoziazione o nel caso di vendita di un consistente pacchetto azionario. Si pone così un altro importante problema: quello della variabilità dei prezzi di borsa, fattore diversamente giudicato dagli economisti. Alcuni, confidando nella estrema razionalità dei soggetti che agiscono nel mercato dei capitali, lo ritengono un indice di efficienza degli operatori: maggiore è la variabilità, maggiore è la capacità di questi ultimi di recepire la ingente mole di informazioni disponibili e tradurla in variazioni dei prezzi dei titoli. Altri autori, invece, affermano che la variabilità è da imputare ai giudizi che gli operatori finanziari formulano e che possono essere molto diversi tra loro, in quanto le informazioni presenti sul mercato sono sempre nuove e diverse. Ne deriva che, mentre il primo gruppo di studiosi non è affatto allarmato dalla instabilità

[43] Si veda, a questo proposito, la tesi sostenuta da Peters nella *Fractal Market Hypotesis*, illustrata nel paragrafo 10.7.

delle quotazioni, il secondo ritiene che questo fenomeno debba essere arginato, in quanto dà luogo a situazioni di carenza di liquidità destinate a peggiorare l'andamento del coefficiente di diffusione borsistica, con un conseguente aumento del costo del capitale e un'influenza negativa sulla propensione dei risparmiatori a investire in titoli azionari.

Una maggiore stabilità dei corsi dei titoli può essere realizzata attraverso gli strumenti, già esaminati, degli interventi diretti sul mercato, oppure, in alternativa attraverso i cosiddetti meccanismi di mercato quali:

- attività di *market making*, ovvero l'impegno di operatori specializzati a «fare mercato» su un titolo;
- norme giuridiche che prevedano la sospensione delle negoziazioni nelle ipotesi di elevata variabilità dei prezzi.

Si tratta comunque di sistemi che, se impiegati da soli, non garantiscono grossi risultati in quanto non adattano gli interventi di stabilizzazione alle esigenze di ciascuna impresa mentre provocano un aggravio dei costi per gli investitori.

Infine, occorre sottolineare di nuovo il fatto che il buon esito di un programma di diffusione del valore non dipende solo dall'impegno profuso dall'impresa, ma anche dal grado di efficienza del mercato dei capitali. Rinviando per un approfondimento alle argomentazioni proposte sul tema nel capitolo dieci, in questa sede ci si limita a verificare il comportamento del mercato rispetto alla diffusione di informazioni da parte delle società quotate.

In particolare, la figura 12.18 illustra la reazione dei prezzi delle azioni a nuove informazioni, sia in mercati altamente efficienti, sia in mercati non completamente efficienti. Nell'ipotesi di efficienza del mercato l'informazione si riflette istantaneamente sui prezzi: gli investitori potranno pertanto ottenere solo un tasso di rendimento normale e le aziende venderanno i loro titoli a un valore equo, ovvero al loro valore intrinseco. In mercati meno efficienti si possono avere diverse reazioni alla comunicazione dell'impresa:

- reazione anticipata, che determina un adeguamento del prezzo prima che l'informazione sia resa pubblica;
- reazione ritardata, quando il prezzo all'inizio incorpora solo parzialmente la nuova informazione; poi, dopo un intervallo di tempo (nel grafico è ipotizzato pari a trenta giorni) l'informazione è completamente rispecchiata nel prezzo che si è lentamente adeguato;
- reazione eccessiva, la quale determina un aggiustamento in eccesso del prezzo alla nuova informazione. Seguirà poi un sistematico ritorno alla situazione reale.

Da quanto detto sinora, risulta chiara la necessità per le aziende di realizzare l'integrazione tra i propri obiettivi in termini di crescita del valore e le strategie di marketing. In particolare, la strategia di marketing deve contenere iniziative capaci di divenire un ottimo canale informativo per tutti gli *stakeholder*, in grado di incentivarli

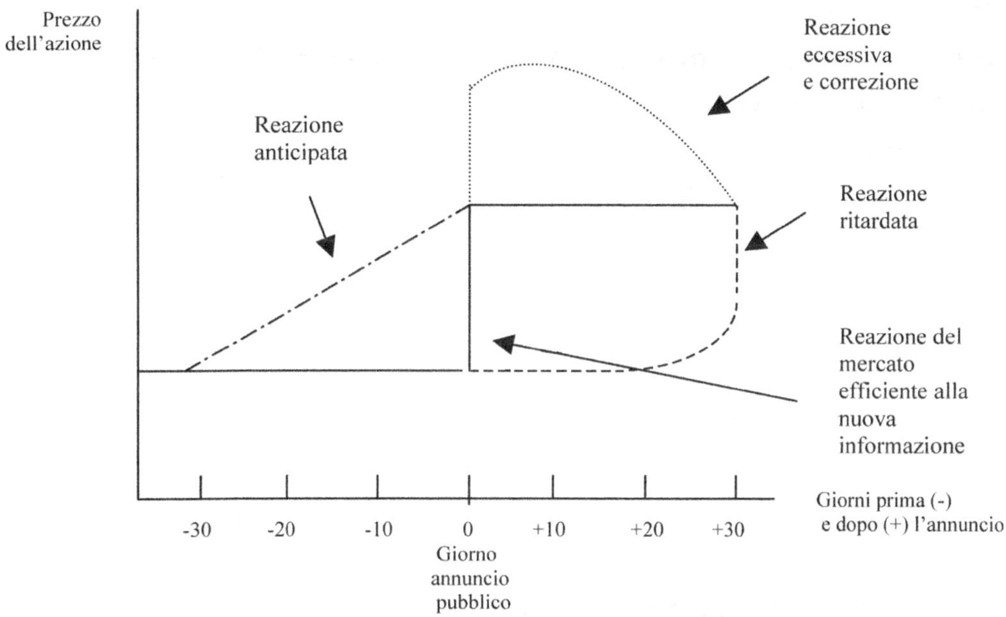

Fig. 12.18 Relazione tra prezzo delle azioni e informazionea
Fonte: Ross S.A., Westerfield, Jaffe, *Fondamenti di finanza aziendale*, cit., p. 437.

non solo ad acquistare prodotti e servizi offerti dall'impresa, ma a investire in essa[44], e i vantaggi saranno tangibili solo per le aziende maggiormente in grado di creare valore e più abili nel comunicare attraverso la definizione dei propri piani di marketing il valore creato: solo così possono diventare destinatarie delle risorse finanziarie offerte dai «clienti-azionisti».

[44] Guido P., *Il marketing del valore*, Sperling & Kupfer, Milano 1997, p. 156.

Capitolo 13

La crescita dell'impresa per via esterna: il valore delle acquisizioni

di Martina Vallesi

13.1 Teoria del valore e finanza straordinaria

L'obiettivo fondamentale perseguito dalla Teoria di Creazione del Valore consiste nell'accrescere la misura del capitale economico permettendo all'impresa di creare nuovo valore e soddisfare in tal modo gli interessi e le richieste dei suoi *stakeholder*. Tra i numerosi strumenti strategici che la stessa teoria individua assumono particolare rilevanza le operazioni di finanza straordinaria.

Diverse sono le tipologie di operazioni impiegate in questa area della finanza aziendale: acquisizioni, fusioni, cessioni, scissioni, scorpori, conferimenti e trasformazioni. Esse sono riconducibili alla categoria delle cosiddette «gestioni straordinarie», poiché caratterizzate dal requisito di eccezionalità sia in relazione alla frequenza con cui si manifestano, sia per l'impatto che producono sull'economia dell'impresa modificandone la struttura, le strategie, la dimensione ed i rapporti con l'ambiente esterno. Si pongono come strumenti di ridefinizione degli assetti strutturali dei complessi aziendali, permettendo il raggiungimento di una nuova e migliore combinazione di tutte le variabili strategiche dell'impresa e offrendo la possibilità di far fronte a diversi problemi.

Scelte di questo tipo sono ovviamente compiute mantenendo come costante punto di riferimento la creazione di nuova ricchezza, implicando così l'adozione di un'ottica di medio lungo periodo. Per aumentare il valore del capitale investito nell'impresa non è dunque sufficiente prestare attenzione al profitto immediato misurato tramite i tradizionali strumenti contabili, ma è necessario puntare su strategie che favoriscano il sostegno e lo sviluppo del reddito nel lungo termine ed il contenimento del rischio d'impresa. Solo adottando una logica di questo tipo si può garantire la sopravvivenza dell'azienda e la conservazione della capacità di operare nel rispetto di condizioni di economicità della gestione.

In base al risultato ottenuto, è possibile dividere le operazioni di finanza straordinaria in due grandi categorie: quelle che comportano il decentramento di complessi aziendali e quelle che permettono la loro concentrazione.

Tra le prime si possono individuare le cessioni per vendita di aziende o di rami d'azienda, le scissioni, gli scorpori. Si tratta in genere di operazioni alle quali le imprese ricorrono per meglio gestire la complessità e la eccessiva rigidità caratterizzanti le aziende di grandi dimensioni, al fine di migliorare i livelli di efficienza e di razionalizzare la gestione, nonché per ridurre i rischi connessi ad una eccessiva concentrazione di attività, scegliendo talvolta di operare in settori maggiormente produttivi e/o in mercati diversi. Esse mirano, quindi, a garantire un più elevato grado di flessibilità nelle strutture aziendali (decentrando o cedendo a terzi fasi lavorative, reparti, linee di prodotto), oppure a separare rami aziendali che rispetto ad altri risultano più rischiosi o più sensibili alle instabilità del mercato.

Le operazioni che danno luogo a concentrazioni di aziende, invece, sono poste in essere tramite acquisizioni, fusioni, conferimenti di aziende o di rami aziendali, oppure tramite la trasformazione della forma giuridica[1]. Esse mirano a conseguire i tipici vantaggi associati alla crescita dimensionale, cercando di raggiungere la «dimensione ottimale», ovvero quella in grado di generare la massima redditività aziendale, di migliorare la posizione competitiva e di ridurre il rischio di crisi o dissesti[2]. A queste operazioni vanno aggiunte anche la scissione e lo scorporo se eseguiti a favore di società preesistenti, poiché possono essere proficuamente utilizzate, oltre che per le finalità precedentemente dette, anche per sostenere uno sviluppo per via esterna garantendo una crescita armonica della società e contemplando contemporaneamente le esigenze di sviluppo sia qualitativo, sia quantitativo (si pensi a un'impresa che può aumentare la propria capacità produttiva ed imprenditoriale scorporando o scindendo l'azienda o un ramo di essa indirizzandoli a società maggiormente adatte per poterli gestire e per poter aumentare la loro competitività sul mercato).

Le operazioni straordinarie possono inoltre essere utilizzate come strumenti per la creazione e la riorganizzazione di un gruppo, al fine di individuare una struttura aziendale in grado di garantire i vantaggi economici della grande dimensione e al tempo stesso l'elasticità e la flessibilità gestionale peculiari dell'individualità di ogni impresa.

Le operazioni di concentrazione, come ad esempio le fusioni, trovano applicazione per la risoluzione di problemi gestionali ed organizzativi originati dall'eccessivo decentramento, al fine di migliorare i risultati, coordinare e razionalizzare il processo di espansione del gruppo o per prepararlo ad una migliore performance nel mercato finanziario nell'imminenza dell'ammissione alla quotazione di borsa.

[1] I casi più frequenti di trasformazione sono rappresentati dai passaggi da una società di persone a una di capitali, attuati con l'obiettivo di assecondare e agevolare lo sviluppo dell'impresa.

[2] Occorre ricordare che la crescita di un istituto può essere realizzata attraverso due vie: la crescita interna, costituita dai tradizionali investimenti diretti, e la crescita esterna, quando lo sviluppo avviene tramite investimenti indiretti a seguito di operazioni di finanza straordinaria quali acquisizioni di altre attività/aziende/società, cioè di complessi di beni funzionanti già in possesso delle attività ricercate.

Le operazioni di decentramento come lo scorporo e la scissione[3], invece, appaiono particolarmente utili qualora i problemi gestionali dell'impresa siano riconducibili a un eccessivo grado di concentrazione: in tale ambito gli istituti in parola consentono di gestire meglio la complessità e l'elevata rigidità di aziende di grandi dimensioni presenti nel gruppo.

Sia le operazioni di decentramento, sia quelle di concentrazione rappresentano un ottimo strumento in un'ottica di creazione di nuova ricchezza all'interno dell'azienda se il valore totale del complesso aziendale risultante dalla procedura in una prospettiva di lungo periodo è maggiore del valore attribuibile all'impresa o alle imprese prima dell'operazione. Il valore creato da un'operazione di finanza straordinaria può essere dunque calcolato in via differenziale, analizzando la variazione intervenuta nell'entità del capitale economico complessivo in seguito e per effetto dell'applicazione dell'istituto prescelto.

Il processo di generazione di valore deve comunque essere preceduto da una serie di analisi dei presupposti e delle implicazioni strategiche, economiche e finanziarie dell'intero meccanismo. Poiché spesso la realizzazione di un'operazione di finanza straordinaria porta alla definizione di assetti strutturali irreversibili, appare indispensabile analizzare scrupolosamente i presupposti e le condizioni che devono supportare una decisione di questo tipo sotto il profilo economico-strategico – in termini di vantaggi attuali e potenziali che possono essere ottenuti –, nonché dal punto di vista della «compatibilità finanziaria», valutando le risorse finanziarie disponibili per l'operazione, i cambiamenti del livello di rischio d'impresa e procedendo a stimare ed ad attualizzare i flussi di cassa, in entrata ed in uscita, generati dall'operazione.

In sostanza, però, un'operazione di finanza straordinaria – sia essa originata da esigenze di concentrazione oppure di decentramento – risulta conveniente, ad eccezione della presenza di particolari motivi extra aziendali[4], se e nella misura in cui è in grado di creare valore, ovvero quando si riescono a conseguire benefici economici di cui non si poteva godere prima dell'attuazione dell'operazione stessa.

Tali benefici, nei quali è insita la motivazione stessa di un'operazione straordinaria, creano valore al netto dei costi e degli investimenti che devono essere sostenuti per ottenerli e possono essere rappresentati dalle sinergie o dalle potenzialità.

Le sinergie sono benefici conseguibili dallo sfruttamento delle possibili interrelazioni che si generano tra le imprese interessate a seguito di operazioni di concentrazione. La loro stima è importante ai fini della quantificazione del valore economico strategico del complesso risultante dalla fusione e, in caso di società beneficiaria

[3] L'operazione di scissione implica necessariamente il passaggio attraverso due diverse fasi per la creazione di un gruppo di imprese: nella prima, per effetto della scissione, si creano più soggetti giuridici autonomi derivanti dalla società scissa, rimanendo inalterata la compagine sociale di quest'ultima; nella fase successiva, i soci della società scissa, assegnatari delle azioni o delle quote delle nuove società, conferiscono le loro partecipazioni in un'apposita società, che dovrà occuparsi della gestione delle società beneficiarie, assumendo il ruolo di holding.

[4] A volte, infatti, soci di maggioranza o manager o particolari soggetti esterni all'impresa, quali ad esempio società di intermediazione e di consulenza, decidono di compiere o incoraggiano un'operazione straordinaria per ottenere vantaggi di natura personale spesso anche a discapito delle altre categorie di soggetti.

preesistente, dalla scissione e dallo scorporo. Le sinergie sono difficili da calcolare perché spesso destinate a prodursi nel medio lungo termine; inoltre, risulta particolarmente delicato il procedimento di attribuzione della sinergia a una determinata società partecipante all'operazione, poiché le spese derivano dall'aggregazione di diversi soggetti.

Le potenzialità straordinarie, invece, rappresentano i benefici potenzialmente conseguibili dallo sfruttamento della nuova struttura della società che ha messo in atto operazioni di decentramento o di trasformazione. La loro stima è importante ai fini della quantificazione del valore strategico della società scissa, scorporata e trasformata. Sono direttamente imputate al soggetto che ha effettuato l'operazione straordinaria e anch'esse, come le sinergie, sono difficili da calcolare dal punto di vista economico, ma fondamentali da valutare sotto il profilo qualitativo.

Analizzando i benefici economici conseguibili e/o potenzialmente conseguibili con le operazioni straordinarie, l'attenzione nel presente scritto sarà concentrata sugli istituti della fusione, della scissione, della trasformazione e dello scorporo, nel tentativo di cogliere le analogie e le differenze su un piano prettamente economico delle stesse in termini di creazione del valore. Per una maggiore chiarezza espositiva si procede con l'esame delle principali sinergie e delle potenzialità straordinarie enucleandole all'interno dei benefici operativi, finanziari, fiscali e di mercato.

13.1.1 Benefici operativi

Le sinergie operative rappresentano i benefici conseguibili dallo sfruttamento delle possibili interrelazioni tangibili e intangibili che sussistono tra le imprese interessate a operazioni di concentrazione. Le interrelazioni tangibili riguardano la possibile condivisione, da parte delle imprese, di attività nella catena del valore in un'ottica di riduzione dei costi, in seguito allo sfruttamento di economie di scala[5] e di esperienza, al pieno utilizzo della capacità produttiva e delle risorse esistenti, alla condivisione di fattori indivisibili, a economie di integrazione verticale[6] ecc.

Le interrelazioni intangibili, invece, sono date dalla condivisione o dal potenziamento di competenze tecniche e manageriali[7], nonché di culture e stili aziendali. In-

[5] Le economie di scala si manifestano quando il costo medio unitario di produzione si riduce all'aumentare del livello di produzione grazie a una più efficiente utilizzazione delle risorse (economie di scala di tipo tecnico). Non sono da tralasciare neanche le economie conseguibili nello svolgimento di altre funzioni, come quella del marketing, dell'amministrazione, della ricerca e sviluppo ecc., dovute anch'esse alla maggiore efficienza nell'impiego delle risorse disponibili.

[6] Le economie di integrazione verticale, dovute all'acquisizione di un fornitore o di un cliente chiave, rappresentano vantaggi in termini di efficienza economica dovuti al maggiore controllo esercitato sul processo produttivo ottenuto dall'internalizzazione di attività prima svolte all'esterno, qualora i costi di transazione che si sostengono nei mercati esterni siano superiori rispetto a quelli sostenuti all'interno di un'impresa o di un gruppo.

[7] Le tecniche manageriali dovute alla modifica o alla integrale sostituzione del management esistente nell'impresa acquisita con un gruppo dirigente dotato di capacità e competenze superiori o più adatte alla gestione dell'impresa, e volto sempre a perseguire la massimizzazione del valore dell'impresa, possono essere classificate come sinergie manageriali.

fatti, anche il trasferimento di competenze amministrative, finanziarie, di capacità logistiche o di marketing, può riflettersi sulla riduzione dei costi e sul miglioramento delle prospettive reddituali.

Le potenzialità strategiche operative rappresentano i benefici operativi potenzialmente conseguibili dallo sfruttamento di una struttura più flessibile in seguito a operazioni di decentramento o di trasformazione, con un miglioramento dei livelli di efficienza e di razionalizzazione della gestione. Una operazione di decentramento come la scissione o lo scorporo, ottimi strumenti di ristrutturazione e di riorganizzazione societaria, potrebbero, infatti, prevenire eventuali situazioni di squilibrio future distaccando le unità produttive prive di condizioni favorevoli al fine di evitare che un loro insuccesso condizioni negativamente la componente «sana» del complesso aziendale, rendendo la struttura più efficiente e limitando le difficoltà connesse alla grande dimensione.

13.1.2 Benefici finanziari

Le sinergie finanziarie si identificano nei minori costi di reperimento dei capitali (proprio o di debito), ottenibili a seguito di un'operazione di concentrazione. Tali minori costi possono essere ottenuti in vario modo – ad esempio utilizzando operazioni di concentrazione come la fusione – qualora un'impresa a rischio di crisi finanziaria dovuta a un eccessivo indebitamento e con una non corretta corrispondenza temporale tra fonti e impieghi, alla quale spesso è legato un inadeguato livello di liquidità e di difficoltà nell'accesso al credito, venga incorporata in un'impresa con scarsa esposizione debitoria, trovando così un equilibrio finanziario che consente di ricorrere nuovamente al credito a condizioni meno onerose. Anche con la scissione si possono avere minori costi di reperimento dei capitali nel caso in cui si scinda l'azienda o il ramo d'azienda in crisi a favore di un organismo che gode di una favorevole situazione finanziaria e che, attraverso l'utilizzo delle proprie risorse, sia in grado di eliminare, o comunque di arginare, il rischio di una crisi finanziaria. In entrambe le operazioni, quindi, si ottiene un vantaggio di tipo finanziario quando l'incorporante o la beneficiaria non ha utilizzato in pieno gli affidamenti bancari, ma anche quando possiede una buona immagine e favorevoli relazioni con gli istituti di credito, oppure sia caratterizzata da una struttura patrimoniale composta da beni che possono essere offerti in garanzia.

Inoltre, in alcuni casi dopo una fusione o una scissione si può formare un complesso dotato di capacità d'indebitamento inutilizzata che può essere usata ai fini della ricerca di una struttura finanziaria ottimale sfruttando la manovra della leva finanziaria, strumento che permette di individuare la giusta composizione delle fonti di finanziamento (rapporto tra mezzi propri e mezzi di terzi) in relazione alla onerosità di ciascuna di esse in un quadro di massima redditività.

Le fusioni o le scissioni sono utili a risolvere anche crisi di natura monetaria, quando i flussi in uscita delle società partecipanti all'operazione precedono e superano i flussi in entrata. La ristrutturazione finanziaria può essere determinata dall'*apporto di cassa* dell'incorporata, effettuato a fronte di un esborso monetario nullo dell'incorporante o della beneficiaria. L'incorporante o la beneficiaria, infatti, in una condizione di squilibrio dal punto di vista monetario, a seguito dell'operazione di fusione e di scissione possono beneficiare dei flussi in entrata dell'incorporata, senza nessun esborso di natura monetaria per realizzare l'operazione, dato che lo strumento di pagamento è rappresentato da azioni o quote di nuova emissione.

Operazioni di concentrazione come fusioni e scissioni possono diminuire i costi di reperimento dei capitali se il complesso derivante da tali procedure è meno rischioso. Si tratta, in tutta evidenza, del rischio «non sistematico» conseguente alla formazione di un portafoglio di business finanziariamente equilibrato in cui le varie unità si sostengono a vicenda riducendo la variabilità complessiva dei risultati[8]. Questo vantaggio, tuttavia, qualora fosse l'unica sinergia sfruttabile, difficilmente si tradurrebbe in un incremento del valore azionario per i soci della società incorporante o beneficiaria. La riduzione del rischio d'impresa, però, può essere tradotta in un aumento della capacità d'indebitamento o in una riduzione del costo del capitale, potendo contribuire, al verificarsi di determinate condizioni, ad accrescere il valore economico delle imprese.

Due aziende congiunte possono vantare condizioni più favorevoli nell'accesso al mercato dei capitali e la possibilità di conseguire economie di scala nell'emissione di nuovi titoli (riducendo il numero di emissioni e aumentandone il valore unitario). Quando, però, si parla di riduzione del costo del capitale, si fa riferimento, in genere, ai più bassi tassi d'interesse riconosciuti dai finanziatori, in virtù della maggiore stabilità e della maggiore affidabilità della combinazione di aziende. Si produce, infatti, l'*effetto di co-assicurazione*, che consiste nella garanzia reciproca che ogni impresa offre ai debiti dell'altra, tutelando maggiormente i creditori e riducendo il rischio d'insolvenza.

Lo sfruttamento delle sinergie finanziarie, e quindi la modifica del livello di indebitamento del complesso aziendale derivante dalla fusione o dalla scissione, deve comunque risultare fattibile sia economicamente, sia finanziariamente. È necessario, pertanto, che l'impresa presenti una capacità di reddito che consenta di dedurre gli oneri fiscali ed un *cash flow* operativo sufficiente per rimborsare i debiti in scadenza, senza compromettere gli investimenti necessari per la realizzazione delle sinergie operative.

Un'altra sinergia di tipo finanziario può derivare da operazioni di concentrazione dove uno dei protagonisti ha lo status di società quotata. Infatti, i titoli negoziati in borsa offrono maggiori benefici abbassando il costo di reperimento dei capitali grazie a una più elevata liquidabilità del titolo. Tali benefici possono essere sfruttati in caso di incorporazione o unione con una società quotata. Inoltre, una simile scelta rappresenta una via preferenziale per accedere, con tempi e costi minori, al mercato mobiliare.

Le potenzialità strategiche finanziarie si identificano nei potenziali minori costi di reperimento dei capitali (proprio o di debito), conseguibili dallo sfruttamento della

[8] Facchinetti I., Taschini M., *Strategia e valutazione nelle acquisizioni d'aziende*, Giuffrè, Milano 1989, p. 25 e ss.

nuova struttura della società che ha messo in atto operazioni di decentramento o di trasformazione. Lo strumento della trasformazione, ad esempio, offre la possibilità all'impresa di aumentare le opportunità di finanziamento a seconda del tipo di società o ente in cui avviene la trasformazione, consentendo di fronteggiare o di far sviluppare crisi di natura finanziaria nel caso di imprese di dimensione modeste con difficoltà nel reperimento dei finanziamenti. La natura e l'entità dei finanziamenti a cui può accedere un'impresa possono variare, infatti, a seconda dei tipi di società prescelti che offrono diversi strumenti e opportunità di raccolta. Ad esempio, una società quotata ha una maggiore possibilità di reperire risorse finanziarie grazie alla sollecitazione pubblica.

Le operazioni di decentramento, come ad esempio la scissione o lo scorporo, permettono di separare le unità produttive con condizioni economiche, finanziarie e patrimoniali sfavorevoli dalla componente «sana» del complesso aziendale, migliorando in termini di immagine la nuova struttura della società e rendendo più semplice l'accesso al credito.

13.1.3 Benefici fiscali

Le sinergie fiscali consistono nei risparmi di imposta conseguenti a un adeguato sfruttamento della normativa tributaria. I differenti regimi di imposizione fiscale previsti per i redditi delle società di persone e per le società di capitali rendono il fattore fiscale un importante elemento da considerare nelle operazioni straordinarie, soprattutto nel caso in cui entri in gioco la trasformazione delle società partecipanti che possono portare a regimi tributari molto diversi tra loro.

Non è però possibile esaminare in generale la convenienza in termini tributari di ciascun tipo di operazione, in quanto occorre studiare i casi specifici tenendo conto di tutti i soggetti coinvolti nell'operazione, nonché delle previsioni in merito all'utile delle società.

La normativa tributaria, inoltre, determina modalità di attuazione differenti a seconda del tipo di operazione di finanza straordinaria attuata.

13.1.4 Benefici di mercato

Le sinergie di mercato rappresentano i benefici conseguibili dallo sfruttamento delle possibili interrelazioni che sussistono tra le imprese interessate all'operazione e che determinano, in caso di concentrazione, il notevole incremento della quota di mercato controllata, ovvero la riduzione del numero di imprese operanti in un determinato settore, offrendo al complesso risultante dall'operazione un potere maggiore che consente di praticare prezzi più elevati e di sostenere minori spese promozionali, pubblicitarie ecc., incrementando di conseguenza la redditività aziendale.

L'eliminazione di un concorrente tramite il suo assorbimento può rappresentare per l'impresa una strategia di sviluppo, ma a volte anche una strategia difensiva data dalla necessità di proteggere la propria posizione competitiva. Ciò avviene quando si acquisisce un concorrente con grandi prospettive di sviluppo che costituisce quindi una seria minaccia, oppure un'impresa in vendita o in difficoltà che potrebbe essere acquisita da un potenziale rivale nel settore.

Le potenzialità strategiche di mercato rappresentano i benefici potenzialmente conseguibili in caso di un probabile aumento della quota di mercato controllata dovuto a una struttura più grande e sviluppata in caso di trasformazione progressiva o a una più efficiente e meglio organizzata in caso di operazioni di decentramento come lo scorporo e la scissione.

13.2 La fusione

13.2.1 Caratteri generali della fusione

L'operazione di fusione è uno strumento strategico che permette di realizzare la concentrazione e l'integrazione economica e giuridica tra diverse entità attraverso lo «scambio» di titoli rappresentativi del capitale di due o più imprese, integrando in un unico sistema economico-aziendale tutte le risorse economiche, finanziarie e patrimoniali dei soggetti partecipanti.

Sul piano giuridico tale operazione straordinaria è disciplinata dal codice civile al libro V (Del Lavoro), Titolo V (Delle società), Capo X (Della trasformazione, della fusione e della scissione), Sezione II (Della fusione delle società), negli articoli che vanno dal 2501 al 2505-quater.

Dall'esame della disciplina in vigore emerge l'assenza di una specifica definizione della fusione nel codice civile il quale all'art. 2501 si limita a prevedere che tale operazione «può eseguirsi mediante la costituzione di una società nuova o mediante l'incorporazione in una società di una o più altre».

Dalla lettura di questa norma si individuano, quindi, le due procedure operative per l'attuazione di una fusione che può eseguirsi mediante la costituzione di una nuova società, che prende il posto di tutte le società che si fondono, (fusione propria o per unione), ovvero mediante l'incorporazione in una società preesistente di una o più società (fusione per incorporazione o per assorbimento).

Nel primo caso, due o più imprese, ad esempio le società A, B e C, si uniscono in un unico organismo, cioè una società di nuova costituzione, ad esempio D, che sostituisce tutte le imprese partecipanti, le quali cessano di esistere come autonome entità giuridiche. Nella nuova società il patrimonio è costituito dall'insieme dei patrimoni delle società fuse; ai soci di queste ultime, che costituiranno la compagine sociale del nuovo organismo, saranno attribuite, sulla base di un determinato rapporto di cambio, azioni o quote emesse dalla nuova società in cambio dei loro vecchi titoli, che risulteranno quindi annullati (Fig. 13.1).

Nel caso della fusione per incorporazione, maggiormente diffusa, una o più imprese chiamate incorporate, ad esempio le società A e B, vengono assorbite da un'altra, ad esempio C, detta incorporante. Questa procedura, come la prima, comporta l'aggregazione di una pluralità di aziende, ma diversamente dalla fusione per unione, avviene in una società preesistente e non causa l'estinzione di tutte le imprese coinvolte. Perdono la propria individualità giuridica solo le società incorporate, mentre l'incor-

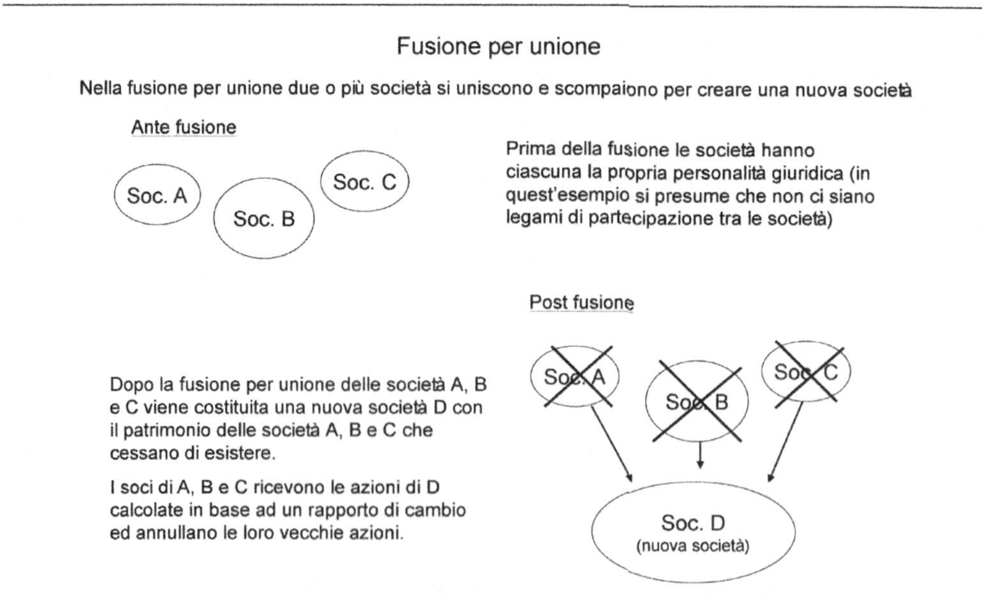

Fig. 13.1 Fusione per unione

porante sopravvive all'operazione. Ai soci delle società incorporate saranno assegnate, sulla base di un determinato rapporto di cambio, azioni o quote emesse dalla incorporante che aumenterà quindi il proprio capitale sociale; saranno annullati i titoli rappresentativi del capitale delle società estinte (Fig. 13.2).

È possibile che tra le imprese coinvolte nell'operazione di fusione sussistano già *legami di tipo partecipativo*, dovuti alla precedente realizzazione di una procedura di acquisizione. Sulla base del verificarsi o meno di tale circostanza si può parlare di *operazione intra gruppo* o *extra gruppo*.

La prima si realizza quando una società detiene il controllo dell'altra, ovvero possiede interamente o parzialmente il suo capitale. L'incorporazione di una società controllata è caratterizzata dalla mancanza di un autentico confronto negoziale tra le parti e spesso mira ad attuare strategie di gruppo tralasciando gli interessi delle singole imprese con un conseguente rafforzamento della posizione dell'incorporante.

L'operazione extra gruppo si verifica invece quando le società che si fondono risultano indipendenti non solo sul piano giuridico, ma anche dal punto di vista economico. Essa è caratterizzata da una libera contrattazione tra le parti, diretta soprattutto a definire il rapporto di cambio, indice della forza contrattuale delle imprese coinvolte nell'operazione e rappresenta sostanzialmente una operazione di acquisizione il cui rapporto di cambio si può considerare come la contropartita di un prezzo-valore.

La presenza di un rapporto di partecipazione tra le società che si fondono esercita una notevole influenza anche su alcuni aspetti procedurali della fusione. In primo luogo, essa contribuisce a determinare l'ammontare dell'incremento che deve subire il capitale sociale della società incorporante per effetto della fusione: l'incorporante

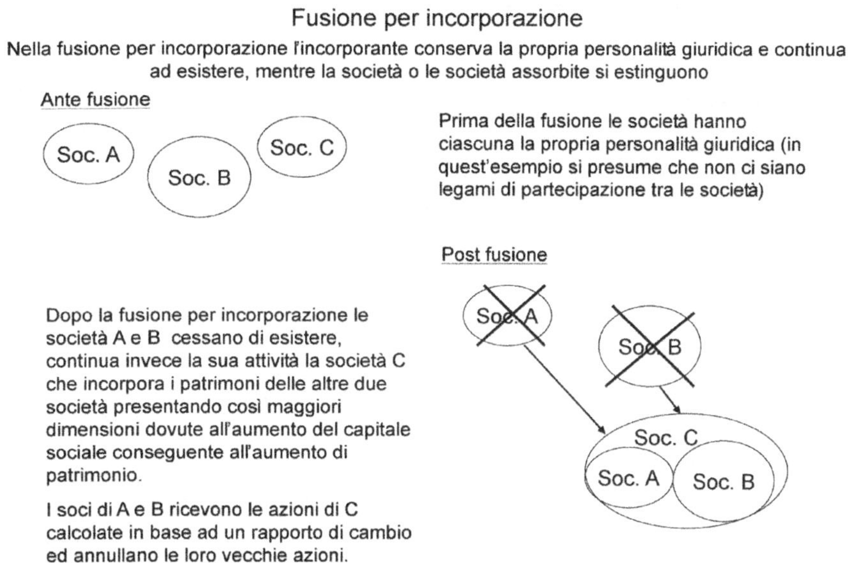

Fig. 13.2 Fusione per incorporazione

acquisisce il patrimonio dell'altra impresa annullando la partecipazione detenuta ed aumentando il suo capitale al fine di emettere le azioni che saranno attribuite ai soci terzi dell'incorporata in sostituzione dei vecchi titoli. Maggiore è la quota posseduta, minore sarà l'aumento di capitale della società incorporante. L'aumento è massimo quando non vi sono quote di partecipazione, mentre non è necessario quando la partecipazione è totalitaria.

La dimensione della partecipazione condiziona anche l'esigenza di calcolare o meno il rapporto di cambio tra le azioni o quote dell'incorporata e quelle dell'incorporante. In caso di partecipazione totalitaria, infatti, tale rapporto non viene determinato poiché non ci sono soci terzi a cui assegnare le azioni o quote dell'incorporante (fusione senza concambio).

Inoltre, la fusione per incorporazione, quando esistono legami di partecipazione, si definisce *diretta* quando la controllante incorpora la controllata ed *inversa* quando la controllata incorpora la controllante.

Un particolare tipo di fusione che è possibile effettuare e su cui è necessario soffermare attenzione è *la fusione a seguito di acquisizione con indebitamento* (*cosiddetto leveraged buy-out*). Il *leveraged buy-out* consiste in generale nell'acquisire un'azienda riducendo al minimo l'esborso di capitale di rischio e facendo ampio ricorso a finanziamenti ottenibili sulla base del valore patrimoniale delle attività della società da acquisire. Dopo l'acquisizione (incorporazione), i debiti contratti verranno rimborsati mediante l'impiego delle disponibilità finanziarie e patrimoniali della società acquisita, consentendo, in un certo senso, la traslazione del costo dell'operazione dalla società incorporante alla società incorporata.

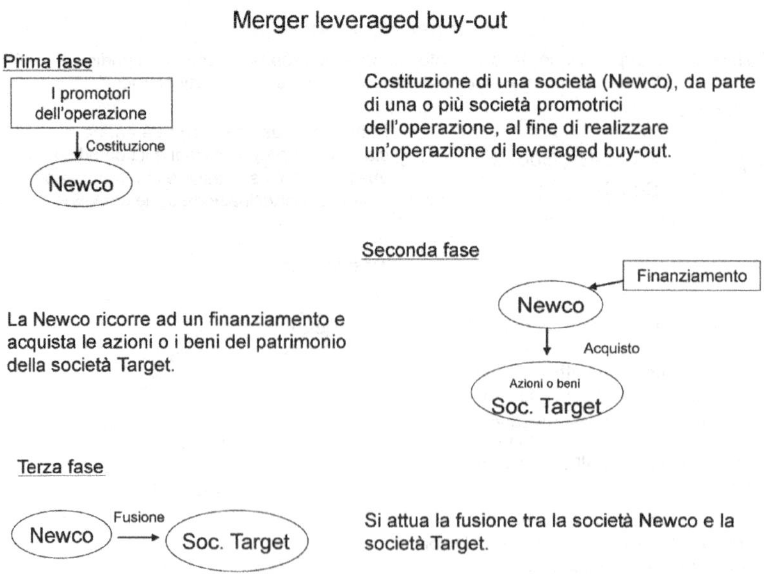

Fig. 13.3 Meger leveraged buy-out

Tale operazione può essenzialmente svolgersi seguendo due tecniche: la prima, *asset for cash*, dove si acquisiscono solo le attività collegate al business che interessa e che diventano garanzia per i finanziamenti, evitando anche problemi di responsabilità sugli impegni pendenti imputabili alla società venditrice; la seconda, il *merger leveraged buy-out*, che consiste nel costituire una società incorporante (*newco*) che acquista le azioni dell'impresa che interessa e successivamente si fonde con essa, trasferendo così il debito iniziale dell'incorporante alla società acquisita[9] (Fig. 13.3).

Si possono, ancora, distinguere diversi tipi di fusione a seconda che questa avvenga fra società dello stesso tipo, *fusione omogenea,* o tra società di tipo diverso, classi-

[9] L'art. 2501 bis c.c. ha messo fine ai dubbi sulla liceità di tale operazione prevedendo la fusione a seguito di acquisizione per indebitamento, ma sottoponendone la realizzazione a specifiche cautele procedurali volte a esplicitarne i piani economico-finanziari. In caso di *merger leveraged buy-out* i documenti del procedimento di fusione devono essere integrati da specifici contenuti informativi:

- progetto di fusione: indicazione delle risorse finanziarie previste per il soddisfacimento delle obbligazioni della società risultante dalla fusione (art. 2501 bis, co. 2);
- relazione dell'organo amministrativo: indicazione delle ragioni che giustificano l'operazione e relazione di un piano economico finanziario con indicazione della fonte delle risorse finanziarie e la descrizione degli obiettivi che si intendono raggiungere (art. 2501 bis, co. 3);
- relazione degli esperti: attestazione della ragionevolezza delle indicazioni contenute nel progetto di fusione (art. 2501 bis, co. 4);
- allegati al progetto: relazione della società di revisione incaricata della revisione contabile obbligatoria della società obiettivo o della società acquirente.

ficando in quest'ultima categoria anche le fusioni tra società ed enti di tipo diverso nei limiti consentiti dalla disciplina della trasformazione eterogenea[10].

L'operazione di fusione comporta, quindi, il trasferimento di patrimoni e come contropartita l'assegnazione ai soci delle società fuse o incorporate, sulla base di un rapporto di cambio, di azioni o quote della società risultante dalla fusione o dell'incorporante, le quali succedono nei diritti e negli obblighi delle società estinte. Determina quindi la riduzione a unità dei patrimoni delle singole società e la confluenza dei rispettivi soci in un'unica struttura organizzativa che continua l'attività di tutte le società preesistenti.

Inoltre, in relazione agli obiettivi strategici perseguiti, le fusioni possono essere distinte nelle seguenti categorie:

- *fusioni orizzontali*, quando le imprese coinvolte operano nello stesso mercato o settore (strategia di integrazione orizzontale);
- *fusioni verticali*, se le imprese svolgono fasi diverse del processo di produzione e distribuzione di uno stesso prodotto, per cui tra loro esiste una relazione del tipo cliente-fornitore (strategia di integrazione verticale);
- *fusioni concentriche* e *conglomerali*. Le prime si hanno quando le imprese operano in settori diversi, non sono legate da relazioni cliente-fornitore, ma tra loro esistono collegamenti di tipo tecnologico, produttivo o di mercato; le seconde, si verificano quando tra le imprese non sono rintracciabili neanche i legami del tipo appena indicato in quanto le imprese stesse operano in settori non correlati (strategia di diversificazione).

13.2.2 Il procedimento di fusione

L'iter procedurale può essere articolato in una serie di fasi che individuano le sequenze e le relazioni tra la pluralità di atti e adempimenti ad essi collegati. In particolare, si possono segnalare tre momenti principali, ovvero la fase progettuale, quella deliberativa e quella attuativa.

La fase progettuale prevede, dopo una serie di trattative ed intese preliminari, la redazione di un progetto di fusione che deve essere iscritto nel Registro delle imprese del luogo dove hanno sede le società partecipanti alla fusione e depositato nelle sedi delle stesse. In queste ultime devono inoltre essere depositati: la situazione patrimoniale delle società, i bilanci degli ultimi tre esercizi delle stesse, la relazione degli amministratori e quella degli esperti. Tali documenti rivestono un ruolo di notevole importanza, dato che offrono il contenuto informativo minimo obbligatorio da porre a disposizione dei soci e dei terzi, al fine di soddisfare le esigenze di informazione e trasparenza.

[10] La fusione tra società eterogenee comporta anche la trasformazione di una o più delle società che si fondono. Per questo in tali fusioni dovrà essere rispettata anche la disciplina relativa alla normativa della trasformazione eterogenea.

Il progetto di fusione (art. 2501 ter) è redatto dagli amministratori e contiene le condizioni e le modalità dell'operazione da sottoporre all'approvazione dell'assemblea. Le informazioni che «devono in ogni caso risultare» dal progetto sono:

- il tipo, la denominazione o ragione sociale, la sede delle società partecipanti alla fusione;
- l'atto costitutivo della nuova società o di quella incorporante;
- il rapporto di cambio delle azioni o quote, nonché l'eventuale conguaglio in denaro da corrispondere ai soci, che non può però superare il 10% del valore nominale delle azioni o delle quote assegnate;
- le modalità di assegnazione delle azioni o delle quote della società che risulta dalla fusione o di quella incorporante;
- la data dalla quale tali azioni o quote partecipano agli utili;
- la data a decorrere dalla quale le operazioni delle società partecipanti alla fusione sono imputate al bilancio d'esercizio della società che risulta dalla fusione o di quella incorporante;
- il trattamento eventualmente riservato a particolari categorie di soci e ai possessori di titoli diversi dalle azioni;
- i vantaggi particolari eventualmente proposti a favore dei soggetti cui compete l'amministrazione delle società partecipanti alla fusione.

Il contenuto del documento può essere distinto in due parti: una prima parte costituita dal contenuto minimale richiesto dal legislatore ed una seconda costituita da informazioni integrative che possono essere fornite anche se non espressamente richieste dalla legge.

La *situazione patrimoniale* (art. 2501 quater) è un vero e proprio bilancio d'esercizio infrannuale (bilancio di fusione). Gli amministratori di ciascuna società partecipante, infatti, devono redigere una situazione patrimoniale aggiornata della propria società seguendo la normativa sul bilancio d'esercizio e criteri di valutazione prudenziali e convenzionali. Essa deve necessariamente essere costituita dallo stato patrimoniale, dal conto economico e dalla nota integrativa[11].

La *relazione degli amministratori* (art. 2501 quinquies) deve «illustrare e giustificare sotto il profilo giuridico ed economico il progetto di fusione ed in particolare il rapporto di cambio delle azioni o quote». La relazione è redatta dall'organo amministrativo e rappresenta, dunque, un documento che consente ai soci di ottenere informazioni utili, non desumibili dalla situazione patrimoniale, per valutare con maggiore consapevolezza la convenienza dell'operazione e la correttezza del rapporto di

[11] La situazione patrimoniale delle società che partecipano alla fusione deve essere riferita a una data non anteriore di oltre centoventi giorni rispetto al giorno in cui il progetto di fusione è depositato nella sede della società. Si concede la facoltà di sostituire detta situazione patrimoniale con il bilancio dell'ultimo esercizio, se questo è stato chiuso non oltre sei mesi prima del giorno del deposito presso le sedi delle società.

cambio[12]. Le informazioni a cui si fa riferimento nel documento sono: di tipo operativo come gli aspetti giuridici dell'operazione, consistenti nella verifica della «fattibilità» giuridica di ogni fase del progetto stesso, dell'eventuale presenza di vincoli che si frappongono alla sua realizzazione e dell'esistenza dei presupposti necessari per porre in essere la procedura; di tipo strategico, illustrando e giustificando l'operazione da un punto di vista economico con l'indicazione delle motivazioni economico-strategiche che inducono a compiere la fusione e quindi i vantaggi economico-aziendali che possono realizzarsi; di tipo valutativo, indicando i metodi di valutazione del capitale economico, le difficoltà incontrate e soprattutto la determinazione del rapporto di cambio[13].

La *relazione degli esperti* (art. 2501 sexies) rappresenta un'ulteriore garanzia per i soci sulla congruità del rapporto di cambio e sull'adeguatezza dei metodi seguiti dagli amministratori per la determinazione dello stesso. L'esperto è scelto dal tribunale del luogo in cui ha sede la società quando l'incorporante o la società risultante è una Spa o una Sapa, mentre è scelto fra le società di revisione quando l'incorporante o la società risultante è quotata in mercati regolamentati[14].

La relazione degli esperti dovrà, quindi, indicare:

- il metodo o i metodi seguiti per la determinazione del rapporto di cambio proposto e i valori risultanti dall'applicazione di ciascuno di essi;
- le eventuali difficoltà di valutazione;
- l'elaborazione di un parere sull'adeguatezza del metodo o dei metodi seguiti per la determinazione del rapporto di cambio e sull'importanza relativa attribuita a ciascuno di essi nella determinazione del valore adottato.

Quando la fusione riguarda anche società di persone è necessaria una *relazione di stima* che abbia per oggetto la valutazione del patrimonio della società, solitamente affidata allo stesso esperto che predispone il parere sul rapporto di cambio. Tale relazione è prevista in caso di fusione tra società di persone e società di capitali con l'esclusione dei seguenti casi: se la società che deriva dalla fusione è una società di capitali; se vi è incorporazione in una società di capitali di una società di persone interamente posseduta; se la società che deriva dalla fusione ha un capitale che non è la somma del capitale delle società che hanno partecipato alla fusione. La relazione di

[12] Nella fusione per incorporazione di società interamente possedute, non essendo presente alcun rapporto di cambio, non è necessaria la redazione della relazione dell'organo amministrativo. Ciò nonostante, la stessa sarà comunque obbligatoria qualora la fusione sia successiva a un'operazione di *leveraged buy-out*.

[13] Per mezzo della loro relazione, gli amministratori rendono conto ai soci delle scelte compiute in merito alla valutazione del capitale economico (valutazione discrezionale e soggettiva), permettendo loro di verificare se tali scelte siano state o meno compiute in modo corretto.

[14] Ci sono tre casi in cui non è richiesta la relazione di stima: 1) incorporazione di società interamente possedute; 2) incorporazione di società possedute al 90%; 3) fusioni in cui non partecipano società il cui capitale non è espresso in azioni.

stima è necessaria quando dalla fusione di due società di persone deriva una società di capitali.

Tutti questi documenti, insieme ai *bilanci degli ultimi tre esercizi* di tutte le società, devono restare depositati in copia presso le sedi di ogni società partecipante alla fusione durante i 30 giorni che precedono l'assemblea (i soci potranno rinunciare all'unanimità al termine, accelerando così la procedura) e finché la fusione non sia deliberata (art. 2501 septies).

Conclusa la fase progettuale e preparatoria dell'operazione, ha inizio la fase deliberativa. La fusione, infatti, viene deliberata da ciascuna delle società che vi partecipano mediante l'approvazione del relativo progetto (art. 2502 c.c.), al quale possono essere apportate le modifiche ritenute necessarie, salvo che queste non incidano sui diritti dei soci e dei terzi.

La competenza a deliberare spetta rispettivamente: nella Spa all'assemblea straordinaria (art.2365 c.c.); nella Sapa all'assemblea straordinaria con il consenso di tutti gli accomandatari (art. 2460 c.c.); nella Srl all'assemblea dei soci (art. 2479 c.c.); nelle società personali ai soci (art. 2502 c.c.).

Le maggioranze adottate sono le stesse dettate per la modifica dell'atto costitutivo, però per le società di persone le decisioni in ordine alla fusione vengono prese a maggioranza calcolata sulla base della partecipazione agli utili e non all'unanimità, salvo che l'atto costitutivo non disponga diversamente.

Il *diritto di recesso* ai soci che non hanno concorso all'approvazione della delibera di fusione viene riconosciuto dalla legge solo ai soci delle società di persone (art. 2502 c.c.) e delle società a responsabilità limitata (art. 2473 c.c.). Non è riconosciuto tale diritto ai soci delle società per azioni, salvo alcune eccezioni[15].

Quanto al *controllo* e alla *pubblicità*, le delibere devono essere depositate per l'iscrizione nel registro delle imprese, insieme con i documenti indicati nell'art. 2501 septies. Si applica, inoltre, l'art. 2436 c.c., che disciplina il deposito, l'iscrizione e la pubblicazione delle modificazioni dello statuto. Anche la delibera di fusione delle società di persone deve essere depositata per l'iscrizione nell'ufficio del registro delle imprese, ma il deposito va effettuato a norma dell'art. 2436 c.c. solo se la società risultante dalla fusione o quella incorporante è una società di capitali.

La fusione, a norma dell'art. 2503 c.c., può essere attuata solo dopo 60 giorni dall'ultima iscrizione delle delibere di fusione nel registro delle imprese salvo che non vi sia il consenso dei creditori sociali o il pagamento dei creditori dissenzienti o il deposito presso una banca delle somme corrispondenti ai debiti dei dissenzienti. Inoltre, è possibile derogare al decorso dei 60 giorni se la relazione degli esperti sia redatta da un'unica società di revisione per tutte quelle partecipanti alla fusione, che asseveri, assumendosene le responsabilità, che la situazione patrimoniale e finanziaria delle società non necessita di garanzie per i creditori.

Qualora non si verifichi nessuna di queste eccezioni i creditori possono fare opposizione nel termine di 60 giorni, ma nel caso in cui il Tribunale ritenga infondato il

[15] Il diritto di recesso sussiste solo nel caso in cui la delibera di fusione dia luogo a un'ipotesi di recesso ex art. 2437, 2497 quater c.c. o art. 34 del D.Lgs. n. 5/2003.

pregiudizio per i creditori o la società abbia prestato idonea garanzia, può stabilire che la fusione avvenga ugualmente.

Ai sensi dell'art.2503 bis, anche i possessori di titoli obbligazionari delle società partecipanti alla fusione possono fare opposizione con le stesse modalità concesse ai creditori, a meno che la fusione sia preventivamente autorizzata dall'assemblea degli obbligazionisti.

La fase attuativa, invece, comprende *l'atto di fusione* (art. 2504 c.c.) con il quale viene chiuso il procedimento di fusione. Questo è redatto dai legali rappresentanti delle società interessate, dando così attuazione alle delibere assembleari.

La fusione deve risultare da atto pubblico, anche per le società di persone. L'atto deve essere depositato per l'iscrizione, a cura del notaio o degli amministratori della società risultante dalla fusione (o di quella incorporante), entro trenta giorni, nell'ufficio del registro delle imprese dei luoghi ove è posta la sede di tutte le società partecipanti e della società risultante.

Il deposito relativo alla società risultante o a quella incorporante non può per legge precedere gli altri adempimenti evitando così che la fusione produca i suoi effetti mentre le società incorporate o fuse risultano ancora operative.

La fusione, infatti, produce effetto quando è stata eseguita l'ultima iscrizione prevista dall'art. 2504 c.c. ed è a tale data che la società post-fusione assume i diritti e gli obblighi delle società estinte (art. 2504 bis), in seguito all'unificazione dei patrimoni sociali.

Il legislatore prevede, tuttavia, in alcuni casi, la possibilità di postdatare o retrodatare gli effetti della fusione:

- la postdatazione è consentita solamente per le fusioni per incorporazione, nel qual caso gli effetti cominceranno a prodursi a una data successiva rispetto a quella dell'ultima iscrizione dell'atto di fusione;
- la retrodatazione convenzionale è invece consentita in entrambi i tipi di fusione solamente per gli effetti previsti dall'art. 2501 ter, ai punti 5) e 6) ossia la data dalla quale le azioni o quote emesse per effetto della fusione partecipano agli utili e la data a decorrere dalla quale le operazioni delle società partecipanti alla fusione sono imputate al bilancio della società che risulta dalla fusione (o di quella incorporante).

Successivamente alla fusione, nelle scritture contabili della società risultante dalla fusione (o dell'incorporante), le attività e le passività delle società fuse o incorporate sono iscritte ai valori contabili risultanti alla data di efficacia della fusione medesima. Se dalla fusione emerge un disavanzo, esso deve essere imputato, ove possibile, agli elementi dell'attivo o del passivo della società derivante dalla fusione o incorporante, e per differenza all'avviamento nel rispetto dell'art 2426; se dalla fusione emerge un avanzo, esso è iscritto in una apposita voce del patrimonio netto o quando vi sia una previsione di risultati economici sfavorevoli, in una voce per fondi rischi ed oneri (Fig. 13.4).

Per quanto concerne l'iscrizione dei valori nella incorporante o nella società risultante dalla fusione, dal marzo 2004 l'IFRS 3 non ammette più il metodo del *pooling of interests* (valori storici), ma sancisce l'iscrizione del patrimonio a valori correnti

Avanzo e disavanzo di fusione

* Caso di possesso di partecipazione al 100%
L'avanzo e il disavanzo sono determinati dall'annullamento della partecipazione:

Differenza per annullamento di partecipazione

1) L'avanzo di fusione si ha quando:	Patrimonio netto contabile dell'incorporata	>	Valore contabile della partecipazione
2) Il disavanzo di fusione si ha quando:	Patrimonio netto contabile dell'incorporata	<	Valore contabile della partecipazione

* Caso in cui non si hanno partecipazioni nella società incorporata e la fusione comporta un aumento di capitale sociale.
L'avanzo e il disavanzo sono determinati dal rapporto di cambio delle azioni o quote:

Differenza da concambio

1) L'avanzo di fusione si ha quando:	Patrimonio netto contabile dell'incorporata	>	Aumento del capitale sociale dell'incorporante
2) Il disavanzo di fusione si ha quando:	Patrimonio netto contabile dell'incorporata	<	Aumento del capitale sociale dell'incorporante

Fig. 13.4 Avanzo e disavanzo di fusione

(*purchase method*): tale scelta trova giustificazione nel fatto che la fusione rappresenta uno dei diversi modi di acquisizione del controllo di un'impresa o di una parte di essa, da rilevare pertanto a valori correnti. Ma in assenza di specifiche disposizioni legislative, l'applicazione di tale norma in Italia non può essere considerata obbligatoria. Tuttavia, anche nel territorio nazionale, come precisato anche dal principio contabile OIC 4, i valori iscritti nel bilancio d'apertura devono considerarsi correnti. Infatti, il patrimonio viene iscritto ai valori contabili risultanti dalle società incorporate o fuse, ma gli stessi sono rettificati a valori correnti distribuendo l'avanzo o il disavanzo eventuale tra le attività, le passività e il netto[16].

Eseguite le iscrizioni dell'atto di fusione, l'invalidità dell'atto non può essere più pronunciata (art.2504 quater), al fine di favorire la stabilità dei rapporti giuridici e superare i problemi che si presenterebbero con la dichiarazione di invalidità della fusione (come la suddivisione dei patrimoni e la ricostituzione delle compagini sociali).

Resta salvo solo il diritto al risarcimento dei danni eventualmente spettante ai soci o ai terzi danneggiati dalla fusione che possono agire nei confronti degli amministratori delle società partecipanti alla fusione e/o della società risultante[17] (Fig. 13.5).

[16] Giussani A., Nava P., Portalupi A., *Memento pratico contabile*, Ipsoa-Francis Lefebvre, Milano 2009, p. 1136.

[17] Campobasso G.F., *Manuale di Diritto Commerciale*, UTET, Torino 2007, pp. 373-78.

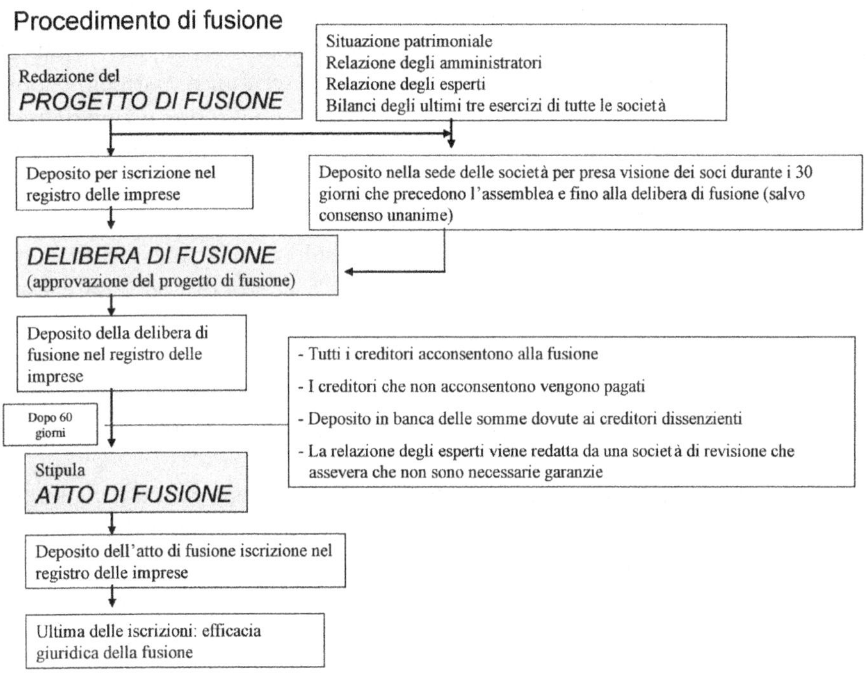

Fig. 13.5 Procedimento di fusione

13.2.3 La valutazione della fusione

Nella valutazione della fusione ed in particolare delle aziende che partecipano all'operazione, emerge la necessità di distinguere due tipi di valutazioni a seconda della loro finalità.

La prima viene effettuata ai fini della realizzazione della fusione ed è volta a determinare il valore del capitale economico dei soggetti interessati per identificare e giustificare il rapporto di cambio; la seconda, invece, viene eseguita per obiettivi strategici e al fine di verificare la creazione di valore nel complesso derivante dalla fusione.

La valutazione effettuata ai fini della realizzazione della fusione

La fusione, sotto il profilo economico, è considerata un *trasferimento di azienda* da un soggetto imprenditoriale a un altro in cui prestazione e controprestazione devono avere equivalenza economica. Il carattere economico dello scambio si rileva sia nella fusione per incorporazione – dove in cambio di un'azienda si ha come corrispettivo una partecipazione nell'incorporante –, sia nella fusione propria dove si assiste a uno scambio meno palese, in cui la controprestazione è costituita dalle azioni o quote di una «nuova» società e non della controparte.

Il rapporto di cambio, quindi, esprime il numero delle nuove azioni o quote da assegnare ai soci delle società incorporate o fuse tale da consentire loro di godere di una posizione nella compagine sociale del complesso risultante dall'operazione equivalente, in termini di valore effettivo, a quella che avevano prima dell'operazione. Esso condiziona la misura in cui i soci di ognuna delle società coinvolte nella procedura prenderanno parte al complesso economico risultante dall'operazione, sia in termini di partecipazione agli utili, sia in termini di diritti al voto: per questo deve essere «congruo», al fine di tutelare i diritti patrimoniali ed amministrativi di tutti i soci ed in particolare di quelli di minoranza.

Il rapporto di cambio è determinato in relazione al valore del capitale economico delle società partecipanti all'operazione prima della stessa e il valore del complesso risultante dalla concentrazione nel quale è compreso il valore delle sinergie prodotte con la fusione, ricordando che la finalità dell'operazione è quella di continuare l'attività economica in comune con altri soggetti con l'obiettivo di conseguire una redditività superiore alla somma delle redditività dei singoli partecipanti. Per procedere alla determinazione di un rapporto di cambio[18] «congruo», che permetta di assegnare ai soci un potere nella società risultante dalla fusione pari a quanto essi apportano, è necessario:

- stimare il valore del capitale economico delle società che partecipano all'operazione utilizzando criteri omogenei affinché possano essere confrontabili;
- individuare il valore delle sinergie prodotte con la fusione;
- determinare la percentuale del contributo di ciascuna delle società alla formazione del plusvalore per poterlo obiettivamente distribuire.

Il valore delle sinergie e di come queste possano essere attribuite alle varie società è sicuramente di difficile determinazione, sia per la complicata stima delle stesse, sia per la difficoltà di stabilire un criterio di imputazione oggettivo per definire il contributo offerto da ciascuna società alla produzione del reddito incrementale[19].

Per questo spesso si procede al calcolo del rapporto di cambio, ai fini di una stima oggettiva e verificabile, sulla base del valore economico delle società considerando queste ultime come organismi autonomi e dunque rinunciando a tener conto degli effetti migliorativi, sul piano della redditività, conseguenti alla fusione.

Il rapporto di cambio basato sulla valutazione dei capitali economici delle aziende oggetto di fusione, prescindendo dagli obiettivi specifici dell'operazione, e che, quindi, non tiene conto delle sinergie, si definisce *rapporto di cambio teorico* ed è solo il primo passo per definire le azioni e le quote che dovranno essere scambiate. Esso, infatti, esprime il «sacrificio» massimo in termini di quote di capitale che i soci dell'incorporante sono disposti a sopportare e l'ammontare minimo di quote di capitale che i soci dell'incorporata sono disposti ad accettare[20].

[18] Il problema del calcolo del rapporto di cambio non si presenta nei casi di fusione senza concambio, cioè di incorporazione di una società interamente controllata. In questo caso, il problema della determinazione del valore generale si presenta al momento dell'acquisizione della partecipazione.

[19] Miglietta A., *La valutazione delle operazioni di fusione*, Etaslibri, Milano 1991, p. 45. Conte V., *Aspetti particolari delle valutazioni di fusione*, «Rivista Italiana di Ragioneria e di Economia Aziendale», luglio-agosto 1996, p. 426.

[20] Perotta R., *Le valutazioni di fusione. Problemi di calcolo economico e di rappresentazione*, Giuffrè, Milano 1983, p. 119.

Il rapporto di cambio teorico è un numero puro ottenuto dal rapporto tra i valori unitari delle azioni delle società partecipanti all'operazione, questi ultimi calcolati dividendo il capitale economico della società per il numero di azioni che compongono il capitale sociale[21].

Nell'ipotesi di fusione per incorporazione con la società A che incorpora la società B e dove:

- W_A e W_B sono rispettivamente il valore del capitale economico di A e di B;
- N_A e N_B sono rispettivamente il numero di azioni emesse della società A e da B;

si ha che il valore effettivo dell'azione di A (V_A) e il valore effettivo dell'azione di B (V_B) sono dati dai seguenti rapporti:

$$V_A = \frac{W_A}{N_A} \qquad [1]$$

$$V_B = \frac{W_B}{N_B} \qquad [2]$$

Il rapporto di cambio, cioè il numero di azioni che l'incorporante (A) emetterà contro l'annullamento di un'azione dell'incorporata (B), sarà allora uguale a:

$$RC = \frac{V_B}{V_A} \qquad [3]$$

In caso di fusione propria tra la società A e la società B da cui risulta la società C, ai fini della determinazione del rapporto di cambio è necessario calcolare il numero di azioni da assegnare ai soci di A e di B dato dal prodotto tra la percentuale di partecipazione sia di A sia di B al capitale della società risultante C (dato dalla sommatoria di W_A e W_B) e il numero delle nuove azioni di C (N_C).

Ai soci di A spetta un numero di azioni pari a:

$$\frac{W_A}{W_A + W_B} \cdot N_C = N_{C,A} \qquad [4]$$

Ai soci di B spetta un numero di azioni pari a:

$$\frac{W_B}{W_A + W_B} \cdot N_C = N_{C,B} \qquad [5]$$

[21] Jovenitti P., *Il valore dell'impresa,* Pirola, Milano 1990.

Conseguentemente i rapporti di cambio, che indicano il numero di azioni di C da assegnare ai soci di A e di B in cambio di una loro vecchia azione, saranno rispettivamente:

$$RC_A = \frac{N_{C,A}}{N_A} \quad [6]$$

$$RC_B = \frac{N_{C,B}}{N_B} \quad [7]$$

Il rapporto di cambio indicato nel progetto di fusione è però il *rapporto di cambio effettivo* che si determina sulla base di quello teorico e di una serie di fattori di natura economica ed extra-economica che sono riassumibili nei seguenti punti:

- le caratteristiche economico-giuridiche e il diverso godimento delle azioni o quote scambiate[22];
- la presenza di eventuali conguagli in denaro, posti a carico dei soci di una delle società, che consente di fissare rapporti di cambio interi e non frazionari;
- lo status di società quotata, presente in tutte o solo in alcune delle società fuse[23];
- l'eventuale presenza di obbligazioni convertibili, poiché è prevista legalmente la facoltà di convertire anticipatamente tali obbligazioni in caso di fusione;
- le valutazioni che dipendono da fattori extra-economici, come la forza contrattuale, l'abilità del management nella fase di negoziazione ecc.;
- le sinergie che derivano da un'operazione di fusione e alla base dell'operazione stessa, generalmente attribuibili a una specifica società partecipante all'operazione e alla quale dovranno essere riconosciute.

La valutazione di fusione avviene, dunque, considerando tutti gli elementi, economici ed extra-economici, in modo unitario, poiché essi non agiscono separatamente ma nel loro complesso, condizionandosi a vicenda.

La valutazione effettuata ai fini strategici e per verificare la creazione di valore

L'obiettivo principale della fusione è quello di creare valore nel medio-lungo termine, per questo diventa fondamentale valutarne la convenienza e verificare se essa sia in grado di accrescere il valore economico del capitale di rischio.

[22] In caso di differenze rilevanti nei diritti incorporati o nelle date di godimento, per definire il valore unitario di un titolo, necessario ai fini della determinazione del rapporto di cambio, non è sufficiente rapportare il valore complessivo dell'azienda con il numero dei titoli, ma è indispensabile stimare più valori da rapportare ciascuno al rispettivo numero di azioni.

[23] Per le società quotate si deve tener conto sia dei valori di mercato, sia dei valori derivanti dai capitali economici e dalla loro sintesi è possibile determinare il cosiddetto concambio complesso.

Tale operazione consente di creare valore quando il valore economico delle società prima della fusione risulta inferiore rispetto al valore economico derivante dal complesso aziendale dopo la realizzazione della stessa, poiché si raggiungono vantaggi strategici mediante la produzione di sinergie.

Nella fusione per unione viene creato valore quando:

$$W_A + W_B < W_C \quad [8]$$

dove:
W_A = valore economico della società A ante fusione;
W_B = valore economico della società B ante fusione;
W_C = valore economico del complesso risultante post fusione.

In particolare:

$$W_C = W_A + W_B + S - C \quad [9]$$

dove:
S = valore delle sinergie derivanti dalla fusione;
C = costi da sostenere per la fusione e per beneficiare delle sinergie.

Nella fusione per incorporazione si ha creazione di valore quando:

$$W_A + W_{B1} < W_{B2} \quad [10]$$

dove:
W_A = valore economico della società A (incorporata) ante fusione;
W_{B1} = valore economico della società B (incorporante) ante fusione;
W_{B2} = valore economico della società B post fusione.

In particolare:

$$\mathrm{W_{B2} = W_A + W_{B1} + S - C} \quad [11]$$

Le sinergie al netto dei costi sono il valore che il processo di fusione è in grado di generare. Tale valore deve essere obiettivamente distribuito alle società in base al contributo di ciascuna alla formazione dello stesso plusvalore.

In caso di fusione per incorporazione, il valore creato non può essere interamente assegnato agli azionisti della società incorporante: una parte di esso, infatti, è distribuito ai soci della società incorporata sotto forma di premio (*P*), che consiste in un concambio tanto più favorevole rispetto al rapporto di cambio teorico, quanto più la società incorporata avrà contribuito alla creazione di nuovo valore.

È importante specificare che il premio attribuito alla società non è relativo alla conclusione di un buon affare da parte della società incorporata, ma trova origine nel riconoscimento del contributo della stessa alla creazione di nuovo valore.

13.3 La scissione

13.3.1 Caratteri generali della scissione

L'operazione di scissione è uno strumento strategico che consiste nella disaggregazione del patrimonio della società scissa in più parti, o quote, e nel loro trasferimento o assegnazione a più società, che già esistevano o che sono state appositamente costituite (scissionarie o beneficiarie), con in cambio l'assegnazione di azioni o quote ai soci della scissa. Tale operazione viene utilizzata sia come strumento di decentramento per la riorganizzazione della società, ma anche come strumento di concentrazione in caso di scissione per incorporazione al fine di poter sfruttare sinergie ed opportunità incrementali.

La disciplina civilistica delle scissioni è contenuta nel codice civile, al libro V (Del Lavoro), titolo V (Delle società), capo X (Della trasformazione, della fusione e della scissione), sezione III (Della scissione delle società), dall'articolo 2506 al 2506 quater. Tale disciplina non offre una definizione diretta di scissione, ma si limita a prevedere le modalità con cui tale operazione si può realizzare. Si stabilisce, infatti, che la scissione di una società si esegue mediante il trasferimento dell'intero patrimonio (o di una sua parte) a più società preesistenti o di nuova costituzione e assegnazione di azioni o quote ai soci della prima[24].

È così possibile individuare gli elementi strutturali che caratterizzano l'operazione di scissione, ovvero: il trasferimento della totalità o di una parte del patrimonio della società «scissa» a favore delle società «beneficiarie», preesistenti o di nuova costituzione e l'assegnazione direttamente in capo ai soci della società scissa delle azioni o quote delle società beneficiarie.

La dottrina e la giurisprudenza attraverso l'interpretazione e l'applicazione hanno individuato due forme di scissione:

- *totale* (o integrale o propria) (Fig. 13.6). La società scissa trasferisce tutto il suo patrimonio a più società beneficiarie preesistenti o di nuova costituzione mediante attribuzione delle azioni o delle quote di queste ultime, direttamente ai soci della prima, la quale in seguito all'operazione si estingue senza liquidazione della stessa, dato che l'attività continua tramite le società beneficiarie della scissione che assumono i diritti e gli obblighi corrispondenti alla quota di patrimonio loro trasferita. È necessario che le beneficiarie siano più di una, altrimenti si ricade nell'ambito di applicazione della fusione – se la società è già esistente – o in una di trasformazione se la società è di nuova costituzione;
- *parziale* (o impropria) (Fig. 13.7). In questo caso l'operazione di scissione comporta il trasferimento di una sola parte del patrimonio della società scissa a favore di una o più società beneficiarie, le cui azioni o quote saranno assegnate ai soci della prima che però non si estingue, ma continua ad operare con un patrimonio ridotto.

[24] Alla scissione non possono partecipare società in liquidazione che abbiano iniziato la distribuzione dell'attivo.

Fig. 13.6 Scissione totale o integrale

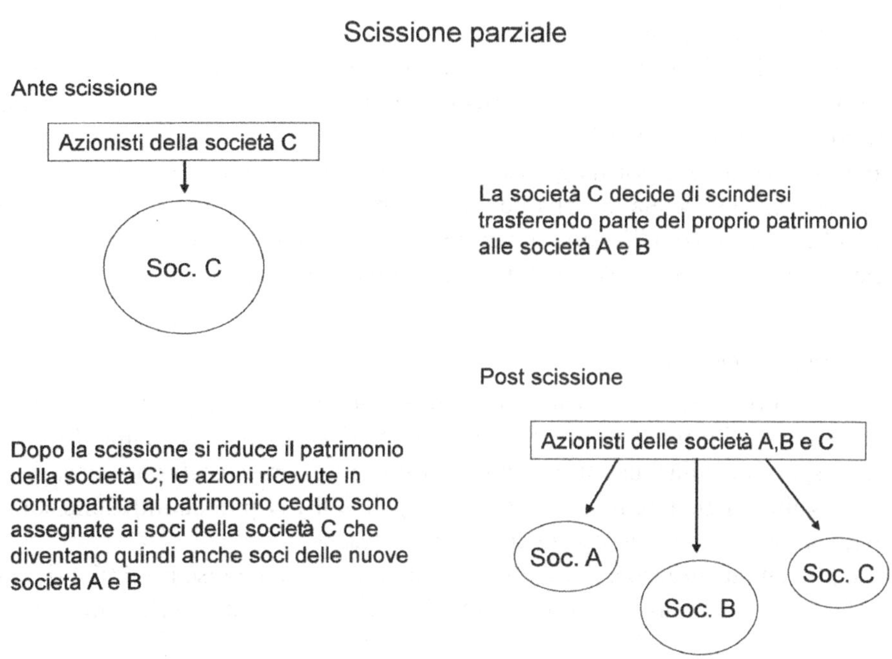

Fig. 13.7 Scissione parziale

Inoltre, sia la scissione totale, sia quella parziale possono essere realizzate con diverse modalità:

- *per incorporazione*, quando le società beneficiarie sono preesistenti all'operazione di scissione. Queste ultime dovranno quindi provvedere a porre in essere un aumento di capitale sociale corrispondente all'ammontare del patrimonio ricevuto dalla società scissa. Le nuove azioni o quote emesse per effetto di tale procedura saranno assegnate ai soci della società scissa;
- *mediante costituzione di nuove società*, quando le società che accolgono il trasferimento vengono costituite appositamente in seguito e per effetto dell'operazione di scissione. Seguendo questa procedura, la quota di patrimonio oggetto del trasferimento andrà a costituire il capitale iniziale delle società beneficiarie;
- *mista*, quando la scissione può essere realizzata utilizzando entrambe le modalità.

Si è visto come l'elemento caratterizzante l'operazione di scissione vada individuato nella diretta attribuzione ai soci della società scissa delle azioni o quote delle società beneficiarie spettanti a fronte del trasferimento a queste ultime di tutto o parte del patrimonio della società scissa. Tale assegnazione può avvenire in modi diversi, che a loro volta individuano ulteriori forme di scissione: proporzionale e non proporzionale.

Nel primo caso le azioni o le quote delle società beneficiarie sono attribuite ai soci della società scissa in modo tale da rispettare la proporzione con cui questi ultimi già partecipano al capitale della società originaria. Nella scissione non proporzionale, invece, le azioni o quote vengono assegnate seguendo un criterio diverso, modificando così gli assetti proprietari in capo alle società beneficiarie. In tal caso è necessario o il consenso di tutti i soci, o che il progetto di scissione preveda il diritto per i non consenzienti di far acquistare le proprie partecipazioni per un corrispettivo determinato con i criteri stabiliti con il recesso.

Dal punto di vista della forma giuridica, la scissione sarà *progressiva*, nel caso in cui la scissa sarà una società di persone e la o le beneficiarie società di capitali e *regressiva* nel caso inverso. Ciò potrà avvenire solo in caso di scissione parziale, in cui la società scissa esegue una trasformazione del tipo di società.

Procedimento di scissione

Il procedimento di scissione è disciplinato in modo specifico dalla legge e ricalca quasi per intero quello previsto in tema di fusione, ad eccezione di alcune differenze dovute ad aspetti peculiari caratterizzanti l'istituto in esame. Anche in questo caso, quindi, è possibile segnalare tre momenti principali dell'iter procedurale, che sono la fase progettuale, quella deliberativa e quella attuativa.

La fase progettuale prevede, dopo una serie di trattative ed intese preliminari, la redazione da parte degli amministratori di tutte le società coinvolte nell'operazione[25] di

[25] Sono compresi, quindi, anche gli amministratori delle società beneficiarie, se preesistenti alla procedura di scissione.

un unico *progetto di scissione*, che deve essere iscritto nel Registro delle imprese del luogo dove hanno sede le società partecipanti alla scissione e depositato nelle sedi delle stesse. Tale progetto è prescritto dagli articoli 2506 bis, primo comma e 2501 ter, primo comma, c.c. Pertanto, agli elementi previsti per il progetto di fusione devono essere aggiunti alcuni elementi specifici, appositamente individuati per la scissione in relazione alle sue caratteristiche.

Il contenuto minimo del progetto di scissione è, infatti, fissato dall'art. 2501 ter dettato in tema di fusione, ma richiamato dall'art. 2506 bis, il quale a sua volta specifica che il progetto deve altresì contenere: a) l'esatta descrizione degli elementi patrimoniali da trasferire a ciascuna delle società beneficiarie e dell'eventuale conguaglio in denaro; b) i criteri di distribuzione ai soci delle azioni o quote delle società beneficiarie.

In merito al primo punto è possibile che la destinazione di un elemento, sia esso attivo o passivo, non sia rintracciabile con esattezza nel progetto di scissione, per questo è necessario precisare il trattamento previsto per l'elemento di incerta destinazione nei vari tipi di scissione al fine di tutelare i creditori sociali.

Nella scissione totale, le attività di incerta attribuzione sono ripartite tra le società beneficiarie in proporzione alla quota di patrimonio netto trasferita a ciascuna di esse, mentre per le passività di dubbia interpretazione rispondono in solido tutte le società beneficiarie.

In quella parziale, invece, le relative attività restano in capo alla società trasferente, mentre per le passività rispondono in solido sia questa, sia le società beneficiarie. La responsabilità solidale delle società beneficiarie è tuttavia limitata al valore effettivo del patrimonio netto trasferito, mentre la società scissa è responsabile per il patrimonio rimasto.

Come per la fusione, presso la sede delle società partecipanti all'operazione di scissione, devono essere depositati, nei trenta giorni che precedono l'assemblea, oltre al progetto di scissione, la situazione patrimoniale delle società, i bilanci degli ultimi tre esercizi delle stesse, la relazione degli amministratori e quella degli esperti.

La situazione patrimoniale di scissione, redatta dagli amministratori di tutte le società partecipanti all'operazione (con esclusione di quelle di nuova costituzione), è un vero e proprio bilancio d'esercizio infrannuale ed è prevista dall'art. 2506 ter che rinvia all'art. 2501-quater, contenente disposizioni in tema di fusione.

Si avranno tante situazioni patrimoniali aggiornate quante sono le società coinvolte nella procedura[26]. Si tratta di una disposizione posta a tutela dei creditori sociali.

La relazione degli amministratori è disciplinata dall'art. 2506 ter che rinvia in proposito all'art. 2501 quinquies. Tale documento, redatto dagli amministratori delle società partecipanti all'operazione di scissione (con esclusione di quelle di nuova costituzione), è rivolto principalmente ai soci per permettere loro di valutare la correttezza

[26] La situazione patrimoniale delle società che partecipano alla scissione deve essere riferita a una data non anteriore a centoventi giorni dal giorno in cui il progetto di scissione è depositato nella sede della società. Si concede la facoltà di sostituire detta situazione patrimoniale con il bilancio dell'ultimo esercizio, se questo è stato chiuso non oltre sei mesi prima del giorno del deposito presso le sedi delle società.

dell'operazione ed il rapporto di cambio, al fine di poter tutelare i propri interessi. Il suo contenuto è rappresentato da:

- l'illustrazione e la giustificazione, sotto il profilo giuridico ed economico, del progetto di scissione ed in particolare del rapporto di cambio;
- i criteri di determinazione del rapporto di cambio;
- le eventuali difficoltà di valutazione;
- i criteri di distribuzione delle azioni o quote;
- il valore effettivo del patrimonio netto trasferito alle società beneficiarie e di quello che eventualmente permane in capo alla società scissa in caso di scissione parziale[27].

Una importante disposizione, introdotta dalla riforma del diritto societario (art. 2506 ter, comma 4) prevede che con il consenso unanime dei soci e dei possessori di altri strumenti finanziari che danno diritto di voto nelle società partecipanti alla scissione, l'organo amministrativo può essere esonerato dalla redazione della relazione degli amministratori e della situazione patrimoniale.

La relazione degli esperti, redatta da soggetti esterni alle imprese coinvolte nell'operazione, ha il fine di completare le informazioni destinate ai soci (in particolare a quelli di minoranza) per la tutela dei loro interessi. La necessità di tale relazione è sancita dall'art. 2501 sexies, che prevede tutti i requisiti della relazione in tema di fusioni, al quale fa rinvio l'art. 2506 ter, comma 3, per la procedura di scissione.

Il contenuto della relazione degli esperti consiste in un esame sulla congruità del rapporto di cambio. In particolare la relazione deve indicare:

- il metodo seguito dagli amministratori per la determinazione del rapporto di cambio proposto e i valori risultanti;
- le eventuali difficoltà di valutazione;
- un parere sull'adeguatezza del metodo o dei metodi seguiti per la determinazione del rapporto di cambio.

In ogni caso, la relazione degli esperti non è richiesta nel caso di scissione proporzionale in senso stretto, cioè quando la scissione avviene tramite la costituzione di una o più nuove società e la ripartizione delle azioni o quote avviene in misura proporzionale alle partecipazioni originarie, poiché in tal caso non sussiste il rischio che l'operazione comporti una lesione di interessi dei soci di minoranza.

Nel caso di scissione di società di persone con società di capitali, *la relazione di stima* del patrimonio della società di persone è affidata agli esperti a norma dell'articolo 2343 c.c.

[27] Fondamentale è questa indicazione del valore effettivo del patrimonio netto, in quanto esso è posto alla base del sistema di responsabilità solidale e consentirà alle beneficiarie di vedere limitata la propria responsabilità a quanto ricevuto in sede di assegnazione patrimoniale.

Tutti questi documenti, insieme ai *bilanci degli ultimi tre esercizi* delle società partecipanti alla procedura, come previsto per la fusione, devono restare depositati in copia presso le sedi di ogni società partecipante alla scissione durante i 30 giorni che precedono l'assemblea (i soci potranno rinunciare all'unanimità al termine, accelerando così la procedura) e finché la scissione non sia deliberata.

Conclusa la fase progettuale e preparatoria dell'operazione, che è gestita principalmente dall'organo amministrativo, ha inizio la fase deliberativa in cui i protagonisti sono i soci e le assemblee delle società partecipanti, ai quali spetta il compito di approvare il progetto di scissione.

La delibera di scissione, sia per le società di persone, sia per le società di capitali, deve essere depositata, ai sensi dell'art.2506 ter, comma 5 che fa rinvio all'art. 2502 bis, per l'iscrizione nel registro delle imprese, insieme agli stessi documenti già depositati presso le sedi delle società.

La scissione, a norma dell'art. 2506 ter, comma 5, che rinvia all'art. 2503 c.c., può essere attuata solo dopo 60 giorni dall'ultima iscrizione delle delibere di scissione nel registro delle imprese, salvo che non vi sia il consenso dei creditori sociali o il pagamento dei creditori dissenzienti o il deposito presso una banca delle somme corrispondenti ai debiti. Inoltre, è possibile derogare al decorso dei 60 giorni se la relazione degli esperti sia redatta da un'unica società di revisione per tutte quelle partecipanti alla scissione, che asseveri, assumendosene le responsabilità, che la situazione patrimoniale e finanziaria delle società non necessita di garanzie per i creditori.

Qualora non si verifichi nessuna di queste eccezioni, i creditori possono fare opposizione nel termine di 60 giorni, ma nel caso in cui il Tribunale ritenga infondato il pregiudizio per i creditori o la società abbia prestato idonea garanzia, può stabilire che la scissione avvenga ugualmente.

Ai sensi dell'art. 2503 bis, al quale rinvia l'art. 2506 ter, anche i possessori di titoli obbligazionari delle società partecipanti alla scissione possono fare opposizione con le stesse modalità concesse ai creditori, a meno che la scissione sia preventivamente autorizzata dall'assemblea degli obbligazionisti.

La fase attuativa, invece, si realizza con *l'atto di scissione* (art. 2506 ter che rinvia all'art. 2504 c.c.), redatto dagli amministratori delle società partecipanti alla scissione, con il quale viene chiuso il procedimento di scissione.

L'atto di scissione[28] deve risultare da atto pubblico e deve essere depositato, a cura del notaio o dei soggetti cui compete l'amministrazione delle società partecipanti alla scissione, nell'ufficio del registro delle imprese dei luoghi dove è posta la sede delle società partecipanti all'operazione.

Con l'ultima iscrizione dell'atto di scissione, l'operazione si perfeziona e produce i suoi effetti giuridici. A partire da tale momento ciascuna delle società beneficiarie assume i diritti e gli obblighi della società scissa, in base a quanto stabilito nell'atto di scissione.

[28] Se le beneficiarie della scissione sono società di nuova costituzione, l'atto di scissione vale anche come atto costitutivo delle stesse.

Come previsto per l'operazione di fusione è consentito che l'effetto dell'operazione di scissione sia posticipato, tranne nell'ipotesi di scissione con costituzione di nuove società. Inoltre, alcuni effetti possono decorrere da date anteriori, come la data dalla quale azioni o quote partecipano agli utili e la data a decorrere dalla quale le operazioni della società scissa sono imputate al bilancio delle società beneficiarie.

Le attività e le passività assegnate alla società beneficiaria, sia preesistente che di nuova costituzione, devono essere iscritte da parte della medesima al corrispondente valore contabile che tali elementi patrimoniali presentavano nelle scritture contabili della società scissa, alla data di efficacia giuridica della scissione.

Per la disciplina delle differenze contabili di scissione si osserva che se dalla scissione emerge un disavanzo, esso deve essere imputato, se possibile, agli elementi dell'attivo o del passivo delle società partecipanti alla scissione e per differenza all'avviamento nel rispetto dell'art 2426 c.c.; se dalla scissione emerge un avanzo, esso è iscritto in una apposita voce del patrimonio netto o quando vi sia una previsione di risultati economici sfavorevoli, in una voce per fondi rischi ed oneri (Fig. 13.8).

Per quanto riguarda l'iscrizione dei valori del patrimonio delle società scisse nelle scritture contabili delle beneficiarie, si fa riferimento a quanto già detto nel paragrafo relativo alle fusioni in merito al trattamento nella legislazione nazionale, rielaborato dall'OIC 4, ed in merito al trattamento internazionale elaborato dal principio contabile IFRS 3[29].

Avanzo e disavanzo di scissione

* Caso di possesso di partecipazione al 100% nella società scissa da parte della beneficiaria; l'avanzo e il disavanzo sono determinati dall'annullamento della partecipazione:

Differenza per annullamento di partecipazione

1) L'avanzo di scissione si ha quando:	Porzione di Patrimonio netto contabile della società scissa	>	Valore contabile della partecipazione della beneficiaria
2) Il disavanzo di scissione si ha quando:	Porzione di Patrimonio netto contabile della società scissa	<	Valore contabile della partecipazione della beneficiaria

* Caso in cui non si hanno partecipazioni nella società scissa e la scissione comporta un aumento di capitale sociale; l'avanzo e il disavanzo sono determinati dal rapporto di cambio delle azioni o quote:

Differenza da concambio

1) L'avanzo di scissione si ha quando:	Porzione di Patrimonio netto contabile della società scissa	>	Aumento del capitale sociale della beneficiaria
2) Il disavanzo di scissione si ha quando:	Porzione di Patrimonio netto contabile della società scissa	<	Aumento del capitale sociale della beneficiaria

Fig. 13.8 Avanzo e disavanzo di scissione

[29] Giussani, Nava, Portalupi, *Memento pratico contabile*, cit., p. 1167.

Fig. 13.9 Procedimento di scissione

Eseguite le iscrizioni dell'atto di scissione, l'invalidità dell'atto non può essere più pronunciata, restando ciascuna società solidalmente responsabile, nei limiti del valore effettivo del patrimonio netto ad essa assegnato o rimasto, dei debiti della società scissa non soddisfatti dalla società cui fanno carico (Fig. 13.9).

13.3.2 La valutazione della scissione

Nella valutazione della scissione ed in particolare delle aziende che partecipano all'operazione, emerge la necessità di distinguere due tipi di valutazioni a seconda della loro finalità.

La prima viene effettuata ai fini della realizzazione della scissione ed è volta a determinare il valore del capitale economico dei soggetti interessati per identificare e giustificare il rapporto di cambio; la seconda, invece, viene eseguita per obiettivi strategici e al fine di verificare la creazione di valore nel complesso derivante dalla scissione.

La valutazione effettuata ai fini della realizzazione della scissione

La scissione di società viene posta in essere a seguito di un processo di stima relativo a due elementi fondamentali, quali la determinazione del patrimonio effettivo da trasferire nell'operazione e la determinazione del rapporto di cambio, considerando che il primo elemento rappresenta il valore base da cui partire per il calcolo del secondo, che necessita, oltre alla valutazione del patrimonio trasferito della società che si scinde, anche della stima del capitale economico delle società beneficiarie (se preesistenti all'operazione).

In primo luogo, occorre stimare il capitale economico della società beneficiaria, qualora esistente, applicando uno dei metodi di valutazione ormai noti, poi quello della società scissa che avverrà in modo diverso a seconda che l'operazione comporti:

- il trasferimento di un singolo bene o di più beni che difettano del requisito di complementarità e di coordinazione peculiari dei compendi aziendali, per cui si fa riferimento al valore corrente dei beni singolarmente considerati effettuando la stima con i metodi analitico-patrimoniali;
- il trasferimento di un ramo d'azienda, il cui valore è stimato con il metodo patrimoniale nel caso in cui non sia dotato di autonoma capacità di reddito e con uno qualsiasi dei metodi di valutazione del capitale economico nel caso in cui ne sia dotato;
- il trasferimento dell'intera azienda, il cui valore è determinato utilizzando uno qualsiasi dei metodi di stima come nel caso di un ramo di azienda con autonomia reddituale.

Inoltre, ai fini della correttezza della determinazione del rapporto di cambio è necessario che i valori economici confrontati vengano determinati con criteri di valutazione omogenei. In secondo luogo, occorre giungere alla quantificazione di un rapporto di cambio in grado di determinare in che misura ciascun socio della società scissa parteciperà al capitale sociale delle società risultanti dalla procedura.

Tale rapporto può essere trascurato nel caso di scissione con costituzione di nuove società che seguono criteri proporzionali di attribuzione delle azioni o quote ai soci, poiché in tale caso non si pregiudicano la posizione e i diritti dei soci della società scissa, i quali si ritroveranno a partecipare, con le stesse proporzioni, a un capitale la cui entità non è stata intaccata.

Nel caso in cui le società beneficiarie vengano costituite in seguito e per effetto dell'operazione, ma sono utilizzati criteri non proporzionali per l'assegnazione delle azioni o quote, viene a mancare il secondo termine di paragone necessario ai fini del calcolo del rapporto di cambio, cioè la stima del capitale economico delle società beneficiarie. In tal caso, quindi, si procede ricercando i criteri in base ai quali i soci saranno chiamati a partecipare al capitale della beneficiaria assicurando loro che, pur acquisendo azioni o quote soltanto di alcune società beneficiarie, i loro titoli avranno un valore almeno pari a quello che avrebbero avuto con una scissione realizzata con criteri proporzionali[30].

Nel caso in cui la scissione sia a favore di società beneficiarie preesistenti, così come nella fusione per incorporazione, il rapporto di cambio verrà determinato in relazione al capitale economico del complesso oggetto di trasferimento e al capitale della società beneficiaria.

[30] Dalla Sega F., *Scorpori d'azienda. Valutazione e rilevazione*, Etaslibri, Milano 1996, pp. 107-108.

Il rapporto di cambio, calcolato ai fini della valutazione economica di un'operazione di scissione a favore di società preesistenti, risulta dalla seguente relazione matematica[31]:

$$RC = \frac{W_B}{W_A} \frac{N_A}{N_B} \quad [12]$$

dove:
W_A = valore economico della società beneficiaria;
N_A = numero di azioni della società beneficiaria;
W_B = valore economico della porzione di patrimonio trasferito;
N_B = numero delle vecchie azioni appartenenti ai soci della scissa relativi alla porzione di capitale economico trasferito.

In questo modo viene determinato il rapporto di cambio teorico che, come già visto nella fusione, spesso si discosta dal rapporto di cambio effettivo in quanto influenzato da una serie di fattori di natura economica ed extra-economica.

La valutazione effettuata ai fini strategici e per verificare la creazione di valore

Un'operazione di scissione, data la sua complessità, necessita di una particolare attenzione al fine di verificare la creazione di valore nel medio-lungo termine.

L'analisi strategica realizzata in un'ottica di creazione di nuova ricchezza deve essere svolta sia a livello individuale per la società scissa e per le società beneficiarie – confrontando il loro valore prima e dopo la scissione –, sia a livello complessivo confrontando la sommatoria dei valori del capitale economico delle società partecipanti alla scissione prima dell'operazione ed il valore economico complessivo risultante dopo la stessa ottenuto sommando i valori strategici delle società dopo la scissione. Attraverso alcuni esempi si cerca di evidenziare quando è possibile creare valore e rilevare sinergie e potenzialità strategiche.

Nella scissione totale mista della società A realizzata a favore di una società di nuova costituzione N e di una preesistente società B, si creerà valore complessivamente se:

$$W_A + W_{B1} < W_N + W_{B2} \quad [13]$$

dove:
W_A = valore economico della società A ante scissione;
W_{B1} = valore economico della società B ante scissione;

[31] Ivi, p. 103.

W_N = valore economico della società di nuova costituzione derivante dal trasferimento di parte del patrimonio della scissa post scissione;
W_{B2} = valore economico della società B post scissione.

In particolare:

$$W_{B2} = W_{ASI} + W_{BI} + S - C \qquad [14]$$

dove:
W_{ASI} = valore economico del patrimonio trasferito dalla scissa alla società B post scissione;
S = valore delle sinergie derivanti dalla concentrazione;
C = costi da sostenere per la scissione e per beneficiare delle sinergie.

Inoltre:

$$W_N = W_{ASN} + P - C \qquad [15]$$

dove:
W_{ASN} = valore economico del patrimonio trasferito dalla scissa alla nuova società;
P = valore delle potenzialità strategiche conseguite con il decentramento;
C = costi da sostenere per la scissione e per beneficiare delle potenzialità strategiche.

Nella scissione parziale della società A eseguita a favore di una società di nuova costituzione N, si creerà valore se:

$$W_A < W_N + W_{A1} \qquad [16]$$

dove:
W_A = valore economico della società A ante scissione;
W_N = valore economico della società N di nuova costituzione derivante dal trasferimento di parte del patrimonio della scissa A post scissione;
W_{A1} = valore economico della società A post scissione.

In particolare:

$$W_{A1} = W_{AR} + P - C \qquad [17]$$

dove:
$W_{AR} = W_A - W_{ASN}$ = valore economico del patrimonio non trasferito dalla scissa A alla nuova società N;
P = valore delle potenzialità strategiche conseguite con il decentramento;
C = costi da sostenere per la scissione e per beneficiare delle potenzialità strategiche.

Inoltre:

$$W_N = W_{ASN} + P - C \quad [18]$$

dove:

W_{ASN} = valore economico del patrimonio trasferito dalla scissa A alla nuova società N;

P = valore delle potenzialità strategiche conseguite con il decentramento;

C = costi da sostenere per la scissione e per beneficiare delle potenzialità strategiche.

Le parti contraenti decideranno di eseguire l'operazione di scissione nel momento in cui avranno la certezza che, mediante tale scelta strategica, possono accrescere il valore individuale delle aziende partecipanti all'operazione e del complesso aziendale post scissione, e quindi che i valori economici ottenuti a seguito dell'operazione risultino maggiori rispetto ai valori precedenti.

Nella determinazione del rapporto di cambio effettivo gioca un ruolo determinante la valutazione di medio-lungo termine che deve tener conto, sia dell'ottica e della posizione assunta dalla società scissa in termini di potenzialità strategiche, sia dell'ottica e della posizione assunta dalle società beneficiarie in termini di sinergie e potenzialità strategiche, anche se spesso si presentano numerose difficoltà per la valutazione delle stesse.

Pertanto, nella quasi totalità dei casi si accantona l'ipotesi di rappresentare il rapporto di cambio tramite il valore strategico del capitale e ci si limita a effettuare i calcoli sulla base del semplice capitale economico, non tenendo conto delle sinergie e delle potenzialità strategiche.

13.4 La trasformazione

13.4.1 Caratteri generali della trasformazione

La trasformazione si realizza attraverso un cambiamento della forma giuridica della società già esistente, la quale mantiene inalterate le sue caratteristiche strutturali, il suo modo di essere, l'identità del soggetto, l'attività svolta e i rapporti economici e giuridici intrattenuti con l'ambiente esterno.

L'istituto della trasformazione è disciplinato nel codice civile al Libro V, Titolo V, sotto il Capo X, intitolato «Della trasformazione, della fusione e della scissione» delle società, dall'articolo 2498 al 2500 novies, nella sezione I.

Si tratta di un istituto che comporta modifiche al fine di adattare la struttura aziendale a nuove esigenze di sopravvivenza e di ristrutturazione sorte nel corso della vita della società. Si tratta pertanto di un fenomeno giuridico che non implica un mutamento del soggetto preesistente, ma il solo cambiamento della sua veste legale, con la conseguente applicazione della disciplina relativa al tipo di società prescelto.

La trasformazione non prevede né l'estinzione, né la sostituzione del soggetto che la attua e deve essere interpretata come un momento evolutivo del soggetto, il quale modifica la propria struttura pur mantenendo inalterati l'individualità dell'ente, il patrimonio e la collettività dei soci. In particolare, la volontà di questi ultimi è quella di non estinguere il rapporto sociale ma, al contrario, di conservarlo e continuare a esercitare l'attività economica per mezzo di una forma sociale più consona alle esigenze del mercato e del soggetto economico.

La trasformazione è un'operazione di gestione straordinaria, legata a decisioni di strategia aziendale e di sviluppo d'impresa. Nonostante da un punto di vista formale essa determini solo il cambiamento della veste legale, sul piano concreto non può affermarsi che sia priva di effetti sull'economia della gestione d'impresa. L'impresa continua, infatti, la sua gestione e, in genere, nel tempo essa diventa suscettibile di cambiamenti, resi possibili o influenzati proprio dalla diversa veste legale che permette all'azienda stessa di variare le sue prospettive ed i fattori di sviluppo che la caratterizzano. Tali cambiamenti si presentano a volte anche contemporaneamente alla trasformazione, come nell'ipotesi di modifica del tipo di società contestuale all'ingresso di nuovi soci portatori di mezzi finanziari o attività economiche.

L'obiettivo principale, comunque, è di adattare l'impresa alle diverse condizioni operative in cui si viene a trovare, ricercando una forma giuridica più consona che possa garantire un migliore equilibrio tra fattori interni (cioè i punti di forza e di debolezza della struttura aziendale come le risorse umane, manageriali, organizzative, tecnologiche ecc.) ed esterni (cioè le opportunità e i vincoli caratterizzanti l'ambiente esterno in cui l'impresa opera come il settore di attività, la situazione concorrenziale, la struttura pubblica, l'ambiente sociale ecc.).

La forma giuridica è importante nella determinazione degli equilibri economici e funzionali dell'impresa, considerato il forte impatto che esercita tanto sullo svolgimento della gestione, quanto sulle opportunità di sviluppo, sui risultati conseguibili e sul rischio d'impresa.

L'operazione straordinaria in esame si pone, quindi, come uno strumento che consente di eliminare uno «stato di disagio aziendale»[32] che si è venuto a creare per inadeguatezza della forma legale alla situazione di equilibrio dinamico perseguito dall'impresa[33].

I tipi di trasformazione che possono essere identificati dopo l'evoluzione dell'istituto a seguito della riforma del diritto societario sono due: *la trasformazione omogenea* e quella eterogenea.

La prima avviene nell'ambito delle società con scopo di lucro e consente di passare da un tipo all'altro di società di capitali, ovvero da società di capitali a società di persone (art. 2500 sexies) e viceversa (artt. 2500 ter, 2500 quater e 2500 quinques).

La *trasformazione eterogenea* avviene, invece, nel caso in cui enti, con natura corporativa o non, o società con scopo consortile o mutualistico si trasformano in società

[32] Caramiello C., *Le trasformazioni di forma giuridica, con particolare riferimento all'interpretazione numerica dell'art. 2500 del codice civile*, Colombo Cursi, Pisa 1965, p. 17.

[33] Marchini I., *Le gestioni straordinarie*, in Ardemani E. (a cura di), *Manuale di amministrazione aziendale*, ISEDI, Torino 1974, pp. 14-89.

di capitali con scopo di lucro (art. 2500 octies) e viceversa (art. 2500 septies)[34]. Più analiticamente, la *trasformazione eterogenea* si articola su due fattispecie principali: la prima di società di capitali, cioè S.p.a., S.r.l. e S.a.p.a., in consorzi, società consortili, società cooperative, comunioni d'azienda, associazioni non riconosciute e fondazioni; la seconda di consorzi, società consortili, comunioni d'azienda, associazioni riconosciute (no di associazioni non riconosciute) e fondazioni in società di capitali, cioè S.p.a., S.r.l. e S.a.p.a.

Esiste una ulteriore classificazione dei tipi di trasformazione ai fini dello sviluppo, che distingue l'operazione in progressiva e regressiva.

Nella prima la trasformazione avviene da una società in un'altra di tipo «superiore» ai fini dello sviluppo, ad esempio da Srl in Spa o da società di persone in società di capitali; mentre nella regressiva si procede in modo inverso. Quest'ultima appare meno frequente rispetto alla prima in quanto legata a fenomeni di natura regressiva dell'impresa, come le riduzioni delle dimensioni aziendali, che rendono più convenienti le società a responsabilità illimitata per motivi fiscali, oppure per i ridotti costi amministrativi ed i minori adempimenti contabili e fiscali. Inoltre, la trasformazione regressiva molto spesso è dettata da disposizioni di legge, come ad esempio la riduzione del capitale sociale per perdite al di sotto del minimo legale nelle società di capitali.

13.4.2 Il procedimento

L'iter procedurale della trasformazione si suddivide in una serie di fasi: progettuale, deliberativa e attuativa che in alcuni punti si differenziano a seconda che si tratti di una trasformazione omogenea o eterogenea.

Per *la trasformazione omogenea* fra società, la fase progettuale non si esplicita con la redazione di un vero e proprio progetto di trasformazione, ma rappresenta il momento in cui gli amministratori individuano le motivazioni e la convenienza ad attuare il cambiamento della forma giuridica della propria società, definendo le condizioni e le modalità dell'operazione da sottoporre ad approvazione. Nella trasformazione delle società di capitali in società di persone però, è necessario che gli amministratori predispongano una relazione che illustri le motivazioni e gli effetti della trasformazione da depositare presso la sede della società trenta giorni prima dell'assemblea convocata per deliberare la trasformazione, affinché i soci possano prenderne visione (art. 2500 ter).

Conclusa la fase preparatoria dell'operazione, ha inizio la fase deliberativa, momento in cui viene presa la decisione di attuare la trasformazione e dove vengono fissate le basi organizzative della società nella nuova veste giuridica. Per la trasformazione omogenea, cioè tra società, la delibera avviene secondo le modalità previste per le modificazioni dell'atto costitutivo e con l'osservanza delle relative maggioranze. In caso di trasformazione da società di persone in società di capitali (art. 2500 ter), se

[34] Si ricorda che non è disciplinata la trasformazione eterogenea da società di persone o in società di persone.

l'atto costitutivo non dispone diversamente, è sufficiente la *maggioranza* dei soci determinata secondo la partecipazione attribuita a ciascuno agli utili. In questo caso la delibera deve risultare da atto pubblico e deve contenere le indicazioni prescritte dalla legge per l'atto costitutivo del tipo di società prescelto[35].

Per la trasformazione delle società di capitali, invece, è necessaria la delibera da parte dell'assemblea straordinaria, con maggioranze rafforzate per le Spa non quotate e il consenso dei soci che con la trasformazione assumono responsabilità illimitata.

Sia nelle società di persone, sia nelle società di capitali è previsto il diritto di recesso per il socio che non ha concorso alla delibera di trasformazione.

Il capitale risultante dalla trasformazione di società di persone in società di capitali:

- dovrà essere determinato sulla base dei valori attuali degli elementi dell'attivo e del passivo;
- dovrà risultare da *relazione di stima* che nel caso di S.p.a. o S.a.p.a. è rappresentata da una relazione giurata di un esperto designato dal tribunale dove ha sede la società, mentre nel caso di S.r.l. è costituita da una relazione giurata di un esperto iscritto nell'albo dei revisori contabili o di una società di revisione iscritta nell'apposito albo.

Il legislatore con tale norma vuole accertare che il patrimonio della società trasformanda sia valutato correttamente in base alle disposizioni previste per la formazione del bilancio di una società di capitali, volendo evitare che possa essere operata una sopravvalutazione del patrimonio e che il capitale sociale della società trasformata possa essere «annacquato», cioè superiore al valore del patrimonio, danneggiando così i creditori della società.

Un altro aspetto da sottolineare riguarda *l'assegnazione di azioni o quote* a ciascun socio proporzionalmente alla sua partecipazione prima della trasformazione, salvo in ipotesi di presenza di un socio d'opera[36] che ha diritto all'assegnazione di un determinato numero di azioni o di una quota, provocando così la riduzione proporzionale delle partecipazioni degli altri soci (art. 2500 quater).

Quanto al *regime di responsabilità dei soci* (art. 2500 quinquies), la trasformazione omogenea ne può comportare un mutamento. Per quelli che assumono responsabilità illimitata, è da evidenziare che tale responsabilità opera anche per le obbligazioni sociali sorte prima dell'operazione, mentre per quelli che assumono responsabilità limitata, non sono liberati per le obbligazioni anteriori al fine di tutelare i terzi creditori. È comunque previsto un procedimento di liberazione dei soci quando:

- il consenso dei creditori alla trasformazione vale come consenso alla liberazione di tutti i soci a responsabilità illimitata;

[35] La delibera di trasformazione in società di capitali è soggetta a iscrizione nel registro delle imprese.

[36] Se la società di persone ha soci d'opera, questi avranno diritto all'assegnazione di un numero di azioni o di una quota, alternativamente: o determinata nella percentuale prevista nell'atto costitutivo o determinata d'accordo tra i soci o determinata dal giudice secondo equità.

- il consenso alla trasformazione si presume, se ai singoli creditori è stata comunicata tramite raccomandata la delibera di trasformazione ed essi non hanno negato espressamente la loro adesione, nel termine di 60 giorni dal ricevimento della comunicazione. Il silenzio vale quindi come consenso.

Anche per le *trasformazioni eterogenee,* cioè da società ad altri enti e viceversa, conclusa la fase preparatoria della trasformazione ha inizio quella deliberativa. Le *maggioranze* richieste dalle società di capitali che si trasformano sono le stesse previste per la trasformazione omogenea (con deliberazioni assunte con il voto favorevole dei due terzi degli aventi diritto e comunque con il consenso unanime dei soci che assumono responsabilità illimitata) mentre per quanto riguarda gli altri soggetti che effettuano la trasformazione la competenza a deliberare cambia a seconda del tipo di soggetto che deve trasformarsi.

La trasformazione dei consorzi deve essere deliberata dalla maggioranza assoluta dei consorziati, per le comunioni d'azienda da tutti i partecipanti alla comunione e per le società consortili e le associazioni con le maggioranze richieste dalla legge o dall'atto costitutivo per lo scioglimento anticipato. Per le fondazioni, invece, la trasformazione è disposta dall'autorità governativa, su proposta dell'organo competente.

Sia per la *trasformazione omogenea* che per quella *eterogenea*, la fase attuativa, ultimo momento dell'operazione, comprende *l'atto di trasformazione* con il quale viene chiuso il procedimento di trasformazione. Le disposizioni su contenuto, pubblicità ed efficacia dell'atto di trasformazione richiedono la presenza di tutte le forme ed i contenuti richiesti per il tipo societario o non societario adottato (art. 2500). L'efficacia decorre, per consentire la corretta informazione dei terzi, dall'ultimo degli adempimenti pubblicitari.

Completati gli adempimenti pubblicitari, l'invalidità dell'atto non può essere più pronunciata (art. 2500 bis), restando salvo il diritto al risarcimento del danno dei soci o dei terzi danneggiati dalla trasformazione.

Le trasformazioni eterogenee hanno effetto solo dopo che siano decorsi sessanta giorni dall'ultimo adempimento pubblicitario richiesto, salvo che vi sia il consenso dei creditori, ovvero il pagamento dei creditori che non hanno dato il consenso. Se non ricorre alcuna di tali ipotesi, i creditori, entro tale termine, possono proporre opposizione alla trasformazione; il Tribunale, qualora ritenesse infondato il pregiudizio per i creditori, ovvero sia stata presentata idonea garanzia, potrà attribuire efficacia alla trasformazione nonostante l'opposizione del creditore stesso.

13.4.3 La valutazione della trasformazione

Per la valutazione della trasformazione ed in particolare della società che esegue l'operazione si ha la necessità di distinguere due tipi di valutazioni a seconda della loro finalità. La prima viene effettuata ai fini della realizzazione della trasformazione ed è volta a determinare il valore del capitale economico del soggetto interessato per certificarne legalmente il valore; la seconda, invece, viene eseguita per obiettivi strategici e per verificare la creazione di valore nella società trasformata.

La valutazione effettuata ai fini della realizzazione della trasformazione

Nelle operazioni di trasformazione da società di persone a società di capitali è necessario procedere alla valutazione al fine di verificare il valore del patrimonio netto della trasformanda, la cui misura condiziona l'entità del capitale della società trasformata.

La valutazione presente nella relazione di stima[37] non ha la finalità di far emergere il valore economico della società trasformanda, ma di determinare la reale consistenza del capitale della società risultante dalla trasformazione valutando i singoli elementi attivi e passivi del patrimonio e non considerando l'avviamento. Si vuole così evitare che il capitale della società trasformata possa risultare «annacquato», presentando elementi patrimoniali attivi sopravvalutati e/o elementi patrimoniali passivi sottovalutati che potrebbero generare diverse problematiche.

Gli inconvenienti che possono derivare da un eventuale annacquamento del capitale sono immediati per eventuali nuovi soci al momento della trasformazione e potenziali per quelli futuri, considerato che il loro apporto si troverebbe in una posizione di svantaggio rispetto al patrimonio sociale già appartenente ai vecchi soci. Inoltre, ci sarebbe un danno più o meno differito per i terzi, tra cui i creditori sociali, che farebbero affidamento su un patrimonio quanto meno sopravvalutato, se non insussistente, non potendo, peraltro, più contare sul regime di responsabilità illimitata dei soci.

La metodologia di valutazione impiegata dal perito è, quindi, fortemente condizionata dalla particolare finalità della stima che è volta a tutelare l'interesse pubblico dell'effettiva esistenza del capitale sociale ai fini dell'esatta quantificazione e della corretta rappresentazione contabile del patrimonio della società trasformanda.

La valutazione nella trasformazione non ricerca, quindi, il valore economico o di cessione dell'impresa[38], ma è diretta a individuare il valore da assegnare al patrimonio della società, operando, se necessarie, opportune rivalutazioni e/o svalutazioni rispetto ai valori contabili presenti in bilancio e scegliendo come metodo di base per la valutazione quello patrimoniale semplice. L'esperto deve procedere determinando il capitale sulla base dei valori degli elementi dell'attivo e del passivo ed esponendo per ognuno un'analitica descrizione, nonché il criterio di valutazione adottato.

Il patrimonio risultante dalla perizia può divergere da quello contabile. Non sorgono dubbi in presenza di uguaglianza tra relazione di stima e valori contabili, che restano gli stessi nella trasformata, o in presenza di un patrimonio netto stimato inferiore rispetto a quello indicato dalla contabilità (presenza di *badwill*), per cui la società è obbligatoriamente tenuta a recepire i valori espressi nella perizia. Si presentano, invece, incertezze nel caso di un patrimonio netto contabile superiore rispetto a quello indicato nella contabilità (presenza di un *goodwill*), dove la società non è tenuta a recepire i valori espressi nella perizia.

Alcuni sostengono che i maggior valori debbano essere accolti nella contabilità della società che si trasforma, in quanto rappresentano il complesso di fattori comple-

[37] La relazione di stima deve essere redatta a norma dell'art. 2343 o, nel caso di società a responsabilità limitata, dell'art. 2465.

[38] Questo poiché non c'è un trasferimento d'azienda con la conseguente necessità di conoscere il valore del capitale economico al fine di determinare un equo prezzo di scambio.

mentari con il quale sarà attuata la gestione secondo la nuova forma giuridica[39]; altri, al contrario, ritengono di non doverli iscrivere, poiché la funzione dell'esperto è solo quella di evitare che il patrimonio sia sopravvalutato, in conformità con le norme generali sulle valutazioni del bilancio ordinario d'esercizio.

Non essendo obbligatoria, comunque, la rivalutazione è una scelta attuata dal management e dipende sia da precise politiche di bilancio, sia dalla disciplina fiscale per la quale l'istituto della trasformazione della società non costituisce realizzo ne distribuzione di plusvalenze e minusvalenze.

Successivamente alla valutazione della società da trasformare e delle rispettive differenze tra valori di stima e valori contabili è necessario porre l'attenzione sui criteri di assegnazione delle quote o azioni della società trasformata, evitando che la misura della partecipazione dei soci prima e dopo l'operazione si modifichi con conseguenti danni volitivi (connessi alla ridotta posizione in sede di deliberazioni assembleari), economici (legati al minore flusso di dividendi) e patrimoniali (rappresentati dalla sottrazione di una o più azioni rispetto alla proporzione della partecipazione posseduta dai soci nella società trasformanda).

Il rispetto della percentuale di partecipazione di ciascun socio nell'assegnazione delle azioni o quote è possibile se il numero delle azioni o quote da emettere sia multiplo del denominatore di riparto, cioè della sommatoria dei rapporti di proprietà, ridotti ai minimi termini[40].

Per assegnare numeri interi di azioni o quote si può procedere in due modi: 1) ponendo il capitale sociale a un livello inferiore rispetto al patrimonio netto di trasformazione, in modo tale da ripartirlo in azioni o quote intere, imputando a riserva la differenza; 2) facendo emergere dei conguagli. Si rende pertanto necessario determinare il divisore comune delle partecipazioni tra soci, fare il quoziente tra il totale delle azioni o quote da assegnare a detto divisore, procedere all'arrotondamento per eccesso, moltiplicare per i rapporti di partecipazione prima della trasformazione, per giungere così a un numero di azioni o quote che mantengono le originarie percentuali di partecipazione.

L'operazione sopra descritta di attribuzione di azioni risulterebbe più agevole in presenza di una società per azioni i cui titoli fossero emessi, così come consentito dal legislatore (art. 2346 c.c.), senza valore nominale: si evita in tal modo la formazione di conguagli.

La valutazione effettuata ai fini strategici e per verificare la creazione di valore

L'operazione di trasformazione si pone come strumento di ridefinizione dell'assetto strutturale di una società, permettendo il raggiungimento di una nuova e migliore combinazione di tutte le variabili strategiche dell'impresa e offrendo la possibilità di far fronte a diversi problemi.

[39] Caratozzolo M., *I bilanci straordinari. Profili economici, civilistici e tributari*, Giuffrè, Milano 1996, p. 173.
[40] Cfr. in tal senso Caramiello, *Le trasformazioni di forma giuridica*, cit., p. 47 ss.

Essa riesce a creare ricchezza se dà origine a potenzialità strategiche – operative, finanziarie, fiscali o di mercato – in relazione alle motivazioni per cui è avvenuta l'operazione e quindi solo se il valore economico strategico della società dopo l'operazione risulta superiore al valore attribuibile all'impresa prima della stessa.

$$W_{A1} < W_{A2} \qquad [19]$$

dove:
W_{A1} = valore economico della società prima della trasformazione;
W_{A2} = valore economico della società dopo la trasformazione.

In particolare:

$$W_{A2} = W_{A1} + P_{A2} - C_{A2} \qquad [20]$$

dove:
P_{A2} = valore delle potenzialità strategiche dopo la trasformazione;
C_{A2} = costi da sostenere per la trasformazione e per beneficiare delle potenzialità strategiche.

13.5 Lo scorporo

13.5.1 Caratteri generali dello scorporo

Lo scorporo d'azienda o di un ramo d'azienda si pone tra le operazioni di finanza straordinaria caratterizzate da estrema flessibilità. Con esso, infatti, l'impresa può raggiungere una pluralità di obiettivi economici, ma soprattutto ha la possibilità di adeguare al meglio le esigenze gestionali, organizzative e dimensionali, alla natura dell'azienda e all'oggetto che la contraddistingue.

Il legislatore non ha predisposto specifiche norme che possano regolare in maniera dettagliata lo scorporo, termine introdotto dall'economia aziendale: ciò implica necessariamente un rinvio alle norme di diritto comune per poter dare una disciplina del fenomeno. A tale istituto si applicano infatti le disposizioni dettate in materia di «conferimenti in natura» (artt. 2342 - 2345 c.c.), poiché si tratta di una operazione assimilabile al conferimento d'azienda o di un ramo d'azienda.

Lo scorporo si realizza nel momento in cui un'azienda, o un ramo d'azienda, dotato di autonoma capacità di reddito, viene conferita da parte di una società (che prende il nome di società conferente o scorporante) a un'altra società giuridicamente distinta che può essere nuova e appositamente costituita o già esistente (società beneficiaria); come contropartita l'impresa conferente riceve le azioni o quote della società in cui ha effettuato l'apporto (beneficiaria) nella misura corrispondente all'entità del patrimonio oggetto del conferimento (Fig. 13.10).

Nello scorporo, quindi, la società conferente, che rimane sempre in vita anche a seguito del trasferimento totale delle sue attività, riceverà, come contropartita del conferimento, la quota di partecipazione ad esso corrispondente e, di conseguenza, non subirà alcuna decurtazione del proprio patrimonio. Il fenomeno che si verifica nel bilancio della società conferente è rilevante in termini qualitativi, ma non quantitativi, dato che in sostanza ci si trova di fronte a una permuta tra le varie voci (nel senso che la voce «partecipazioni» sostituisce quelle relative alle attività e passività oggetto del trasferimento).

Da ciò si può dedurre che, non determinandosi una variazione nell'entità del patrimonio della società conferente, i terzi, ed in modo particolare i creditori sociali, non subiranno alcun pregiudizio per effetto dell'operazione[41].

L'operazione di scorporo, quindi, si caratterizza principalmente per due elementi fondamentali: il trasferimento patrimoniale, di un'azienda o di un ramo, ma non di singoli beni, dalla società conferente alla società beneficiaria e l'acquisizione, in capo alla società conferente, a fronte dell'apporto effettuato, di azioni o quote della società beneficiaria in misura corrispondente all'apporto stesso.

La società scorporante non perde, quindi, il controllo sull'azienda o sul ramo d'azienda conferito, ma continua a gestire, sia pure indirettamente e spesso in un'ottica di gruppo, quanto ha formato oggetto dell'operazione.

Una delle motivazioni alla base di tale operazione è la possibilità di creare un gruppo di imprese facenti capo a una *holding*, rappresentata proprio dalla società scorporante che dopo l'operazione può scegliere di non svolgere attività operative, limitandosi a porre in essere una mera attività finanziaria (in tal caso si parlerà di *holding* pura), oppure di occuparsi contemporaneamente sia dell'aspetto produttivo della sua gestione, sia dell'aspetto finanziario connesso al possesso di partecipazioni (*holding* mista).

Gli scorpori d'azienda o di un suo ramo, sul piano economico, possono innanzitutto essere distinti in due principali categorie, sulla base degli obiettivi che l'impresa si propone di realizzare[42]:

- *scorpori organizzativi* che, come dice la parola stessa, sono relativi all'organizzazione dell'impresa e vengono attuati fondamentalmente per migliorare questo aspetto della gestione aziendale e tutti gli altri fattori ad esso collegati;
- *scorpori dismissori* che invece si pongono come operazioni propedeutiche rispetto a una successiva alienazione del complesso aziendale oggetto dell'operazione.

Il procedimento di scorporo

Il legislatore non ha predisposto specifiche norme che possano regolare in maniera dettagliata lo scorporo, rendendo necessario il rinvio alle norme di diritto comune ed in particolare alle disposizioni dettate in materia di «conferimenti in natura», la cui regolamentazione è incentrata sulla relazione giurata di stima ex art. 2343 c.c.

La realizzazione di un'operazione di scorporo prende avvio da una decisione del Consiglio di amministrazione, decisione che si sostanzia in una delibera dell'organo

[41] Racugno G., *Lo «scorporo» d'azienda*, Giuffrè, Milano 1995, p. 36.
[42] Ivi, p. 9.

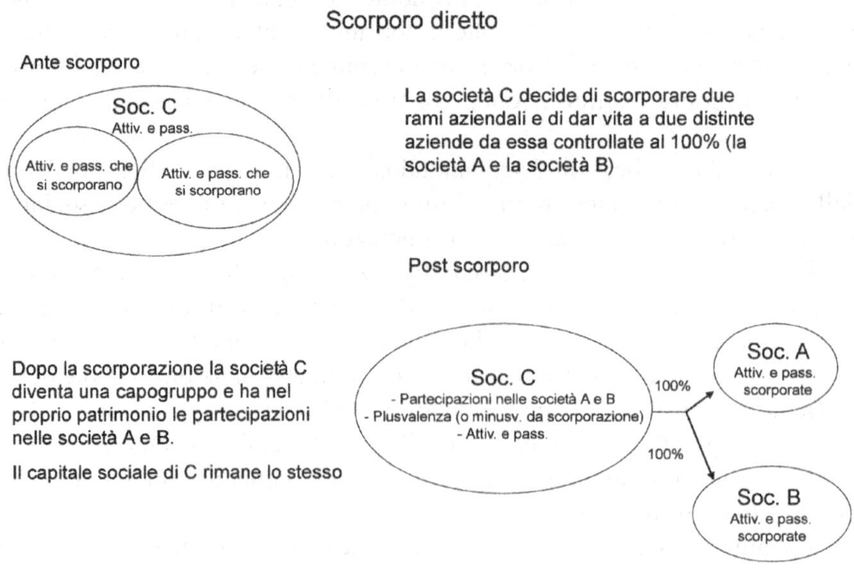

Fig. 13.10 Scorporo diretto

medesimo e che dovrà essere adottata secondo le maggioranze previste per il tipo di società in questione[43].

Il compito spettante all'assemblea diventa necessario ed imprescindibile laddove si consideri la natura giuridica dell'operazione consistente in una modifica statutaria, poiché facendo riferimento alle norme di diritto societario, tutte le modificazioni dell'atto costitutivo devono passare attraverso l'esame dell'assemblea straordinaria.

Per lo scorporo non è necessario il consenso dell'assemblea quando l'operazione si risolve in un normale ed ordinario atto di gestione dell'impresa spettante come tale agli amministratori; il consenso, invece, viene richiesto qualora l'operazione comporti una modifica dell'oggetto sociale, circostanza che si verifica nel momento in cui si passa da una società che svolge un'attività (prevalentemente) operativa, a una società che si occupi in modo esclusivo o principale della gestione di partecipazioni.

Affrontato il problema del ruolo svolto dall'assemblea dei soci nello scorporo, occorre procedere all'individuazione degli altri adempimenti preliminari, concentrando l'attenzione sulla società beneficiaria poiché, se preesistente all'operazione, è gravata da obblighi di natura formale[44]. L'approvazione dello scorporo spetterà prima all'organo amministrativo della beneficiaria e successivamente all'assemblea straordinaria

[43] Confalonieri M., *Trasformazione, fusione, conferimento, scissione e liquidazione delle società*, Il Sole 24 ore Libri, Milano 1996, p. 414; Bassani C., *Cessione d'azienda e conferimento in società*, Pirola, Milano 1995, p. 390.

[44] Aa.Vv., *Conferimento e scissione d'azienda*, EBC, Milano 1993, p. 13 e ss.

della stessa, con il compito di deliberare l'aumento di capitale sociale in misura corrispondente all'apporto da ricevere.

Al fine di rispettare i diversi adempimenti previsti nell'operazione di scorporo, occorre prestare attenzione alla natura giuridica della società beneficiaria. Se la beneficiaria è una società di persone, infatti, viene redatta un'apposita *dichiarazione di conferimento* e, a seguire, si effettua la valutazione quali/quantitativa degli elementi che compongono l'azienda. La valutazione non dipende da analisi esterne ai soggetti coinvolti, poiché nelle società di persone i soci sono responsabili illimitatamente e quindi se il patrimonio conferito è di valore inferiore i terzi potranno rivalersi sul patrimonio dei soci stessi. Nel caso in cui la beneficiaria è una società di capitali, invece, è necessaria un'apposita *perizia di stima* (art. 2343 per la beneficiaria Spa e art. 2465 per beneficiaria Srl) da allegare all'atto notarile del conferimento.

Il perito[45] deve ricercare un valore obiettivo dell'azienda o del ramo d'azienda conferito tutelando interessi variegati ed opposti. Si deve, infatti, dare una rappresentazione veritiera del valore dei beni oggetto del conferimento basandosi sul principio della prudenza per evitare valori di incerta determinazione, ma evitando il rischio di eccedere nel senso opposto, effettuando valutazioni tropo prudenziali, in quanto occorre tenere conto dei diversi interessi che entrano in gioco, tutti egualmente meritevoli di tutela.

La fase attuativa dello scorporo, comunque, si sostanzia nella redazione, da parte di un notaio, dell'*atto di conferimento*, dove vengono riportati i tratti essenziali dell'operazione: i dati di identificazione di coloro che si presentano davanti al notaio e delle società interessate all'operazione; i risultati emersi dalla relazione giurata di stima, che si configura come parte integrante dell'atto di conferimento; l'individuazione dei beni oggetto del conferimento; la data a partire dalla quale l'operazione comincia a produrre i suoi effetti; l'indicazione del valore netto di conferimento, del numero e del valore nominale delle azioni emesse dalla società beneficiaria a fronte dell'apporto ricevuto. L'atto di conferimento verrà depositato nel registro delle imprese a cura del notaio entro trenta giorni dalla delibera.

Gli amministratori della società beneficiaria, entro centottanta giorni dall'operazione, devono evidenziare eventuali divergenze tra il valore effettivo del complesso oggetto dell'operazione e quello per il quale è avvenuto il conferimento. Se il primo dovesse risultare inferiore di oltre un quinto rispetto al valore per il quale è avvenuto il conferimento, si dovrà provvedere, o a ridurre in misura proporzionale il capitale sociale, o a chiedere ai soci di versare la differenza in denaro. In alternativa, gli stessi soci potranno recedere dal contratto.

In relazione all'iscrizione dei valori del patrimonio della società scorporata nelle scritture contabili della beneficiaria, considerato che lo scorporo va disciplinato come un conferimento e/o un'acquisizione, la legislazione italiana permette di iscrivere anche attività intangibili identificabili, come il *know how*, i diritti di sfruttamento ecc.

[45] Se la beneficiaria è una Spa, il decreto di nomina del perito viene emesso da parte del Presidente del Tribunale nel cui circondario la società ha sede legale; se la beneficiaria è una Srl, la nomina del perito spetta al soggetto conferente e il perito deve essere un esperto o una società di revisione iscritti all'albo.

È altresì consentita l'iscrizione dell'avviamento nell'attivo patrimoniale con il giudizio favorevole del collegio sindacale ai sensi dell'art. 2426 c.c. Invece, l'avviamento negativo, ove le azioni consegnate a fronte del patrimonio ricevuto dalla scorporante siano di valore inferiore, non è disciplinato, per quanto concerne l'iscrizione nei bilanci della beneficiaria, da alcun principio contabile italiano. Tuttavia, per analogia si ritiene applicabile il principio contabile numero 17 (bilanci consolidati) per cui il valore residuo negativo va a ridurre le attività immobilizzate e per la parte eccedente è iscritta alla voce del passivo «fondo per rischi ed oneri futuri». Tale fondo deve trovare impiego negli esercizi immediatamente successivi per fronteggiare le eventuali perdite del complesso incorporato previste, ma non certe.

In campo internazionale l'incorporazione va considerata ai sensi dell'IFRS 3 come un'acquisizione o un conferimento di un ramo d'azienda per cui l'iscrizione del patrimonio nelle scritture contabili della beneficiaria deve essere eseguita con il *purchase method* (valori correnti).

13.5.2 La valutazione dello scorporo

Per la valutazione dello scorporo ed in particolare delle aziende che partecipano all'operazione si ha la necessità di distinguere due tipi di valutazioni a seconda della loro finalità. La prima viene effettuata ai fini della realizzazione dello scorporo ed è volta a determinare il valore del capitale economico dei soggetti interessati per giustificare le azioni o le quote da assegnare alla società scorporante; la seconda, invece, viene eseguita per obiettivi strategici e al fine di verificare la creazione di valore nel complesso derivante dallo scorporo.

La valutazione effettuata ai fini della realizzazione dello scorporo

Ai fini della valutazione dello scorporo, occorre compiere un primo importante riferimento ai principi che regolano il procedimento di stima dei conferimenti di beni in natura (art. 2343 c.c.). In tale stima, volta a tutelare i diritti e gli interessi dei creditori sociali, dei futuri soci della beneficiaria e dei soci conferenti denaro, l'esperto deve determinare correttamente l'effettivo valore economico del patrimonio scorporato e trasferito, che non deve essere inferiore al prezzo delle azioni che la società beneficiaria è chiamata ad emettere come contropartita dell'apporto ricevuto.

Nella valutazione dello scorporo di azienda o di un suo ramo dotato di autonoma capacità di reddito il metodo di stima più utilizzato è quello analitico-patrimoniale, facendo emergere un valore obiettivo basato su dati certi e permettendo una stima prudenziale che evita la formazione di plusvalori non realizzati tutelando i creditori sociali e i soci potenziali, anche se talvolta vengono utilizzati anche metodi reddituali, finanziari e misti.

Come già affermato in precedenza, l'operazione di scorporo può essere eseguita sia da società di nuova costituzione, sia da società beneficiarie preesistenti. Nel primo caso non si presentano particolari problemi di valutazione, salvo che non vi siano altri rami d'azienda conferiti da altre società scorporanti; nella seconda ipotesi è necessario effettuare un'analisi più approfondita poiché occorrono sia la valutazione del patrimonio oggetto del conferimento, ma anche del patrimonio della società beneficiaria che in base all'apporto effettuato determinerà l'ammontare del prezzo delle azioni da emettere come contropartita dell'operazione.

Inoltre, un'altra problematica relativa allo scorporo a favore di società preesistenti riguarda il diritto d'opzione, espressamente escluso dal legislatore. L'art. 2441 c.c. stabilisce, infatti, che, in ipotesi di aumento di capitale sociale attraverso l'emissione di nuove azioni liberate a seguito di conferimenti in natura, ai vecchi soci non spetta il diritto d'opzione. Ciò può determinare problemi nel mantenimento degli stessi diritti amministrativi e patrimoniali di cui la vecchia compagine sociale disponeva prima di un aumento di capitale sociale e generalmente tutelati con il diritto d'opzione stesso.

Al fine di garantire il mantenimento in capo ai vecchi soci almeno dei diritti patrimoniali posseduti ed evitare, quindi, che il valore della loro partecipazione subisca una riduzione a seguito dell'aumento di capitale sociale e all'ingresso di nuovi soci, le nuove azioni della società beneficiaria devono essere emesse a un prezzo pari al valore nominale più il sopraprezzo, mantenendo il rapporto tra capitale sociale e capitale economico. Con lo scorporo, quindi, i vecchi soci della beneficiaria perdono i diritti amministrativi per far rimanere immutata la loro posizione in sede assembleare, ma in virtù del meccanismo del sopraprezzo riescono comunque a mantenere quelli di natura patrimoniale.

La correttezza del prezzo di emissione delle nuove azioni è illustrata prima dagli amministratori della società beneficiaria, i quali devono redigere una relazione in cui vengono indicati i motivi alla base del conferimento e i criteri e le ragioni adottati per la determinazione del prezzo di emissione; successivamente, il collegio sindacale esprimerà un parere di congruità da depositare presso la sede sociale durante i quindici giorni che precedono l'assemblea per la delibera dell'aumento di capitale sociale.

Il prezzo di emissione delle nuove azioni deve essere determinato in base al valore del patrimonio netto, tenendo conto che per le società quotate il valore può essere stabilito eventualmente anche con l'ausilio dell'andamento delle quotazioni nell'ultimo semestre[46].

Il criterio base del valore di patrimonio netto implica la ricerca del valore effettivo del patrimonio, non riferendosi quindi al concetto di patrimonio netto contabile, ma al valore che sia espressione dell'entità del capitale economico. Tale valore è identificato come quello minimo da attribuire alle azioni permettendo di conservare i diritti patrimoniali dei vecchi soci. Viceversa, quello massimo del prezzo di emissione non può essere superiore al valore del complesso scorporato, risultante dalla stima redatta dall'esperto nominato dal tribunale, al fine di evitare problemi di sopravalutazione e di annacquamento di capitale.

[46] Dalla Sega, *Scorpori d'azienda*, cit., p. 42: «Il legislatore indica un criterio "principale" ("in base al valore del patrimonio netto") e prevede, per le società quotate, un criterio "integrativo" ("tenendo conto delle quotazioni dell'ultimo semestre")».

Il prezzo delle nuove azioni, quindi, non è influenzato esclusivamente dal valore attribuito al patrimonio della società beneficiaria, ma dipende anche dal valore stimato per il complesso conferito: ciò rende necessario verificare che i procedimenti di valutazione utilizzati per stimare il capitale della società conferente e quello della società beneficiaria siano omogenei, permettendo la raffrontabilità dei dati ottenuti.

Si può parlare, quindi, di determinazione di una sorta di «rapporto di equivalenza» nel quale figurano i valori dei capitali economici del complesso di beni scorporato e della società beneficiaria, dove la società beneficiaria emette titoli di partecipazione al proprio capitale in cambio dell'apporto di un complesso di beni.

Il prezzo di emissione delle nuove azioni viene fissato sulla base del confronto dei due valori a disposizione ed algebricamente avviene nel seguente modo[47]:

$$w_B = \frac{W_B}{N_B} \qquad [21]$$

dove:
w_B = valore unitario delle azioni della beneficiaria;
W_B = valore del capitale economico della beneficiaria;
N_B = numero di azioni della beneficiaria prima del conferimento.

Sulla base del valore così ottenuto, è possibile determinare il numero delle azioni da emettere a fronte del conferimento:

$$N_x = \frac{W_A}{w_B} \qquad [22]$$

dove:
N_x = numero di nuove azioni da emettere;
W_A = valore economico del patrimonio conferito.

L'entità del capitale da aumentare sarà quindi dato dal numero delle azioni da emettere, così come misurato nella formula precedente, moltiplicato per il valore nominale delle azioni, ottenendo l'aumento nominale del capitale.

Per determinare il sopraprezzo basterà sottrarre a tale aumento nominale il valore economico del patrimonio conferito (W_A).

La valutazione effettuata ai fini strategici e per verificare la creazione di valore

L'analisi strategica ai fini della creazione di nuova ricchezza deve essere svolta sia a livello individuale per la società scorporata e per le società beneficiarie – confrontan-

[47] Le formule relative al numero di azioni da emettere e al prezzo di emissione delle stesse sono elaborate da Dalla Sega, *Scorpori d'azienda*, cit.

do il loro valore prima e dopo lo scorporo –, sia a livello complessivo confrontando la sommatoria dei valori del capitale economico delle società partecipanti allo scorporo prima dell'operazione e il valore economico totale risultante dai valori strategici di tutte le società risultanti dallo scorporo.

L'operazione, pertanto, può creare valore attraverso sinergie e potenzialità strategiche in modo diverso a seconda che i suoi effetti siano prodotti su società preesistenti oppure di nuova costituzione.

Ad esempio, nello scorporo d'azienda o di un ramo aziendale dotato di autonomia reddituale, la società A che esegue il conferimento a favore di una società di nuova costituzione N, creerà valore se nella società A si verifica:

$$W_{A1} < W_{A2} \qquad [23]$$

dove:
W_{A1} = valore economico della società A (senza partecipazioni) ante scorporo;
W_{A2} = valore economico della società A (con partecipazioni) post scorporo.

In particolare:

$$W_{A2} = W_{A1} + P - C \qquad [24]$$

dove:
P = valore delle potenzialità strategiche conseguite con il decentramento;
C = costi da sostenere per lo scorporo e per beneficiare delle potenzialità strategiche.
Inoltre, per la società N di nuova costituzione deve verificarsi:

$$W_{ASN} < W_N \qquad [25]$$

dove:

$$W_N = W_{ASN} + P - C \qquad [26]$$

con:
W_{ASN} = valore economico (ante scorporo) dell'azienda o del ramo aziendale dotato di autonomia reddituale trasferito da parte della società A;
W_N = valore economico strategico (post scorporo) della società di nuova costituzione N.

Nello scorporo d'azienda o di un ramo aziendale dotato di autonoma capacità di reddito della società A eseguito a favore della società B preesistente si creerà valore se nella società A si verifica:

$$W_{A1} < W_{A2} \qquad [27]$$

dove:
W_{A1} = valore economico della società A (senza partecipazioni) ante scorporo;
W_{A2} = valore economico della società A (con partecipazioni) post scorporo.

In particolare:

$$W_{A2} = W_{A1} + P - C \quad [28]$$

dove:
P = valore delle potenzialità strategiche conseguite con il decentramento
C = costi da sostenere per lo scorporo e per beneficiare delle potenzialità strategiche.

Inoltre, se nella società B preesistente è verificato quanto segue:

$$W_{B1} + W_{ASI} < W_{B2} \quad [29]$$

dove:
W_{B1} = valore economico della società B ante scorporo;
W_{ASI} = valore economico ante scorporo dell'azienda o del ramo aziendale dotato di autonoma capacità di reddito trasferito da parte della società A;
W_{B2} = valore economico strategico della società B post scorporo.

In particolare:

$$W_{B2} = W_{ASI} + W_{B1} + S - C \quad [30]$$

dove:
S = valore delle sinergie derivanti dalla concentrazione
C = costi da sostenere per lo scorporo e per beneficiare delle sinergie.

Bibliografia

AA.VV., *La comunicazione economica: valore aziendale e sociale*, Egea, Milano 1989.

AA.VV., *Conferimento e scissione d'azienda*, EBC, Milano 1993.

ABRAVANEL R., STEFINI S., *Il valore rinsalda il legame con l'azionista*, «L'Impresa», 6, 1996.

AGGARWAL R., ZONG S., *The Cash Flow-Investment Relationship: International Evidence of Limited Access to External Finance*, «Journal of Multinational Financial Management», 16, 2006.

AGLIARDI E., AGLIARDI R., *Mercati finanziari. Analisi stocastica delle opzioni*, McGraw-Hill, Milano 2001.

AIFI, *L'attività di venture capital e private equity*, Il Sole 24 Ore Libri, Milano 1999.

AIFI, *Guida pratica al capitale di rischio*, PricewaterhouseCoopers, Milano 2000.

AIFI, *Quaderni sull'Investimento nel Capitale di Rischio. Il Private equity, come motore di sviluppo*, Egea, Milano 2004.

AKHIGBE A., EASTERWOOD J.C., PETTIT R.R., *Wealth effects of corporate debt issues: the impact of issuer motivations*, «Financial Management», 26, 1997.

ALOI F., *Creare valore dall'interno dell'impresa*, «Amministrazione e Finanza», 7, 1997.

ALOI F., *Investire o non investire? La risposta in un «modello»*, «Amministrazione e Finanza», 16, 1997.

ALTMAN E.I., *Financial Ratios, Discriminant Analysis and the Prediction of Corporate Bankruptcy*, «Journal of Finance», 4, 1968.

AMADUZZI A., *L'azienda nel suo sistema e nell'ordine delle sue rilevazioni*, UTET, Torino 1978.

AMADUZZI A., *Obiettivi e valore dell'impresa: misure di performance. Considerazioni teoriche e modelli operativi*, Il Sole 24 Ore Libri, Milano 2000.

AMBROSETTI G., PAPPALARDO A., *La valutazione delle aziende con il metodo dei moltiplicatori*, «Analisi Finanziaria», 26, 1997.

AMIGONI F. (a cura di), *Misurazioni d'azienda: programmazione e controllo*, Giuffrè, Milano 1995.

AMIGONI F., *Il Value Based Management: i principi di fondo e gli impatti sui sistemi di pianificazione e controllo*, «Finanza Marketing e Produzione», 1, marzo, 2001.

AMODEO D., *Ragioneria generale delle imprese*, Giannini, Napoli 1992.

ANG J.S., *Small Business Uniqueness and the Theory of Financial Management*, «Journal of Small Business Finance», 1, 1991.

ANGELONI I., CONTI V., PASSACANTANDO F. (a cura di), *Le banche e il finanziamento delle imprese*, Il Mulino, Bologna 1997.

ANOLLI M., LOCATELLI R., *Le operazioni finanziarie. Strumenti finanziari e contratti assicurativi*, Il Mulino, Bologna 2001.

ANSLINGER P.L., COPELAND T.E., *L'acquisizione non sinergica aiuta l'azienda a crescere*, «Harvard Business Review», settembre/ottobre, 1996.

ARDEMANI E., *L'autofinanziamento. Nell'economia dell'impresa e la sua misurazione*, Marzorati, Milano 1961.

ARGENZIANO R., *Il finanziamento delle imprese industriali*, Giuffrè, Milano 1963.

ARNOLD G., DAVIES M., *Value Based Management*, Wiley, New York 2000.

ARNONE M., BELLAVITE PELLEGRINI C., GRAZIADEI F., *Il venture capital per lo sviluppo. Un'analisi delle Economie Emergenti*, Vita e Pensiero, Milano 2006.

ASQUITH P., MULLINS D.W., *Equity issues and offering dilution*, «Journal of Financial Economics», 15, 1986.

BACHELIER L., *Theory of Speculation*, in COOTNER P., *The Random Character of Stock Market Prices*, The MIT Press, Cambridge MA 1964.

BAGWELL L.S., *Dutch Auction Repurchases: An Analysis of Shareholder Heterogeneity*, «Journal of Finance», 47, 1, 1992.

BAGWELL L.S., *Share Repurchase and Takeover Deterrence*, «RAND Journal of Economics», 22, 1, 1991.

BAJO E., *Le obbligazioni convertibili*, Carocci, Roma 2003.

BANCA D'ITALIA, *Accordo Internazionale sulla valutazione del patrimonio e sui coefficienti patrimoniali minimi*, «Bollettino Economico», 11, 1988.

BANDETTINI A., *Finanza Aziendale. Le fonti*, Cedam, Padova 1987.

BARBATO M., *Il controllo di gestione in un'ottica strategica*, UTET, Torino 1991.

BARNEY J.B., *Risorse, competenze e vantaggi competitivi. Manuale di strategia aziendale*, Carocci, Roma 2006.

BARONTINI R., *La valutazione del rischio di credito: I modelli di previsione delle insolvenze*, Il Mulino, Bologna 2000.

BASSANI C., *Cessione d'azienda e conferimento in società*, Pirola, Milano 1995.

BASU S., *The Investment Performance of Common Stocks in Relation to Their Price-Earning Ratios: A Test of the Efficient Market Hypothesis*, «Journal of Finance», 3, 1977.

BELLAVITE PELLEGRINI C., *Il quasi equity. Aspetti istituzionali teoria economica ed evidenza empirica*, Giuffrè, Milano 2003.

BELLI F., MAZZINI F., TEDESCHI R., *Il Testo Unico della Finanza*, Il Sole 24 Ore Libri, Milano 1998.

BELLIERI DEI BELLIERA A., MANTECHI F., *Guida pratica alla gestione del portafoglio titoli*, Il Sole 24 Ore Libri, Milano 1997.

BENNET STEWART G. III, *La ricerca del valore. Una guida per il management e per gli azionisti*, Egea, Milano 1998.

BERK J., DEMARZO P., *Finanza aziendale 2*, Pearson Addison Wesley, Milano 2008.

BERLE A., MEANS G., *The Modern Corporation and Private Property*, MacMillan, New York 1932.

BERTINETTI G., *Comunicazione finanziaria aziendale e teoria della finanza*, Egea, Milano 1996.

BERTINI U., *Il sistema d'azienda - schema di analisi*, Giappichelli, Torino 1990.

BERTONI A., *Avviamento dell'impresa,* voce della Enciclopedia della banca e della borsa, CEI, Milano 1971.

BHATTACHARYA S., *Imperfect information, Dividend Policy, and the Bird in the Hand Fallacy*, «Bell Journal of Economics», 10, 1, 1979.

BIANCHI T., *L'autofinanziamento*, Giuffrè, Milano 1963.

BIANCO M., *Vincoli finanziari e scelte reali delle imprese italiane: gli effetti di una relazione stabile con una banca*, in Angeloni I., Conti V., Passacantando F. (a cura di), *Le banche e il finanziamento delle imprese*, Il Mulino, Bologna 1997.

Bisoni C., Rosignoli B. (a cura di), *Letture di finanza aziendale*, Giuffrè, Milano 1991.

Black F., Scholes M., *The Valuation of Option Contracts and a Test of Market Efficiency*, «Journal of Finance», 27, 1972.

Black F., Scholes M., *The Pricing of Options and Corporate Liabilities*, «Journal of Political Economy», 18, 1973.

Bocchino U., *Controllo di gestione e budget*, Giuffrè, Milano 1994.

Boeri G., Giaroli V., *L'azienda orientata alla gestione del valore*, in «L'impresa», 4, 1992.

Bonato L., Hamaui R., Ratti M., *Come spiegare la struttura finanziaria delle imprese italiane?*, «Politica Economica», IX, 1, 1993.

Bongini P., Di Battista M.L., Nieri L., Patarnello A., *Il sistema finanziario*, Il Mulino, Bologna 2004.

Bonifazi A., Troie G., *Basilea 2. Leve di governo del rating bancario*, IPSOA, Milano 2007.

Bonini S., Zullo R., *Venture capital e imprenditorialità*, in Forestieri G., Lazzari V. (a cura di), *Il finanziamento delle imprese. Quale futuro? Capitale di rischio, venture capital, Ipo e nuovi rapporti banca-imprese*, Bancaria, Roma 2003.

Bontempi M.E., *The Dynamic Specification of the Modified Pecking Order Theory: Its Relevance to Italy*, «Empirical Economics», 27, 2002.

Bordogna P., *Il valore strategico del business reengineering*, «L'Impresa», 2, 1994.

Borello A., *Valore e prezzo di un'azione: il P/E ratio*, «Analisi Finanziaria», 36, 1999.

Borello A., *La mappa della strategia aziendale*, McGraw-Hill, Milano 2008.

Borgonovi E., *Principi e sistemi aziendali per le amministrazioni pubbliche*, Egea, Milano 1996.

Bozzi S., *Stock options. Aspetti economici, fiscali e contabili*, Milano, Università Bocconi, 2006.

Bradley M., Jarrel G.A., Kim E.H., *On the Existence of an Optimal Capital Structure: Theory and Evidence*, «Journal of Finance», 39, 3, 1984.

Brealy R.A., Myers S.C., Allen F., Sandri S., *Principi di finanza aziendale*, McGraw-Hill, Milano 2007, quinta edizione.

Brennan M.J., Thakor A.V., *Shareholder Preferences and Dividend Policy*, «Journal of Finance», 45, 4, 1990.

Brewer E., Genay H., Jackson W.E., Worthington P.R., *The securities issues decisions: evidence from small business investment companies*, working paper, Federal Reserve Bank of Chicago 1997.

Brugger G., *La Funzione finanziaria nell'impresa*, Franco Angeli, Milano 1979.

Brugger G., *Le decisioni finanziarie*, G. Pivato (a cura di), in *Trattato di finanza aziendale*, Franco Angeli, Milano 1983.

Brugger G., *La valutazione economica delle aziende: tre metodi a confronto*, «Finanza Marketing e Produzione», 2, 1985.

Brugger G., *La valutazione dei beni immateriali legati al marketing e alla tecnologia*, «Finanza, Marketing e Produzione», 1, 1989.

Brunetti G., *Il governo delle risorse finanziarie: il modello dello sviluppo sostenibile*, «Banche e Banchieri», 1983, 10.

Brusa L., *Condizioni di efficacia del controllo di gestione*, in Aa.Vv., *Scritti di economia aziendale per Egidio Giannessi*, Pacini, Pisa 1987.

Brusa L, Zamprogna L., *Finanza d'impresa. logiche e strumenti di gestione finanziaria: modello contabile e modello del valore*, Etaslibri, Milano 1995.

Buora C., *Pirelli: il valore nella gestione quotidiana*, «L'Impresa», 6, 1996.

BUTTIGNON F., DE LEO F., *I fattori determinanti la struttura finanziaria: analisi empirica nel caso italiano*, «Finanza, Imprese e Mercati», VI, 1, 1994.

CACCHI PESSANI S., *La tutela dei creditori nelle operazioni di merger leveraged buy-out. L'art. 2501-bis e l'opposizione dei creditori alla fusione*, Giuffrè, Milano, 2007.

CACCIAMANI C., *Il finanziamento dei capitali fissi: il leasing*, in FABRIZI P.L., FORESTIERI G., MOTTURA P., *Strumenti e servizi finanziari*, Egea, Milano 2003.

CAGNOLI G., *Strategia come generazione di valore economico superiore*, «Results», 2, 1992.

CALCAGNINI U., D'ARCANGELIS A.M., *Il contenuto informativo del rapporto prezzo-utile. Una verifica empirica sul mercato di borsa italiano*, «Il Risparmio», 5, 1994.

CAMPOBASSO G.F., *Manuale di Diritto Commerciale*, UTET, Torino 2007.

CANTINO V., *Valore d'impresa e merito creditizio*, Giuffrè, Milano 2002.

CAPALDO P., *L'autofinanziamento nell'economia dell'impresa*, Giuffrè, Milano 1968.

CAPALDO P., *Il cash flow e l'analisi finanziaria nella gestione d'impresa*, «Rivista dei Dottori Commercialisti», 6, 1971.

CAPARRELLI F., *Economia dei mercati finanziari*, McGraw-Hill, Milano 1998.

CAPARRELLI F., *I Derivati*, McGraw-Hill, Milano 2001.

CAPARRELLI F., *Il mercato azionario*, McGraw-Hill, Milano 1995.

CAPARRELLI F., *Economia del mercato mobiliare*, McGraw-Hill, Milano 2004.

CAPARRELLI F., D'ARCANGELIS A.M., *La reazione in eccesso del prezzo dei titoli: la teoria e una verifica empirica sulle azioni italiane*, «Bancaria», 10, 1995.

CAPODAGLIO G., *Autofinanziamento investimenti e variazioni dei prezzi*, Clueb, Bologna 1988.

CARAMIELLO C., *Le trasformazioni di forma giuridica, con particolare riferimento all'interpretazione numerica dell'art. 2500 del codice civile*, Colombo Cursi, Pisa 1965.

CARAMIELLO C., *La valutazione dell'azienda - prime riflessioni introduttive*, Giuffrè, Milano 1993.

CARATOZZOLO M., *I bilanci straordinari. Profili economici, civilistici e tributari*, Giuffrè, Milano 1996.

CARLOTTI M. (a cura di), *Tecniche di private equity. Il fondo e l'origination. L'investimento. La gestione e il disinvestimento*, Egea, Milano 2003.

CARRADORI R., GRASSELLI A., *Manuale di finanza d'impresa*, Il Sole 24 Ore Libri, Milano 1999.

CARRETTA A., FILOTTO U., FIORDELISI F., *Informazione e governo di rischio di credito*, Franco Angeli, Milano 2006.

CASELLI S., *Corporate banking per le piccole e medie imprese. Il cambiamento delle strategie e dei processi gestionali della banca per lo sviluppo del rapporto con le pmi*, Bancaria, Roma 2001.

CASELLI S., *I crediti di firma*, in FABRIZI P.L., FORESTIERI G., MOTTURA P. (a cura di), *Strumenti e servizi finanziari*, Egea, Milano 2003.

CASELLI S., *Il finanziamento dei capitali fissi: il mutuo*, in FABRIZI P.L., FORESTIERI G., MOTTURA P., *Strumenti e servizi finanziari*, Egea, Milano 2003.

CASELLI S. (a cura di), *PMI e sistema finanziario,* Egea, Milano 2003.

CASTALDI G., *Il Testo Unico bancario: tra innovazione e continuità*, Giappichelli, Torino 1997.

CATTANEO M., *Finanza aziendale. Il capitale circolante netto*, UTET, Torino 1998.

CATTANEO C. (a cura di), *Manuale di finanza aziendale*, Il Mulino, Bologna 1999.

CATTANEO C., Modina M., *Basilea II e PMI,* Franco Angeli, Milano 2006.

CECCARELLI P., Piraccini M., *Strategie di creazione del valore*, «L'impresa», 1, 1988.

CHEN J.J., *Determinants of Capital Structure of Chinese-listed Companies*, «Journal of Business Research», 57, 2004.

Chen N., Roll R., Ross S.A., *Economic Forces and the Stock Market*, «Journal of Business», luglio, 1986.

Chen J., Strange R., *The Determinants of Capital Structure: Evidence from Chinese Listed Companies*, «Economic Change and Restructuring», 38, 2005.

Cherubini U., Della Lunga G., *Il rischio finanziario*, McGraw-Hill, Milano 2001.

Chiesi G.M., *Gli strumenti di pagamento nel commercio internazionale*, in Munari L. (a cura di), *Strumenti finanziari e creditizi. Dai bisogni alle soluzioni*, McGraw-Hill, Milano 2006.

Chowdhry B., Nanda V., *Repurchase Premia as a Reason for Dividends: A Dynamic Model of Corporate Payout Policies*, «Review of Financial Studies», 7, 2, 1994.

Clementi M., Luschi G., Tron A., *Le operazioni di leveraged buy out. Aspetti legali, tributari e finanziari*, IPSOA, Milano 2006.

Clendenin J.C., Van Clave M., *Growth and Common Stocks Values*, «Journal of Finance», 9, 1954.

Coda V., *Introduzione alle valutazioni di bilancio*, LUEV, Venezia 1973.

Coda V., *Il concetto di reddito operativo nell'analisi economica d'impresa*, «Rivista dei Dottori Commercialisti», 5, 1980.

Coda V., *La comunicazione economica nella strategia aziendale*, in CESAD, *La comunicazione economica: valore aziendale o sociale*, Atti del convegno organizzato dal CESAD il 20 giugno 1988, Egea, Milano 1989.

Colombi F., *Nuova prospettiva del factoring*, Lo Scaffale, Roma 1976.

Colombi F., *Finanza condizionata e teoria del valore. Volume I. Del merito e del metodo*, Aracne, Roma 2003.

Colombi F., *Finanza condizionata e teoria del valore. Volume 2. Rischio e opportunità di investimento*, Aracne, Roma 2003.

Colombi F., *Finanza condizionata e teoria del valore. Volume 3. Mercati e valore*, Aracne, Roma 2003.

Colombi F., Danieli R., *Finanza condizionata e teoria del valore. Volume 10. Statica e dinamica finanziaria. Fondi e flussi*, Aracne, Roma 2007.

Comitato di Basilea, *A New Capital Adequacy Frame Work*, giugno 1999.

Confalonieri M., *Trasformazione, fusione, conferimento, scissione e liquidazione delle società*, Il Sole 24 ore Libri, Milano 1996.

Conte V., *Aspetti particolari delle valutazioni di fusione*, «Rivista Italiana di Ragioneria e di Economia Aziendale», luglio-agosto, 1996.

Conti C., *Il Value at risk (Var) e il Cash flow at risk (Cfar): un nuovo modo di misurare il rischio*, in *Financial Management and Performance*, Egea, Milano 2001.

Cootner P., *The Random Character of Stock Market Prices*, The MIT Press, Cambridge 1964.

Copeland T., Koller T., Murrin J., *Valuation Measuring and Managing the Value of Companies*, Wiley, New York 1994.

Copeland T.E., *Liquidity Changes Following Stock Splits*, «Journal of Finance», 34, 1979.

Copeland T.E., Weston J.F., *Teoria della Finanza e Politiche d'Impresa*, Egea, Milano 1994.

Copeland T.E., Koller T., Murrin J., *Il valore dell'impresa*, Sole 24 Ore Libri, Milano 1991.

Corvi E., Fioca R., *Comunicazione e valore nelle relazioni d'impresa*, Egea, Milano 1996.

Cosh A., Hughes A., *Size, Financial Structure and Profitability*, in Hughes A., Storey D.J., *Finance and the small firm*, Routledge, Londra 1994.

Cotugno M., *Gli strumenti creditizi di finanziamento a breve termine*, in Munari L. (a cura di), *Strumenti finanziari e creditizi. Dai bisogni alle soluzioni*, McGraw-Hill, Milano 2006.

Cotugno M., 2006, *I crediti di firma e gli strumenti diretti d'indebitamento a breve da parte delle imprese*, in MUNARI L. (a cura di), *Strumenti finanziari e creditizi. Dai bisogni alle soluzioni*, McGraw-Hill, Milano 2006.

COX J., ROSS S., RUBINSTEIN M., *Option Pricing. A Simplified Arroach*, «Journal of Financial Economics», 3, 1979.

CRESSY R., OLOFSSON C., *The Financial Conditions for Swedish SMEs: Survey and Research Agenda*, «Small Business Economics», 9, 1997.

CRISTINI G., *I Rendimenti delle Azioni e l'efficienza della Borsa*, «Contributi alla ricerca economica», Servizio studi della Banca d'Italia, dicembre, 1978.

CUCCULELLI M., *Costi di agenzia del debito, investimenti e crescita dell'impresa. Modelli teorici ed evidenze empiriche*, Clua, Ancona 2003.

D'ATRI A., *Metodi di valutazione d'azienda: considerazioni teoriche*, ISDAF, Milano 1991.

DAGNINO I., *Strategia aziendale e vantaggio competitivo*, Egea, Milano 2008.

DAHLSTRAND A.L., CETINDAMAR D., *The Dynamics of Innovation Financing in Sweden*, «Venture Capital», 2, 2000.

DALLOCCHIO M., *Valore di mercato, del capitale economico e acquisizioni*, «Economia&Management», 21, 1991.

DALLOCCHIO M., 1995, *Finanza d'azienda. Analisi e valutazioni per le decisioni d'impresa*, Egea, Milano 1995.

DALLOCCHIO M., SALVI A., *Finanza d'azienda*, Egea, Milano 2005.

DAMODARAN A., *Manuale di valutazione finanziaria*, McGraw-Hill, Milano 1996

DAMODARAN A, *Finanza aziendale*, Milano, Apogeo 2001.

DAMODARAN A., *Valutazione delle aziende*, Apogeo, Milano 2002.

DAMODARAN A., *Financing Choices Across the Life Cycle*, in *Finding the Right Financing Mix: The Capital Structure Decision*, http://pages.stern.nyu.edu/~adamodar/New_Home_Page/cflect.htm, 2006.

DANN L.Y., *Common Stock Repurchases. An Analysis of Returns to Bondholders and Stockholders*, «Journal of Financial Economics», 9, 1981.

DANN L.Y., DEANGELO L., *Standstill Agreements, Privately Negotiated Stock Repurchases, and the Market for Corporate Control*, «Journal of Financial Economics», 11, 1983.

DANN L.Y., MIKKELSON W.H., *Convertible debt issuance, capital structure change and financing-related information: some new evidence*, «Journal of Financial Economics», 13, 1984.

DANOVI A. (a cura di), *La riforma del diritto societario. Il parere dei tecnici tre anni dopo*, Giuffrè, Milano 2007.

DAY G.S., FAHEY L., *Putting strategy into shareholder value analysis*, «Harvard Business Review», marzo-aprile, 1990.

DE HAAN L., HINLOOPEN J., *Preference Hierarchies for Internal Finance, Bank Loans, Bond, and Share Issues: Evidence for Dutch Firms*, «Journal of Empirical Finance», 10, 2003

DE LAURENTIS G., CASELLI S., *Miti e verità di Basilea 2. Guida alle decisioni*, Egea, Milano 2006.

DE LAURENTIS G., SAITA F., SIRONI A., *Rating Interni e controllo del rischio di credito. Esperienze, problemi, soluzioni*, Bancaria, Roma 2004.

DE MARCHI R., *Il leasing azionario*, «Amministrazine e Finanza», 21, 1986.

DE VITO G., NAHMIJAS A., PERA A., *La risposta del mercato agli aumenti di capitale*, in *Il rischio azionario e la borsa: un'analisi del funzionamento del mercato italiano*, a cura di A. Penati, Egea, Milano 1991.

DECASTRI M., *Comunicazione e cultura: una relazione intensa*, Egea, Milano 1991.

DELCOURE N., *The Determinants of Capital Structure in Transitional Economies*, «International Review of Economics and Finance», 16, 2007.

DELLA ROSSA R., *Le opzioni reali nelle decisioni di investimento*, «Amministrazione e Finanza», 15, 1997.

DEMATTÈ C., *Teoria del valore: serve davvero per guidare meglio le imprese?*, «Economia e Management», 2, 1997.

DEMATTÈ C., FORESTIERI G., MOTTURA P., *Economia degli intermediari finanziari*, Egea, Milano 1993.

DENIS D.J., *Defensive Changes in Corporate Payout Policy: Share Repurchases and Special Dividends*, «Journal of Finance», 45, 5, 1990.

DESSY A., *Politiche finanziarie e indebitamento nelle piccole e medie imprese*, Egea, Milano 1995.

DESSY A., GERVASONI A., *Come finanziare l'impresa*, Il Sole 24 Ore Libri, Milano 1994.

DESSY A., VENDER J., *Capitale di rischio e sviluppo dell'impresa*, Egea, Milano 1996.

DI CAGNO N., *La riforma del diritto societario*, Cacucci, Bari 2004.

DI LAZZARO F., *I tassi nella determinazione del capitale economico aziendale*, Giuffrè, Milano 1990.

DI MASCIO A., *Investire con l'analisi fondamentale*, Egea, Milano 2003.

DIALE G., *Analisi della durata di un mutuo*, «Rivista Milanese di Economia», 47, 1993.

DOMENICHELLI O., *Finanza aziendale. Aspetti di rischio e rendimento dei titoli obbligazionari*, Clua, Ancona 2005.

DONALD R.L., *Commodity Channel Index*, «Commodity Magazine», ottobre, 1980.

DONNA G., *La creazione di valore nella gestione dell'impresa*, Carocci, Roma 1999.

DORMEIER B., *Buff up your moving averages*, Technical Analysis of Stocks & Commodities, 2001.

DURAND D., *Growth Stocks and the Petersbourg Paradox*, «Journal of Finance», 12, 1957.

EASTERBROOK F., *Two Agency-Costs Explanations of Dividends*, «American Economic Review», 74, 4, 1984.

ECCHIA S., BERTONI S., *Il rischio di credito: metodologie avanzate di previsione delle insolvenze*, Giappichelli, Torino 1996.

ECCLES R.G., Mavrinac S.C., *Improving the Corporate Disclosure Process*, «Sloan Management Review», 36, 4, 1995.

ECCLES R., LUPONE L., *Alla ricerca del valore: il divario informativo tra società e mercato. Il caso italiano*, in GUATRI L., ECCLES R., *Informazione e valore, Informazione e valore. Il caso italiano*, Egea, Milano 2000.

ECKBO B.E., *Valuation effects of corporate debt offerings*, «Journal of Financial Economics», 15, 1986.

EDWARDS R.D., MAGEE J., *Technical Analysis Of Stock Trend,* John Magee, New York 1957.

ELTON N., GRUBER M., *Marginal Stockholder Tax Rates and the Clientele Effect*, «Review of Economics and Statistics», 52, 1970.

ELTON E.J., GRUBER M.J., *Modern Portfolio Theory and Investment Analysis*, Wiley, New York 1991.

ENG W.F., *The Technical Analysis of Stocks, Options & Futures*, Probus, Chicago 1988.

FABBRINI A., MICUCCI G., *La struttura finanziaria delle imprese marchigiane: un'analisi su dati di bilancio e una discussione delle soft information*, in VENANZI D., *Le decisioni di struttura finanziaria delle imprese italiane. Evidenza empirica*, Morlacchi, Perugia 2003.

FABOZZI F.J., MODIGLIANI F., *Mercati finanziari. Strumenti e istituzioni*, Il Mulino, Bologna 1995.

FABRIZI P.L., FORESTIERI G., MOTTURA P., *Strumenti e servizi finanziari*, Egea, Milano 2003.

FACCHINETTI I., TASCHINI M., *Strategia e valutazione nelle acquisizioni d'aziende*, Giuffrè, Milano 1989.

FACCHINETTI I., *Analisi dei flussi finanziari*, Il Sole 24 Ore Libri-Pirola, Milano 1997.

FACCIPIERI S., *Verso una teoria della strategia d'impresa: il ruolo della circolazione dei concetti e dei linguaggi*, in AA.VV., *Scritti in onore di Luigi Guatri*, II, Egea, Milano 1994.

FADDA L., *Il tasso di attualizzazione nella valutazione d'impresa*, Giuffrè, Milano 1994.

FALINI A., *La strategia economico-finanziaria degli enti locali. Prestiti obbligazionari e finanza di progetto*, Guerini e Associati, Milano 2000.

FAMA E.F., *The Behaviour of Stock-Market Prices*, «The Journal of Business», 38, 1, 1965.

FAMA E.F., *Efficient Capital Markets: A Review of Theory and Empirical Work*, «The Journal of Finance», 25, 2, 1970.

FAMA E.F., *Efficient Capital Markets: II*, «The Journal of Finance», 46, 5, 1991.

FAMA E.F., FRENCH K.R., *The Cross-Section of Expected Returns*, «Journal of Finance», 47, 1992.

FANNI M., *Manuale di finanza dell'impresa*, Giuffrè, Milano 2000.

FENN G.W., Liang N., *Corporate Payout Policy and Managerial Stock Incentives*, «Journal of Financial Economics», 60, 2001.

FERRARI A., GUALANDRI E., LANDI P., VEZZANI P., *Strumenti mercati intermediari finanziari*, Giappichelli, Torino 1997.

FERRERO G., *La valutazione economica del capitale d'impresa*, Giuffrè, Milano 1966.

FERRERO G., *Finanza aziendale*, Giuffrè, Milano 1981.

FERRERO G., *Alcune precisazioni sulla valutazione delle aziende*, «Contabilità e Bilancio», 73, 1991.

FERRERO G., DEZZANI F., PISONI P., PUDDU L., *Le analisi di Bilancio*, Giuffré, Milano 1994.

FICO D., GORI B., *L'assemblea nelle società di capitali. Competenze e funzionamento dell'organo assembleare alla luce della riforma del diritto societario*, Il Sole 24 Ore Libri-Pirola, Milano 2005.

FIGLEWSKI S., SILBER W.L., SUBRAHMANYAM M., *Financial Options: From Theory to Practice*, Richard D. Irwin, Illinois 1990.

FISHER I., *La natura del capitale e del reddito*, UTET, Torino 1932 (traduzione della versione originale *Appreciation and interest*, Macmillan, New York 1896).

FISHER I., *The Theory of Interest*, Macmillan, New York 1930.

FISHER I., *The Use of Multiple Measurements in Taxonomic Problems*, «Annals of Eugenics», 7, 1936.

FLOREALI A., *La remunerazione e il rischio dei finanziamenti offerti alle imprese*, in CATTANEO M. (a cura di), *Manuale di finanza aziendale*, Il Mulino, Bologna 1999.

FORESTIERI G., LAZZARI V. (a cura di), *Il finanziamento delle imprese. Quale futuro? Capitale di rischio, venture capital, Ipo e nuovi rapporti banca-imprese*, Bancaria, Roma 2003.

FORESTIERI G., MOTTURA P., *Il sistema finanziario. Istituzioni, mercati e modelli di intermediazione*, Egea, Milano 1998.

FORNASINI A., *L'analisi tecnica e fondamentale di borsa. Lo studio efficiente dei mercati a fini operativi*, Etaslibri, Milano 1991.

FORNASINI A., *Mercati finanziari: scelta e gestione di operazioni speculative. I metodi e i sistemi della moderna Analisi Tecnica a supporto delle decisioni operative*, EtasLibri, Milano 2000.

FORNASINI A., FARONI M., *Rischio di cambio e finanza d'impresa: metodologie e strumenti per la gestione della tesoreria valutaria aziendale*, Etaslibri, Milano 1992.

FOSSATI G., *Il finanziamento delle imprese*, Franco Angeli, Milano 1984.

FRATTINI G., *Il valore di acquisizione delle imprese in funzionamento*, Giuffrè, Milano 1983.

FRIEDMAN M., *Essays in the Theory of Positive Economics*, The University of Chicago Press, Chicago 1953.

FROLI M., *La valutazione di azienda: principi e metodi. L'applicazione nelle operazioni di cessione, fusione, liquidazione, conferimento*, EBC, Milano 1992.

FULLER R.J., FARRELL J.L., *Analisi degli investimenti finanziari*, McGraw-Hill, Milano 1993.

FULLER R.J., HSIA C.C., *A Semplified Model for Estimatine Stock Prices of Growth Firms*, «Financial Analysts Journal», 1984.

GABBI G. (a cura di), *La previsione nei mercati finanziari. Trading system, modelli econometrici e reti neurali*, Bancaria, Milano 1999.

GABRIELLI M., DE BRUNO S., *Capire la finanza*, Il Sole 24 Ore Libri, Milano 1999.

GALATI L., TAGLIAVINI G., *La prevedibilità delle serie storiche finanziarie*, in GABBI G. (a cura di), *La previsione nei mercati finanziari. Trading system, modelli econometrici e reti neurali*, Bancaria, Milano 1999.

GARBADE F., *Teoria dei mercati finanziari*, Il Mulino, Bologna 1995.

GAUD P., HOESLI M., BENDER A., *Deb-equity Choice in Europe*, «International Review of Financial Analysis», 16, 2007.

GAUD P., JANI E., HOESLI M., BENDER A., *The Capital Structure of Swiss Companies: An Empirical Analysis Using Dynamic Panel Data*, «European Financial Management», 11, 2005.

GERSCHENKRON A., *Economic Backwardness in Historical Perspective*, Harvard University Press, Cambridge MA 1962.

GERVASONI A. (a cura di), *Finanziare l'impresa*, Il Sole 24 Ore Libri, Milano 1999.

GERVASONI, A., SATTIN, F., *Private Equity e Venture Capital. Manuale di investimento nel capitale di rischio*, Guerini e Associati, Milano 2000.

GIANNESSI E., *L'equazione del fabbisogno di finanziamento nelle aziende di produzione e le possibili vie della sua soluzione*, Giuffrè, Milano 1982.

GINGER B.J., FRASCA R.R., *Investments. Introduction to analysis and planning*, Prentice Hall, Englewood Cliffs, 1995.

GITMAN L.J., JOEHNK M.D., *Fundamentals of investing*, Addison-Welsey, New York, 1999.

GIUDICI G., PALEARI S., *The Provision of Finance to Innovation: A Survey Conducted Among Italian Technology-Based Small Firms*, «Journal of Small Business Economics», 14, 2000.

GIULIANI S., *Crescita e valore. Note in margine al modello di Gordon*, in Atti dell'Incontro di Finanza aziendale del 16 luglio 2001, Università Bocconi, Milano 2001.

GIUNTA F., *Analisi di Bilancio. Riclassificazione, indici e flussi. Volume I: logiche e strumenti*, Centro Stampa Il Prato, Firenze 2005.

GIUSSANI A., NAVA P., PORTALUPI A., *Memento pratico contabile*, IPSOA-Francis Lefebvre, Milano 2009.

GRAHAM B., DODD D., COTTLE S., *Security anal«ysis. Principles and tecniques*, McGraw-Hill, Londra 1934.

GRANDIS F.G., *I metodi misti nella valutazione delle aziende. Un'analisi comparativa*, Giappichelli, Torino 1993.

GRANT R.M., *L'analisi strategica nella gestione aziendale. Concetti, tecniche, applicazioni*, Il Mulino, Bologna 1994.

GROSSMAN S.J., STIGLITZ J.E., *On the Impossibility of Informationally Efficient Markets*, «The American Economic Review», 70, 3, 1980.

GRULLON G., IKENBERRY D.L., *What Do We Know About Stock Repurchases?*, «Journal of Applied Corporate Finance», 13, 1, 2000.

GUATRI L., *Riserve di liquidità ed elasticità di gestione dell'azienda industriale*, in *Finanza aziendale e Mercato Finanziario*, Giuffrè, Milano 1982.

GUATRI L., *La misura del reddito «normale» atteso che definisce il valore dell'impresa*, «Finanza Marketing e Produzione», 2, 1990.

GUATRI L., *Strategie d'impresa e massimizzazione del valore azionario*, «Finanza Marketing e Produzione», 4, 1990.

GUATRI L., *La teoria di creazione del valore. Una via europea*, Egea, Milano 1991.

GUATRI L., *Vie e strumenti per la creazione di nuovo valore*, «Finanza Marketing e Produzione», 3, 1991.

GUATRI L., Massari M., *La diffusione del valore*, Egea, Milano 1992.

GUATRI L., *Il valore delle aziende: introduzione alle teorie e alla pratica dei Paesi avanzati*, «Finanza Marketing e Produzione», 2, 1994.

GUATRI L, *La valutazione delle aziende. Teoria e pratica dei paesi avanzati a confronto*, Egea, Milano 1994.

GUATRI L., *Le ragioni della superiorità concettuale ed applicativa dei metodi reddituali*, «Finanza Marketing e Produzione», 2, 1996.

GUATRI L., *Il giudizio integrato di valutazione. Dalle formule al processo valutativo*, Egea, Milano 2000.

GUATRI L., *Misure di performance: tra dinamica del valore del capitale e dinamica del valore degli intangibles*, in GUATRI L., ECCLES R., *Informazione e valore. Il caso italiano*, Egea, Milano 2000.

GUATRI L., BINI M., *I moltiplicatori nella valutazione delle aziende. Principi e linee guida professionali*, vol. 1, Università Bocconi, Milano 2002.

GUATRI L., BINI M., *I moltiplicatori nella valutazione delle aziende. Metodi & strumenti*, vol. 2, Università Bocconi Editore, Milano 2002.

GUATRI L., BINI M., *Gli intangibili specifici*, Università Bocconi, Milano 2003.

GUATRI L., BINI M., *Nuovo trattato sulla valutazione delle aziende*, Università Bocconi, Milano 2005.

GUATRI L., ECCLES R., *Informazione e valore. Il caso italiano*, Egea, Milano 2000.

GUATRI L., SICCA L., *Strategie. Leve del valore. Valutazione delle aziende*, Egea, Milano 2000.

GUATRI L., VICARI S., *Sistemi d'impresa e capitalismi a confronto. Creazione di valore in diversi contesti*, Egea, Milano 1994.

GUGLIELMINI G., *Ristrutturazione aziendale e valore potenziale*, «Finanza Marketing e Produzione», 4, 1996.

GUIDO P., *Il marketing del valore*, Sperling & Kupfer, Milano 1997.

HALL G.C., HUTCHINSON P.J., MICHAELAS N., *Determinants of the Capital Structure of European SMEs*, «Journal of Business Finance & Accounting», 31, 2004.

HAMILTON J.D., *Econometria delle serie storiche*, Monduzzi, Roma 1995.

HAMILTON R.T., FOX M.A., *The Financing Preferences of Small Firm Owners*, «International Journal of Entrepreneurial Behaviour & Research», 4, 1998.

HARRIS M., RAVIV A., *Corporate Control Contests and Capital Structure*, «Journal of Financial Economics», 20, 1988.

HAUGEN R.A., *Modern Investment Theory*, Prentice-Hall, Englewood Cliffs 1997.

HAX A.C., MAJLUF N.S., *La direzione strategica*, IPSOA, Milano 1987.

HESS A. C., BHAGAT S., *Size effects of seasoned stock issues: empirical evidence*, in «Journal of Business», 59, 1986.

HOGAN T., HUTSON E., *Capital Structure in New Technology-Based Firms: Evidence from the Irish Software Sector*, «Global Finance Journal», 15, 2005.

HOLMES S., KENT P., *An empirical analysis of the Financial Structure of Small and Large Australian Manufacturing Enterprises*, «Journal of Small Business Finance», 1, 1991.

HULL J., *Options, Futures, & Others Derivatives*, Prentice Hall, New Jersey 1191.

HYYTINEN A., PAJARINEN M., *Financing of Technology Intensive Small Business: Some Evidence from the ICT Industry*, «The Research Institute of the Finnish Economy», 813, 2002.

IANNIELLO B., *La riforma del diritto societario*, IPSOA, Milano 2005.

IMPERATORI G., *Il project financing*, Il Sole 24 Ore Libri, Milano 1995.

INCOLLINGO A., *Il fabbisogno finanziario dell'impresa. Aspetti quantitativi e di politica aziendale*, Giuffrè, Milano 1996.

INTRISANO C., *Il rischio finanziario*, Aracne, Roma 2005.

ITAMI H., *Le risorse invisibili*, ISEDI, Milano 1988.

JENSEN M.C., *Some Anomalous Evidence Regarding Market Efficiency*, «Journal of Financial Economics», 6, 2/3, 1978.

JENSEN M.C., *Agency Costs of Free Cash Flow, Corporate Finance and Takeovers*, «American Economic Review», 76, 2, 1986.

JENSEN M.C., MECKLING W., *Theory of the Firm: Managerial Behaviour, Agency Cost and Ownership Structure*, «Journal of Financial Economics», ottobre, 1976.

JEVONS LEE C., *Fundamental Analysis and the Stock Market*, «Journal of Business Finance & Accounting», 1987.

JOHN K., WILLIAMS J., *Dividends, Dilution, and Taxes: A Signalling Equilibrium*, «Journal of Finance», 4, 40, 1985.

JORDAN J., LOWE J., TAYLOR P., *Strategy and Financial Policy in UK Small Firms*, «Journal of Business Finance & Accounting», 25, 1998.

JOVENITTI P., *Il ricorso al mercato mobiliare*, in PIVATO G. (a cura di), *Trattato di Finanza aziendale*, Franco Angeli, Milano 1983.

JOVENITTI P., *Il valore dell'impresa,* Pirola, Milano 1990.

KAHLE K.M., *When a Buyback Isn't a Buyback: Open Market Repurchases and Employee Options*, «Journal of Financial Economics», 63, 2002.

KEANE S.M., *Stock Market Efficiency:Theory, Evidence and Implications*, Allan, Oxford 1983.

KEYNES J.M., *The General Theory of Employment, Interest and Money*, Bnpublishing, Harcourt 1936.

KLEIN A., ROSENFELD J., *Targeted Share Repurchases and Top Management Changes*, «Journal of Financial Economics», 20, 1988.

KNIGHT J.A., *Value Based Management. Developing a Systematic Approach to Creating Shareholder Value*, McGraw-Hill, New York 1998.

KOLODNY R., SUHLER D.R., *Changes in capital structure, new equity issues, and scale effect*, «Journal of Financial Research», 8, 1985.

KREGEL J., *Origini e sviluppo dei mercati finanziari*, Banca Popolare dell'Etruria e del Lazio – Studi e ricerche, Arezzo 1996.

LA GUIDA REUTERS, *Analisi tecnica dei mercati finanziari*, Apogeo, Milano 2002.

LAMBERT R.A., LANEN W.N., LARCKER, D.F., *Executive Stock Option Plans and Corporate Dividend Policy*, «Journal of Financial and Quantitative Analysis», 24, 4, 1989.

LAMONICA S., *La valutazione aziendale ai fini della cessione*, in «Rivista dei Dottori Commercialisti», 1, 1983.

LANZAVECCHIA A., *Le obbligazioni societarie*, in MUNARI L., *Strumenti finanziari e creditizi. Dai bisogni alle soluzioni*, McGraw-Hill, Milano 2006.

LAZZARI V., GERANIO M., *Il mercato delle Initial public offering nell'Europa continentale*, in FORESTIERI G., LAZZARI V. (a cura di), *Il finanziamento delle imprese. Quale futuro? Capitale di rischio, venture capital, Ipo e nuovi rapporti banca-imprese*, Bancaria, Roma 2003.

LEASE R.C., JOHN K., KALAY A., LOEWENSTEIN U., SARIG O.H., *Dividend Policy. Its Impact on Firm Value*, Harvard Business School Press, Boston 2000.

LeRoy S.F., *Efficient Capital Markets and Martingales*, «Journal of Economic Literature», 27, 4, 1989.
Lintner J., *Distribution of Incomes of Corporations Among Dividends, Retained Earnings, and Taxes*, «American Economic Review», 46, 2, 1956.
Lo A.W., MacKinlay A.C., *A Non-Random Walk Down Wall Street*, Princeton University Press, Princeton, 1999.
Lo Martire G., *Valutazione dell'azienda - determinazione del valore globale e di avviamento,* Buffetti, Milano 1987.
Lohmann M., *Abschreibungen, was sie sind und was nicht sind*, «Der Wirtschaftsprufer», 12, 1949.
Lopez-Garzia J., Aybar-Arias C., *An Empirical Approach to the Financial Behaviour of Small and Medium Sized Companies*, «Small Business Economics», 14, 2000.
Macrì D.M., *Imprese e dinamiche del valore: un metodo per decidere*, «Economia e Management», 15, 1990.
Macrì D.M., *Strategie acquisitive e creazione di valore*, «Finanza Marketing e Produzione», 2, 1992.
Maggi M., *Investire con l'Analisi Tecnica. Guida pratica ai metodi per operare meglio*, Egea, Milano 2000.
Maino R., Masera R., *Impresa, finanza, mercato: la gestione integrata del rischio*, Egea, Milano 2005.
Malkiel B.G., 1996, *A Random Walk Down Wall Street*, Norton & Co., New York.
Manelli A., *Le operazioni di leveraged buy-out*, in Pochetti G., (a cura di), *Il Mercato finanziario*, La Ragione, Roma 1993.
Manelli A., *Finanza aziendale*. 3. *Finanza straordinaria*, UTET, Torino 1999.
Manelli A., *Finanza aziendale. L'efficienza dei mercati. Analisi fondamentale e analisi tecnica*, Clua, Ancona 2003.
Manelli A., Pace R., *Il riacquisto di azioni proprie. Teoria ed evidenze empiriche*, Pitagora, Bologna 2007.
Marchi L., *I sistemi informativi aziendali*, Giuffrè, Milano 1993.
Marchini I., *Le gestioni straordinarie*, in Ardemani E. (a cura di), *Manuale di amministrazione aziendale*, ISEDI, Torino 1974.
Martirani F., *Forecasting Financial Markets: Technical Analysis vs Fundamental Analysis*, «Derivatives Use, Trading & Regulation», 4, 3, 1998.
Massari M., *Gli strumenti per le analisi finanziarie,* in Pivato G. (a cura di), *Trattato di Finanza aziendale*, Franco Angeli, Milano 1983.
Masulis R.W., *Stock repurchase by tender offer: an analysis of the causes of common stock price changes*, «Journal of Finance», 35, 2, 1980.
Masulis R. W., Korwar A. N., *Seasoned equity offerings: an empirical investigation*, «Journal of Financial Economics», 15, 1986.
Mauri A., *Il valore di acquisizione,* «Finanza Marketing e Produzione», 4, 1992.
Mazzola P., *Analisi strategica e valutazione economica del capitale*, in *Scritti in onore di Carlo Masini*, Egea, Milano 1993.
McNally W.J., *Open market stock Repurchase Signalling*, «Financial Management», 28, 2, 1999.
Melis A., *Corporate governance. Un'analisi empirica della realtà italiana in un'ottica europea*, Giappichelli, Torino 1999.
Mella P., *Il leasing*, Buffetti, Roma 1987.
Meneguzzo M., *Manuale di finanza innovativa per le amministrazioni pubbliche. Analisi e strumenti per l'innovazione*, Rubbettino, Roma 2003.

MENGOLI S., *On the Source of Contrarian and Momentum Strategies in the Italian Equity Market*, «International Review of Financial Analysis», 13, 2004.
MERLANI C., *Il Credito mercantile*, Giuffrè, Milano 1956.
METALLO G., *Finanza sistemica per l'impresa*, Giappichelli, Torino 2002.
MIGLIETTA A., *La valutazione delle operazioni di fusione*, Etaslibri, Milano 1991.
MIKKELSON W.H., PARTCH M., *Valuation Effects of Security Offering and the Issuance Process*, «Journal of Financial Economics», 15, 1986.
MIKKELSON W.H., RUBACK R.S., *Targeted Repurchases and Common Stock Returns*, «RAND Journal of Economics», 22, 4, 1991.
MILES R.C., *The Direct Market Method of Appraising Closet Held Business*, in West-Jones, *Handbook of Business Valuation*, Wiley, New York 1992.
MILLER M., ROCK R., *Dividend Policy Under Asymmetric Information*, «Journal of Finance», 4, 40, 1985.
MILLS T.C., *The Econometric Modelling of Financial Time Series*, Cambridge University Press, Cambridge 1999.
MODIGLIANI F., Miller M.H., *The Cost of Capital Corporation Finance and The Theory of Investment*, «American Economic Review», 48, 1958.
MODIGLIANI F., MILLER M.H., *Dividend Policy, Growth and the Valuation of Shares*, «Journal of Business», 34, 1961.
MOLLONA E., *Strategia, complessità e risorse. Strumenti e principi per l'analisi dinamica della strategia aziendale*, Egea, Milano 2008.
MONTI E., ONADO M., *Il mercato monetario e finanziario in Italia*, Il Mulino, Bologna 1982.
MONTI E., *Manuale di finanza per l'impresa. Teoria e pratica*, UTET, Torino 2005.
MORI M., *Il rischio di interesse fra tradizione e innovazione*, Cedam, Padova 1992.
MORO VISCONTI R., *I titoli a reddito fisso*, McGraw-Hill, Milano 1993.
MOSCHETTA E., *La valutazione delle imprese in crescita. Modelli di finanza e problematiche di applicazione*, Egea, Milano 2000.
MOTTURA P., *La gestione della Banca*, Giuffrè, Milano 1986.
MOTTURA P., *Condizioni di equilibrio finanziario della strategia d'impresa*, «Finanza Marketing e Produzione», 1, 1987.
MUHTASEB M.R., PHILIPPATOS G.C., *Determinants of stock price reaction to announcement of equity financing by U.S. firms*, «Applied Financial Economics», 1, 1991.
MUNARI L., *Strumenti finanziari e creditizi. Dai bisogni alle soluzioni*, McGraw-Hill, Milano 2006.
MURPHY J.J., *Analisi tecnica dei mercati finanziari*, Hoepli, Milano 1997.
MURPHY J.J., *Technical Analysis of the Futures Markets*, New York Institute of Finance, New York 1986.
MUSAIO A., *La riforma del diritto societario. Profili economico-aziendali*, Franco Angeli, Milano 2006.
MYERS S, *Determinants of Corporate Borrowing*, «Journal of Financial Economics», 5, 2, 1977.
MYERS S.C., *The Capital Structure Puzzle*, «Journal of Finance», 39, 1984.
MYERS S.C., *Capital structure*, «Journal of Economic Perspective», 15, 2001.
MYERS S.C, MAJLUF N.S., *Corporate financing and investment decisions when firms have information that investors do not have*, «Journal of Financial Economics», 13, 1984.
NAPOLI M., PARISI M., *Valutazione finanziaria degli investimenti. Teorie, modelli, tecniche e strumenti operativi*, McGraw-Hill, Milano 2007.
NEVITT P.K., *Project financing*, Cariplo-Laterza, Bari 1983.
NODARI A., *Creare valore*, «Amministrazione & Finanza Oro», 2, 1993.

OLIVOTTO L., *La strategia, i sistemi direzionali e l'orientamento al valore*, «Analisi Finanziaria», 28, 1997.

ONESTI T., PREVIATI D. (a cura di), *Basilea 2 e la struttura patrimoniale delle imprese*, Franco Angeli, Milano 2007.

ONG M.K., *Internal Credit Risk Models, Capital Allocation and Performance Measurement*, Risk Books, 1999.

ONIDA P., *Economia d'azienda*, UTET, Torino 1971.

ORIANI M., *Struttura dei mercati finanziari e strumenti di finanziamento delle imprese*, in CATTANEO M. (a cura di), *Finanza aziendale. Il capitale circolante netto*, UTET, Torino 1999.

ORICCHIO G., *La stima dell'aleatorietà nelle valutazioni del capitale economico d'impresa,* Giappichelli, Torino 1994.

OSBORNE M.F.M., *Brownian Motion in the Stock Market*, «Operations Research», 7, 1959.

OSTRENGA M.R., *La guida Ernst & Young al Total Cost Management*, Franco Angeli, Milano 1993.

PAGANELLI O., *Valutazione delle aziende - principi e procedimenti,* UTET, Torino 1990.

PANATI G., Golinelli G., *Tecnica economica industriale e commerciale. Imprese strategie e management*, NIS, Roma 1990.

PAROLINI C., *La rete del valore*, Egea, Milano 1996.

PATANÈ M., *L'analisi economico-aziendale offre un supporto alle decisioni di investimento e disinvestimento sui mercati azionari?*, «Il Risparmio», 3, 1998.

PATERNÒ DI MONTECUPO M., *Il rischio di cambio: aspetti economici, finanziari, contabili e fiscali*, Cedam, Padova 1996.

PAVARANI E., *L'equilibrio finanziario. Criteri e metodologie nella logica di Basilea 2*, McGraw-Hill, Milano 2006.

PEDERZOLI C., TORRICELLI C., *Una rassegna dei metodi di stima del Value at Risk (VaR)*, Quaderni di Dipartimento di Economia Politica, Università degli Studi di Modena e Reggio Emilia, 1999.

PELLICELLI M., *Creazione di valore e Value Based Management*, Giappichelli, Milano 2007.

PETERS E.E., *Fractal Market Analysis*, Wiley, New York 1994.

PETROCCHI M., TARANTO F.P., *Finanza straordinaria e sviluppo d'impresa*, IPSOA, Milano 1989.

PETROCCHI M., *Cessioni, conferimenti e scissioni d'azienda*, EBC, Milano 1991.

PEYER U.C., VERMAELEN T., 2005, *The Many Facets of Privately Negotiated Share Repurchases*, «Journal of Financial Economics», 75.

PEROTTA R., *Le valutazioni di fusione. Problemi di calcolo economico e di rappresentazione*, Giuffrè, Milano 1983.

PICA F., *Manuale di finanza locale*, Maggioli, Rimini 1989.

PICONE L., *Orientamenti giurisprudenziali e profili operativi del leveraged buy out*, Giuffrè, Milano 2001.

PINARDI C.M., *La capacità previsionale degli analisti finanziari: una verifica relativa al mercato azionario italiano*, «Finanza Marketing e Produzione», 4, 1995.

PIVATO G. (a cura di), *Le operazioni di Finanza straordinaria*, in *Trattato di Finanza aziendale*, Franco Angeli, Milano 1983.

POCHETTI G., *Aspetti attuali del credito industriale*, Nuove dimensioni, Roma 1979.

POCHETTI G., *Economia e tecnica delle aziende industriali 1. Aspetti amministrativi delle imprese industriali*, Giappichelli, Torino 1993.

POCHETTI G. (a cura di), *Il Mercato finanziario*, La Ragione, Roma 1993.

POCHETTI G., *Finanza aziendale. Il mercato dei capitali*, UTET, Torino 1997.

POCHETTI G., *Finanza aziendale. 1. Le funzioni finanziarie d'impresa*, UTET, Torino 2001.

POLETTI L., *I titoli azionari*, in MUNARI L., *Strumenti finanziari e creditizi. Dai bisogni alle soluzioni*, McGraw-Hill, Milano 2006.

PORTER M.E., *Il vantaggio competitivo,* Edizioni di Comunità, Milano 1987.

POZZA L., *Alcune riflessioni in tema di valutazioni d'azienda: il problema della scelta dei tassi e dell'orizzonte temporale nell'applicazione del metodo UEC*, «Rivista dei Dottori Commercialisti», 3, 1994.

PRAHALAD C.K., *Corporate Governance or Corporate Value Added? Rethinking the Primacy of Shareholder Value*, «Journal of applied corporate finance», 6, 4, 1994.

PRING M.J., *Analisi tecnica dei mercati finanziari*, McGraw-Hill, Milano 1995.

QUAGLINI L., CONCA V., *Management Intelligence: produzione di conoscenza e generazione di valore*, «Economia & Management», 4, 1993.

QUIRICI M.C., *L'analisi fondamentale in campo borsistico. Suoi collegamenti con l'analisi tecnica*, «Studi e informazioni – Quaderni», 26, 1989.

RACUGNO G., *Lo «scorporo» d'azienda*, Giuffrè, Milano 1995.

RAMPINI F., *La comunicazione aziendale*, Etaslibri, Milano 1990.

RAPPAPORT A., *La strategia del valore*, Franco Angeli, Milano 1986.

REBOA M., *Gli obiettivi economico-finanziari nel sistema delle decisioni di impresa*, in Scritti in onore di Carlo Masini, II, Egea, Milano 1993.

REGALLI M., *Il finanziamento dei fabbisogni a medio-lungo termine*, in MUNARI L., *Strumenti finanziari e creditizi. Dai bisogni alle soluzioni*, McGraw-Hill, Milano 2006.

REILLY F.K., NORTON E.A., *Investments*, The Dryden Press, Fort Worth 1995.

REIMANN B.C., *Managing for value*, The Planning Forum, USA 1989.

REITMAN D., *Stock Options and the Strategic Use of Managerial Incentives*, «The American Economic Review», giugno, 1993.

RENZI A., *Criteri di analisi finanziaria nell'economia d'impresa. Flussi finanziari, mercato e valore*, Giappichelli, Torino 2005.

RHEA R., *Dow Theory*, Barron's, New York 1932.

RICCI R., *Il leasing azionario*, «Banche e Banchieri», 5, 1975.

RIGAMONTI S., *Nuove quotazioni alla borsa italiana. Separazione tra proprietà e controllo ed evoluzione della struttura proprietaria*, Franco Angeli, Milano 2005.

RISPOLI M., *L'impresa industriale. Economia, tecnologia, management*, Il Mulino, Bologna 1989.

ROBERTS H.V., *Stock-Market Patterns and Financial Analysis: Methodological Suggestions*, «The Journal of Finance», 14, 1, 1959.

ROE M., *Strong Managers Weak Owners: The Political Roots of American Corporate Finance*, Princeton University Press, Princeton 1994.

ROLL R., *A Critique of the Asset Pricing Theory: Part I. On the Past and Potential Testability of the Theory*, «Journal of Financial Economics», marzo, 1977.

ROMANO R., *La riforma del diritto societario. La società per azioni. La società a responsabilità limitata*, Palomar di Alternative, 2005.

ROSSI Cairo G., *Una rivoluzione culturale per le imprese italiane*, «L'Impresa», 6, 1996.

ROSS S.A., *The Arbitrage Pricing Theory of Capital Asset Pricing*, «Journal of Economics Theory», 1976.

ROSS S.A., *The Determination of Financial Structure: The Incentive-Signalling Approach*, «The Bell Journal of Economics», 8, 1977.

ROSS S.A., WESTERFIELD R.W., JAFFE J.F., *Fondamenti di finanza aziendale*, Il Mulino, Bologna 2005.

RUCHTI H., *Die bedeutung der adschreibung fur den betrieb*, Berlino 1942.

RULLANI E., *La finanza e gli investimenti*, in Rispoli M., *L'impresa industriale. Economia, tecnologia, management*, Il Mulino, Bologna 1989.

RUOZI R. (a cura di), *Le operazioni bancarie*, Egea, Milano 1989.

RUOZI R., *Economia e gestione della banca*, Egea, Milano 1997.

RUTIGLIANO M., *L'effetto di leva finanziaria*, in Bisoni C., Rosignoli B. (a cura di), *Letture di finanza aziendale*, Giuffrè, Milano 1991.

SALTER M.S., WEINHOLD W.A., *Diversification Through Acquisition. Strategies for Creating Economic Value*, The Free Press, New York 1979.

SALVI A., *Contratti finanziari e corporate governance*, Egea, Milano 2001.

SÀNCHEZ-VIDAL J., MARTÌN-UGEDO J.F., *Financing Preference of Spanish Firms: Evidence on the Pecking Order Theory*, «Review of Quantitative Finance and Accounting», 25, 2005.

SANDRI S., *Il leveraged buy-out negli Stati Uniti*, «Il Risparmio», 4, 1987.

SANTONI S., *Il lease back immobiliare*, «Amministrazione e Finanza», 22, 1989.

SAUNDERS A., CORNETT M.M., ANOLLI M., *Economia degli intermediari finanziari*, McGraw-Hill, Milano 2004.

SCHWAGEr J.D., *Schwager on Futures. Technical Analysis*, Wiley, New York 1996.

SCHWERT G.W., *Hostility in Takeovers: In the Eyes of the Beholder?*, «Journal of Finance», 55, 6, 2000.

SHARPE W.F., *Capital Asset Pricing: A Theory of Market Equilibrium under Conditions of Risk*, «Journal of Finance», settembre, 1964.

SHARPE W.F., ALEXANDER G.J., *Investments*, Prentice-Hall, Englewood Cliffs 1999.

SHEFRIN H., *Finanza aziendale comportamentale. Decisioni per creare valore*, Apogeo, Milano 2007.

SILVI R., *Crescita sostenibile e creazione di valore: un modello integrato di analisi*, «Rivista italiana di ragioneria e di economia aziendale», 3, 1994.

SINATRA A., *Strategia aziendale Business strategy, corporate strategy*, ISEDI, Torino 2006.

SIRONI A., MARSELLA M., *La misurazione e la gestione del rischio di credito. Modelli strumenti e politiche*, Bancaria, Roma 1999.

SOLOMON E., *Teoria della finanza aziendale*, Il Mulino, Bologna 1972.

STULZ R.M., *Managerial Control of Voting Rights. Financing Policies and the Market for Corporate Control*, «Journal of Financial Economics», 20, 1988.

TAGLIAVINI C., *Il lease back*, Etaslibri, Milano 2001.

TAINER E.M, *Using Economic Indicators to Improve Investment Analysis*, Wiley, New York 1998.

TAMAROWSKI C., *Project financing e opere pubbliche in Italia. Il settore delle costruzioni*, Egea, Milano, 2001.

TAROCCO F. (a cura di), *Basilea 2. Nuovi scenari del rapporto Banca-Impresa*, Giappichelli, Torino 2003.

TEDDE V., *Nuovi strumenti finanziari. Il leveraged buy out (LBO). Una trattazione completa*, Franco Angeli, Milano 2008.

TERZANI S., *Lineamenti di programmazione e controllo*, Cedam, Padova 1999.

TERZI A., *Diffusione, dignità scientifica e futuro dell'analisi tecnica: una riflessione*, «IRS – Istituto per la Ricerca Sociale. Osservatorio sul mercato azionario», 9, 1993.

THOMPSON A., *Strategia aziendale*, McGraw-Hill, Milano 2009.

TOLLE S., HUTTER B., RÜTHEMANN P., WOHLWEND H., *I prodotti strutturati nella gestione patrimoniale*, Egea, Milano 2006.

TREYNOR J., *Toward a Theory of the Market Value of Risky Assets*, 1961, dattiloscritto.

VALENTINUZ G., *I mercati finanziari, il portafoglio di mercato e il Beta Book*, in FANNI M *Manuale di finanza dell'impresa*, Giuffrè, Milano 2000.

VALENTINUZ G., *Valore dell'impresa e politica dei dividendi*, Giuffrè, Milano 2005.

VAN HORNE J.C., *Teoria e tecnica della finanza aziendale*, Il Mulino, Bologna 1984.

VELO D., *Il leasing*, Buffetti, Roma 1987.

VENANZI D., *La scelta della struttura finanziaria: ottimo o ordine di scelta?*, in VENANZI D. (a cura di), *Le decisioni di struttura finanziaria delle imprese italiane. Evidenza empirica*, Morlacchi, Perugia 2003.

VENANZI D., *Le determinanti della struttura finanziaria delle imprese – Un'indagine empirica su un campione di imprese italiane capogruppo*, in ID. (a cura di), *Le decisioni di struttura finanziaria delle imprese italiane. Evidenza empirica*, Morlacchi, Perugia 2003.

VENANZI D. (a cura di), *Le decisioni di struttura finanziaria delle imprese italiane. Evidenza empirica*, Morlacchi, Perugia 2003.

VENDER J., *Le operazioni di Finanza straordinaria*, in *Trattato di Finanza aziendale*, a cura di G. Pivato, Franco Angeli, Milano 1983.

VENDER J., *Il leveraged buy out: una tecnica finanziaria per acquisire la proprietà di un'azienda*, «Finanza, Marketing e Produzione», 1, 1986.

VERMAELEN T., *Common Stock Repurchases and Market Signalling. An Empirical Study*, «Journal of Financial Economics», 9, 1981.

VERMAELEN T., *Repurchases Tender Offers, Signalling, and Managerial Incentives*, «Journal of Financial and Quantitative Analysis», 19, 2, 1984.

VIEL J., BREDT O., RENARD M., *La valutazione delle aziende*, Etaslibri, Milano 1991.

VIGANÒ E., *La natura del valore economico del capitale d'impresa e le sue applicazioni*, Giannini, Napoli 1967

VITALI O., *Statistica per le scienze applicate*, I, Cacucci, Bari 1998.

WALTER J.E., *Dividend Policies and Common Stock Prices*, «Journal of Finance», 11, 1956.

WATSON R., WILSON N., *Small and Medium Size Enterprise Financing: A Note on Some of the Empirical Implications of a Pecking Order*, «Journal of Business Finance & Accounting», 29, 2002.

WESTON J.F., BRIGHAN E.F., *Finanza aziendale*, Il Mulino, Bologna 1974.

WILLIAMS J.B., *The Theory of Investment Value*, Harvard University Press, Boston 1938.

WILLIAMSON O.E., *The Economics of Discretionary Behavior: Managerial Objectives in a Theory of the Firm*, Prentice-Hall, Englewood Cliffs 1964.

ZAMBRUNO G.M., *Analisi tecnica ed efficienza del mercato finanziario italiano*, «Finanza Imprese e Mercati», 3, 1992.

ZAMPROGNA L., *Sistemi di pianificazione e controllo. Fasi, strumenti, aspetti organizzativi*, IPSOA, Milano 1988.

ZANDA G., LACCHINI M., ONESTI T., *La valutazione delle aziende*, Giappichelli, Torino 1992.

ZANETTI L., *Evoluzione della comunicazione al mercato in Italia, le cause dell'arretratezza e i nuovi strumenti per attenuare i divari*, in GUATRI L., ECCLES R., *Informazione e valore. Il caso italiano*, Egea, Milano 2000.

ZAPPA G., *Il reddito d'impresa*, Giuffrè, Milano 1937.

ZAPPA G., *Le produzioni nell'economia delle imprese*, II, Giuffrè, Milano 1957.

ZULLO R., *Alcuni prodromi della teoria di creazione del valore nella letteratura economica classica*, «Finanza Marketing e Produzione», 1, 1995.

Made in the USA
Monee, IL
18 October 2026

66048459R00404